天

Borderless

下

博稽古今 融汇天下

天
Borderless
下

法学原论

The Tort Law

(Fourth Edition)

By Yang Lixin

侵权责任法

（第四版）

杨立新 著

法律出版社
LAW PRESS · CHINA

作者简介

杨立新

现任

教育部人文社会科学重点研究基地中国人民大学民商事法律科学研究中心研究员

中国人民大学法学院教授、博士生导师

兰州大学民法典研究院名誉院长、首席研究员

全国人大常委会法制工作委员会立法专家委员会立法专家顾问

最高人民检察院专家咨询委员会专家咨询委员

最高人民法院案例指导工作专家委员会委员

国家卫生健康委员会公共政策专家咨询委员会专家委员

中央“五五”普法国家中高级干部学法讲师团成员

《中国大百科全书》(第三版)法学卷民法学分卷主编

中国民法学研究会副会长

中国婚姻法学研究会常务理事

世界侵权法学会主席

东亚侵权法学会理事长

曾任

最高人民检察院检察委员会委员、民事行政检察厅厅长、检察员

最高人民法院民事审判庭审判员、审判组长

吉林省通化市中级人民法院审判员、副庭长、常务副院长

烟台大学法学院副教授

第四版修订说明

《中华人民共和国民法典》(以下简称《民法典》)的诞生,也迎来了中国侵权责任法的新生。原《侵权责任法》经过编纂,成为《民法典》的第七编"侵权责任"编,使中国当代侵权法展现了新的面貌。

从《侵权责任法》到《民法典》侵权责任编,中国侵权责任法的结构和内容都发生了很大变化,不仅是侵权责任的一般规则有了很大变化,特殊侵权责任的具体规则也发生了很大变化,规定了一些新的侵权责任规则,修改了一些原有的规则,在法律适用上也有新的要求。这些都需要认真学习和研究,进而准确地掌握侵权责任法保护民事权益、制裁侵权行为,预防侵权行为发生的职能,更好地调整因侵权行为发生的民事法律关系。

本书初版于 2011 年。那时《侵权责任法》刚刚颁布实施不久,对侵权责任理论和实践问题的研究还不够深入。随着《民法典》的颁布实施,对侵权责任法的理解和研究需要更加深入。最高人民法院对侵权法的司法解释进行修订,在 2020 年 12 月 29 日予以颁布。作者对本书进行了全面修订,出版第四版。

这一次修订,完全按照《民法典》侵权责任编的体例和内容以及最高人民法院有关侵权责任司法解释的规定进行。对修订的主要问题说明如下:

1. 全书主要内容按照《民法典》侵权责任编的十章编排,前两章为通则,与《民法典》侵权责任编的两章内容相同;之前增加绪论部分,着重说明从《民法通则》《侵权责任法》到《民法典》侵权责任编的创新发展。后八章按照《民法典》侵权责任编的后八章的规定,逐章介绍不同的特殊侵权责任类型,仍然保留司法解释中规定的侵权责任类型,作为最后一章。

2. 为了保持侵权责任法理论体系的完整,将已经规定在《民法典》总则编的责任竞合与侵权责任优先权保障、侵权特别法的适用原则、免责事由等,仍然在本书通则部分进行说明。

3. 对每一章的具体内容都有所调整,有的是说明顺序的调整,有的是内容的增删。特别是通则部分的第一章和第二章,经过调整,内容还是比较多,也只能如此。

4. 对《民法典》侵权责任编新规定的规则,以及对原有规则的修改,本书尽可能地说明新规则的内容,以及在法律适用上的要求,做到理论联系实际。就 2021 年《民法典》生效实施后法院判决的几件“第一案”,对其适用《民法典》规定的做法进行了简要的评论。

5. 除了《民法典》的新规则之外,本书的其他内容没有太大的改动。有些需要进一步修改和完善的问题,下次修订时再全面修改。

《民法典》刚刚施行,对侵权责任编的规定还有很多需要进一步认真领会和深入研究的问题,即使笔者参加了立法的全过程,仍然需要继续学习和认真研究。本书的说明存在理解不准确的问题,请读者指正。

中国人民大学民商事法律科学研究中心研究员
中国人民大学法学院教授、博士生导师
兰州大学民法典研究院名誉院长、首席研究员
杨立新
2021 年 1 月 8 日 · 北京世纪城

第三版修订说明

本书初版于2011年，那时《中华人民共和国侵权责任法》（以下简称《侵权责任法》）刚刚施行，2012年进行了修订，出版了第二版。本书自初版以来，已经发行了6年。2017年，本书被评为近三年来引用率最高的法律图书，学术影响力被肯定。这是读者对本书的执爱，也是对作者的褒奖。此外，《中国社会科学评价》2017年第1期刊登了《近十年中国社会科学界综合学术水平排名》，我也被排名于2006—2015年法学学术水平前十的榜单，位列第二名，一时竟有惶恐之感，也深受鼓舞。我感谢各位读者的厚爱，也十分珍视这些荣誉。

还有一件事特别使我感动，就是看到了一位学生看过的这本书，几乎每一页都画满了圈圈点点，做出了各种颜色的标注。这引起了我的深思：我的这本书真的这样值得认真对待吗？我还有哪些做得不够的呢？还有哪些需要进行修改的呢？

特别是《中华人民共和国民法总则》（以下简称《民法总则》）已经颁布实施，其中很多部分的规定涉及本书的内容，涉及侵权责任法适用规则的改变，例如有关诉讼时效制度的改革。

此外，本书二版以来，我在侵权责任法的一些领域中进行了深入研究，提出了一些新的观点，有一些新的体会，也吸收在本书中。

由于以上四个原因，我利用2017年的双节（国庆节和中秋节）8天放假时间，对本书进行了比较全面的修订。修订的主要内容是：

1. 对本书第二版有关侵权责任形态的说明进行了整合，形成了比较简洁、完整的侵权责任形态表述，内容更加准确。

2. 在第二章增加一节，即多数人侵权行为与责任，全面阐释了多数人侵权行为与责任的新的研究成果，形成了共同侵权行为、分别侵权行为和竞合侵权行为的行为体系，以及连带责任、按份责任和不真正连带责任的责任体系。

3. 对侵权责任竞合、聚合部分进行了整理，增加了最新研究成果即侵权责任并合的内容，增加了“侵权责任竞合、聚合和并合”一节，对侵权责任的竞合、聚合和并合进行了全面说明。

4. 增加了“不确定并列责任主体的确定”一节,对于如何确定《侵权责任法》中规定的不确定责任,进行了说明。

5. 对于侵权责任的诉讼时效,依照《民法总则》第九章关于诉讼时效的规定,进行了全面修改。

6. 对于其他立法和司法解释中规定的新问题,以及原版中存在的不准确表述等问题,也进行了修改和说明。

立法机关在完成了《民法总则》的制定工作之后,正在修订民法分则各编,其中就包括对侵权责任法的修订。本书的下一次修订,将是在2020年民法典全部编纂完成时。那时,再以民法侵权责任编为依据,对本书进行全面修订。

感谢各位读者对本书的关爱！感谢法律出版社和编辑孙东育、李峰沄对本书的精心编辑！

杨立新

2017年10月8日

第一版前言

从1986年4月12日立法机关通过《中华人民共和国民法通则》(以下简称《民法通则》),到2009年12月26日通过并于2010年7月1日实施《中华人民共和国侵权责任法》(以下简称《侵权责任法》),中国《侵权责任法》立法、司法和理论研究走过了一条不断发展的道路,已经进入了完善时期。《侵权责任法》实施以后,在保护民事权利、制裁和预防侵权行为、保障社会和谐稳定中,必将发挥重大的法律调整作用。我作为对侵权法专门研究了30年的民法专家,对于这部重要法律的诞生感到欣慰和自豪。就我自己而言,30年的研究就是为了迎接这部法律的到来。因而,我为此付出的一切艰辛和努力都是值得的。

1975年,我走进法院,成为一位民事法官,开始办理侵权损害赔偿案件。随后,在调查研究工作中,深入学习和研究了侵权法的理论和实践。1981年在《法学研究》上发表的第一篇法学论文,就是关于侵权损害赔偿责任的文章。1988年在吉林人民出版社出版了国内第一部侵权法的理论著作《侵权损害赔偿》,目前已经出版了五版,印行40,000册。在30年的时间里,我的一切研究工作都没有离开过侵权法。

2001年,我离开最高人民检察院民事行政检察厅,到中国人民大学法学院任教,追求的就是能够直接参加民法典的立法工作。几年来,参加了《物权法》的起草工作,也参加了《侵权责任法》的起草工作。2001年,我和王利明教授负责起草侵权法草案建议稿,我写出了第一稿,随后进行集体修改,2002年年初完成了建议稿,提交给全国人大常委会法工委。2002年4月,法工委召开专家研讨会讨论这个建议稿,并在2002年12月提出了全国人大常委会审议的《中华人民共和国民法草案》,其中第八编就是“侵权责任法编”。2006年,我接受了中国法学会的科研课题“中国侵权责任法制定研究”,主持起草了《中华人民共和国侵权责任法草案建议稿》,于2007年完成,在报送全国人大常委会法工委之后,在法律出版社出版,受到各界好评,获得北京市人文社会科学优秀研究成果一等奖。2008年4月,全国人大常委会法工委开始了《侵权责任法》的正式起草程序,我参加了几乎所有的专家研讨会,对《侵权责任法草案》的每一个条文都提出了自己的意见。同时,我还在《法制日报》理论版开辟专栏,对《侵权责任法》制定的具体问题进行研究,提出修改意见。直到今天,终于迎来了《侵权责任法》的诞生。

30 年的岁月更替,我从一名年轻法官成长为一名法学教授,从青丝缕缕到鬓发染霜,追求《侵权责任法》完美的信念始终不改。付出了很多,得到的就是今天的收获。当我看到《侵权责任法》的每一个条文的文字,斟酌每一个条文的含义,品味每一个条文背后的故事,心里都是感慨和欣慰。

我的看法是,我国侵权法的发展可以概括为三个阶段:

第一阶段是中华法系的侵权法。这个时期的侵权法,虽然在唐朝以前可供查阅的史籍不多,但是有一点可以肯定,中国五千年的发展中,侵权责任制度的发展逐渐完善,从唐至清,已经形成了独具特色的中华法系侵权法,在调整中国古代的侵权纠纷中发挥了重要作用,与欧洲侵权法的传统完全不同。可惜的是,“西学东渐”成为社会发展的主流,清末修律变法时,中华法系尤其是它的侵权法完全自废武功,自此销声匿迹,不复存在。即便如此,也有一点是完全可以肯定的,中华法系侵权法的精神完全不同于欧洲侵权法,有着自己独特的发展轨迹,形成了自己的独特制度。

第二阶段是从清朝末年到《民法通则》实施以前。这个阶段,中国的侵权法完全是参照法、德、日立法以及苏联立法。清末和民国,基本上是直接学习法、德、日的侵权法,几乎没有中国本土的经验。新中国成立后,废除了国民党的六法全书,直接照搬苏联民法,侵权法也几乎没有自己的东西。在这个阶段中,中国的侵权法基本上是借鉴外国侵权法的传统,缺少中国特色。

第三阶段是《民法通则》实施后至今。《民法通则》第六章以大量篇幅规定侵权责任,形成了侵权责任法的初步体系,尽管不够完善,但确实是从实践出发制定的法律。在以后的司法实践中,经验不断积累和丰富,大量的司法判例不断出现,最高人民法院制定了大量的侵权法司法解释,使中国侵权法积累了相当丰富的实践基础,并且在立法中规定了大量的侵权特别法。同时,由于民事主体权利意识的不断增强,维权行动越来越普遍,推动了侵权法向类型化发展,中国侵权法除了借鉴大陆法系侵权法的经验之外,更多地转向借鉴英美特别是美国侵权法的具体规则,使中国的侵权法越来越丰满。在制定《侵权责任法》中,把这些元素都写进了法律之中,形成了现在的《侵权责任法》。可以说,我国《侵权责任法》既有大陆法系的经验,又有英美法系的经验,更有中国的立法和司法的实践经验,是独一无二的、地地道道的中国侵权法。

在《侵权责任法》通过之前的 2009 年 11 月,全国人大常委会法工委民法室和中国人民大学法学院召开了两个国际研讨会,一个是中美侵权法国际研讨会,另一个是中日侵权法国际研讨会。与会的美国学者和日本学者都对中国《侵权责任法》给予很高评价,尤其是日本学者认为,中国《侵权责任法》的制定,对他们正在进行的民法典债法编(其中包括侵权法)的修订具有重要的借鉴意义。听到这些,我总是对我国《侵权责任法》感到自豪。

《侵权责任法》已经生效实施了。对于这部法律的理解和应用的解释需要做大量的工作。根据我研究侵权责任法理论的体会和参加《侵权责任法》立法的实践,我写出了这部《侵权责任法》,目的是将《侵权责任法》博大精深的内容阐释出来,提供给法官和律师在办案中参考,提供给维护自己权利的人们阅读。当然,这些理解和解释都是我自己的体会,不一定都是准确的,只是研究和学习《侵权责任法》的初步体会。随着研究的不断深入和理解的不断深刻,以及在司法实践具体应用中经验的不断积累,我将再对本书进行修订,使其不断完善。

由于时间仓促,本书对《侵权责任法》的阐释难免有错误。恳请读者予以指正。

中国人民大学民商事法律科学研究中心
杨立新
2011 年 3 月 10 日于日本一桥大学法学院

目　　录

上编　通　　则

下编　分　则

上编　通　　则

绪论 《民法典》对我国侵权责任法的改革

第一节 《民法典》改革我国侵权责任法的基础

一、《民法通则》规定的侵权责任基本制度

2020年5月28日，第十三届全国人民代表大会第三次会议通过了《中华人民共和国民法典》（以下简称《民法典》），该法的第七编"侵权责任"编替代了2009年制定的《侵权责任法》，对我国侵权责任法进行了改革。自1986年《民法通则》，经过2009年的《侵权责任法》，到现在的《民法典》"侵权责任"编，我国侵权责任法经历了34年的发展，形成了今天这样的格局。

十年"文革"结束，改革开放开始，国家百废待兴，法制建设同样如此。改革开放的中国急需一部民法典，但是基于当时的理论准备和社会形势，立法机关首先制定《民法通则》，其实是一个无奈之举，却也是一个英明之举。1986年4月12日通过、1987年1月1日实施的《民法通则》，是一部既具有民法总则性质，又包括部分民法分则内容的概要性的民事基本法。尽管在当时的政治环境下制定的《民法通则》不可避免地印上了那个时代的印迹，存在较多的不足，但是，它仍然是一部具有伟大历史意义的法律，在30多年的社会生活中发挥了重要作用。

《民法通则》规定的基本内容,主要是民法总则的规则,但是,第六章却全面规定了侵权责任制度,凸显了立法者对侵权责任法的重要性的重视。① 在该章中,立法者不仅规定了侵权责任的过错责任原则和无过错责任原则这样的一般规则,还规定了诸如侵权行为种类、侵权责任方式、侵权责任适用等具体规则。《民法通则》将侵权行为分为一般侵权行为和特殊侵权行为:一般侵权行为采取侵权行为一般条款的方式确定法律适用规则,适用过错责任原则确定责任,不作具体规定;特殊侵权行为采取特别规定的方式,分别规定不同的特殊侵权行为类型,规定了国家机关及其工作人员致害责任、产品责任、高度危险作业责任、环境污染和生态破坏责任、地下工作物责任、建筑物等地上物责任、动物致害责任以及监护人责任,分别适用过错推定原则或无过错责任原则。在侵权责任方式中,规定最主要、最基本的方式是侵权损害赔偿,规定了侵权损害赔偿的一般规则,以及人身损害赔偿、财产损害赔偿、精神损害赔偿的具体规则;同时规定了其他侵权责任方式,规定了侵权责任的诉讼时效。

《民法通则》在总体上是对民事法律关系作出概括性规定,但是,对侵权责任的规定却是具体的、详细的,几乎规定了侵权责任法的全部内容,确立的侵权责任制度也具有重要的历史意义和价值,成为我国现行民法制度中的重要部分。例如,在那种"左"的思想还普遍存在的政治形势下,立法者毅然规定了精神损害赔偿责任制度,尽管还不完善,却给侵权责任法日后的发展打下了坚实基础,提供了广阔的发展空间,以至于在今天,精神损害赔偿责任已经成为我国救济民事权利损害广泛适用的一般性救济方法。如果没有《民法通则》关于侵权民事责任制度的规定,我国就不会有今天的比较完善的民事权利保障制度,不会有和谐稳定的市民社会秩序,更不会有《侵权责任法》。应当说,《民法通则》对侵权责任的规定基本可行,其基本优势在于,将侵权责任法从债法中脱离出来,确立其在民法体系中的独立地位,能够更好地保护民事主体的民事权利,救济民事权利的损害,能够发挥更加广泛的社会调整作用。

当然,《民法通则》关于侵权责任的规定也存在较多缺点,主要表现在:关于侵权责任归责原则体系的规定不够明确,影响法律规定的统一实施;侵权行为一般条款规定得不够准确,在实践中不易正确把握;侵权行为类型化程度不高,仅仅规定了 8 种特殊侵权行为,规定的规则不细,可操作性不强;对于民事责任方式规定过多、过杂,没有突出损害赔偿责任作为基本侵权责任方式的重要地位。这些问题,经过实践经验总结和理论研究,已经制定了一些司法解释进行补充,这些司法解释发挥了卓有成效的作用。

因此,制定一部完善的、具有中国特色的《侵权责任法》,是《民法通则》实施了 20 多年之后提出的强烈社会需求,是必须完成的立法任务。

---

① 参见王泽鉴:《王泽鉴法学全集》(第 6 卷),中国政法大学出版社 2003 年版,第 341 ~ 342 页。

二、《民法通则》实施以来对《侵权责任法》制定进行的各项准备

《民法通则》是一部应急的民法基本法,而不是一部完善的民法典。因而,在《民法通则》完成之时,就预示了在条件成熟的时候应当制定民法典,其中就包括制定一部完善的《侵权责任法》。为了完成这个立法目标,民法理论和实务在随后的20多年里进行了多方面的准备。

(一)理论研究的准备

在制定《民法通则》时,我国的侵权责任法理论研究基本上处于荒芜状态。那时候,我国还没有一部专门的侵权责任法理论专著,只有零星的侵权法的研究论文,能够提供参考的,主要是20世纪50年代翻译过来的苏联的数本侵权法理论专著,内容陈旧,体系不完整。这样的理论准备,无法支撑侵权法立法和司法实践的大厦。

正因如此,我国侵权法理论研究工作者首先着眼于从我国台湾地区的侵权法理论研究成果中汲取营养,大量借鉴台湾地区学者的学说和主张,以及台湾地区的"司法"实践经验,丰富自己的理论学说。随着改革开放的不断深入,学者开始广泛借鉴大陆法系和英美法系的侵权法理论研究成果,创设自己的侵权法理论体系,同时总结中华法系侵权法的基本内容,①研究中国的社会现状和需求,构建自己的理论体系,逐步形成了有中国特色的侵权责任法理论框架和内容。至今,我国侵权责任法理论研究已经取得了重大进展,研究成果受到各国学者瞩目,在世界各国的侵权法理论中独树一帜,具有重要地位,为《侵权责任法》的制定提供了雄厚的理论基础。

我国侵权责任法理论研究的最典型表现是:(1)侵权法理论专著和研究论文数量众多,学说不断发展创新,既有数量上的大规模,又有研究质量上的高水准;(2)提出了颇具影响力的数部侵权责任法草案建议稿,直接为侵权责任法的立法提供理论依据,间接为司法实践提供裁判参考。因此,我国《侵权责任法》立法的理论准备已经完成。

(二)司法实践的准备

1987年1月1日,《民法通则》开始实施,自然人和法人依据该法关于侵权责任的规定维护自己的权利,各级人民法院受理了越来越多的侵权责任纠纷案件。一方面,《民法通则》关于侵权责任的规定为司法实践裁判侵权纠纷案件提供了基本的法律依据,改变了依照政策和司法解释裁判侵权案件无法可依的局面;另一方面,大量在立法时不能预见到的问题不断发生,促使法院不得不广泛借鉴境外的立法和司法经验,广泛借鉴侵权责任法的理论研究成果应用于司法实践,推动侵权责任法的不断发展。例如,除了最高人民法院《关于贯彻执行〈中华人民共和国民法通则〉若干问题的意见(试

---

① 参见杨立新:《侵权法论》(第3版),人民法院出版社2005年版,第73页以下。

行)》对侵权法的法律适用作出解释外,在关于死者人格利益保护问题上,最高人民法院通过支持"荷花女"案件的裁判,作出了死者名誉应当依照《民法通则》的原则规定予以保护的司法解释,①弥补了《民法通则》的立法不足,确立了新的侵权法裁判规则。

正是在司法实践中不断发现问题、解决问题,因而推动了我国侵权责任法的不断发展。首先,这些司法实践经验直接体现在最高人民法院制定的有关侵权法司法解释之中,诸如《关于确定民事侵权精神损害赔偿责任若干问题的解释》《关于审理人身损害赔偿案件适用法律若干问题的解释》《关于审理名誉权案件若干问题的解答》等,发展了《民法通则》确定的侵权责任法的基本规则,补充了具体的法律适用规则,在中国侵权法体系中占据重要的地位。其次,各级法院通过侵权案件的审理,进行创造性的法律适用,创造了一大批具有判例性质的典型案例,丰富和发展了中国侵权法的规则。在《最高人民法院公报》公布的典型案例中,有关人格权和侵权的案例就有近百个,其他具有典型意义的案例则不计其数。

正是积累的这些司法实践经验,为《侵权责任法》立法提供了丰富的实践基础和鲜活的法律营养,为《侵权责任法》的立法准备了全新的中国元素。

(三)立法实践的准备

《民法通则》实施之后,立法机关随着司法实践的不断发展,不断丰富和补充《民法通则》规定的侵权责任规定,为制定《侵权责任法》做好了立法上的准备。

立法机关在制定其他法律中,大量增加有关侵权特别法的内容,补充、丰富和修改《民法通则》关于侵权责任的规定。据不完全统计,截至 2009 年 6 月,立法机关在现行法律中规定侵权特别法规则的,在民商法律中有 6 部,在行政法中有 29 部,在经济法中有 33 部,在社会法中有 10 部,总共有 78 部法律中有关于侵权特别法的规定。其中,《国家赔偿法》是专门规定国家赔偿责任的侵权特别法;《产品质量法》关于产品责任的规定,在《民法通则》第 122 条关于产品责任一般规定的基础上,全面规定了产品责任制度;《道路交通安全法》第 76 条规定了道路交通事故责任的基本规则等。这些侵权责任特别法的规定,使我国侵权责任法在《民法通则》规定的基础上越来越丰满,越来越丰富。

自 1999 年开始,立法机关筹备制定《侵权责任法》,经过广泛调研、考察,比较专家提出的各个侵权责任法草案建议稿,特别是中国人民大学民商事法律科学研究中心提出的专家建议稿,于 2002 年年底完成了《中华人民共和国民法(草案)》,提交全国人大常委会审议。该法律草案的第八编"侵权责任法编"共 10 章 68 个条文。经过反复修改,包括专家和法官参与讨论,2008 年 12 月由全国人大常委会对《侵权责任法(草

① 参见沈德咏主编:《最高人民法院公报案例大全》,人民法院出版社 2009 年版,第 416~418 页。

案)》进行了第二次审议,2009年10月进行了第三次审议,直至最后于2009年12月26日通过立法程序,完成了《侵权责任法》的立法工作。

三、《侵权责任法》的本土化元素和对外国法的借鉴

我国《侵权责任法》既有鲜活的中国本土化元素,又有对外国侵权法立法经验的广泛借鉴,符合笔者在起草侵权责任法草案建议稿中提出的"大陆法系为体,英美法系为用,广泛吸纳本国司法经验"①的指导思想。

(一)《侵权责任法》的中国本土化元素

《侵权责任法》的中国本土化元素体现在:第一,对《民法通则》基础性规定的继承。《民法通则》采取新的做法,对民事责任集中规定为第六章"民事责任",将违约责任规定在统一的民事责任之中,经过实践的检验,证明这种做法是不妥当的,因此在1999年制定《合同法》时已经将违约责任规定在《合同法》中;但是《民法通则》将侵权责任从债法中分离出来单独规定的做法,却是成功的经验。因此,《侵权责任法》作为民法典的一个独立组成部分,单独规定为一部法律,将来在编纂民法典时再回归民法典体系,作为民事权利保护法,完全是《民法通则》经验的传承和发展。第二,确定侵权责任归责原则体系由过错责任原则、过错推定原则和无过错责任原则构成,是中国司法实践经验和理论研究成果的结晶,完全是中国本土经验。第三,确定民事侵权责任方式为损害赔偿、停止侵害、排除妨碍、消除危险、返还财产、恢复原状、赔礼道歉、消除影响恢复名誉8种,完全是中国的立法经验。第四,关于人身损害赔偿、财产损害赔偿和精神损害赔偿责任的具体规则,是我国司法实践的经验总结。第五,在具体侵权责任的规定中,无论是监护人责任、违反安全保障义务的侵权责任、用人者责任、网络侵权责任,还是产品责任、机动车交通事故责任、医疗损害责任等特殊侵权责任,都是中国侵权责任法司法实践经验的总结,具有鲜明的中国本土化元素。

《侵权责任法》的这些本土化元素构成了鲜明的中国特色,因此可以说,中国《侵权责任法》是具有鲜明中国特色的民事基本法,是中国的法律而不是舶来品。

(二)《侵权责任法》对外国经验的借鉴

中国《侵权责任法》并不拒绝对外国侵权法立法经验的借鉴,相反,"以大陆法系为体、英美法系为用"的立法指导思想,保障了《侵权责任法》能够广泛吸收各国侵权法的立法经验,使中国《侵权责任法》在各国侵权法之中保持前卫姿态。

中国古代并非没有侵权责任法,我国古代唐至清的一千多年间,稳定的侵权责任制度就有15种之多,诸如备偿、偿所减价、偿减价之半、赎铜、折剉赔偿、断付财产养赡、

① 参见杨立新:《侵权法论》(第3版),人民法院出版社2005年版,第309页。

赔埋葬银、保辜等,具有鲜明的中华法系特点。[①] 但是,中华法系的侵权法到1911年《大清民律草案》完成之时就已经死亡。因此,在其后建立的近现代的侵权法体系完全是“舶来品”,是大陆法系的侵权法。《民法通则》建立的我国侵权法在这个基础上又增加了苏联侵权法的内容。大量的中国本土化元素则是在其后的司法实践中积累的。

《侵权责任法》大量借鉴外国侵权法立法的最新经验,主要体现在以下四个方面:第一,在立法形式上,坚持大陆法系的成文法传统,借鉴英美法系侵权法的独立性形式,单独制定《侵权责任法》,在大陆法系侵权法中独树一帜;第二,在立法模式上,坚持大陆法系侵权法一般化的立法传统,制定能够概括全部侵权行为的侵权行为一般条款,在其指导下,借鉴英美法系侵权行为类型化立法模式,实行不完全的侵权行为类型化规定;第三,在立法结构上,建立以大陆法系侵权法基本内容为特点的侵权责任法总则性规定,以及以英美法系侵权行为类型化为特点的具体侵权行为规则的侵权责任法的分则性规定,形成别具一格的《侵权责任法》的总分结构;第四,广泛借鉴各国侵权法立法中成功的侵权法规则,使我国《侵权责任法》的具体规定更加鲜明、更具有可操作性,如美国侵权法的责任分担规则、惩罚性赔偿金规则、各种侵权责任具体规则等,《侵权责任法》都有借鉴,因而使其规则具体、明确,更具可操作性。

四、《侵权责任法》存在的问题

《侵权责任法》并非十全十美的法律,也存在较多的问题。《侵权责任法》存在的主要问题如下:

第一,《侵权责任法》在对侵权责任性质的定位上出现错位。侵权责任究竟是责任,还是债,是对其进行定性的主要问题。在成文法国家,民法典规定侵权责任,都将其界定为债,即侵权行为之债,放在民法典债编之中,通过债法对侵权责任进行规范。由于我国《民法通则》意图建立大一统的民事责任体系,因此,将侵权责任从债法中分离出来,直接规定在民事责任中,成为民事责任的组成部分,使我国侵权责任法背离了大陆法系民法的传统,造成了立法的错位。

第二,混淆了侵权请求权与固有请求权[②]之间的关系。民法典规定对民事权利的保护方法,包括固有请求权和侵权请求权两种,分别对应相应的民事责任方式。由于

① 参见杨立新:《侵权法论》(第3版),人民法院出版社2005年版,第82~95页。

② 民事权利保护的固有请求权,简称为固有请求权,笔者以前将其称为“原权请求权”,与本权请求权(权利类型)和侵权请求权相对应。请求权体系包括本权请求权和权利保护请求权,权利保护请求权中包括固有请求权和侵权请求权。参见杨立新、曹艳春:《论民事权利保护的请求权体系及其内部关系》,载《河南省政法管理干部学院学报》2005年第4期。

《民法通则》规定了大一统的民事责任制度,不再区分固有请求权与侵权请求权,凡是造成民事权益损害或者妨碍的,都承担民事责任,而不论何种责任方式。制定《物权法》时,将物权请求权与侵权责任请求权相混淆;制定《侵权责任法》时,又将侵权责任请求权与物权请求权相混淆,把物权请求权规定在侵权责任方式之中。

第三,将损害要件排除在侵权责任构成之外。侵权法的本质是债,是侵权损害赔偿之债。由于《侵权责任法》要维持大一统的民事责任体制,因此,在规定侵权责任构成的要件中不规定损害要件,使侵权责任与8种侵权责任方式相对应,不仅与固有请求权相混淆,而且造成了侵权责任法基本功能的错位。

第四,规定侵权责任抗辩事由不足。《侵权责任法》只规定少数侵权责任抗辩事由,称为免除责任或者减轻责任的情形,对于自助行为、自甘风险等免责事由都没有在其中作出规定,导致这些情形在实践中适用法律的残缺。

第五,一些具体侵权责任规则规定不够稳妥。例如,在用人者责任中,没有规定定作人指示过失责任;在网络侵权责任中,只规定避风港规则的通知规则,而未规定避风港原则的反通知规则;在机动车交通事故责任中,没有规定好意同乘规则;在物件损害责任中,对高空抛掷物坠落物损害责任的规定不够稳妥,等等。

在编纂《民法典》过程中,立法者对《侵权责任法》存在的上述问题敢于面对,提出具体的解决办法,对我国侵权责任法进行改革,使其更加完善。

第二节 《民法典》实现侵权责任法向债法的回归

一、我国侵权责任法与债法分离的形成原因及存在的不足

我国《民法典》对现行侵权责任法进行改革,实现了侵权责任向债法的回归。其原因,是原《侵权责任法》是一个建立在大一统民事责任制度之上的、无所不包的大侵权法,与传统侵权法有所不同。弄清楚这个无所不包的大侵权法是怎样形成的,是研究我国侵权责任法实现向债法的回归的基础。

(一)原《民法通则》实行民事责任与债的分离是大侵权法形成的基础

在传统民法中,作为民事权利保护方法的民事责任,分散规定在民法典分则的各编中,如违约责任在合同法中规定,有关物权的责任规定在物权编中,亲属关系中的民事责任规定在亲属编中,侵权责任作为债的发生原因在债法中规定。在制定《民法通则》时,立法者想要建立一个全面的民事责任制度,类似刑法规定刑事责任那样,统合

民事责任制度,抽象出一般的民事责任规范,并将违约责任和侵权责任作为主要民事责任类型规定在原《民法通则》中,形成了该法第106条关于“公民、法人违反合同或者不履行其他义务的,应当承担民事责任。公民、法人由于过错侵害国家的、集体的财产,侵害他人财产、人身的,应当承担民事责任。没有过错,但法律规定应当承担民事责任的,应当承担民事责任”的规定,并且引领了“民事责任”一章,形成了世界成文法国家民法典立法中的独特民事责任制度,实现了民事责任与债的分离。[①] 这一立法设计来源于前《德意志民主共和国民法典》和《捷克斯洛伐克民法典》将致人损害的非合同之债、合同之债与债法相分离,单独规定一编的做法,并认为这种解决办法具有很大的优势,突出了对这种关系法律调整的社会主义本质,[②]因而将统一的民事责任立法作为中国民法的一大鲜明特色,既符合我国的现实情况,又代表和反映了民事责任制度发展的趋势,标志着有关民事责任的立法发展到一个新的阶段。[③]

30多年来,对我国《民法通则》的这一特色,经过不断的理论研究和司法实践检验,评价逐渐由过度乐观转变为慎重省思,并最终认为这是不适当的立法决策。

这种转变是随着民事立法的不断进展而逐渐形成的。《民法通则》颁布后最重要的民事立法是制定《合同法》,即将《经济合同法》《涉外经济合同法》《技术合同法》三法合一,于1999年实现了合同法的统一。《合同法》在《民法通则》规定违约责任的基础上,又规定了详尽的违约责任、缔约过失责任和合同无效责任,构成了统一、完善的合同责任制度,完全取代了《民法通则》对违约责任的规定,使《民法通则》的这一部分内容成为废法。10年后,2009年制定的《侵权责任法》,又建立了完善的侵权责任制度,也取代了《民法通则》中关于“侵权的民事责任”的规定。在制定《物权法》、修订《婚姻法》时,也都规定了相应的民事责任,因而使民事责任的规则重新回归民法的各部单行法中。

随着时间的推移和立法、司法以及民法理论研究的进步,普遍认为,在民法总则性质的法律中单独规定大一统的民事责任规则,是不符合民事立法规律的,原《民法通则》集中规定民事责任规则不仅不是民事立法的创举,而且是一个不正确的做法。这已经被理论研究和立法和司法实践所证明,具有不可争议性。

不过,尽管制定统一民事责任规则的做法受到批评,但对侵权责任法具有相对独立性的观念却成为社会共识,单独制定侵权责任法具有必要性与可行性,认为社会对侵权责任法的需求越来越广泛,能够发挥的调整作用越来越大,因而应当效仿英美法系侵权法的模式,对侵权责任法进行单独立法。随之,在2002年12月立法机关审议的

---

① 参见魏振瀛:《民事责任与债分离研究》,北京大学出版社2016年版,第32页。

② 参见王利明、郭明瑞、方流芳:《民法新论》(下),中国政法大学出版社1988年版,第454页。

③ 参见王利明、郭明瑞、方流芳:《民法新论》(下),中国政法大学出版社1988年版,第455页。

《民法(草案)》中单独规定了第八编“侵权责任编”,2007 年开始对《侵权责任法(草案)》又进行了两次审议,最终于2009 年12 月26 日在第十一届全国人大常务委员会第十二次会议审议通过,成为世界上第一部被命名为《侵权责任法》的成文法。这部《侵权责任法》的调整范围广泛,脱离了债法体系,成为相对独立的民法单行法,成为“中国特色社会主义法律体系中的支架性法律”,①因而被称为“大侵权法”。

(二)我国原《侵权责任法》“大”的表现及存在的不足

1. 我国原《侵权责任法》的“大”的表现

我国原《侵权责任法》之所以被称为“大侵权法”,主要表现在以下四个方面:一是法律地位高。在传统的民法典中,侵权法历来是债法的组成部分,为侵权之债。原《侵权责任法》借鉴英美侵权法的做法,使其在民法体系中相对独立,脱离债法而为独立的部门法,其法律地位显著提高。二是保护范围宽,传统侵权法对于侵权行为的界定显然没有这样宽,原《侵权责任法》第 2 条不仅规定了“侵害民事权益,应当依照本法承担侵权责任”的一般性规则,而且还规定了 18 种保护的民事权利,并且非为全面列举,还设对“等民事利益”保护的兜底条款。三是侵权责任方式众多,除了传统侵权责任承担方式即损害赔偿之外,第 15 条还规定了其他 7 种侵权责任承担方式,使侵权责任方式几乎无所不包。四是法律的调整力度大,这不仅表现在原《民法通则》规定的侵权的民事责任中,更表现在原《侵权责任法》规定的调整范围中,不仅保护民事权益,明确侵权责任,预防并制裁侵权行为,更要促进社会和谐稳定。② 正因为如此,原《侵权责任法》在全国范围内的普及速度极快,发挥的作用极大,影响的范围极广,几乎达到了全民皆知的程度。

原《侵权责任法》上述四种“大”的表现,有的是好的,有的则是缺陷。

侵权责任法的法律地位高和调整力度大,是好的。一个国家的法治,在很大程度上是要看侵权法的完善程度。由于侵权法所保护的都是民事主体的民事权益,保护这些权益的法律健全了,这个国家的法治当然也就健全了。所以,我国侵权责任法之“大”,实际上表现了我国法治进步的程度。至于侵权责任法保护的范围宽,其实还未达到其应当达到的程度。例如时至今日,债权是否为原《侵权责任法》保护的客体,还在受到质疑。一些学者和法官认为,债权一般不仅具有公开性,他人对该利益也不具有可预见性,而且原《侵权责任法》保护的是绝对权,不保护相对权,因而债权并不在原

---

① 《全国人民代表大会法律委员会关于〈中华人民共和国侵权责任法(草案)主要问题的汇报〉》,载王胜明主编:《中华人民共和国侵权责任法释义》,法律出版社 2010 年版,第 469 页。

② 《侵权责任法》第 1 条规定:“为保护民事主体的合法权益,明确侵权责任,预防并制裁侵权行为,促进社会和谐安定,制定本法。”

《侵权责任法》的保护范围之内。[①] 这种主张和理由虽然都不成立,但是,却说明了我国原《侵权责任法》的保护范围并不够"大",起码在文字表述上是这样。

侵权责任法之"大"表现为侵权责任方式多,是一个明显的缺陷。原《侵权责任法》第15条规定的8种承担侵权责任方式,多数并不是传统意义上的侵权责任方式,只有损害赔偿才是侵权责任的基本方式。只是由于原《民法通则》第134条规定了大而全的10种民事责任方式,其中8种都能适用于侵权责任,因而才形成了目前这种大而全的侵权责任方式体系。这种立法的冗杂,为我国民法大量存在的请求权冲突与混淆埋下了祸根。

2. 侵权请求权与固有请求权冲突的形成与发展

在1980年代至目前的民事立法中,由于原《民法通则》确定了大一统的民事责任制度且包括10种责任方式,继而在嗣后的立法中,侵权请求权与固有请求权的冲突不断发生,一直没有得到解决。

第一,2007年《物权法》规定的物权请求权与《民法通则》规定的侵权请求权发生冲突。《物权法》必须规定物权请求权,否则《物权法》就是一部"没长牙"的法律而缺少刚性,不能强制保护物权。因而,《物权法》专门规定第三章"物权的保护",系统规定了返还原物、排除妨碍、恢复原状和损害赔偿4种物权请求权,与《民法通则》规定的侵权请求权重合,难以区分这些请求权究竟是物权请求权还是侵权请求权。

第二,2009年《侵权责任法》规定的侵权请求权继续与《物权法》规定的物权请求权相冲突。《侵权责任法》第15条规定8种侵权请求权,不仅与《民法通则》规定的8种民事责任方式完全相同,而且与《物权法》规定的返还原物、排除妨碍、恢复原状和赔偿损失的物权请求权完全重合,两种不同的请求权继续发生冲突。

(三)对民事责任立法缺陷的理论检讨

1986年以来的历次民事立法,在《民法通则》《物权法》《侵权责任法》存在的上述有关民事责任的立法冲突,无一不是请求权之间的冲突。应当看到的是,作为民事权利类型的债权的请求权所对应的是给付债务,作为民事权利保护方法的固有请求权和侵权请求权对应的是民事责任。上述民事立法发生的立法冲突是在民事责任领域,但是,从另一个角度观察,则是发生了请求权的冲突,即固有请求权与侵权请求权的冲突。出现这些立法冲突的根本原因,是没有划清固有请求权与侵权请求权之间的界限,将两种不同的请求权混淆在一起。

请求权是民法非常重要的概念,也是非常复杂的权利体系,包括两层内容:[②]一是

---

① 参见王利明:《侵权责任法研究》(上卷)(第2版),中国人民大学出版社2018年版,第90页。

② 郭明瑞:《侵权责任立法若干思考》,载《中国法学》2008年第4期。

民事权利类型意义上的请求权，与支配权相对应，是指这种基本权利类型的性质就是请求权，例如债权是请求权，为相对权，相对应的权利类型的是支配权即绝对权，如物权、人格权等。二是民法方法论意义上的请求权，是指为民事权利提供保护的请求权，当权利受到侵害时，用这种请求权来保护权利、救济损害，分为民事权利本身包含的固有请求权和权利受到侵害而新生的侵权请求权。[①] 在每一个绝对权以及相对权中，都包含保护自身的固有请求权，例如物权请求权、人格权请求权、身份权请求权、知识产权请求权等，[②]债权包含的二次请求权也是债权包含的保护自己的请求权，[③]而非债权请求权（一次请求权）的本身。[④] 当民事权利（包括民事利益）受到侵害后，按照侵权法的规定，又产生一个新生的请求权即侵权请求权。固有请求权和侵权请求权这两种请求权，都是保护民事权利的请求权，只不过所针对的侵害行为不完全一样。侵权请求权主要针对的是救济损害，基本方式是损害赔偿；而固有请求权主要针对的是对侵害行为的预防性措施和除损害赔偿之外的其他救济措施。这正是域外侵权法是侵权损害赔偿法的主要原因，也是除了规定侵权损害赔偿请求权之外，还要规定物权请求权、人格权请求权、身份权请求权等固有请求权的基本原因。

原《民法通则》为了建立大一统的民事责任制度，模糊了固有请求权与侵权请求权之间的界限，致使我国民事立法的这个缺陷长期存在。在民法理论上也出现了侵权请求权与绝对权请求权吞并说、[⑤]侵权请求权与绝对权请求权相互独立说[⑥]和折中说[⑦]等不同主张，争论得不亦乐乎。如果能够清晰地划清固有请求权与侵权请求权之间的界限，分清权利保护请求权体系中这两种不同的请求权，我国民事立法就不会发生请求权相互冲突的问题，也不会发生侵权责任法和物权法、人格权法等在保护方法上相互“打架”的现象。

上述立法错误的关键点，在于侵权责任法规定侵权责任方式的扩大化，大而全的

---

① 参见杨立新、曹艳春：《论民事权利保护的请求权体系及其内部关系》，载《河南省政法管理干部学院学报》2005 年第 4 期。

② 参见唐昭红：《论人格权请求权与知识产权请求权的确立——对侵权的民事责任制度的再次诘难》，载《法商研究》2002 年第 2 期。

③ 参见[德]迪特尔·梅迪库斯：《请求权基础》，陈卫佐等译，法律出版社 2012 年版，第 31～32 页。

④ 有很多学者将固有请求权称为绝对权请求权，其中没有包括相对权中包括的二次请求权这种保护债权的请求权。将这些权利集中在一起，仅仅将其称为绝对权请求权就不完整，应当称为固有请求权或者原权请求权。参见杨立新、曹艳春：《论民事权利保护的请求权体系及其内部关系》，载《河南省政法管理干部学院学报》2005 年第 4 期。

⑤ 参见魏振瀛：《〈民法通则〉规定的民事责任 ——从物权法到民法典的规定》，载《现代法学》2006 年第 3 期。

⑥ 参见崔建远：《绝对权请求权抑或侵权责任方式》，载《法学》2002 年第 11 期。

⑦ 参见郭明瑞：《侵权责任立法若干思考》，载《中国法学》2008 年第 4 期。

侵权责任法的不当之处主要表现在这里。在违约责任等合同责任回归合同法之后,大一统的民事责任体系已经完全瓦解,侵权责任已经没有必要继续作为民事责任的一个体系存在。因此,侵权责任法回归侵权损害赔偿法即债法的体系,就成为了理顺物权请求权、人格权请求权、身份权请求权、知识产权请求权等固有请求权与侵权请求权之间关系并划清界限的关键。侵权责任法回归债法而成为侵权损害赔偿法,就会恢复侵权责任法的本来性质。

二、《民法典》实现侵权责任法回归债法立法目的的方法

我国《民法典》实现侵权责任法回归债法的立法目的的基本方法如下。

(一)《民法典》总则编规定侵权责任的性质是债

《民法典》实现侵权责任向债法回归的最重要规定,是将侵权行为的后果规定为发生债权。《民法典》总则编尽管也规定了"民事责任"一章,但是改变了原《民法通则》规定大一统民事责任的体例,只规定了民事责任的一般性规定,并在第118条第2款作出关于"债权是因合同、侵权行为、无因管理、不当得利以及法律的其他规定,权利人请求特定义务人为或者不为一定行为的权利"的规定,还在第120条规定了"民事权益受到侵害的,被侵权人有权请求侵权人承担侵权责任"的内容,开启了侵权责任法向债法的回归。

(二)《民法典》侵权责任编将侵权责任法回归债法的主要做法

我国《民法典》将侵权责任法向债法回归,主要体现为以下三个方面。

1. 将承担侵权责任的基本方式确定为损害赔偿

《民法典》侵权责任编把第二章的标题由"责任承担"改为"损害赔偿"。尽管在第1165、1166条规定了侵权责任归责原则之后,第1167条仍然规定"侵权行为危及他人人身、财产安全的,被侵权人有权请求侵权人承担停止侵害、排除妨碍、消除危险等侵权责任"的内容,但改变了含义,即这些非损害赔偿的救济方法已经不再包含于第二章的规范中,第二章规定由无所不包的民事责任承担方式,改变为损害赔偿的适用规则。这样就确定了侵权责任的基本救济手段是损害赔偿,侵权责任法就具备了回归债法,符合侵权损害赔偿法的要求。

这一修改看似简单,却确立了侵权责任法在民法典中的地位,认可侵权请求权保护民事权益的基本功能是损害赔偿请求权,是债法的组成部分。其他请求权如停止侵害、排除妨碍、消除危险、赔礼道歉、消除影响、恢复名誉等,都各归其位,分别属于人格权请求权、身份权请求权、物权请求权等固有请求权。

2. 侵权责任归责原则调整的是损害赔偿责任

原《侵权责任法》第6、7条规定了侵权责任的过错责任原则、过错推定原则和无过

错责任原则，但都没有规定“损害”的要件。这意味着，我国的侵权责任归责原则不仅适用于损害赔偿，而且也适用于该法第15条规定的其他7种侵权责任方式，即停止侵害、排除妨碍、消除危险、返还财产、恢复原状、赔礼道歉以及消除影响、恢复名誉等，无论何种侵权行为，都须符合这些归责原则的要求，方可承担8种侵权责任方式之一。这样的规定是不正确的，停止侵害、排除妨碍、消除危险等侵权责任方式并非须有过错才可以适用，无过错就不能适用。

这种状况是在制定原《侵权责任法》讨论过程中的争论引起并形成的。该法草案二审稿的第7条第1款规定：“因过错侵害他人人身、财产，造成损害的，应当承担侵权责任。”①三审稿第6条第1款仍规定为“行为人因过错侵害他人的民事权益造成损害的，应当承担侵权责任”。② 这是关于侵权责任一般条款的规定，也是过错责任原则的规定，其中明确要求因过错侵害他人人身、财产，须造成损害方承担侵权责任，这说明，过错责任原则等调整的是侵权损害赔偿责任的归属。在之后的讨论中，对“损害”的含义究竟是大损害、中损害还是小损害，发生了激烈争论。大损害包含的救济方法是所有8种侵权责任方式的损害，中损害包括的是损害赔偿、返还原物、恢复原状等责任方式的损害，小损害则是单纯的人身损害、财产损害和精神损害。由于无法达成一致，最终删除了“损害”二字，因此，四审稿改为“行为人因过错侵害他人民事权益，应当承担侵权责任”，最终形成了原《侵权责任法》第6条第1款。③

《民法典》决心改变这种状态，在第1165条第1款和第1166条中，都增加了“损害”的内容。这两个条文修改的法律价值是：第一，在过错责任原则中明确规定“损害”，使得侵权责任法的主要救济手段回归损害赔偿，不包括诸如停止侵害等责任方式。换言之，过错责任原则、过错推定原则、无过错原则调整的是损害赔偿责任。第二，归责原则的立法改变与第二章章名的改变相配合，使侵权责任法回归债法，成为侵权损害赔偿法，告别了无所不包的大侵权法。第三，《民法典》第1167条将非损害赔偿责任方式的归责原则作出特别规定，停止侵害、排除妨碍、消除危险等责任承担方式并不需要具备过错要件。

3. 确定侵权责任构成须具备损害要件

《民法典》第1165条第1款和第1166条写进“损害”的内容，确定了侵权责任构成的损害事实的要件。关于侵权责任构成要件，在我国侵权责任法理论中有四要件说和

① 王胜明主编：《中华人民共和国侵权责任法释义》，法律出版社2010年版，第477页。

② 王胜明主编：《中华人民共和国侵权责任法释义》，法律出版社2010年版，第492页。

③ 在这个立法过程，笔者写在了《侵权责任法：条文背后的故事与难题》一书中，见该书，法律出版社2018年第2版，第44页。

三要件说之分,前者是通说,[①]后者为少数学者的主张。[②] 从理论根源上分析,四要件说来源于德国侵权法的规定,[③]三要件说来源于法国法的规定。[④] 无论是主张侵权责任构成四要件还是三要件,都赞成构成侵权责任必须具备损害要件,如果没有损害要件,就没有侵权责任法存在的必要,也就不存在侵权法的价值。损害是侵权损害赔偿的必备要件,没有损害则没有赔偿。[⑤] 在侵权责任一般条款中规定"损害"要件,就顺应了民法学者和司法工作者的意愿,符合民法特别是侵权责任法的基本原理,实现了向债法的理性回归。

《民法典》对侵权责任上述改变,表达了侵权责任法向债法回归的立法目的,使侵权责任法的属性发生根本性变化,不仅确认侵权法是侵权损害赔偿法,而且为解决侵权请求权与固有请求权的冲突奠定了稳固的基础。

三、《民法典》实现侵权责任法向债法回归的效果评估

《民法典》实现我国侵权责任法向债法的回归,法律效果和社会效果都是好的。

(一)侵权责任法回归债法,能够实现债法的统一

在立法者重新审视1986年以来的民事立法实践后,发现制定统一的民事责任制度并未像预先设想的那样,代表和反映了民事责任制度发展的新趋势,也不像苏联民法学家认为的"把关于民事责任的规范分出作为一个完全独立的部分,应该是这种体系的特点"[⑥]那样成功,反而出现了很多法律上的冲突,造成了体系上的不和谐。因而,《民法典》决定将侵权责任法回归债法体系,不仅在第118条规定侵权行为是发生债的原因,而且在第120条规定被侵权人产生的请求权的性质就是债权。[⑦] 在侵权责任编将侵权责任法改革为侵权损害赔偿法后,其债的属性更为鲜明,不仅可以适用侵权责任编的规则,更可以在侵权责任规范不足时适用债法的有关规则予以补充。因而侵权之债与侵权责任的关系是:从侵权损害赔偿请求权的角度观察,侵权请求权就是债权

---

① 参见张新宝:《中国侵权行为法》,中国社会科学出版社1995年版,第20~21页;杨立新:《侵权责任法》(第3版),法律出版社2018年版,第66页。

② 参见王利明:《侵权责任法研究》(第2版),中国人民大学出版社2018年版,第307~377页。

③ 《德国民法典》第823条第1款规定:"因故意或者过失,不法侵害他人之生命、健康、身体、自由、所有权或其他权利者,对于该他人,负赔偿因此所生损害之义务。"强调了"不法"的要件。《德国民法典》(第2版),台湾大学法学院台大法学基金会编译,北京大学出版社2016年版,第732页。

④ 《法国民法典》第1382条规定:"人的任何行为给他人造成损害时,因其过错致该行为发生之人应当赔偿损害。"罗结珍译:《法国民法典》(下册),法律出版社2005年版,第1073页。

⑤ 参见王利明:《侵权责任法研究》(第2版),中国人民大学出版社2018年版,第308页。

⑥ [苏]E.A.苏哈诺夫:《社会主义民法典的体系》,项前译,载《环球法律评论》1980年第3期。

⑦ 参见李适时主编:《中华人民共和国民法总则释义》,法律出版社2017年版,第367、372页。

的一种,属于债法范畴;而从侵权责任角度观察,具有民事责任属性,故侵权责任具有债和民事责任的双重属性,侵权请求权与侵权责任是相对应的概念。《民法典》合同编包括合同法总则(其实是债法总则)、典型合同(即有名合同)和准合同(即无因管理之债和不当得利之债),之后规定侵权责任编,形成了我国民法典不明确规定债法总则的事实上的债法体系。

(二)侵权责任法回归债法,能够划清侵权请求权与固有请求权之间的界限

《民法典》实现侵权责任法向债法回归后,侵权责任法就在职能上专司对侵权损害的救济,而不是无所不包的大侵权法。其最重要的效果之一,就是划清了侵权请求权与物权请求权、人格权请求权、身份权请求权、知识产权请求权等固有请求权之间的界限,不再会被人误解为物权编、侵权责任编、人格权编等都规定侵权责任而形成立法的重复,而是分清家门,各司其职,避免出现权利保护请求权体系的混乱,改变目前在原《民法通则》引领下与各部民法单行法之间的立法冲突,将侵权请求权与其他固有请求权分开,形成既各自独立,又分工配合的体系效应,构成完整的民事权利保护方法体系。

(三)扩大侵权责任的保护范围,扩展损害赔偿责任保护的宽度

《民法典》实现侵权责任法向债法回归,主要是限缩侵权责任方式,以厘清权利保护请求权不同类型的界限,并非要限缩侵权损害赔偿责任救济损害的范围,反而还应进一步扩展,将所有的民事权利和法益都置于侵权损害赔偿的保护之下,而绝非只保护绝对权,将第三人侵害债权弃之不顾。债权不仅要靠合同法来保护——合同法保护债权仅仅是保护债权人与债务人之间债的关系——在第三人侵害债权时,合同法对其无能为力,必须依靠侵权法的保护。至于对民事利益的保护,则应当依照法律的规定,凡是需要救济的法益损害,都应当予以保护。①

(四)全面发挥损害赔偿的功能,充分救济权利和法益的损害

《民法典》将侵权责任法变为侵权损害赔偿法,专司民事权利和法益的损害救济,将其他方面的功能交由物权请求权、人格权请求权、身份权请求权等固有请求权实现,侵权责任法就能够更专注于对人身损害、财产损害和精神损害的救济,让侵权责任法在救济上述损害中发挥更重要、更卓有成效的作用。其中,还应当进一步讨论侵权惩罚性赔偿的救济。我国目前的立法越来越强调惩罚性赔偿的作用,使其适用范围越来越广泛。除了在消费者权益保护领域的双倍惩罚性赔偿和食品安全领域的三倍惩罚性赔偿之外,不仅针对个人损害的惩罚性救济,甚至还包含了对公共利益损害的惩罚

① 笔者在侵权责任保护范围的研究中,详细列举了应当保护的法益包括其他人格利益、死者的人格利益、胎儿的人格利益、其他身份利益、其他财产利益。参见本书第一章第一节的内容。

性救济。对此,应当加以重视,惩罚性赔偿责任的适用应当有所限缩,否则就背离了惩罚性赔偿的本来目的。侵权损害赔偿法终归还是救济法,救济的是受害人的损害而不是国家、政府的损害,更不是惩罚法。

第三节 《民法典》对侵权责任规则的修改和完善

一、《民法典》对侵权责任规则修改、完善的主要方面

《民法典》除了实现侵权责任法向债法回归的立法目的之外,在原《侵权责任法》的基础上,进行了全面的修改、完善,使我国侵权责任规则体系进一步完善,有利于更好地发挥侵权法的调整功能,保护好民事主体的民事权益。归纳起来,修改完善的主要方面如下。

(一)对侵权责任编的结构进行调整

《民法典》侵权责任编的结构在原《侵权责任法》的基础上进行了适当调整,使之与总则编规定的内容相协调。

原《侵权责任法》的基本结构分为两部分,一是通则性规定,二是分则性规定。

《民法典》侵权责任编的通则性规定,是原《侵权责任法》第一章至第三章关于"一般规定""责任构成和责任方式""不承担责任和减轻责任的情形"的规定。《民法典》将原《侵权责任法》规定的一些内容规定到总则编,如连带责任规则、民事责任方式、不可抗力、正当防卫、紧急避险、见义勇为的适当补偿请求权、违约责任与侵权责任竞合的选择权、非冲突性民事责任竞合的请求权并行和民事责任优先权。在抽走了这些规则以后,侵权责任一般规则的内容减少,须对侵权责任的一般性规定进行调整。因而,《民法典》侵权责任编将侵权责任构成的一般性规则规定在第一章"一般规定"中,将损害赔偿责任的规则全部在第二章"损害赔偿"中规定,因而使侵权责任编的通则性规定由三章变为两章。

《民法典》侵权责任编的分则性规定,是从第三章至第十章,继续规定"责任主体的特殊规定""产品责任""机动车交通事故责任""医疗损害责任""高度危险责任""饲养动物损害责任",将"环境污染责任"修改为"环境污染和生态破坏责任",将"物件损害责任"修改为"建筑物和物件损害责任",八章的基本结构未变,只是在具体内容中进行了较大的修改。

这样,《民法典》就将总则编的规定与侵权责任编的规定协调成为一体,构建了在

总则编指导下的侵权责任编通则性规定和分则性规定的逻辑体系,突出了侵权责任的侵权之债的性质。

(二)调整侵权责任的一般性规则

侵权责任通则性规定就是侵权责任的一般性规则,包括《民法典》侵权责任编的第一章和第二章。在"一般规定"一章,一是概括规定侵权责任的保护范围,扩张侵权责任编的调整范围;二是完善侵权责任构成要件体系,增加规定损害要件;三是增加和调整免责事由,规定自甘风险和自助行为为免责事由。在"损害赔偿"一章,扩大了侵权赔偿责任范围,调整了侵害人身权益造成财产损失赔偿数额的计算方法,规定了故意或者重大过失侵害具有人身意义的特定物的精神损害赔偿,增加了故意侵害知识产权情节严重承担惩罚性赔偿责任的规定。

增加这些关于侵权责任的通则性规定,使我国的侵权责任一般规则体系更加完善,对保护民事主体的民事权益、制裁侵权行为、阻吓侵权行为,具有重要价值。

(三)增加新的侵权行为类型

《民法典》侵权责任编编纂的一个重大收获,是在其分则性规定中增加了较多的侵权责任新类型。在"责任主体的特殊规定"中,增加了委托监护损害责任、定作人指示过失责任两种特殊侵权责任类型。在机动车交通事故责任中,增加了挂靠机动车损害责任、未经允许驾驶他人的机动车损害、好意同乘三种特殊侵权责任类型。累计起来,增加了5种完整的侵权责任类型。

《民法典》还通过完善侵权责任规则,在有关的侵权责任类型中增加具体类型。例如,在网络侵权责任中增加了反通知规则;在个人劳务损害责任中,增加了第三人致提供劳务一方损害的责任分担规则;在明知产品存在缺陷仍然生产、销售造成损害责任中,增加了没有依照规定采取补救措施应当承担惩罚性赔偿责任的规则;在医疗机构及其医务人员侵害患者隐私权责任中,增加了侵害患者个人信息的责任;在高度危险物损害责任中增加了强腐蚀性物品的损害责任;在堆放物损害责任中增加了滚落、坠落的行为方式;在林木损害责任中增加规定了倾倒或者果实坠落损害责任。这在实际上也增加了7种侵权责任类型。

《民法典》规定的特殊侵权责任类型实际上增加了12种,大大地提高了我国侵权责任的类型化程度。

(四)修改完善特殊侵权责任类型的具体规则

《民法典》在修改特殊侵权责任类型的具体规则上,规定了很多具体的可操作性规则。特别值得称道的,一是对高空抛掷物损害责任规则进行了全面改造,避免了规定由有可能造成损害的人给予补偿的不公平"连坐"后果,体现了民法的公平正义原则;二是在违反安全保障义务损害责任中,将经营者列为责任主体,扩大了责任主体的范围,与《消费者权益保护法》的规定相一致;三是在产品责任中,增加规定采取召回措施的,生产者、销售者应当负担被侵权人因此支出的费用;四是在环境污染和生态破坏责任中增加规定惩罚性赔偿责任,等等。这些修改和完善都使侵权责任规则得到了进一步完善。

二、《民法典》对侵权责任规则的具体修改内容

《民法典》对侵权责任规则的具体修改内容,主要表现在以下方面。

(一)对侵权责任一般性规则的具体修改内容

1. 侵权责任保护范围由"概括+列举"式修改为"概括式"

《民法典》第1164条关于"本编调整因侵害民事权益产生的民事关系"的规定,看似对侵权责任调整范围的简单规定,却规定了对侵权责任保护范围的重要内容,对侵权法具有重要意义。其原因是,这一条文替代了原《侵权责任法》第2条第2款关于侵权责任保护范围的规定,成为确定侵权责任保护范围的新规则。侵权责任编用概括式的方法,规定侵权责任的保护范围是所有的民事权益,避免了原《侵权责任法》规定侵权责任保护范围既繁琐又列举残缺的做法,实现了对民事权益的全面保护。

侵权责任编采用概括式的立法方式,将所有的民事权益都包括在侵权责任保护范围之内:一是所有的民事权利都受侵权责任的保护;二是保护的民事利益即法益包括一般人格权保护的其他人格利益、胎儿的人格利益、死者的人格利益、其他身份利益和其他财产利益。这些民事权益受到侵害,产生侵权责任法律关系,被侵权人可以行使请求权,侵权人应当承担侵权责任,救济被侵权人的损害。这样的规定,使争论较大的债权是否为侵权责任保护对象等问题,得到了彻底解决。

2. 增加"造成损害"作为侵权责任的构成要件

原《侵权责任法》第6条第1款只规定"行为人因过错侵害他人民事权益,应当承担侵权责任",没有规定"造成损害"是侵权责任构成要件。[①]《民法典》将侵权责任界定为债之一种,是侵权损害赔偿之债,因而规定构成侵权责任必须具备损害要件,强调没有损害的要件,就不能构成侵权责任,进一步确立了侵权法是侵权损害赔偿法的性质。

3. 增加自甘风险、自助行为等为侵权责任的免责事由

《民法典》第1176条规定自甘风险为免责事由。自甘风险是来自英美法的免责事由,尽管规则有所不同,却是我国第一次确认自甘风险为免责事由。

《民法典》第1177条规定自助行为为免责事由,在合法权益受到侵害,情况紧迫且

---

① 参见杨立新:《侵权责任法:条文背后的故事与难题》,法律出版社2011年版,第42~43页。

不能及时获得国家机关保护,不立即采取措施将使其权益受到难以弥补的损害时,受害人可以在必要范围内采取扣留侵权人的财物等合理措施,而不承担侵权责任的免责事由。这也是我国民法第一次规定自助行为为免责事由。

此外,《民法典》第1178条规定:"本法和其他法律对不承担责任或者减轻责任的情形另有规定的,依照其规定。"本法另有规定的免责事由,是指《民法典》总则编规定的免责事由,如第180条规定的不可抗力、第181条规定的正当防卫、第182条规定的紧急避险、第184条规定的紧急救助行为。其他法律规定的免责事由,是指《民法典》之外的其他民事法律或者非民事法律规定的有关侵权责任的免责事由和减责事由。如《道路交通安全法》第76条规定的道路交通事故责任的减、免责事由,《产品质量法》第41条规定的产品责任的免责事由等,也都应当予以适用。

4. 对损害赔偿规则的修改

对侵权损害赔偿责任规则,《民法典》作了适当修改。一是在人身损害赔偿范围中增加了营养费的赔偿(第1179条);二是适当调整侵害人身权益造成财产损失赔偿数额的计算方法,将被侵权人因此受到的损失或者侵权人因此获得的利益赔偿的递进式,改为选择式,选择权属于被侵权人(第1182条);三是规定故意或者重大过失侵害具有人身意义的特定物可以请求精神损害赔偿,采纳了司法解释确定的规则(第1183条第2款);四是规定财产损失可以选择按照其他合理方式计算(第1184条);五是规定故意侵害知识产权可以承担惩罚性赔偿责任,加大对侵害知识产权行为的惩罚力度(第1185条);六是规定公平分担损失规则仅适用于法律规定的情形,限制其适用的范围(第1186条)。

(二)对有关责任主体的特殊规定的具体修改内容

《民法典》在"责任主体的特殊规定"中,不仅增加了新的特殊侵权行为类型,还修改了部分特殊侵权责任的具体规则。主要内容:一是新规定委托监护人与监护人责任分担规则;二是用人单位承担赔偿责任后享有追偿权;三是在个人劳务损害责任中增加第三人损害的责任承担规则;四是增加定作人指示过失责任;五是调整和补充网络侵权责任避风港原则和红旗原则的规则;六是完善违反安全保障义务侵权责任的具体规则;七是规定学校等教育机构承担补充责任后享有追偿权。

(三)对其他特殊侵权责任规则的修改内容

1. 对产品责任规则的修改。一是第1203条调整了销售者和生产者的连带责任规则;二是产品责任增加规定停止侵害为禁令;三是第1206条规定生产者、销售者于产品投入流通后发现存在缺陷的,须停止销售,对未及时采取补救措施或者补救措施不力造成损害扩大的,对扩大的损害也应当承担侵权责任,将发展风险抗辩与跟踪观察缺陷的侵权责任作了适当区分;四是对生产者、销售者违反跟踪观察义务未采取补救措施,造成他人死亡或者健康严重损害的,规定也应承担惩罚性赔偿责任。

2.对机动车交通事故责任规则的修改。第一,增加规定机动车管理人为机动车交通事故的责任主体。第二,增加规定挂靠机动车交通事故责任的分担规则。第三,增加擅自驾驶他人机动车发生交通事故的责任分担规则。第四,规定强制保险、商业保险与侵权人责任的承担顺序。第五,调整盗抢机动车发生交通事故盗抢人与使用人责任分担规则。第六,增加规定无偿搭乘人因交通事故造成损害的好意同乘规则。

3.对医疗损害责任规则的修改。一是将医疗过错分为医疗机构过错和医务人员过错。二是修改医疗机构及其医务人员履行告知义务的具体要求。三是完善医疗机构推定过错事由的规定。四是规定泄露患者个人信息的侵权责任。

4.对环境污染和生态破坏责任规则的修改。第一,将污染环境责任改称为环境污染和生态破坏责任。第二,规定故意污染环境破坏生态造成严重后果应当承担惩罚性赔偿责任。第三,规定造成环境污染和生态破坏须承担修复责任。第四,规定机关或者组织请求侵权人赔偿损失的范围。

5.对高度危险责任的修改和完善。第一,细化民用核设施损害责任的免责事由。第二,规定高度危险物包括强腐蚀性物。第三,规定高度危险活动减轻责任仅限于重大过失。第四,提高高度危险区域管理人管理义务的标准。第五,行为人具有故意或者重大过失不适用限额赔偿规则。

6.对饲养动物损害责任规则的修改。原《侵权责任法》第79条规定,违反管理规定未对动物采取安全措施造成他人损害的责任,是绝对责任,不适用减轻或者免除责任的规定。① 《民法典》第1246条改变了原条文绝对责任条款的性质,规定可以实行有限的过失相抵规则。

7.对建筑物和物件损害责任规则的修改。第一,修改建筑物倒塌损害责任的规则。第二,修改高空抛掷物坠落物损害责任规则。第三,堆放物损害责任增加滚落、滑落为致害行为。第四,明确妨碍交通物的责任主体是公共道路管理人。第五,对林木损害责任增加规定果实坠落等为致害行为。第六,对地下工作物损害责任明确由施工人承担举证责任。

三、《民法典》修改完善侵权责任规则成功的原因及仍存在的问题

(一)《民法典》修改完善侵权责任规则成功的主要原因

《民法典》修改完善侵权责任规则是比较成功的。成功的主要原因是:

第一,紧跟社会和时代的发展。我国《民法典》侵权责任编是21世纪最新的侵权

---

① 参见王胜明主编:《中华人民共和国侵权责任法释义》(第2版),法律出版社2013年版,第438页。

法,应当紧跟当前社会和时代的发展,解决社会和时代发展对侵权法提出的新要求,反映时代的新特点。《民法典》侵权责任编把紧跟社会和时代发展作为编纂指导思想,努力实现这一要求。例如,在网络侵权责任中,在总结经验的基础上,针对互联网等网络空间发生侵权行为的新特点,通过第 1194 ~ 1197 条四个条文,进行了全面的完善,能够满足当代网络侵权行为对法律适用的要求,合理平衡各方利益关系,确定正确的侵权责任规则。在个人信息保护的规定中,不仅在一般规定中将个人信息纳入侵权责任的保护范围,而且在具体条文中确定特别保护的规则,并针对医疗领域存在比较严重的侵害个人信息的侵权行为,专门在医疗损害责任保护患者权益的规则中,确定医疗机构及其医务人员保护患者个人信息的义务,以及侵害患者个人信息的侵权责任。通过以上规定,《民法典》侵权责任编使自己站在时代的前列,反映了时代的需求。

第二,全面回应社会的需求。时代的发展和社会的进步,给侵权法提出了很多新的要求,侵权法需要给予回应。立法机关考察社会发展对侵权责任规范的需求,积极寻求解决办法,制定相关责任规范,注重解决社会实际问题。例如,关于环境和生态的保障问题,原《侵权责任法》对此有规定,但内容比较简单,特别是关于对保护生态的规定表达不清晰、不明确。针对社会的需求和呼声,《民法典》落实关于绿色原则的要求,不仅将"环境污染责任"修改为"环境污染和生态破坏责任",而且修改和增加了条文,使环境污染和生态破坏责任的规则更加明确,增加了故意违反国家规定污染环境、破坏生态造成严重后果的惩罚性赔偿责任,增加了环境和生态的修复责任,补充了国家规定的机关或者法律规定的组织请求赔偿的具体范围。随着社会的发展,在机动车保有量越来越大的情况下,为回应对机动车交通事故责任规则的新需求,对"机动车交通事故责任"一章进行了较大的修改,增加了新的侵权责任类型。针对大量农村居民进城务工其未成年子女留守农村的实际情况,增加了委托监护损害责任的规则,满足了农村未成年子女造成损害,其监护人和委托监护人之间责任关系的需求。《民法典》通过对这些侵权责任规则的规定,提出了具体的权利保护方法,较好地回应了社会需要。

第三,正视并勇于改进存在的问题。《民法典》正视原《侵权责任法》存在的不足,采取具体措施予以完善。《民法典》对侵权责任规则改动最大,也是社会各界都予以关注的问题,就是高空抛掷物损害责任。这一规则被社会舆论认为是"连坐"法,强烈呼吁改进。立法者正确处理保护受害人的权益与有可能造成损害的建筑物使用人之间的利益关系,将单纯的"连坐式"的补偿责任进行了全面修改,不仅特别强调禁止从建筑物中抛掷物品,造成损害的应当由行为人承担责任,而且特别强调建筑物管理人的安全保障义务和有关机关及时调查查清责任人的义务,因而将有可能造成损害的建筑物使用人承担补偿责任规则的适用降低到最小范围,并且赋予承担了补偿责任的建筑物使用人在查清责任人后的追偿权,以纠正所谓"连坐"责任的消极后果。在建筑物等不动产倒塌损害责任中,原《侵权责任法》第 86 条只规定建设单位与施工单位承担连带责任,过于绝对化,《民法典》第 1252 条增加规定“但是建设单位与施工单位能够证明不存在质量缺陷的除外”的但书规定,将绝对责任改变为过错推定责任,更符合公平原则的要求。

第四,采取必要措施保障人民权利。侵权法保护民事主体的民事权益不受侵害,既通过对侵权行为的制裁来实现,也通过赋予民事主体行为自由而实现。保护民事主体的行为自由,就是对正确行使权利的行为予以保护,即使造成损害也不承担责任。在原《侵权责任法》中,对免责事由规定不够全面,在一定程度上限制了行为人的行为自由。《民法典》增加规定了自甘风险和自助行为等免责事由,使行为人的行为自由得到更好的保障。在饲养动物损害责任中,对于违反管理规定未对动物采取安全措施造成他人损害的,原来规定适用绝对责任条款,不得免除或者减轻责任,限制了动物饲养人的行为自由,第 1246 条改变了这一规则,规定能够证明损害是由被侵权人故意造成的,可以减轻责任,平衡了行为自由与侵权责任之间的利益关系。

(二)《民法典》侵权责任编仍然存在的问题和解决方法

1.《民法典》侵权责任编仍然存在的问题

《民法典》规定侵权责任规则也还存在一些不够完善的规则,主要是以下几个方面。

在多数人侵权行为与责任中,没有规定不真正连带责任的规则;在分别侵权行为中只规定了典型的分别侵权行为和叠加的侵权行为,没有规定半叠加的分别侵权行为,[①]因而使多数人侵权行为与责任体系存在残缺。在免责事由中,《民法典》第 1174 条规定损害是因受害人故意造成的,行为人不承担责任的规则,并不准确,应当规定故意或者过失是损害发生的全部原因,为免责事由;对于职务授权行为,也应当规定为免责事由却没有规定。[②] 在损害赔偿责任规则中,对震惊损害的精神损害赔偿没有规定;[③]侵害知识产权惩罚性赔偿责任没有规定具体的计算方法;对于一次性赔偿和分期支付的赔偿方式规定不准确,应当规定的是对未来损害的一次性赔偿和定期金赔偿才是必要的。

在侵权责任编的分则中,对个人劳务中的工伤事故责任,第 1192 条第 1 款后段仍

---

① 对半叠加分别侵权行为的说明,请参见陶盈:《分别侵权行为研究》,中国政法大学出版社 2018 年版,第 172 ~ 185 页;杨立新、陶盈:《论分别侵权行为》,载《晋阳学刊》2014 年第 1 期。

② 参见杨立新:《侵权责任法:条文背后的故事与难题》,法律出版社 2011 年版,第 104 页。

③ 对此请参见杨立新、李怡雯:《侵权责任编规定精神损害赔偿应当增加震惊损害赔偿》,载《新疆师范大学学报》(哲学社会科学版)2020 年第 1 期。

然坚持过错责任,不符合保护劳动者权益的宪法要求。① 在网络侵权责任的避风港原则反通知权的规定中,只保护了发布信息的网络用户享有反通知权,没有规定因采取必要措施造成网络用户以外的他人损害的反通知权。② 第1199条仍然规定限制民事行为能力人在教育机构受到损害的赔偿责任适用过错责任,等于对限制民事行为能力人没有提供任何特别保护,使这个条文形同虚设。对动物园饲养的动物损害责任仍然规定适用过错推定原则,降低了对动物园保护人民安全要求的标准,不符合无过错责任适用的要求。③

2. 对侵权责任编存在问题应当采取的对策

《民法典》实施后,对侵权责任编存在的上述问题,只能在实践中逐步加以解决。解决方法是:

第一,对于立法遗漏的问题,可以参照适用最相类似的规则适用法律。例如,对那些没有规定的特殊侵权行为,可以适用过错责任的规定确定侵权责任,这样做,尽管降低了权利保护的标准,但毕竟还是能够保护大多数被侵权人的合法权益。在网络侵权责任中,对行使通知权采取必要措施造成第三人损害的反通知问题,可以参照适用第1196条规定的反通知规则,提出反通知。如果无法参照最相类似的规则类推适用法律,应当依照《民法典》第10条的规定,适用习惯或者法理作为补充法源,确定侵权责任。

第二,对于规定不当的侵权责任规则,在法律适用中应当适当调整,避免出现对民事权益保护不周的后果。例如,对动物园饲养动物损害责任规定适用过错推定原则的明显错误,在适用中,应当尽量保护被侵权人的合法权益,防止因适用过错推定责任而使被侵权人受到的损失得不到赔偿。对于受害人的过失是造成损害的全部原因的,尽管没有规定,但是可以比照第1174条规定,免除行为人的责任。

第三,对于采取上述方法仍然无法解决的问题,可以采用两个方法:一是在司法解释中作出规定,以应急需;二是应当做好经验积累工作,在时机成熟时,适时修改法律,对《民法典》侵权责任编存在的问题予以修正。前者例如对《民法典》第1171条和第

① 依照宪法关于加强对劳动者劳动保护的规定,在侵权责任领域对工伤事故应当实行无过错责任原则,第1192条第1款后段却仍然规定,提供劳务一方在劳务中造成自己损害,对接受劳务一方应当依照过错承担责任,没有过错的就不予赔偿,是不正确的。

② 参见杨立新、李佳伦:《论网络侵权责任中的反通知及效果》,载《法律科学》(西北政法大学学报)2012年第2期。

③ 对于这一部分的不同见解,请参见王胜明主编:《中华人民共和国侵权责任法释义》(第2版),法律出版社2013年版,第448~449页。

1172 条之间存在的半叠加分别侵权行为,可以通过司法解释的方法予以补充;①后者例如第 1200 条规定的限制民事行为能力人在教育机构造成损害的归责原则适用过错责任的规定,应当在修法时予以纠正。另外,对未来损害赔偿的定期金赔偿,既可以参照适用第 1187 条关于分期支付的规定确定赔偿定期金,也可以直接适用最高人民法院《关于审理人身损害赔偿案件适用法律若干问题的解释》中的定期金赔偿的规定,确定定期金赔偿。

第四节 《民法典》侵权责任规则的溯及既往效力

最高人民法院《关于适用〈中华人民共和国民法典〉时间效力的若干规定》(本节以下简称该规定)对《民法典》侵权责任编的规范作出了六个具有溯及既往效力的规定,贯彻了法不溯及既往原则和例外的有利溯及原则,对于保护民事主体合法权益具有重要的价值。

一、《民法典》保护英烈人格利益规则具有溯及既往的效力

该规定第 6 条规定:"《中华人民共和国民法总则》施行前,侵害英雄烈士等的姓名、肖像、名誉、荣誉,损害社会公共利益引起的民事纠纷案件,适用民法典第一百八十五条的规定。"这是《民法典》关于英烈保护规定具有溯及既往效力的规定。

《民法典》第 185 条规定,侵害英雄烈士等的姓名、肖像、名誉、荣誉,损害社会公共利益的,应当承担民事责任。原《民法通则》对此未作规定,这一规定属于新增规定,确定其具有溯及既往效力,体现了有利溯及原则的要求。

行为人实施侵害英雄烈士人格利益的行为,是侵害死者的人格利益。原《民法通则》并未就死者人格利益的保护作出规定,司法实践提出这个问题后,最高人民法院通过司法解释,确立了自然人死亡后,对死者的人格利益实施侵害的行为构成侵权,应当承担民事责任,以维护人格尊严。死者的近亲属行使保护的权利,向法院提出主张,由人民法院作出判决。

---

① 最高人民法院《关于审理环境侵权责任纠纷案件适用法律若干问题的解释》第 3 条第 3 款规定:"两个以上污染者分别实施污染行为造成同一损害,部分污染者的污染行为足以造成全部损害,部分污染者的污染行为只造成部分损害,被侵权人根据侵权责任法第十一条规定请求足以造成全部损害的污染者与其他污染者就共同造成的损害部分承担连带责任,并对全部损害承担责任的,人民法院应予支持。"这个规则,就是半叠加分别侵权行为分担责任的规则。

在现实生活中，一些人歪曲事实，诽谤、抹黑、恶意诋毁、侮辱英雄烈士的姓名、肖像、名誉、荣誉，损害了社会公共利益，社会影响恶劣，应当依法追究民事责任，故《民法总则》亦即《民法典》总则编对保护英烈人格利益作出上述保护规定。这正是把保护死者人格利益的经验应用在对英雄烈士人格利益的保护上。对此，《英雄烈士保护法》也作出了具体规定。通过这样的规定，加强对英雄烈士姓名、肖像、名誉、荣誉等人格利益的保护，对于促进社会尊崇英雄烈士，扬善抑恶，弘扬正义，意义重大。英烈有近亲属的，可以由其近亲属提起诉讼；没有近亲属的，检察机关有权提起公益诉讼，依法保护英烈的人格利益。

适用《民法典》第 185 条追究行为人对《民法总则》施行前实施的该种行为承担民事责任的要件有：一是行为人在《民法总则》施行前实施了侵害英雄烈士姓名、肖像、名誉、荣誉的侵权行为；二是行为人实施的行为损害了社会公共利益，侵害了英雄烈士的人格利益；三是受到侵害的英雄烈士的近亲属或者检察机关在《民法典》施行后起诉，请求追究行为人的民事责任。符合这三个条件，就适用《民法典》第 185 条的规定，确定行为人承担民事责任。

二、《民法典》自甘风险免责规定具有溯及既往的效力

该规定第 16 条规定："民法典施行前，受害人自愿参加具有一定风险的文体活动受到损害引起的民事纠纷案件，适用民法典第一千一百七十六条的规定。"原《侵权责任法》没有规定自甘风险为免责事由，但是在社会生活中经常出现自甘风险的争议。《民法典》第 1176 条关于自甘风险免责的规定属于新增规定，因而确认这一规定具有溯及既往的效力。

由于原《侵权责任法》没有规定自甘风险免责规则，因而在司法实践中，对诉讼到法院的自甘风险争议案件，法院在适用法律上做法不统一，形成同案不同判的结果。例如，同样是参加体育活动造成损害，有的判决承担赔偿责任，有的判决不承担赔偿责任，有的判决原被告公平分担损失。《民法典》第 1176 条规定了自甘风险规则，确定了自甘风险免责的要件和后果，统一了法律适用的尺度，能够保障行为人的行为自由，因而具有重要价值。

由于《民法典》施行前的法律对自甘风险没有规定，而《民法典》对此作出了新增规定，对《民法典》施行前的自甘风险适用《民法典》的规定，没有明显减损当事人的合法权益，没有增加当事人的法定义务，也没有背离当事人的合理预期，反而能够实现同案同判，统一法律适用尺度，因而具有溯及既往的效力。只要自甘风险的损害发生在《民法典》施行之前，造成受害人损害的事实符合自甘风险的构成要件，因自甘风险造成损害引起的民事纠纷案件在《民法典》施行之后提起诉讼的，就可以直接依照《民法典》第

1176 条的规定判决,统一裁判尺度。

三、《民法典》自助行为免责的规定具有溯及既往的效力

该规定第 17 条规定:“民法典施行前,受害人为保护自己合法权益采取扣留侵权人的财物等措施引起的民事纠纷案件,适用民法典第一千一百七十七条的规定。”原《侵权责任法》也没有规定自助行为,《民法典》第 1177 条关于自助行为的规定是新增规定,具有溯及既往的效力。

《民法典》自助行为免责的规定是新增规定,对于《民法典》施行前发生的自助行为适用《民法典》第 1177 条规定应具备三个要件:一是自助行为发生在《民法典》施行前;二是受害人实施的行为符合《民法典》第 1177 条规定的构成要件;三是《民法典》施行后对于自助行为产生争议向法院起诉。符合这三个要件要求的,《民法典》第 1177 条的规定就具有溯及既往的效力,直接适用这一规定裁判解决纠纷。

四、《民法典》好意同乘减轻责任规则具有溯及既往的效力

该规定第 18 条规定:“民法典施行前,因非营运机动车发生交通事故造成无偿搭乘人损害引起的民事纠纷案件,适用民法典第一千二百一十七条的规定。”《民法典》第 1217 条关于好意同乘的规定,之前的法律和司法解释都没有规定,属于新增规定,因而具有溯及既往的效力。

在《民法典》实施之前发生的好意同乘纠纷案件,符合好意同乘的构成要件和法律特征的,在《民法典》施行后发生争议向法院起诉的,《民法典》第 1217 条的规定具有溯及既往的效力,适用该法律规定,确定好意同乘责任人的减轻责任。确定好意同乘规则具有溯及既往的效力,能够平衡当事人之间的利益关系,有利于保护善意提供利他行为人的权益,也有利于维护社会秩序。

五、《民法典》高空抛物损害责任规则具有溯及既往的效力

该规定第 19 条规定:“民法典施行前,从建筑物中抛掷物品或者从建筑物上坠落的物品造成他人损害引起的民事纠纷案件,适用民法典第一千二百五十四条的规定。”

对高空抛物、坠物损害责任,原《侵权责任法》第 87 条作过规定,立法目的在于救济不能查明加害人的受害人之损害,对于如何防范和预防这种侵权行为注意不够,因而社会有负面评价。《民法典》第 1254 条全面修改了原《侵权责任法》第 87 条的规定内容,其立法目的转变为查清加害人、预防高空抛物行为发生、保护头顶上的安全,因而规定的规则发生了重大变化。

虽然《民法典》施行前的《侵权责任法》对高空抛物、坠物损害责任有规定,但是

《民法典》第1254条作出这样复杂的规定，更有利于保护当事人的合法权益，更有利于维护社会和经济秩序，更有利于弘扬社会主义核心价值观。因此，本条司法解释规定，《民法典》施行前，从建筑物中抛掷物品或者从建筑物上坠落的物品造成他人损害的，适用《民法典》第1254条的规定确定责任，预防高空抛物损害行为的发生，保护好头顶上的安全。

六、《民法典》侵权责任规定具有衔接适用的效力

该规定第24条规定："侵权行为发生在民法典施行前，但是损害后果出现在民法典施行后的民事纠纷案件，适用民法典的规定。"这是对侵权行为发生在《民法典》施行前、损害结果发生在《民法典》施行后的侵权行为的民事纠纷案件，《民法典》关于侵权责任的规定具有衔接适用效力的规定。

侵权行为实施后，损害后果在侵权行为实施后的一段时间发生，以及侵权行为实施之后，侵权行为或者其损害后果一直持续存在的，是侵权行为常有的情形，都属于侵权行为的实施与损害后果的发生存在时间间隔的侵权行为类型。例如，侵权行为侵害孕妇的身体，并未发现其腹内的胎儿受到损害。胎儿在出生后，人身损害才被发现，就属于侵权行为实施后，与损害结果发生的时间有间隔的侵权行为。

对于这些情形，如果侵权行为发生在《民法典》施行前，而损害结果在《民法典》施行后出现或者持续至施行后，都具有衔接适用《民法典》关于侵权责任规定的条件。因此，本条司法解释规定，侵权行为发生在《民法典》施行前，而损害后果出现在《民法典》施行后，也包括侵权行为发生在《民法典》施行前，造成被侵权人的损害持续到《民法典》施行后的，《民法典》有关侵权责任的规定就具有溯及既往的衔接适用效力，应当适用《民法典》有关侵权责任的规定。

第一章　一般规定

第一节　侵权责任的立法目的与保护范围

一、我国《民法典》侵权责任编的立法目的

我国《民法典》侵权责任编作为我国现行的侵权责任法，应当发挥其应有的法律调整功能。《民法典》第 1164 条规定："本编调整因侵害民事权益产生的民事关系。"这条规定的首先是侵权责任编的调整对象，其立法目的，就是调整侵权法律关系，具体表现在以下方面：

第一，救济受到损害的民事权利，保护民事主体的合法权益。《民法典》是一部权利法，其全部内容都是规定民事主体享有的民事权利、行使民事权利以及保护民事权利的基本规则。侵权责任编在《民法典》中的基本职能是保护民事权利，属于民事权利保护法，对民事主体的民事权利提供保护。民事权利受到非法侵害，侵权责任编确认在被侵权人一方取得侵权请求权，侵权人一方构成侵权责任时，通过由侵权人承担侵权责任的方式，救济被侵权人的民事权利损害，使其恢复至没有受到损害时的状况，保护民事主体的民事权利。因此，侵权责任法最重要的立法目的，就是保护民事主体的民事权利不受侵害，并且在民事权利受到侵害时能够得到及时救济。

第二，确定侵权请求权的构成要件，明确侵权责任。侵权责任编保护民事权利，救济民事权利损害的基本方法，是赋予受到侵害的民事权利主体以侵权损害赔偿请求权，被侵权人

可以请求侵害其民事权利的侵权人承担损害赔偿等侵权责任。侵权责任法的全部内容都是规定法律对侵权责任的要求，不仅要规定侵权责任的归责原则和一般构成要件，规定侵权责任的方式、免责事由等侵权责任的一般要求，还要规定侵权责任的具体类型、特殊侵权责任的构成要求。因此，侵权责任法就是确定侵权责任的民事基本法，是通过确认侵权责任实现保护民事权利目的的法律。

第三，主要以财产性的民事责任惩罚侵权人，制裁侵权行为。大陆法系侵权法并不强调侵权责任的惩罚性，而是强调其补偿性。侵权责任的惩罚性主要表现在两个方面：一方面，是强制侵权人承担财产性民事责任，补偿被侵权人的权利损害，使侵权人接受不得不支付财产的惩罚，特别是精神损害赔偿更具有惩罚作用；另一方面，采取适当承认惩罚性赔偿金的做法，对恶意侵权行为造成人身权损害的侵权行为，确定有限度的惩罚性赔偿金，更好地发挥对侵权人的惩罚作用。

第四，预防侵权行为，促进社会和谐稳定。不论是对民事权利人的保护，还是对侵权行为的制裁或惩罚，其重要目的之一是对侵权行为的预防。侵权责任的这种预防作用，类似《刑法》的一般预防，通过对侵权行为的制裁和对侵权人的财产惩罚，发挥侵权责任法的调整功能，在社会中发挥一般的警示作用，教育群众遵守民事法律，尊重民事权利，履行民事义务，防止侵害他人的民事权利，进而规范社会秩序，使民事法律关系正常流转，促进社会的和谐和稳定，保障人民安居乐业。

二、《民法典》第 1164 条规定的侵权责任保护范围

《民法典》第 1164 条规定还有一个特别重要的价值，就是规定了侵权责任的保护范围。

按照这一条文的规定，侵权责任的保护范围是所有的民事权益。从这个意义上看，这一条文代替了原《侵权责任法》第 2 条规定的内容。

原《侵权责任法》第 2 条规定："侵害民事权益，应当依照本法承担侵权责任。""本法所称民事权益，包括生命权、健康权、姓名权、名誉权、荣誉权、肖像权、隐私权、婚姻自主权、监护权、所有权、用益物权、担保物权、著作权、专利权、商标专用权、发现权、股权、继承权等人身、财产权益。"这个规定采用"列举 + 概括"的方式，既在行文上表达繁琐，又在内容上有所遗漏，不能涵盖侵权责任的全部保护范围，以至于在司法实践中引起较多歧义，不能统一适用尺度。例如，其中没有规定身体权、名称权、债权等权利，而且列举的 18 种权利也不是同一位阶的权利，有的是具体权利，有的是权利类型。另外，对于侵权责任所保护的民事利益，仅仅指出了是人身、财产利益，没有具体说明何种民事利益才由侵权责任法保护。

《民法典》第 1164 条规定的最大优势，就是采用概括式的立法方式，将所有的民事

权益都纳入侵权责任的保护范围,这就是:第一,所有的民事权利都受侵权责任编保护,按照《民法典》总则编第五章规定的民事权利,即人格权、身份权、物权、债权、知识产权、继承权和股权及其他投资性权利,都在侵权责任的保护范围之中。第二,法律保护的民事利益即法益,包括一般人格权保护的其他人格利益、胎儿的人格利益、死者的人格利益、其他身份利益和其他财产利益,也都由侵权责任予以保护。这些民事权益受到侵害,产生侵权责任法律关系,被侵权人可以行使请求权,侵权人应当承担侵权责任,救济损害。

三、侵权责任保护的民事权利范围

《民法典》第1164条规定的"民事权益",应当以总则编第五章规定的民事权利范围进行解释。《民法典》总则编第109～125条规定了我国民事权利体系,包括人格权、身份权、物权、债权、知识产权、继承权、股权和其他投资性权利。此外,第126条还规定:"民事主体享有法律规定的其他民事权利和利益。"这些条文共同构成了我国民事主体享有的民事权利体系,也是我国侵权责任保护的民事权利范围。

(一)侵权责任保护《民法典》总则编规定的七种类型的民事权利

《民法典》总则编规定的7种民事权利,都不是具体的权利,而是权利类型。侵权责任保护的民事权利包括以下几项。

1. 人格权

人格权包括生命权、身体权、健康权、姓名权、名称权、名誉权、荣誉权、信用权、肖像权、形象权、声音权,隐私权、人身自由权、性自主权、个人信息权。《民法典》第110条规定了婚姻自主权,但是在人格权编并未规定这个具体人格权。从理论上说,婚姻自主权被概括在婚姻自由之中,不再作为一个具体人格权对待。

2. 身份权

在我国民法中,长期以来不认可身份权的存在,只是强调夫妻关系、父母子女关系以及其他近亲属之间的关系。其实这些关系就是身份权。《民法典》将婚姻家庭法收入在其中,作为婚姻家庭编,身份权得到了正名。

身份权,包括配偶权、亲权、亲属权、监护权。其中配偶权是夫妻之间享有的身份地位和权利义务关系,亲权是未成年子女与父母之间的身份地位和权利义务关系,亲属权是其他近亲属之间的身份地位和权利义务关系。监护权通常被认为是准身份权,是监护人与被监护人之间的身份地位和权利义务关系。

3. 物权

物权,包括自物权和他物权。自物权包括所有权、共有权、建筑区分所有权和相邻关系。他物权包括用益物权即土地承包经营权、建设用地使用权、宅基地使用权、居住权、地役权,担保物权即抵押权、质权、留置权以及所有权保留、优先权和让与担保中的担保权。其中侵害担保物权的侵权责任比较少见。

4. 债权

债权是侵权责任的保护范围,包括合同之债、侵权之债、无因管理之债和不当得利之债,以及其他法律规定之债。

在这里,最重要的是债权是否为侵权责任的保护范围。原《侵权责任法》第 2 条第 2 款在规定侵权责任保护范围中没有明文列举债权,在实践中,很多法官认为债权不在侵权责任的保护范围之内。实际上,在原《侵权责任法》的立法过程中,绝大多数立法专家都肯定债权是侵权责任的保护对象,侵害债权构成侵权责任,应当用侵权责任保护债权。但是,有的专家认为,将债权明确规定为侵权责任的保护范围,会使人对合同法保护债权和侵权法保护债权产生误解,因而不明确规定,而是将债权包含在“等”中,造成了在适用上的认识分歧。① 第 1164 条规定“本编调整因侵害民事权益产生的民事关系”的内容,就将侵权责任保护的范围与总则编关于“民事权利”的规定直接挂钩,形成一体,因而确定了债权是侵权责任的保护范围,不会再产生侵权责任保护范围的认识分歧。

5. 知识产权

知识产权包括著作权、专利权、商标专用权,以及《民法典》第 123 条规定的那些新型知识产权,如地理标志专用权、商业秘密权、集成电路布局设计专有权、植物新品种权;以及第 127 条规定的衍生数据专有权。

6. 继承权

侵害继承权的违法行为,通常是在继承法的范围内,适用继承权恢复请求权予以保护。其他人侵害继承权,符合《民法典》第 1165 条第 1 款规定要求的,认定为构成侵权责任,承担损害赔偿责任。

7. 股权和其他投资性权利

股权是投资人向公司等法人和非法人组织投入资金产生的股份权利。其他投资性权利是指民事主体通过投资享有的权利,例如民事主体通过购买证券、基金、保险等进行投资而享有的民事权利。②

(二) 法律规定的其他民事权利

法律规定的其他民事权利,主要是商法规定的权利,以及其他法律规定的民事权利。例如,《消费者权益保护法》规定的知情权受到侵害,侵权责任法也予以保护。

---

① 参见王胜明主编:《中华人民共和国侵权责任法释义》,法律出版社 2010 年版,第 11 页。

② 参见李适时主编:《中华人民共和国民法总则释义》,法律出版社 2017 年版,第 390 页。

四、侵权责任保护的民事利益范围

侵权责任保护的民事利益包括以下五个方面。

(一)其他人格利益

其他人格利益,在学说上叫作一般人格利益,即具体人格权不能涵盖但应当依法予以保护的人格利益。任何人格利益,凡是没有明文规定,但确需依法进行保护的,都可以概括在这个概念里,作为侵权责任保护的范围。对此,《民法典》第 990 条第 2 款使用的就是“其他人格利益”,适用一般人格权予以保护。

侵权责任保护的其他人格利益具体分为:

第一,有一些在立法上没有规定,但是,在理论上认为已经具有具体人格权性质的人格权,可以概括在其他人格利益中。例如,性自主权在其他法律中已经规定为人格权,并予以刑法和行政法的保护,侵权责任保护性自主权,除了性骚扰行为可以依据《民法典》第 1010 条规定适用法律外,其他侵害性自主权的行为,可以引用其他人格利益的规定予以保护。

第二,对于有可能成为新的具体人格权的人格利益,如知情权等,应当概括在其他人格利益中予以保护。

第三,对于具体人格权和上述人格利益无法包括的人格利益,概括在其他人格利益之中依法予以司法保护。

(二)死者人格利益

原《民法通则》没有规定保护死者人格利益,但是死者的某些人格利益确有保护必要。在“荷花女”案件的审理中,最高人民法院作出解释,规定对死者的名誉应当进行法律保护。最高人民法院《关于确定民事侵权精神损害赔偿责任若干问题的解释》(2001)将死者人格利益保护的经验予以扩展,对死者的姓名、肖像、名誉、荣誉、隐私以及遗体和遗骨等人格利益均予以保护,填补了立法的缺陷,对于维护死者的人格利益,维护正常的人际关系和社会和谐稳定,都有重要意义。《民法典》第 994 条确认了这一审判经验,规定死者的姓名、肖像、名誉、荣誉、隐私、遗体等受到侵害的,死者的近亲属有权请求侵权人承担损害赔偿责任。

(三)胎儿人格利益

对胎儿人格利益的侵权责任保护,原来的法律和司法解释均无明确规定。《民法典》第 16 条规定:“涉及遗产继承、接受赠与等胎儿利益保护的,胎儿视为具有民事权利能力。但是胎儿娩出时为死体的,其民事权利能力自始不存在。”该条中的“等”字,就包含了胎儿的人身损害赔偿请求权,应当依法予以保护。有一个案例,成都市贾某怀有 4 个多月身孕,在乘坐出租汽车时发生交通事故,被撞伤,致右额粉碎性凹陷骨折及颅内血肿,为十级伤残。贾某起诉认为,自己为治疗伤害而服药,会对胎儿健康产生影响,要求对胎儿人格利益的损失予以赔偿。法院判决认为胎儿伤害尚未确定,无法予以支持,待其出生、伤害确定后可以起诉。本案尽管没有确定的判决,但体现了保护胎儿人格利益的思想。

胎儿人格利益为侵权责任法保护的范围。罗马法认为,胎儿从实际的角度上讲不是人,但由于他是一个潜在的人,人们为保存并维护其自出生之时即归其所有的那些权利,而且为对其有利,其权利能力自受孕之时起产生,而不是从其出生之时起计算。近现代的民事立法中规定,胎儿在其母体中受到侵权行为的侵害,自其出生时始,享有损害赔偿请求权。

依照《民法典》第16条的原则性规定,侵权责任保护胎儿人格利益的基本规则是:第一,胎儿在母体中受到身体损害或者健康损害,法律确认其产生损害赔偿请求权。第二,胎儿的损害赔偿请求权,在胎儿还没有出生之前,是一种潜在的权利,应待其出生后依法行使。第三,由于初生儿具有民事权利能力而不具有民事行为能力,因而在行使侵权责任请求权应由其亲权人作为法定代理人代为行使,而不是由母亲行使。第四,胎儿在娩出时为死体的,不能产生损害赔偿请求权,而由受害人即怀孕的母亲享有损害赔偿请求权。

(四)其他身份利益

其他身份利益,是亲属之间基于特定的亲属关系产生的,不能为身份权所保护的身份利益,属于人身利益的范畴。在实践中,将亲属之间的利益确定为身份利益,并且予以侵权责任的保护,并非没有争议,甚至较少有人提出。但是在事实上,除了配偶权、亲权和亲属权所保护的身份利益之外,其他身份利益经常受到侵权行为的侵害。当其他身份利益受到侵害造成损害的,侵权责任应当予以保护。

(五)其他财产利益

其他财产利益,是指物权、债权、知识产权等财产权所保护的财产利益之外的其他财产利益。在社会生活中,有很多财产利益损失不能概括在上述财产权利当中,而仅仅是财产利益的损失。例如,《国家赔偿法》第36条规定的侵犯公民、法人和其他组织的财产权造成损害的,错误查封、扣押、冻结财产,在解除对财产的查封、扣押、冻结时所造成的财产损坏或者灭失,侵害的是权利人的物权;但在错误吊销许可证和执照、责令停产停业的,该行为造成停产停业期间必要的经常性费用开支,侵害的就是财产利益,而不是物权,也不是债权或者知识产权。同样,纯粹经济损失这种新型的侵权行为类型,其所侵害的就是财产利益,而不是财产权利。

上述财产利益尽管都不是财产权利,但是,都应当得到侵权责任的保护,作为侵权责任保护的民事利益。

第二节 侵权行为一般条款

一、侵权行为一般条款概述

成文法在民事立法中对侵权行为的规定,通常采用一般化方法,在民法典债法编或者侵权法中首先规定侵权行为一般条款,通过侵权行为一般条款确定一般侵权行为,如《法国民法典》第1382条、《德国民法典》第823条、《日本民法典》第709条、我国台湾地区“民法”第184条等。

界定侵权行为一般条款有两种意见:一种意见认为,侵权行为一般条款就是在成文法中居于核心地位,作为一切侵权请求之基础的法律规范。[①] 所有的基于侵权行为的请求权都要符合这一条文的要求,换言之,侵权行为一般条款就是一个国家民法典调整侵权行为全部请求权的请求基础;在这个条文之外,不存在任何侵权行为请求权的基础,这个条文一统天下。[②] 大陆法系侵权法基本上都存在这样的侵权行为一般条款。另一种意见则认为,将侵权行为一般条款理解为对所有侵权行为的全面概括,是对侵权行为一般条款作了扩大解释,侵权行为一般条款就是规定一般侵权行为的条款。[③]

这两种意见的分歧在于,前者认为侵权行为一般条款规定的是全部侵权行为、一切侵权行为,其公式为:“侵权行为一般条款 = 全部侵权行为”;而后者认为,侵权行为一般条款不过是概括了一般侵权行为,其概括的是多数的侵权行为,而其他侵权行为则由特殊侵权行为这一概念来概括,这种理解的侵权行为一般条款的公式为:“侵权行为一般条款 + 特殊侵权行为特别列举 = 全部侵权行为”。

事实上,这样两种不同的侵权行为一般条款都存在。

《欧洲统一侵权行为法典》草案采用前一种意见规定侵权行为一般条款。其第1条规定的就是基本规则(一般条款):“(1)任何人遭受具有法律相关性的损害,有权依据本法之规定请求故意造成损害的人、因违反义务而造成损害的人或者对损害依法负

---

① 参见张新宝:《侵权行为法的一般条款》,载《法学研究》2001年第4期。

② 参见张新宝:《侵权行为法的一般条款》,中国人民大学民商事法律科学研究中心民商法前沿系列讲座的22讲,载 http://www.civillaw.com.cn/article/default.asp?id = 8102。

③ 参见杨立新:《论侵权行为一般化和类型化及其我国侵权行为法立法模式选择》,载《河南财经政法大学学报》2003年第1期。

有责任的其他人赔偿。(2)损害的发生处于紧急情势时,将遭受损害的人享有本法赋予的防止损害发生的权利。(3)为了本法的目的:具有法律相关性的损害指的是本法第二章所规定的具有法律相关性的损害;故意和违反义务的判定以本法第三章第一节以及第四章所规定的特殊情形下所造成的具有法律相关性的损害为依据。(4)本条所指权利由本法其他条款予以规定。"《埃塞俄比亚民法典》第2027条规定也是这样的侵权行为一般条款。这两种规定采纳的显然是规定全部侵权行为请求权的主张。

多数成文法国家的侵权法规定侵权行为一般条款的主要模式是后一种,侵权行为一般条款只概括一般侵权行为。提出侵权行为一般条款是概括全部侵权行为请求权的依据之一,是《法国民法典》的侵权行为一般条款,该法规定侵权行为的三个条文,即第1382、1383、1384条。将这三个条文都作为侵权行为一般条款,有将侵权行为一般条款扩大化的嫌疑。实际上,《法国民法典》关于侵权行为一般条款的规定是第1382条,第1384条是对准侵权行为即特殊侵权行为的概括性规定,统管以下的第1385条和第1386条。如果说《法国民法典》的这三个条文是侵权行为的一般条款,就等于说《法国民法典》全部侵权行为的规定,即5个条文都是规定侵权行为一般条款,这显然是说不通的。因此,《法国民法典》的基本结构是,前两条规定的是一般侵权行为,后三条规定的是准侵权行为;将这两个部分放在一起都称为侵权行为一般条款的理解不够准确。

可以说,侵权行为一般条款按照不同的理解有两种含义:一种理解为,侵权行为一般条款规定的是全部侵权行为,即大的一般条款;另一种理解为,侵权行为一般条款规定的是一般侵权行为,而不是全部侵权行为,即小的一般条款。各国家或地区关于侵权行为一般条款的立法也是采用两种方式规定的:多数采用后一种方式规定侵权行为一般条款,而少数采用前一种方式规定侵权行为一般条款。

二、对侵权法规定侵权行为一般条款的比较研究

(一)各国家或地区的侵权行为一般条款

1. 我国《民法通则》规定的侵权行为一般条款

原《民法通则》第106条第2款规定:"公民、法人由于过错侵害国家的、集体的财产,侵害他人财产、人身的,应当承担民事责任。"这个条文作为侵权行为一般条款,其特点是:第一,特别强调对财产损害的救济,将对人身的保护放在其后;第二,对侵权法保护的范围界定为"财产""人身",既包括权利,也包括利益,较为宽泛;第三,没有规定"不法"或者"违法"要件,但通说认为违法性是侵权责任的构成要件,①司法实务一直

① 从1958年开始,我国的理论专著和教科书就认可违法性的要件,只有近年来有少数学者反对违法性作为侵权责任的构成要件。参见中央政法干部学校民法教研室编著:《中华人民共和国民法基本问题》,法律出版社1958年版,第324页;王利明等主编:《民法·侵权行为法》,中国人民大学出版社1993年版,第五章。

强调违法性是侵权责任的构成要件;[①]第四,其调整范围是适用过错责任原则的一般侵权责任,[②]属于小的一般条款。

2. 法国侵权法的侵权行为一般条款

法国侵权法的侵权行为一般条款,是成文法国家侵权法中出现的第一个侵权行为一般条款,是大陆法系侵权法具有划时代意义的条文,即第 1382 条:“人的任何行为给他人造成损害时,因其过错致该行为发生之人应当赔偿损害。”这个条文的结构是“行为→损害 + 过错 = 侵权行为”。这个条文所调整的范围是一般侵权行为,不包括准侵权行为。准侵权行为规定在第 1384 条:“任何人不仅因其行为造成的损害负赔偿责任,而且对应由其负责之人的行为或由其照管之物造成的损害负赔偿责任。”该条调整的准侵权行为包括对人的替代责任和对物的替代责任。《法国侵权法》第 1382 条是侵权行为一般条款的经典表述,对后世影响极大。[③]

3. 德国侵权法的侵权行为一般条款

《德国民法典》规定的侵权行为一般条款,是第 823 条加上第 826 条,两个条文加到一起被认为是侵权行为一般条款,[④]但是,在习惯上通常都只称第 823 条为侵权行为一般条款。第 823 条规定:“故意地或者有过失地以违法的方式侵害他人的生命、身体、健康、自由、所有权或者其他权利的人,负有向他人赔偿由此发生的损害的义务。”“违反以保护他人为目的的法律的人,负有同样的义务。根据法律的内容,没有过错也可能违反法律的,只有在有过错的情况下,赔偿义务才发生。”第 826 条规定:“故意地以违反善良风俗的方法侵害他人的人,负有向他人赔偿损害的义务。”这两个条文首先列举侵害的权利,是限定侵权法保护范围的规定,即保护生命权、身体权、健康权、自由权、所有权以及其他权利。同时,对其他利益的保护,则采取“违反以保护他人为目的的法律”和“故意地以违背善良风俗的方法侵害他人”的方法进行限定。这是《德国民法典》关于侵权行为一般条款的规定,是典型的违法性三段论的表述。

---

① 最高人民法院《关于审理名誉权案件若干问题的解答》第 7 条第 1 款规定:“是否构成侵害名誉权的责任,应当根据受害人确有名誉被损害的事实、行为人行为违法、违法行为与损害后果之间有因果关系、行为人主观上有过错来认定。”这个规定代表了最高人民法院和司法实务的见解。

② 事实上,这个条文规定的范围比过错责任原则稍宽,因为除了过错责任原则之外,还包括过错推定原则。

③ 对于《法国侵权法》第 1382 条规定的是侵权行为一般条款,还是第 1382 条加上第 1384 条共同构成侵权行为一般条款,有不同看法。张新宝教授的意见是后者,我的看法是前者。

④ 对此,看法没有分歧,但对其调整范围的看法则分歧较大,张新宝教授认为这两个条文加在一起构成的侵权行为一般条款,调整所有的侵权行为;笔者认为它所调整的仅仅是一般侵权行为。

4. 我国台湾地区“侵权法”的侵权行为一般条款

我国台湾地区“民法”借鉴德国民法侵权行为一般条款的写法，其第 184 条是最成功的，规定得比德国的侵权行为一般条款还要好：“因故意或过失，不法侵害他人之权利者，负损害赔偿责任。故意以悖于善良风俗之方法，加损害于他人者亦同。”这两句话是在该条第 1 款中说的，前一句说的是不法侵害他人的权利，后一句讲以故意违背善良风俗之方法加损害于他人者，不是对权利的侵害，而是对利益的侵害。前一句讲到“不法”，后一句讲的是“故意违背善良风俗”的“不法”，前后两个“不法”并不是同一种“违法性”，前者是“形式违法”，后者是“实质违法”，规定了两种不同的“违法”形式。该条第 2 款规定：“违反保护他人之‘法律’，致生损害于他人者，负赔偿责任。但能证明其行为无过失者，不在此限。”这里说的是另一种“违法性”，即违反保护他人的“法律”的“违法性”，也是“形式违法”。

可见，这个侵权行为一般条款借鉴了德国法的违法性三段论，而且有所创造和发展，不仅将《德国民法典》第 823 条和第 826 条规定在一个条文之中，而且还对其进行了整合，使之更为严谨、更为全面。其全部内容是：(1)“权利损害 + 违反法定义务的形式违法”；(2)“利益损害 + 故意违背善良风俗的实质违法”；(3)“利益损害 + 违反保护他人‘法律’的形式违法”。这个条文的内容和逻辑都非常清晰。

值得研究的是，德国和我国台湾地区的侵权行为一般条款究竟是调整全部侵权行为的一般条款，还是调整一般侵权行为的一般条款，有的学者认为是前者，①而笔者认为仍然是调整一般侵权行为的一般条款。②

5. 日本侵权法的侵权行为一般条款

《日本民法典》第 709 条规定：“因故意或者过失侵害他人权利或受法律保护的利益的人，对于因此发生的损害负赔偿责任。”这一侵权行为一般条款非常简洁，保护的范围一个是权利，一个是受法律保护的利益，凡是造成损害的，就要承担赔偿责任。其结构是“故意或者过失 + 权利或受保护的利益 + 损害”。这个关于“侵害他人权利”的一般条款并没有明确规定违法性，但是，在日本的学说上和实践中解释，构成侵权行为必须具有违法性要件的，因而其结构是“故意或者过失 + 权利与法益 + 不法行为→损害”。这个一般条款只调整一般侵权行为，并不调整全部侵权行为，与《法国民法典》第 1382 条以及我国《民法通则》第 106 条第 2 款的内容比较接近。

6. 埃塞俄比亚侵权法的侵权行为一般条款

《埃塞俄比亚民法典》的侵权行为一般条款是大的一般条款，即第 2027 条的规定：

---

① 参见张新宝：《侵权行为一般条款》，载 http://topsun99.fyfz.cn/blog/topsun99/index.aspx?blogid=32220。

② 参见杨立新：《侵权法论》(第 3 版)，人民法院出版社 2005 年版，第 21 页。

"(1)任何人应对因过犯给他人造成的损害承担责任,而不论他为自己设定的责任如何。(2)在法律有规定的情形,一个人应对因其从事的活动或所占有的物给他人造成的损害承担责任。(3)如果某人根据法律应对第三人负责,他应对该第三人因过犯或依法律规定发生的责任负责。"这个侵权行为一般条款的写法,是目前各国或地区侵权行为一般条款中最为特别的,分为三段:一是任何人应对自己的过犯的行为对他人承担责任,这是规定过错责任原则调整的侵权行为;二是在法律有规定的情形,一个人应对其从事的活动或者占有的物给他人造成的损害承担责任,这是规定的过犯阙如,也就是无过错责任的侵权行为;三是如果某人根据法律应对第三人负责,应对该第三人因过犯或因法律规定发生的责任负责,这是替代责任的规定。这个一般条款的内容是"过错责任 + 无过错责任 + 替代责任 = 全部侵权行为"。埃塞俄比亚侵权法规定具体侵权行为类型就是按照这三种基本类型规定的。

7.《欧洲侵权法基本原则》的侵权行为一般条款

《欧洲侵权法基本原则》第1:101条规定的基本规范为:"(1)给他人造成的损害由法律上被归责者负损害赔偿之责任。(2)损害特别是可以被归责于以下人:a)其构成过错的行为引起损害者;b)或者从事异常危险活动的行为引起损害者;c)或者其附属者在其职权范围内引起损害者。"这一规定的基本结构与《埃塞俄比亚民法典》第2027条的结构基本相同。

(二)分析比较

各国家或地区侵权法规定的侵权行为一般条款分为三种:法国式、德国式和埃塞俄比亚式。法国式和德国式的侵权行为一般条款尽管有所不同,但是概括的都是一般侵权行为而不是全部侵权行为,是小的一般条款;而埃塞俄比亚式的一般条款则是概括全部侵权行为的一般条款,是大的一般条款。我国1930年制定民国民法时借鉴的是德国式侵权行为一般条款。原《民法通则》第106条第2款的规定,与法国法第1382条相似。原《侵权责任法》第6条第1款关于过错责任原则的规定,与《民法通则》第106条第2款基本相似,是小的侵权行为一般条款。原《侵权责任法》第2条第1款作为侵权行为一般条款,既不是德国式也不是法国式,最相似的是埃塞俄比亚式,是大的侵权行为一般条款。

笔者认为,原《侵权责任法》规定的一般条款,采用的是大小搭配的模式,既有第2条第1款规定的大的一般条款,又有第6条第1款规定的小的一般条款,分别发挥不同的作用。

原《侵权责任法》第2条第1款作为侵权行为一般条款,借鉴的是埃塞俄比亚侵权法的侵权行为一般条款的立法模式。它的作用是将所有的侵权行为都概括在一起,无论进行何种程度的侵权行为类型规定,即使随着社会的发展出现新型的侵权行为,都能概括在这个条文之中，因此，原《侵权责任法》对具体侵权行为类型的规定，写多写少并没有特别严重的问题。如果采取小的侵权行为一般条款模式，则仅仅能够覆盖一般侵权行为，特殊侵权行为就必须规定得完全、完整，规定多少就是多少，在出现新的特殊侵权行为时就必须补充立法，因此并不是一个理想的选择。可见，埃塞俄比亚模式比法国模式要好得多，能够体现与时俱进的发展要求，无论侵权行为发生什么新的变化，都能够用这个一般条款将其概括起来，解决法律适用问题。原《侵权责任法》第 2 条第 1 款采用的就是最新的侵权行为一般条款的立法模式。由于原《侵权责任法》不只是一个侵权赔偿法，除了损害赔偿责任方式之外，还包括第 15 条规定的其他 7 种侵权责任方式，而这些并不是第 6 条和第 7 条所能够概括的，因此，更需要第 2 条作调整。因此，《侵权责任法》设立第 2 条是非常重要的。[①]

原《侵权责任法》第 6 条第 1 款规定的过错责任，则是小的一般条款，对一般侵权行为并没有作出类型化的规定，仍然必须依照过错责任的一般规定适用法律，因此确定一般侵权责任的请求权基础仍然是第 6 条第 1 款。

两个一般条款相互搭配，各自起到不同的作用，构成了我国《侵权责任法》的一个鲜明特点，有别于其他侵权责任法。这是制定《侵权责任法》时的立法思想。

三、《民法典》第 1165 条第 1 款规定的侵权行为一般条款

《民法典》改变了原《侵权责任法》对侵权行为一般条款规定的做法，回归于传统民法的侵权行为一般条款的立法模式，即《民法典》第 1165 条第 1 款规定："行为人因过错侵害他人民事权益造成损害的，应当承担侵权责任。"

这个侵权行为一般条款基本上回归了原《民法通则》第 106 条第 1 款的立法模式，与原《侵权责任法》第 6 条第 1 款的规定近似，但是在内容上与两者都有所不同。

与原《民法通则》第 106 条第 2 款规定的差别，一是将"公民、法人"表述为"行为人"，与原《侵权责任法》第 6 条第 1 款规定的行为人一致；二是由原《民法通则》"侵害国家、集体的财产，侵害他人财产、人身"，改为"他人"，与原《侵权责任法》规定的"他人"一致；三是将"侵害财产、人身"，改为"民事权益"，与原《侵权责任法》的规定一致；四是增加规定"损害"要件，原《民法通则》《侵权责任法》都没有规定这个要件；五是将"民事责任"改为"侵权责任"，与《侵权责任法》的规定一致。

《民法典》第 1165 条第 1 款通过以上修改和完善，使我国的侵权行为一般条款的

---

① 对此，笔者一直在建议采用《埃塞俄比亚民法典》第 2027 条规定侵权行为一般条款的做法。参见杨立新：《论埃塞俄比亚侵权行为法对中国侵权行为法的借鉴意义》，载《扬州大学学报》（人文社会科学版）2005 年第 5 期。

内容更加规范、更加准确,突出了侵权法是亲权损害赔偿责任法的重点,准确调整一般侵权行为的责任,更能够发挥侵权行为一般条款的职能作用。

第三节　侵权责任归责原则

《民法典》第1165条和第1166条规定了侵权损害赔偿责任的归责原则体系,分别规定了过错责任原则、过错推定原则和无过错责任原则:“行为人因过错侵害他人民事权益造成损害的,应当承担侵权责任。依照法律规定推定行为人有过错,其不能证明自己没有过错的,应当承担侵权责任。”“行为人造成他人民事权益损害,不论行为人有无过错,法律规定应当承担侵权责任的,依照其规定。”

在起草《侵权责任法》的过程中,对如何规定侵权责任归责原则,以及规定何种归责原则体系,存在不同意见。其中争论意见之一,就是侵权责任法的归责原则究竟是所有侵权责任的归责原则,还是侵权损害赔偿责任的归责原则。争论集中在第6条和第7条中规定的“损害”究竟是大损害还是小损害。在这两个条文草案中原来都规定了“损害”二字。笔者和一些学者认为,这两条规定的损害应当是实质性损害,即小的损害概念,因而规定的就是侵权损害赔偿责任的归责原则,对其他侵权责任方式并不适用。少数专家不同意这样的意见,认为这里规定的损害不是小的损害概念,而是广义上的损害,是包括妨碍、威胁甚至是危险,对应的是第15条规定的所有8种侵权责任方式,并不是只针对侵权损害赔偿责任。小损害就是人身、财产和精神的实际损害,大损害包括危险、威胁、妨碍等在内的一切有关侵权责任方式能够救济的损害。

各种意见没有统一,但是,对小损害的主张比较集中。[①] 在正式通过的《侵权责任法》中,两个条文都删除了“损害”的表述,给争论作出了结论。但是,这仍然不能改变小损害立法主张的正确性。

《民法典》第1165条和第1166条对侵权责任规则体系进行了调整和完善,规定的是侵权损害赔偿责任的归责原则,因而恢复了其中的“损害”要件,形成了我国侵权责任法科学的归责原则体系。

---

① 对这个问题的争论,参见杨立新:《侵权责任法立法最新讨论的50个问题》,载《河北法学》2009年第12期。

一、归责原则及其体系

(一)归责的概念和意义

归责,是指行为人因其行为和物件造成他人损害的事实发生以后,应当以何种根据使其承担责任,此种根据体现了法律的价值判断,即法律应以行为人的过错还是以已发生的损害结果作为价值判断标准,而使行为人承担侵权责任。①

侵权责任法研究的归责概念,包含以下三层意义:

第一,归责的根本含义是确定责任的归属。归责的根本含义,是决定侵权行为造成损害的赔偿责任的归属,即决定何人对侵权行为的损害结果负担赔偿责任。归责,就是将侵权行为所造成的损害后果归于对此损害后果负有责任的人来承担。如果没有归责的过程,侵权行为所造成的损害后果就没有人承担,被侵权人的损害就没有办法得到救济,侵权人的民事违法行为就不能得到民法的制裁。

第二,归责的核心是标准问题。归责的核心,是决定何人对侵权行为的结果负担责任时应依据何种标准,这种标准,是某种特定的法律价值判断因素。侵权责任归属的标准和依据,就是法律所确认的法律价值判断因素。这种法律价值判断因素,在立法者看来有两个:过错因素和损害结果的因素。侵权行为的归责是针对侵权行为的不同情况,分别依据这种不同的法律价值判断因素,将赔偿的责任归属于对此损害负有责任的人。

第三,归责与责任不同。归责是一个过程,而责任是归责的结果。如果将侵权行为的损害事实作为起点,将责任作为终点,那么,归责就是连接这两个点的过程。因此说归责是一个复杂的责任判断过程,是归责的结果。② 归责只是为责任是否成立寻求根据,并不以责任的成立为最终目的。③

(二)归责原则的概念

归责原则,是确定侵权人承担侵权损害赔偿责任的一般准则,它是在损害事实已经发生的情况下,为确定行为人对自己的行为所造成的损害,以及对自己所管领下的人或者物所造成的损害,是否应当承担侵权赔偿责任的准则。侵权法的归责原则是确定行为人的侵权民事责任的根据和标准,也是贯彻于整个侵权法之中,并对各个侵权法规范起着统率作用的立法指导方针。一定的归责原则直接体现了统治阶级的侵权立法政策,同时又集中表现了侵权法的规范功能。④

---

① 参见土利明:《侵权行为法归责原则研究》,中国政法大学出版社 1992 年版,第 17 ~ 18 页。
② 参见王利明:《侵权行为法归责原则研究》,中国政法大学出版社 1992 年版,第 18 页。
③ 参见王利明:《侵权行为法归责原则研究》,中国政法大学出版社 1992 年版,第 18 页。
④ 王利明:《侵权行为法归责原则研究》,中国政法大学出版社 1992 年版,第 18 页。

(三)归责原则体系

1. 对我国侵权责任归责原则体系的不同主张

在确认我国侵权法究竟由几个归责原则构成的问题上,学界有不同的看法。主要的意见包括:

(1)一元论观点

这种观点认为,侵权法只有一个归责原则,即过错责任原则;单一的过错责任原则体系,构造主观式的民事责任制度的和谐体系。① 王卫国教授在他的《过错责任原则——第三次勃兴》一书中,详细地阐述了他的观点。

(2)二元论观点

这种观点认为:"在相当的历史时期内,侵权法的归责原则将是二元制,即过失责任原则与无过错责任原则并存。"而公平责任"多半是赔偿标准问题而不是责任依据问题。所以,它能否作为一种独立的归责原则还大有探讨余地"。②

(3)三元论—A 观点

这种观点认为,我国民事法律制度中同时存在三个归责原则:一般侵权损害适用过错责任原则,特殊侵权损害适用无过错责任原则,无行为能力的人致人损害而监护人不能赔偿的特别案件适用公平责任原则。③ 刘淑珍在《试论侵权损害的归责原则》一文中提出这种观点,为很多学者所采纳。④

(4)三元论—B 观点

这种观点认为,侵权法归责原则为过错责任原则、过错推定原则和公平责任原则,无过错责任不是一种独立的归责原则。⑤

(5)三元论—C 观点

这种观点认为,侵权责任归责原则体系是由过错责任原则、过错推定责任原则和无过错责任原则三个归责原则构成的,将过错推定责任原则作为一种单独的归责原则,不再把公平责任作为一种独立的归责原则,只是将其作为一种侵权责任形态。⑥

(6)四元论观点

这种观点认为,侵权责任的归责原则是过错责任原则、过错推定责任、严格责任原

---

① 参见张佩霖:《也论侵权损害的归责原则——驳"无过失责任原则"》,载《政法论坛》1990 年第 2 期。

② 米健:《现代侵权行为法归责原则探索》,载《法学研究》1985 年第 5 期。

③ 参见刘淑珍:《试论侵权损害的归责原则》,载《法学研究》1984 年第 4 期。

④ 笔者原来也持这种意见,但是作了区别,认为我国的侵权责任归责原则为三种归责原则四种表现形式:即(1)过错责任原则有两种表现形式,一般的过错责任原则和推定的过错责任原则;(2)无过错责任原则;(3)公平责任原则。

⑤ 参见王利明:《侵权行为法归责原则研究》,中国政法大学出版社 1992 年版,第 30 页。

⑥ 参见杨立新:《简明类型侵权法讲座》,高等教育出版社 2003 年版,第 95 页。

则和公平分担损失规则,《侵权责任法》第6条第1款规定的是过错责任原则,第6条第2款规定的是过错推定责任,第7条规定的是严格责任原则,第24条规定的是公平责任原则。[①]

《民法典》第1165、1166条和原《侵权责任法》第6、7条规定的侵权责任归责原则,显然采用的是第5种主张,即三元论-C的观点。[②]《民法典》第1165条第1款规定的是过错责任原则,第2款规定的是过错推定原则,第1166条规定的是无过错责任原则。我国侵权责任法的归责原则体系是由这三个归责原则构成的。

2. 主张"三元论-C观点"的理由

第一,关于过错责任原则。过错责任原则是我国侵权法的基本归责原则,是最主要的归责原则。它调整一般侵权行为的责任归属问题。对此,没有任何不同意见。

第二,关于过错推定原则。过错推定原则从本质上说也是过错责任原则,其价值判断标准和责任构成要件也与一般的过错责任原则的要求是一致的。[③] 确认过错推定原则为侵权责任归责原则的主要理由:一是过错责任原则和过错推定原则的调整范围是完全不同的。一般的过错责任原则调整的侵权行为范围是一般侵权行为;而过错推定责任原则调整的不是一般侵权行为,而是一部分特殊侵权行为。二是过错责任原则和过错推定原则的举证责任不同。一般的过错责任原则,其举证责任由原告承担;而过错推定原则在证明主观过错要件上实行举证责任倒置,原告不承担举证责任,而是由被告承担举证责任。三是过错责任原则与过错推定原则适用的法律并不同。依据一般的过错责任原则处理侵权案件,适用侵权行为一般条款;而审理过错推定原则的侵权案件适用关于特殊侵权责任的特别条款,并不是适用侵权行为一般条款的规定。四是适用过错责任原则和适用过错推定原则的侵权责任形态不同。适用过错责任原则的侵权行为是一般侵权行为,其侵权责任形态是直接责任;而适用过错推定原则的侵权行为是特殊侵权行为,其责任形态是替代责任。五是从历史的角度观察,这两个侵权归责原则也是不同的。在过错责任原则诞生之时,就分为两种不同形式,作出不同的规定,调整不同的侵权案件。这就是《法国民法典》第1382条和第1384条的规定。因此,可以确定,过错推定原则与过错责任原则是有区别的。将过错推定原则作为一个单独的归责原则,具有重要意义。

第三,关于无过错责任原则。无过错责任原则是一个独立的归责原则,它调整的范围也与过错责任原则、过错推定原则不同,其独立地调整着部分特殊侵权行为的责

---

① 参见王利明:《侵权责任法研究》(上卷),中国人民大学出版社2010年版,第195页以下。

② 在2008年9月的《侵权责任法草案》中,这个意见体现得更为明显,直接用三个条文规定了三个归责原则。

③ 参见王利明:《侵权行为法归责原则研究》,中国政法大学出版社1992年版,第30页。

任归属,具有独立存在的价值。尽管有反对的意见,但是通说并不否认为它是一个独立的归责原则。无过错责任原则是一个独立的归责原则,它调整的范围也与过错责任原则、过错推定原则不同,其独立地调整着产品侵权责任、高度危险责任、特殊侵权责任的归属。如果不认为它是一个独立的归责原则,那么高度危险责任、产品责任、动物损害责任等责任的确定将由什么归责原则调整呢?认为无过错责任原则不是一个独立的归责原则的论据,一是它与过错责任原则相对立,二是它只是过错责任原则的补充性规定。这种观点的不当之处,就在于对这两个归责原则的关系认识不正确。这种观点认为,确定一个行为人应否承担民事责任,首先应依照过错责任原则衡量,如果确认行为人无过错,再考虑法律是否规定无过错也应赔偿;如果有明文规定,就按照无过错责任确定其应承担侵权责任。本书认为,法律确定无过错也应当承担民事责任,这一个范围内的侵权行为就不再由过错责任原则调整,而由无过错责任原则调整,只要符合这一法律规定,则行为人无论有无过错都应承担民事责任。这样,无过错责任原则不仅不与过错责任原则相对立,而且也有了独立的地位,而不只是作为过错责任原则的补充。《民法典》第1166条坚持规定无过错责任原则,就是坚持这样的主张,确立其独立的归责原则的地位。

第四,关于公平责任原则。公平责任原则不能作为一个独立的归责原则,理由有:一是《民法通则》并没有规定公平责任原则是一个归责原则。从立法上说,无论是原《民法通则》对其作出规定的位置还是原《侵权责任法》对其规定的位置,都不是规定归责原则的位置。《民法典》在第1186条规定公平分担损失责任这样的立法方法说明,法律并不承认它是一个归责原则。二是调整的范围过于狭小且不属于严格的侵权行为。公平分担损失责任原则在实际中适用的范围,也不是典型的侵权行为,其“调整”的侵权行为,是对于损害的发生,侵权人没有过错,被侵权人也没有过错的情形,这种情形并不是严格意义上的侵权行为,而仅仅是在侵权法中视为侵权纠纷处理的一种特殊情况。一个“归责原则”调整这样狭小的范围,并且不是一个严格意义上的侵权行为,这个归责原则的地位还不值得怀疑吗?三是在实践中双方都无过错的损害纠纷并非一律适用这个规则。在司法实践中,也不是所有的侵权纠纷案件中,凡是双方当事人均无过错的,就一定要由“公平责任原则”调整,由双方当事人公平分担责任。因此,公平责任原则实际上就是公平分担损失责任,按照《民法典》第1186条的规定,须“依照法律的规定”而不是依据该条确定的规则分担损失。

因此,我国《民法典》规定的归责原则体系,是由过错责任原则、过错推定原则和无过错责任原则三个归责原则构成的,其各自调整着不同的侵权行为的责任归属。

(四)研究侵权责任归责原则的意义

侵权责任归责原则,是侵权法的统帅和灵魂,是侵权法理论的核心。

侵权责任归责原则的重要意义在于:第一,在侵权法中,归责原则是侵权法的核心规则,是侵权法的灵魂,侵权法的一切规则都建筑在归责原则的基础之上。第二,在理论上,研究侵权法,首先必须研究归责原则,在此基础上才能够进一步展开全面研究。没有搞清楚侵权责任归责原则,就没有掌握侵权责任法理论的钥匙,就不能打开侵权法理论的大门。第三,司法实务工作者正确处理侵权纠纷案件,首先也必须准确掌握侵权法的归责原则,不然就无法确认各类侵权损害赔偿纠纷责任的性质,无法给侵权纠纷案件予以定性,也就无法正确适用法律。第四,对于广大人民群众而言,掌握侵权责任归责原则,有助于保护自己的合法权益,在受到损害的时候,能够保证及时得到赔偿。

之所以这样提出问题和认识问题,就是因为,归责原则除了在理论研究上的重要意义外,在司法实务上,更是处理侵权纠纷的基本准则,尤其是在侵权立法不甚完备的情况下,充分发挥侵权法归责原则的功能,具有更为重要的意义。

研究下面这个典型案例,对于理解侵权责任归责原则的地位、作用和意义,具有重要的启发价值。

某甲驾驶进口吉普车在从厦门到福州的高速公路上行驶,时速 110 公里。快到福州时,汽车的前右侧风挡玻璃突然爆裂,高压气流从裂口处冲至坐在副驾驶员座位上的某乙胸口,致其昏迷。立即停车后,某甲截住其他车辆将某乙送往医院抢救。某乙因抢救无效而死亡,死因为内脏爆震伤。交通管理部门勘查事故现场时,在现场未发现任何外力致风挡玻璃爆裂的原因,初步鉴定意见为风挡玻璃因自身原因发生爆裂。经与该吉普车生产厂家的代表协商,厂家代表认为没有外力原因汽车风挡玻璃不会爆裂,因此拒绝承担责任,与某乙的近亲属发生争执。经协商,双方签署协议,物证先由厂家代表保存,待双方共同委托鉴定机构进行玻璃质量鉴定。当晚,厂家代表将该风挡玻璃空运回国,经过本厂技术部门鉴定,认为该风挡玻璃没有质量问题,遂回到中国后,拒绝任何赔偿请求。原告起诉,认为厂家撕毁协议,自行进行鉴定,致使风挡玻璃质量问题无法继续鉴定,请求被告厂家承担侵权责任。

对于本案,一审法院判决认为,原告在起诉和诉讼过程中,没有举出证据证明被告在该事故中有过错,因此无法认定被告的行为构成侵权责任,故判决驳回原告的诉讼请求。原告不服提起上诉。终审法院判决认为,本案的性质是产品侵权责任,应当适用无过错责任原则,原告不负有证明被告过错的举证责任,原审据此驳回原告的诉讼请求不当;本案的因果关系要件,由于被告破坏协议自行进行物证鉴定,致使无法确认证据的真实性,因此推定原告的死亡与被告的风挡玻璃缺陷有因果关系,被告没有举出证据证明自己的玻璃质量没有缺陷,与死者的死亡后果没有因果关系,因此因果关系推定成立,判决被告应当承担侵权责任。

本案的性质属于产品责任,其归责原则是无过错责任原则。一审法院判决适用过错责任原则,属于适用归责原则错误,因此导致本案错判。二审法院适用无过错责任原则归责,同时解决了因果关系的认定问题,较好地解决了本案的适用法律问题,创造了一个在归责原则适用上极具说服力的典型案例。

因此,可以说,在审理一个侵权行为案件时,归责原则确定正确,案件的法律适用就有了基本的保障。如果归责原则适用错误,这个案件就存在根本性的错误,无法保护被侵权人的合法权益。

二、过错责任原则

(一)过错责任原则的概念

过错责任原则,是以过错作为价值判断标准,判断行为人对其造成的损害应否承担侵权责任的归责原则。《民法典》第1165条第1款规定的正是这样的含义:"行为人因过错侵害他人民事权益造成损害的,应当承担侵权责任。"

一般侵权行为引起的损害赔偿案件,应当由主观上有过错的一方承担赔偿责任。主观上的过错是损害赔偿责任构成的必备要件之一,缺少这一要件,即使侵权人的行为造成了损害事实,并且侵权人的行为与损害结果之间有因果关系,也不承担赔偿责任。在过错责任原则下,规定无过错即无责任的目的,在于保障行为人的行为自由。

(二)过错责任原则的历史沿革

早期的成文法采取加害原则,也叫作结果责任原则,即行为人致他人损害,无论其有无过错,只要有损害结果的存在,就都应负赔偿责任。这一原则的不合理性,就在于对造成的损害不加区分,使正当行使权利造成他人损害的人也须承担民事责任。

在历史上出现过错责任原则的萌芽,是在罗马法时代。在《十二铜表法》有关私犯的条文中,就有多处使用了过失的概念。到12世纪,罗马法学者正式提出了应把过失作为赔偿责任的标准,使过错责任原则开始萌芽。

过错责任原则作为一般的归责原则,最早出现在1804年资产阶级的第一部民法典《法国民法典》中。90多年后的《德国民法典》也接受并采用了过错责任原则。在之后的时间里,各国民法都陆续确认了这一归责原则。在英美侵权法中,初期采取程序诉讼制度,具体的侵权行为的赔偿要进行具体的诉讼程序,没有过失的概念,直至晚近,才在判例中创设出过失的概念,接受了过错责任原则。[①]

(三)侵权法确定过错责任原则的意义

传统民法采用过错责任原则的原因是,在资本主义自由竞争时期,民事主体需要

---

① 参见王泽鉴:《侵权行为法》(第1册),三民书局1999年版,第13页。

保持行使权利的绝对性，不能受到任何限制；而行使权利就不可避免地会损害他人的利益，所以将过错这个价值判断标准作为侵权损害责任构成的必要条件。实行过错责任原则，能够保证行为自由，只要行为人尽到"注意"义务，即使造成损害也可不必负责，因而鼓励资产阶级大胆地放手搞改革创新，有利于生产力和社会的发展。

学者在总结过错责任原则的历史意义时认为：第一，过错责任原则在道德观念上，确认个人就自己的过失行为所招致的损害，应负赔偿责任，乃正义的要求；反之，如果行为非出于过失，行为人已尽注意之能事时，在道德上无可非难，应不负侵权责任。第二，过错责任原则在社会价值上，任何法律必须调和"个人自由"与"社会安全"两个基本价值，过失责任被认为最能达成此项任务，因为个人如果已尽其注意，即得免负侵权责任，则自由不受束缚，聪明才智可得发挥。人人尽其注意，一般损害亦可避免，社会安全亦足维护。第三，过错责任体现人的尊严，过失责任肯定人的自由，承认个人抉择、区别是非的能力，个人基于自由意志决定，从事某种行为，造成损害，因其具有过失，法律予以制裁，使其负赔偿责任，最能表现对个人尊严的尊重。①

我国自原《民法通则》以来至《民法典》，也都把过错责任原则作为侵权法最基本的归责原则，其根本目的，就是保护民事主体的人身权利和财产权利不受侵犯，保护民事主体的权利能够平等、自由地行使。把过错责任原则作为侵权法的基本的归责原则，是通过对因自己的过错而致他人的民事权益以损害的不法行为人，强加包括损害赔偿为主的民事责任，以保护自然人、法人和非法人组织的人身权利和财产权利，教育民事主体遵纪守法，促进精神文明建设和物质文明建设，预防和减少侵权行为的发生。

（四）过错责任原则的含义

我国《民法典》规定的过错责任原则的含义如下：

第一，过错责任原则的性质是主观归责原则。过错责任原则要求在确定侵权人的责任时，要依行为人的主观意思状态来确定，而不是依行为的客观方面来确定，依此，就使过错责任原则与加害责任以及其他客观责任区别开来。加害原则是以被侵权人所受损害作为归责的价值判断标准，已经被历史淘汰。在当代侵权法中，无过错责任原则仍然是将客观损害事实与违法行为之间的因果关系作为归责的价值判断标准。过错责任原则与它们都不相同，是以行为人在主观上有无过错作为归责的绝对标准。行为人在主观上没有可非难性，就不能承担赔偿责任，除此之外没有其他标准。

第二，以过错作为侵权责任的必备构成要件。构成法律上的责任，必须具备法律所规定的一切要件。在侵权法中适用过错责任原则的场合，行为人的过错是必备要件之一。如果行为人在主观上没有过错，就缺少必备的构成要件，就不能构成侵权责任。

① 参见王泽鉴：《侵权行为法》（第1册），三民书局1999年版，第14页。

在侵权法的归责原则体系中,只有过错责任原则才有这样的要求。

第三,以过错为责任构成的最终要件。德国学者耶林指出:“使人负损害赔偿的,不是因为有损害,而是因为有过失,其道理就如同化学上之原则,使蜡烛燃烧的,不是光,而是氧,一般的浅显明白。”[①]这一论述精彩地描绘了过错要件在侵权责任构成中最终的决定地位。过错责任原则以过错作为法律价值判断标准,就不仅仅要求将过错作为侵权责任构成的一般要件,而且要求将过错作为决定侵权责任构成的最终的、决定性的要件。只有这样,才能彻底贯彻“无过失即无责任”的精神,将过错作为最后的和最基本的构成要件加以考察,最终确定侵权责任应当由谁来承担。

(五)过错责任原则的适用规则

在实践中适用过错责任原则的规则如下:

1. 适用范围

过错责任原则适用于一般侵权行为。确定的标准是,只有在法律有特别规定的情况下,才不适用过错责任原则,即特殊侵权行为不适用过错责任原则。在《民法典》侵权责任编第三章以后规定的特殊侵权责任中,适用过错责任原则的侵权责任类型是:(1)网络侵权责任;(2)违反安全保障义务损害责任;(3)机动车相互之间造成的损害责任;(4)医疗技术损害责任和医疗管理损害责任。

2. 责任构成要件

适用过错责任原则确定赔偿责任,其构成要件有四个,即违法行为、损害事实、违法行为与损害事实之间的因果关系和过错,这四个要件缺一不可。

3. 举证责任

适用过错责任原则,在举证责任上按照民事诉讼的基本规则进行,即原告举证。原告要对自己的主张承担全部的举证责任,举证不足或者举证不能的,应当承担败诉的结果。

4. 责任形态

适用过错责任原则的侵权行为是一般侵权行为,因此,其责任形态都是自己责任,行为人对自己的行为承担责任,不实行替代责任。

(六)过错责任原则作为侵权责任一般条款

《民法典》第1165条第1款是规定过错责任原则的条文,同时也是一般侵权责任法律适用的侵权责任一般条款。

《民法典》侵权责任编第三章至第十章规定了不同类型的特殊侵权责任,规定了大部分侵权责任的类型,对一般侵权责任并没有作明文规定,只规定了几种适用过错责

---

① 转引自王泽鉴:《民法学说与判例研究》(第2册),中国政法大学出版社1998年版,第144~145页。

任原则的一般侵权责任。规定过错责任原则的第1165条第1款就是一般侵权责任请求权的法律基础。因此，一般侵权责任在法律适用时，直接适用《民法典》第1165条第1款的规定，作为一般侵权责任请求权的法律基础，无须寻找特别规定作为裁判的依据。

三、过错推定原则

（一）过错推定原则的概念

过错推定原则，是指在法律有特别规定的场合，从损害事实的本身推定侵权人有过错，并据此确定造成他人损害的行为人赔偿责任的归责原则。《民法典》第1165条第2款规定："依照法律规定推定行为人有过错，其不能证明自己没有过错的，应当承担侵权责任。"这是《民法典》对过错推定原则的明确规定。

所谓推定，是指法律或法官从已知的事实推论未知事实而得出的结果，实际上就是根据已知的事实对未知的事实进行推断和认定。[①] 过错推定，也叫过失推定，在侵权法，就是被侵权人在诉讼中，能够举证证明损害事实、违法行为和因果关系三个要件的情况下，如果侵权人不能证明对于损害的发生自己没有过错，那么，就从损害事实的本身推定侵权人在致人损害的行为中有过错，并就此承担赔偿责任。

（二）过错推定原则的历史沿革

过错推定原则的发展历史可以上溯到罗马法时期。早在古罗马法的根本训条"对偶然事件谁也不负责任""偶然事件应落在被击中者的身上"当中，就已经包含着过错推定的萌芽。[②] 在罗马法的一些条文中确实有过错推定的内容。

17世纪，法国法官多马特（Domat）创造了过错推定理论。他在《自然秩序中的民主》一书中详细论述了代理人的责任、动物致害责任和建筑物致害责任，提出对这些责任都应当采取推定的方式来确定侵权责任。在他的理论影响下，《法国民法典》首先在第1384条确认过错推定原则。20世纪初期，过错推定原则有了新的发展。在1925年让德尔诉卡勒里·拜尔福戴斯案的判决中，最高法院明确指出，《法国民法典》第1384条第1款确定了过错推定制度。[③] 在德国的普通法时代，德国法院在实务上就采取过错推定原则。在制定民法典时，立法者反对将无过错责任原则写进条文之中，将雇佣人责任、动物致人损害、地上工作物致害等责任都规定为适用过错推定原则。在同一时期，英国的判例法也已经形成了比较系统的过错推定制度，如事故损害，只需证明事

---

① 《法国民法典》第1349条规定的内容。

② 参见王卫国：《试论民事责任的过错推定》，载《法学研究》1982年第5期。

③ 转引自王利明：《侵权行为法归责原则研究》，中国政法大学出版社1992年版，第60～61页。

故发生的原因是处于被告操纵之下,便足以推定被告的过失责任。

在当代,过错推定原则已被各国立法所确认。更为特别的是,在俄罗斯,无论是原来的《苏俄民法典》还是当代的《俄罗斯联邦民法典》规定侵权责任,都实行过错推定原则,而不适用过错责任。有的国家立法将过错推定原则称为过错责任与严格责任之间的中间责任。

(三)过错推定原则的意义

适用过错推定原则的意义,在于在坚持过错责任原则的基础上,使被侵权人处于有利的诉讼地位,加重侵权人的责任,切实地保护被侵权人的合法权益,有效地制裁民事违法行为,促进社会和谐。

适用过错推定原则,从损害事实中推定行为人有过错,就使被侵权人免除了举证责任而处于有利的地位,而行为人则因担负举证责任而加重了责任,因而更有利于保护被侵权人的合法权益。正因为过错推定原则具有这些优越性,因此它才随着侵权法理论的发展而发展,经久不衰,日臻完善,成为侵权法的归责原则之一。

(四)适用过错推定原则的规则

1. 适用范围

过错推定原则的适用范围是一部分特殊侵权行为。按照《民法典》的规定,下述情况适用过错推定原则:(1)在关于责任主体的特殊规定中,监护人责任、暂时性丧失心智损害的责任、用人单位损害责任、劳务派遣损害责任、个人劳务损害责任、定作人指示过失责任、无民事行为能力在教育机构受到损害的责任,适用过错推定原则;(2)在机动车交通事故责任中,机动车造成非机动车驾驶人或者行人人身损害的,适用过错推定原则;(3)在医疗损害责任中,医疗伦理损害责任适用过错推定原则;(4)在动物损害责任中,动物园的动物造成损害的,适用过错推定原则;(5)在物件损害责任中,建筑物等倒塌责任,建筑物、构筑物或者其他设施以及建筑物上的搁置物、悬挂物致人损害、堆放物致人损害、交通障碍物损害林木致人损害、地下工作物损害责任等,都适用过错推定原则。其他侵权责任不适用过错推定原则。

2. 责任构成要件

在适用过错推定原则确定侵权责任的案件中,侵权责任的构成与适用过错责任原则没有原则的变化,仍须具备损害事实、违法行为、因果关系和过错四个要件。

3. 举证责任

在过错推定原则适用的场合,举证责任有特殊规则:(1)原告起诉应当举证证明三个要件:一是违法行为,二是损害事实,三是因果关系。原告承担这三个要件的证明责任。(2)这三个要件的举证责任完成之后,法官直接推定被告有过错,不要求原告寻求行为人在主观上存在过错的证明,不必举证,而是从损害事实的客观要件以及它与违法行为之间的因果关系中,推定行为人主观上有过错。(3)过错要件实行举证责任倒置。如果被告认为自己在主观上没有过错,则须自己举证,实行举证责任倒置,证明自己没有过错;证明成立者,推翻过错推定,否认行为人的侵权责任。(4)被告如果证明不足或者不能证明者,则推定过错成立,行为人应当承担侵权民事责任。

4. 侵权责任形态

在适用过错推定原则的侵权行为中,行为人承担的责任形态基本上是替代责任,包括对人的替代责任和对物的替代责任,一般不适用自己责任的侵权责任形态。

四、无过错责任原则

(一)无过错责任原则的真实含义

《民法典》第 1166 条规定:"行为人造成他人民事权益损害,不论行为人有无过错,法律规定应当承担侵权责任的,依照其规定。"这一规定与原《民法通则》第 106 条第 3 款"无过错,但法律规定应当承担民事责任的,应当承担民事责任"的规定相比较,有很大改变,最主要的改变,就是第 106 条第 3 款首先强调的是"无过错",这是不正确的。理由是,无过错责任仅仅是不考虑过错的责任,而不是没有过错的责任。至于责任人是不是有过错,是不一定的。而这个条文的写法则是宣称行为人"没有过错的时候才承担责任"的原则。[①] 这个批评意见是正确的。前《侵权责任法》第 7 条规定要求是"无论行为人有无过错",只要法律规定适用无过错责任原则,就依照其规定。这样的规定是正确的,《民法典》第 1166 条继续坚持这样的规定。无过错责任原则还称为严格责任、危险责任或者风险责任。其真实含义,就是不问过错,只要是法律有特别规定的场合,行为人的行为造成了被侵权人的损害,具备了法律规定的要件,不论行为人是否有过错,都应当承担侵权责任。无过错责任原则就是严格责任。严格责任的"严格",就是不考虑行为人过错,而是就行为的后果论责任。那种将严格责任和无过错责任原则对立起来的观点,既无法律依据,也无客观基础。

因此,无过错责任原则是指在法律有特别规定的情况下,以已经发生的损害结果为价值判断标准,与该损害结果有因果关系的行为人,不问其有无过错,都要承担侵权赔偿责任的归责原则。

(二)无过错责任原则的发展历史

无过错责任原则是伴随着社会化大生产的迅速发展,尤其是大型危险性工业的兴起而产生和发展起来的。

---

① 参见杨立新:《民法判解研究与适用》(第 7 集),人民法院出版社 2004 年版,第 181 页;刘士国教授在"云南丽江民法典国际研讨会"上发表的这个意见,大家都是赞成的。

在资本主义初期,实行过错责任原则,行为人对造成的损害结果,只有自己在主观上有过错的情况下,才负侵权赔偿责任。因此,在自由资本主义时期,具有高度危险性的工业企业大规模兴建,在事故造成的损害面前,被侵权人必须证明事故的责任者即工厂主在主观上有过错后才能获得赔偿。而拘泥于过错责任原则的后果,在事实上剥夺了工人的一切保护,不仅被侵权人无法证明工厂主造成工业事故的"过错",而且工厂主也会利用过错责任原则,借口"无过失"而拒绝赔偿被侵权人的损失,故工厂主几乎不可能败诉。在这种情况下,侵权法一方面坚持过错责任原则,另一方面例外地就特殊损害事故承认无过错责任,在立法上出现了无过错责任的规定,即在特定的情况下,即使致人损害的一方没有过错,也应承担赔偿责任。

最先确认无过错责任原则的是普鲁士王国。它在1838年制定的《铁路企业法》中承认了这一原则;翌年,又制定《矿业法》,把这一原则从铁路企业扩大到矿害方面。在德国,1872年曾制定《国家责任法》,规定经营矿山、采石场及工厂者,对其所雇用的监督者和工头的过失致劳工损害者,在一定范围内负损害赔偿责任而不管雇主有无过失。严格地说,这种无过错责任并不彻底,因为还要被侵权人证明监督者和工头的过失。1884年,德国制定了《劳工伤害赔偿法》,规定了工业事故社会保险制度,真正确立了事故责任的无过错责任制度。法国在1898年制定了《劳工赔偿法》,规定了工业事故的无过错责任。英国政府在1880年制定了《雇主责任法》,多次修改《工厂法》,逐渐加重了雇主的责任;1897年制定《劳工补偿法》,规定在即使存在"共同过失"的情况下,即受害的雇员及其同伴或者第三人对损害的发生有过失,而雇主无过失,雇主仍应对雇员在受雇期间所受的损害承担赔偿责任。在美国,也都先后通过特别立法或者判例等方法,确认了这一原则,使之成为一个通行的归责原则。

我国《民法典》确立无过错责任原则的根本目的,在于切实保护人民群众的人身、财产安全,更好地保护民事主体的合法权益,促使从事高度危险活动和接触危险物的人、产品生产者和销售者、环境污染的污染者以及动物的饲养人、管理人等行为人,对自己的工作予以高度负责,谨慎小心从事,不断改进技术安全措施,提高工作质量,尽力保障周围人员、环境的安全;一旦造成损害,能迅速、及时地查清事实,尽快赔偿人们的人身损害和财产损失。适用这一原则的基本思想在于使无辜的被侵权人遭受的损害尽快由行为人合理负担,切实保护被侵权人的民事权益。

(三)无过错责任原则的意义

适用无过错责任原则的意义,在于加重行为人的责任,使被侵权人的损害赔偿请求权更容易实现,受到损害的权利及时得到救济。在这一点上,可以在无过错责任原则与过错推定原则的比较中,得到证实。

在适用过错推定原则的情况下,被侵权人可以不必举证证明侵权人的主观过错,而是在已经证明的损害事实中，推定侵权人的过错。这样，被侵权人就免除了证明侵权人过错的举证责任，转而由侵权人承担举证证明自己无过错的责任，对被侵权人的保护因而比过错责任原则为优。在适用无过错责任原则的情况下，被侵权人当然更不必证实侵权人的过错，在这一点上，无过错责任原则与过错推定原则相比，并没有不同；但是，在举证责任倒置的内容上，情况却大不一样：实行过错推定原则，举证责任在侵权人，证明的内容是侵权人自己没有过错；实行无过错责任原则，举证责任在侵权人，证明的内容是损害系由被侵权人的故意或者重大过失所引起；侵权人证明自己无过错，在实践中尚属可能，侵权人证明损害是由被侵权人的故意或者重大过失所引起者，实属不易。这样相比，无过错责任原则对于被侵权人的保护来说，当然要比过错推定原则更为有利。应当注意的是，在实行无过错责任原则的时候，并不是所有的行为人都没有过错。在很多情况下，被侵权人都能够证明或者从损害事实中推定出他们的故意或者过失。法律确认无过错责任原则，表明主观过错不是责任构成要件，行为人无论有无过错，都应当承担赔偿责任。这样，就将行为人置于严格的侵权责任的监督之下，把被侵权人置于更为妥善的保护之中。

(四)适用无过错责任原则的规则

1. 适用范围

无过错责任原则适用于一部分特殊侵权行为，具体的范围是：(1)产品责任；(2)高度危险责任；(3)环境污染和生态破坏责任；(4)除了动物园饲养动物损害责任之外的其他饲养动物损害责任；(5)《民法典》第1223条规定的医疗产品损害责任；(6)司法解释中规定的工伤事故责任。应当注意的是，确定无过错责任原则的范围，应当特别注意“法律特别规定”。《民法典》第1166条规定，只有在“法律规定”的情形下，才能适用无过错责任原则。其含义是，无过错责任原则的以损害事实为根据，必须是在有法律规定的情况下适用，没有法律的特别规定不得以损害事实作为侵权责任的归责标准。①

2. 责任构成要件

适用无过错责任原则的侵权责任构成要件为三个，即违法行为、损害事实和因果关系。在适用无过错责任原则的情况下，一方面由于决定责任构成的基本要件是谁造成了损害结果，另一方面由于主观过错不再是侵权责任的构成要件，因而决定责任构成的基本要件是因果关系。当损害结果和违法行为之间具有因果关系时，侵权责任即构成。

3. 举证责任

适用无过错责任原则的举证责任，也存在由被告承担，实行举证责任倒置的规则。

① 工伤事故责任也适用无过错责任原则，对此，原《侵权责任法》未作规定。

具体的规则包括:(1)被侵权人即原告应当举证证明违法行为、损害事实和因果关系三个要件。对此,侵权人不承担举证责任。(2)在被侵权人完成上述证明责任以后,如果侵权人即被告主张不构成侵权责任或者免责,自己应当承担举证责任,实行举证责任倒置。被告所要证明的不是自己无过错,而是被侵权人的故意或者重大过失是致害的原因,这也是无过错责任原则与推定过错原则的一个重要区别。(3)侵权人能够证明损害是由于被侵权人的故意或者重大过失所引起的,即免除赔偿责任。(4)侵权人对上述举证责任举证不足或者举证不能,侵权责任即告成立,侵权人应承担侵权责任。

4. 侵权责任形态

适用无过错责任原则的侵权行为,其责任形态一般是替代责任,包括对人的替代责任和对物的替代责任。

5. 侵权人过错的问题

在适用无过错责任原则的侵权行为中,法律只是不问侵权人的过错。在现实中,大多数的无过错责任的侵权行为,其行为人在行为时是有过错的,被侵权人能够提供证据加以证明。对此,可以实行以下规则:(1)侵权人的过错对于侵权责任的构成没有意义。因为凡是在无过错责任原则适用的场合,构成侵权责任都不问过错。即使侵权人有过错,被侵权人已经证明,在这一环节也不加考虑。(2)侵权人的过错对于侵权责任的赔偿范围具有较大的决定作用。如果侵权人确实没有过错,或者没有证明侵权人的过错,侵权人的赔偿责任按照法律的一般规定确定,承担法律规定的限额赔偿责任。(3)如果被侵权人能够证明侵权人对于损害的发生或者扩大具有过错的,则损害赔偿责任范围的确定应当按照过错责任原则的要求进行,凡是与其过错行为有因果关系的损害结果,都应当予以全额赔偿。例如,高度危险责任法律规定为无过错责任,并且法律规定为限额赔偿额,应当依照其规定进行限额赔偿;但是,如果被侵权人能够证明侵权人对损害的发生具有过错的,则应当全额赔偿。《民法典》第 1244 条关于"承担高度危险责任,法律规定赔偿限额的,依照其规定,但是行为人有故意或者重大过失的除外"的规定,说的就是这个意思。

第四节 侵权责任构成要件

侵权损害赔偿责任的构成必须具备一定的条件,这些条件就是侵权损害赔偿责任的构成要件。从 1958 年《中华人民共和国民法基本问题》一书开始,我国侵权法就认为侵权损害赔偿责任构成要件有四个,即损害事实的客观存在、损害行为的违法性、违法行为与损害事实之间的因果关系；行为人的过错。[①] 构成一般侵权损害赔偿责任，这四个要件缺一不可，否则就不能认定侵权损害赔偿的民事责任。构成特殊侵权损害赔偿责任，在无过错责任原则情况下，可以不具备过错的要件；在过错推定原则情况下，仍然要具备四个要件，但过错要件是推定的，不需要被侵权人举证证明。

一、违法行为

（一）违法行为的概念及特征

行为的违法性是构成侵权损害赔偿责任的第一个要件。有人主张违法性不是侵权责任的构成要件，笔者持反对意见。尽管《民法典》第1165条第1款没有出现“违法”或者“不法”的字样，但是其中已经包含违法性的要求，是不言而喻的。王泽鉴教授曾经告诉我反驳这种观点的方法，即《日本民法典》第709条也没规定违法性，但是，在日本，无论理论和实务都主张违法性是侵权责任构成要件。违法性要件已经在中国的侵权法中有一百年了，用得好好的，没有必要改变。

行为人只对违法行为承担责任。构成侵权损害赔偿责任的行为，必须是违反法律的行为。如果造成他人的财产或人身损害的行为是违反法律的，那么行为人就具备了损害承担赔偿责任的要件之一；相反，行为人的行为是合乎法律规定的行为，那么，即使这种行为造成了损害，行为人也不承担赔偿责任。

违法行为，就是有责任能力的自然人或者具有法人资格的社会组织，违反法律规定，给被侵权人以及社会造成民事权益损害的行为。违法行为作为法律事实，具有以下几点特征：第一，违法行为是个人或社会组织的一种特定活动。并非人或组织的一切活动都是构成违法的条件，只有行为才是，如思维活动也是人的一种活动，但并不是法律意义上的行为，因而不构成违法的条件。第二，违法行为是达到法律规定的一定年龄，有责任能力，能够认识、控制自己行为的人及具有法人资格的社会组织的行为。第三，违法行为是违反法律要求的行为，包括有某种特定的义务而不履行，滥用权利，违反法律禁止性规定等。

（二）作为与不作为

违法行为有两种形式，一种是作为的违法行为，另一种是不作为的违法行为。

凡是法律所禁止的行为，如果违反法律而作为时，便是作为的违法行为。例如，法律禁止侵害公共财产，行为人违反这一规定损害了公共财产，就是作为的违法行为，应当承担损害赔偿的民事责任。

---

① 参见中央政法干部学校民法教研室编著：《中华人民共和国民法基本问题》，法律出版社1958年版，第324～338页。

凡是法律要求人们在某种情况下必须做某种行为时,如果负有这种义务的人不履行其义务,便是不作为的违法行为,对造成的损害,应当承担损害赔偿的责任。例如,清理完马路边的污水井应当盖好盖子,这是清洁工职责要求的义务。某清洁公司在清理污水井之后忘记盖好井盖,孙某晚上骑自行车上夜校,连人带车跌入井内,身体和车子都遭受了损害。该清洁工没盖好污水井盖子的行为,就是《民法典》第1258条第2款规定的不作为的违法行为,对造成的人身和财产损害,行为人应当承担赔偿责任。

作为的违法行为比较容易确认。对于不作为的违法行为,再作如下说明。

不作为违法行为的前提,是行为人负有某种特定的作为义务。这种特定的义务不是一般的道德义务,而是法律所要求的具体义务。例如,某人落水,行人某甲能够救他而未救,这在道德上是未尽义务,但从法律上说,却不能认为是不作为的违法行为;如果老师组织学生去江河游泳,学生被淹,老师能救而不救,这就是不作为的违法行为,因为这个老师负有特定的法律义务。

特定法律义务的来源主要有三种:一是法律的直接规定;二是职务上或者业务上的要求;三是行为人先前的行为。例如,《民法典》第1068条规定父母有管教未成年子女的义务,这是来自法律的直接规定;清洁工不盖污水井井盖的行为,义务的来源是业务的要求;如果某成年人带一个未成年人去江河游泳,他的这一行为就产生了保护这一未成年人安全的义务,是第三种来源。

(三)对违法行为的鉴别

界定违法,在理论上有肯定主义与否定主义之分。肯定主义肯定违法的内涵,如认为,狭义的违法谓违反禁止或命令之规定,广义的包括狭义违法及实质的违法即故意以有悖于善良风俗之方法加害于他人;①或者认为,所谓违法,系指实质的违法及形式的违法而言,违反强制或禁止之规定者,为形式的违法,悖于善良风俗或公共秩序者,为实质的违法。② 否定主义采用否定不违法的行为的方法,界定违法概念,如认为,此所谓不法,系指无阻却违法之事由而言。侵害权利虽常属不法,但有阻却违法事由存在时,则非不法。③

违法是指行为在客观上与法律规定相悖,主要表现为违反法定义务、违反保护他人的法律和故意违背善良风俗致人损害。

1. 违反法定义务

违反法定义务,是对法律规定的法定义务的不履行。主要表现为两种形式:

第一,绝对权的义务人违反其不可侵义务。自然人、法人作为绝对权法律关系中

---

① 参见胡长清:《中国民法债篇总论》,商务印书馆1946年版,第142页。

② 参见史尚宽:《债法总论》,荣泰印书馆1978年版,第120页。

③ 参见何孝元:《损害赔偿之研究》,台湾地区"商务印书馆"1982年版,第99页。

的义务主体,是对他人享有的绝对权利负有义务的义务人,根据该法律关系负有不可侵的法定义务。如果该义务人侵害权利人的绝对权利,即违反了该法定的不可侵义务,构成违法性。

第二,相对权的第三人违反其不可侵义务。相对权即债权,按照债权相对性原则,本来只约束债权关系的双方当事人,并不约束债权关系之外的第三人。但是,第三人虽然不受债权债务关系的约束,却依据债权的不可侵原则,也负有不得侵害他人债权的义务。违反债权的不可侵义务,也构成违反法定义务的违法性。

2. 违反保护他人的法律

法律所保护的利益,称为法益。对于法益,虽然其他民事主体与其并不构成权利义务关系,但是依据《民法典》第 3 条的规定,也负有不可侵义务。任何人对法律保护的利益(法益)违反不可侵义务,侵害他人享有的法益,也构成违法性。例如,按照《民法典》第 990、994 条的规定,自然人的其他人格利益,死者的姓名利益、肖像利益、名誉利益、荣誉利益、隐私利益以及遗体,都是法律保护的法益。侵害这些法益,构成违反法定义务。我国《消费者权益保护法》第 18 条规定:"经营者应当保证其提供的商品或者服务符合保障人身、财产安全的要求。……"按照这一规定,经营者在提供商品或者服务的时候,对消费者的人身安全和财产安全负有保障义务,经营者疏于这种保护义务,就违反了保护他人为目的的法律。

3. 故意违背善良风俗致人损害

违背善良风俗本为不当,并非违法,但是当故意以其为方法而加害他人时,构成违法。《民法典》第 8 条的规定中包含善良风俗。行为既不违反法定义务,亦不违反保护他人的法律,但是,故意违背善良风俗而直接或间接加害于他人,则构成违法。例如,周林和李坚(均为化名)先后在一条街上相邻开了快餐店,周林经营有方,生意红红火火;李坚则门庭冷落,不久改开花圈店。李坚有气,将样品花圈放在与周林相邻的一侧,并没有逾界。周林为了不影响自己的生意,用一张薄席拦在自己方一侧,使来本店吃饭的客人看不到摆放的花圈。李坚随即架高花圈,周林只得随之架高薄席。李坚最后将样品花圈吊在屋檐上,使周林无法继续遮挡。周林的生意受到影响,遂起诉李坚恶意摆放花圈,影响其正常经营,要求李坚停止侵害,赔偿损失。李坚摆设花圈是在自己经营的区域之内,并没有侵害他人的权利,形式上并未违法,但他故意以这种方式侵害周林的经营,构成故意违背善良风俗。这是典型的故意违背善良风俗加害于他人从而具有违法性的侵权行为,构成妨害经营的侵权。

上述三种违法方式分为两种性质:一是形式违法,包括违反法定义务和违反保护他人的法律两种违法,在形式上就违反法律;二是实质违法,即故意违背善良风俗,这种行为在形式上并不违法,但在实质上却是违法的。

二、损害事实

(一)损害事实的概念及其意义

损害事实的客观存在,是构成侵权损害赔偿责任的第二个要件。

侵权损害赔偿民事责任以损害事实的客观存在为前提。苏联法学家曾将损害定义为"损害是指法律所保护的物质财富的损坏(灭失)或非物质财富(人的生命和健康)的受害(死亡)"。[①] 英美法认为,损害是"在法律上被认为是可控诉情况下,一个人所遭受的损失和伤害"。[②] 我国一般认为损害是指财产上的损失,《现代汉语词典》解释为损失。《说文解字》解释为"损,减也","害,伤也"。段玉裁的《说文解字注》中有:"在手而逸去为失。"因此,应当把损害解释为损失、减损。据此可以界定,损害事实,是指一定的行为(作为或不作为)致使民事主体的人身权利、财产权利及利益的减少或灭失的客观事实。

损害事实的客观存在,是侵权损害赔偿法律关系赖以发生的根据。换言之,赔偿责任只有在造成了实际损害的条件下才能发生。如果仅有违法行为而无损害结果,侵权损害赔偿的民事责任则无从产生。这是因为,这种民事责任的当事人是从造成损害之时起才发生相对性的权利义务关系的,权利和责任的关系只有在这个时候才得以产生。如果没有损害事实,就不会发生这种权利义务关系。因此,被侵权人所受到的人身和财产损害这种客观存在的事实,就是侵权责任发生的前提和依据。

(二)损害事实的种类

按照我国《民法典》第1179、1182、1183、1184条的规定,可以把损害事实分为以下四种类型。

1. 人身损害事实

人身损害事实,是指侵害身体权、健康权、生命权所造成的损害事实。在通常情况下,人身损害事实是侵权人的不法行为侵害他人的身体权、健康权、生命权,使被侵权人致伤、致残或致死,并且造成了被侵权人及其亲属的财产损失,或者侵害身体权并没有造成伤害,但使被侵权人的精神利益受到损害的事实。

人身损害事实的特征有:第一,受到损害的是人的身体、健康和生命,造成了被侵权人致伤、致残或致死,以及造成形式上或者实质上的身体完整性损害的结果;第二,侵权行为侵害的客体是被侵权人的身体权、生命权和健康权,而不是其他权利;第三,

---

① [苏联]B.Л.格里巴诺夫、C.M.科尔涅耶夫主编:《苏联民法》(下册),中国社会科学院法学研究所民法经济法研究室译,法律出版社1986年版,第395页。

② 《牛津法律大辞典》,光明日报出版社1988年版,第238页。

因伤、残而造成了被侵权人的财产损失，或者造成死亡后果的死者近亲属的财产损失。作为侵权损害赔偿责任要件的人身损害事实，也必须是造成了财产上的损失。如因损害他人健康，致人伤、残或死亡而使被侵权人或其近亲属遭受的财产损失；或者是因为丧失劳动力而损失的工资收入；或者因死亡而支付的丧葬费的损失，以及对死者生前抚养的人应支付的抚养费等，都是因侵犯他人人身权利而造成他人的财产损失。只有这样，对人身损害的赔偿才是下列意义的补偿：对损害健康赔偿的是为补偿恢复健康而支付的医药费及引起的其他财产损失，对丧失劳动力的赔偿是为补偿被侵权人少收入的工资等。这些是可以计算的财产损失，在这种严格计算基础上的赔偿体现了公平原则，是合情合理的。

应当注意的是，人身损害事实包括以下两种特别情况：第一，在造成人身损害发生的财产损失之外，还造成了被侵权人的精神痛苦损害，因此，精神痛苦的损害也是人身损害事实；第二，侵害身体权的损害事实多数不具有财产损失的后果，但侵害身体权造成精神痛苦的损害，也是人身损害事实。

2. 侵害人身权益造成财产损失

按照《民法典》第993条的规定，民事主体对自己的人格利益享有公开权，对于姓名、名称、肖像等人格利益可以许可他人使用，其中就包括有偿使用。未经权利人同意，擅自使用民事主体的这些人格利益，会造成权利人的财产损失，例如权利人因此而失去的财产利益，或者侵权人因此获得非法财产利益。这些都是侵害人身权益造成的财产损失，是构成侵权责任损害事实要件之一种。

3. 精神损害事实

精神损害事实，是侵害自然人姓名权、肖像权、名称权、名誉权、信用权、荣誉权、人身自由权、隐私权、性自主权等精神性人格权以及身份权等造成的精神痛苦或者精神利益损害事实。它与人身损害有以下不同特点：第一，人身损害受到损害的是身体权、健康权和生命权等物质性人格权，客观上表现为有形的损害，而精神损害受到侵害的是肖像权、名称权、名誉权等精神性人格权，在客观上表现为无形损害；第二，人身损害的被侵权人只能是自然人，而精神损害的被侵权人既可以是自然人，也可以是法人；第三，人身损害通常会造成财产损失，当然也包括精神痛苦的损害，人身损害只有造成财产损失的，才能构成侵权损害赔偿责任，而精神损害一般并没有造成财产上的直接损失，只是造成精神利益的损害，即没有造成财产损失的，也同样构成侵权损害赔偿责任。

精神损害分为两种情况：一是造成财产损失的，如某甲为报复某乙而在评工资时对乙进行诽谤，致使乙没有涨工资；或者甲厂以劣质产品假冒乙厂的名牌产品，造成恶劣影响，乙厂为挽回影响而支出的广告费和宣传费。二是虽没有造成财产损失但造成了精神利益的损害且情节严重的,如某甲捏造事实,以小字报进行宣传,致使被侵权人名誉受到严重影响,精神受到严重折磨。这两种情况都是精神损害事实。

4. 财产损害事实

财产权利的损害也叫财产损害事实,是指侵权人的不法行为侵害他人所有的财物以及其他财产权利,致使被侵权人的财产或者财产利益遭到损坏或毁灭的损害事实。它的特征是:第一,受到损害的对象通常是物、财物,但还包括其他财产利益。"财产"一词是与人身相对应的,表明这种损害的直接对象不是人身。第二,侵权人不法行为侵害的客体是被侵权人对被损害之物以及财产利益的财产权,包括物权、债权和知识产权。财物本身不是社会关系,不能成为侵权行为侵害的客体,仅仅是侵权行为的对象,只有在财物和财产利益之上建立的财产权法律关系,才能成为侵权行为侵害的客体。因此,财产损害,实质上是使被侵权人对该财产以及财产利益享有的财产权利遭到了破坏,侵权行为侵犯了法律赋予被侵权人的财产权利。第三,对财产权利的损害实际地表现为被侵权人财产和财产利益的减损和灭失,侵权行为对这个财物或者财产利益的损害就不仅仅表现为就财产或者财产利益发生的财产法律关系的损害,而且实际地表现为被侵权人拥有的财产和财产利益的价值的减少,即被侵权人拥有的财产的减少或损失。第四,这种受损害的财物或者财产利益可以是私人所有,也可以是全民所有或者集体所有。例如,某甲过失将借用的某乙的汽车损坏,这是造成私人所有权的损害事实;运输公司的汽车司机过失将某国家机关托运的货物毁损,则是对国有财物的损害。

(三)直接损失和间接损失

财产的损失包括直接损失和间接损失。正如《牛津法律大辞典》所指出的,"损害可以是直接的","也可以是间接的或随之发生的"。①

1. 直接损失

直接损失是被侵权人现有财产的减少。即"在手而逸去",也就是侵权人的不法行为侵害被侵权人的人身、财产权益,致使被侵权人现有财产直接受到的损失。例如,财物被毁损而使被侵权人财富的减少,致伤、残后被侵权人医疗费用的支出,人格权受到侵害后支出的必要费用等,都是直接损失。

2. 间接损失

间接损失就是可得利益的减少。财物损害造成间接损失的情况比较复杂,无论在理论上还是实践中都颇有争议。财产损害的间接损失是指侵权人侵害被侵权人所有的财物或者财产权利,致使被侵权人在一定范围内的未来财产利益的损失。间接损失

① 参见《牛津法律大辞典》,光明日报出版社 1988 年版,第 238 页。

有三个特征:第一,损失的是一种未来的可得利益,在侵害行为实施时,它只具有一种财产取得的可能性,还不是一种现实的利益;第二,这种丧失的未来利益是具有实际意义的,而不是抽象的或者假设的;第三,这种可得利益必须是一定范围的,即损害该财物的直接影响所及的范围,超出这个范围,不能认为是间接损失。

对于财物损害中间接损失的赔偿,关键在于两个方面:一是间接损失的确定,二是间接损失的计算。把这两个问题弄清楚以后,即可按照赔偿原则予以赔偿。

"间接损失是违法行为对处于增值状态中的财产损害的结果。"①处于增值状态的财物是指正常生产、经营过程中的以生产、经营资料的面目出现的财物。没有处在生产、经营过程中的财物不会发生增值。例如,购买的图书供自己阅读,它不会发生增值,但将其作为经营资料出租收取租金的时候,图书则成为增值状态的财物。那么这种增值是怎样产生的呢?马克思主义政治经济学认为,生产过程中的生产资料并不创造价值。同样,处于增值状态的财物本身也并不会增值。增值状态的财物在生产、经营的过程中,只把原有的价值转移到生产、经营的成果当中。创造增值的是人,是与该财物结成一定的生产、经营关系的人创造的。因此,间接损失产生的机制,是不法行为破坏了生产者、经营者与作为生产、经营资料的财物构成的生产、经营关系中的物质条件,使生产、经营者(被侵权人)不能正常利用这一生产、经营资料进行生产、经营活动,造成了可得利益的减少和丧失。对财物损害间接损失的赔偿不是对该财物价值损失的赔偿,而是对该财物的所有者利用该财物在经营中应创造出但因遭受损害而未创造出的新价值这种损失的赔偿。对间接损失的赔偿,赔偿的是人的损失,而不是物的损失,这一点必须明确。其法律意义在于,如果被侵权人因其生产、经营资料遭受损害主张财物损害的间接损失时,不得再就同一事实主张其误工工资的损失赔偿,因为二者均为人的损失。

人身损害造成的间接损失,是指侵权人侵害被侵权人的人身权利,致使被侵权人在一定范围内的未来财产利益的损失。这种间接损失与人身损害直接损失的区别是,前者是未来的可得利益的减少,如因健康权受损害不能参加劳动而少收入的工资,商标权被侵害使产品滞销所造成的收入减少等;后者则是现有财产的减少,如人身损害支出的医药费等。不过,在研究侵权损害赔偿中通常不研究人身损害的间接损失,原因是人身损害的赔偿项目都是法定的,按照法定的标准进行赔偿即可,没有必要对人身损害的间接损失专门规定计算方法,因而研究人身损害事实中的直接损失还是间接损失,是没有意义的。

---

① 吴小华:《试论间接损失的赔偿责任》,载《法学季刊》1982 年第 1 期。

(四)对损害事实的确认

损害事实既然是赔偿责任的前提和依据,那么损害事实的客观确认对于这类案件的正确处理就起着重要的作用。

1. 对财产直接损失的确认

财产的直接损失,主要应该根据该物品的原有价值、可以使用的时间、已经使用的时间等因素,来综合判断其损失的价值。对于贵重物品的损失价值,应当聘请专家鉴定。对于一般物品可以利用下列公式加以计算:

"损失价值 = 原有价值 - 原有价值/可用时间 × 已用时间 - 残存价值"。

这里的"原有价值/可用时间"实际上是物品单位时间的折旧,残存价值指的是损毁的残存物的价值,有的物品损毁后有残存价值,如金属制品、木材制品等;有的物品损毁后没有残存价值,如陶瓷制品等。利用这个公式,可以准确地计算损失的价值,并可以帮助法官检验专家鉴定结论的真伪。对于家畜等动物的损害价值的确认,可参照《唐律疏议》的偿所减价的办法,即"谓畜产值十匹,杀讫,唯直绢两匹,计减两匹价",这种办法比较切合实际。

2. 对财产间接损失的确认

财产损毁而引起的间接损失情况多种多样,非常复杂,确认的原则应该是合情合理,参照同类财物正常发挥效益的平均值计算;有较大争议的,应当请专家鉴定。

3. 对人身损害的确认

对人身损害引起的财产损失的确认,在审判实践中比较困难的是以下几种情况:医疗机构诊断不明确;被侵权人小病大养,扩大不合理的开支,多报损失。例如,有的医疗机构出具"脑外伤综合征""脑震荡"的诊断而不说明其程度。对于人身损害事实的确认,一般应当以医疗单位诊断证明为凭,对其中难以查清的,可以采取鉴定、会诊等方法确定。

4. 对精神损害的确认

对侵害人格权造成财产损失的,按照实际的损失数额予以赔偿,这种确认比较容易处理,具体可以参照以上办法进行确认。对于没有造成财产损失但情节较重的确认,应当适用《民法典》第 1182 条规定的方法,即"侵害他人人身权益造成财产损失的,按照被侵权人因此受到的损失或者侵权人因此获得的利益赔偿;被侵权人因此受到的损失以及侵权人因此获得的利益难以确定,被侵权人和侵权人就赔偿数额协商不一致,向人民法院提起诉讼的,由人民法院根据实际情况确定赔偿数额"。

三、因果关系

(一)因果关系的概念

原因和结果是唯物辩证法的一对基本范畴。这对范畴及因果关系概念反映的是事物、现象之间的相互联系、相互制约的普遍形式之一。无论是在自然界，还是在人类社会中，处在普遍联系、相互制约中的任何一种现象的出现，都是由某种或某些现象所引起的，而这种或这些现象的出现又会进一步引起另外一种或一些现象的产生。引起某一现象产生的现象叫原因，而被某些现象所引起的现象叫结果。客观现象之间的这种引起和被引起的关系，就是事物的因果关系。

当人们运用哲学因果关系的原理来指导侵权法上的原因和结果及其相互关系时，就形成了侵权法上的因果关系概念。侵权法上的因果关系以及原因和结果的概念，既不同于哲学上的相同概念，又与哲学上的相同概念具有密切关系。

侵权民事责任构成中的因果关系要件，就是侵权法中的因果关系，指的是违法行为作为原因，损害事实作为结果，在它们之间存在的前者引起后果，后者被前者所引起的客观联系。

（二）因果关系中的原因

1. 不同学说

在侵权责任构成要件的因果关系中，究竟何为原因，有不同的学说。

（1）行为原因说

这种主张认为，因果关系只是确定责任的一个条件，查找因果关系的目的不在于考虑行为人的行为是否违法，而在于确定行为人的行为与结果之间的联系。民法中的因果关系是指行为人的行为及其物件与损害事实之间的因果关系。①

（2）过错原因说

这种主张认为，我国民法上的因果关系为过错与损害之间的关系，只有过错才能成为侵权法上的原因，正是由于过错，行为人才对其造成的损害负责，亦正是由于过错所产生的损害，行为人才负赔偿之责；反之，尽管行为人的行为造成了损害，行为与损害之间有因果关系，但损害若非过错造成，此损害即不属于赔偿之列。因此，这种因果关系的公式是："若无此过错，则不生此损害；若有此过错，通常即生此损害。"②

（3）违法行为原因说

这种主张认为，侵权责任构成要件中的因果关系，是指违法行为和损害事实之间的因果关系。在侵权损害赔偿法律关系中，违法行为与损害事实之间是前者引起后者的，引起与被引起的客观联系，就是违法行为与损害事实之间的因果关系。③

---

① 参见王利明、杨立新等：《民法·侵权行为法》，中国人民大学出版社 1993 年版，第 144 页。

② 孔祥俊等：《侵权责任要件研究》（下），载《政法论坛》1993 年第 2 期。

③ 参见中央政法干部学校民法教研室编著：《中华人民共和国民法基本问题》，法律出版社 1958 年版，第 333 页；佟柔主编：《民法原理》（修订本），法律出版社 1986 年版，第 242 页；杨立新、韩海东：《侵权损害赔偿》，吉林人民出版社 1988 年版，第 73 页。

(4)其他学说

还有其他关于侵权原因的主张。一是主张侵权行为为原因,认为侵权行为与损害事实之间的因果关系就是原因与结果之间的内在必然联系。[①] 民国时期胡长清先生也持这种观点。[②] 我国台湾地区何孝元先生的主张亦同。[③] 二是主张被控行为为原因,认为被控行为与损害事实之间应具有因果关系,始构成侵权要件。[④] 三是主张加害行为为原因。

2. 侵权因果关系的原因是违法行为

以过错作为损害事实的原因,是将主观意志与客观结果作为因果关系的联系,其中间缺少行为这一客观的中间联系,难说其正确。以侵权行为作为损害事实的原因,等于将侵权行为作为侵权行为构成的原因,在逻辑上说不通。以被控行为作为损害事实的原因,则混淆了实体法和程序法上的概念,是不适当的。以加害行为作为损害事实的原因,是较为客观的主张,但其行为性质没有明确。

违法行为要件承担的是行为的具体表现以及它在客观上是否违法,损害事实要件承担的是被侵权人是否受有权利的损害。在这两个要件成立的情况下,因果关系要件承担的任务,是判断损害结果是否为该违法行为所引起,该违法行为是否为该损害事实的客观原因。因果关系要件的职能是在被控行为被确定为违法的情况下,考察判断它与损害事实之间有否具有引起与被引起的因果关系,有因果关系,则可能构成侵权责任,无因果关系则不构成侵权责任。因而不必担心以违法行为为损害事实的原因,会舍弃损害的真正原因。例如,甲诉乙违章驾驶拖拉机致其伤害,要求乙承担赔偿责任。事实是,甲为修房,请乙等数人为其用拖拉机运河沙,乙为司机。在从河床向河坝行驶途中,因坡道较陡,拖拉机牵引力不够,众人想办法,坐、立在拖拉机发动机盖、保险杠和驾驶室两侧脚踏板上,以增加机车牵引力,约定爬上河坝停车时再下来。前几次都很顺利,最后一次,当乙驾车爬上河坝尚未停车时,甲从脚踏板上跳入拖拉机后侧与拖车连接处,抓住拖车保险杠,欲踏住连接拖车与拖拉机的三角钩架,失足致手松开,跌入拖车前轮,致左腿断裂伤。

在该案中,甲有损害事实,乙有违章驾车的违法行为,但违章驾车的行为却不是造成甲致伤的原因,违法行为与损害事实之间没有因果关系,其致害原因是甲的自身行为,因而,乙不构成侵权责任。这一判断过程足以说明以上原理。

因此,侵权责任构成要件因果关系的原因,应当确定为违法行为。违法行为与损

---

① 参见马原主编:《中国民法教程》,人民法院出版社 1989 年版,第 308 页。

② 参见胡长清:《中国民法债篇总论》,商务印书馆 1946 年版,第 136 页。

③ 参见何孝元:《损害赔偿之研究》,台湾地区“商务印书馆”1982 年版,第 98 页。

④ 参见张俊浩主编:《民法学原理》,中国政法大学出版社 1991 年版,第 834 页。

害事实之间构成因果关系,才成立侵权责任构成的因果关系要件。

(三)确定因果关系的不同理论

由于因果关系的复杂性和多样化,在理论上如何确定因果关系便产生了多种学说。

1. 条件说

条件说认为,凡是引起损害结果发生的条件都是损害结果的原因,因而具备因果关系要件。这种理论不承认事实上的原因和法律上的原因的区别,而将逻辑上导致该结果出现的所有条件都视为法律上的原因,行为人都要承担责任。其公式就是“没有前者,即没有后者”。①

2. 原因说

原因说也称“限制条件说”“必然因果关系说”,主张对原因和条件应予以严格区别,仅承认原因与结果之间存在因果关系,而不承认条件与结果之间有因果关系,因而法律上的原因与事实上的原因不同。原因说的要点在于:原因是对结果的发生有重要贡献的条件,而其他条件则对结果的发生只起到背景的作用,无直接贡献,其仅仅为条件,不具有对结果发生的原因力。这一学说由德国学者宾丁·库雷尔首创,后来经不断发展,被广泛采用,形成了必然因果说等多种主张。这种理论着眼于已发现的外部现实的各个违法行为及其结果,重视研究行为对于结果发生的作用,主张把行为与结果之间的因果关系定型化,以限定追究行为的责任范围。其中以必然因果说对责任范围的限制最为严格。

3. 相当因果关系说

这种理论也称为“适当条件说”,是19世纪末德国学者巴尔首先提出,由克利斯发表的《论客观可能性的概念》一文确定了它的基础,成为多数国家民法采用的理论。这种学说认为,某一事实仅于现实情形发生某种结果,尚不能就认为有因果关系,必须在一般情形、依社会的一般观察,亦认为能发生同一结果时,才能认为有因果关系。例如,伤害他人之后,送受害人去医院治疗,不幸医院失火,致受害人烧死。这里的伤害与烧死就现实情形而言,固然不能说没有关系,但医院失火属于意外,依一般情况不具有相当因果关系。如果伤害后患破伤风以致死亡,则在一般情形依通常经验观察能致死亡,故其伤害行为与死亡结果之间为有因果关系。

这种规则,实际上在我国古代就有采用。如《宋刑统·斗讼》中的“保辜”条疏云:“假殴人头伤,风从头疮而入,因风致死之类,仍依杀人论。若不因头疮得风别因他病而死,是为他故,各依本殴伤法”,不以杀人论。② 这里体现的完全是相当因果关系理

① 李光灿等:《刑法因果关系论》,北京大学出版社1986年版,第37页。

② 《宋刑统》,中华书局1984年版,第330页。

论。《宋刑统》编纂于10世纪中后期,可见我国法律对相当因果关系的实际应用,比德国大约早1000年。

相当因果关系学说分为三种不同观点:一是主观的相当因果关系说。认为确定相当条件应当以行为人行为时所知或者应当知道的事实作为判断的基础。至于该情事是否为普通人所能认知,则在所不问。因而将普通人所能认知,而行为人并未认知或不能认知的情形除外,不认为该行为与结果之间有因果关系。二是客观的相当因果关系说。认为确定适当条件是基于法官的立场,法官依社会一般人对行为及结果能否预见为标准,以行为发生时在客观上所表现的情事,以及行为所发生的结果为观察对象决定相当条件,而不是以行为人的主观作为主要判断依据来确定因果关系。三是折中的相当因果关系说。综合了主观说和客观说的立场,认为应当以一般人能够认知和预见的情形以及行为人的特别认知、预见的情形为判断基础,也就是以行为时一般人所预见或可能预见,以及虽然一般人不能预见而为行为人所认识或能认识的特别情势为基础,判断因果关系的有无。凡是一般人所能预见到的行为与结果之间的在伦理上的条件关系,不论行为人是否能预见,都认为存在因果关系。凡是为一般人不能预见但是行为人能预见的,亦认为存在因果关系。

4. 客观归属理论

该学说为德国学者霍尼希(Honig)在1930年首创,罗克辛(Roxin)继续发展,形成了完整的理论,被称为"客观归属理论"或者"危险增加理论"。该理论认为,行为人创造出法律上所不容许之危险,此危险在结果中实现时,即将结果归属于行为人。其要点是,法律的任务在于对侵害的法益的结果归责,而客观归责的要素在于"客观目的性",决定于行为人的行为是否制造了足以引起构成要件上侵害结果的法律上的重要风险。在客观归责中,只有客观的目的性才是归责的决定要素,决定于规范的目的和行为的客观风险制造能力。它包含三个判断标准:一是制造不被容许的风险;二是实现不被容许的风险;三是构成要件的效力范围。

5. 疫学因果关系说

这种理论是用医学流行病学原理来认定因果关系的理论,要点是某种因素在某种疾病发生的一段时间存在,如果发病前不存在该因素,则排除因果关系存在的可能;该因素发挥作用的程度越高,相应地患该病的罹患率就越高。换言之,该因素作用提高,病患就增多或病情加重;该因素作用降低,病患随之减少或降低;该因素的作用能无矛盾地得到生物学的说明。这种理论改变了以往就诉讼中具体个体对因果关系证明的方法,而转以民众的罹患率为参照系,即只要原告证明被告的行为与罹患率之间的随动关系,即为完成了证明责任。

6. 盖然性因果关系说

盖然性因果关系说也叫作推定因果关系说，是在原告和被告之间分配举证责任的理论。即如果原告证明了公害案件中的侵权行为与损害后果之间存在某种程度的因果关联的可能性，原告就尽到了举证责任；然后由被告举反证，以证明其行为与原告损害之间无因果关系；不能反证或者反证不成立的，即可判断因果关系成立。日本学者将这种学说称为"优势证据"，在民事案件中，心证的判断只要达到因果关系存在盖然性，大于因果关系不存在的盖然性这一程度，便可认定因果关系的存在。①

7. 间接反证说

这种学说在于对举证责任的分配，将构成因果关系的事实不是作为一个要件事实，而是作为复合的要件事实加以把握，分别予以认定。依此理论，一是将因果关系这一要件分为数个认定主题，如 A－B－C－D－E 等；二是原告无须对上述各项事实全过程举证，只要举证证明了其中主要事实，其他过程则可以依据通常经验推定。如果被告有异议，则须对上述各项逐一反证。这种理论同样有助于缓解原告在复杂案件中的举证困难。

8. 法律因果关系说

英美法系的因果关系学说不是注重于哲学上的分析，而是注重于实证的分析，是从大量的案件中总结出来的判断法律因果关系的规则。认为在一个、多个原因或者条件造成一个损害结果的时候，将因果关系分为两个层次，一是事实上的原因，二是法律上的原因。原告不仅要证明被告的行为有过失，而且还要证明这一过失行为造成了他的损害；证明被告的行为与损害结果之间存在因果关系，不仅为事实上的原因，而且为法律上的原因。确定事实上的原因是认定因果关系的第一步，但还不是全部，还必须证明行为与损害之间具有法律上的原因。只有证明后者，才能够认定法律因果关系的存在。

（四）确定我国侵权法因果关系要件的规则

在我国的侵权法理论中，确定行为与结果之间的因果关系，既应当借鉴国外的因果关系理论的经验，又要根据我国的具体情况，确立我国的因果关系规则，分别遵循以下四个规则进行。

1. 直接原因规则

行为与结果之间具有直接因果关系的，无须再适用其他因果关系理论判断，直接确认其具有因果关系。

最常见的直接原因是一因一果的因果关系类型。一个原因行为出现，引起了一个

① 参见［日］加藤一郎：《公害法的生成与发展》，岩波书店 1968 年版，第 29 页。

损害结果的发生,这种因果关系极为简单,容易判断。在这样的情况下,再作其他判断则是舍本逐末。

对于虽然有其他条件介入,但是原因行为与损害结果之间自然连续、没有被外来事件打断,尽管有其他条件的介入,但是可以确定这些条件并不影响原因行为作为直接原因的,应当认定其与损害事实之间具有因果关系。

2. 相当因果关系规则

采用折中的相当因果关系理论判断因果关系,比较妥当。在行为与结果之间有其他介入的条件使因果关系判断较为困难,无法确定直接原因的,应当适用相当因果关系理论判断。确认行为是损害结果发生的适当条件的,认定行为与结果之间具有相当因果关系,否则为没有因果关系。

采用相当因果关系说,应当摒弃过去一直影响我国法律因果关系判断的"必然因果关系学说"。这两种学说的根本区别是:前者强调判断因果关系的客观标准是"可能性",而后者强调的标准是"必然性";前者的可能性取决于社会的一般见解,而后者强调的必然性则是客观的存在,与人的认识无关。相当因果关系学说的正确性在于:它不要求法官对每一个案件均脱离一般人的知识经验和认识水平,去追求客观的、本质的必然联系,只要求判明原因事实与损害结果之间在通常情形存在的联系的可能性,这种判断不是依法官个人的主观臆断,而是要求法官依一般社会见解,按照当时社会所达到的知识和经验,只要一般人认为在同样情况下有发生同样结果的可能性即可;其客观依据,则在于事实上这种原因事实已经发生了这样的结果,这样主观的认识和客观的根据就结合在一起了。这种要求,完全符合马克思主义认识论原理。而必然因果关系理论要求法官处理每一件具体案件,都要掌握其必然的、本质的联系,则恰恰违反了唯物辩证法的要求。

适用相当因果关系学说,关键在于掌握违法行为是发生损害事实的适当条件。适当条件是发生该种损害结果的不可缺条件,它不仅是在特定情形下偶然地引起损害,而且是一般发生同种结果的有利条件。如何判断相当因果关系,史尚宽先生概括了一个公式,即"以行为时存在而可为条件之通常情事或特别情事中,于行为时吾人智识经验一般可得而知及为行为人所知情事为基础,而且其情事对于其结果为不可缺之条件,一般的有发生同种结果之可能者,其条件与其结果为有相当因果关系"。① 简言之,确定行为与结果之间有无因果关系,要将行为时的一般社会经验和智识水平作为判断标准,认为该行为有引起该损害结果的可能性,而在实际上该行为又确实引起了该损害结果,则该行为与该结果之间为有因果关系。

---

① 史尚宽:《债法总论》,荣泰印书馆1978年版,第163页。

在判断违法行为与损害结果之间具有相当因果关系时，可以适用以下公式：

大前提：依据一般的社会智识经验，该种行为能够引起该种损害结果；

小前提：在现实中，该种行为确实引起了该种损害结果；

结论：那么，该种行为是该种损害事实发生的适当条件，因而，二者之间具有相当因果关系。

例如，某生产服务管理局建筑工程公司第7施工队承包的碱厂除钙塔厂房拆除工程，转包给个体工商户业主张某某组织领导的工人新村青年合作服务站，并签订了承包合同。后由服务站经营活动全权代理人、被告张某某之夫徐某某组织、指挥施工，并亲自带领雇用的临时工张某某等人拆除混凝土大梁。在拆除第1根至第4根大梁时，起吊后梁身出现裂缝；起吊第5根时，梁身中间折裂（塌腰）。徐某某对此并未引起重视。当拆除第6根时，梁身从中折断，站在大梁上的徐某某和原告张某某之子张某（均未系安全带）滑落坠地，张某受伤，急送碱厂医院检查，为左下踝关节内侧血肿压痛，活动障碍。经医院治疗后开具证明：左踝关节挫伤，休息两天。张某因伤口感染化脓住进港口医院，治疗无效死亡。经法医鉴定，结论是：张某系左内踝外伤后，引起局部组织感染、坏死，致脓毒败血症死亡。后又经鉴定认为：张某系外伤所致脓毒败血症，感染性休克，多脏器衰竭死亡，医院治疗无误，张某的死亡与其他因素无关。张某工伤后，服务站及时送往医院检查、治疗，死后出资给予殡葬。张某某和张某的姐弟向法院提起诉讼，请求人身损害赔偿。被告以死者生前与其签订了“工伤概不负责任”的合同条款而拒绝承担责任。本案中的因果关系认定，必须采用相当因果关系规则才能够确定。造成张某伤害的行为与他的死亡后果之间，就是“风从疮入”，伤害行为是死者死亡后果的适当条件，因此构成相当因果关系，行为人应当对被侵权人死亡的后果承担损害赔偿责任。

3. 推定因果关系规则

推定因果关系说也叫作盖然性因果关系说，是在原告和被告之间分配证明因果关系的举证责任的理论。其基本规则是，盖然性就是可能性。例如，在环境污染和生态破坏责任案件的诉讼中，如果原告证明了侵权行为与损害后果之间存在某种程度的因果关联的可能性，原告就完成了自己的举证责任，然后由被告举证，以证明其行为与原告损害之间无因果关系，不能反证或者反证不成立，即可确认因果关系成立。日本学者将这种学说称为“优势证据”，在民事案件中，心证的判断只要达到因果关系存在盖然性大于因果关系不存在的盖然性这一程度，便可认定因果关系的存在。①

在特定的场合，可以适用推定因果关系规则认定因果关系。盖然性因果关系说就

① 参见［日］加藤一郎：《公害法的生成与发展》，岩波书店1968年版，第29页。

是一种推定因果关系。其基本要点,就是保护弱者,在被侵权人处于弱势,没有办法完全证明因果关系要件的时候,只要被侵权人举证证明到一定的程度,就推定行为与损害之间存在因果关系,然后由被告负责举证,证明自己行为与损害发生之间没有因果关系。

因果关系推定的适用方法如下:

(1)分清违法行为与损害事实的时间顺序。作为原因的违法行为必定在前,作为结果的损害事实必定在后。违背这一时间顺序性特征的,为无因果关系。

(2)区分违法行为与损害事实之间是否存在客观的、合乎规律的联系。确定其间的因果联系,即在案件中,如果在违法行为与损害结果之间存在盖然性联系,则应解释为在法律上存在因果关系。盖然性因果联系的证明责任还应当是由被侵权人承担。法官根据所积累的情况证明,如果可以作出与有关科学无矛盾的说明,即应当解释为法律上的因果关系得到了证明。其推定形式如下:

大前提:在一般情况下,这类行为能够造成这类损害;

小前提:这一结论与有关科学原理无矛盾;

结论:那么,这种损害事实是由这种行为造成的。

(3)由于这种因果关系是推定的,因而,还应当在损害事实与违法行为之间排除其他可能性。当确定这种损害事实没有任何其他原因所致可能时,即可断定该种违法行为是损害事实的原因,即推定因果关系成立。

实行因果关系推定,就意味着被侵权人在因果关系的要件上不必承担过重的举证证明责任,在证明了因果关系的盖然性之后,就由法官实行推定。

因果关系推定适用的范围如下:

一是环境污染和生态破坏责任。《民法典》第 1230 条规定:“因污染环境、破坏生态发生纠纷,行为人应当就法律规定的不承担责任或者减轻责任的情形及其行为与损害之间不存在因果关系承担举证责任。”“行为与损害之间不存在因果关系”规定的就是环境污染和生态破坏责任的因果关系推定。由于环境污染和生态破坏责任复杂多样,致害范围广泛,依照一般常识难以判断,需要高度的自然科学知识的特殊性,对其因果关系的确定,各国多采用因果关系推定原则,即在公害侵权责任确定中,只要证明企业已经排放了可能危及人身健康的有害物质,而公众的人身健康在排污后受到或正在受到危害,就可以推定这种危害是由该排污行为所致。

二是其他有必要适用推定因果关系的案件。因果关系推定原则适用于公害案件。在某些特定的场合,对于高科技领域中侵权责任的认定,也可以适用因果关系推定。例如,某日下午 5 点半至 6 点半,黑龙江省某县气象局驻海浪镇五良子村气象站打炮点为防冰雹,前后共向空中发射了 30 枚防雹气象炮弹,其中向邻市的旧街方向发射 6 枚

（距离为 8 公里）。该市旧街乡张明村村民常某在田里干活见开始下雨，便从田里往家走。突然，其妻李某等人在家里听到屋外一声惊叫，并听到有人倒地的声音，出门便见常某倒卧窗前，头部受伤流血，昏迷不醒。在场人都以为是遭到雷击，急忙将常某送至医院，经检查发现常某头部有一 7 厘米裂伤，深至颅骨，创缘不齐，颅骨凹陷，有脑组织溢出，为脑挫伤、开放性颅骨骨折。7 天后，常某死亡。医院诊断认为死者不是雷击致死，而是由一硬物以高速冲击所致。常某亲属联想到当天某县气象站发射防雹炮弹，推想可能是炮弹皮落下所致，便在现场周围寻找，找到一块铁块，经鉴定为“三・七”炮弹皮残骸，上有“人雨・17 秒”字样。气象站不承认该弹皮是今年打的炮弹，常某亲属又找到一块 186 克的“三・七”炮弹尾部，表面已经锈蚀。李某向法院起诉，被告主张常某损害不是自己发射的炮弹所致。法院在现有事实基础上，适用因果关系推定规则，确认其行为与损害结果之间有因果关系，判决被告承担侵权责任。

4. 法律原因规则

在特别情况下，如果确认因果关系确有困难，可以适用英美侵权法中的“事实原因—法律原因”的规则。

英美法系的因果关系学说不是注重哲学上的分析，而是注重实证的分析，是从大量的案件中总结出来的判断法律因果关系的规则。他们认为，在多个原因或者条件造成一个损害结果的时候，将因果关系分为两个层次，一是事实上的原因，二是法律上的原因，原告不仅要证明被告的行为有过失，而且还要证明这一过失行为造成了他的损害，证明被告的行为与伤害结果之间存在因果关系，不仅有事实上的原因，而且有法律上的原因。确定事实上的原因是认定因果关系的第一步，还必须证明行为与损害之间具有法律上的原因，只有证明了后者，才能够认定法律因果关系的存在。

也就是，首先确定行为是否构成损害的事实原因，即产生一个结果的多个前提事实总和中的一个因素；其次确定行为是否为损害的法律原因，即一种自然的、未被介入因素打断的原因，没有这样的原因，就不会发生原告受害的结果。如果行为对于损害而言，既是事实原因，又是法律原因的，即可确定行为与损害之间的因果关系。

具体判断时，要掌握事实上的原因和法律上的原因的构成。

事实上的原因，就是跟随结果发生同时存在的各个事实。确定事实上的原因通常有四种规则。一是传统规则，即 but for test 规则，就是“非他莫属”。倘若没有被告的行为，原告就不会遭受损害，那么，被告的行为就是原告损害的原因。二是实质要件规则，如果被告的行为是原告受损的实质要件或者重要因素，那么被告的行为就是原告受害的事实原因。三是复合原因规则，造成原告受损害的原因力不是单一的，如果是两个或者两个以上的原因力共同作用导致同一个后果，这就是复合原因。在分辨责任时，需要确立划分责任的标准，并确定各自承担的赔偿数额，如果不能分清各自原因力的大小,则应承担连带责任。四是其他方法,当以上方法都无法确认谁的行为是伤害的实际原因时,原告必须证明被告当中有一个人的过失引起了他的伤害,然后每一个被告都要证明自己的过失不是伤害的实际原因。如果他们中没有一个人能够证明,那么他们就要共同为原告的伤害负责。

法律上的原因也叫作近因,是被告对原告承担责任的最近原因,是一种自然的和继续的、没有被介入因素打断的原因,没有这种原因,就不会发生原告受害的结果。所谓最近,不一定是时间或空间上的最近,而是一种因果关系上的最近,因此,损害的近因是主因或有效原因,附加原因、介入原因虽然在时间上或空间上可能是最近的,但并不是近因。确定法律上的原因,一是分析直接原因,二是分析后果的预见性,三是分析介入原因。直接原因就是被告的行为与损害后果之间自然连续,没有被外来事件打断,被告的行为直接导致了伤害后果。预见性,就是被告只对他在行为时可以预见的后果负责。而介入原因,是在被告的行为与伤害后果之间,介入了外来的事件或者行动,与被告的行为结合起来导致伤害结果的发生,介入原因的出现改变了事件发生的过程和结果,改变了当事人之间的关系与责任。当介入原因能够取代被告的行为的时候,被告的责任就可能得到原谅。

(五)原因力及其作用

在侵权构成多因一果的情况下,多种原因对于损害事实的发生为共同原因。共同原因中的各个原因对于损害事实的发生发挥不同的作用,因而有原因力大小的问题。

原因力,就是在构成损害结果的共同原因中,各个原因对于损害结果的发生或扩大所发挥的作用力。单一原因对于结果的发生,原因力为100%,因而考察原因力不具有实际的意义,只有在共同原因中考察原因力才有现实的意义。

原因力的大小决定于各个共同原因的性质、原因事实与损害结果的距离,以及原因事实的强度。直接原因的原因力优于间接原因;原因事实距损害结果近的原因力优于原因事实距损害结果远的原因力;原因事实强度大的原因优于原因事实强度小的原因。根据这样一些因素,可以判定共同原因中各个原因对于损害事实发生的具体原因力的大小。

原因力大小在共同侵权行为和过失相抵的责任分担上具有相对的决定作用。在共同侵权行为中,原因行为的原因力大,行为人应承担较多的责任;原因行为的原因力小,行为人应承担较少的责任。在与有过失及过失相抵中,侵权人和被侵权人双方的行为是损害发生的共同原因,各行为人的行为原因力大小,对确定各自的责任,也发生如上作用。

四、过错

(一)过错概念的性质

1. 认定过错概念的不同学说

关于过错究竟是主观概念还是客观概念,在学说上主要有以下三种观点:

(1)主观过错说,认为过错就是违法行为人对自己的行为及其后果所具有的主观心理状态。这种学说把行为人行为的违法性从主观和客观两个方面加以区分,创造了"客观的不法和主观的不法"的概念,主观的不法即为过错,包括故意、过失以及恶意。这种学说得到广泛赞同,成为很多国家民法学的理论基础。

(2)客观过错说,认为"过错是指任何与善良公民行为相偏离的行为",①过错是对事先存在的义务的违反。② 马泽奥德和顿克则将法国司法上认定的过错解释为,一个谨慎人置身于侵权人造成损害时的"客观"环境中所不会犯的行为差错。③ 我国学者也认为,我国对过错的判断标准应当客观化,即应采用客观过错,摒弃现行的主观过错说,认为这种客观过错指行为人未尽到一般人所能尽到的注意义务,也即违背了社会秩序要求的注意。④

(3)综合过错说,认为过错既是一种心理状态,又是一种行为活动,是一种舆论和道德谴责。这种主张认为,过错首先是行为人进行某种行为时的心理状态,即使是法人,也具有这种法律上的心理状态。但过错虽然是一种心理状态,它必然是通过行为人的具体行为体现出来,判定一个人有无故意或者过失,总是要和一定的行为联系起来,并以行为为其前提和条件。没有行为,不管人们具备什么样的心理状态,也谈不上过错。这种过错,实际上是对行为人在进行这种行为时所具有的心理状态以及行为的本身的社会评价和价值评价。⑤

2. 过错的本质属性

确定过错的本质属性,应当从过错的本质上去揭示它。在理论上的"主观过错说"和"客观过错说",并不是说过错的本质属性是主观的、不是客观的,而是就判断过错的标准而言。正如学者所指出的那样,"主观过错说是以一定的心理状态作为衡量过错的标准","客观过错说是以人的行为为判断标准",⑥或者"注意"的衡量标准就是一种

---

① [法]安德烈·蒂克:《过错在现代侵权行为法中的地位》,载《法学译丛》1991 年第 4 期。

② 参见[法]普兰尼奥尔:《法国民法实用教程》(第 6 卷),巴黎 1952 年版,第 863 页。

③ 参见王卫国:《过错责任原则:第三次勃兴》,浙江人民出版社 1987 年版,第 186 页。

④ 参见孔祥俊等:《侵权责任要件研究》(下),载《政法论坛》1993 年第 2 期。

⑤ 参见王利明主编:《人格权法新论》,吉林人民出版社 1994 年版,第 96 ~ 97 页。

⑥ 王利明主编:《人格权法新论》,吉林人民出版社 1994 年版,第 90、92 页。

客观标准。除了少数学者坚持过错是一种行为,是客观概念外,绝大多数学者认为过错就其本质属性而言,是人的主观心理状态,因而是主观的概念。

检验过错标准的客观化,是民法理论发展的必然。但是,检验过错标准的客观化却不能导致过错的本质属性发生质的改变而使过错本身客观化。认为过错是客观概念的主张,就是沿着这一条道路走下去,改变了过错的本质属性,使过错由主观概念变成了客观概念。而认为过错是综合概念的主张,虽然以承认过错是主观心理状态为前提,但却在过错须从行为表现出来,又必须以行为来检验其有无的基础上,认为过错既是主观的概念,又是客观的概念,因此,综合过错理论是折中主义的产物。

检验过错用客观标准,是指判断过错时,采用客观的标准来衡量,按此客观标准,违反之,为有过错;符合之,为无过错。过错的有无,仍然是说行为人在主观上有无不注意的心理状态,并不是说这种过错已经离开了行为人的主观世界,而成为客观上的形态。过错永远不能离开行为人的主观世界,而成为客观的实在形态。

同样道理,过错体现在行为人的行为之中,但不能说过错是行为本身。主张从行为中检验、判断行为人主观上是否有过错,是正确的观点。但由于过错体现在行为之中,并且应从行为中检验、判断行为人是否有过错,进而认为过错本身就是行为,或者过错本身就具有客观属性,也是对过错本质属性的误解。

实际上,用客观标准确定过错,并不是绝对的标准,用客观标准确定的只是过失,以及无法用主观标准确定的某些故意。对于故意的确定标准,还是要用主观标准来确定。例如,某人故意伤害他人身体、故意毁坏他人名誉、故意泄露他人隐私、故意侵害他人人身自由,均可由主观标准予以确定,不必舍本逐末,转而用客观标准去检验其有无过错。如果说用客观标准确定过错就是过错的客观化,那么用主观标准确定故意,难道还能使故意客观化吗?无论是用主观标准还是用客观标准,都改变不了过错的主观本质属性,过错就是行为人决定其行为的心理状态。这样的界定并没有错误。

(二)过错的两种形态

过错分为两种基本形态,即故意和过失。

1. 故意

故意,是行为人预见自己行为的结果,仍然希望它发生或者听任它发生的主观心理状态。

确定故意,在侵权法理论上有意思主义和观念主义之争。意思主义强调故意必须有行为人对损害后果的“希望”或“意欲”,观念主义强调行为人认识或预见到行为的后果。这两种主张中,意思主义比观念主义要求为严,对此,笔者认为,应当采用折中主义的主张,行为人应当认识到或者预见到行为的结果,同时又希望或听任其发生。

在侵权法中,故意也包括直接故意和间接故意两种故意形式。其实有一个最简单的类比,就是过失都能够构成侵权责任,间接故意当然比过失的过错程度为重,肯定也能构成侵权责任。

2. 过失

过失,包括疏忽和懈怠。行为人对自己行为的结果,应当预见或者能够预见而没有预见,为疏忽;行为人对自己行为的结果虽然预见了却轻信可以避免,为懈怠。疏忽和懈怠,都是过失,都是行为人对应负的注意义务的违反。因此,民法上的过失,就是行为人对被侵权人应负注意义务的疏忽或懈怠。正如我国台湾地区学者指出的那样:"过失者,行为人对于自己的行为,所生一定之结果,如为相当之注意,即可避免,而欠缺此注意之心理状态也。"①

既然过失是一种不注意的心理状态,即对自己注意义务的违反,注意义务就应当有客观标准。传统民法通常确立三种不同的标准。

(1)普通人的注意。这种注意标准,是指在正常情况下,只用轻微的注意即可预见的情形。这种注意义务是以一般人在通常情况下能够注意到作为标准。如果在通常情况下一般人也难以注意到,那么,行为人尽管没有避免损害,但也尽到了注意义务,因而不能认为行为人有过失。相反,对于一般人能够在一般情况下注意到却没有注意,为有过失。例如,从屋内向窗外抛砖石,击中行人致伤,这就违反了普通人的注意,为有过失。这种注意标准,为客观标准。

(2)应与处理自己事务为同一注意。所谓自己事务,包括法律上、经济上、身份上一切属于自己利益范围内的事务。与处理自己事务为同一注意,应以行为人平日处理自己事务所用的注意为标准。判断这种注意义务,应以行为人在主观上是否尽到了注意的义务为标准,即主观标准。如果行为人证明自己在主观上已经尽到了注意义务,应认定其为无过失;反之,则应认定其有过失。②

(3)善良管理人的注意。这种注意义务,与罗马法上的"善良家父之注意"和德国法上的"交易上必要之注意"相当,都是要以交易上的一般观念,认为具有相当知识经验的人,对于一定事务所用的注意作为标准,客观地加以认定。行为人有无尽此注意的知识和经验,以及他向来对于事务所用的注意程度,均不过问,只有依其职业斟酌,所用的注意程度,应比普通人的注意和处理自己事务为同一注意的要求更高。这种注意的标准,是使用客观标准。

上述三种注意义务,从程度上分为三个层次,以普通人的注意为最低,以与处理自己事务为同一注意为中,以善良管理人的注意为最高。与此相适应,违反这三种注意

---

① 刘清波:《民法概论》,开明书店 1979 年版,第 267 页。

② 在这种情况下,确定过错的标准也是主观标准,而不是客观标准,由此也可以说明过错并不都是以客观标准衡量的,因而不能说过错是客观概念。

义务,即构成三种过失:

(1)重大过失。违反普通人的注意义务,为重大过失,亦称重过失。如果行为人仅用一般人的注意,即可预见之,而竟怠于注意不为相当准备,就存在重大过失。

(2)具体过失。具体过失,是指违反应与处理自己事务为同一注意的义务。如果行为人不能证明自己在主观上已尽该种注意,即存在具体过失。

(3)抽象过失。抽象过失,是指违反善良管理人的注意义务。这种过失是抽象的,不依行为人的主观意志为标准,而以客观上应不应当做到为标准。因而,这种注意的义务最高,其未尽注意义务的过失则为抽象过失。

应当注意的是,后两种过失并不是一般过失或者轻微过失,而是轻于重大过失的过失,其程度重于一般过失以及轻微过失,是应当担责的过失。

3. 确定注意义务的主要因素

在确定行为人的注意义务时,必须具体化和类型化,以探究违反注意义务的实质基准。学者指出应当有三种考量因素:

一是危险或者侵害的严重性。行为的危险性越高,所生侵害越重时,其注意程度应当相对提高。例如,独眼人从事某种易于伤害眼睛的工作时,雇主应为其提供特别防范措施,避免意外事故,即为应当尽到的较高注意。

二是行为的效益。这是指行为的目的及效用的考量,行为的效益越重,其注意义务就要相应减低。例如,医生为挽救病患的生命,从事某种困难手术时,应容许其产生副作用等可计算的危险,唯应告知病患得其同意。

三是防范避免的负担。即为除去或者减少危险而采取预防措施或替代行为所须支付的费用或不便。例如,在人口稀少的地区容许无人看管的铁路平交道口存在。①

4. 判断过失的汉德公式

当代侵权法强调对过失的经济分析。美国法官汉德(Learned Hand)创造了一个简便的确定过失的公式,就是汉德公式,即:

设定发生损失的概率为 P,损失金额为 L,预防成本为 B,则在 $B < PL$(预防成本小于损失金额乘以损失发生概率)时,侵权人始有过失。

汉德公式的基本思想在于建立所谓的经济效率思想,即借助鼓励以合理费用预防意外事故,而不鼓励在安全上的超过投资,而对财富予以极大化,对成本费用予以极小化。这种思想符合对侵权行为的经济分析方法。例如,美国伊利诺伊州法院判决的案件,一个 16 岁的男孩子在被告废弃的已盛满泉水的露天矿井游泳时受到伤害。被告虽然认识到该矿井将被用作游泳水湾,而且在小孩潜水和受伤地方水面之下有隐蔽的

① 以上观点参见王泽鉴:《侵权行为法》(第 1 册),三民书局 1999 年版,第 297 ~ 298 页。

突出物,可能造成危险,唯未为必要的控制。法院认为,只要用1.2万~1.4万美元的钢丝就能封闭整个水面,此与小孩伤害的风险相比,其成本微不足道。故判决被告败诉。

学者认为,对过失的经济分析具有启发性,侵权人活动的价值及防止危险的经济因素,应作为认定过失的相关因素,自值得赞同。唯应指出的是,侵权法上的过失,不应使之等同于纯为经济上的方程式。第一,侵权法植根于个人的道德性,所注重的是个人间的公平,而非在增进广泛的社会政策或福利;第二,过失认定还包括人格等非经济的价值,难以用金钱或财富加以计算;第三,法官有无能力从事经济分析,甚有疑问,如何量化也显非易事。因此,过失的认定应当考量经济因素,但是侵权法的理念在于维护个人自由并合理分配损害,非仅为成本效益的微积分,不能使侵权法上的善良管理人成为冷血、精于计算的经济人。[①] 这一分析极为妥当。在实践中,法官有条件的,可以作这种分析,以确定行为人的过失,但应注意不能陷入纯粹的经济分析之中。

(三)过错与侵权责任的关系

主观过错程度有轻重之分,是人所共知的。但在主观过错的轻重与侵权责任的关系上,传统学说一直认为,“区分故意与过失,在刑法上对于定罪量刑具有重要意义,而在民法上,一般情况下,对于确定行为人的民事责任并无实际意义。因为民事责任的承担,完全是根据损害事实决定的,行为人故意造成他人伤害与过失造成他人伤害在民事责任的承担上是完全一样的”。[②] 这种观念并不完全准确。就法律的一般情形而言,这种意见是正确的;但是在法律有特别规定和共同过错、与有过失及第三人过错的情况下,过错程度的轻重对于确定民事责任具有决定作用。

1. 民事责任的轻重等级

民事责任按其轻重程度,分为六个等级。

(1)仅为故意负责。责任最轻者,仅为故意负责。例如,非法干涉他人行使姓名权、名称权,则须以故意构成;侵害债权,多数在故意的情况下才能构成,过失不构成侵害债权。诸如此类的侵权责任,仅以故意方构成责任,过失不构成责任,因此,是最轻的民事责任。

(2)仅为重大过失负责。我国台湾地区“民法”第223条规定:“应与处理自己事务为同一注意者,如有重大过失者,仍应负责。”《民法典》对此无明文规定,学说上承认这种区别。其含义为,行为人应负与处理自己事务同一的注意义务,但如果连一般普通人的注意也未尽到,则为重大过失,应负民事责任。

---

① 参见王泽鉴:《侵权行为法》(第1册),三民书局1999年版,第299~230页。

② 马原主编:《中国民法教程》,人民法院出版社1989年版,第310~311页。

(3)为具体过失负责。建筑物及其他设施以及建筑物上的悬挂物、搁置物的所有人,应负与处理自己事务的同一注意义务。未尽此注意义务,致他人损害,应当负侵权责任。

(4)为抽象过失负责。对违反善良管理人的注意义务者,负侵权责任。《民法典》对于一般的侵权责任均要求此注意义务。如侵害身体权、健康权、生命权、名誉权、隐私权,有抽象过失者,应负侵权责任,此为“举轻以明重”,至于其他过失及故意,更应负责。监护人对被监护人的致害责任,即是对此种注意义务所负的责任。

(5)为通常事变负责。即通常的无过错责任。如产品责任、高度危险责任、动物致害、环境污染,均为无过错责任,造成损害,如无被侵权人故意或第三人过错或不可抗力,行为人无论有无过失,均应承担侵权责任。

(6)为不可抗力负责。此种责任最重,如无法律明文规定,不得令行为人承担此种责任。《邮政法》第48条规定,除汇款和保价邮件以外的其他给据邮件由于不可抗力的原因造成损失的,邮政企业不负赔偿责任,其中汇款和保价邮件的除外条款,就是规定其因不可抗力原因造成损失亦应赔偿。这是最重的民事责任。

故意和过失共分四个等级,分别居于民事责任的第一至第四等级上。由此可见,主观过错的轻重,对民事责任的轻重有着决定性的影响。其中仅为故意负责者,责任最轻。在过失中,注意义务轻重、过失轻重、责任轻重之间的关系是:注意义务越轻,则过失越重,而责任程度越轻;反之,注意义务越重,则过失越轻,而责任程度越重。当行为人应负普通人的注意义务时,当其违反该注意义务时,为重大过失;如果仅为重大过失负责,对一般轻过失不负责任,此种责任显然较轻。当行为人负善良管理人的注意义务时,其违反善良管理人的注意义务,为抽象过失;而有抽象过失亦应负责者,这种责任当然很重。

2. 数人分担侵权责任中的过错轻重程度

在共同侵权、与有过失和第三人过错中,侵权责任应由共同侵权人、被侵权人和侵权人、侵权人与第三人分担。

数人分担侵权责任如何分担,有两个标准,须综合评断,一是过错轻重,二是原因力大小。其中过错程度的轻重对于数人分担侵权责任的分担起主要作用。

在确定数人分担侵权责任各方责任中所依据的过错轻重等级上,一般分为四个等级。

第一等级,为故意。故意所为的行为,为最重的过错,应承担的侵权责任为最重。

第二等级,为重大过失。因重大过失所为的行为,为中等的过错,应分担的责任轻于故意,重于轻过失。确定重大过失的标准,亦应以确定过失的三个注意程度为标准,当法律要求负有较高的注意标准时,如果该行为人非但没有遵守这种较高的注意标准,而且连较低的注意标准也未尽到,即为重大过失。例如,行为人应负与处理自己事务为同一注意时,非但未尽此注意,反而连普通人的注意义务也未尽到,则为重大过失。同理,应负善良管理人的注意义务,如果行为人不仅未尽此注意,且连与处理自己事务为同一注意或普通人的注意义务也未尽到,亦为重大过失。违反普通人的注意义务,均为重大过失。

第三等级,为过失。过失是轻于重大过失的过失,包括抽象过失和具体过失,应分担一般的责任份额,程度上低于重大过失的责任份额。确定过失的标准,是负有较高注意义务的行为人虽然未尽此义务,但未违反普通人应尽的注意义务。

第四等级,为一般过失。一般过失是低于过失,重于轻微过失的过失,是一般的疏忽和懈怠,是一般的不注意心理状态。

根据以上等级的不同,再加上原因力大小的因素,综合评断数人侵权责任的分担,能够达到公平、合理、准确的价值评断标准的要求。当然,这种分担并不否定连带责任规则。

第五节 侵权责任形态

一、侵权责任形态概述

(一)侵权责任形态的概念和意义

1. 侵权责任形态的概念与特征

侵权责任形态,是指侵权法律关系当事人承担侵权责任的不同表现形式,即侵权责任由侵权法律关系中的不同当事人按照侵权责任承担的基本规则承担责任的不同表现形式。

侵权责任形态具有以下法律特征:

(1)侵权责任形态所关注的不是行为的表现,而是行为的法律后果,即侵权行为发生符合侵权责任构成要件要求的,由应当承担责任的当事人承担行为的后果。它与侵权行为类型的不同就在于,侵权行为类型研究的是行为本身,而侵权责任形态研究的是侵权行为的后果,是研究侵权行为所引起的法律后果由谁承担的问题。它也与侵权责任构成不同。侵权责任构成研究的是依据什么样的准则,符合什么样的条件才能构成侵权责任;侵权责任形态则是解决侵权责任构成之后确定责任由谁承担的问题。

(2)侵权责任形态表现的是侵权行为的后果由侵权法律关系当事人承担的不同形

式。侵权责任方式研究的也是侵权行为的法律后果,但是它研究的不是侵权责任在不同的当事人之间由谁承担的形式,而是侵权行为后果的具体表现形式,即损害赔偿、停止侵害、赔礼道歉等责任本身的形式。侵权责任形态研究的不是这些责任的具体形式,而是研究什么人来承担这些责任形式的问题。因此,侵权责任形态也就是侵权责任方式在不同的当事人之间的分配。

(3)这些责任形态是经过法律所确认的、合乎法律规定的侵权责任的基本形式。侵权责任形态必须经过法律的确认,不是随意的、任意的形式。它也是承担侵权责任的基本形式,而不是具体的责任形式。它只规定当事人自己承担还是他人承担,是连带承担还是按份承担,等等。至于由当事人具体承担什么样的责任,承担责任的程度是什么,侵权责任形态都不关心。

2. 侵权责任形态的发展历史

(1)罗马法。在罗马法以前的侵权法中,无所谓侵权责任的形态问题。因为那时候的侵权法都是规定具体的侵权行为,对侵权行为不作概括性、一般性的规定。至于侵权责任就是谁的行为就由谁来负责,谁的物件造成损害,就由谁负责。

罗马法开始意识到这个问题。罗马法在私犯和准私犯的划分中,关注的就是侵权责任形态。在罗马法所规定的四种私犯中,都是为自己的行为负责的侵权行为,这就是自己责任。而在六种准私犯中,除了承审员判错案件的责任之外,其他的都是为他人的行为负责和为自己管领下的物件负责的替代责任。因而可以看出,罗马法关于私犯和准私犯的划分,是对侵权责任形态的表述,初步区别了私犯为自己行为负责的自己责任和准私犯的对人以及对物的替代责任之间的界限。

(2)法国法。《法国民法典》除了实现了对侵权责任法的第一次一般化立法、确立过错责任原则为侵权责任法的归责原则之外,①还沿着罗马法开创的私犯和准私犯侵权责任形态划分的道路,第一次明确提出了侵权行为的两大责任形态,即为自己的行为负责的自己责任和为他人的行为负责以及为自己管领下的物件造成的损害负责的替代责任。该法第 1382 条和第 1384 条所规定的侵权行为的基本分野,就在于责任形态的不同。② 这既是对罗马法的继受,也是对罗马法的发展。

(3)德国法。德国法在规定了侵权行为的自己责任和替代责任的基础上,特别规定了侵权责任的单独责任和连带责任,在规定了过失相抵之后也出现了双方责任的形

① 参见杨立新:《论侵权行为的一般化和类型化及其我国侵权行为法立法模式选择》,载《河南省政法管理干部学院学报》2003 年第 1 期。

② 两个条文内容很清楚:前者说"任何行为致他人受到损害时,因其过错致行为发生之人,应对该他人负赔偿之责任"。后者说"对应由其负责之人的行为或由其照管之物造成的损害负赔偿责任"。两者的区分实在是不能再清楚了。

态。在德国侵权法中,侵权责任形态的体系已经基本完备。

(4)侵权责任形态的新发展。在现代,随着侵权责任法的发展,侵权责任的形态变得更为复杂。在分别侵权行为中实行按份责任;在产品责任中实行不真正连带责任;负有保护他人安全法定义务或者约定义务的人未尽安全保障义务致人损害,要承担的是补充责任,并不是传统意义上的连带责任或者替代责任,而是新的侵权责任形态。除此之外,过失相抵责任、公平分担损失责任也都有新的发展,都在法律中作出了规定。在美国侵权法中,《侵权法重述(第三次)》规定了完善的侵权责任分担规则,为建立侵权责任形态规则和理论体系提供了新的思路,具有重要意义。

3.侵权责任形态在侵权法中的意义

现代侵权法的理论构架由五个部分组成:一是侵权行为和侵权责任法的概述,研究侵权行为的概念和特征,研究侵权责任法的基本问题;二是侵权责任构成,解决的是侵权责任归责原则和侵权责任构成要件;三是侵权行为类型,研究侵权行为的各种表现形式,以侵权责任归责原则为基础,规制侵权行为的各种表现形式;四是侵权责任形态,在侵权责任构成之后,研究侵权责任在各个不同的当事人之间的分配;五是侵权责任方式,研究侵权责任的具体形式,研究侵权损害赔偿责任的具体承担。

在侵权法的理论体系中,核心部分是侵权责任构成,包括侵权责任归责原则和构成要件。但是,侵权责任究竟由谁承担,也是非常重要的,因此侵权责任形态是侵权法体系中的关键一环。它连接的是行为、责任与具体责任方式和承担,如果没有侵权责任形态,即使侵权责任已经构成,由于没有具体落实到应当承担责任的当事人身上,具体的侵权责任方式和内容就无法落实,侵权法的救济、补偿功能也就无法实现。

因此,侵权责任形态的作用和意义是:第一,连接侵权责任的构成和方式,侵权责任构成、侵权责任形态和侵权责任方式,是侵权责任法的最基本的责任概念。第二,落实侵权责任的归属。构成侵权责任之后,将这个责任落到实处,需要落实到人。而侵权责任形态就是将侵权责任落实到具体的责任人身上,由具体的行为人或者责任人承担侵权责任。第三,实现补偿和制裁的功能,如果没有侵权责任形态,侵权责任则无法落实,侵权责任的补偿功能和制裁功能就无法实现。

(二)侵权责任形态的体系

侵权责任形态所研究的内容,是侵权责任在不同的当事人之间的分配。主要研究的方面,是侵权责任的一般表现形态,分为三个序列:自己责任形态和替代责任形态,单方责任形态和双方责任形态,单独责任形态和共同责任形态。

1.自己责任和替代责任

侵权责任的自己责任和替代责任所表现的是,侵权责任是由行为人承担,还是由与行为人有特定关系的责任人,以及与物件具有管领关系的人来承担。这就是《法国民法典》确定的自己责任和替代责任形态。这是侵权行为形态的最一般表现形式,是侵权法规定的侵权责任的最基本的责任形式。如果是行为人自己对自己的行为负责,那就是自己责任。如果是责任人为行为人的行为负责,或者为自己管领下的物件致害负责,则为替代责任。

2. 单方责任和双方责任

侵权责任的单方责任形态和双方责任形态,是指侵权责任究竟是由侵权法律关系中的一方承担还是双方承担。一方承担的侵权责任形态,如加害人一方承担,或者受害人过错引起损害的受害人一方承担。双方承担的责任形态则是加害人和受害人都要承担责任。其中双方责任是重点。这种分担形态是指对于侵权行为所发生的后果,侵权人应当承担责任,受害人也要承担责任。对于损害的发生双方都无过错情况下产生的公平分担损失责任,就是双方责任的典型形态。过失相抵责任也是双方责任。

3. 单独责任和共同责任

侵权责任如果由侵权人承担,就存在一个是单独的加害人和多数的加害人的问题,那么,侵权责任的形态就会随着加害人数量的不同而发生变化。单独的加害人,当然就是自己负责或者替代负责的单独责任。二人以上的加害人承担侵权责任,就是共同形态的侵权责任。侵权责任的共同形态,是在侵权行为人是复数的情况下,侵权责任在数个行为人之间的分配或者负担。侵权人是复数,其侵权责任就要在数个行为人之间进行分配,分别由各个行为人负担。构成共同侵权行为,共同加害人要承担连带责任。构成分别侵权行为,数个行为人要承担按份责任。构成竞合侵权行为的,则要承担不真正连带责任。

二、自己责任和替代责任

(一)自己责任

1. 与自己责任相对应的是一般侵权行为

承担自己责任的基础行为是一般侵权行为。一般侵权行为是相对于特殊侵权行为而言的,是指行为人因过错而实施的、适用过错责任原则和符合侵权责任的一般构成要件要求的侵权行为。

一般侵权行为和特殊侵权行为是相对应的一对侵权法的基本范畴。这一对范畴表明,一般侵权行为是侵权行为一般条款概括的、适用过错责任原则、适用侵权责任一般构成原理、责任形式是自己责任的侵权行为形态。

一般侵权行为的侵权责任构成要件与特殊侵权责任不同。对于一般侵权行为,法律通常只作概括规定而不作具体列举,原因是一般侵权行为的责任构成要件是统一的。只要是一般侵权行为责任,就要适用共同的责任构成要件。按照《民法典》第 1165

条第 1 款的规定,一般侵权行为责任构成须由违法行为、损害事实、因果关系和过错四个要件组成。缺少上述任何一个构成要件,都不能构成一般侵权责任。

一般侵权行为的方式,是行为人因自己的过错而实施的行为,在理论上称为直接行为。特殊侵权行为的行为方式是他人的行为或者物件造成损害,由于该他人或者该物件与责任人有某种特定关系,而将这种损害的行为认作责任人的行为,因而称为间接行为。

2. 自己责任的概念和责任形式

(1) 自己责任的概念。一般侵权行为的责任形态是自己责任。自己责任是指违法行为人对由于自己的过错造成的他人人身损害和财产损害由自己承担的侵权责任形态。自己责任的特点是:一是违法行为人自己实施的行为;二是违法行为人自己实施的行为造成的损害;三是自己对自己实施的行为所造成的损害,由自己承担责任。这三个特点,都突出了一个概念,就是“自己”,故自己责任就是为自己的行为负责的侵权责任形态。

(2) 自己责任的形式。在一般侵权行为中,行为人和责任人是同一人,行为人对自己实施的行为承担后果责任,即对自己造成的损害,自己承担赔偿责任。即使在共同侵权行为中,如果这种共同侵权行为是一般侵权行为,它的责任形式也不会由于侵权人为多数而有所变化,就是所有的共同加害人都为自己侵权行为的后果负责。

3. 自己责任的归责原则

自己责任适用过错责任原则。在我国侵权责任法中,过错责任原则是一般的归责原则。这一归责原则要求,一般侵权行为必须具备过错要件,无过错就无责任。其特点是:一是自己责任不仅应以过错为责任的构成要件,而且应以过错为责任的最终构成要件。二是自己责任实行普通的举证责任,即采取“谁主张,谁举证”原则,受害人必须就加害人的过错问题举证,否则不能获得赔偿,对过错既不能采取推定形式来确定,也不能实行举证责任倒置。三是由于自己责任适用过错责任原则,因此,这种形态的侵权责任充分体现了民事责任的教育和预防作用,而不像特殊侵权行为的替代责任那样,注重对受害人损害的单纯补偿。

(二) 替代责任

1. 替代责任的基础行为通常是特殊侵权行为

(1) 特殊侵权行为的发展历史

特殊侵权行为承担的责任是替代责任,因而研究替代责任就要研究特殊侵权行为。

特殊侵权行为来源于罗马法的准私犯和法国法的准侵权行为。在罗马法之前的古代立法中,也有关于特殊侵权行为的规定,只是在理论上和立法上没有加以明确。

具有近现代意义上的特殊侵权行为的明确规定,溯源于罗马法的准私犯制度。罗马法系统地规定了准私犯制度,使准私犯区别于私犯。私犯是一般侵权行为,而准私犯相对于私犯,就属于特殊侵权行为。

《法国民法典》制定了准侵权行为的一般性条款,即第 1384 条,概括了准侵权行为的本质含义。在此条文之下,还规定了具体的准侵权行为,迭经修改,现已具有相当丰富的内容。

《德国民法典》为适应社会生产力不断发展,社会不断进步,新的损害不断发生,法律观念也发生了重大变化的情形,把侵权行为区分为一般侵权行为和特殊侵权行为,统一于侵权行为概念之下,有了一般侵权责任和特殊侵权责任之分。

准私犯、准侵权行为和特殊侵权行为三个概念,标志着侵权法对侵权行为性质认识的三次历史性飞跃。

(2)特殊侵权行为的性质、概念和特征

特殊侵权行为相对于一般侵权行为,其特殊的本质,就是责任形式为替代责任。《法国民法典》第 1384 条所说的行为人"对应由其负责的他人的行为或在其管理下的物体所造成的损害,均应负赔偿的责任",就是对特殊侵权行为的经典定义。可以说,特殊侵权行为的责任形态就是替代责任。

除此之外,特殊侵权行为还具有以下特点:一是归责原则适用的特殊性,一般侵权行为适用过错责任原则,而特殊侵权行为通常适用过错推定责任和无过错责任,以保护受害人的合法权益。二是责任构成要件的特殊性,特殊侵权行为不能按一般侵权行为的责任构成要件确定,而是由法律特别规定。三是举证责任的特殊性,一般实行举证责任倒置,其倒置证明的范围并不是全部侵权责任要件,而只是在过错证明上举证责任倒置。四是其责任形态主要是替代责任。

(3)特殊侵权行为的类型

一是为他人的行为负责的特殊侵权行为。这是最典型的特殊侵权行为,其显著特征是行为人与责任人相分离,责任人为行为人所造成的损害承担赔偿责任。对这种特殊侵权责任,学者没有分歧意见。在一般学说中所说的替代责任,就是指的这种特殊侵权责任。

二是为自己管领下的物件致人损害负责的特殊侵权行为。这是责任人为自己管领下的物件致损承担赔偿责任的特殊侵权责任。学者对此意见有所不同:有的学者认为这种特殊侵权责任不是替代责任,不具有行为人与责任人相分离的特征;有的学者认为在这些特殊侵权责任中,有的还不能说是为自己管领的物件的损害承担的责任,如高度危险作业致害责任和环境污染致害责任。

2. 替代责任的概念和特征

(1)替代责任的概念

特殊侵权行为所承担的侵权责任是替代责任。替代责任是指责任人为他人的行为和为人的行为以外的自己管领下的物件所致损害承担的侵权赔偿责任形态。

(2)替代责任的法律特征

一是责任人与致害行为人或致害物相分离。替代责任的前提是责任人与加害人并非一人,与致害物并无直接联系,就责任人的本来意图,并无致害他人的直接致害意愿。致害的直接原因是责任人以外的加害人,或是人之行为以外的物件。这种责任人与加害人、致害物相分离的情形,是产生赔偿责任转由责任人替代承担的客观基础。

二是责任人为加害人或致害物承担责任须以他们之间的特定关系为前提。这种特定关系,在责任人与加害人之间,表现为隶属、雇佣、监护、代理等身份关系;在责任人与致害物间之间,表现为所有、占有、管理等物权关系。从致害的角度上看,这些关系并不表现为直接的因果关系,而是具有特定的间接联系。没有这种特定的间接联系,或者超出这种特定的间接联系,就失去了责任人承担替代责任的前提。

三是责任人为赔偿责任主体承担赔偿责任。在替代责任中,无论致害的是人还是物,权利人请求权的指向,都是未直接致害而与加害人或致害物具有特定的间接联系的责任人。在动物、工作物、建筑物致害时,其所有人、占有人或管理人为义务主体,自是理所当然;当与责任人具有特定身份关系的加害人致害时,其责任人为义务主体,受害人请求权并不指向具体的加害人。在这里不适用连带责任规则,权利人不能向他人求偿,只能向责任人求偿。

3. 替代责任的赔偿法律关系

构成替代责任赔偿法律关系必须具备以下要件:

(1)替代责任人与加害人或致害物之间须有特定关系

构成替代责任赔偿法律关系,在责任人和加害人、致害物之间,必须具有特定的关系。这种特定关系,在责任人与加害人之间,表现为隶属、雇佣、监护、代理等身份关系。例如,在用人者责任中,用人单位和其工作人员之间的关系,就是劳务关系,属于隶属关系。在监护人责任中,加害人实际上是无民事行为能力人或者限制民事行为能力人,而由其监护人承担责任,就是因为他们之间具有亲权关系和监护关系。在责任人与致害物之间,则必须具有管领或者支配的关系,即致害物在责任人的支配之下,责任人才承担替代责任。

(2)替代责任人应处于特定的地位

在替代责任中,责任人须处于特定地位,具体表现为,替代责任人在其与加害人或致害物的特定关系中所处的带有支配性质的地位,决定了替代责任人为加害人和致害物的损害后果负责的义务的产生。例如,在对人的替代责任中,责任人都对行为人具有支配的、管理的或者约束的权力,地位明显优越于行为人。用人单位的工作人员在执行工作任务中致人损害,用人单位承担责任,是因为用人单位是其工作人员的单位、组织或者团体,他们之间具有隶属的关系,一方是支配者,另一方是被支配者,地位是不平等的。在监护人的侵权责任中,监护人对被监护人而言,处于管教、管束、教育的地位,双方也不是平等的地位。

考察为加害人损害后果负责的责任人的地位,主要是看双方有无确定特定关系的事实或合同,加害人是否受有责任人的报酬或抚育,加害人的活动是否受责任人的指示、监督或监护等约束,加害人是否向责任人提供劳务或公务。如果责任人是组织,加害人是否为责任人事业或组织的组成部分,是确定责任人特定地位的一个简明的标准。当责任人处于这种特定地位时,责任人应当为加害人或致害物的损害后果负责。

对于致害物而言,责任人应当处于所有人、占有人、管理人的地位,责任人对于致害物享有支配权,即在事实上具有支配致害物的权利。在《民法典》关于特殊侵权责任的条文表述中,对于致害物的责任人并没有使用统一的概念,事实上,只要确定是致害物的占有人,即明确了责任人对于致害物的地位。

(3)加害人或致害物应处于特定状态

在替代责任中,加害人和致害物还必须处于特定的状态。第一,当加害人属于责任人事业或组织的成员的时候,加害人的特定状态是执行职务,即执行工作任务或者因劳务。第二,当加害人完成定作人要求的加工任务时,加害人的特定状态是执行定作人的指示。第三,当加害人是被监护人时,其特定状态是被监护人在监护人的监护之下。

致害物的特定状态,应当是致害物在责任人的管领之下。如果致害物由所有权人所有,但不在所有权人的管领之下,而是在使用人的支配之下,则所有权人不是致害行为的责任人,使用人才是致害行为的责任人。例如,动物致害,但是动物并不是在所有权人控制之下,而是出租给他人使用,该动物造成他人损害,正在占有使用的承租人是支配该动物的占有人,该承租人是赔偿责任人。

4.赔偿关系当事人和赔偿形式

(1)赔偿关系当事人

替代责任赔偿关系的当事人具有其显著特点,即加害人与责任人相脱离,致害物未受责任人的意志支配,赔偿的义务主体是责任人而不是加害人。

为他人行为负责的特殊侵权责任,是最典型的替代责任,赔偿权利主体是受害人;赔偿责任主体体现了替代责任的特点,只能是替代责任人,而不能是加害人。

在加害人因自己的过错行为致害而由责任人承担替代责任时,责任人承担了赔偿责任之后,取得向有过错的加害人的追偿权,有过错的行为人应承担向替代责任人赔偿因自己的过错行为所致损害而产生的义务。这种可追偿的替代责任,实际上是在替代责任人承担赔偿责任之后又产生的一个损害赔偿法律关系,权利主体是替代责任人,义务主体是过错行为人。

在为责任人管领下的物件造成损害的替代责任中,由于致害的是物件,没有替代责任的行为人,因此,责任人应直接为损害负责,是赔偿法律关系的当事人,承担赔偿义务。受害人直接向责任人请求损害赔偿。

(2)赔偿形式

一是不可追偿的替代责任。这种替代责任是指责任人承担赔偿责任以后,并无追偿因赔偿损失而造成的损失的对象,即责任完全由责任人自己承担的替代责任。如为致害物损害负责,只能由自己承担赔偿损失的后果。监护人对于在自己的亲权和监护权支配之下的行为人所造成的损害承担赔偿责任,也是不能追偿的替代责任。

二是可追偿的替代责任。替代责任由于具备一定的条件而使责任人产生追偿权。享有这样的追偿权,责任人就可以行使自己的追偿权,向加害人要求其承担因为替加害人赔偿损失而造成的损失。追偿权的产生,就是行为人在实施致害行为的时候,在主观上具有过错。只要行为人在实施致害行为时有过错,责任人就可以依法向加害人请求赔偿。这种替代责任是指在行为人因自己的过错行为致害而由责任人承担替代责任之后,责任人取得向过错的行为人的追偿权,过错行为人应向责任人承担因自己的过错行为所致损害的赔偿义务。

三、单方责任和双方责任

(一)单方责任

1. 加害人责任

(1)加害人责任的适用范围

普通的加害人过错的侵权行为是加害人责任形态的基础行为之一。普通的加害人过错的侵权行为,是指行为人因自己的过错而致受害人损害并应负责的行为,是一般侵权行为的最典型形式,也是最常见的侵权行为形态。其特征包括:一是加害人仅为一人,因而不同于共同侵权行为和分别侵权行为。二是受害人没有过错,对损害的发生既无故意也无过失。三是加害人过错的侵权行为可能适用过错责任原则,也可能适用过错推定原则。

在无过错责任中,侵权人的行为构成侵权行为,而受害人一方并没有过错,仅由侵权人单方承担侵权责任,也属于加害人责任。

(2)加害人责任的规则

加害人责任就是完全由加害人自己承担责任的侵权责任形态。加害人为一人,又完全是由于自己的行为造成的损害,要由自己承担侵权责任。

2. 受害人责任

(1)受害人责任的基础行为是受害人过错

受害人过错和与有过失不同,是一种单独的侵权行为形态。《民法典》第1174条规定:“损害是因受害人故意造成的,行为人不承担责任。”不仅如此,受害人的过失是损害发生的全部原因的,行为人也同样不承担责任,这也是受害人责任。

受害人过错,亦称非固有意义上的过失、非真正意义上的过失、对自己的过失,是指损害的发生,是由受害人的故意或过失引起的,加害人没有过错的侵权行为形态。

任何人在社会生活中,均应负担注意自身的财产和人身安全的义务,受害人违反这种注意义务造成自身损害,为有过错。受害人过错与加害人过错相比较,其内涵并不相同。加害人的过错意味着加害人违反了法定的不得侵害他人权利的义务,因而具有不法性;而受害人的过错只是对自身利益的不注意状态,不具有违法性。因而,加害人的过错行为具有一定的社会危害性,应受法律制裁,受害人的过错只是导致加害人不承担赔偿责任,损害责任由自己负担,不具有法律制裁的意义。

(2)受害人责任的承担

受害人过错的法律后果,是受害人自己承担损失,加害人不承担任何责任,这种责任就叫作受害人责任,是一种独立的侵权责任形态。

受害人过错的特例是,《道路交通安全法》第76条规定了一种受害人过失的特殊情况,即机动车与非机动车驾驶人、行人之间发生交通事故,造成非机动车驾驶人或者行人损害,“机动车一方没有过错的,承担不超过百分之十的赔偿责任”。这是对非机动车驾驶人和行人的关怀,是道路交通事故处理规则中“优者危险负担”规则适用的结果,是受害人责任的一种特例。

(二)双方责任中的过失相抵

1. 与有过失

与有过失既是侵权法的概念,也是合同法的概念。在侵权法中,与有过失是一种侵权行为形态,其法律后果是过失相抵。我国《民法典》第1173条规定:“被侵权人对同一损害的发生或者扩大有过错的,可以减轻侵权人的责任。”

侵权法的与有过失,是指侵权行为造成损害结果的发生或扩大,受害人也有过错的,受害人的行为和行为人的行为对损害的发生均有原因力的侵权行为形态。换言之,如果对于损害结果的发生或扩大,受害人也有过错,其行为也具有原因力的侵权行为,就是与有过失。

与有过失具有以下法律特征:(1)受害人对于损害的发生和扩大也有过错。与有过失的基本特点在于受害人对于损害的发生或者扩大也具有过错。不仅加害人一方构成侵权责任,受害人一方也有过错。(2)损害发生的原因事实相混合。在与有过失中,双方当事人的行为是损害结果发生的共同原因,都对损害事实的发生具有原因力。双方当事人实施的两种行为互相配合,混合在一起,造成了损害结果的发生或者扩大。(3)受害人一方受有损害。与有过失是双方当事人的过错的不法行为或者不当行为导致一方当事人遭受损害,而不是双方受有损害。

与有过失是过错责任原则的发展和延伸,体现了过错责任提出的应依据过错确定责任的要求。根据受害人的过错及其程度而相应减轻加害人的赔偿数额,意味着无论是加害人还是受害人,最终都应对自己的过错行为负责,对他人的过错不负责任,体现了公平正义的要求和责任自负的精神。我国侵权法确认与有过失制度,对于督促和教育当事人合理行为,特别是促使受害人采取合理措施保护自身的财产和人身安全,从而预防和减少损害的发生,具有重要作用。

2. 过失相抵

(1)过失相抵的概念和特征

与有过失的法律后果是过失相抵。过失相抵是债法的概念,是在损害赔偿之债中,由于与有过失的成立,而减轻加害人的赔偿责任。侵权行为的与有过失同样适用过失相抵规则,是指侵权行为存在与有过失,则按照过错比较和原因力比较的结果,将损失赔偿责任分担给双方当事人的责任形态。

过失相抵具有以下法律特征:第一,过失相抵是与有过失的法律后果。过失相抵通常被称为损害赔偿之债的原则,与损益相抵并列。在侵权法中,只要对损害的发生或者扩大,受害人也有过错,即发生过失相抵的法律后果。第二,过失相抵的内容是减轻加害人的赔偿责任。依照过失相抵原则减轻加害人责任的依据,是受害人过错程度的轻重以及行为原因力的大小,其实质,是受害人因自己的过错所造成的那一部分损害由自己负责,而不应由加害人负责。第三,过失相抵是一种侵权责任形态。减轻加害人的侵权责任,就是将受害人由于自己的过错造成的那一部分损失由自己承担,等于将损失赔偿责任由双方当事人分担。因而,过失相抵既是在当事人之间分配侵权责任的方式,也是一种侵权责任形态。第四,过失相抵实行依职权主义。在实务中,只要成立与有过失,并符合过失相抵的构成要件,法官可以不必由当事人主张,而依职权减轻加害人的赔偿责任。

(2)过失相抵的构成

过失相抵的构成,应从两个方面进行考虑。对于加害人的责任,应按照侵权损害赔偿责任构成要件的要求确定。对于受害人应负的责任,其构成须具备以下三个要件:

第一,受害人的行为是损害发生或扩大的共同原因。原《侵权责任法》第 26 条仅规定受害人对损害的发生也有过错的,适用过失相抵,没有对损害扩大也有过错的应如何处理作出规定。《民法典》第 1173 条对此作了补充,确认对损害的发生与扩大都是过失相抵的事由。当受害人的行为是损害发生或扩大的共同原因时,就具备了过失相抵的第一个构成要件。对于损害结果的发生,受害人的行为必须是必不可少的共同原因之一;对于损害结果的扩大,受害人的行为实际上也是共同原因。

第二,受害人的行为须为不当。构成过失相抵,受害人的行为无须违法,只为不当即可。不当行为是指为自己的利益或在伦理的观念上为不当,所以阻却违法的行为如正当防卫、紧急避险等适法行为,不构成过失相抵。不当行为既可以是积极行为,也可以是消极行为。消极的不作为构成过失相抵分三种情况:一是重大损害未促其注意,二是怠于避免损害,三是怠于减少损失。前者如受害人患有心脏病与加害人摔跤游戏,未告知其注意而致其心脏病发作;中者是未造成损害时受害人已发现可能造成损害并可以采取措施避免却未采取措施予以避免;后者为损害已经发生可以采取措施减少损失但怠于采取措施减少其损失。

第三,受害人须有过错。受害人为自己的行为负责的基础,是自己有过错。如果受害人的行为虽然是损害发生或扩大的共同原因,但其主观上无过错,仍然不构成过失相抵。我国《民法典》第 1173 条规定过失相抵中受害人的过错,仍为一般的故意和过失的心理状态,在解释上应包括对自己的过失。判断受害人过错的标准,是受害人对于自己受害的危险,应当预见或可能预见,即就其行为可生权利侵害或发生损害扩大,必须有预见;或者以为自己的事务为同一的注意,应当预见。前者为故意,后者为过失。受害人的代理人对于损害的发生或扩大有过失时,可以视为受害人的过失。受害人如果是无责任能力人,虽无法确定其有无过失,但仍可确定其法定代理人对此有无过失,法定代理人的过失亦构成过失相抵。

对于适用无过错责任原则的侵权行为,受害人有过错亦构成过失相抵,但须依照《民法典》关于特殊侵权责任的特别规定,如第 1237 ~ 1240 条等;没有特别规定可否适用过失相抵的,则受害人具有重大过失的可以过失相抵。

3. 过失相抵的责任分担

过失相抵的责任分担,是在过失相抵具备其要件时,法官可以不待当事人主张,而依职权减轻加害人的赔偿责任。

过失相抵的实行包括两个步骤:一是比较过错,二是比较原因力。

(1)比较过错

比较过错亦称比较过失,是指在与有过失中,通过确定并比较加害人和受害人的过错程度,以决定责任的承担和责任的范围。

比较过错的方法是,将双方当事人的过错程度具体确定为一定的比例,从而确定责任范围。对损害后果应负主要责任者,其过错比例为51% ~95%;对损害后果应负同等责任者,其过错比例为50%;对损害后果应负次要责任者,其过错比例为5% ~49%;过错比例5%以下的,免除其赔偿责任,不进行过失相抵。其中5%的考虑,就是对受害人的轻微过失不减轻侵权人的赔偿责任。

在与有过失中,判定双方的过错程度通常采用的标准是:根据注意义务的内容和注意标准决定过失的轻重。首先要确定双方当事人所负有的注意内容,如果一方当事人在损害发生时应负有特殊的注意义务,而该当事人不仅没有履行此种特殊的注意义务,连一般人所应尽的注意义务都没有达到,其过失就比一般过失严重。如果双方当事人并不应负有特殊的注意义务,就应按照"合理人"的标准衡量双方的行为,把双方的行为与一个合理的、谨慎的人的行为进行比较,以决定双方的过失和过失程度。如果行为与一个合理的、谨慎的人的标准相距较远,则过失较重;相距较近,则过失较轻。

通常掌握的过失轻重标准如下:第一,受害人具有故意或重大过失,加害人只有轻微过失,加害人的过错比例为5%以下;第二,受害人具有故意或重大过失,加害人有一般过失,加害人的过错比例为5% ~25%;第三,受害人具有故意,加害人有重大过失者,加害人的过错比例为25% ~50%;第四,受害人和加害人均具有故意或者重大过失,且程度相当者,两者的过错比例为50%;第五,受害人具有重大过失,加害人有故意者,加害人的过错比例为51% ~75%;第六,受害人具有一般过失,加害人有故意或者重大过失者,加害人的过错比例为75% ~95%;第七,受害人只有轻微过失,加害人有故意或重大过失者,加害人的过错比例为95%以上。

50%的过错比例,为同等责任;5% ~49%的过错比例,加害人应承担次要责任;51% ~95%的过错比例,加害人应承担主要责任;5%以下的过错比例或95%以上的过错比例,通常可以考虑免除加害人赔偿责任或者承担全部的赔偿责任,因为在这种情况下,可以不作为与有过失实行过失相抵。

(2)比较原因力

在确定与有过失责任范围时,虽然过错程度起决定作用,但是,原因力的影响亦须重视,原因力比较是确定过失相抵责任范围的重要一环。

原因力,是指在构成损害结果的共同原因中,每一个原因行为对于损害结果发生或扩大所发挥的作用力。与有过失中的损害结果,是由加害人和受害人双方的行为造成的,这两种行为对于同一个损害结果来说,是共同原因,每一个作为共同原因的行为,都对损害事实的发生或扩大具有自己的原因力。

原因力对于责任范围的影响具有相对性。这是因为,虽然因果关系在侵权责任的构成中是必要要件,具有绝对的意义,如果不具备则不构成侵权责任;但与有过失责任分担的主要标准,是双方过错程度的轻重,因而双方当事人行为的原因力大小,尽管也影响与有过失责任范围的大小,但其受双方过错程度的约束或制约。

原因力对于与有过失责任范围的相对性决定作用,主要表现在以下方面:

第一,当双方当事人的过错程度无法确定时,应以各自行为的原因力大小,确定各自责任的比例。如在适用无过错责任原则归责时,可依受害人行为的原因力大小,确定减轻加害人的赔偿责任。在双方当事人过错程度难以确定比例时,也可依双方行为原因力大小的比例,确定责任范围。

第二,当双方当事人的过错程度相等时,各自行为的原因力大小对赔偿责任起"微调"作用。双方原因力相等或相差不悬殊的,双方仍承担同等责任;双方原因力相差悬殊的,应当适当调整责任范围,赔偿责任可以在同等责任的基础上适当增加或减少,成为不同等的责任。

第三,当加害人依其过错应承担主要责任或次要责任时,双方当事人行为的原因力对过失相抵责任的确定起"微调"作用:原因力相等的,依过错比例确定赔偿责任;原因力不等的,依原因力的大小相应调整主要责任或次要责任的责任比例,确定赔偿责任。

(三)双方责任中的公平分担损失责任

1. 公平分担损失责任的概念

公平分担损失责任也叫衡平责任,①是指加害人和受害人都没有过错,在损害事实已经发生的情况下,以公平作为考虑标准,根据实际情况和可能,由双方当事人公平地分担损失的侵权责任形态。《民法典》第 1186 条规定:"受害人和行为人对损害的发生都没有过错的,依照法律的规定由双方分担损失。"应当注意的是,原《侵权责任法》第 26 条规定的是"可以根据实际情况",《民法典》第 1186 条将其修改为"依照法律的规定",强调的是适用公平分担损失规则须有法律的特别规定,而不是由法官根据实际情况确定。

对于双方对损害的发生均无过错的情形,基于人与人之间的共同生活规则的需要,法律规定应当由双方分担损失的,就可以分担损失。《民法典》确认公平分担损失责任,符合社会利益和人民愿望,既能有效地依照法律规定保护当事人的合法利益,又能及时地解决侵权损害赔偿纠纷,防止事态扩大和矛盾激化,促进安定团结。

2. 公平分担损失责任的适用

(1)适用范围

公平分担损失责任的适用范围,应当限制在当事人双方均无过错,并且不属于过错责任原则、过错推定原则和无过错责任原则调整、法律又有特别规定的那一部分侵权损害赔偿法律关系。超出这个范围的,不能适用公平分担损失规则。

---

① 例如,在《葡萄牙民法典》和我国《澳门民法典》中,公平分担损失责任就叫衡平责任。

在《民法典》之前,在公平分担损失责任的具体适用范围上是有争论的,有的学者认为是普遍适用的规则,凡是双方当事人对于损害的发生均无过错的,都可以适用;有的学者认为,主要适用原《侵权责任法》第32条规定的未成年人和精神病人致人损害,第33条规定的暂时丧失心智以及第87条建筑物抛掷物、坠落物损害责任等。笔者认为第二种理解基本正确,除此之外,只有在特别需要适用该规则时方可适用。《民法典》采用这种观点,将公平分担损失规则的适用范围进一步缩小,限制了公平分担损失规则的扩大适用。

(2)公平考虑的因素

适用公平分担损失责任应当公平考虑的因素,包含以下主要内容:一是受害人的损害程度。损害程度直接决定着当事人分担损失的必要性。如果损害达到相当的程度,不分担损失则使受害人受到严重的损害,且有悖于民法的公平、正义观念,因而必须对受害人的损失采取分担的方法予以补救。二是当事人的经济状况。当事人的经济状况是指当事人双方的实际经济负担能力。应当侧重考虑的是加害人的经济状况,加害人的经济负担能力强的可以多赔,负担能力弱的可以少赔。考虑受害人的经济状况是其对财产损失的承受能力,经济承受能力强的加害人可以少赔,经济承受能力弱的则令加害人多赔。

(3)双方分担责任

适用公平分担损失责任的结果是分担损失,根据损害程度和双方当事人的经济状况,以及其他相关的因素,综合判断:双方当事人的经济状况相似或相近的,可以平均分担;一方情况好而另一方情况差的,可以由一方负担大部分另一方负担小部分;如果双方的实际情况相差非常悬殊的,也可以由一方承担责任。在这样的基础上,再适当考虑社会舆论和同情等因素,作适当调整,使责任的分担更为公平、合理。

四、单独责任和共同责任

(一)单独责任

1. 单独责任是一人实施的侵权行为的责任形态

侵权单独责任是指单独一个人作为加害人实施侵权行为,并对其承担损害赔偿等责任方式的侵权责任形态。

单独侵权行为,是指一人单独实施的侵权行为,也就是指加害人一人因自己的过错行为致他人以损害。单独侵权行为是最常见、最普通的侵权行为。

单独侵权行为是相对于多数人侵权行为而言的。所谓的单独和多数人,说的是行为人的数量不同,这是这两种侵权行为的基本区别。一个人,包括一个自然人或者一个法人实施的侵权行为,就是单独侵权行为。而多数人侵权行为的主体是二人或者二人以上,即两个或者两个以上的行为人实施的侵权行为。

2. 单独责任的承担

构成单独侵权行为,就构成单独责任。单独责任由实施侵权行为的人自己承担,自负其责。

最典型的单独侵权行为是为自己的侵权行为负责,即自己为自己的侵权行为承担责任。这是一般侵权行为的单独责任。

在特殊侵权行为中,为他人实施的行为承担侵权责任的,或者是为自己管领的物件致人损害负责的,只要行为人是单独的个体,亦为单独侵权行为,由单独个体的行为人的责任人承担侵权责任,或者由物件的所有人、占有人等承担侵权责任。在替代责任中,两个以上的行为造成损害,但是责任人是一人的,仍为单独侵权行为,责任形态为单独责任。例如,未成年的兄弟二人致人以损害,其父母承担侵权替代责任,为单独责任,不构成多数人侵权责任。

(二)共同责任

1. 连带责任

共同侵权行为的法律后果,是由共同行为人承担连带责任。侵权连带责任,是指受害人有权向共同侵权人或共同危险行为人中的任何一个人或数个人请求赔偿全部损失,而任何一个共同侵权人或共同危险行为人都有义务向受害人负全部的赔偿责任;共同加害人中的一人或数人已全部赔偿了受害人的损失,则免除其他共同加害人向受害人应负的赔偿责任。《民法典》第178条规定:"二人以上依法承担连带责任的,权利人有权请求部分或者全部连带责任人承担责任。""连带责任人的责任份额根据各自责任大小确定;难以确定责任大小的,平均承担责任。实际承担责任超过自己责任份额的连带责任人,有权向其他连带责任人追偿。""连带责任,由法律规定或者当事人约定。"

设置连带责任的目的,是加重行为人的责任,使受害人处于优越的地位,保障其赔偿权利的实现。例如,共同侵权人的数个行为形成一个统一的,不可分割的整体,各个行为人的行为都构成损害发生的原因,因而,各行为人均应对损害结果负连带责任。确认这种连带责任,使受害人的损害赔偿请求权简便易行,举证负担较轻,请求权的实现有充分的保障,受害人不会由于共同侵权人中的一人或数人难以确定,或由于共同侵权人中的一人或数人没有足够的财产赔偿,而妨碍其应获得的全部赔偿数额。

关于连带责任的适用范围,《民法典》侵权责任编共规定了以下11种连带责任:

(1)共同侵权行为的连带责任。《民法典》第1168条规定,二人以上共同实施侵权行为,造成他人损害的,应当承担连带责任。

(2)教唆、帮助人的连带责任。《民法典》第1169条规定,教唆、帮助他人实施侵权行为的，应当与行为人承担连带责任。

（3）共同危险行为的连带责任。《民法典》第1170条规定，二人以上实施危及他人人身、财产安全的行为，其中一人或者数人的行为造成他人损害，能够确定具体侵权人的，由侵权人承担侵权责任；不能确定具体侵权人的，行为人承担连带责任。

（4）网络服务提供者经通知而未采取必要措施的连带责任。《民法典》第1195条规定，网络用户利用网络服务实施侵权行为的，被侵权人有权通知网络服务提供者采取删除、屏蔽、断开链接等必要措施。网络服务提供者接到通知后未及时采取必要措施的，对损害的扩大部分与该网络用户承担连带责任。

（5）网络服务提供者明知侵权内容未采取必要措施的连带责任。《民法典》第1197条规定，网络服务提供者知道或者应当知道网络用户利用其网络服务侵害他人民事权益，未采取必要措施的，与该网络用户承担连带责任。

（6）非法买卖拼装或者报废机动车的连带责任。《民法典》第1214条规定，以买卖等方式转让拼装或者已达到报废标准的机动车，发生交通事故造成损害的，由转让人和受让人承担连带责任。

（7）挂靠机动车发生交通事故致人损害责任。《民法典》第1211条规定，以挂靠形式从事道路运输经营活动的机动车，发生交通事故造成损害，属于该机动车一方责任的，由挂靠人和被挂靠人承担连带责任。

（8）盗抢的机动车发生交通事故造成损害，盗抢人与机动车使用人并非一人，属于该机动车一方责任的，盗抢人与机动车使用人承担连带责任。

（9）遗失、抛弃高度危险物的连带责任。《民法典》第1241条规定，遗失、抛弃高度危险物造成他人损害的，由所有人承担侵权责任。所有人将高度危险物交由他人管理的，由管理人承担侵权责任；所有人有过错的，与管理人承担连带责任。

（10）非法占有高度危险物的连带责任。《民法典》第1242条规定，非法占有高度危险物造成他人损害的，由非法占有人承担侵权责任。所有人、管理人不能证明对防止他人非法占有尽到高度注意义务的，与非法占有人承担连带责任。

（11）建筑物等倒塌造成他人损害的连带责任。《民法典》第1252条规定，建筑物等倒塌造成他人损害的，由建设单位与施工单位承担连带责任。

2. 按份责任

按份责任，是典型的分别侵权行为承担的责任后果，指无过错联系的数人实施的行为结合在一起，造成了一个共同的损害结果，每个人按照自己的过错和原因力，按份承担责任份额的侵权责任形态。典型的分别侵权行为，由数个行为人承担按份责任。《民法典》第177条规定："二人以上依法承担按份责任，能够确定责任大小的，各自承担相应的责任；难以确定责任大小的，平均承担责任。"

3. 不真正连带责任

侵权法上的不真正连带责任,是指多数行为人违反法定义务,对一个受害人实施加害行为,或者不同的行为人基于不同的行为致使受害人的权利受到损害,各个行为人产生的同一内容的侵权责任,各负全部赔偿责任,并因行为人之一的履行而使全体责任人的责任归于消灭的侵权责任形态。

不真正连带责任适用于竞合侵权行为。由于竞合侵权行为分为提供条件的竞合侵权行为、提供条件+政策考量的竞合侵权行为、提供机会的竞合侵权行为和提供平台的竞合侵权行为四种类型,因而不真正连带责任也分为四种类型:一是典型的不真正连带责任,二是先付责任,三是相应的补充责任,四是附条件的不真正连带责任。

第六节 多数人侵权行为与责任

一、多数人侵权行为与责任的概念与体系

(一)多数人侵权行为与责任的概念及意义

1. 多数人侵权行为与责任的概念界定

多数人侵权行为与责任是两个概念,一是多数人侵权行为,二是多数人侵权责任。把它们放在一起研究和表述是为了方便,在界定概念时应当分别进行。

多数人侵权行为是由数个行为人实施,造成同一个损害后果,各侵权人对同一损害后果承担不同形态的责任的侵权行为。

多数人侵权责任则是指数个行为人实施的行为,造成了同一个损害后果,数人对该同一损害后果按照行为的不同类型所承担的不同形态的侵权责任。

2. 研究多数人侵权行为与责任的理论意义

进入21世纪以来,侵权法理论研究有两个热点:一是重视受害人是多数人的侵权案件,形成了大规模侵权的理论与实践的研究热点;①二是重视侵权人是多数人的侵权案件,形成了多数人侵权行为及责任的理论和实践的研究热点。对大规模侵权行为研究的目的,着重于解决对为数众多的受害人的救济问题。而对多数人侵权行为及责任的研究目的,则是关注侵权责任在多数侵权人之间的分担。前者重视的是救济的及时、有效,后者注重的是责任分担的科学、公平。当代侵权法理论发展的这两个热点问

① 参见张新宝、葛维宝主编:《大规模侵权法律对策研究》,法律出版社2011年版。

题越来越成熟,标志着当代侵权法理论研究的水平越来越高。

在上述两个侵权法研究的热点中,多数人侵权行为与责任的研究更具侵权法本身的理论意义。这是因为,多数人侵权行为与责任关系到为数众多的侵权行为人,对于造成的损害,应当在数个行为人中分配责任,怎样才能公平、科学、合理地进行侵权责任分配,显然更具复杂性和科学性。同时,我国立法者更重视发挥侵权责任的调整功能,制裁民事违法,保护民事权益,制定了复杂的多数人侵权责任形态,使其更具复杂性,更需要进行科学的研究和整理,以期发挥立法的调整作用。因此,研究多数人侵权行为与责任就更具理论和实践意义。

(二)多数人侵权行为的类型

1. 传统侵权法对多数人侵权行为类型的分类

在传统的侵权法理论中,对多数人侵权行为的类型有不同见解。有的学者认为多数人侵权行为包括共同侵权行为和分别侵权行为;有的学者认为多数人侵权行为包括共同侵权行为和竞合侵权行为;有的学者认为多数人侵权行为包括数人对同一损害后果承担连带的侵权责任、数人对同一损害后果承担按份的侵权责任以及在数个责任主体中,部分责任主体承担全部赔偿责任、部分责任主体承担补充的侵权责任的三种类型。

传统侵权法理论对多数人侵权行为类型的理解和整理还是不完全、不完整的,没有准确概括出多数人侵权行为的类型。特别是在《民法典》《消费者权益保护法》《食品安全法》《广告法》以及有关司法解释中出现的关于多数人侵权行为的不同规定,展现了多数人侵权行为与责任的多样化、复杂化,仅仅局限于传统的侵权法理论对多数人侵权行为类型的概括,无法全面展示多数人侵权行为的类型。对此,必须予以改进。

2. 对多数人侵权行为类型体系新的概括

(1)共同侵权行为。共同侵权行为当然是多数人侵权行为,是多数人侵权行为中最典型的类型,也是最重要的类型。《民法典》第1168条规定的就是典型的共同侵权行为。

(2)分别侵权行为。"无过错联系的共同加害行为"这个概念比较冗长,不够精练。从《民法典》第1171条和第1172条的规定中提炼出"分别"的概念,就把这种侵权行为称为分别侵权行为,概念比较简洁,且非常贴切,与《民法典》的上述规定一致。

(3)竞合侵权行为。在传统的侵权法中,与不真正连带责任相对应的侵权行为形态没有被概括出来,曾经有人使用过原因竞合的概念,①也有人使用竞合侵权行为的概念。借鉴日本学者潮见佳男教授的见解,②对这种侵权行为使用竞合侵权行为的概念,

① 参见侯国跃:《中国侵权法立法建议稿及理由》,法律出版社2009年版,第50页。

② 潮見佳男『不法行為法』(第2版)(信山社、2011年)、第196~197頁。贡献度的概念与我国侵权法的原因力概念相同。

对应的责任后果是不真正连带责任。

(三)多数人侵权行为形态与多数人侵权责任形态的对接

1. 以往多数人侵权行为与责任对接体系的残缺

多数人侵权行为形态所对应的是多数人侵权责任形态。

在以往的侵权法中,多数人侵权行为形态与多数人侵权责任形态在对应关系中出现了欠缺,有的对应不起来。诸如:共同侵权行为的侵权行为形态对应的是连带责任形态;分别侵权行为(无过错联系的共同加害行为)形态对应的是按份责任形态;而在立法和司法中大量使用的不真正连带责任的侵权责任形态,却没有一个能够直接与其对应的侵权行为形态。具体表现为:

——"共同侵权行为→连带责任";

——"分别侵权行为→按份责任或者连带责任";

——"? →不真正连带责任"。

在这个多数人侵权行为的体系中,残缺部分显而易见。

2. 多数人侵权行为与责任的完整体系

经过长期研究,笔者认为用竞合侵权行为的概念能够填补这一理论残缺,使竞合侵权行为对应不真正连带责任,因而与其他多数人侵权行为与责任一起,构成多数人侵权行为与责任的完整理论体系。

多数人侵权行为形态与多数人侵权责任形态的对接关系体系如下:

——"共同侵权行为→连带责任";

——"分别侵权行为→按份责任或者连带责任";

——"竞合侵权行为→不真正连带责任"。

这样的侵权行为形态和侵权责任形态的对接体系,构成了完整的、完美的多数人侵权行为及责任的理论体系,是非常理想的,也是多数人侵权行为及责任理论的最新发展。

二、共同侵权行为与连带责任

(一)共同侵权行为

1. 共同侵权行为的概念

《民法典》第1168条规定:"二人以上共同实施侵权行为,造成他人损害的,应当承担连带责任。"这一条文规定的就是共同侵权行为。

共同侵权行为,是指数人基于主观的或者客观的关连共同,实施侵权行为,造成他人人身、财产的损害,应当承担连带责任的多数人侵权行为。

共同侵权行为概念有广义、狭义之分。广义的共同侵权行为除包括典型的共同侵权行为之外,还包括共同危险行为、合伙致人损害等非典型的共同侵权行为;狭义的共同侵权行为仅指典型的共同侵权行为，只是广义共同侵权行为中的一种类型。

2. 共同侵权行为的法律特征

（1）共同侵权行为的主体须为多个人。共同侵权行为的主体即共同加害人须由二人或二人以上构成，单个的侵权人无论实施何种行为，都不能构成共同侵权行为。这是共同侵权行为的量的规定性。共同加害人可以是自然人，也可以是法人。

（2）共同侵权行为的行为人之间具有主观的意思联络或者客观的关连共同。构成共同侵权行为，数个行为人须具有关连共同。关连共同分为主观的共同关连性与客观的共同关连性。主观的共同关连性是指数人对于违法行为有通谋或共同认识，对于各行为所致损害均应负连带责任。客观的共同关连性，指数人所为违法行为导致同一损害的，纵然行为人相互间无意思联络，但仍应构成共同侵权行为。这种类型的共同侵权行为，其共同关连性乃在于数人所为不法侵害他人权利的行为，在客观上为被害人所受损害的共同原因。①

（3）数个共同加害人的共同行为所致损害为同一且不可分割。共同加害人的行为是相互联系的共同行为，其行为无论是否有分工，都造成同一的损害结果，而不是把每个加害人个人的独立行为所引起的后果机械相加。如果没有共同的损害结果，则不构成共同侵权行为。

（4）数个行为人的行为与损害结果之间具有因果关系。在共同侵权行为中，各个行为人的行为尽管对共同的损害结果发生的原因力不相同，但必须都与损害结果之间存在因果关系，行为具有原因力。

3. 共同侵权行为的立法基础

（1）置民事权益受损害的人以更为优越的法律地位。现代民法以权利为本位，民法所要保护的，就是民事主体的民事权利及其他法益。侵权法的立法基点，就是以损害赔偿为主要手段，救济受到损害的民事权利，从更广阔的范围来说，就是消除社会危险因素，保障民事主体权益不受侵害。数人共同侵害他人权利，无论是从加害人的数量上还是侵权行为的危害上，社会危险因素显然超过一般的侵权行为，给受害人的损害更为严重。法律确定所有参加共同侵权行为之人，无论是实行行为人，还是教唆人、帮助人，以及共同危险行为人，均须对受害人承担连带责任，因而使受害人处于优越地位，其损害赔偿请求权无论在何种情况下，只要能够找到一个共同加害人，或者还有一个共同加害人有赔偿能力，就能够保障实现，避免了共同加害人各负其责，当若干共同加害人无力赔偿时，而使受害人的赔偿请求权不能完全实现的弊病。这是确立共同侵权行为制度的立法主旨。

---

① 参见孙森焱：《新版民法债编总论》（上册），三民书局 2004 年版，第 276～278 页。

(2)加重共同侵权人的责任,惩戒民事违法,减少社会危险因素。在一般情况下,行为人只对自己的行为负责,对于不是自己的行为,无论造成什么样的损害后果,都不负责任。除此之外,责任与行为要相适应,"罚不当错",不能达到恰当的制裁效果。但是,在共同侵权行为中,让共同加害人承担连带责任,对外部而言,这是一个完整的责任,无论哪一个共同加害人的行为与结果发生多大的原因力,都不能只承担自己应承担的那一份责任,而是要承担全部责任;受害人也不是只能向全体加害人要求赔偿,而是可以向任何一个共同加害人请求赔偿,这个人或这些人也就应当承担全部赔偿责任。共同侵权行为的这些规则,都是为了加重共同侵权人的责任,不仅能够实现保护受害人的一般权利的目的,而且能够从一般预防的角度,惩戒民事违法行为,警戒社会,教育群众,最大限度地减少和预防社会危险因素,使民事主体的权利在普遍意义上得到保障。

4. 共同侵权行为的本质

共同侵权行为的本质究竟是什么,历来有不同的主张。一是意思联络说,认为共同加害人之间必须有意思联络即共同故意始能构成。二是共同过错说,认为共同侵权行为的本质特征在于数个行为人对损害结果具有共同过错,既包括共同故意,也包括共同过失。[①] 三是共同行为说,认为共同行为是共同加害人承担连带责任的基础,共同加害结果的发生,总是同共同加害行为紧密联系,不可分割。[②] 四是关连共同说,认为共同侵权行为以各个侵权行为所引起的结果,有客观的关连共同为已足,各行为人间不必有意思联络。[③] 上述各种主张,可分为两种基本观点,前两种观点认为共同侵权行为的本质在于主观方面,后两种观点认为共同侵权行为的本质为客观方面。

我国侵权法学说对共同侵权行为的本质,长期坚持的是主观立场。最早的民法教科书即《中华人民共和国民法基本问题》就是如此,认为共同侵权行为的构成需要数人具有共同的意思联络。[④] 改革开放之后最早的民法教科书《民法原理》认为,几个行为人之间在主观上有共同致害的意思联络,或者有共同过失,即具有共同过错,才构成共同侵权行为。[⑤] 近年来,有些学者采取扩大连带责任适用范围的立场,把共同侵权行为分为意思联络的共同侵权行为和非意思联络的共同侵权行为。构成共同侵权,数个侵

---

① 参见王利明、杨立新等:《民法·侵权责任法》,中国人民大学出版社 1993 年版,第 354 页;杨立新、韩海东:《侵权损害赔偿》,吉林人民出版社 1990 年版,第 135 ~ 137 页。

② 参见邓大榜:《共同侵权行为的民事责任初探》,载《法学季刊》1982 年第 3 期。

③ 参见欧阳宇经:《民法债编通则实用》,汉林出版社 1978 年版,第 78 页。

④ 参见中央政法干部学校民法教研室编著:《中华人民共和国民法基本问题》,法律出版社 1958 年版,第 330 页。

⑤ 参见佟柔主编:《民法原理》,法律出版社 1983 年版,第 227 页。

权人均需要有过错,或者为故意或者为过失,但是无须共同的故意或者意思上的联络;各个侵权人过错的具体内容是相同的或者相似即可。①

共同侵权行为的本质特征应当从主观标准向客观标准适当过渡,可以借鉴共同侵权行为的本质特征为关连共同的立场,将共同侵权行为分为主观的关连共同和客观的关连共同。其依据是,数人共同不法侵害他人权利,对于被害人所受损害应负连带责任,系因数人的侵权行为具有共同关连性。所谓共同关连性,即数人的行为共同构成违法行为的原因或条件,因而发生同一损害。

5. 共同侵权行为的类型

(1)主观的共同侵权行为

主观的共同侵权行为就是数人有意思联络的主观的共同侵权行为,是指数人基于共同故意产生的共同侵害他人权利造成损害的行为,加害人包括实行人、教唆人和帮助人。

构成主观的共同侵权行为的条件是:一是行为人为二人以上;二是行为人具有共同故意;三是行为的共同性,可能有分工的不同,但每一个人的行为都是共同侵权行为的组成部分;四是造成同一个损害结果,是共同侵权人共同造成的损害后果,均具有因果关系。

(2)客观的共同侵权行为

客观的共同侵权行为是客观的关连共同,是指数人虽然没有共同的意思联络,但是数个行为人实施的行为是损害发生的共同原因,造成同一损害结果,且该损害结果不可分割的共同侵权行为。这种侵权行为虽然不具有主观上的共同故意的特征,但由于行为人之间行为的相互结合的关连性,并且造成了同一个不可分割的损害结果,而形成了一个侵权行为,行为人应当承担连带责任。

客观的共同侵权行为的条件有:①行为人的共同性,即侵权人应为二人以上;②过失的共同性,即数人均具有过失,至于是否成立共同过失,则不论;③结果的共同性,即数人的行为已经造成了同一个损害结果,且为不可分;④原因的共同性,即数人的行为对于损害的发生均为不可缺的原因,并且须这些行为结合为一体,才能够造成同一的损害结果,缺少任何一个行为,都不能造成这种结果;如果缺少这个行为仍然会造成这个损害,不构成共同侵权行为。

6. 共同加害人

共同加害人是共同侵权行为的行为主体,是基于主观的关连共同或者客观的关连共同实施加害行为,造成他人损害的数个行为人。作为共同侵权行为的行为主体,共

① 参见张新宝:《侵权责任法原理》,中国人民大学出版社 2005 年版,第 81 页。

同加害人应当是二人或者二人以上,不能由单个人构成。共同加害人既可以是自然人,也可以是法人,还可以是自然人和法人。

在简单的主观共同侵权行为中,各个共同加害人都是实行人,各个共同加害人都实施了致害他人的行为。在共同故意的形式下,各个共同加害人之间可能有分工的不同,在共同侵权行为中担任不同的角色,完成不同的任务,但他们的行为都是直接的共同侵权行为,因而都是实行人。在共同过失的形式下,共同加害人只能是实行人,不可能有分工的不同或分担任务的不同。

在复杂的主观共同侵权行为中,共同加害人分为实行人、教唆人和帮助人。实行人是实施具体致人损害行为的人。教唆人是造意者,是共同侵权行为的造意者,在共同侵权行为的共同故意中,起策划、主使、教唆的作用。在他的主观意志支配下,实行人具体实施侵权行为,实现教唆人的造意。帮助人是对实行人予以帮助,使侵权行为得以实施的人,如提供损害工具,帮助创造侵权条件等。

教唆人和帮助人只能存在于以共同故意作为共同过错的共同侵权行为之中,其在主观上必须与实行人有共同的意思联络。在教唆行为中,教唆人与实行人的主观故意容易判断,双方有一致的意思表示,即可确认,其表示形式明示、默示均可。在帮助行为中,实行人与帮助人的共同故意应当证明。教唆人与帮助人均须未直接参与实施具体的侵害行为,只是由于他们与实行人之间的共同意思联络,使他们的行为形成了共同的、不可分割的整体。教唆人与帮助人直接参与实施侵权行为,则为实行人。

共同加害人均应承担连带责任。在这一前提下,各个共同加害人对自身的过错和原因力承担相应的份额。教唆人和帮助人在确定内部责任份额时,不以其身份的不同确定责任份额的轻重,同样以过错程度和行为的原因力予以确定。

(二)共同危险行为

1.共同危险行为的概念

共同危险行为又称为准共同侵权行为,是指二人或二人以上共同实施有侵害他人权利危险的行为,并且已造成损害结果,但不能判明其中谁是加害人的多数人侵权行为。《民法典》第1170条规定:“二人以上实施危及他人人身、财产安全的行为,其中一人或者数人的行为造成他人损害,能够确定具体侵权人的,由侵权人承担责任;不能确定具体侵权人的,行为人承担连带责任。”这一规定确定了共同危险行为的侵权行为类型和基本规则。

数人均有加害行为而致损害,如果这一损害的发生是由全体行为人的行为所致,这是共同侵权行为;如果这一损害的发生是由其中一人或一部分人的行为所致,而且已经判明谁是加害人,这是一般的侵权行为或者共同侵权行为,已经判明与损害没有因果关系的行为人不负侵权责任;如果损害事实已经发生,并可判明损害确系数人的危险行为所致，但不能判明确为何人所致，这就是共同危险行为。

2. 共同危险行为的法律特征

(1)行为为数人实施。共同危险行为的行为主体必须是二人或二人以上，这是共同危险行为成立的基本条件之一。一个人实施的行为即使造成他人损害，也只是一般侵权行为，不是共同危险行为。

(2)行为的性质具有危险性。共同危险行为的危险性，指的是侵害他人人身权利、财产权利的可能性，从主观方面，行为人没有致人损害的故意，既没有共同故意，也没有单独故意，只存在疏于注意义务的共同过失；从客观方面，数人实施的行为有致人损害的现实可能性，这种致害他人的可能性可以从行为本身、周围环境以及行为人对致害可能性的控制条件上加以判断；此外，这一行为没有人为的侵害方向，共同危险行为不针对任何特定的人。

(3)具有危险性的共同行为是致人损害的原因。在共同危险行为中，共同危险行为的危险性虽然是一种可能性，但就行为造成的损害而言，这种危险性已经转化为现实的、客观的损害结果，具有危险性的共同行为与损害事实之间具有客观的因果关系。共同危险行为与损害结果没有因果关系的，不构成共同危险行为。

(4)损害结果不是共同危险行为人全体所致但不能确定具体加害人。在共同危险行为中，损害结果的发生不是全体共同危险行为人的行为所致，但在全体共同危险行为人之中又不能判明究竟谁是真正的加害人。只有损害结果不是全体共同危险行为人所致，又不能判明具体侵权人，才能构成共同危险行为。

3. 共同危险行为人

共同危险行为人是共同危险行为的行为主体，是实施共同危险行为并造成他人损害的数个行为人。

共同危险行为人一般由自然人构成。数个自然人实施共同危险行为，该数个自然人构成共同危险行为主体。在某些情况下，共同危险行为人也可以由法人构成。

共同危险行为人是一个整体，不可分离。这是共同危险行为人与共同加害人之间的明显区别之一。共同加害人可以分为实行人、教唆人和帮助人，即使是实行人，也可以有不同的分工。共同危险行为人没有实行人、教唆人和帮助人的区分，在实施共同危险行为时，一般也没有行为轻重的区别。共同危险行为人的不可分离性，产生于共同危险行为人的共同过失。在共同危险行为中，把行为人联结在一起的是共同过失。共同危险行为的共同过失，表现为数个行为人共同地疏于对他人权利保护的注意义务。它表现为，共同危险行为人共同实施具有危险性的行为时，应当注意避免致人损害，却由于疏忽或懈怠而违反了这种注意义务。这种过失存在于每一个共同危险行为人的观念之中，成为造成损害的主观因素。共同危险行为人参与这种具有危险性行为的本身,就证明他们具有这种疏于注意的共同过失。这种共同过失把共同危险行为人联结成为一个共同的、不可分割的整体,成为一个共同的行为主体。正是由于共同危险行为人的整体性,才对确定共同危险行为责任具有决定性的意义。

4. 共同危险行为须承担连带责任

共同危险行为与共同侵权行为一样,须承担连带责任。但是,在责任份额的确定上,却有所不同。共同侵权人的个人责任份额,可以按照各自的过错程度和行为的原因力予以确定,因而共同加害人实际分担的责任份额并不平均。由于共同危险行为人在实施共同危险行为时,致人损害的概率相等,过失相当,而且由于共同危险行为的责任的不可分割性,所以在共同危险行为人的最终责任划分上,一般是平均分担的,各人以相等的份额对损害结果负责,在等额的基础上,实行连带责任。只有在"市场份额"规则下,才可以采用不同等的责任份额确定各个共同危险行为人的责任份额。①

(三)连带责任

1. 连带责任的概念

共同侵权行为的法律后果,是由共同行为人承担连带责任。这种侵权连带责任,是指受害人有权向共同侵权人或共同危险行为人中的任何一个人或数个人请求赔偿全部损失,而任何一个共同侵权人或共同危险行为人都有义务向受害人负全部的赔偿责任;共同侵权人中的一人或数人已全部赔偿了受害人的损失,则免除其他共同侵权人向受害人应负的赔偿责任。《民法典》第 178 条规定的,就是共同侵权行为的连带责任规则。

确定共同侵权行为和共同危险行为连带责任的目的,是加重行为人的责任,使受害人处于优越的地位,保障其赔偿权利的实现。共同侵权人与共同危险行为人承担连带责任的根据在于数人具有关连共同或者共同过失,因此使数人的行为形成一个统一的,不可分割的整体,各个行为人的行为都构成损害发生的原因,故各行为人均应对损害结果负连带责任。确认这种连带责任,使受害人的损害赔偿请求权简便易行,举证负担较轻,请求权的实现有充分的保障,受害人不必由于共同行为人中的一人或数人难以确定,或因为共同行为人中的一人或数人没有足够的财产赔偿,而妨碍其应获得的全部赔偿。

2. 连带责任的法律特征

(1)共同侵权连带责任是对受害人的整体责任。共同侵权人的各个行为人都对受害人负连带责任,意味着他们都有义务向受害人负全部赔偿责任。无论各行为人在实施共同侵权行为、共同危险行为中所起的作用和过错如何不同,都不影响连带责任的

① 这种例外情况,请见《民法典》第 1231 条规定。

整体性,对外,每个行为人都对受害人的赔偿请求承担全部责任。

(2)受害人有权请求共同侵权人或共同危险行为人中的任何一个人承担连带责任。正因为共同侵权连带责任是对受害人的整体责任,因此,受害人有权在共同侵权行为人或者共同危险行为人中选择责任主体,既可以请求共同行为人中的一人或数人赔偿其损失,也可以请求全体共同行为人赔偿其损失。

(3)共同侵权连带责任的各行为人内部有责任份额。共同加害人和共同危险行为人对外承担整体责任,不分份额;对内,应依其过错程度和行为的原因力不同,对自己的责任份额负责。各行为人各自承担自己的责任份额,是连带责任的最终归属,一方面,在确定全体共同行为人的连带责任时,须确定各自的责任份额,对外连带负责;另一方面,当部分共同行为人承担了超出了自己责任份额以外的责任后,有权向没有承担应承担的责任份额的其他共同行为人求偿。

(4)连带责任是法定责任不得改变。共同侵权连带责任是法定责任,不因共同行为人内部责任份额或内部约定而改变其连带责任的性质。在共同侵权人的连带责任中,共同行为人内部基于共同协议免除或减轻某个或某些行为人的责任,对受害人不产生效力,不影响连带责任的适用,只对其内部发生约束力。

3. 连带责任的适用范围

关于连带责任的适用范围,很多人认为连带责任是共同侵权行为的法律后果,因此,只有共同侵权行为才承担连带责任。《民法典》明确指出,并不是只有共同侵权行为才承担连带责任,除了共同侵权责任之外,法律规定应当承担连带责任的也应当承担连带责任。由于连带责任是较重的共同责任,因此,只有法律明确规定适用连带责任的,才能够适用连带责任。除了《民法典》规定的连带责任外,其他法律以及最高人民法院的司法解释中也规定了适用连带责任的具体情形,应当依照这些规定,确定行为人承担连带责任。

4. 连带责任体系及其承担规则

连带责任的新发展,是在连带责任中出现了单向连带责任和部分连带责任。单向连带责任也叫作混合责任,是在连带责任中,有的责任人承担连带责任,有的责任人承担按份责任,是连带责任与按份责任混合在一起的连带责任形态。部分连带责任,是在一个损害中,有的部分由连带责任人连带承担,有的部分由非连带责任人单独承担的多数人侵权责任形态。

连带责任的规则分为以下两种不同形式:

(1)典型的连带责任

典型的连带责任的规则就是《民法典》第 178 条规定的规则,即:

①中间责任。《民法典》第 178 条第 1 款规定的是中间责任规则:“二人以上依法

承担连带责任的,权利人有权请求部分或者全部连带责任人承担责任。"任何一个连带责任人都有义务满足赔偿权利人的全部赔偿请求。

②最终责任。《民法典》第178条第2款前段规定的是最终责任规则:"连带责任人的责任份额根据各自责任大小确定;难以确定责任大小的,平均承担责任。"连带责任的最终责任须分为不同的份额,按照连带责任人的过错程度和行为原因力的大小,分配给每一个连带责任人。

③通过追偿权实现最终责任。即承担了中间责任的连带责任人,具有向最终责任人的追偿权。《民法典》第178条第2款后段规定的是追偿规则:"实际承担责任超过自己责任份额的连带责任人,有权向其他连带责任人追偿。"通过中间责任人行使追偿权,将最终责任分配给每一个连带责任人承担。

(2)单向连带责任

《民法典》规定了几个特殊的连带责任规则,如第1169条第2款和第1209条。这种责任分担形式实际上也是连带责任,但其特殊性是,在连带责任的分担中,有的责任人承担连带责任,有的责任人承担按份责任,因此,形成了连带责任的这样一个特殊类型。在《民法典》第1169条第2款规定的教唆、帮助无民事行为能力人或者限制民事行为实施侵权行为的侵权案件中,教唆人和帮助人承担的是"侵权责任",有过错的监护人承担的是"相应的责任",这就是在该连带责任中,有的责任人承担连带责任,有的责任人承担按份责任,构成单向连带责任。同样,《民法典》第1209条规定的租车、借车的损害赔偿责任,租车人或者借车人(机动车使用人)承担的侵权责任是连带责任,机动车所有人如果有过错,承担的"相应的责任"即按份责任,构成单向连带责任。

大陆法系侵权法没有单向连带责任形态,美国侵权法连带责任中的混合责任就是单向连带责任。美国《侵权法重述(第三次)·责任分担编》第11节(单独责任的效力)规定,"当依据适用法律,某人对一受害人的不可分伤害承担单独责任时,该受害人仅可以获得该负单独责任者在该受害人应得赔偿中所占的比较责任份额",并且把这种责任形态叫作混合责任。[①] 这就是在数人侵权的连带责任中,有的责任人承担连带责任,有的责任人承担单独责任(按份责任),承担单独责任的单独责任人只承担受害人应得赔偿中的自己的份额,就是按份责任。这就是单向连带责任。[②]

单向连带责任的规则如下:

①单向连带责任人中的连带责任人承担中间责任。单向连带责任中的连带责任人就全部赔偿责任承担责任。如果被侵权人起诉其承担全部责任,连带责任人有义务

---

① 参见[美]肯尼斯·S.亚伯拉罕、阿尔伯特·C.泰特选编:《侵权法重述——纲要》,许传玺、石宏等译,法律出版社2006年版,第346、355页。

② 参见杨立新:《民法典》(第2版),法律出版社2012年版,第121页。

承担全部赔偿责任,其中不属于他的份额的部分,为中间责任。

②单向连带责任人中的按份责任人只承担按份的最终责任。单向连带责任中的按份责任人只承担按照份额确定的最终责任,不承担中间责任。如果被侵权人起诉按份责任人承担中间责任,按份责任人可以依据《民法典》第1169条第2款和第1209条等规定的其承担“相应的责任”而予以抗辩,法官应当予以支持。

③承担了中间责任的连带责任人有权向按份责任人进行追偿。单向连带责任中的连带责任人承担了超出自己责任份额之外的中间责任的,有权向没有承担最终责任的责任人包括连带责任人和按份责任人进行追偿,实现最终责任的分担。

(3)部分连带责任

部分连带责任是指在多数人侵权行为中,对于一个完整的损害,有的部分由全体行为人承担连带责任,有的部分由单独行为人承担单独责任的侵权连带责任形态。

部分连带责任的特征:①承担部分连带责任的侵权行为形态,是多数人侵权行为,而不是单独侵权行为;②多数人侵权行为所造成的同一个完整的损害分成两个部分,一部分要承担连带责任,另一部分要承担单独责任;③对于应当承担连带责任的部分,应当由全体连带责任人承担,对于应当单独承担赔偿责任的部分,应当由承担单独责任的行为人单独承担。因此,部分连带责任与典型的连带责任的规则是不同的。

有两种类型的部分连带责任:

①扩大部分的连带责任。第1195条规定的是部分连带责任,即对于造成的网络损害事实,被侵权人行使通知权之前的损害,由侵权的网络用户承担单独责任,对于被侵权人行使通知权利之后的损害,由网络用户和网络服务提供者共同承担连带责任。

②半叠加的分别侵权行为的连带责任。在半叠加的分别侵权行为中,对于原因力重合部分的损害,由全体分别侵权行为人承担连带责任,对于原因力不重合部分的损害,由单独行为人承担单独责任。

三、分别侵权行为与连带责任和按份责任

(一)分别侵权行为的概念与类型

1.分别侵权行为的概念与特征

分别侵权行为是指数个行为人分别实施侵权行为,既没有共同故意,也没有共同过失,只是由于各自行为在客观上的联系,造成同一个损害结果的多数人侵权行为。

分别侵权行为具有以下法律特征:

(1)两个以上的行为人分别实施侵权行为。分别侵权行为最基本的特征,是行为

人为两人以上,因此符合多数人侵权行为的要求,属于多数人侵权行为的范畴。“分别”的含义:一是数个行为人各自进行,自己实施自己的侵权行为,客观上没有关连共同;二是各个行为人在各自实施侵权行为时,没有主观上的联系。

(2)数个行为人实施的行为在客观上针对同一个侵害目标。分别侵权行为的数个行为人在实施侵权行为时,尽管没有主观上的联系,但在客观上,每一个行为人实施的侵权行为实际上都针对同一个侵害目标。

(3)每一个人的行为都是损害发生的共同原因或者各自原因。分别侵权行为的数个行为人的行为都作用于同一侵害目标,是损害发生的共同原因,或者是损害发生的各自原因。共同原因,是数个行为人的行为结合在一起,共同作用于受害人的权利,集中地造成了受害人的同一个损害;各自原因,是数个行为人的行为分别作用于受害人的权利,造成了受害人同一权利的损害后果。

(4)造成了同一个损害结果且该结果可以分割。分别侵权行为的一个本质特点是,虽然造成了一个损害结果,但该结果可以分割。在对物的损害中,这个特点尤为明显。如果受害人所受到的损害不可分割,就有可能属于客观关连共同的共同侵权行为,不构成分别侵权行为。

2. 分别侵权行为的类型

分别侵权行为分为三种类型,即典型的分别侵权行为、叠加的分别侵权行为和半叠加的分别侵权行为。其中半叠加的分别侵权行为并非由《民法典》第 1171 条和第 1172 条规定,而是从两个条文之间的逻辑关系上推导出来的。

(1)典型的分别侵权行为。按照《民法典》第 1172 条规定,“二人以上分别实施侵权行为造成同一损害,能够确定责任大小的,各自承担相应的责任;难以确定责任大小的,平均承担责任”,这是典型的分别侵权行为,其后果是按份责任,每个行为人只对自己的行为后果承担侵权责任,不存在连带责任的问题。

(2)叠加的分别侵权行为。叠加的分别侵权行为就是《民法典》第 1171 条规定的“二人以上分别实施侵权行为造成同一损害,每个人的侵权行为都足以造成全部损害的,行为人承担连带责任”的侵权行为,这并不是分别侵权行为的典型形态。叠加的分别侵权行为的特点是:每一个行为人的行为都是分别实施的,但是每一个人的行为都是损害发生的全部原因,都具有 100% 的原因力,损害结果是同一个,且不可分割。

(3)半叠加的分别侵权行为。半叠加的分别侵权行为是介于典型的分别侵权行为与叠加的分别侵权行为之间的分别侵权行为,是 2 个以上的行为人分别实施侵权行为,有的行为人的行为足以造成全部损害,具有全部原因力,有的行为人的行为不能造成全部损害,只有部分原因力的分别侵权行为。其后果是,成立部分侵权行为,即对于损害重合部分,每一个行为人都要承担连带责任,对于损害不重合的部分,由具有全部原因力的行为人单独承担。

最高人民法院《关于审理环境侵权责任纠纷案件适用法律若干问题的解释》第3条规定了分别侵权行为,分别规定了典型的分别侵权行为、叠加的分别侵权行为和半叠加的分别侵权行为,分别规定了具体的责任承担规则:“两个以上污染者分别实施污染行为造成同一损害,每个污染者的污染行为都足以造成全部损害,被侵权人根据侵权责任法第十一条请求污染者承担连带责任的,人民法院应予支持。”“两个以上污染者分别实施污染行为造成同一损害,每一个污染者的污染行为都不足以造成全部损害,被侵权人根据侵权责任法第十二条规定请求污染者承担责任的,人民法院应予支持。”“两个以上污染者分别实施污染行为造成同一损害,部分污染者的污染行为足以造成全部损害,部分污染者的污染行为只造成部分损害,被侵权人根据侵权责任法第十一条规定请求足以造成全部损害的污染者与其他污染者就共同造成的损害部分承担连带责任,并对全部损害承担责任的,人民法院应予支持。”这一司法解释对三种不同的分别侵权行为规定得十分清楚。

(二)分别侵权行为的责任形态

1. 典型的分别侵权行为承担按份责任

典型的分别侵权行为,应当按照各自的行为的原因力,承担按份责任,不实行连带责任。理由是,无过错联系的各行为人没有共同过错,不具备共同侵权行为的本质特征,不应当承担共同侵权行为的民事责任。

确定典型的分别侵权行为的按份责担,应当依照以下规则处理:

(1)各个分别侵权行为人对各自的行为所造成的后果承担责任。典型的分别侵权行为属于单独侵权而非共同侵权,各行为人的行为只是单独行为,只能对其行为所造成的损害后果负责。在损害结果单独确定的前提下,应当责令各行为人就其行为所造成的损害承担赔偿责任。

(2)依照分别侵权行为人各自行为的原因力确定责任份额。分别侵权行为在多数情况下有一个共同的损害结果。各行为人在共同损害结果中无法确定自己的行为所造成的后果时,按照各行为人所实施行为的原因力,按份额各自承担责任。

(3)无法区分原因力的应当平均承担责任,确定各自应当承担的责任份额。

(4)不实行连带责任,各个行为人只对自己的份额承担责任,不对他人的行为后果负责赔偿。

2. 叠加的分别侵权行为承担连带责任

叠加的分别侵权行为中的数人承担连带责任。其基本规则如下:

(1)对外的中间责任。连带责任的对外效力,是一个侵权责任。被侵权人可以向数个行为人中的任何一个行为人请求承担全部赔偿责任,每一个分别侵权行为人都应当就全部损害承担赔偿责任。对此,应当依照《民法典》第 178 条第 1 款规定的规则承担中间责任。

(2)对内的最终责任。连带责任的内部效力,是对数个连带责任人确定最终责任,应当按照份额确定。对此,应当按照《民法典》第 178 条第 2 款规定的规则进行。连带责任人根据各自责任的大小确定相应的赔偿数额,难以确定责任大小的,平均承担赔偿责任。

(3)追偿权。承担中间责任超过自己赔偿数额的连带责任人,有权向其他连带责任人追偿,实现最终责任。

3. 半叠加的分别侵权行为承担部分连带责任

半叠加的分别侵权行为采用部分连带责任规则分担责任。例如,一个分别行为人的行为原因力是 50%,另一个行为的原因力是 100%;其中重合的部分是 50%,就此,全体分别侵权行为人承担连带责任;原因力不重合部分的损失,由单独行为人单独承担责任。故承担连带责任的一方行为人的中间责任为 50%,最终责任为 25%。

对于半叠加的分别侵权行为承担部分连带责任,最高人民法院《关于审理环境侵权责任纠纷案件适用法律若干问题的解释》第 3 条第 3 款予以确认。在司法实践中审理半叠加的分别侵权行为纠纷案件,就可以参照这一司法解释规定的规则确定应分担的责任。

四、竞合侵权行为与不真正连带责任

1. 竞合侵权行为的概念界定

竞合侵权行为是指两个以上的民事主体作为侵权人,有的实施直接侵权行为,与损害结果具有直接因果关系,有的实施间接侵权行为,与损害结果具有间接因果关系,行为人承担不真正连带责任的侵权行为形态。

竞合侵权行为是新创立的一种多数人侵权行为形态的概念。在此之前,我国侵权法理论中没有这个概念,只有原因竞合和行为竞合的概念。其中原因竞合的概念,是指构成侵权损害的原因不止一个,而是数个,发生竞合而造成同一个损害。有人将分别侵权行为也叫作原因竞合,[①]这不是特别准确,因为行为与事实等结合也可以形成原因竞合。行为竞合的概念接近于竞合侵权行为的概念,但没有将其提高至多数人侵权行为类型的地位。因而,竞合侵权行为是多数人侵权行为类型的新发展。

2. 竞合侵权行为的类型

我国《民法典》侵权责任编以及司法解释规定了较多的竞合侵权行为的类型,规则

---

① 参见侯国跃:《中国侵权法立法建议稿及理由》,法律出版社 2009 年版,第 118～119 页。

各不相同。这既是竞合侵权行为类型的新发展,也是多数人侵权行为及责任的承担规则的新发展。竞合侵权行为类型分为以下四种:

(1)提供条件的竞合侵权行为。提供条件的竞合侵权行为,是指两个行为中的从行为(即间接侵权行为)与主行为(即直接侵权行为)竞合的方式,是从行为为主行为的实施提供了必要条件,没有从行为的实施,主行为不能造成损害后果的竞合侵权行为。换言之,间接侵权人的从行为是直接侵权人的主行为完成的必要条件,这种竞合侵权行为就是提供条件的竞合侵权行为。典型表现为《民法典》第1202、1203条规定的产品责任规则。

(2)"提供条件+政策考量"的竞合侵权行为。"提供条件+政策考量"的竞合侵权行为,是指符合提供条件的竞合侵权行为的要求,但是基于政策考量,规定间接侵权人先承担中间责任,之后向直接侵权人追偿以实现最终责任的竞合侵权行为。典型表现为《侵权责任法》第1204条、第1252条第1款后段以及第1253条第1款后段规定的责任规则。

(3)提供机会的竞合侵权行为。提供机会的竞合侵权行为,是指两个竞合的行为,从行为为主行为的实施提供了机会,使主行为的实施能够顺利完成的竞合侵权行为。从发挥的作用上考察,提供机会的竞合侵权行为与提供条件的竞合侵权行为有所不同,这就是,间接侵权人的从行为给直接侵权人的主行为造成损害结果提供了机会,但并不是提供条件。典型表现为《民法典》第1198条第2款规定的防范制止侵权行为未尽安全保障义务的侵权责任,以及第1201条规定的侵权行为责任。

(4)提供平台的竞合侵权行为。《消费者权益保护法》第43条和第44条规定的侵权行为类型,就是提供平台的竞合侵权行为。第44条第1款规定:"消费者通过网络交易平台购买商品或者接受服务,其合法权益受到损害的,可以向销售者或者服务者要求赔偿。网络交易平台提供者不能提供销售者或者服务者的真实名称、地址和有效联系方式的,消费者也可以向网络交易平台提供者要求赔偿;网络交易平台提供者作出更有利于消费者的承诺的,应当履行承诺。网络交易平台提供者赔偿后,有权向销售者或者服务者追偿。"网络交易平台提供者为网络交易双方当事人提供网络交易平台,销售者销售商品或者服务者提供服务,造成消费者损害的,本无交易平台提供者的责任,但是如果有约定条件或者符合法定条件的,网络交易平台就要承担附条件的不真正连带责任。这种提供平台所造成的侵权行为,也属于多数人侵权行为,即为提供平台的竞合侵权行为。

3. 竞合侵权行为的责任承担

竞合侵权行为的后果是不真正连带责任。

侵权法上的不真正连带责任,是指多数行为人违反法定义务,对同一个受害人实施加害行为,或者不同的行为人基于不同的行为而致使同一个受害人的民事权益受到损害,各个行为人产生的同一内容的侵权责任,各负全部赔偿责任,并因行为人之一的责任履行而使全体责任人的责任归于消灭,或者依照特别规定多数责任人均应当承担部分或者全部责任的侵权责任形态。

不真正连带责任根据竞合侵权行为的不同类型,责任形态有所变化,形成不同的不真正连带责任的类型和规则。四种不同的竞合侵权行为类型,分别对应不同的不真正连带责任类型。

(1)必要条件的竞合侵权行为→典型不真正连带责任

提供条件的竞合侵权行为的数个行为,其中一个是主要的侵权行为,另一个是为主要的侵权行为的实施或者损害后果的发生提供必要条件。例如,缺陷产品是由生产者形成的,该产品经过销售者而转移到消费者手中,两个行为竞合,发生同一个损害后果,生产者的行为是主要的侵权行为,销售者的行为就是侵权行为实施的必要条件。提供条件的竞合侵权行为的行为人承担典型的不真正连带责任。

典型的不真正连带责任的规则如下:

①中间责任。在两个不同的不真正连带责任人之间,受害人可以选择其中一个提出损害赔偿请求,即可以向任何一个侵权人请求承担赔偿责任。任何一个不真正连带责任人都有义务承担全部赔偿责任,实现形式上的连带。

②最终责任。不真正连带责任的最终责任,是不真正连带责任的最终后果一定要由应当承担最终责任的人全部承担责任,而不是在不真正连带责任人之间实行实质的连带,即分担责任。最终责任必定要由承担最终责任的不真正连带责任人全部承担。不真正连带责任的最终责任只是一个责任,而不是份额的责任。

③追偿权。在不真正连带责任中,不真正连带责任人中的一人承担中间责任后,有权向最终责任人追偿,实现最终责任。中间责任人承担责任后,对最终责任人的追偿是全额追偿,包括必要的费用。

(2)“必要条件+政策考量”的竞合侵权行为→先付责任

“必要条件+政策考量”的竞合侵权行为,同样是必要条件的竞合侵权行为,但侵权法根据政策考量,将这种特定的竞合侵权行为改变责任承担规则,由典型的不真正连带责任改为先付责任。这种竞合侵权行为,同样一个是主要的侵权行为,另一个是为主要的侵权行为的实施或者损害后果的发生提供必要条件,构成必要条件的竞合侵权行为,但由于立法者为了更好地保护受害人,使受害人的损害能够得到更为及时的救济,因而规定受害人直接向提供必要条件的侵权人请求损害赔偿,而不是直接向主要的侵权行为一方请求赔偿,因此形成了先付责任这种特殊的不真正连带责任的类型,其规则的承担也与典型的不真正连带责任不同。《民法典》第1204条的产品责任中的第三人责任,第1252条和第1253条的建筑物、构筑物及其他设施脱落、坠落、倒塌损害责任,规定被侵权人可以直接向应当承担中间责任的生产者、销售者或者所有人、管理人、使用人以及第三人或者建设单位、施工单位请求赔偿;在他们在承担了赔偿责任之后,再向应当承担最终责任的其他责任人追偿。

先付责任是不真正连带责任的一种变形,是特殊的不真正连带责任,其规则是:第一,承担中间责任的责任人先承担赔偿责任。第三人产品缺陷损害责任中的生产者、销售者不是产品缺陷的制造者,因此不是最终责任人,而是中间责任人。但法律规定,被侵权人应当直接向生产者或者销售者请求赔偿,而不是直接向产品缺陷的制造者即第三人请求赔偿。在建筑物等损害责任中,适用同样的规则。第二,中间责任人在承担了赔偿责任之后,有权向最终责任人进行追偿,追偿的范围是全额追偿,即最终责任的范围是全部赔偿责任。第三,索赔僵局及破解。由于《民法典》对先付责任的规则没有规定被侵权人可以直接向最终责任人索赔,因此存在中间责任人无法承担赔偿责任后,被侵权人又不能向最终责任人索赔的僵局。当出现上述索赔僵局时,准许被侵权人直接依照《民法典》第1165条第1款的规定,向最终责任人起诉追究其赔偿责任。

(3)提供机会的竞合侵权行为→相应的补充责任

提供机会的竞合侵权行为的法律后果是承担相应的补充责任,即有限的补充责任。补充责任也是不真正连带责任的一种变形,是特殊的不真正连带责任。其规则如下:

①直接侵权人即最终责任人首先承担责任与先付责任不同,补充责任的最终责任人首先承担侵权责任,而不是中间责任人先承担责任。该最终责任人是第一顺位的侵权责任人,应当首先承担赔偿责任。

②间接侵权人承担补充责任。直接侵权人出现赔偿不足或者赔偿不能情形的,则由承担中间责任的间接侵权人承担相应的补充责任。相应的补充责任的范围,是与其过错和原因力相适应的责任,而不是全额补充。因而,补充责任人为第二顺位的侵权责任人,对第一顺位的侵权责任人享有检索抗辩权(先诉抗辩权),以对抗第一顺位的责任人。

③间接侵权人享有追偿权。由于在相应的补充责任中,间接侵权人承担的补充责任是有限补充责任,以其过错为基础,因此,原《侵权责任法》规定,间接侵权人承担了补充责任之后,不享有追偿权。《民法典》纠正了这个做法,规定间接侵权人承担了补充责任之后,有权向直接侵权人进行追偿。

(4)附条件的不真正连带责任

附条件不真正连带责任也属于不真正连带责任,其基本特征是提供平台的一方,对于展销会举办者、柜台出租者以及网络交易平台提供者在该平台上与消费者进行交易,造成了消费者权益的损害,只有在符合法律规定的条件的时候,才对受害人承担不真正连带责任,否则就只能由销售者或者服务者承担赔偿责任;并且平台提供者承担了赔偿责任之后,还有权向销售者或者服务者进行追偿。

当附条件的不真正连带责任的所附条件成就时,责任人即承担不真正连带责任。这时的不真正连带责任,与典型不真正连带责任的规则完全相同。

第七节 侵权责任竞合、聚合与并合

一、侵权责任竞合

(一)侵权责任竞合概述

1. 民事责任竞合

民事责任竞合,是指因某种法律事实的出现,而导致两种或两种以上的民事责任产生,各项民事责任相互发生冲突的现象。责任竞合作为一种客观存在的现象,既可以发生在同一法律部门内部,如民法中的违约责任与侵权责任的竞合;也可以发生在不同的法律部门之间,如民事责任与刑事责任、民事责任与行政责任的竞合等。

民事责任竞合,是从民事权利的角度来看,当不法行为人实施的一个行为,在法律上符合数个法律规范的要求,因而使受害人产生多项请求权,这些请求权相互冲突,故又被称为请求权竞合。《民法典》第186条规定了侵权责任与违约责任的竞合,因侵权人的违约行为,侵害对方人身、财产权益的,受损害方有权选择要求其承担违约责任或者要求其承担侵权责任。

民事责任竞合具有如下特点:

(1)民事责任竞合是由违反民事义务的行为引起的。责任是违反法定义务的必然后果。如果没有民事违法行为,就没有民事责任的产生,当然也就没有民事责任竞合的产生。因此,民事责任竞合是行为人违反民事义务所产生的结果。

(2)数个民事责任的产生是由一个违反民事义务的行为造成的。一个不法行为产生数个民事法律责任,或者说一个违反民事义务的行为使对方当事人产生数个请求权,这是民事责任竞合构成的前提条件。违反义务的行为符合两个或两个以上的责任构成要件,行为人虽然仅实施了一种行为,但该行为同时触犯了数个法律规范,并符合法律关于数个责任构成要件的规定,由此使行为人承担数种民事责任。

(3)在一个行为产生的数个责任之间相互冲突。一个民事违法行为产生数个责任，在数个责任之间相互冲突，一方面，是指行为人承担不同的法律责任，在后果上是不同的；另一方面，相互冲突意味着因同一不法行为产生的数个责任，彼此间既不能相互吸收，也不应同时并存。相互吸收，是指一种责任可以包容另一种责任；同时并存，是指行为人依法应承担数种责任形式。行为人究竟应当承担一种责任还是数种责任，需要在法律上确定。

2. 侵权责任竞合

民事责任竞合有不同的表现。侵权责任竞合也叫作侵权请求权的竞合，就是侵权请求权与依其他民事规范产生的请求权是由同一法律事实发生，形成的侵权请求权与其他民事请求权的竞合。

侵权责任竞合的形态包括：

（1）侵权责任与违约民事责任竞合。即一个侵权行为，既产生侵权损害赔偿请求权，又产生违约损害赔偿请求权。行为人的一个行为既产生侵权损害赔偿请求权，又产生违约损害赔偿请求权，两个请求权救济的内容是一致的，权利人只能行使一个请求权。

（2）侵权责任与不当得利责任竞合。侵权责任与不当得利责任竞合，就是一个行为，既产生侵权损害赔偿请求权，又产生返还不当得利请求权。

（3）侵权责任与其他民事责任竞合。侵权责任与其他民事责任竞合，就是一个行为，既产生侵权损害赔偿请求权，又产生其他请求权。

3. 民事责任竞合的法律后果

处理侵权责任竞合法律后果的原则，是采取择一方式，两个请求权中只能选择一个行使；一个请求权行使后，另一个请求权即行消灭。例如，对于故意领受出纳员多给钱款者，无论是主张返还不当得利请求权，还是主张侵权损害赔偿请求权，内容和标的都是同一具体标的物，并且无事前约定责任，因此，或者选择前者，或者选择后者，只能择其一而行使；择其一行使后，另一请求权即行消灭，而不能两个请求权一并行使或者分别行使。

在国外，处理侵权责任与违约责任的竞合主要有三种方式：一是以法国为代表的国家禁止当事人自行选择，合同当事人不得因对方在履行合同过程中有侵权行为而提起侵权诉讼，但合同无效的除外。二是以英美为代表的国家采取有限选择原则，受害人可以选择提出一个请求，如败诉后不得以另一个请求再诉。在一些特殊情况下，法律规定只能以侵权提出诉讼，如人身侵权等。三是以德国为代表的国家规定受害人可以任意选择，如提出侵权之诉后因时效届满等原因被驳回后，还可以以违约再提出诉讼；而且在诉讼中也可以变更诉讼请求。尽管各国对侵权责任与违约责任竞合的处理方式不同，但权利人只能行使一个请求权，各国的立法和司法实践的立场是一致的。[①]

我国《民法典》第186条规定了侵权责任和违约责任竞合的一般规则,确立了民事责任竞合的选择规则,它虽然规定的只是侵权责任与违约责任的竞合规则,但对研究侵权责任竞合的其他形式提供了法律依据。

(二)侵权责任与违约责任的竞合

1. 侵权责任与违约责任竞合的原因

侵权责任与违约责任是两类基本的民事责任。由于民事关系的复杂性和民事违法行为性质的多重性,这两类责任常常发生竞合。

侵权责任与违约责任竞合的根本原因在于,一个违约行为不仅侵害了债权人的预期利益,而且侵害了债权人的固有利益。侵害债权人的预期利益,产生了违约损害赔偿的请求权,构成违约责任。侵害债权人的固有利益,如人身权益和财产权益,既产生了侵权损害赔偿的请求权,构成侵权责任;也产生了违约损害赔偿请求权,构成违约责任。就侵害固有利益这一点上,两个请求权完全重合在一起。这两个损害赔偿请求权所救济的内容是一致的,保护的内容都是一样的,因此,构成侵权责任和违约责任的竞合。

(1)合同当事人的违约行为,同时侵犯了法律规定的强行性义务,如保护、照顾、通知、忠实等附随义务或其他法定的不作为义务。如故意引诱使双方订立不可能履行的合同,使其轻信对方的履行而遭受损失。在某些情况下,一方当事人违反法定义务的行为(如出售有瑕疵的产品致人损害),同时违反了合同担保的义务。

(2)侵权性的违约和违约性的侵权。“侵权性的违约行为”,即在某些情况下,侵权行为直接构成违约的原因,如保管人依保管合同占有对方的财产以后,非法使用对方的财产,造成财产毁损或者灭失;“违约性的侵权行为”,即违约行为造成侵权的后果,例如,供电部门因违约中止供电,致对方当事人的财产和人身遭受损害。

(3)不法行为人实施故意侵犯他人权利并造成对他人损害的侵权行为时,在加害人和受害人之间事先存在一种合同关系,这种合同关系的存在,使加害人对受害人的损害行为,不仅可以作为侵权行为,也可以作为违反当事人事先规定的义务的违约行为对待。例如,医生因重大过失造成病人的伤害和死亡,既是一种侵权行为,也是一种违反了事先存在的服务合同的行为。

(4)一种违法行为虽然只符合一种责任要件,但是,法律从保护受害人的利益出发,要求合同当事人根据侵权行为制度提出请求和提起诉讼,或者将侵权行为责任纳入合同责任的适用范围。例如,产品责任突破了“合同相对性”规则的限制,允许因产

① 参见浦增平、翟崇林:《民事法律关系中的侵权与违约责任竞合》,载《法学》1989年第11期。

品缺陷遭受损害的合同当事人和第三人向加害人提起侵权之诉或者提起违约之诉。

2. 侵权责任和违约责任的基本区别

研究侵权责任与违约责任的区别,就是给受害人提供进行比较、选择的标准,使当事人经过比较,选择行使对自己有利的请求权,诉请法院予以保护。

选择请求权时,应当考虑的侵权损害赔偿和违约损害赔偿的区别主要如下:

(1)诉讼管辖不同。根据我国《民事诉讼法》的规定,因合同纠纷提起的诉讼,由被告住所地或者合同履行地人民法院管辖,合同的双方当事人可以在书面合同中协议选择被告住所地、合同履行地、合同签订地、原告住所地、标的物所在地人民法院管辖。而因侵权行为提起的诉讼,由侵权行为地或者被告住所地人民法院管辖。受害人在起诉时应注意管辖的规定,明确怎样选择对自己有利。

(2)看损害赔偿法律关系发生之前双方当事人之间有无特定的权利义务关系。侵权损害赔偿在发生之前,双方当事人之间没有特定的权利义务关系,受害人在此之前的财产权利、人身权利都是对世权,其义务人并非特定的个人。违约损害赔偿发生之前,双方当事人存在特定的债权债务关系,债权人的权利是对人权,其债务人就是特定合同的一方当事人。合同的义务内容是根据合同当事人的意志和利益关系确定的。所以,某些形式上的双重违法行为,依据侵权法已经构成违法,但依据合同法却可能尚未达到违约的程度,如果当事人提起合同之诉,将不能依法受偿。对此,受害人应当仔细斟酌。

(3)赔偿范围不同。侵犯财产权利的侵权赔偿,应当用相当的实物或现金赔偿,如果受害人因此而遭受其他重大损失的,加害人也应赔偿这些损失;如果是侵害的具有人格利益因素的特定纪念物品,则还可以请求赔偿精神损害抚慰金。非法侵害他人身体健康权、生命权的,应当赔偿由此造成的财产损失,同时还可能赔偿精神损害抚慰金。非法侵害自然人的姓名权、肖像权、名誉权、荣誉权、信用权、隐私权、人身自由权等精神性人格权,虽未造成财产损失的,也可以要求赔偿精神损害。在违约损害赔偿中,通常依当事人的事先约定,赔偿范围应当相当于另一方因此所受到的损失,并不得超过订立合同时应当预见到的因违反合同可能造成的损失。

(4)举证责任不同。侵权损害赔偿的举证责任通常在受害人,由受害人举证证明加害人的过错,加害人在一般情况下不负举证责任。违约损害赔偿的举证责任在于债务人,债务人不履行债务致对方损害,就推定债务人有过错,因此,债务人负有举证证明自己无过错的责任,债权人即违约行为的受害人不负举证责任。在这一点上,受害人选择违约责任较为有利。

(5)诉讼时效期间的区别。从我国《民法典》的规定看,因侵权行为所产生的损害赔偿请求权适用3年的时效规定。而第594条规定:"因国际货物买卖合同和技术进出口合同争议提起诉讼或者仲裁的时效期间为四年。”两类责任适用的时效期限有区别,受害人在选择时应当注意这些不同规定,从有利于自己的利益的角度选择请求权。

(6)责任构成要件和免责条件不同。在违约责任中,行为人只要实施了违约行为,且不具有有效的免责事由,就应当承担违约责任。一般来说,违约是否造成损害后果,不影响违约金责任的成立。但是,在侵权责任中,损害事实是侵权损害赔偿责任成立的前提条件,无损害事实便无侵权责任的产生。

由于侵权责任和违约责任存在以上重要的区别,在责任竞合的情况下,不法行为人承担何种责任,将导致不同法律后果的产生,并严重影响到如何保护受害人的利益和制裁不法行为人的问题。

(三)侵权责任与不当得利责任的竞合

1. 侵权责任与不当得利责任竞合发生的原因

不当得利,就是在没有法律、协议、合同上的根据,或者虽有根据后来却已消失的情况下,损害他人利益而自己获得利益。

不当得利的法律事实发生后,不当得利者理应将其所得利益返还利益所有人,于不当得利者与利益所有人之间发生不当得利之债,利益所有人享有向不当得利者请求返还不当得利的权利;不当得利者负有将不当得利返还给利益所有人的义务。不当得利虽然是在损害利益所有人利益的情况下获得的,但这种法律事实的产生,并不是不当得利者的违法行为造成的,而是由于误解或第三人的过错造成的,因此,返还不当得利并不是法律予以的惩罚,而是一种义务。当这种义务不履行时,将以民事责任的形式,强令不当得利的返还。

因侵权行为而发生不当得利,构成侵权责任与不当得利责任的竞合。发生这种情况的原因有以下几种:

(1)无权处分。在未经权利人同意的情况下,无标的物处分权的人擅自处分他人的标的物,可以引起侵权责任和不当得利返还责任,两种责任发生竞合。

(2)非法出租他人财产。无租赁权或未经他人同意而擅自出租他人财产,或在租赁关系消灭以后,拒不返还租赁物而将租赁物出租给他人,从而获取租金,既构成不当得利,亦构成对他人财产权利的侵害。不法行为人应向权利人负返还不当得利或者赔偿损失的责任,形成责任竞合。

(3)非法使用他人之物并获取收益。不法行为人非法使用他人的财产并获取收益,如非法使用他人房屋、租赁期满后不返还租赁物而对租赁物继续使用和收益等,均构成对他人物权的侵害,同时构成不当得利的返还财产的责任。这两种责任发生竞合,行为人应负侵权责任或者不当得利返还财产的责任。

(4)侵害知识产权而获取利益。行为人侵害他人的知识产权,如抄袭或非法复制他人有著作权的作品、非法使用他人的商标或擅自制造并销售他人的注册商标标识、未经专利权人许可而使用其专利等，均构成侵权行为责任。如果这种侵权行为又使侵权人获利，就构成不当得利的返还财产责任，两种责任发生竞合。

（5）侵害肖像权、名称权、姓名权等获得利益。这些人格权具有一定的财产利益，侵害这些权利可能使行为人获得财产上的利益，构成不当得利返还财产的请求权和侵权损害赔偿请求权的竞合。例如，擅自使用他人的名称，获得利益，既构成侵权行为责任，又构成不当得利返还财产责任，两种责任发生竞合。明确这一点，对于理解和适用《民法典》第 1182 条规定的损害赔偿责任，特别有价值。

2. 不当得利请求权和侵权损害赔偿请求权的区别

侵权损害赔偿与不当得利的返还财产，都是基于侵权人的单方行为所生的责任，在与单方行为有关的当事人之间发生特定的权利义务关系。两种责任存在较大差异，适用不同的责任，直接影响到行为人的责任范围和受害人的利益保护。因此，受害人应加以慎重的考虑，选择对自己最有利的请求权行使，诉请人民法院予以保护。

在选择侵权行为请求权和不当得利返还财产请求权时，应当注意以下问题：

（1）看行为人一方在造成损害时在主观上是否具有过错，考虑举证责任的不同和债务是否可以抵销。侵权行为和不当得利都给对方当事人造成损失。但是，侵权行为造成损害，一般在主观上具有故意或过失的过错。而不当得利一方在获得利益的当时却不具有主观过错，对方的利益损害往往是由他本人的过错行为造成的，或者是由误解、第三人过错等其他原因所致。

（2）看行为人实施行为的结果是否使自己获得了利益，考虑赔偿范围和返还财产的不同。侵权行为与不当得利的共同特点是，都能致对方当事人遭受财产损失，但在通常情况下，侵权人不能因其侵权行为而得到利益。因此，在一般情况下，并不会发生这种责任竞合。但是在前述因侵权而获利的时候，就会发生竞合。而构成不当得利，则不当得利者必然得到利益。在选择请求权的时候，如果行为人在实施行为的时候没有获得利益，就不构成不当得利，不能选择不当得利的返还财产请求权。如果获得了利益构成竞合，则要考虑不当得利返还财产的范围与侵权行为责任的赔偿范围：不当得利返还财产的范围，就是不当得利的范围，不包括其他损失的赔偿；侵权责任的赔偿，则除了对所得的财产利益要予以返还外，还分为直接损失和间接损失的赔偿，这种赔偿范围肯定要比不当得利返还财产的范围要宽。

（3）看对于损害后果是否需要其他责任形式救济，考虑行为人所承担的责任方式的不同。侵权行为责任的主要责任方式是赔偿损失，除此之外还包括赔礼道歉、恢复名誉、停止侵害、消除危险等。当侵权行为造成的后果只靠赔偿损失的责任方式救济还有不周的时候，就可以适用赔偿损失以外的这些责任方式救济损害。不当得利的责任方式只有一项,就是返还财产,由于它不是违法行为,所以不能适用上述责任方式。

二、民事责任聚合

(一)侵权责任聚合概述

责任聚合,是指同一法律事实基于法律的规定,以及损害后果的多重性,而使责任人承担多种法律责任的形态。[①] 在侵权责任法领域,侵权责任聚合包括两种情形:一是一般的侵权责任聚合,二是特殊的侵权责任聚合。

1. 一般的侵权责任聚合

一般的侵权责任聚合,是指侵权人实施的一个行为造成他人损害,依照法律产生多项侵权请求权,行为人应当承担多项侵权责任的情形。在侵权责任法中,一般的侵权责任聚合是大量的、常见的。例如,侵害他人名誉权,既要承担精神损害赔偿的责任,又要承担消除影响、恢复名誉以及赔礼道歉的责任,四种侵权责任聚合,是为了保护受害人的不同利益,构成侵权责任聚合。这种责任聚合,实际上是侵权请求权与固有请求权的聚合,精神损害赔偿责任是侵权请求权的内容,消除影响、恢复名誉责任是人格权请求权的内容。

2. 特殊的侵权责任聚合

特殊的侵权责任聚合,是指侵权人实施的一个行为造成他人损害,依照法律不仅产生侵权请求权,而且还产生了其他民事请求权,侵权人应当承担不同的民事责任的情形。这种责任聚合的形成,是因为一个行为既造成了受害人固有利益的损害,同时也造成了其他的损害,形成多重损害事实,依照责任竞合的规则无法救济受害人的损害,因此法律赋予受害人两个以上的请求权,以救济受害人的损害。

特殊的侵权责任聚合包括以下四种情形:

(1)侵权责任与违约责任聚合。一个履行合同义务的行为,既造成了债权人合同预期利益的损害,又造成了其固有利益的损害,违约责任和侵权责任聚合。例如,买卖合同中债务人交付的产品有缺陷,爆炸后造成了债权人的人身损害,其中,产品本身的损失是合同预期利益的损失,产生违约损害赔偿责任;产品缺陷造成人身损害,构成侵权责任,两个损害赔偿请求权救济的目的不同,都有适用的必要,因此形成侵权责任与违约责任的聚合。

(2)侵权责任与不当得利聚合。在租赁合同中,承租人将租赁物非法转租,既侵害了出租人的财产权,又在非法转租中获得了不当利益。出租人仅仅享有一个请求权不足以救济其损害,因此构成侵权责任和不当得利责任的聚合。

---

① 参见王利明:《侵权行为法研究》(上卷),中国人民大学出版社2004年版,第654页。

(3)侵权责任与无因管理责任聚合。在无因管理中,如果管理人在实施管理行为时,不仅支出了管理费用,而且还造成了自己财产的损害,管理人在请求本人承担管理费用的责任之外,还可以请求本人承担侵权的损害赔偿责任。

(4)侵权责任与缔约过失责任聚合。缔约人在缔约过程中,由于自己的过错,造成了对方当事人信赖利益的损失,同时还造成了对方的人身损害或者财产损害等固有利益的损失,仅仅赔偿一种损失不足以救济损害,也构成侵权责任与缔约过失责任的聚合。

(二)责任聚合的法律后果

与民事责任竞合的法律后果不同,民事责任聚合及其法律后果是,在侵权损害事实发生前双方有契约关系,并且有法定和约定违约责任,产生的数个请求权的目的各不相同的,可以对数个请求权分别行使。例如,出卖人出卖瑕疵物而致害,买卖合同规定违约责任,依据侵权法应当承担侵权责任,故可既追究违约责任,又可追究侵权责任。这种责任聚合,数个请求权可以分别行使,不因一个请求权的行使而影响另一请求权的行使,既然可以分别行使,那么也可以就此同时向人民法院提出两个请求权的诉讼,人民法院应当同时受理。同一行为产生的两个请求权的目的不同时,可以一并行使。

侵权损害赔偿的主要目的是补偿,如果同时产生的请求权的目的不是为了同一项补偿,而是为排除妨碍、消除影响、停止侵害、恢复名誉等时,数项请求权当然可以一并行使,构成责任聚合。

三、侵权责任并合

(一)侵权责任并合及类型

1. 侵权责任并合的概念和目的

侵权责任并合,是指在多数人侵权行为中,法律原本规定了一种侵权责任形态,又增加规定了新的侵权人承担同一种侵权责任形态或者其他侵权责任形态,构成更多的侵权人对同一损害承担同一种或者不同种侵权责任,并相互重合的责任形态。例如,《民法典》第1203条规定的产品生产者和销售者对缺陷产品造成的损害承担不真正连带责任,《消费者权益保护法》第45条规定的广告主、广告经营者、广告发布者以及广告代言人对同一损害承担连带责任,就是在法律规定的不真正连带责任的基础上,又增加规定了其他侵权人对同一损害承担连带责任,构成多数人侵权的不真正连带责任与连带责任的并合。

侵权责任并合的基本特征包括:第一,原侵权人和新侵权人的行为造成的是同一个损害;第二,法律原本规定了一种多数人侵权责任形态;第三,法律又增加规定了新的侵权人加入多数人侵权责任之中;第四,原本规定的侵权责任形态与新增加的侵权人承担的责任形态相重合。

侵权责任法规定侵权责任并合的目的是:通过侵权责任并合的方法,增加连带责任或者不真正连带责任的责任人,更好地保护被侵权人的损害赔偿请求权,使与损害发生有关联的侵权人承担相应的责任以此对其予以制裁,发挥侵权责任的阻吓作用,警示营销参与者防范侵权行为发生。

2. 侵权责任并合与相关概念的区别

侵权责任并合与侵权责任竞合不同。它们虽然都是因不同法律的规定竞合在一起,但是侵权责任并合并不发生请求权竞合的后果,而是扩大就同一损害事实承担责任的责任主体范围,让更多的责任人参加到这一个多数人侵权责任之中,让更多的人对受害人的同一个损害承担责任,使受害人的索赔权利更加有保障,更容易得到实现。

侵权责任并合与侵权责任聚合也不同。侵权责任并合既不是一个侵权行为发生几个不同责任方式的请求权,侵权人承担几个不同的责任方式,也不是造成了几个不同的损害,分别由侵权责任和违约责任救济,而是数个不同的侵权人实施的加害行为,造成受害人的同一个损害,在原来法律规定的要承担多数人侵权责任的基础上,又增加侵权人,共同承担对同一个损害进行赔偿的责任形态,以增加受害人救济请求权实现的保障。

3. 侵权责任并合的类型

(1)同质并合。同质并合,即同种类责任形态的侵权责任并合,是指原来的多数人侵权责任形态与后来增加的侵权人承担的责任形态属于同一性质,是相同的侵权责任形态的并合。最高人民法院《关于审理道路交通事故损害赔偿案件适用法律若干问题的解释》(2021)第4条规定,拼装车、已达到报废标准的机动车或者依法禁止行驶的其他机动车被多次转让,并发生交通事故造成损害,所有的转让人和受让人都承担连带责任。《民法典》第1214条规定的这种侵权连带责任主体只有转让人和受让人,而前述司法解释将责任主体范围扩大,将多次转让的再转让人和再受让人等都纳入这个连带责任的责任主体范围中,由他们共同承担连带责任,使连带责任人的范围扩大,构成侵权责任的同质并合。

(2)同质异形并合。同质异形并合,是相同的基本侵权责任形态中不同具体责任形态的并合,侵权人承担的尽管是连带责任或者不真正连带责任,但是并合的是非典型的连带责任、典型的不真正连带责任形态,如附条件的不真正连带责任、先付责任或者补充责任。例如,《消费者权益保护法》第44条第1款规定的是网络交易平台提供者承担的附条件不真正连带责任,与《民法典》第1203条规定的生产者、销售者承担的典型的不真正连带责任之间发生并合,属于侵权责任的同质异形并合。

(3)异质并合。异质并合,即非同种类责任形态的侵权责任并合,是指原来的多数人侵权责任形态与后增加的侵权人承担的责任形态不属于同一性质,是不同的多数人侵权责任形态的并合。具体表现为典型形态的连带责任、不真正连带责任和按份责任之间的并合。例如,《消费者权益保护法》第 44 条第 2 款规定的网络交易平台提供者承担的连带责任,就是加入《民法典》第 1203 条规定的产品生产者与销售者承担的不真正连带责任之中,形成了不真正连带责任与连带责任的并合,为异质并合。

(二)侵权责任并合的责任主体是营销参与者

法律规定侵权责任并合制度的适用范围,即增加的责任主体是营销参与者。

1. 营销参与者的概念

营销参与者是指在商品和服务的交易领域中,为商品的生产、销售以及服务提供营销支持,促成商品、服务经营者与消费者达成交易的经营者或者非经营者。其特征是:第一,多数营销参与者是交易领域的经营者,其目的与经营者相同,都具有营利目的,但是也包括为保障交易安全的非经营者,如食品检验机构、认证机构等;第二,营销参与者服务、支持的交易活动包括商品的生产、销售以及服务的营销,不只是商品的生产和销售;第三,营销参与者并不直接参加交易,仅仅是对商品和服务的交易提供营销支持,促成交易,因而不是直接的商品、服务的经营者,是为商品、服务交易提供服务的经营者或者非经营者。

我国的营销参与者可以分为三种类型:一是为商品、服务进行广告宣传支持的营销参与者,如广告经营者、发布者、广告代言人;二是为商品的生产、销售和提供服务而提供支持的营销参与者,如为没有许可证而生产食品的生产者提供生产经营场所或者其他条件的经营者,为用非食品原料等物质制造食品的生产者提供生产经营场所或者其他条件的经营者,柜台出租者、展销会举办者,网络交易平台提供者;三是为商品、服务提供检验、认证服务支持的营销参与者,如食品检验机构和认证机构。

2. 营销参与者适用侵权责任并合的条件

法律规定营销参与者承担侵权责任并合的法律后果,除了应当具备营销参与者的身份之外,还应当具备以下要件:

(1)损害要件。营销参与者承担责任的受害主体,须为造成损害的经营者和营销参与者以外的第三人,通常是消费者,也包括受到损害的他人。

(2)行为要件。营销参与者实施何种行为才应当对其提供服务的经营者承担并合的侵权责任,通常是由法律规定的具体行为。这些行为是为商品或者服务交易提供服务支持的行为,该行为须具有违法性。

(3)因果关系要件。营销参与者对营销提供服务支持的行为,与消费者以及他人受到的人身损害之间须有因果关系。这种因果关系并非都具有直接的原因力,而是其行为对损害的发生具有了一定的原因参与度。

(4)主观要件。营销参与者承担并合的侵权责任,对主观要件的要求有所不同,有的规定为有过失,有的规定为无过失。这与美国侵权法关于提供服务而对第三人承担责任的要求,①以及营销参与者的要求不同。

(三)侵权责任并合的责任分担规则

1. 侵权责任同质并合的责任分担规则

(1)典型连带责任与典型连带责任并合

典型连带责任与典型连带责任并合,相当于构成了一个增大的连带责任,新责任人与原责任人都是连带责任人。

连带责任与连带责任并合,不论增加多少连带责任人,都要依照《民法典》第 178 条规定的连带责任规则承担连带责任。

(2)典型不真正连带责任与典型不真正连带责任并合

典型的不真正连带责任相互发生并合,相当于一个不真正连带责任的责任人范围的扩大,有更多的不真正连带责任人被纳入对同一个损害承担的不真正连带责任的责任主体范围,因而能够对受害人的损害赔偿请求权给予更高的保障。原来的和新增加的不真正连带责任人都对同一个损害事实承担不真正连带责任。

更多的责任人加入同一个不真正连带责任的责任主体中,对责任性质不发生影响,仍然是不真正连带责任,每一个责任人对同一个损害都负有全部赔偿责任的中间责任。每一个承担了中间责任的人,只要自己不是最终责任人,就有权向最终责任人进行全额追偿。

2. 侵权责任同质异形并合的责任分担规则

(1)典型的不真正连带责任与附条件不真正连带责任并合

典型的不真正连带责任与附条件不真正连带责任发生并合时,最典型的是《消费者权益保护法》第 44 条第 1 款后段、《食品安全法》第 131 条第 2 款与《民法典》第 1203 条并合的情形。

在附条件不真正连带责任所附条件尚未成就之前,不发生不真正连带责任,因而不发生与典型不真正连带责任并合的问题。

当附条件不真正连带责任所附条件成就,发生的就是不真正连带责任的后果;如果此时法律还规定了此种情形仍有他人与此附条件不真正连带责任的责任人承担不真正连带责任的,就发生了实际上的不真正连带责任相互之间的并合,因而责任分担

---

① 依照《美国侵权法重述》(第 2 版)第 324A 条规定,提供服务而对第三人造成的损害负责的基础是其有过失。

规则就与不真正连带责任并合的规则是完全一样的，属于同质并合，即不真正连带责任人的范围扩大，责任性质仍然属于不真正连带责任，按照不真正连带责任的规则分担责任。

(2)典型不真正连带责任与先付责任并合

典型不真正连带责任与先付责任并合，如《民法典》第1203条与第1204条发生的并合。不过，由于这种并合法律已经规定了明确的责任分担规则，即该法第1204条，因此，应当优先适用第1204条规则，即先适用先付责任规则，由不真正连带责任人先承担全部赔偿责任，之后再向后顺位的责任人进行追偿。如果其他法律又规定了不真正连带责任的责任主体，则该不真正连带责任人加入的是先顺位不真正连带责任人的主体，在他们之间选择任一责任人承担中间责任，然后向后顺位的最终责任人追偿。

(3)典型的不真正连带责任与补充责任并合

典型的不真正连带责任与补充责任并合，尽管是不同的不真正连带责任，但由于补充责任的承担具有先后顺位的区别，因此会发生责任分担规则的改变，但法律规定承担补充责任的人，永远都是第二顺位的责任人，只有规定承担不真正连带责任的责任人，才是第一顺位的责任人。

3. 侵权责任异质并合的责任分担规则

(1)典型连带责任与典型不真正连带责任并合及规则

连带责任与不真正连带责任之间多发生并合，且发生并合之后，会对责任分担发生较大影响。例如，依照《消费者权益保护法》第44条第2款和《食品安全法》第131条第1款，除了本条规定的销售者和网络交易平台提供者之间要承担连带责任之外，还要增加造成损害的缺陷产品的生产者作为责任主体，因而形成典型连带责任与典型不真正连带责任的并合。

连带责任与不真正连带责任在中间责任上是一致的，即无论是连带责任还是不真正连带责任，在中间责任上都是连带的。连带责任与不真正连带责任发生并合，受害人可以向任何一个连带责任人和不真正连带责任人主张承担全部赔偿责任，而无需考虑其究竟应当承担何种形式的最终责任。

连带责任与不真正连带责任的最终责任承担不同，即连带责任实质性的最终责任是要分配给全体连带责任人的，而不真正连带责任的实质性最终责任是归属于应当承担最终责任的那个责任人，该责任人承担全部赔偿责任。因此，在受害人对数个责任人行使了全部赔偿责任的请求权之后的追偿关系是：第一，如果承担中间责任的责任主体是连带责任的最终责任人，在其承担了超过其最终责任的份额之后，有权向其他应当承担最终责任的责任人进行追偿；第二，如果承担责任的责任主体是不真正连带责任的最终责任人的,在其承担了最终责任之后,不得向任何其他责任主体追偿;第三,如果承担责任的责任主体是不真正连带责任的中间责任人的,在其承担了中间责任之后,可以向其他最终责任人(包括连带责任的最终责任人和不真正连带责任的最终责任人)进行追偿。

(2)典型的连带责任与按份责任并合

连带责任与按份责任会发生并合,其后果是发生单向连带责任,即混合责任,规则是:受害人可以向承担连带责任的人请求承担连带责任,连带责任人承担了全部赔偿责任之后,就其中间责任部分,可以向按份责任人进行追偿;受害人向中间责任人请求赔偿,只能请求其承担按份责任,不能请求其承担连带责任,不得要求按份责任人就全部损害承担全部赔偿责任。

第八节 不确定并列责任主体

在侵权法中,不确定并列责任主体是一个较少为人关注的问题,至今未有专门进行研究的著述,只是在有些学者的文章和专著中提及过。而我国《民法典》侵权责任编第三章至第十章规定了较多不确定并列责任主体,却未对不确定并列责任主体实施的侵权行为性质,如何承担侵权责任等作出明确规定。国外侵权法也有类似情形。本节对此进行分析,研究我国《民法典》有关侵权责任不确定并列责任主体及其实施的侵权行为的性质与责任承担规则。

一、《民法典》规定不确定并列责任主体的内容及立法比较

(一)确定的并列责任主体与不确定并列责任主体

侵权法中的并列责任主体,是某个法律条文对某种特殊侵权行为的责任主体规定为数人的立法现象。由于侵权法存在多数人侵权行为及责任,且特殊侵权行为具有复杂性,因而在侵权法的条文中经常出现需要承担连带责任等的并列责任主体。例如,我国《民法典》第1241条关于"以买卖或者其他方式转让拼装或者已达到报废标准的机动车,发生交通事故造成损害的,由转让人和受让人承担连带责任"规定中的"转让人和受让人",以及《日本民法典》第719条第2款关于"教唆或帮助侵权行为人的人视为共同行为人,适用前项规定"中的"教唆人或帮助人",都是并列责任主体。

侵权法在规定并列责任主体时,对于并列责任主体实施的侵权行为及责任是确定的,即对并列责任主体实施的侵权行为属于何种性质,并列的责任主体应当怎样承担

侵权责任,都是明确的、确定的,如前述规定。但是,也有一些法律条文对并列责任主体实施的侵权行为的性质与责任形态没有作出明确规定,例如:我国《民法典》第1252条第2款规定建筑物等倒塌损害责任的责任主体为"所有人、管理人、使用人或者第三人";《越南民法典》第631条规定,房屋、其他建筑物因发生倒塌、损坏或陷落造成他人损害的,责任主体是"房屋、其他建筑物的所有人、管理人或使用人"。这种并列规定的数个责任主体实施的侵权行为属于何种性质,应当怎样承担责任,都不明确、不确定。据此,前者可以称为确定的并列责任主体,后者称为不确定并列责任主体。

中外侵权法都存在不确定并列责任主体的规定,但国外侵权法较为少见,我国《民法典》侵权责任编规定了较多的不确定并列责任主体,因而更需要进行专门研究,以揭示其实施的侵权行为的性质及承担责任的形态。

(二)我国《民法典》侵权责任编规定不确定并列责任主体的内容

《民法典》侵权责任编第三章至第十章规定不确定并列责任主体的主要内容如下:

1.《民法典》第1204条规定产品责任的第三人责任为先付责任,生产者、销售者先承担赔偿责任,之后有权向第三人追偿。其中规定先承担赔偿责任的主体即"生产者、销售者"究竟应当怎样承担责任,没有确定其性质和具体规则。权威解释认为,"运输者、仓储者等应当承担赔偿责任,首先承担产品责任的产品生产者、销售者,有权向负有赔偿责任的运输者、仓储者等追偿",①并没有解释"生产者、销售者"之间怎样承担责任,对此语焉不详。

2.《民法典》第1242条后段规定:"所有人、管理人不能证明对防止他人非法占有尽到高度注意义务的,与非法占有人承担连带责任。"其中关于"所有人、管理人"的表述,无法确定究竟是共同与非法占有人承担连带责任,还是其中一人与非法占有人承担连带责任;且该连带责任中是否还包括不真正连带责任,也不确定。权威解释认为,"所有人、管理人与非法占有人承担连带责任",②但是,对上述疑问没有解释。

3.《民法典》第1245、1246、1247、1249条这4个条文,都规定饲养动物损害责任的责任主体为"动物饲养人③或者管理人",但都没有明确规定动物饲养人或者管理人承担的究竟是连带责任、不真正连带责任抑或个人责任。权威解释认为,"当动物的饲养人与管理人为不同人时,管束动物的义务由饲养人转移给管理人,这时的赔偿主体应为管理人"。④ 可是,如果被侵权人直接起诉动物饲养人,动物饲养人是否应当承担责

① 此处称"权威解释",是指我国立法机关官员对法律的解释,下同。参见王胜明主编:《中华人民共和国侵权责任法释义》,法律出版社2010年版,第236～237页。

② 王胜明主编:《中华人民共和国侵权责任法释义》,法律出版社2010年版,第376页。

③ 其中第82条规定的是"原动物饲养人"。

④ 王胜明主编:《中华人民共和国侵权责任法释义》,法律出版社2010年版,第392页。

任,也没有解释。

4.《民法典》第1252条第1款规定建筑物、构筑物或者其他设施倒塌损害责任的责任主体为“建设单位与施工单位”,承担的是“连带责任”。在建设单位与施工单位对于损害的发生都有过错的情况下,双方承担的责任当然是连带责任;但如果建设单位或者施工单位只有一方有过错,就不能承担连带责任,而是不真正连带责任。权威解释认为,“建设单位和施工单位应当承担连带责任”,[①]显然没有注意到存在不真正连带责任的可能性。

5.《民法典》第1253条规定的建筑物、构筑物或者其他设施损害责任的责任主体为“所有人、管理人或者使用人”,三个并列责任主体之间用“或者”连接,含义似乎是或者为所有人,或者为管理人,或者为使用人。但在被侵权人索赔时,究竟起诉所有人还是管理人抑或使用人,法院怎样确定责任主体,也没有规定。权威解释认为,所有人应当承担责任,管理人是管理维护义务的人,包括国有资产管理;使用人承担责任的情形,一是有管理维护义务,二是管理维护不当,[②]但没有明确的解释。

6.《民法典》第1257条规定的林木损害责任的责任主体是“林木的所有人或者管理人”。林木所有人和管理人之间怎样承担侵权责任,亦不确定,似为或者为林木所有人,或者为管理人。[③] 这与第1253条规定的情形相同,在被侵权人索赔时,究竟起诉所有人还是管理人,法院怎样确定责任主体,权威解释没有说明。

7.《民法典》第1258条第2款规定的窨井等地下设施损害责任的责任主体为管理人,没有并列规定数个责任主体,但是存在多个责任主体的可能,例如管理人就有授权管理国家资产的人,以及实际担任管理维护职责的人。权威解释认为,“由相关的管理人承担赔偿责任”,[④]对可能出现的不确定并列责任主体没有进行规定和解释。

由于不确定并列责任主体的不确定性,因而学者在对其进行解释时,意见也不相同。下面列举的是部分学者的主要观点。

对于《民法典》第1253条规定的“所有人、管理人或者使用人”,王利明教授认为,受害人可以选择上述三个责任人中的一人或者数人承担责任。在实践中,所有人、管理人或者使用人并非总是同时承担责任,他们承担责任的前提是对建筑物等负有管理义务,在特殊情况下,所有人、管理人或使用人也可能存在两人或两人以上同时负责的情形,此时,数人之间究竟是连带责任,还是按份责任?原则上应当属于按份责任。[⑤]

---

① 王胜明主编:《中华人民共和国侵权责任法释义》,法律出版社2010年版,第419页。

② 参见王胜明主编:《中华人民共和国侵权责任法释义》,法律出版社2010年版,第415~416页。

③ 参见杨立新:《侵权责任法》,法律出版社2015年版,第366页。

④ 王胜明主编:《中华人民共和国侵权责任法释义》,法律出版社2010年版,第439页。

⑤ 参见王利明:《侵权责任法研究》(下卷),中国人民大学出版社2011年版,第689、690页。

程啸博士认为，“如果建筑物、构筑物或者其他设施上有使用人或者管理人的，则应由使用人或管理人承担侵权责任。没有使用人或管理人的，应由所有人承担侵权责任。他们之间并不发生连带责任的问题”。周友军博士认为：所有人和管理人是不可能并存的。如果所有人与使用人并存，或者管理人与使用人并存时，应当通过前述建造义务和维护义务的分配来认定责任主体。因为使用人只可能在工作物建造完毕以后才开始使用，所以，他只负有维护义务。如果工作物的倒塌或者脱落是因为维护义务的违反而造成的，应当由使用人负责。①

通过以上列举可以看出，我国学界对不确定并列责任主体的解释可谓“百花齐放”，意见分歧，无法确定通说指导审判实践。

（三）外国侵权法规定不确定并列责任主体的情形

在其他成文法国家中，由于侵权法在债法中规定，因而篇幅较小，列举的特殊侵权责任种类不多，因而规定不确定并列责任主体的情形不多。下列3个国家的侵权法分别两种形式，规定了不确定并列责任主体。

1. 间接规定不确定并列责任主体

《日本民法典》第715条第1项规定雇用他人的雇主为责任主体，第2项规定代使用人监督事业执行的人亦负前项责任；第718条第1项规定动物占有人责任，第2项规定代替占有人管理动物的人亦负前项责任。这两个条文在第2项规定的责任主体“亦负前项责任”的表述，实际上规定了两个并列责任主体，即使用人与代使用人监督事业执行人、动物占有人与动物管理人，且双方如何承担责任也不明确，构成不确定并列责任主体。

《韩国民法典》第759条第1项规定动物占有人的责任，第2款规定代替占有人看管动物者亦负前款责任。这一规定与《日本民法典》前述两个条文的规定相同，也属于不确定并列责任主体。

2. 直接规定不确定并列责任主体

《越南民法典》第631条的规定与我国《侵权责任法》第85条的规定基本相同：“房屋、其他建筑物因发生倒塌、损坏或陷落造成他人损害的，房屋、其他建筑物的所有人、管理人或使用人必须赔偿损害。”其中所有人、管理人或使用人与我国《侵权责任法》第85条存在同样的问题，属于不确定并列责任主体。

其他国家和地区的民法典，凡是并列规定责任主体的，都明确规定数个责任主体如何承担责任。例如，《德国民法典》规定动物损害责任，并列规定动物饲养人的责任（第833条）和动物看管人的责任（第834条）；规定建筑物损害责任，就分别规定建筑

---

① 参见周友军：《侵权法学》，中国人民大学出版社2011年版，第237页。

物占有人的责任(第837条)和建筑物维护义务人的责任(第838条)。[①] 绝大多数国家的侵权法没有规定不确定并列责任主体。

在规定不确定并列责任主体的日本和韩国,侵权法学说尽管没有提出这一概念,但同样存在对这种并列责任主体进行解释的问题。

对于《日本民法典》第715条规定的使用人和代使用人监督事业执行的人,日本学者认为被用人的责任和使用人的责任的并存,是不真正连带责任。所谓的"代理监督者"是客观来看代替使用人现实地处于监督事业地位的人,只是公司的代表人。代理监督人的责任,是现实地监督被用人的人(进行具体的选任和监督的人),法定的监督义务者的责任和代理监督者的责任并不相互排斥,两者可并存成立(当代理监督人的选任存在过错的时候)。[②] 研究日本法的中国学者认为:被用人独立地负担一般的侵权行为责任。这种被用人的责任与使用人、代理监督者的责任是不真正连带债务。[③]

对于《日本民法典》第718条并列规定动物占有人和代占有人看管动物人,日本学者认为,直接占有者(保管者)是根据《日本民法》第718条第2项,间接占有者(占有者)是根据第718条第1项负有责任,两者的责任可以认为是并存的(不真正连带责任)。尤其是第1项的占有者(间接占有者)在能够举证已经根据动物的种类、性质具备相当的注意对保管者进行选任和监督时,可以免除责任。当动物的占有人和管理人并存时,两者的责任可能会重复地发生,占有人选任代替自己保管动物的人,让其保管时,占有人如果能举证"依动物之种类与性质,已为相当注意之保管",则不承担责任。[④] 中国研究日本法的学者持上述相似观点。[⑤]

对于《韩国民法典》第759条规定的动物占有人以及代替动物占有人看管动物的人,学者认为,"占有人和看管人间的责任关系:属于直接占有人和间接占有人的关系,第759条的责任竞合,两者间成立不真正连带债务关系"。[⑥] 不同意见认为,"占有人或保管人应理解为事实上支配动物的人。对于间接占有人或帮助占有人是否与直接占

① 其他可以列举的是:《埃塞俄比亚民法典》侵权法规定,建筑物的所有人(第2078条)与建筑物的占据人(第2080条)、机器和机动车所有人(第2081条)与机器和机动车的保管人或代理人(第2082条);《魁北克民法典》侵权法第1468条第1款和第2款分别规定了动产制造商和经销商或供应商;新《荷兰民法典》的侵权法第6:175条规定危险物品责任,按照款的顺序,分别规定从事营业的人、保管人、管道管理人等不同责任主体。

② 潮見佳男『不法行為法』(第2版)(信山社、2011年)、第65~67頁。

③ 参见于敏:《日本侵权行为法》(第2版),法律出版社2006年版,第244页。

④ 引自「民法718条の立法過程と判例」小野健太郎『国際関係学部研究年報』第35集(2014年2月)。

⑤ 参见于敏:《日本侵权行为法》(第2版),法律出版社2006年版,第244、300页。

⑥ 장재현:『註釋民法』(2010년),정림사,제779면.

有人同样需要承担责任这一点上,通说认为是不承担。但是,在判例和部分学说中有赞同间接占有人承担责任的观点,如果与通说一致地认为只有直接占有人才承担责任的话,那么直接占有人与间接占有人或占有帮助人间的责任是无法发生竞合的"。①

认真分析日本和韩国学者对不确定并列责任主体的意见,会发现观点存在较大差异。日本民法典的两个条文规定的规则基本相同,但在解释上并不完全相同。韩国学者对同一个法条的解释,意见不一。可见,各国存在对不确定并列责任主体的认识问题。

由于文献的缺乏,对《越南民法典》规定的并列责任主体的解释不得而知。

(四)研究并列责任主体的意义和主要问题

虽然我国《民法典》与日本、韩国和越南的民法典规定不确定并列责任主体,但都没有明确规定其实施的侵权行为的性质和承担责任的形态,因而在司法实践中,无法确定由哪个或者哪些个责任主体承担责任,以及如何承担责任。这意味着规定不确定并列责任主体的侵权法对于这些特殊侵权责任尚未最终确定,或者尚未发现,或者误认为已经确定责任承担的应然规则,因而采取这种方法作出规定,导致在司法实践中出现问题。研究不确定并列责任主体的意义,正是在于明确不确定并列责任主体的概念和性质,明确其实施的侵权行为的性质以及相互之间怎样承担侵权责任的具体规则。主要问题是:第一,不确定并列责任主体究竟是何种概念,应当怎样定义;第二,在法学方法论上应当怎样认识不确定并列责任主体的性质;第三,不确定并列责任主体实施的侵权行为是何种性质;第四,不确定并列责任主体承担的侵权责任应当是何种形态:连带责任、按份责任、不真正连带责任抑或单独责任。只有将上述四个问题界定清楚,才能够在实践中正确适用不确定并列责任主体的法律规定。

二、不确定并列责任主体的定义及法律属性

(一)关于不确定并列责任主体概念的定义

在本书之前,我国侵权法理论中无人使用过"并列责任主体"的概念,也没有使用过"不确定并列责任主体"的概念。由于笔者第一次使用这个概念,故有义务对其作出定义。并列责任主体,是指侵权法在规定某种特殊侵权责任时,并列规定了两个以上的责任主体的立法现象。不确定并列责任主体,是指侵权法在规定某种特殊侵权责任时,并列规定了两个以上应当承担责任的主体,但未明确规定其实施的侵权行为的性质及责任承担形态的立法现象。

研究不确定并列责任主体这个概念,应当特别注意以下几个基本问题:

① 김형배:『민법학강의-이론・판례・사례』(11),신조, 제1680면.

第一,不确定并列责任主体须为侵权法对特殊侵权责任规定了两个以上的责任人。在不确定并列责任主体的特殊侵权法律关系中,都规定了两个以上应当承担责任的主体。规定侵权请求权人一方为两个以上主体的,是多数侵权请求权人,不是并列责任主体,例如请求承担死亡赔偿金的受害人的数个近亲属。

第二,不确定并列责任主体只能出现在特定的特殊侵权责任法律关系中。不确定并列责任主体是在特殊侵权责任法律关系中承担侵权责任的主体,而非一般侵权行为的责任主体。因为一般侵权行为的责任主体就是行为人,或者替代行为人。

第三,不确定并列责任主体的最突出特征就是不确定性。首先,表现在不确定并列责任主体实施的侵权行为的不确定,有的是多数人侵权行为,有的并不是多数人侵权行为。尽管法律在某一特殊侵权法律关系中规定了并列责任主体,但并非所有的并列责任主体都是侵权人,只有符合多数人侵权行为法律特征的,才属于多数人侵权行为;不符合多数人侵权行为的特征的,属于单独侵权行为。其次,表现在承担的侵权责任形态的不确定,即并非都是共同责任,也存在单独责任的情形。侵权责任有单独责任和共同责任之分,前者与单独侵权行为相对,后者与多数人侵权行为相对。尽管法律规定并列责任主体为侵权法律关系责任人,但这并不意味着不确定并列责任主体承担的都是共同责任,应当根据不确定并列责任主体实施的侵权行为的性质予以确定。

(二)不确定并列责任主体的法律属性为法律漏洞

1. 不确定并列责任主体非为不确定法律概念而属于法律漏洞

既然不确定并列责任主体的基本特征是“不确定”,那么在民法方法论上,这个概念就是不确定法律概念吗?对此必须作出明确回答,否则无法继续进行深入研究。

不确定法律概念是指未明确表示而具有流动的特征之法律概念,其包括一个确定的概念核心以及或多或少不清的概念外围,此种不明确的概念,多见于法律之构成要件层面,亦有见于法规之效果层面。① 不确定法律概念的核心词素是“概念”,其基本内涵是“在内涵和外延上都具有广泛不确定性的概念”。② 不确定并列责任主体尽管有一个“不确定”的定语,但是,这个概念的本身并不是法律条文中的法律概念,即不属于“合理费用”(《民法典》第 1181 条)、“严重精神损害”(该法第 1183 条)、“及时”(该法第 1195 条第 2 款)等单纯的法律概念,而是将数个责任主体并列规定在一起的立法现象,因而不因为不确定并列责任主体的定语为“不确定”,而认为其是一个不确定法律概念,进而采用不确定法律概念的法律修正方法予以解释。

准确分析不确定并列责任主体概念的基本特征,在法学方法论上应当属于法律

---

① 参见吴国喆、梁琪:《不确定法律概念的界定、特征及其缺陷》,载《甘肃理论学刊》2013 年第 5 期。

② 王利明:《法学方法论》,中国人民大学出版社 2011 年版,第 412 页。

漏洞。

关于法律漏洞的定义,谓之"法律体系上之违反计划的不圆满状态",[①]或者"系指以现行法律规定之基本思想及内在目的,对于某项问题,可期待设有规定而未设定规定之谓",[②]或者"现实性法律体系上存在影响法律功能,且违反立法意图之不完全性",[③]或者"是由于立法者未能充分预见待调整的社会关系,或者未能有效地协调与现有法律之间的关系,或者由于社会关系的发展变化超越了立法者立法时的预见范围,而导致的立法缺陷",[④]等等。在上述对法律漏洞的界定中,尽管说法不一,但不论是将法律漏洞界定为"不圆满""未设定规定",还是认为其为"不完全性""立法缺陷",都表明了立法漏洞存在的立法体系有不完全性或者不圆满性,影响现行法的应有功能,以及违反立法意图这三个基本含义。[⑤]

观察不确定并列责任主体概念可以发现,恰好存在法律漏洞的这三个基本特点:第一,不确定并列责任主体概念的"不确定",表明的就是这个概念涵盖的立法条文规定并列责任主体中存在的不完全性和不圆满性,即规定了并列责任主体,却未能明确规定并列责任主体应当怎样承担侵权责任。这就是不完全性和不圆满性的表现,集中体现在这个概念的"不确定"的定语上。第二,对于这些不确定并列责任主体实施的侵权行为及责任,不仅学者无法对其内涵取得一致见解,就连立法官员的权威解释也不能清楚说明,当然不能使法官在司法实践中予以准确适用,因而影响现行法的应有功能。第三,对于不确定并列责任主体的这种消极作用,立法者在立法之时未能预料,出现与立法者的立法意图相背离的后果,因而违反立法意图。故而得出的结论是,不确定并列责任主体概念乃系立法漏洞,而非不确定法律概念。

2. 不确定并列责任主体作为法律漏洞的属性

不确定并列责任主体作为法律漏洞,其法律属性是:第一,属于不认知漏洞。立法者在立法之初,并未认识到规定不确定并列责任主体的后果,误认为不存在漏洞,在系争法律制定时,对于其不圆满状态没有认知。[⑥] 原因是立法者忽略了——依其根本的规整意向——应予规整的问题,或误以为就此以为规整。[⑦] 第二,属于自始漏洞。不确定并列责任主体作为法律漏洞,是在立法之时,由于立法者的疏忽等原因而导致的法

---

① 黄茂荣:《法学方法与现代民法》,2011 年增订第 6 版(自版),第 456 页。

② 王泽鉴:《民法学说与判例研究》(第 2 册),北京大学出版社 2009 年版,第 16 页。

③ 梁慧星:《民法解释学》(第 3 版),法律出版社 2009 年版,第 253 页。

④ 王利明:《法学方法论》,中国人民大学出版社 2011 年版,第 426 页。

⑤ 参见梁慧星:《民法解释学》(第 3 版),法律出版社 2009 年版,第 253 页。

⑥ 参见黄茂荣:《法学方法与现代民法》,2011 年增订第 6 版(自版),第 525 页。

⑦ 参见[德]卡尔·拉伦茨:《法学方法论》,陈爱娥译,商务印书馆 2013 年版,第 256 页。

律漏洞,[1]并非随着时代发展而产生的嗣后漏洞。第三,属于部分漏洞,而非全部漏洞,即有规范而不完全者。[2] 第四,属于非碰撞漏洞,因为不确定并列责任主体的规范基本上不会与其他法律规范相冲突,不构成碰撞漏洞。第五,大多数不确定并列责任主体属于公开漏洞,即预想外型明显漏洞,[3]是就特定类型事件,法律欠缺——依其目的本应包含之——适用规则时,即有"开放的"漏洞存在,[4]因而不属于隐藏漏洞;但少数不确定并列责任主体属于隐藏漏洞,例如《民法典》第1252条关于"建设单位与施工单位承担连带责任"的规定,看似法律适用规则明确,但实际隐含着不真正连带责任的可能,因而属于乍看之下并未欠缺可资适用的规则,[5]但在实际上却存在欠缺可资适用的规则。

三、对不确定并列责任主体进行漏洞填补的方法及应用

(一)对不确定并列责任主体进行漏洞填补的一般方法

在侵权责任纠纷案件的个案裁判中,由于存在不确定并列责任主体的法律漏洞,而立法不能及时作出回应,法官又不能以存在法律漏洞为由而拒绝审判,因而要求法官进行漏洞填补。[6]

法律填补是补充法律漏洞的基本方法,也称为法律续造,在存在法律漏洞的情况下,由法官根据一定的标准和程序,针对特定的待决案件,寻找妥当的法律规则,并据此进行相关的案件裁判。[7] 故法律的补充与法律的解释不同,补充乃是比解释更进一步依据法律精神与目的,发现法律的方法。[8] 填补不确定并列责任主体的法律漏洞,同样如此。

应当看到的是,原《侵权责任法》规定的不确定并列责任主体的数量较多,种类复杂,难以用一种填补方法进行补充,须广泛使用填补法律漏洞方法,在既有法律规定之外,努力寻求可适用到具体个案的裁判规则,以解决个案争议。[9]

填补法律漏洞的方法,是在穷尽了所有狭义的法律解释方法之后也无法寻找到法律适用规则的前提下,进行类推适用、目的性限缩、目的性扩张以及创制性补充。类推

---

① 参见王利明:《法学方法论》,中国人民大学出版社2011年版,第432页。
② 参见黄茂荣:《法学方法与现代民法》,2011年增订第6版(自版),第523页。
③ 参见梁慧星:《民法解释学》(第3版),法律出版社2009年版,第263页。
④ 参见[德]卡尔·拉伦茨:《法学方法论》,陈爱娥译,商务印书馆2013年版,第254页。
⑤ 参见[德]卡尔·拉伦茨:《法学方法论》,陈爱娥译,商务印书馆2013年版,第254页。
⑥ 参见王利明:《法学方法论》,中国人民大学出版社2011年版,第435页。
⑦ 参见王利明:《法学方法论》,中国人民大学出版社2011年版,第435页。
⑧ 参见施启扬:《民法总则》,中国法制出版社2010年版,第47页。
⑨ 参见王利明:《法学方法论》,中国人民大学出版社2011年版,第436页。

适用和目的性限缩所依据的法理主要是平等原则，目的性扩张主要以立法意旨为其补充的法理基础；创制性补充，即实证法上并无可供攀附援引的具体规定，必须由法律适用者根据法理念及事理，为拟处理之案件予以创制。[①] 在填补不确定并列责任主体的法律漏洞时，主要适用前三种方法。

（二）对不同的不确定并列责任主体予以漏洞填补的具体方法

1. 类推适用

采用类推适用方法填补不确定并列责任主体漏洞，可以利用不确定并列责任主体之间使用的连接方式确定侵权行为性质，寻找相同处理的规则，对漏洞予以填补。

《民法典》在规定不确定并列责任主体时，在并列责任主体之间分别使用三种方法连接，即顿号、“或者”和“与”。对于这种不确定并列责任主体的漏洞填补，可以利用三种不同的连接方法，以确定部分不确定并列责任主体实施的侵权行为性质，进而类推适用相同的处理规则。即对特定案件，比照援引与该案件类似的法律规定，将法律的明文规定适用于该法律未直接加以规定，[②]但其规范上的重要特征与该规定所明文规定者相同的案型，依据“相同之案型，应为相同之处理”的方法，[③]在现有实证法中寻找可以适用的法律规则。

使用顿号连接并列责任主体的有：第 1204 条的“生产者、销售者”，第 1242 条的“所有人、管理人”。使用“或者”连接并列责任主体的有：第 1245 ~ 1247 条、第 1249 条的“动物饲养人或者管理人”，第 1253 条的“所有人、管理人或者使用人”，第 1257 条规定的“林木所有人或者管理人”。使用“与”字连接并列责任主体的，是第 1252 条第 1 款规定的“建设单位与施工单位”，在后段又使用了顿号相连接。

使用“或者”连接的不确定并列责任主体，在一般情况下含义明确，应当是选择关系，即并列责任主体实施的侵权行为大多属于单独侵权行为。《民法典》第 1253 条规定的“所有人、管理人或者使用人”，尽管含义不够确定，但是，依据“相同之案型，应为相同之处理”的方法，与《民法典》第 1239 条关于占有或者使用高度危险物致人损害，“占有人或者使用人应当承担侵权责任”的规定属相同案型，应为相同的处理，认定为单独侵权行为是正确的。第 1257 条和第 1258 条第 2 款规定的并列责任主体，同此道理。第 1245 ~ 1247、1249 条规定“动物饲养人或者管理人”尽管使用“或者”连接，但由于其适用无过错责任原则，因而不能以类推适用方法进行漏洞补充。

使用顿号连接的不确定并列责任主体之间通常是选择关系，第 1204 条的“生产者、销售者”，第 1242 条规定的“所有人、管理人”，这两个条文规定的是产品责任和高

---

① 参见黄茂荣：《法学方法与现代民法》，2011 年增订第 6 版（自版），第 600 ~ 601 页。

② 参见王利明：《法学方法论》，中国人民大学出版社 2011 年版，第 439 页。

③ 参见黄茂荣：《法学方法与现代民法》，2011 年增订第 6 版（自版），第 601、600 页。

度危险责任,都是无过错责任。按照无过错责任的要求,并列责任主体实施的侵权行为是竞合侵权行为,承担的是不真正连带责任,因而与“或者”连接的并列责任主体的情形不同。第1204条规定的“生产者、销售者”与第1203条规定的“生产者、销售者”的案型相同,应当类推适用第1203条规定;第1242条规定的“所有人、管理人”,与第1245条规定的“第三人”和“污染者”的案型相同,应当类推适用第1245条规定。这同样是采用依据“相同之案型,应为相同之处理”的方法,确定法律适用规则,进行漏洞补充。

使用“与”连接的并列责任主体,只有第1252条第1款,由于规定的是连带责任,行为属于多数人侵权行为,因而使用这种连接方法表述。不过,这种不确定并列责任主体属于隐藏漏洞。对此,当存在建设单位与施工单位只有一方对损害的发生具有过错时,就成为隐藏的不确定并列责任主体,进而依据“相同之案型,应为相同之处理”的类推适用的漏洞补充方法,比照与其最相类似的《民法典》第1233条和第1250条的规定,确定并列责任主体承担不真正连带责任,具有正当性,属于竞合侵权行为。第1242条规定的“所有人、管理人”在与非法占有人承担连带责任中,同样存在这种情形,不赘述。

根据法律在并列责任主体之间使用的不同连接方法进行类推适用,已经解决了第1253条、第1257条、第1258条第2款、第1203条、第1242条和第86条第1款规定的不确定并列责任主体的法律适用问题。从中可以看出,使用顿号或者“与”字连接的并列责任主体,基本上是多数人侵权行为;使用“或者”连接的并列责任主体则不确定,有单独侵权行为,也有多数人侵权行为,需要进一步研究确定。

2. 目的性限缩

目的性限缩的要求是,法律文义所涵盖之案型,衡诸该规定的立法意旨,显然过广,以致将不同的案型,同置于一个法律规定下,造成规定“不同的案型为相同之处理”的情形,为消除该缺失,以贯彻该规定的立法意旨,显有对原为其文义所涵盖的案型,予以类型化,然后将与该立法意旨不符的部分,排除于适用范围之外,以符合“不同之案型,应为不同之处理”的平等要求。① 在填补不确定并列责任主体的漏洞时,利用适用归责原则的不同,探索不确定并列责任主体的立法意旨,进行目的性限缩,确定数个主体实施的侵权行为性质和责任。

《民法典》在规定无过错责任原则的侵权行为中,对并列责任主体通常界定为多数人侵权行为,其立法意旨就是通过无过错责任原则的适用,而使被侵权人获得更充分的保护。利用规定适用归责原则的不同,进行目的性限缩,进而确定使用“或者”连接

① 参见黄茂荣:《法学方法与现代民法》,2011年增订第6版(自版),第605页。

的并列责任主体实施的侵权行为的性质及相同案型的处理规则。

《民法典》第1233条规定的污染环境责任因第三人的过错造成他人的污染损害，以及该法第1250条规定的饲养动物损害责任中因第三人的过错造成他人损害，原本应当按照该法第1175条规定免除污染者和动物所有人、管理人的责任，由第三人承担侵权责任。但是，由于这两种侵权责任适用无过错责任原则，因而认定这种侵权行为为多数人侵权行为，承担不真正连带责任。这正是保护被侵权人的立法意旨使然。适用无过错责任原则的动物损害责任同样具有上述立法意旨，与《侵权责任法》第1233条和第1250条的立法意旨相同，在第1245~1247条以及第1249条规定存在单独侵权行为和多数人侵权行为多种解释的情况下，按照适用无过错责任原则保护被侵权人的立法意旨，进行目的性限缩，应当认定动物饲养人或者管理人实施的是多数人侵权行为，受害人既可以向动物饲养人主张权利，也可以向管理人主张权利。这样的目的性限缩，令《侵权责任法》第1245~1247条和第1249条规定的动物饲养人或者管理人承担责任的不确定性漏洞得到填补，顺理成章，符合平等原则的要求，具有责任承担的正当性。

四、不确定并列责任主体实施的侵权行为的性质与责任形态

经过上述对《民法典》规定的不确定并列责任主体的法律漏洞的填补，不确定并列责任主体实施的侵权行为的性质以及承担的责任形态，都能够予以确定。

（一）对不确定并列责任主体实施的侵权行为性质的具体认定

1. 认定不确定并列责任主体实施的行为为单独侵权行为

对于《民法典》第1253条规定的“所有人、管理人或者使用人”实施的侵权行为，究竟是何种性质，立法机关官员的解释可以理解为单独侵权行为，①而学者认为应当承担不真正连带责任。②

根据前述类推适用的漏洞补充，尽管《民法典》第1253条规定的“所有人、管理人或者使用人”实施的侵权行为性质可以作多种解释，但应当肯定的是，对此如果认定为竞合侵权行为采用不真正连带责任，会存在严重的不公平的后果，即被侵权人可以任意选择所有人、管理人或者使用人作为责任主体索赔，如果其能够证明自己没有过错，在其承担了赔偿责任之后，向有过错的行为人进行追偿，就有可能使没有过错的人承担了侵权责任，无法转嫁不应当由他承担的最终责任，结果形成了无过错责任原则的

---

① 参见王胜明主编：《中华人民共和国侵权责任法释义》，法律出版社2010年版，第415~416页。

② 参见杨立新：《侵权责任法》，法律出版社2015年版，第351页。在写作本书之前，笔者仍然认为这种情形是不真正连带责任，但是经过认真研究，证明这样的认识是不对的。

后果。这不仅使无过错的人承担责任不具有法理念的正当性,而且违背了《民法典》第1166条规定适用无过错责任原则须有"法律规定"的要求。因此,第1253条规定的"所有人、管理人或者使用人"实施的侵权行为应当属于单独侵权行为,由有过错的行为人承担单独责任。被侵权人向不确定并列责任主体之一请求赔偿,该人能够证明自己没有过错,或者能够证明造成损害是另有他人的,就应当免除其责任,驳回被侵权人的诉讼请求。被侵权人应当另行起诉没有被诉的人,并最终确定有过错的责任人承担侵权责任。这样才符合目的性限缩方法的要求。

《民法典》第1257条规定的"林木的所有人或者管理人",同属上理,不再赘述。同样,将该法第1258条规定的"管理人"解释为不确定并列责任主体,例如受国家委托管理国有资产的人和负责管理维修的管理人,不同主体实施的侵权行为的性质也属于单独侵权行为。

不过,如果上述并列责任主体实施的侵权行为符合客观关连共同要求的时候,则成为共同侵权行为,承担连带责任。

2. 认定不确定并列责任主体实施的侵权行为为竞合侵权行为

(1)不确定并列责任主体实施的侵权行为不存在分别侵权行为

有的学者认为在并列责任主体实施的侵权行为中,有的应当依照《民法典》第1172条的规定承担按份责任,例如第1153条。① 笔者认为这样的解释是不正确的,因为《民法典》规定的不确定并列责任主体实施的侵权行为,不存在分别侵权行为的可能性。该法第1253条规定的是单独侵权行为;即使因建筑物等脱落、坠落造成损害,所有人、管理人或者使用人都有过错的,成立的也是客观的共同侵权行为,承担的责任形态是连带责任,也不会构成分别侵权行为而承担按份责任。

(2)不确定并列责任主体实施的侵权行为一般不存在共同侵权行为

在不确定并列责任主体实施的侵权行为中,一般不存在共同侵权行为,原因在于,构成共同侵权行为须具备主观关连共同或者客观关连共同,②在通常情况下,不会存在这样的情形。只有在第1153条和第1157条以及第1158条第2款规定的不确定并列责任主体中,如果出现了各方均有过失,符合客观关连共同的法律特征,才能构成客观的共同侵权行为,承担连带责任。

(3)不确定并列责任主体实施的侵权行为是竞合侵权行为

可以确定,在并列责任主体实施的侵权行为中,构成多数人侵权行为的,基本性质属于竞合侵权行为。

---

① 参见王利明:《侵权责任法研究》(下卷),中国人民大学出版社2011年版,第689、690页;程啸:《侵权责任法》,法律出版社2011年版,第527页。

② 对此参见杨立新:《侵权责任法》,法律出版社2015年版,第139页。

在竞合侵权行为中,两个以上的行为人对受害人实施的侵权行为,总是一个为主,一个为辅,前者是发生损害的直接原因,后者是发生损害的间接原因,尽管在中间责任上可以连带承担,但最终责任必定由其行为与损害结果之间具有直接因果关系的行为人承担。笔者借鉴日本学者潮见佳男教授的见解,①将这种侵权行为称为竞合侵权行为。竞合侵权行为概念的含义,是指两个以上的民事主体作为侵权人,有的实施直接侵权行为,与损害结果有直接因果关系,有的实施间接侵权行为,与损害结果的发生具有间接因果关系,行为人承担不真正连带责任的侵权行为。② 并列责任主体实施的侵权行为,行为人为二人以上,行为人实施的行为与损害发生的因果关系性质不同,对被侵权人承担的责任是不真正连带责任,符合竞合侵权行为的法律特征,因而属于竞合侵权行为。

属于竞合侵权行为的不确定并列责任主体实施的侵权行为,包括《民法典》第 1204 条规定的产品责任中第三人责任的"生产者、销售者"的先付责任;第 1242 条规定的"所有人、管理人与非法占有人"之间一方存在过错而他方没有过错的;第 1245 ~ 1247 条、第 1249 条规定的"动物原饲养人或者管理人"之间的侵权责任;第 1252 条第 1 款规定的"建设单位与施工单位"一方有过错他方没有过错的,都是竞合侵权行为,其承担的责任形态都是不真正连带责任。

(二)不确定并列责任主体应当承担的侵权责任形态

1. 不确定并列责任主体承担单独责任

《民法典》第 1253 条和第 1257 条、第 1258 条第 2 款规定的建筑物等脱落、坠落损害责任的"所有人、管理人或者使用人",林木损害责任的"林木的所有人或者管理人",以及地下设施的不同"管理人",实施的侵权行为性质基本上是单独侵权行为,承担单独责任,即侵权责任人是由一个行为人承担的侵权责任形态。

在诉讼中存在的问题是,被侵权人在选择并列责任主体之一起诉时,由于这些侵权责任都适用过错推定原则,原告起诉并列责任主体中的一人,如果该被告能够证明自己对于损害的发生没有过错的就不承担责任,因而应当驳回原告的诉讼请求;被侵权人要再选择其中之一起诉,直至找到应当承担责任的过错行为人。这似乎对保护被侵权人的利益不当,但却符合过错推定原则的立法意旨。如果被侵权人将所有的并列责任主体都作为被告起诉,则凡是能够证明自己没有过错,或者能够证明真正的过错行为人的,都予以免责,当然也能够确定应当承担责任的单独侵权人,且对被侵权人有利。

---

① 潮見佳男『不法行為法』(第 2 版)(信山社、2011 年)、第 196 ~ 197 頁。

② 参见杨立新、陶盈:《论竞合侵权行为》,载《晋阳学刊》2014 年第 1 期。

2. 不确定并列责任主体承担不真正连带责任

不确定并列责任主体承担不真正连带责任的情形有两种：一是不确定并列责任主体的法律漏洞属于公开漏洞，可以直接确认为不真正连带责任的，如《民法典》第1204条规定产品责任中第三人责任的“生产者、销售者”的先付责任，第1242条规定的“所有人、管理人”，第1245～1247、1249条规定的“动物饲养人或者管理人”的侵权责任。二是不确定并列责任主体的法律漏洞属于隐藏漏洞的，即条文表面规定承担连带责任，但根据过错在不同方当事人的表现形式，会出现其他责任形态的情形，如第1242条规定的“所有人、管理人与非法占有人”之间如果一方存在过错而他方没有过错的，第1252条第1款规定的“建设单位与施工单位”一方有过错他方没有过错的。这些不确定并列责任主体实施的侵权行为都是竞合侵权行为，承担不真正连带责任。

不真正连带责任是不真正连带债务中的一种，为多数债务人的一种形态。[①] 侵权责任法的不真正连带责任源于不真正连带债务，是指多数行为人违反法定义务，对同一个受害人实施加害行为，或者不同的行为人基于不同的行为而致使同一个受害人的民事权益受到损害，各个行为产生的同一内容的侵权责任，各负全部赔偿责任，并因行为人之一的责任履行而使全体责任人的责任归于消灭，或者依照特别规定多数责任人均应当承担部分或者全部责任的侵权责任形态。[②]

有很多人主张废除不真正连带责任，认为“不真正连带责任是德国法系特有的概念，并形成了不同的界定理论，但也存在难以克服的理论困境；在侵权法领域，不真正连带责任的理论基础是主观共同说，随着关联共同说的发展，该理论基础受到极大挑战；且其制度本身也存在明显的缺陷，难以承载其所该有的目的价值”。[③] 但是，我国《民法典》却规定了许多不真正连带责任，以及补充责任、先付责任[④]等非典型的不真正连带责任。这说明，不真正连带责任在我国具有茁壮的生命力和广泛的适用性，是结合我国的国情及司法实践的具体情形，作出的科学选择。因而，不确定并列责任主体承担不真正连带责任，符合我国实际情况，具有法理的正当性。

不确定并列责任主体承担不真正连带责任的规则是：(1)承担不真正连带责任的

---

① 参见[日]我妻荣：《我妻荣民法讲义·新订债权总论》，王燚译，中国法制出版社2008年版，第393页。

② 参见杨立新：《侵权法论》(下卷)(第5版)，人民法院出版社2013年版，第988页。

③ 程金洪：《一个尚未解决的问题——不真正连带责任的存与废》，载《广西政法管理干部学院学报》2011年第2期。

④ 关于补充责任与先付责任的概念和规则，请参见杨立新：《多数人侵权行为及责任理论的新发展》，载《法学》2012年第7期。

不确定并列责任主体,都是不真正连带责任的中间责任人,被侵权人可以向任何一个中间责任人请求承担赔偿责任。中间责任是承担了责任之后可以向最终责任人进行全部追偿的非终局性责任。(2)不确定并列责任主体中的直接行为人为最终责任人,应当最终承担赔偿责任,是对终局责任的承担。① (3)中间责任人承担了赔偿责任后有权向最终责任人追偿,将最终责任转嫁给最终责任人,完成不真正连带责任的最后形式。

3. 不确定并列责任主体承担连带责任

在《民法典》第1253条和第1257条、第1258条第2款规定的"所有人、管理人或者使用人"或者"林木的所有人或者管理人"以及地下设施的不同"管理人"实施的侵权行为构成客观的共同侵权行为时,应当承担连带责任,而不是单独责任。此时,数个行为人实施的行为须符合客观关连共同的要求。

第九节　法规竞合与侵权请求权优先权保障

原《侵权责任法》第4条规定了法规竞合与侵权请求权的优先权保障制度,前句规定的是法规竞合引发的侵权责任与刑事责任或行政责任竞合问题,后句规定的是侵权请求权优先权保障问题。《民法典》将其规定在总则编第187条:"民事主体因同一行为应当承担民事责任、行政责任和刑事责任的,承担行政责任或者刑事责任不影响承担民事责任;民事主体的财产不足以支付的,优先用于承担民事责任。"这一规定虽然改变了条文所在的地位,成为总则编的一般性规定,但是对侵权责任仍然适用。

一、法规竞合引发的侵权责任与刑事责任或行政责任竞合

(一)法规竞合的一般原理

竞合这一概念有争执与合并或并存之意,②并不是汉语的固有词汇,而是舶来品,其德语为"Konkurrenz",日语是"競合"(きようてう),原指竞争、竞赛之意。③ 在法律上使用竞合概念,通常是指后者,即并存。法规竞合,是指一个违法行为同时触犯数个

---

① 参见李中原:《不真正连带债务的反思与更新》,载《法学研究》2011年第5期。

② 参见别涛:《一个违法行为同时触犯多个法律条文应如何处理》,载《中国环境报》2002年10月5日。

③ 参见刘士心:《法规竞合论争分析与概念重构》,载《国家检察官学院学报》2002年第2期。

法律或者数个法律条文,在法律适用时,选择适用该行为触犯的某一个法律条文同时排除其他法律条文的适用,或者同时适用不同的法律条文的法律适用规则。简言之,法规竞合就是指行为单数而法律复数的情形。[①] 其构成要件须为两个,分别为“同一行为”与“多个法律条文”。

法规竞合的成因,在于现代法律均为抽象规定,并从不同角度规范社会生活,故常发生同一事实符合数个规范之要件,致使该数个规范皆得适用,[②]由此发生法规竞合。法规竞合的实质在于同一违法行为同时触犯多个法律条文。正是由于不同的法律或者同一法律的不同条文在调整的行为或者适用对象等方面,相互之间存在一定的交叉、重合、部分或者全部包容,因而导致同一行为同时触犯多个法条,不同的法律条文可以同时适用于同一违法行为,因而导致如何定性和选择适用法律条文。[③]

责任竞合也是法规竞合,是法规竞合的具体表现形式,作为一种客观存在的现象,既可以发生在同一法律部门内部,如民法中的违约责任与侵权责任的竞合,也可以发生在不同的法律部门之间,如民事责任与刑事责任、民事责任与行政责任的竞合。王泽鉴指出,规范竞合有发生在不同法律领域者,如毁损他人物品,一方面构成刑法上之毁损罪,他方面亦构成侵权行为。在此种情形下,刑事法上之刑罚及民事法上之损害赔偿皆得适用,互不排斥,盖刑事责任及民事责任各有其目的,前者在乎对于行为人予以报应,并防止将来侵害之发生;后者在乎填补被害人之损害,平复过去侵害之结果,可以并行不悖。[④]《民法典》第 187 条规定,“民事主体因同一行为应当承担民事责任、行政责任和刑事责任的,承担行政责任或者刑事责任不影响承担民事责任”。这些规定,就是指发生在不同法律部门之间的责任竞合。

根据法规之间关系的不同,规范竞合分为冲突性竞合与非冲突性竞合两类。冲突性竞合,是指数个法律规范不能同时适用,司法机关或者权利人只能从中择用其一,例如刑事法律的冲突性竞合是由司法机关确定应当适用的法律规范,民事法律的冲突性竞合则通常是由权利人选择应当适用的法律规范;非冲突性竞合,是指数个法律规范可以同时适用,根据不同法律规范产生的数个法律后果并行不悖,可以共存。[⑤] 发生在不同法律部门之间的责任竞合,通常是非冲突性法规竞合,如对伤害罪可以同时追究刑事责任和侵权责任。

---

① 参见陈兴良:《刑法竞合论》,载《法商研究》2006 年第 2 期。

② 参见王泽鉴:《民法学说与判例研究》(第 1 册),中国政法大学出版社 2003 年版,第 450 页。

③ 参见别涛:《一个违法行为同时触犯多个法律条文应如何处理》,载《中国环境报》2002 年 10 月 5 日。

④ 参见王泽鉴:《民法学说与判例研究》(第 1 册),中国政法大学出版社 2003 年版,第 450 页。

⑤ 参见刘士心:《法规竞合论争分析与概念重构》,载《国家检察官学院学报》2002 年第 2 期。

（二）侵权行为与犯罪行为

在历史上，侵权行为和犯罪行为是有密切联系的两种违法行为。在法律发展的最早时期，侵权行为与犯罪行为是不加区分的，一般的国家立法都把这两种违法行为规定在一起。在法律的逐渐发展过程中，这两种行为才逐渐地被区分开来。从我国的情况看，也是这样的发展过程。我国古代律令就把刑事犯罪和民事违法行为规定在一起。在国外，无论是《乌尔纳姆法典》，还是两河流域地区的法典，也都是将侵权行为和犯罪行为规定在一起的。到罗马法时期，法律开始将犯罪行为和侵权行为作了初步的区别；但是，即使是在罗马法中的私犯和准私犯里面也都包含有犯罪行为，并不完全都是侵权行为。各国在将法律区分为公法和私法之后，开始严格区分侵权行为和犯罪行为；在我国，在清末变法时期，才开始区分公法和私法性质的不同，将侵权行为与犯罪行为严格区分开来。

在当代，侵权行为是民事违法行为，犯罪行为是刑事违法行为，分别由民法和刑法这两种不同的基本法来调整，无论在性质上还是在构成上，都有严格区别。这就是在法律适用上通常所说的“罪与非罪”的界限。侵权行为与犯罪行为有以下明显的区别：第一，法律依据不同。犯罪行为是依照《刑法》的规定，应受刑罚处罚的行为，只有那些触犯了刑律、具备了刑法规定的犯罪构成的行为，才能认定为犯罪行为，离开《刑法》的规定，就没有犯罪行为可言；侵权行为是民法规定的违法行为，所违反的法律是民事法律，令侵权行为人承担民事责任的依据是民法，而不是其他法律。第二，侵害客体不同。犯罪行为侵害的客体，既包括主体的人身权利和财产权利，也包括受我国法律保护的一定的社会关系，如政治的、军事的、经济的、文化的等，保护的客体极其广泛；侵权行为所侵害的客体，主要就是两大类，一是人身权利，二是财产权利，其他的社会关系不能成为侵权行为的客体。这样看来，犯罪行为的客体更为广泛，相对而言，侵权行为的客体则略显狭窄。第三，社会危害程度不同。就法律的要求而言，犯罪行为必须是具有社会危害性的行为，即必须达到具有社会危害性的程度的违法行为才能认定为犯罪行为，不具有社会危害性的行为，不能成为犯罪行为；侵权行为不必具有社会危害性，只要具备损害他人权利的违法性，就可以构成，侵权行为与犯罪行为在侵害人身权利和财产权利上是重合的。例如，《刑法》第 275 条规定的是侵害他人公私财物罪，《民法典》第 1184 条规定的是侵害他人财产的侵权行为。这两种违法行为之间的最大区别，就是社会危害程度的不同，侵害公私财物，达到具有一定的社会危害性的程度，是刑事犯罪，依照《刑法》第 275 条定罪处罚；造成一定的损害，但是还没有达到具有一定的社会危害程度的，就只能作为侵权行为来处理。第四，行为人的主观恶性不同。刑法和民法对犯罪行为和侵权行为的行为人的主观恶性要求是不一样的。刑法要求犯罪行为的行为人的主观恶性必须达到一定的程度，即主观恶性较大的危害社会的行为,才能认为是犯罪,没有达到这样的程度,就不能认为是犯罪行为,因此,刑事犯罪主要的是故意犯罪,行为人对其行为仅具有过失的,只有在法律有明文规定的情况下,才能认定为犯罪,否则不能作为犯罪处理;侵权行为绝大部分是过失行为,如果是故意,则须不具备较为严重的社会危害性,仍以侵害公私财物为例。故意侵害公私财物,构成《刑法》第 275 条规定的侵害公私财物罪;而过失侵害公私财物则不能构成犯罪,只能构成侵权行为。故意侵害他人的身体健康,造成轻伤害,构成伤害罪;过失致人轻伤害,则不构成犯罪,只能构成侵权行为。第五,法律对行为形态的要求也不同。犯罪行为无论是既遂、未遂还是预备,都可能构成,既遂当然构成犯罪,未遂在多数情况下也构成犯罪,在法律有规定的情况下,犯罪预备也作为犯罪处理;而侵权行为只能是既遂的行为,即造成损害结果的才能构成侵权行为,无论是未遂还是预备,也无论情节多么严重,只要是没有造成损害结果就不能认为构成侵权行为。

虽然犯罪行为与侵权行为有如此的区别,但它们还是有一定的联系的。首先,这两种行为都是违法行为,在违法性这一点上,是完全一致的。只不过犯罪行为违反的法律是刑事法律,而侵权行为违反的法律是民事法律。其次,这两种行为都是应当受到法律制裁的行为,虽然制裁的责任方式不一样,一种是刑事制裁,另一种是民事制裁,但是在应当接受法律制裁这一点上是一样的。最后,在侵害人身权利和财产权利这一点上,侵权行为与犯罪行为是一样的,犯罪行为中有侵害人身权利和侵害财产权利的,侵权行为则完全是侵害人身权利和财产权利,虽然在损害的后果和主观状态上,侵权行为与犯罪行为有区别,但是又有重合问题,即侵害人身权利和财产权利的行为在构成犯罪的时候,无疑也构成了侵权行为。这就形成了侵权责任与刑事责任的竞合。这是民事责任与刑事责任的目的不同使然,因为民事责任的目的在于对受害人的损害的救济,而刑事责任的目的在于惩罚和预防。正因如此,才会发生刑事责任与侵权责任竞合的问题。

(三)侵权行为与行政法上的违法行为的联系与区别

侵权行为与行政法上的违法行为也是既有联系又有区别的两大类违法行为。这两种违法行为也是应当严格区分的。

行政法上的违法行为,按照通说,是指行政法律关系当事人违反行政法律规范,侵害法律保护的行政关系而尚未构成犯罪的行为。① 行政违法行为包括两种,一是行政违法行为,二是违法行政行为。前者是指行政相对方的公民、法人或者其他组织违反行政法律、法规规定的行政管理秩序,依法应当承担行政法律责任的行为;后者是行政主体或者公务员违法行使行政权力,依法应当承担行政法律责任的行为。这两种行政

---

① 参见罗豪才主编:《行政法学》(修订本),中国政法大学出版社 1996 年版,第 319 页。

法上的违法行为都与侵权行为既有密切的联系,又有重大的区别。

公民、法人或者其他组织违反行政法律、法规规定的行政管理秩序的行为,属于行政法调整的违法行为。行政管理主体对于违法行为人可以依法予以行政制裁,分别不同的具体行为予以不同的行政处罚。在这一点上,行政违法行为与侵权行为是不同的。但是,行政违法行为人在实施行政违法行为的时候,如果侵害了其他公民、法人或者其他组织的民事权利,造成损害的,这种行为就同时又构成了侵权行为。因此,侵权行为与行政违法行为的区别是:其一,侵权行为是民事法律规定的违法行为,行政违法行为是行政法律规定的违法行为;其二,侵权行为是应当承担民事法律责任的违法行为,行政违法行为是应当承担行政法律责任的违法行为;其三,侵权行为的法律后果主要是损害赔偿,行政违法行为的法律后果主要是行政法律处罚;其四,侵权行为的行为人所承担的法律责任,是向受害人承担的责任,即向受害人给付损害赔偿,行政违法行为的行为人所承担的法律责任,是向国家承担的责任。侵权行为与行政违法行为的联系是:在既违反行政管理秩序,又侵害了其他公民、法人或者其他组织的民事权益的行政违法行为中,这种违法行为既违反了行政法律,又违反了民事法律,既应当向国家承担行政处罚的责任,又应当向受害人承担损害赔偿的责任。在这种情况下,构成民事法律和行政法律的法规竞合,行为人应当同时接受民事法律和行政法律的制裁,构成行政附带民事损害赔偿责任。

行政机关是行政管理的权力主体,有权对行政相对方实施行政管理行为。如果行政管理行为违反法律,则构成违法行政行为。从这个意义上说,违法行政行为与侵权行为是不同的。这两种违法行为的区别是:其一,违法行政行为发生在行政管理领域中,受行政法律调整,侵权行为发生在几乎整个社会领域,是民法所调整的违法行为;其二,违法行政行为的行为主体只能是行政主管机关,不可能由其他主体所构成,侵权行为的主体不受任何限制,几乎所有的公民、法人和其他组织都能成为侵权行为的行为人;其三,违法行政行为所承担的法律责任是行政责任,主要方式是自行纠正、撤销、返还权益、恢复原状、责令履行职责,侵权行为的法律责任则主要是损害赔偿,并没有行政责任中的那些责任方式。行政违法行为和侵权行为又有密切的联系。当违法行政行为侵害了行政相对方的民事权利时,就构成行政侵权行为,成为侵权行为中的一种具体的特殊侵权行为。因此,当违法行政行为构成行政侵权行为时,违法的行政机关既要承担违法行政行为的行政责任,又要对受害人承担损害赔偿的侵权责任。这就构成了行政附带民事损害赔偿责任。

《民法典》第187条前段规定的行政责任与侵权责任竞合,主要发生在第一种情形,即行政违法行为,行为人作为侵权人,既要承担侵权责任,又要承担行政制裁责任。

(四)侵权责任与刑事责任或者行政责任竞合的后果

按照《民法典》第187条前段的规定,侵权责任与刑事责任或者行政责任竞合,后果是“不影响依法承担侵权责任”,因而发生的是附带民事损害赔偿责任。

附带的损害赔偿,是指在刑事诉讼中和行政诉讼中,因刑事犯罪和行政违法行为侵害公民、法人人身权利和财产权利,在确定刑事责任或者行政责任中,一并确定的损害赔偿责任。由于这种损害赔偿责任的确定,一是适用侵权法原理和法律规定,二是在刑事诉讼或者行政诉讼的程序中附带加以确定,因而又被称作附带的民事损害赔偿或者附带的民事赔偿。附带的损害赔偿包括两种,即刑事附带民事损害赔偿和行政附带民事损害赔偿。

1. 刑事附带民事损害赔偿

刑事附带民事损害赔偿是由于法规竞合所致。当一种行为被法律规定为犯罪行为的同时,又规定为侵权行为,就使刑事法律和民事法律的规范竞合在一起。由于这一行为在刑法上属于犯罪行为,在民法上又属于侵权行为,为避免裁判上的矛盾和减少当事人的讼累,允许司法机关根据被害人及其他有关人的申请,适用刑事诉讼程序,对这两种诉讼请求合并审理,同时确定被告人的刑事责任和损害赔偿的民事责任。由于这种民事上的损害赔偿责任是由刑事诉讼派生的,是依附于刑事责任的民事责任,带有附带解决的性质,所以称之为刑事附带民事损害赔偿。由于刑法属于公法性质,民法属于私法性质,所以又把刑事附带民事损害赔偿称为刑事裁判中的私法处分。

刑事实体法规定刑事附带民事损害赔偿的意义,在于为其中的附带损害赔偿责任的一并解决提供实体法依据。附带民事损害赔偿的性质并没有因其处于刑事诉讼之中而改变,仍属于民事权益争议,是民事责任方式。《刑法》如果不规定附带民事损害赔偿,则在刑事判决中无法作出附带判令承担民事损害赔偿的判决,只有《刑法》规定了刑事附带民事损害赔偿,《刑事诉讼法》也规定了刑事附带民事诉讼程序,法院才能够依法作出刑事附带民事判决。

由于刑事立法对刑事附带民事损害赔偿的规定过于简略,因而存在刑事附带民事损害赔偿如何适用实体法的问题。对此,应当根据刑事立法不足的实际情况,依照侵权法的基本原理和立法规定,确定附带的民事损害赔偿责任,坚持以事实为根据,以法律为准绳的司法原则,一丝一毫不能含糊。

2. 行政附带民事损害赔偿

行政附带民事损害赔偿,是指在行政附带民事诉讼中,通过行政诉讼程序,在解决行政违法行为人行政责任的同时,一并解决对受害人的赔偿责任问题。

行政附带民事损害赔偿中的民事赔偿是附带于行政责任的民事责任方式。行政附带民事损害赔偿的当事人是行政法律关系中有侵权损害赔偿权利义务关系的人。行政附带民事损害赔偿的两个诉讼请求具有内在的关联性,产生于同一法律事实。因此,行政附带民事赔偿的必要性在于:行政处罚是行政法律责任,其基本特点是“罚”,其中财产罚的特点是将罚得的财产收归国有,而非赔给个人。损害赔偿的基本特点是“赔”,赔的是身受行政违法行为侵害的受害人的损失。这种赔偿不关乎国家利益,解决的是当事人之间的权益争议,因而其基本性质仍是民事责任,而不是行政责任。

行政附带民事损害赔偿亦源于法规竞合理论。发生在不同法律部门的法规竞合,即产生不同性质的法律后果,行为人应当承担不同性质的法律责任。当行政法律规范与民事法律规范发生竞合时,就发生了行政附带民事损害赔偿。《民法典》第187条前段规定就体现了这样的理论,是行政附带民事损害赔偿的法律依据。

行政附带的民事损害赔偿,就是侵权损害赔偿。在行政诉讼中确定附带的民事损害赔偿,应当适用《民法典》侵权责任编的规定。

二、侵权请求权的优先权保障

《民法典》第187条后段规定:“民事主体的财产不足以支付的,优先用于承担民事责任。”这里规定的是侵权请求权的优先权保障制度。

(一)侵权请求权优先权的产生基础和理由

法规竞合的发生,产生了民事主体损害赔偿请求权的优先权保障。由于对侵权行为有可能由刑法、行政法、侵权法等不同部门法进行规范,因此,形成了刑法、行政法、民法的法律规范竞合,属于非冲突性法规竞合,侵权人可能由于同一个违法行为,同时要承担民事责任、刑事责任或者行政责任。由于不同部门法律规范的竞合属于非冲突性竞合,因此存在同时适用的可能。这样,侵权人因同一个违法行为,既要承担罚金、没收财产的刑事责任,或者罚款、没收违法所得的行政责任,又要承担损害赔偿的侵权责任,发生财产性的行政责任、刑事责任与侵权责任的竞合,并且应当同时承担。如果赋予被侵权人以损害赔偿请求权的优先权,则该请求权的地位就优先于罚金、没收财产的刑事责任或者罚款、没收违法所得的行政责任,使民事主体的权利救济得到更有力的保障。这就是损害赔偿请求权优先于行政责任或者刑事责任的优先权保障赖以产生的法理基础。正因如此,《民法典》才规定“民事主体的财产不足以支付的,优先用于承担民事责任”。

侵权请求权应当得到优先权保障的理由如下:

第一,在我国,私人权利应当优先得到保障。我国《宪法》第33条第2、3、4款规定:“中华人民共和国公民在法律面前一律平等。国家尊重和保障人权。任何公民享有宪法和法律规定的权利,同时必须履行宪法和法律规定的义务。”被侵权人作为中华人民共和国公民,国家应当保障其基本的民事权利。理由是民事权利也是基本人权之一,被侵权人享有的生命权、健康权、身体权以及其他民事权利都是私人权利,都属于人权的基本范畴,[①]侵权请求权也是民事权利,国家都应当依法提供保障。

第二,侵权请求权是对私人权利受到损害的救济权,担负着恢复私人权利、平复被侵权人损害的职责。同时,在侵权请求权中,大部分或者绝大部分都关涉到被侵权人的生存权问题,特别是对生命权、健康权、身体权损害的救济,更是关系到平复伤害、恢复健康的重要利益,因此必须予以优先保障。设立侵权请求权优先权,就能够保障被侵权人的合法权益不受侵害,受到侵害能够及时得到救济,使之尽早恢复。

第三,在关涉被侵权人合法权益受到侵害的救济问题,国家利益应当退到第二位,实行私权优先,优先保障侵权请求权的实现。我国长期存在一个错误观念,即无论在何种情况下都要"先国家,后集体,再个人",赔偿也同样如此。"舍小家为大家""个人利益服从集体利益""局部利益服从全局利益"仍然是调整公权与私权关系的金科玉律,因此,为公权而无条件牺牲私权是受到赞许和鼓励的,而那些为了个人的私利不依不饶的人是应被鄙视的。这些观念都是错误的。国家作为保护人民的政治实体,首要任务是保障人权,国家增加财政收入的目的也是如此。如果国家首先保证罚款和罚金的实现,当受害的被侵权人无法得到损害赔偿救济时,还是需要国家予以救济,既然如此,国家何必要与民争利呢?因此,设立侵权请求权优先权进行法律保障,并确立私权优先原则,也是实现国家宗旨,保护人民利益的必要措施。[②]

正因如此,优先权在保障被侵权人的合法权益及其损害救济方面具有重要意义,设立这个优先权"就代表着人们在这方面的希望和努力,从而使其成为一项极具社会使命和人道主义精神的法律制度"。[③]

(二)优先权的一般概念和性质

1. 优先权的概念和沿革

优先权也称先取特权,是指特定的债权人依据法律的规定享有的就债务人的总财产或特定财产优先于其他债权人而受清偿的权利。[④] 在优先权中,在债务人不特定的总财产上成立的优先权叫作一般优先权,就债务人特定动产或不动产上成立的优先权叫作特别优先权。[⑤]

---

① 参见[英]克莱尔·奥维、罗宾·怀特:《欧洲人权法原则与判例》(第3版),何志鹏、孙璐译,北京大学出版社2006年版,第57、137、297页。

② 参见刘曙光:《二论私权优先原则》,载http://www.chinareform.org.cn/cirdbbs/dispbbs.asp?boardid=2&id=50068。

③ 崔建远主编:《我国物权法立法难点问题研究》,清华大学出版社2005年版,第242页。

④ 参见谢怀栻:《外国民商法精要》,法律出版社2002年版,第158页。

⑤ 参见申卫星:《物权立法应设立优先权制度》,载王利明主编:《物权法专题研究》(下册),吉林人民出版社2001年版,第414页。

优先权起源于罗马法中的优先索取权,后期具有担保物权性质。[①] 法国民法在继受罗马法优先权的基础上,逐渐出现了把财产划归清偿某些债权的概念,从而使优先权从原来的债权人之间的分类变成为物的担保制度,[②]优先权从此具有了担保物权的性质,并且将其与抵押权并列,明确规定优先权与抵押权为优先受偿的合法原因。[③] 日本民法继受了法国民法中的优先权制度,称之为先取特权,在民法典第二编第八章第303~341条作出专门规定。[④]

《德国民法典》没有规定优先权,只是将优先作为特定债权所具有的一种特殊效力,即优先受偿效力,认为某些特种的债权被赋予优先效力的实质在于打破债权平等原则,赋予该等债权人以优先受偿的效力,但该特种债权不过是推行社会政策和基于社会公益的结果,并不改变其债权性质。因此,认为优先受偿的权利只是特种债权的效力之一,并非一种独立的担保物权。此外,《瑞士民法典》、我国台湾地区“民法”也都没有明确地将优先权作为担保物权的规定。[⑤]

2. 优先权的法律性质

我国民法理论对优先权的性质认识并不相同。主要观点如下。

(1)特种债权说

这种观点认为,优先权并非一种独立的担保物权,它不过是立法政策对特种债权的特殊保护,而特种债权主要是指工资、生活费、司法费用、抚养费用等支付关系,它们是基于公法关系、劳动法关系、婚姻家庭法关系产生的,并非民法上的债权关系。[⑥] 这种观点来源于德国法。

(2)担保物权说

这种观点认为,优先权是独立的法定担保物权,它既不是优先受偿效力或特殊债权的清偿顺序,同时也与抵押权等担保物权具有明显的区别。[⑦] 这种观点基本来自法国法的影响。在制定《物权法》的过程中,多数学者持这种观点,主张在《物权法》中规定优先权为担保物权。[⑧] 当然反对的意见也存在,但并不是反对优先权是担保物权性

---

① 参见刘保玉:《物权体系论——中国物权法上的物权类型设计》,人民法院出版社2004年版,第336~337页。

② 参见沈达明:《法国·德国担保法》,中国法制出版社2000年版,第91页。

③ 参见于海涌:《法国不动产担保物权研究:兼论法国的物权变动模式》,法律出版社2004年版,第2页。

④ 参见渠涛编译:《最新日本民法》,法律出版社2006年版,第65~72页。

⑤ 参见崔建远主编:《我国物权法立法难点问题研究》,清华大学出版社2005年版,第232页。

⑥ 参见董开军:《担保物权的基本分类及我国的立法选择》,载《法律科学》1992年第1期。

⑦ 参见王利明:《物权法论》(修订本),中国政法大学出版社2003年版,第720页。

⑧ 参见王利明主编:《中国民法典学者建议稿及立法理由·物权编》,法律出版社2005年版,第541页。

质,而是不一定在《物权法》中作出规定。①

优先权是独立的法定担保物权,理由是:第一,优先权基于社会生活实际需要而产生,其意义在于社会政策、公平观念等各种考虑,通过明确某些需要特殊保护的债权优先于其他债权而受清偿,而对债权平等原则加以突破。第二,我国现行法中也已经将某些优先权规定为法定担保物权。如《海商法》第22条、第25条第1款中规定的船舶优先权,《民用航空法》第19、22条规定的民用航空器优先权,《税收征收管理法》第45条第1款规定的税收优先权,《合同法》第286条规定的建筑工程承包人的建设工程价款优先权等。第三,优先权的性质、产生、内容以及消灭的原因等都决定了其为独立的法定担保物权,而非单纯的优先受偿效力或者债权清偿顺序。第四,我国法定担保物权只有留置权一种,体系不完整,增加优先权作为法定担保物权可以完善法定担保物权体系。②

(三)侵权请求权优先权的概念和特征

1. 侵权请求权优先权的概念

侵权请求权优先权,是指被侵权人依法享有的,就造成其损害的侵权人的总财产承担损害赔偿责任,优先于侵权人应当承担的财产性质的行政责任和刑事责任而优先受清偿的担保物权。

我国现行法中的优先权主要有以下五种:一是职工工资债权和劳动保险费用优先权;二是建筑工程承包人的建设工程价款债权的优先权;③三是船舶优先权;四是民用航空器优先权;五是税收优先权。侵权请求权优先权在现行法律中没有规定,原《侵权责任法》第4条第2款作出了明确规定,《民法典》第187条予以确认。

2. 侵权请求权优先权的特征

侵权请求权优先权作为一种权利保障的权利,有以下四个基本特征:

(1)侵权请求权优先权是他物权。优先权具有优先受偿性、支配性、排他性以及追及性,这些性质说明它是一种物权而不是债权。④ 侵权请求权优先权同样如此,它存在的基础在于侵权人的总财产,是被侵权人就侵权人的财产所设立的物权,具有优先受偿性、支配性、排他性以及追及性,因此其性质是他物权,不是自物权。

(2)侵权请求权优先权是担保物权。用益物权和担保物权都是他物权,其最基本的区别在于,用益物权的基本属性在于对他人财产的用益性,而担保物权的基本属性

---

① 参见刘保玉:《物权体系论——中国物权法上的物权类型设计》,人民法院出版社2004年版,第345~346页。

② 参见杨立新:《物权法》,高等教育出版社2007年版,第318页。

③ 最高人民法院《关于建设工程价款优先受偿权问题的批复》第1条。

④ 参见王利明主编:《中国民法典学者建议稿及立法理由·物权编》,法律出版社2005年版,第542页。

在于对他人财产的代位性和保证性。[①] 侵权请求权优先权作为一种他物权，从属于其所担保的损害赔偿请求权而存在，其目的就在于保证该损害赔偿请求权的实现。因此这种他物权的性质是担保物权，而不是用益物权。

(3)侵权请求权优先权是一种法定担保物权。优先权与留置权一样都是一种法定担保物权，但是优先权的法定性更为强烈：首先，优先权的产生要依据法律的明确规定，债权的权利人能够享有优先权必须依据法律的明确规定，否则当事人不得约定设立优先权；其次，优先权的效力要依据法律的明确规定，即优先权所担保的债权范围、优先权效力所及的标的物范围以及优先权之间、优先权与其他担保物权之间的顺位都必须依据法律的明确规定，当事人也不能自由约定。[②] 侵权请求权优先权也是要法律明确规定的，所担保的损害赔偿请求权范围、效力所及的标的物等，也都必须有法律规定，因此，它是法定担保物权。

(4)侵权请求权优先权是无须公示而产生的担保物权。与其他优先权一样，侵权请求权优先权属于无须公示仅因法律规定就能够产生的担保物权，无须交付，也无须登记。

(四)侵权请求权优先权的类型

在优先权的类型上，可以分为民法上的优先权与特别法上的优先权、一般优先权和特殊优先权、优先于所有债权的优先权与优先于特定权利的优先权。侵权请求权优先权的类型特点如下。

1. 侵权请求权优先权是民法上的优先权。民法上的优先权是指由民法加以规定的优先权，[③]如《民法典》合同编第 807 条规定的建设工程价款的优先权。侵权请求权优先权也是这种优先权，是通过《民法典》总则编规定的优先权，属于民法基本法的规定，是民法上的优先权。

2. 侵权请求权优先权是一般优先权。一般优先权是指就债务人的总财产或者一般财产而优先受偿的优先权，[④]如受雇人的工资债权就从债务人的总资产中优先受偿。尽管侵权请求权优先权是为了保护被侵权人合法权益而设立的优先权，但其作为保证的资产并不是侵权人的特定财产，而是全部的总资产，包括动产和不动产，因此是一般优先权。

3. 侵权请求权优先权是优先于特定权利的优先权。侵权请求权优先权并不是优

---

① 参见杨立新：《物权法》，高等教育出版社 2007 年版，第 152、157 页。

② 参见王利明主编：《中国民法典学者建议稿及立法理由 · 物权编》，法律出版社 2005 年版，第 542 页。

③ 参见杨立新：《物权法》，高等教育出版社 2007 年版，第 318 页。

④ 参见刘保玉：《物权体系论——中国物权法上的物权类型设计》，人民法院出版社 2004 年版，第 338 页。

先于所有权利的优先权,而是仅优先于行政责任及刑事责任中的财产责任,对于其他债权,侵权请求权优先权并不处于优先地位,应当受债权平等原则约束,更不能对抗有其他担保的债权。

(五)侵权请求权优先权的成立要件

侵权请求权优先权是法定担保物权,其成立应当具备法律规定的必备要件。

1. 承担损害赔偿责任的人与罚款、罚金等责任的人须为同一侵权人

侵权请求权的权利人是被侵权人,相对应的责任人就是造成其合法权益受到损害的侵权人。不论应当承担刑事责任还是行政责任,以及承担损害赔偿责任,都必须是同一个侵权人应当承担的法律责任。只有在同一侵权人应当承担上述不同责任的时候,优先权才是有意义的,也是该优先权成立的要件,否则不存在优先权的问题。

2. 侵权人须同时承担损害赔偿责任和刑事罚金、行政罚款等责任

同时承担,就是在侵权人在对被侵权人承担损害赔偿责任的同时,又要承担刑事罚金或者行政罚款等责任。因此,以侵权人承担对被侵权人的损害赔偿责任作为前提,同时又要承担罚金或者罚款的责任时,才能构成侵权请求权优先权。前文所谓"等责任",是说还可能包括其他财产性的行政、刑事责任,如没收财产等也在其内。

3. 侵权人须因同一行为而承担不同法律责任

构成侵权请求权优先权,必须是侵权人因同一个违法行为,既要承担对被侵权人的损害赔偿责任,又要承担对国家的罚款或者罚金等责任。在这种情况下,侵权人对被侵权人承担的损害赔偿责任就优先于罚款或罚金责任。《民法典》第187条规定的"因同一行为",特别强调的就是因同一行为应当承担民事责任或者刑事责任。不具备这个要件,就不构成侵权请求权优先权。

(六)侵权请求权优先权的效力

1. 侵权请求权优先权担保的范围

在一般情况下,确定优先权所担保的债权范围,应当原则上适用《民法典》第389条规定的担保物权所担保的一般范围的规定,主要包括:主债权、利息、违约金、损害赔偿金以及优先权人因保管财产和实现优先权所支出的费用。① 不过,由于优先权是一种法定性非常强的担保物权,因此不同的优先权所担保的债权范围必须依据法律的明确规定。对于不同性质的优先权所担保的债权范围作不同的规定,是因为优先权是无须公示而产生的物权,如果不对其担保的债权范围予以限制,将会对交易安全造成很大的威胁;同时,优先权的立法目的就在于基于社会政策以及公平的考量而对某种利益予以优先保

① 参见王利明主编:《中国民法典学者建议稿及立法理由·物权编》,法律出版社2005年版,第546页。

护，对利益保护的程度不同，决定了不同的优先权所担保的债权范围的不同。

（1）损害赔偿金。在侵权请求权优先权中，其担保的范围主要是损害赔偿金，被侵权人的合法权益受到侵害造成损失，不论是财产损害赔偿金还是人身损害赔偿金，不论是救济性损害赔偿金还是惩罚性损害赔偿金，作为损害赔偿的请求权，都一律受到优先权的保护，即使是确定的精神损害赔偿金，其请求权也受到优先权的保护。

（2）损害赔偿金迟延给付的利息。在侵权请求权优先权中，利息之债也应当受到优先权的保护。不过，在通常情况下，损害赔偿责任在判决确定之前是不计算利息的，如果判决已经确定了损害赔偿金，并且规定了给付赔偿金的期限，那么，超出该期限而为给付者，应当承担利息之债，该利息之债才受优先权的保护，否则，不存在利息的赔偿问题。

（3）保全和实现优先权所支付的费用。被侵权人作为优先权人，为了保全和实现优先权所支出的费用，也应当在优先权担保的范围之内。在侵权人侵害了被侵权人的合法权益之后，被侵权人作为受害者，其为了救济权利而支出的费用，并不是保全和实现优先权所支出的费用，而是为了救济受到侵害的权利而支出的必要费用，这是在损害赔偿的范围之内的费用，应计算为损害赔偿责任的内容。仅仅是为了保全优先权，实现优先权，因而支出的费用，才是该笔费用。不过，由此可见，不论是救济损害而支出的费用，还是保全、实现优先权而支出的费用，其实都在优先权的担保范围之内，只不过是分别计算而已。

在实现优先权、保全优先权的费用中，是否包括律师费，是很多人都在讨论的问题。笔者认为合理的律师费应当属于实现优先权和保全优先权的费用，按照法律规定的计算标准确定的律师代理费，应当属于侵权请求权优先权的担保范围。

2. 侵权请求权优先权的标的

侵权请求权优先权的标的，应当以承担损害赔偿责任的侵权人的所有物和财产权利为限。对于优先权的标的是否具有特定性，有不同看法，有的认为应当有特定性的限制，有的认为没有特定性的限制。[①] 依笔者所见，该标的的范围原则上不受特定性限制，而仅受善意取得的限制。侵权人的一般财产即物和财产权利都为优先权的标的，如果在优先权保障期间转让该财产且构成善意取得的，则优先权人不得主张权利，其他财产均在优先权标的之内。

3. 侵权请求权优先权对抗的对象

侵权请求权优先权所对抗的对象，法律必须明确规定。侵权请求权优先权所对抗

① 参见王利明主编：《中国民法典学者建议稿及立法理由·物权编》，法律出版社 2005 年版，第 545 ~ 546 页。

的,是同一侵权人同时承担的缴纳行政罚款和刑事罚金等财产性责任。不具备侵权请求权优先权的成立要件,就不能对抗先前成立或者非因同一行为而成立的罚款和罚金的责任承担。至于后来就同一侵权人成立的罚款或者罚金,则因为不处于同时发生的地位,侵权请求权也应当不存在优先承担的效力。不过,基于私权优先原则,后发生的罚款或者罚金责任,如果并同时不存在其他民事优先权,应以侵权请求权有优先权保障为妥。

《民法典》没有规定民事责任请求权对抗法院确定的民事制裁方式的优先权。民事制裁方式中也有罚款、没收非法所得等财产性质的制裁方式,这些制裁方式的性质与刑事责任和行政责任相关部分的性质是相同的,都是财产性的对国家承担的责任。既然侵权请求权的优先权可以对抗刑事责任和行政责任,那么就一定能够对抗民事制裁方式。因此,如果一个侵权人实施侵权行为应当承担侵权责任,同时也应承担民事制裁责任,如果侵权人的财产不足以支付全部责任,则侵权请求权优先。

对于其他债权,侵权请求权优先权不发生效力,不产生对抗的效力。例如,对侵权人自己负担的其他债务,即侵权人的其他债权人所享有的债权,与侵权请求权具有同样的债权性质,依据债权平等原则,被侵权人不能主张优先权以排斥其他债权人主张债权的效力。

4. 侵权请求权优先权的顺位

在同一动产或不动产上能够同时产生数个优先权,因此存在在数个优先权中的顺位问题。

侵权请求权优先权属于一般优先权。按照优先权的规则,一般优先权应当优先于特殊优先权而受偿,因为一般优先权所实现的价值大于特殊优先权所实现的价值,一般优先权通常维护的都是公共利益以及债权人的共同利益,或者债权人的生存权,或者是保护劳动者的合法权益这一社会政策;而特殊优先权主要维护的是债权人或债务人的个人利益,从价值衡量的角度上自然应当得出一般优先权优先于特殊优先权的结论。① 侵权请求权优先权关涉被侵权人的生存权,意义重大,因此,在与其他特殊优先权发生冲突的时候,应当处于优先的顺位,优先得到赔偿。但是,法律有特别规定的,应当依照法律规定。② 应当注意的是,由于侵权请求权优先权不具有对抗其他债权的效力,因此,也当然不具有对抗其他担保物权以及保证的效力,而仅对抗行政罚款、刑事罚金、没收财产、税收等公权力性质的权利。

---

① 参见崔建远主编:《我国物权法立法难点问题研究》,清华大学出版社 2005 年版,第 254 页。

② 参见刘保玉:《物权体系论——中国物权法上的物权类型设计》,人民法院出版社 2004 年版,第 341 页。

第十节 侵权特别法的效力

原《侵权责任法》第5条规定了侵权特别法的适用规则，即“其他法律对侵权责任另有特别规定的，依照其规定”。《民法典》第11条借鉴了这一规定的原则，明确规定了民法特别法：“其他法律对民事关系有特别规定的，依照其规定。”这一规定虽然从侵权法规范改变为民法的一般规范，但对侵权特别法的效力仍然具有拘束力，即侵权特别法也适用这一条文的规定。

立法机关在处理《民法典》侵权责任法编即侵权普通法与侵权特别法之间的关系上，主要考虑的是：第一，侵权特别法分别属于不同的部门法，在民商事法律中规定的侵权特别法，应当给予更高的效力，而在行政法、经济法中规定的侵权特别法，应当尽量收归到《民法典》中。第二，在侵权特别法中，通常在民商事法律中规定的侵权法规范都比较丰满，而在行政法和经济法中规定的侵权法规范都比较原则，因此，行政法和经济法规定的侵权法规范更需要在侵权责任编中进行整合。第三，在侵权责任编的内容上，分为通则性规定和分则性规定，通则性规定更需要统一，更多地要适用侵权责任编的规定；而对于分则性规定，特别法的规定更具有优势。因此，第11条作出这样的规定，侵权特别法具有特别的效力，应当“依照其规定”。

一、侵权特别法的概念和特征

侵权特别法是侵权法特别法的简称，是指国家立法中侵权普通法以外的法律中有关侵权行为的特别法律规范的总称。

侵权法有广义与狭义之分。广义的侵权法包括侵权普通法和侵权特别法，狭义的侵权法专指侵权普通法。侵权普通法是国家关于侵权责任的集中的、专门的立法。综观各国情况，成文法国家多数将其规定在民法典的债法中；判例法国家则集中体现在国家司法机关的判例中。我国的侵权普通法是《民法典》的侵权责任编。

侵权特别法与侵权普通法相比较，有以下特征：

第一，在表现形式上，侵权特别法是由《民法典》以外的法律规定的，包括行政法律、刑事法律等法律中设置的侵权法规范和修改、补充侵权法的专门法律。我国目前的侵权特别法主要表现为其他法律中的侵权法规范，《国家赔偿法》为单行的侵权特别法。

第二，在具体内容上与侵权普通法不同，这是侵权特别法与侵权普通法最根本的区别。例如,《海洋环境保护法》规定,违反该法,造成海洋环境污染的,要赔偿国家损失;受到污染损害的单位和个人,亦享有损害赔偿请求权。这种关于损害赔偿法律关系双重权利主体的规定,是我国侵权普通法所没有明文规定的。

第三,在法律效力上,侵权特别法具有特定的效力范围。侵权普通法在全国范围具有普遍的效力,而侵权特别法无论是空间效力、对人效力还是适用的范围都有特定性。如《邮政法》中的侵权特别法规范,仅适用于邮政企业范围内发生的邮政企业或者邮政工作人员因进行邮政业务而致邮政用户以损失的场合。超出这一场合,该侵权法规范即无效力。

第四,在适用程序上,侵权特别法不仅可以适用民事诉讼程序,而且还可以适用特别侵权行为的行政处理程序、行政诉讼程序和行政执行程序,而侵权普通法一般只适用民事诉讼程序。

侵权特别法与侵权普通法之间的关系是特殊与一般的关系。所谓一般,即普遍性,是共同具有或者共同适用的,指的是基本法律;所谓特殊,即差别性,是相对于基本法而言,指的是与基本法具有差别的法律。上述侵权特别法的四个基本特征,正是体现了侵权特别法的特殊之处。

这种与侵权普通法具有差别的侵权特别法,是广义的侵权法的重要组成部分。它的作用是补充、修改、丰富侵权普通法。侵权普通法是规定什么是侵权行为,如何对侵权行为进行民事制裁的法律。面对极其复杂并且不断变化的社会生活,侵权普通法只能制定侵权行为的构成以及民事责任承担的一般原则,不可能概括所有的侵权行为。随着社会的发展,法律不会一成不变,也需要随着变化的社会生活而不断补充、完善。特别是我国正处于经济体制、政治体制改革时期,为适应不断变化的政治、经济、社会生活,更有必要不断修改、丰富我国侵权普通法。

立法者为了弥补基本法律的不足,主要采取三种方式:一是直接修改法律;二是颁布单行法规;三是在其他法律中设置特别法律规范。一般地说,直接修改基本法,有利于维护基本法的统一性,但频繁改动基本法又会破坏其相对稳定性。因而,补充特别法就成为比较普遍的做法。

由此可见,侵权特别法是侵权法体系中不可缺少的组成部分,对于弥补侵权普通法的局限性和维护其稳定性具有重要意义。它不仅是对侵权普通法的必要补充和修改,而且是完善侵权普通法的重要形式。随着改革的深入,我国的侵权特别法会越来越多,因此,研究侵权特别法及其适用,是民法学界和民事审判亟待解决的问题。

二、侵权特别法的基本内容

侵权特别法包括实体法和程序法的内容。在现有的侵权特别法规范中,既包括纯粹的实体法规范,也包括纯粹的程序法规范,还有实体法与程序法规范编在一起的。

(一)侵权特别法的实体法内容

侵权特别法实体法规定了特别侵权行为的构成及赔偿责任范围。特别侵权行为是侵权特别法所规定的相对于侵权普通法规定的侵权行为(包括一般侵权行为和特殊侵权行为),其标准是侵权行为所处法律环境的不同。特别侵权行为就是侵权特别法规定的侵权行为,它既包括某些一般侵权行为和特殊侵权行为,也包括原来没有规定的某些新的侵权行为。侵权特别法实体法规定特别侵权行为及其赔偿责任的构成、范围和赔偿方法。

侵权特别法也包括为制裁特别侵权行为而规定的程序法。其理由是:第一,从形式上看,非民事法律中侵权法规范的实体内容与程序内容密切相关。在现行立法中,特别是在立法技术不断提高的近些年,凡是设有侵权损害赔偿条文的,大多设有对特别侵权行为如何处理的程序法条文。即使在实体法和程序法分立的刑事立法中,实体法规定了刑事附带民事制裁的内容,在程序法中亦相应规定了刑事附带民事诉讼的内容。这从形式上说明了侵权特别法的程序法与实体法密不可分。第二,从实质上看,在侵权特别法规范中,程序法仅仅是为实现其实体法内容服务的。非民事法律中的程序内容包括实现行政处罚、民事制裁和刑事制裁的程序规定。但是,就民事制裁而言,在规定了侵权特别法规范的非民事法律中,其关于民事制裁的程序规定,仅仅是为实现侵权民事责任特别是侵权损害赔偿服务的。在一些法律的"法律责任"一章中,将行政制裁程序与侵权损害赔偿程序分立,更清楚地表明了侵权特别法的实体法与程序法的实质性联系。正因如此,侵权特别法的实体法和程序法是内容与形式的关系,它们不可分割地组合在一起,成为广义侵权特别法的一个重要组成部分。

侵权特别法实体法的内容主要包括五个方面。

1. 部分地修改了侵权普通法的内容

这种情况主要是指对侵权责任一般性原则加以修订,但只限于该法适用范围内的情况。例如,2017 年修正的《水污染防治法》第 96 条第 2 ~ 4 款关于"由于不可抗力造成水污染损害的,排污方不承担赔偿责任;法律另有规定的除外""水污染损害是由受害人故意造成的,排污方不承担赔偿责任。水污染损害是由受害人重大过失造成的,可以减轻排污方的赔偿责任""水污染损害是由第三人造成的,排污方承担赔偿责任后,有权向第三人追偿"的规定。

2007 年修订的《道路交通安全法》第 76 条规定:"机动车发生交通事故造成人身伤亡、财产损失的,由保险公司在机动车第三者责任强制保险责任限额范围内予以赔偿;不足的部分,按照下列规定承担赔偿责任:(一)机动车之间发生交通事故的,由有过错的一方承担赔偿责任;双方都有过错的,按照各自过错的比例分担责任。(二)机动车与非机动车驾驶人、行人之间发生交通事故,非机动车驾驶人、行人没有过错的,由机动车一方承担赔偿责任;有证据证明非机动车驾驶人、行人有过错的,根据过错程度适当减轻机动车一方的赔偿责任;机动车一方没有过错的,承担不超过百分之十的赔偿责任。""交通事故的损失是由非机动车驾驶人、行人故意碰撞机动车造成的,机动车一方不承担赔偿责任。"这一条文规定了完整的道路交通事故责任的法律适用规则。

2. 在侵权普通法的指导下增加新的原则性规定

在侵权普通法的原则指导下,增加新的原则性规定,亦只限于在该法适用范围内有效。例如1999年修订的《海洋环境保护法》第92条(现为第91条),在规定了战争行为、不可抗拒的自然灾害等不可抗力免责条件外,又增设"负责灯塔或者其他助航设备的主管部门,在执行职责时的疏忽,或者其他过失行为"作为免责条件;它虽与"过错责任原则"的基本宗旨相一致,但又明文加以规定,等于又创设了新的免责事由条款。

3. 创设新的原则性规定

突破侵权普通法的约束,又创造了新的原则性规定。例如,《海洋环境保护法》第89条第2款规定,"对破坏海洋生态、海洋水产资源、海洋保护区,给国家造成重大损失的,由依照本法规定行使海洋环境监督管理权的部门代表国家对责任者提出损害赔偿要求",这种国家作为赔偿权利主体的做法,在《民法典》中并没有规定。2015年《食品安全法》第140条第3款规定:"社会团体或者其他组织、个人在虚假广告或者其他虚假宣传中向消费者推荐食品,使消费者的合法权益受到损害的,应当与食品生产经营者承担连带责任。"这种规定也创设了新的原则性规定,具有新意。2009年修订的《邮政法》第47条规定邮件丢失、损毁、内件短少的"固定赔偿"制、"限额赔偿"制、"比例赔偿"制等,都与侵权普通法的"全部赔偿"原则不同。

4. 丰富了侵权普通法的具体内容

这是指某一侵权特别法规范并没有超出与其相对应的侵权普通法规范的内容,但在其"假设"、"处理"和"制裁"的规定中增加了具体内容,使该规范更易于在实践中执行和掌握的情形。最突出的表现是《商标法》和《专利法》中分别具体规定了商标侵权行为和专利侵权行为的构成、责任范围、赔偿数额计算等内容。

5. 固定了侵权普通法的内容

这是指侵权特别法规范没有规定新的内容,只是重新强调了在某一方面所出现的侵权行为,使之固定化,以适应该法律着重强调该种侵权行为的需要。例如《环境保护法》第64条等。

(二)侵权特别法的程序法内容

1. 管辖权问题

管辖权问题是指规定特别侵权行为在行政程序和诉讼程序上怎样分工、怎样衔接和怎样进行的问题。一是各种法律规定特别侵权行为适用何种程序不同;二是行政管辖和民事诉讼管辖的分工;三是行政程序与诉讼程序的衔接。

2. 行政诉讼问题

主要的规定:一是公民、法人或者其他组织的合法权益受到行政机关或者行政机关工作人员作出的具体行政行为侵犯造成损害的,有权请求赔偿。二是公民、法人或者其他组织单独就行政损害提出请求的,应当先由行政机关解决;对行政机关的处理不服,可以向人民法院提起诉讼。三是赔偿诉讼可以适用调解,排斥行政案件审理不适用调解的原则。四是赔偿费用从各级财政列支。五是行政诉讼的起诉时限问题。

3. 规定刑事附带民事诉讼的具体程序

《刑事诉讼法》用 4 个条文作了具体规定。

三、侵权特别法的适用方法

(一)侵权特别法的优先适用效力

第一,同一位阶的特别法与普通法关系的适用。同一机关制定的法律的特别规定与一般规定不一致的,优先适用特别规定。在同一位阶的不同法律中,例如都是基本法,存在普通法与特别法的区别的,优先适用特别法。民法是基本法,行政法和刑法也是基本法,位阶相同,如果行政法和刑法规定的民法规范与民法典规定的民法规范不一致的,应当优先适用行政法和刑法的民法规范。

第二,不同位阶的侵权特别法与侵权普通法关系的适用。如果侵权普通法与侵权特别法处于不同的法律位阶,适用侵权特别法问题不大,因为所说的侵权普通法是指民法典本身,它的性质是基本法,是全国人民代表大会制定的法律,但是更多的侵权特别法是由全国人民代表大会常务委员会制定的法律,这两种法律也有一个位阶问题。在原《侵权责任法》审议时,很多立法法学者就提出这个问题,《民法通则》是全国人民代表大会制定的法律,《侵权责任法》尽管也是基本法的性质,但却是全国人民代表大会常务委员会制定的法律,因此效力是有差别的,尽管《侵权责任法》是新法,但是它的效力不能改变《民法通则》的规定。原因在于全国人大与全国人大常委会并不是同一个立法机关,且有立法权限的区别。① 但是由此引发的疑问是,如果按照这样的逻辑,立法机关为什么要制定《侵权责任法》呢?如果《侵权责任法》不能代替《民法通则》规定的侵权民事责任规范,制定《侵权责任法》就完全没有必要,是毫无意义的。因此,侵权特别法更多的还是不同位阶的法律,特别是在民法典的下一个位阶的法律中规定的法律规范。这样的法律也是侵权特别法,具有优先适用的效力。

---

① 参见韩大元:《全国人大常委会新法能否优于全国人大旧法》,载《法学》2008 年第 10 期。

(二)对侵权特别法规范的识别

既然侵权特别法在法律适用中具有特别的优先效力,而且在其他非民事法律中规定的民事法律规范浩如烟海,在确定一部法律或者一个其他非民事法律中规定的民事法律规范是侵权特别法时,就必须进行识别。如果法官在适用法律中不能够正确识别哪一部法律是侵权特别法,哪一部非民事法律中的民法规范是侵权特别法,就不能正确适用法律,进而造成法律适用的错误。

1. 侵权特别法规范的一般识别方法

侵权特别法规范的一般识别方法,就是对一部法律或者一部非民事法律中规定的民事法律规范条款,依据什么标准确认其为侵权特别法。

例如,在《民法典》中,侵权责任编是侵权法普通法,但是在《民法典》之外还有很多单行法对侵权责任作出了规定,例如侵害知识产权的责任在《商标法》《专利法》《著作权法》中作出规定;关于商事侵权责任,在《公司法》《海商法》《票据法》《保险法》《证券法》《信托法》等都作了规定,交通事故责任在《道路交通安全法》《铁路法》《民用航空法》中作了规定;对环境污染责任作出特别规定的就有《环境保护法》《水污染防治法》《大气污染防治法》《固体废物污染环境防治法》《海洋环境保护法》《环境噪声污染防治法》《放射性污染防治法》等。[①] 在考察侵权特别法时,对上述这些特别法的规范就有一个识别的问题,究竟哪些是侵权特别法,哪些不是侵权特别法。在上述内容中,起码规定侵害知识产权的责任,关于商事侵权的规定,都是侵权特别法,属于侵权特别法中的具体民法规范。在前述列举的侵权特别法中,在《环境保护法》等非民事法律的单行法中规定的侵权责任规范,是其他非民事法律规定的具体侵权特别法。对于侵权特别法,在侵权特别法确定的范围内,必须对民法典以外的法律以及其他非民事法律中规定的民法规范进行识别。

侵权特别法是否有优先适用的效力,一是要强调"另有",二是强调"特别"。"另有"是侵权普通之外的法律有规定,"特别"一定是相对侵权普通法而言具有特别的意义。"另有"是在形式上,"特别"是在内容上。在侵权普通法以外的法律中规定的侵权法规范,主要有两种情况:多数情况是在法律责任中有一个规定,即对造成损害的应当承担赔偿责任,这就是"另有";但是,这样的规定还不具有"特别"的意义,因而是一般性规定,不属于特别法。少数情况不是这样,例如《道路交通安全法》第76条,对侵权责任都有详细、具体的规定,这些规定就具有"特别"的含义。[②]

根据以上经验,识别侵权特别法的一般方法,应当掌握两个标准:

---

① 参见王胜明主编:《中华人民共和国侵权责任法释义》(第2版),法律出版社2013年版,第39~40页。

② 参见杨立新:《侵权责任法:条文背后的故事与难题》,法律出版社2011年版,第34~35页。

第一，是在《民法典》以外的法律中规定的民事法律规范。这是"另有"的意思，即侵权特别法的形式要件。《民法典》包括民法的所有部分，既包括总则也包括分则。只有在完整的民法典以外的其他法律中规定有民事法律规范的，才具备"另有"的条件。《民法典》本身包含的民事法律规范永远不能成为侵权特别法。

在"另有"的含义即侵权特别法的形式要件上，包括三种情况：

一是《民法典》以外的法律是侵权特别法。例如《国家赔偿法》，尽管很多人都认为其为国家法范畴，[①]但是，国家作为侵权人侵害他人权益造成损害要承担的赔偿责任的规范，无论在哪种意义上看都是民法规范，仅仅是责任主体以及承担赔偿责任的资金来源具有特殊性而已，这恰恰证明其为侵权法特别法，也是侵权特别法。商法的单行法和知识产权单行法都属于这种侵权特别法。

二是《民法典》以外的法律中规定的大部分规范是民事法律规范。例如《消费者权益保护法》，其中大部分规范都是民事法律规范，都是把消费者作为民事主体中的特殊主体特别加以保护。关于消费者权利和经营者义务的规定，都是对民事主体的特别规定；采用网络电视、电话、邮购等方式销售商品，消费者有权在 7 日内退货的规定，不仅确定了消费者在商品交易中的特权，而且确定了消费者解除合同的特别规则，是《民法典》合同编没有规定的侵权特别法。特别是关于对商品欺诈和服务欺诈的违约惩罚性赔偿，以及恶意产品侵权造成健康严重损害或死亡承担的惩罚性赔偿责任的规范，更属于侵权特别法。

三是在非民事法律中规定的民事法律规范，也属于"另有"的范畴。这种情况比比皆是，几乎在所有的非民事法律的"法律责任"一章，都规定了"造成损害的，应当承担赔偿责任"这样的条款。这样的条款也具有"另有"的形式要件。

第二，在《民法典》以外的法律或者法律规范中所包含的民法规范，具有区别于《民法典》一般规则的不同规则。换言之，作为侵权特别法，不仅需要"另有"，即在《民法典》以外的其他法律中规定有民法规范，而且该民法规范还必须是与《民法典》一般规则的内容不同的特别规则。这就是"特别"的含义，即侵权特别法实质要件。这正是罗马法学家保罗所说的"个别法是立法当局为某些功利而引入的违背法的一般规则的法"。[②] 特别法必须与普通法有所不同，如果《民法典》以外的其他法律中规定了民事法律规范，但是这些民事法律规范的内容与《民法典》规定的民法一般规则没有区别，那么，这种其他法律规定的民事法律规范就不具有侵权特别法的性质。

所以，识别侵权特别法，形式要件的"另有"与实质要件的"特别"必须同时具备。

---

① 参见林莉红等：《〈国家赔偿法〉的修改与反思》，载《河南省政法管理干部学院学报》2011 年第 1 期。

② 转引自汪全胜：《"特别法"与"一般法"之关系及适用问题探讨》，载《法律科学》2006 年第 6 期。

只有"另有"而没有"特别",就不构成侵权特别法。同样,只有"特别"而没有"另有",则为民法的法条重合。法官在司法实践中,在判断民法典以外的其他法律规定的民事法律规范是否为侵权特别法时,必须依据这两个要件进行一般性的识别。只有具备了这两个要件,才能够认定为侵权特别法,才具有优先适用的效力,否则就不是侵权特别法,就不具有优先适用的效力。

2. 侵权特别法规范的特别识别

首先,对于《民法典》以外的其他法律个别规定的民事法律规范进行侵权特别法的识别,应当对该民事法律规范进行上述两个要件的判断。当该民事法律规范既具有"另有"的要件,又具有"特别"的要件时,它就具有侵权特别法的性质。事实上,对于这两个要件的判断,更重要的是"特别"要件,因为"另有"是形式要件,"特别"要件才是实质要件。"特别"的一般表现应该是:就地域来说,"特别"表现在适用于局部地域;就适用主体而论,"特别"适用于特定的民事主体;就时间而论,"特别"是适用于特别时期;就情势而论,"特别"表现在适用于特别的情事。① 这正是《立法法》第92条所规定的"特别规定与一般规定不一致"的具体表现,是构成侵权特别法的实质要件。"特别"中的"不一致",表现为《民法典》一般规则没有规定的内容,而其他法律规范中的民事法律规范对此有了规定,这也是"特别",具有侵权特别法的性质。例如,《产品质量法》在其属性上属于经济法,是《民法典》以外的其他非民事法律,但是其中规定了很多民事法律规范。第2条后段规定:"本法所称产品是指经过加工、制作,用于销售的产品。""建设工程不适用本法规定;但是,建设工程使用的建筑材料、建筑构配件和设备,属于前款规定的产品范围的,适用本法规定。"第46条规定:"本法所称缺陷,是指产品存在危及人身、他人财产安全的不合理的危险;产品有保障人体健康和人身、财产安全的国家标准、行业标准的,是指不符合该标准。"第41条第2款规定:"生产者能够证明有下列情形之一的,不承担赔偿责任:(一)未将产品投入流通的;(二)产品投入流通时,引起损害的缺陷尚不存在的;(三)将产品投入流通时的科学技术水平尚不能发现缺陷的存在的。"上述关于产品、产品缺陷和产品责任免责事由的规定,在《民法典》关于产品责任的规定中都没有规定,因此这些规定必然是侵权特别法。《价格法》第41条规定:"经营者因价格违法行为致使消费者或者其他经营者多付价款的,应当退还多付部分;造成损害的,应当依法承担赔偿责任。"其中前段规定的是不当得利,后段规定的是侵权损害赔偿规则,是侵权普通法的一般规则,就不具有侵权特别法的属性。

其次,对于《民法典》以外的其他法律本身就是侵权特别法的,在侵权特别法的识

① 转引自王胜明主编:《中华人民共和国侵权责任法释义》(第2版),法律出版社2013年版,第41页。

别时，应当识别在侵权特别法中的那些不属于侵权特别法的规范。无论是商法的单行法，还是知识产权法的单行法，以及《消费者权益保护法》《未成年人保护法》《残疾人保护法》《妇女权益保护法》《消费者权益保护法》等，其主要的法律规范都是民事法律规范，但是，其中包含的非民事法律规范即公法的法律规范，并不是侵权特别法，不具有在民法领域中优先适用的效力，而是应当遵循公法的适用方法予以适用。对于它们的识别，应当依照“另有”要件和“特别”要件加以衡量，不具有这些要件的就不是侵权特别法，从而排除其民事法律适用的效力。

（三）在司法实践中对侵权特别法的具体适用

在司法实践中适用侵权特别法，最根本的要求，就是赋予侵权特别法以优先适用的效力，排斥《民法典》规定的一般规则的适用。正如德国卡尔·拉伦茨教授所言，当数个法条或规整相互竞合时，只有着眼于个别法条与其所属规整之间的关系，以及重启与其他规则及各该规整之间的关系，才能真正理解各该法条的适用范围。在法效果相互排斥的法条竞合中，特殊规范必然排斥一般规范的适用，否则特殊规范将全无适用领域。①

1. 对于作为侵权特别法的法律的规定优先适用

对于表现为侵权特别法的法律，例如商法的单行法、知识产权法的单行法，以及《消费者权益保护法》等法律，都是侵权特别法，这些法律中的民事法律规范都具有优先适用的效力。当一个具体案件所适用的法律是作为侵权特别法的法律中的具体法律条款时，直接适用该法的侵权特别法条款。对此不应该有所选择。

2. 对于作为侵权特别法的法律规范的优先适用

对于《民法典》以外的其他非民事法律中规定的民法规范，识别为侵权特别法的，也具有优先适用的效力。这样的侵权特别法本身就是请求权的法律基础，依据这样的规定，直接确定争议双方当事人的权利义务，解决双方的争议。

3. 对于作为侵权特别法的法律规范可以纳入民法一般规则的选择适用

值得研究的是，《民法典》以外的其他非民事法律规定的民事法律规范具有侵权特别法的性质，但同时也可以经过解释而纳入《民法典》的一般规则中的，在适用时，究竟是适用侵权特别法的规范，还是适用经过解释的民法典规定的一般规则呢？在适用法律中出现上述情形，应当寻找最简捷的途径，而不是绕道去选择曲折路线。因此，凡是《民法典》以外的其他非民事法律规定的民事法律规范已经识别为侵权特别法的，尽管同时也可以解释为民法一般规则中应当包含的内容，却不必将其确认为民法一般规则中的组成部分，而直接适用侵权特别法的规范确定民事法律关系的内容即可。

---

① 参见[德]卡尔·拉伦茨：《法学方法论》，陈爱娥译，商务印书馆2003年版，第146~147页。

第十一节 侵权责任的免责事由

一、免责事由概述

(一)免责事由的概念

免责事由,是指被告针对原告的诉讼请求而提出的证明原告的诉讼请求不成立或不完全成立的事实。在侵权责任法中,免责事由是针对承担民事责任的请求而提出来的,所以又称为免责或减轻责任的事由,也叫作抗辩事由。①

(二)免责事由与阻却违法行为的联系与区别

在侵权法中,与免责事由最相似的概念是阻却违法行为。这两个概念都是对抗原告的侵权诉讼请求权,破坏行为人的侵权责任构成,进而免除或者减轻行为人侵权责任的具体事由。在这一点上,这两个概念性质是一致的。它们的区别在于以下三点。

1. 法律体系的不同

在大陆法系,一般将这一概念称作阻却违法行为;在英美法系,则将其称为抗辩事由。近年来,我国民法和侵权行为法受英美法系的影响加大,因而,更多的学者将阻却违法行为称作抗辩事由。在《民法典》中称为免责事由。

2. 具体功能不同

这两个概念在具体功能上有所差别:阻却违法行为的功能是作用于侵权责任构成中的行为违法性,使致人损害的行为由于存在阻却违法的事由,而失去违法性,进而破坏了整个侵权责任构成,最终使行为人免除或者减轻民事责任;免责事由则是着眼于侵权责任构成的整体,只要破坏其中任何一个侵权责任构成的具体要件,就可以破坏整个责任构成,使行为人免除或者减轻责任。

3. 范围不同

从严格的意义上说,这两个概念在范围上是有差别的。免责事由的范围比阻却违法行为要宽,这也是多采取抗辩事由概念的原因。例如,第三人过错,不是阻却违法行为事由,却是免责事由。因此,从概括全部的减免侵权责任事由的角度上观察,免责事由的概念更为准确。

(三)免责事由的构成

侵权责任免责事由是由侵权行为的归责原则和侵权责任构成要件派生出来的。适

① 参见王利明、杨立新:《侵权行为法》,法律出版社1996年版,第76页。

用不同的归责原则,就有不同的责任构成要件,因而也就总是有要求与归责原则和责任构成要件相适应的特定的免责事由。侵权责任法的归责原则多样化,与此相适应,不同的侵权责任类型其免责事由也有所不同。免责事由的有效成立须具备两个构成条件。

1. 对抗性要件

对抗性要件,是指能够对抗侵权责任构成的具体要件,破坏整个侵权责任构成的内在结构,使原告诉请的侵权责任归于不能成立的事实要件。免责事由虽然是对抗对方当事人的诉讼请求的事由,但它具体对抗的是侵权责任构成,破坏对方当事人请求权的成立,导致对方的诉讼请求在法律上不成立。这就是侵权免责事由的对抗性要求。侵权纠纷的被告提出的主张如果不具有对抗性,也就是仅仅能证明自己具有可谅解性,但不足以对抗对方当事人请求的,不能成为免责事由。[①]

2. 客观性要件

免责事由必须是客观事实,具有客观性的属性。它要求免责事由必须是客观存在的、已经发生的事实,不能是主观臆断或尚未发生的情况。仅仅表明某种损害未发生,或单纯否认对方请求权不存在,不能成为免责事由。

(四)免责事由的分类

1. 一般免责事由与特别免责事由

我国侵权责任法经常采用的免责事由主要是职务授权行为、正当防卫、紧急避险、受害人同意、自助行为、受害人过错、第三人过错、不可抗力和意外事件等。对于这些免责事由,有的学者将其分为两类,即正当理由和外来原因。[②] 将免责事由分为一般免责事由和特别免责事由这样两大类更容易理解和掌握。

一般免责事由,是指损害确系被告的行为所致,但其行为是正当的、合法的。这种事由与阻却违法行为相同,如正当防卫、紧急避险、职务授权行为、自助行为等。

特别免责事由,是指损害并不是被告的行为造成的,而是由一个外在于其行为的原因独立造成的,如意外事件、不可抗力、受害人过错和第三人过错等。

这两种免责事由的主要区别在于,基于一般免责事由而致人损害,被告已经实施某种行为,但其行为是正当的、合法的,排除了行为人行为的违法性,因而表明行为人是没有过错的。据此行为人应予免责。在特别免责事由存在的情况下,被告并没有实施某种致人损害的行为,或者外来原因作用于行为人,使行为人不可避免地造成了损害,由此行为人不应当承担民事责任。各种一般免责事由和特别免责事由能否运用于具体案件,应当根据具体案件和法律具体规定予以确定。

---

① 参见佟柔主编:《中国民法》,法律出版社 1995 年版,第 571 页。

② 参见王利明、杨立新:《侵权行为法》,法律出版社 1996 年版,第 76 ~ 77 页。

2. 法定免责事由和非法定免责事由

《民法典》分别在总则编和侵权责任编规定了免责事由,因此,即使法定免责事由,也分为总则编规定的免责事由和侵权责任编规定的免责事由。除此之外,还有虽然法律没有规定,但是在司法实践中可以适用的免责事由。据此,可以将免责事由分为法定免责事由(包括总则编规定的免责事由和侵权责任编规定的免责事由)和非法定免责事由。本书用这种划分对免责事由进行说明。

二、《民法典》总则编规定的免责事由

(一)不可抗力

1. 不可抗力的概念和确定

不可抗力是指人力所不可抗拒的力量,包括自然原因(如地震、台风、洪水、海啸等)和社会原因(如战争等)。不可抗力是独立于人的行为之外,并且不受当事人的意志所支配的现象,是各国立法通行的免责事由。《民法典》第180条对此作了规定。

不可抗力作为免责事由的根据是,让人们承担与其行为无关而又无法控制的事故的后果,不仅对责任的承担者来说是不公平的,也不能起到教育和约束人们行为的积极后果。依据这样的价值观念,将不可抗力作为免责事由必须是构成损害结果发生的全部原因。只有在损害完全是由不可抗力引起的情况下,才表明被告的行为与损害结果之间毫无因果关系,同时表明被告没有过错,因此应被免除责任。

确定不可抗力有三种不同的学说:一是客观说。主张应以事件的性质和外部特征为标准,凡属于一般人无法防御的重大的外来力量,均为不可抗力。二是主观说。主张以当事人的预见力和预防能力为标准,凡属于当事人虽尽最大努力仍不能防止其发生者,为不可抗力。三是折中说。认为应采主客观相结合的标准,凡属基于外来因素而发生的,当事人以最大谨慎和最大努力仍不能防止的事件为不可抗力。①

我国立法采纳第三种学说,《民法典》第180条规定:“因不可抗力不能履行民事义务的,不承担民事责任。法律另有规定的,依照其规定。”这一规定是民事责任的一般免责事由,从字面上看,似乎对侵权责任的针对性不强。不过,由于侵权责任编对此没有规定,仍须将其作为侵权责任免责事由对待。不可抗力应当符合以下要求:

(1)不可预见。这是从人的主观认识能力上来考虑不可抗力的因素,它是指根据现有的技术水平,一般人对某种事件的发生无法预料。不可预见的标准,不能依某个人的标准,因为每一个人的预见能力都是不同的,预见性因人而异,对于某种现象,某人可以预见,而他人却不能够预见。因此,必须以一般人的预见能力而不是当事人的

---

① 参见王利明、杨立新:《侵权行为法》,法律出版社1996年版,第93页。

预见能力为标准，来判断对某种现象是否可以预见。不过，不可预见作为不可抗力的要件并非绝对，如尽管有可能已经预见地震，但仍然无法避免，仍成立不可抗力。

(2)不可避免并不能克服。这是指当事人已经尽到最大努力和采取一切可以采取的措施，仍然不能避免某种事件的发生并克服事件造成的损害后果。不可避免和不能克服，表明事件的发生和事件造成的损害具有必然性。某种事件是否不能避免并不能克服也要根据具体情况确定。

(3)属于客观情况。这是指事件外在于人的行为的自然性。不可抗力作为独立于人的行为之外的事件，不包括单个人的行为。例如，第三人的行为对被告来说是不可预见并不能避免的，但它并不具有外在于人的行为的客观性，第三人的行为不能属于不可抗力。

2. 不可抗力的适用

在司法实践中应用不可抗力的基本规则是，因不可抗力造成损害的，当事人一般不承担民事责任。但是，不可抗力导致免责，必须是不可抗力是损害发生的唯一原因，当事人对损害的发生和扩大不能产生任何作用。因此，在发生不可抗力的时候，应当查清不可抗力与造成的损害后果之间的关系，并确定当事人的活动在发生不可抗力的条件下对所造成的损害后果的作用。

《民法典》规定不可抗力作为免责事由的除外条款，但是在法律有特别规定的情况下，不可抗力不作为免责事由。例如，《邮政法》第 48 条第 1 项规定，保价的给据邮件的损失即使是因不可抗力造成的，邮政企业也不得免除赔偿责任。这是不可抗力作为免责条件的一个例外。在法律有特别规定的时候，不可抗力作为免责事由，还要附加其他条件。例如，《环境保护法》规定了不可抗力附加“经及时采取合理措施仍然不能避免损害”条件；又如《海洋环境保护法》第 91 条。在考虑将不可抗力作为免责事由时，一定要注意这些法律的特别规定，避免错误适用法律。

(二)正当防卫

1. 正当防卫的概念和构成

正当防卫是一般免责事由，是指当公共利益、他人或本人的人身或者其他利益遭受不法侵害时，行为人所采取的防卫措施。《民法典》第 181 条规定：“因正当防卫造成损害的，不承担责任。正当防卫超过必要的限度，造成不应有的损害的，正当防卫人应当承担适当的民事责任。”正当防卫是保护性措施，是一种合法行为，对于因此造成的损害，防卫人不负赔偿责任。

构成正当防卫须具备以下要件：

(1)必须有侵害事实。侵害的事实在先，防卫行为在后；侵害是防卫的前提，防卫是侵害导致的结果。没有侵害事实，就不得进行防卫。对侵害事实的要求是须为现实的侵害,特点是已经着手,正在进行,尚未结束。对想象中的侵害、未发生的侵害、实施终了的侵害,都不能实施防卫行为。

(2)侵害须为不法。正当防卫的对象必须是不法侵害,对执行职务的“有权损害”不能进行防卫,如逃犯就不得以正当防卫为借口而拒捕。

(3)须以合法防卫为目的。防卫人在防卫时,不仅应当意识到不法侵害为现实存在,而且须意识到其防卫行为的目的,即必须是把防卫公共的、他人的或本人的权益免受侵害作为防卫的目的。以防卫为借口而施以报复的行为或防卫挑拨的行为都是违法行为,构成侵权行为。

(4)防卫须对加害人本人实行。对加害人的防卫反击,根据制止不法侵害的需要,可以是对人身的,也可以是对财产的。但是,任何防卫行为都不能对第三人实施。

(5)防卫不能超过必要限度。如果造成的损害没超过必要限度,则防卫人不负赔偿责任。必要限度是为了制止不法侵害所必须具有的,足以有效制止侵害行为的强度,只要是为了制止侵害所必需的,就不能认为是超越了正当防卫的必要限度。

2. 适用规则

适用正当防卫的基本规则是:第一,构成正当防卫的,防卫人不承担侵权责任。第二,正当防卫超过必要限度的,是防卫过当。

对于防卫过当的把握,关键在于对正当防卫必要限度的判断,民法上的正当防卫行为只能与不法侵害相适应,一般不应超过不法侵害的强度。

判断防卫是否过当,主要是确认防卫是否超过必要限度。判断必要限度通常应当考虑两个方面:第一,不法侵害的手段和强度。凡是侵害行为本身强度不大,只需要用较缓和的手段就足以制止或排除其侵害而采用较强烈的手段的,即为超出必要限度。例如,为阻止不法侵害人偷窃而致其轻伤,是正当防卫;重伤或杀死小偷就超过了必要限度。第二,所防卫权益的性质。所防卫的权益应当与防卫反击行为的强度相适应,使用严重损害侵害者的反击方法来保卫较小的财产利益,或者用较重的反击行为来保护较小的财产利益,都是不相适应的,超过了必要限度。

正当防卫超过必要限度造成不应有的损害的,应当承担适当的民事责任。这种适当的民事责任包括以下三层意思:第一,防卫过当不能免除民事责任。承担适当的民事责任的含义是承担责任,而不是免责。这是因为民事责任是一种财产责任,赔偿具有补偿和制裁的双重性质,它不像刑罚那样是人身的而且没有补偿性质的责任。第二,对于防卫过当造成的损害,一般应当减轻责任。承担适当的责任中的“适当”,要求赔偿既要与防卫过当的损害后果适当,又要与案情适当,而且后者更为重要。因此,不受全部赔偿原则限制,适当减轻防卫人的责任。这是因为:一是出现防卫的前提是侵害人的不法侵害,没有不法侵害就不会造成这种过当的后果;二是防卫人在防卫过程中，特别是在情况较危急情况下，对反击行为的节制及对后果的预见是受到限制的，不应对防卫行为要求过高、过苛。第三，故意加害行为的赔偿责任。防卫人在防卫过程中故意对不法侵害者采取加害行为的，对其超出必要限度的损害应当全部赔偿。这是因为，在这种情况下，防卫人已经明知会超出必要限度而故意为之，是故意的违法行为，应当负担全部责任。

防卫过当的赔偿范围，应当是超出防卫限度的那部分损害，即“不应有”的那部分损害。

（三）紧急避险

1. 紧急避险的概念和构成

为了社会公共利益、自身或者他人的合法利益免受更大的损害，在不得已的情况下而采取的造成他人少量损失的紧急措施，称为紧急避险。紧急避险是一种合法行为，是在两种合法利益不可能同时都保护的情况下，不得已而采用的牺牲其中较轻利益、保全较重大利益的行为。《民法典》第 182 条规定了紧急避险及避险过当的责任：“因紧急避险造成损害的，由引起险情发生的人承担民事责任。”“危险由自然原因引起的，紧急避险人不承担责任，可以给予适当补偿。”“紧急避险采取措施不当或者超过必要的限度，造成不应有的损害的，紧急避险人应当承担适当的民事责任。”

构成紧急避险须具备以下要件：

（1）危险正在发生并威胁公共利益、本人或者他人的利益。对于尚未发生的危险、想象的危险，都不得实施避险行为；虽有危险发生但危险已经消除，或者危险已经发生但不会造成合法利益的损害，也不得采取紧急避险。

（2）采取避险措施须为不得已。所谓不得已，是指不采取紧急避险措施就不能保全更大的法益，是指避险确有必要，而不是指避险人只能采取某一种而不能采取另一种措施避险。强调不得已，不是说避险人选择的手段只能是唯一的，而是指可以采取多样的措施进行避险。只要避险人的避险行为造成的损害小于可能发生的损害，避险措施就是适当的。

（3）避险行为不得超过必要的限度。紧急避险的必要限度，是指在面临紧急危险时，避险人应采取适当的措施，以尽可能小的损害保全较大的法益。民法要求，紧急避险行为所引起的损害应轻于所避免的损害，两者的利益衡量中，前者明显轻于后者。如果避险行为不仅没有减少损害，反而使造成的损害大于或等于可能发生的损害，避险行为就失去了意义，也就超过了必要的限度。

2017 年 1 月 27 日，张姓男子携妻子和孩子去宁波某动物园，在给妻子和孩子购票入园后，他从公园围墙疏漏处混进动物园，连翻两座高墙以及铁丝网，进入虎区，被老虎抓住撕咬，武警经多方驱赶，仍不奏效，便将老虎击毙，但是受害人已经死亡。对于动物园老虎死亡的损害,即财产损失的问题,可以适用《民法典》第 182 条关于紧急避险的规定,在受害人被老虎拖走处于极度危险时,动物园用其他方法避险不成,调动武警用枪将自己园内的老虎打死,是万不得已采取的紧急避险措施。为了避免他人的危险而打死自己园内的老虎,造成了自己的损失。按照紧急避险的规定,引起险情发生的人,以及避险受益人,都有责任对紧急避险人的损失承担责任。而本案的受害人,既是引起险情发生的人,又是受益人,并且具有重大过失,因此应当赔偿动物园的损失。该人已经死亡,由于受害人的侵权债务是在其生前产生的,因此,至少在理论上可以认为,应以其遗产承担赔偿责任。至于这一请求权是否行使,则是动物园的权利。

2. 紧急避险与正当防卫的异同

紧急避险与正当防卫的共同点是:第一,两者都是阻却违法行为;第二,两者成立的前提都是合法权利受到严重危险;第三,两者活动的目的都是保护公共利益、公民和本人的合法利益;第四,两者都造成了一定的损害。

它们的不同点是:第一,紧急避险的危险来源多种多样,正当防卫的危险来源只是不法侵害人的非法侵害:第二,紧急避险造成的损害是排除危险的唯一方法,而正当防卫则不在此限;第三,紧急避险所造成的损害必须小于危险造成的损害,正当防卫则要求相适应即可;第四,正当防卫只能对不法侵害的本人实施,而紧急避险可以对第三者实施。例如,就狗咬伤人而言,如果这只狗是被主人故意放出咬人的,则是行为人的不法侵害,狗构成行为人不法侵害的工具,是行为人的财产,打死狗的防卫反击,行为是指向行为人的,是正当防卫。如果是狗本身的侵袭,打死这只狗构成紧急避险,因为狗是直接的危险来源。

3. 紧急避险规则的适用

(1)引起险情发生的人的责任。在一般情况下,如果有引起险情发生的人,应由引起险情发生的人承担民事责任。其中,险情发生系由紧急避险人所引起的,由紧急避险人对自己的过错负责;险情发生系避险行为的受害人所引起的,避险受害人对自己的过错负责;险情发生系由第三人引起的,第三人对自己的过错负责。他们对自己过错负责的范围,应以紧急避险必要限度或避险措施得当所造成的损失为标准,超过部分不应由其他人负担。

(2)自然原因引起险情的责任。如果危险是由自然原因引起,没有引起险情发生的人,民事责任的承担则有两种情况:一是在一般情况下,紧急避险人不承担民事责任,对造成的损失不予赔偿;二是在特殊情况下,避险人也可以承担适当的民事责任,按照原《侵权责任法》第 24 条关于公平分担损失责任的规定,即在当事人双方都没有过错的情况下,可以根据实际情况分担民事责任。所谓实际情况,主要指当事人双方的经济情况,“适当”主要依双方的经济状况适当确定,由双方协商或由法院判决。

(3)超过必要限度的赔偿。紧急避险采取措施不当或者超过必要限度,造成不应有损害的,避险人应当承担适当的民事责任。适当责任,首先是不应免除责任;其次是可以减轻责任,也可以对过当部分全部负责。在造成危险的行为人与受害人是同一人时,应当减轻避险过当人的责任;受避险损害人无过错而遭受损害的,则应由避险行为人负担全部责任,对避险必要限度以内的损害,由危险行为人负担责任。

(4)受益人适当补偿。如果既没有第三者的过错,也没有实施紧急避险行为人本身的过错,而遭受损害的人与受益人又不是同一个人的,则受益人应当适当补偿受害人的损失。这是因为受益人的利益得到保全或者减少了损失,是以牺牲受害人的利益为前提的。

三、《民法典》侵权责任编规定的免责事由

(一)过失相抵

《民法典》第1173条把过失相抵规定为减轻责任的事由,是不准确的,因为过失相抵的性质主要是赔偿规则,与损益相抵规则的性质相同,是将受害人的过失所造成的损失,在侵权人应当承担的侵权责任中予以扣除。在本书中,是把过失相抵作为一种双方责任形态,并在侵权责任形态一节中作了说明。立法将过失相抵规定为减轻责任的事由,是由于受害人对造成自己的损害存在过错,因而减轻侵权人的责任,当然也有其道理。在这里不再详述。

(二)受害人过错

1.受害人过错的概念和形式

受害人过错,是指损害的发生或扩大不是由于加害人的过错,而是由于受害人的过错而发生的。《民法典》第1174条规定:"损害是因受害人故意造成的,行为人不承担责任。"规定受害人故意作为免责事由,与传统侵权法规则以及民法理论有所不同。传统理论认为,这种规则应当是受害人过错而不是受害人故意。在适用过错责任原则与过错推定原则的情况下,受害人具有故意或者过失,且其故意或者过失是造成自己损害全部原因的,构成免责事由。在无过错责任原则情况下,受害人故意引起损害为免责事由。该条规定受害人故意是免责事由,内容偏窄,不能容纳受害人过错的情形。在司法实践中,构成受害人故意的,当然应当按照本条规定免责;但在过错责任原则以及过错推定原则情况下,受害人由于自己的故意或者过失引起损害且为全部原因的,也应当免除加害人的责任。

2.受害人过错的类型

(1)受害人的故意。受害人的故意,是指受害人明知自己的行为会发生损害自己的后果,而希望或放任此种结果发生。受害人对损害的发生具有故意,表明受害人的

行为是损害发生的唯一原因,从而应使加害人免责。在过错责任原则适用范围内,如果受害人具有故意,而加害人只有轻微过失,则加害人也可以免责。在无过错责任原则的适用范围内只要受害人故意造成损害,加害人即可免责。如果侵权行为人引诱、诱惑受害人故意从事某种行为造成对受害人自己的损害,则应当认为损害是由加害人的故意而非受害人的故意造成的。例如,对受害人谎称某人将拒绝收买受害人的某物,使受害人将其财产廉价处分。在此情况下,加害人只是利用了受害人的行为实施侵权行为。此外,无民事行为能力人的故意不视为法律上的故意。如果无民事行为能力人造成自身损害时介入了加害人的轻微过失,加害人也应当承担适当的责任。①

(2)受害人的重大过失。受害人的重大过失,是指受害人对于自己的人身和财产安全毫不顾及,极不注意,以至于造成了自身的损害。我国民事立法对于受害人的重大过失是否构成免责事由没有明文规定,对于受害人的这种过错是否构成免责事由有不同的看法。从《民法典》和有关单行法规的规定来看,如果损害完全由受害人的重大过失所致,加害人对损害的发生没有任何过错,则加害人不承担民事责任,这种重大过失应当作为免责事由,但其前提必须是加害人没有过错。如果加害人具有过错,则只有在加害人具有轻微过失的情况下,才可以免除加害人的责任,在其余场合则应按照与有过失规则处理。

(3)受害人的过失。受害人的过失,是指在加害人致受害人损害中或造成损害以后,受害人对损害的发生与扩大具有过失。如果受害人的一般过失是损害发生的全部原因,也作为免责事由。

(三)第三人过错

1. 第三人过错的概念和特点

《民法典》第 1175 条规定了第三人过错的一般规则:“损害是因第三人造成的,第三人应当承担侵权责任。”此外,《民法典》第 1198、1201、1233 条和第 1250 条等分别规定了第三人过错的特殊规则,不适用第 1175 条规定的规则。

第三人过错,是指除受害人和加害人之外的第三人,对受害人损害的发生或扩大具有过错的情形。第三人过错的主要特点是主体上的特殊性,其过错形式则与其他类型的过错没有区别,包括故意和过失。

第三人过错的特点是:(1)过错主体是第三人。第三人是过错的主体,造成损害的过错不属于加害人或受害人的任何一方。狭义上的第三人过错,是指第三人的过错是损害发生或者扩大的唯一原因;广义上的第三人过错,则是指第三人与被告共同引起损害的发生或者扩大。这两种情况的任何一种当中,都是第三人在主观上具有过错。

① 参见王利明、杨立新:《侵权行为法》,法律出版社 1996 年版,第 88 页。

同时,该第三人不能被认定属于加害人一方或属于受害人一方。(2)第三人与当事人没有过错联系。如果第三人和被告之间基于共同的意思联络(如第三人为被告的帮助人)而致原告损害,将作为共同侵权行为人而对受害人负连带责任。(3)第三人过错是免除或者减轻加害人责任的依据。第三人过错作为免责事由,其后果并非都是免责,还包括减轻责任。

2. 第三人过错的一般规则

第三人过错的法律后果,是第三人承担赔偿责任,免除加害人的赔偿责任。其条件是:第三人过错为损害发生的唯一原因,被告对此没有过错的,被告应当免责,由第三人承担责任。《民法典》第1175条规定所指的就是这种情形。

如果第三人的过错与侵权人的过错构成损害发生的共同原因,则第三人的过错减轻侵权人的赔偿责任,不再适用第三人过错免责的规则。

3. 第三人过错的特殊规则

《侵权责任法》在第1198条和第1201、1233条和第1250条以及第1204条、第1252条第1款和第1253条分别规定了第三人过错的特殊规则。这些第三人过错的特殊规则分为以下三种情形。

(1)第三人过错实行不真正连带责任。在第三人有过错的情形下,《民法典》规定了以下两种不真正连带责任的规则,不适用直接由有过错的第三人承担责任的一般性规则。

①因第三人的过错污染环境造成损害的,被侵权人可以向污染者请求赔偿,也可以向第三人请求赔偿。污染者赔偿后,有权向第三人追偿。这样规定的目的在于更好地保护被侵权人的权益,使受到的损害能够及时得到救济。

②因第三人的过错致使饲养动物造成他人损害的,被侵权人可以向动物饲养人或者管理人请求赔偿,也可以向第三人请求赔偿。动物饲养人或者管理人赔偿后,有权向第三人追偿。第三人的过错致使动物致人损害的,也不实行第三人过错的一般规则,不是由第三人直接承担责任,而是赋予被侵权人选择的权利,实行不真正连带责任。

(2)第三人过错实行补充责任。在第三人过错的情形下,《民法典》还规定了以下两种补充责任的规则,不适用直接由有过错的第三人承担责任的一般性规则。

①在违反安全保障义务侵权责任中,因第三人的行为造成他人损害的,由第三人承担侵权责任;管理人或者组织者未尽到安全保障义务的,承担相应的补充责任,即先由第三人承担侵权责任;如果第三人不能承担或者不能全部承担责任,则由未尽到安全保障义务的义务人承担相应的补充责任。

②无民事行为能力人或者限制民事行为能力人在幼儿园、学校或者其他教育机构

学习、生活期间,受到幼儿园、学校或者其他教育机构以外的人员即第三人人身损害的,由侵权人承担侵权责任;幼儿园、学校或者其他教育机构未尽到管理职责的,承担相应的补充责任。

(3)第三人过错实行先付责任。

①在产品责任中,因运输者、仓储者等第三人的过错使产品存在缺陷,造成他人损害的,先由产品的生产者、销售者赔偿,生产者、销售者赔偿之后有权向第三人追偿。

②在物件损害责任中,建筑物、构筑物或者其他设施及其搁置物、悬挂物发生脱落、坠落造成他人损害,所有人、管理人或者使用人证明自己没有过错的,先由其承担侵权责任;另有其他责任人(即第三人)的,所有人、管理人或者使用人赔偿后,有权向其他责任人追偿。

③在物件损害责任中,建筑物、构筑物或者其他设施倒塌造成他人损害,有其他责任人即第三人的,也先由建设单位与施工单位承担责任;建设单位、施工单位承担了赔偿责任之后,有权向其他责任人即第三人追偿。

(四)自甘风险

1. 英美侵权法自甘风险的一般规则

在英美法系侵权法中,自甘风险也叫作危险之自愿承担、自愿者非为不当规则,是指在原告提起的过失或者严格责任的侵权责任诉讼中,要求原告承担其自愿承担的所涉风险。① 其一般规则是:原告就被告之过失或者鲁莽弃之不顾行为而致伤害的危险自愿承担者,不得就该伤害请求赔偿。② 典型判例是:在英国,莫里斯与飞行员穆拉埃一起出席酒会,然后一起驾驶一架飞机飞行,飞行途中飞机坠毁,后莫里斯起诉要求赔偿。法院认为,作为乘客的原告是自愿承担风险的人,因为他应该知道飞行员当时的状态。③ 在美国,原告在被告游乐场中滑雪时,碰撞了一根金属杆,导致原告受重伤。那根金属杆是操纵电缆车路线装置的一部分。在本次滑雪季开始前,原告买了这一季的滑雪通行证,并签署了危险同意文件,确认滑雪是危险的,如果发生危险愿意自己承担风险,不需场地方负责。原告受害后起诉,被告以原告基于此同意文件而进行抗辩,认为原告构成自甘风险。法院判决被告胜诉。④

自甘风险分为明示的自甘风险和默示的自甘风险。前述英国判例是默示的自甘风险,美国判例则为明示的自甘风险。不论何种自甘风险,构成自甘风险均须具备以下三个要件:(1)受害人知悉或者鉴识危险;(2)受害人有自愿承担之必要;(3)不违反

---

① 参见《最新不列颠法律袖珍读本·侵权行为法》,冯兴俊译,武汉大学出版社2003年版,第231~235页。

② 参见美国法学会:《美国侵权行为法重述(第二次)》,第496A条。

③ 参见《最新不列颠法律袖珍读本·侵权行为法》,冯兴俊译,武汉大学出版社2003年版,第233页。

④ 参见潘维大编著:《英美侵权行为法案例解析》,高等教育出版社2005年版,第289~291页。

成文法的规定。具备这些要件,就构成自甘风险,免除行为人的侵权责任。在举证责任上,如果被告原应对原告负责(例如有过失),原告自愿承担危险的举证责任则应由被告承担。①

2. 自甘风险规则的适用规则

《民法典》第1176条规定:"自愿参加具有一定风险的文体活动,因其他参加者的行为受到损害的,受害人不得请求其他参加者承担侵权责任;但是,其他参加者对损害的发生有故意或者重大过失的除外。""活动组织者的责任适用本法第一千一百九十八条至一千二百零一条的规定。"对自甘风险的这种规定,与英美法上的自甘风险有较大的差别,但是基本内容还是一样的。

按照上述规定,自甘风险,是指受害人自愿参加有一定风险的活动,因其他参加者的行为受到损害的,受害人不得请求其他参加者承担侵权责任,但是其他参加者对损害的发生有故意或者重大过失的除外的侵权责任免责事由。其构成要件是:第一,组织者组织的活动是具有一定风险的文体活动,例如蹦极等;第二,受害人对该种具有一定风险的文体活动有认识,并且自愿参加;第三,受害人参加此活动因其他参加者的行为受到损害,该文体活动参与者的行为与受害人的损害之间有因果关系;第四,文体活动的参加者没有故意或者重大过失。具备这些构成要件的,即免除其他参加者的侵权责任。可见,即使其他参加者对于损害的发生有一般过失,也不承担赔偿责任。例如,参加足球、棒球等比赛活动受到其他运动员的损害,应当适用自甘风险的规定,免除造成损害的其他参加者的赔偿责任。

该条第2款规定的"活动组织者的责任适用本法第一千一百九十八条至一千二百零一条的规定",是指自甘风险的具有一定风险的文体活动的组织者,对于造成受害人损害是否承担侵权责任,应当适用违反安全保障义务侵权责任和教育机构损害责任的规定,分为两种情况:一是组织者未尽到安全保障义务造成受害人损害的,应当承担赔偿责任;组织者违反安全保障义务致使第三人造成受害人损害的,承担相应的补偿责任,承担责任后可以向第三人追偿。二是适用无民事行为能力人或者限制民事行为能力人在幼儿园、学校或者其他教育机构学习、生活期间受到人身损害的侵权责任规则,这些教育机构未尽教育管理职责的,适用过错推定原则或者过错责任原则确定应当承担的侵权责任;第三人造成损害的,第三人承担责任不足的,这些教育机构承担补充责任,承担补充责任后也享有追偿权。

3. 两起适用自甘风险规则的典型案例

广西某法院判决的"驴头""驴友"致害案件,13名网友在网上约好一起去野外自

① 参见美国法学会:《美国侵权行为法重述(第二次)》,第496D、496E、496F条。

助探险游,在野外露营时,晚上发生山洪,13 人均被洪水冲走,其中 1 人死亡,其他 12 人获救。死者家属向法院起诉,要求"驴头"与其他参与人承担赔偿责任。一审法院判决"驴头"承担 60% 的赔偿责任,其他"驴友"共同分担 10% 的责任,受害人自己承担 30% 的责任。被告均不服该判决,上诉后,二审法院根据公平责任改判,"驴头"承担 3000 元,其他"驴友"分别分担 2000 元,以示公平。① 这个案件是典型的自甘风险,无需各被告承担责任,因此,这样的改判也不公平。

北京市海淀区法院判决的另一起类似案件,则适用了自甘风险规则。发起人郝某、张某在网上发起北京西郊灵山自助游,某电视台的一位编辑自愿参加。当天爬上灵山后,已近午夜时分,天气寒冷,故游客决定迅速下山,途中该编辑突然发病而死亡。死者父母向海淀区人民法院起诉,要求发起人承担赔偿责任。法院认为,此次自助性质的户外活动不以营利为目的,该编辑自事发时还没交纳活动费用,因此,发起人不对其承担保障人身、财产安全的义务。发起人在免责声明中,对领队的权利、义务作出说明,强调领队除接受大家监督,有责任控制费用和公开账目外,不对任何由户外运动本身具有的风险承担责任,因而在既无法律规定,又无合同约定的前提下,法院认可这一免责声明。事发时,二发起人对死者进行了心肺复苏等措施抢救,已经履行了必要的救助义务。因此,法院认定,虽然此次活动计划不够完善,但是发起人发起活动本身不违法,对死者不承担赔偿责任。②

这两起案件的判决,对于法院在司法实践中适用自甘风险规则,具有较好的借鉴意义。

4.《民法典》实施后适用自甘风险规定判决的第一案

2021 年 1 月 4 日上午,北京市朝阳区法院审理了《民法典》实施后适用自甘风险规定的第一案。原告与被告均为羽毛球业余爱好者,自 2015 年起自发参加羽毛球比赛。2020 年 4 月 28 日上午 9 时,原告、被告与案外四人在朝阳区红领巾公园进行羽毛球 3 对 3 比赛。比赛过程中,原告被被告击打的羽毛球击中右眼。事发后,原告由被告陪同至医院就诊,此后,被诊断为右眼人工晶体脱位、前房积血等。5 月 28 日,原告入院接受治疗。7 月 6 日,医院出具诊断证明,显示:原告术前见右眼视神经萎缩,术后 5 周余验光提示右眼最佳矫正视力为 0.05。原告诉称,被告明知其年纪大、反应慢、眼睛受过伤,仍未履行注意义务,选择向原告大力扣球,致使原告右眼受伤,接近失明,构成重大过失。退一步讲,即使被告行为不构成重大过失,也应适用公平责任,由双方分担损失。被告辩称,原告已经 70 多岁,眼睛也曾受过伤,受伤前原告已经连续参加三场比

---

① 参见《二审改判"驴头驴友"均无过错》,载网易新闻网:http://news.163.com/09/0321/02/54T5SHVB0001124J.html,2017 年 10 月 5 日最后访问。

② 参见《女游客冻死案宣判　活动发起人无责》,载新浪新闻中心:http://news.sina.com.cn/s/2008-01-09/071213224733s.shtml,2017 年 10 月 3 日最后访问。

赛,其应知道自身身体条件是否适宜继续参加比赛及承受风险。且事发时被告位于场地的中后场位置,没有重力扣杀,是平打过去的,被告没有过错,不应承担责任。双方的争议焦点是,对于原告诉称的被告侵犯其身体的行为,被告主张原告构成自甘冒险,被告不应承担侵权责任;原告则主张被告存在重大过失,即便不存在重大过失,也应适用公平责任分担损失。

法院认为本案构成自甘风险,符合《民法典》第 1176 条第 1 款规定,理由如下:第一,自愿参加具有一定风险的文体活动,因其他参加者的行为受到损害的,受害人不得请求其他参加者承担侵权责任;其他参加者对损害的发生有故意或者重大过失的除外。羽毛球运动是典型的对抗性体育运动项目,除扭伤、拉伤等风险外,较为突出的风险即为参赛者易被羽毛球击中。原告作为多年参与羽毛球运动的爱好者,对于自身和其他参赛者的能力以及此项运动的危险,应当有所认知和预见,但仍自愿参加比赛,应认定为自甘冒险的行为。在此情况下,只有被告存在故意或重大过失时,才需承担侵权损害赔偿责任,否则无需担责。第二,被告回球时并无过多考虑、判断的时间,且高度紧张的比赛氛围会导致参赛者注意力集中于运动,很难要求参赛者每次行为都经过慎重考虑,故应将此情形下的注意义务限定在较一般注意义务更为宽松的体育道德和规则范围内。被告杀球进攻的行为属于该类运动的正常技术动作,并不存在明显违反比赛规则的情形,故不应认定其存在重大过失。第三,公平分担损失责任是指双方当事人对于损害的发生均无过错,且法律又未规定适用无过错的情形下,基于公平的观念,由双方对损失予以分担,其适用范围受到严格限制。本案并不具备依据《侵权责任法》第 24 条适用公平分担损失责任的条件,《民法典》第 1186 条更是明确规定了公平原则的适用必须是法律规定的情形,故案件不具有适用公平责任的条件。法院根据《民法典》及最高人民法院《关于适用〈中华人民共和国民法典〉时间效力的若干规定》中的相关规定,一审判决驳回原告的全部诉讼请求。宣判后,原告表示将考虑是否提出上诉,被告表示接受判决结果。

这个案件的一审判决,无论从哪个方面考虑,都是一个适用自甘风险规则的典型案例,因此,笔者无需再加评论。

(五)自助行为

1. 自助行为的概念

《民法典》第 1177 条规定:"合法权益受到侵害,情况紧迫且不能及时获得国家机关保护,不立即采取措施将使其权益受到难以弥补的损害的,受害人可以在保护自己合法权益的必要范围内采取扣留侵权人的财物等合理措施;但是,应当立即请求有关国家机关处理。""受害人采取的措施不当造成他人损害的,应当承担侵权责任。"

自助行为,是指权利人为了保护自己的权利,在情势紧迫而又不能获得国家机关及时救助的情况下,对他人的财产或者自由在必要范围内采取扣押、拘束或者其他相应措施,为法律或社会公德所认可的行为。自助行为的性质属于自力救济,与紧急避险、正当防卫的性质相同。其区别在于,自助行为保护的是自己的权利,而正当防卫和紧急避险包括保护他人的权利;自助行为在实施前,通常在当事人之间已经存在一种债的关系,而正当防卫和紧急避险在尚未实施之前没有这种关系。

这一条文没有明文规定可以对他人人身自由施加拘束的内容,但是,在"等"字中包含了这个意思。例如,在饭店吃饭未带钱,店主不让其离开,等待他人送钱来结账的拘束自由行为,也是自助行为,并不是侵害人身自由权的侵权行为。

2. 自助行为规则的适用

实施自助行为的要件是:第一,行为人的合法权益受到侵害;第二,情况紧迫且不能及时获得国家机关的保护;第三,对侵权人实施扣留财产或者适当拘束人身自由的行为;第四,扣留财产或者限制人身自由须在必要范围内,不得超出必要范围。

行为人实施了自助行为,在其合法权益得到保障后,即应解除相应措施;如果仍需继续采取上述措施的,应当立即请求有关国家机关依法处理。

行为人如果对受害人采取自助行为的措施不适当,造成受害人损害的,应当承担侵权责任,赔偿损失。

四、非法定免责事由

(一)职务授权行为

1. 职务授权行为的概念和性质

职务授权行为也称为依法执行职务,是指依照法律授权或者法律规定,在必要时因行使职权而损害他人的财产和人身的行为。为了保护社会公共利益和公民的合法权益,法律允许工作人员在必要时执行自己的职务,"损害"他人的财产和人身。在这些情况下,完成有关行为的人是"有权造成损害"的。因为这种职务授权行为是一种合法行为,对造成的损害不负赔偿责任。例如,消防队为了制止火灾蔓延而将邻近火源的房子拆除,防疫医疗队为了消灭急性传染病而将病人所用的带菌衣物烧掉;外科医生对外伤患者做必要的截肢手术;公安人员依法开枪打伤逃犯等,都属于这种情况。

执行职务的行为是合法行为,行为人对执行职务所造成的损害不负赔偿责任。如果执行职务不正当而造成损害的,应当负赔偿责任。尽管《民法典》对这种免责事由没有规定,但是将这种事由认定为免责事由,是符合法理的。

2. 职务授权行为的构成

确定行为人的行为构成职务授权行为,并将其作为免责事由,其构成要件包括:

(1)行为须有合法授权。职务授权行为之所以能成为免责事由,就是因为这种行为有合法的授权，授权这种行为的目的是保护社会公共利益和自然人的合法权益。所以，没有合法授权的行为不是职务授权行为。

(2)执行职务的行为须合法。只有合法授权尚不足以构成免责事由，行为人还必须在法律规定的范围内履行职责，才能对损害后果不负责任。超越法定授权的行为，或行为所依据的法律和法规已经失效或被撤销，或行为本身不符合法律要求，则不能构成职务授权行为。行为合法包括执行职务的程序和方式合法。程序不合法或方式不合法而致他人损害，构成侵权行为。

(3)执行职务的行为须为必要。职务授权行为并不是在任何情况下都会对他人造成损害，在多数情况下，损害后果的发生并不是执行职务行为所必需。法律要求职务授权行为的执行职务活动是必要的，只有在不造成损害就不能执行职务时，执行职务的行为才是合理的。如果造成的损害可以避免或者减少，这种行为就不构成或者不完全构成免责事由。

(二)受害人承诺

1. 受害人承诺的概念

受害人承诺，是指受害人容许他人侵害其权利，自己自愿承担损害结果，且不违背法律和公共道德的一方意思表示。

权利人有权处分自己的权利。权利人自行侵害自己的权利，只要不违反法律和善良风俗，就是行使权利的行为。权利人允许他人侵害自己的权利，在一般情况下，法律并未予以禁止，这就是英美法的“自愿者无损害可言”原则。《民法典》对受害人承诺也没有规定，但这并不妨碍将其认定为免责事由，只是受到《民法典》第506条的限制而已。

2. 受害人承诺的构成

(1)须有处分该权利的能力与权限。允许他人侵害权利，权利人必须对于该项权利有处分的能力与权限，否则不构成免责事由。

(2)须遵守一般的意思表示规则。受害人承诺的意思表示应当遵守一般意思表示规则，即须具备一般意思表示的生效要件。在一般情况下，承诺侵害自己的财产权利，应当为有效；承诺侵害自己的人身权利，则应区分具体情况，如承诺他人对自己身体造成轻微伤害，属正当的意思表示；如果嘱托他人帮助自杀，或者承诺他人将自己杀死或重伤，应受事先免责条款效力规则的限制，不是正当的免责事由。

(3)受害人须有明确承诺。承诺侵害自己的权利，应当采用明示方式，或者发表单方面的声明，或者制定免责条款。受害人没有明示准许侵害自己的权利的承诺，不得推定其承诺。如果受害人明知或预见到其权利可能受到损害，但其并未向加害人承诺，不构成免责事由。

(4)受害人事前放弃损害赔偿请求权。承诺侵害自己的权利和放弃损害赔偿请求权,是两个问题,不能混淆。放弃损害赔偿请求权不必采取明示方法,只要有准许侵害自己的权利的承诺,没有明示其放弃该请求权的,可以推定其放弃,明示不放弃损害赔偿请求权的除外。

3. 事先免责条款的效力

在受害人承诺作为免责事由时,应当特别注意掌握受害人承诺与事先免责条款的关系。事先免责条款,是指双方当事人预先达成一项协议,免除将来可能发生损害的赔偿责任,分为违反合同的免责条款和侵权行为的免责条款。

侵权行为的事先免责条款有以下四种形式:一是全部免责条款,按此条款,未来的受害人放弃将来对本应承担责任的人提出的全部赔偿请求。二是部分免责条款,按此条款,受害人事先同意接受以特定方式计算的,不超过一定数额的有限赔偿。三是有时间限制的免责条款,约定受害人必须在有限的时间内提出自己的请求,逾期不再享有请求赔偿的权利。四是通过罚款的免责条款,这种条款,当事人同意在以后发生损害时将支付一笔固定数额的款项给予受害人,即可免除责任。①

对于侵权行为的事先免责条款,有有效说、相对无效说和绝对无效说三种立场。②我国《民法典》规定了事先免责条款无效的规则。该法第 506 条规定:“合同中的下列免责条款无效:(一)造成对方人身伤害的;(二)因故意或者重大过失造成对方财产损失的。”根据该条规定,凡是在合同中约定人身伤害事先免责条款的,为无效。合同约定免除因故意或者重大过失造成对方财产损失的责任的,也无效。

(三)意外事件

1. 意外事件的概念和意义

意外事件,也叫意外,是指非因当事人的故意或过失,而是由于当事人意志以外的原因而偶然发生的事故。

我国《民法典》没有规定意外事件为免责事由,但是,在司法实践中常常把意外事件作为免责事由对待。意外事件不是因当事人的故意和过失而发生,而是偶然发生的事故,是外在于当事人的意志和行为的事件,它表明当事人没有过错,因而应使当事人免责。罗马法的古谚认为,“不幸事件只能由被击中者承担”,被告当然不承担民事责任。

2. 意外事件的构成

作为免责事由的意外事件应具备如下条件:

(1)意外事件是不可预见的。确定意外事件的不可预见性适用主观标准,即应以当事人为标准,即当事人是否在当时的环境下,通过合理的注意能够预见。

---

① 参见《国际比较法百科全书 · 侵权行为》,载《外国民法论文选》,中国人民大学教学参考教材 1984 年版,第 417 ~ 418 页。

② 参见杨立新:《民法判解研究与适用》(第 1 辑),中国检察出版社 1994 年版,第 348 页。

(2)意外事件是归因于行为人自身以外的原因。这就是说,行为人已经尽到了他在当时应当尽到和能够尽到的注意,或者行为人采取合理措施仍不能避免事故的发生,从而表明损害是由意外事故而不是当事人的行为所致。

(3)意外事件是偶然事件。意外事件是偶然发生的事件,不包括第三人的行为。因此,意外事件的发生概率很低,当事人尽到通常的注意是不可预防的。

第二章　损害赔偿

第一节　侵权损害赔偿请求权

一、侵权损害赔偿请求权的概念

《民法典》第 120 条规定了被侵权人的侵权请求权："民事权益受到侵害的，被侵权人有权请求侵权人承担侵权责任。"在侵权损害赔偿法律关系中，赔偿权利人即被侵权人享有的权利，就是侵权损害赔偿请求权。

（一）请求权的概念

请求权是指请求他人为一定行为或不为一定行为的权利。请求权有以下三种含义。

1. 作为权利类型的请求权。基本民事权利类型分为绝对权和相对权，绝对权是人格权、身份权、物权、知识产权等，这些权利都是支配权；债权是相对权，其特点是实现权利要向义务人请求，义务人履行义务，债权才能实现。在这个意义上，请求权与支配权相对应，区分的是民事权利类型。

2. 请求权与形成权相对应。民法理论把民事权利从其作用的角度，划分为请求权和形成权。请求权与形成权的不同在于，请求权的权利主体享有的权利是请求，权利的实现则需要义务主体履行义务；而形成权的权利主体所享有的权利是形成，权利人能够凭借自己的行为，如追认行为、授权行为、撤销行为、弃权行为等，就能够引起某种民事权利的产生、变更和消灭。这种意义上的请求权是一种行使实体权利的方法。

3. 请求权是民事权利的保护方法。法律赋予民事主体以民事权利，为保护民事权利，权利人享有权利保护请求权。在这个意义上，作为民事权利保护方法的请求权，包括民事权利本身包含的保护请求权即固有请求权，以及因侵权行为而产生的侵权损害赔偿请求权。前者是民事权利本身包含的保护权利请求权，后者则是新生的保护权利的请求权。侵权损害赔偿请求权是保护民事权利请求权中的一种，是最为重要的一种。当民事权利受到侵害之后，被侵权人产生侵权损害赔偿请求权，有权请求侵权人承担损害赔偿责任，以补偿被侵权人的损害。在这个意义上的请求权，是一种方法性权利，是保护实体权利的方法。

（二）侵权损害赔偿请求权的概念

侵权损害赔偿请求权，是指在侵权损害赔偿法律关系中，被侵权人享有的请求侵权人承担侵权损害赔偿责任的权利。

侵权损害赔偿请求权是一种新生的权利，是民事权利的救济权、保护权。原《民法通则》没有将侵权损害赔偿请求权规定在第五章第二节“债权”中，而是规定在第六章“民事责任”中规定。原《侵权责任法》沿袭了这样的做法。《民法典》将侵权责任规定为侵权责任之债，使侵权责任回归债法，但是又将侵权责任编放在第七编，而未与合同编并列。因而，侵权损害赔偿请求权的法律属性，既是民事权利的保护方法，又是一种相对性的实体请求权即债权，也是权利的行使方法，具有三重属性。

研究侵权损害赔偿请求权，应当重点掌握以下几点。

1. 侵权损害赔偿请求权是新生的权利，叫作次生请求权。[①] 侵权损害赔偿请求权发生之前，侵权损害赔偿请求权的双方当事人之间并不存在相对的权利义务关系。如果没有这种请求权发生根据的法律事实的出现，他们就都是平等的权利主体，不存在相对的法律关系，任何人都不能请求另一方履行义务以满足自己的要求。只有发生了侵权行为，一方的行为造成了另一方的损害，才能在被侵权人一方发生侵权损害赔偿请求权。

2. 侵权损害赔偿请求权的发生根据是侵权行为，而不是其他法律事实。其他法律事实也有可能发生请求权，例如，无因管理行为可以发生无因管理之债请求权、不当得利可以发生不当得利之债请求权，但都不会发生侵权损害赔偿请求权，只有侵权行为才会发生侵权请求权。

3. 侵权损害赔偿请求权基于权利和利益的损害而发生。这种损害既可以是人身损害事实，也可以是财产损害事实，还可以是精神痛苦或者精神利益的损害事实。例如，自然人的姓名权、肖像权、名誉权和荣誉权的损害，法人的名称权、名誉权的损害，

① 参见杨立新：《债法总则研究》，中国人民大学出版社 2006 年版，第 8 页。

都有可能不发生财产损害,但会发生精神利益或者精神痛苦的损害。没有造成损害的行为,不产生侵权损害赔偿等责任请求权,但有可能发生其他侵权请求权,如消除危险的请求权。

4. 这种请求权的赔偿义务主体是特定的侵权人。侵权人在特定的赔偿范围内承担责任,即侵权行为所造成损失的范围。在精神损害要求赔偿损失的情况下,尽管这个特定的范围不是那么严格,但仍然不能离开损害影响所及的范围;只有在法律规定的承担惩罚性赔偿金的情况下,才可能出现赔偿超出损失的情形。

5. 侵权损害赔偿请求权的实现方法是侵权人承担侵权责任。侵权损害赔偿请求权对应的是侵权损害赔偿责任,侵权人是义务人,应当向权利人即被侵权人承担侵权损害赔偿责任,使被侵权人受到侵害的权利得以恢复至圆满状态。

二、侵权损害赔偿关系的当事人

(一)赔偿权利主体

在侵权损害赔偿法律关系中,受害人是赔偿权利主体,如果进行诉讼则为原告。除受害人以外,还有受害人的利害关系人、死者的近亲属也是赔偿权利主体。最高人民法院《关于审理人身损害赔偿案件适用法律若干问题的解释》(2021)第1条第2款规定:"本条所称'赔偿权利人',是指因侵权行为或者其他致害原因直接遭受人身损害的受害人以及死亡受害人的近亲属。"这一规定确定了赔偿权利人的范围,但还不够完善。赔偿权利主体分为直接受害人和间接受害人。

1. 直接受害人

直接受害人是侵权行为损害后果的直接承受者,是因侵权行为而使民事权利受到侵害造成损失的人。直接受害人有以下几种。

(1)具有完全民事行为能力的直接受害人。受害人的资格不在于是否有完全民事行为能力,而在于其是否具有民事权利能力。凡是具有民事权利能力,又因侵权行为而使其民事权利受到侵害的人,就具有受害人的资格。有无民事行为能力,涉及是否可以行使赔偿权利的问题,因而区分直接受害人的民事行为能力的意义是,具有完全民事行为能力的直接受害人,可以自己行使侵权赔偿请求权,向赔偿责任主体请求赔偿。

(2)无民事行为能力或限制民事行为能力的直接受害人。直接受害人无民事行为能力或民事行为能力受限制,自己不能行使赔偿请求权,应当由其监护人代理其行使侵权赔偿请求权。监护人可以作为直接受害人的法定代理人进行诉讼。

(3)多数直接受害人。一个侵权行为有数个直接受害人,所有的直接受害人都享有赔偿请求权,都可以提起侵权赔偿诉讼。依其人数,2~9个直接受害人的,作为必要的共同诉讼,应当合并审理,个别直接受害人不起诉的,并不影响其他直接受害人提出赔偿请求。有10个以上直接受害人的案件,可以进行集团诉讼或代表诉讼。代表诉讼是直接受害人的人数已经确定;集团诉讼的直接受害人的人数尚未确定,判决对未参加诉讼的直接受害人亦发生拘束力,未参加集团诉讼的直接受害人可以在诉讼时效期间起诉适用该判决。集团诉讼和代表诉讼的共同特点都是选派代表进行诉讼,代表人的诉讼行为对其所代表的直接受害人发生效力,但代表人变更、放弃诉讼请求或者承认对方当事人的诉讼请求、进行和解,必须经被代表的直接受害人同意。

(4)侵害生命权的直接受害人。侵害生命权有双重直接受害人,即被致死的受害人和为死者治疗、送葬而遭受财产损失和精神损害的近亲属。前者是生命权受到侵害之人,其已经死亡不能行使赔偿权利;后者是财产利益和精神痛苦受到损害之人,可以依法行使请求赔偿财产损失和精神损害的权利。《民法典》第1181条规定:"被侵权人死亡的,其近亲属有权请求侵权人承担侵权责任……""被侵权人死亡的,支付被侵权人医疗费、丧葬费等合理费用的人有权请求侵权人赔偿费用,但是侵权人已支付该费用的除外。"被侵权人死亡的,其近亲属为权利人;支付被侵权人医疗费、丧葬费等合理费用的人也是直接受害人,有权请求侵权人赔偿费用。

2. 间接受害人

间接受害人是指侵权行为造成了直接受害人的人身损害,因此而使人身权益受到间接损害的受害人。这样的间接受害人有三种:

(1)因直接受害人死亡或者丧失劳动能力而扶养来源丧失的受害人。侵权行为侵害直接受害人,造成死亡或者丧失劳动能力的,使其收入断绝或者减少,因而由其扶养的人的扶养来源也相应地断绝或者减少,这种被扶养人是间接受害人。最高人民法院《关于审理人身损害赔偿案件适用法律若干问题的解释》(2021)第16条规定:"被扶养人生活费计入残疾赔偿金或者死亡赔偿金。"

(2)配偶间因配偶一方受到侵权行为侵害使其丧失性利益的对方配偶。行为人实施的侵害健康权行为,造成直接受害人丧失性能力,间接引起性利益减损或丧失的直接受害人的对方配偶,也是间接受害人。有个案例,某环境卫生管理所汽车驾驶员徐某,在工作时间驾驶东风牌自卸车倒车时,将正在卡车后面帮助关车门的张某撞伤,医院诊断为左骨盆骨折,后尿道损伤。法医鉴定为:因外伤致阴茎勃起功能障碍。张某的妻子王某认为,自己作为张某的妻子,丈夫因车祸丧失性功能,使自己的生理及心理健康受到了严重伤害,今后将陷入漫长的、不完整的夫妻生活。夫妻二人共同以环境卫生管理所为被告起诉,丈夫请求赔偿其健康权受到的损害,妻子请求赔偿性权利受到的损害,总共请求赔偿损失152,700元,其中包括性权利损害的精神损害赔偿。法院判决某环境卫生管理所赔偿张某医疗费、残疾生活补助费、残疾赔偿金等损失109,207

元,赔偿王某精神损害抚慰金10,000元。在本案中,徐某是侵权行为的直接受害人,王某则是间接受害人。

(3)因目睹侵权行为受到惊吓而造成健康权受损的受害人。目睹正在发生的侵权行为的残酷现场,因而造成惊吓使健康权受到损害的近亲属也是间接受害人,享有震惊损害赔偿请求权。

3. 胎儿和死者近亲属

胎儿受到损害出生后享有请求权。胎儿在其孕育过程中受到损害,如何行使赔偿请求权,法律没有具体规定。例如,胎儿父亲因他人侵权行为而丧生或丧失劳动能力,其出生后的抚养损害赔偿问题;因污染、服药、损伤而使胎儿健康受到损害的赔偿问题等。《民法典》第16条规定:"涉及遗产继承、接受赠与等胎儿利益保护的,胎儿视为具有民事权利能力。但是,胎儿娩出时为死体的,其民事权利能力自始不存在。"这一条文尽管没有明文规定胎儿的人身损害赔偿请求权,但一般认为其中的"等"字,包含这一请求权。对此,胎儿在出生后,有权行使赔偿请求权;胎儿出生后死亡的,其人身损害赔偿请求权,其继承人可以继承;娩出时为死体的,这种损害视为对母亲的损害。

4. 死者人格利益的保护人

死者的名誉、隐私、肖像、荣誉、隐私、个人信息以及死者的遗体、遗骨等法益受到侵害,因其已经丧失民事权利能力和民事行为能力,其赔偿请求权由其近亲属享有,近亲属可以以死者利益保护人的身份向法院提出损害赔偿诉讼,以保护死者的合法利益。《民法典》第994条规定:"死者的姓名、肖像、名誉、荣誉、隐私、遗体等受到侵害的,其配偶、子女、父母有权依法请求行为人承担民事责任;死者没有配偶、子女并且父母已经死亡的,其他近亲属有权依法请求行为人承担民事责任。"

5. 损害赔偿请求权主体的特别规定

《民法典》第1181条对损害赔偿请求权主体特别规定了以下三个问题:

(1)被侵权人死亡的,其近亲属为侵权请求权人。对此,采用的是双重受害人说,被侵权人已经死亡的,被侵权人是受害人,被侵权人的近亲属也是受害人,也是侵权请求权人,有权请求侵权人承担侵权责任。

(2)被侵权人死亡的,支付被侵权人医疗费、丧葬费等合理费用的人,也是侵权请求权人,有权请求侵权人赔偿费用。这种赔偿权利人可能是死者的近亲属,也可能不是死者的近亲属,但都在该受害人死亡时为他支出了费用。因此,他就是请求权人。如果侵权人已经支付了这个费用的,则上述人员不享有请求权。

(3)被侵权人是单位,造成损害的只能是财产,单位享有的请求权只能是财产损害的请求权。如果这个单位分立或者合并的,因分立或者合并而承继这个权利的单位为请求权人,有权请求侵权人承担侵权责任。

条文没有规定被侵权人死亡时没有近亲属的应该怎么办。被侵权人死亡时没有近亲属,支付被侵权人医疗费、丧葬费等合理费用的人,有权请求侵权人赔偿相关费用。在这种情况下,有关国家机关或者救助站、村委会等,有权主张对没有近亲属的人实施侵权行为的人追究侵权责任,但是,所得赔偿金应当纳入社会福利基金,或者作为村委会的公益金。

(二)赔偿责任主体

在侵权损害赔偿法律关系中,加害人是赔偿责任主体,在诉讼中为被告。除加害人以外,在某些情况下,直接加害人的责任承受者即替代责任的责任人,也是赔偿责任主体。无民事行为能力人或者限制民事行为能力人致人损害,司法实务不认其法定代理人为被告,但认可其是赔偿责任的承受者,由其支付赔偿费用,这是不正确的。在物件致人损害中,物的所有人、占有人为赔偿责任主体。《关于审理人身损害赔偿案件适用法律若干问题的解释》(2021)第1条第3款规定了赔偿义务人的范围:"本条所称'赔偿义务人',是指因自己或者他人的侵权行为以及其他致害原因依法应当承担民事责任的自然人、法人或者非法人组织。"

1. 直接加害人

直接加害人是直接实施侵权行为,造成受害人损害的人。直接加害人分以下三种情况:一是单独的直接加害人。直接加害人为一人,为单独加害人;单独加害人为赔偿责任主体,由其个人承担赔偿责任。二是共同加害人,共同侵权行为的加害人为共同加害人,承担连带赔偿责任,在诉讼中为共同被告。三是共同危险行为人,共同危险行为的行为人不是共同加害人,但因共同危险行为的责任形式是连带责任,故共同危险行为人为共同的赔偿责任主体,为共同被告。

2. 替代责任人

对人的替代责任人。在替代责任形式的特殊侵权责任中,直接造成损害的行为人并不是赔偿责任主体,不直接承担损害赔偿责任。其赔偿责任主体是为直接造成损害的行为人承担赔偿责任的替代责任人。例如,用人单位的工作人员执行工作任务致人损害,用人单位承担赔偿责任;无民事行为能力人或者限制民事行为能力人致人损害,其监护人承担赔偿责任等。这些直接承担责任的主体是赔偿责任主体。

对物的替代责任人。物件致人损害,应由物件的所有人、占有人承担赔偿责任,致害物件的所有人、占有人是赔偿责任主体,是被告。例如,高度危险作业的所有人、占有人,地下工作物、建筑物及其他地上物的所有人、管理人,缺陷产品的销售者、生产者,污染环境企业的所有人、经营者,动物的所有人、饲养人等,都是赔偿责任主体。

三、侵权损害赔偿请求权与举证责任

请求权与举证责任是两个密切相关的概念。

举证责任的基本规则十分明确,即“谁主张,谁举证”,我国《民事诉讼法》第 64 条第 1 款规定:“当事人对自己提出的主张,有责任提供证据。”

侵权损害赔偿请求权与举证责任的关系表现为以下几项。

1. 享有请求权的一方负有举证责任。享有侵权损害赔偿请求权的人对自己请求的主张,有责任提出证据加以证明。这既是请求权人的权利,也是请求权人向人民法院应尽的诉讼义务。侵权损害赔偿请求权人在主张赔偿请求权时,应当举出证据证明对方构成侵权责任,自己的侵权请求权依法成立。不能证明自己主张的,须承担败诉的结果。

2. 在适用无过错责任原则和过错推定原则的情况下,原告除了证明自己应当证明的内容之外,对某些事实实行举证责任倒置。适用过错推定原则的特殊侵权责任,须由侵权人证明自己没有过错。例如,《民法典》规定的建筑物和物件损害责任,第 1253 条规定的建筑物等损害责任、第 1255 条规定的堆放物损害责任、第 1257 条规定的林木损害责任等,都是过错推定责任,其过错要件需要推定,实行的就是这种倒置的举证责任。在这些侵权类型中,免除侵权损害赔偿请求权人对于过错的举证责任,其只要证明违法行为、损害事实和因果关系这三个要件,法官就直接推定侵权人具有过错,无须被侵权人再加以证明;这时,举证责任倒置,由侵权人证明自己没有过错。在适用无过错责任原则中,如《民法典》侵权责任编第四章规定的产品责任,第七章规定的环境污染和生态破坏责任,第八章规定的高度危险责任,第九章规定的大多数饲养动物损害责任,被侵权人应当证明违法行为、损害事实和因果关系三个要件。如果侵权人主张是被侵权人故意引起的损害,则为免责事由,举证责任倒置,由侵权人举证证明。能够证明成立者,免除侵权人的责任。

3. 请求权人承担举证责任,法院也有调查收集证据的职责。侵权损害赔偿请求权人有责任就自己的赔偿请求提供证据,法院的主要任务是审查核实证据。如果当事人及其诉讼代理人因客观原因不能自行收集的证据,或者人民法院认为审理案件需要,人民法院应当主动调查收集证据。

四、侵权损害赔偿请求权的产生、变更和消灭

(一)侵权损害赔偿请求权的产生

1. 侵权损害赔偿请求权的产生依据

侵权损害赔偿请求权产生所依据的法律事实是侵权行为造成了损害。侵权损害事实一经发生,被侵权人一方即产生损害赔偿请求权,依法得向侵权人要求对造成的损害予以赔偿;侵权人则产生对自己造成他人的损害进行赔偿的责任,应被侵权人的请求,赔偿被侵权人因损害所造成的损失。

2. 侵权损害事实发生的时间

损害事实发生的时间实际上是指损害后果能够确定的时间。损害后果没有确定、正在发展或者加强，不属于损害事实已经发生，而是正在发生。

损害事实发生的时间具体有四种情况。

(1)侵权行为与损害事实同时出现的，侵权行为实施终了的时间就是损害事实发生的时间。例如，侵权人砸毁被侵权人的家具，砸家具的行为一经终了，损害事实就已经发生并且固定。

(2)侵权行为与损害事实不是同时出现，以损害事实的确定时间作为损害事实发生的时间。例如，某甲与某乙相邻不睦，为泄愤，甲在乙的土坯房山墙自己一侧挖水沟蓄水，至梅雨季后期，乙的山墙坍塌。山墙坍塌是逐渐发生的，应将山墙坍塌之时作为损害事实的发生时间。

(3)对于人身伤害事实发生时间的确定方法是，伤害明显的，从受伤害之日起算；伤害当时未曾发现，后经检查确诊并能证明是侵害引起的，从伤势确诊之日起算。

(4)侵权行为一直处于持续状态没有结束的，应当认为侵权行为仍然在继续之中，不开始计算诉讼时效期间。

3. 侵权损害赔偿请求权产生的时间

确定请求权发生时间的重要意义，一是确认被侵权人侵权损害赔偿请求权的产生时间，二是确定诉讼时效的开始时间。在通常情况下，损害事实的发生时间就是侵权损害赔偿请求权产生的时间。但是，为了保护被侵权人的合法权益，在某些情况下两者有一定的差异。

(1)财产损害赔偿请求权应当从损害事实发生之时产生，包括侵权行为与损害结果同时发生和相继发生的，都从确定的损害事实发生之时产生请求权，同时开始计算诉讼时效期间。

(2)人身损害赔偿请求权的发生，从两个方面规定，一是伤害明显的从受到伤害之时计算；二是伤害当时未曾发现后经检查确诊并能证明是侵害引起的，从伤势确诊之日起算。这样的规定，对被侵权人保护存在一定的不利因素。笔者认为，不应当从人身损害发生之时产生请求权，而是从财产损失已经发生之时产生请求权。例如，因人身损害住院治疗，只有伤病痊愈出院或者死亡，才能计算出实际的财产损失，否则难以确定损失的价值和赔偿范围。只有这样才能更好地保护被侵权人的权利。

(3)精神损害应当以能够确定其损害程度为请求权产生时间。例如，侵权人在报纸上发表文章诽谤被侵权人，文章发表之时就是请求权产生时间。

(4)被侵权人尚不知道损害发生或谁为侵权人时，应当从被侵权人已知或应知损害的发生和谁为侵权人的时候产生请求权。

（二）侵权损害赔偿请求权的变更

1. 侵权损害赔偿请求权变更的概念

侵权损害赔偿法律关系基于一定的法律事实而改变其主体、内容或客体，这种局部的变更必然使被侵权人的请求权随之变更。这种因侵权损害赔偿法律关系的局部变更而引起的被侵权人赔偿请求权的变更，就是侵权损害赔偿请求权的变更。

2. 侵权损害赔偿请求权变更的形式

（1）权利主体变更。除了精神性人格权受到损害以外，财产损害和人身损害的权利主体都可能变更。例如，财产损害的被侵权人死亡，其继承人或近亲属可以取得该项损害赔偿请求权，要求侵权人予以赔偿。人身损害的财产损失亦可发生类似的主体变更。至于人格利益的损害，被侵权人死亡后其请求权消灭，但已经确认的请求权和向法院起诉的除外。

（2）损害事实变更。损害事实发生变更即损害事实发生变化，如原来所造成的损害后果或者发展、扩大，或者计算有错，则请求权的赔偿范围发生变更。

（3）请求权人部分处分赔偿权利。请求权人对实体权利的部分处分，可以引起损害赔偿法律关系的内容发生变更。例如，权利主体要求减少赔偿额，使请求权的内容发生变更。

3. 侵权损害赔偿请求权变更的法律后果

侵权损害赔偿请求权一经变更，立即在诉讼中产生新的变化。第一，请求权主体变更，将更换原告。第二，请求权内容、客体的变化，将使赔偿的责任和范围发生变化。第三，有的请求权变更可以引起诉讼时效的变化。例如，侵权人的侵权行为造成新的损害事实，使旧的诉讼时效终止，新的诉讼时效开始；受害一方对加害一方实施侵害造成损害事实，则产生一种新的法律关系；原侵权人请求权产生，同时原侵权人的诉讼时效开始，原被侵权人的诉讼时效则继续进行。

（三）侵权损害赔偿请求权的消灭

1. 侵权损害赔偿请求权消灭的概念和原因

侵权损害赔偿请求权消灭，是指既存的侵权损害赔偿请求权已经不复存在，也就是侵权损害赔偿的权利义务关系已终止。

引起侵权损害赔偿请求权消灭的原因主要有以下几种：

（1）因履行而消灭。侵权人全面、适当地履行了赔偿责任，即依请求权要求责任人承担的给付责任已经给付，作为请求权人的被侵权人的请求权得到实现，该侵权损害赔偿的目的已经达到，侵权法律关系随之消灭。赔偿责任的履行有两种形式，一是一次给付，二是将来的定期给付。无论一次给付还是定期给付，只要赔偿责任已经清偿，被侵权人已经受领，被侵权人的请求权即因履行而消灭。

(2)因抵销而消灭。在相互致害的侵权损害赔偿案件中,因双方互负侵权责任,属于同一种类的给付,并且性质能够抵销,因此两项责任相互充抵而同时消灭。这样既可以使双方的请求权都得以实现,又可以节约因实际履行所消耗的时间和费用。在一般情况下,互致损害的损失不会相等;如有差额,双方就抵销后的余额予以清偿。

(3)因免除而消灭。侵权损害赔偿请求权的消灭因下列两种情况而免除。第一,权利人放弃请求权,依权利人的意思表示免除侵权人的义务而消灭请求权。在这种情况下,权利人的行为须符合《民法典》第143条规定的三项条件,即行为人具有相应的行为能力,意思表示真实,不违反法律、行政法规的强制性规定或者公序良俗。第二,依法免除侵权人的责任而消灭请求权。例如,被侵权人有故意或重大过失而侵权人仅有一般过失或根本无过失时,得免除侵权人的赔偿责任,被侵权人的请求权则依法消灭。

(4)因超过诉讼时效侵权人行使抗辩权而消灭。按照《民法典》第192条关于诉讼时效期间届满义务人产生抗辩权的规定,侵权人主张抗辩权的,除特殊情况外,被侵权人的请求权消灭。特殊情况包括,一是人民法院认为可以延长诉讼时效的,由人民法院决定;二是已经超过诉讼时效期间,当事人自愿履行的,不受诉讼时效的限制,被侵权人仍享有请求权。

2. 请求权消灭的特殊情形

请求权消灭还有一种特殊情形值得注意,这就是侵权人的死亡。侵权人的死亡并不必然导致权利人请求权的消灭。如果侵权人死亡就必然导致被侵权人因侵权人的违法行为而造成的损害得不到赔偿,不仅不符合民法的公平、正义原则,而且会增加社会的负担和不安定因素。具体的处理办法有以下三种。

(1)侵权人有遗产并且被继承人继承的。侵权人死亡后,只要侵权人有遗产,就应当由继承其遗产的继承人负责清偿。依照《民法典》第1161条的规定,以继承人继承的遗产为限,对请求权人承担赔偿责任。

(2)侵权人有遗产继承人没有继承的。侵权人有遗产,但继承人没有继承的,应当依照《民法典》第1159条的规定,直接以该遗产承担侵权责任。

(3)侵权人的遗产没有被分割而被继承人共同继承的。侵权人死亡后没有进行遗产分割,而由侵权人的近亲属共同继承的,形成共同继承遗产;请求权的责任人是死者遗产的共同继承人,应当适用《民法典》第1161条的规定,承担损害赔偿责任。

在这三种情况下,侵权人的遗产继承人或者近亲属作为义务人,被侵权人的请求权应当对他们行使。只有在侵权人生前毫无财产的情况下,被侵权人的请求权才能够消灭。

第二节　侵权责任方式

一、侵权责任方式

(一)侵权责任方式的概念和特征

侵权损害赔偿请求权对应的是侵权责任方式,即侵权人的行为构成侵权责任,被侵权人产生侵权损害赔偿请求权,行使该请求权,侵权人将承担与其实施的侵权行为和救济被侵权人损害相适应的侵权责任方式。因此,侵权责任方式是指侵权人就被侵权人行使侵权损害赔偿请求权所应当承担的以损害赔偿为基本内容的侵权责任具体形式。或言之,侵权责任方式是侵权人实施侵权行为应当承担的具体法律后果。

《民法典》第179条规定了11种民事责任方式,所对应的并非都是侵权请求权,更多的是对应物权请求权、违反债的二次请求权、人格权请求权、身份权请求权等固有请求权,侵权请求权主要是损害赔偿请求权,以及与侵权损害赔偿相关的恢复原状请求权、未登记的动产返还请求权,以及赔礼道歉请求权。这些都是由民法调整的财产关系和人身关系的特殊性决定的,应当按照救济侵权损害后果和制裁侵权人的具体要求,适用具体的侵权责任方式。

侵权责任方式有以下法律特征:

1. 侵权责任方式是落实侵权责任的具体形式。侵权责任一旦构成,侵权人就应当承担这种法律后果。侵权责任方式必须转化为具体的形式,侵权责任是侵权责任方式的抽象,而侵权责任方式是侵权责任的具体表现。

2. 侵权责任方式是责任与义务、向法律负责和向受害人负责的结合。侵权责任方式既是人民法院运用审判权判令侵权人承担责任的方式,也是侵权人应向受害人履行的义务。侵权责任是向国家法律负责和向对方当事人负责的结合,且主要方面是向对方当事人负责。侵权责任正是这样,既是责任又是义务。

3. 损害赔偿是侵权责任的主要方式。侵权责任的基本方式是损害赔偿,《民法典》侵权责任编第二章标题就确定为"损害赔偿",说明的就是这个道理。这是由侵权责任的基本功能在于补偿受害人的损失决定的。侵权行为一般都造成了受害人的损失,但无论是财产损失还是人身伤害和死亡以及精神损害,依法律规定均可以适用赔偿损失的责任方式进行补救。

(二)侵权责任方式的类型和适用的一般原则

1. 确定侵权责任方式的具体办法

在《民法典》第179条规定的11种民事责任方式中,只有损害赔偿、恢复原状、未登记的动产返还财产是侵权责任方式,确定的办法如下:

(1)《民法典》侵权责任编第二章明确规定侵权责任的基本方式是损害赔偿,因此,侵权损害赔偿是侵权责任的基本方式。

(2)《民法典》第237条和第238条规定了恢复原状和损害赔偿请求权,均加上了"依法"二字,且没有规定这两种请求权不受诉讼时效限制,可以断定这两种责任方式是侵权责任方式。

(3)《民法典》第196条规定"不动产物权和登记的动产物权的权利人请求返还财产",不适用诉讼时效的规定,因而,排除在外的不登记的动产物权的返还财产,应当受到诉讼时效的限制,应当属于侵权责任方式。不登记的动产物权应当包括依法不必登记的动产物权和可以登记但是未登记的动产物权。

(4)《民法典》第995条第2款规定,停止侵害、排除妨碍、消除危险、消除影响、恢复名誉请求权、赔礼道歉不适用诉讼时效的规定,显然是人格权请求权的责任方式。

基于以上分析,侵权责任方式即为损害赔偿、恢复原状、不登记的动产物权返还财产,是侵权请求权的内容。在侵权责任法的术语中,侵权损害赔偿的概念,通常是狭义的概念,即单指侵权的损害赔偿责任方式。但是,在实际使用中,有时也用广义的概念,即包括这些所有与损害赔偿相关的责任方式,都称为侵权损害赔偿。

2. 适用侵权责任方式的一般规则

对侵权行为适用民事责任方式,应当掌握以下几个规则:

(1)救济损害需要。确定侵权责任方式最重要的原则,是根据救济受害人的权利损害需要。在恢复受害人受到侵害的权利的目标下,需要适用什么民事责任方式,就适用什么民事责任方式。对于单纯的财产权利损害,可以单独适用损害赔偿方式救济损害;对于生命健康权的损害,既可以赔偿财产损失,也可以同时赔偿精神损害;对于精神性人格权的损害,可以单独适用精神型责任方式,也可以根据需要适用财产型责任方式。在任何情况下,只要有救济损害的需要,都可以适用综合型责任方式。

(2)可以并用。不同侵权责任方式各具特点,对于侵权行为造成损害的救济,可以单独适用一种责任方式,也可以适用多种责任方式。《民法典》第179条第3款规定:"本条规定的承担民事责任的方式,可以单独适用,也可以合并适用。"侵权责任方式并用的标准,是根据各种责任形式保护受害人的利益不同而定的,如果适用一种责任形式不足以保护受害人时,就应当同时适用其他责任方式。这是侵权责任聚合的表现。

(3)适当处分。侵权责任方式从受害人的角度看,就是受害人自己享有的请求权的内容。按照民法的基本原则,权利人可以处分自己的权利。

(三)侵权责任方式的适用

1.未登记的动产物权的返还财产

返还财产是普遍适用的民事责任方式,是指侵权人将不法侵占的财产予以原物返还。《民法典》将返还财产分为物权请求权的返还财产和侵权请求权的返还财产,未登记的动产物权的返还财产,是侵权责任方式,适用侵权责任的规定。

返还财产责任因侵权人非法占有未登记的动产而产生。无法律和合同的根据而占有他人的动产,则侵害了动产所有人或者占有人的权利。如甲抢夺乙的财产据为己有,则甲负有返还乙财产的民事责任。

返还财产的适用条件,是被侵占财产原物依然存在。如果原物已经灭失,返还原物为客观不能,所有人只能要求赔偿损失,而不能要求返还原物。如果原物虽然存在,但已经遭受毁损,可以在请求返还财产的基础上再提出赔偿损失。返还财产在性质上是物的占有的转移,而不是所有权的转移,因此,占有人须将所有物转移至所有人的控制之下,才能视为财产已经返还。

例如,叶某与胡某系同学关系,都是集邮爱好者。胡某的父亲将自己收藏的一枚"放光芒"邮票(1956年国庆节拟发行的纪念邮票,为"1956特15·首都名胜4",由于认为有错误而未发行,但是江西某地提前发行过十几枚,邮市上极为罕见)交给胡某收藏。该邮票是盖销票,票面盖有"1956.10.16·江西南昌"的邮戳。胡某向叶某说明此事,叶某便要求借看这枚邮票。叶某到胡某家后,认为该邮票真假难辨,要求借走邮票找其老师鉴定真伪;胡某应允,叶某便将该邮票放在书本中夹着带走。嗣后,胡某多次要求叶某返还邮票,叶某都以邮票丢失需要找寻为借口,长期拖延不还。胡某向法院起诉,法院以侵占财产为由,确认叶某侵权责任成立,判决其限期返还财产;如果不能按照期限返还,则应按照高于该邮票的市场流通价的数额赔偿原告的财产损失。这一判决,首先确定的就是返还财产责任;考虑到侵权人恶意占有被侵权人财产的实际情况,预测其不会返还,因此确定如果不能按照期限返还财产,则应当按照高于市场价格的数额承担赔偿责任,这是确定未登记的动产返还财产责任方式适用的正确方法。

返还财产应当返还原物所生的孳息。构成侵权行为的侵占财产行为均为恶意。在恶意占有的情况下,占有人应负责返还其在全部恶意占有期间所获得的一切孳息,且无权请求所有人补偿其支付的费用。

2.恢复原状

恢复原状是指恢复权利被侵犯前的原有状态,一般是指修复被损坏的财产,即所有人的财产在被他人非法侵害遭到损坏时，如果能够修理，则所有人有权要求加害人通过修理恢复财产原有的状态。在《民法典》中，虽然恢复原状与修理、重作、更换的责任形式联系十分密切，采纳广义的恢复原状的概念，修理、重作、更换不过是恢复原状的手段，目的在于恢复权利人被侵害的权利，①但是，狭义的修理、重作、更换不是侵权责任方式，也不是恢复原状的具体形式，而是违约责任的承担方式。适用恢复原状的责任方式，应当具备的条件是：一是须有修复的可能；二是须有修复的必要。确立恢复原状请求权的基础是，如果被毁损的物是不可替代物时，加害人应当负责修缮，而不能通过金钱赔偿方式请求加害人让与该物的所有权。允许加害人在恢复原状和价格赔偿之间进行选择的主动权在于受害人，所有权失去保障的顾虑则根本不存在。因此，恢复原状作为一项独立的请求权，对于保护物权具有重要意义。恢复原状的标准，是使受到损坏的原物性状如初。通过修理或者重作以及其他方法，使受到损害的物恢复到原来状态，就满足了恢复原状的要求。不过在实际上，原物被损坏后，通过修理，尽管能够达到原物的使用性能，但通常会使价值贬损，损失并不能完全得到填补。这种情况称为“技术上贬值”的损失，不能达到恢复原状的要求。对通过维修等使受到损坏的物初步恢复原状，但是，仍然存在技术贬值的，应当对贬值的部分予以赔偿。

3. 赔偿损失

赔偿损失是最主要、最基本的侵权责任方式，侵权责任法规定的赔偿损失包括财产损害赔偿、人身损害赔偿和精神损害赔偿三种形式，特殊的损害赔偿方式是惩罚性赔偿。

二、侵权责任的其他方式

《民法典》第1167条规定，侵权行为危及他人人身、财产安全的，被侵权人有权请求侵权人承担停止侵害、排除妨害、消除危险等侵权责任。这一规定，与第995条规定的人格权请求权和第236条规定的物权请求权有重复。因为在实践中，当事人一旦提出停止侵害、排除妨碍、消除影响，究竟是适用哪一个条款作为请求权依据，是存在一定问题的。应当说明《民法典》第1167条规定停止侵害、排除妨碍、消除危险责任方式的问题。停止侵害、排除妨碍、消除危险等责任方式，原本是物权请求权和人格权请求权的方式，但是，当被侵权人提起侵权损害赔偿之诉，同时又提起停止侵害、排除妨碍、消除危险请求权时，其性质随之转化，成为侵权请求权的内容，与侵权损害赔偿请求权一并行使，并且形成完整的救济体系。可见，这些非损害赔偿责任方式在性质上具有

① 参见王利明、杨立新：《侵权行为法》，法律出版社1996年版，第104页。

双重属性。

(一)停止侵害

如果行为人实施的侵权行为仍在继续,受害人可依法请求法院责令侵害人承担停止侵害的责任方式。任何正在实施侵权行为的不法行为人都应立即停止其侵害行为。停止侵害的责任方式可适用于各种侵权行为。此种责任方式的主要作用在于:能够及时制止侵害行为,防止损害后果扩大。但这种责任方式以侵权行为正在进行或仍在延续为适用条件,对尚未发生的或业已终止的侵权行为不得适用。责令停止侵害,实际上是要求侵害人不实施某种侵害行为,即不作为。

适用停止侵害责任方式时应当注意:第一,可以先予执行;第二,请求时应当提供担保。

(二)排除妨碍

排除妨碍,是指侵权人实施的行为使受害人无法行使或不能正常行使自己的人身权利、财产权利,受害人请求加害人将妨碍权利实施的障碍予以排除。例如,在他人窗前或者通道上堆放物品,妨碍他人通风采光或者通行的,行为人应将物品搬走。若行为人自己不排除妨碍,受害人可请求人民法院责令其排除妨碍。

(三)消除危险

消除危险,是指行为人的行为和其管领下的物件对他人的人身、财产安全造成威胁,或存在侵害他人人身、财产权益的可能,该他人有权要求行为人采取有效措施,将具有危险因素的行为或者物件予以消除。例如,房屋的所有人或管理人不修缮房屋,致使房屋处于随时可能倒塌、危及他人人身和财产安全,或者化工厂排放污染物,还没有造成实际损害,这些行为人都应承担消除危险的责任方式。

适用消除危险的责任方式必须是危险存在,有可能造成损害后果;对他人造成威胁,但是损害尚未实际发生,没有妨碍他人民事权利的行使。适用此种责任方式,能有效地防止损害的发生,充分保护民事主体的民事权利。

第三节　侵权损害赔偿的概念与规则

一、侵权损害赔偿的概念

(一)侵权损害赔偿的概念和特征

损害赔偿包括侵权损害赔偿和违约损害赔偿。侵权损害赔偿,是指侵权人实施侵权行为对被侵权人造成损害,在侵权人和被侵权人之间产生的请求赔偿权利和履行给付赔偿责任的法律关系。这里使用的侵权损害赔偿概念,是广义的侵权损害赔偿概念。

侵权损害赔偿的法律特征如下。

1. 侵权损害赔偿的根本目的是救济损害。赔偿的根本目的是补偿损失,使受到损害的权利得到救济、恢复权利。此外,侵权损害赔偿也有制裁民事违法和慰抚受害人的作用,但这不是它的根本目的。

2. 侵权损害赔偿是财产性的责任方式。侵权损害赔偿完全是以财产的方式救济受害人。在损害的三种形式即人身损害、财产损害和精神损害中,对财产损失必须以财产来赔偿;对人身损害,也必须以财产的形式赔偿受害人的财产损失;即使精神损害赔偿也只能以财产的方式进行,不可能用其他方式赔偿。

3. 侵权损害赔偿具有相对性的特征。相对性是债的关系的基本特征,侵权损害赔偿同样如此。损害赔偿永远发生在相对人之间,即权利主体和义务责任永远是特定的,且只在相对的特定主体之间发生。受害人只能向特定的行为人请求赔偿,赔偿责任主体也只需向特定的受害人承担赔偿责任。

(二)侵权损害赔偿的范围

对于侵权损害赔偿的范围,《民法典》第1179、1180、1182、1183、1184条作了规定。这5条规定的内容比较原则,都是一般性规定。在实务中确定损害赔偿范围时,应当参照最高人民法院有关司法解释的规定。

1. 人身损害赔偿。《民法典》第1179、1180条规定了基本规则。2003年12月26日公布的《关于审理人身损害赔偿案件适用法律若干问题的解释》,是关于处理人身损害赔偿的专门司法解释,对人身损害赔偿既做了概括规定,有详细的具体规则。经过修订之后,目前该司法解释规定的人身损害赔偿的具体规则与《民法典》的规定相一致。

2. 人格权财产利益损害赔偿。对于侵害他人人身权益造成财产损失的赔偿责任,《民法典》第1182条规定了具体的方法,其基本原则是按照被侵权人因此受到的损失或者侵权人因此获得利益的进行赔偿。难以确定的,而且被侵权人和侵权人就赔偿数额又协商不一致,向人民法院提起诉讼的,由人民法院根据实际情况确定赔偿数额。

3. 精神损害赔偿。《民法典》第1183条规定:"侵害自然人人身权益造成严重精神损害的,被侵权人有权请求精神损害赔偿。""因故意或者重大过失侵害自然人具有人身意义的特定物造成严重精神损害的,被侵权人有权请求精神损害赔偿。"这是对精神损害赔偿责任的规定,与原《侵权责任法》第22条规定相比,增加了第2款,规定了侵害自然人具有人身意义的特定物的精神损害赔偿的新规则。

4. 财产损害赔偿。《民法典》第1184条规定了财产损害赔偿的一般性规则,即侵害他人财产的,财产损失按照损失发生时的市场价格或者其他合理方式计算。

(三)确定损害赔偿责任范围应当注意的问题

1. 必须符合法律保护合法权益的意旨。侵权行为所侵害的客体,都是由法律规定的民事主体的民事权益和利益。对于民事主体的民事权利的损害,应当依据法律规定的意旨确定赔偿范围,超出法规意旨的利益损害不应予以赔偿。

2. 确定实际损害必须依据相当因果关系。在赔偿责任的构成中,因果关系为必备要件。确定损害赔偿范围,同样以因果关系为要件,与行为无因果关系的损害不应计算在损害赔偿范围之内。确定因果关系应以相当因果关系为标准,有相当因果关系的便予以赔偿,没有相当因果关系而仅是损害发生条件的,不予赔偿。例如,行为致伤受害人,受害人住院治疗以后,因患败血症而死亡的损害,应列入赔偿范围;因医院失火而烧死受害人的损害,不应计入赔偿范围。

3. 在必要时应当考虑行为人的过错轻重。过错的轻重对损害赔偿的范围没有大的影响,而是以财产损失的大小作为赔偿的标准。但在确定精神损害赔偿范围时,行为人过错的轻重对于确定损害赔偿的范围具有重要的影响,是考虑确定赔偿范围的重要依据。这是因为,加害人过错的轻重不仅对侵权后果具有重要的影响,而且精神损害赔偿除具有慰抚受害人、补偿损害的功能外,制裁违法行为人也是重要功能之一,过错轻重当然涉及精神损害赔偿范围的大小。

二、损害赔偿规则

(一)全部赔偿规则

全部赔偿是侵权损害赔偿的基本规则,是指侵权人承担赔偿责任的大小,应当以行为所造成的实际财产损失的大小为依据,全部予以赔偿。换言之,就是赔偿以所造成的实际损害为限,损失多少,赔偿多少。

全部赔偿是由损害赔偿的功能决定的。损害赔偿的基本功能是补偿财产损失,以全部赔偿作为确定损害赔偿责任大小的基本原则,就是十分公平、合理的。

适用全部赔偿原则应当特别强调以下几个问题。

1. 确定损害赔偿数额即赔偿责任的大小只以实际损害作为标准,全部予以赔偿。在一般情况下,不能以加害人过错程度的轻重作为损害赔偿数额的依据,也不能以行为的社会危险性大小作为依据,只能以财产的实际损失作为赔偿责任大小的标准。例外的是对于确定精神损害赔偿责任的大小,加害人的主观过错程度则起重要作用,加害人故意或者重大过失,是承担较重赔偿责任的根据。

2. 全部赔偿包括直接损失和间接损失。全部赔偿要求不仅要赔偿直接损失,而且对确定的间接损失也要予以赔偿。对间接损失如果不能予以全部赔偿，受害人的权利就得不到全面的保护，加害人的违法行为也不会受到应有的制裁。间接损失只要是当事人已经预见或者能够预见的利益，并且可以期待、必然得到的，就应当予以赔偿。

3. 全部赔偿包括对受害人为恢复权利，减少损害而支出的必要费用损失的赔偿。受害人因权利受侵害，为恢复权利、减少损害而支出的费用，是侵权行为所造成的损失，应当予以赔偿。但这种损失在实务中基本上不予赔偿，没有体现全部赔偿的要求。1993 年《反不正当竞争法》第 20 条第 1 款规定："经营者违反本法规定，给被侵害的经营者造成损害的，应当承担赔偿责任……并应当承担被侵害的经营者因调查该经营者侵害其合法权益的不正当竞争行为所支付的合理费用。"在实务中，应当参照这一规定，将受害人为恢复权利、救济损害、减少损害而支出的必要费用，列入赔偿范围，予以全部赔偿。

4. 全部赔偿的只能是合理的损失，不合理的损失不应予以赔偿。对于受害人借故增加开支，扩大赔偿范围的做法应当谴责，同时对于故意扩大的赔偿开支也不应当予以赔偿。

（二）财产赔偿规则

财产赔偿规则，是指侵权行为无论是造成财产损害、人身损害还是精神损害，均以财产赔偿作为唯一方法，不能以其他方法为之。

确立财产赔偿规则的根本目的有以下三点：

1. 对于财产损害应以财产的方式赔偿。对于财产损害只能以财产的方式赔偿，不能以其他方式赔偿。这是因为，财产损失以财产赔偿最符合民法的等价有偿原则。以支付劳务、人身拘禁等方式偿付财产损失或者其他损害，有人身制裁的性质，都是不允许的。现代侵权法也不主张进行损害投役，因为物的损害投役有可能不符合全部赔偿原则的要求，而人的损害投役则因限制加害人的人身，对人身进行强制，违反民法原则，因而应严格禁止。①

2. 对于人身损害以财产的方式予以赔偿。对于人身损害也只能以财产的方式予以赔偿，不能用其他方式赔偿。这是因为：首先，人身损害不能用同态复仇的方式进行补偿，以此与同态复仇相区别；其次，人身损害不能用金钱计算其价值，既不能用金钱计算出受害人损伤器官的价格，也无法用金钱补偿人身损害的本身；最后，对人身损害，如致死、致伤、致残，应以财产的方式补偿因医治伤害所造成的财产损失，损失多少

---

① 损害投役是罗马法的侵权责任方式，动物造成他人损害即将动物所有权转移给受害人，人造成他人损害则将加害人交由受害人强制役使。

财产,就应当赔偿多少财产,这样不但公平合理,而且容易计算。人身损害引起的痛苦,应适用精神损害赔偿方法,以财产方式予以赔偿。

3. 对于精神损害无论是否造成经济损失都应当以财产赔偿。对于纯粹的精神利益损害和精神痛苦损害,也只能以财产的方式予以赔偿,没有其他更合适的救济方式。精神损害并不仅仅指精神痛苦的损害,主要是精神利益的损害。认为精神痛苦损害就是精神损害,法人没有精神痛苦因而也就没有精神损害,也就不得请求精神损害赔偿的观点,是不正确的。

确认财产赔偿规则就是明确侵权行为造成的一切损害都必须以财产的方式予以赔偿。从这一规则出发,处理一切侵权损害赔偿案件,都必须公平、合理,体现等价有偿的原则。受害人因损害而得到的赔偿恰好是能够填补实际损害,不能赔偿不足,也不能使之不当得利。判令加害人承担赔偿责任也与其造成的损害相适应,不能让其负担过重的赔偿责任。

(三)损益相抵规则

损益相抵亦称损益同销,是指赔偿权利人基于发生损害的同一原因受有利益者,应由损害额内扣除利益,由赔偿义务人就差额予以赔偿的确定赔偿责任范围的规则。①

损益相抵的法律特征是:第一,损益相抵原则是损害赔偿之债的原则,适用于一切损害赔偿责任确定的场合,不仅是侵权损害赔偿的规则,也是违约损害赔偿的规则。第二,损益相抵原则是确定侵权损害赔偿责任范围大小及如何承担的问题。它不是解决损害赔偿责任应否承担的规则,而是在损害赔偿责任已经确定应由加害人承担的前提下,确定加害人应当承担多少赔偿责任的规则。第三,损益相抵所确定的赔偿标的是损害额内扣除因同一原因而产生的利益额之差额,而不是全部损害额。例如,房屋因爆炸震塌,对于房屋所有权人而言,为损害,房屋所有权人故得请求赔偿,因倒塌而呈现之建筑材料,对于房屋所有权人而言,则是种利益。② 损益相抵就是要求受害人在请求损害赔偿时,须从房屋损害数额中扣除因此所得建筑材料的利益额,仅就该差额行使赔偿权利。第四,损益相抵由法官依职权行使。在诉讼中,法官可以不待当事人主张,径以职权根据确认的证据适用该原则。

在侵权责任中构成损益相抵,必须具备以下要件:

1. 须有侵权损害赔偿之债的成立。构成损益相抵必须以损害赔偿之债的成立为必要要件。没有侵权损害赔偿之债的成立,亦即缺乏损害赔偿之债的要件,尚未构成侵权损害赔偿之债,不具备此要件。

---

① 2008 年 9 月 23 日《侵权责任法》(草案)曾经规定了损益相抵规则,即第 22 条规定:“因同一侵权行为在造成损失的同时,受害人受有利益的,应当从赔偿额中扣除所获得的利益。”

② 参见曾世雄:《损害赔偿法原理》,三民书局 1986 年版,第 188 页。

2. 须受害人受有利益。这是损益相抵的必备要件。如果受害人未因受损害而受有利益,则无适用损益相抵的余地。此种利益包括积极利益和消极利益。积极利益为受害人现有财产的增加,消极利益为应减少的财产而未损失。应当扣减的利益包括:物的毁损而发生的新生利益;实物赔偿新旧相抵的利益;原应支出因损害事实的发生而免支出的费用;原无法获得因损害的发生而获得的利益;将来的多次赔偿给付改为现在的一次性给付的中间利息。①

3. 须有构成损害赔偿之债的损害事实与所得利益间的因果关系。尽管损益相抵不以相当因果关系为绝对标准,然而因果关系作为损益相抵构成的必要要件之一,为判例和学说所公认,即须利益与损害系于同一的发生损害之原因间,有相当因果关系而后可,也就是须利益与损害于同一之相当原因而发生。② 在具体判断因果关系的构成时,基于同一赔偿原因所生直接结果的利益,成为不可分离或合一关系者;基于同一赔偿原因所生间接结果,彼此之间或者与直接结果为不可分离或合一关系者,均为有相当因果关系。通常认为不具有相当因果关系者,为损害与利益无适当关系,因此不得适用损益相抵原则。诸如:第一,第三人对于受害人赠与的财产,或受慈善机关救治,或国家、单位予以补助的财产;第二,因继承而得的利益;第三,退休金、抚恤金获得的利益;第四,非加害人所送的慰问金。

具备以上三个要件即构成损益相抵,应在损害额中扣除所得利益额。

损益相抵的计算与折抵方法,主要有以下五种,可以根据不同情况选择适用。

1. 损害造成的损失与利益均可以金钱计算时,直接相减、扣除利益,直接赔偿差额。赔偿计算公式是:

赔偿数额 = 原有价值 - 原有价值/可用时间 × 已用时间 - 新生利益

这一公式中的"原有价值 - 原有价值/可用时间 × 已用时间",即为被损害之物的损失额;损失价值等于损失额与新生利益额相减的差额,即为赔偿的数额。这种方法适用于财产损害赔偿。至于人身损害的损益相抵,则直接相减得出损害与利益的差额,即已实行了损益相抵。

2. 对于损害造成的损失已经采用金钱赔偿者,应由赔偿权利人将新生利益退还给赔偿责任人,实行损益相抵。例如,致毁他人汽车或房屋,如果对所损坏的汽车、房屋的损失全额赔偿,则所余残存零部件或建筑材料应归赔偿责任人所有,否则违背公平原则。

3. 实物赔偿时,新旧物的差价,应由赔偿权利人退还赔偿责任人,否则权利人对差

---

① 将来的多次赔偿给付改为现在的一次性赔偿的中间利息,在理论上应当认定为新生利益,予以损益相抵。但最高人民法院司法解释没有规定其为新生利益可以损益相抵。

② 参见何孝元:《损害赔偿之研究》,台湾地区"商务印书馆"1980 年版,第 45 页。

价为不当得利。

4. 返还原物,对所得消极利益应退还责任人。例如,侵占他人的耕牛,应负返还义务,对侵占期间受害人所受损失亦应予以赔偿,但受害人在耕牛被责任人侵占期间减少草料、喂养人工等费用,应作为消极利益从中扣除。

5. 在人身损害致残、致死的场合,赔偿责任人对丧失劳动能力的人或其他间接受害人应定期给付生活补助费的;把将来的多次给付变成现在一次性给付,应当依霍夫曼计算法扣除中间利息。其计算要点是为了计算 n 年后的每年给付金额 A 的现在价额 X,其利率为 r,则计算公式为:

$$X + Xrn = A \text{ 或}$$
$$X(1 + rn) = A \text{ 或}$$
$$X = A/(1 + rn)$$

(四)过失相抵规则①

过失相抵是在损害赔偿之债中,由于与有过失的成立,而减轻加害人赔偿责任的规则。侵权行为的与有过失同样适用过失相抵原则。

实行过失相抵原则,应当在过失和原因力的比较基础上,依比例确定双方当事人各自的责任比例,依此减轻加害人的责任。

(五)衡平原则

作为赔偿规则的衡平原则是指在确定侵权损害赔偿范围时,必须考虑诸如当事人的经济状况等诸因素,使赔偿责任的确定更公正。例如,加害人的经济状况不好,全部赔偿以后将使本人及其家属的生活陷入极度困难时,则可依据具体情况适当减少其赔偿的数额。

适用衡平原则,应当强调以下几点:

1. 适用前提。适用衡平原则的前提,须在已确定赔偿责任的基础上,确定赔偿责任大小时适用。如果不具备这个前提,赔偿责任尚未确定,就不能适用这一原则。

2. 适用顺序。衡平原则是在适用全部赔偿、财产赔偿、损益相抵和过失相抵等规则之后,最后考虑的原则。在依据其他赔偿规则确定赔偿的基本范围之前,就适用衡平原则,是不正确的。

3. 综合考虑各种因素。适用衡平原则应综合考虑各种因素,主要是当事人的经济情况。应考察当事人的经济收入、必要的经济支出以及富裕程度等。此外还应当考虑其他因素,如社会风俗、习惯、舆论、当事人身份、特殊需求等,综合判断是否可以减少

① 关于过失相抵,本书将其作为一种责任形态的类型论述。为了保持损害赔偿规则体系的完整性,在这里只是简要介绍这一规则的基本内容。

赔偿。考虑这些情况,不仅要考虑加害人的情况,也要考虑受害人的情况。

4. 保障必要的生活费。适用衡平原则,应当为加害人及其家属留下必要的生活费用。适用衡平原则的结果是减轻赔偿责任,降低加害人的负担,本身就对加害人有利。加害人承担责任的极限在于承担责任以后还必须保留本人及其家属的必要生活费用,而不能让其因负担赔偿责任而使生活陷入极度贫困。必要生活费用的标准,应当根据当地实际情况而定,但又不能像确定生活救济标准那样准确,原则上是让加害人在承担责任之后还能够正常生活。家属范围应以有扶养关系的近亲属为限。

第四节 《民法典》侵权损害赔偿责任规则的改进与赔偿原则

一、《民法典》对侵权损害赔偿责任规则的主要改进

《民法典》对侵权损害赔偿责任范围及其计算方法的规则进行了修订,实现了侵权责任请求权向侵权之债请求权回归的要求,使其更加完善。在研究具体的侵权损害赔偿规则之前,先对侵权损害赔偿责任规则的改进进行阐释,说明主要改进的规则,提出在适用中应当注意掌握的方法。《民法典》对侵权损害赔偿责任规则的改进主要集中在以下7个方面。

(一)将营养费、住院伙食补助费列入人身损害赔偿范围

《民法典》第1179条规定:"侵害他人造成人身损害的,应当赔偿医疗费、护理费、交通费、营养费、住院伙食补助费等为治疗和康复支出的合理费用,以及因误工减少的收入。造成残疾的,还应当赔偿辅助器具费和残疾赔偿金。造成死亡的,还应当赔偿丧葬费和死亡赔偿金。"这是对人身损害赔偿范围的规定,与原《侵权责任法》第16条规定的人身损害赔偿范围相比,增加了营养费、住院伙食补助费为人身损害赔偿项目的新规则。

(二)适当调整侵害人身权益损害赔偿数额的计算方法

《民法典》第1182条规定:"侵害他人人身权益造成财产损失的,按照被侵权人因此受到的损失或者侵权人因此获得的利益赔偿;被侵权人因此受到的损失以及侵权人因此获得的利益难以确定,被侵权人和侵权人就赔偿数额协商不一致,向人民法院提起诉讼的,由人民法院根据实际情况确定赔偿数额。"这是对侵害他人人身权益造成财产损失赔偿规则的规定,与原《侵权责任法》第20条规定相比,调整了财产损失的计算

方法,更加科学合理。

(三)确认故意或者重大过失侵害具有人身意义的特定物的精神损害赔偿

《民法典》第1183条规定:“侵害自然人人身权益造成严重精神损害的,被侵权人有权请求精神损害赔偿。”“因故意或者重大过失侵害自然人具有人身意义的特定物造成严重精神损害的,被侵权人有权请求精神损害赔偿。”这是对精神损害赔偿责任的规定,与原《侵权责任法》第22条规定相比,增加了第2款,规定了侵害自然人具有人身意义的特定物的精神损害赔偿的新规则。

(四)通过人格权编的规定确定对违约行为可以请求精神损害赔偿

《民法典》第996条作出了关于“因当事人一方的违约行为,损害对方人格权造成严重精神损害的,受损害方选择请求其承担违约责任的,不影响受损害方请求精神损害赔偿”的规定。这是对精神损害赔偿责任适用范围的扩展,与最高人民法院原《关于确定民事侵权精神损害赔偿责任若干问题的解释》的规定完全不同。该司法解释将精神损害赔偿责任限制在侵权责任领域,尽管没有具体条文,但是在该司法解释的标题上就确定了这一司法原则。这样的结果,使因违约行为既造成合同利益的损害,又受到精神损害的当事人,在保护和救济自己的权益时须提起两个诉讼,是不适当的。因此,《民法典》人格权编对此做出了新规定,《关于确定民事侵权精神损害赔偿责任若干问题的解释》(2021)删除了与此相冲突的规定,扩展了精神损害赔偿的适用范围,能更好地保护被侵权人的合法权益。

2021年1月4日,嘉兴市南湖区人民法院判决了违约精神损害赔偿第一案。2019年10月16日下午,王某乘坐被告嘉兴市公共交通有限公司运营的93路公交车从高铁嘉兴南站前往公交禾兴北路场,在车辆行至禾兴路西马桥附近时,王某在车内摔倒受伤,经嘉兴市第二医院医治。经司法鉴定,王某构成人体损伤十级残疾,与该车祸系直接因果关系。王某认为,自己与嘉兴市公交交通有限公司形成运输合同关系,公司在履行运输合同过程中致使自己受伤,公司构成违约,应当承担违约责任。因沟通未果,王某以嘉兴市公共交通有限公司为被告,向法院提起诉讼,要求公司赔偿医疗费、护理费、伤残赔偿金、交通费、住院伙食补助费、精神损害抚慰金等共85,467元。庭审中,被告表示,对事故发生事实无异议,被告已垫付的部分医药费、护理费及住院伙食补助费应予以抵扣,其他赔偿项目请求法院依法认定。

法院认为,原告搭乘被告运营的公交车,双方形成客运合同关系,被告作为承运人应当对运输过程中旅客的伤亡承担损害赔偿责任。经审查,最终确定原告各项物质损失合计67,146.85元。虽然本案是《民法典》施行前的法律事实引起的民事纠纷,但适用《民法典》的规定更有利于保护民事主体合法权益,依据《民法典》第996条之规定,因当事人一方的违约行为,损害对方人格权造成严重精神损害,受损害方选择请求其承担违约责任的,不影响受损害方请求精神损害赔偿,因此对原告主张被告赔偿精神损害抚慰金予以支持,金额确定为5000元。原告各项损失共计72,146.85元,被告应当承担赔偿责任。

对于这类违约的精神损害赔偿纠纷案件,依照《民法典》施行前的法律的规定,是不能同时判决承担违约责任和精神损害赔偿责任的,须另行起诉在侵权责任的诉讼中才能提出这种诉讼请求。《民法典》第996条的规定是一个保护自然人人格权益的法律规范,减少当事人的诉讼负担,本案对此开了一个好头。

(五)财产损失可以选择按照其他合理方式计算

《民法典》第1184条规定:"侵害他人财产的,财产损失按照损失发生时的市场价格或者其他合理方式计算。"这是对财产损害赔偿的规定,与原《侵权责任法》第19条规定相比,在"其他方式"之间增加了"合理"二字。

(六)故意侵害知识产权可以承担惩罚性赔偿责任

《民法典》第1185条规定:"故意侵害他人知识产权,情节严重的,被侵权人有权请求相应的惩罚性赔偿。"这是对故意侵害知识产权可以承担惩罚性赔偿规定的新规则。在我国以往的立法中,没有对侵害知识产权的侵权行为规定要承担惩罚性赔偿责任。2019年3月5日,李克强代表国务院向十三届全国人大一次会议作《政府工作报告》时,建议要强化对知识产权的保护,实行侵权惩罚性赔偿制度。①《民法典》侵权责任编增加了这一规定,确定对故意侵害知识产权的侵权人有权请求相应的惩罚性赔偿责任。这对于保护知识产权,制裁恶意侵害他人知识产权获利的侵权行为,是十分必要的。

(七)公平分担损失规则仅适用于法律规定的情形

《民法典》第1186条规定:"受害人和行为人对损害的发生都没有过错的,依照法律的规定由双方分担损失。"这一条文是对公平分担损失规则的规定,与原《侵权责任法》第25条的规定相比,将"可以根据实际情况",改为"依照法律的规定"。有些人将本条规定解释为侵权责任的归责原则,②是不正确的,本条是承担侵权损害赔偿责任的公平分担损失规则。这是从将该条文规定在"损害赔偿"一章中的做法就可以得出的结论,该条是损害赔偿的规则而不是归责原则,因为并没有规定在"一般规定"一章之中。

---

① 参见李克强:《政府工作报告——2019年3月5日在第十三届全国人民代表大会第二次会议上》,载http://www.gov.cn/premier/2019-03/16/content_5374314.htm,2020年2月16日最后访问。

② 参见王利明:《侵权行为法归责原则研究》,中国政法大学出版社2004年版,第140、154、155页。

二、《民法典》改进侵权损害赔偿责任规则的重点及其适用

总的说来,《民法典》对侵权损害赔偿规则并没有特别大的改变,这说明原《侵权责任法》对侵权损害赔偿规则的规定还是比较适当的,没有明显的"硬伤",10 年来的实践检验也证明其主要规则是正确的。通过编纂修改,我国的侵权损害赔偿规则体系更加完善。

《民法典》对侵权损害赔偿规则的改进,重点在于以下四个方面,其具体适用方法如下述。

(一)扩大侵权惩罚性赔偿责任的适用范围

《民法典》对侵权损害赔偿规则的改进,最突出的是增加了侵权损害的惩罚性赔偿方式。这就是《民法典》第 1185 条,规定故意侵害他人知识产权,情节严重的,可以请求侵权人承担惩罚性赔偿责任。

在以往的侵权责任规范中,惩罚性赔偿责任从来没有在有关侵权责任的一般性规定中予以规定,都是在具体的侵权责任类型中规定,例如原《侵权责任法》第 47 条,以及《消费者权益保护法》第 55 条、《食品安全法》第 148 条等。这些侵权惩罚性赔偿责任规则都是具体规定,而不是一般性规定。《民法典》在侵权损害赔偿的一般性规则中规定侵害知识产权的惩罚性赔偿责任,意味着在对知识产权的保护中,对侵权行为采取更加严厉的谴责态度,通过科以更加严格的惩罚性赔偿责任予以制裁,让侵害知识产权的侵权行为人不仅不能从侵权行为中得到利益,而且要承担惩罚性赔偿责任,为自己实施侵权行为的后果付出更大的代价,以遏制侵害知识产权行为的蔓延。

这是保护知识产权的积极态度。我国自从 1990 年代在《消费者权益保护法》中第一次规定惩罚性赔偿责任,率先在大陆法系打破不适用惩罚性赔偿责任的立法先例,确立了有限的惩罚性赔偿责任适用规则。不过,当时规定的惩罚性赔偿责任并不是侵权损害惩罚性赔偿,而是违约损害惩罚性赔偿。直到 2009 年原《侵权责任法》第 47 条规定恶意产品侵权造成死亡或者健康严重损害的,可以承担惩罚性赔偿责任,才创立了侵权损害惩罚性赔偿责任。自此之后,侵权惩罚性赔偿责任的适用范围有所扩大,《消费者权益保护法》《食品安全法》在修订时,都增加了惩罚性赔偿责任的适用范围,并且提高了惩罚性赔偿的数额标准。不过,这些规则基本上还是限制在原《侵权责任法》第 47 条的范围之中,扩大的部分是恶意提供服务造成消费者人身严重损害的惩罚性赔偿责任。在《民法典》中,不仅增加了侵害知识产权的惩罚性赔偿责任,而且在第 1232 条规定的污染环境、破坏生态责任中,对故意实施的这种侵权行为也增加了惩罚

性赔偿规定，[1]进一步扩大了惩罚性赔偿责任的适用范围。

就《民法典》以及特别法规定的内容看，目前的惩罚性赔偿责任适用范围集中在三个领域：一是侵害生命权或者严重侵害健康权的行为，二是侵害知识产权的行为，三是环境污染和破坏生态的行为。对这三个方面进行更加严密的保护，对这三种行为进行更加严苛的惩罚，都是有充分依据的。不过，惩罚性赔偿责任是一把“双刃剑”，既有对侵权人进行惩罚的作用，也有鼓励受害人追求损害谋取超出损害的赔偿利益的副作用。例如商品欺诈和服务欺诈惩罚性赔偿责任的适用，就出现了职业打假人的后果，借用惩罚性赔偿制度以营利。不过，在侵权责任领域实行惩罚性赔偿，都要以确实受到损害特别是客观后果作为要件，敢于以此寻求惩罚性赔偿的毕竟不是多数，只是在侵害知识产权领域存在一定的可能性。尽管如此，扩大惩罚性赔偿责任的适用范围还是应当慎重，不能轻易地贸然扩展，避免惩罚性赔偿责任的滥用。

构成侵害知识产权惩罚性赔偿责任，除了应当具备其他侵害知识产权侵权责任的构成要件之外，还须具备两个条件：第一，故意侵害知识产权，即明知是他人的知识产权而实施侵权行为，过失侵害知识产权的行为不适用惩罚性赔偿责任，权利人只能请求实际损害的赔偿责任；第二，侵害知识产权的情节严重，而不是一般情节，至于是情节严重，可以考虑，一是侵权人主观上具有恶意，二是行为的表现形式特别恶劣，三是造成的损害后果特别严重。符合这两个构成要件的要求，被侵权人有权请求相应的惩罚性赔偿。

（二）扩大精神损害赔偿责任的适用范围

《民法典》扩大了精神损害赔偿责任的适用范围，表现在以下两个方面。

1. 侵害具有人身意义的特定物的精神损害赔偿

《民法典》第 1183 条第 2 款规定了因故意或者重大过失侵害具有人身意义的特定物，可以对受害人适用精神损害赔偿责任予以救济。将经过司法实践证明的司法解释规范规定在《民法典》中，使其上升为法律规范，能够更充分地发挥其调整作用。

应当承担精神损害赔偿责任的侵权行为，是侵害自然人人身权益的侵权行为。这一规则已经被原《侵权责任法》所确认，并且已经适用多年，所保护的，一是物质性人格权，即生命权、身体权、健康权；二是精神性人格权，即姓名权、肖像权、声音权、名誉权、荣誉权、隐私权、个人信息权；三是身份权，即配偶权、亲权、亲属权；四是自然人的人身利益，包括其他人格利益、胎儿的人格利益、死者的人格利益以及亲属之间的身份利益。

---

① 《民法典》第 1232 条规定：“侵权人违反国家规定故意污染环境、破坏生态造成严重后果的，被侵权人有权请求相应的惩罚性赔偿。”对此，可以参见杨立新、李怡雯：《生态环境侵权惩罚性赔偿责任之构建——〈民法典侵权责任编（草案二审稿）〉第一千零八条的立法意义及完善》，载《河南财经政法大学学报》2019 年第 3 期。该文中的草案二审稿第 1008 条，就是《民法典》第 1232 条的草案。

对于侵害财产权的侵权行为，一般不以承担精神损害赔偿责任的方法进行救济。最高人民法院总结实践经验，原《关于确定民事侵权精神损害赔偿责任若干问题的解释》第4条规定："具有人格象征意义的特定纪念物品，因侵权行为而永久性灭失或者毁损，物品所有人以侵权为由，向人民法院起诉请求赔偿精神损害的，人民法院应当依法予以受理。"这一规定在多年的司法实践中被证明为保护人身权益所必需。这一规定扩展了精神损害赔偿责任的适用范围，虽然赔偿的是特定纪念物品的损害，但是，在实质上赔偿的是包含在特定纪念物品中的人格利益因素的损害，保护的还是人格利益。① 十几年来，这一规定在现实生活中发挥了积极的作用，其价值得到社会各界的肯定。

在编纂《民法典》的过程中，对于精神损害赔偿责任的适用范围是否应当扩大，立法者持肯定立场，借鉴上述司法解释规定，认为尽管因故意或者重大过失侵害自然人具有人身意义的特定物仍然是侵害财产权的行为，但是，由于被侵害的特定物中包含了人格利益因素，在造成财产损失的同时，也造成了被侵权人人身利益的损害，进而形成精神损害，因而被侵权人有权请求精神损害赔偿，侵权人应当对因特定物的财产损害而造成的被侵权人的精神损害承担赔偿责任，《关于确定民事侵权精神损害赔偿责任若干问题的解释》(2021)作出了相应的修改。

这一新规则的基本要点如下：

(1)受到侵权行为侵害的是自然人具有人身意义的特定物，而且该物毁损灭失。具有人身意义的特定物，首先是特定物，其次是物中包含人身意义，其实是包含着人格象征意义，即人格利益。侵权行为侵害了特定物和特定物中包含着的人格利益，不仅造成了物的毁损灭失，而且造成了受害人的精神损害。

(2)造成具有人身意义的特定物损害的行为是侵权人实施的，针对的是对财产的损害，即对物的侵害行为。

(3)侵权人实施的行为与造成人身意义的特定物的损害具有因果关系，不仅是造成物的损害的原因，而且也是造成受害人精神损害的原因。

(4)侵权人在主观上须具有故意或者重大过失。侵权人的故意或者重大过失，是针对损害特定物的主观心理状态，有的也可能具有侵害被侵权人人身意义损害，造成精神损害的故意，但是，后者并非必要条件。应当明确的是，在造成特定物的损害并造成受害人的精神损害时，行为人的故意、重大过失均为必要，按照规定，一般过失不构成这种精神损害赔偿责任的构成要件。以笔者之见，因故意、重大过失造成具有人身意义的特定物的损害，与一般过失造成具有人身意义的特定物的损害，并没有实质性

① 参见杨立新：《论侵害财产权中的精神损害赔偿》，载《人民检察》2002年第6期。

的区别，不应当作出这样的限制性规定。

符合上述条件的，被侵权人不仅有权请求侵权人承担财产损害的赔偿责任，而且有权请求精神损害赔偿责任。

与原精神损害赔偿司法解释第4条的规定相比，《民法典》第1183条规定侵害财产的精神损害赔偿责任构成要件的变化是：第一，增加了责任构成的主观要件，即须为故意或者重大过失，司法解释中没有这样的要求。第二，对受到损害的物品的表述发生变化，即对侵权行为所侵害对象的界定有所变化。司法解释规定为"具有人格象征意义的特定纪念物品"，《民法典》第1183条规定为"具有人身意义的特定物"，这个变化在实质上并没有太大的区别，可以理解为不仅具有人格象征意义，而且具有身份象征意义的特定物，受到侵权行为的损害，也可以适用本条规定的规则。第三，将司法解释规定的"因侵权行为而永久性灭失或者毁损"，改为"造成严重精神损害的"。这样的变化，主要改变的是主观要件限缩了一般过失所致的这类损害不承担精神损害赔偿责任。同样，与《民法典》第1183条第1款规定的侵害人身权益造成严重精神损害的承担精神损害赔偿责任的规则相比，限缩了一般过失对同类责任的适用，即侵害人身权益的精神损害赔偿，故意、重大过失和过失都可以构成，而侵害具有人身意义的特定物的精神损害赔偿则只有故意或者重大过失才能构成。

2. 违约损害赔偿中的精神损害赔偿

《民法典》第996条规定的违约责任的精神损害赔偿，其主旨在于受到损害的债权人在主张债务人承担违约造成的预期利益损失（也可能包括固有利益的损失）的同时，可以主张精神损害赔偿责任。在以往的司法实践中，不准许在违约责任中请求精神损害赔偿，因为这是两个不同的民法领域。如果在违约行为造成受害人人格利益损害的，应当依照原《合同法》第122条关于违约责任与侵权责任竞合的规定，另行提起侵权责任之诉，请求精神损害赔偿。《民法典》的这一规定扩大了精神损害赔偿的适用范围，对当事人的权益保护简化了繁琐的程序，消除了违约责任和侵权责任之间的界限，更有利于对债权人因违约受到损害的救济。例如，17名游客参加某旅行社组织的新、马、泰及中国港澳15日游，旅行社指定一名游客作为领队带队出发。在途中，发现一名游客患有严重的黄疸性肝炎，使其他游客备感恐惧。最终，患病的游客在回程到香港时死亡。该旅行团中的15名游客认为旅行社的行为影响了他们的正常旅游，向法院起诉，请求退回旅游的费用，赔偿精神损害。依照原精神损害赔偿司法解释的规定，法院认为本案的性质是违约，判决旅行社共赔偿违约损失3万元，不支持精神损害赔偿的请求。当时，原告如果选择侵权责任起诉，法院则会支持其精神损害赔偿的诉讼请求。这样的做法，显然不利于保护受到严重精神损害的债权人的合法权益。

（三）调整侵权损害赔偿的方法

《民法典》对侵权损害赔偿规则的修改和完善，多数集中在调整侵权损害赔偿方法方面。

1. 调整侵害人身权益损害赔偿数额的计算方法

《民法典》将原《侵权责任法》第20条规定的“侵害他人人身权益造成财产损失的,按照被侵权人因此受到的损失赔偿;被侵权人的损失难以确定,侵权人因此获得利益的,按照其获得的利益赔偿”,修改为第1182条:“侵害他人人身权益造成财产损失的,按照被侵权人因此受到的损失或者侵权人因此获得的利益赔偿;……”其修改的内容是,将前者按照受到的损失或者按照获得的利益计算损害赔偿的先后顺序递进方式,改变为选择方式,将选择权交给被侵权人行使,更有利于保护被侵权人的权利。

2. 规定财产损失可以选择其他合理方式计算损失数额

《民法典》第1184条对“财产损失按照损害发生时的市场价格计算或者其他合理方式计算”的修改,不是对其中规定的选择权的修改,因为原《侵权责任法》第19条规定已经将这个选择权交给了被侵权人,修改的是,对其他方式的限定增加了“合理”的要求。只要选择的计算方式是“合理”的,就是可选择的。过去对这个选择权强调得不够,财产损失按照损失发生时的市场价格计算或者其他合理方式计算,容易理解成法官职权主义,其实这个选择权是赋予了受到损害的被侵权人的,只有他们才有选择权。至于选择的计算方法是否“合理”,则是由法官作出判定。

侵害他人财产,实际上是侵害他人的财产权,包括对物权、债权、知识产权、继承权、股权及其他投资性权利,财产损害赔偿就是对侵害这些财产权造成财产损失的赔偿责任。对这样复杂的财产损害赔偿责任的计算规则,只规定“按照损失发生时的市场价格”,显然不利于保护受害人。虽然原《侵权责任法》第19条规定了其他方式计算,但是对其他方式没有限定。这一条文规定可以以“其他合理方式计算”作为补充,具有很大的伸缩性,可以进行选择,只要是合理方式就可以适用,以适应财产损害赔偿计算方法的复杂要求。

按照损失发生时的市场价格的计算方法,主要针对损害具体的物的损失计算,进一步扩展,对于建设用地使用权、专利权、股权以及其他投资性权利的侵害,也存在按照损失发生时的市场价格计算的可能性。但是,有时对物的损害按照损害发生时的市场价格计算,对受害人的保护是不完备的,例如对市场价格上升较快的物品计算损害赔偿,可能就存在这样的问题,或者根本就不能用市场价格计算。

用其他合理方法计算财产损失数额,是一个概括的方法。其他方法,是指以损失发生时的市场价格计算方法之外的方法。合理,是对其他计算方法的要求,无论采取哪种计算方法,均须合理,符合公平原则和诚实信用原则的要求。例如,知识产权损害的计算方法可以按照单行法的具体规定计算;第三人侵害债权的财产损害主要是债权期待利益的损害等。其他合理计算方法也包括“可预期利益损失”的计算规则。有一个案例:1999 年 6 月 21 日凌晨,一辆轿车撞坏沈阳市故宫博物院门前“下马碑”,肇事司机即福满楼火锅城的员工嗣后死亡。沈阳故宫博物院向法院起诉请求赔偿 2700 万元的财产损失,沈阳市中级人民法院判决福满楼火锅城承担维修费用,并赔偿损失 100 万元。双方均不服,向辽宁省高级人民法院提起上诉。2005 年,辽宁省高级人民法院作出终审判决,维持一审的裁判结果。[①] 这个案件的 2700 万元财产损失完全超出了侵权人的预期,法院适用可预期损失规则确定赔偿责任,是实事求是的做法。

3. 将公平分担损失规则仅适用于法律规定的情形

原《侵权责任法》第 25 条规定了公平分担损失规则之后,就一直存在这是个一般性赔偿规则,还是一个受到具体法律规定约束的规则的争论。[②] 如果将公平分担损失规则上升至一般性赔偿规则的地位来认识,甚至认为是侵权责任的归责原则,[③]是不正确的,因为损害了过错责任原则在侵权法中的统治地位。

原《侵权责任法》第 24 条没有强调“依照法律的规定”,而是规定“可以根据实际情况”由双方分担损失,意思并不明确。第 1186 条作了修改,将“可以根据实际情况”改为“依照法律规定”,这说明,不仅要符合本条规定的条件,而且还须依照法律的具体规定,才可以适用公平分担损失规则,对当事人的损失进行分担。应当看到的是,民法典侵权责任编草案曾经对此规定为“可以依照法律的规定”,在民法典合体的草案中,就改成现在的表述,特别强调了“依照法律的规定”,而不是“可以依照法律的规定”,表达了立法者的立场,即确定本条不是侵权损害赔偿的一般性规则,而是须依照法律特别规定方可适用的规则,解决了这个问题。

适用这一规定,对损失进行公平分担的要件是:第一,行为人造成了受害人的损害;第二,行为人和受害人对损害的发生都没有过错;第三,须有法律的特别规定,“依照法律规定由双方分担损失”的含义是适用公平分担损失规则应当有法律的特别规定。对具备这三个要件的损害,才可以适用公平分担损失规则,当事人对损失按照公平的要求进行分担。其他如《民法典》第 1188 条第 1 款、第 1190 条和第 1254 条规定,都是法律明文规定可以分担损失的规范。应当注意的是,这一条文在规定分担损失规则时并没有规定请求权,须在法律具体规定的条文中才包括请求权。因此,公平分担损失规则不可以滥用。

(四)扩大侵权损害赔偿范围

《民法典》对侵权损害赔偿范围的修改只有一处,即第 1179 条在人身损害赔偿范

---

① 奚晓明:《最高人民法院民一庭民事典型案例精选(2008 ~ 2011)》,人民法院出版社 2014 年版,第 269 ~ 277 页。

② 参见杨立新:《侵权责任法》,法律出版社 2013 年版,第 184 页。

③ 参见杨立新:《侵权责任法》,法律出版社 2013 年版,第 140、154、155 页。

围中增加规定了“营养费、住院伙食补助费”的赔偿,原《侵权责任法》第 16 条没有这一规定,只有一个“等”字,其实营养费、住院伙食补助费也是包含在第 16 条规定的赔偿范围中的。不过,将营养费、住院伙食补助费明确列为人身损害赔偿范围,有利于法律适用的统一,避免在适用法律上的争论。

在人身损害赔偿中增加营养费、住院伙食补助费赔偿,是救济人身损害所必需的。营养费是被侵权人在受到人身损害后,在救治过程中因受损害而应当增加的补充营养的费用。人身遭受损害后,身体虚弱,需要更多的营养补充。住院伙食补助费是受害人在住院治疗期间必要的伙食消费。营养费、住院伙食费赔偿,是人身损害赔偿的常规项目,是医疗费、护理费、交通费所不能替代的赔偿项目。医疗费是治疗人身伤害的治疗费、医药费、检查费等费用,护理费是对受到伤害的受害人进行护理所支出的费用,交通费是对受害人进行就医、转院等治疗的本人及护理人员的交通费,这些都解决不了被侵权人需要增加营养指出的费用。营养费是受到伤害的人治疗和康复期间需要补充营养的费用,住院伙食补助费是在住院期间餐费的支出,司法实践是支持被侵权人关于营养费、住院伙食补助费损害赔偿请求权的。《关于审理人身损害赔偿案件适用法律若干问题的解释》第 17 条第 1 款规定:“受害人遭受人身损害,因就医治疗支出的各项费用以及因误工减少的收入,包括医疗费、误工费、护理费、交通费、住宿费、住院伙食补助费、必要的营养费,赔偿义务人应当予以赔偿。”其中就包括营养费、住院伙食补助费的赔偿。《关于审理人身损害赔偿案件适用法律若干问题的解释》(2021)继续确认上述赔偿项目,其中第 10 条规定:“住院伙食补助费可以参照当地国家机关一般工作人员的出差伙食补助标准予以确定。”“受害人确有必要到外地治疗,因客观原因不能住院,受害人本人及其陪护人员实际发生的住宿费和伙食费,其合理部分应予赔偿。”第 11 条规定:“营养费根据受害人伤残情况参照医疗机构的意见确定。”对此,原《侵权责任法》没有将其规定在法律中,《民法典》侵权责任编将营养费、住院伙食补助费规定为人身损害赔偿项目,使这两个赔偿项目法定化。

三、正确认识侵权损害赔偿规则的体系与法律适用要求

适用《民法典》规定的侵权损害赔偿规则,应当采取正确的方法,准确理解规则的内涵和法理基础,在司法实践中正确运用。

(一)正确认识《民法典》侵权责任编第二章关于损害赔偿规则规定的价值

《民法典》侵权责任编将原《侵权责任法》第二章的“责任构成与责任方式”进行了分解,将责任构成和第三章的免责事由规定在第一章“一般规定”中;将“责任方式”改为第二章“损害赔偿”,在这一章中规定的全部都是损害赔偿的规则。这样修改的重要作用,就是将侵权责任法的性质从侵权责任法改变为侵权损害赔偿法,侵权损害赔偿

属于债的性质。“损害赔偿”一章规定的就是侵权损害赔偿规则,这是改变我国侵权法基本性质的关键环节,突出了侵权法就是侵权赔偿法的职能定位,对于不属于侵权请求权调整的救济方法,交由物权请求权、人格请求权去调整,使权利保护的职能分工更加明确。

(二)应当将《民法典》侵权责任编关于损害赔偿的规定作为一个整体来理解

《民法典》侵权责任编“损害赔偿”一章的规定,与第一章共同组成侵权法的通则,适用于侵权法分则的第三章至第十章。“损害赔偿”一章规定的损害赔偿责任规则分为三部分。

1. 规定损害赔偿的各种类型及方法。分为:(1)人身损害赔偿,包括第1179条和第1180条;(2)侵害人身权益造成财产损失的赔偿,即侵害公开权的损害赔偿,是第1182条;(3)精神损害赔偿,包括第1183条规定的精神损害赔偿一般规则和故意或者重大过失侵害具有人身意义的特定物的精神损害赔偿,以及第996条规定的违约精神损害赔偿;(4)财产损害赔偿,即第1184条规定。

2. 存在两种不同形式的赔偿方式。(1)惩罚性赔偿规则,即第1185条规定的故意侵害知识产权的惩罚性赔偿,以及第1207条规定的恶意产品损害责任惩罚性赔偿和第1232条规定的故意污染环境破坏生态的惩罚性赔偿;(2)其他所有的损害赔偿都是实际损失赔偿。

3. 规定损害赔偿责任适用的具体规则,包括:(1)责任主体的承担责任规则,即第1181条规定的死者近亲属的损害赔偿、被侵权人分立合并的承担规则和被侵权人死亡支付费用的赔偿请求权;(2)第1186条规定的公平分担损失规则;(3)第1187条规定的赔偿责任一次性支付与分期支付的规则。在损害赔偿规则体系中,每一项具体规则都要服从于损害赔偿规则的整体性要求,体现损害赔偿责任的功能和价值。

(三)准确掌握侵权损害赔偿责任规则的法理基础

在习惯上,通常说的“侵权法就是赔偿法”,不是说有损害就必有赔偿,而是说侵权法的主要救济手段就是损害赔偿。既然损害赔偿是侵权法的基本救济手段,那么,损害赔偿在侵权法理论体系中就一定具有自己的法理,而不是只有几个规则就能够表达的。而损害赔偿的法理不仅是解释损害赔偿规则的基础,而且也是弥补损害赔偿规则规定不足和不准确的依据。因此,在解释和适用侵权损害赔偿规则时,应当更加重视侵权损害赔偿的法理基础研究,使侵权法在适用中能够发挥更好的作用。

四、对规定不够明确的侵权损害赔偿规则的适用方法

《民法典》规定的损害赔偿规则还存在几个规定不够明确的问题,应当针对具体问题,根据侵权损害赔偿的法理基础以及整体理解,准确适用。

(一)适用死亡赔偿金赔偿应当坚持"同命同价"

在造成被侵权人死亡的人身损害赔偿责任的规定中,自2004年原《关于审理人身损害赔偿案件适用法律若干问题的解释》以来,就实行了区分死者身份的区别对待政策,被称为"同命不同价"的死亡赔偿。对此,赞成者有之,不赞成甚至反对者更众。[①]在制定《侵权责任法》时曾经试图进行全面改变,实行同等赔偿的"一揽子"赔偿方法,但未被采纳,只是增加规定了第17条即"因同一侵权行为造成多人死亡的,可以以相同数额确定死亡赔偿金"的规定,力争在这种情形下不发生死亡赔偿金"同命不同价"的后果。[②] 但是在造成单独个人死亡的侵权案件中,由于死者的城乡身份不同,得到的死亡赔偿金仍然是不同的,而且相差比较悬殊。

最高人民法院之所以规定死亡赔偿金依照城乡标准分别计算,当然并非就是对农民的人格歧视,而是因为城乡不同身份侵权人的赔偿能力不同,如果农村发生的致人死亡的侵权案件适用城市的标准确定赔偿责任,则农村的侵权人一般都难以承担高额的死亡赔偿金,因而确定不同的标准并非没有道理。这是从侵权人的赔偿能力的立场看问题的。但是,从受害人的角度看问题,就会看到,每一个人的生命权都是同等的权利,不应因为城乡身份的不同而使城市人口和农村人口存在死亡价值上的显著差别,因而必须进行有差别的死亡赔偿金制度。以被侵权人的身份不同而确定不同的死亡赔偿金,即使前述的理由成立,如果城市身份的侵权人在农村侵犯农村身份的被侵权人并致死,以农村被侵权人的死亡赔偿金的赔偿标准计算死亡赔偿金,不是就放纵了侵权人吗?这个赔偿规则尽管在设立时不存在人格歧视的问题,但是在实际效果上存在这样的问题。因此,只有在死亡赔偿金的计算标准同等的情况下,才能消除这里的歧视成分。

2019年4月15日,中共中央、国务院发布《关于建立健全城乡融合发展体制机制和政策体系的意见》,明确提出改革人身损害赔偿制度,统一城乡居民赔偿标准。9月,最高人民法院印发《关于授权开展人身损害赔偿标准城乡统一试点的通知》,授权各省高院在辖区内开展人身损害赔偿纠纷案件统一城乡居民赔偿标准试点,并要求年内启动。截至目前,已有包括上海、湖北、安徽、山西、广东在内的16省市启动了人身损害赔偿标准城乡统一试点。其中,上海、湖北、安徽、山西、广东、广西、陕西、河南、天津9省市是在全省范围内启动试点,湖南、新疆、四川、福建、湖南、江苏、浙江7地还未在全省

① 相关内容请参见中国人民大学杨立新教授、张新宝教授于2007年12月3日参加的中国人民大学"民商法前沿"系列讲座之"死亡赔偿纵横谈",http://old.civillaw.com.cn/article/default.asp?id=38278,2020年2月16日最后访问。

② 参见杨立新:《侵权责任法:条文背后的故事与难题》,法律出版社2011年版,第70~71页。

统一实行,而是在省内部分地区以先行试点的方式进行。① 2019 年 12 月 24 日,广东省高级人民法院发布《关于在全省法院民事诉讼中开展人身损害赔偿标准城乡统一试点工作的通知》,打破了目前存在的城乡差异局面,明确了统一标准,告别“同命不同价”,实现“一视同仁”。通知中明确,2020 年 1 月 1 日以后发生的人身损害,在民事诉讼中统一按照有关法律和司法解释规定的城镇居民标准计算残疾赔偿金、死亡赔偿金、被扶养人生活费,其他人身损害赔偿项目计算标准保持不变。② 这样的规定是完全正确的。

对死亡赔偿金的“同命不同价”问题,原《侵权责任法》已经做了补救。《民法典》第 1179 条继续维持这样的规定,其实并没有规定“同命不同价”的要求。即使在第 1180 条规定因同一侵权行为造成多人死亡的,可以以相同数额确定死亡赔偿金,也不能得出“同命不同价”的结论。因此,不能将《民法典》第 1179 条和第 1180 条的规定理解为“同命不同价”,而应当理解为“同命同价”的死亡赔偿制度。对此,不应当再怀疑这个制度的准确性。至于在司法实践中存在的这一问题,人民法院已经在纠正,只是不要把这笔账记在《民法典》侵权责任编身上。

(二)对震惊损害适用精神损害赔偿责任的规则

震惊损害,又称休克损害、情绪悲痛、精神打击等。一般认为,震惊损害指的是损害事故发生当时或者发生后,被害者以外的第三人,因当时目睹或因嗣后耳闻损害事故发生的事实,受到刺激而导致心神崩溃或致休克等情形所遭受的损害。③ 在我国的民法立法中,没有规定过震惊损害赔偿规则,但是,在实践中却时有发生。例如,第三人因目睹近亲属死亡或者重伤而受到精神损害。在实践中,近亲属死亡,法院往往以近亲属死亡的精神损害赔偿请求权为基础,并将震惊损害作为计算精神损害赔偿数额的考量因素之一;④近亲属受到重伤,法院往往通过参照适用原《关于确定民事侵权精神损害赔偿责任若干问题的解释》第 7 条与原《关于审理人身损害赔偿案件适用法律若干问题的解释》第 18 条近亲属死亡的精神损害赔偿请求权支持震惊精神损害赔偿的诉请。⑤ 可见,由于没有规定震惊损害的赔偿责任制度,震惊精神损害赔偿请求权只能比附于近亲属死亡的精神损害赔偿请求权进行。例如,清华大学某教授一家三口乘

---

① 参见《告别城乡人身损害赔偿“同命不同价”全国 16 省份试点破冰》,载腾讯网:https://new.qq.com/rain/a/20200110A0OGDH00,2020 年 2 月 16 日最后访问。

② 参见深圳商报:《同命不同价以后成历史》,2019 年 12 月 25 日 A01 版,https://szsb.sznews.com/PC/layout/201912/25/node_A01.html,2020 年 2 月 16 日最后访问。

③ 参见曾世雄:《损害赔偿法原理》,中国政法大学出版社 2001 年版,第 342 页。

④ 见北京市第一中级人民法院(2007)一中民终字第 9064 号民事判决书。

⑤ 见福建省厦门市思明区人民法院(2006)思民初字第 5968 号民事判决书;(2015)佛明法荷民一初字第 11 号民事判决书;(2015)爱民初字第 832 号民事判决书;(2017)皖 1502 民初第 2454 号民事判决书。

坐公共汽车,其女儿对售票员的不当行为进行批评,竟被该售票员当场掐死,教授夫妇目睹了惨状,请求赔偿,法院只能适用原《侵权责任法》第 22 条的规定,适用死者近亲属的精神损害确定赔偿责任。①

《民法典》在侵权损害赔偿规则中,精神损害赔偿责任的条文只是增加了故意或者重大过失侵害具有人身意义的特定物造成严重精神损害的精神损害赔偿规则,曾经动议增加震惊损害精神损害赔偿责任的规则,但是最终仍然没有确定这一制度。《民法典》在侵权损害赔偿规则中在增加规定故意或者重大过失侵害特定物的精神损害赔偿的同时,完全可以加进震惊损害精神损害赔偿规则,只是由于顾虑太多而没有实现这个立法目标,留有遗憾。

不过,仍然可以将《民法典》第 1183 条第 1 款适用于震惊损害案件中。震惊损害是现实存在并且应当予以规定的侵权责任类型,据此对受到震惊损害的受害人给予超过普通的受害人的赔偿数额的赔偿,并且作为独立的被侵权人的身份取得赔偿。由于《民法典》在精神损害赔偿的规则中没有作出具体规定,但是也没有明确排除震惊损害的适用,因而可以适用《民法典》第 1183 条第 1 款的规定,确定受到震惊损害的被侵权人获得精神损害赔偿。构成震惊损害责任的要件,一是行为人须实施严重侵害他人人身权益的违法行为;二是行为人须造成第三人严重精神损害;三是严重侵害他人人身权益与第三人遭受严重精神损害之间具有因果关系;四是行为人须有故意或重大过失;五是第三人须实时实地感知人身伤害事故且是人身伤害受害者的近亲属。② 具备上述五个要件,就可以适用《民法典》第 1183 条第 1 款的规定,确定精神损害赔偿责任,对受到震惊损害的受害人予以更好的保护。

(三)对故意侵害知识产权惩罚性赔偿计算方法的适用

《民法典》在侵权损害赔偿责任规则中规定了侵害知识产权惩罚性赔偿责任,却没有规定这种惩罚性赔偿责任的计算方法。《消费者权益保护法》《食品安全法》在规定惩罚性赔偿时都具体规定了计算方法,即两倍以下或者三倍以下,原《侵权责任法》第 47 条和《民法典》第 1185、1207 条和第 1232 条都没有规定惩罚性赔偿的计算方法,在司法实践中应予补充。

对此,应当确定具体的方法。目前计算惩罚性赔偿金的方法,一是《消费者权益保护法》第 55 条规定的两倍以下;二是《食品安全法》第 148 条规定的支付价款十倍或者损失三倍的赔偿金,增加赔偿的金额不足 1000 元的,为 1000 元;三是《电子商务法》规定的一倍。侵害知识产权的惩罚性赔偿责任不应当采用前两种方法,因为这两种侵权

---

① 参见(2007)一中民终字第 9064 号民事判决书。

② 参见杨立新、李怡雯:《侵权责任编规定精神损害赔偿应当增加震惊损害赔偿》,载《新疆师范大学学报》(哲学社会科学版)2020 年第 1 期。

行为都是故意侵害消费者权益造成死亡或者健康严重损害的侵权行为,因而惩罚性赔偿金的计算适用较高的标准。侵害知识产权造成的后果,通常不具有这样的性质,可以采用较低的标准,因而确定实际损失一倍的惩罚性赔偿,比较适当。

(四)对一次性赔偿和定期金赔偿规则的适用

原《侵权责任法》第25条规定损害赔偿金的一次性赔偿和分期支付方法,实质上是对赔偿金支付的两种选择方法,并不是传统民法中规定的对未来损害赔偿的一次性赔偿和定期金赔偿规则。对于已经确定的损害赔偿金是一次性支付还是分期支付,无关紧要,仅仅是如何支付的问题。但是,对损害赔偿责任确定的判决之后发生的损害赔偿,即未来的损害赔偿(包括对扶养来源丧失的损害赔偿、对残疾赔偿金的赔偿和对残疾辅助器具费的赔偿),则需要确定一次性赔偿还是定期金赔偿,这样的规则才是需要特别规定的。对此,我国民法没有规定过,只在司法解释中规定。① 其实是一个立法的误读,认为解决了损害赔偿金的一次性支付还是分期支付就解决了这个问题。这个认识是不正确的。《关于审理人身损害赔偿案件适用法律若干问题的解释》(2021)第20、21条规定了定期金赔偿及其适用方法,在实践中应当按照这一规定确定定期金赔偿。

第五节　人身损害赔偿

一、人身损害赔偿及保护的人格权

(一)人身损害赔偿的概念

人身损害赔偿是指自然人的生命权、身体权、健康权受到不法侵害,造成致伤、致残、致死的后果以及其他损害时,要求侵权人以财产赔偿等方法进行救济和保护的侵权法律制度。《民法典》第1179条规定:"侵害他人造成人身损害的,应当赔偿医疗费、护理费、交通费、营养费、住院伙食补助费等为治疗和康复支出的合理费用,以及因误工减少的收入。造成残疾的,还应当赔偿残疾辅助器具费和残疾赔偿金。造成死亡的,还应当赔偿丧葬费和死亡赔偿金。"第1180条规定:"因同一侵权行为造成多人死

---

① 最高人民法院《关于审理触电人身损害赔偿责任案件若干问题的解释》(已废止)第5条规定:"依照前条规定计算的各种费用,凡实际发生和受害人急需的,应当一次性支付;其他费用,可以根据数额大小、受害人需求程度、当事人的履行能力等因素确定支付时间和方式。如果采用定期金赔偿方式,应当确定每期的赔偿额并要求责任人提供适当的担保。"这部司法解释已经被废止。

亡的,可以以相同数额确定死亡赔偿金。”

对人身损害如何理解,是正确确定人身损害赔偿范围的基础。单纯从文义理解,人身损害当指人身的轻伤害和重伤害,以及轻微伤害。中国古代律令中有“见血为伤”的说法,大体上是这种意思。按照刑法理论,人身损害专指前两种伤害,不包括轻微伤害。

《民法典》第1179条规定的“人身损害”,不仅包括轻伤害、重伤害和轻微伤害,而且还包括致人死亡,以及未造成人身损害的对身体权的侵害。因而,人身损害这一概念在侵权法中大大扩展,概括了它文义中一般所不包含的内容,使它成为侵权法中的一个专用的概念。原因在于,一是没有更好的概念来概括侵害身体权、健康权、生命权造成损害这样的内容,学者曾经使用“侵害物质性人格权的损害赔偿”①这样的概念来替代人身损害赔偿,虽然表述比较准确,但过于烦琐,不易被人理解和接受。二是“人身损害赔偿”这一概念在实务中已经相沿成习,为广大司法工作者和群众所接受,在理论上也被采用,已经成为正式使用的概念。因而只要对人身损害这一概念进行准确的界定,就能够作为概括身体权、健康权、生命权损害的法律概念。

(二)人身损害赔偿所保护的人格权

按照《民法典》的规定,人身损害赔偿责任所保护的人格权,就是生命权、身体权和健康权。对这样三个人格权各自所调整的范围以及相互之间的界限应当怎样区分,应当认真研究。

1. 生命权

生命权的客体是自然人的生命。从一般的意义上说,生命是生物体所具有的活动能力,②是由高分子的核酸蛋白体和其他物质组成的生物体所具有的特有现象。③ 从法律角度上说,生命仅指自然人的生命,是人体维持其生存的基本的物质活动能力,它是自然人的最高人格利益。

生命权是以自然人的生命安全利益为内容的人格权,它以自然人的生命安全为客体,以维护人的生命活动延续为基本内容,其保护的对象是人的生命活动能力。

侵害生命权,以自然人的生命丧失为标准,侵权行为作用于人体,使人的生命活动能力丧失,就是侵害生命权。对此,民法对侵害生命权的确认采用客观标准,是以生命丧失的客观结果论,而不像刑法确认侵害生命权所采用的主观标准,即必须有侵害生命权的故意,或者有造成死亡的过失。凡是造成自然人死亡的,就是民法上的侵害生命权的侵权行为。

---

① 参见杨立新:《人身权法论》,中国检察出版社1996年版,第209页。

② 参见《现代汉语词典》,商务印书馆1978年版,第1016页。

③ 参见《辞海》(缩印本),上海辞书出版社1980年版,第1727页。

2. 身体权

身体是指人和动物的生理组织的整体即躯体。身体包括肉体的整个构造以及附属于身体的所有部分。从法律意义上讲,身体专指自然人的身体,是指自然人生理组织的整体即人的躯体,包括:(1)主体部分,即头颅、躯干、肢体的总体构成;(2)附属部分,即毛发、指(趾)甲等附属于身体的其他人体组织等组成的整体。因此,身体的基本特征在于其组成的整体性和完全性。

身体权就是自然人维护其身体组成部分的完整、完全,并支配其肢体、器官和其他组织的人格权。身体权的基本功能,一方面是对身体组成的完整性的维护,另一方面是对自己身体组成部分的支配,其着重点在于前者。

侵害身体权,就是侵害身体组成部分的完整性,包括身体组成部分的实质性完整和形式上完整。擅自取得人体组成部分,破坏的是身体权的实质完整;对身体进行殴打、戏弄等但没有造成伤害的,侵害的是身体的形式完整。这些行为都构成侵害身体权。

侵害身体权和侵害健康权的侵权行为都是以人体作为侵害的对象,这是相同的。其区别在于:侵害健康权的侵权行为,侵害的是人体功能的完善性发挥,破坏的是人体功能的完善性;侵害身体权的侵权行为侵害的是人体组成的完整性,破坏的是人体实质上和形式上的完整。如果一个侵权行为既破坏了人体组成的完整性,又破坏了人体功能的完善性,则应当从重而论,认定为侵害健康权的侵权行为。

3. 健康权

健康是人体各器官发育良好,功能正常,体质健壮,精力充沛并且有良好的劳动状态,①或者人体生理机能的正常,没有缺陷和疾病;②是指人体生理机能、发育、体质等综合状况。从法律角度上说,健康是指维持人体生命活动的生理机能的正常运作和功能的完善发挥,简言之,健康所概括的,就是人体生理机能的完善性。

健康权是指自然人以其机体生理机能正常运作和功能完善发挥,以维持人体生命活动的利益为内容的人格权。它的基本功能,就是维护人体机能和功能发挥的完善性。

侵害健康权,是侵权行为作用于人体,使人的机体生理机能的正常运作和功能的完善发挥受到了破坏,使被侵权人的人体生理机能、发育、体质等综合发展状况在原有的水平上下降,不能保持原有的水平。侵权行为造成了这种后果,就构成侵害健康权。这样的结果有三种形式:一是造成人身损害,经过治疗而愈合;二是造成人身损害,经过治疗留下了残疾;三是造成了其他疾患。

---

① 参见《辞海》(缩印本),上海辞书出版社1980年版,第254页。

② 参见《现代汉语词典》,商务印书馆1978年版,第550页。

侵害健康权与侵害生命权的界限在于,凡是造成生命丧失后果的侵权行为,就是侵害生命权的侵权行为;虽然是侵害人体的侵权行为,但没有造成生命丧失的,就不是侵害生命权的侵权行为;而造成人体功能完善性发挥的,是侵害健康权。

二、人身损害的实际损害和损失

侵权行为侵害生命权、身体权或者健康权,可能会造成很多种损害和损失。以下列举的是侵害这三种权利的一般损害和损失。损害,是指对人体的实质性伤害后果;损失,是指造成人体的损害以后所产生的财产上的不利益,以及精神上的痛苦和创伤。在一般情况下,侵害生命权、身体权、健康权这三种人格权,都可能造成人体上的损害和财产上的损失,以及精神上的痛苦和创伤。

(一)侵害身体权造成的损害和损失

侵害身体权,可能造成两种损害:一是对人体完整性的实质损害,例如,擅自剃除人的毛发,擅自剪除人的指(趾)甲,擅自抽取人的血液、脊髓以及其他体液,而没有造成健康权损害后果的,都是对人体组成完整性的侵害。二是对人体形式完整的侵害,例如,没有造成伤害的殴打,擅自搜查身体,对他人的身体进行戏弄等。这两种损害,都可能产生以下损失或者损害:一是财产利益的损失,例如,以手作为模特的人,必须保证手的健美,包括指甲的完整和美观。侵权行为造成其指甲的损害,使其在一定时期内不能从事专业工作,就会造成预期财产利益的损失,这种损失是财产损失。二是财产利益的其他损失,例如,强行抽取人的血液、脊髓、精液等体液,虽然没有造成被侵权人健康的损害,但是恢复体力需要一定的经济力量,因而,会造成财产利益的损失。三是精神损害,即侵害身体对被侵权人造成精神痛苦或者人体疼痛的损害。

(二)侵害健康权造成的损害和损失

侵害健康权的直接损害,就是破坏人体生理机能的正常运作和身体功能的完善发挥。其表现形式如前述的一般伤害、造成残疾和其他疾病。这种损害可以产生以下损失。

1. 医疗费损失

被侵权人的人体遭受损害,最主要的损失就是为治疗人身损害而支付的金钱,这是一种财产上的损失,这种损失是侵害健康权直接造成的财产损失后果。

2. 误工费损失

被侵权人遭受人身损害,不能正常进行身体没有遭受损害之前所进行的工作,就会造成预期财产利益的损失。这是侵害人身造成健康损害所必然引起的结果。从性质上说,这种财产损害是一种间接损失,是应当得到但由于遭受损害而没有得到的财产利益。但是在人身损害赔偿中,区别直接损失和间接损失没有特别意义,因此,一般不强调这种损失的性质是间接损失。

3. 住院伙食费和营养费损失

人身遭受损害以后,需要住院治疗的,在住院期间要增加伙食费上的支出,有些特别的人身损害,还要增加必要的营养,因此要增加营养费的支出。这些损失也是侵害健康权所造成的财产损失后果,是侵害健康权的直接损害后果。

4. 护理费损失

被侵权人遭受人身损害之后,如果生活不能自理,需要有人进行护理的,就要增加护理费的支出。这种支出也是侵害健康权所造成的直接财产损失后果,是人身损害的财产损失。

5. 交通费损失

如果被侵权人遭受人身损害之后,需转院治疗的,要支出转院治疗的交通费。即使是没有转院治疗的,被侵权人在受到伤害以后到医院进行治疗,也会有一定数量的交通费支出。这些支出的交通费也是人身损害的直接后果,是一种财产上的损失。

6. 住宿费损失

被侵权人在转院治疗中,以及护理人员在护理中,如果需要住宿,则要支付住宿费。住宿费的损失也是人身损害所造成的财产损失。

7. 残疾人收入损失

由于人身损害造成被侵权人残疾,致使劳动能力部分丧失或者全部丧失,会造成被侵权人正常收入的减少或者丧失。这种损失是人身损害的直接后果,是一种财产损失。

8. 残疾用具费损失

被侵权人因人身损害造成残疾,为了生活的需要,有些需要配置残疾用具,例如,伤害四肢造成残疾的,需要配置假肢;造成腿部残疾的,需要配置轮椅、拐杖等;致盲的,需要配置义眼等。配置这些残疾用具费的支出,是财产上的损失。

9. 被扶养人扶养来源丧失的损失

被侵权人遭受人身损害造成残疾,全部或者部分丧失劳动能力,减少了工资收入,除了对自己的生活造成损害以外,还会给其以前扶养的人的生活造成损害,使其丧失扶养费的来源。这种扶养费来源的丧失,有的是全部丧失,如被侵权人丧失全部劳动能力,则会丧失全部收入,因而使其原来供养的人的生活费全部断绝;有的是部分断绝,即部分丧失劳动能力,收入部分减少,就所供养的人的扶养费减少的部分,是扶养费来源的部分丧失。

10. 精神痛苦和身体疼痛损害

被侵权人遭受人身损害,必然会造成精神上的痛苦和身体上的疼痛。这种精神损害的程度取决于侵害健康权所造成损害的程度;[1]也就是说,伤害越严重其精神损害的程度越重,伤害越轻其精神损害的程度也越轻。

(三)侵害生命权造成的损害和损失

侵害生命权,是造成了被侵权人的生命丧失,使被侵权人的主体资格消灭。这是侵害生命权的最直接的后果。生命权丧失所造成的其他损失包括以下几种。

1. 为救治被侵权人所支出的常规费用

被侵权人受到人身损害,但是没有立即造成死亡结果的,会发生抢救、治疗等费用的支出,因此,在侵害生命权的损失中,有的包括医疗费、误工费、住院伙食补助费、护理费、交通费、住宿费等财产损失。这些损失与侵害健康权的这类损失是一样的。

2. 丧葬费的损失

被侵权人死亡以后,需要支出丧葬费,为寿衣、火化、殡葬、棺椁等支出的费用,为侵害生命权所造成的财产损失。

3. 死者生前收入的损失

死者生前有工作的,造成死亡后,丧失生命,当然丧失了劳动收入,是侵害生命权的直接损失。

4. 死者生前扶养的人扶养来源丧失的损失

死者生前扶养的人由于被侵权人的死亡而丧失扶养费的来源,这种损失与残疾者的这类损失是一样的。

5. 被侵权人近亲属的精神痛苦

侵害生命权,死者的近亲属因为丧失亲人而造成的精神痛苦,是这种侵权行为所造成的精神损害。

三、人身损害赔偿的法定项目

依照《民法典》第 1179 条规定:“侵害他人造成人身损害的,应当赔偿医疗费、护理费、交通费、营养费、住院伙食补助费等为治疗和康复支出的合理费用,以及因误工减少的收入。造成残疾的,还应当赔偿辅助器具费和残疾赔偿金;造成死亡的,还应当赔偿丧葬费和死亡赔偿金。”对此,应当按照最高人民法院《关于审理人身损害赔偿案件适用法律若干问题的解释》(2021)的规定确定具体的赔偿数额。

(一)造成人身伤害的赔偿

1. 医疗费赔偿

医疗费损失,根据医疗机构出具的医药费、住院费等收款凭证,结合病历和诊断证

---

① 参见张新宝:《侵害公民健康权身体权的民事责任》,载《人民法院报》2001 年 8 月 12 日。

明等相关证据确定。赔偿义务人对治疗的必要性和合理性有异议的，应当承担相应的举证责任。医疗费的赔偿数额，按照一审法庭辩论终结前实际发生的数额确定。器官功能恢复训练所必要的康复费、适当的整容费以及其他后续治疗费，赔偿权利人可以待实际发生后另行起诉；但根据医疗证明或者鉴定结论确定必然发生的费用，可以与已经发生的医疗费一并予以赔偿。

2. 误工费赔偿

误工费损失，根据被侵权人的误工时间和收入状况确定。误工时间根据被侵权人接受治疗的医疗机构出具的证明确定。被侵权人因伤致残持续误工的，误工时间可以计算至定残日前一天。被侵权人有固定收入的，误工费按照实际减少的收入计算。被侵权人无固定收入的，按照其最近3年的平均收入计算；被侵权人不能举证证明其最近3年的平均收入状况的，可以参照受诉法院所在地相同或者相近行业上一年度职工的平均工资计算。

3. 护理费赔偿

护理费损失，根据护理人员的收入状况和护理人数、护理期限确定。护理人员有收入的，参照误工费的规定计算；护理人员没有收入或者雇佣护工的，参照当地护工从事同等级别护理的劳务报酬标准计算。护理人员原则上为一人，但医疗机构或者鉴定机构有明确意见的，可以参照确定护理人员人数。护理期限应计算至被侵权人恢复生活自理能力时止。被侵权人因残疾不能恢复生活自理能力的，可以根据其年龄、健康状况等因素确定合理的护理期限，但最长不超过20年。被侵权人定残后的护理，应当根据其护理依赖程度并结合配制残疾辅助器具的情况确定护理级别。

4. 交通费赔偿

交通费损失，根据被侵权人及其必要的陪护人员因就医或者转院治疗实际发生的费用计算。交通费应当以正式票据为凭；有关凭据应当与就医地点、时间、人数、次数相符合。

5. 住院伙食补助费赔偿

住院伙食补助费损失，可以参照当地国家机关一般工作人员的出差伙食补助标准予以确定。被侵权人确有必要到外地治疗，因客观原因不能住院，被侵权人本人及其陪护人员实际发生的住宿费和伙食费，其合理部分应予赔偿。

6. 营养费赔偿

营养费损失，应当根据被侵权人伤残情况参照医疗机构的意见确定。

(二)造成残疾的赔偿

1. 残疾赔偿金

对于残疾赔偿金损失，司法解释规定根据被侵权人丧失劳动能力程度或者伤残等级，按照受诉法院所在地上一年度城镇居民人均可支配收入或者农村居民人均纯收入标准,自定残之日起按 20 年计算。但 60 周岁以上的,年龄每增加 1 岁减少 1 年;75 周岁以上的,按 5 年计算。被侵权人因伤致残但实际收入没有减少,或者伤残等级较轻但造成职业妨害严重影响其劳动就业的,可以对残疾赔偿金作相应调整。

2. 辅助器具费赔偿

对于辅助器具费损失,司法解释规定按照普通适用器具的合理费用标准计算。伤情有特殊需要的,可以参照辅助器具配制机构的意见确定相应的合理费用标准。辅助器具的更换周期和赔偿期限参照配制机构的意见确定。

(三)造成死亡的赔偿

1. 丧葬费赔偿

对于丧葬费损失,司法解释规定按照受诉法院所在地上一年度职工月平均工资标准,以 6 个月总额计算。

2. 死亡赔偿金

关于死亡赔偿金,将在下一节中详细说明。最高人民法院原来的规定是,按照受诉法院所在地上一年度城镇居民人均可支配收入或者农村居民人均纯收入标准,按 20 年计算。但 60 周岁以上的,年龄每增加 1 岁减少 1 年;75 周岁以上的,按 5 年计算。这个规定备受指责,被斥之为"同命不同价"的赔偿。

四、同一侵权行为造成死亡的赔偿

《民法典》第 1180 条规定:"因同一侵权行为造成多人死亡的,可以以相同数额确定死亡赔偿金。"这是对死亡赔偿金赔偿的一个特殊规定。

(一)死亡赔偿金的概念和性质

死亡赔偿金的性质,是指死亡赔偿金究竟是对谁、对何种损害的赔偿,关系到死亡赔偿金的确定、计算、给付等。死亡赔偿金是不法致人死亡时特有的财产损害赔偿项目,具体是对死亡被侵权人的近亲属的损害赔偿。对于死亡赔偿金,世界各国法律存在共识,即死亡赔偿金并不全部是对死者财产损害的赔偿,而是对与受害死者有关的一些亲属的赔偿。在立法例上有两种,即"扶养丧失说"与"继承丧失说"。

"扶养丧失说"认为,由于被侵权人死亡导致其生前依法定扶养义务供给生活费的被扶养人,丧失了生活费的供给来源,受有财产损害,对此加害人应当予以赔偿。在这种立法例下,赔偿义务人赔偿的范围,就是被扶养人在被侵权人生前从其收入中获得的或者有权获得的扶养费的份额。至于因被侵权人的死亡导致对被侵权人享有法定继承权的那些人从被侵权人处将来所继承财产减少的损失，则不属于赔偿之列。① 另外在赔偿时，如果被侵权人没有受其供养的被扶养人，因不存在损害，赔偿义务人就不承担该项赔偿责任。

"继承丧失说"认为，侵害他人生命致人死亡，不仅生命利益本身受侵害，而且造成被侵权人余命年岁内的收入"逸失"，使得这些原本可以作为被侵权人的财产为其法定继承人所继承的未来可以取得收入，因加害人的侵害行为所丧失，对于这种损害应当予以赔偿。实际上，在这种立法例下，赔偿义务人应当赔偿的范围为被侵权人死亡而丧失的未来可得利益。

在我国关于死亡赔偿金的性质上历来存在争议。② 原《民法通则》第 119 条没有规定死亡赔偿金。《道路交通事故处理办法》(已失效)第 37 条第一次出现"死亡补偿费"的概念，《消费者权益保护法》第 49 条、《国家赔偿法》第 34 条第 3 项、《产品质量法》第 44 条对"死亡赔偿金"作了规定，其基本性质属于精神损害赔偿金。除《国家赔偿法》的规定外，实际上其他规范所采纳的是"扶养丧失说"。在最高人民法院《关于审理涉外海上人身伤亡案件损害赔偿的具体规定(试行)》(已失效)第 4 条规定的"死亡赔偿范围和计算公式"中，规定收入损失是指根据死者生前的综合收入水平计算的收入损失。计算公式是"收入损失 = (年收入 - 年个人生活费) × 死亡时起至退休的年数 + 退休收入 × 10"，死者年个人生活费占年收入的 25% ~ 30%，采取的是"继承丧失说"；最高人民法院原《关于确定民事侵权精神损害赔偿责任若干问题的解释》所规定的死亡赔偿金明确规定是精神损害抚慰金，采取了"扶养丧失说"。

但是，以"扶养丧失说"作为我国死亡赔偿金制度的理论基础存在不足，在司法实务中也出现了困境。③ 为此，最高人民法院原《关于审理人身损害赔偿案件适用法律若干问题的解释》放弃过去的立场，而是以"继承丧失说"解释我国有关法律规定中的死亡赔偿金制度。按照这一新的解释立场，死亡赔偿金的内容是对收入损失的赔偿，其性质是对财产损害的赔偿，而不是精神损害赔偿。这一改变是有道理的，对保护被侵权人的合法权益有益，应当肯定。但是，对于死亡赔偿区分城镇居民与农村居民，采取不同标准计算赔偿金，使得赔偿数额悬殊，造成了歧视农民的后果，是不正确的。

在起草《侵权责任法》的过程中，立法者曾经要解决"同命不同价"的做法，草案曾

---

① 参见王利明主编：《人身损害赔偿疑难问题——最高法院人身损害赔偿司法解释之评论与展望》，中国社会科学出版社 2004 年版，第 567 页。

② 参见最高人民法院民事审判第一庭编著：《最高人民法院人身损害赔偿司法解释的理解与适用》，人民法院出版社 2004 年版，第 355 页。

③ 具体内容参见最高人民法院民事审判第一庭编著：《最高人民法院人身损害赔偿司法解释的理解与适用》，人民法院出版社 2004 年版，第 359 ~ 363 页。

经提出方案,明确规定“同命同价”,废除“同命不同价”的做法,不分城市居民和农民,统一适用标准,具体数额则根据被侵权人的年龄、收入状况等因素,在法律规定的中间线,适当增加或者减少。其中关于地区的差异问题,概括在“收入”一项内容中,包括了地区差异。关于死亡赔偿金与精神损害赔偿的关系问题,草案提出的方案是“一揽子”赔偿,死亡赔偿金中包括精神损害赔偿。关于死亡赔偿的计算方法,采取国家上年度城镇职工年平均工资乘以15年。计算的结果是,死亡赔偿金的中间线在40万~50万元,再加上按照不同年龄和收入等情况,在这个中间线的上下增加或者减少,数额比较适当,因此比较可行。专家基本上接受了这个意见。但是在最后,原《侵权责任法》没有采纳这样的意见,最终只规定了在同一事故中死亡赔偿金采取同一标准的方案。

(二)区分城乡不同的死亡赔偿金标准的错误所在

死亡赔偿金的规定,在标准上存在问题,这就是区分城镇人口和农村人口,这样规定的结果是对农民人格的歧视。

城乡赔偿标准不同,不是一点道理没有,这就是城乡之间的收入和支出确实存在差异,既然农民与城里人的收入和支出有所不同,那么在赔偿问题上也体现出这种不同似乎理所当然。但是,问题并非如此。对人身损害赔偿,赔偿的是人的身体的损伤以至于生命的丧失。如果造成的是身体健康的损害,赔偿的是由此造成的财产损失,损失多少财产就应当赔偿多少。在生命权损害的赔偿上,死亡赔偿金并不仅仅赔偿的是被侵权人的收入损失,而是对死亡人没有享受生命的损失的赔偿。对于这样的赔偿,坚持城乡差别,城里人与农民的赔偿就要相差三四倍,这显然是不尊重农民的生命权的表现,是蔑视农民的生命,实际上体现了生命权的不同价值。这样的结果,我们都是不愿意看到的。因此,应当坚持人身损害赔偿的同等标准,不能歧视,特别是不能歧视农民。

(三)原《侵权责任法》解决这个问题的办法

原《侵权责任法》最终没有解决死亡赔偿金的计算问题,是一个遗憾。不过,按照该法第17条的规定中,从“因同一侵权行为造成多人死亡的,可以以相同数额确定死亡赔偿金”的规定反推,则可以得出结论,确定死亡赔偿金,应当考虑年龄、收入状况等因素。

对于这种做法,有不同意见。有的予以支持,有的坚决反对。对此,笔者采取赞成态度,理由是,在同一侵权行为中,确定同一数额标准的死亡赔偿金,是比较稳妥的。在过去,这类侵权行为有的采取同一标准赔偿,有的采取差额标准赔偿,同一标准赔偿的结果较好,而不同标准赔偿的效果并不好。例如,在綦江彩虹桥垮塌造成群体损害的事故中,采取城乡差别、成年人和未成年人的差别赔偿标准,引起较为强烈的反应,是值得注意的。采用同一标准赔偿就可以避免这个问题。

适用相同数额确定死亡赔偿金的规则是：第一，因同一个侵权行为造成受害人死亡，即大规模侵权；第二，死亡人数为二人以上；第三，这里规定的"可以"，带有一定的强制性，就是在没有极为特殊的情况下，都应当以相同数额确定死亡赔偿金。

在具体操作中，法官应当根据确定死亡赔偿金的计算方法，计算出具体数额，采取最高标准或者中上标准，统一确定死亡赔偿金数额，统一进行赔偿。

应当看到的是，对于死亡赔偿金的"同命同价"的赔偿，正在很多地方法院试点，在全国统一实行消除城乡差别的死亡赔偿金制度，只是时间问题。

五、被侵权人死亡的赔偿方法

《民法典》第1181条规定："被侵权人死亡的，其近亲属有权请求侵权人承担侵权责任。被侵权人为组织，该组织分立、合并的，承继权利的组织有权请求侵权人承担侵权责任。""被侵权人死亡的，支付被侵权人医疗费、丧葬费等合理费用的人有权请求侵权人赔偿费用，但侵权人已支付该费用的除外。"这一条文实际上规定的是被侵权人死亡以及组织在侵权损害赔偿法律关系中作为赔偿权利人的方法。

（一）赔偿权利主体（被侵权人）

在侵权损害赔偿法律关系中，被侵权人是赔偿权利主体，如果进行诉讼，则为原告，即诉讼请求的提出者。除被侵权人以外，还有被侵权人的利害关系人、死者的近亲属，也是赔偿权利主体。

1. 直接被侵权人

（1）侵害生命权的直接被侵权人

侵害生命权，有双重直接被侵权人，即被致死的被侵权人和为死者送葬、治疗而遭受财产损失和精神损害的近亲属。前者已经死亡，不能行使赔偿权利；后者可以依法行使请求赔偿财产损失和精神损害的权利。

（2）组织作为直接被侵权人

被侵权人如果是组织，该组织当然是被侵权人，为损害赔偿请求权人。如果该组织分立、合并的，承继权利的组织有权请求侵权人承担侵权责任。组织分立，通常应当明确该损害赔偿请求权归何方享有，有此规定的，享有请求权的一方有权行使这个权利。如果被侵权人的组织分立，分立为两个以上的组织，两个组织都享有该损害赔偿请求权，则成为连带债权，可以共同行使损害赔偿请求权。至于其中的权利份额，有约定的按照约定确定，没有约定的，按平均份额享有。

2. 间接被侵权人

间接被侵权人，是指侵权行为造成了直接被侵权人死亡或者残疾丧失劳动能力，因此而使人身权益受到间接损害的被侵权人。

扶养来源丧失之人作为间接被侵权人。扶养来源丧失之人,是指行为人实施的侵害生命权和侵害健康权的行为造成直接被侵权人劳动能力丧失,原依靠直接被侵权人扶养,因直接被侵权人死亡或丧失劳动能力,而使其扶养来源丧失的人。间接被侵权人是侵权行为的非直接被侵权人,但须是直接被侵权人生前或丧失劳动能力之前扶养的人,这种扶养权利因直接被侵权人受害而受到侵害,因而享有法定的扶养损害赔偿请求权。间接被侵权人的扶养损害赔偿请求权是独立的赔偿请求权,间接被侵权人可以和其他直接被侵权人一并提起诉讼,也可以独立提起扶养损害赔偿诉讼。

(二)支付死者医疗费、丧葬费的赔偿方法

《民法典》第 1181 条第 2 款规定:"被侵权人死亡的,支付被侵权人医疗费、丧葬费等合理费用的人有权请求侵权人赔偿费用,但侵权人已支付该费用的除外。"这是规定被侵权人的近亲属因死者死亡支付的财产损失,应当作为直接被侵权人的是损害赔偿请求权的权利主体,其享有侵权损害赔偿请求权,他们对于为死者支付医疗费、丧葬费等费用的损失,有权直接请求侵权人承担赔偿责任。如果侵权人已经支付了这些费用的,那么其损害赔偿请求权就已经由于侵权人的自愿履行而得到实现,死者近亲属作为损害赔偿请求权人,其权利已经消灭,当然应当"除外"。应当注意的是,为死者支付医疗费、丧葬费的人,主要是死者近亲属,但并不是全部。其他为死者支付费用造成损失的人,也应当作为损害赔偿请求权的权利主体。

六、惩罚性赔偿

(一)惩罚性赔偿的概念

惩罚性赔偿又称或报复性赔偿,是指由法庭作出的赔偿数额超出实际损害数额的赔偿。惩罚性赔偿是加重赔偿,目的是在针对被告过去故意的侵权行为造成的损失进行弥补之外,对被告进行财产的处罚,以防止将来重犯,同时也达到惩戒他人的目的。惩罚性赔偿具有公私混合法性质,其目的在于通过对行为人的惩罚,来维护社会利益,是国家为自身需要而作出的强制性干预结果,因而具有公法的性质。但是,惩罚性赔偿毕竟包含为受害人提供慰藉性救济的一面,主体双方的地位平等,并且又是将赔偿金支付给受害人,因而体现了私法性质。

(二)法律规定的惩罚性赔偿责任条款

适用惩罚性赔偿,主要针对的是严重侵害自然人生命、健康的侵权行为,也包括故意侵害知识产权和严重污染环境破坏生态的侵权行为。《民法典》有三个条文规定了惩罚性赔偿,《消费者权益保护法》和《食品安全法》各规定了一个惩罚性赔偿条款,共有五个规定惩罚性赔偿的条款。

1.《民法典》第 1207 条规定:"明知产品存在缺陷仍然生产、销售,或者没有依据前条规定采取补救措施，造成他人死亡或者健康严重损害的，被侵权人有权请求相应的惩罚性赔偿。”这一条文是在原《侵权责任法》第 47 条基础上修改而成的，增加了对产品流通后发现存在缺陷，没有及时采取补救措施，造成他人死亡或者健康严重损害的，被侵权人也有权请求相应的惩罚性赔偿。

2.《民法典》第 1185 条规定：“故意侵害他人知识产权，情节严重的，被侵权人有权请求相应的惩罚性赔偿。”这是对故意侵害知识产权应当承担惩罚性赔偿的规定，是一个新规则。

3.《民法典》第 1232 条规定：“侵权人故意违反法律规定污染环境、破坏生态造成严重后果的，被侵权人有权请求相应的惩罚性赔偿。”这是对环境污染和生态破坏惩罚性赔偿的规定，原《侵权责任法》没有这一规定，是环境污染和生态破坏责任的新规则。

4.《消费者权益保护法》第 55 条第 2 款规定：“经营者明知商品或者服务存在缺陷，仍然向消费者提供，造成消费者或者其他受害人死亡或者健康严重损害的，受害人有权要求经营者依照本法第四十九条、第五十一条等法律规定赔偿损失，并有权要求所受损失二倍以下的惩罚性赔偿。”

5.《食品安全法》第 148 条第 2 款规定：“生产不符合食品安全标准的食品或者经营明知是不符合食品安全标准的食品，消费者除要求赔偿损失外，还可以向生产者或者经营者要求支付价款十倍或者损失三倍的赔偿金；增加赔偿的金额不足一千元的，为一千元。”

（三）惩罚性赔偿的计算方法

1. 消费者保护领域的惩罚性赔偿责任计算方法

《民法典》第 1207 条、《消费者权益保护法》第 55 条以及《食品安全法》第 128 条规定的惩罚性赔偿，基本上是局限在消费领域，只有《民法典》第 1207 条会有一部分超出消费者保护领域。其内容如下：

（1）适用侵权惩罚性赔偿的范围，一是明知产品存在缺陷仍然生产、销售；二是产品流通后发现存在缺陷没有及时采取补救措施；三是明知商品或者服务存在缺陷，仍然向消费者提供；四是生产不符合食品安全标准的食品或者经营明知是不符合食品安全标准的食品。

（2）侵权人的主观状态是故意，包括直接故意和间接故意，过失不适用惩罚性赔偿责任。

（3）造成损害的程度，上述情形都是造成他人死亡或者健康受到严重损害。

（4）惩罚性赔偿责任的计算方法有两种：一是在普通的消费者保护领域提供产品，明知商品或者服务存在缺陷，仍然向消费者提供，在赔偿实际损失以后，再增加两倍的惩罚性赔偿；二是在食品安全领域，对生产不符合食品安全标准的食品或者经营明知是不符合食品安全标准的食品,造成消费者损害的,除了赔偿实际损失以外,再增加三倍的惩罚性赔偿。

2. 其他领域的惩罚性赔偿的计算方法

对《民法典》规定的其他两种惩罚性赔偿的方法如下:

(1)故意侵害知识产权的惩罚性赔偿。侵害知识产权惩罚性赔偿责任的构成要件,除了应当具备其他侵害知识产权侵权责任构成要件之外,还须具备两个条件:第一,故意侵害知识产权,即明知是他人的知识产权而执意实施侵权行为,过失侵害知识产权不适用惩罚性赔偿责任,只能请求实际损失的赔偿责任;第二,侵害知识产权的情节严重,而不是一般情节,究竟哪些是情节严重,可以考虑的,一是侵权人主观上具有恶意,二是行为的表现形式特别恶劣,三是造成的损害后果特别严重。符合这三个要件的,被侵权人有权请求相应的惩罚性赔偿。对侵害知识产权惩罚性赔偿责任的计算方法,可以借鉴《电子商务法》第 42 条第 3 款规定的方法,增加赔偿实际损失的一倍,因为侵害知识产权造成的损害就是财产损害,而不是《消费者权益保护法》《食品安全法》规定的适用惩罚性赔偿责任都以明知而向消费者提供商品或者服务造成受害人死亡或者健康严重损害的情形,确定为一倍的惩罚性赔偿责任比较适当。

(2)故意环境污染和生态破坏承担惩罚性赔偿。故意实施环境污染和破坏生态的惩罚性赔偿的构成要件是:第一,侵权人实施了环境污染和生态破坏的行为。第二,侵权人在主观上故意违反国家规定环境污染和生态破坏,即明知国家规定禁止环境污染和生态破坏而执意为之。重大过失不适用惩罚性赔偿责任。第三,侵权人故意实施的环境污染和生态破坏行为造成的损害后果严重,表现为受害人死亡或者健康严重损害,而不是一般性的损害。符合上述要件的,被侵权人有权向侵权人请求承担相应的惩罚性赔偿。本条没有规定惩罚性赔偿责任的计算方法,根据本法和相关法律的规定,确定环境污染和生态破坏造成受害人死亡或者健康严重损害的,比照最为相似的《消费者权益保护法》第 55 条规定的情形,因此,故意环境污染和生态破坏责任,应当在赔偿实际损失后,再赔偿实际损失两倍以下的惩罚性赔偿责任比较合适。

第六节　侵害人身权益造成财产损失的赔偿

一、侵害他人人身权益造成财产损失赔偿的确定方法

《民法典》第 993 条规定了公开权:“民事主体可以将自己的姓名、名称、肖像等许

可他人使用,但是依照法律规定或者根据其性质不得许可的除外。”第1182条与这一条文相对应,规定了侵害公开权造成财产损失的赔偿规则:“侵害他人人身权益造成财产损失的,按照被侵权人因此受到的损失或者侵权人因此获得的利益赔偿;被侵权人因此受到的损失以及侵权人因此获得的利益难以确定,被侵权人和侵权人就赔偿数额协商不一致,向人民法院提起诉讼的,由人民法院根据实际情况确定赔偿数额。”

本条规定应当是明确的,即侵害人身权益造成财产损失,按照被侵权人受到的损失或者侵权人获得的利益予以赔偿。这说的就是侵害公开权的损害赔偿。

公开权是指民事主体包括自然人、法人和其他组织对其具有一定声誉或吸引力的人格标识利益进行商品化利用并享有利益的权利,属于抽象人格权的范畴。

公开权保护的是能够被商业化开发的人格利益,属于人格利益中的一类。民事主体对自己的姓名、名称、肖像、信用、名誉、隐私、声音、形象等人格标识进行支配、利用,是以主体人格的独立性、完整性与不可侵犯性为基础,同时也为了使自身的价值得到充分的发挥。对人物的姓名、肖像等人格利益的商业化使用的保护,最初正是衍生于对人格利益的保护。自然人因其姓名或肖像被用于商业使用而感到窘迫和羞辱,或者因他们的姓名或肖像被投入商业使用未得到任何报酬而感到愤怒,因而才将一个人控制其姓名或肖像的商业化利用的权利称为公开权。[①] 同时,被商品化利用的人格标识与人格的社会评价密不可分,例如知名人物的声音、形体、习惯性动作等,之所以可能成为商品化的对象,并非基于上述形象因素本身的艺术美感,而是利用了消费者对依附于其上的知名人物社会影响力所产生的信赖。对于这样的人格利益的损害,必然造成对被侵权人财产利益的损害,被侵权人理应得到侵权责任法的保护,获得财产损害赔偿。这正是《民法典》第1182条规定的理论基础。

这些被侵害的人格利益都是人格权中包含的精神性人格利益。把这些人格利益应用在商品社会中,会产生财产利益,这些财产利益应当归属于权利人本人。他人未经权利人同意而将权利人的姓名、名称、肖像、隐私、个人信息等人格利益予以公开,就侵害了权利人的人格权,使权利人本人的人格利益受到损害并造成财产利益损害的,应当承担赔偿责任,赔偿权利人受到的财产损失。

二、侵害公开权的损害赔偿方法

(一)三种基本的计算方法

计算侵害人身权益造成的财产利益损失,《民法典》第1182条规定的基本赔偿方法包括以下几个。

---

① 参见董炳和:《论形象权》,载《法律科学》1998年第4期。

1. 按照被侵权人受到的损失赔偿

侵害他人的人格权益造成财产利益损害的,如果其财产利益损害是能够计算的,应当按照被侵权人因此受到的损失进行赔偿。例如,侵害名称权,造成了被侵权的法人或者其他组织的财产利益损失,包括直接损失和间接损失,对于这些损失都应当予以赔偿。被侵权人在被侵权期间因被侵权所受到的损失,包括人格利益受到侵害造成的财产利益的直接损失,例如,对某公司的信用权进行损害,造成大批客户退货;侵害人身自由权所损失的劳动收入和劳动报酬等;被侵权人为制止侵权行为所支付的合理开支。其计算方法,应当参照财产损害赔偿的一般方法进行。

2. 按照侵权人获得的利益进行赔偿

侵害他人的人格权益造成的财产损失如果难以确定,无法计算财产利益的损失数额,应当按照侵权人因此获得的利益进行赔偿。例如,侵害姓名权、肖像权、隐私权以及形象利益等,被侵权人的损失无法计算,但侵权人非法利用他人的姓名、肖像、隐私、形象等做广告,因而获得了财产上的收益,应当按照被侵权人获得的财产收益确定赔偿数额,进行赔偿。

3. 根据实际损害情况进行赔偿

侵害他人人格权益造成的财产损失不仅难以确定,无法按照前述两种方法计算损失数额进行赔偿,而且被侵权人和侵权人就损害数额协商不一致,向人民法院起诉的,由人民法院根据实际情况确定赔偿数额。这种酌定的赔偿方式,是人民法院按照被侵权人的人格权益的实际损害,以及侵权人实施侵权行为的实际情况进行斟酌,确定一个适中的损失数额进行赔偿。

(二)赔偿方法的选择权

侵害公开权造成财产利益损失的赔偿方法,按照原《侵权责任法》第 20 条的规定,赔偿方法是有顺序的:一是被侵权人因此受到实际财产损失的,按照实际受到的损失承担赔偿责任;二是被侵权人的损失难以确定,侵权人因此获得利益的,按照其所获得的利益承担赔偿责任;三是侵权人因此获得的利益难以确定,双方当事人可以进行协商,按照协商一致的方法确定赔偿责任;被侵权人和侵权人就赔偿数额协商不一致,向人民法院提起诉讼的,由人民法院根据实际情况确定赔偿数额。

《民法典》第 1182 条对此作了改变:一是侵害他人人身权益造成财产损失的,按照被侵权人因此受到的损失或者侵权人因此获得的利益赔偿;二是被侵权人因此受到的损失以及侵权人因此获得的利益难以确定,被侵权人和侵权人就赔偿数额协商不一致,向人民法院提起诉讼的,由人民法院根据实际情况确定赔偿数额。

这一新的赔偿方法与原《侵权责任法》第 20 条规定相比,区别在于:第一,将计算方法的三个顺序改为两个层次,减少了复杂程度。不过,这不是关键。第二,将被侵权人因此受到的实际损失和侵权人因此获得的利益并列在一起，由原来的先后顺位关系，改为由权利人进行选择的关系，被侵权人根据自己的利益作出选择，而不是由侵权人进行选择。这是第 1182 条修改原《侵权责任法》第 20 条规定的关键之处。侵害他人人身权益，例如将他人的肖像非法使用，可能会使被侵权人受到财产上的损失，也可能会使侵权人获得利益，两种计算方法的计算结果并不相同，尤其是前一种不容易计算。按照原《侵权责任法》第 20 条的规定，首先按照第一种方法计算；在被侵权人的损失难以确定的前提下，才按照侵权人因此获得的利益计算。按照《民法典》第 1182 条的规定，将选择权赋予被侵权人，由被侵权人选择，这样就能够保障被侵权人的合法权益，并且不能使侵权人因侵权行为获得非法利益。

第七节 精神损害赔偿

一、精神损害赔偿的意义

精神损害赔偿在现今的社会生活中是越来越重要了，成为救济民事权利损害的重要方法之一。可是，在 1986 年以前，精神损害赔偿还是“资产阶级的货色”，是被批判的制度。原《民法通则》第一次在法律中试探性地规定了类似“精神损害赔偿”的概念，使精神损害赔偿这个保护民事权利、制裁民事违法的法律武器第一次走进了社会生活，成为中国法律的概念。这是中国法治现代化的一个重要标志。现在，在回忆这一段历史的时候，由衷地敬佩佟柔先生、谢怀栻先生、江平先生、王家福先生和魏振瀛先生等老一代民法学家的远见卓识。可以毫不夸张地说，原《民法通则》关于精神损害赔偿的立法开启了中国民法的新时代。

十几年来，中国的法治建设发生了很大的变化，在“依法治国，建设社会主义法治国家”治国方略的指导下，各项法律的建设日新月异，蓬勃发展。在民商法的建设中，精神损害赔偿法律的建设也是如此，《民法典》规定了完整的精神损害赔偿制度。经过十几年的研究和实践，在精神损害赔偿问题上，在以下几个方面，可以证明它的重大进步。

首先，精神损害赔偿已经成为全体人民耳熟能详的法律概念。在今天的社会生活中，几乎没有人不熟悉精神损害赔偿这个概念，人们接受它，熟悉它，而且在实践中能够运用它。由此可见，精神损害赔偿制度已经深入人心。

其次，大量涉及精神损害赔偿的案件起诉到法院，法院认真审理这些案件，积累了丰富的经验。在民事案件中,涉及人身权保护的精神损害赔偿案件越来越多,说明人民群众权利及其保护的意识大大加强,这正是法律昌明的表现,是依法治国方略实施的结果。

最后,立法和司法解释在实践和理论研究的推动下有了重大的进展。其他法律对精神损害赔偿也作了很多规定,一些重要的立法,在保护自然人和法人的人格权、身份权方面,具有重要意义,起到了重要的作用。在司法实践中,最高人民法院将在适用精神损害赔偿案件中积累的丰富经验,变成规范性的司法解释,引导精神损害赔偿的实践,推动精神损害赔偿的立法。

可以说,经过将近 20 年的实践和研究,中国精神损害赔偿的立法、司法和理论研究都已经基本成熟了,成为中华民族法制建设的宝贵财富。

二、精神、精神损害和精神损害赔偿的概念

(一)精神

精神损害赔偿是救济人身权利损害的一个重要方法,是侵权损害赔偿的内容之一。在研究、说明精神损害赔偿之前,首先必须弄清精神和精神损害的概念。

精神这一概念,在不同的领域有不同的含义。从本质上看,精神是与物质相对应、与意识相一致的哲学范畴,是由社会存在决定的人的意识活动及其内容和成果的总称。① 精神是高度组织起来的物质即人脑的产物,是人们在改造世界的社会实践中通过人脑产生的观念、思想上的成果。人们的社会精神生活即社会意识是人们的社会物质生活即社会存在的反映。哲学上的精神包含两个层次:一是精神生产,二是社会精神生活。在范围上主要表现为精神生产,精神生产成果的传播与意识的传播,精神享受。精神享受与精神生产、精神传播三者互相联系,构成一定社会的丰富多彩的精神生活。②

法律上使用“精神”这一概念,并不是使用哲学上精神概念的全部内容,而只使用其中的一部分内容,主要是指精神活动,并且总是与精神损害、精神损害的法律后果即精神损害赔偿联系在一起使用,以确定其在法律上的含义。法律学上的精神活动,是与法律上的财产流转活动相对应的活动,包括生理上或心理上的活动和维护精神利益的活动。自然人的精神活动包括上述两项内容。法人作为拟制的法律人格,不存在生理上或心理上的精神活动,但存在保持和维护其精神利益的精神活动。

(二)精神损害

精神损害是指对民事主体精神活动的损害。侵权行为侵害自然人的人身权益,造

---

① 参见王利明主编:《民法·侵权行为法》,中国人民大学出版社 1993 年版,第 617 页。

② 参见《中国大百科全书·哲学》,中国大百科全书出版社 1987 年版,第 379 页。

成的生理、心理上的精神活动和维护其精神利益的精神活动的破坏,最终导致精神痛苦和精神利益丧失或减损。精神损害的最终表现形式,就是精神痛苦和精神利益的丧失或减损。

精神痛苦产生于两个来源:

1. 侵害自然人人体的生理损害。当侵权行为侵害身体权、健康权、生命权时,给权利主体造成生理上的损害,使其在精神上产生痛苦。

2. 侵害自然人心理的心理损害。当侵权行为侵害自然人的人身权利时,侵害了人的情绪、感情、思维、意识等活动,导致人的上述精神活动的障碍,使人产生愤怒、恐惧、焦虑、沮丧、悲伤、抑郁、绝望等不良情感,造成精神痛苦。

精神利益丧失或减损,是指自然人维护其人格利益、身份利益的活动受到破坏,因而导致其人格利益、身份利益的损害。

对于法人是否有精神损害,笔者曾经主张,法人不存在精神损害。原因是法人与自然人的根本区别就在于法人是没有生命的社会组织,既然法人没有生命,也就没有生理、心理上的精神活动,法人的名誉权、名称权、荣誉权受到侵害时,就不会产生精神上、心理上的痛苦。所以,法人不可能造成这些人格利益和身份利益的损害。最高人民法院的司法解释接受了这种观点。最高人民法院原《关于审理名誉权案件若干问题的解答》第10条第4款规定:"公民、法人因名誉权受到侵害要求赔偿的,侵权人应赔偿侵权行为造成的经济损失;公民并提出精神损害赔偿要求的,人民法院可根据侵权人的过错程度、侵权行为的具体情节、给被侵权人造成精神损害的后果等情况酌定。"这一规定的基本用意就是否认法人有精神损害问题。但是,精神损害包括精神痛苦与精神利益的丧失,法人的精神损害不包括精神痛苦,仅指精神利益的丧失。精神利益包括人格利益和身份利益,是民事主体人格的基本利益,否认法人有精神损害,就等于否认法人的人格,其结果必然使法人本身失去了存在的依据。因此,法人没有精神损害这种说法是不准确的,也是与现行法律的规定不相符合的。不过,从原《侵权责任法》到《民法典》,都没有规定法人、非法人组织的精神损害赔偿,因此,不再坚持这样的主张。《关于确定民事侵权精神损害赔偿责任若干问题的解释》(2021)第4条也继续规定:"法人或者非法人组织以名誉权、荣誉权、名称权遭受侵害为由,向人民法院起诉请求精神损害赔偿的,人民法院不予支持。"

(三)精神损害赔偿

精神损害赔偿是自然人因其人身权益受到不法侵害,使其人格利益和身份利益受到损害或遭受精神痛苦等无形损害,要求侵权人通过财产形式的赔偿等方法,进行救济和保护的侵权法律制度。

精神损害赔偿是侵权责任的组成部分。在侵权责任法中,主要的组成部分分为归责原则、责任构成、侵权形态等,之后就是侵权责任制度。精神损害赔偿就是侵权责任的具体形式,是行为人实施侵权行为应当承担的法律后果。其他责任方式还有人身损害赔偿、财产损害赔偿以及侵害人身权益造成财产损失的赔偿。这四种损害赔偿构成了侵权责任的基本形式。

三、精神损害赔偿的结构

(一)历史发展形成的结构

精神损害赔偿结构,是指精神损害赔偿内在的部分是由哪几部分构成的。

对精神损害赔偿的结构,必须历史地、辩证地分析。社会文明的进步和法律文化的发展,塑造了今日精神损害赔偿的内在结构。

首先,在损害赔偿中对身体、健康、生命权有形损害的财产损失,从罗马法的 injuria(侵辱行为)中分离出去,使精神损害赔偿与人身损害赔偿对立起来,形成了侵害人身权损害赔偿制度中的两大基本制度。在罗马法中,原来的损害赔偿没有这种区分,是混在一起的。injuria 这种侵权行为实际上是一种侵辱行为,既包括对人身的损害,也包括对精神的损害。在罗马法后期,对身体的有形损害即侵害生命健康权的行为从侵辱行为中分离出来,形成了独立的侵权行为。这种分离,是法律文化发展的必然结果。

其次,在精神损害赔偿制度的内部,又逐步地分成两个不同的部分,使精神损害赔偿的内部结构开始明朗起来。一是对人格权的非财产损害赔偿,即人格权精神利益的损害赔偿制度;二是对侵害人格权、身份权造成人的精神痛苦、精神创伤的抚慰金制度。这一进程,是在近现代民法的发展中实现的。对精神利益损害的赔偿,与对人身损害造成的痛苦的赔偿,成为各不相同但又相互联系的制度,构成了今天精神损害赔偿的内部结构。

(二)两种结构的内容

精神利益的损害赔偿,主要是对精神性人格权损害的民事救济手段,保护的对象是名誉权、人身自由权、肖像权、姓名权、隐私权、性自主权以及一般人格权和身份权。这种保护手段大体包含三个层面:一是对精神性人格权、身份权侵害造成财产损害的赔偿;二是对精神性人格权、身份权侵害造成精神利益损害的赔偿;三是对精神性人格权、身份权侵害造成自然人精神痛苦的抚慰金赔偿。立法对上述第二、第三两个层面的保护通常不加区分。

精神痛苦的抚慰金赔偿,是对人格权损害造成精神痛苦的民事救济手段,保护的对象是民事主体不受精神创伤的权利。因而它只能对自然人适用,不能对法人适用。当自然人的人格权受到损害时,除应当赔偿其财产上的损害以外,对其本人或亲属造成的精神痛苦,应以一定数额的金钱予以抚慰。抚慰金赔偿制度是对自然人物质性人格权受侵害的救济。①

(三)精神损害赔偿结构的成因

精神损害赔偿制度之所以出现这样的内在结构,是因为这一制度保护的客体——人身权——的复杂性和可划分性决定的。民法发展到今天,对民事主体确定的人身权利达十几种,构成了庞大的人身权体系。尽管它们是那样的复杂、繁多,却可以用最简单的方法划分为两大类,即以人格权的存在方式为标准,分为物质性人格权和精神性人格权。即使是身份权,也可以视为精神性的民事权利,是人格权的延伸,与精神性人格权的保护方式基本相同。前者依托于自然人的物质实体,"是自然人对于物质性人格要素的不转让性支配权";②后者以观念的形态存在,是自然人"对其精神性人格要素的不转让性支配权的总称"。③ 对这两种不同的人格权进行民法上的保护,依据它们的不同特点,采取的方法当然也不会相同。侵害物质性人格权会造成财产上的损失和精神上的痛苦,因而要赔偿财产损失和支付抚慰金。对精神性人格权的侵害也会造成一定程度上的财产损失,同时造成精神利益的损害,对财产损害当然要进行赔偿,对于精神利益损害,可以一并用精神损害赔偿的方法予以保护。正因为如此,精神损害赔偿制度必然形成以上两种结构。

从另一个角度分析,无论侵害人格权,还是侵害身份权,以及侵害某些特定的财产权,都可能造成两种侵害,即精神痛苦和精神利益丧失。精神损害赔偿作为对精神损害的救济手段,也必然形成对精神痛苦的抚慰金赔偿和对精神利益丧失的精神利益赔偿两种结构。

四、精神损害赔偿的性质和功能

(一)精神损害赔偿的性质

精神损害赔偿的法律性质是财产赔偿责任。确定这一性质有以下三点根据:

1. 精神损害赔偿仍然以财产方式作为主要救济手段。就广义而言,精神损害赔偿包括赔偿损失,停止侵害,恢复名誉,消除影响,赔礼道歉。但其中最主要、最基本的救济方式是赔偿损失。从国外主要国家的民法典关于精神损害赔偿的条文规定看,一般规定救济方式为损害赔偿和除去侵害,将损害赔偿作为主要的救济手段。赔偿损失的方式,是财产救济手段,即以由侵权人向被侵权人给付财产的基本形式,救济被侵权人

---

① 一般认为,关于抚慰金赔偿的适用范围,应当限制在侵害物质性人格权的保护范围之中,这样会使对精神利益损害的救济和对精神痛苦的救济更加分明,逻辑层次更加清楚;但是,按照最高人民法院的司法解释规定,对于所有的精神损害赔偿都叫作抚慰金赔偿,因此又没有特别加以区分的必要。

② 张俊浩主编:《民法学原理》,中国政法大学出版社 1991 年版,第 142 页。

③ 张俊浩主编:《民法学原理》,中国政法大学出版社 1991 年版,第 146 页。

受到侵害的权利。对于财产的损失用赔偿方法救济,是财产救济手段;对于非财产的精神损害用赔偿方法进行救济,仍然是财产救济手段。

2. 精神损害赔偿的基本功能仍然是填补损害。精神损害赔偿具有多种功能,如补偿功能、惩罚功能、抚慰功能、调整功能等,但是作为财产赔偿,其基本功能必然是填补损害。就财产损失而言,赔偿的目的完全着眼于填补损害。精神损害是无形损害,绝大多数的精神损害无法用财产的标准加以衡量。但是,确立精神损害赔偿的目的,就是以财产的方式补偿被侵权人所遭受的精神损害,对被侵权人精神利益损失和精神痛苦的赔偿,具有明确的填补损害并使该损害得到平复的功能。在这一点上,财产损害赔偿与精神损害赔偿虽然有所不同,但是,就填补损害的基本功能而言,却是一致的。

3. 我国民事立法明文规定精神损害赔偿的方式之一是赔偿损失。原《民法通则》并没有明确使用精神损害赔偿的概念,只是在第 120 条的两个条款中规定"赔偿损失",这里的赔偿损失与该法第 134 条规定的民事责任方式中的"赔偿损失"是同一概念。因此可以认为我国的赔偿损失责任方式包括财产损失的赔偿、人身损害的赔偿和精神损害的赔偿。原《侵权责任法》第 22 条明文使用精神损害赔偿的概念,使这个问题更加明确。《民法典》第 1183 条对精神损害赔偿这一概念作了最终的确认。

(二)精神损害赔偿的功能

1. 确认精神损害赔偿功能的不同学说

关于精神损害赔偿的功能有诸多学说,归纳起来分为以下三种基本观点:

(1)单一功能说。这种观点认为精神损害赔偿只有单一的功能,但该单一功能为何种,学说各不相同:一是认为精神损害赔偿的功能为惩罚,强调侵权人必然具备故意和重大过失,因而其行为应受惩罚,在赔偿的形式下隐藏着的是惩罚;二是认为精神损害赔偿的功能是补偿,强调精神损害的物质赔偿是以补偿被侵权人所遭受的精神损失为目的,而对侵权人的惩罚则应归于刑法和其他法律,这是近现代法律民、刑分离的结果;三是认为精神损害赔偿的功能是满足,强调其目的在于满足被侵权人的心理平衡,从而使其痛苦得以解决;四是认为精神损害赔偿的功能是克服,强调人体致病原因为非生物的外环境和生物的内环境这两个相互作用的系统,精神损害赔偿是通过改变其外环境的方法,帮助被侵权人克服侵权行为所造成的消极影响,尽快恢复身心上的健康;五是认为精神损害赔偿的功能是调整,强调在财产损害赔偿不足时,法官可以用精神损害赔偿作为调整手段,增加赔偿数额,补充财产损害赔偿的不足。①

(2)双重功能说。这种观点认为精神损害赔偿的功能有双重性,具有两种不同的功能,它们之间互相作用。其中,一种意见认为,精神损害是将对被侵权人所受的非财

---

① 参见王利明主编:《人格权法新论》,吉林人民出版社 1994 年版,第 658 ~ 661 页。

产损害以合理的补偿和命令侵权人就自己的行为满足被侵权人要求这两种功能集于一身的、一个独立的请求权,因而具有补偿和满足的双重功能;另一种意见认为,精神损害赔偿既具有补偿性的功能,又具有惩罚性的功能,是两重性的功能。①

(3)三重功能说。认为精神损害赔偿的性质是经济补偿,仍具备填补损害、抚慰被侵权人和制裁违法三种功能。②

2. 应当采纳的观点

认为精神损害赔偿只具有单一功能,是不符合客观实际的。无论用哪一种单一功能学说来看待精神损害赔偿,都可以发现对精神损害赔偿功能的概括不全面,都有挂一漏万之嫌。这是因为,单一功能学说的片面性就在于观察精神损害赔偿的视觉狭隘性和角度单一性,不能全面、客观地去感知它、分析它、概括它,因而有“瞎子摸象”之嫌,故单一功能说不足取。

双重功能说给研究精神损害赔偿功能提供了大视野、多角度的分析、概括方法,树立了全面、客观地观察、分析精神损害赔偿的指导思想,从多方面概括精神损害赔偿的功能,提出了新的见解。也是由于观察视野、分析角度的局限,致使产生了两种不同的双重功能学说,其中关于补偿功能的认识是相同的;不同之处在于,一说认为兼有满足功能,另一说认为兼有惩罚功能。以上两种学说均有不足。

精神损害赔偿兼具补偿、抚慰和惩罚三种功能,是客观事实。只要进行认真分析,就可以证明这一结论。

3. 精神损害赔偿的三种不同功能

(1)补偿功能。精神损害赔偿的首要功能,就是补偿损害。尽管精神损害不是现实的、有形的损害,但其毕竟是一种损害事实。法律肯定精神损害赔偿制度,就是要肯定其补偿对被侵权人的作用。关于精神损害赔偿的填补损害功能,前文已述。对此,绝大多数学者都是确认的,为通说。

(2)惩罚功能。对精神损害赔偿的惩罚功能,学说上认为其来源于两个方面。一是我国民法理论通说认为损害赔偿兼具惩罚性。认为其惩罚性(或称制裁性)的来源,是侵权人承担损害赔偿责任,不仅不能因自己的侵权行为而得到任何经济上的便宜,还会带来更大的经济损失。这种制裁职能可以刺激侵权人履行自己的法定义务。③ 这种赔偿是对违法行为的制裁,一方面是对行为人的民事惩罚,另一方面是对其他人的

① 参见王利明主编:《人格权法新论》,吉林人民出版社 1994 年版,第 663 页。

② 参见杨立新:《侵权损害赔偿》,吉林人民出版社 1990 年版,第 206~207 页;杨立新:《论人格损害赔偿》,载《河北法学》1987 年第 6 期。

③ 参见《中国大百科全书·法学》,中国大百科全书出版社 1984 年版,第 571 页。

警戒。[1] 二是惩罚性来源于现代某些民事责任强调其惩罚性。应当强调的是,在近现代的法律分工中,刑法担负惩罚职责,民法主要担负补偿职责,这是毫无疑问的。认为精神损害赔偿乃至整个损害赔偿制度具有惩罚性,并非对古代民法那种民刑不分的回复,而是克服古代民法的上述弊端,更加注意保护被侵权人的利益,加重对致害人的处罚,以达到防止侵权行为,稳定社会秩序的目的。[2] 另外,精神损害赔偿的惩罚功能不是其基本功能,应是其填补损害功能附带的、兼具的另一种功能。

(3)抚慰功能。精神损害赔偿的抚慰功能,相当于满足功能和克服功能。正如学说所指出的那样,金钱作为价值和权利的一般尺度,可以成为满足被侵权人人身及精神需要的物质手段。尽管它无法弥补被侵权人的精神利益,但是它可以使被侵权人在其他方面得到精神的享受。因此,金钱赔偿在这种情况下是民法唯一可以采用的给被侵权人以满足的方法。这种需要的满足,恰恰是为了平复被侵权人精神创伤,慰藉其感情的损害,通过改变被侵权人的外环境而克服其内环境,即心理、生理以及精神利益损害所带来的消极影响,恢复身心健康。因此,精神损害的抚慰功能也是客观存在的,不容忽视。

至于有关调整功能的学说,与我国精神损害赔偿的立法目的不合,不宜采用。

在研究精神损害赔偿的功能时,不能忘记精神损害赔偿还具有其消极性和不利作用。最主要的,就是精神损害赔偿所具有的消极导向,那就是鼓励人们向“钱”看,追求拜金主义。“大额索赔”“滥诉”等现象的经常发生,正是这种消极作用的影响。对此,应当充分注意,采取措施,防止精神损害赔偿走向拜金主义,限制其消极性,倡导其积极性,真正发挥精神损害赔偿的法律作用。《民法典》第1183条之所以规定得特别谨慎,就是因为精神损害赔偿具有这种消极性。

五、精神损害赔偿的范围

(一)对精神损害赔偿适用范围的不断扩大

1. 我国精神损害赔偿责任制度的诞生和不断发展

在改革开放之前,我国立法和司法都拒绝接受精神损害赔偿责任制度,认为这种赔偿责任是反动的,是将人格作为商品出卖的资产阶级民法制度。经过改革开放的洗礼,人们对精神损害赔偿责任制度已经充分认识到其对保护民事主体合法民事权益的重要作用,并且尽力使其发挥这一作用。

原《民法通则》首开先河,规定了精神损害赔偿制度,只是没有给予这一制度太大

---

① 参见杨立新等:《侵权损害赔偿》,吉林人民出版社1990年版,第198页。

② 参见王利明主编:《人格权法新论》,吉林人民出版社1994年版,第664页。

的发展空间,第 120 条对于精神损害赔偿责任的适用,仅规定可以适用于姓名权、肖像权、名誉权和荣誉权的保护,对于其他人格权和身份权,尤其是对生命权、健康权、身体权的损害,都没有规定可以适用精神损害赔偿责任。这样的规定,显然具有时代的局限性。

在实践中,司法不断面临新问题并不断予以解决,促使立法不断完善。首先,《道路交通事故处理办法》(已失效)明确了死亡补偿费,规定对死者的近亲属可以赔偿死亡补偿费,以补偿被侵权人近亲属的精神损害。其次,《产品质量法》《国家赔偿法》《消费者权益保护法》规定了死亡抚恤金、死亡赔偿金和残疾赔偿金制度,给予死亡以及造成残疾的被侵权人精神损害赔偿,比较全面地扩大了精神损害赔偿责任的适用范围。再次,在原《关于确定民事侵权精神损害赔偿责任若干问题的解释》中,最高人民法院将适用得并不广泛的精神损害赔偿责任扩展适用范围,规定侵权行为造成死亡的赔偿死亡赔偿金,造成残疾的赔偿残疾赔偿金,造成其他人格权、身份权损害的赔偿精神抚慰金,将精神损害抚慰金责任制度扩展到更为宽阔的领域,成为覆盖面宽、保护力度大的一种侵权救济手段,发挥了重要作用。最后,在 2003 年 12 月出台的最高人民法院原《关于审理人身损害赔偿案件适用法律若干问题的解释》中,将死亡赔偿金和残疾赔偿金改变为被侵权人收入损失的赔偿而不是精神损害赔偿,规定凡是造成人格权或者身份权损害的,都可以请求精神损害抚慰金赔偿。这是侵权责任法的进步,特别值得重视。

在司法实践操作上,人民法院在确定精神损害赔偿责任时非常慎重,并不是所有的损害都可以请求精神损害赔偿,因此,在精神损害赔偿责任的法律适用上并没有出现较大的偏差,效果也是好的。事实证明,关于精神损害赔偿制度,司法实践掌握的范围和方法是正确的,制度是成熟的。

2. 侵权责任法规定精神损害赔偿范围的扩展

在侵权责任法草案中,关于精神损害赔偿责任制度的规定还是比较保守的,只有故意侵害他人人格权、身份权,造成他人严重精神损害的,被侵权人才可以请求精神损害赔偿。对此,学者指出这样规定是不妥当的:

第一,对于侵害生命权、健康权造成被侵权人死亡、残疾的,侵权人应当对被侵权人给予精神损害赔偿,是完全没有问题的。对此,在司法实践中已经积累了丰富的经验,足以指导法官准确判决这样的案件。

第二,规定故意侵权,并且造成严重精神损害的,才可以请求精神损害赔偿责任,显然标准过高,不利于保护被侵权人的合法权益。应当看到的是,对于造成精神损害的被侵权人,并不是只有故意侵权才能构成,过失侵权,同样可以造成严重的精神损害。例如,侵害名誉权的侵权责任,故意、过失均可构成,如果限制为只有故意侵权才可以请求精神损害赔偿,那么,就只有很少的侵害名誉权的案件,被侵权人才可以请求精神损害赔偿,大多数被侵权人都不能请求精神损害赔偿。因为在现实中,故意侵害名誉权的侵权案件毕竟较少。还有,限制他人人身自由权的侵权行为,故意、过失都可以构成,其中司法机关错误羁押,几乎都是过失所致,如果过失限制他人人身自由就不承担精神损害赔偿责任,那么所有的冤狱赔偿都不应当赔偿精神损害,而过失侵害人身自由对于被侵权人的精神损害几乎是同样严重的。由于加害人不具有故意,被侵权人就不能请求精神损害赔偿,显然是不公平的。同时,按照草案规定,不仅是故意侵权,而且还须造成严重精神损害的,才能够请求精神损害赔偿,那么,在这些故意侵权中,还要扣除那些精神损害程度不够严重的侵权行为,因而能够请求精神损害赔偿救济的被侵权人又会少了很多。最终,真正能够请求精神损害赔偿的被侵权人的人数只能是微乎其微。这显然不符合设立这种侵权损害赔偿责任制度的宗旨。

更重要的是,这一条文规定的精神损害赔偿范围与司法实际操作完全不一样。在司法实践中,精神损害赔偿救济的是自然人的人格权及人格利益、身份权及身份利益,只要构成侵权责任,造成了被侵权人较重的精神损害,就可以请求精神损害赔偿,法院也都会判决加害人承担适当的精神损害赔偿责任。草案面对现实适用精神损害赔偿责任较为宽松的司法经验,将精神损害赔偿责任的适用严格限制在"故意侵权"并造成"严重精神损害"的狭窄领域,不符合实际需要。

原《侵权责任法》第 22 条规定的规则是:"侵害他人人身权益,造成他人严重精神损害的,被侵权人可以请求精神损害赔偿。"这样规定的理由如下:

第一,精神损害赔偿是救济被侵权人人格权益、身份权益受到侵害造成精神损害的基本救济制度,不应当严格限制。司法实践证明,精神损害赔偿并不是洪水猛兽,鼓励被侵权人追求高额精神损害赔偿的副作用并没有出现,即使有的被侵权人请求高额精神损害赔偿,法官都把握较严。立法对此规定过于严格,将会限制这一制度的优势发挥,扼杀其积极作用。

第二,精神损害赔偿具有惩罚加害人恶意的作用,但并非其主要功能。必须认识到,精神损害赔偿并不是惩罚性赔偿金,其基本功能仍然是补偿损害,而不是惩罚违法。侵权责任法已经规定了部分惩罚性赔偿金,已经把精神损害赔偿与惩罚性赔偿区别开了。在这样的前提下,侵权责任法还要特别强调精神损害赔偿的惩罚功能,规定只有对故意侵权才可以适用,显然不适当。

第三,侵权责任法的基本立场应当是救济被侵权人的损害而不是刻意减轻加害人的责任负担。侵权责任法是权利保护法,应当以保护被侵权人的合法权利为己任。侵权责任法不能处处为加害人着想,担心为加害人增加过重的负担,这不是侵权责任法应有的立场。

3.《民法典》第1183条对精神损害赔偿适用范围的进一步扩大

在编纂《民法典》时，对精神损害赔偿适用范围是否进一步扩大，主导意见是一致的，即应当进一步扩大其适用范围。除了原《侵权责任法》第22条规定的范围之外，主要考虑的，一是司法解释规定的侵害具有人格象征意义的特定纪念物品造成严重精神损害的赔偿，二是震惊损害的精神损害赔偿。首先肯定了前一种精神损害赔偿的适用，即第1183条第2款规定的"因故意或者重大过失侵害自然人具有人身意义的特定物造成严重精神损害的，被侵权人有权请求精神损害赔偿"。其后，在对震惊损害是否要适用精神损害赔偿的问题上，没有下定决心，故在第1183条中没有规定震惊损害。不过，震惊损害也是侵害人格权益造成的严重精神损害，因而，第1183条即使没有明确规定震惊损害，也可以依照该条第1款规定，适用精神损害赔偿。在司法实践中，其实也是这样操作的。可见，《民法典》对精神损害赔偿适用范围的规定，还是比较妥当的。

（二）对精神损害赔偿应当掌握的范围

依照《民法典》第1183条的规定，以及相关司法解释和司法经验，确定精神损害赔偿的适用范围。

1. 侵害物质性人格权的精神抚慰金

侵害生命权、健康权或身体权，造成精神痛苦的，侵权人应当承担精神损害抚慰金的赔偿责任。对此，被侵权人享有损害赔偿请求权。

2. 侵害精神性人格权的精神抚慰金

侵害精神性人格权的精神损害抚慰金，依照《民法典》第1183条的规定确定，自无问题。但是，是否须要达到"严重精神损害"的标准才可以请求精神损害赔偿，有两个办法可以解决：第一，在实践中掌握，侵害精神性人格权造成较为严重的精神损害的，就可以请求精神损害赔偿；第二，降低严重精神损害的标准，法官在掌握精神损害严重程度的时候降低尺度，使更多的被侵权人能够得到精神损害赔偿。

3. 侵害身份权的精神损害抚慰金

侵害身份权的精神损害抚慰金，按照《民法典》第1183条的规定确定，自然也无问题，因为身份权是人身权的类型之一。侵害配偶权、亲权、亲属权或监护权的，被侵权人可以请求精神损害抚慰金赔偿。对于侵害著作权中的身份权的，例如，侵害署名权、修改权、维护作品完整权，造成严重精神损害的，也应当准许被侵权人提出精神损害抚慰金的赔偿请求。

4. 故意侵害人格利益、身份利益造成严重损害的精神损害抚慰金

对于侵害人格利益、身份利益受到损害的，可以请求精神损害赔偿，因为《民法典》第1183条规定的是"人身权益"，当然包括人格利益、身份利益的精神损害赔偿。

5. 侵害财产权的精神损害赔偿

(1)确定侵害财产权的精神损害赔偿的必要性

在侵害财产的场合不适用精神损害赔偿制度,曾经是一个惯例,传统民法都不准许财产权利的受害人请求精神损害赔偿。不过,日本战后修订民法,更注重对人的权利的保护,尤其是对人格权利的保护,准许财产权受到损害可以请求精神损害赔偿。尽管这项制度在实际的应用上还有很多限制,对财产权受到损害场合认定抚慰金赔偿请求的判例并不多,[①]但是,这说明在财产权损害的场合完全排斥精神损害赔偿的适用是不适当的。我国最高人民法院原《关于确定民事侵权精神损害赔偿责任若干问题的解释》确定了中国关于侵害财产权精神损害赔偿的制度。确立这样的制度是完全必要的:第一,对侵害财产权的侵权行为完全排斥精神损害赔偿制度的适用是不适当的;第二,对某些侵害财产权的侵权行为进行适当的精神损害赔偿,可以更好地保护受害人的合法权益;第三,对某些财产权的损害采用精神损害赔偿方式进行救济,实际上还是保护受害人的人格利益。《民法典》第 1182 条第 2 款确认这一制度,对于保护好自然人的人格利益具有重要价值。

(2)确定侵害财产权精神损害赔偿责任的一般原则

①必要原则。在确定侵害财产权的精神损害赔偿责任时,一定要把握好必要原则。这一原则有两层含义:第一,坚持这种精神损害赔偿责任,不能否认其存在的必要性;第二,在审理这类案件时,要对确有必要的才给予赔偿。

②严格原则。严格原则的含义是在确认侵害财产权精神损害赔偿责任时,要严格坚持这种责任构成的要件,不能轻易、随意地认定这种赔偿责任;在决定精神损害赔偿数额时,也要严格掌握,不能判决过高的赔偿数额。要严格限制在侵害所有权的场合,并且对所有权受到侵害的也不能全部都请求精神损害赔偿,只有对司法解释所确定的范围内的所有权受到侵害,才能够请求精神损害赔偿。

(3)侵害财产权精神损害赔偿责任的构成要件

构成侵害财产权精神损害赔偿责任的前提条件,是某一违法行为构成侵害财产权的侵权责任。在认定侵害财产权精神损害赔偿责任构成的时候,除侵害财产权基本的责任构成要件之外,还必须具备特别要件。这就是该侵权行为所侵害的财产是具有人身意义的特定物。这个要件的具体要求如下。

①侵权行为所侵害的财产不是普通财产,必须是具有人身意义的特定物。侵害一般的财产不会产生精神损害赔偿责任。只有侵害这样的特定物,才能构成精神损害赔偿责任。所谓的特定物,不仅对所有权人而言是特定物,而且须具有特别意义。这种

① 参见于敏:《日本侵权行为法》,法律出版社 1998 年版,第 355 页。

特定物的特别意义，就是具有人身意义，即在该特定物中须具有人格利益和身份利益因素。在一般的财产中，财产就是财产，不具有人格利益和身份利益因素，因而侵害这样的财产不产生精神损害赔偿责任。但是，在具有人身意义的特定物中具有人格利益、身份利益因素，侵害这样的财产，就会产生侵害财产权的精神损害赔偿责任。只有侵害具有人身意义的特定物，才会产生侵害财产权的精神损害赔偿责任。这种人身意义就是在一个特定物中渗进了人的精神利益和人格价值，使这个特定物具有了不同寻常的人的意志或者人的品格，成为人的精神寄托、人格寄托或者人格化身。只有这样的财物受到损害后，才能够给该物品的所有人造成精神损害，须用精神损害赔偿的方式进行救济。

②财产所具有的这种人身意义来源于与其相对应的人的特定关系，双方当事人在这一特定关系中赋予了特定物以人身意义。特定物中的人身意义不会凭空产生，必须依据一定的人与人的关系才会产生。当人与人之间具有这种特定的关系，并且将这种关系寄托于某一种具体的特定物之上时，这种具体的特定物就具有了人身意义。例如，初恋时情人赠送的定情物，虽然价值不大，但是在当事人之间具有不同寻常的意义，成为某种人格象征，具有了人格利益的因素。在某案件中，一位在延安鲁艺学院毕业的老先生珍藏了 14 粒当年女朋友赠送的红豆，这 14 粒红豆就是双方当事人在特定的关系中赋予了它极为珍贵的人格利益因素。

（4）赔偿数额的计算

侵害财产权精神损害赔偿责任的具体数额，应当遵循一般的侵害精神性人格权精神利益损害赔偿数额确定的方法进行，由法官根据案件的具体情况确定具体的赔偿数额。

6. 违约行为侵害人格权的精神损害赔偿

《民法典》第 996 条规定："因当事人一方的违约行为，损害对方人格权并造成严重精神损害，受损害方选择请求其承担违约责任的，不影响受损害方请求精神损害赔偿。"这是对违约行为造成精神损害可以直接适用精神损害赔偿责任救济的规定，以前的司法解释是禁止在违约责任中适用精神损害赔偿责任救济的。

一个违约行为造成合同预期利益损害和严重精神损害这两种损害的形成机制是，对合同约定的义务，债务人未履行，造成了债权人的可得利益损害，而该合同的履行对债权人而言，不仅具有财产利益，而且具有人身意义，该人身意义又包含着精神利益。当违约行为发生时，一方面造成了债权人的财产利益损害，另一方面又造成了债权人的精神利益的损害，也侵害了债权人的人格利益，造成严重的精神损害。例如，旅行社组织的旅行团混进严重的传染病人，其他团员面临感染疾病的威胁，造成严重的精神损害。

长期以来,我国采取违约行为不得请求适用精神损害赔偿责任的做法,当事人如果坚持主张,则应通过民事责任竞合的方法,选择侵权诉讼方可获得支持。这个规则是最高人民法院原《关于确定民事侵权精神损害赔偿责任若干问题的解释》确立的,并为司法实践一直所坚持。[①] 这样的做法虽然有一定道理,但是对当事人却形成讼累,一个违约行为既造成债权人的财产利益损害,又造成精神利益的损害,须提起两个诉讼,并且可能还不是由同一个法院管辖。《民法典》第 996 条规定,因违约造成严重精神损害的,受害人可以直接起诉请求承担精神损害赔偿责任,就可以解决这个问题,有利于受害人方便、及时地行使权利,保护自己。

对违约行为请求精神损害赔偿的要件是:第一,双方当事人存在合同等债的关系;第二,一方当事人违反合同构成违约行为;第三,在侵害了债权人债权的同时,还侵害了债权人的人格权并造成严重精神损害;第四,既造成了债权人的财产利益损害,也造成了精神利益的严重损害。具备上述要件,受损害一方可以请求其承担违约责任,也可以一并请求违约方精神损害赔偿。

《民法典》第 996 条与第 1183 条第 1 款关于精神损害赔偿责任一般性规定的关系是,第 1183 条是普通规定,第 996 条是特别规定,在违约责任领域具有优先适用的效力。

第八节　财产损害赔偿

一、财产损害的概念和特征

《民法典》第 1184 条规定了财产损害赔偿的一般规则,即"侵害他人财产的,财产损失按照损失发生时的市场价格或者其他合理方式计算"。

(一)财产损害的概念

财产损害,是指侵权行为侵害财产权,使财产权的客体遭到破坏,其使用价值和价值的贬损、减少或者完全丧失,或者破坏了财产权人对于财产权客体的支配关系,使财产权人的财产利益受到损失,从而导致权利人拥有的财产价值的减少和可得财产利益的丧失。

---

① 最高人民法院的这一司法解释确定的这个规则,是通过该司法解释的标题体现出来的,即"确定民事侵权精神损害赔偿责任",不适用于违约责任范围。

从一般意义上而言，财产损害从其物理形态上分析，是对物的本身的损害，即物的毁损和被侵占。但是，财产权的客体绝不仅仅指有形物的本身，还包括他物权、占有权、债权、知识产权中的无形财产利益，这些无形财产对于权利人而言，其重要性绝不亚于有形物。特别是《民法典》确认网络虚拟财产是物权客体，也是虚拟物，同样受到侵权责任的保护。因而，对财产损害的概念，仅仅从狭义的角度去理解，是不正确的，其后果就是对财产权利保护的不完备。因此，《民法典》第1184条规定得比较原则，就是“侵害他人财产”，既包括侵害财产权利，也包括财产利益，保护的范围比较宽泛。

按照广义的角度去理解财产损害中的财产，是指广义的财产权利，应当包括自物权、他物权以及债权和知识产权，还包括股权、继承权等财产权，也包括财产利益。

（二）财产损害的法律特征

1. 财产损害是侵权行为侵害财产权益所造成的客观后果。侵权行为侵害财产权益，必然造成财产损害后果。财产损害在侵权法中有两个最基本的意义：首先，财产损害作为侵害财产权益民事责任的构成要件之一，决定着侵权行为责任的构成与否，在这个意义上，财产损害的决定作用是其是否客观存在，而不是财产损害范围的大小；其次，财产损害作为确定侵权赔偿责任范围的尺度，起决定作用的，正是它的损害范围的大小，而不是其是否客观存在。在这个意义上，确定财产损害不是以事实是否存在为准，而是以其财产价值量的变化作为标准计算。财产损害正是以它的客观存在形态和客观损失大小这样两个相互对立又相互统一的客观因素，完整、和谐地构成一个整体，在财产损害赔偿中起着重要而且决定的作用。

2. 财产损害是指财产权益价值量的改变。财产损害不是指财物的物理形态的变化和灭失，而是指财产价值量的改变。从客观上说，财产损害在财物的侵占和毁损上，是指财物的物理形态的变化和灭失；但是，由于财产损害不仅仅是指物的损失，还包括其他财产利益的损害；并且财产损害虽然有的表现为财产权人财产的减少和灭失，但从法律意义上看，财产损害的表现形式，应是权利人财产的价值量的改变，其财产既包括有形财产，也包括无形财产；既包括积极财产，也包括消极财产。只有以价值的损失作为财产损害的形态，才能准确地计算财产损害的具体范围，并且按照这种损害范围准确地赔偿。

3. 财产损害的表现形式是价值量的贬损、减少和灭失。财产损害的表现方式，是财产权人财产价值量的贬损、减少和灭失。贬损，是指财产利益遭受贬值、损毁等不利益；减少，是指财产价值量的降低；灭失，则是指一定范围内财产价值量的全部失去。财产损害的上述表现形式，总是体现在某项特定的财产或者财产利益上，如某件财产、某项权利中的某种财产利益的贬损、减少和灭失。虽然它们最终表现为被侵权人财产拥有总量的减少，但原则上只计算特定财产即受到侵害的财产的损害，而不计算被侵权人拥有的全部财产损失多少。

二、财产损害的种类

财产损害,从侵权法的救济手段上来认识,应当包括三种,即侵占财产、损坏财产和损害其他财产利益。

(一)侵占财产

侵占财产是以对他人所有的财产的非法占有为特点,使该财产的所有人对该财产丧失占有乃至丧失所有权,最典型的是偷窃、抢夺,还包括其他侵占财产的行为,诸如非法扣押他人财产等。侵占财产的最典型的表现形态,是“位移”,即由所有权人或者合法占有人占用、支配的特定的财物,转而由被行为人占有,物的所在位置发生了变化,用民法的术语来说,就是因侵权行为而使被侵害的物转移占有。

(二)损坏财产

损坏财产是以对他人所有的财产进行毁损为特点,使该财产的价值和使用价值受到破坏,以致完全丧失,使原所有权人的财产拥有量减少,以致丧失。损坏财产的最典型的表现形态,是“质变”,即财物的外在形态和内在质量受到破坏,财物虽然还在所有权人或者合法占有人的控制支配之下,但是由于财物的“质变”,而使权利人所拥有的财产价值量发生了变化,受到了损失。损坏财产包括对财产的毁灭和损坏。前者是指财物的质的根本改变,由于侵害,该物已经不是原来意义上的财物,而是成为另外一种意义上的物,使用价值完全改变,例如,建筑物被毁坏,不再成为建筑物,而是成为建筑垃圾或材料;木制家具被毁坏,不再是家具,而成为木柴。后者是指财物的非本质的改变,作为原来意义上的财物并没有发生变化,只是其使用价值降低。区分毁损和灭失,在侵权法上具有重要意义。对毁损的财物只能进行赔偿,如果财物损坏后还有残存的价值,则有适用损益相抵原则的必要。财物的损坏既可以使用恢复原状的方法救济,也可以使用折价赔偿的方法救济。

(三)其他财产利益损失

其他财产利益损失,是指除所有权以外的其他财产权受到损害而损失的财产利益。例如,债权、他物权、占有权、知识产权中所包含的财产利益,此外在相邻权中也具有相当的财产利益因素。当这些权利受到侵害以后,就会造成这些财产利益的损失。即使侵权行为中的纯粹经济利益损失,也是其他财产利益损失的一种。这种财产利益损失在财产损害中占有相当大的比重。在商品经济不发达的时期,我国财产权法律制度不健全,人们不甚重视或者不重视这些财产利益的价值。随着市场经济的日益发展,人们越来越重视这些权利及其体现的财产利益,这些财产利益在社会中也越来越重要。侵权法必须适应社会的发展需求,把这种财产利益的损失作为侵权行为的重要后果,采取相应的措施,加以切实、有效的保护。

侵占财产、损坏财产和其他财产利益损失是财产损害的基本的表现形态。研究财产损害赔偿,就是要从这样三种具体形态出发,研究对它们的具体救济手段。

三、财产损害的赔偿范围

(一)一般规则

确定财产损害赔偿范围,应当以全部赔偿为原则,即财产损害赔偿数额的确定,以客观的财产、财产利益所损失的价值为客观标准,损失多少,赔偿多少,这正是《民法典》第1184条规定的"财产损失按照损失发生时的市场价格或者其他合理方式计算"。

这个赔偿原则的依据,是由侵权损害赔偿的性质决定的。损害赔偿最基本、最主要的性质是补偿被侵权人的损失。既然如此,补偿就只能以财产损失的多少为依据,如果赔偿大于损失,就超过了补偿的意义;如果赔偿小于损失,就没有达到补偿的要求。只有全部赔偿,才能完全体现损害赔偿的补偿性质。

(二)具体注意事项

对财产损害进行全部赔偿,应当着重强调以下几点。

1. 坚持客观标准

对损害赔偿责任范围的确定,不能采用刑事责任的确定方法。首先,不能以过错的程度作为赔偿范围的依据,不能认为故意造成的损害应该全赔或者多赔,过失造成的损害就可以少赔。其次,也不能以行为的损害程度作为赔偿范围的依据。刑事责任的主要标准在于社会危害程度。损害程度指的是损害所达到的地步,很难加以准确计算。作为财产责任的损害赔偿,必须以民法的公平和等价有偿原则作为衡量的尺度。损失多少,就应该赔偿多少,其他没有任何科学的标准。这样只能精确计算,实事求是,有一赔一,有二赔二,才能在侵权法中实现等价有偿的原则。因此,赔偿范围依据损害程度来确定是不科学的。最后,认错态度的好坏也不能作为确定责任范围的标准。刑事责任会因被告人的悔罪程度而发生变化,而民事责任绝不会如此。无论侵权人如何悔悟,损失财产的价值都是不变的。简言之,将刑事责任的确定依据作为损害赔偿责任的确定依据,是不科学、不公平的。

既然损害赔偿的目的主要是补偿被侵权人的财产损失,那么确定赔偿责任范围的唯一依据就是财产损失的大小,对于财产的损失必须给予全部赔偿。

2. 全部赔偿包括直接损失和间接损失

侵权人既要对现有财产的直接减少进行赔偿,也要对在正常情况下实际上可以得到的利益即间接损失进行赔偿。直接损失是行为人的加害行为所直接造成的被侵权人的财产减少,如侵犯财产权而造成的财物的损坏、灭失,属于直接损失,都应当全部赔偿。间接损失原则上也应当全部赔偿。因为在正常情况下,被侵权人本应当得到这些利益,只是由于侵权人的侵害才使这些可得利益没有得到。这种损失虽然与直接损失有些区别,但这种区别只是形式上的,在实质上并没有根本的区别。对于间接损失如果不能全部予以赔偿,被侵权人的权利就得不到全部保护,同时侵权人的违法行为也得不到应有的制裁。因此,间接损失也应当全部赔偿。

在理论上和实践中,有很多人主张,对间接损失不能予以全部赔偿,只能予以适当补偿,这是不正确的。间接损失是客观的、实际的损失,是有切实依据的可得利益损失,并不是主观臆想的损失,对于这样的损失必须予以全部赔偿。

3. 赔偿合理损失

实行全部赔偿原则必须有一个前提,就是予以赔偿的损失必须是合理的,不合理的损失不应赔偿。对于本条规定的"按照损失发生时的市场价格"的基本计算方法,并不特别准确,其实应当按照确定判决时的市场价格计算更为准确。好在本条规定了"其他方式计算",法庭可以选择更好的计算方法确定财产损害赔偿责任。

4. 实行损益相抵

实行全部赔偿,必须从全部损失中扣除新生利益,实行损益相抵。对此,应当依照损益相抵原则,进行科学、准确的计算,以其相抵以后的损失额,予以全部赔偿。

5. 财产损害赔偿适用预期利益损失规则

对财产损害赔偿是否应当使用预期利益损失规则,在立法中没有明文规定,对此,应当概括在第 1184 条的"其他合理方式"之中。前述沈阳故宫门前下马碑毁损案,就是一个鲜明的例证。

第九节　制止侵害行为的补偿责任

原《侵权责任法》第 23 条规定了制止侵害造成损害的补偿责任。《民法典》将其放在第 183 条规定:"因保护他人民事权益使自己受到损害的,由侵权人承担民事责任,受益人可以给予适当补偿。没有侵权人、侵权人逃逸或者无力承担民事责任,受害人请求补偿的,受益人应当给予适当补偿。"这一规定也是侵权责任的规范,比原《侵权责任法》的规定更加准确。

一、制止侵害补偿责任的调整范围和意义

《民法典》第 183 条的调整范围,主要是受益人对制止侵害行为的补偿责任问

题。有的学者将其称为见义勇为的补偿责任。这两种概括方法所指的内容是相同的,只是见义勇为更像社会生活用语,带有强烈的道德评价意味,而且很难界定其法律含义。相比之下,称为对制止侵害行为的补偿责任,作为法律用语,可以为准确地界定其概念。但是,必须明确,制止侵害行为并不能单纯从字面来理解,这种行为不仅针对侵权行为,还针对危害公共利益和他人利益的自然灾害、意外事件和其他危险状况。也有学者建议把此条的调整范围概括为受益人的补偿问题。这种说法又过于宽泛,因为在其他很多情形下,如帮工、赠与等,都存在受益人,但是,显然不受这条规定的调整。

从制止侵害行为的特殊性来看,《民法典》第183条专门对其加以特别规范和调整,使之从一般的无因管理制度中剥离出来,是必要和正确的。分离出来进行专门调整的重要意义,在于使受益人在侵权人逃逸或者无力承担责任,被侵权人请求补偿的情况下,对制止侵害行为人承担适当的补偿责任。这一规定的合理性在于:

第一,对这种情况作出明确、专门的规定,有利于这类纠纷的处理。使见义勇为者在遭受人身损害时,能够得到及时的补偿和救济。可以避免以前在司法实践中出现的因为法律规定不明确而产生的适用法律混乱的问题。

第二,受益人对于损害的发生并无过错,而且受益人其实也是遭受侵害的受害者,要求受益人在没有侵权人、不能确定侵权人或者侵权人没有赔偿能力的特定条件下,在受益的范围内承担适当的补偿责任,是民法公平精神的要求。如果在此种情况下,受益人不予以补偿,对于制止侵害行为人来说是不公平的;但是,如果要求受益人根据无因管理制度的要求,承担全部的责任,这对于同样是受害者的受益人来说,也是不公平的,尤其是在没有侵权人、不能确定侵权人或者侵权人没有赔偿能力的情况下,即使按照让与请求权,受益人也无法真正实现其求偿权。

第三,制止侵害行为的目的在于维护国家、集体或者他人的合法权益,其行为不仅使特定的受益人受益,而且这种行为表现出的精神还使整个社会受益。因此,在无法通过侵权人的侵权损害赔偿责任充分、完全地对遭受人身损害的制止侵害行为人实施救济的情况下,除了受益人在受益范围内承担适当的补偿外,最根本的救济应当由整个社会来承担,即建立有效的社会综合救济机制对这类情况予以最终救济,甚至给予奖励,如建立见义勇为奖励和保障基金等。

二、制止侵害行为的概念和特征

1. 制止侵害行为的概念

制止侵害行为,是指行为人为了维护国家、集体或者他人合法权益,而实施的防止、制止侵害,以保护他人的财产、人身的行为。这是有利于国家、集体和他人的行为,是法律鼓励的行为。

2. 制止侵害行为的法律特征

(1)制止侵害行为是为他人的利益而行为,这是制止侵害行为的目的。由于制止侵害是一种行为,其必然包含制止侵害人的意志——为他人利益。制止侵害人为他人利益而行为,须没有法定或约定的义务。如果制止侵害人具有法定或约定的义务,如警察制止拿着凶器砍杀他人的犯罪分子,消防队员抢救火灾中被困的居民,这些都属于行政法上直接规定的义务,其行为是职务行为,不属于制止侵害行为。

(2)制止侵害行为是对侵害他人的财产、人身进行制止的行为,这是制止侵害行为的对象上的特征。制止侵害行为只能对侵害他人的财产、人身的行为进行制止,如果不存在侵害他人财产、人身的行为,制止侵害行为就无从谈起。首先,必须有侵害他人财产、人身事实的客观存在,不能是制止侵害人的主观想象。其次,制止侵害行为所针对的是具有侵害性的事实,对没有侵害性的事实,即使是从制止侵害人的立场看具有某种侵害性也不允许制止。最后,所制止的侵害他人财产、人身的事实必须是正在进行的,如果尚未发生,也无法确定是否是侵害事实;如果侵害事实已经结束,也不存在制止的可能。

(3)制止侵害行为是使受益人少受或免受损害的行为,这是制止侵害行为的结果上的特征。任何行为都追求一定的结果,制止侵害行为的结果就是为了受益人的利益,防止或减少其财产、人身利益的损失。如果制止侵害行为未产生防止或减少受益人受到损害的结果,那么就会失去应有的意义。但是在对防止或减少受益人受到损害的认定上应当注意,不能以受益人完全未受到损害为要件,只要其利益得到了保护即可。例如,如果没有制止侵害人的行为受益人可能会受重伤,但由于制止侵害行为人的制止侵害行为,受益人仅受了轻伤,这种情形下也构成制止侵害行为。

(4)制止侵害行为可能使行为人的人身或者财产利益受到损害。制止侵害行为的行为人受到损害是指制止侵害的行为致使自身的人身权利、财产权利以及其他利益受到侵害,并造成财产利益和非财产利益的减少或灭失的客观事实。制止侵害行为的行为人人身损害系身体权、健康权、生命权的损害,这种损害首先表现为身体、健康的损伤和生命的丧失,还表现为医治伤害、丧葬死者所支出的费用。制止侵害行为的行为人的财产受到的损害包括直接损失与间接损失,即现有财产直接受到的损失与可得利益的丧失。

三、受益人承担补偿责任的要件

因防止、制止他人民事权益被侵害而使自己受到损害的,由侵权人承担责任。这种责任应当依照《民法典》的一般规定确定。构成本条后段的受益人补偿责任,应当具备以下要件。

1. 行为人实施了制止侵害行为

行为人实施了维护国家、集体或者他人合法权益的制止侵害行为，是请求受益人补偿的基本的客观要件。在国家、集体或者他人的财产安全或者公民的人身安全遭受侵害或现实的危险时，行为人为维护其合法权益，主动实施制止、防止、救助行为。这种行为的表现形式一般为积极的作为，消极的不作为一般不能构成此种行为。

2. 行为人没有法定或者约定的义务

负有特定职责和义务的国家工作人员或者其他负有法定义务的人员，为履行职责、义务而制止侵害，不属于此种补偿责任的请求主体。现实生活中，诸如消防队员之救火、警察之救助等行为，虽然行为人也承受了一定的人身危险并实施了制止、防止、救助行为，但由于这是法定职责所在，与不负有义务而实施制止侵害的行为有所区别。同理，根据事先的约定而负有义务，实施制止、防止、救助行为的，也不构成此类请求主体。值得注意的是，负有特定职责和义务的国家工作人员或者其他负有法定义务的人员在履行职责、职务时间之外，实施制止、防止、救助行为的，应根据其职责的性质作出判断，如警察即使在下班时间，也负有实施制止侵害的法定职责，而有些职业则没有这种特别的要求。

3. 行为人在主观上具有维护国家、集体或者他人合法权益的意思

制止侵害行为之所以应该得到补偿，而且应该得到提倡和鼓励，是因为其目的在于维护国家、集体和他人的合法权益。这是此种构成责任的主观要件。缺少此要件不成立此种补偿关系和补偿责任。如果行为人在维护国家、集体和他人合法权益的同时也维护了自己的利益，只要其他要件具备，同样可以请求受益人补偿。因为法律并不禁止行为人在维护他人合法权益时也维护自己的利益。采取合法手段维护国家、集体、他人以及自己的利益，法律是允许和鼓励的。行为人能够请求受益人补偿，是因为其不负法定和约定义务而为受益人的利益实施了制止侵害的行为，至于行为人是否同时维护了自己的利益则应当在所不问。

4. 行为人因实施制止行为而遭受了人身损害

这是行为人请求受益人补偿的一个前提条件。行为人在实施制止行为时，只有实际遭受了人身损害才能够请求补偿，如果因实施制止的行为仅仅处于危险状况则不足以成立此种补偿的请求权。行为人仅仅遭受了财产损害而没有遭受人身损害，或者既有人身损害，也有财产损害，对于财产损害也可以请求受益人补偿。

5. 存在明确的受益人

此要件包含两层意思：一是指有具体而且明确的受益人，否则，无法确定承担补偿责任的主体，而且也会因为不符合民事诉讼法的要求，没有明确的被告而无法立案启

动诉讼程序;二是指被救助的对象,即实施防止、制止行为的保护对象必须有所受益,在结果上,该行为必须是实际上起到了减少或者避免国家、集体、他人合法权益遭受损失的效果。因为受益人只是在受益的范围内承担"适当补偿"的责任,被救助人如果没有受益,则不存在真正的"受益人"。被救助人就不存在承担补偿责任的法律义务。被救助人在没有实际受益的情况下,如果自愿给予制止侵害行为人一定的补偿,法律也是允许和支持的。

6. 没有侵权人、侵权人逃逸或者无力承担责任,被侵权人请求补偿

在制止侵害的过程中遭受人身损害,在一般情况下,应当由侵权人承担赔偿责任。只有在侵权人逃逸或者无力承担责任,被侵权人请求补偿的情况下,才由受益人在受益的范围内承担适当的补偿责任。因为在上述情况下,如果行为人因此得不到任何的赔偿和补偿,既与民法的公平精神不符,也不利于提倡和鼓励见义勇为的良好风尚和道德精神。如果没有侵权人,受益人也应当适当补偿。

四、两种不同的补偿责任

制止侵害行为的行为人为维护国家、集体或者他人的合法权益而使自己受到人身损害,因没有侵权人、不能确定侵权人或者侵权人没有赔偿能力,受益人在受益范围内予以适当补偿的责任。这种责任在性质上是一种补充的补偿责任,是在没有侵权人、不能确定侵权人或者侵权人没有赔偿能力时才承担的责任。如果有侵权人,且侵权人具有赔偿能力,受益人不承担责任;即使受益人承担责任也不是完全的赔偿责任,只是在受益范围内的补偿责任。因此,对于制止侵害行为的行为人所遭受的人身损害,可以划分为两种责任,即有赔偿能力的侵权人对制止侵害行为人的直接赔偿责任和受益人对制止侵害而受到损害的行为人的补充的补偿责任。依照《民法典》第 183 条的规定,受益人的补偿责任分为以下两种情形。

(一)侵权人承担了侵权责任的适当补偿

因保护他人民事权益使自己受到损害,在有侵权人的情况下,侵权人已经承担了侵权责任,《民法典》第 183 条前段规定的是"受益人可以给予适当补偿"。这种适当补偿,是"可以",并非强制,是指因保护他人民事权益使自己受到损害的人,其损害已经由侵权人承担的侵权责任予以赔偿,受益人给予适当补偿,实际上具有酬金的性质,并非是为补偿损失。

(二)三种情况下的适当补偿

《民法典》第 183 条后段规定的"没有侵权人、侵权人逃逸或者无力承担民事责任,受害人请求补偿的,受益人应当给予适当补偿",规定了三种情况下的受益人适当补偿责任。这三种情况下的适当补偿责任,与该条前段规定的适当补偿不同,是具有民事

责任性质的适当补偿。这是因为，因保护他人民事权益使自己受到损害的人，由于没有侵权人、侵权人逃逸或者无力承担民事责任，其权利受到的损害以及造成的财产损失就没有得到救济，在这样的情况下，受益人因保护他人民事权益使自己受到损害的人的救助而受益，因而承担适当补偿责任，是符合情理和法理要求的。

1. 没有侵权人

因保护他人民事权益而使自己受到损害的人，因救助他人而造成自己损害，如果没有侵权人，其受到的损害就无法获得侵权责任的救济。在这种情况下，受益人应当承担适当的补偿责任。

2. 侵权人逃逸的

侵权行为发生之后，在侵权人逃逸的情形下，被侵权人要求补偿的，受益人应当在受益范围内予以适当补偿。适当补偿，是受益人对制止侵害行为的行为人所作的适当的经济补偿，只能在实际损失的范围内，而且还要在受益人受益的范围内，承担一定程度的损失。具体的范围和数额，应根据制止侵害行为人遭受损害情况、受益人的受益情况、双方的经济状况和负担能力，按公平原则予以确定。

3. 有侵权人但侵权人无力承担责任的

有侵权人的，应依照侵权损害赔偿的规则确定侵权人的人身损害赔偿责任。但是有侵权人并不代表制止侵害的受害行为人一定会得到圆满救济，如果侵权人无赔偿能力，无法承担侵权责任，在这种情形下让受益人承担一定的补偿责任则是合情合理的。

如果侵权人完全无赔偿能力的，受益人的适当补偿如上所述，在制止侵害的受害行为实际受到的损害范围内，在受益人的受益范围内确定具体的补偿数额。但是如果侵权人有部分赔偿能力的，受益人应当在制止侵害行为的受害行为未能从侵权人处获得的差额部分损失的范围内，在受益人受益的范围内确定具体的补偿数额，行为人从侵权人处所获得的部分赔偿额加上从受益人处获得的补偿额，一般不应超出所受到的实际损害。

因此，可以说，对于制止侵害行为中侵权人与受益人责任的确定，应适用侵权法理论。但受益人非侵权人，其承担补偿责任并不是因为其有过错，而是基于公平原则对损害的分担。从侵权损害赔偿的角度看，因见义勇为遭受人身损害的被侵权人，与受益人应当是利益共同体。他们共同面对危险、面对侵害；而见义勇为者以自己慷慨赴险的壮举，使受益人转危为安。对被侵权人的救助，从长远来看应当是社会的责任。但在缺乏相应机制的条件下，作为利益共同体的受益人，适当分担损害，给被侵权人以补偿，是符合公平原则的。这在客观上也有助于弘扬正气，有助于发扬中华民族扶危济困的良好道德风尚。

五、与制止侵害行为有关的问题

(一)制止侵害行为与正当防卫、紧急避险

在现实生活中,制止侵害行为往往和正当防卫、紧急避险有关。在民事立法以及刑事立法中规定正当防卫、紧急避险,立法意旨在于使正当防卫人、紧急避险人的防卫行为、避险行为合法化,不负赔偿责任及刑事责任,但防卫过当、避险过当应承担民事责任和刑事责任。在这些规定中,并没有关于正当防卫人和紧急避险人在实施防卫或避险行为中,自己被不法侵害行为或紧急危险致害时应怎样处理的规定。因此,法律关于正当防卫和紧急避险规定的出发点及着眼点,在于防卫人或避险人的责任问题,并没有注意侵害人或受益人的责任问题。制止侵害行为的规定,正是民事立法为解决这一问题及与其相关的问题而创制的法律条文,合理地解决了不法侵害人或受益人的民事责任问题。在正当防卫和紧急避险中,除了为自己的合法权益而防卫、避险的情况外,防卫人或避险人为了国家、集体、他人的合理权益而使自己遭受损害,没有理由让他自己承担损失,而是应当根据侵权法以及相关司法解释的规定由侵害人或由此而受益的人承担赔偿责任或予以适当补偿。

(二)制止侵害行为与无因管理

1. 制止侵害行为与无因管理的共同点

分析制止侵害行为和无因管理的构成要件,可以看出制止侵害行为与无因管理有以下共同点:

(1)行为人都是既没有事先受委托,又没有相关法律义务的人,他们的行为都体现助人为乐的高尚精神,是应当提倡和鼓励的。

(2)行为人都是为维护他人的利益而不是为自己的利益实施必要的行为,两者都具有为维护他人利益的相同的主观意志和行为目的。无因管理人主观上有为他人利益管理的意思,是为他人谋取利益的;制止侵害的行为人是为了防止或减少侵害行为所针对的人的利益损害,而采取制止侵害的行为,以维护国家、集体或他人合法权益为目的。

(3)行为人都为此而使自己的利益受到损失,这种损失表现为身体损害或财产损失,并且最终可以用货币计算。无因管理与制止侵害行为的后果都使自身受到了一定的损害,或者为人身权利的受害,或者为财产利益的损失。无因管理中管理人的损失,表现为管理所支出的必要的管理费用和在管理中受到的人身和财产损失;而制止侵害行为的行为人所受的损害是自己因制止侵害行为所遭受的人身损害和财产损失。这些损害或者是因为侵权人的行为所致,或者是因为意外事件和自然原因所致。

以上共同点体现了两者在构成要件上具有一定的共同性。这些共同性表明,制止侵害行为在性质上属于无因管理;但是,无因管理包含的范围更为广泛,制止侵害行为是其中性质特殊的一种情形,需要特别加以规范。

2. 制止侵害行为与无因管理的区别

制止侵害行为与一般的无因管理行为相比,具有以下特殊性:

(1)制止侵害行为针对的是现实的、正在进行的侵害;对于假想的,或者没有发生的侵害,则不能予以防止或制止;而一般无因管理中的管理人在实施管理行为时,不以这种特定条件为要件。

(2)制止侵害行为的法律关系多数具有三种主体,即制止侵害行为人、侵权人和受益人;在没有侵权人的制止侵害行为中,有制止侵害行为人和受益人。在一般无因管理制度中,只关注管理人和受益人两个主体,对侵权人这一主体一般不予过问。

(3)在后果上,制止侵害行为人的损失,主要是指因制止侵害所引起的人身损害,而无因管理中的管理人的损失主要是指付出管理的必要费用和在管理中遭受的人身和财产损失,管理人与本人之间产生无因管理之债。而制止侵害人在实施制止侵害行为中遭受人身损害,主要产生侵权人与行为人之间的侵权之债。

(4)承担责任的主体上,如果能够确定有赔偿能力的侵权人的,人身损害赔偿责任由侵权人承担,受益人不承担赔偿责任;没有侵权人、不能确定侵权人或者侵权人没有赔偿能力的,才由受益人在受益范围内承担,而且是适当补偿的责任,是一种补充责任。在无因管理中,要求受益人承担管理人为管理和服务而支出的必要费用,以及在管理、服务中受到的财产和人身损害,是一种直接和全部的责任。

第十节 公平分担损失规则

一、公平分担损失规则的概念和沿革

(一)公平分担损失规则的概念

公平分担损失规则,是指加害人和受害人都没有过错,在损害事实已经发生的情况下,以公平作为标准,依照法律的规定,由双方当事人公平地分担损失的侵权责任形态。《民法典》第1186条规定:“受害人和行为人对损害的发生都没有过错的,依照法律的规定由双方分担损失。”

(二)公平分担损失规则的历史发展

在侵权法的发展历史中,原本没有公平分担损失规则,这种责任是近代立法的产

物。不过,在侵权法的发展历史上,存在公平分担损失规则的萌芽。

公平分担损失规则的产生大体经历了以下三个阶段。

1. 古代法中公平思想的萌芽阶段

古希腊梭伦实行立法,曾经强调保障公民的赔偿请求权,并提出要协调贵族和平民之间的利益的冲突,不让任何一方不公正地占据优势,不使他们遭受不当的损失,并且注意用衡平的方法来解决司法中的困难。① 在罗马法中,也有强调公平分担损失规则的规定。在《法学总论》中规定,伤害他人身体未造成死亡的,应由审判员根据具体情况,基于公平分担损失规则算定估计金额判处罚金;在估计时审判员应考虑支付医生的诊费和其他治疗上的费用,此外还应考虑由于丧失工作能力而在就业上已受到和将受到的损失。② 在近代,英美法形成衡平法,进一步扩大了衡平原则的适用范围,为公平分担损失规则的产生奠定了基础。

2. 公平分担损失规则的最初产生阶段

现代侵权法公平分担损失规则最初产生在关于未成年人和精神病人的损害赔偿责任领域。在最早的古代法中,关于未成年人和精神病人的赔偿责任一般规定为不能免除责任。到了 19 世纪,在实行绝对过错责任原则的影响下,许多国家立法认为未成年人和禁治产人不具备意思能力,不能确认其有无过错,因而对其造成的损害结果不负赔偿责任。对于这种完全免除未成年人和精神病人侵权责任的做法,在侵权法学理论中,法学家曾经有两种尖锐对立的观点:一种观点认为,如果加害人在他的行为造成的损害中并没有过错,那么受害人在这件事上更是无过错的;如果造成损害事实的人都没有责任,那么遭受这种损害的无辜受害人难道就应当承担这种重担吗?因此,他们主张为维护民事立法的公平原则,每个享有民事权利流转自由的人,不问有无过错,只要有造成损害的事实存在,就应当根据实际情况分担民事责任。另一种观点则坚持过错责任原则,认为公平分担损失规则不近人情,会导致对过错责任原则的否定和加害责任原则的复活。随着时间的推移,第一种观点获得了大多数人的赞同,公平分担损失规则开始为民事立法所确认。③ 1794 年《普鲁士普通邦法》接受了自然法的观点,在条文中体现了公平分担损失规则的思想,对未成年人和精神病人造成的损害,法官可以根据公平和衡平的特别考虑,令其承担一定的赔偿责任。④ 1811 年《奥地利民法》明确规定,精神病人或未成年人侵害他人时,如果受害人不能依法从监护人那里得到赔偿,法官应斟酌加害人与受害人双方的财产状

---

① 转引自王利明:《侵权行为法归责原则研究》,中国政法大学出版社 1992 年版,第 94 页。

② 参见[古罗马]查士丁尼:《法学总论——法学阶梯》,商务印书馆 1989 年版,第 204 页。

③ 参见杨立新:《侵权损害赔偿案件司法实务》,新时代出版社 1993 年版,第 33 页。

④ 参见王利明:《侵权行为法归责原则研究》,中国政法大学出版社 1992 年版,第 96 页。

况,使加害人赔偿全部或部分损害金额。同时,公平分担损失规则也适用于动物致人损害的案件。

3. 公平分担损失规则原则的正式产生阶段

一般认为,公平分担损失规则是由 1911 年的《瑞士债法典》予以确认的。该法第 43 条和第 44 条规定:在确定赔偿的性质和范围时,法官必须考虑案件的情节以及加害人的过错程度;债务人造成损害既非故意也非重大过失,如果由于支付金钱赔偿将使债务人陷入困境,则法官可以减轻其赔偿责任。这种规定更符合公平分担损失规则的内涵。《德国民法典》开始在草案中接受了公平分担损失规则的意见,但是受到了很多学者的反对,故没有规定公平分担损失规则的一般性条文,只是在第 829 条对未成年人致人损害的赔偿责任中作了明文规定:"受害人如果不能由有监督义务的第三人取得其损害赔偿,依据情况特别是依据当事人之间的关系,依公平原则要求作某种赔偿时,在赔偿不妨害加害人保持与自己地位相当的生计并履行法律上扶养义务所需资金限度内,加害人仍应负损害赔偿的义务。"以后的旧《荷兰民法典》、1922 年《苏俄民法典》、1959 年《匈牙利民法典》、1964 年《波兰民法典》和《捷克斯洛伐克民法典》都对公平分担损失规则作了原则性规定。1978 年《南斯拉夫债法》也采用了这一原则,把它"作为对其他法规在实施中引起不公平的结果时的一种矫正",①规定根据公平的要求,特别是考虑造成损害者及受害人双方的财产状况判决造成损害者赔偿全部或部分损失。

(三)公平分担损失规则的意义

我国民事立法确认公平分担损失规则,既能有效地保护当事人的合法利益,又能及时地解决侵权损害赔偿纠纷,防止事态扩大和矛盾激化,有利于促进安定团结。

公平分担损失规则是基于人与人之间的共同生活规则的需要,在适用过错责任原则与无过错责任原则之外,由法官根据公平的要求,斟酌双方的财产状况和其他情况,确定合情合理的责任分担方案。因此,公平分担损失规则弥补了侵权法理论的一个缺陷,是对侵权行为立法的一个发展。

在我国侵权法中,公平分担损失规则与衡平原则是有区别的。在侵权法的发展历史上,公平分担损失规则和衡平原则比较相似,基本上是共同发展起来的。我国侵权法从一开始就将二者严格区分开来,把公平分担损失规则作为一种侵权责任形态,把衡平原则作为赔偿原则。这一区别十分明显。

把衡平原则作为赔偿原则,是从 1958 年中央政法干校民法教研室编著的《中华人

---

① [南]佛·克鲁尔杰:《南斯拉夫新债法的概念及其基本制度》,载《环球法律评论》1980 年第 2 期。

民共和国民法基本问题》一书开始的,当时称为考虑当事人经济状况的原则。① 在以后,绝大多数学者沿用了这样的体例,继续将其作为赔偿原则。② 到最近几年,学者将这一原则改称为衡平原则,仍将其作为赔偿原则。③ 而公平分担损失规则从一开始提出来,先是将其作为归责原则,并将其与衡平原则相区分,赋予它们以不同的地位。学者对公平分担损失规则的争论,集中在它是不是一个归责原则的问题上,却从来没有人认为它是一个赔偿原则。现在,立法否定公平分担损失规则是归责原则,笔者认为它是一种侵权责任形态。确认公平分担损失规则的侵权责任形态地位以及衡平原则的赔偿原则的地位,不要将它们混淆起来。

二、公平分担损失规则的适用

(一)适用范围

公平分担损失规则的适用范围,应当限制在当事人双方均无过错,并且不属于过错责任原则、过错推定原则和无过错责任原则调整的那一部分侵权损害赔偿法律关系。超出这个范围的,不能适用《民法典》第 1186 条的规定。例如,高度危险作业人证明了损害是由受害人故意造成的,那么,被告由于他的举证责任完成而免除侵权责任;然而,在被告不能证明原告具有故意或者重大过失的情况下,不能因为被告也没有过失,即转而适用公平分担损失规则由双方当事人分担损失。因为这是无过错责任原则调整的范围,不适用公平分担损失规则。

怎样认识公平分担损失规则的具体适用范围,是值得研究的。一种意见认为,公平分担损失规则是一般性规则,凡是符合这一规定要件的行为,都应当适用;另一种意见认为,公平分担损失规则并不是一般性规则,其适用范围,除了原《侵权责任法》第 32 条规定的监护人损害责任,第 33 条规定的暂时丧失心智的损害责任,第 31 条规定的紧急避险,第 87 条规定的高空抛物的损害责任外,在具体的司法实践中,适用范围超出上述列举的四种情形。《民法典》采纳第二种意见,规定"依照法律的规定"而不是"可以根据实际情况",适用公平分担损失规则。

也有学者认为,公平分担损失规则主要适用于侵害财产权案件。其理由是,由于公平分担损失规则的目的是平衡当事人之间的财产状况和财产损失,并将不幸的损失在当事人之间进行合理分配。④ 这种看法不妥当。事实上,公平分担损失规则既适用

---

① 参见中央政法干校民法教研室编著:《中华人民共和国民法基本问题》,法律出版社 1958 年版,第 340 页。

② 杨立新等:《关于处理民事损害赔偿案件的几个问题》,载《法学研究》1981 年第 6 期。

③ 王利明等:《民法 · 侵权行为法》,中国人民大学出版社 1993 年版,第 579 页。

④ 参见潘同龙等:《侵权行为法》,天津人民出版社 1995 年版,第 69 页。

于侵害财产权的案件,也适用于侵害人身权的案件。侵害人身权的损害赔偿争议争执的内容并不是人身权的本身,而是人身权造成损害以后如何解决由于侵害人身权所造成的财产损失的赔偿问题,因而,它同样是平衡当事人之间的财产状况和财产损失,同样是将不幸的损失在当事人之间进行合理分配。从实质上说,解决侵害人身权的争议仍然是解决财产的争议,公平分担损失规则同样适用。可以确定,公平分担损失规则的适用范围,既包括侵害财产权的侵权案件也包括侵害人身权的侵权案件。

（二）公平考虑的因素

适用公平分担损失规则应公平考虑的因素,包含以下三个主要内容:

第一,受害人受到损害的程度。损害程度直接决定着当事人分担损失的必要性。损害不仅仅指受害人的损害,也包括加害人的损害,但是在一般情况下主要是指受害人的损害。损害事实是指财产上的损失。损害应当达到相当的程度,即不分担损失则受害人将受到严重的损失,且有悖于民法的公平、正义观念,因而必须对受害人的损失采取分担损失的方法予以补救。

第二,当事人的实际经济状况。这是确定公平分担损失规则所要考虑的基本因素。当事人的实际经济状况是指当事人双方的经济状况,即实际的经济负担能力。在考虑当事人双方的经济状况时应有所侧重,应当侧重考虑加害人的经济状况,即加害人的经济负担能力究竟达到什么程度:负担能力强的可以多赔,负担能力弱的可以少赔。在考虑受害人的经济状况时,是考虑其对财产损失的承受能力。经济状况好、承受能力强的,可以让加害人少赔;经济状况不好、承受能力弱的,则令加害人多赔。

第三,社会的舆论和同情等,这些因素对分担损失也有一定影响。适用公平分担损失规则就是要根据这些实际情况,综合考虑,确定双方各自所应承担的民事责任。

（三）双方分担责任

适用公平分担损失规则的结果是,民事责任在一般情况下实行分担,即根据损害程度和双方当事人的经济状况,以及其他相关的因素,综合判断:在损害达到了应当分担损失的程度时,双方当事人的经济状况相似或相近的,可以平均分担;一方情况好而另一方情况差的,可以由一方负担大部分另一方负担小部分;双方的实际情况相差非常悬殊的,也可以由一方承担责任。在这样的基础上再适当考虑社会舆论和同情等因素,作小的适当调整,使责任的分担更为公平、合理。

第十一节 一次性赔偿与定期金赔偿

《民法典》第1187条规定:"损害发生后,当事人可以协商赔偿费用的支付方式。协商不一致的,赔偿费用应当一次性支付;一次性支付确有困难的,可以分期支付,但是被侵权人有权请求提供相应的担保。"早在起草原《侵权责任法》的时候,我们就主张规定这个条文是要解决定期金赔偿问题,但是,这个条文实际规定的并不是定期金赔偿,还包括其他不适用定期金赔偿的一般性赔偿,也可以一次性赔偿或者分期支付。

分期支付并不是定期金赔偿。这两种赔偿的具体区别是:在判决确定之前发生的赔偿费用,原则上一次性支付,必要时可以分期支付;在判决确定后发生的赔偿费用,可以一次性赔偿,也可以定期金赔偿。

一、判决之前发生的损害赔偿一次性赔偿和分期支付

在判决确定之前发生的损害赔偿,是侵权损害赔偿的常态,是常见的损害赔偿。这种损害赔偿不存在定期金赔偿问题。因为是判决确定之前发生的损害,赔偿当然在判决时就确定下来了,用不着定期金赔偿。《民法典》第1187条规定主要说的是这个问题,对于判决之前发生的损害赔偿,以一次性支付为原则,一次性支付确有困难的,可以分期支付,但应当提供相应的担保。这个规定较为简单,不存在困难。

对此要着重解决的问题是,如果确定为分期支付,则应当确定所分的期限,每次支付的时间、金额。同时,应当由侵权人提供担保,以保证赔偿金的定期支付。不能支付的,以所担保的财产优先受偿。

二、定期金赔偿的适用

(一)定期金赔偿的概念和依据

定期金是指法院判决侵权人在未来的一段时间按照一定的期限(如按年或者按季、按月)向被侵权人支付的赔偿金额,主要适用于残疾赔偿金、被扶养人生活费、更换辅助器具费等需要以后继续支出费用的场合。法院判决确定的赔偿额既可以是每次支付的一个固定的数额,也可以是一个相对确定的计算标准(如上一年度国民人均收入或者当地人均收入的n倍);判决确定的赔偿期限或支付的次数可以是固定的(如判决侵权人赔偿被侵权人20年的残疾赔偿金,每年支付一次,每次支付5000元),也可以是相对确定的(如判决侵权人赔偿被侵权人残疾赔偿金,每年支付一次,支付的标准为

上一年度当地人均收入,直至被侵权人死亡)。[①]

最高人民法院《关于审理人身损害赔偿案件适用法律若干问题的解释》(2021)第20条规定:“赔偿义务人请求以定期金方式给付残疾赔偿金、辅助器具费的,应当提供相应的担保。人民法院可以根据赔偿义务人的给付能力和提供担保的情况,确定以定期金方式给付相关费用。但是,一审法庭辩论终结前已经发生的费用、死亡赔偿金以及精神损害抚慰金,应当一次性给付。”第21条规定:“人民法院应当在法律文书中明确定期金的给付时间、方式以及每期给付标准。执行期间有关统计数据发生变化的,给付金额应当适时进行相应调整。”“定期金按照赔偿权利人的实际生存年限给付,不受本解释有关赔偿期限的限制。”在总结这些经验的基础上,《民法典》第1187条规定的原则是:“一次性支付确有困难的,可以分期支付,但被侵权人有权请求提供相应的担保。”最高人民法院《关于审理人身损害赔偿案件适用法律若干问题的解释》(2021)第16条还规定:“被扶养人生活费计入残疾赔偿金或者死亡赔偿金。”这里包含有定期金赔偿。

(二)定期金赔偿的必要性和合理性

在侵权法中,关于人身伤害需要终身支付赔偿金的赔偿形式有两种:一是终身定期金赔偿,按期给付;二是一次性赔偿,即把将来的多次赔偿一并计算,在现在作一次性赔偿,使这一损害赔偿法律关系因一次性赔偿完毕而即时消灭。这样两种赔偿方式在人身伤害的终身赔偿中都可以采用。

在人身伤害的终身赔偿中,定期金赔偿方式是最为合理的。这是因为:第一,定期金赔偿,其期限是不确定的,是按照被侵权人的实际寿命,即生命延续多久就赔偿多久,而不是像现在的一次性赔偿方式那样,按照平均寿命赔偿,造成有的赔偿权利人已经死亡却已经对死亡以后作了赔偿,有的赔偿权利人超过平均寿命还在生存的,却不能再给予赔偿的不合理现象;第二,把定期金赔偿改为现在的一次性赔偿,等于将赔偿义务人在若干年以后的赔偿义务,强令在现在立即执行,这样做会造成赔偿义务人在支付赔偿金上的利息损失,定期金赔偿则不会造成这样的后果。正是由于这样两个方面的原因,国外的侵权法都主张人身伤害须终身赔偿的主要采用定期金赔偿方式,只有具有特别的情况或者重大原因的,才可以请求一次性终身赔偿。

一次性赔偿方式仍然可以采用,但是采用时应当避免这种赔偿方式的弊病,剔除其不公平、不合理的因素。在国外的侵权法中,把定期金赔偿改为一次性终身赔偿,应当扣除提前给付的赔偿金的利息因素,使赔偿义务人不会因为提前赔偿而受到太大的财产损失,也不会使赔偿权利人由于提前接受赔偿金而在利息因素上取得不当利益。

---

① 参见张新宝:《侵害生命、健康、身体权的民事责任探讨》,载《人民法院报》2001年8月12日。

例如,在许某(9岁)人身伤害赔偿案中,对被侵权人给予终身赔偿金207万元,按照50年的终身赔偿,实际上每年才赔偿3.45万元,但是现在一次性的赔偿总额不扣除利息因素,被侵权人的存款利息每年最低可以达到4万多元,这是不公正的。解决的办法,就是将提前赔偿的赔偿金扣除利息因素。

(三)实行定期金赔偿的赔偿项目

1. 残疾赔偿金

残疾赔偿金赔偿,就是赔偿劳动能力的损失。这种赔偿可以按照判决确定的标准,按年支付,这样可以使残疾的被侵权人在生活上得到最佳的保护。

2. 被扶养人生活费

被扶养人的生活费通常数额较大,而且具体数额与被扶养人的身体状况有密切关联,因此被扶养人生活费赔偿采用定期金赔偿是较佳的赔偿方式。采用定期金赔偿的方式,可以不受上述时间的限制,赔偿可以到赔偿权利人死亡时终止,这样就可以使被扶养人的利益得到更好的保护,消除赔偿与实际生活状况的错位(即赔偿权利人的实际生存期间往往长于或者短于一次性赔偿所预定的赔偿年限)的弊端。《关于审理人身损害赔偿案件适用法律若干问题的解释》(2021)第20条没有规定被扶养人生活费可以请求以定期金方式赔偿,顾虑的是死亡赔偿金的一次赔偿方式。其实,被扶养人生活费的赔偿是最应当采用定期金赔偿的。

3. 辅助器具费

对于将来的辅助器具费赔偿也可以实行定期金赔偿,因为身体残疾的被侵权人需要辅助器具的辅助,而且并非余生只需要一次辅助器具费就足够,在以后的生活中可能需要多次更换辅助器具。对此,采取定期金赔偿的方式对保护残疾的被侵权人更为有利。

(四)定期金赔偿的担保

采用定期金赔偿是有风险的,这就是赔偿义务人在日后无能力赔偿,如赔偿义务人破产,而使赔偿权利人的赔偿权利无法实现。此外,实行定期金赔偿还存在一些困难,如定期金赔偿时日遥远,执行较为麻烦。为此,在确定了赔偿义务人的定期赔偿金的责任后,应当责令赔偿义务人提供担保,以避免赔偿义务人将来逃避赔偿或无法赔偿。

借鉴国外有关的立法例,《关于审理人身损害赔偿案件适用法律若干问题的解释》(2021)也规定了在定期金赔偿中的担保问题。由于该司法解释并未对具体的担保方式作出规定,因此在司法实践中应当以我国《民法典》及其司法解释的规定为依据,结合具体的情况作出决定。在人身损害赔偿定期金赔偿中最主要的担保方式应当为保证和抵押。除此之外,也可以采取具有担保作用的其他方式,如由银行代管、代发赔偿金等。①

(五)定期金赔偿的确定

选择定期金赔偿还是一次性赔偿,应当由被侵权人选择确定,如果被侵权人请求按照定期金赔偿,法院应当准许。如果采取定期金方式给付将会增加赔偿权利人的负担,人民法院则不应决定采取定期金方式给付。②

(六)定期金赔偿方法

实行定期金赔偿方式的,必须将定期金的给付时间、方式及每期给付标准在法律文书中予以明确。

1. 法律文书中需要确定的事项

(1)定期金赔偿的给付时间。定期金赔偿的给付时间,是指每月、每季或者每年,在什么时候给付。定期金赔偿可以按月、按季,也可以按年给付。但按月、按季赔偿支付的次数太多,过于烦琐,按年支付较为合理并容易执行。法院在法律文书中应当确定每年的赔偿数额,每年年终或者年初一次赔偿一年应当赔偿的数额,直到执行完毕或者赔偿权利人死亡为止。

(2)定期金赔偿的给付方式。定期金赔偿的给付方式,是指采用什么方法给付,或者当面支付,或者通过特定机构给付等。在定期金赔偿中,可以采取由赔偿义务人定期送款的给付方式,也可以采取通过银行划拨、邮局汇款、微信支付、支付宝支付等方式。

(3)定期金赔偿的每期给付标准。定期金赔偿每期给付的标准,也就是每次应当给付的数额。由于定期金赔偿的适用范围为残疾赔偿金、辅助器具费,所以在确定定期金赔偿的每期给付标准时,应当按照最高人民法院《关于审理人身损害赔偿案件适用法律若干问题的解释》(2021)第12、13、17条规定的标准确定。

2. 定期金赔偿的相应调整

由于定期金赔偿是在直至赔偿权利人死亡的时间内进行的,时间较长,涉及赔偿的统计数据标准会发生变化,因此,在执行期间有关统计数据发生变化的,给付金额应当适时进行相应调整。定期金赔偿的变化必须由法院确定,并体现在法律文件中。

3. 定期金赔偿的期限

定期金赔偿的终期,按照赔偿权利人的实际生存年限给付,不受一次性赔偿期限的限制。对未成年被侵权人的抚养损害赔偿支付至其满18周岁;对其他的未来的损害赔偿,为被侵权人的终生。

---

① 参见最高人民法院民事审判第一庭编著:《最高人民法院人身损害赔偿司法解释的理解与适用》,人民法院出版社2004年版,第403页。

② 参见最高人民法院民事审判第一庭编著:《最高人民法院人身损害赔偿司法解释的理解与适用》,人民法院出版社2004年版,第407页。

下编　分　　则

第三章　关于责任主体的特殊规定

《民法典》侵权责任编第三章为"关于责任主体的特殊规定",是责任主体特殊、侵权责任规则特殊的部分,内容非常复杂。《民法典》对这一章的修改,主要集中在以下几个部分。

1. 第 1189 条增加规定了委托监护损害责任分担的规则,确定监护人承担侵权责任,委托监护人有过错的,承担相应的责任。

2. 第 1191 条第 1 款增加规定了用人单位承担赔偿责任后,可以向有故意或者重大过失的工作人员进行追偿。

3. 第 1192 条第 1 款增加规定了接受劳务一方承担赔偿责任后,可以向有故意或者重大过失的提供劳务一方追偿;增加规定第 2 款,第三人造成提供劳务一方损害的责任规则。

4. 第 1193 条增加规定定作人指示过失责任。

5. 第 1194 ~ 1197 条规定网络侵权责任,增加了避风港原则的通知规则的具体规定,增加规定避风港原则的反通知规则,明确红旗原则的主观要件是知道或者应当知道。

6. 第 1198 条规定违反安全保障义务的侵权责任,扩大了适用范围,主体为经营者、管理者或者组织者;第三人侵权,违反安全保障义务的主体承担补充责任后,享有追偿权。

7. 第 1201 条规定第三人造成学生损害的,教育机构承担赔偿责任后,有权向第三人追偿。

第一节　监护人责任

《民法典》第 1188 条规定的是监护人责任:"无民事行为

能力人、限制民事行为能力人造成他人损害的,由监护人承担侵权责任。监护人尽到监护职责的,可以减轻其侵权责任。”“有财产的无民事行为能力人、限制民事行为能力人造成他人损害的,从本人财产中支付赔偿费用。不足部分,由监护人赔偿。”

第1189条规定:“无民事行为能力人、限制民事行为能力人造成他人损害,监护人将监护职责委托给他人的,由监护人承担侵权责任;受托人有过错的,承担相应的责任。”

一、监护人责任概述

(一)监护人责任的概念

监护人责任,也叫作无民事行为能力人或者限制民事行为能力人致人损害的侵权责任。由于无民事行为能力人或者限制民事行为能力人造成他人损害,是由其监护人承担责任,因此叫作监护人责任。《民法典》第1189条新增加了委托监护人责任的责任类型。

监护人责任,是指无民事行为能力人或者限制民事行为能力人因自己的行为致人损害,由行为人的父母或者监护人等承担赔偿责任的特殊侵权责任。

监护人责任的另外一种称谓,是法定代理人责任。在多数侵权法的著作中,都是采用这种称谓的。[①] 事实上,对这种特殊侵权责任叫作监护人责任不如叫作法定代理人责任更为准确,理由如下。

首先,我国现行立法关于监护人制度的设计本身存在缺陷。对于丧失或者部分丧失民事行为能力的成年人应设定监护人,以监护其人身和财产,保护他们的权益,同时也保护其他人免受侵害。但是,对于未成年人并非一定要设立监护人,而是主要以其亲权人即父母作为他的监护人,由监护人承担监护责任,因此,未成年人的父母作为亲权人并不就是监护人,亲权人并不等于监护人。亲权人行使监护权,是亲权的内容,是依据亲权的权利对未成年子女进行监护。只有亲权人无法行使亲权,或者未成年人丧失亲权人之后,才可以对未成年人设立监护人,这时候设立的监护人才是真正意义上的未成年人的监护人。我国《民法典》第27条关于“父母是未成年子女的监护人”的规定,混淆了未成年人的亲权人和监护人概念之间的差别。

其次,监护权并非全部产生于监护关系,还产生于亲权关系。监护人当然享有监护权,不论是精神病人,还是没有亲权保护的未成年人,都需要设置监护人,由监护人进行监护。这些监护人都享有监护权,这是确定的。但是,监护权并非全部都是由这些监护人享有的,此外享有监护权的还有亲权人,亲权的内容之一,就是对未成年子女

① 参见张新宝:《侵权责任法原理》,中国人民大学出版社2005年版,第306页。

行使监护权，由父母保护自己的未成年子女的人身和财产的安全。因此，未成年人的父母不是监护人，而是亲权人，他们的监护权不是产生于监护人的身份，而是产生于亲权人的身份，从而成为监护人。

因此，以监护人责任或者监护人侵权责任指称这一特殊侵权责任并不周延，以法定代理人责任称之最为准确。形成这种错误的原因，是混淆了监护权与亲权的界限，将亲权混同于监护权。在理论上，多数学者沿袭立法上的失误，亦把亲权归置于监护权的概念之中，实际上取消了亲权的概念。亲权与监护权具有明显的界限，是两种不同的身份权，应当加以区别。①

上述这些分析意见，对于准确界定监护人责任是有意义的。这是因为，对于无民事行为能力或者限制民事行为能力的精神病人，应当设置监护人；而对于未成年人设置的保护人是亲权人，而不是监护人；只有在亲权人已经死亡或者不能行使亲权、丧失亲权的时候，才对未成年人设置监护人。因而，将这种侵权行为称为监护人侵权责任，只能涵括前一部分内容，不能涵括后一部分内容。而无论是监护人的侵权责任还是亲权人的侵权责任，都是以监护人身份产生的侵权责任。所以，对这种侵权行为的最准确的称谓是法定代理人责任，只有这个概念才能够概括以上全部内容。

不过，《民法典》没有接受这样的意见，仍然称为监护人责任。因此，应按照法律的规定，仍以“监护人责任”称之。

(二)国外监护人责任制度的发展

1. 罗马法

监护人责任制度源于罗马法的委付之诉(actionesnoxalis)。委付之诉，即损害投役，是被侵权人要求家父或所有人放弃对致害的家属、奴隶或牲畜的权利，而将它们交给自己处理的诉权。这是从侵权责任的报复制到赎金制演变过程中出现的制度，仍带有早期自力救济的痕迹，被侵权人既可以主张将家属、奴隶或者牲畜委付被侵权人处理，也可以由家父、家主或奴隶、牲畜的所有人赔偿所造成的损失。《十二铜表法》第十二表第2条规定：“家属或奴隶因私犯而造成损害的，家长、家主应把他们委付被害人处理或赔偿所致的损失。”委付之诉具有明显的报复性质，是同态复仇制度的延续；而赔偿损失，则是现代监护人责任制度的真正历史源头。查士丁尼《法学总论》规定了从楼房投掷或者倾注某物造成他人损害时，家父应当承担责任，因为即使是家子或者奴隶的过错所致，也是家父的责任，因此是准私犯，只有家子与家父分居，家子自己投掷或者倾注某物致人损害时，才不由家父承担责任，只能对儿子本人提起诉讼。② 这里已

---

① 对于这种区别，请参见杨立新：《人身权法论》(修订版)，人民法院出版社2002年版，第806～807页。

② 参见[古罗马]查士丁尼：《法学总论——法学阶梯》，张企泰译，商务印书馆1989年版，第204页。

经消灭了损害投役的规定,是典型的监护人责任。

2. 欧洲中世纪

在欧洲中世纪,家庭是一个具有固定组织的社会单位,家长代表家庭,个人只能在有限的范围内拥有财产,家长和子女之间的关系就是身份的支配关系,子女不能对自己的行为负责。中世纪寺院法就确定了"派遣他人行为,如同自己行为"的规定,认为未成年人不过是他人用来达到自己目的的一种工具。① 因而,家长应就家属的行为所致损害承担赔偿责任。

3. 法国

在资本主义时期,随着商品经济的发展和个人主义思潮的流行,人们开始注重由子女对自己的侵权行为独立负责的主张。但是,由于 19 世纪以来过错责任原则的确立,许多国家的立法认识到未成年人以及禁治产人不具备意思能力,不能确定其有过错,因此对其造成的损害不负责任,而由对其负有责任的父母或监护人承担责任;如果父母或监护人证明其不能防止发生损害的行为,或者已尽监护义务者,则免除其赔偿责任。1804 年《法国民法典》第 1384 条第 2 款和第 5 款规定:"父,或父死后,母,对与其共同生活的未成年子女所致的损害应负赔偿的责任。""前述的责任,如父、母、学校教师或工艺师证明其不能防止发生损害的行为者,免除之。"

4. 德国

1900 年《德国民法典》分两条规定了这种侵权责任。第 828 条规定:"未满 7 周岁的人,对其施加于他人的损害,不负其责任。""对已满 7 周岁但未满 18 周岁的人,对其施加于他人的损害,如在为加害行为的当时,还没有认识其责任所必要的理解力,不负其责任。对聋哑人,亦同。"第 832 条规定:"依法律规定对未成年或因精神或身体状况而需要监督的人负有监督义务者,对受监督人非法施加于第三人的损害,有赔偿的义务。监督人如已尽其相当的监督的责任,或纵然加以应有的监督也难免发生损害者,不负赔偿的义务。"

5. 日本

《日本民法典》对监护人责任作了 3 条规定。第 712 条规定了未成年人的责任能力:"未成年人加害于他人时,如不具备足以识别其行为责任的知识和能力,不就其行为负赔偿责任。"第 713 条规定了心神丧失人的责任能力:"于心神丧失间加害于他人者,不负赔偿责任。但是,因故意或过失致一时心神丧失者,不在此限。"第 714 条规定了监督人的责任:"无能力人依前二条规定无其责任时,对其应予监督的法定义务人,就无能力人加于第三人的损害,负赔偿责任。但是,监督义务人未怠其义务时,不在此

---

① 参见王利明、杨立新等:《民法・侵权行为法》,中国人民大学出版社 1993 年版,第 499 ~ 500 页。

限。”“代监督义务人监督无能力人者,亦负前款责任。”

这些规定,确立了监护人责任制度。在近几十年中,立法和司法实务将公平分担损失责任引入监护人责任制度中,为更好地保护被侵权人的合法权益,在监护人已尽监督义务仍不免造成损害者,不是免除其责任,而是与被侵权人公平分担损失,承担适当的补偿责任。这是现代侵权法的一大进步。

(三)我国监护人责任的发展

1. 古代法

在中国古代法中,家族制度根深蒂固,家长作为一家之主,既支配一个家庭所有成员的利益,也支配一个家庭的全部财产。正因为是“同财共居”,一家人是一个财产所有权的单位,是由家长支配,未成年人、精神病人与其他家属一样,也都受家长权力的支配,即使因其个人行为造成他人损害,家长也承担一切责任,尤其是赔偿责任。其中未成年家属和精神病家属致人损害,家长应承担赔偿责任,从家庭共同财产中支付赔偿金,就成了我国监护人替代责任的最早渊源。

2. 近代法

清末制定民律草案时,借鉴大陆法系的立法体例,始设监护人替代责任。《大清民律草案》第951条规定:“因未成年或因精神身体之状况需人监督者加损害于第三人时,其法定监督人负赔偿之义务。但监督人于其监督并未疏懈或虽加以相当之监督仍不免发生损害者,不在此限。”“依契约代监督人为监督者,亦负前项之义务。”这一立法,开创了我国近现代监护人替代责任侵权制度的先声。

《民国民律草案》以此为基础,在第251条规定:“无责任能力人或因精神、身体之状况需人监督之人,不法侵害他人之权利者,由有监督义务之人或代其为监督之人,负损害赔偿责任。但其监督并未疏懈或虽加以相当之监督,而仍不免发生损害者,不在此限。”这一条文与《大清民律草案》第951条相比,除词句及体例上有所改动以外,内容基本未变。

国民政府正式制定民法时,对监护人替代责任的侵权制度作了重大修改,条文内容大幅增加。该法第187条规定:“无行为能力人或限制行为能力人,不法侵害他人之权利者,以行为时有识别能力为限,与其监护人负连带损害赔偿责任。行为时无识别能力者,由其监护人负损害赔偿责任。”“前项情形,监护人如其监督并未疏懈,或纵加以相当之监督,而仍不免发生损害者,不负赔偿责任。”“如不能依前二项规定受损害赔偿时,法院因被害人之声请,得斟酌行为人与被害人之经济状况,令行为人为全部或一部之损害赔偿。”“前项规定,于其他之人,在无意识或精神错乱中所为之行为,致第三人受损害时,准用之。”这一规定,内容很完备,其特点:一是区分无行为能力人或者限制行为能力人为有识别能力与无识别能力,无识别能力的,实行替代责任,由监护人承担赔偿责任;有识别能力的,实行连带责任,由监护人和行为人负连带赔偿责任。二是增加公平责任的适用,即如监护人已尽监督责任而免责的,如果被侵权人申请,法院可以斟酌当事人的经济状况,而予以适当赔偿。三是将无意识或精神错乱中所为的行为,视为准监护人责任,准用监护人替代赔偿责任的规定。

3. 我国当代的监护人责任

新中国成立以来,在实务中坚持实行监护人替代赔偿责任制度,认为无民事行为能力人和限制民事行为能力人因其不能或不完全能理解自己行为的性质和后果,缺乏审慎地处理自己事务的能力,不能对自己的行为及其后果负责或完全负责,故应由其父母或者其监护人承担赔偿责任。

1950 年《婚姻法》第 13 条没有明确规定父母对未成年子女的赔偿责任,但是规定了"父母对于子女有抚养教育的义务",未尽教育义务,未成年子女侵害他人的权利,父母应当承担侵权责任。改革开放之后,最高人民法院于 1979 年 2 月 2 日颁布《关于贯彻执行民事政策法律的意见》(已失效),明确规定:"对未成年子女因损害造成他人经济上的损失,其父母应负责赔偿。"1980 年《婚姻法》第 17 条规定:"父母有管教和保护未成年子女的权利和义务。在未成年子女对国家、集体或他人造成损害时,父母有赔偿经济损失的义务。"1984 年 8 月 30 日《关于贯彻执行民事政策法律若干问题的意见》对此没有明确的规定,适用《婚姻法》关于父母对未成年子女造成损害承担侵权责任的规定。

1986 年《民法通则》第 133 条规定:"无民事行为能力人、限制民事行为能力人造成他人损害的,由监护人承担民事责任。监护人尽了监护责任的,可以适当减轻他的民事责任。""有财产的无民事行为能力人、限制民事行为能力人造成他人损害的,从本人财产中支付赔偿费用。不足部分,由监护人适当赔偿,但单位担任监护人的除外。"据此建立了我国的监护人替代赔偿责任制度。最高人民法院在原《关于贯彻执行〈中华人民共和国民法通则〉若干问题的意见(试行)》中,对这一规定进行了详细解释,其第 158 条规定:"夫妻离婚后,未成年子女侵害他人权益的,同该子女共同生活的一方应当承担民事责任;如果独立承担民事责任确有困难的,可以责令未与该子女共同生活的一方共同承担民事责任。"第 159 条规定:"被监护人造成他人损害的,有明确的监护人时,由监护人承担民事责任;监护人不明确的,由顺序在前的有监护能力的人承担民事责任。"第 160 条规定:"在幼儿园、学校生活、学习的无民事行为能力人或者在精神病院治疗的精神病人,受到伤害或者给他人造成损害,单位有过错的,可以责令这些单位适当给予赔偿。"第 161 条规定:"侵权行为发生时行为人不满十八周岁,在诉讼时已满十八周岁,并有经济能力的,应当承担民事责任;行为人没有经济能力的,应当由原监护人承担民事责任。""行为人致人损害时年满十八周岁的,应当由本人承担民事责任;

没有经济收入的,由扶养人垫付,垫付有困难的,也可以判决或者调解延期给付。”

2009年《侵权责任法》第32条规定了监护人责任。《民法典》第1188条基本上沿用了《侵权责任法》第32条的规定,只是将原来使用的监护人“责任”改为“职责”。另外增加了第1189条,规定了委托监护损害责任规则。

(四)我国监护人责任的特点

1. 监护人责任是对人的替代责任

首先,监护人责任是替代责任,而不是自己的责任,这就是说,无民事行为能力人或者限制民事行为能力人实施具体的侵害行为,造成了被侵权人的人身损害或者财产损害,侵害了被侵权人的权利,但是,承担侵权责任的不是造成损害的行为人,而是行为人的监护人,是监护人替代实施加害行为的行为人承担侵权责任。因此是典型的替代责任。其次,监护人责任的替代责任,是为他人的行为承担损害赔偿责任,是对人的替代责任,以此与为物件致人损害的对物的替代责任相区别。

2. 监护人责任是过错推定责任

首先,监护人责任是过错责任,是基于过错而产生的侵权责任,因此与无过错责任相区别。其次,这种过错并没有体现在具体的加害行为人身上,而是体现在行为人的监护人身上。就行为人而言,因为其无民事行为能力或其民事行为能力受限制,不能或不能完全判断行为的后果,因而无法或者不能判断其主观上是否有过失。监护人替代责任的过错表现在监护人身上,是监护人对未成年人或者精神病人没有尽到监护责任的过错,并由此作为这种侵权责任构成的过错要件。最后,监护人的过错并不需要原告证明,而是由具体的加害行为人的侵害行为推定其监护人未尽监护职责的过错。因此,过错的证明形式是推定,适用过错推定原则。

3. 监护人责任的确定受行为人财产状况的制约

各国的侵权法对监护人责任的确定,都是依据行为人的责任能力,即没有民事责任能力的未成年人或者心智丧失之人,不承担侵权责任,而由他们的监护人承担责任。我国立法没有采纳这种规则,而是确定监护人责任的承担受无行为能力或限制行为能力的行为人有无财产的制约。行为人自己有财产的,应当先从他自己的财产中支付赔偿金,不足部分,则由其监护人承担补充赔偿责任。至于行为人的财产,可以是受赠的财产、继承的财产,以及其他合法所得财产。行为人没有财产的,则由其监护人自行承担赔偿责任。

4. 监护人责任以公平分担损失责任为补充

我国的监护人责任虽然实行过错推定原则,但是,在监护人能够证明自己对于实施加害行为的未成年人或者精神病人已经善尽监护职责,即监护人自己无过错时,并不免除监护人的侵权责任,而是“可以减轻其侵权责任”,适用的是公平分担损失责任,是考虑平衡双方当事人的经济利益而采取的措施,是有意义的。

二、监护人责任的归责原则

(一)对监护人责任适用归责原则的不同主张

我国监护人责任应当适用过错推定原则确定侵权责任。但是在理论上,对于确定监护人替代责任适用何种归责原则存在多种不同的主张。

1. 过错责任说

这种主张认为,监护人责任是基于监护人的监督义务而产生的,是监护人对自己未尽监督义务而承担的赔偿责任,因而应当适用过错责任原则。因此,过错的证明应当由被侵权人承担,即由原告承担举证责任。

2. 无过错责任说

这种主张认为,监护人不是就自己的侵权行为承担赔偿责任,因而无论其有无过错,只要被监督之人致人侵害,就应当承担赔偿责任。特别是法律规定了即使是监护人没有过错的,也要承担一部分民事责任,更说明这种侵权责任是无过错责任。因此,监护人责任是无过错责任。在最新的《荷兰民法典》中,规定了低龄儿童父母亲的严格责任,西班牙和葡萄牙的法律也可以认为是基于无过错确定这种侵权责任的。①

3. 推定过错责任说

这种主张认为,监护人赔偿责任从主观条件上说是对自己的过错负责任,但被侵权人一方无须证明监护人的过错,而是由法官直接推定监护人的过错。同时,监护人也可以证明自己已尽了监护责任而免责或者减轻责任,故其适用推定过错责任原则,是过错推定责任。在比利时、法国、德国、希腊、卢森堡等国,都将监护人责任确定为过错推定责任,都规定儿童的父母负有监护义务,如果被监护人造成他人损害,就推定其父母有过错,除非他们能够反证推定不成立,否则父母就被推定没有履行其监督义务。②

4. 多元归责原则说

这种主张认为,监护人责任不是无过错责任,对于无民事行为能力人来说,其监护人责任适用过错责任原则;对于限制民事行为能力人来说,其监护人责任适用过错推定原则;均可适用公平责任原则减轻监护人的民事责任。

---

① 参见[德]克雷斯蒂安·冯·巴尔:《欧洲比较侵权行为法》(上卷),张新宝译,法律出版社 2001 年版,第 184 页。

② 参见[德]克雷斯蒂安·冯·巴尔:《欧洲比较侵权行为法》(上卷),张新宝译,法律出版社 2001 年版,第 190 页。

(二)我国监护人责任的归责原则

1. 我国监护人责任不适用无过错责任原则

首先,我国监护人责任不适用无过错责任原则。认为监护人不是就自己的行为承担责任,无论其有无过错,都应承担赔偿责任,因而适用无过错责任原则的观点,至少有两个方面的错误:第一,原《侵权责任法》第32条虽然没有明文规定监护人"有过错"的字样,但明文规定"监护人尽到监护责任的,可以减轻其侵权责任",因此,确定监护人的赔偿责任必须以未尽监护责任为必要条件;而未尽监护责任即为有过失。显然,就此而认为监护人责任适用无过错责任原则,与立法本意相悖。第二,该条文这一部分规定的前后两段是有明确区别的,前段显然不是适用无过错责任原则,后段则分明是规定公平分担损失责任,因此是不相同的。对此只是笼统地认为条文规定的内容是无论有无过失都要承担赔偿责任,显然忽略了它们的区别,也没有理解条文的真实含义。

其次,就一种特殊侵权责任分别适用过错责任、无过错责任、过错推定责任和公平责任,显然是将这一侵权责任制度复杂化了,且立法本意并非如此。如果按照这种主张处理案件,繁杂的归责原则将使法官无所适从。

2. 我国监护人责任也不适用过错责任原则

对监护人责任不适用一般的过错责任原则。因为特殊侵权责任的特殊之处之一,就是归责原则特殊,不再适用过错责任原则,而是要适用过错推定责任原则或者无过错责任原则。自近现代民法确立监护人责任制度之始,对该责任就适用过错推定原则。如果坚持适用过错责任原则,将使被侵权人处于不利地位,无法证明监护人未尽监督之责的过失,并因此而不能获得应得的赔偿。这不符合设立监护人责任的立法本意。有人认为,原《侵权责任法》第四章、《民法典》侵权责任编第三章规定的是"责任主体的特殊规定",规定的侵权责任都是过错责任,因此,监护人责任就是过错责任。这种理解是不对的,在这一章中也规定了过错推定原则的适用情况,例如,原《侵权责任法》第38条规定无行为能力人的学生伤害事故责任,就是过错推定责任,因为规定了"能够证明尽到教育、管理职责的,不承担责任"的内容。同样,第32条规定监护人责任也规定了"监护人尽到监护职责的"内容,那么应当由谁证明呢?当然是监护人。既然如此,当然是首先推定监护人有监护不周的过失。

3. 我国监护人责任适用的归责原则

我国监护人责任适用的归责原则,是过错推定原则,并以公平分担损失责任作为补充。

(1)监护人责任的归责原则是过错推定原则。确定监护人责任适用过错推定责任原则,即从加害行为人致人损害的事实中,推定其监护人有疏于监护的过失。监护人认为自己无过错,实行举证责任倒置,即监护人可以举证证明自己无过错;不能证明自己无过错的,监护人应当承担侵权替代责任。如果对监护人责任适用过错责任原则,被侵权人将因不能举证证明监护人的过错而无法得到赔偿。按照过错推定原则的要求,原告无须举证证明监护人的过错,即可从损害事实中,推定其监护人未尽监督之责,为有过失。监护人无法证明自己已尽监督义务而无过错的,过错推定成立,应承担赔偿责任。

(2)以公平分担损失责任作为补充。确定监护人责任,在适用过错推定原则的基础上,如果证明监护人确已尽监督责任,即监护人无过错,本应免除监护人的侵权责任,但是为了平衡当事人之间的利益关系,则按照法律的规定,适用公平分担损失责任进行调整,合理确定赔偿责任。

在无民事行为能力人、限制民事行为能力人致人损害时,行为的直接主体并不是监护人,监护人只是依据法律规定应负责任的责任主体。所以,这种侵权责任的分担损失,责任主体与行为主体是分离的。使责任主体对行为主体的损害后果承担侵权责任,无疑体现了过错责任的要求。但是,如果监护人证明了自己并没有过错,依据过错推定原则而免除监护人的侵权责任,显然就会使被侵权人由于无民事行为能力人或者限制民事行为能力人造成的损害无法得到赔偿;相对于监护人而言,监护人无过错而不承担责任,那么被侵权人对于损害的发生也没有过错,况且损害是由监护人监护之下的未成年人或者精神病人所致,为什么要由被侵权人承担全部损失的后果责任呢?这样做显然更不合理。正是为了避免这种责任承担的不合理,我国民法规定对监护人责任以公平分担损失责任作为补充,以维护被侵权人、监护人和被监护人的利益。

《民法典》第1188条规定的公平分担损失责任主要体现在以下几方面:

第一,监护人的适当责任。根据《民法典》第1188条的规定,监护人尽到监护责任的,可以减轻其侵权责任。因此,监护人已尽监护之责,虽然表明其没有过失,但是,从维护无辜的被侵权人的利益考虑,法律不允许监护人完全免责,法院可以基于公平考虑而减轻其侵权责任。

第二,有财产的无民事行为能力人、限制民事行为能力人的责任。无民事行为能力人、限制民事行为能力人致人损害,虽无主观过错,但其行为与损害结果之间毕竟有事实上的因果关系,如果他们有负赔偿责任的财产,则基于公平的考虑,应从其财产中支付赔偿,监护人只负补充责任。

第三,基于公平考虑的监护人的责任。夫妻离婚后,未成年子女侵害他人权益的,同该子女共同生活的一方应当承担民事责任;如果独立承担民事责任确有困难的,可以责令未与该子女共同生活的一方共同承担民事责任。其基础在于:父母对于子女的亲权不因离婚而丧失;未与子女共同生活的监护人,虽难以实际履行其监护之责,但在与被监护人共同生活的监护人无力赔偿时,从公平的考虑,他(或她)应负适当的责任。

在根据公平分担损失责任原则确定当事人的责任时,应注重考虑当事人的财产状况、经济收入、必要的经济支出和负担、造成损害的程度等因素,公平合理地分担损失。

三、监护人责任的构成要件

对监护人责任的构成,学者论述颇不一致。有的认为应具备三个要件始构成:一是须是无民事行为能力人或限制民事行为能力人对他人造成损害;二是须无民事行为能力人或限制民事行为能力人自己独立的行为给他人造成损害;三是须无民事行为能力人或限制民事行为能力人的致损行为在客观上具有违法性。① 有的则认为应当具备须为监护人、须无行为能力或限制行为能力人有不法侵害他人权利之行为和监护人不能为免责之证明三个要件始构成。② 还有的认为应具备须存在被侵权人遭受损害的事实、被监护人造成被侵权人的损害和被监护人的行为须具有违法性这三个要件,才能构成监护人的侵权责任。③

监护人责任适用过错推定责任原则,其责任构成必须具备损害事实、违法行为、因果关系和过错这四个要件。在监护人责任构成的四个要件中,损害事实要件并没有特别之处,其他三个要件则具有显著特点。

(一)违法行为

监护人责任是替代责任,其违法行为的要件必然是行为人与责任人相脱离,是责任人为行为人承担赔偿责任。

1. 无民事行为能力人或者限制民事行为能力人的违法行为

构成监护人的侵权责任最首要的,为违法行为人必须是无民事行为能力人或者限制民事行为能力人,精神病患者和未成年人均属之。

构成监护人责任的行为人的违法行为,应当是无民事行为能力人或者限制民事行为能力人自己实施的行为,而不是他人利用无民事行为能力人或者限制民事行为能力人实施的侵权行为。

关于无民事行为能力人和限制民事行为能力人在实施致人损害的行为时,应否具有识别能力,有的学者认为,并不是被监护人造成的所有损害都由监护人承担责任,只有当被监护人在没有识别能力时,侵犯他人权益造成实际损失的,监护人才承担责任。④ 对此,立法没有采纳。这是我国民事立法与其他民事立法的一个显著区别。我国《民法典》第1068条规定:“父母有教育、保护未成年子女的权利和义务。未成年子

---

① 参见潘同龙等:《侵权行为法》,天津人民出版社1995年版,第326-327页。

② 参见耿云卿:《侵权行为之研究》,中华书局1948年版,第66页。

③ 参见郭明瑞等:《中国损害赔偿全书》,中国检察出版社1995年版,第179页。

④ 参见潘同龙等:《侵权行为法》,天津人民出版社1995年版,第326页。

女造成他人损害的,父母应当依法承担民事责任。"这一规定,同样没有规定未成年子女有识别能力或者责任能力的特别要求。因此,我国监护人责任的构成,并不要求行为人须无识别能力或者责任能力,只是以民事行为能力为标准,按照《民法典》第19~22条的规定,凡是未成年人,以及不能辨认自己行为的成年人和不能完全辨认自己行为的成年人,都是无民事行为能力人和限制民事行为能力人,都适用《民法典》第1188条的规定。

无民事行为能力人或者限制民事行为能力人实施的加害行为是否要具有违法性,也是一个重要问题。欧洲侵权法认为,孩子导致损害的行为必须是违反法律的行为,尽管不要求过失,这是欧洲各国法院和立法者都坚持的观点。[①] 我们也坚持这样的意见,行为人的行为应当具有违法性,否则不足以认定构成监护人责任。

2. 监护人的不作为违法行为

监护人在监护人责任构成中的行为,是未尽监护职责的行为,主要表现为不作为的行为方式。法律明确规定,监护人对于无民事行为能力人或者限制民事行为能力人负有监护义务,这种义务是作为义务,监护人必须履行。监护人没有履行监护义务,没有管教好无民事行为能力人或者限制民事行为能力人,致使造成他人的损害,构成不作为的违法行为。

(二)过错

监护人责任构成中的过错要件,最主要的特点是过错与行为人相分离,即过错不是行为人的过错,而是未对行为人尽到监督之责的监护人的过错。这一点与其他替代责任不同。在用人者责任中,行为人可能有过错,也可能无过错,而监护人责任中却不能要求行为人有过错或者无过错,因为无民事行为能力人或者限制民事行为能力人没有识别能力或者识别能力不足,无法确认他们是否具有过错。在用人者责任中,都要求用人者有过错,这一点与监护人责任是相同的。因此,监护人责任构成中的过错是监护人自己的过错,是监护过失的过错。

监护人过错的第二个特点是,监护人的过错只能是过失,不能是故意。监护人过错的内容是未能善尽监护职责,具体表现为疏于教养、疏于监护或者疏于管理。这些都是监护人应当注意而未能注意,因而为过失的心理状态。假如监护人故意指使受监督之人实施侵权行为,则不构成监护人的责任,而是监护人自身的侵权行为,应由自己单独承担侵权责任或者刑事责任,这时被监督人实际上是监护人的侵权工具。

此外,监护人责任构成中的主观过错要件不采证明形式,而采推定形式。如果监

---

① 参见[德]克雷斯蒂安·冯·巴尔:《欧洲比较侵权行为法》(上卷),张新宝译,法律出版社2001年版,第199~200页。

护人认为自己无过错,则举证责任倒置,由监护人自己举证,证明自己已尽监督责任。至于监护人如何证明自己已尽监督之责,并没有统一的标准。一般认为,应按监督人之性质及受监督人的种类并结合其他有关情事综合而为观察,如受监督者为未成年人抑或精神病患者,其监督方法及程度固不尽同,即依受监督者的年龄、性格、性别、健康情形、精神状况、所在环境、教育程度等亦系因人而异,要皆应为分别适当的监督,则可断言。不仅如此,即使就该加害行为的特别情事,亦应为必要的注意与监督,如可免疏懈之责,如行为的性质上有加害的危险,或有易启疏忽之虞者,应当予以特别细心的监督。而监护人的地位、资力,亦应加以考虑。① 监督是否疏懈,应以加害人行为之时为准。即于此时监护人是否以善良管理人之注意,尽其监督责任,过去因监督之不得其宜而养成不良之倾向,尚不能以为对于第三人负责的原因。唯于行为时,对于有此不良倾向者,是否为其必要的特别注意,以定其疏懈之有无。② 这些意见均可参考。总之,监护人已尽监督之责应当严格要求,以更好地保护被侵权人的合法权益。

(三)因果关系

监护人责任构成中的因果关系具有双重关系。

首先,加害行为人的行为与损害事实之间须具有因果关系,即损害事实须因行为人的行为所引起,两者之间有引起与被引起的客观联系。如无此联系,则不构成侵权责任。判断的标准,应以相当因果关系理论衡量。这与一般侵权责任的因果关系的要求是一致的。

其次,监护人的疏于监督责任与损害事实之间亦应有因果关系。但是,这种因果关系在因果关系链上相距较远,并不是直接的因果关系。具体要求是,监护人的疏于监督职责,是行为人即受监督之人实施加害行为的原因,受监督之人因为监护人疏于监督而实施加害行为,并因此而导致被侵权人的权利被侵害。尽管疏于监督之责与损害事实之间的因果关系非为直接,但必须具备这种因果关系,不具备这种因果关系,就不构成监护人的侵权责任。学者认为,监督之疏懈与损害之发生,应有因果关系;如证明其无此关系,监护人亦可免责,这是完全正确的。

四、监护人责任的法律关系与当事人

(一)监护人责任的赔偿法律关系

1. 理论上的应然做法

监护人责任是替代责任,因而,这种赔偿法律关系的当事人,是被侵权人和监护

---

① 参见耿云卿:《侵权行为之研究》,中华书局1948年版,第67~68页。

② 参见史尚宽:《债法总论》,荣泰印书馆1978年版,第178页。

人。其中,被侵权人为侵权法律关系的赔偿权利主体,监护人为侵权法律关系的赔偿义务主体。对此,最高人民法院《关于审理人身损害赔偿案件适用法律若干问题的解释》(2021)第1条第3款作了明确规定:“本条所称‘赔偿义务人’,是指因自己或者他人的侵权行为以及其他致害原因依法应当承担民事责任的自然人、法人或者非法人组织。”监护人作为赔偿义务主体,就是为他人的侵权行为承担责任的自然人。

如果致人损害的受监督人即无民事行为能力人或者限制民事行为能力人有财产,则该行为人亦为当事人,在赔偿义务主体方面,增加行为人作为被告,与监护人为共同被告。

2. 实务操作上的差别

我国审判机关在实务中的操作方法与上述规则相反。在通常的情况下,多数法院在判决书中,首先确认无民事行为能力人或者限制民事行为能力人的被告地位,以及被侵权人的原告地位,而监护人则只以法定代理人的身份被列入其中;然而在判决主文中,却判决监护人承担赔偿责任,被告则不承担任何责任;只有在被告有财产时,才判决被告承担侵权责任或者判决被告与监护人共同承担赔偿责任。对于这种理论与实务相矛盾的状况,学者和专家早有论述,但多数法院在实务上始终沿袭这样的操作。对此,还是应该继续宣传替代责任的理论,尽早纠正司法实践中的错误做法。

(二)监护人责任的当事人

1. 责任人

监护人侵权法律关系中的赔偿责任主体,是监护人。

(1)监护人的身份

监护人的身份包括三种:第一种是未成年人的亲权人;第二种是丧失亲权监督的未成年人的监护人;第三种是丧失或者部分丧失民事行为能力的成年人的监护人。

第一,未成年人致人损害的亲权人作为责任人。未成年人的父母,是未成年人的亲权人。未成年人的亲权人对未成年人负有全面的监督义务。未成年人致人损害,其亲权人应当为其承担赔偿责任。父母一方死亡,另一方单独承担亲权人的义务,应由其承担赔偿责任。父母离婚后,子女只能由一方抚养,抚养子女的一方是亲权人,另一方也享有亲权,但是亲权不能直接行使。在这种情况下,被监督的未成年人致人损害,应当由同该子女共同生活的一方承担赔偿责任,即仍由行使亲权的亲权人承担责任。如果行使亲权的亲权人独立承担民事责任确有困难的,可以责令未与该子女共同生活的一方共同承担赔偿责任,也作为共同责任人。

第二,未成年人的监护人作为责任人。未成年人父母双亡,或者父母均因某种情事丧失亲权,则应当为该未成年人指定监护人,在这种情况下,未成年人致人损害,应当由其监护人作为赔偿责任人。

第三，丧失或者部分丧失民事行为能力的成年人的监护人作为责任人。无论成年人是限制民事行为能力，还是无民事行为能力，都应当指定监护人。致人损害时，由该监护人作为赔偿责任人。

(2)监护人顺序的应用

如果行为人致人损害时没有明确的监护人，应当按照监护顺序指定由顺序在前的监护人承担赔偿责任。《民法典》第27条和第28条的规定视为监护顺序，即未成年人的监护顺序是：首先是父母，父母缺位的监护顺序，一是祖父母、外祖父母；二是兄、姐；三是其他愿意担任监护人的个人或者组织。丧失或者部分丧失民事行为能力的成年人的监护顺序：一是配偶；二是父母、子女；三是其他近亲属；四是其他愿意担任监护人的个人或者组织。依照这一顺序，由顺序在前的监护人作为赔偿责任人。

(3)行为人在学校、幼儿园或者精神病医院中致害的责任人

《民法典》对学校伤害事故没有规定未成年学生在教育机构伤害他人的责任，也没有规定成年被监护人在精神病医院致人损害的责任。因此，对这个问题应当说明。

行为人在学校、幼儿园或精神病医院学习、生活、治疗中致人损害时的赔偿责任问题，按照传统观念，对未成年人或者成年被监护人的监督责任已从父母、其他监护人等转移到学校、幼儿园、精神病医院，它们应承担监护责任，原亲权人、监护人对行为人在学校、幼儿园、医院的行为不负监督义务。如果行为人在学校、幼儿园、医院里学习、生活、治疗时致人损害，上述单位不能证明自己已尽监护之责的，应对此承担赔偿责任。当行为人脱离上述单位的监督范围时，如放学途中致人损害，上述单位不承担赔偿责任。学校、幼儿园、医院对于在其监护下的未成年人或成年被监护人在其监护范围内遭受侵害，也可以承担赔偿责任。

司法解释否定了这样的意见，其主要依据，是对学校和幼儿园对学生的义务究竟是何种性质的界定发生了变化。教育部在制定《学生伤害事故处理办法》时，确定了学校对学生承担的是教育、管理、保护义务，而且不论是大学生、中学生、小学生还是在幼儿园学习的学生，学校或幼儿园并不存在监护义务。最高人民法院原《关于审理人身损害赔偿案件适用法律若干问题的解释》第7条确认了这个义务的性质，也否定了监护义务的说法。因此，学校、幼儿园对于未成年学生的义务，就是教育、管理、保护的义务，基于这个义务，产生学校和幼儿园的责任。《民法典》确认学校等教育机构对学生承担教育、管理职责。如果学校或者幼儿园等教育机构未尽教育、管理义务，未成年学生在学校或者幼儿园致害他人，学校或者幼儿园有过错的，构成侵权责任，替代未成年学生承担责任，在诉讼中学校或者幼儿园作为责任人，被列为被告。

无民事行为能力或者限制民事行为能力的成年人在精神病医院治疗，精神病医院是监护人，应当承担监护人责任。监护不周，造成精神病患者伤害他人或者被他人伤

害,精神病医院应当承担侵权责任。例如,在某精神病医院,精神病人某甲因为耳朵发痒,请求另一精神病人某乙为他掏耳朵。某乙就用吃饭的筷子插进某甲的耳朵里,结果将某甲的耳膜刺穿,造成伤害。该精神病医院没有善尽监护义务,使一精神病人伤害另一精神病人,应对被侵权人承担侵权责任,赔偿被侵权人的损失。

2. 行为人

监护人责任案件中的行为人,就是实际致人损害的未成年人和丧失或者部分丧失民事行为能力的成年人。

行为人是否适格,必须按照《民法典》的有关规定确认。对于未成年人,应当按照《民法典》第19条和第20条的规定,确认其是无民事行为能力人还是限制民事行为能力人。已满16周岁不满18周岁的自然人,以自己的劳动收入为主要生活来源的,应视为完全民事行为能力人,不应再作为监护人责任下的行为人,而应作为独立的侵权行为人;对于成年人,应当按照《民法典》第21、22条的规定,确认其民事行为能力。

确认行为人是无民事行为能力人还是限制民事行为能力人,在确认监护人责任案件的责任构成中,没有特别重要的意义,只要不具有完全民事行为能力,即为适格。值得研究的是,限制民事行为能力的精神病人有的在致人损害之前,精神病并没有发作,而是在发病时造成损害,如何确定这种人的行为人资格。对这种情况,首先要进行精神病鉴定,确认其民事行为能力状况,决定是否设置监护人;在确定之后,再决定责任人如何承担责任。

有的行为人既是未成年人,又是精神病人,不必作精神病鉴定,即可按照监护人的侵权责任规则进行赔偿,因为其民事行为能力状况依据年龄就可以确定。对于8周岁以上不满18周岁的未成年人患精神病的,必要时可以进行鉴定,以确定其是无民事行为能力人还是限制民事行为能力人。

行为人致人损害时为无行为能力或限制行为能力,诉讼时已经具有完全行为能力,应当如何处理。对此,原则上应由行为人的原监护人承担赔偿责任,如果行为人已经有负担能力,应当自己承担责任,不足部分由原监护人承担。最高人民法院原《关于贯彻〈中华人民共和国民法通则〉若干问题的意见》第161条第1款规定:"侵权行为发生时行为人不满十八周岁,在诉讼时已满十八周岁,并有经济能力的,应当承担民事责任;行为人没有经济能力的,应当由原监护人承担民事责任。"这一款规定有以下问题:第一,这一款规定的内容的顺序应当颠倒,先说没有经济负担能力的,再说有经济负担能力的,比较妥当;第二,这一基本精神的适用应当扩大,不限于未成年人已成年,还应包括精神病人在其患病时致人损害,诉讼时已经治愈,这时也应当由原来的监护人承担民事责任,这样的规定是比较全面的。

还有一种特殊情况,即年满18周岁没有经济负担能力的人致人损害,应如何承担赔偿责任。这种情况,原则上应当由自己承担赔偿责任,不构成监护人的替代责任。最高人民法院原《关于贯彻〈中华人民共和国民法通则〉若干问题的意见》第 161 条第 2 款从解决纠纷的角度出发,规定:"行为人致人损害时年满十八周岁的,应当由本人承担民事责任;没有经济收入的,由扶养人垫付;垫付有困难的,也可以判决或调解延期给付。"这一条款的规定并不圆满,因为这种垫付的义务并不是强制的,而是自愿的,如果强制已满 18 周岁的人的扶养人即父母承担垫付赔偿的责任,是违反法律规定的。《民法典》以及《关于审理人身损害赔偿案件适用法律若干问题的解释》(2021)不再采用这种赔偿方法,如果其扶养人自愿垫付,则没有问题;扶养人不予以垫付的,可以判决行为人延期给付。

3. 被侵权人

在监护人侵权法律关系中,被侵权人是赔偿权利人。对这种特殊侵权责任中的被侵权人,法律没有作特别的规定和要求,只要具备一般被侵权人的资格即可。

五、监护人的赔偿责任及承担

(一)监护人的赔偿责任

1. 连带责任还是替代责任

监护人侵权的赔偿责任如何承担,实务上的做法是比较一致的。在学理上,有的学者借鉴国外大陆法的规定和我国台湾地区"民法"的做法,认为行为人与责任人之间应承担连带责任,是不正确的。这是因为,《民法典》第 1188 条规定的是"由监护人承担侵权责任",这不是连带责任,而是对人的替代责任。

2. 赔偿责任的具体形式

监护人侵权赔偿责任有两种形式:

第一种是基本的赔偿责任方式,即由监护人单独承担替代责任,被监护的行为人不承担赔偿责任,也没有对行为人的追偿关系。

第二种是特别的赔偿责任方式,是一种补充责任。当被监护的行为人本人有财产时,应用本人的财产支付赔偿费用;对赔偿不足的部分,由监护人负补充责任。这种责任不是连带责任,监护人不是就全部赔偿责任负责,而是对有财产的行为人赔偿不足的部分承担补充赔偿责任。如果行为人的财产足以赔偿被侵权人的损失,就不用监护人承担赔偿责任。

这两种赔偿责任适用的标准,就是行为人是否有财产。有财产的,可以采用第二种责任方式;没有财产的,采用第一种责任方式,即一律由监护人单独负责。

(二)监护人侵权赔偿责任的几个具体问题

1. 几个被监护人共同致人损害的赔偿责任

两个以上被监护人共同致人损害,符合共同侵权行为构成要件的,为共同侵权责任,应当由他们的监护人共同承担赔偿责任。这种共同赔偿责任的性质是按份责任还是连带责任,学说上有不同主张。

这种责任是连带责任,原因是为保护被侵权人利益的需要,若实行按份责任,在监护人中的一人如果无力清偿,则被侵权人的这一份损害将无法得到补偿。共同侵权责任的性质是连带责任,未成年人或精神病人共同致人损害也是共同侵权,当然应当承担连带责任。

2. 被监护人在侵权行为过程中死亡应以谁为责任主体

1990 年 1 月 20 日,最高人民法院《关于未成年的侵权人死亡其父母作为监护人能否成为诉讼主体的复函》认为:“未成年人阿拉腾乌拉携带其父额尔登巴图藏在家中的炸药到那木斯来家玩耍,将炸药引爆,炸毁那木斯来家房屋的顶棚及部分家具。那木斯来以额尔登巴图为被告要求赔偿损失,人民法院应当受理,并依据《民法通则》及《婚姻法》的有关规定妥善处理。”未成年人实施侵权行为,其监护人是赔偿义务主体,应当承担赔偿责任,监护人的法律地位不因未成年人的死亡而有改变,应当继续承担民事责任。

六、委托监护责任

(一)委托监护责任的概念

《民法典》第 1189 条规定:“无民事行为能力人、限制民事行为能力人造成他人损害,监护人将监护职责委托给他人的,由监护人承担侵权责任;受托人有过错的,承担相应的责任。”这是对委托监护损害责任的规定,明确了在委托监护情况下,无民事行为能力人或者限制民事行为能力人造成他人损害的,监护人与委托监护人分担责任的新规则。

委托监护损害责任,是指无民事行为能力人或者限制民事行为能力人造成他人损害,监护人将监护职责委托给他人,监护人与委托监护人分担责任的特殊侵权责任。原《侵权责任法》第 32 条规定的是监护人损害责任,是无民事行为能力人或者限制民事行为能力人造成他人损害,监护人应当承担的侵权责任。本条根据目前存在的诸多将监护责任委托他人进行的情形,补充规定了委托监护人损害责任的规则,形成了完整的监护人损害责任体系。

(二)委托监护责任的构成要件

委托监护损害责任的构成条件是:第一,委托监护,是监护人对自己负有的对无民事行为能力人或者限制民事行为能力人的监护职责,委托给他人承担;第二,无民事行为能力人或者限制民事行为能力人是在受托监护人的监护下,而不是在监护人的监护下;第三,被监护的无民事行为能力人或者限制民事行为能力人实施的行为,造成了被侵权人的损害；第四，对监护人推定其存在未尽监护职责的过失，对委托监护人的过失，应当由被侵权人举证证明，或者由主张分担责任的监护人承担举证证明。符合这四个要件的要求，构成委托监护损害责任，应当承担侵权赔偿责任。

从上述规定的委托监护损害责任构成要件来看，监护人的责任其实并无特别的变化，尤其是实行过错推定原则，推定监护人存在违反监护义务的过失，实际上与《民法典》第1188条规定的监护人损害责任的规则没有太大的区别。区别在于，受托监护人要承担侵权责任，应当证明受托监护人的过失要件。根据事实推论，原告即被侵权人一般会向监护人主张赔偿责任，如果监护人认为自己没有过失，是受托监护人因过失造成的损害，应当由监护人承担举证责任。如果是被侵权人直接向受托监护人主张承担侵权责任，则应当由被侵权人承担举证责任。根据“谁主张，谁举证”的举证责任分配规则，主张受托监护人的过失的，只有监护人或者被侵权人，因而应当由主张者承担举证责任。

(三)委托监护责任的责任分担规则

1. 委托监护损害责任的主体有两个，一是监护人，二是受托监护人，监护人并不因其将委托监护职责委托给受托监护人而免除自己的责任，仍然是侵权责任人。

2. 两种责任主体承担的责任是单向连带责任，即混合责任：监护人承担的是对全部损害的赔偿责任，并且是连带责任；只要被侵权人主张监护人承担全部责任，监护人就须承担全部赔偿责任。

3. 能够证明受托监护人也存在未尽监护职责的过失的，受托监护人应当在其因过失造成损失的范围内，承担相应的赔偿责任，其责任性质不是连带责任，而是按份责任，被侵权人不能向其主张承担全部赔偿责任。将这种单向连带责任称为混合责任，与美国侵权法上的混合责任是一样的，都是数人中，有的承担连带责任，有的承担按份责任。①

第二节 暂时丧失心智损害责任

一、暂时丧失心智损害责任概述

(一)暂时丧失心智损害责任的发展

《民法典》第1190条规定了暂时丧失心智损害责任，即“完全民事行为能力人对自

---

① 参见[美]肯尼斯·S.亚伯拉罕、阿尔伯特·C.泰特选编：《侵权法重述——纲要》，许传玺、石宏译，许传玺审校，法律出版社2006年版，第346页。

己的行为暂时没有意识或者失去控制造成他人损害有过错的，应当承担侵权责任；没有过错的，根据行为人的经济状况对受害人适当补偿”。“完全民事行为能力人因醉酒、滥用麻醉药品或者精神药品对自己的行为暂时没有意识或者失去控制造成他人损害的，应当承担侵权责任。”

这种侵权责任类型的典型规定源于《德国民法典》第 827 条。该条规定：“处于无意识状态中或者处于因精神错乱而不能自由决定意志状态中，对他人施加损害的人，对损害不负责任。如果由于饮酒或者其他类似方式而使自己暂时处于上述状态者，对其处于此种状态中违法造成的损害，与有过失者造成的损害负相同的责任；因过失而陷于这种状态的人，不发生上述责任。”

还有与此相似的规定。《日本民法典》第 713 条规定：“因精神上的障碍，在处于对自己的行为欠缺辨识能力的状态下给他人造成了损害的人，不负其赔偿的责任。但因故意或过失而导致一时性的状态的，不在此限。”《瑞士债法典》第 54 条第 2 款规定：“暂时无民事行为能力人造成损害的，应当承担责任，但能够证明其对损害的产生无过错的除外。”《大韩民国民法》第 754 条规定：“心神丧失中加害他人的，不负赔偿责任。但因故意或者过失致心神丧失的，除外。”《魁北克民法典》第 1462 条规定得比较有特色，即“任何人不对不具有理性的人的行为或疏忽造成他人的损害承担责任，但不具有理性的人的行为在其他方面有过错的，不在此限”。

(二)暂时丧失心智损害责任的概念和构成

暂时丧失心智损害责任，是指完全民事行为能力人对于因过错引起暂时心智丧失，或者因醉酒或者滥用麻醉、精神药品暂时丧失心智，造成他人损害，所应当承担的特殊侵权责任。

暂时丧失心智损害责任的构成，须具备以下要件。

1. 侵权人是完全民事行为能力人

这种特殊侵权责任的行为主体即侵权人，必须是完全民事行为能力人，而不是无民事行为能力人或者限制民事行为能力人。无民事行为能力人和限制民事行为能力人造成他人损害，由其监护人承担责任，专门有监护人责任的特殊侵权责任规则调整。而完全民事行为能力人存在暂时丧失心智的情况，需要专门规定规则进行调整。

2. 被侵权人须造成实际损害

在损害事实要件中，被侵权人须造成实际损害。这种损害既可以是人身损害，也可以是财产损害。对于造成人身损害发生的精神损害，当然也构成损害事实要件。这种特殊侵权行为是否能够侵害精神性人格权造成精神利益的损失，例如，暂时丧失心智而进行诽谤、侮辱等，笔者认为，心智丧失中的胡言乱语者，如果能够确认，不应当认定为侵权行为；但恶意诽谤、侮辱，借口心智丧失而主张者，不应当免除其责任。

3. 侵权人造成他人损害时须暂时丧失心智

这种特殊侵权责任的被侵权人在受到侵害时，侵权人须在暂时丧失心智的状态下，是由于侵权人丧失心智，无法控制自己的行为，因而造成被侵权人的损害。因此，这种特殊侵权责任的致人损害原因，须是侵权人暂时丧失心智，二者之间有因果关系。应当注意的是，暂时丧失心智与间歇性精神病不同，间歇性精神病造成损害的责任应当适用《民法典》第1190条规定，为监护人责任，并非本条调整范围。

4. 侵权人暂时丧失心智是因自己的过错所致

构成这种特殊侵权责任，被侵权人须具有过错，即侵权人自己的心智暂时丧失是基于自己的过失而发生。丧失心智的过错，除了本条第2款规定的醉酒、滥用麻醉药品或者精神药品之外，其他故意或者过失所为，都包括在内，构成这种特殊侵权责任。这种特殊侵权责任的过错认定，应当实行过错推定原则，即被侵权人已经证明其他责任构成要件后，法官可以推定侵权人对其心智丧失有过错，丧失心智的行为人如果主张自己没有过错，应当举证证明；不能够证明自己没有过错的，侵权责任成立，丧失心智的行为人应当承担赔偿责任。

二、暂时丧失心智损害的责任承担

按照本条规定，暂时丧失心智损害责任的承担规则如下：

第一，因过错导致暂时心智丧失致人损害的，应当由侵权人承担赔偿责任。完全民事行为能力人由于自己的过错导致暂时心智丧失，造成他人损害的，应当为自己的过错所造成的损害负责，因此，应当对被侵权人承担侵权责任。

第二，因醉酒、滥用麻醉药品或者精神药品对自己的行为暂时没有意识或者失去控制造成他人损害的，应当由侵权人承担赔偿责任。这种情形同样是侵权人的过错所为，当然应当由自己承担侵权责任。事实上，《民法典》第1190条第2款规定的这种情形，是第1款规定的过错的特殊表现形式，适用同样的规则，只不过这种过错已经证明，无须适用下文的公平分担损失责任而已。

第三，完全民事行为能力人对自己暂时心智丧失没有过错的，应当依照公平分担损失责任规则，由双方当事人公平负担损失。由于暂时丧失心智损害责任实行过错推定原则，因此，必须有过错才承担责任。所不同的是，这种赔偿责任须是全部责任，如果行为人能够证明自己没有过错，并不免除责任，而是按照公平分担损失责任的要求、根据行为人的经济状况对受害人予以适当补偿。行为人的经济状况良好的，适当多赔；经济状况不好的，适当少赔。

第三节　用人者责任

《民法典》第1291～1293条规定的是用人者责任,包括用人单位责任、劳务派遣责任、个人劳务责任和定作人指示过失责任。第1191条规定:“用人单位的工作人员因执行工作任务造成他人损害的,由用人单位承担侵权责任。用人单位承担侵权责任后,可以向有故意或者重大过失的工作人员追偿。”“劳务派遣期间,被派遣的工作人员因执行工作任务造成他人损害的,由接受劳务派遣的用工单位承担侵权责任;劳务派遣单位有过错的,承担相应的责任。”第1192条规定:“个人之间形成劳务关系,提供劳务一方因劳务造成他人损害的,由接受劳务一方承担侵权责任。接受劳务一方承担侵权责任后,可以向有故意或者重大过失的提供劳务一方追偿。提供劳务一方因劳务受到损害的,根据双方各自的过错承担相应的责任。提供劳务期间,因第三人的行为造成提供劳务一方损害的,提供劳务一方有权请求第三人承担侵权责任,也有权请求接受劳务一方给予补偿。接受劳务一方补偿后,可以向第三人追偿。”第1193条规定:“承揽人在完成工作过程中造成第三人损害或者自己损害的,定作人不承担侵权责任。但是,定作人对定作、指示或者选任有过错的,应当承担相应的责任。”

一、用人者责任概述

(一)用人者责任的概念

用人者责任是一种特殊侵权责任类型,它所概括的是用人单位的工作人员或者劳务派遣人员因执行工作任务等使用他人劳务造成他人损害,用人单位或者劳务派遣单位等承担赔偿责任的特殊侵权责任。在侵权法理论中,也把定作人指示过失责任概括在用人者责任当中。

在侵权法的发展历史上,并没有一个用人者责任的概念,而是使用雇主责任的概念。在英美法系也使用雇主责任,并没有用人者责任这样的概念。《日本民法典》既规定了雇主责任,又规定了定作人指示过失责任之后,出现了这样的理论,将雇主责任和定作人指示过失责任概括在一起,学理上出现了用人者责任的概念。

在我国的侵权法中,较早使用用人者责任概念的,是潘同龙和程开源主编的《侵权行为法》,其中专设一章“用人者和监护人的侵权责任”,其中用三节的篇幅阐释用人者责任的侵权行为类型。他们认为,“用人者的侵权责任,简称用人者的责任,是指用人者对劳动者在执行职务中致第三人损害应承担的民事赔偿责任”。①

在制定侵权责任法的过程中，学者使用这个概念，规定雇主责任和定作人指示过失责任。在王利明教授主编的《中国民法典草案建议稿及说明》中，在侵权法编的第三章规定“替代责任”第二节“用人者的责任”规定了用人者的责任就是雇主责任，同时将定作人指示过失责任规定在这种侵权行为之中。② 而在此前的这个侵权法草案中，规定用人者的责任，概括的就是法人侵权、雇主责任和定作人指示过失责任。③

在最高人民法院原《关于审理人身损害赔偿案件适用法律若干问题的解释》中，将用人者责任规定为两种：一种是法人侵权，另一种是雇主责任。两者区分的标准是用工形式。法人或者企业用工的，为法人侵权；私人雇工的，为雇主责任。事实上，将法人侵权和雇主责任分别规定为两种侵权责任，没有太多的道理，因此，我们建议归并在一起作出统一规定。④ 原《侵权责任法》接受了这一意见，将这两种责任规定在一起，统称为用人单位的责任，同时增加劳务派遣责任和个人劳务责任，构成完整的用人者责任。

（二）用人者责任的历史发展

在国外，用人者责任的主要类型是雇主责任。雇主侵权行为是一种古老的特殊侵权责任，有着悠久的历史，经历了长期的历史变化。

1. 罗马法

在罗马法关于准私犯的规定中，就规定了这种侵权行为：“同样，船长、客店主人或马厩主人对于在船舶上、客店内或马厩中，处于欺诈或由于失窃所发生的损害，视为根据准私犯负责，但以他本人并无不法行为，而是他所雇佣在船舶、客店或马厩内服务的人员所作不法行为者为限。对他所得行使的诉权，虽然不是根据契约而来，但是他雇佣坏人服务，在这一点上他确有过失，所以他被视为根据准私犯负责。有上述情形时，赋予被害人事实之诉的诉权，其诉权得由继承人继承，而不得向继承人提起。”⑤这里规定的就是雇主责任。这里所说的旅馆主人、马厩主人、船主都是雇主，都是以金钱出资

---

① 潘同龙等主编：《侵权行为法》，天津人民出版社 1995 年版，第 314 页。

② 这代表了王利明教授的思想。参见王利明主编：《中国民法典草案建议稿及说明》，中国法制出版社 2004 年版，第 245 ~ 246 页。

③ 参见杨立新主编：《中国民法典·侵权行为法草案建议稿》，载杨立新主编：《民商法前沿》（第 1 辑、第 2 辑），吉林人民出版社 2002 年版，第 18 ~ 19 页。这种学术思想代表的是杨立新教授的观点，在他的《侵权法论》（第 2 版）中，把用人者的责任概括为一种侵权行为的基本类型，包括法人侵权、雇主责任和定作人指示过失责任三种具体的侵权行为类型，参见杨立新：《侵权法论》（第 2 版），人民法院出版社 2004 年版，第 387 页以下。

④ 参见杨立新：《侵权责任合并规定的利弊分析》，载《法制日报》2009 年 11 月 11 日。

⑤ ［古罗马］查士丁尼：《法学总论——法学阶梯》，张企泰译，商务印书馆 1989 年版，第 204 ~ 205 页。

购买雇员的劳动力,为其创造剩余价值。在雇员执行劳务活动的时候造成他人损害,由雇主承担责任。

2. 法国

《法国民法典》对于雇主侵权行为包括在对替代责任一般规定的第1384条中:“任何人不仅对其自己行为所致的损害,而且对应由其负责的他人的行为或在其管理之下的物件所致的损害,均应负赔偿的责任。”其中“应由其负责的他人的行为”就包含雇主侵权行为。在本条第3款明确规定:“主人与雇佣人对仆人与提供劳务一方因执行受雇的职务所致的损害,应负赔偿的责任。”按照这样的规定,《法国民法典》对雇主责任采取了过错推定原则。法国学者多马曾把雇主对雇员的责任称为代负责任,认为此种责任的根据是过错,但过错是被推定出来的,这种推定是可以反驳的推定。[①] 这种观点对《法国民法典》的影响很大。根据《法国民法典》第1384条的规定,主人与雇佣人对仆人与提供劳务一方因执行受雇的职务所致的损害,应负赔偿的责任;但主人与雇佣人可以通过反证证明自己没有过错而免责。不过,在法国亦有学者认为,雇主应以提供劳务一方的过失为自己的过失,在性质上属于担保责任,因此无举证免责的可能性。[②]

3. 德国

《德国民法典》的起草人曾认为雇主对雇员的责任应属过错责任。在这种思想指导下,1887年《德国民法典》第一草案在第711条和第712条关于雇主的责任方面仍采取过错责任,也就是说,雇主只有在选任或监督提供劳务一方已尽到相当注意时,才能免责。但草案公布以后,受到各方面的指责,人们认为此种观点对被侵权人极为不利,随后,就规定了雇主的过错推定责任。《德国民法典》第831条规定:“雇佣他人执行事务的人,对雇员在执行事务的时候不法地施加于第三人的损害,负赔偿的义务。雇主在雇员的选任,并在其应提供设备和工具器械或应监督事务的执行时,对装备和监督已尽相当注意,或纵然已尽相当的注意也难免发生损害者,不负赔偿责任。”“因契约而承担为雇主料理第一项第二款所列事务的人,负有相同的责任。”可见,雇主的侵权责任系基于对提供劳务一方选任监督的过失推定而确立的,但雇主可基于反证推翻过失的推定而免责。[③]

4. 日本

《日本民法典》第715条规定:“(一)因某事业雇佣他人者,对提供劳务一方因执行其职务而加于第三人的损害,负赔偿责任。但是,雇佣人对提供劳务一方的选任及其

---

① 参见《国际比较法百科全书·侵权行为·概述》,中国人民大学内部教材,第36页。

② 参见王泽鉴:《民法学说与判例研究(1)》,中国政法大学出版社1998年版,第27页。

③ 参见王泽鉴:《民法学说与判例研究(1)》,中国政法大学出版社1998年版,第5页。

事业的监督已尽相当注意时，或即使尽相当注意损害仍会产生时，不在此限。（二）代雇佣人监督事业者，亦负前款责任。（三）前二款规定，不妨碍雇佣人或监督人对提供劳务一方行使求偿权。”尽管日本立法承认责任人可以通过没有选任或监督方面的过失证明自己没有过错而不承担责任，但日本实务界从来都不承认此种抗辩，也就是说，《日本民法典》第715条第1款成了一纸空文，没有意义。由此可见，日本的雇主责任接近于无过错责任。①

5. 俄罗斯

苏联不承认私人雇员的合法性，因此未设置雇主侵权行为的规定，依照《苏联民法典》第403条规定的一般原则，公民和法人对它所造成的损害都应当负责。在法人中，不仅包括企业和其他组织，而且包括有权独立作信贷处分的国家机关，即能独立处分根据预算所拨付现金的国家机关。② 1994年通过的《俄罗斯联邦民法典》面对现实的社会生活，把法人和公民的雇员规定在一个条文中，即第1068条：“1. 法人或者公民对其工作人员在履行劳动（公务，职务）义务中所致损害，负损害赔偿责任。根据本章的规定，公民如系依照有关法人或者公民下达的任务并处于该法人或公民安全监督之下，按照劳动合同（契约）或者民事合同完成工作，即为法人或者公民的工作人员。2. 公司和生产合作社对参加人（成员）在从事其经营、生产或者其他活动时所造成的损害，负赔偿责任。”在这里，对法人侵权和雇主责任采取了完全相同的规则，是非常有道理的。③

6. 英美法

英国侵权法认为，普通法令雇主必须为佣人职务内犯的民事侵权行为负责。与德国法不同，义务亦不取决于录取或监督上的过失，雇主本身不必有过失，雇员的过失由法律推在他身上。这种代雇员负责也许提示雇主代替雇员负责，其实，雇员连同雇主一起负责。但是在实际上对雇员的判决很少执行，雇主也不会让雇员负责。当然，雇主替雇员负的义务也不是无限的，雇主的义务不超越雇员在职务内进行的民事侵权行为。例如，公共汽车的司机违反明文禁令，抢在另一辆公共汽车的前头，令后者翻倒，雇主必须负责；相反，当公共汽车的管理员在司机暂时不在场时，自己驾驶公共汽车，这完全在他的职务以外，不可能说驾驶是派给他工作的一部分。④

美国的雇主责任原则主要是针对雇员负责的侵权责任，一名雇主需要为他的雇员在完成本职工作的过程中所实施的侵权行为对他人造成的伤害承担损害赔偿责任，即

---

① 参见于敏：《日本侵权行为法》，法律出版社1998年版，第212页。

② 参见［苏］约菲：《损害赔偿的债》，中央政法干校翻译室译，法律出版社1956年版，第47页。

③ 相比之下，在我国，最高人民法院《关于审理人身损害赔偿案件适用法律若干问题的解释》第8条和第9条采取不同的规则对待法人侵权和雇主责任，是不妥当的。

④ 参见［英］弗莱明：《民事侵权法概论》，何美欢译，香港中文大学出版社1992年版，第142、143页。

使是雇主本人的行为既没有任何可以指责的地方,也没有参与雇员的侵权活动,但是其过错可能是用人不当、督导不力、管教不严、纪律不申等。①

7. 我国雇主责任的历史

我国封建社会的中华法系没有雇主侵权责任的概念。直至清末修订《大清民律草案》时,才在第953条对雇主侵权行为作出了规定,其基本的条文内容完全是依据《日本民法典》的上述规定,亦分为3款:"为某种事业雇佣他人者,于被用人执行事业加损害于第三人时,负赔偿之义务,但使用主于选任被用人及监督其事业已尽相当之注意仍不免发生损害者,不在此限。""依契约代使用主监督其事业者,亦负前项之义务。""适用前二项规定时,使用主或监督人得向被用人行使求偿权。"

在《民国民律草案》中,对上述规定有所改变,但改变的是文字和条文的编排,在内容上则没有大的改变,只是雇主和雇员之间的关系有所变化。其第252条规定:"被使用人于执行事业不法侵害他人之权利者,由使用主或代其为监督之人负损害赔偿责任。但选任被使用人及监督其事业已尽相当之注意,或虽加以相当之注意而仍不免发生损害者,不在此限。"第253条规定:"依前两条之规定负损害赔偿责任之人,于侵权行为亦应负其责任时,其相互间之关系,仅侵权行为人负其责任。"

国民政府制定民法典,对这一侵权行为的规定与两部民律草案有了较大的改变。其第188条规定:"提供劳务一方因执行职务,不法侵害他人之权利者,由雇佣人与行为人连带负损害赔偿责任。但选任提供劳务一方及监督其职务之执行,已尽相当之注意或纵加以相当之注意而仍不免发生损害者,雇佣人不负赔偿责任。""如被害人依前项但书之规定,不能受损害赔偿时,法院因其声请,得斟酌雇佣人与被害人之经济状况,令雇佣人为全部或一部之损害赔偿。""雇佣人赔偿损害时,对于为侵权行为之提供劳务一方,有求偿权。"

从我国历史上的立法规定可以看出,对于雇主责任这一特殊的侵权行为的归责原则也是采取了过错推定原则。有学者认为,雇佣人能为免责之证明,本可不负赔偿责任,然雇佣人之资力优于被害人者较多,若使仅得向加害之提供劳务一方请求赔偿,则有时有名无实,不足以填补其损害,故作如上规定。以在大企业之组织,适用较多。法院首应斟酌者,为当事人之经济状况;其他如被害人过失之有无及重轻,及其是否已得保险金,以及加害人之加害种类方法及经济状况,亦应斟酌。②

(三)用人者责任的基本特征

用人者责任是侵权替代责任,具有以下法律特征。

---

① 参见李响:《美国侵权法原理及案例研究》,中国政法大学出版社2004年版,第478、479页。

② 参见史尚宽:《债法总论》,荣泰印书馆1978年版,第186页。

1. 三种侵权行为都是因执行工作任务致人损害。用人者责任都是因执行工作任务而发生的侵权行为。无论是用人单位责任、劳务派遣责任还是个人劳务责任,都是劳动者因执行工作任务而发生的侵权行为,其基本特点是,因执行工作任务或者因劳务,一方支配另一方的劳动。不是因执行工作任务或者因劳务发生的这种支配他人劳动的行为,不能构成用人者责任。

2. 行为人与责任人相脱离。这种侵权责任类型是最典型的替代责任,其典型表现是行为人与责任人相脱离。在造成损害的过程中,直接行为人是用人单位的工作人员,或者叫作劳动者;而承担侵权责任的不是这些行为人,而是对他们有支配关系的用人者。

3. 行为人造成损害的行为与责任人监督、管理不力的行为相区别。在用人者责任中实际上存在两个行为:一个是造成损害的工作人员的行为,这是造成损害的具体行为;另一个则是用人单位、劳务派遣单位或者雇主的监督不力、管理不当。仅仅研究一个行为,仅仅研究单位或者工作人员、雇员的行为,是不够的,必须研究用人单位、派遣单位以及雇主的行为。他们的行为作用在工作人员或者劳动者的身上,才造成了劳动者的具体行为的发生。因此,在用人者责任的责任构成中,因果关系存在造成损害的直接原因和间接原因,两种原因行为相结合,才能构成侵权责任。

4. 责任人的过错与行为人的过错作用不同。在用人者责任中,对过错的直接要求,是用人者的过错。没有用人者的过错,就不可能构成用人者责任。但是,在处理这种侵权责任的时候,规则要求也要考察工作人员、雇员的过错。这些过错尽管对侵权责任构成不起重要作用,但是在确定追偿关系上还是很重要的。因此,这两种过错的作用并不相同。

(四)用人者责任的类型及意义

《民法典》将用人者责任规定为四种类型,即用人单位责任、劳务派遣责任、个人劳务责任,以及定作人指示过失责任。

区别四种不同的用人者责任类型,主要意义如下:

第一,四种用人者责任的基础,都涉及劳动的合同关系,但是劳务关系的性质不同:用人单位责任的劳务合同,是工作单位和工作人员形成的单一的劳务关系,工作人员因执行工作任务造成了他人损害,用人单位必须负责;而劳务派遣责任,形成两种合同关系,既有劳务派遣单位和劳动者的合同关系,又有接受劳务派遣的用工单位与劳务派遣单位的合同关系,并且接受派遣单位在实际上支配工作人员的劳动;个人劳务关系比较简单,尽管也是劳务关系,但是内容简单,关系明确;定作人指示过失责任不是劳务关系,而是承揽关系,有性质上的差别。

第二,正因为如此,四种用人者责任的规则并不相同。对此,《民法典》第 1191 条、第 1192 条和第 1193 条作出了不同的规定,都是有针对性的。在司法实践中适用时,应当认真分析,保证准确适用法律。

二、用人单位责任

(一)用人单位责任的概念和特征

用人单位责任,是指用人单位的工作人员因执行工作任务造成他人损害,用人单位作为赔偿责任主体,为其工作人员的致害行为承担损害赔偿责任的特殊侵权责任。

用人单位责任的基本特征是:第一,其实施侵权行为的主体特定化,只有用人单位的工作人员造成侵权后果的时候,才能够成立这种侵权行为;第二,其侵权行为发生的场合特定化,只有用人单位的工作人员因执行工作任务造成他人损害,才能构成这种侵权行为;第三,其侵权损害的行为状态特定化,只有用人单位的工作人员因执行工作任务造成第三人的损害,才能构成这种侵权责任;第四,这种侵权行为的责任形态是替代责任,用人单位工作人员造成第三人损害,承担责任的不是行为人即用人单位的工作人员,而是用人单位,因此是典型的替代责任形态。

(二)用人单位责任的归责原则

用人单位责任应当适用何种归责原则,《民法典》第 1191 条和第 1192 条规定得不够明确。理论界主要有两种主张,一种观点主张适用无过错责任原则,认为用人单位对其工作人员在从事职务活动时致他人遭受损害,应负赔偿责任;用人单位不得主张选任、监督用人单位工作人员已尽相当注意而免责;用人单位本身虽无任何过失,仍应就用人单位工作人员的行为负责。[①] 另一种观点主张适用过错责任原则,认为用人单位对其工作人员因从事职务活动所致损害,仅就其本身对于损害的发生具有过失,即对用人单位工作人员的选任、监督未尽必要的注意时,才负赔偿责任。

笔者认为,首先,用人单位责任不适用无过错责任原则,其理由在于:一是适用无过错责任原则法律无明文规定。无论是原《民法通则》、原《侵权责任法》,还是《民法典》,对此都没有明确规定,因此,认为用人单位责任适用无过错责任原则没有法律根据。二是适用无过错责任原则对于保护用人单位的合法权益和经济发展不利。采用无过错责任原则,用人单位无论有无过错均须承担赔偿责任,容易养成工作人员的怠惰等恶习,使用人单位的合法权益受到侵犯,有碍于社会经济的发展。坚持有过错才有责任,既与现行立法没有矛盾,又可以促使用人单位精于选任、监督,勤于管理、教育,促使工作人员忠于职守,勤勉工作,于国于民均有裨益。

其次,用人单位责任也不适用过错责任原则,这是因为适用过错责任原则,被侵权

---

① 参见黄薇主编:《中华人民共和国民法典侵权责任编释义》,法律出版社 2020 年版,第 84 页。

人须举证证明用人单位的主观过错。被侵权人证明行为人的过错尚属可能,而举证证明用人单位的过错并非易事。如此要求,势必使被侵权人处于不利地位,使其合法权益得不到有效、及时的保护。

最后,用人单位责任应当适用过错推定责任。过错推定原则的适用,能够从工作人员致被侵权人损害的事实中,推定用人单位存在疏于选任、监督之责的过错,实行举证责任倒置,由用人单位举证证明自己已尽相当的注意,无须被侵权人举证证明而直接推定用人单位的过失,可以使被侵权人处于有利地位,其合法权益能够得到更好的保护。

(三)用人单位责任的立法发展

各国立法大多都规定了用人单位责任。但是,在具体规定用人单位责任的规则上,有两种不同的做法。

苏联在政治和经济的立场上,严格区分国有经济和私有经济,并且对私有经济进行严格的限制,因此,立法不承认大陆法系通行的雇主责任,认为在公有制经济基础上,不存在雇佣劳动关系,而公有制企业是全民所有制形式,全民所有制企业或者其他单位的工作人员,就是国家的主人,企业的主人,不能自己雇用自己,因此,法人侵权是这类侵权行为的形式,立法承认法人侵权行为类型,不承认雇主责任。苏联解体之后,《俄罗斯联邦民法典》确认法人侵权责任,同时也确认雇主责任,将两个侵权行为规定在一起:(1)法人或者公民对其工作人员在履行劳动(公务,职务)义务中所致损害,负损害赔偿责任。根据本章的规定,公民如系依照有关法人或者公民下达的任务并处于该法人或公民的安全监督之下,按照劳动合同(契约)或者民事合同完成工作,即为法人或者公民的工作人员。(2)公司和生产合作社对参加人(成员)在从事其经营、生产或者其他活动时所造成的损害,负赔偿责任。这种立法体例是少数。

大陆法系侵权法不承认两种不同的用人单位责任,因为没有必要,只要受雇于他人,为他人提供劳务,就是雇主责任所能够解决的问题,都可以适用这种侵权行为的法律规定确定责任,没有必要再确定一种形式相类似的侵权行为类型。凡是工作人员在执行职务中造成第三人的损害,就适用雇主责任的法律规定。因此,简化立法,规则恰当。

在我国,自从《大清民律草案》问世之后,就一直采用大陆法系雇主责任的体例,没有规定法人侵权责任。国民政府民法第188条规定:"提供劳务一方因执行职务,不法侵害他人之权利者,由雇用人与行为人连带负损害赔偿责任。但选任提供劳务一方及监督其职务之执行,已尽相当之注意或纵加以相当之注意而仍不免发生损害者,雇用人不负赔偿责任。""如被害人依前项但书之规定,不能受损害赔偿时,法院因其声请,得斟酌雇用人与被害人之经济状况,令雇用人为全部或一部之损害赔偿。""雇用人赔偿损害时,对于为侵权行为之提供劳务一方,有求偿权。"

我国原《民法通则》对法人侵权没有作出规定,原《关于贯彻执行〈中华人民共和国民法通则〉若干问题的意见(试行)》根据《民法通则》第 43 条规定进行解释,规定:“企业法人的法定代表人和其他工作人员,以法人名义从事的经营活动,给他人造成经济损失的,企业法人应当承担民事责任。”这一规定是不完善的,第一,它仅仅规定了企业法人的责任,并没有规定事业法人的责任;第二,它没有规定其他组织的责任,因此,主体概括并不完全。原《关于审理人身损害赔偿案件适用法律若干问题的解释》第 8 条规定:“法人或者其他组织的法定代表人、负责人以及工作人员,在执行职务中致人损害的,依照民法通则第一百二十一条的规定,由该法人或者其他组织承担民事责任。上述人员实施与职务无关的行为致人损害的,应当由行为人承担赔偿责任。”“属于《国家赔偿法》赔偿事由的,依照《国家赔偿法》的规定处理。”这一条司法解释是关于法人及其他组织工作人员致人损害责任的规定,是对法人侵权责任制度的完善。同时,在第 9 条规定雇主责任:“雇员在从事雇佣活动中致人损害的,雇主应当承担赔偿责任;雇员因故意或者重大过失致人损害的,应当与雇主承担连带赔偿责任。雇主承担连带赔偿责任的,可以向雇员追偿。”“前款所称‘从事雇佣活动’,是指从事雇主授权或者指示范围内的生产经营活动或者其他劳务活动。雇员的行为超出授权范围,但其表现形式是履行职务或者与履行职务有内在联系的,应当认定为‘从事雇佣活动’。”

将雇主责任和法人侵权作为两种侵权行为类型规定,并且规定不同的规则,是不正确的。这两种侵权行为的规则是完全一样的。将两种侵权行为类型不仅分开,而且规定两种不同的规则,法人侵权实行替代责任,而雇主责任采用替代责任兼采连带责任,确有叠床架屋、画蛇添足之感,是完全没有必要的。原《侵权责任法》第 34 条第 1 款规定了用人单位责任,将所有的用人单位责任概括在一起,立法比较简洁,但仍有一定的不足,即没有规定用人单位在承担赔偿责任之后的追偿权。《民法典》第 1191 条第 1 款纠正了这些问题。

(四)用人单位责任的构成要件

依据过错推定责任原则的规定性,用人单位责任构成须具备以下要件。

1. 违法行为

这种侵权行为的违法行为要件,是指用人单位的法定代表人、负责人及其他工作人员须有执行工作任务的行为,且该行为违反法律。

用人单位,是指依法成立的法人,以及没有法人资格的其他组织。举凡不是个人劳务的私人雇工关系,也不是劳务派遣关系,就都是本条所指的用人单位。

用人单位工作人员的行为须是执行职务的行为,才能构成用人单位责任。在《民法典》中使用的概念不是执行职务,而是“执行工作任务”。执行工作任务与执行职务只是表述方法不同,其实质内容是一样的。因此,只有在执行职务过程中造成损害的,才是职务行为,用人单位才有必要为其造成的损害负责。工作人员虽然造成他人损害,但如果不是执行职务的行为,则用人单位不承担责任,只能由行为人自己承担责任,变成了自己责任的一般侵权行为。工作人员实施与职务无关的行为致人损害的,应当由行为人承担赔偿责任。

用人单位的工作人员是否执行职务,是用人单位承担替代责任的决定性因素。确定用人单位的工作人员执行职务范围的依据,应当采用客观说,即以执行职务的外在表现形态为标准,如果行为在客观上表现为与用人单位指示办理的事件要求相一致,就应当认为属于执行职务的范围。因此,下列行为不属于执行职务范围:一是超越职责的行为。工作人员执行职务包括为了实现其职能的一切行为在内,但工作人员超越了他的职责范围而实施的行为,用人单位不承担责任。二是擅自委托行为。工作人员未经授权,擅自将自己应做的事委托他人去办,用人单位对于该人所为的侵权行为不负责任。三是违反禁止行为。用人单位明令禁止的行为工作人员而为之,不属于执行职务行为。四是借用机会行为。工作人员利用职务提供的机会,趁机处理私事而发生的损害,如果行为与执行职务没有关联,则不属于执行职务范围。如果工作人员在执行职务中,以执行职务为方法,故意致害他人,以达到个人不法目的,虽然其内在动机是出于个人的私利,但其行为与职务有内在的关联,因此也认为是执行职务的行为。

行为的违法性判断,适用侵权责任构成要件的一般规则,即违反法定义务、违反保护他人的法律和故意违背善良风俗致人以损害,都构成违法性。应当注意的是,行为违法性要件主要表现在具体的行为人方面,即用人单位的法定代表人、负责人、工作人员的执行职务行为具有违法性,造成了他人的损害,因此才要由用人单位承担侵权责任。

2. 损害事实

用人单位责任的损害事实要件,包括侵害人身权利和财产权利所造成的损害后果。损害事实可以是人身损害事实,也可以是精神损害事实,也包括财产损害事实。无损害则无赔偿。

3. 因果关系

用人单位责任的因果关系要件,与其他侵权责任构成要件中的因果关系要件没有太大的差别,就是要求用人单位的法定代表人、负责人及其他工作人员的行为须与损害事实有引起与被引起的因果关系。

首先,要求这种因果关系必须是客观存在的,即执行职务行为是损害事实的原因,该损害事实确系该执行职务行为造成的客观结果。其次,这种因果关系以直接因果关系和相当因果关系为判断标准,有直接因果关系的,当然构成侵权责任;如果依通常的社会知识经验判断,执行职务行为是损害事实发生的适当条件的,为相当因果关系,确认其有因果关系。有因果关系的,可以构成侵权责任,无因果关系不构成侵权责任。

最后，这一因果关系，是指直接实施加害行为的行为人的行为，即用人单位的法定代表人、负责人和工作人员的行为与损害事实之间的因果关系。用人单位与损害事实之间只具有间接因果关系。

4. 过错

用人单位责任的过错要件，为用人单位主观上须有过错。

用人单位责任构成要件中的主观过错，是用人单位本身的过错。过错的内容主要是指用人单位对于选任、监督、管理其工作人员上的过错，基本内容是过失。尽管在很多情况下，用人单位的工作人员在执行职务中并没有过错，但由于用人单位本身具有过错，仍构成用人单位责任。

用人单位的法定代表人、负责人以及工作人员的过错，也要进行考察，但这不是侵权责任构成要件的要求，而是对用人单位对于造成损害的法定代表人、负责人或者工作人员是否构成追偿权的要件。如果法定代表人、负责人或者工作人员在造成损害中有过错，则用人单位在承担了侵权责任之后，对法定代表人、负责人或者工作人员享有追偿权。

认定用人单位责任的过错要件采推定方式，即工作人员执行职务行为造成他人损害，即可依此推定用人单位的过错。过错推定之后，实行举证责任倒置。如果用人单位认为自己无过错，应当依法举证，证明自己无过错。证明成立的，免除侵权责任；不能证明或证明不足的，推定成立，认定其有过错。例如，某铁路饭店职工陈某将库存的硫酸桶转移到修缮工地，该桶的容量为 10 升，内装 400 克硫酸，桶口未加盖。住宿在该饭店的何某准备外出，在下到三楼楼梯时不慎摔倒在地，恰好撞到陈某手提的硫酸桶上，硫酸洒到何某的头部、面部、臂部，烧成重伤，面部毁容。何某起诉铁路饭店，请求饭店承担侵权责任。法院认为，铁路饭店是法人，其工作人员在执行职务中未尽相当的注意义务，致使危险物品造成了被侵权人的损害，铁路饭店应当承担侵权责任，判决该饭店承担赔偿责任。陈某在执行职务中造成何某损害的行为具有过错，饭店承担了侵权责任之后，可以向陈某追偿。

（五）用人单位责任的责任形态

用人单位责任是替代责任，其赔偿法律关系与其他替代责任一样，具有赔偿主体与直接行为人相脱离的特点。在该种赔偿责任关系中，直接侵权人是用人单位的法定代表人、负责人和其他工作人员；而赔偿义务主体为用人单位，即致害他人的法定代表人或者其他工作人员所属的用人单位。在用人单位责任中，用人单位作为赔偿义务人，直接对被侵权人承担责任，而不是由直接行为人承担责任。用人单位在承担了赔偿责任之后，对于有过错的直接行为人，可以依法进行追偿。被侵权人不得向直接行为人请求赔偿，因为直接行为人不具有义务主体资格。

该种赔偿法律关系的赔偿权利主体不具有特殊性，凡属遭受用人单位及其工作人员执行职务行为侵害造成损害的，都有赔偿权利主体资格，有权请求用人单位予以赔偿。

（六）举证责任

法院受理赔偿权利主体的起诉，不要求原告举证证明用人单位有过错，原告只需证明违法行为、损害事实、工作人员执行职务行为与损害结果有因果关系、加害人为用人单位工作人员足矣。至于用人单位是否已尽选任、监督之注意义务，则须用人单位自己举证证明，用人单位欲免除自己的责任，应当证明其选任工作人员及监督工作人员职务的执行已尽了相当的注意。

选任工作人员已尽相当注意，就是指在选任之初，对工作人员的能力、资格与对所任的职务能否胜任，已经作了详尽的考察，所得结论符合实际情况。监督其职务执行已尽相当的注意，就是指用人单位对工作人员执行职务的总体行为是否予以适当的教育和管理，其标准应以客观情况决定。用人单位如果能够证明上列事项确实已尽了相当的注意，即可证明用人单位并无过失，可以免除其赔偿责任。

用人单位不能证明自己没有过失的，即应承担赔偿责任。如果工作人员致人损害在主观上有过错，用人单位赔偿被侵权人的损失以后，即对工作人员取得追偿权，工作人员应当赔偿用人单位因赔偿被侵权人的损失所造成的损失，此时形成一个新的损害赔偿的追偿法律关系。《民法典》第 62 条规定："法定代表人因执行职务造成他人损害的，由法人承担民事责任。""法人承担民事责任后，依照法律或者法人章程的规定，可以向有过错的法定代表人追偿。"第 1191 条第 1 款也规定了"可以向有故意或者重大过失的工作人员追偿"。对此，笔者认为，工作人员执行职务致人损害，凡是有过错的，用人单位就可以追偿，第 1191 条规定有所不妥。在司法实践中，确定用人单位对有过错的工作人员的追偿权，可以参照这一规定进行。如果工作人员在主观上没有过错，则由用人单位单独承担赔偿责任，用人单位对工作人员不能取得求偿权。

三、劳务派遣责任

（一）劳务派遣的概念和法律关系

劳务派遣，又称劳动派遣、人力派遣或人才租赁，是指劳务派遣单位与用工单位签订派遣协议，将工作人员派遣至用工单位，在用工单位指挥、监督下提供劳动的劳务关系。

劳务派遣的典型特征是劳动力雇佣与劳动力使用相分离，被派遣的工作人员不与用工单位签订劳动合同，不建立劳动关系，而是与劳务派遣单位建立劳动关系，但却被派遣至用工单位劳动，形成"有关系没劳动，有劳动没关系"的特殊用工形态。

劳务派遣的法律关系有两个合同关系。

第一个合同关系,是劳务派遣单位与工作人员之间的劳动关系,按照《劳动合同法》的规定,劳务派遣单位是这个劳动合同的用人单位,履行用人单位的义务,《劳动合同法》规定的用人单位的应尽义务,劳务派遣单位均应当履行,包括被派遣的劳动者符合无固定期限劳动合同签订条件时,应当与劳动者签订无固定期限劳动合同。

第二个合同关系,是劳务派遣单位与用工单位的合同关系。当用工单位需要劳务派遣单位派遣劳务时,则应当签订合同,确定派遣的工作人员,协商具体的劳动派遣内容,确立劳务派遣合同关系。

劳务派遣单位应当将劳务派遣协议的内容告知被派遣的工作人员。劳务派遣单位不得克扣用工单位按照劳务派遣协议支付给被派遣工作人员的劳动报酬。劳务派遣单位和用工单位不得向被派遣的工作人员收取费用。在劳务派遣关系中,用工单位虽不是劳动法意义上的用人单位,但由于被派遣的工作人员实际在用工单位提供劳动,接受用工单位的管理,因此,用工单位同样对被派遣劳动者负有相应的义务。用工单位应当履行的义务是:(1)执行国家劳动标准,提供相应的劳动条件和劳动保护;(2)告知被派遣劳动者的工作要求和劳动报酬;(3)支付加班费、绩效奖金,提供与工作岗位相关的福利待遇;(4)对在岗被派遣劳动者进行工作岗位所必需的培训;(5)连续用工的,实行正常的工资调整机制。

(二)劳务派遣责任的概念和构成

劳务派遣责任,是指在劳务派遣期间,被派遣的工作人员因执行工作任务造成他人损害的,由接受劳务派遣的用工单位承担责任,劳务派遣单位承担相应责任的特殊侵权责任。

构成劳务派遣责任,应当具备以下要件。

1. 在当事人之间存在劳务派遣的劳动关系

构成劳务派遣责任,首先必须在三方当事人之间存在劳务派遣的劳动关系。在劳务派遣单位与被派遣的工作人员之间存在劳动合同关系,劳务派遣单位与用工单位存在劳务派遣合同关系。根据上述两个合同关系,被派遣的工作人员在用工单位提供劳动。没有这样的劳务派遣的劳动关系,则不存在劳务派遣责任。

2. 被派遣的工作人员在执行派遣工作任务中造成他人损害

劳务派遣责任中的损害事实要件,同样是致他人损害,包括人身损害和财产损害。这个损害事实应当发生在被派遣的工作人员执行派遣的工作任务中发生,也就是被派遣的工作人员因执行工作任务造成他人损害的客观事实。如果不是在执行派遣的工作任务中造成损害,则不构成劳务派遣责任,而可能是一般的用人单位责任。例如,被派遣的工作人员在去往派遣单位的途中尚未到达用工单位即造成损害,或者在完成派遣任务回到派遣单位途中造成他人损害,则不构成劳务派遣责任,应当按照用人单位责任的要求,由劳务派遣单位承担责任。

3. 损害事实的发生与被派遣的工作人员执行工作任务有因果关系

造成他人损害的行为,应当是被派遣的工作人员执行派遣工作的任务行为所致,二者之间有因果关系。在接受派遣劳务之后,被派遣的工作人员在执行工作任务中造成他人损害,就构成劳务派遣责任。法律在此使用的也是“执行工作任务”,对此的理解应当也是执行职务。

4. 接受派遣单位在指挥监督工作人员工作中有过失

构成劳务派遣责任,接受派遣单位须有过失。过失的表现,是接受派遣单位在指挥、监督工作人员执行职务行为中,应当注意而未尽注意义务。确定接受派遣单位的过失,应当采用推定方式,在被侵权人已经证明前述三个要件的基础上,推定接受派遣单位存在上述过失。接受派遣单位认为自己没有过失的,应当自己提供证据证明。能够证明自己没有过失的,不承担侵权责任;不能证明的,过失推定成立,应当承担赔偿责任。

劳务派遣单位的过错要件的作用,在于劳务派遣单位承担补充责任,而不是确定接受派遣单位的责任。

(三)劳务派遣责任的承担

劳务派遣责任分为两种形式,《民法典》第 1191 条第 2 款分别作了规定。

1. 接受派遣用工单位的责任

具备前述劳务派遣责任构成要件的,成立接受派遣用工单位的责任,接受派遣用工单位应当承担赔偿责任。之所以在劳动派遣责任中不由劳务派遣单位承担责任而由接受派遣用人单位承担责任,原因在于接受派遣用工单位在支配工作人员的劳动,工作人员是在用工单位的指挥、监督下,直接为接受派遣用工单位进行劳动。

如果工作人员在执行派遣用工单位的工作任务致人损害有过错的,则接受派遣用工单位在承担了赔偿责任之后,有权向有过错的工作人员追偿。

2. 劳务派遣单位的责任

派遣的工作人员在执行工作任务中造成他人损害,派遣单位也有过错的,由于派遣单位与被派遣的工作人员之间有劳动关系,劳务派遣单位应当承担相应的责任。应当注意的是,原《侵权责任法》第 34 条第 2 款规定的是,劳务派遣单位有过错的,承担相应的补充责任,《民法典》第 1192 条第 2 款规定的是相应的责任,两者是不一样的。相应的补充责任,是补充用工单位的责任,如果用工单位能够承担全部赔偿责任,就不存在补充责任,在用工单位不能承担或者不能全部承担赔偿责任的时候,才由劳务派遣单位补充赔偿;劳务派遣单位承担相应的责任,是承担与其过错相适应的责任份额,即有百分之多少的过错,就承担多少份额的责任,而非补充,因而是单向连带责任即混合责任。

四、个人劳务责任

(一)个人劳务责任的概念和特征

个人劳务责任是一种特殊的用人者责任,是指在个人之间形成的劳务关系中,提供劳务一方因劳务活动造成他人损害,接受劳务一方应当承担替代赔偿责任的特殊侵权责任。

1949年之后,在我国的司法实践中,对个人劳务责任没有规定,因为在公有制的基础上,不存在私人提供劳务的问题。事实上,在社会生活中并非不存在私人提供劳务的问题。改革开放之后,个人提供劳务的现象比较普遍,法律对其不予以规制是不行的。因此,在最高人民法院《关于适用〈中华人民共和国民事诉讼法〉若干问题的意见》(已失效)第45条就规定了接受雇员责任的程序法内容,该条的内容是:"个体工商户、农村承包经营户、合伙组织雇佣的人员在进行雇佣合同规定的生产经营活动中造成他人损害的,其雇主是当事人。"但是,这并没有对实体法的内容进行司法解释。在司法实践中,法官处理这类侵权案件,一是按照这一司法解释规定的精神,既然接受劳务一方是被告,当然就可以判决其承担责任,因此,这一条文也就被当成了实体法依据。二是参照原《民法通则》第121条关于国家机关工作人员致人损害替代责任的规定,确定接受劳务一方的责任。最高人民法院原《关于审理人身损害赔偿案件适用法律若干问题的解释》第9条规定了雇主责任,包括个人劳务责任,但内容不够完备,原《侵权责任法》第35条规定了个人劳务责任的规则。《民法典》第1192条在此基础上,对个人劳务责任进行了完善,并且增加了个人劳务中的第三人责任。

个人劳务责任与其他侵权责任相比较,具有以下法律特征。

1.接受劳务一方与提供劳务一方之间具有个人劳务关系。个人劳务责任最主要的特征在于,接受劳务一方与提供劳务一方之间具有劳务关系。接受劳务一方支付工资报酬,提供劳务一方出卖劳动力;换言之,接受劳务一方支付价金,提供劳务一方通过自己的劳动为接受劳务一方创造价值。接受劳务一方为提供劳务一方承担侵权责任的基础,是提供劳务一方为接受劳务一方创造利益,提供劳务一方的行为相当于接受劳务一方行为的延伸。既然提供劳务一方所创造的利益为接受劳务一方所承受,提供劳务一方执行劳务活动就是接受劳务一方行为的延伸,提供劳务一方的行为实质上就是接受劳务一方的行为。不具有个人劳务关系这个特征的,如帮工、换工等,不适用本条规定的责任。

2.提供劳务一方执行劳务活动造成的损害是接受劳务一方的行为造成损害。既然提供劳务一方的执行劳务活动的行为就是接受劳务一方的行为,提供劳务一方在执行劳务活动中的行为造成了第三人的损害,就等于接受劳务一方的行为造成的损害。因此,个人劳务责任的基本特征之一,就是提供劳务一方在执行劳务活动中造成了第三人损害。如果提供劳务一方在执行劳务活动中造成了自己的损害,则是工伤事故责任,而不是个人劳务责任。

3. 个人劳务责任的侵权责任形态是替代责任。个人劳务责任是典型的替代责任,因为具体实施侵权行为的人是提供劳务一方,而不是接受劳务一方,但是在侵权损害赔偿法律关系中,则由接受劳务一方作为损害赔偿法律关系的赔偿责任主体,被侵权人不是向实施侵权行为的提供劳务一方请求赔偿,而是向接受劳务一方行使损害赔偿请求权。

4. 我国个人劳务责任的范围较窄。在各国侵权法中,个人劳务责任包括在雇主责任中,因此范围相当宽。我国的个人劳务责任范围较窄,仅仅限于在个人之间形成的劳务关系,就是个人雇用个人。在私人企业中,即使也是雇工形式,但属于法律规定的劳动关系,不属于个人劳务关系,适用用人单位责任,不适用个人劳务责任。

(二)个人劳务责任的归责原则

个人劳务责任适用何种归责原则,《民法典》第 1192 条第 1 款前段没有明确规定。在理论上,有三种主张:第一种主张适用无过错责任原则,认为接受劳务一方对其提供劳务一方于从事劳务活动时致他人遭受损害,应负赔偿责任;接受劳务一方不得主张选任、监督提供劳务一方已尽相当注意而免责;接受劳务一方本身虽无任何过失,仍应对提供劳务一方的行为负责。第二种主张适用过错责任原则,认为接受劳务一方对提供劳务一方因从事劳务活动所致损害,仅就其本身对于损害的发生具有过失,即对提供劳务一方的选任、监督未尽必要的注意时,才负赔偿责任。第三种主张个人劳务责任应当适用过错推定原则。

笔者赞成第三种观点,个人劳务责任应当与其他用人者责任一样,适用过错推定原则。

个人劳务责任不适用无过错责任原则的理由在于:一是适用无过错责任原则法律无明文规定。《民法典》第 1166 条规定:"行为人造成他人民事权益损害,不论行为人有无过错,法律规定应当承担侵权责任的,依照其规定。"换言之,只有法律明文规定适用无过错责任原则的,才可以适用该归责原则。《民法典》第 1192 条第 1 款没有规定个人劳务责任为无过错责任,因此,个人劳务责任适用无过错责任原则没有法律根据。二是个人劳务责任采用无过错责任原则,接受劳务一方无论有无过错均须承担赔偿责任,这样容易养成提供劳务一方的怠惰等恶习,使接受劳务一方的合法权益受到侵犯,有碍于社会经济的发展。

实行推定过错责任,被侵权人只需证明损害事实,损害结果与行为人的行为之间的因果联系、行为人与被告的特殊关系,不必证明被告是否对行为人实施的侵权行为具有过错。对于被告来说,必须反证证明其对损害的发生没有过错。实行举证责任倒置,可以减轻被侵权人的举证责任,使其合法权益得到有效的保护。

(三)个人劳务责任替代责任的构成

在替代责任中,存在三种主体,即行为人、责任人和被侵权人。当行为人致他人损害以后,依据法律的规定,由责任人承担损害赔偿责任。个人劳务责任同样如此,应当具备以下四个条件。

1. 接受劳务一方与提供劳务一方之间须有特定关系

构成个人劳务责任,首先必须在责任人和行为之间具有劳务关系。接受劳务一方与提供劳务一方之间的特定关系,表现为三个方面:

首先,接受劳务一方与提供劳务一方之间具有特定的人身关系,即提供劳务一方在受雇期间,其行为受接受劳务一方意志的支配与约束;在从事劳务活动过程中,提供劳务一方按照接受劳务一方的意志所实施的行为,实际上等于接受劳务一方自己所实施的行为。

其次,接受劳务一方与提供劳务一方所造成的第三人的损害之间存在特定的因果关系,损害事实虽系提供劳务一方的行为直接造成,但接受劳务一方对提供劳务一方选任不当、疏于监督管理等作为与不作为的行为,是损害事实得以发生的主要原因。

最后,接受劳务一方与提供劳务一方之间有特定的利益关系。提供劳务一方在受雇期间所实施的行为,直接为接受劳务一方创造经济利益以及其他物质利益,接受劳务一方承受这种利益,提供劳务一方据此得到报酬。

以这三个方面所构成的接受劳务一方与提供劳务一方之间的特定关系为前提,这种特定关系,就直接表现为个人劳务关系,接受劳务一方支付的是对价,提供劳务一方支付的是劳动力,劳务关系就是购买劳动力的合同关系。因此,尽管个人劳务责任的损害事实是由提供劳务一方从事劳务活动行为所致,而不是接受劳务一方的行为直接所致,也不是接受劳务一方授权提供劳务一方所致,但是,接受劳务一方均应对损害承担赔偿责任。

2. 接受劳务一方须处于特定地位

在替代责任中,替代责任人都必须处于一种特定地位。这种特定地位表现为替代责任人在其与加害人的特定关系中所处的带有支配性质的地位,它决定了替代责任人为加害人造成的损害后果负责的义务的产生。考察为加害人的损害后果负责的责任人地位,主要是看:双方有无确定特定关系的事实或合同;加害人是否受有责任人的报酬;加害人的活动是否受责任人的指示、监督或监护等约束;加害人是否向责任人提供劳务。当责任人处于这种特定地位时,责任人应当为加害人或致害物的损害后果负责。在个人劳务责任中,接受劳务一方就处于这样带有支配性质的地位,这种支配地位的产生是基于劳动合同,由于接受劳务一方购买的是提供劳务一方的劳动力,因此,接受劳务一方也就取得了对提供劳务一方人身的某种支配权。

考察接受劳务一方是否处于应负替代责任的地位,即确定接受劳务一方与提供劳务一方之间是否存在劳务关系。判断劳务关系存在与否主要参考以下几个方面:一是双方有无劳务合同(口头的或书面的);二是提供劳务一方有无报酬;三是提供劳务一方有无提供劳务;四是提供劳务一方是否受接受劳务一方的监督。其中最重要的是后两项内容,它决定着事实上雇佣关系的存在与否。

3. 提供劳务一方在造成第三人的损害中应处于特定状态

替代责任中的加害人处于特定状态是必要条件。在个人劳务责任的替代责任中,接受劳务一方是提供劳务一方的雇主,提供劳务一方造成损害是因劳务活动行为。

考察提供劳务一方致人损害时是否为执行劳务工作,该因素为接受劳务一方承担替代责任的决定性因素。怎样确定提供劳务一方是否因劳务活动致人损害,应当按照以下规则处理:

第一,接受劳务一方有明确指示授权的,按照接受劳务一方的明确指示确定。从事劳务活动,是指从事接受劳务一方授权或者指示范围内的劳务活动。接受劳务一方指定提供劳务一方做什么,提供劳务一方按照接受劳务一方的指示所做的事情,就是执行职务。

第二,超出接受劳务一方授权的范围,即接受劳务一方没有明确指示的,如何确定执行职务,有三种观点:一是主观说,即以提供劳务一方的主观愿望为标准,从事劳务活动原则上应依接受劳务一方指示办理的事件所决定,但如果提供劳务一方在主观上确实是为接受劳务一方的利益而为之时,亦应认定为从事劳务活动的范围;二是客观说,即以提供劳务一方从事活动的外在表现形态为标准,如果行为在客观上表现为与接受劳务一方指示办理的事件要求相一致,就应当认为属于从事劳务活动的范围;三是折中说,确定执行职务,既要考虑提供劳务一方的主观意思,又要审查行为的客观属性,综合确定。一般通说采客观说,即以从事劳务活动的外在表现形态为标准,如果行为在客观上表现为与接受劳务一方指示办理的事件要求相一致,就应当认为属于从事劳务活动的范围。我国司法实践也采纳客观说。例如,某个体饭店 A 的采购员奉命去甲商场买菜,途中听说乙商场的菜价便宜,遂驾车绕道去乙商场,途中致伤他人。接受劳务一方 B 明确指示 A 去甲商场,而采购员 A 去乙商场买菜的行为虽与接受劳务一方的指示不一致,但与接受劳务一方降低成本、增加盈利的要求并无矛盾之处,因此,应当认为采购员 A 去乙商场的行为是执行职务。

4. 接受劳务一方在主观上存在过错

接受劳务一方主观上的过错,不同于一般侵权责任的过错。这种过错表现在接受劳务一方身上,而提供劳务一方在主观上是否有过错则在所不问。只是在确定接受劳务一方对提供劳务一方是否享有求偿权时,才考察提供劳务一方的主观过错。

接受劳务一方的过错内容,表现在对提供劳务一方的选任、监督、管理上的疏于注意义务。如果接受劳务一方故意指使提供劳务一方侵害他人权利,则是共同侵权行为,而不是接受劳务一方的替代责任。只要接受劳务一方在选任、监督、管理上有疏于注意义务的心理状态,即应承担替代赔偿责任。确定接受劳务一方的过错,应采过错推定的形式。

(四)个人劳务责任替代责任的承担

接受劳务一方的赔偿责任确定之后,接受劳务一方承担的替代责任应当按照下列步骤确定。

1. 确定损害赔偿的责任主体

个人劳务责任既然是替代责任,其责任主体就是接受劳务一方,而不是提供劳务一方。被侵权人是当然的赔偿权利主体。

2. 赔偿权利主体举证

法院受理被侵权人的起诉,不要求原告举证证明责任主体即接受劳务一方的过错,只要能证明损害事实、提供劳务一方行为与损害结果的因果关系、加害人与接受劳务一方存在个人劳务关系足矣。

3. 赔偿责任主体举证责任倒置

接受劳务一方是否已尽选任、监督之注意义务,须自己举证证明。接受劳务一方欲免除自己的责任,应当证明他选任提供劳务一方及监督提供劳务一方职务的执行,已尽了相当的注意。选任提供劳务一方已尽相当的注意,就是指在选任之初,对提供劳务一方的能力、资格与对所任的职务能否胜任,已经作了详尽的考察,所得结论符合实际情况。监督其职务的执行已尽相当的注意义务,就是指接受劳务一方对提供劳务一方从事劳务活动的总体行为给予了适当的教育和管理,其标准应以客观情况决定。接受劳务一方如果能够证明上列事项确实已尽了相当的注意,即可证明其并无过失,可以免除其替代赔偿责任。

4. 接受劳务一方承担赔偿责任

接受劳务一方不能证明自己没有过失,即应承担赔偿责任。如果提供劳务一方在致人损害时有过错,接受劳务一方赔偿被侵权人的损失以后,即对提供劳务一方取得求偿权,提供劳务一方应当赔偿接受劳务一方因赔偿被侵权人的损失所造成的损失,形成一个新的损害追偿法律关系。如果提供劳务一方主观上没有过错,则由接受劳务一方单独承担赔偿责任,接受劳务一方对提供劳务一方不能取得求偿权。

5. 接受劳务一方的追偿权

在接受劳务一方为提供劳务一方承担替代责任后,如果提供劳务一方有重大过失或故意,则该接受劳务一方享有追偿的权利。接受劳务一方享有追偿权,一方面是为了弥补接受劳务一方的损失,另一方面是为了规范提供劳务一方的行为,要求其在执行职务的过程中谨慎行事,减少损害的发生。

(五)提供劳务一方在劳务过程中受到损害的责任

1. 提供劳务一方因劳务造成自己损害的工伤事故责任

《民法典》第1192条第1款后段规定:“提供劳务一方因劳务受到损害的,根据双方各自的过错承担相应的责任。”这里规定的是个人劳务关系中的工伤事故责任。

个人劳务关系中的工伤事故责任规则,与一般的工伤事故责任规则不同。其区别是个人劳务关系原则上不进行工伤保险,确定提供劳务一方在劳务过程中造成自己的伤害,应当根据双方各自的过错承担相应的责任。也就是说,提供劳务一方在提供劳务过程中受到伤害,是否由接受劳务一方承担责任,实行过错责任原则,有过错的,当然承担责任,没有过错的,就不承担责任。具体有三种情况。

(1)接受劳务一方有过错。接受劳务一方对于提供劳务一方在提供劳务过程中造成自己损害有过错,而提供劳务一方没有过错的,应当由接受劳务一方承担全部赔偿责任,提供劳务一方有权请求损害赔偿。

(2)提供劳务一方自己有过错。提供劳务一方在提供劳务的过程中造成自己的损害,是因为自己的过错造成,接受劳务一方没有过错的,应当对自己的过错承担后果,接受劳务一方不承担责任。

(3)提供劳务一方和接受劳务一方均有过错。在这种情况下,构成过失相抵,应当按照双方的过错程度和原因力,确定各自应当承担的责任。

对于提供劳务一方自身因劳务受到损害的责任,规定为过错责任原则,这对于保护受到损害的提供劳务一方是不利的,与通常的工伤事故责任规则不一致,因此,应当修改为适用无过错责任原则。

个人劳务工伤事故责任规则的缺陷是,继续沿袭了原《侵权责任法》第35条对个人劳务工伤事故责任的不当规定,继续实行过错责任原则,要根据双方各自的过错承担相应的责任,而不是适用无过错责任更好地保护个人劳务提供者。

2. 第三人造成提供劳务一方损害的工伤事故责任

提供劳务一方因第三人的行为造成自己损害的责任规则是:第一,提供劳务一方在提供劳务期间,因第三人的行为造成自己损害的,构成个人劳务工伤事故责任,享有对第三人的侵权责任请求权以及对接受劳务一方的补偿责任请求权。第二,受到损害的提供劳务一方有权向第三人请求赔偿,要求第三人承担侵权责任。提供劳务一方向第三人请求赔偿,赔偿请求权实现之后,对接受劳务一方的补偿请求权消灭。第三,受到损害的提供劳务一方有权请求接受劳务一方承担补偿责任,接受劳务一方应当补偿。补偿之后,其有权向造成损害的第三人进行追偿。

增加了第三人造成提供劳务一方损害责任的原因是,原《侵权责任法》第 35 条规定的提供劳务一方损害责任的类型,仅包括了提供劳务一方致人损害责任以及提供劳务一方因劳务造成自己损害的工伤事故责任,没有规定第三人造成提供劳务一方损害的赔偿责任。这一条文借鉴原《关于审理人身损害赔偿案件适用法律若干问题的解释》第 11 条第 1 款关于“雇员在从事雇佣活动中遭受人身损害,雇主应当承担赔偿责任。雇佣关系以外的第三人造成雇员人身损害的,赔偿权利人可以请求第三人承担赔偿责任,也可以请求雇主承担赔偿责任。雇主承担赔偿责任后,可以向第三人追偿”的规定,补足了这一立法漏洞,明确规定了第三人造成提供劳务一方损害时的责任承担规则,不仅在立法上形成了完善的提供劳务损害责任的规则体系,同时,也能够在司法实践中避免裁判分歧,还能够通过增加第三人侵权的规则,使提供劳务一方作为劳动者的合法权益得到更加周全、严密的保护。

五、定作人指示过失责任

(一)定作人指示过失责任的概念和沿革

定作人指示过失责任,是指承揽人在执行承揽合同过程中,因执行定作人的有过失内容的定作或指示而不法侵害他人权利造成损害,应由定作人承担损害赔偿责任的特殊侵权责任形式。《民法典》第 1193 条规定:“承揽人在完成工作过程中造成第三人损害或者自己损害的,定作人不承担侵权责任。但是,定作人对定作、指示或者选任有过错的,应当承担相应的责任。”

原《关于审理人身损害赔偿案件适用法律若干问题的解释》第 10 条规定:“承揽人在完成工作过程中对第三人造成损害或者造成自身损害的,定作人不承担赔偿责任。但定作人对定作、指示或者选任有过失的,应当承担相应的赔偿责任。”

定作人指示过失责任不是中国原有的制度,也不是大陆法系的制度,而是美国侵权法的制度。有的人把它译为独立契约或者独立施工人,含义是定作人和承揽人之间订立了承揽加工合同,如果承揽人在加工过程中造成了第三人的损害,由他自己承担责任;如果定作人给承揽人错误的指示或者定作,承揽人按照错误的指示或者定作去执行,造成了他人的损害,就应当由定作人来承担赔偿责任。《埃塞俄比亚民法典》第 2134 条将其规定为“独立的工人”。日本在 19 世纪末起草《日本民法典》时引进了这种侵权行为,规定了第 716 条:“定作人对于承揽人就其工作加于他人的损害,不负赔偿责任。但是,定作人对定作或指示有过失时,不在此限。”我国清末起草的《大清民律草案》第953条直接引进了日本侵权法的这个条文,《民国民律草案》第254条也作了规定。原《民法通则》和原《侵权责任法》对此都没有规定,但原《关于审理人身损害赔偿案件适用法律若干问题的解释》中作了上述规定,为裁判提供了依据。《民法典》第1193条正是在这一条司法解释的基础上制定的。

(二)定作人指示过失责任的基本规则

1. 当事人之间的合同必须是承揽性质的合同。构成定作人指示过失责任,首要条件是当事人之间的合同必须为承揽性质的合同。承揽性质的合同并不是说一定是承揽合同,而是只要具有承揽的性质即可。这个问题正是区分定作人指示过失责任和用人单位责任的基本界限。定作人指示过失责任的基础是承揽性质的合同,而用人单位责任必须是劳务合同。如带驾驶员的出租汽车就是承揽合同,而非用人单位的劳务合同。

2. 侵权行为是在执行承揽合同过程中发生的。执行承揽合同,也就是完成承揽事项。造成承揽人损害或者承揽人损害他人的行为,必须是在完成承揽事项的过程中发生的行为。如果超出了执行承揽事项范围,不存在定作人指示过失的侵权责任。

3. 侵害的是第三人的民事权益。这种侵权行为侵害的权益,分为两个方面:一个是承揽合同以外的第三人的民事权益,例如,生命权或者健康权的损害;另一个是承揽人自己权利的损害,是承揽人在执行承揽事务之中,造成了自己的损害。在这个问题上,原《关于审理人身损害赔偿案件适用法律若干问题的解释》第10条的规定较为宽泛,不仅包括致第三人损害,而且还包括了造成自己的损害。这样规定虽然超出了传统的定作人指示过失责任的范围,但也有适用上的好处,就是一揽子解决问题。

4. 造成损害的行为人是承揽人。造成损害事实的直接行为人是承揽人而不是定作人,是承揽人在执行承揽事项中,因自己的行为造成他人损害,或者造成自己的损害,并不是定作人的行为造成他人损害或者承揽人的损害。这是替代责任成立的基础。如果是定作人造成他人损害,那就是自己责任,而不是替代责任。

5. 承担责任的是定作人。侵权责任的承担者是定作人,定作人为自己过失的定作、指示或者选任所造成的后果承担损害赔偿责任。这正是定作人指示过失责任的基本特征,是为他人的行为造成的后果负责,而承揽人造成损害的原因在于定作人的过失。

(三)《民法典》规定定作人指示过失责任与传统规则的区别

《民法典》规定定作人指示过失责任,是以原《关于审理人身损害赔偿案件适用法律若干问题的解释》上述规定为基础的。因此,司法解释规定的定作人指示过失责任的特点全部保留在了《民法典》的这一条文中。

《民法典》规定的定作人指示过失责任与传统的定作人指示过失责任有两点不同。

1. 把承揽人造成自己的损害包括在内

传统民法规定定作人指示过失,通常只在造成第三人损害的时候,才构成这种责任。现在把承揽人造成自己的损害也包括进去,超出了传统民法对定作人指示过失责任的规定。这种规定明确了承揽人在执行承揽活动中造成自己损害的,应当自己承担责任。这虽然有利于区分承揽人损害自己承担责任与工伤事故责任,但是,这不是定作人指示过失责任的问题,而是承揽人及其员工的工伤事故责任,性质完全不同。

2. 定作人在什么情况下承担责任

该条文规定,定作人对定作、指示或者选任有过失的,由定作人承担责任。其中,选任过失是其他立法例所没有规定的内容。定作人仅仅对定作或者指示过失承担责任,对选任不承担责任。例如,一个装修队本来就没有资质,却伪造了一个资质证书,定作人相信了这个资质证书,也是选任有过错。如果这个工程队在施工中造成他人损害,由于定作人有选任过失,就要对他的这种行为造成的损害后果负责,这是不公平的。所以还是应该规定定作人在指示或者定作有过失时才承担责任,对选任的过失不应该承担责任。

第四节　网络侵权责任

网络侵权责任是原《侵权责任法》第 36 条规定的特殊侵权责任,在实践中适用了 10 年,效果还是很好的,主要的缺陷是存在较多的遗留问题,需要进一步改进。《民法典》第 1194 ~ 1197 条在原《侵权责任法》第 36 条规定的基础上,进行了大幅度的补充完善,形成了完整的网络侵权责任规则。最高人民法院《关于审理利用信息网络侵害人身权益民事纠纷案件适用法律若干问题的规定》[以下简称《网络侵权责任司法解释》(2021)]对于适用《民法典》网络侵权责任规定作出了具体解释。

一、网络侵权行为概述

(一)网络侵权行为的概念和特征

网络侵权行为是指在互联网上,网络用户、网络服务提供者以及他人故意或者过失借助电脑网络和电信网络侵害他人民事权益的特殊侵权行为。其特征如下。

1. 网络侵权行为主体多样化。由于网络的使用范围极为广泛,利用网络从事各种活动的主体极多,因此能够实施网络侵权行为的主体多样化。《民法典》规定的侵权责任主体，一是网络服务提供者，二是网络用户，将上述网络主体适当归并，集中作出这样的规定。但是，网络侵权行为主体并非只有这两种，还有其他侵权主体。

2. 网络侵权行为智能化。网络运营和使用都要求较强的技术能力，因此实施网络侵权的行为人多为白领人士，能够熟练地应用电脑、网络，因此，网络侵权呈智能化特点，属于高科技侵权行为。

3. 网络侵权行为的隐蔽性。网络侵权行为的载体为电子化、数字化的现代化工具，以电脑网络为主要载体。互联网是通过"0""1"严格符号表达信息内容，通常情况下只需要轻轻点击一下鼠标，电子文件的内容就会因此而改变。这种侵权行为不会像传统书面材料那样容易留下痕迹，侵权行为比较隐蔽，证据容易消失，被侵权人不易举证。

4. 网络侵权行为实施的时间短促损害范围广大。网络侵权行为的另一个特点，是准备时间可能很长，但是实施网络侵权的时间都比较短促，电脑运行快捷的特点成为网络侵权行为的特点。正因如此，网络侵权行为的损害后果得以迅速扩展，影响极大，范围极广。

5. 主观状态多为故意。网络侵权行为的主观构成要件为过错，过失有可能构成侵权责任，如过失传播病毒等。但在网络侵权行为中，故意运用网络侵害他人的人身财产权益的，为网络侵权主观过错的常态。

（二）网络服务提供者和网络侵权责任保护的范围

1. 网络服务提供者

网络服务提供者，是指依照其提供的服务形式有能力采取必要措施的信息存储空间或者提供搜索、链接服务等网络服务提供商，也包括在自己的网站上发表作品的网络内容提供者。主要有网络经营服务商（ISP）、网络内容服务商（ICP）、电子认证机构（CA）、网络电子市场营运商（其包括 EDI 网路连接中介商、网上电子商场营运商、网上大批发商、网上专卖专营店营运商、网上外包资源营运商、网上拍卖行等），以及其他参与网络活动的各种主体。①

2. 网络侵权责任保护的范围

按照《民法典》第 1194 条的规定，确定侵权责任范围的做法是确定侵权行为所侵害的客体即民事权益的范围。在第 1194 条网络侵权责任的规定中，也使用了"民事权益"的概念，即"利用网络侵害他人民事权益"。对于"民事权益"的理解，立法者在起草原《侵权责任法》时进行过讨论，明确为：凡是在网络上实施侵权行为所能够侵害的一切民事权益。其中特别提到的是，包括人格权益以及知识产权特别是著作权。在美

---

① 参见方美琪：《网络概论》，清华大学出版社 1999 年版，第 324 页。

国,对网络侵权中的侵害著作权和侵害其他民事权益所采取的规则并不相同,对于网络侵害著作权采取严格的规则,即《千禧年数据版权法案》规定的规则;对于网络侵害其他民事权益则采取宽松的规则,原则上不追究网络服务提供者的责任。对此,原《侵权责任法》第36条根据我国网络侵权行为比较"肆意"的实际情况,将两类民事权益的保护"拉齐",采用同一标准,对侵害著作权和侵害其他民事权益的行为都实行提示规则和明知规则,不进行区分。这样做的好处是,有助于网络服务提供者增强保护民事主体民事权益的责任感和自觉性,更好地保护民事主体的民事权益不受侵害。《民法典》继续坚持这个立场,在第1194条规定的保护范围还是"民事权益"。《网络侵权责任司法解释》(2021)第1条规定,利用信息网络侵害人身权益民事纠纷案件,是指利用信息网络侵害他人姓名权、名称权、名誉权、荣誉权、肖像权、隐私权等人身权益引起的纠纷案件,解释了这里的民事权益的范围。

(三)解释《民法典》规定网络侵权责任的原则

《民法典》规定的网络侵权责任规则是正确的,但是也存在需要进一步明确或者解释的问题。对此,理解和解释网络侵权责任,必须确立一个正确的基点,否则将会对互联网的发展和公众利益造成严重影响。

1. 依法原则

确定网络服务提供者自己承担的责任,尤其是确定网络服务提供者的连带责任,都必须严格依照《民法典》关于网络侵权责任的规定进行。应当看到的是,规定网络服务提供者的连带责任规则本身就比较严格,是为了保护被侵权人的合法权益,确定网络服务提供者承担较重的责任。任何将该条进行不利于网络服务提供者的理解和解释,都是不正确的。

2. 慎重原则

网络服务提供者对网络用户实施的侵权行为承担连带责任,本身就不是网络服务提供者自己的责任,仅仅是因为自己没有采取必要措施而将其视为与网络用户的行为构成连带责任,是为网络用户承担侵权责任的间接侵权行为,因此,在确定该连带责任时应当慎重。

3. 保护原则

保护原则首先是保护好网络服务提供者的合法权益,维护互联网事业的正常发展;其次是保护好网络的言论自由阵地,保护好网络用户的言论自由。这两个保护是相辅相成、互相促进的。如果过于限制网络服务提供者的行为自由,对其施以苛刻的侵权责任,既损害了互联网事业的发展,同时也会严重限制网络言论自由,阻碍互联网职能作用的发挥,最终限制的是人民的权利。

二、网络侵权责任的基本规则

《民法典》规定了两种网络侵权责任：一是规定了网络用户和网络服务提供者对自己在网站上实施的侵权行为承担责任；二是规定了网络服务提供者在什么情况下对网络用户在自己的网站上实施的侵权行为承担连带责任，后者包括避风港原则的通知规则、避风港原则的反通知规则和红旗原则三种情况。

（一）网络用户和网络服务提供者自己实施侵权行为的责任

《民法典》第1194条规定，网络用户、网络服务提供者利用网络侵害他人民事权益的，应当承担侵权责任。网络用户在网站上实施侵权行为，侵害他人民事权益，应当自己承担侵权责任，是一般侵权行为，适用过错责任原则。网络服务提供者在自己的网站上实施侵权行为，侵害他人民事权益，网络服务提供者自己要承担侵权责任。例如，网络服务提供者在自己的网站诽谤他人，网络服务提供者当然要自己承担责任。不仅如此，其他人在网络上实施侵权行为，包括黑客侵害网络，也都是侵权行为，都要自己承担侵权责任。

《网络侵权责任司法解释》（2021）第7～10条规定了几种特别的侵权责任形式。

1. 第7条规定的是网络转载的侵权行为。人民法院认定网络用户或者网络服务提供者转载网络信息行为的过错及其程度，应当综合以下因素：一是转载主体所承担的与其性质、影响范围相适应的注意义务；二是所转载信息侵害他人人身权益的明显程度；三是对所转载信息是否作出实质性修改，是否添加或者修改文章标题，导致其与内容严重不符以及误导公众的可能性。通过这样的审查，确定转载信息构成侵权的，应当承担网络侵权责任。

2. 第8条规定了诽谤、诋毁产品或者服务的侵权行为。网络用户或者网络服务提供者采取诽谤、诋毁等手段，损害公众对经营主体的信赖，降低其产品或者服务的社会评价，经营主体请求网络用户或者网络服务提供者承担侵权责任的，人民法院应依法予以支持。这是商业侵权行为，即诋毁商业、商品或者服务信誉的侵权行为。

3. 发布权威来源的信息不实的侵权行为。第9条规定，网络用户或者网络服务提供者，根据国家机关依职权制作的文书和公开实施的职权行为等信息来源所发布的信息，有下列情形之一，侵害他人人身权益，被侵权人请求侵权人承担侵权责任的，人民法院应予支持：一是网络用户或者网络服务提供者发布的信息与前述信息来源内容不符；二是网络用户或者网络服务提供者以添加侮辱性内容、诽谤性信息、不当标题或者通过增删信息、调整结构、改变顺序等方式致人误解；三是前述信息来源已被公开更正，但网络用户拒绝更正或者网络服务提供者不予更正；四是前述信息来源已被公开更正，网络用户或者网络服务提供者仍然发布更正之前的信息。这些侵权行为都属于发布权威信息来源的信息不实的侵权行为。

4. 有偿或者擅自删除信息的侵权行为。第10条规定,被侵权人与构成侵权的网络用户或者网络服务提供者达成一方支付报酬,另一方提供删除、屏蔽、断开链接等服务的协议,人民法院应认定为无效。擅自篡改、删除、屏蔽特定网络信息或者以断开链接的方式阻止他人获取网络信息,发布该信息的网络用户或者网络服务提供者请求侵权人承担侵权责任的,人民法院应予支持。接受他人委托实施该行为的,委托人与受托人承担连带责任。

(二)网络服务提供者对网络用户实施侵权行为承担责任

1. 网络侵权责任避风港原则中的通知规则

《民法典》第1195条规定:"网络用户利用网络服务实施侵权行为的,权利人有权通知网络服务提供者采取删除、屏蔽、断开链接等必要措施。通知应当包括构成侵权的初步证据及权利人的真实身份信息。""网络服务提供者接到通知后,应当及时将该通知转送相关网络用户,并根据构成侵权的初步证据和服务类型采取必要措施;未及时采取必要措施的,对损害的扩大部分与该网络用户承担连带责任。""权利人因错误通知造成网络用户或者网络服务提供者损害的,应当承担侵权责任。法律另有规定,依照其规定。"这是对网络侵权责任避风港原则中通知规则的规定,对原《侵权责任法》第36条第2款进行了大幅度修改,形成了避风港规则中通知规则的完整体系。

网络侵权责任避风港原则的通知规则比较复杂,概括如下。

(1)权利人的通知权。网络用户利用他人的网络服务实施侵权行为的,网络服务提供者在原则上不承担责任,因为无法承担海量信息的审查义务。解决这种侵权纠纷的方法是"通知—取下"规则,即避风港原则的通知规则:认为自己权益受到损害的权利人,有权通知网络服务提供者,对网络用户在该网站上发布的信息采取删除、屏蔽、断开链接等必要措施,消除侵权信息及其影响。这就是权利人的通知权。行使通知权中的通知,应当包括构成侵权的初步证据及权利人的真实身份信息,没有这些必要内容的通知无效。

(2)网络服务提供者的义务。网络服务提供者接到权利人的通知后,应当实施两个行为:一是及时将该通知转送相关网络用户,二是对侵权信息根据实际情况需要,及时采取删除、屏蔽或者断开链接等必要措施。网络服务提供者履行了上述两项义务的,就进入"避风港",不承担侵权责任。网络服务提供者未及时采取必要措施的,构成侵权责任,要对损害的扩大部分与该网络用户承担部分连带责任,即网络服务提供者只对扩大的损害部分承担连带责任。按照《网络侵权责任司法解释》(2021)第3条的规定,原告起诉网络服务提供者,网络服务提供者以涉嫌侵权的信息系网络用户发布为由抗辩的,人民法院可以根据原告的请求及案件的具体情况,责令网络服务提供者向人民法院提供能够确定涉嫌侵权的网络用户的姓名(名称)、联系方式、网络地址等信息。

对于“及时”的判断,《网络侵权责任司法解释》(2021)第4条规定,认定网络服务提供者采取的删除、屏蔽、断开链接等必要措施是否及时,应当根据网络服务的类型和性质、有效通知的形式和准确程度、网络信息侵害权益的类型和程度等因素综合判断。

(3)对错误行使通知权的所谓权利人进行惩罚的措施。即因权利人错误行使通知权进行通知,依照该通知采取的必要措施造成了网络用户或者网络服务提供者损害的,错误通知的行为人应当对网络用户和网络服务提供者的损害承担侵权赔偿责任。

与原《侵权责任法》第36条第1款规定的内容相比,这一规定增加和完善的内容是:第一,要求网络用户主张行使通知权,应当提供包括构成侵权的初步证据及权利人的真实身份信息。提供构成侵权的初步证据,没有证据不可以行使通知权;提供权利人的真实身份信息,是被通知的权利人应当确有其人,并且能够确定并找到。第二,网络服务提供者接到通知后,应当及时转送相关网络用户,使其知晓为何采取必要措施。第三,采取必要措施须根据提供构成侵权的初步证据和服务类型,并非千篇一律就是删除。第四,错误通知造成网络用户或者网络服务提供者损害的,应当承担侵权责任,以此警示行使通知权的行为人应当谨慎,防止错误行使通知权而造成自己侵权的后果,防止通知权被滥用。

2. 网络侵权责任避风港原则中的反通知规则

《民法典》第1196条规定:“网络用户接到转送的通知后,可以向网络服务提供者提交不存在侵权行为的声明。声明应当包括不存在侵权行为的初步证据及网络用户的真实身份信息。”“网络服务提供者接到声明后,应当将该声明转送发出通知的权利人,并告知其可以向有关部门投诉或者向人民法院提起诉讼。网络服务提供者在转送声明到达权利人后的合理期限内,未收到权利人已经投诉或者提起诉讼通知的,应当及时终止所采取的措施。”这是对网络侵权责任避风港原则反通知规则的规定,是原《侵权责任法》第36条没有规定的新规则。

避风港原则有两个重要规则,一是通知规则,二是反通知规则。这两个规则的配置,能够保持网络上网络用户表达自由利益的平衡。

反通知权产生的基础是,权利人行使通知权,主张网络用户发布的信息构成侵权责任,要求网络服务提供者承担删除、屏蔽、断开链接等必要措施。网络用户行使反通知权的规则如下。

(1)网络用户享有反通知权。当权利人行使对网络用户发布的信息采取必要措施的通知权时,网络服务提供者将该通知转送网络用户,网络用户接到该通知后,即产生反通知权。《网络侵权责任司法解释》(2021)第5条规定,其发布的信息被采取删除、屏蔽、断开链接等措施的网络用户,主张网络服务提供者承担违约责任或者侵权责任,网络服务提供者以收到《民法典》第 1195 条第 1 款规定的有效通知为由抗辩的,人民法院应予支持。

(2)行使反通知权的方式,是网络用户向网络服务提供者提交自己不存在侵权行为的声明。网络用户提交该声明,就是行使反通知权的行为。提交的反通知声明,也应当包括不存在侵权行为的初步证据,不符合这样的要求的反通知声明,不发生反通知的效果。

(3)网络用户行使反通知权发送声明。网络服务提供者在接到该反通知声明后产生的义务:一是应当将该声明转送给发出通知的权利人,二是告知权利人可以向有关部门投诉或者向人民法院提起诉讼,而不是一接到反通知声明就立即终止所采取的必要措施。

(4)网络服务提供者在转送的反通知声明到达权利人后的合理期限内,未收到关于权利人已经投诉或者提起诉讼的通知的,应当及时对网络用户发布的信息终止所采取的删除、屏蔽或者断开链接等必要措施,保护网络用户即反通知权利人的表达自由。怎样确定合理期间,条文没有规定,原来草案规定的是 15 天,可以参考。时间的计算采到达主义,在转送的反通知声明到达权利人后,权利人应当在 15 日之内通知网络服务提供者自己已经投诉或者提起诉讼。在合理期限内,网络服务提供者没有收到权利人投诉或者起诉的通知,即应终止所采取的措施。法律没有规定网络服务提供者没有及时终止所采取的必要措施的后果责任,但是根据法理,违反义务的后果是承担责任,因而网络服务提供者应当承担侵权责任。

(5)不论是权利人的通知权还是网络用户的反通知权,其义务主体都是网络服务提供者,负有满足通知权人或者反通知权人权利要求的义务。网络用户和权利人不是对方的义务主体。

3. 红旗原则的主观要件是网络服务提供者知道或者应当知道

《民法典》第 1197 条规定:"网络服务提供者知道或者应当知道网络用户利用其网络服务侵害他人民事权益,未采取必要措施的,与该网络用户承担连带责任。"这是对网络侵权责任红旗原则的规定,与原《侵权责任法》第 36 条第 3 款规定相比,明确规定了适用红旗原则的主观要件是知道或者应当知道网络用户利用其网络服务侵害他人民事权益的新规则。

红旗原则,是指网络用户在网络服务提供者提供的网络上实施侵权行为,侵害他人的民事权益,非常明确(比喻为网络上的侵权行为"红旗飘飘"),网络服务提供者知道或者应当知道而不采取必要措施,即应承担侵权责任的规则。

适用红旗原则的要件是:第一,网络用户在他人的网站上实施侵权行为;第二,该侵权行为的侵权性质明显,不必证明即可确认;第三,网络服务提供者知道或者应当知道网络用户在自己的网站上实施了这种侵权行为;第四,网络服务提供者对这样的侵权信息没有采取删除、屏蔽或者断开链接的必要措施。

在第三个要件中,知道就是明知,应知就是根据实际情况可以确定网络服务提供者是应当知道的,例如,网络服务提供者已经对该信息进行了编辑、加工、置顶、转发等,都是应知的证明。原《侵权责任法》第36条第3款规定的是"知道",在解释上,很多人认为知道就是"明知",不应当包括"应当知道"。[①] 本条对此明确规定,适用红旗原则的主观要件是知道或者应当知道,起到了统一裁判尺度的效果,在司法实践和理论研究中,采取统一立场,统一裁判效果。

对于红旗原则的"知道"如何判断,《网络侵权责任司法解释》(2021)第6条规定,人民法院依据《民法典》第1197条认定网络服务提供者是否"知道或者应当知道",应当综合考虑下列因素:一是网络服务提供者是否以人工或者自动方式对侵权网络信息以推荐、排名、选择、编辑、整理、修改等方式作出处理;二是网络服务提供者应当具备的管理信息的能力,以及所提供服务的性质、方式及其引发侵权的可能性大小;三是该网络信息侵害人身权益的类型及明显程度;四是该网络信息的社会影响程度或者一定时间内的浏览量;五是网络服务提供者采取预防侵权措施的技术可能性及其是否采取了相应的合理措施;六是网络服务提供者是否针对同一网络用户的重复侵权行为或者同一侵权信息采取了相应的合理措施;七是与本案相关的其他因素。根据以上因素,判断网络服务提供者是否构成"知道或者应当知道"。

适用红旗原则的后果是,明知或者应知网络用户在自己的网站上实施侵权行为的网络服务提供者,对该侵权信息没有采取必要措施,须与实施侵权行为的网络用户一起,对被侵权人造成的损害承担连带赔偿责任。承担连带责任的规则适用《民法典》总则编第178条的规定。

4. 关于网络侵权责任赔偿的规则

《网络侵权责任司法解释》(2021)第11条和第12条规定了网络侵权赔偿责任的规则。具体内容如下:

(1)网络侵权责任的赔偿范围。第11条规定,网络用户或者网络服务提供者侵害他人人身权益,造成财产损失或者严重精神损害,被侵权人依据《民法典》第1182条和第1183条的规定,请求其承担赔偿责任的,人民法院应予支持。这一条文确定的是,网络侵权的赔偿责任,一是侵害人身权益的财产损失的赔偿责任,二是侵害人身权益的精神损害赔偿责任。

(2)侵害人身权益造成财产损失包括为制止侵权行为所支付的合理开支。第12

① 参见杨立新:《侵权责任法》(第2版),法律出版社2013年版,第267页。

条第1款规定,被侵权人为制止侵权行为所支付的合理开支,可以认定为《民法典》第1182条规定的财产损失。合理开支包括被侵权人或者委托代理人对侵权行为进行调查、取证的合理费用。人民法院根据当事人的请求和具体案情,可以将符合国家有关部门规定的律师费用计算在赔偿范围内。

(3)侵害人身权益造成财产损失无法确定的计算上限。第12条第2款规定,侵害人身权益的财产损失赔偿责任的确定,被侵权人因人身权益受侵害造成的财产损失以及侵权人因此获得的利益难以确定的,人民法院可以根据具体案情在50万元以下的范围内确定赔偿数额。这一规定的重要价值不止于网络侵权的赔偿责任,对其他适用《民法典》第1182条规定的损害赔偿也具有借鉴意义。

第五节 违反安全保障义务的侵权责任

《民法典》第1198条规定:"宾馆、商场、银行、车站、机场、体育场馆、娱乐场所等经营场所、公共场所的经营者、管理者或者群众性活动的组织者,未尽到安全保障义务,造成他人损害的,应当承担侵权责任。""因第三人的行为造成他人损害的,由第三人承担侵权责任;经营者、管理者或者组织者未尽到安全保障义务的,承担相应的补充责任。经营者、管理者或者组织者承担补充责任后,可以向第三人追偿。"这一条文是对违反安全保障义务侵权责任的规定,与原《侵权责任法》第37条规定相比,扩大了责任主体范围,增加了侵权责任主体及追偿权等新规则。

一、违反安全保障义务的侵权责任概念和特征

(一)违反安全保障义务侵权责任的概念

违反安全保障义务的侵权责任,是指依照法律规定或者约定对他人负有安全保障义务的人违反该义务,因而直接或者间接地造成他人人身或者财产权益损害,应当承担损害赔偿责任的特殊侵权责任。

在我国关于违反安全保障义务的侵权责任的第一个案件是"银河宾馆案"。该案的案情是:23岁的某医药公司总经理王某在上海银河宾馆客房里遭抢劫遇害。警方事后从宾馆的安全监视系统记录资料中发现,凶手仝某在入室作案前,曾尾随王某,并在不到两小时内7次上下电梯进行跟踪。但是,对形迹可疑的仝某,宾馆未做访客登记,宾馆保安人员无一人上前盘问。死者父母认为银河宾馆严重失职,应当承担侵权责任。一审法院判令被告赔偿原告人民币8万元。二审法院认为,宾馆作为特殊服务性行

业，应向住客提供安全的住宿环境。王某入住银河宾馆，双方即形成合同关系，安全保障是宾馆的一项合同义务。本案罪犯7次上下宾馆电梯，宾馆却没有对这一异常举动给予密切注意，未履行对王某的安全保护义务，自应承担责任。据此维持原判，驳回上诉。[①] 这个案件，法院第一次适用了违反安全保障义务的概念，作出了成功的判决。随后，最高人民法院原《关于审理人身损害赔偿案件适用法律若干问题的解释》第6条作出了相应的规定，原《侵权责任法》第37条总结了这些司法实践经验并作出规定，《民法典》第1198条在此基础上进行完善，作出了新的规定。

（二）违反安全保障义务侵权责任的特征

1. 行为人是对受保护人负有安全保障义务的人

违反安全保障义务侵权责任的行为主体，是公共场所或者群众性活动的管理人或者组织者，受保护人是进入行为人公共场所或者群众性活动领域之中的人。由于受保护人的进入，安全保障义务人对受保护人产生安全保障义务。因此，负有安全保障义务的行为人，必须是对进入者也就是受保护人负有安全保障义务的公共场所的管理人或者群众性活动的组织者。

2. 行为人对于受安全保障义务保护的相对人违反安全保障义务

构成违反安全保障义务侵权责任，必须是负有安全保障义务的人"未尽到安全保障义务"，因此，未尽到安全保障义务是构成这种侵权行为的要件之一。也就是说，不仅负有安全保障义务的人负有该义务，而且其没有尽到这种义务，或者违反了这种安全保障义务。因此，违反安全保障义务的侵权责任是负有安全保障义务的人由于没有履行安全保障义务而实施的侵权行为。

3. 受安全保障义务人保护的相对人遭受了人身损害或财产损害

行为人的违反安全保障义务的侵权责任造成了被侵权人的人身损害或者财产损害，是这种侵权行为的特点之一。这种损害事实主要是指人身损害的事实，同时也包括财产损害的事实。这是因为违反安全保障义务的侵权责任主要是保护人身权利不受侵害，但是，如果违反安全保障义务的侵权责任造成了受保护人的财产权利的损害，也构成违反安全保障义务侵权责任的损害赔偿责任，可以依据侵害财产权的赔偿方法进行赔偿。

4. 违反安全保障义务的行为人应当承担侵权损害赔偿责任

既然违反安全保障义务的侵权责任造成了受保护人的人身损害或者财产损害，那么，其救济手段就是损害赔偿，违反安全保障义务的侵权责任人所承担的损害赔偿，就

---

① 参见《王某、张某诉上海银河宾馆赔偿纠纷案》，载豆丁网：http://www.docin.com/p-905785304.html，2017年10月5日最后访问。

是侵权损害赔偿责任。

二、违反安全保障义务侵权责任的主体及安全保障义务的来源

(一)安全保障义务的主体

1. 义务主体的确定

按照最高人民法院原《关于审理人身损害赔偿案件适用法律若干问题的解释》第6条的规定,负有安全保障义务的义务主体应当是经营者和其他社会活动的组织者,包括自然人、法人和其他组织。可见,第一种主体是经营活动的经营者,第二种是其他社会活动的组织者。司法解释中的“住宿、餐饮、娱乐等经营活动”并不是完全的列举,一个“等”字应该把它们都概括进去。

原《侵权责任法》第37条改变了这样的规定,将违反安全保障义务侵权责任的义务主体范围界定为“宾馆、商场、银行、车站、娱乐场所等公共场所的管理人或者群众性活动的组织者”,即“公共场所的管理人或者群众性活动的组织者”。这个范围比原来司法解释规定的范围窄,不利于保护受保护的人的利益。

正是由于原《侵权责任法》第37条规定安全保障义务主体范围存在狭窄的不足,因此,《消费者权益保护法》第48条在修改时,增加了“经营者对消费者未尽到安全保障义务,造成消费者损害的,应当承担侵权责任”的内容,扩大了安全保障义务的主体范围,包括所有的经营者,而不是仅仅包括公共场所的管理人或者群众性活动的组织者。

《民法典》第1198条规定的违反安全保障义务侵权责任的主体,在原《侵权责任法》第37条规定的基础上,有了很大扩展,规定为“宾馆、商场、银行、车站、机场、体育场馆、娱乐场所等经营场所、公共场所的经营者、管理者或者群众性活动的组织者”。经营场所的经营者的概念,与《消费者权益保护法》规定的经营者,范围是一致的。因此,不论该条文在列举中规定了何种场所,只要是经营场所,其经营者以及管理者,或者群众性活动的组织者,就须对参与者承担安全保障义务。

对此,应当借鉴英美法的土地利益占有人或者土地占有者的概念,更容易处理实际问题。不论是经营者,还是社会活动的组织者,他们都占有土地,在土地上进行活动。即使不是公共场所的管理人或者群众性活动的组织者的其他人,如果占有土地进行活动,对于进入土地范围的人也应当承担安全保障义务。例如,自己的房屋和庭院存在现实危险,造成他人损害,是不是也要承担侵权责任呢?不仅如此,还可以通过这种标准界定义务主体负有安全保障义务的范围。

2. 权利主体的确定

受到安全保障义务保护的人,就是安全保障义务的权利主体。《民法典》第1198

条的规定为“他人”,没有规定具体范围。事实上,安全保障义务的权利主体,就是受安全保障义务保护的当事人。按照一般推论,既然义务主体是经营场所、公共场所的经营者、管理人或者群众性活动的组织者,那么,权利主体就一定是参加经营场所、公共场所和群众性活动的参与者。

同样,对此可以借鉴美国和英国侵权法中的做法。进入土地利益范围里的人分为以下四种:

(1)受邀请者。经营者开始经营,所有进入经营领域的人都是受邀请者,即“被告经营商店,是以大众为对象,故社会大众皆为被告的受邀请者,不能因原告受伤前未向被告购买东西,即认为原告非属受邀请者”。只要经营者打开门开始经营,就是向不特定的人发出了邀请。

(2)没有经过同意的访问者。访问者与受邀请者的区别是,访问者是经营者没有邀请,自己进来的,土地利益占有者对于访问者的安全注意义务要低于受邀请者。

(3)公共人。公共人是有权进入他人占有的土地利益范围的人,如邮差、税收官、政府的调查人员、收电费的职员等。这些人是有权进入他人的土地利益范围的,对于公共人的注意标准相当于受邀请者。

(4)未成年人。对未成年人,土地利益占有者负有最高的安全保障义务,只要土地利益中存在对儿童具有诱惑力的危险,占有者就必须确保儿童不受该危险的损害。

在司法实务中,可以根据实际情况,把“他人”分为受邀请者、公共人、访问者和未成年人,分别赋予公共场所的管理人或者群众性活动的组织者以不同的安全保障义务,这样就更容易操作和执行。

(二)安全保障义务来源的确定

确定违反安全保障义务侵权责任的责任,最重要的就是确定行为人是不是负有安全保障义务、负有什么样的安全保障义务。因此,首先要确定公共场所的管理人或者群众性活动的组织者的安全保障义务来源。安全保障义务的来源主要有以下三个方面。

1. 法律直接规定

法律直接规定安全保护义务,是最直接的安全保障义务的来源。例如,《消费者权益保护法》第 7 条规定:“消费者在购买、使用商品和接受服务时享有人身、财产安全不受损害的权利。”“消费者有权要求经营者提供的商品和服务,符合保障人身、财产安全的要求。”第 18 条规定:“经营者应当保证其提供的商品或者服务符合保障人身、财产安全的要求。对可能危及人身、财产安全的商品和服务,应当向消费者作出真实的说明和明确的警示,并说明和标明正确使用商品或者接受服务的方法,以及防止危害发生的方法。”“宾馆、商场、餐馆、银行、机场、车站、港口、影剧院等经营场所的经营者,应当对消费者尽到安全保障义务。"在其他规定保护义务的法律中,也都属于这种性质的安全保护义务。可见,所有的经营场所、公共场所的经营者、管理者以及群众性活动的组织者,负有的安全保障义务都来源于这些法律规定,是法定的义务。

2. 合同约定的主义务

如果在当事人约定的合同义务中规定,合同的一方当事人对另一方当事人负有安全保障义务的,合同当事人应当承担安全保障义务。例如,订立旅客运输合同,旅客的人身安全保障义务就是合同的主义务,当事人必须履行这种义务。①

3. 法定的或者约定的合同附随义务

按照诚信原则,一方当事人应该对另一方当事人提供安全保障义务,该方当事人也应该负有安全保障义务。例如,餐饮业、旅馆业向顾客提供服务,按照诚信原则的解释,应当对接受服务的客人人身安全负有保障义务。②

(三)安全保障义务性质的确定

按照上述分析,公共场所的管理人或者群众性活动的组织者承担的安全保护义务的基本性质有两种:一是法定义务,二是合同义务。事实上,这两种义务是竞合的。例如,经营者的安全保障义务既是法律规定的义务,也是合同约定的义务。那么,经营者违反这种安全保障义务,既可能构成侵权责任,也可能构成违约责任。因此,会发生民事责任竞合,即违反安全保障义务的行为发生侵权责任和违约责任竞合,被侵权人产生两个损害赔偿的请求权。对此,应当按照《民法典》第 186 条的规定,由受害方进行选择,选择一个最有利于自己的请求权行使,救济自己的权利损害。

三、违反安全保障义务侵权责任的归责原则和构成要件

(一)违反安全保障义务侵权责任的归责原则

1. 不适用无过错责任原则

对于违反安全保障义务侵权责任是否适用无过错责任原则,学界的意见一致,均持否定态度。学者断言,至少在目前,我们还没有发现必须在此类案件中适用严格责任或危险责任的必要性有多么高,而且严格责任与危险责任有赖于制定法的明确规定,司法解释显然不具有这样的权力,规定适用严格责任或者危险责任。③ 这种说法是

---

① 参见崔建远主编:《合同法》(第 5 版),法律出版社 2003 年版,第 414 页。

② 其实,前文所述银河宾馆案,即使是宾馆没有承诺"24 小时保障客人安全",依照诚信原则,亦应承担这种安全保障义务。

③ 参见最高人民法院民事审判第一庭编著:《最高人民法院人身损害赔偿司法解释的理解与适用》,人民法院出版社 2004 年版,第 105 页。

正确的。[①] 因此,违反安全保障义务的侵权责任不适用无过错责任原则。

2. 适用过错责任原则还是过错推定原则

确定违反安全保障义务侵权责任,行为人必须具有过错,这是一致的意见。但是,过错的证明究竟由谁承担举证责任,却有不同的意见。这就涉及是适用过错责任原则还是过错推定原则的问题。

多数人的意见认为,违反安全保障义务发生被侵权人人身、财产损害的,经营者仅在自己有过错的情况下承担侵权责任,没有过错则不承担责任。[②] 因此,违反安全保障义务侵权责任仍应由被侵权人一方承担安全保障义务人具有过错的举证责任,除非法律、法规有明确规定,否则不能适用过错推定责任。[③]

对于违反安全保障义务侵权责任的过错认定,应当采用过错推定原则。推定的事实基础,就是被侵权人已经证明被告的行为违反了安全保障义务。在此基础上,推定被告具有过错。如果否认自己的过错,则过错的举证责任由违反安全保障义务的行为人自己承担,由他证明自己没有过错的事实。如果他能够证明自己没有过错,则推翻过错推定,免除其侵权责任;如果不能证明其没有过错,或者证明不足,则过错推定成立,行为人应当承担侵权责任。

违反安全保障义务的侵权责任适用过错推定原则的理由如下:

第一,推定行为人有过错具有客观事实的依据。推定违反安全保障义务的行为人有过错的依据,是行为人违反安全保障义务的客观行为。既然行为人已经违反了安全保障义务,那么他在主观上应当有过错,推定其有过错是合理的。

第二,违反安全保障义务侵权责任是特殊侵权责任,不是一般侵权行为。特殊侵权责任与一般侵权行为的基本区别,首先在于归责原则的不同,前者适用过错推定原则,后者适用过错责任原则。其次是举证责任不同,如上所说。最后是侵权责任形态不同,前者是替代责任,后者是为自己负责的自己责任。这些区别,在《法国民法典》第1382条与第1384条中已经明确,无须再加以阐明。

第三,适用过错推定原则有利于保护被侵权人的合法权益。被侵权人遭受侵害,能够证明行为人违反安全保障义务已属不易,再令其举证证明行为人的过错,实在是强人所难,有可能使被侵权人的赔偿权利无法实现。适用过错推定原则,既不使行为人遭受过错

---

① 但是,这一结论中使用严格责任和危险责任的概念,显然是不正确的,就是将严格责任与危险责任混同于过错推定原则,这是一个明显的错误。我们使用无过错责任原则的概念,与严格责任和危险责任是相同的概念。

② 参见张新宝:《侵权责任法原理》,中国人民大学出版社2005年版,第281页。

③ 参见最高人民法院民事审判第一庭编著:《最高人民法院人身损害赔偿司法解释的理解与适用》,人民法院出版社2004年版,第105页。

责任原则举证责任的刁难,又能使被侵权人得到较好的保护,是一个很好的决策。

(二)违反安全保障义务侵权责任构成要件

1. 行为人实施了违反安全保障义务的行为

(1)行为的基本方式是不作为

构成违反安全保障义务侵权责任,首先须具有违反安全保障义务的行为。这是一个客观要件,是行为要件。违法行为构成要件的基本要素之一就是行为,不作为是违反安全保障义务侵权责任构成的行为要素。违反安全保障义务的行为一般表现为消极行为,是不作为的行为方式。这就是应当履行作为的安全保障义务的人,由于未尽适当的注意义务,应当作为而没有作为,没有尽到安全保障义务,因此造成受保护人的权利损害。

(2)行为人必须违反安全保障义务

构成违反安全保障义务侵权责任,行为人违反了安全保障义务。违反安全保障义务在违法行为的要件中,就是违法性的要素,是客观要素,是行为法律评价标准的要素,而不是主观过错的判断要素。

(3)怎样判断义务人是否违反安全保障义务

在实践中怎样判断义务人是否违反安全保障义务,需要有一个客观的标准。现实生活千差万别,很难找到一个统一的、明确的标准,应当具体问题具体分析。不过,客观上存在一些能够确定义务人是否尽到了安全保障义务的要素,如在确定防范、制止侵权行为违反安全保障义务的侵权责任中是不是尽到安全保障义务时,可以从安全保障义务的性质、侵权行为的性质和力度、安全保障义务人的保安能力以及发生侵权行为前后所采取的防范、制止侵权行为的措施等方面,综合判断,确定义务人是否已经尽到安全保障义务。

判断义务人是否履行了安全保障义务可以从四个方面加以把握。

第一,法定标准。如果法律对于安全保障的内容和安全保障义务人必须履行的行为有直接规定时,应当严格按照法律、法规的明确规定进行判断。例如,公安部《高层建筑消防管理规则》规定:“建筑物内的走道、楼梯、出口等部位,要经常保持畅通,严禁堆放物品。疏散标志和指示灯要完整好用。”这就是一种法定标准,用以衡量高层建筑所有者或管理者是否尽到对火灾的预防义务的一条法定判断标准。违反这个标准,造成了被保护人的人身损害或财产损害,即构成违反安全保障义务。

第二,特别标准。对于未成年人的安全保障义务,应当采用特别标准。这样的标准是,如果在一个经营活动领域或者一个社会活动领域,存在对儿童具有诱惑力的危险时,公共场所的管理人或者群众性活动的组织者必须履行最高的安全保障义务。应当采取的保障义务包括:其一,消除这个危险,使之不能发生;其二,使未成年人与该危险隔绝,使其无法接触这个危险;其三,采取其他措施,保障不能对儿童造成损害。没有实施这些保障措施,即违反了安全保障义务。

第三,善良管理人的标准。如果法律没有规定确定的标准,履行安全保障义务的判断标准要高于侵权法的一般人的注意标准。在美国侵权法中,对于受邀请而进入土地利益范围的人,土地所有人或者占有人应当承担的安全保障义务是很高的,标准是要保证受邀请人的合理性安全。这种安全注意义务可以扩展到保护受邀请者免受第三者的刑事性攻击。法国最高法院在判例中认为,在欠缺法定的作为义务的情况下,行为人是否对他人负有积极作为的义务,应根据善良家父的判断标准予以确认。如果被告在一个善良家父会积极作为时却没有作为,即表明被告有过错,在符合其他责任构成的条件下即应承担过错侵权责任。[①] 善良家父、保障合理性安全的标准,就是善良管理人注意的标准。这种标准与罗马法上的"善良家父之注意"和德国法上的"交易上必要之注意"相当,都是要以交易上的一般观念,认为具有相当知识经验的人,对于一定事件的所用注意作为标准,客观地加以认定。行为人有无尽此注意的知识和经验,以及他向来对于事务所用的注意程度,均不过问,只需依其职业斟酌,所用的注意程度应比普通人的注意更高,和处理自己事务为同一注意要求。这种注意的标准,是客观标准。[②]

第四,一般标准。这种标准分为两个方面。一方面,公共场所的管理人或者群众性活动的组织者对于一般的被保护人,如主动进入经营场所或社会活动场所的人,或者非法进入者,所承担的义务就是对于隐蔽性危险负有告知义务。如果对这种告知义务没有履行,则构成违反安全保障义务。例如,对于进入商场不是意欲购买物品,只是要通过商场过道的人,经营者只对隐蔽危险负有告知义务,并不承担善良管理人的注意义务。另一方面,公共场所的管理人或者群众性活动的组织者对于受邀请者进入经营领域或者社会活动领域的一般保护事项,如商场、列车、公共交通工具遭受窃贼侵害的危险,负有一般的告知义务和注意义务,并非遭受窃贼损害,都是义务人违反安全保障义务。

(4)违反安全保障义务行为的具体形式

按照上述标准,以下四种行为是违反安全保障义务的行为:第一,怠于防止侵害行为。对于负有防范制止侵权行为的安全保障义务的人,没有对发生的侵权行为进行有效的防范或制止。第二,怠于消除人为的危险情况。这就是对于管理服务等人为的危险状况没有进行消除。第三,怠于消除经营场所或者活动场所具有伤害性的自然情况。例如,设施、设备存在的不合理危险,没有采取合理措施予以消除。第四,怠于实施告知行为。对于经营场所或者社会活动场所中存在的潜在危险和危险因素,没有尽到告知

---

① 参见张民安:《过错侵权责任制度研究》,中国政法大学出版社 2002 年版,第 328 页。

② 参见杨立新:《侵权行为法专论》,高等教育出版社 2005 年版,第 112 页。

义务,亦未尽适当注意义务。对于上述安全保障义务标准,如果超出了合理限度范围,则即使造成了进入经营或者活动领域的人的损害,也不应当承担损害赔偿责任。

2. 负有安全保障义务的相对人受到损害

构成违反安全保障义务侵权责任应当具备损害事实要件,包括人身损害和财产损害。人身损害是受保护人的生命权、健康权、身体权受到损害的事实,不过仅仅是身体权受到损害的话,应当是轻微的损害,在违反安全保障义务的侵权责任中较为少见。因此,违反安全保障义务的人身损害赔偿责任所保护的是自然人的健康权和生命权。财产损害事实是由于违反安全保障义务行为造成了受保护人的财产或者财产利益受到损害的事实。这种财产损害事实,一般是指财产的直接损失,即违反安全保障义务的行为所直接造成的财产损失,而不是债权等其他财产权中的期待利益的损失。

在侵害生命权、健康权的损害事实中,包括精神痛苦的损害事实,对此可以请求赔偿精神损害抚慰金。

3. 损害事实与违反安全保障义务行为之间具有因果关系

在违反安全保障义务侵权责任构成中,义务人的违反义务行为与受保护人的损害之间,应当具有引起与被引起的因果关系。

(1)不同侵权行为类型的因果关系要求

在违反安全保障义务的侵权责任构成中,由于其侵权行为类型不同,对因果关系要件的要求也不同。

第一,在违反安全保障义务行为直接造成损害事实的情况下,对因果关系的要求是直接因果关系或者相当因果关系,违反安全保障义务行为是损害发生的原因。例如,在设施、设备违反安全保障义务的侵权责任、服务管理违反安全保障义务的侵权责任和对儿童违反安全保障义务侵权责任中,对于因果关系要件的要求,是具有确定的直接因果关系或者相当因果关系,违反安全保障义务的行为就是引起受保护人损害事实的原因。

第二,在防范、制止侵权行为违反安全保障义务的侵权责任中,对于因果关系的要求比前三种侵权行为的要求为低,其侵权责任构成的因果关系应当是间接因果关系,违反安全保障义务行为仅仅是损害发生的间接原因,不要求是直接原因。这是因为,侵权行为人对受保护人所实施的侵权行为,就是直接针对受保护人的,并且直接造成了受保护人的损害。在这种情形下,该侵权行为是受保护人受到损害的全部原因。但是,安全保障义务人的违反安全保障义务行为也是造成受保护人的损害的全部原因,因为如果其尽到了保护义务,就会完全避免这种损害。事实上,安全保障义务人的行为是受保护人受到损害的一个必要条件,也具有因果关系,只是这种因果关系是间接因果关系而已。

(2)不同损害事实的因果关系要求

在违反安全保障义务的侵权责任构成中,对于不同损害事实的因果关系也有不同的要求。对于人身损害事实,应当以相当因果关系作为判断标准,违反安全保障义务行为是损害事实发生的适当条件的,即构成因果关系要件,应当对该损害事实承担侵权责任;对于财产损害事实,则应当以直接因果关系作为判断标准,违反安全保障义务的行为是损害事实发生的原因时,才能构成侵权责任。

4. 违反安全保障义务行为的行为人具有过错

构成违反安全保障义务侵权责任,行为人应当具有过错。

(1)过错性质

违反安全保障义务人的过错性质,是未尽注意义务的过失,不包括故意。如果违反安全保障义务人在造成损害中具有故意,包括直接故意和间接故意,则不属于这种侵权行为类型,而是故意侵权。这种过失的表现是应当注意而没有注意,是一种不注意的心理状态。这种心理状态实际地表现在其违反安全保障义务的行为中,应当通过对其行为的考察作出判断。具体地说,判断违反安全保障义务的行为人有无过错的标准是,行为人是否达到了法律、法规、规章等所要求达到的注意义务;或者是否达到了同类公共场所管理人或者群众性活动组织者所应当达到的注意程度;或者是否达到了诚信、善良的公共场所管理人或者群众性活动组织者所应当达到的注意程度。①

(2)过错的证明责任

违反安全保障义务侵权责任适用过错推定原则,因此,过错的证明实行举证责任倒置。也就是说,只要被侵权人证明义务人未尽安全保障义务,并且已经造成了被侵权人的损害,就直接从损害事实和违反安全保障义务的行为中推定义务人有过失。如果义务人认为自己没有过错,应当自己举证,证明自己没有过错。证明自己没有过错的,推翻过错推定,义务人不承担侵权责任;反之,不能证明或者证明不足的,过错推定成立,构成侵权责任。

(3)义务人如何证明自己没有过错

严格地说,义务人证明自己没有过错是较难的。因为推定过错的基础是行为人违反安全保障义务,被侵权人已经证明了行为人违反安全保障义务,那么,在违反安全保障义务的行为中实际上已经包含了过错。义务人要证明自己没有过错,应当做到:证明自己的注意标准是什么,自己的行为已经达到了这样的注意标准,因此没有过失;或者证明自己虽然没有达到要求的注意标准,但是另有抗辩的原因,或者由于不可抗力,或者由于自己意志以外的原因,或者是第三人的原因行为所致等。义务人能够证明这

---

① 参见张新宝:《侵权责任法原理》,中国人民大学出版社 2005 年版,第 281 页。

些内容,应当认定其不具有过错,不构成侵权责任。

四、违反安全保障义务侵权责任类型

违反安全保障义务侵权责任分为四种具体类型。

(一)设施、设备违反安全保障义务

公共场所的管理人或者群众性活动的组织者在设施、设备方面的安全保障义务,主要是不违反相关的安全标准。经营场所或者社会活动场所设施、设备必须符合国家的强制标准要求,没有国家的强制标准的,应当符合行业标准或者达到进行此等经营活动所需要达到的安全标准。具体的要求,首先是建筑物的安全标准,应当符合《建筑法》和《建筑工程质量管理条例》等法律、法规的质量要求,应当经过建筑行政管理部门验收合格,不得存在安全隐患;其次是消防方面的标准,必须符合《消防法》《高层建筑消防管理规则》《营业性演出管理条例》等的规定,经营场所和活动场所必须配备必要的消防设备、报警设施、紧急疏散标志和疏散图等,并保证一直处于良好状态;再次是电梯的安全标准,实行安全使用证制度、安全年检制度、日常维护保养制度,防止出现危险;最后是其他相关配套设施设备,必须经常地、勤勉地进行维护,使它们一直处于良好、安全的运行状态,符合安全标准。

公共场所管理人或者群众性活动组织者的设施、设备违反安全保障义务,就是在提供服务的场所,在上述四个方面所设置的硬件没有达到保障安全的要求,存在缺陷或者瑕疵,造成了他人的损害,管理人或者组织者应当对被侵权人承担损害赔偿责任。例如,某商场在通道上安装的玻璃门未设置警示标志,一般人很难发现是一扇门,顾客通过时撞在门上造成伤害。对此,商场应当承担违反安全保障义务的人身损害赔偿责任。

(二)服务管理违反安全保障义务

公共场所的管理人或者群众性活动的组织者在服务管理方面的安全保障义务,主要包括以下三个方面:

第一,加强管理,提供安全的消费、活动环境。公共场所的管理人或者群众性活动的组织者在提供服务的时候,应当保障服务的内容和服务的过程是安全的,不能存在不安全的因素和危险,这些要求集中体现在公共场所或者群众性活动的组织、管理和服务上。例如,涉及消费者和活动参与者的人身安全和卫生安全的经营、活动中,应当保障人身安全和卫生,地面不得存在油渍和障碍,应当定期消毒,防止传染病的传播等。

第二,坚持服务标准,防止出现损害。在经营和活动中,应当按照确定的服务标准进行,不得违反服务标准。例如,饭店服务人员没有擦干净,地板上留有污渍,顾客踩在上面滑倒造成伤害,构成人身损害赔偿责任。对此,美国"麦当劳热饮伤害案"具有借鉴意义。美国新墨西哥州一家麦当劳餐厅,一位 79 岁的老太太 Stella Liebeck 买了一杯热咖啡,当打开杯盖饮用时,不慎将一些咖啡泼在了腿上,被确诊为三度烫伤。据调查,咖啡的饮用标准温度应当是华氏 140 度左右,超过华氏 155 度就有烫伤的危险了。当时麦当劳提供的咖啡温度在华氏 180 ~ 190 度。老太太将麦当劳告上法庭,称麦当劳没有提示热咖啡的温度,造成了自己的伤害。法院认为,承担服务职责的大公司应当善待每一个顾客,不能因为自己的过失使顾客受到损害,因此判决麦当劳公司承担 270 万美元的惩罚性赔偿金,上诉审法院二审改判为 48 万美元。自此,麦当劳在公司的所有热饮杯上都加印了"小心烫口"的标志。①

第三,必要的提示、说明、劝告、协助义务。在经营或者社会活动中,如果存在不安全因素,如可能出现伤害或者意外情况时,应当进行警示、说明。对于可能出现的危险应当对消费者或者参与者进行合理的说明,对于有违安全的消费者或者参与者进行劝告,必要时还要通知公安部门进行必要的强制。对于已经发生或者正在发生的危险,经营者或者组织者应当进行积极的救助,以避免损失的发生和扩大,如发生火灾,必须组织工作人员进行疏导和疏散,进行安全转移。同时,对于大型的,多人参加的活动,必须按照限定的数额售票,不得超员。

服务管理违反安全保障义务,就是经营者或者组织者的工作人员违反上述安全保障义务,存在瑕疵或者缺陷,因此造成他人损害,构成侵权责任。

(三)对儿童违反安全保障义务

儿童是祖国的未来,是民族的未来,因此法律对儿童予以特别的关照和保护。对儿童的保护适用特别标准,公共场所的管理人或者群众性活动的组织者必须竭力采取保护儿童的各项措施,以保障儿童不受场地内具有诱惑力的危险的侵害。公共场所的管理人或者群众性活动的组织者对儿童违反安全保障义务,造成儿童损害的,应当承担赔偿责任。

(四)防范制止侵权行为违反安全保障义务

对于他人负有安全保障义务的公共场所的管理人或者群众性活动的组织者,在防范和制止他人侵害方面未尽义务,造成受保护人损害的,也构成违反安全保障义务的侵权责任,这是一种特定的类型。前述的银河宾馆案,就是这种侵权行为的典型案例。

五、违反安全保障义务侵权责任的责任形态

违反安全保障义务侵权责任的赔偿责任分为三种:自己责任、替代责任和补充

① 参见李响:《美国侵权法原理及案例研究》,中国政法大学出版社 2004 年版,第 3 页。

责任。

(一)自己责任

自己责任,就是违法行为人对自己实施的行为所造成的他人人身损害和财产损害的后果由自己承担的侵权责任形态。对公共场所的管理人或者群众性活动的组织者的经营或者活动而言,违反安全保障义务造成受保护人的人身损害,自己承担责任,就是自己责任。在设施设备违反安全保障义务的侵权责任、服务管理违反安全保障义务和对儿童违反安全保障义务的侵权责任中,违反安全保障义务的行为人如果是单一的自然人主体,那么他就要承担自己责任。《民法典》第 1198 条第 1 款规定的责任,就是自己的责任。

自己责任的特点是:第一,是违法行为人自己实施的行为;第二,是违法行为人自己实施的行为造成的损害;第三,是自己对自己实施的行为所造成的损害,由自己承担责任。这三个特点都突出了一个概念,就是"自己",是为自己的行为负责的侵权责任形态。① 在一般侵权行为中,行为人和责任人是同一人,行为人对自己实施的行为承担后果责任,即自己造成的损害自己赔偿,不能由没有实施违法行为的人承担赔偿责任。前述三种侵权行为都是公共场所的管理人或者群众性活动的组织者自己实施的行为造成受保护人的人身损害,要自己承担责任,符合自己责任的特点。

(二)替代责任

如果公共场所的管理人或者群众性活动的组织者是用人单位,违反安全保障义务的具体行为人是公共场所的管理人或者群众性活动组织者的工作人员,而且符合用人单位责任的要求,那么,在设施设备违反安全保障义务的侵权责任、服务管理违反安全保障义务和对儿童违反安全保障义务的侵权责任中,这种侵权责任形态实际上是替代责任,而不是自己责任。对此,应当根据《民法典》第 1191 条或第 1192 条的规定确定侵权责任。因此,无论是公共场所的管理人或者群众性活动的组织者自己违反安全保障义务,还是其工作人员违反安全保障义务,都是要由作为公共场所的管理人或者群众性活动的组织者的用人单位承担责任的;不过,如果公共场所的管理人或者群众性活动的组织者的工作人员违反安全保障义务造成损害的,公共场所的管理人或者群众性活动的组织者在承担了赔偿责任之后,可以向有过错的工作人员追偿。

(三)补充责任

《民法典》第 1198 条第 2 款规定:"因第三人的行为造成他人损害的,由第三人承担侵权责任;经营者、管理者或者组织者未尽到安全保障义务的,承担相应的补充责

---

① 在中国社会科学院法学研究所起草的《中国民法典(草案)》中,就是将一般侵权行为表述为"自己的侵权行为",如果说得准确的话,以"自己的侵权责任"命名会更好一些,且能够与下一章的"对他人侵权之责任"的表述相对应,参见梁慧星:《中国民法典草案建议稿》,法律出版社 2003 年版,第 310 页。

任。经营者、管理者或者组织者承担补充责任后,可以向第三人追偿。”原《侵权责任法》第 37 条第 2 款没有追偿权的规定,与最高人民法院原《关于审理人身损害赔偿适用法律若干问题的解释》第 6 条第 2 款关于“因第三人侵权导致损害结果发生的,由实施侵权行为的第三人承担赔偿责任。安全保障义务人有过错的,应当在其能够防止或者制止损害的范围内承担相应的补充赔偿责任。安全保障义务人承担责任后,可以向第三人追偿。赔偿权利人起诉安全保障义务人的,应当将第三人作为共同被告,但第三人不能确定的除外”的规定相比较,取消了追偿权的规定。《民法典》第 1198 条第 2 款,重新规定了应当规定的追偿权。

在违反安全保障义务的侵权责任中,防范制止侵权行为违反安全保障义务的一方当事人承担的损害赔偿责任,是补充责任。按照这一规定,防范制止侵权行为违反安全保障义务的侵权损害赔偿责任,是指第三人侵权导致被侵权人损害的,安全保障义务人对此有过错的,承担相应的补充赔偿责任。

侵权法上的补充责任,是指两个以上的行为人违反法定义务,对一个被侵权人实施加害行为,或者不同的行为人基于不同的行为致使被侵权人的权利受到同一损害,各个行为人产生同一内容的侵权责任,被侵权人享有的数个请求权有顺序的区别,首先行使顺序在先的请求权,该请求权不能实现或者不能完全实现时,再行使其他请求权的侵权责任形态。

侵权补充责任的基本规则如下。

第一,在侵权补充责任形态中,即构成直接责任与补充责任的竞合时,被侵权人应当首先向直接责任人即侵权行为人请求赔偿,直接责任人应当承担侵权责任。直接责任人承担了全部赔偿责任后,补充责任人即违反安全保障义务的人的赔偿责任终局消灭,被侵权人不得向其请求赔偿,直接责任人也不得向其追偿。

第二,被侵权人在直接责任人不能赔偿、赔偿不足或者下落不明无法行使第一顺序的赔偿请求权时,可以向补充责任人请求赔偿。补充责任人应当满足被侵权人的请求。补充责任人的赔偿责任范围,并不是直接责任人不能赔偿的部分,而是“相应”的部分。所谓相应的补充责任,应当与违反安全保障义务人的过错程度和行为的原因力“相应”,并且只此而已,并不承担超出相应部分的赔偿责任。

第三,相应的补充责任还意味着,其责任只是补充性的,如果直接侵权人有能力全部赔偿,则应当承担赔偿责任,违反安全保障义务的人不承担补充责任,因为已经不存在补充的必要了。所以,相应的补充责任不是连带责任。现在,在司法实践中很多法官将其理解为连带责任,是不正确的。故补充责任中“补充”的含义包括以下两个要点:一是补充责任的顺序是第二位的,直接责任人承担的赔偿责任是第一顺序的责任,补充责任人承担的赔偿责任是第二顺序的责任。因此,补充责任是补充直接责任的侵权责任形态。二是补充责任的赔偿范围是补充性的,其赔偿范围的大小取决于直接责任人承担的赔偿责任的大小。直接责任人赔偿不足,补充责任人承担的赔偿责任在其不足部分中,依照相应责任确定,不能超出补充的范围,也不能超出相应责任的范围。

第四,经营者、管理者或者组织者承担了相应的补充责任后,取得向实施侵权行为的第三人的追偿权,有权向该第三人行使追偿权,请求其承担对自己承担补充责任造成损失的赔偿责任。

第六节　学生伤害事故责任

《民法典》第 1199 ~ 1201 条规定的是学生伤害事故责任。第 1199 条规定:"无民事行为能力人在幼儿园、学校或者其他教育机构学习、生活期间受到人身损害的,幼儿园、学校或者其他教育机构应当承担侵权责任;但是,能够证明尽到教育、管理职责的,不承担侵权责任。"第 1200 条规定:"限制民事行为能力人在学校或者其他教育机构学习、生活期间受到人身损害,学校或者其他教育机构未尽到教育、管理职责的,应当承担侵权责任。"第 1201 条规定:"无民事行为能力人或者限制民事行为能力人在幼儿园、学校或者其他教育机构学习、生活期间,受到幼儿园、学校或者其他教育机构以外的第三人人身损害的,由第三人承担侵权责任;幼儿园、学校或者其他教育机构未尽到管理职责的,承担相应的补充责任。幼儿园、学校或者其他教育机构承担补充责任后,可以向第三人追偿。"

一、学生伤害事故概述

学生是国家的未来,民族的希望,父母的寄托。学生的学习成长和健康安全,受到全社会的关注。然而,近年来,我国学生伤害事故呈逐年上升趋势,纠纷案件不断增多,给学生和家长带来了不幸和痛苦,也对学校、教师和教育部门产生负面影响,演变成一个严峻的社会问题。妥善处理好学生伤害事故,及时化解纠纷,具有重要意义。

(一)学生伤害事故的现状

随着经济的快速增长,社会的明显进步,近年来我国的教育事业得到了蓬勃发展,学生伤害事故也频频发生,学生人身安全问题日益成为社会各界最为关注的焦点问题之一。学校安全事故已经成为 14 岁以下儿童的第一死因,还有更多的人遭受各种伤害。同时,在校学生致人伤害的案件也屡见不鲜。特别是一些重大恶性事故的发生,令人触目惊心,惨不忍睹。此外,因学校教学生活设施、食品卫生安全甚至老师体罚学生引起的学生伤亡事故也常见于报端。

导致学生伤害事故发生的原因很多,主要有以下几个特点:一是事故的发生越来越频繁,伤亡人数居高不下,造成的损失越来越大。二是事故发生有一定的规律性。从事故发生的原因看,主要有学校设施缺陷、学生嬉戏、交通事故、溺水等;从事故发生的地域看,学生伤害事故的发生与学校所在的社会和自然环境存在密切关系,主要发生在地形复杂的山区、水域,以及社会治安较差的地区;从发生的时间来看,学生伤害事故主要发生在学生课余活动、上学放学途中或节假日期间等。三是处理的难度大,纠纷多。由于长期以来有关学生伤害事故处理的法律规范不够完善,加上目前独生子女较多,学生父母望子成龙的心态普遍存在,对于事故的发生在心理上难以接受,事故的处理难度很大,学生、家长和学校的纠纷多;特别是一些导致学生死亡和残疾的伤害事故十分棘手,有相当多的学生伤害事故难以得到及时妥善处理。

学生伤害事故的频繁发生,损失巨大,后果严重,如果不能得到及时妥善的处理,对社会的危害极大:一是严重影响学生的健康成长;二是给学生家庭和学校带来沉重的经济损失和负担;三是严重危及教育事业的良性发展;四是影响社会稳定;五是造成不良的国际影响。

预防和依法妥善处理学生伤害事故,已经成为政府、公民、社会各界特别是教育界和法律界共同关注和关切的重大问题。针对这一问题,有关国家机构对相关的法律规范予以完善,先后出台了一些重要的法律、司法解释和行政规章,为及时妥善处理好学生伤害事故创造了条件。

(二)学生伤害事故的概念

学生伤害事故,是指无民事行为能力或者限制民事行为能力的学生在幼儿园、学校或者其他教育机构学习、生活期间,受到人身损害,应当由幼儿园、学校或者其他教育机构承担赔偿责任的特殊侵权责任。

对此,最高人民法院原《关于审理人身损害赔偿案件适用法律若干问题的解释》第7条规定:“对未成年人依法负有教育、管理、保护义务的学校、幼儿园或者其他教育机构,未尽职责范围内的相关义务致使未成年人遭受人身损害,或者未成年人致他人人身损害的,应当承担与其过错相应的赔偿责任。”“第三人侵权致未成年人遭受人身损害的,应当承担赔偿责任。幼儿园、学校或者其他教育机构有过错的,应当承担相应的补充赔偿责任。”与此规定不同,《民法典》规定的学生伤害事故仅指学生在学校受到伤害的事故责任。对此,应当特别注意。

界定学生伤害事故,应当准确界定以下概念。

1. 学生

按照教育部颁布的《学生伤害事故处理办法》的规定,学生伤害事故中所指的学生,包括各类全日制学校的全日制学生、幼儿园的幼儿和儿童、在全日制学校注册和在其他教育机构就读的其他受教育者。最高人民法院原《关于审理人身损害赔偿案件适用法律若干问题的解释》第7条规定,则仅指未成年学生,保护对象是学校、幼儿园或者其他教育机构中的未成年人。《民法典》第1199~1201条规定,是在"幼儿园、学校或者其他教育机构学习、生活的""无民事行为能力人或者限制民事行为能力人",未成年学生当然在其中,已经成年的无民事行为能力或者限制民事行为能力人,当然也在其中。这个界定,比最高人民法院司法解释规定范围要宽。

2. 在幼儿园、学校或者其他教育机构学习生活期间

幼儿园、学校或者其他教育机构是指所有的这类机构,被保护的学生在其中学习、生活期间,应当采用"门至门"的原则,就是学生从进校门到出校门期间参加的学校教育教学活动。例外的是,学校组织的校外活动不在此限,学校或者幼儿园有接送班车的,应当以班车的门为限,包括上下车的安全保护。

3. 事故

事故的种类,包括学生本人的人身伤害事故和死亡事故,按照《民法典》的规定,不包括学生在学校造成他人人身伤害或者死亡的事故。

(三)学校承担学生伤害事故赔偿责任的法理基础

学校等教育机构对无民事行为能力或者限制民事行为能力的学生承担伤害事故赔偿责任的法理基础,有不同见解。

1. 监护责任说

这种主张认为,无民事行为能力人在幼儿园、学校、精神病医院学习、生活或者治疗时,受到伤害或者给他人造成损害,由于这些单位对这些无民事行为能力人负有一定的监护性质的职责,因此,可视情况决定这些单位适当地承担赔偿责任。[①] 这种主张认为,学校为学生伤害事故承担责任的基础,是因为学校是未成年学生的监护人,对未成年学生承担监护责任,当未成年的学生在教育或教学活动中受到伤害或者给他人造成伤害,学校没有尽到监护责任的,就要承担民事赔偿责任。

2. 教育、管理和保护职责说

该主张认为,学校为学生伤害事故承担责任的基础,不是学校与学生之间的监护关系,而是学校依照《教育法》的规定,承担的对学生的教育、管理与保护职责。因而,学校与学生之间的关系不是民事关系,而是一种发生在教育过程中的特殊的教育法律关系,只有遵循教育的规律和《教育法》的规范,才能够正确理解和处理这类事故。依据《教育法》关于学校对学生承担的教育、管理和保护职责的规定,未尽到教育、管理和

---

① 参见马原主编:《中国民法教程》,人民法院出版社1989年版,第324~325页。

保护的职责,具有过失,学校就要承担民事赔偿责任。[①]

幼儿园、学校或者其他教育机构与在校学生的关系,基本性质是依据《教育法》成立的教育关系。其成立的基础不是合同,而是《教育法》,《教育法》是幼儿园、学校或者其他教育机构与在校学生发生法律关系的基础。这种法律关系的基本性质属于准教育行政关系,既区别于纯粹的教育行政关系,也区别于民事法律关系,是学校对学生的教育、管理和保护的法律关系。教育、管理和保护构成这一法律关系的基本内容,学校对学生有教育、管理的权力,同时对学生有保护的义务;学生有接受教育、接受管理的义务,享有受到保护的权利。《民法典》对此规定的是教育、管理职责。

学校与学生之间的法律关系适用监护法律关系进行调整没有确切的法律依据。对于监护人的范围,我国《民法典》第 26 条作了明确规定,学校并不是未成年学生在校期间的监护人,学校作为教育、管理者,对在校未成年学生伤害事故责任的承担,不适用监护人对被监护人承担的无过错责任。

在教育关系中,学校由于存在未尽教育、管理职责的过错,致使学生受到人身伤害,或者伤害他人,因而产生民事责任。学校为未成年学生的人身伤害以及造成他人伤害承担民事责任的基础,就是学校依照《教育法》取得的对学生的教育、管理和保护的权利与义务。学校未尽这种义务,应当承担民事责任。

二、学生伤害事故责任的比较

对学生在校期间受到侵害的侵权行为,各国民法典大多明确规定了特别规范。如《比利时民法典》第 1384 条第 4 款、《法国民法典》第 1384 条第 6 款、《意大利民法典》第 2048 条、《西班牙刑法典》第 22 条第 2 款,以及《希腊民法典》第 923 条第 2 款和《葡萄牙民法典》第 491 条,都规定了教师与学生之间的责任关系,在《葡萄牙民法典》的规定中,监督的义务只能通过合同的规定认定,而且仅限于私立学校。是否产生教师或者学校管理部门的推定的违反义务的责任,要通过具体案例来认定。然而在大多数情况下,教师被认为是履行学校的教育义务的学校雇员,因此他们也是学校的从属人员。[②] 他们履行职务时造成学生伤害,由学校直接承担责任,只有故意或重大过失时才追究本人的责任。

(一)法国和西班牙

《法国民法典》第 1384 条第 6 款规定,小学教师与家庭教师及手艺人,对学生与学

① 参见教育部《学生伤害事故处理办法》的规定和最高人民法院《关于审理人身损害赔偿案件适用法律若干问题的解释》第 7 条的规定。

② 参见[德]克雷斯蒂安·冯·巴尔:《欧洲比较侵权行为法》(上卷),张新宝译,法律出版社 2001 年版,第 215 页。

徒在受其监视的时间内造成的损害,负赔偿之责任。第8项规定,涉及小学教师与家庭教师时,其受到指控的造成损害事实的过错、轻率不慎或疏忽大意,应由原告按照普通法于诉讼中证明之。这说明法国学生伤害事故是因过错而承担的责任。

西班牙相关的法律明确将责任限定在“提供非高等教育机构(即中小学而非大学)之未成年学生造成的损害”,认为对于十八九岁的人来说,已经具有高度的独立性,以至于不再需要被监督了。西班牙的立法者认为减少教师承担个人责任是必要的,疏于监督的责任被学校管理部门的组织义务所取代。

(二)比利时与荷兰

《比利时民法典》将教师承担责任的情况限定在重大过错的情形。只有私立学校仍适用私法,也仅仅因为它们不提供义务教育。在下面的两种情形下,教师通常都免于承担责任:或者由于学校管理部门被当作教师,所以立法直接规定由学校的管理部门承担责任;或者仅仅因为管理部门更为富有而被以雇主的身份起诉。在其他情形下,与父母亲属于监督和教育上的过失相比较,教师的过错被认为是很小的。在比利时和荷兰,公立学校的教师也只受民事责任法的一般保护制度调整,而不存在特别规则;但是,许多其他国家把教师的监督义务当作源于公法的义务,因此,违反这种义务仅仅由学校的管理部门负责,而且通常只是在严重过失或故意的情形下才承担责任。[①]

(三)奥地利和德国

在奥地利和德国,对学校成员的侵害,处理的方式也是不同的。比如,一名学生伤害了另一名学生,或者由于教师疏于监督而受到伤害,这些法律不仅区别公立学校和私立学校,而且在公立学校中也区别对财产造成的损害和对人身造成的损害。在只有财产受到损害的情形下,上述规定即规定于民法或者国家责任法中的违反义务的责任才适用。然而发生于公立学校的人身伤害,两国都采用了伤害保险制度。除了故意造成他人身体伤害的案件外,教师、学校管理部门以及学生都免去个人责任。这样的社会保障制度与国家责任有许多相同的特征,但一个明显的区别是,私法不予赔偿。[②]

(四)加拿大

在加拿大,主要是从侵权行为的角度去看待学校事故的。所谓侵权行为责任,是指“包括违反合同在内的一系列民事过错行为而造成的损失补偿”。它通过三个要素对法律责任进行说明,即监护责任、违反监护事故的标准和造成一定的伤害。针对学

---

① 参见[德]克雷斯蒂安·冯·巴尔:《欧洲比较侵权行为法》(上卷),张新宝译,法律出版社2001年版,第215~216页。

② 参见[德]克雷斯蒂安·冯·巴尔:《欧洲比较侵权行为法》(上卷),张新宝译,法律出版社2001年版,第217~219页。

校而言,它们及其教师因工作特点负有特殊的监护职责。在加拿大法律中,主要从细心父母原则、替代性责任原则以及共同责任原则说明学校职责,即不承认学校的监护人地位。这样,法院决定教育者是否有过失时,就要考虑是否违反法律或规则。另外,加拿大建立了学校事故保险救济,转嫁赔偿责任,使学校事故赔偿社会化。细心父母原则主要是针对教师而言的,它要求教师用审慎或细心的父母对待其子女的关心态度去对待学生。

三、学生伤害事故赔偿责任的归责原则

(一)对学生伤害事故责任归责原则的不同意见

学校承担学生伤害事故赔偿责任应适用哪些归责原则,以往在理论和实践中都有较大的争议。在教育部制定颁布《学生伤害事故处理办法》后,特别是原《关于审理人身损害赔偿案件适用法律若干问题的解释》公布实施之后,虽意见趋于统一,但仍有少数不同意见。

首先,学校对学生伤害事故承担责任不适用无过错责任原则。原因在于既没有法律根据,也没有司法解释的依据。法律没有明文规定为无过错责任的,不得适用无过错责任原则认定民事责任。学校承担责任的基础是其对学生的教育、管理和保护职责,已尽上述职责的,就没有过失,也就没有责任,因此,也就不能适用无过错责任原则。

其次,按照原《关于审理人身损害赔偿案件适用法律若干问题的解释》第 7 条的规定,未成年学生受到损害和未成年学生造成他人损害两种情形下的人身损害赔偿责任,都适用过错责任原则,即使在学校承担补充赔偿责任的情况下,也适用过错责任原则。不过,教育机构对学生伤害事故案件实行过错责任原则,究竟是一般过错责任,还是推定过错责任,尚未明确。有的主张,由于学校在学生伤害事故中的侵权责任是因为未尽注意义务而引起,由学校来证明已经尽了相当的注意并且实施了合理的行为,以达到免责的目的,在举证责任的分配上更为合理,有助于学校尽到更多的注意义务,更有利于保护未成年人。而且学校有举证反驳的机会和效力,也有机会免责。通过这种方式,既可以维护受害者尤其是未成年人受害者的权益,又可以避免不适当地扩大学校责任范围的倾向。因此,学校承担学生伤害事故赔偿责任,一般应当适用推定过错责任原则。

(二)《民法典》的明确规定

《民法典》第 1198 ~ 1201 条明确规定,对无民事行为能力人在幼儿园、学校或者其他教育机构学习、生活期间受到人身损害的,适用过错推定原则;对于限制民事行为能

力人在幼儿园、学校或者其他教育机构学习、生活期间受到人身损害的,适用过错责任原则;对于第三人责任适用过错责任。

(三)不适用公平责任

学生伤害事故责任是否可以适用公平责任,有不同意见。《上海市中小学校学生伤害事故处理条例》规定了适用公平责任原则认定学生伤害事故赔偿责任,该条例第13条规定:“对学生伤害事故的发生,当事人均无过错的,可以根据实际情况,按照公平责任的原则,由当事人适当分担经济损失。”

学校既然已经尽到了教育、管理和保护的义务,没有过错,还要承担公平责任,显然加大了学校责任。当然,如果在学生伤害事故中,学校虽然没有过错,但是出于对遭受损害的学生的关心和爱护,特别是对于遭受损失较大、家庭经济状况又比较困难的学生,在学校财力允许的情况下,自愿在经济上给予一定的补助、扶助,自无疑义,但是,不能认可学生伤害事故中的公平责任适用,因为所谓的公平责任本来就不是一个归责原则,而仅仅是一个公平分担损失规则,且《民法典》第1186条明确规定,适用公平分担损失规则须“依照法律的规定”,没有法律的规定,就不能适用公平原则。

四、学生伤害事故责任的构成

(一)学生遭受人身损害的客观事实

损害事实是指由于行为人的侵权行为致使他人的财产和人身等利益损害的客观事实。学生在校期间遭受人身伤害的损害事实,是构成学生伤害事故人身损害赔偿责任的前提性要件。

在学生伤害事故中,损害事实主要表现为学生的人身伤害和死亡。由此产生的财产性损失,主要有医疗费、护理费、交通费、住宿费、营养费、住院伙食补助费、伤残用具费和丧葬费等费用支出。在人身伤害的损害中,还导致精神损害的损害事实发生,这是责任主体承担精神抚慰金赔偿责任的条件。存在以上所述损害事实,才能构成学生伤害事故责任。

(二)学校等教育机构在学生伤害事故中存在违法行为

学校在学生伤害事故中的违法行为,是指学校在实施教育和教学活动中,违反或者未能正确履行《教育法》等法律法规关于学校对学生的教育、管理和保护职责的行为。

1.学校疏于管理的行为

学校在教育和教学活动中,疏于管理义务,致使在这个过程中,造成学生遭受人身的损害后果。这种管理是对学校活动的管理,不是指对学生的管理。这种行为是学校自己的行为,是自己的行为致人损害,因而属于普通的侵权行为,学校应当对自己的行为负责。例如,某小学的厕所年久失修,存在较大安全隐患,但是学校疏于修缮,致使厕所在某日倒塌,68 名学生落入粪池,造成 28 人死亡。这就是学校自身疏于注意义务,由于自己的不作为行为造成了未成年学生死亡和伤害的后果。

2. 学校疏于保护的行为

学校对在校的未成年学生负有安全保护义务。学生在校接受教育,学校虽然不承担监护义务,但是仍然应当承担安全保护义务。负担这种义务,就应当善尽职守,不能因为自己的疏忽和懈怠而使学生受到人身伤害。学校疏于这种对学生安全的注意义务,致使学生受到人身伤害,学校的行为构成违法性。例如,在学校遭遇的意外事故中,学校应当并且有条件救助学生却不救助,教师抢先躲避灾害,造成学生人身伤害,学校就是疏于对学生的保护,对损害应当承担责任。

3. 学校疏于教育的行为

这种教育行为是专指对学生的教育,而不是指广义上的教育活动。在对学生的教育中没有尽到教育职责,使学生在教学活动中造成他人的人身伤害,学校应当承担人身损害赔偿责任。

学校的上述行为,既包括学校的行为,也包括负该种责任的教师的行为。学校对其疏于职守行为,应当承担责任。学校教师和其他管理人员在教育和教学活动中,行为不当,违反法律规定的义务,造成学生伤害或者学生伤害他人,学校应当承担替代责任。

在对学校行为违法性的判断上,应当以《教育法》等教育法律法规和民法的规定为标准。《教育法》等教育法律法规规定的标准,是学校承担的教育、管理和保护义务;民法规定的标准,是对学生人身权利不得侵犯的义务。违反这些法律规定,就构成学生伤害事故赔偿责任的违法性要件。

(三)学校的违法行为与事故发生有因果关系

学校疏于教育、管理和保护职责的行为,必须与学生遭受伤害或者学生伤害他人的损害事实之间具有引起与被引起的因果关系。在判断上,应当采取相当因果关系学说。

(四)学校在学生伤害事故中存在过错

学校承担学生伤害事故责任须具有主观上的过错。只有学校在主观上具有过错,学校才对自己的行为承担赔偿责任,不具有主观上的过错则不承担责任。

确定学校是否有过错,应当以履行《教育法》规定的教育、管理和保护的职责是否尽到了必要的注意义务为标准。对这种注意义务的违反就是过失。

认定学校在学生伤害事故中的过错,要注意以下三个方面的问题。

第一,学校对学生是否具有注意义务。过失以是否具有注意义务为前提,无注意义务当然不构成过失。学校的注意义务是一种特殊的注意义务,这种义务是基于学校对学生的教育、管理和保护职责。这种注意义务既包括基于法律法规、行政规章等规定而产生的法定性的注意义务,也包括基于有关部门颁布的教育教学管理规章、操作规程等规定而产生的一般性注意义务,以及学校与学生家长签订合同约定的注意义务。

第二,学校对学生是否尽了相当注意义务。所谓尽了相当注意义务,是指学校按照法律法规、规章规程等以及合同要求的注意而付出一定的意志努力,尽到了对学生人身健康安全的合理的、谨慎的注意。需要指出的是,注意要求的标准和范围因环境和对象的不同而不同,危险性越高,发生侵害的可能性越大时,其注意程度应相对提高。例如,小学教师对小学生的人身健康安全的注意要求比高中教师对高中生的人身健康安全的注意要求要高,因为小学生的认知能力、防范风险的能力较低,发生人身伤害的概率也就高;教师在游泳池里上游泳课比在田径场上田径课的注意要求高,因为上游泳课存在的危险性更高。

第三,学校是否能尽相当注意义务。对侵害结果的可预见性和可避免性,是能否尽相当注意义务的条件。认定学校在学生伤害事故中的过错,还要考虑学校的预见能力,如果学校不具有预见能力,不应该预见也无法预见,即损害结果无可预见性,学校就无法尽相当的注意义务,也无法采取合理行为避免损害结果的发生,因而主观上也就没有过失。

五、学生伤害事故责任的主要类型

(一)学校责任

学校责任,是指幼儿园、学校或者其他教育机构及其工作人员由于过错,违反教育法律法规及其他有关规定,未尽教育、管理职责,造成学生伤害事故,或者学生伤害他人事故,学校应当承担赔偿责任。

按照《学生伤害事故处理办法》第 9 条的规定及有关部门的意见,学校责任事故的主要情形包括以下 12 种,在实践中可以参照这些规定确定学校责任:①(1)学校的校舍、场地、其他公共设施,以及学校提供给学生使用的学具、教育教学和生活设施、设备

① 参见佟丽华:《校园伤害事故预防及处理》,载 http://www.bzr.com.cn/detail.asp?n_id=1196。

不符合国家规定的标准，或者有明显不安全因素的；(2)学校的安全保卫、消防、设施设备管理等安全管理制度有明显疏漏，或者管理混乱，存在重大安全隐患，而未及时采取措施的；(3)学校向学生提供的药品、食品、饮用水等不符合国家或者行业的有关标准、要求的；(4)学校组织学生参加教育活动或者校外活动，未对学生进行相应的安全教育，并未在可预见的范围内采取必要的安全措施的；(5)学校知道教师或者其他工作人员患有不适宜担任教育教学工作的疾病，但未采取必要措施的；(6)学校违反有关规定，组织或者安排未成年学生从事不宜由未成年人参加的劳动、体育运动或者其他活动的；(7)学生有特异体质或者特定疾病，不宜参加某种教育教学活动，学校知道或者应当知道，但未予以必要的注意的；(8)学生在校期间突发疾病或者受到伤害，学校发现，但未根据实际情况及时采取相应措施，导致不良后果加重的；(9)学校教师或者其他工作人员体罚或者变相体罚学生，或者在履行职责过程中违反工作要求、操作规程、职业道德或者其他有关规定的；(10)学校教师或者其他工作人员在负有组织、管理未成年学生的职责期间，发现学生行为具有危险性，但未进行必要的管理、告诫或者制止的；(11)对未成年学生擅自离校等与学生人身安全直接相关的信息，学校发现或者知道，但未及时告知未成年学生的监护人，导致未成年学生因脱离监护人的保护而发生伤害的；(12)学校有未依法履行职责的其他情形。

《民法典》第1199条和第1200条规定了两种学校责任。

1. 无民事行为能力人受到损害的学校责任

依照《民法典》第1199条的规定，对无民事行为能力人，幼儿园、学校或者其他教育机构承担的责任是过错推定责任。对于学生伤害事故，受到伤害的学生是无民事行为能力人还是限制民事行为能力人，法律是否予以区分，其实在1988年制定最高人民法院原《关于贯彻执行〈中华人民共和国民法通则〉若干问题的意见(试行)》时就想解决的，但是没有提出解决的办法。《学生伤害事故处理办法》也没有解决此问题。最高人民法院原《关于审理人身损害赔偿案件适用法律若干问题的解释》中，仍然采取同样的归责原则处理。原《侵权责任法》根据实际情况和法理，最终作出这样的规定，确定对无民事行为能力的学生受到人身损害采用过错推定原则，解决了这个问题。至于赔偿责任问题，则没有区别，应当适用统一的人身损害赔偿规则。确定学校等教育机构的过错，应当进行推定，实行举证责任倒置，学校能够证明自己没有过错，即证明尽到教育、管理职责的，不承担赔偿责任。

2. 限制民事行为能力人受到损害的学校责任

依照《民法典》第1200条的规定，对于限制民事行为能力的未成年学生在学校受到人身损害，确定学校等教育机构的责任，实行过错责任原则，有过错的承担赔偿责任,没有过错的,不承担赔偿责任,确定过错,须由被侵权人承担举证责任。这一规定其实有一个问题,就是对限制民事行为能力人在学校受到损害,如果适用过错责任原则,那就等于对8周岁以上的未成年学生并未设置特别保护,因为成年学生在学习期间的保护也适用过错责任原则,并没有不同。因此,这一条文是有问题的,应当改进。① 但是,《民法典》没有接受这样的改进意见。

(二)第三人责任

第三人责任事故,是指学生伤害事故的发生,不是由于学校的过错,而是由于第三人的过错行为引起,应当由第三人承担侵权责任的事故责任。

按照《民法典》第1201条的前段规定,这种第三人责任,与《民法典》第1175条规定的"损害是由第三人造成的,第三人应当承担侵权责任"基本相同,是在此基础上,以学校等教育机构承担相应的补充责任为补充。换言之,第三人造成学生人身损害,如果第三人能够承担全部赔偿责任,则按照该规定,由第三人承担全部赔偿责任。

最高人民法院原《关于审理人身损害赔偿案件适用法律若干问题的解释》第7条第2款规定了一个特别的学校责任,即补充责任,在实践中比较成功。《民法典》第1201条后段据此规定,与司法解释的上述规定的含义是相同的。在现实生活中,学生在学校受到人身损害,是第三人的过错行为所致,第三人应当承担赔偿责任;如果学校等教育机构存在未尽管理职责的过错,则应当承担相应的补充责任。

学校承担相应的补充赔偿责任,除了具备学生伤害事故责任的构成要件之外,还必须具备以下三个要件:第一,学生人身损害是由于第三人的原因所致,如果是完全由于学校的过错所致,就是一般的学生伤害事故赔偿责任;第二,幼儿园、学校或者其他教育机构有过错,无过错则不产生补充赔偿责任,损害的赔偿责任应当完全由加害的第三人承担;第三,幼儿园、学校或者其他教育机构的过错与第三人的致害应当有间接的或者直接的因果关系,如果不存在因果关系,不应当让学校承担补充责任。

学校承担补充赔偿责任的法理依据在于学校存在过错,使本来可以避免或者减少的损害得以发生或者扩大,因此,学校应当为被侵权人向第三人求偿得不到赔偿或者得不到完全赔偿而承担补充的赔偿责任。补充责任的"相应",是与学校的过错程度和

---

① 参见杨立新:《民法典侵权责任编草案二审稿的立法进展与完善》,载《上海政法学院学报》(法治论丛)2019年第2期。

原因力相适应。学校承担责任之后,原《侵权责任法》第40条规定不得向第三人追偿。《民法典》第1201条已经纠正了这个错误,可以向第三人行使追偿权。如果第三人已经承担全部赔偿责任的,学校不再承担补充责任。

六、学生伤害事故的损害赔偿责任

(一)学生伤害事故的赔偿当事人

学校承担赔偿责任,在实体法律关系上,学校是赔偿的责任主体,是赔偿责任的承受者。在诉讼法律关系上,学校应当是被告,受到伤害的学生或者他人向学校请求损害赔偿。

学校承担赔偿责任所对应的权利主体,是受到伤害的学生或者他人。受到伤害的是学生的,学生是赔偿权利主体,如果该学生是未成年人,在诉讼中作为原告,其亲权人或者监护人是法定代理人。

至于学生自己应当承担责任或者学生的亲权人或者学生的供养者承担责任的,应当按照侵权法的规定确定责任,学校不是当事人,不是赔偿法律关系的主体。

第三人承担责任的,亦应当按照侵权法的规定处理。

在学校应当承担赔偿责任,订立有学生伤害事故保险合同的,应当依照保险合同确定赔偿关系。保险公司赔偿不足的部分需要学校承担赔偿责任的,学校是赔偿责任主体,赔偿权利主体可以继续向学校请求承担赔偿责任。

(二)免责事由

在一定的条件下,即使发生了学生人身伤害事故,学校也不承担赔偿责任,这就是学校责任的免除。凡是符合《民法典》规定的不承担责任或者减轻责任法定情形的,应当免除学校责任。

除此之外,由于学生及其监护人责任引发的人身损害,学校也不承担责任。学生及其监护人责任事故,是指对学生伤害事故的发生,学校没有过错,而是由于学生自己的过失,或者是由于其监护人没有尽到监护责任而造成的,损害应当由自己负担的事故责任。这里的监护人,应当是亲权人以及其他监护人,统一称作监护人更为妥当。对此,可以参考《学生伤害事故处理办法》第10条的规定。学生或者未成年学生监护人由于过错,有下列情形之一,造成学生伤害事故的,应当依法承担相应的责任:一是学生违反法律法规的规定,违反社会公共行为准则、学校的规章制度或者纪律,实施按其年龄和认知能力应当知道具有危险或者可能危及他人的行为的;二是学生的行为具有危险性,学校、教师已经告诫、纠正,但学生不听劝阻、拒不改正的;三是学生或者其监护人知道学生有特异体质,或者患有特定疾病,但未告知学校的;四是未成年学生的身体状况、行为、情绪等有异常情况,监护人知道或者已被学校告知,但未履行相应监护职责的;五是学生或者未成年学生监护人有其他过错的。这些事故的责任,应当由学生或者未成年学生监护人承担。

除上述情况外,因为其他原因发生学生伤害事故,学校在其中没有过错的,学校依法也应当免责。对此,《学生伤害事故处理办法》第 13 条规定:"下列情形下发生的造成学生人身损害后果的事故,学校行为并无不当的,不承担事故责任;事故责任应当按有关法律法规或者其他有关规定认定:(一)在学生自行上学、放学、返校、离校途中发生的;(二)在学生自行外出或者擅自离校期间发生的;(三)在放学后、节假日或者假期等学校工作时间以外,学生自行滞留学校或者自行到校发生的;(四)其他在学校管理职责范围外发生的。"

第四章　产品责任

《民法典》第七编第四章第1202～1207条规定了产品责任的规则，在原《侵权责任法》第五章规定的基础上有所改进，补充了一些新的内容，主要的修改内容如下。

1. 销售者承担产品责任的规则。《民法典》第1203条规定："因产品存在缺陷造成他人损害的，被侵权人可以向产品的生产者请求赔偿，也可以向产品的销售者请求赔偿。""产品缺陷由生产者造成的，销售者赔偿后，有权向生产者追偿。因销售者的过错使产品存在缺陷的，生产者赔偿后，有权向销售者追偿。"这一条文是将原《侵权责任法》第42条和第43条合并起来规定产品责任规则。

2. 产品责任可以适用停止侵害等禁令。《民法典》第1205条规定："因产品缺陷危及他人人身、财产安全的，被侵权人有权请求生产者、销售者承担停止侵害、排除妨碍、消除危险等侵权责任。"这是关于产品责任侵权禁令的规定，与原《侵权责任法》第45条相比，增加了"停止侵害"的责任方式，更加体现了侵权禁令的特点。

3. 产品投入流通后发现存在缺陷采取补救措施不力的赔偿责任。《民法典》第1206条规定："产品投入流通后发现存在缺陷的，生产者、销售者应当及时采取停止销售、警示、召回等补救措施。未及时采取补救措施或者补救措施不力造成损害扩大的，对扩大的损害也应当承担侵权责任。"这一条文是对产品责任跟踪观察缺陷的规定，与原《侵权责任法》第46条规定相比，明确了生产者、销售者应当承担停止销售的责任，以及未及时采取补救措施或者补救措施不力造成损害扩大的，对扩大的损害也应当承担侵权责任的新规则。

4. 生产者、销售者未采取补救措施须承担惩罚性赔偿责任。《民法典》第1207条规定:“明知产品存在缺陷仍然生产、销售,或者没有依照前条规定采取补救措施,造成他人死亡或者健康严重损害的,被侵权人有权请求相应的惩罚性赔偿。”与原《侵权责任法》第47条规定相比,增加了“没有依照前条规定采取补救措施”,造成死亡或者健康严重损害的,也应承担惩罚性赔偿责任的新规则。

第一节 产品责任概述

一、产品责任的概念和特征

1986年《民法通则》第122条对产品责任第一次作出规定。随后,1993年《产品质量法》于2000年7月8日进行修订,对产品责任进行了完善。2009年《侵权责任法》在此基础上,对产品责任作了进一步规定。《民法典》第七编第四章对产品责任进行了完善。

(一)产品责任的定义

对产品责任如何称谓,有以下不同的意见:一是产品侵权责任;二是产品质量不合格致害责任;三是产品致害责任;四是产品质量责任;五是产品侵权行为。这些称谓虽然各不相同,但指的都是同一种特殊侵权责任,即产品责任。

《民法典》使用“产品责任”概念的理由在于,产品质量是指国家有关法律法规、质量标准以及合同规定的对产品适用、安全和其他特性的要求。产品质量责任是指生产者、销售者违反了上述要求,致使他人损害所应承担的法律后果,主要是指合同责任,是产品质量问题引起的违约责任。“产品质量不合格致害责任”,一是烦琐,二是“产品质量不合格”的提法已被《产品质量法》的“产品缺陷”取代,故也不宜采用。相比之下,产品侵权责任与产品致害责任两个称谓既体现了产品责任的特殊性,又体现了产品责任的侵权性质,因而是较为准确的概念,本可采用,但是,由于原《侵权责任法》已经统一使用产品责任概念,《民法典》继续使用这一概念。

法学界对产品责任概念的界定没有原则分歧,但是表述略有不同。有的学者认为,产品责任,是产品制造者、销售者对因制造、销售或者提供有缺陷产品并致使他人遭受财产、人身损害所应承担的民事法律后果;[①]有的学者认为,产品责任是指因产品

① 参见王利明、杨立新等:《民法·侵权行为法》,中国人民大学出版社1993年版,第420页。

有缺陷造成他人财产、人身损害，产品制造者、销售者所应承担的民事责任；[①]也有的学者认为，产品质量责任的概念应表述为：产品质量责任是指产品的生产者、销售者因产品质量缺陷造成他人人身、财产损害而依法应当承担的法律责任。[②]

产品责任是指产品生产者、销售者因生产、销售缺陷产品致使他人遭受人身伤害、财产损失而应承担的损害赔偿等责任的特殊侵权责任。

（二）产品责任的法律特征

1. 产品责任发生在产品流通领域

产品进入流通领域的标志，是产品经过交易、转让等合同行为，由制造者、生产者之手，转入消费者之手，中间可以经过若干流通环节，即批发、销售、仓储、运输等过程，产品责任发生在这个领域。

2. 致人损害的产品必须存在缺陷

产品责任并不是产品自身质量问题和自身损坏造成的产品本身的财产损失，而是产品因缺陷造成使用人的人身伤害或者缺陷产品以外的财产损害。这个问题关系到产品责任的性质是侵权责任还是合同责任。应当说，早期的产品责任属于合同责任范畴，产品责任源于合同责任。

产品自身质量问题和产品损坏造成自身的财产损失，是产品的违约责任；产品因缺陷而造成人身伤害，造成缺陷产品以外的其他财产损害的，才是产品责任。

在理解《民法典》第 1202 条规定时，应当特别注意理解该条规定的“损害”二字的含义。

理解“损害”的概念，应当与《产品质量法》第 41 条规定的损害概念进行对照。《产品质量法》第 41 条第 1 款规定：“因产品存在缺陷造成人身、缺陷产品以外的其他财产（以下简称他人财产）损害的，生产者应当承担赔偿责任。”原《侵权责任法》第 41 条规定没有这样的要求，就是笼统地规定为“损害”。对“损害”规定的这个区别所包含的意思是，在产品责任中，对于发生的缺陷产品自身损害即购买产品的合同预期利益损害，能够将违约损害赔偿责任的诉讼与产品责任的侵权损害赔偿责任的诉讼合并到一起向法院起诉。这样的好处是方便对受害人的保护，避免基于同时发生的违约损害赔偿和侵权损害赔偿分别起诉，增加受害人的讼累。这种思路，在原来的法律规定中是不可以的，《产品质量法》分别规定了第 40 条和第 41 条加以区别。原《侵权责任法》第 41 条规定的“损害”概念，既包括缺陷产品造成消费者的固有利益即人身损害或者财产损害，也包括缺陷产品自身损害即合同预期利益损害。只有这样对这个“损害”进行理

① 参见张新宝：《中国侵权行为法》（第 2 版），中国社会科学出版社 1998 年版，第 481 页。

② 参见孔祥俊：《民商法热点、难点及前沿问题》，人民法院出版社 1996 年版，第 82 页。

解,才能够准确确定该条的含义。《民法典》第1202条继续使用这个损害概念,其含义相同。因此,受害人在起诉缺陷产品造成自己人身、财产损害的同时,一并起诉缺陷产品本身损害的违约损害赔偿责任的,人民法院应当予以支持,不得强制被侵权人必须分别提起两个诉讼。

3. 产品责任是特殊侵权责任

产品责任是物件致人损害的特殊侵权责任,是人对物所造成的损害负责任。即产品致人损害时,与该致害产品有关联的人,即生产者、销售者等对所造成的损害承担赔偿责任,是一种特殊侵权责任。

二、产品责任的理论发展

现代工业社会的到来,使流通的产品极大丰富,缺陷产品致人损害的事例也层出不穷,产品责任应运而生。

产品责任是20世纪上半叶产生的新型侵权责任。在其产生前,由合同法相关制度调整产品生产者、销售者与产品买受人的关系。在最早的合同法理论和实践中,对于标的物品质的保证责任是明示担保责任。明示担保是指产品的生产者对其产品所作的明示说明,包括对其性能、质量、用途等的介绍。产品制造者应保证其产品质量达到所明示说明的质量标准;如果达不到这一标准而给他人造成损害,则认为是违反了明示担保,应承担相应的法律责任。明示担保的理论具有明显的缺陷,这种担保责任以加害人和受害人之间存在合同关系以及明确的合同条款为前提;反之,受害人则无法依明示担保寻求法律救济。后来,默示担保理论解决了这个问题,该理论认为,产品制造者虽然没有作出明示担保说明,但也应担保其产品的一般效用,具有平均的品质且不含有隐蔽的缺陷,此外,还应担保其产品适合某一特定的用途,否则,因产品缺陷造成买受人的损害,则认为产品制造人违反默示担保,应当承担赔偿责任。

这两种担保理论可以在一定程度上解决了产品致害的赔偿问题,但仍然局限在合同法的框架之内,当产品致害一旦超出合同的范围,如缺陷产品的受害人不是产品的直接购买者,就无法依据合同担保理论寻求法律救济;而且,对于缺陷产品所致的受害人固有利益的损失也无法救济。学说和实务界转而主张采用侵权法救济缺陷产品受害人的损害,认为侵权法最适合规范产品制造人的责任。

1916年,美国Macperson v. Buick Motor Co.案采用过失侵权责任处理产品侵权案件。在该案中,原告购买被告制造的汽车,汽车在行驶过程中因轮胎爆裂,致车翻,原告被抛出车外受伤。法官就此案创设下述规则:任何商品,依其本质足以危害人之生命、健康者,均属危险物品,制造人可知悉买受人以外之第三人,会不经检验使用该物品时，则不论当事人之间有无契约关系，制造人对该商品的制造负有注意义务。制造人未尽注意者，就所生之损害，应负赔偿责任。[①] 这种做法，在一定程度上解决了产品致害责任的确定，但是，采用过失责任原则确定侵权责任，因举证责任要求过严，对受害人仍有保护不周之弊。1932 年，英国 Donoghue v. Stevenson 案，采用“事实说明自己”的证据法则，减轻了受害人的证明负担。1963 年，美国加利福尼亚州 Greeman v. Yuba Power Product Inc. 案确立了产品致人损害的无过错责任原则。本案的被告生产一种兼具锯子、钻等多功能器具，原告之妻购买一件作为礼物送给原告。原告使用时，木头突然从该机器中飞出，击中原告前额致伤。判决指出：制造者将产品置于市场，知悉其将未被检查是否具有缺陷而使用，就此项具有缺陷产品对人身所招致之损害，应负无过错责任。[②] 至此，确立了产品责任的无过错责任原则。

1973 年，欧共体设专家委员会，1976 年完成立法草案，确认产品责任，即“商品制造人对于因其产品所具有之缺陷所生之损害，应负责任。其是否明知或可得而知该缺陷，在所不问”。1985 年 6 月发布《欧洲经济共同体有关缺陷产品责任的指示》，成员国以此为据修改和制定了本国的产品责任法。英国法制委员会于 1975 年提出具有缺陷产品之责任的研究报告，公开征询专家学者及社会人士的意见，于 1977 年正式发表第 82 号报告，提出关于英国产品制造人责任的改进建议，要求为保护受害人，原则上应使产品制造人在侵权法上负无过错责任。日本从 20 世纪 60 年代初期引进美国的产品责任理论，处理了一些产品侵权案件，于 1975 年提出《制造物责任要纲试案》，采无过错责任主义。至 20 世纪 80 年代以来，产品责任已成为各国通行的侵权法制度。

产品责任理论及其制度的出现，至少产生了以下两个方面的重要影响。第一，解决了对缺陷产品侵害第三人造成损害的救济问题，使受到损害的第三人能够得到赔偿，使受到损害的权利得到恢复；第二，使受到损害的合同关系中的债权人只能依据违约责任请求赔偿，改变为既可以依照加害给付责任请求承担违约损害赔偿责任，也可以按照产品责任理论请求承担侵权损害赔偿责任，从而给受到损害的债权人以更为广泛的选择余地，更有利于保护其权利。

三、产品责任的比较法规定

(一)英美法系国家的产品责任法

1. 英国法

英国产品责任法理体现在一系列判例及相关制定法中，可据以提起产品侵权之诉

---

① 参见王泽鉴：《民法学说与判例研究》(第 3 册)，三民书局 1981 年版，第 199 页。

② 参见王泽鉴：《民法学说与判例研究》(第 3 册)，三民书局 1981 年版，第 199 页。

的诉因包括疏忽、不实陈述和严格责任。1932 年上议院在 Donoghue v. Stevenson 案中确立疏忽为产品侵权诉讼基础。1967 年《英国不实陈述法》对相信不实陈述签订合同之人授予损害赔偿请求权。为实施欧共体指令,1987 年制定《英国消费者保护法》,其中专门规定了产品责任,采纳了严格责任原则,对产品责任的一系列问题,包括责任主体、产品范围及缺陷认定、损害赔偿范围、免责事由等作了全面规定。

2. 美国法

美国是当今世界产品责任法发展最迅速、最完备的国家。美国的产品责任法包括判例法和制定法,其责任基础包括疏忽责任、担保责任和严格责任。1852 年 Thomas v. Winchester、1916 年 Macpherson v. Buick Motor Co.、1944 年 Escola v. Coca Cola Bottling Co.、1960 年 Hennigsten v. Bloomfield Motors Inc.,以及 1963 年 Greeman v. Yuba Power Product Inc. 等系列案件成为美国产品责任法从疏忽责任、担保责任发展到严格责任的标志。美国各州有自己的产品责任法,联邦政府则通过了《联邦食品、药品、化妆品法》《消费品安全法》《联邦危险物品法》《防毒包装法》《联邦杀虫剂、杀菌剂、侵蚀性剂法》《易燃织物法》《玩具安全法》等单行法。美国商务部 1979 年公布了《统一产品责任示范法》,作为范本提供给各州自愿采用或改革它们的法律。另外,美国法律协会对产品责任的重述是我们了解美国产品责任制度和实践的重要渠道。

3. 其他国家

有不少国家在相关法律中规定产品责任,如加拿大、泰国在消费者保护法中对产品责任作出规定,而澳大利亚在贸易运作法中对产品责任进行了规定。

(二)大陆法系国家的产品责任法

1. 法国法

在产品责任法领域,法国没有独立的产品责任法典,司法实务中通过适用民法典的侵权行为条款,即第 1382 条、第 1383 条、第 1384 条来解决产品责任纠纷。① 法国最高法院在 1897 年、1914 年的两个判例中确立了无过错责任原则。1985 年以后为实施《欧共体产品责任指令》,法国修改了民法典,在侵权一编中对产品责任作了专门规定。

2. 德国法

《德国民法典》未对产品责任作特别规定,产品责任可适用民法典侵权行为一般条款,即第 823 条第 1 款:"因故意或过失,不法侵害他人的生命、身体、健康、所有权或其他权利者,对由此产生的损害应负赔偿责任。"另外,1989 年 12 月 15 日,德国议

① 《法国民法典》第 1382 条规定:"任何行为使他人受损害时,因自己的过失而致使损害发生之人,该对他人负赔偿的责任。"第 1383 条规定:"任何人不仅对因其行为所引起的损失,而且对因其过失或疏忽所造成的损害,负赔偿的责任。"第 1384 条规定:"任何人不仅对其自己的行为所造成的损害,而且对应由其负责的他人的行为或在其管理下的物件所造成的损害,均应负赔偿的责任。"

会通过了《产品责任法》,将欧共体的指令纳入本国法,该法自 1990 年 1 月 1 日起生效。该法放弃了传统的过失责任原则,采用了严格责任原则,并就产品的范围、缺陷的认定、侵权责任主体范围、免责条件以及损害赔偿作了规定。该法颁布实施后,民法典所确立的原则依然继续适用。具体可由法官根据对消费者最有利的原则选择适用何种规则解决产品责任纠纷,也可以由当事人自主选择适用。另外,针对特殊产品,德国法上有专门立法,如 1976 年《药物伤害法》,规定了缺陷药品制造者的严格责任。

3. 日本法

《日本民法典》无专门涉及产品责任的法律条文,主要适用第 709 条的规定,即一个人故意或过失地侵犯了另一个人的权利,有责任对由此所生的损害给予赔偿。1994 年 6 月 22 日,国会通过《制造物责任法》,于 1995 年 7 月 1 日起正式实施。该法确立了无过错责任原则,界定了产品及缺陷,明确了产品责任主体、免责条件及损害赔偿范围,代表了日本当代的产品责任法律理论与司法实践。

4. 其他国家

有的国家通过制定专门的产品责任法对产品责任进行规制,如挪威、丹麦、芬兰、瑞典、冰岛、瑞士、卢森堡、比利时、荷兰、奥地利、葡萄牙;有的国家在消费者保护法中规定产品责任,如希腊、意大利。也有国家仍通过适用民法典侵权行为一般条款的方式追究产品责任,如《荷兰民法典》第 1401 条规定:"每一个对他人造成损害的非法行为,得由他因其造成损害的过失,负责给予他人以赔偿。"

(三)区际立法和国际公约

随着世界经济一体化的进程,产品责任立法愈益显示出国际化趋势。

1. 区际立法

(1)欧共体 1977 年《关于造成人身伤害和死亡的产品责任欧洲公约》。这是欧共体最早就产品责任发布的立法文件。公约对产品责任适用严格责任原则,对生产者的范围、免责事由、损害赔偿范围和额度以及诉讼时效都作了规定。

(2)1985 年《欧共体产品责任指令》(Directive 85/374/EEC)。该指令已成为欧盟产品责任法的主要依据,采用的是严格责任原则,对生产者的范围、免责事由、损害赔偿范围及额度、时效作了规定。

(3)1987 年理事会指令(Directive 87/357/EEC)。该指令针对的是食品安全。再次明确了对危及消费者健康及安全的食品,制造者应负无过错责任。

(4)1992 年《欧洲产品安全指令》。该指令要求生产者确保产品在其使用寿命的期限内,在正常的或合理可预见的使用条件下,无致人损害的危险。在该指令规定的产品安全责任制度下,"投入流通"之时,就是生产者必须关心其产品在消费者使用中是否安全的义务的开始。

2. 国际性公约

国际性公约主要有1972年海牙国际私法会议制定的《产品责任法律适用公约》。该公约是解决各国法律冲突的国际私法公约,于1977年10月1日生效。公约明确排除了纯合同性质的责任,只适用于由侵权行为发生的损害赔偿责任。公约对产品责任当事人的范围、损害赔偿范围都作了规定。

第二节 产品缺陷

一、产品缺陷的概念

(一)产品缺陷的表述及比较法规定

缺陷不同于瑕疵。有的著述对缺陷与瑕疵不作区分,认为产品责任中的瑕疵,正如已经被扩大了的瑕疵担保责任中的概念那样,它与缺陷间已不再有实质性的差异,都指的是产品缺乏安全性的状态。但一般来讲,缺陷与瑕疵不同。所谓瑕疵指的是瑕疵担保责任中的瑕疵概念,即意味着买卖目的物本身存在有物质性的缺陷,原则上造成产品在贸易中的价值低落。而缺陷则意味着物质存在危险性,产品缺乏通常所应具备的安全性,可能对身体、生命造成主动性的侵害。可见,瑕疵的概念大于缺陷,缺陷只是瑕疵的一部分。

缺陷不同于质量不合格。质量不合格是指产品质量不符合质量要求的标准;如果某项产品没有规定质量标准,就不存在不合格的问题,却可能有缺陷。这也可据以说明产品缺陷比产品质量不合格更为准确。对于产品缺陷,原《民法通则》第122条称为"产品质量不合格",司法实务中也一直使用这一概念。至1993年《产品质量法》制定时始采用"产品缺陷",这在立法和理论上是一大进步,奠定了产品责任的基础概念,原《侵权责任法》和《民法典》都使用产品缺陷的概念。

缺陷是产品责任的关键概念。对此,比较法上都有规定。

《欧共体产品责任指令》第6条规定:"(1)考虑到所有下列情况,如果产品不能提供人们有权期待的安全,即属于缺陷产品:a. 产品的说明;b. 能够投入合理期待的使用;c. 投入流通的时间。(2)不得以后来投入流通的产品更好为由认为以前的产品有缺陷。"

《丹麦产品责任法》第5条规定:"产品不具备合理要求的安全性为有缺陷。确定产品的缺陷必须考虑以下所有情况:一、产品的市场适应性;二、对产品合理指望的用途;三、产品投入流通的时间。一项产品不能仅因为其后有更好的产品投入流通而被认为具有缺陷。"

《德国有缺陷产品责任法》第3条规定:"(1)产品未能在所有情况下,特别是在(a)产品上市时;(b)在合理情况下可供使用时;(c)产品进入流通时,不具备为人所合理要求的安全性能,即为有缺陷。(2)产品不能仅仅因为有了一种更新产品后来进入流通,而不再具有缺陷。"

《日本制造物责任法》第2条第2款规定:"本法所称的缺陷,是指考虑该制造物的特性、其通常预见的使用形态、其制造业等交付该制造物时其他与该制造物有关的事项,该制造物欠缺通常应有的安全性。"

(二)产品缺陷的含义

《产品质量法》第46条对产品缺陷做了界定:"本法所称缺陷,是指产品存在危及人身、他人财产安全的不合理的危险;产品有保障人体健康和人身、财产安全的国家标准、行业标准的,是指不符合该标准。"原《侵权责任法》对产品缺陷没有界定,《民法典》也没有对缺陷作出界定,应当继续使用《产品质量法》的上述规定。缺陷的具体含义是:

第一,缺陷是一种不合理的危险,合理的危险不是缺陷。一定程度上讲,产品缺陷是指产品缺乏安全性,但这并不意味着凡缺乏安全性的产品都具有缺陷。事实上,许多产品本身存在固有的不安全性,或属于危险品,如炸药,或虽不属于危险品,但如果使用不当也会具有危险,如小刀。因此这些具有众所周知的危险性的产品并不必然是缺陷产品。借鉴1992年6月29日欧共体《产品一般安全指令》第2条第6项的规定,在耐用期限内的,在通常或合理的可能预见的使用状态下,无任何危险性;或虽具有危险性,但该危险性是被予以容许,而且被认为是与每个人的安全与健康的保护相互一致,仅在产品使用的最小限度内有危险性的,则认为不存在不合理的危险。

第二,这种危险危及人身安全和产品之外其他的财产安全。产品缺陷这种危险直接危及的是产品使用者的人身财产安全。其中人身安全,是使用人的生命或者健康所面临的危险;财产安全,是使用人所拥有的除了缺陷产品之外的其他所有财产所面临的危险。危险一旦发生,必将造成使用人的人身损害和财产损害。

第三,缺陷是产品不符合保障人体健康、人身、财产安全的标准。当产品有保障人体健康、人身、财产安全的国家标准、行业标准的,产品的缺陷就是指不符合该标准。违反安全标准,是产品缺陷的一个简单的评判准则。

二、产品缺陷的种类

(一)相关立法及学说

欧共体产品责任中,产品瑕疵分为生产瑕疵、设计瑕疵和疏于告知义务的瑕疵。[①]《美国标准统一产品责任法》第 104 条将缺陷分为结构缺陷、设计缺陷、警示说明缺陷和发展缺陷,《侵权法第三次重述:产品责任》将缺陷分为制造缺陷、设计缺陷和警示缺陷。[②]

国内学界对产品缺陷的种类存在诸多不同观点。[③] 第一种观点认为,通常人们将缺陷分为设计缺陷、制造缺陷和营销缺陷。第二种观点认为,依产品的生产及制造过程,将缺陷大致分为设计上的缺陷、原材料的缺陷、制造装配上的缺陷、指示上的缺陷、科学上不能发现的缺陷。第三种观点认为,产品缺陷包括制造缺陷、设计缺陷、警告缺陷(又称指示缺陷)、说明缺陷。第四种观点认为,从缺陷产生的原因上分,产品缺陷主要有设计缺陷、制造缺陷、未预先通知缺陷等。从法律规定上分,产品缺陷有违反合同缺陷、侵权造成的缺陷、违反国家有关质量安全强制性标准缺陷等。第五种观点认为,依产品生产及制造过程,缺陷分为设计上的缺陷、原材料的缺陷、制造上的缺陷、指示上的缺陷和当时科学上尚不能发现的缺陷。第六种观点认为,产品缺陷包括设计缺陷、生产缺陷、说明缺陷、包装缺陷等。第七种观点认为,产品责任法中的"瑕疵",不仅包括原材料零部件的缺陷、产品设计缺陷、产品制造上的缺陷,还包括产品标识和通告方面的缺陷,即未提供正确使用产品的说明和有关危险警告等。

笔者认为,产品缺陷应当分为制造缺陷、设计缺陷、警示说明缺陷和跟踪观察缺陷四种。理由在于:第一,设计缺陷作为一种产品缺陷,被普遍承认。第二,制造缺陷、生产缺陷只是表述不同,并无实质差异。原材料缺陷和装配缺陷,应包含在制造缺陷中,并无必要单列。第三,对于警示说明缺陷的称谓较多,实质差异不大。第四,至于学者提出的其他缺陷类型,如包装缺陷、仓储或运输缺陷、修理缺陷等,并无成为独立缺陷类型之必要。只有对科学上尚不能发现的缺陷,可以依照德国法的做法,称为跟踪观察缺陷,用以概括发展风险中违反跟踪观察义务的缺陷。对于最后一种缺陷,后文还要进行详细说明。

---

① 参见[美]玛格丽特·格里菲斯:《欧洲经济共同体产品责任中的瑕疵问题》,张新宝译,刘慈忠校,载《法学译丛》1990 年第 1 期。

② *Restatement of the Law Third: Torts—Products Liability*, Softcover Edition, American Law Institute Publishers, 1998, pp. 9, 14.

③ 参见赵相林、曹俊主编:《国际产品责任法》,中国政法大学出版社 2000 年版,第 86 ~ 87 页。

(二)产品缺陷的种类

1. 制造缺陷

产品制造缺陷是指产品在制造过程中所产生的不合理的危险。危险产生的原因多样,包括质量管理不善、技术水平差等。此种缺陷可能发生于从原材料、零部件的选择到产品的制造、加工和装配工序等各个环节。

《美国统一产品责任示范法》第104条(A)规定了制造缺陷:“为了确定产品制造上存在不合理危险,审理事实的法官应当认定:产品脱离制造者控制时在一些重要方面不符合制造者的设计说明书或性能标准,或不同于同一生产线上生产的同种产品。”美国《侵权法第三次重述:产品责任》第2条(a)规定了制造缺陷。①

2. 设计缺陷

产品设计缺陷是指产品的设计,如产品结构、配方等存在不合理危险。② 考察设计缺陷,应当结合产品的用途。如果将产品用于所设计的用途以外的情形,即使存在不合理危险,也不能认为其存在设计缺陷。

美国《侵权法第三次重述:产品责任》第2条(b)规定了设计缺陷。③ 例如,在美国生产的第一代加湿器,采用加热开水喷出水蒸气的设计方法,投放市场即发生诸多损害,被判定为存在设计缺陷。

3. 警示说明缺陷

警示说明缺陷是指产品存在的不合理危险,销售产品没有适当的警示与说明。警示包括警告和指示说明,警告是对产品所具有的危险性运用标志或文字所做的提示;指示说明则是对产品的主要性能、正确的使用方法以及错误使用可能招致的危险等所做的文字表述。产品的警示说明缺陷是指因产品提供者未对产品的危险性和正确使用作出必要的说明与警告所造成的不合理的危险。

我国《产品质量法》第27条第1款规定:“产品或者其包装上的标识必须真实,并符合下列要求:(一)有产品质量检验合格证明;(二)有中文标明的产品名称、生产厂厂名和厂址;(三)根据产品的特点和使用要求,需要标明产品规格、等级、所含主要成分的名称和含量的,用中文相应予以标明;需要事先让消费者知晓的,应当在外包装上标明,或者预先向消费者提供有关资料;(四)限期使用的产品,应当在显著位置清晰地标明生产日期和安全使用期或者失效日期;(五)使用不当,容易造成产品本身损坏或者

---

① *Restatement of the Law Third: Torts—Products Liability*, Softcover Edition, American Law Institute Publishers, 1998, p. 14.

② 参见张新宝:《中国侵权行为法》(第2版),中国社会科学出版社1998年版,第493页。

③ *Restatement of the Law Third: Torts—Products Liability*, Softcover Edition, American Law Institute Publishers, 1998, p. 14.

可能危及人身、财产安全的产品,应当有警示标志或者中文警示说明。”第 28 条规定:“易碎、易燃、易爆、有毒、有腐蚀性、有放射性等危险物品以及储运中不能倒置和其他有特殊要求的产品,其包装质量必须符合相应要求,依照国家有关规定作出警示标志或者中文警示说明,标明储运注意事项。”《消费者权益保护法》第 18 条第 1 款规定:“经营者应当保证其提供的商品或者服务符合保障人身、财产安全的要求。对可能危及人身、财产安全的商品和服务,应当向消费者作出真实的说明和明确的警示,并说明和标明正确使用商品或者接受服务的方法以及防止危害发生的方法。”

《美国统一产品责任示范法》第 104 条(c)款对警告缺陷的解释是:“对与产品有关的危险或产品的正确使用没有给予适当警告或指示,致使产品存在不合理的危险。”美国《侵权法第三次重述:产品责任》第 2 条(c)规定了警示缺陷。①

4. 跟踪观察缺陷

各国的产品责任立法一般都“将产品投放流通时的科学技术尚不能发现缺陷存在”作为免责事由,即“发展风险”规则,其目的在于鼓励产品生产者努力开发新产品,鼓励科技创新,以满足社会和公众的需要。因此,即使在实际上这种新产品有致人损害可能的缺陷存在,但在将产品投放流通之时的科学技术尚不能发现的,能够免除产品生产者的责任;就会促使其放手进行研发,而不必顾虑造成损害时的赔偿责任。这样的免责事由,牺牲的是商品使用人的利益。因为他们即使是遭受了这样产品的侵害,也不能得到赔偿,等于他们牺牲了自己的获得赔偿的权利,激发了生产者的创新勇气。因此,立法者一般的选择,是在这个两难的抉择中,采取推动科技进步的立场。可是,面对消费者的利益牺牲,法律却是无助的。德国立法者确立跟踪观察缺陷的宗旨,就是改变传统的这种立场,转变为保护消费者的立场,对消费者的利益给予更多的关注。即使是在产品投放流通时的科学技术尚不能发现缺陷的存在,但是,法律赋予生产者在产品投放流通时的跟踪观察义务;未尽该义务的,就构成跟踪观察缺陷。因此,就能够把消费者放在更为宽广的保护范围之中。

跟踪观察缺陷,是指在发展风险中,生产者将新产品投放市场后,违反对新产品应当尽到的跟踪观察义务,致使该产品造成使用人的人身损害或者财产损害的不合理危险。《民法典》第 1206 条规定的“产品投入流通后发现存在缺陷的,生产者、销售者应当及时采取停止销售、警示、召回等补救措施。未及时采取补救措施或者补救措施不力造成损害扩大的”,就是跟踪观察缺陷。产品生产者将未能发现有缺陷的产品投放市场后,应当尽到必要的跟踪观察义务。在法律确定的较长的观察期中如果没有发现

---

① *Restatement of the Law Third*: *Torts—Products Liability*, Softcover Edition, American Law Institute Publishers, 1998, p. 14.

产品存在的问题,并且因此而造成了损害,应当承担侵权责任。确定了跟踪观察缺陷,就更能够发挥产品侵权责任保护消费者权益的作用。在新产品投放市场以后,生产者必须跟踪观察,对于用户的反映和提出的问题必须付诸行动,进行研究,并且提出改进的方法。如果存在损害的可能性的,则还要召回;有的还要向用户进行可靠使用的说明。没有做到这一点,致使新产品的隐蔽缺陷造成了损害,就应当承担跟踪观察缺陷的侵权责任。

确立跟踪观察缺陷的意义在于,对一般的产品侵权责任免责事由即“将产品投放流通时的科学技术尚不能发现缺陷存在”作出突破,进而给产品使用者提供更加安全的权利保护。

三、产品缺陷的认定标准

判断危险的合理与否或者判断某一产品是否存在缺陷的标准分为一般标准和法定标准:一般标准是人们有权期待的安全性,即一个善良人在正常情况下对一件产品所应具备的安全性的期望;法定标准是国家和行业对某些产品制定的保障人体健康、人身和财产安全的专门标准。有法定标准的适用法定标准,无法定标准的适用一般标准。①

(一)消费者期待标准

1. 消费者期待标准的含义

消费者期待标准,是指判断产品是否具有不合理的危险应以一般消费者的智识水平为据,如果该产品的危险程度超过了一个理性消费者所能预见的程度,则其具有危险性,该产品即为缺陷产品。

这一标准在各国产品责任立法上都有所体现。《德国产品责任法》第 3 条规定:“产品不能提供人们有权期待的安全性,就是存在缺陷的产品。”《英国消费者保护法》第 3 条规定:“如果产品不具有人们有权期待的安全性,该产品即存在缺陷。”《挪威产品责任法》第 6 条规定:“一、生产者有义务对由其产品所造成的损害予以赔偿,但以损害的发生是由于产品未能具有使用者或公众可以合理要求的安全性时为限。在判断人们可以要求的安全性时,应考虑所有与产品、产品外观、产品的市场适应性以及产品的预期的用途有关的所有情况。二、在确定一般的安全标准时,应以产品在脱离生产者的控制时的情况为准。”《欧共体产品责任指令》第 6 条规定:“如果产品不能提供人们有权期待的安全性,即属于缺陷产品。”《欧洲理事会涉及人身伤害与死亡的产品责任公约》第 2 条规定:“如果一个产品没有向有权期待安全的人提供安全,则该产品为

① 参见张新宝:《中国侵权行为法》(第 2 版),中国社会科学出版社 1998 年版,第 493 页。

有缺陷。"美国的司法实践中也适用消费者期待标准来认定产品的缺陷。

2. 消费者期待标准的适用

对于供一般使用、构造和功能相对简单的产品,消费者期待标准发挥作用的空间较大。对于高技术型的产品,由于消费者缺乏相应的知识,难以形成合理的安全期待值。

这一标准主要适用于对设计缺陷和警示缺陷的认定,对制造缺陷的认定则不需要。

为避免消费者期待标准失之于过于主观,合理期望的确定需借助一些客观的因素,包括产品价格、使用者的类型,甚至制造者对产品的预先设定等。

(二)成本效益分析标准

1. 成本效益分析标准的产生及含义

产品责任的承担须平衡消费者利益保护与产业发展两者的关系。缺陷成立尺度的松紧关系产品责任的有无。纯粹的消费者期待标准有可能失之主观,因为对产品安全性提出过高的要求而导致产品成本增加,会阻碍产业的发展,故需要其他的标准来补充。

成本效益标准是通过比较更安全的设计方案以及警示方法所需增加的成本与因此可能避免发生的损害,来确定产品销售者的严格责任。除非在设计和销售产品时,在技术可行性方面存在更安全的设计或警示方案可供生产者或销售者选择,否则可以认为产品不存在设计或警示缺陷。显然,这是对受到越来越多严格产品责任诉讼困扰的生产者提供经济上合理的保护,以利于工业的发展和技术的进步,使产品责任在保护消费者的同时,不至于影响经济的发展。

这一标准首先是美国汉德法官在"美国诉卡洛尔拖船牵引公司"案中提出的用以确定是否存在过失,后来扩展适用到产品责任的缺陷认定上。在成本效益分析具体应当考虑的因素方面,美国学者韦德教授提出了具有广泛影响力的见解,他认为,包括产品用途及对产品的期望;产品安全性的各方面;能满足同样需要且安全的替代品是否可得;生产者在不降低产品使用性能、不提高产品价格且维持其相同用途的前提下,减少产品不安全性的能力;使用者预见产品固有危险的能力;生产者通过产品价格或参加责任保险分散损失的可行性。①

2. 成本效益分析标准的适用

成本效益分析标准主要适用于确定产品是否存在设计缺陷和警示缺陷。美国《统一产品责任示范法》第104条(b)款规定:"为了确定产品设计上存在不合理的不安全

---

① Clark, *Product Liability*, Sweet and Maxwell, 1989, pp. 32 – 33.

性，审理事实的法官必须认定：产品在制造时即存在造成原告损害或类似损害的可能性，这类损害的严重性在价值上超过生产者为设计能够防止这类损害的产品所承受的负担，以及替代设计对产品实用性的相反影响。”[①]在设计缺陷认定的过程中，该标准可在三个领域发挥作用：[②]首先，可用于产品结构设计的评价，以确定一种具体的安全装置及其改进是否必要；其次，可用于评价是否需要向消费者发出通告或警告；最后，用于产品的市场需求问题。比如，某些产品是必需品，急需的并且只能按照一种方式设计的产品应与奢侈品区别对待。如果为满足市场的需求并在一定限额的成本内进行产品设计，可能会导致危险风险；但若采用替代标准，则又会大大提高产品成本从而影响竞争和需求。一般认为，更好的产品出现，并不能据以认为原产品存在设计缺陷。在美国，有些法院拒绝适用此标准，他们认为，这一方法是把所有的风险置于受害者，而使利益归于生产者，违背了严格责任产生的理论根据之一——风险分摊理论。[③]

（三）生产者特定的产品标准和法定标准

对产品的质量、性能，生产者自身制定有相应的标准，在产品的安全状态偏离生产者的预期目的致人损害的场合，生产者特定的产品标准可以作为判断缺陷是否存在的客观标准。[④]

国家相关部门或行业对某些产品（尤其是食品和药品）制定了保障人体健康，人身和财产安全的专门标准，这种标准就是“法定标准”。如果产品达不到或不符合这一法定标准，即可认定该产品存在不合理的危险，属于缺陷产品。[⑤]

该标准主要适用于制造缺陷的认定，与其他产品缺陷不同，制造缺陷的认定不需要考虑社会对产品安全性能的态度或消费者的期望，只需将该缺陷产品与其他同类安全产品进行比较检验，根据产品的客观技术要求或规格作出判断即可。[⑥]

（四）各标准之间的选择与适用

1. 消费者期待标准与成本效益分析标准

消费者期待标准与成本效益分析标准应当是择一适用，还是可以同时适用？美国加州最高法院在1978年“贝克诉吕尔工程有限公司”案中，在判断产品缺陷的同时考

① 黄全良：《我国法学界对产品责任的研究现状及评析》，载 http://news.cupl.edu.cn/news/3139_20050412164457.htm。

② 参见朱克鹏、田卫红：《论产品责任法上的产品缺陷》，载《法学评论》1994年第6期。

③ 参见朱克鹏、田卫红：《论产品责任法上的产品缺陷》，载《法学评论》1994年第6期。

④ 参见朱克鹏、田卫红：《论产品责任法上的产品缺陷》，载《法学评论》1994年第6期。

⑤ 参见张新宝：《中国侵权行为法》（第2版），中国社会科学出版社1998年版，第493页。

⑥ 参见刘静：《产品责任论》，中国政法大学出版社2000年版，第135页。

虑了消费者期望标准和成本效益分析标准,允许原告在两个标准间选择适用,即"如果消费者以可合理预见的方式使用产品而该产品的性能未达到其期望的安全标准,或者,如果被设计产品效益在重要性上远不及该设计的产品内含的危险风险,则该产品即视为有缺陷"。[①] 在英国,1987 年《英国消费者保护法》第 3 条关于缺陷的定义是英国法官选择适用消费者期待标准或成本效益分析标准或两分法来确定缺陷的依据。判断缺陷的混合型方法或两分法是更为可取的用以替代唯一的成本效益分析标准或消费者标准的方法,至少法院可以在面对复杂问题时能够充分利用交替选择的优势去解决缺陷判断的难题。[②]

2. 法定标准与其他标准

若产品符合法定标准,但仍然致人损害的,不必然说明产品不存在制造缺陷。法定标准是一种辅助性标准,也是判定产品是否存在缺陷的最低标准。

第三节　产品责任构成

一、产品责任的归责原则

要确定产品侵权的责任构成要件,首先应明确产品侵权的归责原则。产品责任是过错责任还是无过错责任,学者有不同意见。一是主张产品责任是无过错责任,无论生产者、销售者有无过错,只要产品有缺陷并造成他人损害,就应当承担赔偿责任。[③] 二是认为产品责任是过错责任,理由是我国经济不够发达,不具备产品生产者、销售者承担无过错责任的条件,应适用过错推定原则。[④] 三是主张二元论,认为产品责任既适用无过错责任原则,也适用过错责任原则,但以无过错责任原则为主导。[⑤]

产品责任是无过错责任,理由如下。[⑥]

第一,我国立法者在制定《民法通则》时,是将产品责任作为无过错责任来规定的。第 122 条规定的产品责任属于特殊侵权行为,有别于一般侵权行为;参加《民法通则》

---

① 刘静:《产品责任论》,中国政法大学出版社 2000 年版,第 126 页。

② 参见[英]埃利斯代尔·克拉克:《产品责任》,黄列等译,社会科学文献出版社 1992 年版,第 42 页。

③ 参见杨立新:《侵权损害赔偿》,吉林人民出版社 1990 年版,第 178 页。

④ 参见王利明、杨立新等:《民法·侵权行为法》,中国人民大学出版社 1993 年版,第 432 页。

⑤ 参见张新宝:《中国侵权行为法》(第 2 版),中国社会科学出版社 1998 年版,第 503 页。

⑥ 参见张骐:《中美产品责任的归责原则比较》,载《中外法学》1998 年第 4 期。

起草的专家学者,如魏振瀛教授、张佩霖教授、顾昂然等都认为产品责任适用无过错责任。立法者在制定和修改《产品质量法》中仍然坚持了这个立场。《产品质量法》第42条第1款规定:“由于销售者的过错使产品存在缺陷,造成人身、他人财产损害的,销售者应当承担赔偿责任。”第42条第2款规定:“销售者不能指明缺陷产品的生产者也不能指明缺陷产品的供货者的,销售者应当承担赔偿责任。”这里使用的文字是“应当”,当然是坚持无过错责任原则。原《侵权责任法》专章规定产品责任,并没有改变立场,仍然坚持无过错责任立场。《民法典》依然如此。

第二,无过错责任能够兼顾救济权利、补偿损失与惩罚侵权的功能。在对待缺陷产品造成的损害方面,无过错责任能够更好地提高效益、实现公正,并且能够使生产者增加产品的安全投入,消除可避免的危险,实现“危险控制”目标;危险产品的价格提高而处于市场竞争中的不利地位,能够减少对这些产品的消费,实现“市场抑制”目标。同时,无过错责任简化了确定责任所需的证明过程,降低包括运行事故修复系统的成本在内的交易成本,可减少单独个体承受全部损失时的成本。从公平方面来看,一方面,缺陷产品辜负了用户对产品安全的合理期望;另一方面,概括利益与负担、权利与义务相一致的原则,风险应当由从产品中受益的人承担。

第三,无过错责任原则合乎国际立法趋势。各国立法在产品责任的归责原则上都确立了无过错侵权责任。欧共体法、英国法、德国法、日本法明确规定无过错责任为产品责任法的归责原则;美国法在适用严格责任的基础上还保留了一部分过失责任和担保责任;法国法则通过修改民法典来确立产品责任中的无过错责任,以实施欧共体的产品责任指令。

产品责任在性质上是无过错责任。这不是说缺陷产品的生产者和销售者没有过错,而是因为产品存在缺陷本身就是一种过错。现代社会对产品质量的规定越来越具体,如果产品不符合规定的质量要求,产品的生产者就有过错,除非现有的科学技术无法发现。但是,产品责任确定为无过错责任,其立意是确定这种侵权责任不考察过错,无论其有没有过错,都在所不问;只要受害人能够证明产品具有缺陷,产品制造者或者销售者即可构成侵权责任。因而,受害人不必证明产品制造者或者销售者的过错,也就减轻了权利人的诉讼负担,有利于保护受害人的权利。

应当注意的是,在产品责任中并不都适用无过错责任原则:第一,在销售者承担最终责任的时候,适用过错责任原则,只有在销售者既不能指明缺陷产品的生产者也不能指明缺陷产品的供货者的时候,才承担无过错责任。第二,第三人的过错致使产品存在缺陷,在承担最终责任的时候,也是实行过错责任原则。第三,对于跟踪观察缺陷,在确定生产者承担侵权责任时,适用过错推定原则,也不适用无过错责任原则。

二、产品责任的构成要件

根据无过错责任原则的规定性,构成产品责任须具备以下要件。

(一)产品存在缺陷

产品及其缺陷在产品责任构成中处于极其重要的地位。前面已对缺陷作了专节论述,下面主要对产品概念进行阐释。

《民法典》对产品没有作出明确规定,应当适用《产品质量法》的规定。该法第2条第2款对产品概念作了概括性的规定,产品责任中的产品,是指“经过加工、制作,用于销售的产品”。产品须具备两个条件:一是经过加工、制作,未经过加工制作的自然物,不是产品;二是用于销售,因而是可以进入流通领域的物。按照该法第41条第1项关于产品未进入流通的,生产者不承担赔偿责任的免责规定,产品应进入流通领域。应当区别的是,产品未进入流通领域,是免责条件;用于销售,是指生产、制造该产品的目的,而不是已经进入流通领域。

对于产品的外延,立法没有明确规定。通常认为,产品限于动产,不包括不动产。[①] 建筑房屋交付使用,发生倒塌,伤害用户,《民法典》第1252条有专门规定,不适用产品责任的规定。

对于初级农产品,通常也认为不属于产品。[②] 例如,《欧共体产品责任指令》将农产品排除在严格责任制度外,大多数欧共体成员国也按照指令对初级农产品和猎物予以排除。理由主要是,未加工的农产品容易受到外界的影响产生缺陷,这乃是生产者不能控制的;这些产品在市场上混杂出售,难以确定缺陷是在生产或销售哪一环节中产生的。此排除性规定是“欧共体和英国的极为强大的农场主利益集团的胜利,他们战胜了维护食品消费者利益的努力”。[③] 但是,在挪威、芬兰、瑞典、冰岛、澳大利亚等国的产品责任相关立法中未作排除农产品的规定,体现了保护消费者利益的倾向。

以下用于销售的物应当认为是产品。

其一,导线输送的电能,以及利用管道输送的油品、燃气、热能、水。《欧共体产品责任指令》第2条将电包括在产品的范围中,各成员国也接受此规定,在产品责任法中规定了电为产品。由于指令未对其他无形财产作规定,可以说“电”是无形财产的一种,可类推扩展到其他无形财产。美国的司法实践认为,生产者已放弃控制和已投放市场的电构成产品,而仍由制造者保持控制而处于电线中的电,则在产品范围之外。

---

① 参见张新宝:《中国侵权行为法》,中国社会科学出版社1995年版,第308页。

② 参见张新宝:《中国侵权行为法》,中国社会科学出版社1995年版,第308页。

③ [英]埃利斯代尔·克拉克:《产品责任》,黄列等译,社会科学文献出版社1992年版,第59页。

其二，计算机软件和类似的电子产品。各国对此都缺少明确的判例依据。“对此，应当充分考虑该产品是否被投入商业流通渠道、生产商控制风险的地位和生产者分摊产品责任事故费用的能力这三个因素来判断。对于适合许多用户的通用软件，由于其大量的生产和销售，生产者处于控制风险的较好地位和具有分摊产品事故费用的较强能力，因此，这类软件应被纳入产品范围，适用严格责任。而对于按用户特别要求而作的专门用途软件，由于该电脑软件并未真正投入商业渠道，在承担各种费用上，提供者并不比用户处于更有利的地位，也无法把风险费用分摊给其他消费者，因此，这类软件应排除在产品范围之外，适用过错责任。”①

其三，用于销售的微生物制品、动植物制品、基因工程制品、人类血液制品。比较法上也有不同的规定，如《美国统一产品责任示范法》第102条c款将人体组织器官包括血液及其成分作了明示排除，绝大多数州通过立法规定提供血液属于提供服务，应适用过失原则。《日本制造物责任法》也规定，输血用的血液制剂因具有缺陷致输血患者受到损害所应承担的赔偿责任，不适用该法的规定。

上述产品存在缺陷，就构成产品存在缺陷这一要件。

（二）人身、财产受到损害

缺陷产品致人损害具有自身的特殊性，表现为：(1)某些缺陷产品，尤其是有设计缺陷的产品，往往受害人多，损害严重；(2)缺陷产品致人损害，有些损害后果在受害当时或受害后较短时间即可发现，而另一些损害后果往往要经过较长时间才能发现，有些损害会在直接受害者的后代身上显现出来；(3)缺陷产品致人损害，既包括人身方面的损害，也包括财产方面的损害。②

可以参考的是，《欧共体产品责任指令》第9条的规定，损害的形式包括：致人死亡、人身伤害、财产损失、精神损害；《美国统一产品责任示范法》第102条规定，“损害”包括：“(1)财产损害；(2)人身肉体伤害、疾病和死亡；(3)由人身肉体伤害、疾病和死亡引起的精神痛苦或情感伤害；(4)由于索赔人被置于直接人身危险的境地而引起的并表现为实际存在的他觉症状的精神痛苦或情感伤害。”

产品责任中的损害事实包括人身损害、财产损害和精神损害。

人身损害包括致人死亡和致人伤残。财产损害，不是指缺陷产品本身的损失，即购买该产品所付价金的损失，而是指缺陷产品外的其他财产的损失，其范围包括直接损失和间接损失。受害人应对损失之存在及其范围负举证责任。

精神损害，是指缺陷产品致人损害，给受害人造成的精神痛苦和感情创伤。对于

---

① 刘静：《产品责任论》，中国政法大学出版社2000年版，第116页。

② 参见张新宝：《中国侵权行为法》（第2版），中国社会科学出版社1998年版，第497页。

产品责任是否应当包括精神损害,立法未有明文规定。学者认为《产品质量法》第44条关于"受害人因此遭受其他重大损失的,侵权人应当赔偿损失"的规定是指精神损害。因为从逻辑结构分析,该条规定的"其他重大损失"显然不是指生命、健康方面的损害,也不是指财产损失。排除法的思维方法告诉我们,此损失应指人身方面的损害以及由此产生的精神损害。①

(三)因果关系

产品责任中的因果关系要件,是指产品的缺陷与受害人的损害事实之间存在的引起与被引起的关系。产品缺陷是原因,损害事实是结果。确认产品责任的因果关系,要由受害人证明,证明的内容是,损害是由于使用或消费有缺陷的产品所致。使用,是对可以多次利用的产品的利用;消费,是对只能一次性利用的产品的利用。这两者在构成侵权责任时无原则性区别,因此一般称作使用。

受害人在证明损害时,首先,要证明缺陷在产品销售当时即已存在。对此,受害人可以通过三种方式予以证明:使用直接证据,如某一残缺零件;使用间接证据,如专家证言;排除其他原因。其次,要证明缺陷产品曾经被使用或消费。最后,要证明使用或消费该缺陷产品是损害发生的原因。产品责任中的因果关系具有特殊性,表现在它是产品缺陷与损害后果之间的相互关系,而不是某种具体行为与损害后果之间的关系。此外,确定产品责任因果关系往往利用因果关系推定而非因果关系认定来实现。在因果关系推定中,尤其是在高科技产品致害的证明中,可以有条件地适用推定因果关系理论,即受害人证明使用或消费某产品后即发生某种损害,且这种缺陷产品通常可以造成这种损害,可以推定因果关系成立,转由侵害人举证证明因果关系不成立。证明属实的,则否定因果关系要件。

第四节　产品责任的类型

产品责任的类型主要是从缺陷的角度划分的,可以分为四种不同的产品责任类型。

一、制造缺陷产品责任

(一)制造缺陷产品责任的历史发展

产品责任法最早是对制造缺陷进行规制的。英国普通法上,追究产品制造缺陷的

① 参见张新宝:《中国侵权行为法》(第2版),中国社会科学出版社1998年版,第499页。

法律责任有悠久的历史。早在1266年刑事法律即对提供污染食品和饮料的粮商、酒商、肉店、厨师等进行制裁。19世纪末,美国州法院开始对存在制造缺陷的食品供应商施加疏忽责任和担保责任。至20世纪60年代初,美国法院开始承认,任何产品的提供者,只要存在制造缺陷,都应承担侵权法上的责任,不管原告是提起疏忽之诉,还是担保责任之诉。纵使生产者在制造该产品时的质量监管措施是合理的,纵使原告与产品的提供者并无直接的合同关系,供货商仍应承担侵权责任。即要求产品提供商对存在制造缺陷的产品所致损害承担侵权法上的严格责任,这一责任吞并了默示担保概念,虽然后者既不要求证明存在疏忽,也不要求有合同上的直接关系。① 德国1915年"合成盐药物伤害案"是德国产品责任的创始判例之一,也是制造缺陷致人损害的典型案例。原告从药店买回被告生产的人工盐,服用时因药中含有玻璃碎片而遭受损害。在20世纪五六十年代的日本,出现了一些影响广泛的制造缺陷产品责任案,主要发生在食品和汽车领域。例如,1955年森永奶粉砷中毒、亚急性脊椎视神经症,1964年沙利德迈药品受害案,1968年北九州全味食品公司米糠油中毒案。在我国,臭名昭著的三鹿奶粉案,就是制造缺陷的产品责任。

追究制造缺陷产品责任适用无过错责任原则,这方面规定比较统一。1965年美国《侵权法第二次重述》第402A条规定了制造缺陷的严格责任;1979年《美国统一产品责任示范法》对于制造缺陷规定了严格责任;②1997年《侵权法第三次重述:产品责任》第2条(a)规定,对于制造缺陷,即便尽了合理的注意,产品的销售者仍应承担责任,仍然坚持严格责任原则。

（二）制造缺陷产品责任的特点

制造缺陷产品责任具有两个突出特点:第一,制造缺陷产品及致损具有很大的必然性。对于大规模的产品生产或者对于由许多零部件构成的产品而言,个别产品出现缺陷的情况是无法避免的。德国学说上将这种无法避免且无法发现制造上的缺陷称为"脱线产品","纵使制造设备依最新之科技水平且由具有专业知识受严格管理监督之人来制造产品,尽管有最完善之企业组织及流程,尽管由经过合格训练和可靠之人员来担任,基于毫无欠缺之设计以及最佳之品质控制仍有可能发生制造上之欠缺,使得产品具有危险性"。③ 第二,制造缺陷造成损害具有个别性。就制造缺陷而言,因逃脱品质管理控制的漏洞所致,大多局限于个别产品之上。正因如此,相对于设计缺陷,

① *Restatement of the Law Third: Torts—Products Liability*, Softcover Edition, American Law Institute Publishers, 1998, p. 6.

② 参见齐章安、庾国庆:《两大法系中产品责任的归责原则》,载《法律科学》1992年第5期。

③ 郭丽珍:《产品瑕疵与制造人行为之研究——客观典型之产品瑕疵概念与产品安全注意义务》,神州图书出版有限公司2001年版,第100页。

制造缺陷所致的损害波及面相对较小,补救和纠正相对容易。

(三)产品制造缺陷侵权的种类

1. 装配缺陷

英国1932年Donoghue v. Stevenson案中,原告在喝一瓶朋友买的姜汁啤酒时,发现酒中有腐烂的蜗牛,因受惊吓患了严重的肠胃病,要求生产者承担赔偿责任。此案的重大意义在于,判决对产品生产者设定了"注意"的一般义务,使产品责任得以确立,并以疏忽为责任基础。同时,此案也是装配缺陷侵权责任的典型案例。

美国1852年Thomas v. Winchester案中,被告(批发商)由于疏忽把颠茄错标为蒲公英制剂出售给药房,药剂师又出售给原告,致使损害发生,原告要求批发商给予损害赔偿。该案的意义在于,突破了原被告没有合同关系的局限,判决指出出售的商品存在对生命、健康迫近的危险时,制造者或销售者承担疏忽责任。同时,该案也是装配、包装的缺陷致人损害的典型案例。

还有一个案例:某市居民杨某从电器商店购买一台电热水器,使用几次后,热水器漏电,杨某触电休克,急送医院后抢救脱险。杨某出院后找厂家赔偿。厂家称该电热水器是合格品,有合格证明,触电属使用不当造成,拒绝赔偿。双方达成申请仲裁的协议,仲裁机构委托市产品质量检验所对该电热水器进行检验,发现漏电是由于装配有误造成的。仲裁机构裁决:根据《产品质量法》的规定,厂家赔偿受害人一切经济损失,包括医疗费、误工损失,退还热水器价款,同时承担检验费和仲裁费。①

2. 原材料、零部件缺陷

美国1916年Macpherson v. Buick Motor Co. 案是零部件缺陷致人损害的典型案例。② 由于轮胎存在制造缺陷,导致原告开车途中与人相撞,受重伤。该车轮胎是原告从汽车零件商店买来的。证据显示,轮胎的缺陷是稍经检查就能发现的。最终判决被告赔偿,成为美国产品责任法上疏忽责任的首例。

1969年Lagorga v. Kroger Co. 案中,制衣公司制造的木棉棉衣的棉花未经防火处理,小孩在穿着木棉棉衣玩发火玩具手枪时,因棉衣着火而受伤。法官认为,小孩所穿衣料用的木棉经防火加工即可避免火花着火,遂判决制造厂商负赔偿责任。法官的判决理由是:在今日广泛使用化纤合成物的时代,社会大众依赖生产者供应其衣料,合成纺织品的成分及其性质,一般人多不清楚。销售者应予注意,维护所有使用人,尤其是儿童的利益。③

零部件和原材料缺陷构成的制造缺陷,在起草原《侵权责任法》中,我们一直坚持

---

① 参见赵相林、曹俊主编:《国际产品责任法》,中国政法大学出版社2000年版,第97页。

② Macpherson v. Buick Motor Co. ,111 N. E. 1050(N. Y. 1916).

③ 参见赵相林、曹俊主编:《国际产品责任法》,中国政法大学出版社2000年版,第96页。

应当写进法律，还专门设计了相关条文。[①] 立法者把这种意见归纳在原《侵权责任法》第44条当中：“因运输者、仓储者等第三人的过错使产品存在缺陷，造成他人损害的，产品的生产者、销售者赔偿后，有权向第三人追偿”。其中“运输者、仓储者等”中的“等”字，就包括了零部件提供者和原材料提供者。《民法典》第1204条仍然这样规定。

是不是所有的零部件提供者和原材料提供者都是第三人，情况并不相同，应当区别具体情况确定。例如，对于一部汽车而言，其中一个螺丝作为零部件，其作用微不足道，但是其有缺陷，造成损害，确实是严重的，因此，可能螺丝的生产者相对于产品的生产者或者销售者而言，就是第三人。对于馒头店的老板而言，其原材料是从面粉厂购买的面粉，面粉厂就是其原材料提供者，这种原材料对于整个产品的作用基本上是独立的，具有决定性的作用。前者的零部件提供者和原材料提供者就是第三人，而面粉厂对于馒头店加工的馒头这种产品而言，就是生产者。因此，产品的零部件提供者或者原材料提供者，可以认定为《民法典》第1204条规定的“第三人”；但是，如果产品的零部件、原材料对于产品的构成具有独立性，或者与产品具有重大关联，以及有其他特别情形的，可以将零部件提供者或者原材料提供者认定为生产者，适用《民法典》第1202条规定确定其承担生产者的侵权责任。

二、设计缺陷产品责任

（一）设计缺陷产品责任的历史沿革

相较于制造缺陷产品责任，设计缺陷产品责任出现较晚。在美国，直到20世纪60年代末70年代初，产品设计缺陷侵权责任的适用才开始比较常见。

由于设计缺陷波及全部的同类产品，造成的损害和影响往往极大，因此制造缺陷引起的诉讼案远没有设计缺陷引起的诉讼案多。

对设计缺陷产品责任的归责原则，在比较法上有不同意见。对于设计缺陷产品责任的归责原则，美国法一直存在争议。1979年《统一产品责任示范法》对于设计缺陷并不实行纯粹的严格责任。在确定设计缺陷责任时，应考虑在制造时所能认识的该产品的致损可能性，为预防损害而设计的产品在制造方面的技术可行性，可供选择的设计在生产、分配、销售上的比较成本以及这种设计可能产生的损害等。[②] 美国《侵权法第三次重述：产品责任》第2条(b)项确认，适用于制造缺陷的规则并不适用于设计缺陷。后者要求作出判断，是否存在本可以使产品更安全更好的替代设计。这实际上使用的是合理性标准，该标准是用来判断某一行为是否构成疏忽的。因此，人们质疑设计缺

---

① 参见杨立新主编：《中华人民共和国侵权责任法草案建议稿及说明》，法律出版社2007年版，第26页。

② 参见齐章安、庾国庆：《两大法系中产品责任的归责原则》，载《法律科学》1992年第5期。

陷产品责任究竟是疏忽责任还是严格责任。相当多的美国法院坚持认为,基于重述的标准之上的责任仍是严格责任。[①] 我们认为,对于产品设计缺陷致人损害也应适用无过错责任原则。

设计缺陷侵权责任与制造缺陷侵权责任相比,具有不同的特点:[②]一是设计缺陷和制造缺陷适用不同的认定标准。1979 年得克萨斯州 Turner v. General Motors Corp. [③]案对于明显的设计缺陷采用了风险效益标准,明确拒绝适用消费者期待标准,但允许将消费者期待标准适用于制造缺陷。制造缺陷可能是单位产品不符合制造者的设计方案,而设计缺陷则要跳出制造者的设计方案来认定。[④] 二是不同的缺陷致人损害有不同的免责事由。例如,发展风险的抗辩主要适用于设计缺陷致人损害的责任,而非制造缺陷致人损害的情形。[⑤]

(二)设计缺陷产品责任的种类

根据设计缺陷的种类,[⑥]可以将设计缺陷产品责任具体分为以下几类。

1. 产品结构缺陷

产品结构缺陷,是指由于错用材料,产品有结构上的弱点,导致不合理的危险,对人身或财产造成损害。用很细的木材做的椅子一坐就垮,这就是结构上的缺陷。确定结构缺陷,一般看产品的寿命是否比一般消费者期望的要短,同时还要考虑产品的价格档次等。

2. 缺乏安全装置缺陷

缺乏安全装置缺陷,是指与产品的价值和缺陷可能带来的危险相比,被告花很小的代价就可以安装一个安全装置,却没有安装,因此致使他人人身或财产损害。对此,被告的理由一般是,同行业的其他生产者没有安装安全装置,或者安装这样的装置花费庞大,或者放上安全装置后,产品不能发挥原有的功能。在 1972 年 Olson v. Arctic Enterprises Inc. 案中,原告从被告处买了一辆滑雪车,滑雪时被摔出滑雪车造成骨折,原告要求被告损害赔偿。因为,在滑雪车上加一个保护板即可避免事故发生。但法院判决原告败诉,因为当时尚无可能研制出不妨碍滑雪车行驶的保护板。

---

① *Restatement of the Law Third: Torts—Products Liability*, Softcover Edition, American Law Institute Publishers, 1998, p. 7.

② *Restatement of the Law Third: Torts—Products Liability*, Softcover Edition, American Law Institute Publishers, 1998, p. 10.

③ Turner v. General Motors Corp., 584 S. W. 2d 844, 847 – 48 (Tex. 1979).

④ *Restatement of the Law Third: Torts—Products Liability*, Softcover Edition, American Law Institute Publishers, 1998, pp. 6 – 7.

⑤ 新泽西制定法注释 N. J. Stat. Ann. § § 2A:58C – 2, 3 (West 1987)。

⑥ 参见李亚虹:《美国侵权法》,法律出版社 1999 年版,第 144 ~ 146 页。

3. 未满足对不当使用的适应性

产品的设计应当考虑到该产品被人不按它的原定目的使用时可能导致的危险的防范。侵权责任的承担要考虑这种不当使用是否可以被预见。例如,在驾驶汽车时,人们可能违规驾驶导致事故,为此,汽车生产者应该预见到而制造比较能抗冲击的汽车,车祸发生后,可使开车人避免因汽车本身的问题再受伤害。比如,美国的汽车玻璃都是一震就碎成小粒的,就是为防止车祸发生后,受害人被大块玻璃划伤。是否要为防止产品被不当使用而采取措施,除了看这种使用是否能被预见外,还要考虑成本效益。

三、警示说明缺陷产品责任

(一)警示缺陷产品责任的历史沿革

同设计缺陷产品责任一样,警示缺陷产品责任的历史也不长。在美国,直到20世纪60年代末70年代初,警示缺陷产品责任才开始频繁适用。①

美国的瓦克维尔工程有限公司诉BDH化学制品有限公司案是警示缺陷的经典案例。案情是被告向瓦克维尔提供了一种装在玻璃安瓶里的化学药剂,该瓶上标有"有害蒸汽"字样。供应商并不知道该化学药剂遇水后会产生强烈反应。一位科学家在做试验时意外地将安瓶掉在水池里引起爆炸,致该科学家死亡,并给原告的工厂造成了巨大损失。法院裁决生产者负有过失责任,因为他未能提供该化学药剂的危险性的充分的警告,而上述危险性已在相关的科学杂志中指出,因而是理应知悉的,法院追究了生产者侵权和合同两种责任。法院指出,即使该化学药剂的危险性尚属不可知悉,根据严格责任的规定,被告仍应负责。②

我国《消费者权益保护法》第18条第1款规定:"……对可能危及人身、财产安全的商品和服务,应当向消费者作出真实的说明和明确的警示,并说明和标明正确使用商品或者接受服务的方法以及防止危害发生的方法。"这是我国认定警示说明缺陷的法律依据。

黑龙江省齐齐哈尔市中级人民法院审理过下面这个案件:某蛋糕店业主宗某在黄某经营的小百货店购买了10瓶歼敌牌杀虫气雾剂,店里留下3瓶使用。工人毛某、雷某在蛋糕店制作间、营业厅和二楼清扫卫生,并用该杀虫气雾剂进行喷洒。在毛某用完两瓶、雷某用了大半瓶时,工人包某招呼二人下班回家,毛某在关电灯时蛋糕店发生

---

① *Restatement of the Law Third: Torts—Products Liability*, Softcover Edition, American Law Institute Publishers, 1998, p. 6.

② 参见王忠:《产品责任法中的警示缺陷研究》,载《国家检察官学院学报》2001年第3期。

爆炸,毛某被炸成重伤,另外两人造成轻伤,蛋糕店木隔玻璃墙、家用电器等财产造成损害。公安机关经现场勘验,确定为空气爆炸,是空气中的杀虫气雾剂浓度过高所致。该杀虫气雾剂由山东省聊城市某精细化工厂生产,产品有质量检验合格证、检验报告、农药临时登记证、注册商标,产品包装上注明“可按10平方米房内喷射15秒的剂量做空间喷射,喷后若关闭门窗约20分钟效果更佳”,产品上有易燃品标识,但没有易爆品及切勿接触电源等字样,没有适当的禁止性、警示性说明。

法院裁判认为,被告生产的歼敌牌杀虫气雾剂产品尽管有质量合格证,但是由于该产品的主要成分为液化石油气,本身具有一定的危险性,而生产者仅在用量上做“可按10平方米房内面积喷射15秒的剂量做空间喷射,喷后若关闭门窗约20分钟效果更佳”的建议性说明,消费者一般只会作多喷一些可能发生中毒或不经济的考虑,不会想到过量使用后遇到电火花会发生爆炸,由于该产品未有适当的禁止性、警示性说明,使其存在危及人身及他人财产安全的不合理危险,故该产品属于缺陷产品,由此造成人身及财产的损害,生产者应当承担损害赔偿责任。原告在使用该产品的时候有不当之处,也是发生此损害的原因之一,应当适当减轻生产者的责任。销售该产品的黄某在销售时指明了供货者,且该产品的缺陷也不是由于她的过错造成的,故不承担责任。法院判决被告聊城市鲁亚精细化工厂承担原告全部人身损害和财产损害的80%,共37万余元。

本案是一起警示说明缺陷产品责任案件,法院判决确定产品缺陷的法律根据和判决结果都是正确的。

(二)何种情况下生产者或销售者应当承担充分说明或者警示义务

在何种情况下,生产者或者销售者应当对产品作出充分说明或者警示。美国侵权行为法认为,概括地讲,就是从事产品销售或其他形式的经营者在产品出售或经营之时未提出警示,而一个合理的人作为销售商在此种情况下都应当提出警示。具体而言,一个合理的人作为销售商对产品应当说明或者警示的情况是:第一,生产者或者销售商知道或者应当知道产品存在对人身或财产的实质性危险;第二,生产者或者销售商能够识别应当被警示的人,并且可以合理断定其并不知晓致害的危险;第三,该警示能够被生产者或者销售商有效传达并被应当被警示的人有效执行;第四,致害危险足够大,生产者或者销售商应当承受提供警示的负担。① 具有这四个条件,就具备了应当充分说明或者警示的义务。下面分别论述这四个条件。

① 参见中国人民大学民商事法律科学研究中心:《中国民法典·人格权法编和侵权行为法编》,2002年内部资料,第271页。

1. 产品的生产者或销售商知道或者应当知道产品存在对人身或财产的实质性危险

这个要件分为两个因素。第一，就是产品的实质性危险。前文说到这种危险是一种一般危险而不是高度危险，实际上也就是说这种危险是可以避免的。在这里说的是危险的实质性，就是致人身伤害或者财产损害的致害危险。如果对这种产品使用不当，就会造成人身伤害或者财产损失的后果。第二，产品的生产者或者销售者对这种实质性危险知道或者应当知道。知道，是生产者或者销售者已经知道这种实质性危险；应当知道，就是指尽管生产者或者销售者还不知道这种危险，但是根据科技发展水平和产品本身的性质，销售者或者生产者是应当知道这种实质性危险的。杀虫气雾剂这种产品，基于它的成分和制作方法，生产者和销售者是应当知道其实质性的危险的，按照生产者在产品上所做的易燃品标识，可以推断其生产者是知道该实质性危险的。

2. 生产者或销售商能够识别应当被警示的人并可合理断定其并不知晓致害的危险

所谓应当被警示的人，最主要的就是使用该产品的人，即凡是接受该产品的人就是应当被警示的人。也就是说，接受该产品的人，就应当认为是生产者或者销售者能够识别的被警示的人。

所谓可以合理断定应当被警示的人不知晓致害的危险，就是接受该产品的人对产品存在的实质性危险并不知道。在一般情况下，对于产品存在的实质性危险，接受该产品的人是不知晓危险的存在的。这个标准是指一般的人，而不是具有专业知识的人。就杀虫气雾剂这种产品而言，具有一定专业知识的人，就会知道其存在的危险，但是作为普通消费者即使用者一般不会知道这种危险。因此，本案具备这一要件。

3. 该警示能够被生产者或者销售商有效传达并被应当被警示的人有效执行

这个要件是对具有实质性危险的产品的说明或者警示在销售渠道中的要求，核心是说明或警示能够被有效传达和有效执行。它的要求是说明或者警示已经作出，不仅是这样，而且这种说明或者警示还能够在销售渠道中被有效地传达，同时也能够被接受该产品的人即产品的使用者有效执行。有效传达，是在传达中不会改变，不会灭失，不会减损。有效执行不在于接受该产品的人完全照办，而是接受该产品的人按照该说明或者警示能够具有可操作性，按照这个说明或者警示操作，就不会发生危险。只有这样，产品的说明或者警示才可以被认为是充分的，达到了充分的标准。反之，即使是说明或者警示已经充分，但是在传达或者执行中没有达到“有效”的要求，也会被认为是说明或者警示不充分。

4. 致害危险足够大，生产者或者销售商应当承受提供警示的负担

产品的致害危险足够大，也就是说，如不对该产品存在的致害危险进行充分说明或者警示，则不足以防止危险转化为损害。在这种情况下，生产者或者销售者就应当承担提供警示或者说明的义务。

在生产者或者销售者之间究竟应当由谁负担,也是要研究的。承担义务的主体,既应当是生产者,也应当包括销售者,他们都负有这种义务。但是最终的责任者,应当是缺陷的直接制造者,也就是产品的生产者。

值得注意的还有一种情况,就是接手者对因其自己在销售后未予警示所致损害的问题。所谓接手者,就是接手某公司或其他经济实体的财产的公司或其他经济实体。美国侵权行为法认为,接手者对于其前手的公司或其他经济实体以商业销售或其他商业供应形式转让的缺陷产品造成的人身或者财产的损害,应当承担责任。那么,如果接手者对于已经出售或经营的产品产生的危险未予警示的,对因此所造成的人身或财产损害应当承担责任。事实上,接手者对前手的公司或者经济实体销售或经营的产品,也负有说明或者警示的义务。承担这种责任的要件是:第一,接手者承担或同意提供产品的维修或保养服务,或者由于前手产品的买主向其提供实际的或潜在的经济上的优势,已经与前手产品的买主处于一种与其前手相类似的关系中;第二,处于接手者位置上的合理人都会提供这种警示。如何解释"处于接手者位置上的合理人都会提供警示",美国侵权行为法规定:第一,接手者知道或者应当知道产品存在对人身或财产的实质性危险;第二,接手者能够识别应当被警示的人,并且可以合理断定其并不知晓致害的危险;第三,该警示能够被接手者有效传达并被应当被警示的人有效执行;第四,致害危险足够大,接手者应当承受提供警示的负担。① 在这种情况下,接手者就应当承担说明或者警示不充分的侵权责任。

(三)判断警示说明不充分的基本标准

产品仅仅是合格产品,不具有制造缺陷和设计缺陷还不够,还要对产品的说明和警示作充分的说明,特别是对具有一定危险性的产品,制造者或者销售者更要竭尽注意义务,防止买受人在使用中发生危险,造成损害。这是现代社会对人身安全和财产安全的重视,也是人权观念在产品领域和消费领域中的体现。为了保护广大消费者的安全,产品制造者和销售者必须遵守这样的高度注意义务。

在实践中究竟如何界定产品说明或警示不充分的概念,以及如何掌握,是值得研究的。

在《美国侵权行为法重述(第三次)》中,对什么是产品说明或警示不充分作出了原则界定。这个界定是很精彩的。这就是:"因产品说明或警示不充分所致的产品缺陷,是指产品可预见的致害危险能够通过销售商、其他经营者,或其在商业经营过程中的任一前手,采用合理的说明或警示条款而减少或避免,且不采纳该说明或警示并不能

---

① 参见中国人民大学民商事法律科学研究中心:《中国民法典·人格权法编和侵权行为法编》,2002年内部资料,第272页。

使产品得到合理的安全。”[①]我国学者认为，警示说明不充分是指生产者没有提供警示与说明，致使其产品在使用、储运等情形下具有不合理的危险。[②]

某项产品是否构成说明或者警示不充分，需要进行严格判断。参照美国侵权行为法的一般要求，结合我国的具体司法实践，构成产品说明或警示不充分这种缺陷应当具备以下三个要件。

1. 在一项产品中存在致害危险

产品应当是特定的一项产品。在该项特定的产品中，应当包含致害的危险。在现代社会，高科技很支持新产品，就使各种产品中包含了各种各样的危险因素。保障产品的安全，是国家极力追求的目标，因此只有将该产品的危险因素控制在一定的范围，使一般的民众在使用时只要不是过于粗心或者疏忽大意，就可以避免这种危险，才准许这种产品推向市场。在这里，应当区分一般的危险和高度危险。产品说明、警示不充分构成中的致害危险，只能是一般危险，不能是高度危险。如果一项产品具有高度危险性，则是危险物品，不再适用产品侵权责任，而是应当适用高度危险作业侵权责任的规定。所以，产品说明、警示不充分的致害危险的判断，其下限是具有致害的危险，没有致害危险的产品，不存在说明、警示不充分的问题；其上限就是使用这种产品不必高度戒备、不必采取必要的安全措施，因此没有达到高度危险作业的程度。

就前述案例而论，杀虫气雾剂属于石油气混合杀虫剂合成的喷洒型杀虫剂，其中石油气和杀虫剂都具有致害危险。这是极为现实的。首先，杀虫剂的致害危险在于剂量，超过合理的剂量，就会造成人的健康损害。其次，除了杀虫剂外，杀虫气雾剂中的大量成分是液化石油气，将杀虫剂和液化石油气混合，使喷射出来的变成气化的杀虫剂混合在空气中，达到杀虫的效果。相比较而言，液化石油气属于易燃、易爆物质，因此它的致害危险更为现实。因此，本案争议的产品属于具有致害危险的产品。

2. 产品存在合理说明或者警示的高度必要性

正因为产品存在致害危险，如果要避免该产品在使用中的危险，就一定要进行说明或者警示。说明或者警示的必要性的判断标准，就是这种致害危险可以通过合理的说明或者警示而减少或者避免，如果不采纳该说明或警示就不能使产品达到合理安全的标准。这一要件的要求是，合理的说明或者警示能够避免或者减少产品的致害危险，达到合理安全的标准，使产品能够安全使用。这里的两个“合理”，第一个“合理”说的是说明和警示的程度，是要“合理”地说明或者警示，而不是一般的说明或者警示，要求就是，不采纳该说明或者警示，就不能使产品得到合理安全，也就是不能保障消费者

---

① 中国人民大学民商事法律科学研究中心：《中国民法典·人格权法编和侵权行为法编》，2002 年内部资料，第 269 页。

② 参见张新宝：《中国侵权行为法》，中国社会科学出版社 1995 年版，第 311 页。

的安全;第二个“合理”是说产品达到安全使用的标准,就是合理安全。如果不进行合理的说明或者警示,就不能保障产品的安全使用。

在前述案例中,杀虫气雾剂的这种致害危险并不是不可以避免的,只要经营者采用合理的说明或者警示,消费者按照说明和警示的要求使用,就不会造成危险。反之,如果不按照合理说明或警示使用,就不能使产品达到合理安全的标准。这说明,这种产品的生产或者销售,存在进行充分说明或者警示的必要性。

3. 没有说明、警示或者说明、警示不充分

对于属于上述情形的产品,本应当进行充分的说明或者警示,但是产品的生产者或者销售者却没有进行说明或者警示,或者虽然进行了说明、警示,但是说明、警示没有达到要求的标准,也就是不充分。说明、警示是否充分的标准,应当根据产品的具体情况确定,一般的要求是,正确说明产品存在的危险,以及正确使用该产品、避免产品存在的危险,达到使用的合理安全的要求。有学者认为,如果产品是为大众消费、使用的,警示与说明应使社会上不具有专门知识的一般人注意、知晓、理解;如果产品是为特定人消费、使用的,警示与说明应使具备专门知识的特定人注意、知晓、理解。[①] 做到了这一点,就认为说明、警示已经达到了充分的标准,没有做到的,就是说明、警示不充分。至于警示和说明究竟是都要做到,还是只要其中之一做到了充分就符合要求了呢?笔者认为,说明或者警示只要有一种达到了所要求的充分的标准,就应当认为已经做到了充分说明或者警示。

结合前述案例,杀虫气雾剂的生产者没有作这样的说明或警示,仅仅对产品的使用剂量作了一般的说明,仅仅作了易燃品的标识,其他均未作说明或者警示。正像法院裁判理由所说的那样,所作的说明仅仅是对使用剂量的一般说明,使用者面对这样的说明,会认为在说明的剂量上使用是最为经济的,超过说明的使用剂量就会造成浪费。这样的说明,没有说明致害的危险,也没有说明防止危险发生的必要办法。当然,本产品也作了易燃品的标识,但是,这仅仅是一般的标志,并没有进行必要的说明,尤其是没有说明易爆的危险。这说明,生产者对该产品的说明和警示不是没有作,但仅仅是一般说明,远远没有达到充分的标准。

具备以上三个要件,就构成说明或者警示不充分的缺陷,应当承担产品侵权责任。结合本案的实际情况,可以认为,本案争议的杀虫气雾剂的质量问题,并不是出于设计缺陷,也不是出于制造缺陷,而是出于产品说明或警示不充分的缺陷,法院认定杀虫气雾剂产品的生产者承担侵权责任,是完全有道理的。

---

① 参见张新宝:《中国侵权行为法》,中国社会科学出版社 1995 年版,第 312 页。

四、跟踪观察缺陷产品责任

(一)德国法跟踪观察缺陷责任的建立

德国在司法实务中,为了克服发展风险抗辩所招致损害的分配有违公平正义的弊端,更好地保护消费者的合法权益,确立了制造商的跟踪观察义务。制造商将产品投入流通之后,还负有跟踪监视义务,即必须对所生产产品的性能以及实际使用效果进行不间断的了解,必要时应作出警告直至召回产品。由于人类的认识能力和科技水平不断提高,生产者应及时了解最新的科技成果,对新发现的产品危险应及时予以警告、说明。[①] 制造商将新产品投放市场后,必须尽到详尽的跟踪观察义务,对于用户反映和提出的问题必须付诸行动,要进行研究,并且提出改进的方法。如果产品制造商对于投放市场的新产品没有尽到跟踪观察义务,应当发现而没有发现新产品存在的缺陷,或者已经发现新产品的缺陷而没有及时召回,或者没有进行必要的指示说明,致使消费者受到侵害的,应当确认构成跟踪观察缺陷,承担侵权责任。[②] 受害人可以据此对抗"将产品投放流通时的科学技术尚不能发现缺陷存在"的免责事由。这种做法值得借鉴。

(二)我国的跟踪观察缺陷产品侵权责任

在产品推向市场时的科学技术水平不能发现该产品是否存在缺陷的,生产者应当负有跟踪观察义务;发现缺陷应当及时召回产品,应当发现而没有发现或者已经发现没有及时召回,即构成跟踪观察缺陷。[③]《民法典》第1206条规定:"产品投入流通后发现存在缺陷的,生产者、销售者应当及时采取停止销售、警示、召回等补救措施。未及时采取补救措施或者补救措施不力造成损害的,应当承担侵权责任。""依据前款规定采取召回措施的,生产者、销售者应当负担被侵权人因此支出的必要费用。"这是对跟踪观察缺陷的法律确认。

按照这一规定,跟踪观察缺陷侵权的归责原则,应当适用过错推定原则。理由在于,一方面,《民法典》第1206条规定的"未及时采取补救措施或者补救措施不力"本身,就说明产品生产者具有过失;另一方面,鉴于跟踪观察缺陷是违反跟踪观察义务导致的损害,显然属于过失认定的范畴。据此,其归责的基础应该是生产者的过错,即应当尽到相应的注意而没有尽到,具备道德上的可责难性。考虑到消费者和制造商之间的实力对比,以及生产者在跟踪观察义务履行中的积极地位,应该实行过错推定责任,

---

① 参见赵相林、曹俊:《国际产品责任法》,中国政法大学出版社2000年版,第105页。

② 参见杨立新:《产品跟踪观察缺陷与警示说明缺陷的认定》,载http://www.civillaw.com.cn/article/default.asp?id=28032。

③ 参见杨立新:《侵权损害赔偿》(第4版),法律出版社2008年版,第227页。

先推定其存在过错,然后由其反证其没有过错。从未及时采取补救措施或者补救措施不力以及违反跟踪观察义务两个方面考虑,跟踪观察缺陷产品责任实行过错推定原则,是完全有道理的。

(三)跟踪观察缺陷产品责任的构成要件

1. 违法行为

违反产品跟踪观察义务的不法行为包括不履行跟踪观察义务和不当履行跟踪观察义务的行为。例如,产品存在致人重大损害的危险或该损害已实际发生时,生产者对该产品应当召回,没有召回,就违反了法定义务,构成行为不法。不当召回,是生产者虽然实施了召回措施,但违反通常标准或采取补救措施不力,同样也是违法行为。

2. 损害

跟踪观察缺陷所致损害,主要是对生命、健康权的损害,以及由此而生的财产损失和精神痛苦。在损害事实方面,跟踪观察缺陷产品责任没有特别的要求。

3. 因果关系

跟踪观察缺陷产品责任的因果关系确定,应当适用相当因果关系规则。依照社会的通常观念,该种缺陷产品能够造成该种损害,且在实际上已经由该种产品造成了该种损害,该种产品的缺陷为损害发生的适当条件的,就应当确认其具有因果关系。

4. 过失

判断生产者违反产品跟踪观察义务中的过失,应当采取"理性人"的分析方法,同时适用消费者合理期待的标准。以理性人的标准要求生产者在履行产品跟踪观察义务时,未尽到善尽交易上的注意(以善良管理人的注意为妥)即可认定为有过失;当然这种义务的要求不能绝对化,而应该进行个案的分析。由于消费者对产品安全需求会因个人因素而异,即使是客观一般典型理性消费者期待产品应有的安全性,也会受到制造商于设计、制造过程或通过产品呈现、指示或其他形式,赋予产品使用的目的与标准,影响消费者对于产品之认识与安全期待。[①] 所以,在过失判断上应当以生产者所履行的产品跟踪观察义务,不背离一般消费者的通常安全期待为标准。

---

① 参见朱伯松:《德国商品制造商责任论——侵权行为责任法的分析(下)》,载《法学丛刊》第 36 卷第 3 期。

第五节　产品责任承担

一、产品责任的法律关系主体

（一）产品责任法律关系的权利主体

在欧洲诸国，凡缺陷产品致人损害的，若为人身伤害，任何受害者均可要求赔偿；若为财产损害，只有基于生活消费目的的私人消费者方可依产品责任法获得赔偿。与欧洲相比，美国产品责任法的保护范围要广泛得多。根据《统一产品责任示范法》第102条，“索赔人”是指“因遭受损害而提出产品责任索赔的自然人或实体”。该规定不仅没有将作为索赔主体的“自然人”限于“私人消费者”，更将“实体”明确列为产品责任的权利主体，显见其保护对象的广泛性。

我国《民法典》和《产品质量法》并未明确界定产品责任的权利主体，仅指“他人”。有学者主张，在产品责任法上，“权利主体主要包括个人消费者，即为个人消费目的的购买或使用产品的个体社会成员”，“法人一般不宜作为产品责任赔偿关系的权利主体”。从广义上说，产品包括消费资料和生产资料，故产品的消费可分为消费资料的消费和生产资料的消费，而后者主要是通过法人和非法人组织来进行的。尤其在现代社会，随着专业化分工的越来越细，产品的技术含量越来越高，其危险程度也日益增加，缺陷产品不仅危及私人消费者的合法权益，同样严重威胁法人和非法人组织的财产安全。为维系加害人与受害人之利益平衡，促进生产者、销售者努力降低产品危险，消除产品缺陷，界定“他人”时，应当将法人和非法人组织纳入产品责任的保护范围。产品责任法律关系的权利主体应当包括因产品存在缺陷造成人身伤害或者财产损害的一切受害者，无论是自然人还是法人或非法人组织都在其内。

（二）产品侵权法律关系的义务主体

1. 生产者

生产者作为产品责任主体应承担无过错责任，这为各国普遍承认。一方面，在产品设计、试制、投产和制造过程中，生产者对产品的缺陷具有控制能力，在实现产品事故的损失最小化方面较消费者处于更有利的地位，使其承担无过错责任，可促使其进行技术更新、采取措施，防止事故发生；另一方面，生产者较消费者更有能力承担损失，可通过产品责任保险以及提高产品价格分散风险和成本。此外，一个从他支配下的某物或某项活动中获取利益的人，应当对该物或该项活动所致的损害负责；一个为自己利益而自愿经营某项事业的人,应当承担该事业性质所生的或相关的致损风险。

我国《民法典》和《产品质量法》使用“生产者”的概念,对生产者的责任主体地位作了原则规定,但未明确生产者的范围。我们认为,生产者包括:第一,成品生产者。成品生产者是产品责任的主要承担者。第二,零部件生产者、原材料生产者。产品缺陷由零部件生产者、原材料生产者造成的,受害人向其请求损害赔偿时,其应承担侵权责任。第三,准生产者。《欧共体产品责任指令》第3条以及美国《侵权法第三次重述:产品责任》第3章第14条对准生产者作了专门规定,值得借鉴。对他人制造的产品像自己制造的产品一样进行销售或者以其他形式经营,视为生产者。例如,在他人的产品上以自己的名称、商标或其他具有识别性的标志表明自己为生产者,此种情形下,对其销售的产品,应当承担产品制造者的责任。另外,为出售、出租、转让等营业目的的进口商也视为生产者,这主要是为了避免受害人因管辖权的障碍无法对外国产品生产者起诉而蒙受损失。[①]

2. 销售者

销售者是指生产者以外的产品经销商。由于销售者的过错使产品存在缺陷,造成人身、他人财产损害的,销售者应当承担赔偿责任。销售者不能指明缺陷产品的生产者或不能指明缺陷产品的供货者的,销售者应当承担赔偿责任。《民法典》第1203条、《产品质量法》第42条对销售者的责任主体地位作了规定。借鉴美国《侵权法第三次重述:产品责任》的规定,产品责任中的销售者应满足的条件是:第一,以经营该产品为业的人,如私车转让人不是销售者;第二,此种经营应是长期的,而不是临时或偶尔的;第三,不要求该致害产品是其主营业或唯一的营业,如影院出售爆米花。[②] 至于销售者的范围,根据产品提供或经营方式,主要包括批发商、零售商、出租人、行纪人等。

二、产品责任的责任形态

(一)产品责任的不真正连带责任

《民法典》第1203条以及《产品质量法》第41~43条规定的是生产者与销售者承担产品责任的基本责任形态。这种责任形态究竟是何种侵权责任形态,学说上并不相同。笔者认为,这种责任形态是不真正连带责任。

侵权法上的不真正连带责任,是指多数行为人对一个受害人实施加害行为,或者

---

① *Restatement of the Law Third: Torts—Products Liability*, Softcover Edition, American Law Institute Publishers, 1998, pp. 227-230.

② *Restatement of the Law Third: Torts—Products Liability*, Softcover Edition, American Law Institute Publishers, 1998, p. 8.

不同的行为人基于不同的行为而致使受害人的权利受到损害,各个行为人产生的同一内容的侵权责任,各负全部赔偿责任,并因行为人之一的履行而使全体责任人的责任归于消灭的侵权责任形态。

在产品侵权责任中,生产者和销售者之间的责任就是不真正连带责任。不论受害人向法院起诉生产者还是起诉销售者,只要生产或者销售的产品有缺陷,造成了损害,就应当由被告承担责任。如果起诉的是销售者,而产品缺陷又是生产者造成的;那么,销售者在承担了侵权责任之后,可以向生产者追偿。

不真正连带责任的特征如下:

第一,数个行为人基于不同的行为造成一个损害。销售者销售缺陷产品,是造成受害人损害的原因,同时该产品的缺陷又是生产者的生产造成的,两个行为都是损害发生的原因。但损害仅有一个,并不是两个损害结果。

第二,数个行为人的行为产生不同的侵权责任,这个责任就救济受害人损害而言,具有同一的目的。无论是生产者赔偿还是销售者赔偿,都是救济受害人损害的赔偿,都是一个目的。分别产生的不同的侵权责任,责任的目的都是救济该同一损害,而不是救济各个不同的损害。

第三,受害人享有的不同的损害赔偿请求权,可以"择一"行使,或者向销售者或者向生产者请求承担责任,而不是分别行使各个请求权。受害人选择的一个请求权实现之后,其他请求权消灭。这就是不真正连带责任的"就近"规则,是受害人可以选择距离自己最近的法律关系当事人作为被告起诉。就近规则产生的责任,是中间责任,而不是最终责任。

第四,损害赔偿责任最终归属于造成损害发生的最终责任人。如果受害人选择的侵权责任人就是最终责任人,则该责任人就应当最终地承担侵权责任。如果受害人选择的责任人并不是最终责任人,则承担了侵权责任的责任人可以向最终责任人请求赔偿,最终责任人应当向非最终责任人承担最终责任。这就是不真正连带责任的"最终"规则。按照最终规则承担的责任是最终责任。

根据不真正连带责任的上述原理,下面来研究《民法典》第1202、1203条规定的规则。

首先,《民法典》第1202条规定的是产品生产者的最终责任,这种责任是无过错责任。产品生产者无论对产品缺陷的存在是否有过错,都应当承担最终的赔偿责任。

其次,《民法典》第1203条第1款规定的是产品销售者的中间责任。即在产品责任的中间责任承担上,被侵权人可以向生产者请求赔偿,也可以向销售者请求赔偿。无论请求生产者还是销售者,承担中间责任时,都不问过错,只要被侵权人对责任人作出了选择,该责任人就应当承担责任。这当然是无过错责任原则。

再次,《民法典》第1203条第2款规定的是最终责任。即因销售者的过错使产品存在缺陷的,生产者赔偿后,有权向销售者追偿。如果销售者没有过错,则生产者无权向销售者追偿。

最后,《民法典》第1203条第2款,规定的是承担了中间责任后的生产者或者销售者的追偿权,即承担了中间责任的一方,有权向应当承担最终责任的一方请求追偿。这一规则,将产品责任最终归属于最终责任人。

(二)产品责任的先付责任

《民法典》第1204条规定:"因运输者、仓储者等第三人的过错使产品存在缺陷,造成他人损害的,产品的生产者、销售者赔偿后,有权向第三人追偿。"生产者和销售者之间就产品责任承担责任的责任形态,是不真正连带责任。在其承担了责任之后,如果使产品存在缺陷的,并不是生产者或者销售者,它们就享有一个对产生缺陷的第三人的追偿权。在这种情况下,其实生产者或者销售者就是为第三人承担先付责任。生产者或者销售者承担的赔偿责任是中间责任,其对有过错的第三人享有追偿权,有权请求第三人赔偿自己因为承担中间责任而造成的损失。

至于何为第三人,《民法典》第1204条明确规定的有运输者和仓储者,在"等"字中包含的,还有原材料提供者、零部件提供者以及进口商等。凡属于生产者、销售者之外的其他对缺陷产生具有过错的人,都是第三人。生产者或者销售者承担了赔偿责任之后,都有权向他们进行追偿。

(三)产品责任的按份责任

同类产品造成侵权后果,但生产这种产品的不是一个生产者,而是数个生产者,不能确定是谁生产的产品造成的实际损害,此时,成立共同侵权行为中的共同危险行为。一般的共同危险行为是由共同危险行为人承担连带责任,但这一规则不宜用于这种生产产品的情况,因为每个人的生产份额并不相同。按照"市场份额"规则,数人生产的同类产品因缺陷造成损害,不能确定致害产品的生产者的,应当按照产品在市场份额中的比例承担民事责任。按照这一规定,应当首先确定各个生产者在生产当时,产品所占市场的具体份额,再根据这一份额确定自己应当分担的责任。①

三、产品责任的具体承担方式

(一)停止侵害、排除妨碍、消除危险

按照《民法典》第1205条和第1206条的规定,产品的生产者、销售者负有停止侵

---

① 该理论之提出始于美国1980年辛德尔诉阿伯特药厂案,参见Sindell v. Abbott Laboratories. 2d,924(1980),p.607。

害、排除妨碍、消除危险的责任,同时,负有跟踪观察义务的生产者、销售者还负有售后的停止销售、警示、召回义务。

第1205条规定的停止侵害、排除妨碍、消除危险请求权,应当理解为侵权禁令。当产品缺陷危及他人人身、财产安全时,受到危及的被侵权人享有停止侵害、排除妨碍、消除危险请求权,请求缺陷产品的生产者、销售者承担责任,防止危险发生。

产品售出后,制造者、销售者发现或应当发现产品存在缺陷的,应当以合理、有效的方式,及时采取停止销售的补救措施,并且向买受人发出警示,以防止损害发生或进一步扩大。该缺陷是否在产品出售当时即已产生在所不问。未合理履行售后警告义务致使损害的,产品制造者、销售者应承担损害赔偿责任。

产品售出后,发现存在缺陷会致人严重损害的,制造者、销售者应当根据主管部门的指令或主动地及时采取合理、有效措施将缺陷产品收回。未合理履行产品召回义务致人损害的,应承担损害赔偿责任。

(二)损害赔偿

《产品质量法》第44条规定:"因产品存在缺陷造成受害人人身伤害的,侵害人应当赔偿医疗费、治疗期间的护理费、因误工减少的收入等费用;造成残疾的,还应当支付残疾者生活自助具费、生活补助费、残疾赔偿金以及由其扶养的人所必需的生活费等费用;造成受害人死亡的,并应当支付丧葬费、死亡赔偿金以及由死者生前扶养的人所必需的生活费等费用。因产品存在缺陷造成受害人财产损失的,侵害人应当恢复原状或者折价赔偿。受害人因此遭受其他重大损失的,侵害人应当赔偿损失。"对此,应当按照《民法典》第七编第二章关于损害赔偿的一般规定确定赔偿责任。特别的赔偿,为第1207条规定的惩罚性赔偿,请见下文的详细说明。

四、产品责任的免责事由与诉讼时效

(一)免责事由

根据《产品质量法》第41条的规定,产品生产者能够证明有下列情形之一的,不承担赔偿责任:其一,未将产品投入流通的;其二,产品投入流通时,引起损害的缺陷尚不存在的;其三,将产品投入流通时的科学技术水平尚不能发现缺陷的存在的。

争议较大的是发展风险的抗辩。各国法律用语或表述略有不同,理解大体一致,即制造者无法控制的产品致损风险。美国判例法中称为工艺水平抗辩,包括科学技术水平无法发现的发展缺陷以及已知却无法以现有技术克服的缺陷,被称为"系统风险"。[①]

① *Year Book of the United Nations Commission On International Trade Law* 1977, volume viii, p. 245.

美国法院对此可否作为抗辩,意见不一。在过失侵权之诉中,被告可以以此为抗辩。但在严格责任之诉中,美国法院往往不承认工艺水平的抗辩。

《美国产品责任示范法》第 107 条也规定了工艺水平的抗辩。欧共体《关于产品责任的指令》第 7 条(e),英国、法国、德国等主要欧洲国家立法以及日本《制造物责任法》第 4 条都承认发展风险的抗辩。

另外,还可据以抗辩的事由包括:

第一,受害人自身的原因引起的损害。例如,受害人在使用产品的时候,没有按照产品所标示的使用说明加以使用,产品的销售者或者制造者不承担损害赔偿责任。美国一些州法规定,受害人对损害发生也有过错时,生产者可以"新行为介入说"拒绝承担责任,也可以根据"比较过失"原则主张分担责任。①

第二,第三人的原因导致产品缺陷。如果产品造成使用者或者第三人的损害,是由于第三人的原因而引起的,则应当由该第三人承担责任,不能由产品的制造者或者销售者承担责任。美国福特汽车公司诉韦高纳案中,福特公司售出一辆门闩有缺陷的汽车,其向购买者提出免费更换,但购买者不同意,并将车转卖给受害人。受害人在外出旅行时,因门闩缺陷而受伤害。法院判定福特汽车公司对此不承担产品责任。② 兰伯特诉刘易斯案中,雇员在操作拖车时,因把手失灵,拖车发生事故撞到私家汽车。法院认为,该拖车挂钩存在设计缺陷,但事故发生前数个月,防止挂钩分离的轴和把手即已失灵,对此,雇主并未修理而继续使用。最后,法院判决雇主承担 25% 的责任,生产者承担 75% 的责任。③

第三,旧产品。《美国产品责任示范法》规定,产品出售人只对产品在有效期限内造成的损害负责。④

第四,遵守法规或政府规章。遵守法规或政府规章并不是绝对阻碍违法性的事由,并不必然免除制造者的责任,而是一项可辩驳的推定,即符合法规的产品可视为不具有不合理危险。但若事实上致人损害,则仍推定存在不合理的缺陷,而应承担侵权法上的责任。

第五,明显的危险无警告义务。明显的危险性就是指公众普遍认知或意识到的产品危险性。这种危险性本身就能引起消费者、所有者的注意,如果使用者知其危险而不权衡利弊,减少乃至避免此风险,则可理解为受害人的"同意"。也就是受害人甘冒

---

① 参见朱克鹏、田卫红:《论产品责任法上的产品缺陷》,载《法学评论》1994 年第 6 期。

② 参见[英]斯蒂芬森·W. 海维特:《产品责任法概述》,陈丽洁译,中国标准出版社 1991 年版,第 115~117 页。

③ 参见刘静:《产品责任论》,中国政法大学出版社 2000 年版,第 160 页。

④ 参见朱克鹏、田卫红:《论产品责任法上的产品缺陷》,载《法学评论》1994 年第 6 期。

风险,或认为其存在重大共同过失。法律要求制造人对于产品的可预见的危险予以警告以避免损害的发生,但不应不合理地要求制造人对产品引起的每一损害承担责任,如刀锋利可以伤人。产品责任法领域的“明显危险无警告义务法则”诞生于1950年的Campo v. Scofield案。

(二)诉讼时效

因产品存在缺陷造成损害要求赔偿的诉讼时效期间,应当适用《民法典》第188条的统一规定,为3年,自当事人知道或者应当知道其权益受到损害和义务人时起计算。

对于最长诉讼时效,《产品质量法》规定,因产品存在缺陷造成损害要求赔偿的请求权,在造成损害的缺陷产品交付最初消费者满10年丧失;但是,尚未超过明示的安全使用期的除外。这一规定排除了20年最长诉讼时效期间的规定,有优先适用的效力。

第六节 恶意产品责任的惩罚性赔偿

《民法典》第1207条规定的是恶意产品责任的惩罚性赔偿金,即“明知产品存在缺陷仍然生产、销售,或者没有依据前条规定采取补救措施,造成他人死亡或者健康严重损害的,被侵权人有权依法请求相应的惩罚性赔偿”。

一、《消费者权益保护法》规定的产品欺诈与服务欺诈惩罚性赔偿

1993年《消费者权益保护法》规定惩罚性赔偿的条文是第49条,其内容是:“经营者提供商品或者服务有欺诈行为的,应当按照消费者的要求增加赔偿其受到的损失,增加赔偿的金额为消费者购买商品的价款或者接受服务的费用的一倍。”这是我国法律第一次规定惩罚性赔偿金制度,具有历史性的意义。

(一)对惩罚性赔偿的不同立场

在大陆法系,无论是侵权损害赔偿还是违约损害赔偿,都奉行单纯的补偿性民事法律责任制度,①其基本功能是补偿侵权行为和违约行为的受害人因侵权行为和违约行为所遭受的财产损失。这种补偿既不能小于损失的数额,因为赔偿小于损失数额,就使损害没有得到完全的救济;也不能超过损失的数额,因为赔偿数额超过损失数额,

---

① 参见谢怀栻:《外国民商法精要》,法律出版社2006年版,第186页。

就会给受害人以不当利益。因而惩罚性赔偿是不可理解、不可取的。①

在英美法系,尽管英国和美国产生惩罚性赔偿制度的时间和惩罚性赔偿的具体适用条件有所不同,但其基本理念与大陆法系的态度相反,法律认为惩罚性赔偿是合理的、科学的,因而在法律上确认这种制度。

我国古代也有惩罚性赔偿制度。在汉代就有“加责入官”制,②所谓加责,就是在原来责任的基础上再加一倍的责任。加责入官制度经过演化,在唐、宋时期形成了“倍备”制,即加倍赔偿,在原来的损失要全部赔偿的基础上,再加一倍的赔偿。这种制度主要适用于盗窃赔赃。③

1949 年以来,我国民法主要借鉴苏联的民事立法和民法原理,改革开放之后更多地借鉴大陆法系民法特别是德国民法,也严格遵循损害赔偿的补偿性原则,强调赔偿的数额应当与实际损失相当,赔偿不能超过实际的损失范围,“根据损失多少赔偿多少的原则来确定赔偿责任范围”,④以免形成受害人的不当利益,防止人们刻意追求超过实际损失的高额赔偿。

(二)《消费者权益保护法》规定了产品欺诈和服务欺诈的惩罚性赔偿责任

在制定《消费者权益保护法》的过程中,是否规定惩罚性赔偿制度,立法机关一直没有表示明确的态度。在全国人大法律委员会最后一次审议《消费者权益保护法》草案时,有关负责人提出考虑规定惩罚性赔偿制度,得到多数委员的赞同,遂在草案中提出了相应的条文。在提交全国人大常委会通过时,常委们反应强烈,都认为对商品欺诈与服务欺诈行为规定惩罚性赔偿是完全必要的;并且最终使《消费者权益保护法》以高票获得通过,我国民事法律第一次出现惩罚性赔偿责任制度。

对于 1993 年《消费者权益保护法》第 49 条规定的惩罚性赔偿责任,应当明确以下几个问题:第一,《消费者权益保护法》规定的惩罚性赔偿是违约损害赔偿的惩罚性赔偿责任。第二,《消费者权益保护法》规定的惩罚性赔偿责任适用于商品欺诈和服务欺诈行为,不包括侵权法的惩罚性赔偿责任。第三,违约损害赔偿的惩罚性赔偿责任无须具备损害事实要件。

(三)《消费者权益保护法》规定惩罚性赔偿金引起的巨大社会反响

《消费者权益保护法》实施之后,1995 年 3 月 25 日,王海在北京隆福大厦购买了一

---

① 参见金福海:《论建立我国的惩罚性赔偿制度》,载《中国法学》1994 年第 4 期。

② 《周礼·秋官·司历注》云:“杀伤人所用兵器,盗贼赃,加责投入县官。”

③ 《唐律》和《宋刑统》的“征赃”条文中,都规定“盗者,倍备”,并疏议云:“谓盗者以其贪利既重,故令倍备,谓盗一尺,征二尺之类。”

④ 参见中央政法干部学校民法教研室编:《中华人民共和国民法基本问题》,法律出版社 1958 年版,第 339 页。

副索尼耳机,然后依据1993年《消费者权益保护法》第49条规定向商家索取双倍赔偿。随后王海开始在北京各商场购假索赔,在50天左右的时间里,获赔偿金将近8000元。此后,北京发生了丘建东起诉的两起典型案件,两个受诉法院作出不同判决,将对惩罚性赔偿责任制度的争论推向了高潮。

惩罚性赔偿责任是与补偿性赔偿责任相对应的一种特殊的民事赔偿制度。它通过让加害人承担超出实际损害数额的赔偿责任,以达到惩罚和遏制严重违约行为和侵权行为的目的。由于大陆法系的传统是在民事赔偿领域实行同质补偿原则,因此惩罚性赔偿责任制度虽然对大陆法系产生了一定影响,但大多限于理论探讨,至今仍未被大陆法系国家所普遍接受。①

中国民法在损害赔偿责任中奉行同质补偿原则即通说的填平原则,也就不存在任何问题。而1993年《消费者权益保护法》第49条在中国损害赔偿法的平静水面中投入了一粒石子,荡起的波浪之大也就可想而知。对于惩罚性赔偿责任制度的引进和立法,在理论上的争议和判决结果上的对立,恰好反映的就是损害赔偿法是否继续坚持补偿性原则,是否可以采纳惩罚性原则的实质问题。② 不可否认,惩罚性赔偿金在其具有的惩罚性、阻遏性和鼓励性的功能之外,也不可避免地具有一定的副作用,这就是鼓励受害人过分追求超出损害赔偿范围之外的不当利益。这是因为,惩罚性赔偿所给予受害人的"补偿"已经远远超出他的损失范围。这就意味着受害人在自己的损失已经得到全部补偿以后,还能够得到相当于原有损失的一倍的额外利益,受害人能够基于损害而使自己的财产利益实现"增值",由于自己受到损害而使自己增加财富。惩罚性赔偿责任的这种副作用,会鼓励人们的贪利思想,鼓励人们去追求以损害换取不当利益。

(四)在《消费者权益保护法》领域坚持惩罚性赔偿责任制度的必要性

惩罚性赔偿责任的积极作用正是在于它的惩罚性,并且以此制裁假冒伪劣产品的制造者和销售者,以及提供欺诈性服务的销售者的民事违法行为;它的副作用与它的惩罚作用相比较,显然其惩罚性所起的作用更为重要。同时,立法者采纳惩罚性赔偿制度,还着眼于把惩罚性赔偿责任的副作用改变为积极作用,把惩罚性赔偿责任存在的不当利益变成鼓励人们向制假卖假、提供欺诈服务的不法销售者进行斗争的奖励,调动人们的积极性,向假冒伪劣产品的制造者、销售者以及服务欺诈的销售者作斗争。这样,就能够把惩罚性赔偿责任制度的消极因素化为积极因素,使惩罚性赔偿责任制度在规范社会主义市场经济秩序、保护消费者合法权益上,发挥更加积极的作用。正

① 参见张新宝等:《惩罚性赔偿的立法选择》,载《清华法学》2009年第4期。

② 这种争论的代表观点,可以参见王利明:《惩罚性赔偿研究》,载《中国社会科学》2000年第4期;梁慧星:《消费者权益保护法第49条的解释与适用》,载《人民法院报》2001年3月29日。

因如此,立法者面对司法实践以及理论研究上对惩罚性赔偿责任制度的否定意见,并没有退缩,反而态度更加积极。在1999年通过原《合同法》的时候,在第113条第1款规定违约责任后的第2款,重申《消费者权益保护法》的规定:"经营者对消费者提供商品或者服务有欺诈行为的,依照《中华人民共和国消费者权益保护法》的规定承担损害赔偿责任。"由此可见,立法者对《消费者权益保护法》的惩罚性赔偿责任制度的立场非常坚定。

对于《消费者权益保护法》在惩罚性赔偿的立法上所作的价值选择,应当予以充分肯定。应当承认,尽管可以把惩罚性赔偿责任的副作用加以改造或者引导,但它的基本性质和功能并没有根本性的改变,仍然存在鼓励贪利思想,推动追求不当利益的不良后果。然而,它的副作用与其积极作用相比,显然后者的价值更为重要。在立法上,当出现这样两难选择时,当然应当"两利相衡取其重,两害相衡取其轻",何况惩罚性赔偿的副作用还可以加以改造和引导,变害为利。

二、《消费者权益保护法》规定惩罚性赔偿责任的局限性与立法司法的补充

(一)《消费者权益保护法》规定惩罚性赔偿责任制度的局限性

《消费者权益保护法》第49条规定的惩罚性赔偿责任制度并不完美,存在较多的缺陷。这主要表现在:第一,只规定违约的惩罚性赔偿责任,没有规定侵权的惩罚性赔偿责任。第二,《消费者权益保护法》规定惩罚性赔偿责任的惩罚性仍显不足,其计算的标准是价金,赔偿的数额是两倍。其实,所说的双倍赔偿其实是赔偿价金的一倍,惩罚性不足,这不能达到预期的惩罚性。

(二)最高人民法院司法解释扩大惩罚性赔偿责任的适用范围

最高人民法院原《关于审理商品房买卖合同纠纷案件适用法律若干问题的解释》,对于商品房交易中如何适用惩罚性赔偿的问题作出了明确规定。第8条规定:"具有下列情形之一的,导致商品房买卖合同目的不能实现的,无法取得房屋的买受人可以请求解除合同、返还已付购房款及利息、赔偿损失,并可以请求出卖人承担不超过已付购房款一倍的赔偿责任:(一)商品房买卖合同订立后,出卖人未告知买受人又将该房屋抵押给第三人;(二)商品房买卖合同订立后,出卖人又将该房屋出卖给第三人。"第9条规定:"出卖人订立商品房买卖合同时,具有下列情形之一,导致合同无效或者被撤销、解除的,买受人可以请求返还已付购房款及利息、赔偿损失,并可以请求出卖人承担不超过已付购房款一倍的赔偿责任:(一)故意隐瞒没有取得商品房预售许可证明的事实或者提供虚假商品房预售许可证明;(二)故意隐瞒所售房屋已经抵押的事实;(三)故意隐瞒所售房屋已经出卖给第三人或者为拆迁补偿安置房屋的事实。"

(三)《食品安全法》对惩罚性赔偿责任制度的重要补充

2009年2月28日《食品安全法》第96条(2015年修订时改为第148条)规定:“违反本法规定,造成人身、财产或者其他损害的,依法承担赔偿责任。生产不符合食品安全标准的食品或者销售明知是不符合食品安全标准的食品,消费者除要求赔偿损失外,还可以向生产者或者销售者要求支付价款十倍的赔偿金。”这是我国法律第一次在侵权法领域规定惩罚性赔偿责任制度。

《食品安全法》规定侵权法领域的惩罚性赔偿责任制度是必要的,但是还不够,还应当继续扩大惩罚性赔偿责任制度的适用范围和惩罚力度。具体意见包括以下几点。

1. 为了保障食品安全,设立惩罚性赔偿责任制度是必要的

事实上,在《食品安全法》中规定惩罚性赔偿责任制度,主要得益于“三鹿奶粉”事件等的严重后果和造成的重大影响。如果不是有这样的重大食品安全事件,国民很难立即接受英美法系侵权法的惩罚性赔偿责任制度。无论如何,《食品安全法》规定侵权法领域的惩罚性赔偿是一件好事,对于填补我国侵权法惩罚性赔偿责任的空白,发挥了重要作用;也改变了《消费者权益保护法》只规定违约惩罚性赔偿责任不规定侵权惩罚性赔偿责任的状况,将在社会生活中产生重大影响。

2. 在侵权领域仍然采用以价金为计算标准的惩罚性赔偿责任仍显不足

《食品安全法》规定的惩罚性赔偿,采用的计算方法仍然是以价金作为计算标准:可以向生产者或者销售者要求支付价款10倍的赔偿金。这个做法延续了《消费者权益保护法》第49条的传统,在立法上有前后相续的基础。从表面上看,以价金的10倍作为惩罚性赔偿金,其数额好像很多,倍数高出了《消费者权益保护法》规定的9倍,具有足够的惩罚性。但全面观察这个计算方法,在食品造成的人身损害中,其实造成损害的食品的通常价格并不高,一袋鲜奶几元钱,一袋奶粉几十元钱;10倍不过是几十元或者几百元,难以体现赔偿的惩罚性。如果是价格高的食品,倒可以体现惩罚性,但这样的食品较少,如价值几千元的天价月饼以及鱼翅、鲍鱼。因此,有人评价这个惩罚性赔偿责任是“虚张声势”,并不是没有道理。

3. 仅在食品安全领域实行而在其他产品责任领域不实行惩罚性赔偿责任

《食品安全法》的这一规定存在的另一个重要问题是,实行惩罚性赔偿金,仅仅在食品安全领域适用于食品造成的人身伤害,其范围过窄。我们认为,起码应当在产品责任领域都实行惩罚性赔偿责任制度。凡是明知商品有缺陷,可能造成消费者人身损害或者财产损害,仍然将其投放市场,放任消费者的损害发生的,就具有实质恶意,就应当承担惩罚性赔偿责任。食品造成的消费者的损害,其实只是其中一种,并不是全部,而且是其中的一小部分。在《食品安全法》中规定食品安全的惩罚性赔偿责任,只局限于该法律的适用范围。

(四)修订《消费者权益保护法》和《食品安全法》的新规定

在2013年10月25日修订《消费者权益保护法》时,将原第49条修订为第55条:"经营者提供商品或者服务有欺诈行为的,应当按照消费者的要求增加赔偿其受到的损失,增加赔偿的金额为消费者购买商品的价款或者接受服务的费用的三倍;增加赔偿的金额不足五百元的,为五百元。法律另有规定的,依照其规定。""经营者明知商品或者服务存在缺陷,仍然向消费者提供,造成消费者或者其他受害人死亡或者健康严重损害的,受害人有权要求经营者依照本法第四十九条、第五十一条等法律规定赔偿损失,并有权要求所受损失二倍以下的惩罚性赔偿。"

2015年4月24日修订的《食品安全法》第148条规定:"消费者因不符合食品安全标准的食品受到损害的,可以向经营者要求赔偿损失,也可以向生产者要求赔偿损失。接到消费者赔偿要求的生产经营者,应当实行首负责任制,先行赔付,不得推诿;属于生产者责任的,经营者赔偿后有权向生产者追偿;属于经营者责任的,生产者赔偿后有权向经营者追偿。""生产不符合食品安全标准的食品或者经营明知是不符合食品安全标准的食品,消费者除要求赔偿损失外,还可以向生产者或者经营者要求支付价款十倍或者损失三倍的赔偿金;增加赔偿的金额不足一千元的,为一千元。但是,食品的标签、说明书存在不影响食品安全且不会对消费者造成误导的瑕疵的除外。"

在上述两部法律的上述条文中,第1款规定的都是违约惩罚性赔偿,大大加重了产品欺诈和服务欺诈的违约惩罚性赔偿责任的倍数,即由过去的1倍改为3倍,食品欺诈为10倍。第2款规定的是侵权的惩罚性赔偿,即恶意产品责任的惩罚性赔偿的适用规则。

三、恶意产品责任的惩罚性赔偿金的适用

(一)确立恶意产品责任惩罚性赔偿金的必要性

《民法典》设定恶意产品责任的惩罚性赔偿责任制度,目的在于参酌英美法系关于惩罚性赔偿制度的做法,以惩罚不法行为,并吓阻不法行为再度发生,从而维护消费者的合法权益。

《民法典》设立惩罚性赔偿责任的这种立法思想是正确的,应当在司法实践中全面适用。

在起草原《侵权责任法》的过程中,对于如何规定惩罚性赔偿责任有两种不同的意见。一种意见是,在原《侵权责任法》的总则性规定中,规定全面的惩罚性赔偿责任。例如,在中国社会科学院法学研究所起草的《民法典·侵权行为法草案》中,第91条规

定原则性的惩罚性赔偿制度:“故意侵害他人生命、身体、健康或具有感情意义财产的,法院得在赔偿损害之外判决加害人支付不超过赔偿金三倍的惩罚性赔偿金。”①其适用的条件,一是行为人的主观恶性比较大,故意或者是重大过失;二是侵害的权利是最基本的民事权利,也就是生命、身体、健康这样的基本权利;三是赔偿的数额不能太高,不能够超过实际损失的3倍。② 另一种意见是,在原《侵权责任法》的分则性规定中,适当规定某些侵权行为类型可以适用惩罚性赔偿,即在产品责任中,对于恶意产品责任也就是明知缺陷产品会造成使用人的人身损害仍将其推向市场造成损害的恶意致害行为,应当规定惩罚性赔偿,以制裁违法行为,保护人民的生命权和健康权。王利明教授主持起草的《中国民法典草案建议稿》第1954条规定:“因生产者、销售者故意或者重大过失使产品存在缺陷,造成他人人身、财产损害的,受害人可以请求生产者、销售者给予双倍价金的赔偿。”③笔者主持起草的《中华人民共和国侵权责任法草案建议稿》第108条规定:“生产者、销售者因故意或者重大过失使产品存在缺陷,或者明知制造或者销售的产品存在缺陷可能造成他人人身、财产损害却仍然将其销售,造成他人人身、财产损害的,受害人可以请求生产者、销售者在赔偿实际损失之外另行支付不超过实际损失两倍的赔偿金。”④

我们的理由是,惩罚性赔偿的主要目的不在于弥补受害人的损失,而在于惩罚有严重恶意的行为,并吓阻这种违法行为的发生。从赔偿的功能上来讲,其主要作用在于威慑或者阻遏,而不在于补偿。在产品责任中应该规定惩罚性赔偿制度以保护消费者的合法权益,制裁故意或者重大过失将有可能造成他人损害的缺陷产品投放市场并且已经造成了使用人人身损害的行为。⑤ 如果在原《侵权责任法》中规定一个全面适用的惩罚性赔偿金制度,凡是“故意侵害他人生命、身体、健康或具有感情意义财产的,法院得在赔偿损害之外判决加害人支付不超过赔偿金三倍的惩罚性赔偿金”,那将会对大陆法系侵权法产生颠覆性的作用,立法者很难接受。反之,如果在某一个或者某一些特殊侵权责任场合,在特别必要的侵权行为类型中规定惩罚性赔偿,对于大陆法系侵权法的基本理念就不会有太大的冲击和影响;会使恶意产品责任人受到制裁,人民群众的生命权和健康权得到更好的保障,因而具有重大意义。原《侵权责任法》第47

---

① 中国民法典立法研究课题组:《中国民法典·侵权行为法编草案建议稿》,载http://www.civillaw.com.cn/qqf/weizhang.asp?id=10897。

② 参见张新宝:《中国侵权责任法立法进行时》,载http://www.civillaw.com.cn/Article/default.asp?id=42251。

③ 王利明主编:《中国民法典草案建议稿及说明》,中国法制出版社2004年版,第253页。

④ 杨立新主编:《中华人民共和国侵权责任法草案建议稿及说明》,法律出版社2007年版,第27页。

⑤ 参见杨立新主编:《中华人民共和国侵权责任法草案建议稿及说明》,法律出版社2007年版,第231~232页。

条规定了恶意产品责任的惩罚性赔偿制度,规定:“明知产品存在缺陷仍然生产、销售,造成他人死亡或者健康严重损害的,被侵权人有权请求相应的惩罚性赔偿。”《民法典》第1207条在上述条文的基础上,又补充了新的规则:“明知产品存在缺陷仍然生产、销售,或者没有依据前条规定采取补救措施,造成他人死亡或者健康严重损害的,被侵权人有权请求相应的惩罚性赔偿。”增加的规则是,产品生产者、销售者未尽跟踪观察义务,未对发现缺陷的产品未及时采取停止销售、警示、召回等补救措施,造成他人死亡或者健康严重损害的,被侵权人可以请求惩罚性赔偿。

(二)恶意产品责任适用惩罚性赔偿的要件

美国统一州法委员会1994年全国会议提出模范惩罚性赔偿法草案,并于1996年会议通过,提供给各州立法参考。该示范法提出的惩罚性赔偿的要件是:(1)须被告依法应负损害赔偿责任;(2)原告须提出明确且有说服力的证据;(3)须有科处惩罚性赔偿责任之必要。① 我国台湾地区“消费者保护法”第51条规定的惩罚性赔偿金的要件是:(1)须以本“法”所称的消费者与企业销售者为适用主体;(2)须以本“法”所称的商品或服务为适用客体;(3)须为依本“法”所提之诉讼;(4)须以企业销售者主观上有故意或过失;(5)须因企业销售者之侵权行为所致之损害发生。具备上述要件的侵权行为,或者同时构成侵权行为违约行为,以及欺诈行为的不实广告的契约责任,均可科以惩罚性赔偿。

1. 恶意产品责任适用惩罚性赔偿的要件

(1)明知产品存在缺陷。明知产品存在缺陷,是生产者或者销售者已经确定地知道生产的或者销售的产品存在缺陷,具有损害他人生命或者健康的危险。在客观上,是该产品确实存在缺陷,有造成他人生命健康损害的危险;在主观上,生产者或者销售者已经明确地知道该产品存在缺陷,有造成他人生命健康损害的危险。明知的要求,是主观过错中故意的要求,明知危险而继续行为,就是放任的故意形式,即间接故意。

(2)仍然生产、销售。仍然继续生产、销售,是生产者或者销售者继续将缺陷产品投入流通,并且希望其销售到消费者的手中。仍然生产、销售,是明知之后或者明知当中所为,但也包括在生产销售之后,通过已经发生损害之后明知。无论怎样,只要是明知产品有缺陷可能造成他人损害,仍然生产、销售的,就具备本要件。

(3)造成他人死亡或者健康严重损害。造成他人生命健康损害,是所有侵权行为人承担人身损害赔偿责任的要件,恶意产品责任当然须具备本要件。所不同的是,恶意产品责任的人身损害后果在恶意产品责任人的主观意料之中,不出其所料。因此,

---

① 林德瑞:《论惩罚性赔偿金可保性之法律争议》,载《中正大学法学集刊》1999年第2辑,第103页。

确定其承担惩罚性赔偿责任,当然具有课以惩罚性赔偿责任的必要性,是完全应当的。

2. 跟踪观察缺陷恶意侵权惩罚性赔偿的构成要件

(1)产品存在缺陷,投放市场时因科技水平所限不能发现,即存在发展风险。

(2)生产者、销售者对投入流通的产品已经发现有缺陷,包括设计缺陷、制造缺陷或者警示说明缺陷。

(3)生产者、销售者没有按照法律规定采取停止销售、警示、召回义务,或者采取的补救措施不力。

(4)该缺陷产品造成受害人死亡或者健康严重损害。

对跟踪观察缺陷恶意侵权适用惩罚性赔偿的着眼点,在于生产者、销售者在履行跟踪观察义务时已经发现产品有缺陷,能够造成使用人的损害,却没有及时采取补救措施或者采取补救措施不力,造成损害后果的扩大。这在侵权人的主观上是有恶意的,因而规定应当予以惩罚性赔偿。

《民法典》第1207条增加规定的跟踪观察缺陷恶意侵权惩罚性赔偿,与第1206条规定的跟踪观察缺陷产品责任相衔接,同时也跟发展风险规则相联系。首先,构成发展风险,属于免责的范围;其次,未及时采取补救措施或者补救措施不力造成的损害扩大,是基于发展风险所致损害而发生的损失扩大部分,生产者、销售者应当承担扩大部分的损害赔偿;最后,出现发展风险事由,没有采取补救措施,造成他人死亡或者健康严重损害的,则是惩罚性赔偿的要件。这三个部分紧密相连,构成三种不同的情形,分别适用免责、就扩大部分的损害赔偿和惩罚性赔偿的法律规定。

(三)恶意产品责任惩罚性赔偿责任的计算方法

确定惩罚性赔偿责任的计算标准及方法,应当着重解决以下三个问题。

1. 以价金作为计算标准抑或以实际损害作为计算标准

计算惩罚性赔偿金,究竟是以价金作为计算标准好,还是以损害数额作为计算标准好,值得研究。我国现行法律规定的惩罚性赔偿金的计算都是以价金作为计算标准的。这样的做法在计算违约惩罚性赔偿责任是比较适当的,因为产品欺诈与服务欺诈的违约行为通常较少有实际损害,因此以价金作为标准容易计算。但是,计算侵权惩罚性赔偿责任,以价金作为计算标准就不适当,以实际损失额作为计算标准更为妥当。《消费者权益保护法》《食品安全法》都规定以实际损失作为计算标准。

2. 最高限额应当以3倍计算还是以1倍计算

在美国,也有为避免惩罚性赔偿金判决额度过高,而主张惩罚性赔偿金应与填补性赔偿具有一定比例者,如康涅狄格州1989年规定为填补性赔偿之2倍,佛罗里达州1988年规定为填补性赔偿之3倍;有认为应设定固定最高限额者,如佐治亚州1988年规定,除了商品责任外,最高惩罚性赔偿为25万美元,弗吉尼亚州以35万美元为上限;

也有认为应与被告的财产收入或净值构成一定比例者,如堪萨斯州规定惩罚性赔偿金不得超过本案诉讼前5年的最高年毛收入或500万美元。① 我国台湾地区法院在适用“消费者保护法”规定的惩罚性赔偿责任的时候,基本的计算方法是以损害额为基准。在消费者诉讼的故意违“法”案例中,有的科以1/10倍、1倍、2倍或3倍不等的惩罚性赔偿金;在属于过失违“法”的案件中,则各有判决1/20倍、1/7倍、1/2倍与1倍的惩罚性赔偿金。不过,在经常出现的购物纠纷中,当被告故意以不实广告行销房屋时,最高与最低的惩罚性赔偿金判决倍数差距为30倍之多。② 可见,法官酌定惩罚性赔偿金时的随意性较大。

关于侵权的惩罚性赔偿金,对于普通的产品侵权和服务侵权,是实际损失数额的2倍;对于有关食品的产品侵权和服务侵权,是实际损失数额的3倍。这样的标准比较符合实际情况,也具有较强的惩罚性。在具体适用中,法官可以根据具体案件情节,在最高限额之下,确定具体的赔偿数额。

在具体确定惩罚性赔偿金的数额时,可以参酌美国和我国台湾地区的做法。美国在惩罚性赔偿责任的量定因素上,主要以被告不法行为的非难程度与其获利可能性、原告受害之性质与程度、被告财务之状况以及被告遭受其他处罚的可能性为考量标准,其中以被告不法行为的非难性作为最重要的量定标准。③ 例如,堪萨斯州法院判决惩罚性赔偿金数额,应考量的因素是:(1)在事件发生时,被告不法行为可能导致严重损害的可能性;(2)被告对于上述可能性的知悉程度;(3)被告因不法行为所得之利益;(4)被告不法行为持续期间及被告是否故意隐匿其不法行为;(5)被告发现不法行为后之态度与行为;(6)被告之财务状况;(7)被告因不法行为所受其他损害赔偿与惩罚的整体吓阻效果。④ 我国台湾地区“消费者保护法”在适用中,法院在判决中曾提出审酌的因素则有:被告行为的道德恶性、“断臂非中彩”的法理、取得不法利益的大小、有无受刑事制裁、原告受损害的程度、被告事发后的处理态度等。⑤

3. 精神损害赔偿数额是否可以作为计算惩罚性赔偿金的标准

在没有造成实际的人身损害和财产损害而仅造成精神损害的侵权案件中,是否可以请求惩罚性赔偿金的问题,我国台湾地区的民事判决采非财产损害不得请求惩罚性

① 参见陈聪富:《美国法上之惩罚性赔偿金制度》,载《台大法学论丛》第31卷第5期。

② 参见何建志:《惩罚性赔偿金之法理与应用——论最适赔偿金额之判定》,载《台大法学论丛》第31卷第3期。

③ 参见陈聪富:《美国法上之惩罚性赔偿金制度》,载《台大法学论丛》第31卷第5期。

④ 参见陈聪富:《美国法上之惩罚性赔偿金制度》,载《台大法学论丛》第31卷第5期。

⑤ 参见何建志:《惩罚性赔偿金之法理与应用——论最适赔偿金额之判定》,载《台大法学论丛》第31卷第3期。

赔偿金的立场,例如台湾地区法院2008年度台上字第2443号民事判决,认定原告某甲参加被上诉人统合开发股份有限公司经营的统合城市俱乐部为永久会员,分别于2003年11月26日上午9时许、2005年1月10日上午10时许,在使用女子三温暖设施时,竟让男性员工擅行闯入,撞见裸身未着衣物之原告,严重侵害其身体隐私权益。又于2006年3月29日上午9时30分许,在女子三温暖场内使用被上诉人提供之设施时,因空调设施欠佳,空气质量不好,致原告突然晕眩,并倒栽入水池中,全身抽搐、眼睛上吊,幸经女儿及另一会员及时抢救,始捡回宝贵生命,严重侵害其身体、健康权益。遂请求被告非财产上之损害100万元新台币,惩罚性赔偿金200万元新台币。法院判决被告给付总共35万元新台币,惩罚性赔偿因不符合"消费者保护法"第51条须造成财产损害的惩罚性赔偿责任适用条件,因此予以驳回。该判决驳回原告的惩罚性赔偿金的请求,并不是因为服务欺诈致害不能给付惩罚性赔偿金,而是其造成的损害是非财产损害,不符合"消费者保护法"第51条规定的"因企业销售者之故意所致之损害,消费者得请求损害额三倍以下之惩罚性赔偿金;但因过失所致之损害,得请求损害额一倍以下之惩罚性赔偿金"的规定,其中"所致之损害"为财产损害,而不是非财产损害。

按照《消费者权益保护法》和《食品安全法》的规定,恶意产品或者食品侵权的惩罚性赔偿是"实际损失",不包括精神损害赔偿。故恶意产品侵权或者服务侵权,以及跟踪观察缺陷恶意侵权惩罚性赔偿,造成消费者死亡或者健康严重损害的,应当承担实际损失2倍以下的惩罚性赔偿,恶意食品侵权造成损害的,则应当承担实际损失额的3倍以下的惩罚性赔偿。

第五章　机动车交通事故责任

《民法典》机动车交通事故责任一章，对机动车交通事故责任规则进行了如下修改。

1. 机动车交通事故责任主体增加机动车管理人。《民法典》第1209条规定："因租赁、借用等情形机动车所有人、管理人与使用人不是同一人时，发生交通事故造成损害，属于该机动车一方责任的，由机动车使用人承担赔偿责任；机动车所有人、管理人对损害的发生有过错的，承担相应的赔偿责任。"与原《侵权责任法》第49条规定相比，删除了强制保险部分内容，增加了机动车管理人为责任主体的新规则。

2. 增加以挂靠形式经营的机动车发生交通事故的责任分担规则。《民法典》第1211条规定："以挂靠形式从事道路运输经营活动的机动车，发生交通事故造成损害，属于该机动车一方责任的，由挂靠人和被挂靠人承担连带责任。"这是对挂靠机动车交通事故责任的规定，原《侵权责任法》在机动车交通事故责任一章没有这样的规定。

3. 擅自驾驶他人机动车发生交通事故的责任分担规则。《民法典》第1212条规定："未经允许驾驶他人机动车，发生交通事故造成损害，属于该机动车一方责任的，由机动车使用人承担赔偿责任；机动车所有人、管理人对损害的发生有过错的，承担相应的赔偿责任，但是本章另有规定的除外。"这一条文是对擅自驾驶他人机动车交通事故责任规定的新规则，原《侵权责任法》对此没有规定。

4. 强制保险、商业保险与侵权人承担责任的顺序。《民法典》第1213条规定："机动车发生交通事故造成损害，属于该机动车一方责任的，先由承保机动车强制保险的保险人在强制保险责任限额范围内予以赔偿；不足部分，由承保机动车商业保险的保险人按照保险合同的约定予以赔偿；仍然不足或者没有投保机动车商业保险的，由侵权人赔偿。”这一条文是对机动车强制保险、商业保险与侵权人责任顺序规定的新规则，原《侵权责任法》对此没有规定。

5. 盗抢机动车发生交通事故盗抢人与使用人的责任分担。《民法典》第1215条规定：“盗窃、抢劫或者抢夺的机动车发生交通事故造成损害的，由盗窃人、抢劫人或者抢夺人承担赔偿责任。盗窃人、抢劫人或者抢夺人与机动车使用人并非同一人，发生交通事故造成损害，属于该机动车一方责任的，盗窃人、抢劫人或者抢夺人与机动车使用人承担连带责任。”“保险人在机动车强制保险责任限额范围内垫付抢救费用的，有权向交通事故责任人追偿。”这一条文是对盗抢机动车交通事故责任的规定，与原《侵权责任法》第52条相比，增加了盗抢人与使用人责任分担的新规则。

6. 无偿搭乘人因交通事故造成损害的好意同乘。《民法典》第1217条规定：“非营运机动车发生交通事故造成无偿搭乘人损害，属于该机动车一方责任的，应当减轻其赔偿责任，但是机动车使用人有故意或者重大过失的除外。”这一条文是对机动车交通事故好意同乘规则的规定，原《侵权责任法》对此没有规定。

第一节　《道路交通安全法》规定的道路交通事故责任基本规则

《民法典》第1208条规定：“机动车发生交通事故造成损害的，依照道路交通安全法和本法的有关规定承担赔偿责任。”因此，研究机动车交通事故责任，必须准确理解《道路交通安全法》第76条规定的基本规则。

一、修正《道路交通安全法》第76条的背景

2003年10月28日，第十届全国人民代表大会常务委员会第五次会议通过《道路交通安全法》。该法在2004年5月1日实施后，社会各界对其第76条（以下简称原条文）的批评不断，以至于全国人大常委会法制工作委员会专门召开会议研究该条规定是否存在问题，如何进行补救。各界批评原条文的主要意见，是原条文实行无过错责任原则。无论在何种情况下，机动车一方都要无过错全责赔付，称为“无责全赔”规则，是一个不正确的法律规范。

经过反复研究，笔者认为原条文并不存在这样的问题。全面研究原条文的内容，可以肯定，该条文确实存在一些问题，但不是舆论指责的前述问题；因为无论如何原条文都不存在“无责全赔”规则，这实际上是对原条文的误解和误导。原条文存在以下四

个问题:

第一,机动车交通事故责任究竟适用何种归责原则。原条文规定适用无过错责任原则是否适合我国的目前国情,还是应当采取过错推定原则确定责任,是一个重大问题。

第二,该条文没有规定过失相抵规则。这是一个客观事实,但是,这并不是立法的漏洞。按照法律适用原则,《道路交通安全法》的原条文作为民法规范,是侵权法的特别法,特别法没有规定的事项,应当适用侵权普通法的规则。① 依照当时的法律,原《民法通则》第131条明确规定:"受害人对于损害的发生也有过错的,可以减轻侵害人的民事责任。"适用本条,就可以解决这个问题。对于该条文规定机动车承担道路交通事故的责任是无过错责任,是否还适用过失相抵原则的问题,最高人民法院原《关于审理人身损害赔偿案件适用法律若干问题的解释》第2条作过明确规定,实行无过错责任原则的侵权行为,同样适用过失相抵原则,只不过条件更高一些而已。② 尽管这一规定在修订时予以删除,但是,道路交通事故的机动车责任即使是无过错责任,如果受害的非机动车驾驶人或者行人具有重大过失的,也应当适用过失相抵原则,减轻机动车一方的责任。因此,在这个问题上,不能认为原条文存在缺陷,因为有办法解决道路交通事故过失相抵的法律适用问题。③

第三,该条文规定因非机动车驾驶人或者行为人完全过错引起的交通事故责任,且机动车驾驶人已经采取必要处置措施的,减轻机动车驾驶人一方的责任,其中"减轻"责任规定的范围过于宽泛。按照原条文的文义理解,"减轻"责任包括减轻1%~99%。如果机动车一方完全没有责任,交通事故损害完全是由于非机动车驾驶人或者行人的过错引起的,但减轻责任的幅度不大,对机动车一方是不公平的。而原来的《道路交通事故处理办法》规定,在这种情况下机动车一方只承担10%的责任,是较为公平的。按照原条文的规定,责令机动车一方承担10%以上的责任,甚至99%的责任,都符合原条文的规定。但是,在这种情况下,让机动车一方承担过重责任的结果,是任何人都不能接受的,也违背法律的公平原则。因此,原条文在这个问题上确实存在问题,即在机动车一方无责任时,减轻机动车一方赔偿责任的幅度过宽,在适用中难以避免出现不公平的结果。对此,我们曾经建议通过立法解释或者司法解释解决这个问题,并不一定要对原条文进行修正。

第四,原条文第1款第2项中使用"机动车与非机动车驾驶人、行人之间发生交通

---

① 参见杨立新:《侵权法论》(第3版),人民法院出版社2005年版,第58页。

② 该条司法解释第2条第2款的规定为:"适用民法通则第一百零六条第三款规定确定赔偿义务人的赔偿责任时,受害人有重大过失的,可以减轻赔偿义务人的赔偿责任。"

③ 参见张新宝:《侵权责任法原理》,中国人民大学出版社2005年版,第359页。

事故”的表述不够严谨，亦存在范围过宽的问题。“机动车与非机动车驾驶人、行人之间发生交通事故”的表述，包括了机动车造成非机动车驾驶人或者行人损害，非机动车驾驶人或者行人造成机动车一方损害，以及相互造成损害。原条文第1款第2项规定的无过错责任原则和受害人过错减轻责任的规则，如果适用于非机动车驾驶人或者行人造成机动车一方损害的，则不正确。

经过讨论认为，原条文存在的问题并不是非常严重的错误，其中后两个问题可以通过立法解释和司法解释解决。社会各界对原条文给予的批评，很多是不正确的，是对该条文的错误理解。

《道路交通安全法》第76条的修正就是在这种背景下进行的。

二、新条文在规定道路交通事故责任规则中的进展和问题

立法机关提出了法律条文的修正案草案，经过广泛征求意见，于2007年12月的全国人大常委会会议上以高票（一票反对、两票弃权）通过了这个修正案。这说明新条文确实是在道路交通事故处理规则上有很大的进步。事实上也确实如此，新条文有很大的进步，但同时也应当看到还存在一些需要进一步明确的问题。

（一）新条文在道路交通事故责任规则上的重大进展

新条文在规定道路交通事故规则中有以下重大进展，具有重要意义。

1. 新条文规定道路交通事故责任的归责原则是过错责任原则和过错推定原则

原条文规定交通事故责任的归责原则是过错责任原则和无过错责任原则：（1）机动车之间发生交通事故的，适用过错责任原则。（2）机动车一方造成非机动车驾驶人或者行人损害的归责原则，适用无过错责任原则。这可以从原条文的表述中予以确定，“机动车与非机动车驾驶人、行人之间发生交通事故的，由机动车一方承担责任”；同时规定非机动车驾驶人或者行人过错引起损害的实行减轻责任，以及故意造成损害的免除责任。这些表述，都是无过错责任原则的特征。对此，学者有共识。①

新条文坚持了机动车之间发生交通事故实行过错责任原则的规定；关于机动车与非机动车驾驶人、行人之间发生交通事故的归责原则的规定，改变了原条文的表述，改为“机动车与非机动车驾驶人、行人之间发生交通事故，非机动车驾驶人、行人没有过错”，以及“机动车一方没有过错”的表述。这都表明机动车一方与非机动车驾驶人、行人之间承担交通事故责任的归责原则，已经由无过错责任原则改变为过错推定原则，即使是规定了“非机动车驾驶人、行人故意碰撞机动车”予以免责的规则，也不能改变新条文的过错推定原则的确定含义。这一规定对道路交通事故责任的审判实践带来

---

① 参见张新宝：《侵权责任法原理》，中国人民大学出版社2005年版，第351页。

了重大变化,各级法官务必予以注意。

2. 明确规定适用过失相抵原则

新条文的这个规定,改正了原条文对此没有规定的不足,明确了在道路交通事故中,机动车一方造成损害,非机动车驾驶人或者行人有过错的,应当根据过错程度适当减轻机动车一方的赔偿责任。其中特别规定了"适当"减轻责任,具有重要含义。这就是在机动车交通事故中,适用优者危险负担规则,即使是按照过错程度确定减轻机动车一方的赔偿责任,机动车一方也应当承担超过其过错程度的"适当"责任。对此,在征求意见的新条文草案中,曾经规定了一个比例,就是机动车承担主要责任的,应当承担80%责任;同等责任的,承担60%责任;次要责任的,承担40%责任。立法机关接受各界提出的立法具体规定责任比例不妥的意见,改为"适当"减轻赔偿责任的规定,体现的正是这个意思,将过失相抵的赔偿责任具体比例交由审判机关在适用法律中解决。

3. 规定机动车一方没有过错的承担不超过10%的赔偿责任

新条文改变了原条文在这种情况下"减轻机动车一方的责任"规定中"减轻"责任幅度过于宽泛的缺点,既体现了优者危险负担原则对非机动车驾驶人或者行人的人文关怀,同时也兼顾了无过错造成损害的机动车一方的利益;已经恢复到了《道路交通事故处理办法》规定的责任比例,并且有一定的弹性,同时也避免了法官在适用法律时随意性过大的弊病。新条文的这个规定受到了各界欢迎,适应了当代中国社会正在向汽车社会发展的现实需要,是一个好的法律规范,应当予以充分肯定。

(二)新条文在规定道路交通事故责任规则上存在的问题

当然,新条文还存在一些具体问题,需要进一步明确,才能够在司法实践中准确适用。

1. 新条文仍然使用"机动车与非机动车驾驶人、行人之间发生交通事故"的提法,没有明确机动车造成非机动车驾驶人或者行人损害以及非机动车驾驶人或者行人造成机动车一方损害的情形。

"发生交通事故"包含三种情形:(1)机动车一方造成非机动车驾驶人或者行人的损害;(2)非机动车驾驶人或者行人造成机动车一方的损害;(3)双方相互造成损害。在现实中,更多的当然是机动车造成非机动车驾驶人或者行人损害,但非机动车驾驶人或者行人造成机动车一方损害,甚至双方同时造成对方损害的并不罕见。例如,某人醉酒后骑自行车横穿马路,撞在正常行驶的摩托车上,造成摩托车驾驶人重伤,骑车人也有伤害的后果。新条文第1款第2项将"发生交通事故"作为基准,设定赔偿责任的三项规则,就会混淆前述三种情形的界限。

对于机动车一方造成非机动车驾驶人或者行人损害的,确定新条文规定的机动车过错推定责任规则、机动车与非机动车或者行人之间的过失相抵规则、受害人全部过错机动车不超过10%责任规则这三个赔偿责任规则当然没有问题。但是,在非机动车驾驶人或者行人造成机动车一方损害的情形下,适用这些规则却明显不合理、不公平理由如下:(1)非机动车驾驶人或者行人造成机动车一方损害,机动车一方无过错,却要承担全部赔偿责任,不仅不合理,而且与第三项规则相冲突。(2)非机动车驾驶人或者行人有过错,机动车一方也有过错的,实行过失相抵是没有问题的。(3)机动车一方没有过错的,自己承担不超过10%的赔偿责任,在逻辑上说不通。在新条文第1款第2项确定的这三个规则中,前后两个规则适用于非机动车驾驶人或者行人造成机动车一方损害时,都是不合理的,这说明,“发生交通事故”这个表述是不准确的。对此,新条文没有改进,并且继而明确规定三个规则,使其存在的问题更加突出了。

2. 新条文在第1款第2项的表述中,接连使用了三个“过错”,其含义各不相同,其中第二个“过错”与新条文第2款中的“故意”形成冲突。(1)第一个“过错”,是指“非机动车驾驶人、行人没有过错”,这个过错,应当既包括故意,也包括过失。机动车驾驶人或者行人既没有故意也没有过失的,应当由机动车一方承担责任。(2)第二个“过错”,是指“非机动车驾驶人、行人有过错”的,这里所说的过错,应当是指过失,才能够与第2款中规定的“故意”协调好相互关系。现在的表述为过错,既包括故意也包括过失,而第2款明确规定故意是免责条件,那么规定过失相抵的“过错”中难道还包括故意吗?显然不包括。既然如此,使用“过错”的表述就不准确,应当仅指过失,不包括故意。(3)第三个“过错”,是指“机动车一方没有过错”,这个过错,是指既没有故意,也没有过失,包括故意和过失。这个使用是正确的。

因此,第二个“过错”的使用存在问题,能够理解成在过失和“故意”碰撞机动车之间,还存在其他故意形式,而其他故意形式可以发生在机动车致害的过失相抵之中。如果其他故意形式发生在过失相抵的情形中,那么究竟是过失相抵,还是免除责任呢?

3. 新条文第2款将原来的“由非机动车驾驶人、行人故意造成”改为“由非机动车驾驶人、行人故意碰撞机动车造成”,使非机动车驾驶人或者行人故意引起交通事故损害的免责情形过于狭窄。即使是按照无过错责任原则的要求,对受害人故意也不能作仅指“碰瓷”这样狭窄的理解,因为非机动车驾驶人或者行人故意引起损害,并不仅仅表现为故意碰撞机动车的“碰瓷”形式,还存在其他故意形式。如果仅仅是故意碰撞机动车才可以免责,非机动车驾驶人或者行人的其他故意不能免责,而是包括在新条文第1款第2项中的过失相抵规则中的过错之中,可以减轻责任,则不符合无过错责任原则的要求。

三、道路交通事故责任案件法律适用的一般性规则

确定机动车交通事故责任应当适用《道路交通安全法》第76条的新规定。在司法

实践中适用该条文规定审理道路交通事故责任案件的一般性规则如下。

(一)道路交通事故责任适用的归责原则

新条文规定道路交通事故责任的归责原则,由过错责任原则和无过错责任原则改变为过错责任原则和过错推定原则。

在司法实践中适用新条文,道路交通事故责任适用归责原则应当从以下三个方面确定。

第一,机动车相互之间发生交通事故的,适用过错责任原则。其举证责任实行"谁主张,谁举证"的规则,对于过错的证明,不实行举证责任倒置。因此,都是由原告举证,被告不承担举证责任。只有被告提出积极主张的时候,才负有举证责任。在这一点上,原条文和新条文没有变化,而是更加明确适用过错责任原则而已。

第二,机动车一方造成非机动车驾驶人或者行人损害的,适用过错推定原则。对于过错的证明采取推定方式,在原告证明了违法行为、损害事实和因果关系要件之后,法官直接推定机动车一方有过错。机动车一方认为自己没有过错的,应当承担举证责任,实行举证责任倒置,证明自己没有过错。机动车一方能够证明自己没有过错的,免除其责任;不能证明或者证明不足的,过错推定成立,应当承担赔偿责任。

第三,非机动车驾驶人或者行人造成机动车一方损害的,按照新条文第1款第2项规定,应当适用过错推定原则。但是,对这种情况适用过错推定原则是不正确的。因为机动车一方作为受害人,在其主张非机动车驾驶人或者行人承担赔偿责任的时候,如果实行过错推定原则,则对非机动车驾驶人或者行人是不公平的。只要是非机动车驾驶人或者行人造成机动车一方损害,就直接推定非机动车驾驶人或者行人有过错;加重了非机动车驾驶人或者行人的举证负担,使非机动车驾驶人或者行人处于不利地位,不符合当代道路交通事故责任的处理理念。因此,对于这种情形应当适用过错责任原则,机动车一方如果主张非机动车驾驶人或者行人承担造成自己损害的赔偿责任,则必须在证明其违法行为、损害事实、因果关系之后,还应当承担证明对方过错的举证责任;不能证明者,就不构成侵权责任。

有专家认为,新条文规定机动车一方没有过错的,承担不超过10%的赔偿责任的规则,适用的是无过错责任原则。其理由是,只有行为人一方的行为是造成他人损害的唯一原因,且实行不问行为人过错规则的时候,才是无过错责任原则。这种意见是不正确的。无过错责任原则,是指在法律有特别规定的情况下,以已经发生的损害结果为价值判断标准,由与该损害结果有因果关系的行为人,不问其有无过错,都要承担侵权赔偿责任的归责原则。[①] 对无过错责任的正确理解是,不考虑行为人有无过错,或

---

① 参见杨立新:《侵权法论》(第3版),人民法院出版社2005年版,第143页。

说行为人有无过错对民事责任的构成和承担不产生影响。[①] 而不是指当损害发生以后,既不考虑加害人的过错,也不考虑受害人的过失的一种法定责任方式。[②] 将无过错责任原则理解为只有行为人一方的行为是造成损害的唯一原因,既不考虑加害人的过错,也不考虑受害人的过失,是不正确的,是对无过错责任原则理解的一种误导。事实上,新条文的这一规定,是在过错推定原则的基础上,实行的是优者危险负担规则。也就是说,在侵权法的一般情况下,行为人无过失则无责任,但是考虑到机动车的机动性能强、回避能力强,而非机动车驾驶人或者行人无机动性能且缺少回避能力的情形,因此,在机动车一方没有过错的时候也要适当补偿,在不超过10%的范围内承担责任。[③] 这不是无过错责任原则的适用。

(二)对新条文第1款第2项中“发生交通事故”的理解和处置

第一,按照新条文的规定,这里的“发生交通事故”应当理解为机动车造成非机动车驾驶人或者行人的损害。新条文的三项规则,也主要是针对这种情况规定的:(1)机动车造成非机动车驾驶人或者行人损害,非机动车驾驶人或者行人既没有故意也没有过失的,机动车一方承担赔偿责任。(2)机动车一方有过错,而非机动车一方或者行人有过失的,应当根据过失程度适当减轻机动车一方的赔偿责任。按照原条文,实行无过错责任原则,只有非机动车驾驶人或者行人具有重大过失的,才能够减轻机动车一方的赔偿责任。新条文规定为过错推定原则,就不能再适用这样的规则,只有在机动车一方具有故意或者重大过失,非机动车驾驶人或者行人只有一般过失的时候,才不减轻赔偿义务人的赔偿责任,其他情形都要实行过失相抵。同时,按照优者危险负担规则,在确定了机动车一方承担主要责任、同等责任或者次要责任的时候,应当在比较过错、比较原因力确定的赔偿责任比例的基础上,适当提高机动车一方的赔偿责任,上浮的幅度不应当超过10%。这就是新条文规定的“适当”减轻赔偿责任的含义。(3)机动车一方既无故意也无过失的,承担不超过10%的赔偿责任。

第二,非机动车驾驶人或者行人造成机动车一方损害的,不实行上述规则。应当按照过错责任原则确定责任:(1)非机动车驾驶人或者行人有过错的,应当承担赔偿责任;(2)双方都有过错的,应当实行过失相抵规则,并且按照优者危险负担规则,对机动车一方适当上浮赔偿责任;(3)完全是机动车一方的过错引起损害的,无过错的非机动车驾驶人或者行人不承担责任。

第三,机动车与非机动车驾驶人或者行人之间发生交通事故相互造成损害的,是两个相互交叉的道路交通事故案件,分别适用上述不同规则。同时,需要双方分

---

① 参见张新宝:《侵权责任法原理》,中国人民大学出版社2005年版,第35页。

② 参见王利明:《侵权行为法归责原则研究》,中国政法大学出版社1992年版,第129页。

③ 参见杨立新、蔡颖雯:《类型侵权行为法研究》,人民法院出版社2006年版,第881页。

别起诉,或者一方起诉另一方反诉。对此,不能作为一个案件审理适用过失相抵的规则处理,而是作为两个案件审理,各自起诉的,可以合并审理,作出两个判决;反诉的,作出一个判决。对各自确定了赔偿责任之后,可以就赔偿数额实行抵销,而不是过失相抵。

(三)新条文第1款第2项中第二个"过错"与"故意碰撞机动车"之间的协调问题

新条文第1款第2项中规定的三个"过错"概念并不相同,其中第二个过错概念,在司法实践中必须准确理解,即只包括过失,不包括故意。新条文第2款规定的"故意碰撞机动车"按照字义不能包含非机动车驾驶人或者行人其他故意的情形。因此,在前者的"过错"和后者的"故意碰撞机动车"之间形成了一个空当,就是在"过失"和"故意碰撞机动车"之外,还有一个其他故意的形式。这个其他故意,究竟应当放在前边的"过错"之中,还是放在后边的"故意碰撞机动车"之中呢?按照新条文的文字表述,似乎应当包括在前者的过错概念之中,但如此理解就会造成法律适用的错误。但放在后边的"故意碰撞机动车"中,又超出了条文文字所表述的含义。对此,应当进行解释,非机动车驾驶人或者行人的其他故意形式应当包括在第2款中的"故意"之中,非机动车驾驶人或者行人即使不是故意碰撞,而是在马路上寻求自杀被机动车碾死,并没有故意碰撞机动车,也应当免除机动车一方的责任。在实践中,对于非机动车驾驶人或者行人以其他故意形式造成自己损害的,机动车一方都不承担赔偿责任。同时,也应当明确,故意包括行为人实施行为时对损害后果的追求和放任两种形式,[①]以扩大新条文第2款的容量。

(四)对适用"不超过百分之十的赔偿责任"的掌握

在司法实践中适用新条文规定的"机动车一方没有过错的,承担不超过10%的赔偿责任",应当掌握以下几点。

1. 机动车一方没有过错,由机动车一方自己举证

新条文第1款第2项规定的是过错推定原则,因此,机动车一方主张自己没有过错的,应当由自己承担举证责任,证明自己没有过错。机动车一方能够证明自己没有过错的,才能够确定承担不超过10%的赔偿责任。不能证明自己没有过错的,不适用这一规定,而是适用该条第1款第2项规定的第一种规则,由机动车一方承担赔偿责任。

2. 机动车一方没有过错的标准是机动车驾驶人已经采取必要处置措施

有人认为,原条文规定机动车驾驶人已经采取必要处置措施作为无过错标准的规定,是很好的规则,不应当删除。其实,由于新条文已经将这种责任规定为过错推定责

① 参见张新宝:《侵权责任构成要件研究》,法律出版社2007年版,第438页。

任,就没有必要再写进这个规则了。在操作上,机动车一方证明自己没有过错的标准是什么?机动车一方能够证明机动车驾驶人已经采取了必要处置措施仍然不可避免造成损害的,就证明了自己没有过错。

3. 不超过10%的赔偿责任要根据具体情形确定

机动车一方能够证明自己没有过错的,承担不超过10%的赔偿责任。所谓不超过10%,就是承担10%的赔偿责任或者在10%以下承担赔偿责任。对此,首先不能绝对理解为就是10%,而是可以在10%以下确定赔偿责任。其次具体机动车一方应当承担多少赔偿责任,应当根据具体情形,主要是根据受到损害的非机动车驾驶人或者行人的过错程度来确定。如果受害人对于损害的发生具有重大过失,则应当在5%以上承担责任,一般不能低于5%;如果受害人对于损害的发生具有普通过失,机动车一方应当承担6%或者7%的赔偿责任;如果受害人仅仅是一般过失,则机动车一方应承担8%或者9%的赔偿责任;如果受害人完全没有过错,则机动车一方应承担10%的责任。对此,不应当适用原《侵权责任法》第24条的规定,更不能适用《民法典》第1186条的规定,在机动车与非机动车、行人都没有过错的时候实行分担责任。

第二节　机动车交通事故责任的一般规则

在明确了《道路交通安全法》第76条规定的真实含义之后,在司法实践中适用《民法典》第1208条的规定,确定机动车交通事故责任的一般规则如下。

一、机动车交通事故责任的概念

(一)界定道路交通事故概念应当考虑的问题

《道路交通安全法》第119条直接对交通事故的概念作出规定:"'交通事故',是指车辆在道路上因过错或者意外造成的人身伤亡或者财产损失的事件。"

这个规定原则上是正确的,但有以下问题需要明确:

第一,车辆的范围究竟是哪些,是否包括全部的车辆即包括机动车和非机动车。如果理解为全部车辆,那么,交通事故就应当是机动车和非机动车造成的全部事故。我们认为,该法在使用车辆以及机动车的概念中是有严格区别的,这里规定的车辆应当依照法律规定理解,包括机动车和非机动车。

第二,造成人身伤亡或者财产损失,是谁的人身伤亡或者财产损失?人身伤亡和财产损失的主体,应当是在交通事故中受到损害的所有人,包括行人、非机动车驾驶人、机动车驾驶人、乘车人以及其他人员,是交通事故中造成损害的一切主体。同时,我国的交通事故概念包括财产损失,而不采日本现行不包括财损的体制。

第三,道路上的范围应当如何界定,仅仅是指在道路上吗?对此,也必须按照《道路交通安全法》的规定,即"'道路',是指公路、城市道路和虽在单位管辖范围但允许社会机动车通行的地方,包括广场、公共停车场等用于公众通行的场所",而不能仅仅理解为狭义的道路。

第四,交通事故在性质上是一个事件,是一个事实,属于法律事实的范畴。它的后果是发生民事法律后果,引发法律责任。这种法律责任在民法上主要表现为侵权责任中的损害赔偿责任。

在界定了这些因素之后,依据法律上对交通事故概念的界定,可以将机动车交通事故概念界定为:机动车交通事故,是指机动车与非机动车驾驶人员、行人、乘车人以及其他在公路、城市道路和虽在单位管辖范围但允许社会机动车通行地方,以及广场、公共停车场等用于公众通行的场所上,进行交通活动的人员,因违反《道路交通安全法》和其他道路交通管理法规、规章的行为,过失或者意外造成的人身伤亡或者财产损失的事件。

(二)广义的和狭义的机动车交通事故责任概念

广义的机动车交通事故责任,是指由于上述道路交通事故而发生的法律责任。这种法律责任包括三种,一是道路交通肇事人的刑事责任,这是《刑法》所调整的范围;二是道路交通事故肇事人的行政责任,即对肇事人予以行政处罚等责任,这是行政法所调整的范围;三是机动车交通事故责任人应当承担的民事赔偿责任,即由机动车保有人、与机动车驾驶人以及与道路交通事故有直接关系的责任人对受害人承担的侵权赔偿责任,这是侵权责任法调整的范围。

狭义的机动车交通事故责任,是指由于道路交通事故而发生的责任人对受害人应当承担的侵权赔偿责任,即道路交通事故发生之后,造成了受害人的人身伤亡或者财产损失,事故责任人对受害人依照侵权责任法的规定,应当承担的侵权损害赔偿责任。

《民法典》没有采用道路交通事故责任的概念,而是使用了机动车交通事故责任的概念。机动车交通事故责任的概念,其范围应当比道路交通事故责任窄,仅包括机动车造成的交通事故责任,与确定的规则更贴近,是一个比较好的选择。

(三)机动车交通事故责任的基本法律特征

1. 机动车交通事故责任发生在道路交通领域

道路交通事故只能发生在道路交通领域,是在道路交通活动过程中,机动车、非机动车以及行人之间发生的人身伤亡事故和财产损害事故。离开道路,离开交通活动,不发生机动车交通事故责任。例如,在林某人身损害赔偿案中,福州军区空军第二干休所用汽车为军人家属拉运生活煤，在家属大院内，拉煤车倒车压伤军人家属林某，造成残废。因该事故发生在部队家属院内的通道上，并不是发生在道路之上，因而不是道路交通活动发生的事故，不构成道路交通事故，只能按照一般的人身损害赔偿案件处理。①

2. 责任人与受害人在事故发生之前不存在相对性的民事法律关系

在道路交通事故发生之前，责任人与受害人之间一般不具有相对性的法律关系，只存在绝对性的法律关系，受害人是权利人，其他任何人均为义务人。在这种前提下，机动车交通事故责任与其他事故责任存在明显差别。机动车交通事故责任发生之前在当事人之间不存在相对性的合同关系，因而是纯粹的侵权行为责任，不存在责任竞合的问题，但客运合同例外。可以说，道路交通事故赔偿责任的基本性质，是单纯的侵权损害赔偿责任，一般不存在责任竞合，也不存在法律选择适用的问题（客运合同造成乘客损害的除外），只能依照侵权法起诉，没有其他法律适用的选择。

3. 机动车交通事故责任的主要形式是人身损害赔偿，但常有财产损害赔偿

机动车交通事故责任与其他事故责任不同，其主要责任方式是人身损害赔偿，但也存在财产损失赔偿责任，尽管财产损害赔偿并不是其主要责任方式。对机动车交通事故责任的规定，突出地表现了对自然人的保护，保护的是自然人的生命权、健康权和身体权；对于道路交通事故造成财产损害的，同样由责任者承担侵权责任，表明对受害人的财产权也予以充分保护。

4. 机动车交通事故责任既受特别法调整也受基本法调整

机动车交通事故责任与医疗事故责任、工伤事故责任、学生伤害事故责任以及火灾事故责任相似，基本上都由特别法具体规范。但是，机动车交通事故责任的法律调整除了有特别法即《道路交通安全法》之外，还有《民法典》的调整；而且在《民法典》的调整中也存在特殊规定和一般规定的调整问题。《民法典》专门规定了“机动车交通事故责任”一章，对机动车交通事故责任的特殊责任主体作出了特别规定；并且在赔偿责任的具体规则上，要适用《民法典》的一般性规定。因此，在对机动车交通事故责任适用法律的时候，既要适用特别法的规定，也要适用基本法的规定。

二、成立机动车交通事故责任的各种要素

（一）车的要素

在机动车交通事故责任法律关系中，车的要素是客体要素，包括机动车和非机动车。

机动车是成立机动车交通事故责任的基本要素，也是最为重要的要素。因此，研

① 参见杨立新：《侵权法论》（第3版），人民法院出版社2005年版，第457页。

究机动车交通事故责任必须首先研究机动车的概念和范围。同时,对非机动车也要进行研究。

1. 外国立法例借鉴

在德国,根据《道路交通法》的规定,机动车是指由机械力驱动的陆上车辆,没有和轨道连接在一起的所有车辆均为机动车。其中包括无轨电车、机动两轮车和安装发动机的自行车,以及履带式拖拉机和坦克。但也并非所有的以机械力驱动的车辆都是机动车,因为在该法中还有第8条的排除性规定,即在平坦道路上最高时速不超过20公里的机动车,不属于适用无过错责任原则的机动车,该种机动车发生交通事故适用《德国民法典》第823条规定的过错责任原则,作为一般侵权行为处理。德国《强制汽车责任保险法》将下列机动车排除在外:一是以其结构形态所定之最高速度未逾每小时6公里的汽车;二是不须以核准手续之规定,且最高速度低于每小时20公里的机动车;三是不须以规定核准行驶的拖车。① 除此之外的机动车造成事故致人损害,一律适用无过错责任原则,即危险责任原则。

在日本,《机动车损害赔偿保障法》第2条规定,机动车是指《道路运输车辆法》(1951年法律第185号)第2条第2款规定的机动车,以供农耕作业为目的的小型特殊机动车除外,以及第2条第3款规定的安装发动机的自行车。

在法国,1985年《以改善交通事故受害者的状况和促进赔偿程序为目的的法律》第1条规定了交通事故受害者的概念,即"除行驶在固有的轨道上的铁道及电车外,适用于包含带发动机的陆上车辆及其被牵引车辆或半牵引车辆相关联的交通事故的受害者,包含这些受害者依合同被运送者的场合"。在这一规定中对机动车概念进行了界定,规定"除行驶在固有的轨道上的铁道及电车外……包含带发动机的陆上车辆及其被牵引车辆或半牵引车辆",都是机动车。②

在英国,1988年《道路交通法》第185条规定,机动车是意图在道路上使用,或者适合于在道路上使用而制造的具有机械驱动力的乘坐物。气垫船包含在内,但不包含马达收割机。③

这些规定,都根据各国的情况,划清了机动车和非机动车的界限。

2. 我国法律、法规的规定

关于机动车,我国《道路交通安全法》第119条第3项明确规定:"'机动车',是指以动力装置驱动或者牵引,上道路行驶的供人员乘用或者用于运送物品以及进行工程

---

① 参见《保险法律:哪些机动车必须购买机动车强制保险》,载 http://www.examda.com/bx/law/20080813/105721599.html。

② 参见于敏:《机动车损害赔偿责任与过失相抵》,法律出版社2006年版,第66页。

③ 参见于敏:《机动车损害赔偿责任与过失相抵》,法律出版社2006年版,第66页。

专项作业的轮式车辆。”第4项规定：“‘非机动车’，是指以人力或者畜力驱动，上道路行驶的交通工具，以及虽有动力装置驱动但设计最高时速、空车质量、外形尺寸符合有关国家标准的残疾人机动轮椅车、电动自行车等交通工具。”

行政法规涉及规定机动车概念的规定有《道路交通安全法实施条例》第111条：“本条例所称上道路行驶的拖拉机，是指手扶拖拉机等最高设计行驶速度不超过每小时20公里的轮式拖拉机和最高设计行驶速度不超过每小时40公里、牵引挂车方可从事道路运输的轮式拖拉机。”

在上述规定中，除了规定机动车的概念范围外，还规定了排除范围，主要是：(1)履带式拖拉机和机动车不属于机动车；(2)虽有动力装置驱动但设计最高时速、空车质量、外形尺寸符合有关国家标准的残疾人机动轮椅车、电动自行车等交通工具；(3)气垫船也可以认为排除在外。至于轨道通行的机动车是否为机动车，则没有明确规定。因此，学者认为，我国道路交通法律法规中的机动车概念排除过多，外延也不是一目了然，因此概念模糊、具有不合理性。[①] 这个说法有一定道理。

3. 我国机动车与非机动车的界限

研究这个问题，首先要解决的是研究机动车和非机动车概念区别的意义何在。我们认为，如果确定机动车交通事故责任与一般侵权行为都统一适用相同的归责原则，确定赔偿责任采用相同的规则，则区分机动车交通事故责任中的机动车和非机动车的概念就没有必要。德国法对机动车和非机动车作出严格界定，原因在于机动车交通事故适用无过错责任原则即危险责任原则；而非机动车交通事故适用《德国民法典》第823条规定的过错责任原则。在我国，《道路交通安全法》规定，机动车一方造成非机动车驾驶人或者行人人身损害的，适用过错推定原则；其他机动车交通事故责任适用过错责任原则。由于在适用法律上有这样的区别，对机动车和非机动车概念进行严格界定，实际上就是在确定何种机动车交通事故责任适用过错推定原则，何种机动车交通事故责任适用过错责任原则；也就是区分机动车交通事故责任中的一般侵权责任和特殊侵权责任。《民法典》使用了机动车交通事故责任的概念，道理就在这里。正因为如此，《道路交通安全法》及其实施条例作出机动车和非机动车概念的界定，是有意义的。在这里研究这两个概念，关键点在于如何进一步使机动车与非机动车的概念更加明确。

因此，界定机动车概念的内涵和外延，应当以《道路交通安全法》第119条的规定为准，适当补充确定性的标准，以便在司法实务中更加准确地确定机动车与非机动车的范围。以下五个方面是基本的和补充的确定性标准。

第一，机动车是指以动力装置驱动或者牵引，上道路行驶的供人员乘用或者用于

---

① 参见于敏：《机动车损害赔偿责任与过失相抵》，法律出版社2006年版，第63～64页。

运送物品以及进行工程专项作业的轮式车辆。因此,不包括履带式机动车。履带式机动车造成交通事故,应当适用一般侵权责任规则。但按照《道路交通安全法实施条例》第111条的规定,“手扶拖拉机等最高设计行驶速度不超过每小时20公里的轮式拖拉机和最高设计行驶速度不超过每小时40公里、牵引挂车方可从事道路运输的轮式拖拉机”,不属于机动车。超过这个标准的手扶轮式拖拉机、牵引挂车从事道路运输的轮式拖拉机,属于机动车。

第二,虽有动力装置驱动但设计最高时速、空车质量、外形尺寸符合有关国家标准的残疾人机动轮椅车、电动自行车等不属于机动车。参照《道路交通安全法实施条例》第111条规定的“手扶拖拉机等最高设计行驶速度不超过每小时20公里的轮式拖拉机和最高设计行驶速度不超过每小时40公里、牵引挂车方可从事道路运输的轮式拖拉机”,涉及设计行驶速度超过每小时20公里的残疾人机动轮椅车、电动自行车,应当属于机动车。

第三,气垫船在《道路交通安全法》规定的机动车中没有提到。我们认为,如果设计时速超过每小时40公里,准许上道路行驶的气垫船应当属于机动车范围,适用机动车交通事故责任的规定。不超过40公里时速的气垫船,适用一般侵权行为的规则。

第四,轨道通行的机动车应当属于机动车,但不属于机动车交通事故责任法调整的范围,应当适用《民法典》中有关高速轨道运输工具的规定。在实践中,很多人主张地下铁路运输列车以及城市轨道运输列车的运行速度并不快,对于这种运输工具不适用机动车交通事故责任的过错推定原则而适用高速轨道运输工具的无过错责任原则,过于苛刻,并不合理,因此主张将轨道机动车归于机动车范畴。不过多数人反对,认为应当归属于高速轨道运输工具比较适当,《民法典》也采这种立场。

第五,农用车并非都是机动车或者都不是机动车。凡是禁止上道路行驶的农用车,可以不认为是机动车;但是,能够上道路行驶、设计时速超过20公里的农用车,应当认为属于机动车。

(二)人的要素

在机动车交通事故责任的法律关系中,人的要素是主体要素,是该法律关系的责任主体、行为主体和权利主体要素,包括机动车保有人、机动车驾驶人、非机动车驾驶人、行人和乘车人。

1. 机动车保有人

机动车保有人,在学说上有不同说法:一是机动车所有人,二是机动车占有人,三是从事高速运输工具的活动者。[①]

---

① 参见于敏:《机动车损害赔偿责任与过失相抵》,法律出版社2006年版,第70页。

使用机动车所有人的概念在大多数的情况下是正确的,因此,在《民法典》中也使用了这个概念。但是,在有些时候使用机动车所有人概念可能有问题,那就是有些机动车占有人并不是所有人,而是其他没有所有权的人,这时使用机动车所有人的概念就不准确。同样,使用机动车占有人的概念似乎也没有太大问题,能够包含上述不同的情况。使用从事高速运输工具活动者的概念,不仅在表述上过于拗口,而且在《道路交通安全法》第76条修订之后,机动车交通事故责任已经不适用无过错责任原则,而是适用过错推定原则,因此,机动车交通事故责任已经与高速运输工具致害责任相分离,将机动车交通事故单列一章,也不放在高度危险责任一章的高速轨道运输工具损害责任之中。因此,使用这个概念也不合适。

大陆法系国家的民法经常使用的是两个概念:一个是德国法的机动车保有人概念,另一个是日本法的运行供用者概念。下面先对这两个概念进行分析。

机动车保有人是德国判例法形成的一个概念,用来概括为自己的计算使用机动车,并对以这种使用为前提的机动车拥有处分权者。这个概念是从《德国民法典》第833条规定的动物保有人的概念中派生出来的,保有人的地位与其说是取决于权利关系,不如说是基于事实上以及经济上的关系进行判断的。这是因为,所谓为自己的计算,是指获得运行利益,因此,拥有机动车的所有权并不具有决定性的意义;机动车的使用是以谁的名字注册,以谁的名字加入责任保险,也不具有决定意义。[①] 不过,在德国法上也使用车主这个概念,是指由自己承担风险而使用机动车的人。[②]

运行供用者是日本借鉴德国判例法的规定,在日本《机动车损害赔偿保障法》中确定的概念。运行供用者对机动车有运行支配,并且是运行利益的归属者。运行支配是以间接支配或者有支配可能性为充足条件,可以根据客观的外部考察加以判断的,而不是限于对运行自身存在直接的、现实的支配场合;而且只要处于事实上能够支配、管理机动车运行的地位,以及对机动车运行能够下指示、控制的地位的场合,即可确认为运行供用者。[③]

综合比较,机动车保有人与运行供用者两个概念的基本含义并没有原则区别,况且后者是在前者的基础上发展起来的。因此,建议借鉴使用德国法的机动车保有人的概念,因为这个概念比较通俗,且比较符合我国的语言表达习惯。

机动车保有人是指保有机动车并且对机动车享有支配权和利益归属的法人、其他组织或者自然人。简言之,机动车保有人就是车主。使用车主这个概念更为简洁,更符合我国语言习惯,便于理解。

---

① 参见于敏:《机动车损害赔偿责任与过失相抵》,法律出版社2006年版,第75页。

② 参见[德]马克西米利安·福克斯:《侵权行为法》,齐晓琨译,法律出版社2006年版,第274页。

③ 参见于敏:《机动车损害赔偿责任与过失相抵》,法律出版社2006年版,第78页。

2. 机动车驾驶人

在《道路交通安全法》中广泛使用了机动车驾驶人的概念,但没有对机动车驾驶人概念作出规定。参照该法第19条关于“驾驶机动车,应当依法取得机动车驾驶证”的规定,以及《道路交通安全法实施条例》第19条关于“符合国务院公安部门规定的驾驶许可条件的人,可以向公安机关交通管理部门申请机动车驾驶证”的规定,可以对机动车驾驶人概念作出以下界定:机动车驾驶人是指符合国务院公安部门规定的驾驶许可条件,依法取得机动车驾驶资格,在道路上驾驶机动车的自然人。

成为机动车驾驶人要符合以下条件:第一,符合公安部门规定的驾驶许可条件的人,即经过机动车驾驶人资格考试的人。第二,自然人通过考试之后,还必须已经取得并持有机动车驾驶证。第三,是在道路上驾驶机动车的人。非正在驾驶机动车的人,还不是机动车驾驶人,而仅仅是有驾驶的资格。第四,机动车驾驶人应当是自然人,是以自然人身份参与交通活动的人。

3. 非机动车驾驶人

《道路交通安全法》虽然使用了非机动车驾驶人的概念,但对非机动车驾驶人的概念没有明确规定。事实上,非机动车驾驶人在字义上有两个含义,一是驾驶非机动车的人,二是不是机动车驾驶人的人,后者通常称为“非驾”。《道路交通安全法》中规定的非机动车驾驶人以及在这里研究的非机动车驾驶人都是指前一含义,是驾驶非机动车的人,是驾驶非机动车的自然人。

《道路交通安全法实施条例》第72条和第73条规定了三种非机动车驾驶人:一是年满12周岁,在道路上驾驶自行车、三轮车的人;二是年满16周岁,在道路上驾驶电动自行车、残疾人机动轮椅车的人;三是年满16岁,在道路上驾驭畜力车的人。除了这三种非机动车驾驶人之外,还有其他能够驾驶不属于机动车,同时也不属于高速运输工具的机动车的自然人,如驾驶设计时速不超过20公里的轮式手扶拖拉机的人。

在机动车交通事故责任中,非机动车驾驶人具有双重身份。一方面,非机动车驾驶人是道路交通活动的重要参与者,需要在道路上从事运行活动,因此,必须遵守道路交通规则,按照法律规定的规则进行交通活动;另一方面,非机动车驾驶人又是自然人,与机动车一方相比,在交通活动中,其机动性能和安全回避能力都比机动车弱得多,是法律特别予以保护的对象。因此,对非机动车驾驶人需要进行两方面的规制,既要强调他们必须遵守道路交通规则,保障其他交通活动参与者的安全;同时,又要保障他们的安全,在受到交通事故损害时,对他们进行全面保护。不过,在机动车交通事故责任法中,由于他们具有双重身份,因此,对其保护力度应当与行人有所区别,最重要的还是要保护好行人的安全。我国《道路交通安全法》将非机动车驾驶人和行人完全并列,存在一定的不足。

4. 行人

行人,是在道路上行走的自然人。界定这个概念,依据是《道路交通安全法》第 61 条关于“行人应当在人行道内行走,没有人行道的靠路边行走”以及第 62 条关于行人通过路口和横过道路的相关规定。在道路上通行的人,应当包括在人行道内行走、在没有人行道的道路上靠边行走以及通过路口或者横过道路的自然人。违章在道路上行走,如不在人行道上行走,也不在道路上靠边行走,没有在道口和标有横道线上行走的人,属于违章行人,但仍然属于行人。

行人在《道路交通安全法》以及在机动车交通事故责任中占有重要地位,必须给予高度的安全保障。这是机动车交通事故责任法对自然人的人文关怀,是人本主义的体现。行人在交通活动中处于最为弱势的地位,没有机动性,也没有较好的安全回避能力,是最应当保护的对象。他们受到道路交通事故损害,即使对于损害的发生具有全部过失,也不能对他们的人身损害完全不予赔偿,机动车应承担不超过 10% 的赔偿责任。只有受害人故意引起损害的,才完全不予赔偿。

5. 乘车人

《道路交通安全法》也规定了乘车人的概念。乘车人,是指乘坐机动车的自然人。该法第 66 条规定了乘车人不得携带易燃易爆等危险物品,不得向车外抛撒物品,不得有影响驾驶人安全驾驶的行为等禁止性义务。乘车人除了在保险合同中有乘客险的规定之外,在机动车交通事故责任中,乘车人相当于行人的地位,应当适用行人的有关规则和保护措施。

6. 受害人

机动车交通事故责任中的受害人,是损害赔偿法律关系的权利主体,享有侵权损害赔偿的请求权,有权向机动车交通事故责任人请求承担侵权责任。

受害人有可能是非机动车驾驶人或者行人,也可能是机动车乘车人,还可能是其他任何第三人。除了发生道路交通事故的机动车的乘车人之外,其他人都没有其他选择,只能够按照侵权法的规定,请求责任主体承担侵权责任。发生道路交通事故的机动车的乘车人如果是依据客运合同,则可能构成侵权责任与违约责任的竞合;依照《民法典》第 186 条的规定,可以选择侵权责任起诉,也可以选择违约责任起诉。

(三)道路与交通的要素

1. 道路

道路,是机动车交通事故责任的重要概念,是成立机动车交通事故责任的基本要素之一。《道路交通安全法》第 119 条第 1 项规定:“‘道路’,是指公路、城市道路和虽在单位管辖范围但允许社会机动车通行的地方,包括广场、公共停车场等用于公众通行的场所。”

按照这一概念界定,道路包括以下部分:

(1)公路。连接城市、乡村和工矿基地之间,主要供汽车行驶并具备一定技术标准和设施的道路,是公路。公路是近代说法,以其公共交通之路得名,但在我国古文中并不存在这个概念。

(2)城市道路。城市道路是指在城市范围内具有一定技术条件和设施的道路。根据道路在城市道路系统中的地位、作用、交通功能以及对沿线建筑物的服务功能,我国目前将城市道路分为四类:快速路、主干路、次干路及支路。

(3)单位范围内准许社会机动车通行的地方。这个概念实际上是指机关、企事业单位以及林区、农村范围内的道路等场所。在一般情况下,这些地方是这些单位的自有空间,不准许他人的机动车通行。因此,单位范围内的道路等场所发生事故,原则上不属于道路交通事故,应当按照《民法典》规定的侵权责任一般规则处理。除此之外,铁路道口、渡口、机关大院、农村场院及其院内的路,均不属于道路,如院内通道、校内道路、乡间道路。如果这些单位范围内的道路等场所准许社会机动车通行,则视为道路,适用机动车交通事故责任法确定侵权责任。

(4)广场、公共停车场等公众通行的场所。广场是指面积广阔的场地,特指城市中供公众活动的广阔场地,是城市道路枢纽,是城市中人们进行政治、经济、文化等社会活动或交通活动的集中空间,通常是大量人流、车流集散的场所。公共停车场,则是在城市中为机动车停放而设置的公共场所。在这些场所中,准许公众通行,因此都属于道路的范畴。

界定道路的意义是确定道路交通事故的范围,以及适用机动车交通事故责任法的范围。凡是道路上发生的交通事故,都应当适用《道路交通安全法》以及《民法典》的有关规定处理;但是,这不意味着不是道路上发生的事故就不是侵权行为,不承担侵权责任。在非道路上发生的类似事故,同样是侵权行为,只是不适用机动车交通事故责任规定处理;而是适用一般的民事法律规定,即《民法典》中关于侵权责任的规定,按照一般侵权行为的办法处理。

2. 交通

《道路交通安全法》对交通的概念没有单独界定,是放在交通事故的概念中一起界定的。其中"车辆在道路上"对于界定交通概念最为直接。

按照词语学解释,交通的最基本含义,就是往来通达。[1] 我们认为,交通,是指机动车、非机动车以及行人在道路上往来通达,实现交往沟通目的的社会活动。

研究作为机动车交通事故责任构成要素的交通,实际上是研究在机动车交通事故

① 参见《现代汉语词典》(第6版),商务印书馆2012年版,第680页。

责任中车辆和行人构成交通事故的状态条件，即只有车辆和行人在交通的状态下发生损害事故，才能构成机动车交通事故责任。因此，研究交通概念应当借鉴德国法和日本法的"运行"概念。

德国法在界定机动车交通事故责任时，强调机动车须在运行之际；在机动车运行之际发生损害的场合，机动车保有人根据道路交通法承担责任。运行之际，包括机动车运行、使用、无接触事故、车上坠落物、被牵引车等，都处于运行中。日本法规定，运行与是否运送人或物无关，是指以该装置的使用方法使用机动车的情况。①

"车辆在道路上"是交通概念的核心问题。把握住这个核心问题，对构成机动车交通事故责任的状态条件就容易掌握。

以下活动都属于交通：

(1)机动车在道路上运行。机动车依靠自己的行走装置，驱动自己在道路上行走，构成在道路上运行。

(2)机动车在道路上使用。机动车在道路上使用，如工程车停在道路上进行工作，属于机动车在道路上。但是，一旦机动车与交通工具这一用途的联系不再存在，而只被用作工作的机器，则机动车通常的用途所产生的危险也就没有成为现实。故德国联邦最高法院认为，一辆饲料运输车向一个桶形仓填装饲料，造成桶形仓破裂，使饲料溢出，造成一间鸡舍的顶棚坍塌，不属于机动车使用，不构成运行。② 机动车因故障停在道路上，属于机动车在道路上使用。机动车在道路上乘降乘车人、装卸货物等，属于机动车在道路上使用。例如，机动车停在道路上被后续车辆撞上，构成机动车在道路上的状态。对此，德国判例法的解释是，只要司机还将机动车用于交通，并且，由此而产生的危险状态依然存在。只有当机动车离开了车道而被放置在了公共交通以外的地点时，运行才中断。③

(3)机动车的车上坠落物。运送中的机动车，车上物品从机动车上坠落，因此造成损害的，属于机动车运行中的事故，符合机动车在道路上的状态要求，构成机动车交通事故责任。但是运送中的易燃、易爆、剧毒、放射性以及核燃料、核设施等造成损害的，不认为是机动车在道路上，而是属于高度危险责任的侵权责任，不属于机动车交通事故责任法的调整范围。

(四)事故与责任的要素

1. 事故

交通事故，是指车辆在道路上因过错或者意外造成的人身伤亡或者财产损失的事

---

① 参见于敏：《机动车损害赔偿责任与过失相抵》，法律出版社 2006 年版，第 95～103 页。

② 参见[德]马克西米利安·福克斯：《侵权行为法》，齐晓琨译，法律出版社 2006 年版，第 269 页。

③ 参见[德]马克西米利安·福克斯：《侵权行为法》，齐晓琨译，法律出版社 2006 年版，第 268 页。

件。事件是法律事实的一种,道路交通事故作为事件,是构成机动车交通事故责任的事实要素。

在上述界定中,之所以要特别强调"因过错或者意外"发生损害事件,原因有二:第一,构成机动车交通事故责任必须坚持过错责任原则,尽管分为一般的过错责任原则和过错推定原则,但都须具有过错要件。第二,由于《道路交通安全法》第76条特别规定了"机动车一方没有过错的,承担不超过百分之十的赔偿责任",因为这种不超过10%的赔偿责任根本无须过错要件存在,因此,要特别强调"意外"。可以确定,在机动车交通事故责任的机动车一方承担不超过10%的赔偿责任的场合,也属于机动车交通事故责任;但属于特殊的责任方式,而不是一般的机动车交通事故责任的常态。

2. 责任

机动车交通事故责任中的责任属于损害赔偿责任,是民事责任,是侵权责任,是财产责任。在民法领域研究机动车交通事故责任并不包括其他法律责任,特别是不包括刑事责任和行政责任。

三、机动车交通事故责任的归责原则及体系

(一)我国机动车交通事故责任归责原则的发展

1978年改革开放以来,我国的机动车交通事故责任的归责原则经历了以下五个发展时期:(1)从改革开放以后至《民法通则》实施之前,法院处理机动车交通事故责任的案件并不多,法律适用也不够自觉,通常是按照过错责任原则处理损害赔偿问题的。(2)从《民法通则》实施之后至《道路交通事故处理办法》实施之前,处理机动车交通事故责任适用《民法通则》第123条的规定,适用无过错责任原则确定损害赔偿责任的归属。(3)从1992年1月1日正式实施《道路交通事故处理办法》之后至2004年5月1日《道路交通安全法》正式实施之前,机动车交通事故责任适用过错推定原则。(4)2004年5月1日实施《道路交通安全法》之后至该法在2008年5月1日第76条修订实施之前,按照《道路交通安全法》第76条规定,机动车交通事故责任适用以无过错责任原则为主的多重归责原则。(5)自2008年5月1日《道路交通安全法》第76条修订实施之后至今,将机动车交通事故责任的主要归责原则规定为过错推定原则,同时在其他方面实行过错责任原则,构成了以过错推定原则为主,过错责任原则为辅的二元归责原则体系。

(二)我国机动车交通事故责任适用多重归责原则

1. 我国机动车交通事故责任适用多元归责原则的必要性

在机动车交通事故责任归责原则的选择上,究竟应当适用何种归责原则作为基本

归责原则,究竟选择单一归责原则还是多元归责原则,应当进行深入研究,以确定修订的《道路交通安全法》第 76 条对归责原则的修改是否成功。

各国机动车交通事故责任的归责原则主要有以下几种。第一种,实行无过错责任原则,主要国家包括德国、葡萄牙、日本、韩国、埃塞俄比亚等。第二种,适用过错责任原则,主要国家有美国、英国等。第三种,实行多元归责原则,主要国家有法国、意大利等。第四种,实行绝对赔偿原则,如新西兰。

应当看到,在机动车交通事故责任归责原则上,只对机动车一方责任采用单一归责原则无法适应复杂的道路交通事故纠纷案件的实际情况。通过对以上列举的各国立法情形的分析,我们赞成采用多元的机动车交通事故责任归责原则体系的做法。理由如下。

第一,单一的归责原则在处理机动车交通事故责任中都有缺陷。过错责任原则、过错推定原则和无过错责任原则适用于机动车交通事故责任,各有利弊。适用过错责任原则显然对保护受害人不利。适用过错推定原则,虽然责任确定的价值判断标准比较适中,但无法避免对各种各样的交通事故纠纷涵盖不全的问题。适用无过错责任原则对受害人保护最为有利,但也存在限额赔偿以及对机动车一方不够公平的缺陷,尚须以过错责任原则进行协调。而像规定无过错责任原则但没有采取限额赔偿制的国家,适用无过错责任原则同时采取全额赔偿制度,对机动车一方更不公平。因此,在机动车交通事故责任中采用单一归责原则的做法并不可取。

第二,机动车交通事故责任的情形复杂,需要适用多种归责原则进行调整。机动车交通事故责任并非只有机动车造成非机动车驾驶人或者行人损害的情形,也并非都是造成人身损害赔偿的后果。除了机动车造成非机动车驾驶人或者行人的人身损害之外,还有机动车相互之间、非机动车驾驶人或者行人相互之间,以及机动车与非机动车驾驶人或者行人之间的财产损害赔偿责任。机动车造成非机动车驾驶人或者行人人身损害赔偿责任是机动车交通事故责任中的主体部分,对此,应当适用较为严格的归责原则,以保护作为弱者的受害人的合法权益。对此,适用过错推定原则比适用无过错责任原则更为优越。而对于机动车相互之间、非机动车驾驶人或者行人相互之间、非机动车驾驶人或者行人与机动车之间的财产损害赔偿责任,都不能适用过错推定原则确定责任,应当采取过错责任原则,才能够合理解决赔偿责任承担问题。

第三,我国在社会实践中曾较长时间坚持过错推定原则,有成功的经验。我国 1992 年 1 月 1 日实施的《道路交通事故处理办法》实行过错推定原则,经过至 2004 年的实践,妥善地解决了大量交通事故责任纠纷案件,有效地调整了当事人之间的利益平衡关系,并没有产生不好的结果。在 2004 年至 2008 年 4 月间,依据《道路交通安全法》的规定适用无过错责任原则,引起公众的强烈反响,受到广泛批评。因此,新修订的第76条将机动车交通事故责任归责原则改回为过错推定原则,是顺应民意、尊重我国国情的举措。

因此,我国《道路交通安全法》第76条经过修订的以过错推定原则为主、过错责任原则为辅的机动车交通事故责任二元归责原则体系,是正确的,是符合我国国情的。

2. 我国《民法典》规定的机动车交通事故责任归责原则体系和调整范围

适用过错推定原则的机动车交通事故,是机动车造成非机动车驾驶人或者行人人身损害的交通事故。

适用过错责任原则的情况比较复杂,具体分为以下几种情形规定。

(1)机动车相互之间发生交通事故的实行过错责任原则

机动车相互之间发生交通事故的,实行过错责任原则。机动车相互之间发生交通事故,各自都属于机动车,都具有相同的法律地位,并不存在对哪一方需要特殊保护的问题。因此,不必采取严格的归责原则进行调整。在各国机动车损害赔偿法中,规定"当两辆车相撞时,每辆车应被视为对该事故负均等的责任"。[①] 这并不意味着要实行过错推定原则,而是对无法确认责任份额时的一种过错份额的推定。正像《意大利民法典》第2054条第2款所规定的那样,"直到出现相反的证据之前,推定各方司机对各自车辆造成的损害共同负有同样的责任"。

实行过错责任原则,其举证责任实行"谁主张,谁举证"的规则,对于过错的证明不实行举证责任倒置,都由原告举证,被告不承担举证责任。只有在被告提出积极主张的时候,才负有举证责任。

(2)非机动车驾驶人或者行人相互之间造成损害的适用过错责任原则

非机动车驾驶人或者行人相互之间造成损害的,包括人身损害和财产损害,都适用过错责任原则。非机动车驾驶人或者行人在道路交通中所处的地位基本相同,尽管非机动车的机动性能与人相比为优,但并不特别悬殊,对于其中的哪一方都不存在特殊保护问题。因此,应当适用过错责任原则确定相互之间的责任。在确定责任的具体问题上,应当对行人予以适当倾斜,因为非机动车一方毕竟具有一定的优势地位,且非机动车驾驶人与行人在道路交通主体地位上也有一定差距,法律对他们的要求并不完全相同。

(3)非机动车驾驶人或者行人与机动车之间发生交通事故造成财产损害的适用过错责任原则

在实践中应当突破修订的《道路交通安全法》第76条第1款第2项规定的内容,把机动车与非机动车驾驶人或者行人之间发生交通事故造成财产损害的情形分离出

---

① 《埃塞俄比亚民法典》第2084条第1款规定。

来,不能一律适用过错推定原则。理由是:首先,机动车一方作为受害人,在其主张非机动车驾驶人或者行人承担赔偿责任时,如果实行过错推定原则,则对非机动车驾驶人或者行人是不公平的。只要是非机动车驾驶人或者行人造成机动车一方损害,就直接推定非机动车驾驶人或者行人有过错,加重了非机动车驾驶人或者行人的举证负担,使非机动车驾驶人或者行人处于不利地位,不符合当代机动车交通事故责任的处理理念。其次,机动车与非机动车驾驶人或者行人之间发生财产损害,也不涉及对人的特殊保护问题;即使是机动车造成非机动车驾驶人或者行人的财产损失,也应当适用过错责任原则。机动车一方如果主张非机动车驾驶人或者行人承担造成自己损害的赔偿责任,或者非机动车驾驶人或者行人主张机动车一方赔偿财产损害,都必须在证明其违法行为、损害事实、因果关系之后,还应当承担证明对方过错的举证责任,不能证明就不能认定构成侵权责任。

四、机动车交通事故责任构成要件

研究机动车交通事故的责任构成就是要研究具备哪些条件才能构成道路交通参与人因侵权行为所承担的民事责任。机动车交通事故责任作为一种侵权行为类型具有侵权行为的一般特征,侵权法理论关于责任构成的学说对于准确认识机动车交通事故责任构成具有指导意义。机动车交通事故责任构成应当在侵权责任构成一般理论的基础上结合自身的特点予以构建。

(一)道路交通事故的违法行为

违法行为,是指自然人或者法人违反法定义务、违反法律所禁止而实施的作为或不作为。机动车交通事故责任中的违法行为,是指在道路交通过程中,道路交通参与人违反法律规定的权利的不可侵义务以及以保护他人为目的的法律所规定的义务的作为和不作为。

机动车交通事故责任中行为的违法性,是指道路交通事故致害人的行为在客观上与法律的规定相悖,有违于法律所确认的法秩序,其中主要是结果不法以及违反保护他人为目的的法律。

1. 结果不法

机动车交通事故责任的当事人在事故发生前不存在相对法律关系,权利人之外的其他人因权利人的绝对权而对绝对权人负有不得侵害其权利的义务。自然人、法人作为绝对权法律关系中的义务主体,就是对他人享有的绝对权利负有义务的义务人,根据该法律关系负有法定的不得侵害的法定义务。如果义务人侵害了权利人的绝对权利,即违反了该法定的不可侵义务,构成结果不法。传统学说将结果部分局限于对于绝对权的侵害;但是随着社会的发展,其他法益的重要性逐渐提升,获得绝对权的地位,如德国的营业权以及一般人格权。机动车交通事故责任中的结果不法主要表现为致害人违反对于受害人的人身权、物权等绝对权的不可侵义务,造成了受害人的绝对权的损害,主要是人身损害,还有部分的财产损害。道路交通事故中加害人违反了道路交通参与人权利的不可侵义务,造成权利人权利损害的,构成结果不法。

2. 违反保护他人为目的的法律

《德国民法典》第 823 条第 2 款规定:"1. 违反以保护他人为目的的法律者,负相同的义务。2. 如依法律的内容,虽无过失亦可能违反此种法律者,仅在有过失时,始负损害赔偿的义务。"在我国,法律也直接规定对某种权利或者利益的特别保护。违反这种保护他人的法律,也构成违法性。违反这种规定,构成违法性。

我国《道路交通安全法》中规定了很多机动车应当遵守的道路交通规则,这些规则是为了避免产生交通事故,保护他人的安全,应当认为属于保护他人为目的的法律。道路交通事故中机动车违反这些规定的,应当认为属于违反保护他人为目的的法律;对于这些违反保护他人法律的行为可以推定行为人存在过错。我国《道路交通安全法》对于机动车应当遵守的规则进行了如下规定。

第一,对于机动车适驾状态的规定。为了避免或减少交通事故,保护他人的人身和财产安全,我国《道路交通安全法》规定了机动车的适驾状态,第 14 条第 3 款规定,达到报废标准的机动车不得上道路行驶。报废的大型客、货车及其他营运车辆应当在公安机关交通管理部门的监督下解体。第 21 条规定,驾驶人驾驶机动车上道路行驶前,应当对机动车的安全技术性能进行认真检查;不得驾驶安全设施不全或者机件不符合技术标准等具有安全隐患的机动车。

第二,对于机动车驾驶人的规定。《道路交通安全法》第 19 条第 1 款规定,驾驶机动车,应当依法取得机动车驾驶证。第 22 条第 1 款和第 2 款规定,机动车驾驶人应当遵守道路交通安全法律、法规的规定,按照操作规范安全驾驶、文明驾驶。饮酒、服用国家管制的精神药品或者麻醉药品,或者患有妨碍安全驾驶机动车的疾病,或者过度疲劳影响安全驾驶的,不得驾驶机动车。

第三,对于机动车通行规则的规定。《道路交通安全法》第 43 条规定,同车道行驶的机动车,后车应当与前车保持足以采取紧急制动措施的安全距离。有下列情形之一的,不得超车:(1)前车正在左转弯、掉头、超车的;(2)与对面来车有会车可能的;(3)前车为执行紧急任务的警车、消防车、救护车、工程救险车的;(4)行经铁路道口、交叉路口、窄桥、弯道、陡坡、隧道、人行横道、市区交通流量大的路段等没有超车条件的。

第45条规定,机动车遇有前方车辆停车排队等候或者缓慢行驶时,不得借道超车或者占用对面车道,不得穿插等候的车辆。在车道减少的路段、路口,或者在没有交通信号灯、交通标志、交通标线或者交通警察指挥的交叉路口遇到停车排队等候或者缓慢行驶时,机动车应当依次交替通行。

第四,对于机动车装载限制的规定。《道路交通安全法》第48条规定,机动车载物应当符合核定的载质量,严禁超载;载物的长、宽、高不得违反装载要求,不得遗撒、飘散载运物。机动车运载超限的不可解体的物品,影响交通安全的,应当按照公安机关交通管理部门指定的时间、路线、速度行驶,悬挂明显标志。在公路上运载超限的不可解体的物品,应当依照公路法的规定执行。机动车载运爆炸物品、易燃易爆化学物品以及剧毒、放射性等危险物品,应当经公安机关批准后,按指定的时间、路线、速度行驶,悬挂警示标志并采取必要的安全措施。第49条规定,机动车载人不得超过核定的人数,客运机动车不得违反规定载货。第50条规定,禁止货运机动车载客。货运机动车需要附载作业人员的,应当设置保护作业人员的安全措施。

机动车保有人或者驾驶人违反以上《道路交通安全法》以保护他人的人身和财产权益为目的的义务的,构成违反以保护他人为目的的法律,其行为构成不法行为。

3. 机动车的违法行为的特别条件

在机动车作为一方的机动车交通事故责任中,机动车处于运行的状态是其违法行为的必要条件。《道路交通安全法》第76条规定的是"机动车发生交通事故",这里面并没有用"运行"等字眼。这里的要件是"发生交通事故",交通事故的要件是"车辆在道路上"。这个概念最接近"运行"的概念。

日本《机动车损害赔偿保障法》第2条第2款规定,"本法所谓'运行',与是否运送人或物无关,是指以该装置的使用方法使用机动车的情况"。①

我国道路交通事故损害赔偿可以借鉴日本法关于"运行"的界定,在确定"运行中"这一问题时,重要的是驾驶员在主观上是否有比较长期地保有机动车的意图,以及客观上按照装置的使用方法使用机动车的情况。按照装置的使用方法使用,是指按照机动车上的各种装置设备的用途合理使用该装置。该使用不局限于对于使机动车移动的方向盘等装置的使用,对于机动车的装卸以及其他装置的使用也应当认为是处于运行中,对由于使用这些设置造成的损害可以认为属于道路交通事故。正常停车中的机动车,被人力移动的场合,不能称为运行中;但是在关掉发动机将车停留在坡度大的下坡路上,机动车滑动的场合,也构成运行。

---

① 转引自于敏:《机动车损害赔偿责任与过失相抵》,法律出版社2006年版,第97页。

(二)道路交通事故的损害事实

损害事实,是指一定的行为致使权利主体的人身权利、财产权利以及其他利益受到侵害,并造成财产利益和非财产利益的减少或灭失的客观事实。① 机动车交通事故责任中的损害事实,是指由于道路交通参与人的过失行为造成权利主体的人身权利以及财产权利的不利状态。机动车交通事故责任中的损害主要是人身权利受到侵害,也存在财产权利受到侵害的情况。

道路交通事故中的损害可以分为人身损害、精神损害和财产损害。

1. 人身损害

人身损害是道路交通事故对于人格利益的有形损害。侵害公民身体权、健康权、生命权,其人格利益的损害为有形损害。这种有形损害,首先表现为自然人的身体、健康损伤和生命的丧失。当违法行为作用于受害人的物质性人格权的时候,受害人所享有的作为物质性人格权的客体的人体利益将受到损害,造成伤害或死亡。人身利益,是人之所以为人的物质条件,维持生命,维护人体组织完整和人体器官正常机能,是享有民事权利、承担民事义务的物质基础。这种利益的损害,破坏了人体组织和器官的完整性及正常机能,甚至造成生命的丧失,因而在外在形态上是有形的。

其次表现为自然人为医治伤害、丧葬死者所支出的费用,这种财产上的损失,也表现为有形的损害。此外,人体伤害、死亡还可能造成其他财产上的损失,如伤残误工的工资损失、护理伤残的误工损失、丧失劳动能力或死亡所造成其扶养人的扶养费损失等,这些损害也是有形的损害。

2. 精神损害

精神损害是指对民事主体精神活动的损害。道路交通事故侵害自然人的人身权,造成的自然人生理、心理上的精神活动和自然人维护其精神利益的精神活动的破坏,最终导致精神痛苦和精神利益的丧失或减损。精神损害的最终表现形式,就是精神痛苦和精神利益的丧失或减损。

道路交通事故中精神痛苦的产生有两个来源:一是道路交通事故造成自然人人体的生理损害。当道路交通事故侵害自然人的身体权、健康权、生命权时,给权利主体造成生理上的损害,使其在精神上产生痛苦。二是道路交通事故侵害公民心理的心理损害。当道路交通事故侵害公民的人身权利时,侵害了人的情绪、感情、思维、意识等活动,导致人的上述精神活动的障碍,使人产生愤怒、恐惧、焦虑、沮丧、悲伤、抑郁、绝望等不良情感,造成精神痛苦。精神利益的丧失或减损,是指公民、法人维护其人格利益、身份利益的活动受到破坏,因而使其人格利益、身份利益造成损害。

---

① 参见杨立新:《侵权损害赔偿案件司法实务》,新时代出版社1993年版,第38页。

3. 财产损害

财产损害事实,为侵占财产和损坏财产。这是财产损害事实的主要形式。除此之外,财产损害还包括其他财产利益的损害,主要的是所有权以外的其他财产权利的丧失或者破坏。机动车交通事故责任中的财产损害事实主要是损坏财产的情况,是指由于道路交通事故造成他人的财产的损坏,使得他人的财产处于不利益状态。

道路交通事故中的财产损害表现为财产损失,包括直接损失和间接损失。道路交通事故财产损失主要表现为直接损失,直接损失是指受害人现有财产的减少,也就是加害人违法行为侵害受害人的财产权利,致使受害人现有财产直接受到的损失。在机动车交通事故责任中主要表现为财物被毁损而使受害人财富的减少。道路交通事故中还存在间接损失,间接损失是受害人可得利益的丧失,即应当得到的利益因受违法行为的侵害而没有得到。

4. 特殊损害问题

损害不但为一事实上的概念,存在客观上的真实性与不利性,亦存在价值上的判断。并非所有的损害均可获得法律的填补,侵权法上的损害必须是可救济的损害。并非道路交通事故造成的所有损害均可予以赔偿,对于反射损害多数情况不予赔偿,仅在少数情况下可以获得赔偿。微额损害为人类共同生活所不可避免,而且其发生颇为频繁,因此不能获得赔偿。可见对于可救济性的判断存在法律价值上的衡量。

(1)反射损害

反射损害是指道路交通事故侵权行为直接被害人以外的人,因侵权行为直接导致被害人受损害的结果,间接牵连所遭受的损害。道路交通事故中经常产生反射损害。例如,因为两辆机动车发生交通事故,导致道路堵塞达 3 小时之久,发生交通事故当事人之外的其他交通参与人因道路堵塞所遭受之损害即属于反射损害。又如,债务人遭遇车祸,造成债权人之债权无法得到履行,债务人之损害属于直接损害,债权人因债权无法得到履行所遭受之损害则属于反射损害。对于前者,学界一般认为属于纯粹经济损失的范畴。纯粹经济损失可以被理解为:不因受害人的财产、人身或者绝对权利的受损而发生的纯粹金钱上的不利益,这些不利益一般不被法律所认许,难以获得赔偿。[①] 由于机动车发生交通事故,当事人以外的其他人所受的损害属于不与其人身损害或者财产损害相联系的纯粹的经济上的损失,属于纯粹经济上的损失。对于纯粹经济上的损失一般认为属于合同法保护的范畴,侵权法以不赔为原则,赔偿为例外。[②] 我们认为,对于故意侵害造成的纯粹经济损失应当赔偿。

① 参见张新宝、张小义:《纯粹经济损失的几个问题》,载《法学杂志》2007 年第 4 期。

② 参见张新宝、李倩:《纯粹经济损失赔偿规则:理论、实践及立法选择》,载《法学论坛》2009 年第 1 期。

(2)微额损害

微额损害与通常损害相对,微额损害为经常发生的摩擦损害。人类共同生活,以相互联系与接触为常态,在此接触过程中,不可避免地会发生一些轻微的损害,对于这些损害不应当予以赔偿。诚如学者所言,人类共营社会生活之际,些微脱序,尚属常情,如均以损害视之诉诸法律救济,则人人、日日均有纠纷。制度设计之结果,必须避开纠纷不断之乱象;是以微额损害不能与通常损害等同视之,必须另作定位:自损害赔偿之体系中删除。① 道路交通中,参与人之间发生轻微的碰撞,属于社会交往中必须予以忍受的范围,属于微额损害,当事人不得主张损害赔偿。

(三)道路交通事故的因果关系

侵权责任构成中的因果关系要件,就是侵权法中的因果关系。

机动车交通事故责任中的因果关系具有复杂化和多样化的特点,如何确定道路交通事故中的因果关系在理论上和实践中具有重要意义。道路交通事故中因果关系的判断可以采纳以下三种理论。

1. 直接因果关系

道路交通事故参与人的行为与损害结果之间具有直接因果关系的,无须再适用其他因果关系理论判断,直接确认其具有因果关系。

2. 相当因果说

对于道路交通事故损害赔偿中的因果关系的判断,应当主要采用相当因果关系说。以一般人之社会观念和智识水平作为标准,判断加害人的违章行为是否有引起该种损害的可能;如果认为有引起的可能,并且事实上的确产生了损害,就可以认为违章行为与损害之间具有因果关系。

对于机动车交通事故责任中因果关系的判断采用以下步骤,适用以下公式:

“大前提:依据一般的社会智识经验,该种交通违法行为能够引起该种损害结果;

小前提:在现实中,该种交通违法行为确实引起了该种损害结果;

结论:那么,该种交通违法行为是该种损害事实发生的适当条件,因而,二者之间具有相当因果关系。”

其中大前提的判断属于“相当性”的判断,表现在依据一般的社会智识经验,道路交通中的违章行为能够引起该种损害后果。小前提的判断表现为,违章行为确实引起了损害结果。

3. 法规目的说

法规目的说主张侵权行为所生损害赔偿责任应探究侵权法之目的而为决定。其

① 参见曾世雄:《损害赔偿法原理》,中国政法大学出版社2001年版,第140页。

理论依据有二:第一,行为人就其侵害行为所生的损害应否负责系法律问题,属法之判断,应依法规目的认定之。第二,相当因果关系说的内容抽象不确定,难以合理界定损害赔偿的范围。①

对于机动车交通事故责任中复杂案件的因果关系的判断,应当在相当因果关系的基础上注意法规目的说的运用。法规目的说能够帮助我们更准确地进行因果关系的判断。《道路交通安全法》中规定了很多机动车应当遵守的行为义务,有很多属于保护他人的规定,这些规定中体现了法律予以保护的法益范围;在相当因果关系的基础上通过采用法规目的说能够更准确地判断因果关系以及保护的法益范围。例如,英国的公共汽车超载案中,公共汽车承载的乘客超载,因过于拥挤而便利扒手行窃。② 对于公共汽车超载的违章行为与乘客财物被扒窃的损害之间是否具有因果关系的判断,如果采用相当因果关系,则存在疑问。依据一般社会智识,公车超载造成拥挤通常情况下会造成扒手行窃,而且在该现实案件中,确实引起了该种损害;那么依据相当因果关系说,似可以认定因果关系的存在,但是却与法律人的正义法感相违背。如果采用法规目的说,则容易判断,法律规定公共汽车不得超载的义务是为了保护他人的人身安全,而非财产安全。依据该法规目的,财产被扒窃不属于该法规保护的范畴,因此不应当认定两者之间存在因果关系。

(四)机动车交通事故责任的过错

在机动车交通事故责任中,在一般情况下,都表现为过失;只有在受害人故意引起道路交通事故损害的时候,才表现为故意。

1. 机动车交通事故责任中的注意义务的标准

机动车交通事故责任中的过失包括疏忽和懈怠。机动车交通事故责任的致害人对自己行为的结果,应当预见或者能够预见而没有预见,为疏忽;道路交通事故致害人对自己行为的结果虽然预见了却轻信可以避免,为懈怠。疏忽和懈怠,都是过失,都是受害人对应负的注意义务的违反。因此,机动车交通事故责任中的过失,就是道路交通事故致害人对受害人应负注意义务的疏忽或懈怠。

既然过失是一种不注意的心理状态,即对自己注意义务的违反,那么,注意义务就应当有客观的标准。在机动车交通事故责任中,机动车一方负担的注意义务,应当是善良管理人的注意;而非机动车驾驶人或者行人负担的注意义务,应当是与处理自己的事务为同一的注意。

---

① 参见王泽鉴:《侵权行为法》(第1册),中国政法大学出版社2001年版,第221页。

② 参见曾世雄:《损害赔偿法原理》,中国政法大学出版社2001年版,第107页。

2. 机动车交通事故责任中过失的形态

上述三种注意义务,在程度上分为三个层次,以普通人的注意为最低,以与处理自己事务为同一注意为中,以善良管理人的注意为最高。与此相适应,违反这三种注意义务,构成三种过失:重大过失、具体过失和抽象过失。

在机动车交通事故责任中,机动车一方违反善良管理人的注意义务,为有过失;违反普通人的注意义务,则为重大过失。非机动车驾驶人或者行人一方违反与处理自己的事务为同一注意,为有过失;违反普通人的注意义务,为重大过失。

3. 确定机动车交通事故责任中注意义务的主要因素

在确定机动车交通事故责任中行为人的注意义务时,必须具体化和类型化,以探究违反注意义务的实质基准。学者指出应当有三种考量因素:一是危险或者侵害的严重性,行为的危险性越高,所生侵害越重时,其注意程度应当相对提高。二是行为的效益,这是指对行为的目的及效用的考量,行为的效益越重,其注意义务就要相应减低。三是防范避免的负担,即为除去或者减少危险而采取预防措施或替代行为所须承受的费用或不便。例如,在人口稀少的地区容许无人看管的铁路平交道口存在。①

4. 机动车交通事故责任中过错的认定

判断道路交通事故损害赔偿中的过错应当采用客观标准,应当以《道路交通安全法》以及其他法律规定的注意义务为判断标准,违反这些注意义务,应当认为行为人具有过错。这些注意义务主要包括优先通行权的规定以及道路交通参与者应当遵守的法定义务。

(1)优先通行权对于过错的认定

优先通行权是日本汽车事故赔偿理论中的概念,机动车要借用非机动车道行驶,必须让非机动车优先通行且行驶速度不得超过一定限度;大型机动车借用小型客车道路,必须让小型客车优先通行。因此,优先通行权就是道路使用人优先使用道路的权利,而限制他方同时使用道路或者要求该他方承担避让义务。其确定优先使用权的标准,是车辆驾驶人员所驾驶的车型以及行人。

优先通行权分为两种,即绝对优先通行权和相对优先通行权。绝对优先通行权是指绝对地制止他方的通行而主张自己优先通行的权利;相对优先通行权是指制止他方对自己的通行的妨碍行为而主张自己优先通行的权利。优先通行权的含义在于,优先通行权人期待对方会尊重自己的优先通行权,在认定交通事故责任时,享有优先通行权的一方更为有利。两种优先通行权的不同之处在于,绝对优先通行权对尊重的期待程度最高,以及对优先通行权忽视行为的非难程度为甚;而相对优先通行权对尊重的

① 以上观点参见王泽鉴:《侵权行为法》(第1册),三民书局1999年版,第297~298页。

期待程度以及对优先通行权忽视行为的非难程度为低。同样,优先通行权人也并不是就享有绝对的权利,不负有相应的义务,仍应在行驶中,对对方的通行态度,对自己的注意程度,以及是否让自己先通行等,都负有注意的义务。

我国《道路交通安全法》主要规定了警车、消防车、救护车、工程救险车的优先通行权;道路养护车、工程作业车的优先通行权;洒水车、清扫车等机动车的优先通行权;以及法律特别规定的车辆的优先通行权。以上车辆按照法律的规定优先通行的,其他车辆或行人的妨碍行为被认为是有过错的行为,但是以上车辆不按照法律规定的程序、路线、方法行驶的行为被认为是有过错的行为。

在一般的道路使用中也存在优先通行权的问题。在人行横道有灯光标识时,人行横道绿灯亮时,行人有优先通行权;红灯亮时,机动车有优先通行权。在道路路口时,直行车有优先通行权,拐弯车没有优先通行权。在上下坡时,上坡车有优先通行权,下坡车应当避让上坡车。诸如此类,都是优先通行权的问题。如果一方违反优先通行权,抢行、抢道,即为有过失。

道路交通事故损害赔偿中的过错主要是过失,过失又存在重大过失和一般过失。应当注意的是,对于机动车致害非机动车和行人的,过失是推定的。只要机动车一方违反了法律规定的权利的不可侵义务,或者违反了以保护他人为目的的法律,就推定机动车一方存在过失,但是机动车一方可以举证证明自己没有过失。

(2)机动车者违反以保护他人为目的的注意义务为有过失

我国《道路交通安全法》规定的机动车应当遵守的规则有:第一,对于机动车的适驾状态的规定。第二,对于机动车驾驶人的规定。第三,对于机动车通行规则的规定。第四,对于机动车装载限制的规定。机动车一方违反以上规定,认定机动车一方为有过失。

五、机动车交通事故责任的责任形态

机动车交通事故责任的基本责任形态是替代责任和自己责任。其中替代责任是常态,凡是机动车保有人与机动车驾驶人相分离的机动车交通事故责任,都属于替代责任;而机动车保有人自己驾驶机动车造成交通事故致人损害的,是自己责任。同时,道路交通事故构成共同侵权,则无论是自己责任还是替代责任,都构成连带责任。

(一)机动车交通事故责任中的替代责任

道路交通事故替代责任,是指机动车保有人作为责任主体,为机动车驾驶人的过失行为造成的道路交通事故致他人人身损害或者财产损害,应当承担赔偿责任;机动车保有人承担了赔偿责任之后,有权向有过错的机动车驾驶人追偿的侵权责任形态。

在侵权法的侵权责任形态体系中,自己责任是常态,替代责任是非常态。但在机动车交通事故责任中,由于道路交通事故是特殊侵权行为,因此,替代责任是机动车交通事故责任的常态,而自己责任则是非常态。

1. 替代责任在机动车交通事故责任中的适用范围

机动车交通事故责任的常态既然是替代责任,其责任主体与行为主体就肯定是分离的。只有这样,才能形成行为主体实施侵权行为,责任主体承担侵权损害赔偿责任的侵权责任形态。因此,在研究机动车交通事故责任的时候,必须首先研究其责任主体和行为主体。

(1)责任主体

《道路交通安全法》第76条使用的概念是"机动车一方"。这并不是指机动车保有人或者所有人的概念,而是指机动车保有人和机动车驾驶人。按照《民法典》的规定,机动车一方应当包括机动车所有人和机动车驾驶人。因此,并不能完全基于该法机动车一方的概念来界定在机动车交通事故责任中的责任主体概念。机动车交通事故责任的责任主体,应当界定为机动车保有人。

(2)行为主体

机动车交通事故责任的行为主体,就是机动车驾驶人,是指在道路上正在驾驶机动车的行为人。

机动车驾驶人包括两种:一是作为劳动者的机动车驾驶人,即作为法人、其他组织的工作人员的机动车驾驶人,以及雇主雇用的机动车驾驶人。这种机动车驾驶人是道路交通事故替代责任的行为主体。二是作为机动车保有人的机动车驾驶人,即驾驶自己保有的机动车的驾驶人。这种驾驶人并不是替代责任的行为主体,而是自己责任的责任主体,其驾驶机动车造成他人损害,由自己承担侵权责任。

(3)机动车一方

根据以上分析,《道路交通安全法》第76条使用"机动车一方"的概念,包括两种情形:

第一种情形的机动车一方是复数形式,是构成替代责任的机动车一方,既包括道路交通事故替代责任中的责任主体即机动车保有人,也包括道路交通事故替代责任的行为主体即机动车驾驶人。双方共同构成机动车一方。

第二种情形的机动车一方是单一形式,是机动车保有人作为机动车驾驶人驾驶机动车,即自驾私家车造成机动车交通事故责任。这种责任是自己责任,不是替代责任。因此,这种情形下的机动车交通事故责任的责任主体和行为主体为同一人,机动车一方由一个人构成。

2. 承担替代责任的机动车交通事故责任的类型

(1)法人或者其他组织作为所有人与其工作人员作为机动车驾驶人的替代责任

法人或者其他组织享有机动车的所有权,机动车驾驶人为法人或者其他组织的工作人员,二者之间具有法人、其他组织和工作人员之间的聘任关系,构成特定关系。在这种特定关系中,不论法人是何种性质,包括国家机关法人、国有企业事业单位以及其他公司等,都可以作为责任主体。没有法人资格的其他组织聘用驾驶人为其驾驶汽车,也构成这种特定关系。

确定这种特定关系的一个简单标准,就是在二者之间存在一定的支配性关系,实质是一方支配另一方的劳动。机动车驾驶人是法人或者其他组织的组成部分,是法人或者其他组织的成员。除了机动车驾驶人作为法人或者其他组织的成员,法人或者其他组织应当为驾驶人给付报酬之外,驾驶人还必须是为法人或者其他组织工作,其行为是法人或者其他组织的行为的延伸;驾驶人驾驶机动车是为法人谋利益,其创造的价值为法人或者其他组织所承受,即运行利益归法人或者其他组织所有。具有这样的关系,就具备了机动车驾驶人与机动车保有人之间的特定关系,就具有了法人或者其他组织为驾驶人承担责任的必要条件之一。

(2)雇主雇用雇工驾驶机动车的替代责任

雇主雇用雇工为其驾驶机动车,也是构成机动车交通事故责任的基本类型之一。雇主出资雇用雇工为其驾驶机动车,是典型的雇佣合同关系,构成雇佣的劳动关系。雇主是用人单位,雇工是劳动者,雇工的劳动是为雇主谋取利益;因此,雇主须给付工资,承担劳动保险,雇工为雇主劳动。当雇工驾驶机动车造成交通事故致人人身损害或者财产损害时,雇主应当承担损害赔偿责任。

(3)机动车保有人借用他人作为机动车驾驶人的替代责任

机动车保有人借用其他人作为机动车驾驶人,尽管没有形成雇佣劳动关系,没有劳动支配关系,也没有报酬,不成立雇佣合同关系,但是仍然构成机动车驾驶人为机动车保有人驾驶机动车,为其谋利益的特定关系。既然机动车驾驶人为机动车保有人服务,机动车保有人可以支配机动车驾驶人的劳动;那么,当机动车驾驶人驾驶机动车保有人的机动车发生交通事故造成损害时,机动车保有人应当承担赔偿责任,构成替代责任。

(4)承揽人为定作人执行承揽活动的特殊情形的替代责任

对于这种情况,在机动车交通事故责任中研究得比较少。实际上这也是一种机动车交通事故责任的替代责任种类。定作人租用机动车及其驾驶人为其承担运输任务,两者表面上是租车关系,但实际上构成承揽关系,是承揽人带车承揽,为定作人完成定作事项。如果作为机动车保有人的承揽人或者承揽人的驾驶人由于自己的过错造成交通事故致他人损害,应当由承揽人承担责任;但定作人存在指示过失或者定作过失,造成交通事故致他人损害的,因定作人与承揽人之间具有特定关系,应当由定作人承担侵权责任,构成替代责任。[①]

(5)未成年子女驾驶机动车发生交通事故致人损害

机动车驾驶人的最低年龄要求是18周岁,因而未成年子女不能成为机动车驾驶人。但是,未成年子女作为"非驾"擅自驾驶私家车,发生交通事故致人损害,应当由其父母承担赔偿责任。这种责任也是替代责任。

3. 将上述机动车交通事故责任认定为替代责任的理由

将上述机动车交通事故责任认定为替代责任的侵权责任形态,其理由如下:

第一,在传统民法中,所有的特殊侵权责任都是替代责任,机动车交通事故责任也是特殊侵权责任,当然也是替代责任。从《法国民法典》开始,特殊侵权责任的性质都是替代责任,[②]并以此与一般侵权责任相区别。替代责任要表明的是,责任主体不是为自己的行为负责,而是为自己的过失,致使对他人的行为或自己管领下的物件致害他人的行为负责。上述五种机动车交通事故责任都符合上述要求,因此是替代责任。

第二,对他人的行为负责是典型的替代责任。上述五种机动车交通事故责任都是典型的为他人行为负责的形式,因此是替代责任。在这类侵权责任中,机动车保有人并没有实施侵权行为,实施侵权行为的是机动车驾驶人,造成损害的也是机动车驾驶人,机动车保有人原本没有承担赔偿责任的理由。但是,由于机动车保有人与机动车驾驶人具有特定关系,同时也由于机动车保有人在主观上具有过失,因此,由机动车保有人对受害人承担赔偿责任,而不是由机动车驾驶人承担赔偿责任。

对此,英国法院丹宁勋爵有一段话特别有价值:汽车所有人同意由他人驾车在公路上行驶,不论该他人是其雇员、友人还是其他什么人,法律都使汽车所有人承担一种特殊的责任。只要汽车是全部或部分被用于所有人的事务或者为所有人的目的,则汽车所有人就应为驾驶人一方的任何过失负责。只有在汽车是出借或出租给第三人,被用于对所有人无益或无关的目的时,汽车所有人才能免除责任。[③] 丹宁勋爵这一对道路交通事故替代责任的表述十分精彩,特别有说服力。

替代责任有两种形式,一种是对人的替代责任,另一种是对物的替代责任。在一般情况下,机动车交通事故责任的替代责任是对人的替代责任,是机动车保有人对机动车驾驶人的过失承担的替代责任。

4. 机动车交通事故替代责任的构成

在侵权法领域,承担替代责任的侵权行为的基础,是行为人与责任人相分离。也就是说,在承担替代责任的侵权行为中,在加害人一方一定要有两个主体,一个主体是

---

① 参见史尚宽:《债法总论》,荣泰印书馆1978年版,第188页。

② 《法国民法典》将特殊侵权行为称为准侵权行为,其后才称为特殊侵权行为。

③ 参见梁慧星:《民法学法判例与立法研究》,中国政法大学出版社1993年版,第102~103页。

实施侵权行为的行为人，另一个主体是承担侵权责任的责任人。这两个主体具有特定关系，相互处于特定地位，并且在特定状态下造成他人损害，才能构成替代责任。

机动车交通事故责任由机动车保有人承担替代责任，必须符合这样的条件要求。只有在机动车的所有人与驾驶人相分离的情形下，才满足上述条件要求。

5. 道路交通事故损害替代责任的赔偿法律关系

（1）赔偿关系当事人

道路交通事故损害责任赔偿关系当事人的显著特点，是机动车驾驶人与机动车保有人相脱离，机动车驾驶人造成损害，赔偿责任由机动车保有人承担。

道路交通事故替代责任是典型的对人的替代责任。在这种赔偿法律关系中，赔偿权利主体是受害人；赔偿责任主体则体现替代责任的特点，只能是机动车保有人，而不能是机动车驾驶人。其依据是《民法典》第 1191 条和第 1192 条的规定。

在机动车驾驶人因自己的过错行为造成受害人的人身损害而由机动车保有人承担替代责任时，机动车保有人在承担了赔偿责任之后，取得向有过错的机动车驾驶人的追偿权；有过错的机动车驾驶人应向机动车保有人赔偿因自己的过错行为使受害人的人身损害所造成的损失。这种可追偿的替代责任，实际上是在机动车保有人承担赔偿责任之后又产生的一个新的损害赔偿法律关系，权利主体是机动车保有人，责任主体是有过错的机动车驾驶人。

（2）赔偿形式

道路交通事故替代责任的具体赔偿关系分为以下两种情况：

第一，不可追偿的替代责任。这种替代责任是机动车保有人向受害人承担赔偿责任以后，由于机动车驾驶人不具有过失，因而无权向机动车驾驶人追偿因赔偿损失而造成的损失，即责任完全由机动车保有人自己承担的替代责任。这种赔偿责任应完全由机动车保有人自己承担赔偿后果，是最终责任。

第二，可追偿的替代责任。按照替代责任原理，替代责任由于具备一定的条件而使责任人产生追偿权。享有这样的追偿权，责任人就可以依法行使，要求致害行为人承担因为替致害人赔偿损失而造成的损失的赔偿责任。追偿权的产生，是行为人在实施致害行为时，在主观上具有过错。这时，机动车保有人承担的责任就是中间责任，只要行为人在实施致害行为时有过错，责任人就可以依法向致害人请求追偿。在机动车交通事故责任中，机动车保有人承担替代责任，是机动车驾驶人因自己的过失行为致使受害人受到人身损害而由机动车保有人承担替代责任；机动车保有人在承担了替代责任之后，取得向有过错的机动车驾驶人的追偿权，对于机动车保有人为机动车驾驶人所致损害替代赔偿所造成的损失，过失造成交通事故的机动车驾驶人应承担赔偿责任。这种替代责任的赔偿关系，就是可追偿的替代责任。其追偿的范围，是机动车保有人因赔偿道路交通事故受害人损害所造成的一切损失。在可追偿的道路交通事故替代赔偿法律关系诉讼中,前一个诉讼法律关系的原、被告分别为受害人和机动车保有人;有过错的机动车驾驶人可列为无独立请求权的第三人,也可以不列为当事人。第二个损害赔偿法律关系如发生争议诉讼于法院,原、被告分别为机动车保有人和有过错的机动车驾驶人。

(二)机动车交通事故责任中的自己责任

机动车交通事故自己责任,就是机动车保有人自己驾驶机动车,或者家庭成员驾驶家庭保有的机动车,由于自己的过错造成道路交通事故致他人人身损害或者财产损害,应当由自己或者家庭承担赔偿责任的道路交通事故的责任形态。

在道路交通事故损害赔偿的责任形态中,作为侵权责任形态常态的自己责任却成为非常态,是机动车交通事故责任中非常态的责任形态。虽然如此,自己责任也是机动车交通事故责任的基本形态之一,与替代责任一起构成基本的侵权责任形态体系。

1. 适用自己责任的机动车交通事故责任类型

机动车保有人驾驶自己保有的机动车造成道路交通事故致害他人,应当承担的损害赔偿责任是自己责任,应当由机动车驾驶人即机动车保有人承担赔偿责任。

在这种机动车交通事故责任中,机动车一方是单一主体形式,是机动车保有人作为机动车驾驶人驾驶机动车,在道路运行中造成他人损害的机动车交通事故责任。这种责任由于机动车保有人和机动车驾驶人合二为一,是一个人,所以应当按照侵权法的一般规则即任何人都必须为自己的过错行为所致损害承担责任的规则,由机动车保有人即机动车驾驶人自己承担责任,不存在其他应当承担侵权责任的主体。在私家车越来越多的社会生活中,这种机动车保有形式越来越多,具有广阔的发展空间,因而自己责任将会成为机动车交通事故责任的重要责任形态。

适用自己责任的机动车交通事故责任主要有以下几种类型。

(1)自己驾驶自己保有的机动车

机动车保有人为一人,由自己驾驶自己保有的机动车,造成交通事故承担赔偿责任,是最典型的自己责任。例如,单身的个人自己购买机动车自己驾驶,造成道路交通事故,应当承担赔偿责任,当然是自己责任,由自己向受害人承担赔偿责任。又如,雇主自己驾驶自己保有的机动车发生交通事故致人损害,雇主应当自己承担赔偿责任。

(2)驾驶私家车的责任

家庭成员驾驶私家车发生交通事故致人损害,承担的侵权责任是否为自己责任,情况复杂,值得深入研究。主要有三种情形:①夫妻共有或者家庭共有的共有人之一驾驶以共有财产购买的私家机动车造成道路交通事故,应当承担责任;②不是共有财产主体的家庭成员驾驶其他家庭成员共有的机动车造成道路交通事故,应当承担责任;③其他家庭成员驾驶家庭成员以个人财产购买的机动车造成道路交通事故,应当承担责任。这些责任究竟是替代责任还是自己责任,以下分述之。

第一,共有人之一驾驶共有私家机动车造成道路交通事故。作为夫妻共有或者家庭共有的机动车,共有人都是机动车的保有人,机动车驾驶人是共有人之一,这种情形应当属于保有人自驾自己保有的机动车,不存在责任主体与行为主体分离的情形。因此,应当由全体共有人以共有财产承担侵权责任。其根据是,共有人在共有期间所负债务,性质是共同债务,应当以共有财产承担清偿责任。[①] 共有人之一驾驶共有(不论是夫妻共有还是家庭共有)的机动车造成道路交通事故,应当承担的赔偿责任当然是由共有财产负担,因此仍然是自己责任。

第二,不是共有人的家庭成员驾驶其他家庭成员共有的机动车造成道路交通事故。家庭私有机动车为夫妻共有或者家庭共有财产,不是共有人的其他家庭成员驾驶机动车造成道路交通事故的(如夫妻共有机动车,已经成年但没有财产收入的子女驾驶机动车发生交通事故造成他人损害),是否属于责任主体和行为主体相分离,构成替代责任呢?我们认为,这个道理与前一种情况相同,那就是,机动车是共有财产,即使是不属于家庭共有财产主体的家庭成员驾驶机动车,由于运行利益归属于家庭,因此,不必作为替代责任处理,仍然以家庭的财产共有人作为机动车保有人,按照自己责任的规则承担连带责任。除非非共有财产主体的家庭成员已经接受聘任获得工资而驾驶机动车,不过极少有这样的情形。

第三,其他家庭成员驾驶家庭成员以个人财产购买的机动车造成道路交通事故。在家庭中,家庭成员以个人财产购买的机动车,由其他家庭成员驾驶,造成道路交通事故,其责任形态是自己责任还是替代责任,应当依运行利益关系判断。如果运行利益归属于家庭,也就是在家庭中没有那么严格的财产私有界限,那么:即使是个人购买的机动车,也是供全体家庭成员使用或者承受利益;即使购买机动车的家庭成员是私人享有机动车的所有权,但其家庭是实际的汽车保有人,运行利益和支配权也归属于该家庭。在这种情形下发生交通事故致人损害,形成自己责任,保有人和驾驶人仍为一人,仍然要以家庭共有财产承担赔偿责任,不存在替代责任的适用问题。如果在家庭中,机动车属于一人所有,而聘用其他家庭成员作为驾驶人,并且给付薪金,形成了雇佣关系,那么造成损害时,应当承担的损害赔偿责任当然是替代责任。

(3)合伙事务执行人驾驶合伙共有机动车

合伙所有的机动车,不论是合伙人中的何人驾驶机动车,只要不是合伙人雇用的驾驶人,就都必须由全体合伙人承担责任。在这种情况下,驾驶机动车的合伙人是合

---

① 参见杨立新:《亲属法论》,高等教育出版社 2005 年版,第 354 页。

伙事务执行人,其执行合伙事务的全部后果都归属于全体合伙人。因此,这种责任属于自己责任,是全体合伙人的自己责任。由于合伙人是数人,这种责任形态是自己责任的连带责任。

2. 道路交通事故自己责任的特点和责任方式

道路交通事故自己责任的特点是:第一,机动车保有人和机动车驾驶人为同一人,或者为同一家庭的家庭成员;不存在机动车保有人与机动车驾驶人相分离的情形。第二,机动车保有人和机动车驾驶人由于自己的过失造成道路交通事故,或者是同一家庭的成员实施的行为,因此,其违法行为是直接行为。行为方式是违法驾驶机动车。第三,机动车保有人驾驶自己的机动车发生交通事故造成他人损害,而不是机动车驾驶人即机动车保有人造成自己损害。第四,机动车保有人对自己实施的交通行为所造成他人损害由自己承担责任,或者是机动车保有人对家庭成员的驾驶机动车行为造成的损害承担责任。这四个特点突出的一个概念就是"自己",因此,自己责任就是应当由自己承担的侵权责任,是为自己的行为负责的侵权责任形态。

在一般的机动车交通事故责任中,自己责任通常是机动车保有人和机动车驾驶人为同一人,自己驾驶自己的机动车发生交通事故造成损害;行为主体和责任主体是同一人,行为主体对自己实施的交通事故行为承担后果责任,即自己造成的损害自己赔偿,不能由不是侵权行为人的人承担赔偿责任。因此,也不存在责任主体承担赔偿责任之后向行为主体追偿的问题。

在家庭作为机动车保有人的机动车交通事故责任中,家庭成员承担的责任也是自己责任,应当用夫妻共有财产或者家庭共有财产承担责任;其责任主体应当是共有财产的全体共有人,并且以共有财产的全部承担损害赔偿责任。

(三)机动车交通事故责任中的连带责任

机动车交通事故责任存在共同侵权行为,因此存在连带责任的侵权责任形态。机动车交通事故责任中的连带责任,要么表现为替代责任的连带责任,要么表现为自己责任的连带责任。因此具有特殊性,应当特别加以研究。

1. 机动车交通事故责任存在共同侵权连带责任

在机动车交通事故责任中也存在共同侵权行为。不过,机动车交通事故责任不存在共同意思联络的共同侵权,因为机动车交通事故责任中不存在故意造成交通事故的可能性,只能由过失构成,不存在故意的基础。机动车交通事故责任中的共同侵权只能是由过失构成。

机动车交通事故责任中的共同侵权有两种情形:

第一种,两个以上的机动车因为共同过失造成同一个受害人损害,其因果关系具有同一性,造成的损害不可分割,两个以上的机动车构成共同侵权行为。例如,两辆机动车违章碰撞在一起,造成第三人的人身损害。对于受害人而言,两辆机动车的保有人就是共同侵权行为人,应当承担连带赔偿责任。

第二种,共有的机动车发生道路交通事故致人损害,数个机动车共有人应当承担的责任也是共同侵权责任。例如,合伙共有的机动车发生交通事故,家庭或者夫妻共有的机动车发生交通事故。由于发生交通事故的机动车存在数个共有人,数个共有人作为机动车保有人,应当承担共同侵权的连带责任。在最高人民法院的司法解释中,就有过关于合伙人之一驾驶机动车执行合伙事务,途中肇事造成他人损害,应当由合伙人全体对损害承担赔偿责任的规定。全体合伙人以其合伙共有财产承担赔偿责任,不足部分以各自财产连带负责。

两种共同侵权的机动车交通事故责任,都是连带责任,但分别是替代责任的连带责任和自己责任的连带责任。与替代责任和自己责任在机动车交通事故责任中的地位一样,本来应当作为连带责任常态的自己责任,在机动车交通事故责任中却成为非常态;而作为非常态的连带责任的替代责任,却成为机动车交通事故责任中的常态,是常见的连带责任方式。

2. 道路交通事故连带责任的一般规则

在机动车交通事故责任中,构成共同侵权责任时,共同加害人应当承担连带责任。这同样是为了制裁严重的交通违法行为,也是为了使受害人的赔偿权利得到更好的保障。这样,在道路交通事故连带责任中,受害人就不会因为一个或者数个机动车保有人的无资力赔偿而使受害人的赔偿权利部分落空,使权利得不到充分保障。

道路交通事故连带责任实行的规则有以下四个方面。

(1)道路交通事故损害赔偿的整体责任确定

道路交通事故共同侵权行为发生以后,首先必须确定整体责任。受害人无论是请求一个、数个还是全体机动车保有人承担侵权责任,都必须确定整体责任。

确定道路交通事故连带责任的整体责任,应当依据道路交通事故共同侵权的不同形式,依照不同的归责原则进行。对于机动车一方造成非机动车驾驶人人身损害的,适用过错推定原则确定整体责任;对于其他机动车交通事故责任,适用过错责任原则确定整体责任。确定以上整体责任,应当按照所适用的归责原则的不同要求,确定责任的有无乃至应承担的侵权责任的范围。

(2)作为共同加害人的机动车保有人的责任份额确定

道路交通事故共同侵权责任确定之后,应当在共同加害人的机动车保有人内部确定各自的责任份额。这种做法并不是否认连带责任的整体性,而在于公平地确定各共同加害人自己应承担的责任份额,确定每个机动车保有人的最终责任范围。

(3)对外连带负责

确定各机动车保有人的责任份额的基础,是连带责任。因而,各机动车保有人各自责任份额是连带责任的份额,而不是孤立的、单独的责任份额。在机动车保有人的整体责任确定和各自份额确定之后,各机动车保有人应连带承担风险责任。无论赔偿权利人向机动车保有人中的一人、数人还是全体提出赔偿请求,作为连带责任人,每一个机动车保有人均须向赔偿权利人承担总的责任。各个机动车保有人均能承担自己的份额者,各人承担自己的份额以满足权利人的赔偿请求;其中一人或数人无力赔偿或不能赔偿时,则由其他机动车保有人承担这些责任,以满足权利人的赔偿请求。

(4)作为共同加害人的机动车保有人之间的追偿

追偿之诉也称为责任分担之诉,它发生在共同加害人之间。在道路交通事故连带责任中,当共同加害人中的一人或数人承担了全部赔偿责任或者一人或者数人承担了超出自己最终责任份额的责任之后,已经承担了风险责任的机动车保有人有权向其他应负责任而未负责任的机动车保有人追偿。应承担赔偿责任而未承担责任的机动车保有人,应当按照自己的责任份额承担最终责任,补偿已承担赔偿责任的机动车保有人因赔偿自己的责任份额而造成的损失。

机动车保有人之间追偿关系产生的原因有:第一,一个或数个机动车保有人因缺乏履行能力而未被受害人要求赔偿,或者要求赔偿而无力赔偿,从而没有完全承担赔偿责任。第二,一个或数个机动车保有人在诉讼时因外逃、下落不明等而未被起诉,因而没有完全承担赔偿责任。第三,一个或数个机动车保有人没有全部承担自己应承担的最终责任份额。

第三节 道路交通事故损害赔偿特殊责任主体

《民法典》第 1209 ~ 1217 条规定了机动车交通事故特殊责任主体责任制度。在机动车交通事故责任中,除了基本的责任形态的主体即替代责任、自己责任和连带责任的主体之外,还有其他特殊的侵权责任主体。这主要是机动车保有人和机动车使用人在机动车交通事故责任中,究竟应当由谁承担侵权责任的问题。这些特殊责任主体的情形比较复杂,存在较多的争论意见。

一、确定机动车交通事故责任特殊主体的依据

机动车交通事故责任主体的一般规则,是替代责任、自己责任以及连带责任。但

是,在机动车交通事故责任中,还存在各种不同的特殊责任主体问题,如在机动车保有人与机动车使用人相分离的情形下,则应当从机动车运行支配和运行利益两个方面进行考量:首先考量机动车的运行支配,即谁有能力来控制发生事故的机动车的风险;其次考量谁对机动车的运行享有利益,即谁从机动车的运行利益中获利。只有将两个方面结合考虑,才能正确确定机动车交通事故责任的特殊主体。

(一)日本和韩国确定道路交通事故特殊责任主体的理论及借鉴意义

1.危险责任和报偿理论

(1)日本

日本在道路交通事故赔偿领域遵循危险责任与报偿理论相结合的思路值得借鉴。

危险责任,是指对危险物造成的不可避免的现实危害,唯有危险物的支配者和危险物的经营者可得预防和减少。因而,对于机动车运行所生的侵害,当然就应当由危险物的支配者或危险活动的经营者负其责任,这也是确定道路交通事故赔偿主体的主要思路。

报偿理论,源于罗马法"获得利益的人负担危险"的法谚,即"谁享有利益,谁承担风险"的原则。每个人都可依自己的意志追求自身的利益,但如果因此害及他人利益时,则作为利益的追求者应负担其损失。

日本在确定道路交通责任承担主体时,根据危险责任思想和报偿责任理论来确定交通事故损害赔偿的责任主体,具体操作就是按照"运行支配"和"运行利益"两项标准予以把握。所谓运行支配,通常指可以在事实上支配管领机动车的运行;所谓运行利益,一般认为仅限于因运行本身而生的利益。也就是说,某人是不是机动车交通事故损害赔偿责任的主体,要根据其对该机动车的运行是否在事实上处于支配管理地位和其对该机动车的运行本身是否获得利益两方面加以认定。日本确定道路交通赔偿主体的法律依据是该国《机动车损害赔偿保障法》第3条的规定:"为自己将机动车供运行之用者,因其运行而侵害他人之生命或身体时,对所生损害负赔偿责任。但当证明自己或驾驶者就机动车之运行未怠于注意、受害人或驾驶者以外之第三者有故意或过失以及不存在机动车结构之缺陷或机能之障碍时,不在此限。"其中"为自己将机动车供运行之用者"即"运行供用者",也就是机动车的运行支配者和享受运行利益的归属者,不仅包括机动车保有人,也包括了机动车的借用者、租赁者等。该学说与我国民法中的"权利义务相一致"原则和"谁行为,谁负责"的基本精神基本一致。①

(2)韩国

韩国在确定道路交通事故赔偿主体方面基本上是借鉴日本的"运行供用者"理论

① 参见刘星、李静芹:《机动车道路交通事故损害赔偿责任主体的认定》,载《河北法学》2006年第6期。

来构建自己的“机动车运行者”责任主体思路的。其法律依据是该国《机动车损害赔偿法》第3条,机动车运行责任的赔偿主体应该符合“为自己而运行机动车者”。构成运行者必须同时具备运行支配和运行利益两个要件。韩国的“机动车运行者”和日本的“运行供用者”概念基本相同。

2. 借鉴意义

从日本、韩国对机动车损害赔偿的立法来看,它们在表述和界定机动车损害赔偿责任主体时,采运行支配和运行利益相结合的二元标准。值得注意的是,在讨论道路交通责任特殊主体概念的时候,机动车保有人与机动车驾驶人的概念是相分离的,驾驶人仅指为他人利益而驾驶机动车的人。根据运行支配理论,从日本“供用运行者”理论来看,运行支配不限于对运行自身存在直接的、现实的支配的场合,而且包括只要处于“事实上能够支配、管理机动车运行的地位”和“对机动运行应该能够下指示、控制的地位”的情形,即可确认为对机动车具有运行支配力,这种认定是以间接支配或者存在支配的可能性为充分条件的。我们认为,运行利益应该可以被认定为物质利益,对于非物质的精神利益或某种便利是否为运行利益,还要区分具体情形而定。对道路交通特殊责任主体的判定,要从其是否对该机动车的运行在事实上处于支配管领的地位和是否从该机动车的运行本身中获得了利益两方面来论证。对此认识,韩国和日本界定机动车损害赔偿责任主体的法理依据大体相同,主要有以下几个规则:

第一,报偿理论,即“谁享受利益,谁承担风险”的原则。机动车服务的公司和其所有人享受汽车带来的利益,自然应由他们承担因汽车运行所带来的风险。

第二,危险控制理论,即“谁能够控制、减少危险,谁承担责任”的原则。机动车服务的公司及其所有人和驾驶人应该能够控制危险,可以尽其所能避免危险。因此,法律要求其承担赔偿责任,能够促使其认真经营,谨慎驾驶,尽可能避免危险,尽可能减少对社会利益的损害。

第三,危险分担理论,即机动车事故是伴随现代文明而产生的风险,因此应由享受现代文明的全体社会成员分担其所造成的损害。机动车服务的公司及其所有人因承担责任所付出的赔偿金,通过提高运费和投保责任保险,最终转嫁给了整个社会,实际上这种损害的赔付是由全体消费者分担的,[①]因此这符合法律上的公平效率原则。

(二)我国确定道路交通事故赔偿特殊责任主体的理论基础

1. 运行支配与运行利益结合的“二元”道路交通事故赔偿主体理论

道路交通事故损害赔偿责任主体,是指承担此种赔偿的责任者。道路交通事故损

---

① 参见贾文卿:《机动车交通事故损害赔偿责任主体研究》,载《武汉冶金管理干部学院学报》2008年第2期。

害赔偿责任主体认定原则，目前学者和审判实务大多认同以运行支配与运行利益归属的“二元说”，即从运行支配和运行利益两个方面考量。所谓运行支配，即谁对机动车的运行具有支配和控制的权利；所谓运行利益的归属，即谁从机动车运行中获得利益。最高人民法院作出的相关司法解释，也同样体现了以运行支配与运行利益作为认定道路交通事故损害赔偿责任主体的基本原则。例如，《关于被盗机动车肇事后由谁承担损害赔偿责任的批复》《关于购买人使用分期付款购买的机动车从事运输因交通事故造成他人财产损失保留机动车所有权的出卖方不应承担民事责任的批复》《关于连环购车未办理过户手续，原机动车保有人是否对机动车发生交通事故致人损害承担责任的请示的批复》等相关规定，都体现了我国立法者对道路交通事故赔偿主体认定的基本思路。

我国法学理论界和司法实践对以“二元说”为原则认定道路交通事故损害赔偿责任主体基本没有太大的争议。至于如何确定运行支配与运行利益则有广义说与狭义说之分。广义说认为，运行支配包括具体的实际的支配，如机动车保有人本人驾驶、借用人驾驶、擅自驾驶的情形；也包括潜在的、抽象的支配，如机动车保有人将机动车借给他人、租给他人、承包给他人驾驶以及机动车的挂靠经营等情形。运行利益的归属包括因机动车运行而取得的直接利益，也包括间接利益，以及基于心理感情因素而发生的利益，如精神上的满足、快乐、人际关系的和谐。狭义说认为，运行支配和运行利益的归属仅指在发生道路交通事故这一具体的、实际的运行过程中对机动车的实际支配和运行利益的具体归属，不包括潜在、抽象的支配和间接的利益归属。

2. 道路交通事故赔偿特殊责任主体中“二元说”的广义性与狭义性辨析

在理论和实践中，对于道路交通事故赔偿责任主体认定存在的差异，大都源于对运行支配理论与运行利益理论结合“二元说”的广义与狭义认识的不同。法学界通说认为，以运行支配与运行利益作为机动车交通事故的责任主体的认定标准，即某人是否为机动车交通事故责任主体，要同时符合两个标准。既要看其对该机动车的运行是否在事实上处于支配管理地位，又要看其对该机动车的运行本身是否获得利益。就一般情况而言，依该原则确定赔偿责任主体是可行的，但在一些特殊情况下，认定依据只能是运行支配权。因为支配足以决定一切，况且在有些情况下，运行利益与运行支配的归属是分离的。例如，机动车保有人令机动车驾驶人为朋友无偿搬运物品，运行利益归属其友人，而运行支配管理权仍属于机动车保有人，若依据运行支配与运行利益两个标准则无法确切认定。①

① 参见王志娟：《论机动车交通事故的赔偿主体》，载《当代法学》2003 年第 4 期。

在道路交通事故赔偿责任主体的认定上应该将运行支配理论与运行利益理论结合起来考量,以运行支配理论为基础,强调支配者应承担责任,在特定情形下以运行利益理论作为补充。

第一,从性质上讲,道路交通事故损害赔偿责任是侵权损害赔偿责任,应该以自己责任为核心。认定赔偿责任者承担赔偿责任或者承担连带赔偿责任应当适用侵权民事责任的构成要件和归责原则。从这个意义上讲,认定道路交通事故损害赔偿责任主体,首先应当立足于确认机动车发生道路交通事故致他人人身及财产损害这一具体的、实际的运行过程中的侵权行为,即行为人的行为与事故之间的具体因果关系,并因此引申出认定谁应当对这一侵权行为承担损害赔偿责任。这也可以从侵权行为的四个规范要素即行为、损害、制裁、补救,以及行为与制裁关系、损害与补救关系这两个基本规范关系中得出这样的结论。针对道路交通事故赔偿主体问题,当运行支配人与机动车使用人为同一人时,即为侵权行为人与侵权责任人,对造成的损害承担赔偿责任;当运行支配人与驾驶人非为同一人时,则以运行支配为据确认运行实际支配人为责任人并承担赔偿责任。所以,认定机动车交通事故损害赔偿责任主体的基本依据应为机动车运行中的具体的、实际的支配,而不包括潜在的、抽象的支配。这是由道路交通事故是因机动车运行所致以及人对机动车实际运行过程的控制和支配决定的。换言之,认定道路交通事故损害赔偿责任主体,应以机动车运行支配为基本原则或者主要原则。但是,考虑到特殊情况下运行支配与运行利益是分离的,如运行支配者为他人利益无偿为他人搬家、接新娘、运送货物等,如果在此过程中发生交通事故致他人人身及财产损害,由运行支配者承担全部赔偿责任显失公平;在此种情况下,由运行支配者承担赔偿责任,运行利益归属者或者运行利益期待者承担部分赔偿责任或者承担连带赔偿责任,是公平合理的。结论如下:认定机动车交通事故损害赔偿责任主体,以机动车运行支配为基本原则或主要原则;在运行支配与运行利益相分离的情况下,以运行利益的归属为补充原则。这里所说的运行支配与运行利益归属显然是狭义上的,而不是广义上的。

第二,自己对行为的后果承担责任,是现代民法的基本原则之一,就是自己只对自己的过错或者自己的行为承担责任,不为别人的过错行为承担责任。适用狭义的运行支配与运行利益归属概念认定道路交通事故损害赔偿责任主体则符合这一原则。最高人民法院《关于购买人使用分期付款方式购买的机动车从事运输,因交通事故造成他人财产损失,保留机动车所有权的出卖方不应承担民事责任的批复》指出:“采取分期付款方式购车,出卖方在购买方付清全部车款前保留机动车所有权的,购买方以自己名义与他人订立货物运输合同并使用该车运输时,因交通事故造成他人财产损失的,出卖方不承担民事责任。”其中使用“购买方以自己名义与他人订立货物运输合同并使用该车运输”的表述，实际上也反映了运行支配与运行利益的确定性以及责任者的行为与事故之间具体的因果关系。

（三）我国确定道路交通事故赔偿特殊责任主体的基本规则

机动车交通事故赔偿责任主体的确认主要有两个方面：第一是机动车保有人肇事；第二是机动车使用人肇事。前者责任主体与行为主体是同一人，行为人当然应对自己实施的行为负责；而不是责任主体对他人实施的行为负责，也不是对自己所有或管理的物件致人损害的后果负责。此时机动车驾驶人既是机动车运行的支配者，又是运行利益的归属者，驾驶人驾车发生交通事故，当然应由机动车驾驶人承担损害赔偿责任。主要问题和争议集中在后者。机动车使用人肇事，即机动车交通事故发生在机动车支配权和所有权分离的情形。对支配权和所有权的分离时其责任主体的确定，应该区分三种情形对待：一是非基于机动车保有人的意思而导致的支配权与所有权分离的情形，主要包括盗窃驾驶、抢夺驾驶、抢劫驾驶、擅自驾驶等情形；二是基于机动车保有人的意思而导致的支配权与所有权的分离，主要包括出租、友情出借、挂靠等情形；三是机动车未过户肇事、保管机动车肇事、所有权保留等道路交通事故特殊责任主体的情形。对于第一种情形，原则上应该本着运行支配理论分担肇事责任；对于第二种情形，可以结合运行支配理论与运行利益理论具体区分责任主体；对于第三种情形，原则上除非有重大过失或者故意，否则机动车保有人不承担责任，由驾驶人独自承担责任。

二、机动车支配权与所有权分离的损害赔偿责任主体认定

（一）出租机动车发生交通事故致人损害的责任主体确定

机动车保有人依据租赁合同的约定，将机动车租给承租人使用，发生交通事故，究竟是由机动车保有人与承租人承担连带赔偿责任，还是由承租人单独承担责任，各种意见各不相同。

第一种观点认为，因为是为了出租方和承租方的共同利益而从事经营活动，按照运行利益理论，租用机动车营运发生交通事故造成他人人身和财产损害的，应由出租方和承租方共同承担风险，两者共负连带责任。[①]

第二种观点认为，在机动车出租后，承租人是机动车的运行支配者和运行利益的享有者，其直接支配机动车的运行，因此按照运行支配理论原则上应由承租人承担赔偿责任。[②]

---

① 《安徽省高级人民法院审理人身损害赔偿案件若干问题的指导意见》第12条规定：“借用、租用他人机动车发生交通事故造成第三人伤害的，车辆所有人与使用人承担连带责任。借用人、租用人又擅自将车辆出借或出租的，与车辆所有人、实际使用人一并承担连带责任。”

② 参见刘星、李静芹：《机动车道路交通事故损害赔偿责任主体的认定》，载《河北法学》2006年第6期。

第三种观点认为,在出租机动车时,因承租人造成他人损害,机动车的保有人为出租人,其承担《道路交通安全法》第76条第1款第2项规定的危险责任。至于承租人,则应负过错责任。①

《民法典》第1209条规定:"因租赁、借用等情形机动车所有人、管理人与使用人不是同一人时,发生交通事故造成损害,属于机动车一方责任的,由机动车使用人承担赔偿责任;机动车所有人、管理人对损害的发生有过错的,承担相应的赔偿责任。"

在司法实践中,对出租机动车发生交通事故适用上述规定,应当分为两种情形。

1. 光车出租

光车出租,是出租公司仅出租机动车,并不附带驾驶人。这种情况,应当完全按照本条规定确定责任。承租人租用机动车使用,发生交通事故,承租人作为使用人,应当承担赔偿责任。光车出租适用《民法典》第1209条规定的规则。

如果出租人有过错,按照本条规定,应当承担相应的赔偿责任。确定相应的赔偿责任,应当根据出租人的过错程度及行为的原因力确定。具体的承担责任有以下不同情况:

第一,出租人在明知承租人不具备使用、驾驶机动车的资格和技能的情形下,仍将机动车出租给他人,对于发生的交通事故主观上存在过错,应承担单向连带责任。

第二,出租人将不符合质量标准的机动车出租给承租人,具有重大过失,承租人疏于检查机动车安全状态而导致发生事故的,也应当由承租人承担责任。机动车所有人就自己的重大过失,承担相应的赔偿责任,也是单向连带责任。

第三,出租人将机动车出租给不适合驾驶机动车状态的承租人,如果正在醉酒的人租车,出租人将车交给其租用,为有过失,应当承担相应的责任。

2. 带驾驶人出租

带驾驶人的出租机动车在发生交通事故致人损害时,究竟应当怎样承担侵权责任,有不同的意见。有人认为,在此种情况下,驾驶人仍受机动车保有人的控制和支配,从而使得机动车保有人仍支配着机动车的运营,并且获得相应的运营收益,承租人对机动车并无直接运行支配力;因此机动车保有人应当承担赔偿责任。也有人认为,驾驶人是按照承租人的指示进行机动车的运营,并且是为了承租人的利益驾驶,机动车保有人对驾驶人已失去直接的指示和控制,因此,应由承租人承担驾驶人交通肇事的赔偿责任。

带驾驶人出租机动车,其性质属于承揽合同。承租人相当于定作人,出租人相当于承揽人,承揽的事项是按照承租人的指示提供车辆并且按照指示进行运行。因此,所谓的带驾驶人的机动车出租,其实并非出租机动车,而是定作人与出租人达成合意,出租人出车出人,为定作人完成运营。这个运营就是承揽的劳动成果。承租人其实就

---

① 参见程啸:《机动车损害赔偿责任主体之研究》,载《法学研究》2006年第4期。

是定作人，出租的也不是车，而是连人带车一起为承租人服务。确定双方当事人的权利义务，应当适用承揽合同的规定，不适用《民法典》第1209条的规定。

对带驾驶人的出租机动车发生交通事故致人损害应当承担责任的，应当适用《民法典》第1193条关于“承揽人在完成工作过程中造成第三人损害或者自己损害的，定作人不承担侵权责任。但是，定作人对定作、指示或者选任有过错的，应当承担相应的责任”的规定。首先，在因驾驶人的过失导致事故发生的情形下，无论是造成自己损害还是造成他人损害，都应当由出租人承担侵权责任。其次，即使在机动车一方没有过错，非机动车驾驶人或者行人因为自己的过错造成损害，机动车一方应当承担不超过10%的责任时，该侵权损害赔偿责任也须由出租人承担，无需承租人承担。再次，由于机动车承租人的定作过失或者指示过失，造成机动车驾驶人损害，或者造成他人损害，依照定作人指示过失的规则，由承租人承担定作人指示过失责任，承担损失赔偿责任。最后，如果机动车驾驶人有过失，承租人在定作和指示上也有过失，则应当按照客观关联的共同侵权行为规则，由双方承担连带责任。

（二）出借机动车发生交通事故致人损害的责任主体确定

《民法典》第49条将机动车出租和出借两种情形规定在一起，适用同样的规则。

尽管机动车出租和出借有一定的相似性，但是，实际上是存在一些区别的。机动车出借是无偿行为，而机动车出租是有偿行为。按照运行利益理论，出租人出租机动车是为了获得租金，属于经营行为，通过经营行为获得物质上的利益；而出借机动车，出借人并不存在经济上的运行利益，仅仅是为了亲情、友情等精神上的满足和人际和谐，并非获得物质利益。按照运行支配理论与运行利益理论结合的“二元说”赔偿主体判断标准进行考量，机动车的出借，原则上不应由机动车出借人承担责任。

对待友情出借机动车致人损害的赔偿责任主体问题，应当持谨慎态度。我国台湾地区修订“民法”债编时，就曾试图将友情出借机动车的出借人作为责任主体追究责任，但在终审时未被采纳通过。其理由中就提到“以免对社会结构产生重大冲击，或是对借车让人使用的感情交流活动产生巨大变化”。法律是善良和公正的艺术。① 善良风俗和社会公正并须兼顾。互帮互助是中华民族的传统美德，法律应该遵循民族传统习惯，而不是完全靠法律机械地运作。因此，尽管在法律适用上，对于出租和出借机动车发生交通事故，在处理的规则上是一样的，但在掌握中则有所不同。

首先，借用人借用他人机动车造成交通事故，借用人应当自己承担损害赔偿责任；机动车的出借人不承担责任。

其次，机动车所有人即出借人对损害的发生有过错的，承担相应的赔偿责任。这

---

① 参见［意］桑德罗·斯其巴尼选编：《正义与法》，黄风译，中国政法大学出版社1992年版，第34页。

种过错,应当是重大过失。理由是:友情出借机动车并不存在运行物质利益,而且机动车主即出借方对机动车的运行也没有支配力,又因为中国社会结构有其特殊性。具体情况是:

第一,出借人明知借用人没有驾驶资质,不具备驾驶技能。这种情形要求出借人明知借用人没有资质,此时出借人应承担连带责任。如果借用人采取欺骗方法,或者隐瞒自己没有资质的事实,骗取借用机动车,出借人应当发现而没有发现的,应对损害承担与自己的过失相应的赔偿责任。

第二,出借人明知出借的机动车存在故障。出借人将有瑕疵的机动车出借给借用人的,如果没有事先说明情况,故意隐瞒机动车瑕疵造成损害的,出借人应承担较重责任;如果出借人已经说明情况,借用人仍借用造成损害的,出借人对损害应承担与自己的过错相应的较轻的赔偿责任。

(三)买卖机动车未过户的赔偿责任主体

在二手机动车的买卖中,常有违规交易存在,即原机动车所有人(登记机动车保有人,也叫登记车主)将机动车交付给买受人(实际机动车保有人,也叫事实车主)后,并未照规定办理过户手续,发生登记机动车保有人和实际机动车保有人相分离的现象。在机动车已交付但未办理过户的情形下发生交通事故,责任主体的确定一直有不同意见。

《民法典》第1210条规定:“当事人之间已经以买卖等方式转让并交付机动车但是未办理登记,发生交通事故造成损害,属于该机动车一方责任的,由受让人承担赔偿责任。”这一规定的理由是,按照我国《民法典》第225条的规定,船舶、航空器和机动车等物权的设立、变更、转让和消灭,未经登记的,不得对抗善意第三人。我国对机动车买卖进行登记过户,采取的是登记对抗主义,即交付就已经发生所有权转移的效力,仅仅是不得对抗已经登记的善意第三人而已。同时,机动车所有权变动的登记,更大程度上是一种行政管理措施,而非所有权变动的公示方式。因此,在机动车买卖未过户的情况下,只要交付,其所有权就发生了转移;登记过户只是针对买卖合同对抗第三人的效力来说的,未过户登记并不影响所有权转移和风险承担。《民法典》的这一立法目的是保护交易安全,这里的善意第三人仅解释为交易中的第三人,并不包括道路交通事故致人损害责任中的第三人。因此,不能将未过户登记的原机动车保有人作为赔偿责任主体认定。另外,根据机动车运行利益理论和支配理论,在未过户机动车发生交通事故时,名义上的机动车保有人既不具有运行利益,也不能进行运行支配,自然不能被认定为赔偿责任主体。需要注意的是,为了保护交通事故中的受害人,在事故发生后,登记所有人必须有证据能够证明自己不是实际所有人,才可以不承担赔偿责任。

(四)以挂靠形式经营的机动车发生交通事故的责任分担

《民法典》第1211条规定:“以挂靠形式从事道路运输经营活动的机动车,发生交通事故造成损害,属于该机动车一方责任的,由挂靠人和被挂靠人承担连带责任。"这是对挂靠机动车交通事故责任的规定,原《侵权责任法》在机动车交通事故责任一章中没有这样的规定。

机动车挂靠经营,是指个人将其出资取得的机动车挂靠在有运输资质的运输企业名下,并以运输企业的名义办理机动车行驶证件及营运证件,从事机动车经营活动的行为。我国的运输市场秩序比较混乱,以挂靠形式从事道路运输经营活动的机动车进行运营是比较普遍的现象,原因是从事机动车运营活动,需要政府管理部门核准资质,而政府只给法人或者非法人组织办理运营资质,不给个人颁发运营资质,因而个人如果从事机动车运营活动,只能挂靠到有运营资质的单位,才能进行合法的运营活动。对挂靠情况下发生交通事故致人损害,认定机动车保有人为侵权责任主体,承担侵权责任,是没有问题的,因为真正的机动车保有人享有运行利益、进行运行支配,其作为责任主体是没有疑问的;有争议的是,被挂靠企业是否为责任主体。

以挂靠形式进行机动车运营法律关系的特点:一是享有机动车所有权的个人没有运营资质,须挂靠到有运营资质的机动车运营单位,以该单位的名义进行运营活动。二是被挂靠的运营单位同意其挂靠,将该个人作为自己的名义职工,以自己的名义进行运营。三是双方之间通常有一定的利益交换,即挂靠的一方要按期交给被挂靠的一方约定的管理费,就此双方形成权利义务关系;也有极少数是完全免费挂靠的。四是挂靠的机动车所有权人虽然是以被挂靠单位的名义运营,但实际上还是自己在运营,原则上并非受被挂靠单位的管控。因此,有观点认为,个人机动车无偿挂靠被挂靠企业,被挂靠单位既不享有运行利益,又不进行运行支配。其允许个人机动车挂靠在自己名下,完全是为了政府管理的方便,发生交通事故致人损害,让其承担责任显然理由不充分。因此,在这种情况下,被挂靠单位不应作为赔偿责任主体。如果被挂靠单位明知或者应知挂靠经营者不具有相应资质而提供挂靠的,则应该承担连带责任。《民法典》第 1211 条没有采纳这样的意见,而是采取统一规则。挂靠机动车发生交通事故造成他人损害,属于该机动车一方责任的,其责任分担的方式是挂靠一方和被挂靠一方共同承担连带责任。被侵权人可以向挂靠一方或者被挂靠一方主张承担连带责任,依照《民法典》第 178 条关于连带责任规定的规则承担责任。

(五)擅自驾驶他人机动车发生交通事故的责任分担

《民法典》第 1212 条规定:"未经允许驾驶他人机动车,发生交通事故造成损害,属于该机动车一方责任的,由机动车使用人承担赔偿责任;机动车所有人、管理人对损害的发生有过错的,承担相应的赔偿责任,但是本章另有规定的除外。"这是对擅自驾驶他人机动车交通事故责任规定的新规则。

未经允许驾驶他人机动车,就是擅自驾驶他人机动车,发生交通事故造成他人损害,就是擅自驾驶他人机动车损害责任。

构成擅自驾驶他人机动车交通事故责任规则的要件是:第一,行为人未经允许驾驶他人机动车,有两种情形:一是完全背着机动车所有人或者管理人,秘密将他人的机动车开走;二是行为人向机动车所有人、管理人借车未得到同意,擅自将他人的机动车开走。无论是哪种情形,都构成擅自驾驶他人机动车。第二,行为人在驾驶他人机动车行驶过程中发生交通事故,造成他人人身损害或者财产损害。第三,发生的交通事故责任属于该机动车一方责任。

擅自驾驶他人机动车交通事故损害责任的承担方式是:首先,与《民法典》第 1209 条规定的责任形态相同,是单向连带责任(混合责任),即部分责任人承担连带责任,部分责任人承担按份责任。其次,擅自驾驶人应当承担全部赔偿责任,即使在机动车所有人、管理人有过失的情况下,也应当承担连带赔偿责任。再次,机动车所有人或者管理人有过失的,承担相应的责任即按份责任,不承担连带责任。最后,法律另有规定的,依照法律的特别规定承担责任。

擅自驾驶他人机动车损害责任的规则,与租用、借用机动车发生交通事故损害责任的规则是一样的。从实际情况观察,擅自驾驶他人机动车损害责任,行为人的主观心理状态与租用、借用他人机动车的心理状态不一样,具有一定的支配行为的恶意,而不是对结果的恶意。在这种情况下,虽然承担责任的基本形态是混合责任,但是在确定机动车所有人、管理人的相应责任时,应当与租用借用他人机动车损害责任有所区别,即擅自驾驶人的过错程度较重,而机动车所有人、管理人的过错程度明显要轻,承担的责任应当适当。

(六)非法买卖拼装机动车或者报废机动车发生交通事故的责任

《民法典》第 1214 条规定:"以买卖或者其他方式方式转让拼装或者已经达到报废标准的机动车,发生交通事故造成损害的,由转让人和受让人承担连带责任。"这条规定了非法转让机动车造成交通事故的连带责任。

在机动车管理中,严禁拼装机动车,也不准转让已经达到报废标准的机动车。违反法律规定,非法转让拼装的机动车或者已经达到报废标准的机动车,属于严重的违法行为。转让人和受让人在主观上,都具有故意违法的意图。采取这种非法方式转让拼装的机动车或者达到报废标准的机动车,并且发生交通事故造成损害的,无论是造成他人损害,还是造成自己的损害,对于损害的发生,都应将双方在非法转让中的故意视为对损害发生的放任,因此,在转让人和受让人之间就具有共同的间接故意,又发生了交通事故造成损害,构成共同侵权行为。本条规定由转让人和受让人承担连带责任,完全符合民法原理,也符合《民法典》第 1168 条关于共同侵权行为应当承担连带责任的规定。本条规定的赔偿责任是绝对责任,责任人不得以任何理由请求免除责任或者减轻责任。

应当注意的是，本条条文中规定的损害中，没有加上通常的“他人”的字样。这个规定是否另有含义？笔者认为，这种表述方法，体现的是造成的损害，不仅包括造成他人损害，也包括造成自己损害。如果受让人在使用拼装机动车或者达到报废标准的机动车时，发生交通事故造成自己损害的，实际上也是共同侵权行为。只不过使用人自己的损害，自己应当承担的份额，并非叫作连带责任而已；只是应当按照过失相抵的规则，确定赔偿责任。

（七）盗窃、抢夺或抢劫机动车发生道路交通事故的责任主体确定

在盗窃、抢夺或者抢劫驾驶机动车的情况下，机动车处于非法持有者的完全控制之下，原机动车保有人此时对机动车既不存在实际的运行支配，又没有对机动车享有运行利益，因此，非法持有机动车之人既是机动车的运行支配者又是运行利益的归属者，理应成为损害赔偿的责任主体。因此，《民法典》第1215条规定：“盗窃、抢劫或者抢夺的机动车发生交通事故造成损害的，由盗窃人、抢劫人或者抢夺人承担赔偿责任。盗窃人、抢劫人或者抢夺人与机动车使用人不是同一人，发生交通事故造成损害，属于该机动车一方责任的，由盗窃人、抢劫人或者抢夺人与机动车使用人承担连带责任。”“保险人在机动车强制保险责任范围限额内垫付抢救费用的，有权向交通事故责任人追偿。”

对此，有反对者认为，这样规定，将不能使交通肇事受害人得到完善的补偿。因为在这种情况下，盗窃者往往无力赔偿，或者很难觅其踪迹，更不可能为自己驾驶机动车购买保险。因此，当道路交通事故发生后，如果受害人只能向非法持有机动车的肇事者索赔的话，将很难得到完全赔付。机动车是一种危险工具，其所有人应该尽到妥善的管理义务，根据危险控制理论，“谁控制风险，谁承担责任”，控制机动车的风险，不仅存在于机动车的驾驶过程中，而且应该存在于对机动车全面的控制管理中；如果其对管理有过失而造成他人的损失，理应承担责任。但是，毕竟机动车被盗窃、抢劫、抢夺具有一定的偶然性，所以，机动车保有人承担责任的标准应当是重大过失，如违反机动车管理制度或行为上的重大疏漏。如果以保管不当等一般过失作为承担责任的衡量标准，则对机动车保有人的要求就过于严格了。当然，存在重大过失的机动车保有人的赔偿责任是一种替代责任，在其承担责任之后可以向非法肇事的驾驶人追偿。①

盗窃、抢夺或者抢劫作为一种非法行为，其发生往往具有突发性和不可预见性。非法行为的发生中断了机动车保有人对机动车的运行支配，也切断了其对机动车运行

---

① 参见郑才成：《我国道路交通事故赔偿责任的主体》，载《政法学刊》2005年第3期。

利益的合法归属;而且机动车保有人对机动车管理的过失与交通事故的发生结果之间并无直接因果关系,交通事故的发生完全是非法行为人独立支配机动车运行的结果,因此,要求机动车保有人承担赔偿责任确有不当。[①]《民法典》第 1215 条采纳了这种主张。

盗窃、抢劫、抢夺的机动车发生交通事故,盗窃人、抢劫人或者抢夺人逃逸无法承担赔偿责任,机动车所有人未按照法律规定办理强制保险的,机动车所有人应当在强制保险范围内,由机动车所有人在机动车强制保险责任限额范围内先行垫付抢救费用,垫付的费用机动车所有人可以向交通事故责任人追偿。

三、其他机动车交通事故责任的承担规则

(一)强制保险、商业保险与侵权人承担责任的顺序

《民法典》第 1213 条规定:"机动车发生交通事故造成损害,属于该机动车一方责任的,先由承保机动车强制保险的保险人在强制保险责任限额范围内予以赔偿;不足部分,由承保机动车商业保险的保险人按照保险合同的约定予以赔偿;仍然不足或者没有投保机动车商业保险的,由侵权人赔偿。"这是对机动车强制保险、商业保险与侵权人责任顺序规定的新规则。

机动车所有人对于自己的机动车,每年都须投保机动车强制保险,还须投保相应的机动车商业保险。机动车发生交通事故后,机动车一方要承担赔偿责任,被侵权人同时请求保险人和侵权人承担赔偿责任时,承担保险责任和侵权责任的顺序如下。

1. 机动车强制保险优先。出现这种情形时,机动车强制保险人承担第一顺位保险责任,由其在机动车强制保险责任限额范围内,承担赔偿责任。机动车的强制保险和商业保险虽然都是保险,但是,由于机动车强制保险是强制性保险,在强制性保险理赔的部分,不适用侵权责任法的有关规定,因此,具有优先的效力。

2. 强制保险赔偿不足部分,商业保险优先。机动车商业保险人的保险责任为第二顺位责任,对机动车强制保险限额范围赔偿不足的部分,商业保险人按照商业保险合同约定的保险范围承担赔偿责任。这是因为,机动车商业保险是为机动车所有人承担赔偿责任的保险,与机动车强制保险不是一回事。因此,当发生机动车交通事故,在强制保险赔偿不足部分适用侵权责任确定责任时,商业保险优先,用商业保险赔偿损失。

3. 商业保险赔偿仍然不足部分,侵权人承担赔偿责任。商业保险赔偿仍然不足部分,包括约定的保险赔偿范围无法涵盖的损失部分,也包括根本没有投保商业险的部

---

① 参见彭思颖:《论道路交通事故损害赔偿案件中的责任主体》,载《西安政治学院学报》2005 年第 2 期。

分。凡是商业保险不能理赔的部分,就由应当承担责任的机动车一方的所有人、管理人或者使用人予以赔偿,按照相关的责任形式及规则承担赔偿责任。

(二)机动车驾驶人肇事逃逸的责任负担

《民法典》第1216条规定了机动车驾驶人肇事逃逸的责任负担问题:“机动车驾驶人发生交通事故后逃逸,该机动车参加强制保险的,由保险公司在机动车强制保险责任限额范围内予以赔偿;机动车不明、该机动车未参加强制保险或者抢救费用超过机动车强制保险责任限额,需要支付被侵权人人身伤亡的抢救、丧葬等费用的,由道路交通事故社会救助基金垫付。道路交通事故社会救助基金垫付后,其管理机构有权向交通事故责任人追偿。”这一规则分为三个内容。

1. 机动车驾驶人发生交通事故后逃逸,该机动车参加强制保险的,由保险公司在机动车强制保险责任限额范围内予以赔偿。在发生交通事故后机动车驾驶人逃逸的,只要该机动车参加了强制保险,就由保险公司在强制保险责任的限额范围内予以赔偿。这是机动车交通事故责任保险优先原则的体现,无论何种情况,只要机动人参加了机动车强制保险,出现事故造成损害,就应当按照强制保险的规则理赔,保险公司不得以任何理由予以拒绝。

2. 机动车不明或者该机动车未参加强制保险,需要支付被侵权人人身伤亡的抢救、丧葬等费用的,由机动车交通事故责任社会救助基金垫付。所谓“机动车不明”,是指机动车的权属不明,即不知道该机动车由谁所有。在这种情况下发生机动车交通事故,以及发生交通事故的机动车未参加强制保险的,就无法得到强制保险的赔偿。为了保护受害人的合法权益,使其损害得到及时救济,法律规定由道路交通事故责任社会救助基金垫付被侵权人的人身伤亡的抢救、丧葬等费用。救助基金承担的不是赔偿责任,也不是补偿责任,而是垫付责任,即不应当由其承担的责任,暂时为侵权人垫付。

3. 道路交通事故社会救助基金垫付后,其管理机构有权向交通事故责任人追偿。道路交通事故社会救助基金对被侵权人的损失垫付之后,取得了对侵权人的追偿权。这种追偿权的取得,以采取请求权让与立场为妥,能够更充分地保护被侵权人的合法权益,并且能够有效保护公众利益。垫付之后,道路交通事故社会救助基金的管理机构基于请求权让与,取得受害人的损害赔偿请求权,有权向交通事故责任人追偿。应当注意的是,道路交通事故社会救助基金享有追偿权的仅仅是对其已经垫付的部分,对没有垫付的其他损害赔偿的请求权仍由被侵权人享有,被侵权人仍然有权向侵权人行使,以保护好自己的权益。

(三)无偿搭乘人因交通事故造成损害的好意同乘

《民法典》第1217条规定:“非营运机动车发生交通事故造成无偿搭乘人损害,属于该机动车一方责任的,应当减轻其赔偿责任,但是机动车使用人有故意或者重大过失的除外。”这一条文是对机动车交通事故好意同乘规则的规定。

好意同乘,是指无偿搭乘他人的机动车在运行中发生交通事故,造成无偿搭乘人的损害,属于该机动车一方责任的,减轻机动车一方赔偿责任的规则。好意同乘的特点,一是无偿性,好意人无营利目的,索要和收取对价的同乘都不是无偿,以主动负担一部分油费或过路费等搭乘车辆,虽然支付了一定费用,但通常出于情谊维系,非支付对价的意思,也属于“无偿”范围。二是合意性,同乘需经过车辆保有人的同意,包括邀请和允许,未经同意而强行搭乘,不构成好意同乘。三是顺路性,即搭便车,只是双方目的地相近或相同,好意人并非特意而为,同乘人为便利而搭车。

对于免费运送是否构成好意同乘,有不同意见,有的认为,为了搭乘人的特定目的而运行且无偿,不属于好意同乘。不过,在本条规定中,没有这样的限制,只是强调无偿搭乘人的概念,只要是好意的免费运送,符合好意同乘要件的,可以适用好意同乘的责任承担规则。

适用好意同乘的规则是:第一,好意同乘的适用条件,须为无偿搭乘他人即好意人的机动车,而非有偿搭乘;第二,被搭乘的是他人即好意人的非营运机动车,而不是营运的机动车;第三,发生交通事故造成搭乘人的损害,须构成机动车一方的责任,即被搭乘人的责任。

好意同乘是善意地为他人提供方便的行为,是利他行为,即使造成无偿搭乘人的损害,被搭乘人也不应当承担全部赔偿责任,故本条规定,即使属于该机动车一方的责任,对该机动车一方减轻赔偿责任。如果造成交通事故致害无偿搭乘人是机动车使用人因故意或者重大过失所致,则机动车一方应当承担全部赔偿责任。

这一规定还不够全面,好意同乘规则还应包括支付部分汽油费或者过路费的赔偿规则。如果搭乘人支付了部分汽油费或者过路费,则属于一定程度的有偿搭乘,但是,仍属于好意同乘的范围,适用好意同乘的规则,只是被搭乘人承担的赔偿责任范围应当更大一些。例如,无偿搭乘发生交通事故致害无偿搭乘人,机动车一方应当承担50%的赔偿责任,支付了部分汽油费或者过路费而达不到买票乘车的数额的,机动车一方则应当承担70%左右的赔偿责任;如果支付的汽油费或者过路费的数额与买票乘车的费用基本相同,则机动车一方应当承担更多的甚至是全部的赔偿责任。虽然没有这样规定,但在司法实践中可以适当参酌。

2021年1月4日,“好意同乘”第一案在南京市秦淮区法院公开开庭审理。2019年初夏,50多岁的江某与同事相约自驾车去皖南旅游。周末一早,江某开着越野车带着同事从南京出发,当时车上共有4人,到了安徽午饭休息后,下午3点多开车前往下一个景点的途中,坐在后排位置的刘某建议改变行程,在这条被临时更改的路线上,江某驾驶的越野车翻车后坠入路边水库,江某与车后排座位的两名乘客死亡,只有坐在副驾驶位置系了安全带的另一名乘客幸存。死者刘某的家人向秦淮区法院提起诉讼，要求江某的家人承担事故的全部责任，承担死亡赔偿金、丧葬费等共计 110 万元的赔偿责任。由于江某没有购买车上人员险，保险公司不承担责任。江某的近亲属表示愿意给付一定的补偿，但是无力承担如此高额的赔偿。对于此案，法官在庭审中释明《民法典》第 1217 条的规定后，原被告双方依照规定当庭达成调解协议。

可见，有了《民法典》关于好意同乘规则的规定，对于这样的案件法律适用规则明确，能够保护好双方当事人的合法权益。

(四)承包经营机动车发生交通事故致人损害的责任主体认定

运输企业的机动车被个人承包以后，个人承包机动车发生交通事故致人损害，承包机动车的个人应当承担赔偿责任，自无异议。但发包方是否承担侵权责任，则意见不同。我们认为，个人承包运输企业的机动车进行运营，发生交通事故致人损害，发包人仍然是机动车的运营支配者和一定运行利益的享有者，因此，发包方应当是责任主体。依据承包合同，承包方当然对营运的机动车享有支配权并且享有合同约定的运行利益，承包经营机动车是为了发包方和承包方共同的利益，因此发包方和承包方应当共担风险。个人承包的机动车发生交通事故致人损害，应由承包方承担责任，发包方承担补充责任。有两个问题应当注意。

1. 承包合同的风险分配约定不能成为一方的免责事由。有的承包合同中有关于风险分配的约定，如"出现赔偿责任，甲方概不负责"等，这些免责条款对其他第三人没有拘束力。在事故发生后，约定免责的一方不能推卸责任。

2. 机动车承包合同一般都规定有期限，在期限内，根据运行利益理论，发包方要承担连带责任。如果过了承包期限，在尚未续签的期间内发生道路交通事故致人损害的，发包方一般不应承担责任。例外的情况是，双方虽然没有续签合同，但承包方依然按合同履行，并且向发包方继续缴纳费用，发包方也不拒绝的，此时发包方依然享有运行利益，因此仍应承担补充责任。

(五)所有权保留的机动车交付后发生交通事故致人损害的责任主体确定

在司法实践中，关于所有权保留的机动车发生交通事故致人损害的责任主体认定问题，《最高人民法院关于购买人使用分期付款购买的机动车从事运输因交通事故造成他人财产损失保留车辆所有权的出卖方不应承担民事责任的批复》作出解释，肯定出卖人在所有权保留的机动车买卖中，对该机动车发生交通事故致人损害不承担责任。

最高人民法院的这一司法解释将所有权保留买卖中卖方的责任排除于赔偿主体之列，是正确的。这是因为，所有权保留是分期付款买卖中常用的交易方式，目的是担保出卖方机动车价款债权的实现，而不是担保机动车的风险。在所有权保留的情形下,出卖方按照买卖合同的约定将标的物交付给购买方占有、使用和收益,但在购买方未履行支付价款或者其他合同义务之前,标的物的所有权仍归出卖方所有,在购买方违约时,出卖方依据其所有权可以取回标的物。购买方在付清价款前虽然不能取得所有权,但是将机动车供自己运行使用,出卖方既无运行支配,亦无运行利益,所以不应承担交通事故责任。出卖人所有权保留的目的仅仅在于确保购车人按期支付价金,其实质是一种债权的担保手段,与承担责任无关。所有权保留也仅仅在买受人不依约支付价金的特殊情形下才发生效力。因此,在所有权保留的情况下,出卖方尽管是形式上的机动车保有人,但自机动车交付时起,出卖方除在购买方违约的情形下对机动车仍有取回权外,不再实际地占有、支配、运营已经交付给购买方的机动车。此时购买方对机动车的运行进行实际的控制,而且机动车的运行完全是为了满足购买方自身的需求和利益,机动车运行的风险也在交付后转移给购买方承担。因此,所有权保留的机动车在交付后发生交通事故致人损害的,其责任主体应该是购买方,而不是出卖方。出卖方对此无责任。

(六)保管中的机动车发生交通事故致人损害的责任主体确定

机动车保管人,是指在机动车的仓储、修理、运输、存放过程中,对机动车负有保管义务的人。机动车保管人通常是从机动车保有人处接受委托,保管机动车。在将机动车交付保管人之后,保有人如无特别情况,已无法使用机动车,所以在保管期间运行支配权已经归属于保管人。因此,对保管的机动车发生事故,要由保管人承担责任。如果保管人在保管期间又委托他人保管机动车,发生交通事故致人损害的,因为再委托的决定权在于保管人,再委托保管运行支配权仍在于保管人,所以保管人仍需承担侵权责任。

约定的保管期限已届满,在机动车没有交付给保有人的期间内发生的交通事故赔偿责任,仍应由机动车保管人承担。这是因为,只要机动车没有被机动车保有人取回,保管人在事实上就仍对机动车享有支配权,所以不论机动车保管人与机动车保有人对机动车取走时间有何约定还是没有约定,都应当由保管人负责,这样较为公平。因为,机动车取走时间只是保管合同的内容,而不是交通事故的构成要件。①

第四节　司法解释补充的处理机动车交通事故责任的具体规则

最高人民法院原《关于审理道路交通事故损害赔偿责任案件适用法律若干问题的

① 参见王志娟:《论机动车交通事故的赔偿主体》,载《当代法学》2003 年第 4 期。

解释》(以下简称《道路交通事故司法解释》)提出了很多有价值的交通事故赔偿纠纷的裁判规则。经过修订,《道路交通事故司法解释》(2021)主要规定了以下六个方面。

一、对道路交通事故损害赔偿责任的责任主体作出明确规定

《民法典》对机动车所有人和使用人相分离的交通事故赔偿问题作的规定得不够全面。《道路交通事故司法解释》(2021)对《民法典》作出了相关解释。

(一)道路缺陷责任主体

对于道路缺陷责任主体,《道路交通事故司法解释》(2021)规定了两个规则:一是道路管理维护缺陷的责任主体。第7条第1款规定:"因道路管理维护缺陷导致机动车发生交通事故造成损害,当事人请求道路管理者承担相应赔偿责任的,人民法院应予支持。但道路管理者能够证明已经依照法律、法规、规章的规定,或者按照国家标准、行业标准、地方标准的要求尽到安全防护、警示等管理维护义务的除外。"二是道路设置缺陷的责任主体,第8条规定:"未按照法律、法规、规章或者国家标准、行业标准、地方标准的强制性规定设计、施工,致使道路存在缺陷并造成交通事故,当事人请求建设单位与施工单位承担相应赔偿责任的,人民法院应予支持。"这两个规定,分别规定了道路维护管理缺陷损害责任的主体和道路设置缺陷责任的主体,责任明确。

(二)擅自进入高速公路损害责任

对于依法不得进入高速公路的车辆、行人,擅自进入高速公路造成自身损害的,《民法典》没有作出规定,《道路交通事故司法解释》(2021)第7条第2款补充规定:"依法不得进入高速公路的车辆、行人,进入高速公路发生交通事故造成自身损害,当事人请求高速公路管理者承担赔偿责任的,适用民法典第一千二百四十三条的规定。"这是对于擅自进入高速公路的行人和车辆比照《民法典》第1243条擅自进入高度危险区域责任的规定,"未经许可进入高度危险活动区域或者高度危险物存放区域受到损害,管理人能够证明已经采取足够安全措施并尽到充分警示义务的,可以减轻或者不承担责任"。对此应当适用不承担责任的规定,因为擅自进入高速公路的危险性极大,远远超过进入高度危险区的危险。

(三)机动车产品责任

机动车存在缺陷,发生交通事故造成损害的,是否适用产品责任并不明确。《道路交通事故司法解释》(2021)第9条明确规定:"机动车存在产品缺陷导致交通事故造成损害,当事人请求生产者或者销售者依照民法典第七编第四章的规定承担赔偿责任的,人民法院应予支持。"按照这一规定,这种交通事故责任完全适用产品责任规则,应

当由产品的生产者或者销售者承担侵权责任,责任的形态是不真正连带责任。

(四)多辆机动车发生交通事故造成第三人损害的责任主体

在司法实践中,对于多辆机动车发生交通事故造成第三人损害的,应当怎样承担侵权责任,意见比较分歧。《道路交通事故司法解释》(2021)第10条明确规定:"多辆机动车发生交通事故造成第三人损害,当事人请求多个侵权人承担赔偿责任的,人民法院应当区分不同情况,依照民法典第一千一百七十条、第一千一百七十一条、第一千一百七十二条的规定,确定侵权人承担连带责任或者按份责任。"按照这样的规定,除了不适用《民法典》第1168条规定之外,构成共同危险行为的,应当适用第1170条关于共同危险行为承担连带责任的规则;对于二人以上分别实施侵权行为,造成同一损害,每个人的侵权行为都足以造成全部损害的,作为叠加的共同侵权行为,适用第1171条规定,承担连带责任;对于二人以上分别实施侵权行为造成同一损害,一般情况下,按照第1172条规定的典型分别侵权行为的规则,承担按份责任。

二、对机动车交通事故损害赔偿的概念和范围作出界定

《道路交通事故司法解释》(2021)对机动车交通事故的损害赔偿范围和有关概念,作出了准确规定,第11条明确规定:"道路交通安全法第七十六条规定的'人身伤亡',是指机动车发生交通事故侵害被侵权人的生命权、身体权、健康权等人身权益所造成的损害,包括民法典第一千一百七十九条和第一千一百八十三条规定的各项损害。""道路交通安全法第七十六条规定的'财产损失',是指因机动车发生交通事故侵害被侵权人的财产权益所造成的损失。"这样的解释,就明确了机动车交通事故造成的人身伤亡,不仅包括人身损害造成的财产损失,也包括造成的精神损害,避免发生争论,造成法律适用上的分歧。对道路交通事故损害责任的财产损失概念也作出了明确的规定,清晰明了,便于掌握。同时,第12条对维修被损坏车辆所支出的费用、车辆所载物品的损失、车辆施救费用,因车辆灭失或者无法修复,为购买交通事故发生时与被损坏车辆价值相当的车辆重置费用;依法从事货物运输、旅客运输等经营性活动的车辆,因无法从事相应经营活动所产生的合理停运损失;非经营性车辆因无法继续使用,所产生的通常替代性交通工具的合理费用,都认定为道路交通事故损害责任中的财产损害,为司法实践中统一掌握标准作出了明确规定,使法院在审判中能够准确掌握,科学确定赔偿数额。

三、对责任承担特别是交强险责任的承担规则作出明确规定

《道路交通事故司法解释》(2021)第三节"关于责任承担的认定",主要规定的是交强险、商业险以及侵权责任的承担规则。主要内容如下。

（一）非投保人的驾驶人造成损害的责任

投保人一般是机动车所有人。如果投保人允许的驾驶人驾驶机动车致使投保人遭受损害的，属于交强险的承包范围。因此，《道路交通事故司法解释》（2021）第 15 条规定，当事人请求承保交强险的保险公司在责任限额范围内予以赔偿的，人民法院应予支持。除外的规则是，如果投保人为本车上人员的，应当适用车内人员的损害赔偿规则，不适用交强险赔偿的规则，因为交强险承包的是第三人责任险，而不是车内人员险。

（二）驾驶人违章发生交通事故导致第三人人身损害的交强险责任

在实践中，对于驾驶人违章驾驶机动车造成第三人人身损害的，例如"非驾"、醉酒、故意制造交通事故的，交强险条例规定都不予赔偿，对此存在较大的争议，焦点在于，交强险承保的是第三人损害责任，如果交强险不赔，显然对受害人不利。《道路交通事故司法解释》（2021）第 15 条对此明确规定，原则上交强险应当赔偿，赔偿后，保险公司向侵权人进行追偿。追偿权的诉讼时效期间自保险公司实际赔偿之日起计算。

（三）未投保交强险的责任承担

对于未投保交强险的，发生交通事故造成第三人损害的，不能适用《道路交通安全法》第 76 条规定的强制保险优先的原则，不能从保险公司得到交强险的赔偿。这样，交强险应当承担的赔偿部分，应当由有投保义务的人承担赔偿责任。因此，《道路交通事故司法解释》（2021）第 16 条规定，未依法投保交强险的机动车发生交通事故造成损害，当事人请求投保义务人在交强险责任限额范围内予以赔偿的，人民法院应予支持。如果投保义务人和侵权人不是同一人，当事人请求投保义务人和侵权人在交强险责任限额范围内承担连带责任的，人民法院应予支持。

（四）保险公司违反交强险法定义务的责任

承担交强险业务的保险公司违反交强险法定义务，拒绝承保、拖延承保或者违法解除交强险合同的，应当承担责任。《道路交通事故司法解释》（2021）第 17 条规定：具有从事交强险业务资格的保险公司违法拒绝承保、拖延承保或者违法解除交强险合同，投保义务人在向第三人承担赔偿责任后，请求该保险公司在交强险责任限额范围内承担相应赔偿责任的，人民法院应予支持。

（五）多辆机动车发生交通事故的交强险责任承担

多辆机动车发生交通事故的交强险承担比较复杂，《道路交通事故司法解释》（2021）规定了比较详细的规则。

1. 第 18 条第 1 款规定，多辆机动车发生交通事故造成第三人损害，损失超出各机动车交强险责任限额之和的，由各保险公司在各自责任限额范围内承担赔偿责任；损失未超出各机动车交强险责任限额之和，当事人请求由各保险公司按照其责任限额与责任限额之和的比例承担赔偿责任的,人民法院应予支持。

2. 第 18 条第 2 款规定,依法分别投保交强险的牵引车和挂车连接使用时发生交通事故造成第三人损害,当事人请求由各保险公司在各自的责任限额范围内平均赔偿的,人民法院应予支持。

3. 第 18 条第 3 款规定,多辆机动车发生交通事故造成第三人损害,其中部分机动车未投保交强险,当事人请求先由已承保交强险的保险公司在责任限额范围内予以赔偿的,人民法院应予支持。保险公司就超出其应承担的部分向未投保交强险的投保义务人或者侵权人行使追偿权的,人民法院应予支持。

(六)交强险责任的其他规则

《道路交通事故司法解释》(2021)对于交强险等责任的承担,还规定了以下规则。

1. 第 19 条规定,同一交通事故的多个被侵权人同时起诉的,人民法院应当按照各被侵权人的损失比例确定交强险的赔偿数额。

2. 第 20 条规定,机动车所有权在交强险合同有效期内发生变动,保险公司在交通事故发生后,以该机动车未办理交强险合同变更手续为由主张免除赔偿责任的,人民法院不予支持。机动车在交强险合同有效期内发生改装、使用性质改变等导致危险程度增加的情形,发生交通事故后,当事人请求保险公司在责任限额范围内予以赔偿的,人民法院应予支持。在这种情形下,保险公司另行起诉请求投保义务人按照重新核定后的保险费标准补足当期保险费的,人民法院应予支持。

3. 第 21 条规定,当事人主张交强险人身伤亡保险金请求权转让或者设定担保的行为无效的,人民法院应予支持。

四、对机动车交通事故责任的具体法律适用作出解释

第一,对《民法典》第 1209 条规定的“机动车所有人、管理人对损害的发生有过错”中的过错,《道路交通事故司法解释》(2021)第 1 条有相关规定:一是知道或者应当知道机动车存在缺陷,且该缺陷是交通事故发生原因之一的;二是知道或者应当知道驾驶人无驾驶资格或者未取得相应驾驶资格的;三是知道或者应当知道驾驶人因饮酒、服用国家管制的精神药品或者麻醉药品,或者患有妨碍安全驾驶机动车的疾病等依法不能驾驶机动车的;四是其他应当认定机动车所有人或者管理人有过错的。这四种情况概括了机动车所有人、出租人过错的全部情形,应当以此规定确认机动车所有人、出租人的过错。

第二,《道路交通事故司法解释》(2021)第 5 条规定,对《民法典》没有规定的接受机动车驾驶培训的人员,在培训活动中驾驶机动车发生交通事故造成损害,属于该机动车一方责任,当事人请求驾驶培训单位承担赔偿责任的,人民法院应予支持。

第三，《道路交通事故司法解释》(2021)第6条规定，对《民法典》没有规定的机动车试乘过程中发生交通事故造成试乘人损害，当事人请求提供试乘服务者承担赔偿责任的，人民法院应予支持。试乘人有过错的，应当减轻提供试乘服务者的赔偿责任。

五、运用侵权责任形态规则合理分配机动车交通事故赔偿责任

多数人侵权行为存在适用不同的侵权责任形态规则，科学分配赔偿责任的问题。在《道路交通事故司法解释》(2021)中，大量运用不同的侵权责任形态规则，对机动车交通事故责任中的多数人侵权行为的赔偿责任进行合理分配，作出科学规制。

在构成共同侵权行为的机动车交通事故责任，规定适用连带责任规则。

一是套牌车的连带责任。第3条规定，关于套牌车发生交通事故的责任，首先是套牌车的责任，如果被套牌车同意的，则是连带责任。《道路交通事故司法解释》(2021)第3条规定，套牌机动车发生交通事故造成损害，当事人请求由套牌机动车的所有人或者管理人承担赔偿责任的，人民法院应予支持；被套牌机动车所有人或者管理人同意套牌的，应当与套牌机动车的所有人或者管理人承担连带责任。

二是多次非法买卖拼装车、报废车的连带责任。第4条规定，多次非法买卖拼装车、报废车的，仍然适用《民法典》第1210条规定，承担连带责任。《道路交通事故司法解释》(2021)第4条规定，拼装车、已达到报废标准的机动车或者依法禁止行驶的其他机动车被多次转让，并发生交通事故造成损害，当事人请求由所有的转让人和受让人承担连带责任的，人民法院应予支持。

第六章　医疗损害责任

《民法典》侵权责任编对医疗损害责任的主要修改内容如下。

1. 医疗损害责任的过失分为医疗机构过失和医务人员过失。《民法典》第 1218 条规定:“患者在诊疗活动中受到损害,医疗机构或者其医务人员有过错的,由医疗机构承担赔偿责任。”这是规定医疗损害责任的一般规则,将“医疗机构及其医务人员”改为“医疗机构或者其医务人员”,将医疗机构的过错和医务人员的过错都认定为过错(医疗损害责任中的过错都应当是过失,不包括故意)。

2. 医务人员履行告知义务须取得患者的明确同意。《民法典》第 1219 条规定:“医务人员在诊疗活动中应当向患者说明病情和医疗措施。需要实施手术、特殊检查、特殊治疗的,医务人员应当及时向患者具体说明医疗风险、替代医疗方案等情况,并取得其明确同意;不能或者不宜向患者说明的,应当向患者的近亲属说明,并取得其明确同意。”“医务人员未尽到前款义务,造成患者损害的,医疗机构应当承担赔偿责任。”这是对医疗机构对患者负有告知义务的规定。

3. 医疗机构或者其医务人员技术过失的推定事由。《民法典》第 1222 条规定:“患者在诊疗活动中受到损害,有下列情形之一的,推定医疗机构有过错:(一)违反法律、行政法规、规章以及其他有关诊疗规范的规定;(二)隐匿或者拒绝提供与纠纷有关的病历资料;(三)遗失、伪造、篡改或者违法销毁病历资料。”这是对医疗技术过失推定事由的规定。

4. 泄露患者个人信息应当承担侵权责任。《民法典》第 1226 条规定:“医疗机构及其医务人员应当对患者的隐私和个人信息保密。泄露患者隐私和个人信息,或者未经患者同意公开其病历资料的,应当承担侵权责任。”与原《侵权责任法》相比,增加了对患者个人信息予以保护的新规则。

第一节　改革医疗损害责任的背景和理论基础

原《侵权责任法》第七章全面规定了医疗损害责任,对医疗损害救济制度进行了全面改革。经过十年的实践,证明这个改革是正确的,《民法典》侵权责任编第六章仍然坚持这些经过改革确定的规则。

一、我国医疗损害责任制度的基本状况

(一)我国改革开放40年来医疗损害责任制度的发展过程

在1978年改革开放之前,我国的医疗损害赔偿制度在医疗服务福利化的基础上,并没有特别突出地显露出其重要性,相关的纠纷案件不多。在改革开放之后,随着医疗体制改革的不断推进,医疗损害责任纠纷开始逐渐增多,相应的法律规范逐渐发展完善。40年来,我国的医疗损害责任制度经历了以下三个阶段。

1. 限制患者赔偿权利阶段

改革开放之初,规制医疗损害责任纠纷并没有统一的法律和法规。随着这类纠纷的不断增加,为了规范医疗机构的医疗行为,确定医疗损害责任,国务院于1986年6月29日出台《医疗事故处理办法》(以下简称《办法》)(已失效),于1987年1月1日生效实施。这个行政法规出台的背景,是实行公费医疗的福利化政策,医疗机构医疗行为的性质是社会福利保障。因此,对于医疗机构在医疗活动中造成患者人身损害的赔偿责任采取严格限制政策。这种限制赔偿政策突出地表现在两个方面:第一,限制医疗事故责任构成,明确规定只有构成医疗责任事故和医疗技术事故,受害患者一方才可以请求赔偿,医疗机构即使存在医疗差错也不承担赔偿责任,因而受害患者的很多损害无法得到救济。第二,限制赔偿数额,《办法》第18条第1款明确规定:“确定为医疗事故的,可根据事故等级、情节和病员的情况给予一次性经济补偿。补偿费标准,由省、自治区、直辖市人民政府规定。”据此,各省、直辖市、自治区人民政府分别制定了本地的医疗事故处理办法实施细则,规定了本地的一次性补偿标准。例如,原《天津市医疗事故处理办法实施细则》第19条规定:“确定为医疗事故的,由医疗单位、个体开业医生、乡村医生给予病员或家属一次性经济补偿。其标准为:一级医疗事故:补偿三千元至四千元。未满三周岁的婴幼儿为一千元;新生儿为七百元。二级医疗事故:补偿

三千元至五千元。三级医疗事故:补偿二千元至三千元。未满三周岁的婴幼儿为七百元;新生儿为五百元。"[①]尽管那时实行低工资制度,全社会的消费水平普遍较低,但对于造成患者严重损害的,给予这样低标准的赔偿数额,显然不能补偿受害患者的实际损害,受到损害的权利无法得到全面救济。可见,《办法》过于考虑我国医疗服务的福利性质,偏重对医疗机构的保护,严重限制了受害患者一方的民事权利,因而受到各界的普遍反对。法院的判决不断突破《办法》规定的限制受害患者赔偿权利的政策底线,[②]最高人民法院的司法解释也有松动。[③] 但这些做法没有也不可能从根本上改变限制赔偿这种不利于保护受害患者合法权益的被动局面。

2. 加重医疗机构举证责任,初步形成防御性医疗阶段

2002 年 4 月 4 日,国务院将《办法》修订为《医疗事故处理条例》予以公布,并于 2002 年 9 月 1 日施行。《医疗事故处理条例》在一定程度上改变了对受害患者的赔偿权利进行严格限制的做法。例如,将医疗事故改分为四级,废除一次性限额赔偿并制定了明确的赔偿标准,医疗事故鉴定由卫生行政主管部门主管改为医学会主管等。但是,这些措施并没有从根本上改变对医疗事故损害赔偿予以限制的基本做法,也没有摆脱行政机关偏袒医疗机构的嫌疑。在此之前,最高人民法院于 2001 年 12 月 21 日出台并于 2002 年 4 月 1 日实施的《关于民事诉讼证据的若干规定》第 4 条第 8 项明确规定:"因医疗行为引起的侵权诉讼,由医疗机构就医疗行为与损害结果之间不存在因果关系及不存在医疗过错承担举证责任。"这种过错和因果关系的双重推定及举证责任倒置,使医疗机构在医疗损害责任纠纷诉讼中处于严重的不利地位。这两个不同的行政法规和司法解释,一个要保护医疗机构的特权,另一个要给受害患者以更优越的民事诉讼地位;一个在于减轻医疗机构的责任,另一个在于加强对受害患者的权利保护,因而存在较大矛盾。尽管在司法实际操作中,最高人民法院于 2003 年 1 月 6 日出台《关于参照〈医疗事故处理条例〉审理医疗纠纷民事案件的通知》(已失效),规定"条例实施后,人民法院审理因医疗事故引起的医疗赔偿纠纷民事案件,在确定医疗事故赔偿责任时,参照条例第四十九条、第五十条、第五十一条和第五十二条规定办理";在同年 12 月 26 日公布、2004 年 5 月 1 日实施的最高人民法院原《关于审理人身损害赔偿

① 之所以二级医疗事故的赔偿数额比一级医疗事故的赔偿数额高,是因为一级医疗事故是造成患者死亡,只需赔偿丧葬费等费用;而二级医疗事故是造成患者残疾,需要赔偿残疾生活补助等费用。

② 参见新疆乌鲁木齐市新市区人民法院判决的刘颖诉新疆军区总医院医疗损害赔偿案。参见杨立新:《民事侵权十宗案》,载《方圆》2003 年第 7 期。

③ 例如,最高人民法院在 1992 年 2 月 24 日《关于李新荣诉天津市第二医学院附属医院医疗事故赔偿一案如何适用法律的复函》中指出,《民法通则》和《办法》的基本精神是一致的,应当依照《民法通则》和《办法》的有关规定处理。

案件适用法律若干问题的解释》规定的人身损害赔偿标准大大高于《医疗事故处理条例》第50～52条规定的标准。由于起诉医疗事故责任受害患者一方得到的赔偿数额大大低于以医疗过错起诉获得的人身损害赔偿数额,因而医疗损害责任中医患之间的矛盾更加突出。出现了更多的受害患者一方以医疗过错的案由向法院起诉,以避开适用《医疗事故处理条例》规定的过低标准。由于适用过错和因果关系两个推定的证据规则,使医疗机构陷入不利的诉讼地位。在司法机关,法官明知对同样的医疗损害责任纠纷,刻意进行医疗事故和医疗过错的区分并不合理,并且采取不同的赔偿标准处理同样的医疗损害责任纠纷并不符合民事权利保护的法律要求;但根据最高人民法院确定的"条例施行后发生的医疗事故引起的医疗赔偿纠纷,诉到法院的,参照条例的有关规定办理;因医疗事故以外的原因引起的其他医疗赔偿纠纷,适用民法通则的规定"原则,更多地默许甚至鼓励受害患者一方提起医疗过错诉讼。基于医学会对医疗事故鉴定的垄断,司法鉴定机构普遍开展医疗过错鉴定,形成了医疗损害责任鉴定的双轨制,进一步加剧了混乱状态。正因如此,医疗机构及医务人员普遍陷入恐慌之中,为保存证据应对严重的医疗诉讼和赔偿责任的压力,通过对患者普遍进行过度检查等手段保留证据,大大增加了患者的医疗费负担;进而对具有一定风险的医疗行为进行推诿甚至拒绝治疗,进一步加剧了医患矛盾,形成了较为明显的防御性医疗态势。医患之间互不信任,医患关系空前紧张,有的医生就诊前不得不带上头盔,以防范患者的袭击。有条件的医院在诊室安装录音、录像系统,以便记录诊疗过程,获取证据,保护自己。据中华医院管理学会2005年6～7月对270家医院的调查,三甲医院年均发生医疗纠纷30余件,年均医疗纠纷赔偿数额100多万元人民币。全国73.33%的医院出现过患者及家属殴打、威胁、辱骂医务人员现象;59.63%的医院发生过因病人对治疗结果不满意,围攻、威胁院长的情况;76.67%的医院出现过患者及其家属在诊疗结束后拒绝出院,拒交住院费的情形;61.48%的医院出现过因病人去世,病人家属在医院摆设花圈、设置灵堂等现象。[①] 这些现象被称为"医闹",被认为是"社会不能承受之痛"。[②] 对此,笔者曾经在媒体上撰文指出,最高司法机关对医疗行为引起的侵权诉讼规定在因果关系和过错要件上实行举证责任倒置,虽然可以大大改变受害患者的诉讼地位,有利于保护受害患者的合法利益;但举证责任倒置的范围过于宽泛,其结果必然是强加给医疗机构以过重的责任,最终损害的是全体患者的利益。因为医院的赔偿责

---

① 参见张新宝:《大陆医疗损害赔偿案件的过失认定》,载朱柏松等:《医疗过失举证责任之比较》,元照出版有限公司2008年版,第76页。

② 耿仁文:《"医闹"——社会不能承受之痛》,载《中国医院法治》2007年第3期。

任最终还是要分散由全体患者负担,最终受到损害的还是全体患者。①

3. 进行反思和理性思考阶段

在医疗机构全面防御,医疗费用普遍提高,医患关系日益紧张的态势下,法律界和医学界对此都开始进行反思和理性思考,深入探讨医疗损害责任纠纷法律适用的应然对策。集中考虑了五个问题:第一,医疗损害责任纠纷究竟是否应当分为医疗事故和医疗过错两个不同的案由?第二,医疗损害责任的归责原则是否应当一律适用过错推定原则?第三,医疗损害责任纠纷的诉讼证据规则是否必须实行过错推定和因果关系推定?第四,医疗损害责任的赔偿标准是否应当予以限制,能否实行统一的人身损害赔偿标准?第五,医疗损害责任鉴定的性质是医学鉴定还是司法鉴定?对此,医学界和法律界都在思考,提出各自不同的意见,促使立法机关作出最后的决策。在2008年7月2日立法机关主持召开的医疗损害责任座谈会上,与会的法学专家、医学专家、医方律师和患方律师代表等经过广泛讨论,对当前的医患关系形势的判断形成一致意见。一致认为立法机关必须采取措施,在原《侵权责任法》中对医疗损害责任制度作出明确、统一的规定,以平衡医患之间的利益关系及受害患者与全体患者之间的利益关系,并且认为这是作出法律决策的最好时机。我国学术界和实务界对医疗损害责任的上述思考,尽管还只是表现在理论的反思和制度设计层面,司法实践和立法制度还没有开始进行实质性的变革,但这无疑是一个极好的开端,为我国的医疗损害责任制度的改革奠定了良好的思想和理论基础。

(二)我国司法实务实行的三个双轨制构成的二元化结构的医疗损害责任体系

原《侵权责任法》改革医疗损害责任制度的基础,是我国现行司法实务实行的由三个双轨制构成的二元化医疗损害责任制度。三个双轨制的具体内容如下。

1. 医疗损害责任诉因的双轨制

医疗损害责任的诉因,是医疗损害责任纠纷的案由,也就是理论上的医疗损害责任概念。凡是医疗机构及医务人员因过失造成患者的人身损害,都可以形成责任竞合;在法律适用上的后果是以侵权责任作为请求权的法律基础还是以违约责任作为请求权的法律基础,由受害患者一方进行选择。在选择适用侵权法作为请求权法律基础的医疗损害责任纠纷中,却在案件的诉因或案由上,在司法实践中被刻意地区分为医疗事故责任和医疗过错责任。这样的双轨制并没有事实和法律依据,但审判实践却承认这样的双轨制,并且在司法实务中将其称为"区别对待"原则,坚持这种不合理的做法。

---

① 参见杨立新:《医疗侵权举证责任倒置:看看再说》,发表在《检察日报》上,后收在《闲话民法》一书,人民法院出版社2005年版,第427~428页。

2. 医疗损害赔偿标准的双轨制

医疗损害赔偿诉因和案由的双轨制，其基础在于损害赔偿责任标准的双轨制。改革开放40年来，国家行政法规始终坚持医疗损害赔偿标准的限制原则，而不适用一般的人身损害赔偿标准。在《办法》中规定一次性补偿方法以及相应的赔偿标准，体现了这样的思想；在《医疗事故处理条例》中，尽管其规定的赔偿数额标准有所提高，但体现的仍然是限制赔偿思想。由于最高人民法院司法解释规定的人身损害赔偿标准远远高于《医疗事故处理条例》规定的标准，而最高人民法院在司法解释中又明确对医疗事故赔偿纠纷应当参照《医疗事故处理条例》规定的标准办理；因此，对于经医疗鉴定机构鉴定不构成医疗事故的医疗损害责任纠纷，或者患者不请求进行医疗事故鉴定的医疗损害责任纠纷，以医疗过错为诉因和案由起诉，则可得到大大高于医疗事故标准的赔偿。因而，形成了目前这种赔偿标准双轨制的畸形法律适用现象。

3. 医疗损害责任鉴定的双轨制

与前述两个双轨制相适应，在医疗损害责任的鉴定中同样也存在双轨制。在较长的一段时期，医疗事故鉴定是独家的医学鉴定，由医疗机构的行政主管机关或者医学研究机构独家垄断，其他任何人都不能插手。《办法》规定只能由卫生行政主管部门组织医疗事故鉴定委员会进行医疗事故鉴定，法官对医疗事故鉴定结论无权进行司法审查，只能按照医疗事故鉴定结论来认定事实。《医疗事故处理条例》规定医疗事故鉴定改由医学会负责，随机抽取鉴定专家组成医疗事故鉴定组进行鉴定，但仍然没有改变医疗事故责任鉴定属于医学鉴定的性质，因此，法官无权组织也无权审查。此举引起对立情绪，多数法院和法官默许、接受受害患者一方提供其他司法鉴定机构的医疗过错鉴定；对不申请医疗事故责任鉴定和鉴定为不属于医疗事故责任的案件，将医疗过错鉴定结论作为认定事实的依据，形成了医疗损害责任鉴定的双轨制。对此，尽管医疗机构对这种鉴定的科学性和合法性提出诸多质疑并且反对，①但多数法院和法官都对经过审查的医疗过错鉴定结论予以认定，作为认定案件事实的根据。② 因此，尽管《医疗事故处理条例》规定只有医学会才享有组织医疗事故责任的鉴定权力，但却无法改变司法实务中肯定司法鉴定机构医疗过错鉴定的做法，因此医疗损害责任鉴定的双轨制便成为司法现实，③

① 参见《医疗事故技术鉴定和法医临床鉴定》，载《中国医院法治》2007年第3期。

② 笔者在《医疗侵权法律与适用》一书中评论的扬州市中级人民法院和江苏省高级人民法院采用司法鉴定机构的鉴定结论作为证据的，毛某、葛某娣诉扬州市第一人民医院医疗损害赔偿纠纷案，就是一个典型案例。这个案例的两个判决书，请参见杨立新：《医疗侵权法律与适用》，法律出版社2008年版，第178～197页以下。

③ 参见卫生部“医疗事故处理条例在实践中存在问题的研究”课题组：《医疗事故处理条例应上升为法律》，载《中国医院法治》2007年第3期。

并为受害患者所广泛采用。

三个双轨制构成的医疗损害责任体系,体现为医疗事故责任和医疗过错责任的二元化。医疗损害责任体系的二元化结构,典型地反映了我国医疗损害责任制度的现实状况和法律适用的混乱程度。

二、医疗损害责任二元化结构的基本形成原因与弊病

(一)我国医疗损害责任制度形成二元化结构的基本原因

1. 行政机关片面强调医疗机构的特殊性,采用不适当的方法予以特别保护

社会医疗体制在社会生活中具有极为重要的地位,原因在于医疗机构担负着救死扶伤、挽救病患、维护大众健康的重要职责,担负着发展医学科学、改进医疗技术、提高全民健康水平、推进社会进步的职责。因此,对于医疗机构及医务人员救治病患、发展医学的积极性必须予以保护。但是,法律也不能面对医疗机构及医务人员的过失,造成受害患者人身损害的客观后果,采取纵容放任的态度,鼓励医疗机构及医务人员的疏忽和懈怠,使患者受到医疗过失行为的损害而得不到必要救济,民事权利无法得到保障。① 多年来,国家行政机关过于强调医疗机构和医疗行为的特殊性,片面保护医疗机构及医务人员,造成了医患利益保护之间的不平衡。主要表现是:第一,提高医疗事故鉴定标准,使具有医疗差错的医疗行为不认定为是医疗事故,使责任人不承担赔偿责任;第二,控制医疗事故鉴定的权力,将医疗事故鉴定作为医学鉴定,拒绝司法介入,放任医学专家之间的袒护行为,使医疗事故鉴定结论的公信力大大降低;第三,严格限制医疗事故的赔偿数额,限制受害患者的赔偿权利。这些做法导致受害患者的合法权益无法得到全面保护,使群众的不满情绪越来越严重。

2. 受害患者一方寻找新的保护方法形成双轨制

面对国家行政机关片面强调保护医疗机构及医务人员利益的状况,受害患者的合法权益无法得到全面保护,因而寻找新的保护方法。例如,针对医疗事故责任构成标准过高的做法,患者选择不起诉医疗事故,转而起诉医疗过错;针对医疗事故鉴定由医疗机构垄断的做法,患者转而不申请医疗事故鉴定而申请医疗过错鉴定;针对《医疗事故处理条例》规定的医疗事故赔偿标准过低的做法,患者转而请求依照原《民法通则》的规定请求人身损害赔偿。因此,医疗事故与医疗过错、医疗事故鉴定与医疗过错法医鉴定、医疗事故赔偿与人身损害赔偿的三个双轨制应运而生。可见,医疗损害责任

---

① 法国在19世纪前采取“法律不入医界”的态度,容忍医疗失误,不追究医师的法律责任,因而使医师对病患更不负责任。参见陈忠五:《法国法上医疗过错的举证责任》,载朱柏松等:《医疗过失举证责任之比较》,元照出版有限公司2008年版,第119页。

纠纷法律适用上的双轨制并不是司法的刻意而为,而是行政机关对医疗机构进行片面保护,使患者的权利无法得到全面保障而引发的后果。

3. 司法机关将错就错认可医疗事故和医疗过错的差别,形成二元化结构

在医疗损害责任制度多年的发展中,对于三个双轨制的形成和发展,司法机关采取的态度是将错就错,使由三个双轨制构成的二元化结构的医疗损害责任成为全国法院统一实行的制度:第一,认可和鼓励患者提起医疗过错诉讼,从而形成同样是医疗造成的患者人身损害却有两种不同性质的法律后果。最典型的是,面对医疗事故损害赔偿和人身损害赔偿在数额上的悬殊差别,不仅没有及时予以纠正,而且明确规定予以认可,①进一步割裂了统一的医疗损害责任制度。第二,认可和鼓励医疗事故和医疗过错在适用法律上的差别,明确规定应当分别适用不同的法律规范。对此,司法机关并非没有认识到对统一的医疗损害责任在法律适用上采用不统一的方法的问题,最高人民法院1992年曾在批复中明示对医疗事故适用法律时,如果适用《办法》能够保护患者权利的,可以适用《办法》的规定;不能保护患者权利的,可以适用原《民法通则》的规定确定医疗机构的责任。② 但是,这个立场并没有坚持下来,对于法律适用上的质疑和请示,采取不与行政法规发生冲突的态度,③使医疗事故与医疗过错的法律适用的二元化结构合法化。第三,降低医疗侵权责任构成条件,大大减轻受害患者一方的举证责任,规定医疗侵权责任的举证责任实行过错推定和因果关系推定。在强调对患者权利进行保护的同时,将医疗机构推向不利的诉讼地位,使医疗纠纷诉讼的双方当事人地位失衡;医疗机构不得不采取防御性医疗以保护自己,进而使全体患者负担过度检查费用等不利后果,损害了全体患者的利益。可见,司法机关在医疗损害责任的法律适用上,指导思想不统一,既有默认行政机关片面保护医疗机构的做法,又有过于强调保护患者利益的不当诉讼措施;既有维护法律统一实施的思想,又有扩大法律适用矛盾强化双轨制、二元化的错误办法。这些矛盾的法律适用措施和方法的实质,就在于司法机关不敢大胆行使司法裁量权。

(二)二元结构医疗损害责任制度存在的弊病

1. 分割完整的医疗损害责任制度,造成受害患者一方在起诉时产生矛盾

对医疗损害责任实行三个双轨制的二元化结构,其后果就是把一个完整的医疗损害责任制度人为地分为医疗事故责任和医疗过错责任,完全适用不同的法律规则,形成同样的医疗损害却得到相差悬殊的赔偿金。医疗过错责任按照人身损害赔偿司法

---

① 最高人民法院《关于参照〈医疗事故处理条例〉审理医疗纠纷民事案件的通知》第3条。

② 最高人民法院《关于李新荣诉天津市第二医学院附属医院医疗事故赔偿一案如何适用法律的复函》。

③ 最高人民法院《关于参照〈医疗事故处理条例〉审理医疗纠纷民事案件的通知》第1条。

解释的规定,造成死亡的赔偿死亡赔偿金,标准是受诉法院所在地上一年度城镇居民人均可支配收入或者农村居民人均纯收入,按20年计算;但60周岁以上的,年龄每增加1岁减少1年;75周岁以上的,按5年计算。以北京为例,2005年人均可支配收入为17,653元,20年为353,060元。医疗事故责任按照《医疗事故处理条例》规定的标准赔偿,受害患者只能得到6年的按照医疗事故发生地居民年平均生活费的赔偿。北京没有居民平均生活费的统计,使用的是人均消费支出数据,2005年为13,244元,6年是79,486元,相差273,574元,并且无法得到10万~30万元的精神损害抚慰金的赔偿。这样的法律适用结果,当然会引起矛盾,受害患者一方的不满意程度是可以想象的。

2. 加重医疗机构举证责任,形成防御性医疗,损害全体患者的利益

司法机关一方面默许对医疗机构的片面保护,另一方面则为了保护受害患者而加重医疗机构的举证责任。这样矛盾做法的后果是,直接导致医疗机构在医疗诉讼中的诉讼地位失衡,承担超出其负担能力的举证责任及医疗损害赔偿责任,使医疗机构及医务人员不得不采取防御性医疗措施,对患者普遍实行过度检查,以取得在未来可能发生的诉讼中的充分证据,以保护自己。而过高的医疗损害赔偿责任和严重的过度检查,最终都由全体患者负担,直接受到损害的当然是全体患者。同时,过高的医疗损害赔偿责任负担,也使医务人员面对应当进行探索的医学科学研究畏手畏脚,不敢进行探索和实践,甚至推诿和拒绝治疗,最终的后果必然是医学科学发展迟滞,损害全体人民的整体利益。

3. 造成审判秩序混乱,损害司法权威

医疗损害责任制度的二元化,引起当事人对我国法律制度的怀疑。有些法院则直接出台自己的法律适用规则,改变司法解释和行政法规的规定。如北京市高级人民法院就出台了《关于审理医疗损害赔偿纠纷案件若干问题的意见(试行)》,其第21条明确规定:“确定医疗事故损害赔偿标准,应当参照《医疗事故处理条例》第49条至第52条规定;如参照《医疗事故处理条例》处理将使患者所受损失无法得到基本补偿的,可以适用《民法通则》及相关司法解释的规定适当提高赔偿数额。确定一般医疗损害赔偿标准,应适用《民法通则》及相关司法解释的规定。”这就是所谓的“区别对待”的医疗损害赔偿原则。高级人民法院的规范性意见直接改变最高人民法院的司法解释,尽管这是为保护受害患者利益而采取的一个不得已的做法,但审判活动和法律适用中出现的这种混乱,难道不会降低司法机关的威信吗?对此,不能不引起重视。

三、原《侵权责任法》改革医疗损害责任的理论基础

在制定原《侵权责任法》之初,就确定了改革医疗损害责任制度的目标。

(一)坚持人格平等实行统一的医疗损害责任制度是医疗损害责任改革的基本方向

人格平等,是民法的最高规则,要求所有的民事主体在市民社会中的地位一律平等,没有任何人的地位可以高于其他人。原《民法通则》第3条规定:“当事人在民事活动中的地位平等。”人格平等原则实现的目标之一,就是使民事主体的合法权益得到平等保护。它不仅要求民事权利主体平等地享有权利、承担义务,而且在法律面前人人平等,在适用法律规则时一律平等,每个人平等地受到民事法律的拘束,违反法律时承担相应的民事责任;司法机关不得有任何偏袒和歧视,使所有民事主体的合法民事权益都受法律保护,任何一个民事主体的权利受到侵害之后,都平等地受到民法的保护和救济。[①]“平等表达了相同性概念。两个或更多的人或客体,只要在某些方面或所有方面处于同样的、相同的或相似状态,那就可以说他们是平等的。”[②]在实体法上,民事主体的法律地位平等而无差别指的是形式平等,真正做到消除社会生活中当事人客观存在的差异即不平等因素而实现当事人之间的平等是实质平等。[③]因此,强调平等是保障市场经济顺利运行的基础,[④]也是保证社会和谐发展的基础。

在现行的二元化结构的医疗损害责任制度中,医疗事故责任与医疗过错责任的赔偿标准完全不同的实质,在于法律对受害患者给予不平等的人格待遇。受害患者一方按照医疗事故责任起诉和按照医疗过错责任起诉的法律后果完全不同,事实上就形成了受害患者的人格地位的不平等。尽管这不是设计医疗事故赔偿责任时的初衷,也不是立法者和司法者的主观愿望,但其引起的后果在实质上造成了受害患者的人格不平等。这样的评价并非危言耸听,同样的受害患者,同样的损害事实,得到的却是反差极大的赔偿待遇,其实质必然涉及深层次的人格平等问题。

因此,医疗损害责任改革的基本方向,就是废除诉因、赔偿标准和责任鉴定的三个双轨制,建立一个统一的医疗损害责任制度,改变现行的法律适用混乱状态,使受害患者在统一的医疗损害责任制度中得到平等保护。

(二)兼顾受害患者、医疗机构和全体患者利益关系是医疗损害责任制度改革的基本要求

法律系为人之利益而制定。[⑤]改革医疗损害责任制度,制定相应的法律,也必须为

---

① 参见杨立新:《民法总论》,高等教育出版社2007年版,第55页。

② [美]萨托利:《民主新论》,冯克利译,东方出版社1993年版,第340页。

③ 参见王轶:《民法价值判断问题的实体性论证规则——以中国民法学的学术实践为背景》,载《中国社会科学》2004年第6期。

④ 参见吴友军、姜大元:《市场经济的价值规范与社会主义的精神实质》,载《学习时报》2007年7月28日。

⑤ 参见郑玉波:《法谚(二)》,法律出版社2007年版,第9页。

人的利益而为。改革医疗损害责任制度必须依照坚持科学发展观、构建社会主义和谐社会的要求,根据我国的具体国情和医疗损害的实际情况进行。改革医疗损害责任制度,贯彻科学发展观,着重关注的必须是人,必须以人为本。医疗损害中的人,首先是受害患者一方,他们是权利受到损害的受害人,是最需要保护和关心的人群。在医疗损害责任制度改革中,必须关注受害患者一方的利益诉求,确立有效的保护方法和救济措施;使受害患者一方受到的损害能够得到充分的救济,使他们的合法权益能够得到有效的保护。

但是,在医疗损害责任制度调整的范围内,除了应当保护受害患者一方的利益之外,还存在其他应当保护的利益。首先,应当考虑保护医疗机构的利益。由于我国的医疗制度确实具有一定的福利性,令其承担完全市场化的损害赔偿责任是不公平也是不合理的;任何医疗技术和医疗手段都具有风险性,患者接受某项医疗措施实际上就等于接受了这种医疗风险;医疗损害结果发生的原因复杂,通常都不是由单一的医疗过失行为引起的,而是有多个原因;医学需要通过医疗实践去发展,医疗机构担负着发展医学造福人类的重大职责。因此,在医疗损害责任中不能对医疗机构科以过重的赔偿责任,以保护医疗机构的正当利益,促进医学科学的发展。其次,还应当考虑保护全体患者的利益。在我国现行医疗体制下,医院的经费基本上来源于患者收费,支付给受害患者的赔偿金只能从医院的经费中支出。如果医疗机构承担的赔偿数额过高,超过必要限度,必然会损害医院的利益。而医院为了寻求经费的供求平衡,也必然会向患者收取更多的费用,最终转嫁到全体患者身上,以由全体患者多支出医疗费用的方法承担赔偿责任。目前各地医疗机构普遍存在的过度检查现象已经说明了这一点。因此,在改革医疗损害责任制度中,必须保护好全体患者的利益;而保护全体患者的利益就是保护全体人民的利益,不能使中国最广大人民群众的根本利益因此而受到损害。

统筹协调各方面利益关系,妥善处理社会矛盾。适应我国社会结构和利益格局的发展变化,形成科学有效的利益协调机制、诉求表达机制、矛盾调处机制、权益保障机制。坚持把改善人民生活作为正确处理改革发展稳定关系的结合点,正确把握最广大人民的根本利益、现阶段群众的共同利益和不同群体的特殊利益的关系,统筹兼顾各方面群众的关切。① 这些要求,是改革我国医疗损害责任制度,平衡受害患者、医疗机构和全体患者利益关系的指导方针。改革医疗损害责任制度,既要保护受害患者的利益,也要保护医疗机构和全体患者的利益,在原《侵权责任法》的立法中反映各方的利

---

① 参见《中共中央关于构建社会主义和谐社会若干重大问题的决定》,载 http://politics.people.com.cn/GB/1026/4932440.html。

益诉求，统筹兼顾最广大人民的根本利益、现阶段群众的共同利益以及不同群体的特殊利益，形成科学有效的受害患者利益、医疗机构利益和全体患者利益的协调机制和权益保障机制，就是改革医疗损害责任制度的基本要求和根本目标。

（三）过错责任原则是建立和谐医患关系调整三者利益的最佳平衡器

如何调整受害患者、医疗机构和全体患者之间的利益关系，最好的平衡器，就是侵权责任法的过错责任原则。

过错责任原则是法的价值的一种特殊的表现形态，反映了统治阶级利益和意志要求与一定社会关系及其秩序之间的特殊效用关系；是法律化的统治阶级意志对一定社会关系发挥能动作用，并通过此种作用体现出统治阶级意志和利益。① 过错责任原则尽管产生在资本主义社会的经济条件下，但在社会主义社会中同样具有重要作用。它不仅具有纯化道德风尚、确定行为标准、预防损害发生等社会功能，更重要的是，它能够协调各种利益冲突，维护社会的公平和正义。在现代社会，几乎所有的人都离不开医疗。因此，全体患者的利益差不多等同于全体人民的利益。“人民之安宁乃最高之法律。”②一个法律制度的基本考虑，必须平衡各方利益，并且以最广大人民群众的根本利益为基本出发点，始终代表人民群众的根本利益。在医疗损害责任中，过错责任原则的重要作用就是平衡三者利益关系，建立和谐的利益关系结构。过错责任原则的平衡作用表现在：第一，没有医疗过失医疗机构就没有责任。诚然，医疗损害责任制度以保护受害人以及受害患者一方的利益为己任，但并非凡是患者发生损害医疗机构就都予以赔偿，而是医疗机构及医务人员必须存在医疗过失才发生赔偿责任。正如德国法学家耶林所说，“使人负损害赔偿的，不是因为有损害，而是因为有过失，其道理就如同化学上之原则，使蜡烛燃烧的，不是光，而是氧”。③ 因而，损害虽已发生，但仍不成立侵权行为者有之。④ 第二，医疗机构仅仅就自己的医疗过失所造成的损害承担赔偿责任。在医疗机构就已经造成的医疗损害应当承担赔偿责任时，依据过错责任原则的要求，还应当适用比较过错、比较原因力等规则，将不应当由医疗机构承担的部分责任，在损害赔偿责任中予以扣除；合理确定医疗机构的赔偿责任，而非一律全部赔偿。第三，基于医疗过失的非严重程度适当限制精神损害抚慰金的赔偿数额。医疗过失不具有恶意，仅仅存在一般过失或者重大过失，与一般的侵权行为有所不同；因而在确定医疗损害责任的精神损害抚慰金时，应当予以适当限制，不能赔偿过高。美国加州医疗损害赔偿改革的经验告诉我们，高额的赔偿金给受害人带来的是损害赔偿请求权的满足，

① 参见王利明：《侵权行为法归责原则研究》，中国政法大学出版社 2003 年版，第 34 页。
② 郑玉波：《法谚（一）》，法律出版社 2007 年版，第 3 页。
③ 转引自王泽鉴：《民法学说与判例研究（一）》，三民书局 1979 年版，第 150 页。
④ 参见郑玉波：《法谚（一）》，法律出版社 2007 年版，第 97 页。

但随之而来的就是医生为了转嫁这样的风险而发生患者医疗费用大幅度提高的后果。加州《医疗损害赔偿改革法》采取限制精神损害抚慰金数额等措施,使加州医疗损害赔偿制度保持了将近30年的稳定,成为美国医疗损害赔偿制度改革的样板。借鉴这些经验,对医疗损害责任中的抚慰金赔偿数额进行限制,符合过错责任原则的要求,也能够平衡三者之间的利益关系,使医患关系得到明显改善。当然,不同类型的医疗损害责任应当适用不同的归责原则。例如,确定医疗产品损害责任,就应当适用无过错责任原则,而不是过错责任原则。

(四)坚持民事诉讼武器平等原则,妥善处理诉讼机会和诉讼利益的平衡

人格平等原则反映在诉讼中,程序正义要求诉讼双方享有平等的程序权利,[①]必须保证诉讼双方当事人地位平等、机会平等和风险平等,这就是民事诉讼中的“武器平等原则”。该原则来源于宪法的平等权保障的要求:在地位上,当事人不论是攻击者(原告)还是防御者(被告),也不论其在诉讼外的实体法律关系是否有上下从属关系,在诉讼中均享有相同的地位;在机会上,当事人享有平等地接近、利用法院的机会,以及提出攻击、防御方法的机会;在风险上,诉讼的胜败风险,对双方当事人应为平等分配,不应由一方负担较高的败诉不利益风险,而另一方负有较低的败诉不利益风险。因此,“武器平等”不仅是形式上的平等,也须为实质平等的保障。[②] 原告和被告只有以平等或对等的诉讼权利武装自己,在一个平等的环境中赢得诉讼,才是公平的。[③] 在医疗诉讼中,长期以来,作为主张权利的一方即受害患者一方,在诉讼中经常处于劣势,具体表现在:一是事实上不知,无法掌握医疗过程以及损害发生的实际情况;二是专业上不知,即使是患者亲身经历了医疗过程,但欠缺医疗专业知识,难以陈述具体治疗经过和医疗机构的过失;三是证据的偏在,医疗文书和资料不掌握在患者一方。因而,在医疗损害责任诉讼中,在诉讼政策上适当向受害患者一方倾斜是正确的。对此,世界各国的医疗损害责任法也都是如此,唯此才能够保证双方当事人之间的平等关系,做到武器平等。[④] 但是,在诉讼中过于向受害患者一方倾斜,将两个侵权责任要件即因果关系要件和过错要件的举证责任完全推给医疗机构一方,受害患者对此不承担举证责任,必然会造成双方当事人在诉讼中的地位失衡、机会失衡、风险利益关系失衡;导致作为防御一方的医疗机构疲于应对具有巨大诉讼压力、超出其负担能力的医疗损害责任诉讼,处于诉讼的劣势地位,负担过高的机会和风险利益的负面压力,不符合武器平等原则的要求,自然会形成防御性医疗。改革医疗损害责任制度,在程序上就必须区别不

---

① 参见王利明:《民法典体系研究》,中国人民大学出版社2008年版,第327页。

② 参见沈冠伶:《民事诉讼证据法与武器平等原则》,元照出版有限公司2007年版,第92页。

③ 参见邵明:《民事诉讼法理研究》,中国人民大学出版社2004年版,第102页。

④ 参见沈冠伶:《民事诉讼证据法与武器平等原则》,元照出版有限公司2007年版,第92页。

同情况，分别适用举证责任倒置或者举证责任缓和规则，完全的过错推定或者不完全的过错推定规则，才能够做到双方当事人的武器平等，保障地位平等、机会平等和风险利益平等，使医患关系协调发展。欲以一个简单、一致的方式通盘适用于所有事件，既可能不符合个案正义，也未必适当。[①] 因此，在医疗损害责任制度改革中，也必须对与其相适应的程序制度以及具体的举证责任制度进行改革，以程序上的公平来保证实体法公平的实现。

四、我国医疗损害责任制度改革的基本目标和基本内容

（一）改革我国医疗损害责任制度应当遵循的基本目标

在医疗损害责任制度发展的第三个阶段刚刚开始的时候，恰好正在制定原《侵权责任法》。原《侵权责任法》确立的医疗损害责任制度的基本目标是：建立一个一元化结构的医疗损害责任制度，改变二元结构医疗损害责任的法律适用矛盾状况；建立统一的、完善的医疗损害责任制度，统筹兼顾，公平、妥善地处理受害患者的利益保护、医疗机构的利益保护以及全体患者利益保护之间的平衡关系，推进社会医疗保障制度的健全发展，保障全体人民的医疗福利。

（二）原《侵权责任法》改革医疗损害责任实现的基本内容

原《侵权责任法》重新构造我国的医疗损害责任制度，其基本内容是"一元化、三类型"，包括以下六个方面。

1. 统一医疗损害责任概念

原《侵权责任法》摒弃医疗事故责任和医疗过错责任两个不同概念，使用统一的"医疗损害责任"概念。[②] 应当看到，这不仅仅是一个侵权责任法的概念的统一，更重要的是结束了医疗损害责任分割的法制不统一现状，统一了法律适用规则。事实上，医疗事故和医疗过错两个概念并不存在原则的差别，对其强制性地进行分割，刻意强调其差别，是没有道理的。将所有的医疗损害纠纷规定为医疗损害责任，置于这个统一的概念之下，就能够制定一个统一的、一元化结构的医疗损害责任制度，保证适用法律的统一；用统一的尺度保护受害患者一方的权利，有利于维护司法权威和法律权威。使用这个概念的另一个重要意义，是切断《医疗事故处理条例》与侵权责任法的关系，在司法实践中不再适用该条例。

---

① 参见沈冠伶：《民事诉讼证据法与武器平等原则》，元照出版有限公司2007年版，第92页。

② 关于医疗损害责任概念的研究，请参见杨立新：《医疗损害责任概念研究》，载《政治与法律》2009年第3期。

2. 确定医疗损害责任的归责原则体系和基本类型

借鉴各国医疗损害责任的侵权法规则,确定我国医疗损害责任的归责原则体系由过错责任原则、过错推定原则和无过错责任原则构成。[①] 同时,根据医疗损害责任的具体情形和法律规则的不同,可以部分借鉴法国医疗损害赔偿法的做法,[②]将医疗损害责任分为三种基本类型,即医疗技术损害责任、医疗伦理损害责任和医疗产品损害责任,分别适用不同的归责原则和具体规则。

3. 确定认定医疗过失的一般标准

原《侵权责任法》明确规定认定医疗过失的标准是违反注意义务,医疗机构违反自己的注意义务,即存在医疗过失。[③] 根据不同医疗损害责任的类型,将医疗过失分为医疗技术过失和医疗伦理过失,分别确定医疗技术过失的标准和医疗伦理过失的标准。

4. 确定医疗损害责任纠纷案件的举证责任规则

在医疗技术损害责任中,应当由受害患者一方承担举证责任。受害患者一方无法举证证明过错的,可以有条件地实行举证责任缓和;能够证明表见证据的,推定医疗机构有医疗过失。如果受害患者能够证明医疗机构存在法定情形,亦可推定为医疗过失。

医疗伦理损害责任实行过错推定原则,原告承担医疗违法行为、损害事实和因果关系要件的举证责任。对医疗伦理过失要件实行推定,只要医疗机构没有尽到告知义务等伦理注意义务的,就推定为有过失;实行举证责任倒置,由医疗机构负担举证责任。

在药品、消毒产品、医疗器械和血液及制品等医疗产品的损害责任中,医疗违法行为、损害事实和因果关系要件都由受害患者一方承担举证责任。如果医疗机构认为损害是由受害患者故意引起的,实行举证责任倒置,由医疗机构承担举证责任;不能证明的,成立医疗损害责任。对于医疗机构或者医疗产品销售者的过失,应由受害患者一方证明。

因果关系的举证责任应当由受害患者一方负担,在一般情况下,不能证明的,不构成医疗损害责任。但是,如果存在客观情况,受害患者一方无法承担举证责任,且医疗

---

① 关于医疗损害责任的归责原则的看法,请参见杨立新:《论医疗损害责任的归责原则及体系》,载《中国政法大学学报》2009 年第 2 期。

② 法国医疗损害赔偿法对医疗过错采取两分法,分为医疗科学过错和医疗伦理过错。笔者在区分医疗损害责任的类型时,首先借鉴这样的做法,分为医疗技术损害责任和医疗伦理损害责任,再加上适用无过错责任原则的医疗产品损害责任,采三分法,逻辑顺畅,结构明确,且符合我国实际情况。

③ 对于医疗过失的一般标准,笔者还专门写了文章。参见杨立新:《医疗过失的证明及举证责任》,载《法学杂志》2009 年第 6 期。

机构及医务人员的医疗行为很可能会造成该患者人身损害的,在达到表见证据规则要求时,可以推定该诊疗行为与患者人身损害之间存在因果关系。[①] 医疗机构主张无因果关系的,实行举证责任倒置,由医疗机构承担举证责任。不过,这个规则没有被立法机关所采纳。

5. 适用统一的人身损害赔偿标准并予以适当限制

医疗损害责任的赔偿不应当单独制定标准,在具体实施中,因医务人员的医疗过失造成患者人身损害的,由所属的医疗机构承担损害赔偿责任;在确定赔偿标准上,实行统一的人身损害赔偿标准。应当特别注意的是,医疗损害责任的赔偿有其特点,为了保障全体患者的利益不受损害,对医疗机构的损害赔偿责任应当进行适当限制。[②] 这种限制表现在四个方面:第一,医疗机构的赔偿责任,在确定时必须适用原因力规则,根据医疗行为对造成损害的原因力,确定具体的赔偿数额,将受害患者自身的疾病原因造成的损害结果予以扣除。第二,对医疗损害责任的精神损害抚慰金进行适当限制,医疗机构具有重大过失的,限制抚慰金限额,一般不超过 5 万元人民币;医疗机构具有一般过失的,可以不承担抚慰金赔偿责任。第三,实行损益相抵,受害患者因受到医疗行为损害而取得的其他补偿金,应当从赔偿金中予以扣除。[③] 第四,对于造成残疾的受害患者,以及其他应当给予未来的赔偿的受害患者,可以更多地适用定期金赔偿,而不采取一次性赔偿。这样不仅可以减轻医疗机构当时的赔偿负担,且在承担责任的原因消灭后,能够及时消灭医疗机构的赔偿责任。

6. 医疗损害责任鉴定的性质为司法鉴定

原《侵权责任法》对医疗损害责任的鉴定没有明文规定,但既然医疗损害责任不再以医疗事故作为基本类型,也就没有必要执行《医疗事故处理条例》关于医疗事故鉴定制度的规定。因此,应当明确,医疗事故鉴定的性质为医学技术鉴定没有根本的改变,医疗损害责任鉴定的性质是司法鉴定,具体组织责任鉴定的不应当是医学研究机构,而是法院和法官。医学会不应当插手医疗损害责任鉴定的具体事宜,不得干预鉴定的过程和鉴定结论,保证医疗损害责任鉴定依照司法鉴定的程序进行,以保障鉴定程序和实质的公平。应当打破由医疗研究部门独家垄断的做法,实行科学的、符合司法规律的医疗损害责任鉴定制度。对医疗损害责任医学司法鉴定结论应当像对待其他司法鉴定一样,法官有权组织并进行司法审查,有权决定是否应当重新鉴定,有权决定对鉴定结论是否采信,并且鉴定专家有义务出庭接受当事人的质询。如果有充分的根

---

① 参见曾淑瑜:《医疗过失与因果关系》,翰芦图书出版有限公司 2007 年版,第 350 页。

② 对此,可以参见杨立新:《医疗过失损害赔偿责任的适当限制原则》,载《政法论丛》2008 年第 6 期。

③ 对此可以借鉴美国加州医疗损害赔偿改革法关于禁止同一来源规则适用的规定。参见杨立新:《医疗侵权法律与适用》,法律出版社 2008 年版,第 132 页以下。

据,法官有权依据调查的事实,或者根据更有权威的鉴定结论而否定先前的鉴定结论。只有这样,才能够保证医疗损害责任认定的准确性和合法性,才能充分保护患者的合法权益不受侵害。对此,最高人民法院《关于适用〈中华人民共和国侵权责任法〉若干问题的通知》第3条明确规定:"人民法院适用侵权责任法审理民事纠纷案件,根据当事人的申请或者依职权决定进行医疗损害鉴定的,按照《全国人民代表大会常务委员会关于司法鉴定管理问题的决定》《人民法院对外委托司法鉴定管理规定》及国家有关部门的规定组织鉴定。"这个规定表明,医疗损害责任鉴定是司法鉴定,应当依照立法机关的规定进行,没有司法鉴定资格的人无权对医疗损害责任进行鉴定。无论是医学专家还是法医,首先应当取得医疗损害责任鉴定资格,然后才能进行医疗损害责任鉴定,这不是医学会等学术机构能够组织进行的。

五、《民法典》对医疗损害责任制度改革的坚持

《民法典》规定医疗损害责任规则,仍然坚持原《侵权责任法》对医疗损害救济制度的改革,没有改变其基本规则,只是对有些具体问题作了修改。

第二节　医疗伦理损害责任

《民法典》第1219条规定的是医疗伦理损害责任:"医务人员在诊疗活动中应当向患者说明病情和医疗措施。需要实施手术、特殊检查、特殊治疗的,医务人员应当及时向患者说明医疗风险、替代医疗方案等情况,并取得其书明确同意;不能或者不宜向患者说明的,应当向患者的近亲属说明,并取得其明确同意。""医务人员未尽到前款义务,造成患者损害的,医疗机构应当承担赔偿责任。"

一、医疗伦理损害责任概述

(一)医疗伦理损害责任的概念和特征

医疗伦理损害责任,是借鉴法国的医疗伦理过错概念。使用这个概念,既能够概括这一类医疗损害责任的基本特征,又能够揭示这一类医疗损害责任的具体规则。

医疗伦理损害责任,是医疗损害责任的基本类型之一,是指医疗机构和医务人员违背医疗良知和医疗伦理的要求,违背医疗机构和医务人员的告知或者保密义务,具有医疗伦理过失,造成患者人身损害以及其他合法权益受损的医疗损害责任。构成这类医疗损害责任,必须具备医疗伦理过失,即医疗机构或医护人员在医疗活动中,未对

病患履行充分告知或保密等义务,或者未取得病患同意即采取某种医疗措施或停止继续治疗等疏忽和懈怠,而造成患者的人身损害以及其他合法权益损害应当承担侵权责任。

医疗伦理损害责任的法律特征如下:

1. 构成医疗伦理损害责任以具有医疗过失为前提。医疗伦理损害责任以具备医疗过失为构成前提,以此与医疗产品损害责任相区别。如果医疗机构以及医务人员没有过失,就不构成这种医疗损害责任。

2. 医疗伦理损害责任的过失是医疗伦理过失。医疗伦理损害责任的过失是医疗伦理过失,以此与医疗技术损害责任相区别。医疗伦理过失与医疗技术过失不同,不是违反当时的医疗水平所确定的高度注意义务,而是违反医疗良知和医疗伦理,违反告知义务、违反保密义务等伦理性义务的疏忽或者懈怠。

3. 医疗伦理过失的认定方式是过错推定。医疗伦理过失与医疗技术过失的认定方式不同,不是采取证明的方式,而是采取推定的方式。只要受害患者一方能够证明医疗违法行为、损害事实以及因果关系的要件,法官就可以直接推定医疗机构及医务人员具有医疗伦理过失。推定之后,实行举证责任倒置,由医疗机构及医务人员承担举证责任,证明自己没有过失。这也是与医疗技术损害责任的显著区别。

4. 构成医疗伦理损害责任不仅包括患者的人身损害而且包括其他民事权益的损害。在医疗技术损害责任构成中,只包括受害患者的人身损害事实,不包括其他民事权益的损害。但是,在医疗伦理损害责任构成中,不仅包括受害患者的人身损害事实,而且包括患者的其他民事权益的损害事实;并且更主要的不是人身损害事实而是其他民事权益的损害,如知情权、自我决定权、隐私权等的损害是医疗伦理损害责任损害事实的常态。

(二)医疗伦理损害责任的类型

医疗机构和医务人员违背医疗良知和医疗伦理,违反告知或保密义务的医疗伦理损害责任的分为五种基本类型。

1. 违反资讯告知损害责任

违反资讯告知损害责任,是指医疗机构未对病患充分告知或者说明其病情,未对病患提供及时有用的医疗建议的医疗损害责任。这种医疗损害责任违反的是医疗良知和医疗伦理,没有善尽对患者所负的告知义务、说明义务、建议义务等积极提供医疗资讯义务,这种过失侵害患者知情权的侵权行为。

这种医疗损害责任类型最为典型的案例是日本 × 教派输血案。“ × 教派”的忠实教徒 A 罹患肝脏肿瘤,就诊于东京大学医科学研究所附属医院。患者 A 在就诊时明确表示因输血违背自己的宗教信念而拒绝接受伴有输血的医疗行为,但是在接受肝脏肿瘤摘除手术的时候,医生对她实行了伴有输血的医疗行为,手术成功。该患者后来得知自己在医疗过程中被输血的消息后,精神极度痛苦于是对医院及医生提起损害赔偿之诉。后来,该患者在诉讼中死亡,由其继承人继承诉讼。日本东京地方法院1997年3月12日第一审认为,为救他人的生命而进行的输血行为,乃属于社会上的正当行为,故以无违法性为由驳回原告的诉讼请求。第二审法院认为,因医师违反说明义务,以至于患者的自我决定权受到侵害,因此被告构成侵权行为,判令被告赔偿原告55万日元。第三审法院即最高裁判所第三小法庭认为,患者认为输血会违反自己宗教信念而明确作出拒绝伴有输血的医疗行为的意思时,该意思决定权应为人格权之内容,医院对此意思决定权应予以尊重。根据本案的事实,手术时除输血以外别无其他救命方法。但在入院时,医生应对患者说明在医疗过程中必要情况下,还是要输血。是否要接受该医院的手术,应该属于患者的自我决定权。本案被告怠于履行上述告知义务,因此可以认为其已经侵害了患者的自我决定权,即被告已经侵害了患者的人格权。因此,被告应该就受害人所受的精神痛苦承担慰抚金损害赔偿责任。[①] 手术中患者失血过多,必须输血,因此,本案的医师并非给患者输血具有过失,而是未向患者履行告知义务的过失。

2. 违反知情同意损害责任

违反知情同意损害责任,是指医疗机构及医护人员违反其应当尊重病患自主决定意愿的义务,未经病患同意,即积极采取某种医疗措施或者消极停止继续治疗的医疗损害责任。这种医疗损害责任,违反的也是医疗良知和医疗伦理,因为不经患者同意,就采取积极行为或者消极行为,侵害了患者的自我决定权。

在日本,最早出现“告知、承诺”文字的判决之一,是1971年5月19日东京地方法院的裁判。原告的右乳房发现恶性肿瘤,医师在得到其同意的情况下实施了乳房切除手术。但在切除了右乳房后又对其左乳房做了病理切片检查,发现左乳房属于乳腺症。医师在没有得到本人的同意下,将其左乳房也切除了。判决认为,全部切除女性乳房内部组织对于患者来说从生理机能到外观上都是具有非常重大后果的手术,为此,被告在切除原告左乳房手术时,必须重新取得患者的同意。在获得患者同意前,作为前提,医师有必要就症状、手术的必要性作出说明。像本案中这样的对手术有无必要存在不同见解的场合,更有必要尊重患者是否接受手术的意思。因此,医师应当把上述情况向患者作出充分说明并取得同意后才能进行手术。医师在没有取得患者同意的情况下切除左乳房手术的行为属于违法行为,判决其支付损害

---

① 本案为日本最高裁判所2000年(H12)2月29日第三小法庭判决。本案的素材系由日本东海大学法学部刘得宽教授提供。

赔偿金。[1] 这种侵权行为是典型的未经同意而采取积极的医疗行为，侵害的是患者的自我决定权。

在研究违反资讯告知义务与违反知情同意这两种医疗损害责任的举证责任时，两种医疗损害责任的过失之间，曾被认为具有手段与目的的关系。医疗资讯义务，旨在保护病患的自主决定权，以充实或健全病患决定接受或不接受某种医疗措施的意愿；而病患是否得以自由自主地行使其决定权或同意权，亦有赖于获取充分而有用的医疗资讯。医疗资讯义务的违反，往往被推断为病患未同意接受某种医疗措施，因此，两种医疗过失的举证责任并没有区别。但是，在具体的医疗损害责任类型上，两种医疗损害责任有明显的区别。例如，在违反资讯告知的损害责任中，侵害的是患者的知情权；违反病患同意损害责任中，侵害的是患者的自我决定权。

二、医疗机构和医务人员履行告知义务的重要意义

违反资讯告知和违反知情同意的医疗伦理损害责任的基础，是医疗机构和医务人员负有的告知义务；确定过失的基准，都是医疗机构及医务人员违反其告知义务。因此，研究医疗伦理损害责任，必须重点研究医疗机构及医务人员的告知义务。

(一) 医疗机构和医务人员告知义务的性质

医疗机构的告知义务是一种法定的合同义务，体现了法定性和意定性的融合。换言之，医疗机构的告知义务既是合同义务，也是法定义务。

1. 医疗机构告知义务的意定性

医疗活动的基础是医疗合同，医疗机构的医务人员通过向患者提供医疗技术服务，实现救治病患的目的。在此前提下，医疗机构承担诊疗义务、告知或者说明义务、劝告转诊义务、取得同意义务、保密义务、制作治疗记录义务及报告义务等。[2] 患者在医疗合同中，享有知情权和自我决定权；也承担支付医疗报酬义务、接受并协助治疗义务、诚实陈述病情等义务。医疗机构必须通过诊断并进行详细的说明，出具诊疗方案，在获得患者的有效承诺后，展开治疗。医疗机构如果不履行或者不充分履行告知义务，就违反了作为合同当事人一方的医疗机构应当承担的义务，构成违约责任。因此，医疗机构作为合同当事人的告知义务是合同义务，是意定性义务。

2. 医疗机构告知义务的法定性

我国《执业医师法》《医疗事故处理条例》《医疗机构管理条例》等法律、法规都明

---

① 判例时报第660号，日本判例时报社，第62页。转引自段匡、何湘渝：《医师的告知义务和患者的承诺》，载梁慧星主编：《民商法论丛》（第12卷），法律出版社1999年版，第159～160页。

② 参见黄丁全：《医事法》，中国政法大学出版社2003年版，第173～174页。

确规定患者的知情同意权和医疗机构的告知义务。因此,告知义务也是法定义务。

我国最早涉及医疗机构告知义务和患者知情同意权的法规是《医疗机构管理条例》及其实施细则,其中提到了患者的同意问题,但没有直接提出患者的知情同意权,当然也没有提到医疗机构的告知义务。《执业医师法》(1999 年 5 月 1 日实施,2009 年 8 月修订)第 26 条规定:"医师应当如实向患者或者其家属介绍病情,但应注意避免对患者产生不利后果。医师进行实验性临床医疗,应当经医院批准并征得患者本人或者其家属同意。"《计划生育技术服务管理条例》(2001 年 10 月 1 日实施,2004 年 12 月修订)第 3 条规定:"计划生育技术服务实行国家指导和个人自愿相结合的原则。公民享有避孕方法的知情选择权。国家保障公民获得适宜的计划生育技术服务的权利。"《医疗事故处理条例》第 11 条规定:"在医疗活动中,医疗机构及其医务人员应当将患者的病情、医疗措施、医疗风险等如实告知患者,及时解答其咨询;但是,应当避免对患者产生不利后果。"这些规定,都是规定医疗机构的告知义务以及患者的知情权和自我决定权。

世界各国法律重视医疗机构告知义务的原因,在于医疗行为本身的特点决定了必须将意定性的告知义务上升为强行性的法定义务。具体的理由是:第一,医疗机构告知并获得患者或其监护人同意是具有侵袭性的医疗行为具有合法性的前提。第二,医疗行为具有较高的风险性。为达成某种有益于社会目的的行为,虽然在其性质上经常含有某种侵害法益的抽象危险,但此种危险如符合社会一般意识,即应容许其危险行为为适法行为。① 医疗行为的风险性、信赖性、专业性和患者的广泛性等因素,使医疗机构的告知义务具备了由约定义务上升为法定义务的合理性。第三,"知情—告知—同意"模式正确地反映了医患之间的权利义务关系本质。在信息严重不对称的医患合同关系中,这种模式反映了医患关系权利义务的本质特点。因此,法律将这种约定的义务规定为强制性的法定义务,就是要加强它的强制性,使之成为强制性的、附有责任支持的法定义务,以保障患者的权利。

(二)医疗机构告知义务的来源

医疗机构告知义务的来源,是患者享有的知情权和自我决定权。正是由于患者享有知情权和自我决定权,医疗机构才应当对患者履行告知义务。在医疗领域,创设告知义务是因为具有侵袭性的医疗行为必须获得正当性基础,而患者的知情权和自我决定权就是阻却侵袭性医疗行为违法性的法定事由。

患者的知情同意权具有如下内容。

---

① 参见邱聪智:《医疗过失与侵权行为》,载邱聪智:《民法研究》(一),中国人民大学出版社 2002 年版,第 303 页。

1. 充分知情权

首先,由于医疗知识具有专业性,因此要求医生以浅显易懂的语言介绍,使患者能够了解自己的病情、可供选择的治疗方案及其成功率和治疗效果、检查治疗的价格等,最终使患者能够准确理解,克服信息不对称的状况。其次,应该采取口头表达和书面说明并重的方法。鉴于我国的现实状况,单一的书面告知会给部分患者带来理解上的困难,因此,要保证患者充分了解医疗机构的意见,医疗机构必须结合以上两种方式予以告知。

2. 自我决定权

在患者了解了医疗机构的专家意见之后,就会面临很多种选择。是拒绝还是同意;选择何种方案治疗;是否治疗;选择在哪家医院治疗;选择中医、西医还是民族医治疗,这时就产生了患者的同意权与拒绝权。自我决定权是抽象人格权,①对于患者本人具有重要意义。它的行使,可以使医疗机构侵袭患者人身的行为具有阻却违法的性质,从而成为合法行为。如果未经患者决定或者同意,医生擅自决定接触并且侵袭患者身体,就构成侵权行为。《民法典》第130条规定:"民事主体按照自己的意愿依法行使民事权利,不受干涉。"这一条文规定的就是自我决定权。

(三)医疗机构告知义务的内容

医疗机构告知义务的内容主要是对患者作出决定具有决定性影响的信息。概括地说,医疗机构告知义务是医务人员在一般诊疗活动中应当向患者说明病情和医疗措施。需要实施手术、特殊检查、特殊治疗的,医务人员应当及时向患者说明病情、医疗措施、医疗风险、替代医疗方案等情况,并取得其书面同意。不宜向患者说明的,医务人员应当向患者的近亲属说明,并取得其书面同意。

1. 医疗机构的医疗水平、设备、技术状况等

不同的医疗机构能够满足不同的需要,其具体的医疗水平亦各有不同。因此,医疗机构必须将其医院等级、医院类别、现有硬件设备、医务人员的构成及专业水平、治疗经验、主治医师(药师)的健康状态等情况告知患者。比如,外科医生自身有诸如药物成瘾一类疾病的情况,就必须提前告知患者。②

2. 患者的病情以及医疗机构的检查、诊断方案

中医通常通过"望、闻、问、切"的传统方法来问诊,从而对患者的病情作出初步的判断,进而针对患者的个体情况提供一种或几种医疗方案。西医通常在问诊之后,需借助一定的医疗仪器或试剂对患者进行检查,依据检查的结果提出相应的医疗方案。

---

① 参见杨立新、刘召成:《抽象人格权与人格权体系之构建》,载《法学研究》2011年第1期。

② 转引自高也陶等:《中美医疗纠纷法律法规及专业规范比较研究》,南京大学出版社2004年版,第270页。

特殊检查和特殊治疗必须经患者同意后进行。《医疗机构管理条例实施细则》第88条第3款规定,特殊检查、特殊治疗是指具有下列情形之一的诊断、治疗活动:有一定危险性,可能产生不良后果的检查和治疗;由于患者体质特殊或者病情危笃,可能对患者产生不良后果和危险的检查和治疗;临床试验性检查和治疗;收费可能对患者造成较大经济负担的检查和治疗。此外,还包括医疗标准;官方确定的危险;物质性的标准,包括知道和应当知道的风险;物质性的主观或客观测试;非物质性的条件;揭示一般条件;物质材料的危险;如果接受治疗预后情况如何;实验和内科或外科医生的成功概率;医生的财务利益和奖励;①不同医疗方案(放射疗法、化学疗法、物理疗法)、不同医疗方法(中医、西医、民族医)之间在疗效、风险、副作用、并发症、合并症等方面的差别;医疗机构选择的医疗方案的成功率;是否会产生变性、截肢、绝育、母婴只能保全其一等不可逆结果;治疗后的必要措施以及是否需要复检等。

3. 检查、诊断结果的告知义务

医疗机构以及医务人员对于检查、诊断结果,应当告知患者或者患者的近亲属。没有履行告知义务,就构成医疗伦理过失。对此,我国台湾地区台北法院的一例判决很有借鉴意义。② A患者因身体不适到B医院就医,泌尿科医师判断为摄护腺肥大,应进行手术治疗。术前,医师会同胸内科医师进行心脏和胸部检查,在X光片中发现疑似有右上肺小的软组织结节、左上肺纤维化及发炎性结节,但经治医师并没有告知患者A。术后患者未愈,医师又进行术前X光检查,进一步查明患者右侧肺门凸出及密度增加,轻度左上肺纤维钙化病变,建议进一步检查。经治医生仍然未告知患者,致使患者不知道进一步检查的必要。出院后,患者因久咳不愈,2年后经检查,已经恶化为第四期肺癌,存活率已经从第一期治愈后可有70%~85%的概率剧降为1%以下。A患者起诉,法院确认被告B医院有医疗过失,应当承担赔偿责任。

4. 转医或转诊的告知义务

转医或转诊义务,是指医生将本专业领域之外的患者或者超出本人治疗能力的患者安全、快速转运到有条件加以治疗的医院的义务。一般来讲,转医的告知义务主要发生于以下几种情形:(1)患者的疾病属于医生专门领域之外;(2)医生对患者的诊疗能力不充分或不具备;(3)对患者存在更适当的诊疗方法且该方法用于患者比不转诊有更明显的改善效果。③ 当然,医疗机构还必须告知患者转医治疗的可能性。比如说,

---

① 转引自高也陶等:《中美医疗纠纷法律法规及专业规范比较研究》,南京大学出版社2004年版,第270页。

② 台湾地区台北法院2006年医字第19号民事判决。

③ 参见[日]松山恒昭:《转医义务(2)》,载根本久编:《裁判实务大系17:医疗过误法》,第227~228页。转引自梁慧星主编:《民商法论丛》(第9卷),法律出版社1998年版,第734页。

患者病情极其严重不适合长途转医或者地理位置非常偏僻等情况。

我国的非营利性公立医疗机构居于主导地位,但是其中某些医疗机构仍然会考虑到本院的经营效益问题,违背诚实信用原则,不履行转诊告知义务。不履行转诊告知义务的结果往往是延误了患者医治疾病的最佳时机,从而加速患者病情恶化或者导致死亡,侵害了患者得到适当治疗后追求生活方式、生活质量、适当治疗机会以及期待得到符合医疗水准治疗的期待利益。[①] 在我国的审判实践中也存在未尽转诊说明义务而承担损害赔偿的案例。[②]

5. 告知义务的例外

当然,并不是在一切情况下医疗机构都需要履行告知义务。不需要说明的情况有:(1)依据法律给予医生强制治疗的权限;(2)危险性极其轻微,并且发生的可能性几乎没有;(3)患者非常清楚自己的症状;(4)患者自愿放弃接受医生的说明;[③](5)由于事态紧急无法取得患者的承诺;(6)如果加以说明可能给患者招致不良影响。[④] 最后一种情形需要进一步检讨。当患者得了绝症的时候,医疗机构有必要在适当时间以适当的方式告知患者的近亲属,并取得患者近亲属的同意。只有这样,才能够体现对人的尊严与自由的实质尊重。

(四)医疗机构告知义务的履行

1. 告知义务与医疗机构的自由裁量权

1956 年,美国社会学家萨斯和荷伦德首次提出医患关系的基本模式,根据医师与病患的地位、主动性的大小,将医患关系分为三种模式:(1)主动被动模式;(2)指导合作模式;(3)共同参与模式。[⑤] 第一种模式体现了父权式的医患关系。第二、三种模式都体现了平等的医患关系。

在传统父权式的医患关系模式下,告知义务受制于医疗机构的自由裁量权。这种制约的前提在于:法律必须假定,当患者不能够独立进行意思表示的时候,医疗机构天然地获得急症患者或者其法定代理人的同意;因为在急症的情况下,各方对生命的价

① 参见夏芸:《不作为型医疗过误的期待权侵害理论》,载梁慧星主编:《民商法论丛》(第 32 卷),法律出版社 2005 年版,第 207～208 页。

② 参见杨太兰主编:《医疗纠纷判例点评》,人民法院出版社 2003 年版,第 31 页。

③ 到目前为止,关于放弃知悉权的规定仅见于《荷兰民法典》第 7:449 条:“倘若病人明示不愿接受信息,则就不应当提供信息,除非不提供信息对病人或其他人的不利后果超过了病人放弃信息的利益。”[德]克雷斯帝安·冯·巴尔:《欧洲比较侵权行为法》(下卷),张新宝译,法律出版社 2001 年版,第 389 页。

④ 参见段匡、何湘渝:《医生的告知义务和患者的承诺》,载梁慧星主编:《民商法论丛》(第 12 卷),法律出版社 1999 年版,第 162 页。

⑤ 参见黄丁全:《医事法》,中国政法大学出版社 2003 年版,第 229 页。该书还详细地比较了三种医患模式,有参考意义。

值判断是一致的。救死扶伤的医疗伦理表明医疗机构会从患者的角度将其利益最大化。这种推定有利于保证患者的利益和建立和谐的医患关系。在平等的医患关系模式下,医疗机构的告知义务优于医疗机构的自由裁量权,无论患者的状况如何,医疗机构都应该以适当的方式履行告知义务。因为医疗机构必须时刻考虑到这种告知义务也是一种合同上的意思表示,不履行或者不充分履行告知义务都会直接导致患者同意的无效,从而使自己的医疗行为失去合法基础。

在欧洲,医生在治疗(基于诊断目的或直接的治疗目的)前必须正确告知病人其疗法所附带的风险,这已经为欧洲各国所共同认可。略有不同的是,医生在特定情况下,具体应该阐明到何种程度。[①] 这就是医师的自由裁量问题。在德国,1979 年 7 月 29 日联邦宪法法院的判决指出,必须取得患者对医师作出的全部诊断的、预防的以及治愈措施的有效同意,这是法的要求。这一规范的根据在于基本法宪法的诸原则之上,即所有的人都有义务尊重他人的人类尊严性以及自由、生命、人格的统一性权利。虽然患者由于患病,需要求助他人,可以考虑其有某种不健全性,但是根据人类自律性的原理,对自己的肉体如何处置,患者当然有着不受限制的自我决定权。[②]

正确的做法是,对于医师的自由裁量权应当限制,除非对患者履行告知义务对患者的健康有损害,否则都应当对患者善尽告知义务。如果不宜向患者履行告知义务的,医务人员应当向患者的近亲属说明;需要患者作出选择的,应当取得患者近亲属的书面同意。

2. 告知义务与同意医治的主体

患者是否具有完全的意思表示能力,是告知义务履行中的重大问题。如果患者具有完全民事行为能力,那么医疗机构就必须向其本人履行告知义务,患者本人就是同意医治的主体。如果患者不具有完全民事行为能力或者是无民事行为能力人,医疗机构必须向其监护人履行告知义务,患者的监护人就是同意医治的主体。在未得到患者或者其监护人同意的情况下,医疗机构具有侵袭性的医疗行为就不具备合法基础。如果医疗机构怠于获得患者本人或者其监护人的同意,那么医疗机构很有可能使患者错过医治的最佳时机。

---

① [德]克雷斯蒂安·冯·巴尔:《欧洲比较侵权行为法》(下卷),张新宝译,法律出版社 2001 年版,第 389 页。

② 参见段匡、何湘渝:《医师的告知义务和患者的承诺》,载梁慧星主编:《民商法论丛》(第 12 卷),法律出版社 1999 年版,第 158 页。

三、医疗伦理损害责任的归责原则与构成要件

(一)医疗伦理损害责任的归责原则

应当借鉴法国医疗伦理过错的概念,医疗伦理损害责任实行过错推定原则,直接推定医疗机构的过失;除非医疗机构能够证明自己的医疗行为没有过失,否则应当就其医疗伦理过错造成的损害(包括人身损害和精神损害)承担赔偿责任。

参考法国医疗损害责任法的基本做法,可以确定我国医疗伦理损害责任包括违反资讯告知损害责任、违反知情同意损害责任、违反保密义务损害责任、违反管理规范损害责任等类型。其中违反资讯告知损害责任,是医疗机构及医务人员在从事各种医疗行为时,未对患者充分告知或者说明其病情,未对患者提供及时有用的治疗建议,未保守与患者病情有关的各种秘密,因此违反医疗职业良知或者职业伦理上应当遵守的注意义务的医疗行为。违反知情同意损害责任,是未尽告知义务而未取得患者同意即采取某种医疗措施或者停止继续治疗,违反医疗职业良知或者职业伦理应当遵守的规则,侵害患者知情权和自我决定权等人格权的医疗行为。例如,未婚女青年小红前往北京某体检中心进行健康体检,进行妇科检查时处女膜破裂。为此双方发生争执并诉上法庭。北京市第一中级人民法院以体检中心违反了医疗机构的特定告知义务,存在主观过错为由,终审判令体检中心赔偿小红精神损害抚慰金1万元、交通费300元以及医疗费50元。[①] 因此,医疗机构未尽必要的告知义务,侵害了患者的自我决定权,可以直接推定其有过失,确定其承担赔偿责任。

在法国,1997年2月25日法院的一项判决改变了医疗损害责任中严苛的原告举证负担的做法,认为任何依照法律规定或者契约约定负有履行某种特定资讯义务者,应当举证证明其已履行此义务。医师对病患负有资讯义务,并应负担证明其已妥善履行此义务的责任。这项裁判宗旨背后的意义是,法律政策上不再认为医疗机构或医务人员通常均会善尽告知说明、建议或征得病患同意后才采取医疗措施。反而,未尽告知说明建议或征得病患同意的情形,成为具有原则性、常态性的事实,而被推定。此种推定,同时意味着法律政策上对医疗行业不再予以高度信赖,也多少说明了近代法国社会医患关系的紧张与不信任。[②] 在我国,对于医疗伦理损害责任实行过错推定原则的理由是:第一,资讯、保密等义务是医疗机构及医务人员应当履行的高度注意义务,是否履行,医疗机构及医务人员具有主动权,有责任提供证据证明。第二,受害患者一

---

① 参见郭京霞:《未尽告知义务致未婚女青年处女膜破裂　体检中心被判赔偿1万》,载 http://www.chinacourt.org/public/detail.php?id=277449&k_title=未尽告知义务&k_content=未尽告知义务&k_author=。

② 参见陈忠五:《法国法上医疗过错的举证责任》,载朱柏松等:《医疗过失举证责任之比较》,元照出版有限公司2008年版,第143、144页。

方在诉讼中已经证明了医疗机构及医务人员违反告知、保密等义务,按照违法推定过错的规则,可以推定医疗机构及医务人员存在过错。第三,在医疗中,患者通常处于被动状态,而医疗机构通常在告知等义务履行以及取得患者知情同意的时候,要签署同意书;因此,告知等义务的履行,通常可以通过提供“患者同意书”而得到证明。尽管实行推定过错,但如果医疗机构及医务人员已经善尽上述义务者,是能够举出证据证明自己没有过错的。因此,医疗伦理损害责任适用过错推定原则,是客观的,实事求是的,并非给医疗机构及医务人员增加诉讼上的负担,并不违反诉讼中的武器平等原则。

(二)医疗伦理损害责任的构成要件

医疗伦理损害责任适用过错推定原则,区别于医疗技术损害责任,也区别于医疗产品损害责任。其判断的标准,就在于医疗机构或医务人员负有告知或保密等义务,尊重患者的自我决定权,未善尽上述告知义务,侵害患者的自我决定权,造成患者民事权益损害。只要医疗机构和医务人员未善尽告知义务,即推定医疗机构存在医疗过失。医疗伦理损害责任的构成要件较为复杂,下面以违反告知义务的医疗损害责任为主,阐释医疗伦理损害责任的构成要件的内容。

1. 违法行为

构成医疗伦理损害责任的违法行为,表现为违反法定义务。医疗机构和医务人员的告知或保密等义务是一种法定义务。行为人违反这些法定义务,其行为就具有了违法性。

(1)违反告知义务的判断标准和类型

判断是否尽到告知义务的标准通常有合理医师说、合理患者说、具体患者说、折中说。合理医师说,是指一般医师负有说明的义务。合理患者说是指在医疗过程中,凡是一般患者所重视的医疗资料,医师都有说明义务。具体患者说,是指医师应否负具体说明义务,应就个别患者决定,凡依患者的年龄、人格、信念、身心状态,可确知某种医疗资料与患者的利益相结合,而为患者所重视的医疗资料,而医生有预见可能时,医师对该资料即有说明的义务。折中说是指医疗资料不仅为一般患者所重视,具体患者也同样重视,且为医师所能预见时,医师就有说明义务,是合理医生说和具体患者说的折中。① 我们应当采取折中说亦即合理医生说和具体患者说,医师若能预见患者有意思决定表示重视该情报,且该情报为这位医师知道或应当知道时,医师对这类情报即负有说明义务。②

① 参见黄丁全:《医事法》,中国政法大学出版社2003年版,第248页。

② 参见龚赛红:《医疗损害赔偿立法研究》,法律出版社2001年版,第172页。

判断医疗机构是否尽到告知义务的标准分为如下三个层次：

第一，当患者没有提出医疗期待时，医疗机构应该履行当前专科医院医疗水平告知义务。医疗机构应该首先向患者说明当前临床医疗实践中有效性和安全性①都得到认可的治疗方案。同时，医疗机构应该告知患者自己医院的类别（专科医院或综合医院）、准备采用的医疗方案和实施能力，以及本院是否达到当前专科医院的一般医疗水平等情况。

第二，在医疗过程中，医生应告知所患病名，可以选择的治疗方案，治疗方法和结果，药品的使用方法，治疗费用的情况，继续治疗和转医转诊方案，以及告知愈后、康复的注意事项。

第三，当患者提出其他医疗期待时，医疗机构应该履行其有效性和安全性尚处于被验证的医疗方案的告知义务。结合医院所处的环境等因素，某些医院还应该履行国际上有效性和安全性得到认可或正在被验证的疗法的告知义务。

违反告知义务的类型有以下几种：第一，未履行告知义务。这是违反告知义务的最基本形态。需要注意的是，在某些情况下医疗机构不需要履行告知义务。第二，未履行充分告知义务。这种违反告知义务经常表现为：未告知治疗过程中的并发症、药物的毒副作用、手术中擅自扩大手术范围、手术后必要的复查等。② 第三，错误告知。医疗机构由于疏忽等原因，错误告知患者的病情、医疗方案的成功率、副作用等。第四，迟延履行告知义务。这种情况经常导致患者失去治疗的最佳时机，患者的合理期待利益受到损害。比较典型的是，医疗机构迟延履行转诊告知义务。第五，履行了告知义务，但未经同意而实施医疗行为。告知的目的是获得患者或者其监护人的同意；因此，医疗机构尽管履行了告知义务，但是没有获得患者或者其监护人的同意就实施医疗行为的，仍然有可能构成侵权行为。

(2)违反保密等义务的判断标准

在医疗伦理损害责任中，违反保密义务的损害事实是患者的隐私权遭到侵害；而抱错孩子的医疗伦理损害，其损害事实则是违反医疗管理规范而使亲权关系受到损害。能够证明医疗机构及医务人员违反了保密义务或者其他义务，使患者的隐私利益、亲权利益等受到损害，就是没有尽到保密义务等绝对义务，就具有违法性。

2. 损害事实

医疗伦理损害责任构成要件的损害事实主要表现为侵害了患者的知情权、自我决

---

① 有关医疗水准的讨论，参见[日]新美育文：《医师的过失》，夏芸译，载张新宝主编：《侵权法评论》(第2辑)，人民法院出版社2004年版，第164～174页。

② 相关深入探讨参见 William J. Curran, Mark A. Hall, David H. Kaye, *Health Care Law, Forensic Science, and Public Policy*, Little Brown and Company, 1990, pp. 363－378。

定权、隐私权和身份权等。具体表现为以下具体的利益损害。

(1)现实权益损害

违反告知义务造成现实权益损害的表现形式有很多。第一,人身损害。比如,医生在剖腹产手术过程中认定再次怀孕将威胁病人的安全,于是在手术过程中未征求病人同意就进行绝育手术。① 在违反告知义务的医疗侵权中,更多的是对患者身体权的损害。第二,精神损害。前例中的当事人因绝育手术失去了享受天伦之乐的机会,也必然因此而承受巨大的精神痛苦。第三,财产损害,主要指直接财产损失。就直接财产损失而言,对前例,医疗机构必然要求当事人承担绝育手术的相关费用;在切除卵巢的情况下,当事人需要长期服用雌性激素维持女性的生理特征的费用;违反告知义务切除患者肢体,造成患者残疾所必须支出的费用等。

在违反保密义务或者管理规范等医疗伦理损害责任中,现实利益的损害包括隐私利益的被泄露,身份利益的实际损害等。

(2)期待利益损害

违反告知义务还会导致患者期待利益的损害,主要表现为患者丧失治疗最佳时机(包括存活机会)、最佳治疗方案,丧失其他可预见利益,其他间接性损害。

第一,丧失治疗最佳时机(包括存活机会)、最佳治疗方案。一方面,医疗机构没有履行转诊等告知义务,会使患者丧失确诊的最佳时机(比如,患者的病情已经由早期发展到晚期),最终不得不采取风险性和侵害性更大的治疗手段进行治疗,从而使患者支出了额外的治疗费用,承担了不必要的精神痛苦。在某些情况下,患者很可能就因此而丧失生命。1988 年"台上字第 1876 号"判决书认为,病人生命存活机会之丧失,被害人得请求损害赔偿。学者认为,因医师治疗疏忽致使病人丧失存活机会,该存活机会是对未来继续生命的期待,应属于人格完整性、人的存在价值及人身不可侵犯性等概念,因而应属于一般人格权。在其受到侵害时,得依据侵权法的规定,请求损害赔偿。② 另一方面,医疗机构怠于履行告知义务,可能剥夺了患者所认定的最佳治疗方案。不同的患者可能会结合其具体情况选择不同的治疗方案——保守治疗或者激进治疗。如果患者没有被告知,那么其相应的期待利益也就受到了侵害。

第二,丧失其他可预见利益。如在美容治疗中,美容师怠于向时装模特履行美容药物可能产生毁容的较大风险的告知义务,从而使消费者丧失了权衡利弊的机会,最

---

① 参见[德]克雷斯蒂安・冯・巴尔:《欧洲比较侵权行为法》(下卷),张新宝译,法律出版社 2001 年版,第 390 页。

② 参见陈聪富:《"存活机会丧失"之损害赔偿》,载陈聪富:《因果关系与损害赔偿》,北京大学出版社 2006 年版,第 174 页。

终产生了毁容的严重后果,导致该模特失去T型舞台工作。在这样的案例中,美容师就侵害了该模特的可预见利益。

第三,其他间接性损害。这种损害主要是指由于患者因医疗过失而导致其本可以抚养、扶养、赡养他人而无法给予他人的利益,也叫扶养来源的损害。

对于最高人民法院《关于审理医疗损害责任纠纷案件适用法律若干问题的解释》(2021)[以下简称《医疗损害责任司法解释》(2021)]第17条有关"医务人员违反民法典第一千二百一十九条第一款规定义务,但未造成患者人身损害,患者请求医疗机构承担损害赔偿责任的,不予支持"的规定,应当有正确的理解。如果说违反告知义务但未造成患者人身损害,不承担人身损害赔偿责任,是正确的;但是,如果认为违反告知义务患者请求精神损害赔偿责任,也不支持其诉讼请求,则是不正确的,因为违反告知义务的伦理损害赔偿责任的基本救济方法,就是精神损害赔偿。

3. 因果关系

医疗伦理损害责任构成中的因果关系要件,是医疗违法行为与损害事实之间的引起与被引起的关系。这种因果关系主要表现为未善尽告知义务的行为与知情权、自我决定权、隐私权、身份权以及相关利益受到损害之间的引起与被引起的关系;前者为因,后者为果。这种因果关系的证明,受害患者一方应当承担举证责任;在特殊情况下,实行举证责任缓和,受害患者一方承担表见证据证明后,由医疗机构承担举证责任,推翻因果关系的推定。

4. 医疗过失

医疗伦理损害责任构成的过失要件,采推定规则,即只要存在未善尽告知义务,即推定医疗机构和医务人员具有过失。

应当说明的是,上述医疗伦理损害责任构成要件的说明,主要针对的是违反告知、保密义务的医疗损害责任。在其他医疗伦理损害责任的构成要件上,应当参照上述论述,确定具体的侵权责任构成要件内容。

四、医疗伦理损害责任的责任形态和赔偿范围

医疗伦理损害责任的责任形态是替代责任。医务人员在执行职务中,造成患者人身损害或者其他损害,构成医疗伦理损害责任的,其直接责任人是医疗机构,而不是医务人员。医疗机构对医务人员造成的损害承担责任,受害患者一方应当直接向医疗机构请求赔偿。医疗机构承担了侵权责任之后,可以向有过错的医务人员进行追偿,要求其赔偿自己因承担赔偿责任而造成的损失。

医疗伦理损害责任的赔偿范围,与一般的医疗损害赔偿有比较明显的区别。原因是,医疗技术损害责任造成的损害后果就是人身损害,包括生命权、健康权和身体权的

损害。而医疗伦理损害责任的损害事实,主要不是人身损害事实(尽管也有人身损害事实),而是知情权、自我决定权、隐私权、身份权等民事权利的损害。因此,医疗伦理损害责任的赔偿,主要的方式应当是精神损害抚慰金赔偿,当然也包括造成财产损失的赔偿。规则是:第一,如果违反告知或者保密等义务造成患者人身损害,能够确定违反告知或者保密等义务的医疗行为与损害后果具有因果关系的,应当承担人身损害赔偿责任;第二,如果违反告知或者保密等义务,没有造成患者人身损害,仅仅是造成了知情同意权、自我决定权、隐私权、身份权等精神性民事权利损害的,则应当承担的赔偿责任是精神损害抚慰金赔偿。

医疗损害赔偿关系到全体人民的福祉,如果让医疗机构承担过重的医疗损害赔偿责任,可能有的医院就会面临经营困境,最后承担苦果的还是患者本身。因此,有必要从全局出发妥善地平衡医疗机构和患者之间的利益关系。因此,医疗机构承担精神损害抚慰金的赔偿,应当是象征性的,赔偿数额一般不应当过高。例如,在日本×教派输血案件中,判决的赔偿额,也不过55万日元,相当于3万元人民币而已。

至于造成的实际损失的赔偿,则应当依照全部赔偿原则,对于医疗伦理损害行为所造成的损害予以全部赔偿。

第三节　医疗技术损害责任

《民法典》第1221条和第1222条规定的是医疗技术损害责任。第1221条规定:“医务人员在诊疗活动中未尽到与当时的医疗水平相应的诊疗义务,造成患者损害的,医疗机构应当承担赔偿责任。”第1222条规定:“患者在诊疗活动中受到损害,有下列情形之一的,推定医疗机构有过错:(一)违反法律、行政法规、规章以及其他有关诊疗规范的规定;(二)隐匿或者拒绝提供与纠纷有关的病历资料;(三)遗失、伪造、篡改或者违法销毁病历资料。”

一、医疗技术损害责任概述

(一)医疗技术损害责任的概念

医疗技术损害责任,是借鉴法国的医疗科学过错的概念所进行的分类。由于医疗科学过错的概念不符合我国法律概念设定的习惯,同时也并非这类责任都是由于违反医学科学原理所致。因此,笔者选择了一个更为中性的概念,叫作医疗技术损害责任,比较容易被大家所接受,且更能够概括这种医疗损害责任所包含的医疗机构及医务人员违反医疗技术高度注意义务的基本特征。

医疗技术损害责任,是医疗损害责任的基本类型之一,是指医疗机构及医务人员在医疗活动中,违反医疗技术上的高度注意义务,具有违背当时的医疗水平的技术过失,造成患者人身损害的医疗损害责任。这种医疗损害责任的构成,必须具备医疗技术过失的要件,即违背当时医疗水平的疏忽和懈怠,造成患者人身损害,因而应当承担的侵权责任。

(二)医疗技术损害责任的法律特征

1. 构成医疗技术损害责任以具有医疗过失为前提

医疗技术损害责任以具备医疗过失为构成前提,以此与医疗产品损害责任相区别。在这一点上,医疗技术损害责任与医疗伦理损害责任是相同的,没有医疗过失,就不存在医疗技术损害责任。因此,如果医疗机构以及医务人员认为自己不存在医疗过失,就不构成医疗技术损害责任。这是医疗技术损害责任的最佳免责事由。

2. 医疗技术损害责任的过失是医疗技术过失

医疗技术过失,就是指法国法中的医疗科学过错。[①] 医疗技术损害责任构成中的过失,是医疗技术过失,而不是医疗伦理过失,并且以此与医疗伦理损害责任相区别。医疗技术过失是以违反当时的医疗水平所确定的医疗机构及医务人员所应当承担的高度注意义务为标准,是违反医学科学上或者技术上应尽的高度注意义务的疏忽或者懈怠,因此与医疗伦理过失不同。

3. 医疗技术过失的认定方式主要是原告证明

医疗技术过失与医疗伦理过失的认定方式不同,在一般情况下不是采取推定的方式,基本上采取原告证明的方式。受害患者一方不仅要证明医疗违法行为、损害事实以及因果关系要件的成立,还必须证明医疗机构及医务人员具有医疗技术过失。只有在特殊情况下,在受害患者一方已经证明到一定程度或者在法律规定的情况下,才可以推定医疗机构及医务人员具有医疗技术过失。

4. 医疗技术损害责任的损害事实只包括人身损害事实

在医疗技术损害责任构成中,损害事实只包括受害患者的人身损害事实,不包括其他民事权益的损害。只有医疗机构及医务人员在医疗活动中造成受害患者的生命权、健康权或者身体权的损害,才能构成医疗技术损害责任。而医疗伦理过失不仅可以造成人身损害,还可以造成知情权、自我决定权、隐私权等权利的损害。

---

① 在法国侵权法中,采用过错概念,而不采用过失的概念。按照我国台湾地区学者詹森林教授的解释,过错的概念包含违法性的要素在内;而过失的概念不包括违法性,而仅指违反注意义务。对此,与我国大陆侵权责任法理论理解的过错和过失的概念有所不同,应当注意区别。

(三)医疗技术损害责任的类型

1. 诊断过失损害责任

诊断过失损害责任是常见的医疗技术损害责任。最典型的诊断过失就是误诊。在一般情况下,法院对诊断过失损害责任的判断是非常谨慎的。一般认为,只有在根本未进行一些基本的诊断程序,或者在进一步的治疗过程中,未对初始的诊断发现加以审查时,才能构成误诊,并导致赔偿责任。可以借鉴的是法国最高法院的做法,即只有当误诊是源于对当前医学知识的过失不知时,误诊才表现为过错。因此,判断误诊的标准是,一个理性的医生不可能出现这样的错误,才可以被认定为误诊,才会承担赔偿责任。① 可以确定这样的标准,即一个理性的医师在疾病诊断中,作出了不符合医疗时的医疗水平的对患者疾病的错误判断,而是一个理性的医师是不可能出现这样的错误,就是诊断过失。

2. 治疗过失损害责任

医疗机构及医务人员在治疗中,未遵守医疗规范、规章、规程,未尽高度注意义务,实施错误的治疗行为,造成患者人身损害的,即为医疗过失损害责任。例如,脊椎穿刺行为本身就具有一定的危险,只有当这种方式没有必要或者在施行过程中有错误,并且造成了患者的人身损害时,才能认定为治疗过失,构成治疗过失的医疗技术损害责任。

在通常情况下,治疗过失损害责任须经证明。但是,在涂改、销毁、隐匿或者拒不提供病历以及其他医疗资料时,可以推定为医疗过失。这是因为,病历是患者及其治疗的基本医疗档案材料,并且是由医院建立、管理、保存的,患者自己无法掌控,医院必须以善良管理人的高度注意义务,妥善保管。患者及其家属或者关系人有权查阅、复制病历,医疗机构不得拒绝。医疗机构应当保持病历的完整性和真实性,不得涂改、销毁和隐匿。因医疗机构涂改、销毁或隐匿病历造成他人损害的,医疗机构应当承担赔偿责任。例如,2004 年6 月3 日早晨7 时许,患者崔某在怀孕38 周后感到腹部阵痛,到某区第二医院就诊生产。产科医生检查后认为,“胎位为正常头位、胎心正常;宫口未开,胎膜未破”。经崔某同意,决定实施剖腹产手术。上手术台时医院停电,麻醉师打开窗帘,借助自然光线做了硬膜外麻醉。9 时来电后,医生才用 B 超做术前胎心检查,胎心已由入院时的140 次/分减弱为34 次/分。医生补了麻药后开始手术。孩子出生后不久死亡,医生又为崔某切除子宫。崔某向法院起诉,要求赔偿。医院在答辩时称,孩子在患者肚子里已经死亡,医院没有过错,不承担赔偿责任。经技术检验报告确认,该病历袋被打开过,病历中有后来被改过的痕迹。法院据此判决医院因私拆封存病历

① 参见[德]克雷斯蒂安·冯·巴尔:《欧洲比较侵权行为法》(下卷),张新宝译,法律出版社 2001 年版,第 386 页。

袋并涂改病历,致使无法进行医疗事故鉴定而承担赔偿责任,一次性赔偿崔某人身伤害损失和经济损失共计20.6万元。这个判决是正确的。隐匿、涂改病历资料,甚至销毁或拒不提供病历资料,可以直接推定医疗机构以及医务人员存在治疗过失,应当承担医疗损害责任。

3. 护理过失损害责任

医护人员在护理中违反高度注意义务,造成患者人身损害,也构成医疗技术损害责任。例如,护士A将肌肉松弛剂放置在儿科病房的冰箱中,且标注的标识不明显。护士B误将该针剂当成肝炎疫苗,给数个婴儿注射,造成一死数伤的后果。这就是典型的护理过失,构成医疗技术损害责任。

4. 感染、传染损害责任

医疗机构承担的是治病救人的高尚职责,在医疗机构内部,必须管控感染,防止感染、传染。如果医疗机构以及医务人员未善尽高度注意义务,出现院内感染或者传染,造成患者感染新的疾病损害生命健康的,应当承担医疗过失损害责任。①

5. 孕检生产损害责任

在妇产科医疗机构中,由于孕检中未能检出胎儿畸形,"错误出生"的医疗损害责任不断出现。这种医疗技术损害责任是在妇产科医院中,对胎儿状况的检查存在医疗疏忽或者懈怠,应当发现的胎儿畸形而未发现,使胎儿出生后才发现畸形造成损害的医疗技术损害责任。在产妇生产过程中,迟延进行剖腹产,孕妇已经破水却未催胎,以至于生产迟延12小时以上,妇科医生将超重胎儿的生产交由无经验的助理医生处理等,都属于生产过失,应当对造成的损害承担赔偿责任。② 前者为孕检损害责任,后者为生产损害责任。

二、医疗技术损害责任的基本性质

研究医疗技术损害责任的性质,涉及全部医疗损害责任纠纷的问题。因此,在此对全部医疗损害责任的性质进行分析讨论。

(一)对于医疗损害责任性质的不同主张

对于医疗损害责任的性质,学者多有不同主张。主要观点如下。

1. 特殊侵权行为说

这种观点认为,病员与医疗机构之间可以认定为存在一种事实上的合同关系。但

---

① 对此,我国台湾成功大学侯英泠有专门的研究,参见侯英泠:《论院内感染之民事契约责任》,正典文化出版有限公司2004年版。

② 参见朱柏松:《医疗过失举证责任之比较》,元照出版有限公司2008年版,第64页。

是按照我国现行法律的有关规定来看,与其把医疗侵权的民事责任看作违反合同的民事责任,毋宁看作侵权的民事责任。因为医疗侵权所损害的权利是人身权这种绝对权,它不仅可以发生在合同的履行之中,也可以发生在合同的订立过程中,如因对急、重、危病人拒绝诊治;在这种情况下,依照合同责任处理,不方便也不合适。因而将其认作特殊侵权行为更为合适。①

2. 限制选择请求权说

这种观点认为,从请求权竞合的角度来看,医患之间的医疗关系具有双重属性,既表现为一般的权利义务关系,又表现为特定的权利义务关系。由于发生医疗过失并造成病员人身损害的法律事实,在法律上就同时构成了一般意义上的侵权和医疗合同的违约,原告同时取得基于违约和侵权两个并存的损害赔偿请求权。但受害人不能同时兼有两项请求权,也不能就该两项请求权选择,只能以法律规定为依据,行使侵权损害赔偿请求权。②

3. 多种类型说

这种观点认为,医疗侵权责任是一种综合性的责任,包括几种不同的民事责任:第一种是基于合同的民事责任。因为我国国家机关或其他公有制单位工作人员因病就诊实行公费医疗制度,对公有制企事业的职工及其供养家属实行劳动保险制度;医务人员及医院其他职工的来源是根据人事、行政法规的调配或依劳动法规的规定予以聘用或雇用的。所以,他们的一般民事责任和其他企事业单位职工一样,仅依劳动法及其他行政法的规定对医院负责,而由医院承担合同责任。私人开业医生与病人的关系,一般也基于合同关系产生,也应承担合同责任。第二种是合同以外的责任,包括无因管理所产生的债务责任和侵权行为所致的债务责任。③

(二)各国对医疗损害责任性质的不同态度

各国对医疗损害责任性质的认识,有不同的立场。在赞同请求权竞合或者责任竞合立场的德国等国家,承认医患之间成立合同,发生医疗损害,既成立违约责任,也发生侵权责任;可以依据违约责任请求赔偿,也可以依据侵权责任请求赔偿。例如,在日本,自1950年以来医疗纠纷开始增加,对医疗损害责任的法律适用,单纯以医疗纠纷系为契约违反的债务不履行,或属侵权行为的民法一般侵权损害赔偿责任为解决的依据。④ 在不赞同请求权竞合或者责任竞合的法国等国家,一般不承认其为违约责任,

① 参见郭明瑞等:《民事责任论》,中国社会科学出版社1991年版,第273页。

② 参见张西建:《医疗过失致人损害的民事责任初探》,载《中国法学》1988年第2期。

③ 参见张国炎:《医务工作者的民事责任》,载《政治与法律》1990年第3期。

④ 参见朱柏松:《论日本医疗过失之举证责任》,载朱柏松等:《医疗过失举证责任之比较》,元照出版有限公司2008年版,第9~10页。

而须以侵权法提出诉讼请求，由医疗机构承担侵权责任。例如，法国的医疗损害责任分为国家赔偿责任和民事赔偿责任，公立医院实行国家赔偿，私立医院承担私法责任，实行“双轨制”，但都统一适用过错责任原则，承担侵权责任。[①] 在英美法等国家和地区，则依侵权法承担责任，并且也有例外。例如，香港特区法院在审理医疗损害责任案件时，适用侵权法规则，尤其是“过失侵权”的规则。是否适用合同法的规则，取决于患者就诊的医院，如私立医院则为合同关系，而在公立医院，通常不认为是合同关系。[②]

（三）医疗损害责任的双重属性

医疗关系的本来性质，是一种非典型契约关系，即无名合同关系，是指医院与患者之间就患者疾患的诊察、治疗、护理等医疗活动形成的意思表示一致的民事法律关系，[③]为医疗服务合同。在学说上虽有认其为委托合同、承揽合同等不同看法，但认其为合同性质则是一致意见。患者到医院挂号，表明该医疗服务合同已经成立，在医院和患者之间产生相对应的权利义务关系。就医疗机构而言，其权利主要为接受患者的医疗费用。其义务：一是须以治疗为目的进行医疗活动；二是在实施医疗行为之前履行告知义务；三是在医疗过程中遵守医疗规章、操作规范、操作规程等，严格医疗程序，保障医疗后果。

按照医疗服务合同的要求，如果医院一方在医疗过程中，因医务人员的技术过失或伦理过失，或者在法律有规定的特殊情形下无过失，造成损害患者的健康甚至造成死亡后果，属于违约行为，则应当承担违约责任。但是，如果从医疗过失行为侵害患者健康权、生命权、身体权的角度来看，医疗损害责任无疑又是一种侵权行为，应当承担侵权责任。也就是说，医疗机构的医疗过失行为既侵害了患者的合同预期利益，也侵害了患者的固有利益，构成侵权责任与违约责任的竞合。按照《民法典》第186条关于“因当事人一方的违约行为，侵害对方人身、财产权益的，受损害方有权选择请求其承担违约责任或者侵权责任”的规定，责任竞合应依有利于受害人进行选择的原则，选择权在于受害患者及其近亲属。

就实际情况而言，医疗侵权按照侵权责任处理对受害人的保护更为有利，因而在一般情况下应当选择侵权责任确定医疗损害责任的性质，且在现实中和理论上也是这样做的。这样做有利于保护受害患者一方的权利，避免受害患者一方不知道医疗关系的合同性质而不敢索赔的后果；同时，也可以使医院方不能借口合同有免责约定而拒

---

① 参见陈忠五：《法国法上医疗过错的举证责任》，载朱柏松等：《医疗过失举证责任之比较》，元照出版有限公司2008年版，第123～124页。

② 参见丁春艳：《香港法律中医疗事故过失判定问题研究》，载《法律与医学杂志》2007年第2期。

③ 参见杨立新：《疑难民事纠纷司法对策》（第2集），吉林人民出版社1994年版，第138页。

绝对医疗损害责任的受害人予以赔偿。

在实务中,人民法院审理医疗侵权赔偿责任案件,都是把它作为侵权案件处理的。当然,如果受害患者一方坚持选择违约责任请求赔偿,法院应当准许。《医疗损害责任司法解释》(2021)第1条第3款规定:“当事人提起的医疗服务合同纠纷案件,不适用本解释。”这里说的,就是这个意思。

三、医疗技术损害责任的归责原则和构成要件

(一)医疗技术损害责任的归责原则

对于医疗技术损害责任,也就是一般的医疗损害责任纠纷案件,应当适用过错责任原则确定侵权责任。

据此,确定医疗机构承担侵权赔偿责任,应当具备侵权责任的一般构成要件,即违法行为、损害事实、因果关系和医疗过失。在证明责任上,实行一般的举证责任规则,即“谁主张,谁举证”,四个要件均须由受害患者承担举证责任。应当注意的是,有两个例外:

第一,在某些情况下,具备法定情形,直接推定医疗机构及医务人员有过错。对此,《民法典》第1222条规定:患者在诊疗活动中受到损害,有下列情形之一的,推定医疗机构有过错:(1)违反法律、行政法规、规章以及其他有关诊疗规范的规定;(2)隐匿或者拒绝提供与纠纷有关的病历资料;(3)遗失、伪造、篡改或者违法销毁病历资料。在这些情形下,法官可以直接推定医疗机构及医务人员有过失。这三种情形特别是第一种情形,已经能够确定医疗机构的过错,因此,这种过错推定几乎不可以提出反证予以推翻。这样的规则,能够制裁意图逃脱责任的有过失的医务人员的违法行为,对医务人员和医疗机构起到一般预防的作用。

第二,借鉴德国医疗损害责任中的表见证据规则和日本的过失大致推定规则,在具有特殊情况时,可以实行举证责任缓和,减轻受害患者一方的举证责任:首先由受害患者承担表见证据的举证责任,证明医疗机构或者医务人员可能具有过失。然后,进行举证责任转换,由医疗机构承担自己没有过失的证明责任,能够证明自己没有过失的,免除责任;不能证明自己没有过失的,应当承担损害赔偿责任。这种方法,能够更好地保护受害患者的合法权益,避免严格的举证责任制度对受害患者赔偿权利造成伤害。

(二)医疗技术损害责任的构成要件

构成医疗技术损害责任,应当具备以下四个要件。

1. 医疗机构在医疗活动过程中的违法行为

医疗技术损害责任的行为主体,是医疗机构及医护人员。医疗技术损害责任的违

法行为必须发生在医疗活动过程中,如诊断、治疗、护理、管理,都是发生医疗技术损害的违法行为的场合,否则不构成医疗侵权责任。

医疗技术损害责任的行为违法性,仍然是指医疗机构没有尽到必要注意,违反了对患者的生命权、健康权、身体权不得侵害的法定义务。这种违法性是形式违法,而不是实质违法。

2. 医疗技术损害责任的损害事实要件是人身损害事实

医疗侵权责任构成中的损害事实,是医疗机构及其医护人员在医疗活动中,造成患者人身损害的事实。对于医疗技术损害责任构成中损害事实的范围如何确定,有两种不同的主张。一种意见认为,医疗侵权的损害事实,是直接造成患者死亡、残疾、组织器官损伤导致功能性障碍的损害事件,①因而只包括人身损害的事实。另一种意见认为,医疗过失造成的损害,仅限于非物质损害,这种非物质损害包括因医疗过失造成患者人身损害所产生的财产损失,以及因医疗过失造成患者人身损害而给患者及其家属带来的精神损害。特别是患者的人身损害事实不能仅限于患者死亡、残疾、组织器官损伤导致功能障碍三类后果。②

医疗侵权责任中的损害事实主要包括:第一,受害人的生命权、健康权或者身体权受到侵害,使患者的生命权丧失,或者使患者的健康权受到侵害,或者身体权受到侵害。其具体的表现形式,就是生命的丧失或者人身健康和身体的损害等。第二,受害人的生命权、健康权、身体权受到损害之后所造成的财产利益损失,包括为治疗损害所支出的财产损失以及因为遭受损害而实际减少的收入。第三,受害人因人身损害所造成的受害人或者其近亲属的精神痛苦的损害,这种损害是无形损害,是精神利益的损害。精神损害也是损害事实要件的组成部分,受害人也应当对这个损害事实进行证明。

人身损害是医疗侵权责任的损害事实的外在表现形式,从赔偿的意义上说,人身损害必定造成财产上的损失,精神损害也只能进行财产上的赔偿。

3. 医疗技术损害责任的因果关系

构成医疗技术损害责任,医疗违法行为与患者人身损害后果之间必须具有因果关系。医疗机构只在有因果关系存在的情况下,才能对其过失行为负赔偿之责。

认定医疗技术损害责任的因果关系,应当实行相当因果关系规则,即按照社会的一般知识经验判断,某种行为能够引起某种结果,而在现实中,这种行为确实引起了这种损害结果,那么,这种行为就是这种损害后果的适当条件,二者之间具有相当因果关

---

① 参见郭明瑞:《民事责任论》,中国社会科学出版社 1991 年版,第 149 页。

② 参见钱矛锐:《论医疗侵权行为的法律内涵》,载《西北医学教育》2008 年第 3 期。

系。如果受害患者一方由于技术等原因而无法证明因果关系要件,可以在证明到一定程度即完成表见证据规则的要求之后,推定有因果关系,实行举证责任缓和;由医疗机构一方承担举证责任,证明自己的医疗行为与损害后果之间不存在因果关系。

4. 医疗技术过失

构成医疗技术损害责任,医疗机构必须具备医疗技术过失。这是对医疗机构违法性医疗行为中的主观因素的谴责,正因为医疗机构具有过失,才对其课以侵权责任,以示对医疗机构过失的法律谴责。医疗行为造成患者损害,如果医疗机构及医务人员没有过错,医疗机构就不承担医疗技术损害责任。

医疗技术过失表现在负有诊疗护理职责的医务人员的主观状态中。医疗机构作为责任人也应具有过失,但这种过失是监督、管理不周的过失,采推定形式。医务人员不具有过失者,不构成医疗技术损害责任。医疗技术过失的形式,既可以是疏忽,也可以是懈怠,都是对患者应尽的高度注意义务的违反。

四、医疗技术损害责任的责任形态和赔偿范围

医疗技术损害责任的责任分担形态是替代责任。医务人员在执行职务中,由于违反技术规范等,造成患者的人身损害,构成医疗技术损害责任的,其直接责任人是医疗机构,而不是医务人员。医疗机构对医务人员造成的损害承担责任,受害患者一方应当直接向医疗机构请求赔偿。医疗机构承担了侵权责任之后,可以向有过错的医务人员进行追偿,要求其赔偿自己因承担赔偿责任而造成的损失。

构成医疗技术损害责任应当承担赔偿责任。赔偿范围是:(1)医疗费损失。受害人的人体遭受损害,最主要的损失就是为治疗人身损害而支付的金钱。(2)误工费损失。受害人遭受人身损害,不能正常进行身体没有遭受损害之前所进行的工作,就会造成预期财产利益的损失。(3)住院伙食费和营养费损失。人身遭受损害以后,需要住院治疗的,在住院期间,要增加伙食费上的支出;有些特别的人身损害,还要增加必要的营养,因此要增加营养费的支出。(4)护理费损失。受害人遭受人身损害之后,如果行动不能自理,需要有人进行护理的,就要增加护理费的支出。(5)交通费损失。如果受害人遭受人身损害之后,需转院治疗的,要支出转院治疗的交通费。即使是没有转院治疗的,受害人在受到伤害以后到医院进行治疗,也会有一定数量的交通费支出。(6)住宿费损失。受害人在转院治疗中以及护理人员在护理中,如果需要住宿,则要支付住宿费。(7)造成残疾的收入损失。由于人身损害造成受害人残疾,致使劳动能力部分丧失或者全部丧失,会造成受害人正常收入的减少或者丧失。(8)残疾辅助器具费损失。受害人因人身损害造成残疾,为了生活的需要,有些需要配置残疾用具。例如,伤害四肢造成残疾的,需要配置假肢;造成腿部残疾的,需要配置轮椅、拐杖等。

(9)被扶养人扶养来源丧失的损失。受害人遭受人身损害造成残疾,全部或者部分丧失劳动能力,减少了工资收入,除了对自己的生活造成损害以外,还会给其以前扶养的人的生活造成损害,使其丧失扶养费的来源。(10)丧葬费的损失。受害人死亡以后,需要支出丧葬费,为寿衣、火化、殡葬、棺椁等支出的费用,为侵害生命权所造成的财产损失。(11)生命利益的损失。按照人的平均寿命,男性为73岁,女性为76岁。由于侵权行为造成其死亡,其残余的寿命,为丧失的生命利益。这种损害一般称为“余命”损失。(12)精神痛苦和身体疼痛损害。受害人遭受人身损害,必然会造成精神上的痛苦和身体上的疼痛。这种精神损害的程度取决于侵害健康权所造成损害的程度,①这就是,伤害越严重者,其精神损害的程度越重;伤害越轻者,其精神损害的程度越轻。侵害生命权,死者的近亲属因为丧失亲人而造成的精神痛苦,是这种侵权行为所造成的精神损害。上述损失中,医疗机构已经支出的部分,不再予以赔偿。

第四节 医疗产品损害责任

《民法典》第1223条规定的是医疗产品损害责任,即“因药品、消毒产品、医疗器械的缺陷,或者输入不合格的血液造成患者损害的,患者可以向药品上市许可持有人、生产者、血液提供机构请求赔偿,也可以向医疗机构请求赔偿。患者向医疗机构请求赔偿的,医疗机构赔偿后,有权向负有责任的药品上述许可持有人、生产者、血液提供机构追偿”。

一、医疗产品损害责任概述

(一)医疗产品损害责任的概念

医疗产品损害责任,是指医疗机构在医疗过程中使用有缺陷的药品、消毒产品、医疗器械以及血液及制品等医疗产品,造成患者人身损害,医疗机构或者医疗产品生产者、销售者应当承担的医疗损害赔偿责任。

(二)医疗产品损害责任的性质

医疗产品损害责任纠纷在适用法律中,难点在于不知道这类案件的性质是什么:究竟是医疗损害责任纠纷,还是产品责任纠纷?如果这种纠纷案件的性质是医疗损害责任纠纷,应当是过错责任,而不是无过错责任。如果是产品责任纠纷,就应当是无过

① 参见张新宝:《侵害公民健康权身体权的民事责任》,载《人民法院报》2001年8月12日。

错责任,不论医疗产品的使用者即医疗机构以及生产者、销售者是否有过失,都应当按照无过错责任的要求承担责任。黄丁全先生的意见显然是后者,但没有说明在医疗中使用的医疗产品致害的侵权责任的性质。[①] 梁慧星教授则认为医疗"产品缺陷致损,虽然构成侵权,但应当适用产品质量法的规定"。[②] 有的学者认为,对医疗事故已经明确适用过错责任,没有任何一项事由上规定适用无过错责任;因此,在我国的司法活动中,应当遵循这一原则。实践中以任何方式超出过错责任归责原则的,都是违法的,[③] 即使医疗产品损害责任也是如此。

医疗产品损害责任既是医疗损害责任,也是产品责任,是兼有两种性质的侵权行为类型,是医疗损害责任中的一个基本类型。由于医疗产品损害责任具有产品责任性质,因此应当适用无过错责任原则,以更好地保护患者的合法权益。

(三)确定医疗产品损害责任为产品责任的原因

产品责任是20世纪上半叶产生的新的侵权责任。产品责任制度的出现,产生了以下两个方面的重要影响:第一,解决了对缺陷产品侵害第三人造成损害的救济问题,使受到损害的第三人能够得到赔偿。第二,使受到损害的合同关系中的债权人只能依据违约责任请求赔偿,改变为既可以依照加害给付责任请求承担违约损害赔偿责任,也可以按照产品责任规则请求承担侵权损害赔偿责任,给受到损害的债权人以更为广泛的选择余地。在医疗产品损害责任纠纷中,受害患者作为医疗合同关系的当事人,其固有利益受到侵害,既构成加害给付责任,同时也构成产品责任。因此,就构成了医疗损害责任中具有医疗侵权责任和产品侵权责任的双重性质。如果医疗产品是医疗机构与生产者、销售者订立合同,并不是该合同的当事人,那么或者认为受害患者一方是第三人,或者将医疗机构作为销售者,也仍然离不开产品责任规则的适用。

二、医疗产品损害责任的归责原则及责任构成

(一)医疗产品损害责任适用无过错责任原则

医疗产品损害责任是无过错责任。这不是说对医疗产品缺陷的产生,生产者和销售者没有过错;因为医疗产品存在缺陷本身就是一种过错,在现代社会对医疗产品质量的要求越来越具体详细,如果医疗产品不符合规定的质量要求,则医疗产品的生产者就具有过错,除非是现有的科学技术无法发现。[④] 确定医疗产品侵权责任是无过错

---

① 参见黄丁全:《医事法》,中国政法大学出版社2003年版,第579页。

② 梁慧星:《医疗损害赔偿案件的法律适用问题》,载《人民法院报》2005年7月6日。

③ 参见沃中东:《对医疗事故处理中无过错责任适用的思考》,载《杭州工商大学学报》2003年第6期。

④ 对于发展风险,可以予以免责;但产品生产者仍然负有跟踪观察义务、召回义务、售后警告义务等,并且要承担跟踪观察缺陷的损害责任。

责任,其立意是确定这种侵权责任不考察过错,无论其有没有过错,只要受害人能够证明医疗产品具有缺陷,即构成侵权责任。受害人不必证明医疗产品生产者的过错,因而也就减轻了受害人的诉讼负担,有利于保护受害人的权利。

(二)医疗产品损害责任的构成要件

医疗产品损害责任属于产品责任,适用无过错责任原则。因此,其责任构成应当具备产品侵权责任的构成要件要求,须具备以下要件。

1. 医疗产品须为有缺陷产品

构成医疗产品损害责任的首要条件,是医疗产品具有缺陷。

(1)医疗产品的界定和范围

医疗产品须符合产品的要求。产品须具备两个条件:一是经过加工、制作,未经过加工制作的自然物不是产品;二是用于销售,因而是可以进入流通领域的物,未进入流通的产品,也不认为是产品。医疗产品是经过加工、制作,同时也是用于销售的物,是可以进入流通领域的物,因此属于产品。

究竟哪些产品属于医疗产品,并没有统一的规定,法学界比较集中的意见是以下四种:一是药品;二是消毒产品;三是医疗器械;四是血液及血液制品。笔者赞同这种意见。存在的疑问是,血液是人体组织的一部分,是否也能够认定为产品?笔者认为,人体组成部分与人体分离之后,就成为特殊的物;且血液的所有权属于血液提供机构,血液提供机构将血液出卖于医院,医院又将其出卖给患者,具有产品特征,应当视为产品或者准产品。①

(2)医疗产品的缺陷

缺陷,是指产品存在危及人身、他人财产安全的不合理的危险;产品有保障人体健康和人身、财产安全的国家标准、行业标准的,是指不符合该标准。医疗产品造成损害构成医疗产品损害责任,也必须具有缺陷。医疗产品的缺陷分为四种:

一是设计缺陷。医疗产品的设计缺陷,是指医疗产品设计时在产品结构、配方等方面存在不合理的危险。考察设计缺陷,应当结合医疗产品的用途,如果将医疗产品用于所设计的用途以外的情形,即使存在不合理的危险,也不能认为其存在设计缺陷。

二是制造缺陷。医疗产品制造缺陷,是指医疗产品在制造过程中,因原材料、配件、工艺、程序等方面存在错误,导致制作成的最终医疗产品具有不合理的危险。

三是警示说明缺陷。医疗产品的产品警示说明缺陷,也叫经营缺陷或者营销缺陷,即医疗产品在投入流通中,没有对其危险性进行充分警示和说明,对其使用方法没

① 参见杨立新主编:《民法物格制度研究》,法律出版社2008年版,第79页以下。

有充分说明。[①] 这些经验可以作为医疗产品损害责任的借鉴对象。

四是跟踪观察缺陷。医疗产品的跟踪观察缺陷,是指在将医疗产品投入医疗过程时,科学技术水平尚不能发现该医疗产品存在的缺陷,法律赋予医疗产品的生产者和销售者进行跟踪观察;未能及时发现危险或者发现危险未及时采取召回等补救措施,因此造成患者人身损害的,就构成跟踪观察缺陷。这些经验在医疗产品损害责任构成中同样适用。

2. 须有患者人身损害事实

构成医疗产品损害责任,必须具备患者的人身损害事实,这是发生损害赔偿请求权的事实依据。

构成这个要件,是将医疗产品应用于患者,由于医疗产品存在缺陷,造成了患者的人身损害。这种人身损害的特点是,有些损害后果在受害当时即可发现,有的则要在受害之后很长时间才能出现后果,特别是医疗器械造成的损害,通常都是经过一段时间才发生。医疗产品损害责任中的人身损害事实,包括致人死亡和致人伤残。

在造成人身损害的同时,通常伴随精神痛苦的损害。医疗产品损害责任的人身损害事实要件中也包括精神损害,应当予以抚慰金赔偿。

3. 须有因果关系

医疗产品损害责任中的因果关系,是指医疗产品的缺陷与受害人的损害事实之间存在的引起与被引起的关系:医疗产品缺陷是原因,损害事实是结果。确认医疗产品责任的因果关系,要由受害人证明;证明的内容是,损害是由于使用或消费有缺陷的医疗产品所致。使用,是对可以多次利用的医疗产品的利用;消费,是对只能一次性利用的医疗产品的利用。受害人证明损害时,首先要证明缺陷医疗产品曾经被使用或消费,其次要证明使用或消费该有缺陷的医疗产品是损害发生的原因。例如,在身体内植入的钢板断裂造成损害,因果关系明显,患者即可证明。在证明中,对于高科技医疗产品致害原因不易证明者,可以适用举证责任缓和规则,在受害患者证明达到表见证据规则要求时,推定因果关系。也就是受害人证明使用或消费某医疗产品后即发生某种损害,且这种缺陷医疗产品通常可以造成这种损害,可以推定因果关系成立,转由侵害人举证证明因果关系不成立。证明属实的,则否定因果关系要件;不能证明的,推定成立,构成医疗产品损害责任。

4. 医疗机构和销售者承担最终责任应当具有过失

按照《民法典》第1202、1203条的规定,产品责任中的生产者承担责任,无须过失存在。医疗机构和销售者承担中间责任时,为无过错责任,无须过失事件。医疗机构

① 参见张新宝:《侵权责任法原理》,中国人民大学出版社2005年版,第398页。

和销售者承担最终责任时,须具备过失要件。

（三）医疗产品损害责任的竞合问题

医疗产品损害责任发生责任竞合,患者受到缺陷医疗产品的侵害,因为有医疗服务合同的基础,受害患者享有两个请求权,一个是产品侵权责任请求权,另一个是医疗合同违约责任请求权。在一般情况下,应按照侵权责任行使请求权并适用法律,但受害患者坚持行使违约损害赔偿请求权的,当然也没有问题。所要注意的是,两种请求权的赔偿内容不同。要研究的是,受害患者究竟是行使违反医疗义务损害责任请求权,还是医疗产品损害责任请求权,是不是也由患者选择呢?这个问题不影响赔偿责任范围的法律适用,但涉及受害患者一方向谁行使请求权的问题。如果受害患者一方行使违反医疗义务损害责任请求权,应当向医疗机构请求;选择行使医疗产品损害责任请求权,则既可以向医疗机构行使请求权,也可以向医疗产品的生产者、销售者行使请求权。

三、缺陷医疗产品的召回义务

（一）医疗产品召回义务及性质

在将产品投放市场时,依据当时的科学技术水平,无法确认其是否存在缺陷;而随着科学技术的发展,嗣后能够发现其存在缺陷,因而必须履行对产品的跟踪观察义务。发现存在缺陷可能或者已经造成损害的,应当立即将产品召回。医疗产品也是产品,也应当建立医疗产品召回制度,规定医疗产品生产者的召回义务。

医疗产品召回义务,是指投放市场的医疗产品存在缺陷,可能或已经对患者的生命、健康造成严重损害,生产者依特定程序收回、退换缺陷医疗产品并承担与此相关费用的义务。医疗产品召回义务的特点,主要有以下几个方面:第一,已投放市场的医疗产品存在缺陷,可能导致人身重大损害是召回义务的成立要件;第二,生产者是召回义务主体,销售者是召回义务的履行辅助人;第三,义务履行程序包括指令召回和自主召回,有严格的法定步骤和效果评估机制;第四,义务履行方式包括缺陷医疗产品的回收、更换、退货和损害赔偿。

召回义务是整个医疗产品召回制度的核心,医疗产品召回制度围绕召回义务而展开。因此,医疗产品召回义务为法定义务,具有公法义务和私法义务的双重属性,包括侵权法上的义务。可见,医疗产品召回义务具有多种性质,侵权法上的义务是其主要性质。

（二）医疗产品召回义务的基本内容

医疗产品义务包括跟踪观察义务、召回义务和售后警告义务,这些义务构成医疗产品的义务体系。召回义务是其中之一。

1. 召回义务与发展风险抗辩下的跟踪观察义务

发展风险,是指依照医疗产品流入市场当时最新的科学技术水平,适用了所有可能的检查测试程序,仍无法发现医疗产品客观存在的危害性;进入市场后,由于新的研究方法的发明,跟踪发现医疗产品隐含有害特质。各国对于发展风险的规制有不同立法例。德国视其为与设计缺陷、制造缺陷和警示缺陷并列的一种缺陷类型,称为发展缺陷,也叫作跟踪观察缺陷。我国产品责任法、美国侵权法视其为产品责任的一种免责事由,称为科技发展水平的抗辩、工艺水平的抗辩等。

发展风险的存在,使对医疗产品经营者设定跟踪观察义务成为必要。

就一般产品,若无任何负面信息的反馈,经销商无义务对产品持续检测。但是对处方药等医疗产品有特殊要求,生产者应履行积极的、持续的、合理的注意义务,不断对药品等医疗产品进行测试和监控,以发现与药品等医疗产品相关危险;不仅要注意对医疗实务中副作用信息的搜集,也要关注药学的发展。生产者应知的资讯,不限于其从自身研究和不良反应报告中获得的实际知识,还包括依据科学文献和其他可得传媒上获知的信息。① 医疗产品跟踪观察义务始于医疗产品进入市场之时,并不以有损害事件发生为依据。观察期限并无定论,长期观察的结果可能会使某些隐含的危险性几近于零,而有正当理由采取较不密集的观察,但最终仍只能为观察义务程度上减弱。跟踪观察义务不因产品转给第三人而结束。② 改良的医疗产品进入市场后,并不免除生产者对旧产品的跟踪观察义务。③

医疗产品召回是广义产品跟踪观察义务的一个组成部分,二者存在直接关联。欧洲经济共同体委员会 1992 年 6 月 29 日 92/59 号关于一般产品安全的指令,将“产品观察义务”提到了欧洲共同法的高度,并规定了具体化措施,包括“从市场上撤回被涉及的产品”。④

由于发展风险的客观存在,跟踪观察义务的适当履行,一方面可起到危险防免作用;另一方面,如果损害发生且将发展风险引为医疗产品责任抗辩时,此缺口可通过医疗产品后续观察采取必要措施,避免损害扩大。发展风险与医疗产品跟踪观察义务之间的逻辑关联和功能补救关系,召回义务作为跟踪观察义务重要组成部分的客观事

① *Restatement of the Law Third*, *Torts-Products Liability*, American Law Institute Publishers, 1998, pp. 193, 200.

② 参见郭丽珍:《产品瑕疵与制造人行为之研究——客观典型之产品瑕疵概念与产品安全注意义务》,神州图书出版有限公司 2001 年版,第 113 页。

③ 参见郭丽珍:《产品瑕疵与制造人行为之研究——客观典型之产品瑕疵概念与产品安全注意义务》,神州图书出版有限公司 2001 年版,第 154 页。

④ [德]克雷斯蒂安·冯·巴尔:《欧洲比较侵权行为法》(下卷),张新宝译,法律出版社 2001 年版,第 364 页。

实,提供了将召回义务纳入医疗产品责任体系予以调整的正当理由。①

2. 医疗产品召回义务与售后警告义务

医疗产品的售后警告义务,是指医疗产品售出后发现存在致人损害的危险,医疗产品经营者有义务以合理方式发出警示、避免损害。成立售后警告义务要求具备以下四个要件:经营者知道或应当知道该产品会对人身或财产造成损害危险;可以识别应予以警告者,并可合理地推断其不知晓该损害危险;警告能够有效到达应予以警告者且其能采取有效行动减低风险;损害危险巨大而必须予以警告,此种必要性的衡量标准是该危险所致损害大大超过实施售后警告的费用。医疗产品售后警告义务是医疗产品责任体系的一个重要内容。②

医疗产品召回义务与售后警告义务存在密切联系,两者都是跟踪观察义务的组成部分。"由于市场观察,知悉某一产品系列,有较高之产品瑕疵比例,依生产与品质控制之科技现状,系属不可避免,对于使用人或第三人之安全,有具体危险之虞,其结果为就其产品必须有一定之行为,以排除一定之危险。此一行为可能是对尚未流入市场的产品更改其使用须知与警告标示、变更设计,对已交付产品则应予以警告或采取召回行动。"③

医疗产品召回义务与售后警告义务也存在差异:第一,成立要件不同,适用的危险严重性不同。疑有缺陷之医疗产品,对人身安全之危险难以通过警告可能被防免,则有召回义务实施之必要。④ 第二,对消费者的保护力度不同。纯粹的警告是将危险控制交给他人自行负责,属较弱的安全确保方式,⑤召回则是更为彻底的补救措施。第三,召回义务的履行程序严格,需依法进行。售后警告义务的实施相对较少受到国家干预。第四,义务主体范围有所不同。召回义务的主体为医疗产品生产

---

① 鉴于1985年的《欧共体产品责任指令》规定的科技风险可为严格产品责任制度的免责事由,存在对消费者不利的缺陷,欧共体一些成员国在消费者强大压力下制定了本国的产品安全法,并于1992年6月29日欧盟理事会上通过了《欧洲产品安全指令》,依据该准则第6条第1项F款之规定,就危险产品基于主管机关之命令,应予召回。参见曹建明、陈治东主编:《国际经济法专论》,法律出版社2000年版,第590页;郭丽珍:《产品瑕疵与制造人行为之研究——客观典型之产品瑕疵概念与产品安全注意义务》,神州图书出版有限公司2001年版,第193页。

② 美国《侵权法第三次重述:产品责任》第10节和第13节对售后警告义务作了规定。See *Restatement of the Law Third, Torts-Products Liability*, American Law Institute Publishers, 1998, pp. 191 – 200, 221 – 226.

③ 黄立:《论产品责任》,载《政大法学评论》1991年第43期。

④ 参见郭丽珍:《论制造人之产品召回与警告责任》,载《民法七十年之回顾与展望纪念论文集(一)总则·债编》,元照出版有限公司2000年版,第197页。

⑤ 参见郭丽珍:《论制造人之产品召回与警告责任》,载《民法七十年之回顾与展望纪念论文集(一)总则·债编》,元照出版有限公司2000年版,第230页。

者;售后警告义务的主体还包括中间经销商。[①] 第五,违反义务的责任有所不同。违反售后警告义务者,承担民事责任;而违反召回义务者,尤其是违反指令召回的,还要承担行政责任。

由于二者联系、差异所在,为完善消费者利益保护、平衡产业经济发展,在医疗产品责任体系中除设立医疗产品售后警告义务之外,还应确立医疗产品召回义务,不能以医疗产品售后警告义务代替医疗产品召回义务。

药品生产者和销售者在承担警示、召回义务的,同时还要承担停止销售的义务,不得将发现有缺陷的药品继续出售。

(三)医疗产品召回义务与医疗产品责任的关系

医疗产品损害责任是医疗产品为特殊产品,其存在的缺陷致人损害或有损害之虞时,医疗机构、生产者、销售者所负损害赔偿等侵权责任,因此,是产品责任框架下的医疗损害责任。

正因如此,医疗产品投入市场之后,生产者和销售者负有跟踪观察义务,发现医疗产品存在具有致害的危险,就应当区别不同的情况,履行售后警示义务或者召回义务;医疗产品召回义务不履行,造成他人损害,属于医疗产品跟踪观察缺陷,将发生医疗产品侵权责任。这就是医疗产品召回义务在医疗产品义务体系和责任体系中的地位和作用。同时,医疗产品召回义务的生成是因医疗产品存在缺陷,而医疗产品侵权损害赔偿责任的承担亦以医疗产品缺陷存在为必要要件。跟踪观察义务履行中,发现医疗产品存在缺陷,即产生医疗产品召回义务;应召回而没有召回或者没有及时召回,致使缺陷医疗产品造成损害的,就发生医疗产品损害责任,应当适用《民法典》第1206条的规定确定责任。

四、医疗产品损害责任的分担形态

医疗产品造成患者损害,其责任分担形态当然也是不真正连带责任,其基本规则如下。

(一)责任主体是医疗机构和医疗产品的生产者、销售者

在医疗产品损害责任中,责任主体有三种:一是医疗机构。医疗机构直接使用医疗产品,应用于患者身上,造成损害的,医疗机构当然是责任主体,应当承担过错责任。如果医疗机构不能指明缺陷医疗产品的生产者,也不能指明缺陷产品的供货者的,应当承担无过错责任。二是医疗产品的生产者,其制造了有缺陷的医疗产品,并且造成

① Comment b, *Restatement of the Law third*, *Torts-Products Liability*, American Law Institute Publishers, 1998, p. 192.

了患者的损害,应当承担责任。三是医疗产品的销售者,按照《民法典》第 1203 条和《产品质量法》的规定,销售者对于缺陷产品造成损害具有过失,不论其是否为产品缺陷的生产者,都应当承担侵权责任;如果销售者不能指明缺陷产品的生产者也不能指明缺陷产品的供货者,则销售者应当承担无过错责任。

(二)受害患者可以选择请求药品上市许可持有人、生产者、血液提供机构或者医疗机构承担责任

按照产品责任的最近规则,受害患者有权在药品上市许可持有人、医疗机构、生产者、血液提供机构几个责任主体中,根据自己的利益,选择对自己最为有利的、法律关系"最近"的一个请求权行使。因此,受害患者有理由选择医疗机构作为索赔主体,请求其承担赔偿责任;也有理由选择医疗产品的生产者或者销售者请求其承担赔偿责任。

在实践中,应当特别注意不真正连带责任与连带责任的区别,很多法官对此不能分辨,采用连带责任处理医疗产品损害责任,造成适用法律的错误。例如,认为医院提供的医疗产品为不合格产品,构成医疗事故,应负主要责任,事实上就是混淆了不真正连带责任与连带责任的差别,是不正确的。因为在不真正连带责任中,并不存在主要责任和次要责任之分,而是要承担责任,就是全部承担;不能够承担一部分,另一部分由其他责任主体承担。

(三)准许首先承担责任的一方向缺陷生产者追偿

按照产品责任的最终规则,在医疗机构承担了赔偿责任之后,其取得对医疗产品缺陷生产者、销售者的追偿权。医疗机构可以向其请求承担因缺陷医疗产品造成损害的全部赔偿责任。这种赔偿请求权是全额的请求权,包括在前手诉讼中所造成的损失,凡是缺陷医疗产品造成的损害,医疗机构都有权请求生产者或者销售者赔偿。

(四)患者将医疗机构和药品上市许可持有人、生产者、血液提供机构同时起诉的,应按照最终规则处理

在诉讼中,如果受害患者将医疗机构、生产者和销售者一并作为共同被告起诉的,法院在审理中,可以直接适用最终规则,确定缺陷的直接生产者承担侵权责任;也可以直接判决各被告承担的总的责任,适用不更正过失责任,在执行中确定谁先承担责任,之后追偿。

(五)市场份额规则

在产品侵权中同类产品造成侵权后果,但是生产这种产品的不是一个生产者,而是数个生产者,不能确定是谁制造的产品造成实际损害的这种情况,就是共同危险行为。按照共同危险行为的规则,应当由生产这种产品的数个生产者共同承担侵权责任。但是,按照一般的共同危险行为的规则,应当是由实施共同危险行为的数人承担

连带责任;而这种生产产品的情况则与一般的共同危险行为并不相同,承担连带责任不合理,因为生产者的生产份额并不相同。按照“市场份额”规则,数个生产者生产的同类产品因缺陷造成损害,不能确定致害产品的生产者的,应当按照产品在市场份额中的比例承担民事责任。按照这一规定,应当首先确定各个生产者在生产当时产品所占市场的具体份额,按照这一份额,确定自己应当分担的责任。

在医疗产品损害责任中,如果出现致害的药品或者器械等医疗产品不能确定谁是真实的生产者的,可以适用市场份额规则,数个生产者按照产品所占市场份额的比例,确定其赔偿份额。

第五节　医疗管理损害责任

一、确立医疗管理损害责任的必要性及概念界定

(一)确立医疗管理损害责任的必要性

医疗管理损害责任是一种新的医疗损害类型。有人曾经提出医院管理中的医疗事故损害赔偿责任的概念,但学者使用这个概念仍然是指医疗事故责任,而不是指医疗管理损害责任,仍有可借鉴之处。[①] 也有人提出过医政管理责任的概念,认可医政管理过错,也值得借鉴。[②]

在原《侵权责任法》起草过程中,笔者曾经提出对医疗损害责任的类型化意见,提出分为医疗技术损害责任、医疗伦理损害责任和医疗产品损害责任的三分法意见。[③]这一意见基本上被原《侵权责任法》所采纳,分别规定了第55、57、59条和第62条。有些学者在解释原《侵权责任法》规定的医疗损害责任中采纳了笔者的意见,也赞同这样的类型化划分。[④]

对医疗损害责任进行类型化划分时,笔者基本的思考是将在医疗机构发生的所有的与医疗损害有关的责任类型全部包含进去,因而将医疗管理损害责任纳入了医疗伦

---

① 《浅议医院管理中的医疗事故损害赔偿责任的性质》,载华夏医界网:http://www.hxyjw.com/hospital/manage/2008-2/20082272567.shtml,2011年1月12日最后访问。

② 参见定庆云、赵学良:《医疗事故损害赔偿》,人民法院出版社2000年版,第186页。

③ 参见杨立新:《医疗损害责任研究》,法律出版社2009年版,第120页。

④ 参见王利明、周友军、高圣平:《中国侵权责任法教程》,人民法院出版社2010年版,第596页。

理损害责任的概念之中,例如违反管理规范的损害责任,[①]组织过失损害责任[②]等。这样的归纳不够准确。在医疗伦理损害责任中,医疗机构及医务人员的过错是违反医生职业伦理道德,违反医生良知的过错,而医疗管理过错则是违反医政管理规范、管理职责的过错,属于医疗管理的过错,两者的性质并不相同。当时将医疗管理损害责任并入医疗伦理损害责任,是为了迁就三分法的完整性,是不准确的。将医疗管理损害责任单独作为医疗损害责任的一个独立的类型,既有事实根据,也有法律根据,并且完全符合《民法典》第1218条规定的要求。同时,确立医疗管理损害责任概念,使医疗损害责任体系由医疗伦理损害责任、医疗技术损害责任、医疗产品损害责任和医疗管理损害责任四种类型构成,既符合逻辑的要求,又符合现实客观实际情况,是一个理想、完美的设计。

实践的情况也证明将医疗管理损害责任纳入医疗损害责任体系是正确的。例如,某医院正在进行手术时,因突然停电,手术被迫中断,欲接通备用电源继续手术,但值班电工擅离职守不知去向,致使手术耽搁,患者因衰竭而死亡。学者认为,患者死亡,既非医生的误诊,亦非医生不负责任,而是电工玩忽职守,作为后勤人员的电工因其行为直接导致了病人死亡的后果,电工就是这起医疗事故的直接责任主体。[③] 这种意见是不正确的。这是典型的医疗管理损害责任,是医疗机构的工作人员违反管理职责,擅离职守,造成患者死亡的后果,完全符合《民法典》第1218条规定的要求,责任主体是医疗机构而不是工作人员,应当依照医疗管理损害责任追究医疗机构的赔偿责任。

(二)医疗管理损害责任的概念

1. 医疗管理损害责任的定义

医疗管理损害责任也是医疗损害责任的基本类型之一,是指医疗机构和医务人员违背医政管理规范和医政管理职责的要求,具有医疗管理过错,造成患者人身损害、财产损害的医疗损害责任。

医疗管理也叫作医政管理。[④] 医疗管理损害责任的构成,不是医疗机构及医务人员的伦理过错或者技术过错,而是须具备医疗管理过错,即医疗机构及医务人员在医政管理中,由于疏忽或者懈怠甚至是故意,不能履行管理规范或者管理职责,造成患者人身损害或者财产损害,应当承担的医疗损害责任。

2. 医疗管理损害责任与用人单位责任的联系与区别

医疗管理损害责任与《民法典》第1191条第1款规定的用人单位责任基本一致。

---

① 参见杨立新:《医疗损害责任研究》,法律出版社2009年版,第141页。

② 参见杨立新:《侵权法论》,人民法院出版社2011年版,第449页。

③ 参见王喜军、杨秀朝:《医疗事故处理条例实例说》,湖南人民出版社2003年版,第6页。

④ 参见定庆云、赵学良:《医疗事故损害赔偿》,人民法院出版社2000年版,第186页。

二者都是用人单位(医疗机构)的工作人员(医务人员)在执行工作任务(在医疗活动中)造成他人(患者)损害,而由用人单位(医疗机构)承担损害赔偿责任。其中用人单位和医疗机构、工作人员和医务人员、执行工作任务和在医疗活动中、他人损害与患者损害的概念,都是相容的,后者都包含在前者之中。因此,医疗管理损害责任其实就是用人单位责任。

在医疗伦理损害责任、医疗技术损害责任以及医疗产品损害责任这三个概念中,医疗机构、医务人员、诊疗活动中和患者受损害的要件都与用人单位的对应概念具有包容关系,但它们的内容具有技术的、伦理的以及加害物的区别,也都属于用人单位责任的基本类型,但有较大的独立性。而医疗管理损害责任与它们有所不同,因为造成损害的原因是管理过错,这与用人单位责任的构成具有更大的相似性,如果没有《民法典》第1218条的特别规定,本来是可以纳入用人单位责任的范围中的。

之所以将医疗管理损害责任解释在《民法典》第1218条规定的医疗损害责任之中,是因为这种侵权损害的特点就是发生在医疗领域,是在医疗机构担负的诊疗活动职责之中,因而与医疗伦理损害责任、医疗技术损害责任和医疗产品损害责任并列在一起,作为医疗损害责任的基本范畴,单独进行研究和适用法律。

除了上述区别之外,更重要的是,对医疗管理损害责任适用的归责原则不同。《民法典》第1218条明确规定,医疗损害责任适用过错责任原则,而不适用过错推定原则,更不适用无过错责任原则,因而医疗管理损害责任与用人单位责任不同。用人单位责任的归责原则,一说认为适用过错推定原则,[①]一说认为适用无过错责任原则[②]或者严格责任[③],没有人主张为过错责任原则。比较起来,医疗管理损害责任适用过错责任原则,医疗机构承担医疗管理损害责任的条件之一,是医疗机构及医务人员必须存在管理过错,才能够承担医疗管理损害责任,这显然对医疗机构更为有利。

3. 医疗管理损害责任的特征

(1)构成医疗管理损害责任以具有医疗过错为前提

构成医疗管理损害责任,医疗机构及医务人员必须具备医疗过错,不具有医疗过错,医疗机构不承担赔偿责任。医疗管理损害责任不同于适用过错推定原则的医疗伦理损害责任,也不同于适用无过错责任原则的医疗产品损害责任,而与医疗技术损害责任相似。医疗机构承担医疗管理损害责任必须符合过错责任原则的要求,无过错则无责任。

---

① 参见杨立新:《侵权责任法》,法律出版社2011年版,第232页。

② 参见张新宝:《侵权责任法》,中国人民大学出版社2011年版,第154页。

③ 参见王利明:《侵权责任法研究》(下册),中国人民大学出版社2011年版,第87页。

(2)医疗管理损害责任的过错是医疗管理过错

医疗管理损害责任应当具备的过错是医疗管理过错,既不是以医疗技术过错为构成要件,也不是以医疗伦理过错为构成要件,而以医疗管理过错为要件。判断医疗管理过错的标准,既不是违反当时的医疗水平的诊疗义务所确定的高度注意义务,也不是违反医疗良知和医疗伦理的疏忽或者懈怠,而是以医疗机构和医务人员的管理规范和管理职责为标准确定的医疗管理过错,因而与其他三种医疗损害责任均不相同。

(3)医疗管理过错的认定方式是原告证明

医疗管理过错与医疗伦理过错的认定方式不同,是采取原告证明的方式,由原告一方证明医疗机构的过失。例如,救护车急救不及时致使患者受到损害,原则上应当由受害患者一方承担举证责任,必要时可以实行举证责任缓和,即患者一方只要证明存在过错的可能性,即可推定医疗机构有过错。

(4)医疗管理损害责任的主要损害事实是人格、身份和财产损害

医疗管理损害责任造成的损害,与一般侵权行为所造成的损害性质相同,是患者的人身损害和财产损害。在医疗技术损害责任构成中,损害事实只包括受害患者的人身损害事实,一般不包括其他民事权益的损害。在医疗伦理损害责任中,损害事实主要是精神型人格权或者人格利益损害。在医疗管理损害责任构成中,不仅包括受害患者的人身损害事实,而且包括患者的财产损害事实,甚至还包括身份损害事实。例如,妇产医院给产妇抱错孩子,就是侵害了患者的身份权。

二、医疗管理损害责任的归责原则及构成要件

(一)医疗管理损害责任的归责原则

医疗管理损害责任适用的归责原则是过错责任原则。这是《民法典》第 1218 条的明确规定。

对于医疗管理损害责任,从形式上观察,也有适用过错推定原则的可能性。例如妇产医院给产妇抱错孩子的案件,完全可以就此事实推定医疗机构及医务人员具有过错,因而免除原告的举证责任。但是,第一,适用过错推定原则,依照《民法典》第 1165 条第 2 款规定需要有“法律规定”,并不因为情形的特殊而对没有“法律规定”的侵权责任类型主张适用过错推定原则。第二,《民法典》第 1218 条明确规定应当适用过错责任原则,适用过错推定原则有违法律的明确规定。因此,医疗管理损害责任的归责原则是过错责任原则而不是过错推定原则。

(二)医疗管理损害责任的构成要件

1. 医疗机构及医务人员在诊疗活动中违反管理规范或管理职责的行为

在诊疗活动中,须有医疗机构及医务人员实施的违法行为才能构成医疗损害责

任。医务人员不仅指医生和护士,而且包括与诊疗活动有关的其他人员。构成医疗管理损害责任,医疗机构及医务人员须具备在诊疗活动中实施了违反管理规范和管理职责的医政管理行为,这个行为须具有违法性。凡是在医疗机构业务范围内,与医务人员的诊疗行为有关的医政管理活动,都是诊疗活动。在这些活动中,医疗机构及医务人员违反管理规范或者管理职责,不论是伦理性质还是技术性质的规范或者职责,就构成这种行为的要件。其违法性,在于这些行为会造成侵害患者合法权益的后果,违反了法律规定的对患者这些权益的不可侵义务。

2. 患者受到损害

患者受到损害,是构成医疗管理损害责任的客观事实要件。患者在医疗管理损害责任中的损害事实比较广泛,泛指患者的一切权利和利益的损害,但集中的还是患者的生命权、健康权、身体权、知情权、隐私权、亲权、所有权等有关的权利和利益。特别值得注意的是,亲权这种身份权及身份利益也能够成为医疗管理损害责任的侵害客体。妇产医院将产妇的亲子错误认作其他产妇的亲子,交给其他产妇抚养,并将其他产妇的亲子交给该产妇扶养,不仅侵害了该产妇及亲子的身份权,也侵害了另一位产妇及亲子的身份权,而且还有可能造成多个产妇及亲子的身份权以及父亲身份权的损害。这样的损害事实造成极为严重的后果,是在诊疗活动中发生的,虽然不是违反伦理道德或者技术规范,但是违反的是医疗机构及医务人员的管理规范和管理职责,具有严重的违法性。

3. 违反管理规范或者管理职责行为与损害事实之间有因果关系

医疗机构及医务人员违反管理规范或者管理职责的违法行为,须与患者的损害事实之间具有引起与被引起的关系,即构成医疗管理损害责任的因果关系要件。确定医疗管理损害责任的因果关系要件适用相当因果关系规则,通常依据事实就可以认定因果关系,并不需要进行医疗损害责任鉴定。受害患者只要证明自己在该医疗机构接受诊疗活动中,医疗机构及医务人员实施了具有违反管理规范或者管理职责的行为,自己因此受到了损害,就可以确认因果关系。例如,未经产妇同意医务人员将其胎盘擅自处置;救护车迟延到达,在此期间患者在等待中死亡,这些就能够证明因果关系。必要时可以采取因果关系的举证责任缓和,在原告证明因果关系的可能性后,推定有因果关系,医疗机构主张没有因果关系的,应当举证证明。

4. 医疗管理过错

医疗管理过错,是指医疗机构及医务人员在诊疗活动中违反管理规范或者管理职责的不注意的主观心理状态。医疗管理过错的表现形式是医疗机构及医务人员对医政管理规范或者管理职责的疏忽或者懈怠,通常不表现为故意。疏忽是医疗机构及医务人员对待管理规范或者管理职责的不经心、不慎重的不注意心理,因而应当做到的却没有做到。懈怠是医疗机构及医务人员轻信自己不会违反管理规范或者管理职责，却因为不注意而实际违反了管理职责和管理规范。医疗管理过错也包括故意，例如，拒绝向患者提供病历资料，擅自将患者有价值的人体医疗废物赠送他人等，属于故意而为，构成故意的医疗管理损害责任。

三、医疗管理过错的证明

由于医疗管理损害责任适用过错责任原则，故其违法行为、损害事实和因果关系要件的证明并无特殊之处。唯有医疗管理过错的证明需要特别说明。

（一）医疗管理过错的表现形式

医疗管理过错的表现形式，是医疗机构及医务人员在诊疗活动中，对与诊疗活动有关的医政管理活动违反管理规范或者管理职责的故意或者过失。

1. 医疗管理故意

典型的医疗管理故意如：

（1）对患者人体医疗废物侵占的希望和放任。在一些妇产医院，医务人员对产妇娩出的胎盘采取的态度就是故意不告知，产妇不问就将其据为己有，转送他人或者自己留用。这里的故意不告知其实并不是医疗管理故意的内容，而是通过不告知而意图将产妇的胎盘据为己有的这种希望的心理状态。这是典型的侵占他人财产的故意形态，是希望患者发生这样的权利损害后果。

（2）违反病历资料管理职责的希望和放任。医疗机构及医务人员都有可能对病历资料违反管理职责采取故意的态度。关于隐匿或者拒绝提供与纠纷有关的病历资料，伪造、篡改或者销毁病历资料，医疗机构或者医务人员的心理状态都是希望损害后果的发生。医疗机构及医务人员拒绝患者查阅、复制病历资料的，其主观心态也都是故意。如果并未造成医疗技术损害，仅有违反病历资料管理职责的过错，亦应认定构成医疗管理过错，承担赔偿责任。

2. 医疗管理过失

在绝大多数医疗管理损害责任中，医疗机构及医务人员的过错表现为医疗管理过失，而非故意。在违反紧急救治义务、违反病历管理职责、救护车抢救不及时、违反管理职责致使产妇抱错孩子、违法处理患者人体医疗废物、违反安全保障义务中，其过错要件都表现为医疗管理的过失。这些医疗管理过失都是医疗机构及医务人员对管理规范或者管理职责的疏忽或者懈怠，是对待管理规范或者管理职责以及患者权利的不经心、不慎重的不注意心理，应当做到却没有做到；或者是医疗机构及医务人员轻信自己即使违反管理规范或者管理职责也不会损害患者的权利，却因为不注意而实际违反了管理职责和管理规范，损害了患者的权利。

(二)医疗管理过错的证明标准

医疗管理过错的证明标准,是医疗机构的管理规范和医务人员的管理职责。

管理规范,既包括国家及行政管理机关对医疗机构与诊疗活动进行管理的法律、法规、规章、规范、制度等规范性文件规定的管理规则,也包括医疗机构自己制定的与诊疗活动有关的管理规范。违反医疗机构及医务人员对生命垂危状态的患者的紧急救治义务,不仅违反了《民法典》第1220条的规定,而且也违反了《执业医师法》第24条关于"对急危患者,医师应当采取紧急措施进行诊治;不得拒绝急救处置"的规定,以及《医疗机构管理条例》第31条关于"医疗机构对危重病人应当立即抢救"的规定。违反病历管理职责的行为,不仅违反了《民法典》第1225条的规定,而且也违反了原卫生部、国家中医药管理局2002年8月2日发布的《医疗机构病历管理规定》的具体规定。凡是法律、法规、规章以及其他与诊疗活动有关的管理规范,都是确定医疗管理过错的证明标准。

管理职责,是指医疗机构的与诊疗活动有关的工作人员对保障诊疗活动正常进行的职责要求。医疗机构与诊疗活动有关的人员,都有各自的岗位职责。这些职责,是确定医疗机构各种岗位的工作人员保障诊疗活动正常进行的规范性要求,必须严格遵守。一旦违反,造成患者的损害,就构成医疗管理过失。例如,在急救车救护不及时的医疗管理损害责任中,医疗机构对救护站的救护车配备、救护车的调派、救护车的管理、救护车驾驶人员的职责、救护车急救人员的职责等,都有必要、明确的规定和要求,其目的在于向求救者提供及时、适当的紧急救援。① 这些工作人员的职责规定,是判断医疗管理过失的证明标准。

(三)医疗管理过错的证明方法

医疗管理过错的证明方法,适用《民事诉讼法》规定的民事诉讼证明的一般规则,即"谁主张,谁举证"的原则,由受害患者承担举证责任。在医疗管理过错的证明中,既不适用举证责任倒置规则,在一般情况下也不适用举证责任缓和规则。

受害患者作为原告,应当证明医疗机构及医务人员的行为违反了医疗机构的管理规范或者医务人员违反了自己的管理职责,因而其主观上具有故意或者过失。对此,受害患者应当举证证明,证明成立者,认定医疗机构及医务人员存在医疗管理过失。证明不成立者,不构成医疗管理过错。

证明医疗管理过错应当参照《民法典》第1222条第1项关于"违反法律、法规、规章以及其他有关诊疗规范的规定","推定医疗机构有过错"的规定,受害患者能够证明医疗机构违反法律、法规、规章以及其他与诊疗活动有关的管理规范规定的,就推定医疗机构存在医疗管理过错。这种推定,其实本身就已经证明了医疗机构存在管理过

---

① 参见杨太兰主编:《医疗纠纷判例点评》,人民法院出版社2003年版,第218页。

错,这是由医疗管理过错的客观性决定的,因此是不可推翻的过错推定,医疗机构不得提出反证证明自己无过错,而主张自己不承担医疗管理损害责任。

四、医疗管理损害责任的类型

(一)违反紧急救治义务的损害责任

《民法典》第1220条规定:“因抢救生命垂危的患者等紧急情况,不能取得患者或者其近亲属意见的,经医疗机构负责人或者授权的负责人批准,可以立即实施相应的医疗措施。”这一条文规定的是医疗机构对生命垂危的患者的紧急救治义务。这一条文只是从正面规定了紧急救治义务,但没有规定医疗机构违反紧急救治义务造成患者损害的侵权责任。

通常认为,一个具体义务的法律条文没有规定责任的规范,就不能追究违反该义务的责任。但是,任何法定义务背后都必须有责任的支持,否则这个法定义务就成为不真正义务,无法保证这个法定义务被义务人履行。同样,该条规定的是医疗机构的告知义务的例外情形和紧急救治义务,医疗机构违反该义务,当然要承担责任。这个责任的依据就是《民法典》第1218条规定的医疗损害责任一般条款。只要医疗机构违反《民法典》第1220条规定的紧急救治义务,造成患者损害,符合该一般条款规定的责任构成要件,就应当承担侵权责任。可见,认为《民法典》第1220条规定的紧急救治义务没有侵权责任的约束,是不正确的。

构成违反紧急救治义务的损害责任,须具备以下要件:(1)必须存在抢救生命垂危的患者等紧急情况。生命垂危,是指如果不采取必要的抢救措施,患者可能会失去生命的紧急情形。[①] 除此之外,其他如果不采取相应的措施将给患者造成难以挽回的巨大损害的,例如患者被切断手掌,只有在某个特定的时间段内为患者进行缝合才能够接上,否则将成为残疾,属于“等紧急情况”,[②]医疗机构负有紧急救治义务。(2)不能取得患者或者其近亲属的意见。不能既包括客观不能,如由于客观原因既无法取得患者的意见,也无法取得其近亲属的意见;也包括主观不能,如患者或者其近亲属不同意采取紧急抢救措施,也不影响医疗机构采取紧急救治措施。(3)由于没有医疗机构的负责人或者授权的负责人批准而未采取紧急救治措施。实施紧急抢救措施须经医疗机构的负责人或者授权的人的批准,没有经过请示批准,或者经过请示没有批准,因此没有采取紧急抢救措施。(4)患者受到严重损害,且与疏于采取抢救措施有因果关系。这种损害包括两种:一是死亡,因原本就生命垂危,未采取紧急抢救措施而致死亡;二

---

① 参见孟强:《医疗损害责任:争点与案例》,法律出版社2010年版,第97页。

② 参见王利明:《侵权责任法研究》,中国人民大学出版社2011年版,第434页。

是其他严重损害,如延误治疗而使断手不能再植,造成患者残疾。具备上述四个要件,就构成违反紧急救治义务的损害责任。

疏于及时救治义务的医疗行为,是违反医疗组织管理规范的医疗损害责任。医疗机构对于危急病患负有救治的义务。医疗机构对危急病患拒绝治疗,或者无故拖延诊断、治疗而致损害的,医疗机构应当承担赔偿责任。这种侵权行为是一种不作为的侵权行为,是违背作为义务的不作为侵权行为。如果医疗机构具有合法的免责事由,可以免除自己的责任。例如,因不可抗力导致医疗机构无法对患者诊断、治疗的,医疗机构不承担赔偿责任。

在现实生活中,基于费用问题而拒绝救助病患的情形经常发生,这不仅与医疗机构与医务人员救死扶伤的宗旨不符,而且也是对病患生命权的侵害。为此,应当从立法上对此进行规制。学者在起草《民法典》时,已经注意到了这一问题,提出了"当权利人因发生事故或疾病有生命危险时,发现人有义务实施救助,或将其送往医疗机构;无论支付报酬与否,国家、集体或私人医疗机构必须使用现有的医疗手段尽力救治,不得拒绝救治"①的立法建议,这种说法可以作为处理这类医疗损害责任的规则掌握。《民法典》第1005条对此规定:"自然人的生命权、身体权、健康权受到侵害或者处于其他危难情形的,负有法定救助义务的组织或者个人应当及时施救。"

特别值得研究的是,急需进行手术治疗的患者或者其近亲属拒绝在手术同意书上签字,因此延误治疗造成严重损害后果的,是否构成这种技术损害责任。例如,2007年11月21日下午4点,李某因难产生命垂危,身无分文,北京市朝阳医院决定让其免费入院治疗,而胎儿的父亲肖某拒绝在剖腹产手术单上签字。至7时20分,医院院长、"110"民警以及正在医院看病的病人及家属苦苦相劝,肖某置之不理,拒不签字,在手术单上写明:"坚持用药治疗,坚持不做剖腹手术,后果自负。"医院紧急调来神经科医生,确认其精神无异常。卫生局领导指示,不签字就不能手术。在医生轮番药物抢救下,李某死亡,胎儿死于腹中。医院是救死扶伤的机构,既是医疗合同关系的一方当事人,也是社会中负有救死扶伤义务的医疗机构,负有的责任就是面对可能要发生的死亡,无论是何种情况都要尽全力进行抢救以保全生命。尽管这个案例中的医院好像没有责任,但卫生行政主管部门的责任是不是应当进一步检讨呢?

《民法典》第1220条已经正确回答了这个问题。

在现实生活中基于费用问题而拒绝救助患者的情形经常发生,这不仅与医疗机构与医务人员救死扶伤的宗旨不符,而且也是对患者生命权的侵害。为此,应当从立法上对此进行规制。

在具体适用《民法典》这一规定时,应当特别注意《医疗损害责任司法解释》

① 王利明主编:《中国民法典草案建议稿及说明》,中国法制出版社2004年版,第45页。

(2021)第 18 条的规定,即因抢救生命垂危的患者等紧急情况且不能取得患者意见时,下列情形可以认定为《民法典》第 1220 条规定的不能取得患者近亲属意见:一是近亲属不明的;二是不能及时联系到近亲属的;三是近亲属拒绝发表意见的;四是近亲属达不成一致意见的;五是法律、法规规定的其他情形。具有前述情形之一的,医务人员经医疗机构负责人或者授权的负责人批准立即实施相应医疗措施,患者因此请求医疗机构承担赔偿责任的,不予支持;医疗机构及其医务人员怠于实施相应医疗措施造成损害,患者请求医疗机构承担赔偿责任的,应予支持。

(二)违反病历资料管理职责损害责任

《民法典》第 1225 条规定:“医疗机构及其医务人员应当按照规定填写并妥善保管住院志、医嘱单、检验报告、手术及麻醉记录、病理资料、护理记录等病历资料。”“患者要求查阅、复制前款规定的病历资料的,医疗机构应当提供。”这是对医疗机构对病历资料的妥善保管和提供查询义务的规定,针对的是医疗机构及医务人员对病历资料的不负责任的疏忽以及对此采取的恶意行为。

病历资料在医疗机构保管,有些医务人员甚至医疗机构将病历资料当成自己的私有财产,随意处置,拒绝提供,甚至进行隐匿、伪造、销毁、篡改等,这是严重的违法行为。《民法典》直接规定医疗机构及医务人员对病历资料负有依规填写、妥善保管和提供查询的义务,并且规定这一义务属于强制性义务,医务人员和医疗机构不得违反。

在司法实践中适用这一规定,最重要的是确定违反该义务的后果。医疗机构及医务人员违反对病历资料的填写、保管义务,法律规定有两种后果:(1)《民法典》第 1222 条在规定推定医疗过错的规定中明确规定“隐匿或者拒绝提供与纠纷有关的病历资料”“遗失、伪造、篡改或者违法销毁病历资料”的行为可以直接推定医疗机构有过错,其基础在于该条规定的医疗机构及其医务人员对病历资料负有的义务,这种推定过错就是违反该义务的法律后果。如果上述行为不构成医疗技术损害责任,则可以构成医疗管理损害责任。(2)填写不当、保管不善、不允许患者查询复制病历资料等行为,不属于推定过错的事由,但侵害了患者的知情权,同样构成侵权责任,应当适用《民法典》第 1218 条规定确定侵权责任。例如,某医院不慎将多次来该院就诊的患者郑女士的病历资料丢失,恰巧郑女士办理病退需要将该病历拿到有关鉴定中心做病退鉴定,病历丢失使鉴定无法顺利进行。郑女士认为由于医院将自己的病历丢失,导致自己不能如期正式退休,在工资差额、医保个人账户、医药费等报销上损失很大,遂起诉要求医院赔偿损失,法院支持其判决,但判决赔偿的数额较少。① 医疗机构在履行对患者病历资

---

① 参见刘鑫等:《侵权责任法“医疗损害责任”条文深度解读与案例剖析》,人民军医出版社 2010 年版,第 167 页。

料的保管义务中未尽管理职责,造成病历资料丢失,具有重大过失,构成医疗管理损害责任,应当对患者的损失予以赔偿。

(三)不必要检查的防范与责任

《民法典》第1227条规定针对的是医疗机构的防御性医疗行为。

不必要检查,是指违反诊疗规范,进行了不属于相关病例应当检查范围的医疗检查。形成不必要检查的原因,在于司法实践中采取的全面医疗过错推定和因果关系推定规则。在这样的情况下,医疗机构及医务人员为了保护自己,采取对患者进行不必要检查的措施;既用患者的钱为自己保存了诉讼证据以保护自己,同时又增加了医疗机构的收入。因此,这是在诉讼武器不平等的诉讼规则之下形成的防御性医疗行为。这样的防御性医疗行为对患者极为不利,是必须纠正的。《民法典》作此规定,体现了人民性,是对广大患者的依法保护。

确定不必要检查,关键在于医疗诊断中的检查是否为必要:有必要者,不能认为属于过度检查;无必要者,就是不必要检查。至于过度检查的标准,是卫生主管部门规定的诊疗规范。按照诊疗规范,某种病状应当进行哪些检查,超出了应当检查范围的,就是过度检查。不过,在实践中对过度检查很难确定:一方面是医务人员对患者进行的检查差不多都能找到依据;另一方面是确定是否属于过度检查需要由医学、医疗专家进行鉴定,结论通常比较倾向于保护医疗机构和医务人员。

过度检查的损害后果是,使患者增加了不必要的医疗费用开支,使患者受到财产损害。本条只规定了医疗机构和医务人员不得过度检查的义务,没有规定违反该义务的责任。对此,应当适用《民法典》第1218条的规定,违反不得过度检查义务的医疗机构,应当依照该规定对患者承担财产损害赔偿责任。

(四)救护车急救不及时的损害责任

救护站接到患者及近亲属的呼救,组织救护不及时,致使患者受到损害,也属于医疗管理损害责任。医疗救护站接到求救应当及时进行救护,由于过失而延误时间,救护不及时,致使患者发生损害的,应当承担侵权责任。如果医疗机构救护及时,即使有损害,也不承担责任。①

(五)违反管理职责致使产妇抱错孩子的损害责任

妇产医院违反管理职责,将产妇生产的孩子抱错,造成对亲属关系的严重损害,是典型的医疗管理损害责任。例如,20多年前,赵甲的妻子宫某、孙甲的妻子李某同时在通化市人民医院生产。20年后,赵甲的儿子赵乙在大学献血时,经检验,其血型是AB型,引起赵甲和宫某的怀疑,因为赵甲和宫某的血型都是B型,不可能生出AB型血型

① 典型案例参见杨太兰主编:《医疗纠纷判例点评》,人民法院出版社2003年版,第212页以下。

的孩子。三人又做了一次血型检验,结果仍是同样的结果,赵甲和宫某开始怀疑是在医院抱错了孩子。但是,医院的档案已经在一次洪水中被冲走,无法查找。他们查明当日在该医院出生了8个男孩。宫某找到了当日生产时与自己邻床的李某,发现其子孙乙酷似赵甲。于是与李一起讨论了两个孩子的特征、性格、嗜好,迹象表明两家的孩子有抱错的可能。赵家和孙家六口人做了亲子鉴定,检验结果却是:孙乙是赵甲、宫某的亲生子,但赵乙与赵甲、宫某以及孙甲、李某均无血缘关系。赵甲、宫某夫妇竭力帮助赵乙寻找亲生父母,孙甲夫妇也努力寻找自己的亲生儿子,但均没有结果。他们分别向通化市东昌区法院提起诉讼,2002年12月18日法院作出判决,确定赔偿50多万元。很多人认为这不是医疗损害责任案件,笔者的看法不同。在医疗过程中造成患者的这种损害,不能不认为是医疗损害责任。这种侵权行为违反了管理规范,造成的尽管不是人身损害事实,但违反了医疗良知和医疗伦理,使受害患者的身份权受到损害,对此承担责任的应是医疗机构,认定为医疗损害责任是完全有道理的。

这种案件符合《民法典》第1218条规定的医疗损害责任的构成要件:(1)患者在诊疗活动中受到损害。患者的这种损害是失去亲人的损害,是将亲生子女弄错,将别人的亲生子女误作为自己的亲生子女抚养,侵害了亲权,造成亲属身份利益的损害。(2)医疗机构及医务人员有过错。在这类案件中,医疗机构及医务人员的过错十分明显,就是疏于管理,造成失误,属于重大过失。(3)造成损害的行为是诊疗过程中的医政管理行为,该行为违反了对新生儿的管理制度,造成了患者的损害。(4)该违法管理行为与患者的损害之间具有因果关系,显然,如果医疗机构及医务人员严格按照对新生儿的管理规则进行管理,绝对不会出现这样的严重失误,造成如此严重的损害。①

(六)违法处理患者医疗废物侵害患者权利

违法处理患者由自己的身体变异而成的医疗废物,侵害了患者对医疗废物的所有权,也构成侵权,应当适用《民法典》第1218条规定确定侵权责任。人体医疗废物从患者人体变异而来,成为特殊物,所有权归属于患者。医疗机构及医务人员将其据为己有,或者未经告知患者而擅自处理,侵害了患者的所有权。②

(七)医务人员擅离职守

医疗机构在医政管理中,医务人员以及其他工作人员擅离职守,危害最大,后果也很严重。例如不坚守岗位,工作时间睡觉、看书、请客吃饭,以及后勤水电锅炉等维修部门工作人员失职,导致供水供电中断、仪器故障等,造成患者损害。③

---

① 典型案例参见杨立新:《侵权法论》,人民法院出版社2011年版,第375页。

② 典型案例参见杨立新主编:《民法物格制度研究》,法律出版社2008年版,第100页。

③ 参见定庆云、赵学良:《医疗事故损害赔偿》,人民法院出版社2000年版,第190页。

(八)医疗机构违反安全保障义务的损害责任

医疗机构及医务人员在诊疗活动过程中,违反对患者的安全保障义务,在设施设备、服务管理以及防范制止侵权行为等方面存在过失,造成患者损害的,符合《民法典》第1198条规定的违反安全保障义务的侵权责任,同时也符合第1218条规定,构成医疗管理损害责任,患者可以选择第1198条规定请求医疗机构承担侵权责任,也可以选择依据第1218条的规定请求医疗机构承担损害赔偿责任。

五、医疗管理损害责任的赔偿法律关系与赔偿责任

(一)医疗管理损害责任的法律适用

1. 适用《民法典》第1218条的理由

《民法典》"医疗损害责任"一章并没有明文规定医疗管理损害责任,因此,似乎不能直接引用明确的条文对医疗管理损害责任适用法律。应当看到的是,《民法典》第1218条并不是一个封闭的法律规范,而是医疗损害责任的一般条款,具有广泛的包容性。换言之,第1218条除了包括第1219、1221、1223条以及第1226条明文规定的医疗损害责任类型外,还将第1220、1225条和第1227条规定的行为对患者造成损害的责任也都包括在内,甚至对"医疗损害责任"一章没有具体规定,但符合第1218条规范要求的医疗损害责任,都包括在内。

医疗管理损害责任的特征完全符合第1218条规定的要求:第一,受到损害的是患者,符合"患者在诊疗活动中受到损害"对主体的要求;第二,损害发生在"诊疗活动中",而不是其他场合;第三,医疗机构及医务人员有过错,虽然条文并没有明确规定是何种性质的过错,但是管理过错应当包含其中;第四,医疗机构承担赔偿责任,无论医务人员由于何种过错,只要在诊疗活动中使患者发生损害,就应当由医疗机构承担赔偿责任。可见医疗管理损害责任的特点完全符合第1218条规定的要求,因此该条可以作为医疗管理损害责任的法律依据。

2. 不适用用人单位责任的理由

如前所述,医疗管理损害责任是一种特殊的用人单位责任,也完全符合《民法典》第1191条第1款规定的用人单位责任的要求。对医疗管理损害责任要适用第1218条而不适用第1191条第1款的规定,其理由是:第一,医疗管理损害责任发生在医疗机构的诊疗活动中,发生的环境具有特殊性;第二,医疗管理损害责任的违法行为造成了"患者"的损害,而不是一般的"他人"的损害,这一点与用人单位责任有所差别;第三,在医疗管理损害责任发生之前,医疗机构与患者之间具有医疗服务合同关系,而用人单位责任并无此特别要求,通常是造成不具有合同关系的他人损害;第四,医疗管理损害责任符合具有特别法性质的第1218条规定的要求,而第1191条第1款规定与第

1218 条规定属于普通法与特别法的关系,应当优先适用特别法的规定。因此,对医疗管理损害责任适用第 1218 条而不适用第 1191 条第 1 款,是完全说得通的,且理由充分。

3. 第 1218 条能否作为请求权的法律基础

《民法典》规定的医疗损害责任的请求权究竟规定在哪个条文之中,值得研究。第 1219、1221、1223 条和第 1226 条都明确规定了受害患者的损害赔偿请求权,自不待言。在第 1220、1225 条和第 1227 条中都没有规定侵权请求权,因此这些条文无法作为请求权的法律基础。

《民法典》第 1218 条就是为全部医疗损害责任提供请求权法律基础的规范。它的具体用法是:首先,当出现《民法典》第 1220、1225 条和第 1227 条这 3 个条文规定的医疗损害责任的情形时,应当以第 1218 条作为请求权的法律基础,由受害人提出损害赔偿请求,依据该条文确定医疗损害责任。其次,当出现《民法典》第七编第六章没有明确规定的医疗损害责任,符合第 1218 条规定的医疗损害责任的构成要件时,可以直接适用第 1218 条,作为请求权的法律基础,向医疗机构请求损害赔偿,确定医疗机构的赔偿责任。医疗管理损害责任应当就在其中。

(二)医疗管理损害责任的赔偿法律关系

医疗管理损害责任的赔偿责任形态是替代责任,即“医疗机构及医务人员有过错,由医疗机构承担赔偿责任”。具备上述侵权责任构成要件的,产生医疗管理损害责任替代责任形态。其形式主要是医务人员在诊疗活动中,违法实施管理行为,造成患者的损害,医务人员作为行为人,医疗机构作为赔偿责任人,由医疗机构承担赔偿责任。如果医务人员有过错,在医疗机构承担了赔偿责任之后,医疗机构有权向其进行追偿。

(三)医疗管理损害责任的赔偿责任

医疗管理损害责任的赔偿,适用《民法典》第 1179、1180、1183 条和第 1184 条的规定,分别按照人身损害赔偿、财产损害赔偿和精神损害赔偿的确定方法计算赔偿数额。造成患者人身损害的,应当按照人身损害赔偿的计算方法,赔偿医疗费、护理费、交通费等为治疗和康复支出的合理费用,以及因误工减少的收入。造成患者残疾的,还应当赔偿残疾生活辅助具费和残疾赔偿金。造成患者死亡的,还应当赔偿丧葬费和死亡赔偿金。因同一侵权行为造成多人死亡的,可以以相同数额确定死亡赔偿金。造成财产损失的,按照财产的损失价值确定赔偿数额。侵害患者人身权益,造成患者严重精神损害的,受害人还可以请求精神损害赔偿。

第六节 医疗过失和因果关系的证明

一、医疗过失的概念和类型

医疗损害责任中的过错要件表现为医疗机构及医务人员在诊疗护理中的过失,而不是故意。

医疗过失是指医疗机构在医疗活动中,医务人员未能按照当时的医疗水平通常应当提供的医疗服务,或者按照医疗良知、医疗伦理应当给予的诚信、合理的医疗服务,没有尽到高度注意义务,通常以违反医疗卫生管理法律、行政法规、部门规章、医疗规范或常规,或者未尽法定告知、保密义务等的医疗失职行为作为标准判断的主观心理状态,以及医疗机构存在的对医务人员疏于选任、管理、教育的主观心理状态。简言之,医疗过失就是医疗机构及医务人员未尽必要注意义务的疏忽和懈怠。

(一)医疗过失的法律特征

1. 医疗过失的主体是医疗机构和医务人员。医疗损害责任的基本特点是替代责任,因此,医疗过失也存在替代责任的特征,即医疗过失既表现在医疗机构身上,也表现在医务人员身上。首先,医疗过失主要表现在医务人员身上,医务人员必须具有过失,才能够认定医疗过失。其次,医务人员的医疗过失还必须体现在医疗机构身上。事实上,只要医务人员构成医疗过失,医疗机构就存在选任、管理和教育的过失。因此,医疗过失是一个过失,却体现在医疗机构和医务人员这两个不同主体的主观状态中。

2. 医疗过失是主观要件而不是客观要件。医疗过失是侵权责任构成中的主观要件,而不是客观要件,因此,它必定是一个主观概念。医疗过失就是医疗损害责任的主体即医疗机构及医务人员在主观上的心理状态,因此,医疗过失的主要表现形式仍然是疏忽和懈怠,而不是客观行为。①

3. 医疗过失的认定通常采用客观标准。尽管医疗过失是主观概念,但由于医疗机构负有高度的注意义务,因此,在认定其医疗过失时,通常不采用主观标准,而是采用客观标准。通常的方法,是以医疗卫生管理法律、行政法规、部门规章和诊疗护理规范、常规等对于医疗机构注意义务的规定为标准,或者以医疗机构及医务人员应尽的

① 我们不接受法国法的客观过错概念,认为过失仍然是主观概念,是行为人的主观心理状态。

告知、保密等法定义务为标准，只要医方未履行或者违反这些义务，就被认为是有过失。同时，医疗过失的判定与医疗道德有一定关系。法律、法规、规章、规范以及常规缺乏具体规定时，一般要借助于医疗道德对医务人员的行为进行约束，因此，恪守医疗服务职业道德就成为医务人员的行为准则，一些医疗道德规范上升为医务人员的注意义务，成为判断医疗过失的标准。① 尽管如此，仍不排除在认定医疗过失上的主观标准的适用。例如，手术器具、物品遗留于患者体内，足以证明医务人员具有疏忽，即以主观标准认定医疗过失。

4. 医疗过失违反高度注意义务的标准是当时的医疗水平或者违反医疗良知和医疗伦理。医疗机构及医务人员在医疗活动中承担着高度的注意义务。通常认为，高度的注意义务是比善良管理人的注意更高的注意义务。确定这一注意义务的标准，就是当时的医疗水平。在日本法中，确定医疗技术过失不采用医学水准而采医疗水准。医疗水准，是指关于已由医学水准加以解明之诸问题，基于医疗实践之普遍化，经由经验研究的不断积累，且由专家以其实际适用的水准加以确定者。亦即现在业已一般普遍化的医疗而得为实施的目标，在临床尚可为论断医疗机关或医师责任基础的水准。② 界定医疗水平，可以参照这样的定义。确定医疗过失，应以实施医疗行为当时的医疗水平为标准，同时适当参考地区、医疗机构资质和医务人员资质，确定医疗机构和医务人员应当达到的注意义务；违反之，即为存在医疗过失。在医疗伦理损害责任中，医疗过失则是违反告知、保密以及其他注意义务，其标准是医疗良知和医疗伦理，而不是技术规范。

(二) 医疗过失的分类

借鉴法国对医疗过错的分类方法，可以将医疗过失分为医疗技术过失和医疗伦理过失。这样分类的优势在于：第一，确定医疗过失的判断标准不同，前者适用当时的医疗水平，后者适用一般的医疗良知和医疗伦理。第二，适用的归责原则不同，前者适用过错责任原则，后者适用过错推定原则。第三，适用的具体规则不同，前者由于实行过错责任原则，因而所有的责任构成要件都须实行“谁主张，谁举证”的举证责任规则，只在特殊情况下才有条件地实行举证责任缓和。后者由于适用过错推定原则，因而其具体规则以过错推定为基本规则，在医疗过失的认定上采取推定方式，实行举证责任倒置。

1. 医疗技术过失

医疗技术过失，是指医疗机构及医务人员从事病情的检验、诊断、治疗方法的选

---

① 参见张新宝：《大陆医疗损害赔偿案件的过失认定》，载朱柏松等：《医疗过失举证责任之比较》，元照出版有限公司 2008 年版，第 80 页。

② 参见[日]新美育文：《医师的过失——医疗水准论为中心》，载《法律论集》第 71 卷第 4、5 合并号。转引自朱柏松等：《医疗过失举证责任之比较》，元照出版有限公司 2008 年版，第 23 页。

择,治疗措施的执行以及病情发展过程的追踪,术后照护等医疗行为中,不符合当时的医疗专业知识或技术水平的疏忽或者懈怠。《民法典》第1221条规定:"医务人员在诊疗活动中未尽到与当时的医疗水平相应的诊疗义务,造成患者损害的,医疗机构应当承担赔偿责任。"这一规定就是确定医疗技术过失的标准。确定这种医疗过失,适用当时的医疗水平标准,适当考虑地区、医疗机构资质和医务人员资质,通常以医疗法律、法规、规章以及医疗诊断规范和常规的违反为客观标准。其表现形式是"医疗技术过失=当时的医疗水平→高度注意义务→违反义务"。

2. 医疗伦理过失

医疗伦理过失,是指医疗机构及医护人员在从事各种医疗行为时,未对病患充分告知或者说明其病情,未对病患提供及时有用的医疗建议,未保守与病情有关的各种隐私、秘密,或未取得病患同意即采取某种医疗措施或停止继续治疗等,违反医疗职业良知或职业伦理上应遵守的告知、保密等法定义务的疏忽和懈怠。对这种医疗过失的判断标准是医疗良知和医疗伦理,通常以违反法律、法规、规章、规范、常规规定的医务人员应当履行的告知、保密等法定义务为标准,违反之,即为有过失。因此,通常并不需要进行医疗过失的鉴定,法官即可依据已知的事实作出推定。其表现形式是"医疗伦理过失=医疗职业良知和职业伦理→告知保密等义务→未履行"。

(三)证明和认定医疗过失的基本要求

《医疗损害责任司法解释》(2021)规定了证明和认定医疗过失的基本规则,主要如下:

1. 举证的内容

(1)医疗过失举证责任的分担规则。第一,医疗过失的举证责任主要由患者承担。患者依据《民法典》第1218条规定主张医疗机构承担赔偿责任的,应当提交到该医疗机构就诊、受到损害的证据。患者无法提交医疗机构或者其医务人员有过错、诊疗行为与损害之间具有因果关系的证据,依法提出医疗损害鉴定申请的,人民法院应予准许。第二,医疗机构的举证责任是,医疗机构主张不承担责任的,应当就民法典第1224条第1款规定的三种免责情形等抗辩事由,承担举证证明责任。

(2)医疗伦理损害责任的举证责任。第一,患者依据《民法典》第1219条规定以医疗伦理损害责任主张医疗机构承担赔偿责任的,应当按照前述患者的举证责任提交证据。第二,实施手术、特殊检查、特殊治疗的,应当由医疗机构承担说明义务,并且须取得患者或者患者近亲属明确同意,但是,属于《民法典》第1220条规定的抢救生命垂危患者的紧急情形除外。第三,法院认定医疗机构尽到告知义务的方法是,医疗机构提交患者或者患者近亲属明确同意证据的,人民法院可以认定医疗机构尽到说明义务,但患者有相反证据足以反驳的除外。

(3)医疗过失的推定。《民法典》第1222条规定了医疗过失推定的三种事由,在具体适用中的规则是:第一,其中规定的病历资料,包括医疗机构保管的门诊病历、住院志、体温单、医嘱单、检验报告、医学影像检查资料、特殊检查(治疗)同意书、手术同意书、手术及麻醉记录、病理资料、护理记录、出院记录以及国务院卫生行政主管部门规定的其他病历资料。第二,患者依法向人民法院申请医疗机构提交由其保管的与纠纷有关的病历资料等,人民法院应当对医疗机构指定提交的期限,医疗机构未在人民法院指定期限内提交的,人民法院可以依照《民法典》第1222条第2项的规定,推定医疗机构有过错,但是,如果存在因不可抗力等客观原因无法提交的,不在此限。

(4)医疗产品损害责任的举证责任。对于在司法实践中依据《民法典》第1223条规定提起的医疗产品损害责任纠纷案件,其举证责任规则是:第一,患者依据《民法典》第1223条规定请求赔偿的,应当提交使用医疗产品或者输入血液、受到损害的证据。这一举证责任由患者承担。第二,患者无法提交使用医疗产品或者输入血液与损害之间具有因果关系的证据,依法申请鉴定的,人民法院应予准许。第三,医疗机构,医疗产品的生产者、销售者、药品上市许可持有人或者血液提供机构主张不承担责任的,应当对医疗产品不存在缺陷或者血液合格等抗辩事由承担举证证明责任。其中第二和第三两项内容,是举证责任缓和原则的适用。

(5)医疗过失的认定规则,依照第16条规定,对医疗机构或者其医务人员的过错,应当依据法律、行政法规、规章以及其他有关诊疗规范进行认定,可以综合考虑患者病情的紧急程度、患者个体差异、当地的医疗水平、医疗机构与医务人员资质等因素。这里规定的“过错”,应当是过失。

二、医疗技术过失的证明及举证责任

(一)医疗技术过失的认定标准是当时的医疗水平

医疗技术过失就是合理的医师未尽高度注意义务。因此,医疗技术过失的注意义务,应当以当时的医疗水平为标准确定。

医疗行为具有阶段性、连锁性、多元性以及多变性的特点,从而使医疗责任的诸不同医疗行为之间具有各自独立的存在条件、性质与内涵。在此情况下,在具体论断医疗责任时,不能因各自不同类型医疗行为的各自条件、性质与内涵,而分别采用不同的标准,应论断其是否具有过失责任及因果关系,以实际论断其效果。因此,日本医疗责任法认为,医学界和法学界均确立了医学水准与医疗水准两个概念之间的区别,而医师注意义务的违反被论断为过失者,应以医疗水准为准。理由是,医学水准是医学上的问题迈向解明,由学界定以方向加以形成的理论或方法,亦即对于医疗问题的全貌或核心、研究方向加以定位,并在学术领域加以容认的一个学术水准。这样的水准只是朝将来一般化目标发展的基本研究水准而已,在临床上自不应被提供为论断医师或医疗机关之注意义务的基准。① 在英美法中,确定医疗过失,一是医生的注意义务标准是该医生所在的技术领域中一名普通医生所应具有的一般的技术、知识和一般的注意水准;二是在医疗领域中,往往存在多种医生同行所普遍接受的医疗实践或观点,某医生的行为符合其中一种医疗实践或医疗观点,往往是没有过失的强有力证据;三是医生的行为符合一种被同行广泛接受的医疗实践或医疗观点,只是没有过失的有力证据,但并不是结论性的,即不能因为被告的行为与同行中被普遍遵循的做法一致,就可以认定被告无过失。② 英美法中关于医疗过失的认定标准,与医疗水准的标准基本一致。

我国确定医疗过失的认定标准,通常称为医疗水平,实际上就是指医疗水准。③ 界定医疗水平,可以参照日本医疗责任法中的医疗水准概念的定义方法,即医疗水平是指已由医学水平加以解明的医学问题,基于医疗实践的普遍化并经由临床经验研究的积累,且由专家以其实际适用的水平加以确定的,已经一般普遍化的医疗可以实施的目标,并在临床上可以作为论断医疗机构或医师责任基础的医疗时的水平。

确定医疗过失,应以医疗当时的医疗水平为标准,同时参考地区、医疗机构资质和医务人员资质,确定医疗机构和医务人员是否达到了高度的注意义务。违反这样的注意义务,就是医疗过失。在具体判断医务人员是否违反注意义务时,还应当适当考虑不同地区、不同医疗机构资质、不同医务人员资质等因素。在确定医疗过失的辅助性原则中,就有地区性原则,即不同地区的经济文化发展状况有差别,无论医师执业的环境还是医疗经验,都存在地区性的差异。因此,判定医生是否尽到注意义务,应以同地区或者类似地区的医疗专业水平为依据。④ 这就是国家标准加适当差别的原则。通常的标准分为三个,即国家标准、所在地标准和医生个人标准。首先不能适用医生的个人标准,因为其太个性化,完全无法统一。适用地区标准,也存在问题。适用统一的国家标准,又很难照顾个性。因此,"国家标准+差别"原则,能够解决标准和个性化的冲突问题。以医疗时的医疗水平为基本的判断基准,是合理的医师标准,并且在诊断和治疗时也是合理的,而不是后来审判时的水平。⑤

(二)原告应当证明的程度

在医疗技术损害责任诉讼中,原告即受害患者一方承担举证责任。其证明程度应

---

① 参见朱柏松等:《医疗过失举证责任之比较》,元照出版有限公司2008年版,第23页。

② 参见姚笛:《英美法对医疗过失的判定原则及对我国的启示》,载《证据科学》2007年第1期。

③ 参见关淑芳:《论医疗过错的认定》,载《清华大学学报》(哲学社会科学版)2002年第5期。

④ 参见关淑芳:《论医疗过错的认定》,载《清华大学学报》(哲学社会科学版)2002年第5期。

⑤ 参见张新宝:《大陆医疗损害赔偿案件的过失认定》,载朱柏松等:《医疗过失举证责任之比较》,元照出版有限公司2008年版,第93页。

当考虑医疗活动中患者不具备医疗专业知识、相较于医师和医疗机构处于资讯绝对不对称的劣势地位的基本特点,既不能使受害患者一方推卸证明责任,而使医疗机构陷入完全被动的诉讼地位,也不能完全不考虑现实情况,而使受害患者一方无力承受重大的诉讼压力,以至于完全不能证明而丧失胜诉机会。

因此,应当区分情况,采取以下两个不同方法。

1. 受害患者一方能够证明医疗机构存在医疗过失

在医疗技术损害责任纠纷诉讼中,受害患者一方可以举出足够的证据,证明医疗机构具有医疗过失。这种证明的最好方法,就是受害患者一方申请医疗过失责任鉴定,确认医疗过失。如果原告提供了医疗过失责任鉴定,且经医疗机构质证,法官审查确信的,即可确认医疗过失,不存在举证责任缓和问题。

2. 受害患者一方的证明符合表见证据规则

受害患者一方的证明程度,可以借鉴德国的表见证据规则。表见证据规则,是指依据经验法则,有特定事实,即发生特定典型结果者,则于出现该特定结果时,法官在不排除其他可能性的情形下,得推论有该特定事实的存在。例如,患者在医院施以腹部手术之后,发现腹部留有手术工具。受害患者证明这一事实,法官即可依据这种表见证据而推论该手术工具是手术医师及其他手术人员基于其过失所为,而确信存在医疗过失。除非医疗机构能够证明尚有其他非典型事由可能导致相同的结果,以动摇法官的推论。如果医疗机构没有提出反证否定这样的推论,则法官基于确信而认定该手术工具系属于医务人员的过失而遗留在病人体内。① 在此情况下,实行举证责任缓和。

不过应当注意的是,不论是适用表见证据规则,还是适用英美法的事实自证原则,并非经诊疗之后病情比就医前更严重的患者就能援用事实自证法则,因为医学中充满不确定因素,每项诊疗措施都可能引起并发症或具有风险。②

(三)原告举证责任缓和及可以推定医疗过失的具体情形

受害患者一方承担举证责任达到表见证据规则要求的,法官即可推定医疗机构存在医疗过失。实行举证责任缓和,将举证责任转换由医疗机构承担。

除此之外,受害患者如果能够证明医疗机构存在法定的情形,则即可推定存在医疗过失。这些法定情形有以下三种:(1)违反法律、行政法规、规章以及其他有关诊疗规范;(2)隐匿或者拒绝提供与纠纷有关的病历资料;(3)遗失、伪造、篡改或者违法销毁病历资料。

---

① 参见詹森林:《德国医疗过失举证责任之研究》,载朱柏松等:《医疗过失举证责任之比较》,元照出版有限公司2008年版,第56页。

② 参见丁春艳:《香港法律中医疗事故过失判定问题研究》,载《法律与医学杂志》2007年第2期。

(四)医疗机构的证明程度以及证明自己无医疗过失的理由

1. 标准

医疗机构的证明程度,应当是推翻医疗过失的有条件推定,证明自己没有过失。对于举证责任缓和的推定与法定的医疗过失的推定,医疗机构都可以举证推翻医疗过失推定。能够证明自己没有过失的,即可否认医疗机构的过失,不构成医疗损害责任。不能证明者,医疗过失推定成立,构成医疗技术损害责任。

2. 可以证明医疗机构没有医疗过失的事由

如果医疗机构能够证明以下事由,则可以证明医疗机构没有医疗过失:

(1)在紧急情况下,为抢救垂危患者生命而采取紧急医学措施造成不良后果。在抢救垂危病患的生命时,采取紧急医学措施,有可能造成不良后果。因为紧急抢救措施是在危急的情况下采取的,为了挽救患者的生命,对紧急措施可能出现的问题不再考虑;因为两相衡量,抢救生命是第一位的。因此在这种情况下造成的不良后果,不认为是医疗侵权,不承担赔偿责任。

(2)在医疗活动中,由于患者病情异常或者患者体质特殊而发生医疗意外。医疗意外,是指医务人员无法预料的原因,根据实际情况无法避免的医疗损害后果。医疗意外有两个主要特征:一是医疗机构及医务人员对损害结果的发生,没有主观上的过失,通常是由于病情特殊或者患者体质特殊引起的;二是损害后果的发生属于医疗机构及医务人员难以防范和避免的。具备这两个特征造成的医疗损害后果,构成医疗意外,应免除医疗机构的赔偿责任。例如,新疆生产建设兵团某医院在给一位患者注射青霉素注射液时,医护人员先对其过敏史进行了询问,之后进行了皮试,直到过了规定的时间没有发现过敏症状后,才给病员注射。注射后,又在注射室观察了 10 分钟。患者回家后 3 个小时,发生过敏,因抢救不及时死亡。死者家属要求追究医院的医疗过错责任,法院判决驳回其诉讼请求。这种青霉素的延缓过敏现象是罕见的,是病员体质特殊所致;医疗机构及医务人员对损害的发生没有过失,不构成医疗损害责任。法院的判决是正确的。

(3)在现有医学科学技术条件下发生无法预料或者不能防范的不良后果。这种情况实际上也是一种医疗意外。发生意外的原因,就是医疗科学技术条件的限制。在现有医学科学技术条件下,对所发生的不良医疗后果无法预料,或者已经预料到了但是无法进行防范。在这种情况下造成的不良后果,不构成医疗损害责任,医疗机构不承担民事责任。

(4)因患方原因延误诊疗导致不良后果。医疗人员对患者诊疗护理,必须得到患者及其家属的配合。在诊疗护理过程中,如果是由于患者及其家属的原因延误治疗,出现人身损害后果,说明受害患者一方在主观上有过错。按照过错责任原则,如果损害后果完全是由于患者及其家属延误治疗造成的,就证明医疗机构对损害的发生没有过错,应免除医疗单位及医务人员的赔偿责任。另外也应当看到,在危急情况下,为了抢救生命,医疗机构可以破例进行手术,那样就可能不会造成后面的恶果。如果患者及其家属不配合治疗是构成损害事故的原因之一,医务人员也具有医疗过失时,构成与有过失,应依过失相抵原则由双方分担责任。

(5)因不可抗力造成不良后果。不可抗力可能使医疗机构在正常的医疗活动中造成患者的损害,因其直接原因是不可抗力,不是医疗过失所致,因而应当免责。

上述内容,有的已经被《民法典》第1224条规定为免责事由,可以直接适用法律的规定进行抗辩。

3. 谁负担医疗过失鉴定的责任

在医疗损害责任纠纷诉讼中,医疗过失责任的鉴定结论应当是谁的举证范围,是一个重要的问题。对此,应当按照前述医疗过失举证责任的基本规则,谁负有举证责任,就由谁提供医疗过失的鉴定结论:(1)在一般情况下,应当是受害患者一方的举证责任范围。(2)如果受害患者一方的证明符合表见证据规则的要求并具有法律规定的理由,符合医疗过失举证责任缓和要求的,则由医疗机构承担举证责任,证明自己没有过失。医疗过失责任的鉴定结论是医疗机构一方证明自己的医疗行为与受害人的人身损害后果之间没有因果关系,或者医疗机构的医疗行为不存在过失的证据。

三、医疗伦理过失的证明及举证责任

(一)医疗伦理过失的表现形式

医疗伦理过失,是指医疗机构或医护人员从事医疗行为时,违反医疗职业良知或职业伦理应遵守的告知、保密等法定义务的疏忽和懈怠。具体表现是未对病患充分告知或者说明其病情,未对病患提供及时有用的医疗建议,未保守与病情有关的各种隐私、秘密,或未取得病患同意就采取某种医疗措施或停止继续治疗,或者违反管理规范造成患者其他损害。

美国是世界上最早和最常引用知情同意理论审理医疗纠纷案件的国家。美国第一例医疗知情同意案件发生于1957年,即由美国加利福尼亚州上诉法院审理的Salgo诉斯坦福大学董事会案件。在该案的判决中,法官首次引入了知情同意的概念,认为医师除了告知患者治疗措施之外,还应当告知患者治疗措施可能存在的风险(如并发症),尽管有时这种风险发生概率是非常小的。如果医师告知不当,医师则应承担医疗过失责任。[①] 1972年,美国制定了《病人权利法》,将知情同意权规定为患者的法定权

---

① 但需要注意的是,卡多佐所说的"知情同意"仅仅是要求医师为患者手术须征得患者的同意。参见杨茜:《美国涉及患者知情权案件》,载 http://www.chinalabnet.com/show.aspx?id=349&cid=35。

利。20 世纪 80 年代,美国对患者知情同意权的研究进入了全盛期,也发展出较细腻、清楚的理论架构,并流传至欧洲各国及日本,被广为采纳。[①] 医生在治疗(基于诊断目的或直接的治疗目的)前必须正确告知病人疗法所附带的风险,这已经为欧洲各国所共同认可。略有不同的是,医生在特定情况下,具体应该阐明到何种程度。[②]

在我国,患者有权复印或者复制病历资料;医疗机构对患者的病情、医疗措施、医疗风险等有告知的义务,患者享有知情权;发生、发现医疗事故、医疗过失行为等,医疗机构有通报、解释义务,患者享有知情权。[③] 医疗机构负有对患者的告知义务;医疗机构正确履行这些告知义务,才能够保证患者的知情权和自我决定权。违反告知义务的本身就可以直接推定医疗过失。典型案例如:余小姐前往海淀区某医院进行体检。医院的医务人员在对余小姐进行妇科体检时,在明知余小姐为未婚女性的情况下,未就妇科检查的内容及后果履行说明和特定的告知义务,违反医学检查常规,对其使用了内窥镜进行检查,导致余小姐处女膜破裂,造成大出血。在本案中,医院违反告知义务,有医疗伦理过失。

(二)医疗伦理过失的证明责任负担

医疗伦理过失的证明责任实行推定过错,过错要件的举证责任倒置。如前所述,这种医疗过失的概念来源于法国医疗责任法的医疗伦理过错概念。法国法院在 1979 年 2 月 25 日之前,依照损害赔偿责任法上举证责任分配的一般原则,加害人的过错应由请求赔偿损害的被害人负举证责任,且医疗合同原则上是一种方法债务,医疗过失的举证责任应由受有医疗损害的病患负责。医疗伦理过失也如此。这样的举证责任过于严苛,病患因无法举证证明医疗过失的存在,就必须承担事实真伪不明的不利益。在实际中,病患成功举证证明医护人员具有医疗伦理上的过错的案例较为少见,而遭受败诉结果的则屡见不鲜。例如,病患即使已经证明其因耳聋,无法听取医师提供的医疗资讯,医师亦未改以文书方式提供医疗资讯,在此种情况下,仍属于未能举证证明医师善尽其医疗资讯义务,而具有医疗过失。

1979 年 2 月 25 日之后,我国台湾地区的法院确立一个判决,指出任何依“法律”规定或者契约约定负有履行某种特别资讯的义务者,应举证证明其已经履行此义务;医师对病患负有资讯义务,应负担证明其已妥善履行此义务的责任。这一判决,将履行

---

① 参见杨秀仪:《告知后同意》,载 http://sm. ym. edu. tw/download/942 医疗与法律专题——告知后同意. doc。

② 参见[德]克雷斯蒂安·冯·巴尔:《欧洲比较侵权行为法》(下卷),张新宝译,法律出版社 2002 年版,第 389 页。

③ 更详细的论述,请参见杨立新:《〈医疗事故处理条例〉的新进展及其审判对策》,载《人民法院报》2002 年 5 月 10 日、17 日连载。

资讯义务的举证责任负担彻底予以转换,重新建构资讯义务举证责任倒置的一般原则。自此以后,医疗资讯过错的举证责任,就由原来的病患负担原则,转由医疗机构及医护人员负担证明其已经充分提供有用医疗资讯的责任。同时,病患同意的过错的举证责任,亦应作相同解释。从而,医疗伦理过错不再适用损害赔偿责任法规定的举证责任分配的一般原则,而改由提供医疗服务或者从事医疗行为的医疗机构或医护人员负担举证责任。①

这种做法完全可以借鉴。确定这种医疗过失,依据医疗良知和医疗伦理,通常以违反法律、法规、规章规定的医务人员应当履行的告知义务为标准,违反之,即为有过失。因此,通常并不需要进行医疗过失的鉴定,法官即可推定。同样,医疗机构未履行保密等义务,也推定其有医疗过失。

(三)医疗伦理过失的类型

在前述未对病患充分告知或者说明其病情,未对病患提供及时有用的医疗建议,未保守与病情有关的各种隐私、秘密,或未取得病患同意就采取某种医疗措施或停止继续治疗等医疗伦理过失中,按照法国医疗责任法的习惯,分为医疗资讯上的过错和病患同意上的过错。医疗资讯上的过失,即医疗机构或医护人员违反其对病患所负的告知义务、说明义务、建议义务或保密义务等积极提供医疗资讯或消极不泄露医疗资讯义务的过失。病患同意上的过失,即医疗机构或医护人员违反其应当尊重病患自主决定意愿的义务,未经病患同意,即积极采取某种医疗措施或者消极停止继续治疗的过失。这两种医疗过失之间,具有手段与目的的关系,医疗资讯义务,旨在保护病患的自主决定权,以充实或健全病患决定接受或不接受某种医疗措施的意愿;而病患是否得以自由自主地行使其决定权或同意权,亦有赖于获取充分而有用的医疗资讯。所以,医疗资讯义务的违反,往往被推断为病患未同意接受某种医疗措施。由于医疗资讯上的过错与病患未同意的过错二者关系密切,两者相辅相成,因而在举证责任的分配上,原则上并无不同。②

在我国,对于上述两种医疗伦理过失的分类,可以借鉴。根据我国的实际情况,可以分为:(1)违反资讯告知义务的伦理过失;(2)违反知情同意的伦理过失。这些不同的伦理过失在适用法律上可能有所区别,但在举证责任上则没有原则性区别。

(四)医疗伦理过失的过错推定和举证责任倒置

对医疗伦理过失的证明实行过错推定。受害患者在举出证据证明自己遭受损害

---

① 参见陈忠五:《法国法上医疗过错的举证责任》,载朱柏松等:《医疗过失举证责任之比较》,元照出版有限公司 2008 年版,第 141 页以下。

② 参见陈忠五:《法国法上医疗过错的举证责任》,载朱柏松等:《医疗过失举证责任之比较》,元照出版有限公司 2008 年版,第 140 页。

和医疗行为具有违法性,并证明因果关系成立之后,就推定医疗机构具有医疗伦理过失。对此,并不像医疗技术过失的举证责任缓和那样,或者因果关系推定那样,存在原告首先进行证明的前提,即原告要证明过失的表见证据或者因果关系的盖然性,而是直接实行过错推定。

法官推定过错的前提,就是原告已经证明了医疗机构的医疗违法行为要件和自己的损害事实要件,同时,还应当确认因果关系已经得到证明。在这个基础上,只要有违反上述法定义务的行为,法官即可推定医疗机构存在医疗伦理过失。

实行过错推定之后,医疗机构如果认为自己的医疗行为没有过失,实行完全的举证责任倒置规则,由医疗机构举证证明,证明自己已经履行法定义务,不具有医疗过失。能够证明的,不构成侵权责任;不能举证证明的,过错推定成立,构成医疗损害责任。

因此,医疗伦理损害责任构成中的过错推定规则,重点在于医疗机构一方如何举证证明自己无过失。首先,原则上,任何证据方法均得作为医疗机构或者医务人员已善尽医疗资讯义务或者已取得病患同意的证明方法,不以书面文件为必要。其次,在事实上,大多仍依据医疗专业科别、疾病或症状类型、医疗处置方法或手术种类的不同,以事先拟定印刷的制式说明书或同意书,交由患者阅读或签署,作为医疗机构或医务人员已善尽义务的证明方法。最后,在有些情况下,这种方法尚不足以证明已善尽医疗资讯义务或已经取得病患同意,而必须依据个别病患的具体情况,伴随一些个性化的、可以理解的、充分的、适当的、有用的说明告知,始能免除损害赔偿责任。① 能够证明自己依照医疗伦理和良知已经履行了告知义务,即可确认医疗机构不存在医疗伦理过失。

四、因果关系的证明及举证责任

(一)医疗损害责任因果关系要件的重要地位

构成医疗损害责任,医疗违法行为与患者人身损害后果之间必须具有因果关系。法制的原则要求每个人对自己的行为所造成的损害后果负责。在医疗损害责任中,医疗机构只有在具有违法性的医疗行为与患者人身损害后果之间有因果关系的情况下,才就其医疗违法行为负损害赔偿之责。

在医疗损害责任的构成中,医疗违法行为与医疗损害事实之间的因果关系要件具有非常重要的地位。在实行过错责任的医疗技术损害责任和实行过错推定责任的医

---

① 参见陈忠五:《法国法上医疗过错的举证责任》,载朱柏松等:《医疗过失举证责任之比较》,元照出版有限公司 2008 年版,第 142 页。

疗伦理损害责任中,因果关系是连接医疗违法行为和医疗损害事实的客观要件,是判断受害患者一方医疗损害事实与医疗违法行为之间是否存在引起与被引起的逻辑联系的客观依据,以及确定医疗违法行为的医疗机构对受害患者诉求所依据的损害事实是否承担责任的基本依据之一。在医疗产品损害责任中,因果关系不仅是判断医疗机构、医疗产品生产者、销售者违法行为与受害人损害事实之间是否具有引起与被引起的逻辑联系的客观依据,更是判断医疗机构、医疗产品生产者、销售者的医疗违法行为是否为受害患者造成的损害承担侵权责任的唯一的客观依据。

由于因果关系要件在医疗损害事实中具有这样的法律作用,因此,对受害患者赔偿责任的确定,必须有准确的尺度,不能过宽,也不能过严。尺度过宽,必然会使受害患者的损害不能得到合理的赔偿,损害不能得到合理填补;尺度过严,则不仅会使受害患者一方得到不应有的赔偿,甚至使本不应得到赔偿的患者得到赔偿;使医疗机构的合法利益受到损害,削弱医疗机构救死扶伤的社会职能,伤害医疗机构医学探索和研究的积极性;更会使全体患者的人民群众的利益受到损害,不仅会支出高额的医疗费用,而且会使更多的患者无法得到合理的医疗保健。

所以,在医疗损害责任构成要件中,因果关系要件具有举足轻重的作用和地位,必须处理妥当。

(二)实行因果关系完全推定的不正确性

按照2001年最高人民法院《关于民事诉讼证据的若干规定》第4条第8项的规定,对医疗事故侵权纠纷的因果关系要件实行举证责任倒置,由医疗机构承担医疗行为与损害后果之间没有因果关系的举证责任。实行这种因果关系举证责任倒置的前提,是对医疗事故侵权责任构成实行完全的因果关系推定,采纳的是完全推定说的理论主张。①

按照这一司法解释,对医疗损害责任的因果关系实行完全推定,对于保护受害患者一方的利益显然是有利的。因为实行因果关系推定,就意味着受害人在因果关系的要件的证明上减少了诉讼负担。侵权法实行因果关系推定的根本宗旨也就在这里。

但是,对医疗侵权纠纷的因果关系要件实行完全的因果关系推定,受害患者一方对因果关系要件证明不负任何举证责任,完全免除其因果关系的举证责任,对医疗机构一方的诉讼压力过大,使医疗机构处于无法防范的劣势诉讼地位,造成医疗损害责任纠纷诉讼中双方当事人诉讼地位的完全不平等。尤其是与过错推定结合在一起,构成了医疗机构在诉讼中的双重压力,使医疗机构即使自己的行为与损害结果没有因果关系,主观上没有医疗过失,也几乎无法摆脱败诉的后果。这种结果,违反了保障双方

---

①　最高人民法院《关于民事诉讼证据的若干规定》第4条第8项规定:"下列侵权诉讼,按照以下规定承担举证责任:……(八)因医疗行为引起的侵权诉讼,由医疗机构就医疗行为与损害结果之间不存在因果关系及不存在医疗过错承担举证责任。"

当事人享有地位平等、机会平等以及风险平等的"武器平等原则",[①]因而是不正确的。

经过几年的司法实践,问题已经充分显露出来了。给予医疗机构过重的举证责任负担,必然会形成医疗机构的巨大的诉讼压力以及过重的赔偿责任压力;随之而来的,就是医疗机构不可避免地进行消极应对,实行防御性医疗。2019 年,最高人民法院根据《民事诉讼法》,重新修改了《关于民事诉讼证据的若干规定》,将这一规则删除。这样一来,医疗损害责任因果关系就不再实行完全推定规则。

(三)医疗损害责任因果关系要件的证明规则和举证责任缓和

1. 一般情况下应由原告自己举证证明

在医疗损害责任纠纷诉讼中,在一般情况下,因果关系要件的证明应当实行举证责任的一般规则,即"谁主张,谁举证":受害患者一方主张医疗行为与自己的损害后果之间具有因果关系的,应当承担举证责任,提供充分的证据证明因果关系要件成立。凡是能够提供证据证明因果关系的,不应也不必实行举证责任缓和;受害患者一方不能提供证据证明因果关系的,应当承担败诉的结果,医疗损害责任不成立,医疗机构不承担侵权责任。

2. 在特殊情况下实行举证责任缓和

在医疗损害责任纠纷诉讼中,在受害患者一方符合必要条件的,可以实行因果关系举证责任缓和,即有条件地进行因果关系推定。

因果关系的举证责任缓和与因果关系完全推定的举证责任倒置不同。举证责任缓和与举证责任倒置的基本区别是:第一,适用条件的区别。举证责任缓和并不是完全的举证责任倒置,而是有条件的举证责任倒置,或者就是举证责任转换。作为原告的受害患者一方必须首先承担举证责任,证明因果关系的盖然性,或者证明疫学因果关系推定的基础,或者证明公害、药害以及医院大面积感染等诉讼中的因果关系的概率达到相当水平,或者证明情况证据。而完全的因果关系举证责任倒置是无条件的,原告不承担举证责任。第二,完全推定和不完全推定的区别。在举证责任缓和中,对因果关系是不完全推定;受害患者一方不能对因果关系存在的事实没有证明,就直接由法官推定因果关系存在,而由医疗机构承担没有因果关系的举证责任;而举证责任倒置,因果关系是完全推定,原告完全无须证明即可推定。第三,原告先证明还是被告先证明的区别。举证责任缓和,是由原告先举证证明一定的事实存在,之后才能进行推定;而举证责任倒置是被告先证明,即在推定之后,被告承担举证责任,并且免除原告先证明的责任。

在医疗损害责任纠纷诉讼中,是否实行因果关系证明的举证责任缓和,其决定权

---

① 参见沈冠伶:《民事证据法与武器平等原则》,元照出版有限公司 2007 年版,第 92 页。

在于法官。由于患者与医疗机构及医务人员相比,处于绝对的专业与资讯上的弱势地位,法院应当在较为广泛的范围内实行因果关系证明的举证责任缓和。其必要条件,参照德国和日本司法实务的经验,可以确定,患者是在医疗机构及医务人员所控制的人员、机器设备、地点或者其他风险范围内受到损害,①且其损害的发生有违经验法则者,②以及受害患者一方举证证明因果关系极为困难者,法官即可认为具备举证责任缓和的条件;受害患者的因果关系举证责任即可减轻或者转换,实行有条件的因果关系推定。

因此,在举证责任缓和规则下的因果关系推定规则中,盖然性因果关系规则和事实本身证明规则具有借鉴意义。在我国的医疗损害责任因果关系要件的证明中,应当主要采用盖然性因果关系规则或者事实本身证明规则;在特定的情况下,也可以采用疫学因果关系规则或者概率因果关系规则。受害人只要证明自己在医院就医期间受到损害,并且医疗机构的医疗行为与其损害结果之间具有因果关系的相当程度的可能性,就可以向法院起诉;不必证明医院的医疗行为与损害后果之间因果关系的高度盖然性,更不是必然性。法官在受害患者及其近亲属对因果关系的证明达到了可能性的标准之后,即可对因果关系实行推定。

3. 因果关系证明的举证责任缓和的具体证明规则

(1)受害患者证明存在因果关系的相当程度的可能性

受害患者一方在诉讼中,应当首先证明因果关系具有盖然性,即医疗行为与损害事实之间存在因果关系相当程度的可能性。盖然性就是很大的可能性,其标准是,一般人以通常的知识经验观察即可知道二者之间具有因果关系。例如,病患接受手肘部手术时,其腿部和生殖器却因手术而损伤,根据一般的知识经验,病患于手术房中,处于昏迷状态,即使原告未证明被告的过失和因果关系,也可以推知其有因果关系。③ 证明自己在手术房进行手术,并且在手术房出来的时候,就存在这样的损伤,即为存在相当程度的盖然性。受害患者一方没有达到相当程度盖然性的证明标准,不能直接推定因果关系。

受害患者证明盖然性的标准是,受害患者提供的证据,使法官能够形成医疗违法行为与患者人身损害事实之间具有因果关系的可能性的确信,其为相当程度的可能

---

① 参见詹森林:《德国医疗过失举证责任之研究》,载朱柏松等:《医疗过失举证责任之研究》,元照出版有限公司2008年版,第69页。

② 参见詹森林:《德国医疗过失举证责任之研究》,载朱柏松等:《医疗过失举证责任之研究》,元照出版有限公司2008年版,第3页。

③ 参见陈聪富:《美国医疗过失举证责任之研究》,载朱柏松等:《医疗过失举证责任之比较》,元照出版有限公司2008年版,第180页。

性,而不是高度盖然性。受害患者的证明如果能够使法官建立相当程度的可能性,或者较大的可能性的确信,原告的举证责任即告完成。

(2)法官对因果关系实行推定

法官在原告上述证明的基础上,可以作出因果关系推定。推定的基础条件是:

第一,如果无此行为发生通常不会有这种后果的发生。得到这个结论,首先应当确定事实因素,即医疗违法行为和损害事实必须存在的事实得到确认,确认医疗违法行为与损害事实之间是否存在客观的、合乎规律的联系。其次是顺序因素,即分清医疗违法行为与损害事实的时间顺序。作为原因的医疗违法行为必定在前,作为结果的患者人身损害事实必须在后。违背这一时间顺序性特征的医疗侵权纠纷,为无因果关系。医疗机构一方如果否认因果关系要件,直接举证证明违法医疗行为和损害结果之间的时间顺序不符合要求,即可推翻这个推定。

第二,不存在其他可能原因,包括受害患者或者第三人行为或者其他因素介入。应当在损害事实与医疗行为之间排除其他可能性。当确定这种损害事实没有任何其他原因所致损害的可能时,包括受害患者一方自己的原因以及第三人的原因,即可推定该种医疗行为是损害事实发生的原因,才可以推定因果关系。

第三,所发生医疗损害结果是在医疗机构对患者的义务范围之内。对此,应当确定三个“发生”:一是损害结果确实是在医疗机构的医务人员的参与下发生;二是损害结果是在医疗机构的职责范围内发生;三是在医疗机构救治受害患者的过程中发生。符合这样的要求才能够实行因果关系推定。

第四,判断有因果关系的可能性的标准是一般的社会知识经验。基于健全的市民经验上直观的判断,其因果关系存在的疑点显著,且此疑点于事实上得为合理说明,有科学上假说存在者,则法律上即可推定因果关系的存在。① 推定的标准,并不是科学技术证明,而是通常标准,即按照一般的社会知识经验判断为可能,在解释上与有关科学结论无矛盾,即可进行推定。

实行因果关系推定,就意味着受害人在因果关系要件的证明上不必举证证明医疗损害因果关系的高度盖然性,而是在原告证明了因果关系盖然性标准的基础上,由法官实行推定。

(3)举证责任倒置由医疗机构证明医疗行为与损害没有因果关系

在法官推定存在因果关系之后,医疗机构一方认为自己的医疗行为与损害结果之间没有因果关系,则须自己举证证明。只要举证证明医疗行为与损害事实之间无因果

---

① 这一规则借鉴的是我国台湾文化大学曾淑瑜副教授的观点。参见曾淑瑜:《医疗过失与因果关系》,翰芦图书出版有限公司2007年版,第350页。

关系,就可以推翻因果关系推定,免除自己的责任。

医疗机构一方证明自己的医疗行为与损害结果之间没有因果关系,应当采取高度盖然性的证明标准,即极大可能性。对此,被告认为自己的行为与患者的损害结果没有因果关系,应当证明到法官确信的程度。对此,医疗机构一方否认因果关系要件,应当针对下述四点进行:第一,无医疗行为损害也会发生。第二,有他人或者受害患者一方的过错存在,并且是其发生的原因;医疗机构一方如果能够证明在医疗行为和损害事实之间存在其他可能造成损害的原因,如受害患者自己的行为或者第三人的行为是造成损害的原因,就可以否认自己的侵权责任或者减轻自己的侵权责任。第三,自己的医疗行为不是造成损害发生的原因。第四,具有科学上的矛盾,不可能存在这样的结果时,按照这个推定形式无法得出这样的结论,就可以推翻因果关系推定。

(4)医疗机构举证的不同后果

实行因果关系推定,要给医疗机构举证的机会,使其能够举出证据证明自己的医疗行为与损害后果之间不存在因果关系,以保护自己不受推定的限制。如果医疗机构无因果关系的证明是成立的,则推翻因果关系推定,不构成侵权责任;医疗机构不能证明或者证明不足的,因果关系推定成立,具备因果关系要件。其证明的标准是高度盖然性,据此才能够推翻因果关系推定。① 但是按照我国香港特别行政区的法律,则假设被告的证明与法院的推定在可能性上程度相当,那么由于原告承担举证责任,原告将会面临败诉的结果。② 由于我国在医疗损害责任的因果关系证明上实行举证责任缓和,在实行因果关系推定后,举证责任转移到医疗机构一方,因此,应当依照前一种意见处理,即医疗机构证明因果关系的不存在达到高度盖然性的时候,才能够推翻因果关系推定。

4. 对因果关系中原因力的证明

在已经确定医疗机构及医务人员的医疗行为与损害结果之间有因果关系,并且存在医疗过失,构成医疗损害责任后,应当适用原因力规则,以便更准确地确定医疗机构的赔偿责任。其原因在于,医疗过失行为在一般情况下,并不是医疗损害后果发生的全部原因。例如,不当医疗行为、落后医疗设备、就医者特异体质以及第三人行为等,都有可能成为医疗损害结果的原因。因此,在医疗损害中存在复数原因,并且复数原因与其产生的结果存在多种组合关系,如连锁因果关系、递进因果关系、异步因果关系

---

① 参见[日]德本镇:《企业的不法行为责任之研究》,一粒社 1974 年版,第 130 页以下。转引自夏芸:《医疗事故赔偿法》,法律出版社 2007 年版,第 181 页。

② 参见丁春艳:《香港法律中医疗事故过失判定问题研究》,载《法律与医学杂志》2007 年第 2 期。

和助成因果关系。[①] 当医疗损害责任纠纷存在这种情况时,应当适用原因力规则,减轻医疗机构的赔偿责任。

医疗损害责任中的原因力,在医疗领域通常被称作医疗过错参与度或者损害参与度、医疗参与度或者疾病参与度。事实上,这些概念都是指医疗过失赔偿责任的原因力程度,通常是指医疗事故造成的损害后果与患者自身疾病共同存在的情况下,前者在患者目前疾病状态中的介入程度。[②] 在侵权责任法中,原因力的基本规则是,在数个原因引起同一个损害结果的侵权行为案件中,各个原因构成共同原因,每一个原因对于损害结果具有不同的作用力;不论共同原因中的每一个原因是违法行为还是其他因素,行为人只对自己的违法行为所引起的损害承担与其违法行为的原因力相适应的赔偿责任份额,不是由自己的违法行为所引起的损害结果,行为人不承担赔偿责任。因此,所谓的医疗过错参与度等概念,就是侵权法中的原因力规则。在医疗过失赔偿责任中,医疗过失行为与其他因素如患者自身的疾病原因共同结合,造成了同一个医疗损害后果,由于医疗过失行为与其他因素各有其不同的原因力,医疗机构仅对自己的过失医疗行为所引起的那一部分损害承担赔偿责任;对于患者自身原因等引起的损害部分不承担赔偿责任。

对于医疗过失行为在患者损害中的原因力,一般不是由受害患者证明的,而应当由医疗机构承担举证责任。理由是,患者一方已经证明因果关系并被法官所确认,或者法官根据患者一方的证明进行推定且医疗机构没有提供证据推翻因果关系推定;如果医疗机构一方想减轻自己的责任,就必须证明自己的医疗行为对损害发生的原因力。能够证明自己的医疗行为不具有100%的原因力的,当然可以按照原因力的规则减轻其责任;反之,当然按照全部赔偿原则对患者的损失予以100%的赔偿。

五、医疗损害责任的司法鉴定

《民法典》规定医疗损害责任,没有规定医疗损害责任的司法鉴定。《医疗损害责任司法解释》(2021)对此作了比较详细的规定,适合司法实践的需要。

第一,对于医疗损害责任的鉴定,第8条规定可以采取两种方法进行:一是当事人依法申请对医疗损害责任纠纷中的专门性问题进行鉴定的,人民法院应予准许。二是当事人未申请鉴定,人民法院对前款规定的专门性问题认为需要鉴定的,应当依职权委托鉴定。

---

① 参见余湛、冯伟:《论医疗损害侵权责任中的因果关系》,载《中南大学学报》(社会科学版)2006年第6期。

② 参见《医疗事故赔偿项目及计算方法》,载 http://topic. xywy. com/wenzhang/20031022/471925. html。

第二,对于医疗损害责任鉴定人的确定,第9条规定,原则上当事人申请医疗损害鉴定的,由双方当事人协商确定鉴定人。如果当事人就鉴定人无法达成一致意见,人民法院提出确定鉴定人的方法,当事人同意的,按照该方法确定;当事人不同意的,由人民法院指定。对于鉴定人的选择,应当从具备相应鉴定能力、符合鉴定要求的专家中确定。说到底,既可以在医学会的医疗损害责任鉴定的专家库中选择,也可以在具有资质的司法鉴定机构的鉴定人中选择。

第三,关于委托鉴定对当事人的要求,第10条规定,委托医疗损害鉴定的,当事人应当按照要求提交真实、完整、充分的鉴定材料。提交的鉴定材料不符合要求的,人民法院应当通知当事人更换或者补充相应材料。在委托鉴定前,人民法院应当组织当事人对鉴定材料进行质证,经过质证的鉴定材料,才能够提交给鉴定人进行鉴定。

第四,对于医疗损害责任鉴定的申请,第11条规定,申请人应当出具委托书。委托鉴定书应当有明确的鉴定事项和鉴定要求。鉴定人应当按照委托鉴定的事项和要求进行鉴定。鉴定的专门性问题,可以作为申请医疗损害鉴定事项的是:其一,实施诊疗行为有无过错;其二,诊疗行为与损害后果之间是否存在因果关系以及原因力大小;其三,医疗机构是否尽到了说明义务、取得患者或者患者近亲属明确同意的义务;其四,医疗产品是否有缺陷、该缺陷与损害后果之间是否存在因果关系以及原因力的大小;其五,患者损伤残疾程度;其六,患者的护理期、休息期、营养期;其七,其他专门性问题。其中的鉴定要求,包括鉴定人的资质、鉴定人的组成、鉴定程序、鉴定意见、鉴定期限等。

第五,关于原因力的鉴定,医学界通常称为过错或者原因的参与度。对此,第12条规定,鉴定意见可以按照导致患者损害的全部原因、主要原因、同等原因、次要原因、轻微原因或者与患者损害无因果关系,表述诊疗行为或者医疗产品等造成患者损害的原因力大小。

第六,对于鉴定意见的质证,第13条规定,鉴定意见应当经当事人质证。当事人申请鉴定人出庭作证,经人民法院审查同意,或者人民法院认为鉴定人有必要出庭的,应当通知鉴定人出庭作证。双方当事人同意鉴定人通过书面说明、视听传输技术或者视听资料等方式作证的,可以准许。鉴定人因健康原因、自然灾害等不可抗力或者其他正当理由不能按期出庭的,可以延期开庭;经人民法院许可,也可以通过书面说明、视听传输技术或者视听资料等方式作证。无前述规定理由,鉴定人拒绝出庭作证,当事人对鉴定意见又不认可的,对该鉴定意见不予采信。

第七,对于专业证人,第14条规定,当事人申请通知一至二名具有医学专门知识的人出庭,对鉴定意见或者案件的其他专门性事实问题提出意见,人民法院准许的,应当通知具有医学专门知识的人出庭。这里规定的具有医学专门知识的人提出的意见,视为当事人的陈述,经质证可以作为认定案件事实的根据。

第八,关于当事人自行委托鉴定人出具的鉴定意见,第 15 条规定,当事人自行委托鉴定人作出的医疗损害鉴定意见,其他当事人认可的,可予采信。当事人共同委托鉴定人作出的医疗损害鉴定意见,一方当事人不认可的,应当提出明确的异议内容和理由。经审查,有证据足以证明异议成立的,对鉴定意见不予采信;异议不成立的,应予采信。

第七节 认定医疗损害责任的其他几个问题

一、认定医疗损害责任的问题

《医疗损害责任司法解释》(2021)对认定医疗损害责任作了一些具体规定,在司法实践中特别具有价值。

(一)医疗损害责任的责任主体

按照该司法解释第 1 条第 1 款的规定,医疗损害责任主体当然主要是医疗机构。依照《民法典》的规定,患者以在诊疗活动中受到人身或者财产损害为由请求医疗机构,医疗产品的生产者、销售者、药品上市许可持有人或者血液提供机构承担侵权责任的案件,医疗机构,医疗产品的生产者、销售者、药品上市许可持有人和血液提供机构都是侵权责任主体。其中,《民法典》第 1223 条没有规定销售者,司法解释作了补充规定。

按照该司法解释第 1 条第 2 款的规定,患者以在美容医疗机构或者开设医疗美容科室的医疗机构实施的医疗美容活动中受到人身或者财产损害为由提起的侵权纠纷案件,美容医疗机构或者开设医疗美容科室的医疗机构也是责任主体。

(二)两个以上医疗机构造成同一患者损害的责任主体

按照该司法解释第 19 条的规定,两个以上医疗机构的诊疗行为造成患者同一损害,患者请求医疗机构承担赔偿责任的,应当区分不同情况,依照民法典第 1168 条、第 1171 条或者第 1172 条的规定,即共同侵权行为、叠加的分别侵权行为或者典型的分别侵权行为的规则,确定各医疗机构承担的赔偿责任。

(三)参与会诊医务人员的替代责任承担

按照该司法解释第 20 条的规定,医疗机构邀请本单位以外的医务人员对患者进行诊疗,因受邀医务人员的过错造成患者损害的,由邀请医疗机构承担赔偿责任。这里参照的是《民法典》第 1191 条第 1 款规定的用人单位责任规则确定的替代责任，具体适用应当按照用人单位责任的规则处理。

（四）医疗产品责任的不真正连带责任规则

医疗产品损害责任也是产品责任，应当依照产品责任的规则承担责任。该司法解释第 21 条规定的就是这一规则。第一，因医疗产品的缺陷或者输入不合格血液受到损害，患者请求医疗机构，缺陷医疗产品的生产者、销售者、药品上市许可持有人或者血液提供机构承担赔偿责任的，应予支持。第二，医疗机构承担赔偿责任后，向缺陷医疗产品的生产者、销售者、药品上市许可持有人或者血液提供机构追偿的，应予支持。第三，因医疗机构的过错使医疗产品存在缺陷或者血液不合格，医疗产品的生产者、销售者、药品上市许可持有人或者血液提供机构承担赔偿责任后，向医疗机构追偿的，应予支持。

（五）缺陷医疗产品和过错诊疗行为造成患者同一损害的连带责任

依照该司法解释第 22 条的规定，缺陷医疗产品与医疗机构的过错诊疗行为共同造成患者同一损害，构成共同侵权行为，应当承担连带责任。所以，患者请求医疗机构与医疗产品的生产者、销售者、药品上市许可持有人承担连带责任的，应予支持。

医疗机构或者医疗产品的生产者、销售者、药品上市许可持有人承担赔偿责任后，向其他责任主体追偿的，应当根据诊疗行为与缺陷医疗产品造成患者损害的原因力大小确定相应的数额。

输入不合格血液与医疗机构的过错诊疗行为共同造成患者同一损害的，参照上述规定适用法律。

（六）医疗产品损害责任的惩罚性赔偿责任

依照《民法典》第 1207 条的规定，恶意产品损害责任可以适用惩罚性赔偿责任。因此，该司法解释第 23 条规定，医疗产品的生产者、销售者、药品上市许可持有人明知医疗产品存在缺陷仍然生产、销售，造成患者死亡或者健康严重损害，被侵权人请求生产者、销售者、药品上市许可持有人赔偿损失及二倍以下惩罚性赔偿的，人民法院应予支持。

（七）有关赔偿问题

依照该司法解释第 24 条的规定，被侵权人同时起诉两个以上医疗机构承担赔偿责任，人民法院经审理，受诉法院所在地的医疗机构依法不承担赔偿责任，其他医疗机构承担赔偿责任的，残疾赔偿金、死亡赔偿金的计算，按下列情形分别处理：一是，一个医疗机构承担责任的，按照该医疗机构所在地的赔偿标准执行；二是，两个以上医疗机构均承担责任的，可以按照其中赔偿标准较高的医疗机构所在地标准执行。

依照该司法解释第 25 条第 1 款的规定，患者死亡后，其近亲属请求医疗损害赔偿的,适用本解释;支付患者医疗费、丧葬费等合理费用的人请求赔偿该费用的,适用本解释。

二、医疗机构的免责事由

《民法典》第1224条规定了医疗机构免除责任的法定事由:“患者在诊疗活动中受到损害,有下列情形之一的,医疗机构不承担赔偿责任:(一)患者或者其近亲属不配合医疗机构进行符合诊疗规范的诊疗;(二)医务人员在抢救生命垂危的患者等紧急情况下已经尽到合理诊疗义务;(三)限于当时的医疗水平难以诊疗。前款第一项情形中,医疗机构及其医务人员也有过错的,应当承担相应的赔偿责任。”

(一)法律规定的免责事由

与其他侵权责任一样,医疗事故赔偿责任也可以在一定的条件下免除。由于医疗活动和医疗事故的特殊性,医疗事故责任的免除事由与一般的侵权责任免除事由并不相同。《民法典》第1224条规定了上述三项免责事由,符合规定情形的,应当免除医疗机构的赔偿责任。

1. 患者或者其近亲属不配合医疗机构进行符合诊疗规范的诊疗

在诊疗护理过程中,医护人员对患者进行诊疗护理,必须得到患者及其家属的配合,否则会出现不利于治疗的后果。如果由于患者及其家属的原因而延误治疗,造成患者的人身损害后果,说明受害患者一方在主观上有过错。按照过错责任原则,如果损害后果完全是由于患者及其家属延误治疗造成的,就证明医疗机构对损害的发生没有过错,应免除医疗机构的赔偿责任。

如果患者及其家属不配合治疗是构成医疗损害后果的原因之一,医护人员也有医疗过失,则构成与有过失,应当依据《民法典》第1173条关于过失相抵规则的规定,减轻医疗机构的赔偿责任。如果受害患者主张医疗机构及其医务人员对于损害的发生也有过错的,应当依照第1173条规定的过失相抵规则,实行过失相抵。具体方法是,根据双方的过错程度和原因力程度,确定医疗机构一方的赔偿责任。

2. 医务人员在抢救危急患者等紧急情况下已经尽到合理诊疗义务

在抢救危急患者等紧急情况下,如患者生命垂危必须采取紧急医学措施,有可能造成不良后果。在这种情况下,由于紧急抢救措施是在危急情况下采取的,为了挽救患者生命,对紧急措施可能出现的不良后果不再考虑,两相衡量抢救生命是第一位的。只要医务人员已经尽到合理诊疗义务的,即使造成不良后果,对患者的身体有一定的损害,也不认为构成医疗损害责任,因此,医疗机构不承担赔偿责任。例如,在抢救“非典”患者的生命时,已经预料到大剂量注射激素类药物会有副作用,但舍此没有别的医疗措施可用,因此,对造成的后遗症等,医疗机构不承担责任。

3. 限于当时的医疗水平难以诊疗

在人类发展过程中,人类对于自己的认识是不断发展的,直至今天也不能全部认识自己。因此,医疗技术和医学水平总是有局限性的。正因如此,限于当时的医疗水平难以诊疗的病症,医务人员无法治愈,就是正常的。《民法典》一方面将当时的医疗水平作为确定医疗技术过失的标准,另一方面将限于当时的医疗水平难以诊疗的作为免责事由;在这个问题的两端作出了合理的规定。对此,应当注意条文使用的"当时的医疗水平"与第1221条规定的内容完全一致。适用时,一定要与当时的医学科学水平相区别,不能以现在的医学科学水平作为标准。在当时的医疗水平条件下,医疗机构对所发生的不良医疗后果无法预料,或者已经预料到了但没有办法防免,因而造成的不良后果,不构成医疗技术损害责任,医疗机构不承担赔偿责任。

(二)按照原则性规定应当免责的事由

1. 不可抗力造成不良后果

在医疗损害中,因不可抗力造成不良后果,是否可以依照《民法典》第180条规定的不可抗力的一般规则免除责任呢?

笔者认为,《民法典》第180条规定的不可抗力的一般规则,是普遍适用的免责事由,具有普遍适用的效力。只要法律没有不得适用的明文规定,就是可以适用的。在医疗损害责任中,尽管在医疗损害责任的免责事由中没有规定不可抗力,但也没有明确规定禁止适用不可抗力规则。因此,在医疗损害责任中,如果构成不可抗力造成不良后果,应当依据该条规定免除责任或者减轻责任。例如,医务人员在手术过程中发生地震,造成患者死亡或者不良后果,当然可以免除责任。

确定适用不可抗力免责或者减轻责任的规则,应当是医疗机构在正常的医疗活动中造成患者的损害;其直接原因是不可抗力,不是医疗过失所致,因而应当免责。如果不可抗力与医疗过失是造成损害的共同原因,则应当根据过错程度和原因力的分析,确定医疗机构可以减轻的责任。

2. 医疗意外

《民法典》没有规定医疗意外是免责事由。但是,既然能够构成医疗意外,那么就能够证明医疗机构没有过失。既然没有医疗过失,医疗机构当然就不承担侵权责任。因此,医疗意外即使没有被明文规定为免责事由,由于医疗损害责任实行过错责任原则,医疗意外没有过失,当然也就没有责任。

医疗意外,是指医务人员无法预料的原因造成的,或者根据实际情况无法避免的医疗损害后果。通常是在医疗活动中,由于患者病情异常或者患者体质特殊而发生的医疗意外。医疗意外有两个主要特征:一是医务人员或医疗机构对损害结果的发生没有医疗过失,损害结果通常是由于病情特殊或者病员体质特殊引起的。二是损害后果属于医疗机构或医务人员难以防范的。具备这两个特征造成的医疗损害后果,构成医疗意外。

三、侵权责任法对患者权利和医疗机构权益的特别保护

《民法典》第1228条规定:“医疗机构及其医务人员的合法权益受法律保护。”“干扰医疗秩序,妨害医务人员工作、生活,侵害医务人员合法权益的,应当依法承担法律责任。”

对于上述条文,在立法过程中,很多人都主张不应当规定,因为这不是侵权责任法应当规定的问题。笔者持相反的态度,原因在于这符合我国的国情。

当前,我国医疗领域中的“医闹”行为较为严重,发生损害,患者及其家属到医院闹事者比比皆是。有的法官说,患者受损害到法院依法解决的,是有觉悟、有修养的患者。言外之意,到医院扰乱正常的医疗秩序,妨害医务人员工作生活的,为数较多。本条规定是警示性规定,警示患者遵守法律,保护好医疗机构和医务人员的合法权益,禁止“医闹”行为;违反者,应当依法承担法律责任。尽管没有规定应当承担什么样的法律责任,但本条含义明确,就是该负什么样的法律责任,就负什么样的法律责任,包括行政责任、民事责任或者刑事责任。

第七章 环境污染和生态破坏责任

《民法典》侵权责任编对环境污染责任的主要修改内容是：

1. 环境污染责任改为环境污染和生态破坏责任。《民法典》第 1229 条规定："因污染环境、破坏生态造成他人损害的，侵权人应当承担侵权责任。"这一条文是对环境污染和生态破坏责任适用无过错责任的规定，与原《侵权责任法》第 65 条规定相比，将"环境污染责任"改为"环境污染和生态破坏责任"。

2. 故意污染环境破坏生态造成严重后果应承担惩罚性赔偿责任。《民法典》第 1232 条规定："侵权人违反法律规定故意污染环境、破坏生态造成严重后果的，被侵权人有权请求相应的惩罚性赔偿。"这一条文是对环境污染和生态破坏惩罚性赔偿的规定，原《侵权责任法》没有这一规定。

3. 造成生态环境损害须承担修复责任。《民法典》第 1234 条规定："违反国家规定造成生态环境损害，生态环境能够修复的，国家规定的机关或者法律规定的组织有权请求侵权人在合理期限内承担修复责任。侵权人在期限内未修复的，国家规定的机关或者法律规定的组织可以自行或者委托他人进行修复，所需费用由侵权人承担。"原《侵权责任法》没有规定这一规则，本条是对生态环境损害修复责任规定的新规则。

4. 国家规定的机关或者法律规定的组织请求侵权人赔偿损失的范围。《民法典》第 1235 条规定："违反国家规定造成生态环境损害的，国家规定的机关或者法律规定的组织有权请求侵权人赔偿下列损失和费用：(一)生态环境受到损害至修复完成期间服务功能丧失导致的损失；(二)生态环境功能永久性损害造成的损失；(三)生态环境损害调查、鉴定评估等费用;(四)清除污染、修复生态环境费用;(五)防止损害的发生和扩大所支出的合理费用。"这是对国家规定的机关或者法律规定的组织请求侵权人承担环境污染和生态破坏责任赔偿范围的规定。

第一节 环境污染和生态破坏责任概述

《民法典》第1229条规定了环境污染和生态破坏责任的一般条款,即"因污染环境、破坏生态造成他人损害的,侵权人应当承担侵权责任"。

一、环境污染和生态破坏责任的概念和特征

(一)环境污染和生态破坏责任的概念

在当代社会,保护环境和生态极为重要,关乎人类的生存和发展,关乎国家的发展和国民的健康,必须高度重视。环境污染和生态破坏侵权是重要的特殊侵权责任类型,在侵权法中占有重要地位。《民法典》对保护环境、生态作出严格规定,让污染环境、破坏生态造成损害的人无法逃避侵权责任,使生态、环境得到妥善保护,也使人民的生命、健康和财产安全得到妥善的保护。

环境,按照《环境保护法》第2条的规定,"是指影响人类生存和发展的各种天然的和经过人工改造的自然因素的总体,包括大气、水、海洋、土地、矿藏、森林、草原、野生生物、自然遗迹、人文遗迹、自然保护区、风景名胜区、城市和乡村等"。环境问题,也就是人类在生产和生活过程中对物质世界的生态平衡所造成的破坏问题,是自有人类以来就存在的,它随着社会文明的进步和社会生产力的发展而不断发展变化。《民法典》第1229条对环境和生态的规定具有宽泛的含义,不仅包括一般的环境问题,还包括生态的保护问题,是十分重要的规定。

在学说上,对环境污染和生态破坏责任概念有不同的表述方式。有学者认为,因从事生产、生活等活动致使环境发生化学、物理、生物等特征上的不良变化,破坏生态和资源,直接或间接侵害国家、集体的财产,侵害他人的人身、财产的,就是环境污染侵权。[①] 也有学者认为,环境侵权是指污染或破坏环境,从而侵害他人环境权益或财产、人身权益的行为。环境侵权当事人地位事实上不平等,侵害对象具有广泛性与复合

---

① 参见王利明主编:《中国民法草案建议稿及说明》,中国法制出版社2004年版,第250页。

性,宏观上环境污染和生态破坏责任具有价值双重性。[①] 还有学者认为,“环境侵害”,具体指由于人类活动所造成的环境污染和破坏,以致危害居民的环境权益或危及人类生存和发展的环境污染和生态破坏责任,是对具有社会性的个人利益的侵害。[②]

《民法典》确立环境污染和生态破坏责任的概念,是追究侵权人的法律责任,为被侵权人提供救济确定的前提条件。依照《民法典》的上述规定,界定环境污染和生态破坏责任概念,上述学者的定义均有可取之处,也都有不尽如人意之处,如有些定义过于简单,没有揭示出环境污染和生态破坏责任的完整内涵等。界定环境污染和生态破坏责任概念,应从环境污染行为主体,行为人主观方面,侵权行为的客体,侵权行为本身的特征、性质、方式、行为后果等方面进行基本的考量。

环境污染和生态破坏责任,是指侵权人违反法律规定的义务,以作为或者不作为的方式,污染环境,破坏生态,造成他人损害,依法不问过错,应当承担损害赔偿等责任的特殊侵权责任。

（二）环境污染和生态破坏责任的特征

《民法典》规定的环境污染和生态破坏责任有以下几个特征：

1. 环境污染和生态破坏责任是适用无过错责任原则的特殊侵权责任。环境污染和生态破坏责任是特殊侵权责任,这种特殊侵权责任的突出特点,是适用无过错责任原则。从原《民法通则》第 124 条开始就是这样,原《侵权责任法》坚持这样的规则,《民法典》仍然如此。按照《民法典》第 1229 条以及第 1166 条的规定,构成环境污染和生态破坏责任,对侵权人的主观方面并不问过错,即无论侵权人在主观上有无过错,只要实施污染环境、破坏生态行为,造成他人损害,就应当承担赔偿责任。最高人民法院《关于审理环境侵权责任纠纷案件适用法律若干问题的解释》[以下简称《环境侵权责任司法解释》(2021)]第 1 条前 2 款分别规定:“因污染环境、破坏生态造成他人损害,不论侵权人有无过错,侵权人应当承担侵权责任。”“侵权人以排污符合国家或者地方污染物排放标准为由主张不承担责任的,人民法院不予支持。”都是在规定环境污染和生态破坏责任适用无过错责任原则。

2. 环境污染和生态破坏责任保护的环境属于广义概念。环境污染和生态破坏责任所保护的,是环境和生态。有人认为,环境污染行为侵害的对象是环境权,环境权应属于法定权利。我们不同意这种意见,但是,对于环境应当作广义理解。污染生态环境的内容,也在环境污染和生态破坏责任所保护的范围之中。《民法典》对此明确规定,这种特殊侵权责任,既保护环境,也保护生态。

---

① 参见周珂:《环境法》,中国人民大学出版社 2000 年版,第 58 页。

② 参见吕忠梅:《环境法新视野》,中国政法大学出版社 2000 年版,第 152 页。

3. 污染行为人是侵权人的作为或者不作为。污染环境的行为,既可能是作为的行为,也可能是不作为的行为,在很大范围内,不作为的形式更为常见。不论是作为的行为还是不作为的行为,只要造成生活和生态环境的损害,就构成侵权责任。

4. 环境污染和生态破坏责任保护的被侵权人范围宽泛。环境污染、生态破坏造成的他人损害,不仅指自然人的人身损害和财产损害,还包括更为广泛的损害,即环境和生态本身的损害。环境污染和生态破坏责任的受害主体不仅包括当代人,而且可能包括后代人,甚至当代人侵害的完全是后代人的权益。根据现代环境法关于代际公平的理论,这种侵权同样要承担侵权民事责任。因此,将环境污染和生态破坏责任作为公益诉讼,①是有道理的。在很多情况下,环境污染和生态破坏责任的权利主体甚至是国家,国家规定的机关和法律规定的组织可以请求损害赔偿。

5. 环境污染和生态破坏责任的方式范围广泛。《民法典》第 1229 条规定环境污染和生态破坏责任的责任方式,并没有采用赔偿责任的表述,而是使用了"侵权责任"这一概念,这意味着环境污染和生态破坏责任,不仅包括损害赔偿,还包括其他民事责任方式,例如修复、公益诉讼的赔偿等。《环境侵权责任司法解释》(2021)对此都作了规定,第 13 条规定的是:"人民法院应当根据被侵权人的诉讼请求以及具体案情,合理判定侵权人承担停止侵害、排除妨碍、消除危险、修复生态环境、赔礼道歉、赔偿损失等民事责任。"第 14 条规定的是:"被侵权人请求修复生态环境的,人民法院可以依法裁判侵权人承担环境修复责任,并同时确定其不履行环境修复义务时应当承担的环境修复费用。""侵权人在生效裁判确定的期限内未履行环境修复义务的,人民法院可以委托其他人进行环境修复,所需费用由侵权人承担。"

二、环境污染和生态破坏责任的立法模式

(一)比较法

国外对环境污染和生态破坏责任的立法,主要有以下几种立法模式。

1. 基本法模式

基本法模式以美国为代表。美国于 1969 年制定了《国家环境政策法》,作为联邦及各州环境立法和环境保护的基本行为准则,对各州环境立法发挥了母法的功能。该法也被称为"环境宪法"或环境基本法。这部基本法的立法工程浩大,其内容广泛,涉及环境保护的各个方面,既包括宏观的总则类规定,也包括具体的细则性规定;既有实

---

① 参见《中华人民共和国侵权责任法草案建议稿》第 119 条第 2 款:"检察机关或者公益团体可以代表受害人提起环境公益诉讼。"参见杨立新主编:《中华人民共和国侵权责任法草案建议稿及说明》,法律出版社 2007 年版,第 29 页。

体法方面的规定,也包括大量程序法方面的规定;既包括对各种污染和公害的防治,也包括对自然资源和生态环境的保护。该法对环境保护范围的界定很广,法律效力等级很高。除此之外,1955年美国国会制定的第一部联邦空气污染控制法,即《大气污染控制援助法》,1970年正式称为《清洁空气法》;1972年美国国会制定的《清洁水法》,又经1977年重大修订后沿用至今。

2. 整合化模式

整合化模式以英国为代表。在环境法体系上往往是在维持原有法规体例不变的情况下,将性质类似的个别单行法规纳入一个较高层次名称之下,整合为环境法的一个分支法律。例如,英国国会于1974年制定的《英国污染控制法》,是对现有的有关垃圾、水源污染、空气污染及噪声污染的法律进行整合,使之成为公害防治的一个法群。英国的环境基本法是1990年颁布的《英国环境保护法》。英国的整个环境法律体系以此为基础,辅之以相关单行法规构建而成。

3. 复合法模式

复合法模式以法国、德国为代表。法国环境保护的范围较广,但与美国不同的是以法典化为立法传统的法国却没有环境基本法,也没有将环境法规编纂为法典。法国的环境法主要由两部分组成:(1)各种公害的防治法规(狭义上的环境保护法),这类法规一直以单行法规独立并行,并另行制定各种命令或专门立法分别予以补充,在体例上由一部基本法加以统率或整合为一个法群;(2)自然保育法,它主要源于民法的相关规定(如所有权、相邻权、地役权、损害赔偿),并由此派生出农业、森林、渔业、矿业等专业法规,国有土地法、都市计划法、海港法等(这相当于一些国家的自然资源法和国土整治法),而且刑法的相关条文可直接予以准用,1976年法国将这类规定整合为《自然保育法》。与法国环境法体系较近似的是德国环境法体系。德国环境法体系也包括污染防治法和自然保护法两大部分。

4. 法典化模式

法典化模式以日本为代表。日本的环境法综合了以上各种模式类型,体系较完备,大体上分为三个基本法或母法,各基本法之下有相关的子法。各母法与子法之间内容连贯,用语一致,避免法规及执行上的权责抵触,形成法典化体系。三个基本法分别为:《日本公害对策基本法》,主要调整环境污染防治方面的社会关系;《日本自然环境保全法》,主要调整与环境相关的自然资源保护方面的社会关系;《日本公害纷争处理法》,主要规范环境损害赔偿非诉讼解决的程序问题。三个基本法相互之间既有分工也有配合。在法律层次方面,日本采取先公害后自然保育的做法,即公害立法及问题优先于自然保育法。这种现象源于日本环境法产生时公害剧烈的特殊历史背景,但这种立法体系模式已为许多经济高速增长的国家和地区所采用。

(二)我国认定环境污染和生态破坏责任的立法根据

我国《宪法》关于环境保护的规定是环境法的立法基础,是各种环境法律、法规、制度的立法依据。许多国家都在宪法中将环境保护作为一项国家职责和基本国策加以明确,把公民享有在良好的生活环境中生活的权利及保护环境的义务作为公民的基本权利和义务加以规定,从而为环境保护奠定了宪法基础并赋予了最高的法律效力。我国《宪法》第 26 条第 1 款明确规定:“国家保护和改善生活环境和生态环境,防治污染和其他公害。”

原《民法通则》对环境污染侵权也作了规定,其第 124 条规定:“违反国家保护环境防止污染的规定,污染环境造成他人损害的,应当依法承担民事责任。”我国在 1989 年专门制定了《环境保护法》。在其他有关的单行法中也有环境污染侵权的有关内容,如《海洋环境保护法》《大气污染防治法》《环境噪声污染防治法》《清洁生产促进法》《放射性污染防治法》《水污染防治法》《固体废物污染环境防治法》等。这些法律法规,较完整地规定了环境污染致人损害的侵权责任体系,与《民法典》第七章环境污染和生态破坏责任的规定共同,构成了统一的整体。依据这些法律,凡是因环境污染造成损害的,《民法典》及相关法律确认其为环境污染、生态破坏的侵权责任,责令侵权人对被侵权人承担赔偿损失的民事责任,以救济损害。

我国参加并已对我国生效的一般性国际条约中的环境保护规范和专门性国际环境保护条约中的环境保护规范,包括我国参加或缔结的有关环境资源保护的双边、多边协定和国际条约及履行这些协定和条约的国内法律等,也是我国环境法体系的重要组成部分。我国《宪法》规定,经过我国批准和加入的国际条约、公约和议定书,与国内法同具法律效力。我国参加的重要的环境保护国际条约有:《联合国海洋法公约》《控制危险废物越境转移及其处置巴塞尔公约》《保护臭氧层维也纳公约》《联合国气候变化框架公约》《联合国生物多样性公约》《南极条约环境保护议定书》等。

三、环境污染和生态破坏责任的构成

(一)环境污染和生态破坏责任的归责原则

关于环境污染和生态破坏责任的归责原则,我国法学界主要有以下几种主张:第一种是少数人的主张,依然坚持环境污染和生态破坏责任适用过错责任原则。但对过错的理解有所不同,把过错与违法联系起来,往往对违法性作广义的理解。第二种主张认为,承担环境污染和生态破坏责任不要求侵权行为人主观上有过错,对于无过失行为也要求承担责任。因此,环境污染和生态破坏责任的构成只需三个要件,即有危害环境的行为存在、有环境损害事实存在、有二者的因果关系。第三种主张认为,应将环境污染和生态破坏责任分为两类:第一类是破坏环境责任,应根据一般民事责任的四个要件追究民事责任，即适用过错责任原则；第二类是污染环境责任，应适用无过错责任原则。

《民法典》第1229条规定环境污染和生态破坏责任适用无过错责任原则，其理由是：第一，环境污染和生态破坏责任适用无过错责任是各国立法的通例，采用这一立法例，顺应世界侵权法的发展潮流，有利于我国民商法与国际民商法接轨。第二，适用无过错责任，有利于使社会关系参加者增强环境意识，强化环境观念，强化污染环境者的法律责任，履行环保义务，严格控制和积极治理污染。第三，适用无过错责任，可以减轻被侵权人的举证责任，加重加害人的举证责任，更有利于保护被侵权人的合法权益。因此，应当确认污染环境致害责任是无过错责任。《环境侵权责任司法解释》（2021）第1条也进一步作了重申。

（二）环境污染和生态破坏责任的构成要件

对环境污染和生态破坏责任的构成要件，学界有不同主张：有的学者主张三要件，具体内容又分为两种：一种是污染环境的行为、损害、污染环境行为与损害之间的因果关系；[①]另一种是污染环境污染和生态破坏责任的违法性、环境污染和生态破坏责任的损害事实、环境污染和生态破坏责任与损害事实之间的因果关系。[②] 有的学者主张过错责任与无过错责任并立的二元化归责体系，不同环境污染和生态破坏责任应分别适用过错责任原则（主要适用于破坏环境责任）与无过错责任原则（主要适用于污染环境责任）的责任构成要件。[③]

环境污染和生态破坏责任适用无过错责任原则，它的构成要件与一般的侵权行为民事责任的构成不同，无须具备一般侵权行为责任的全部要件。环境污染和生态破坏责任只需具备以下三个要件。

1. 须有环境污染、生态破坏行为

这种行为首先必须是环境污染、生态破坏行为。环境污染、生态破坏，是指工矿企业等单位所产生的废气、废水、废渣、粉尘、垃圾、放射性物质等有害物质和噪声、震动、恶臭排放或传播到大气、水、土地等环境之中，或者虽然未排放污染，但是实施的破坏行为，使人类生存环境和生态受到危害的行为。

环境污染、破坏生态行为可以由作为和不作为构成，多数表现为排放有害物质和有害废弃物，散发有害气体、粉尘，传播噪声、颤动，散漏化学毒品或放射性物质等。在这些表现形式中，排放、传播都表现为作为的方式，而散发、散漏既可以表现为作为的方式，如过失造成密封器的损坏；也可以表现为不作为的方式，如密封器的自然损坏。

① 参见张新宝：《中国侵权行为法》（第2版），中国社会科学出版社1998年版，第93页。

② 参见钱水苗：《污染环境侵权行为民事责任的特点》，载《杭州大学学报》（哲社版）1993年第2期。

③ 参见周珂：《环境法》，中国人民大学出版社2000年版，第57页。

无论是作为还是不作为,都可以构成环境污染的行为。

环境污染、破坏生态行为的违法性表现为违反环境、生态保护法律的禁止性规范,未履行环保法律赋予的防止环境污染的义务,或者滥用环保法律授予的权利。例如,《海洋环境保护法》第62条第1款规定:“在中华人民共和国管辖海域,任何船舶及相关作业不得违反本法规定向海洋排放污染物、废弃物和压载水、船舶垃圾及其他有害物质。”违反这一禁止性法律规范,向上述海域排放上述有害物质,即为违法行为。有人主张环境污染行为并非要具备违法性要件,并且《民法典》第1229条也没有提出违反法律规定的要求。笔者认为,违法性是侵权责任构成的一般要件,环境污染行为具备违法性要件也是必然的,况且环境污染、生态破坏行为必定是违反环境、生态保护法律的行为,作此要求,并不会对保护被侵权人的权益不利。因此,应当坚持环境污染、生态破坏行为须违反国家环境、生态保护法律的要件。

应当注意的是,在原《侵权责任法》草案中曾经规定了一个条文:“排污符合规定标准,但给他人造成损害的,排污者应当承担赔偿责任。”在审议中,有的常委对此条文有不同意见,因此将其删除,但是,这并不意味着否定了这个规则。根据是,原《民法通则》第124条规定环境污染责任时,特别强调“违反国家保护环境防止污染的规定”污染环境造成他人损害的,应当依法承担民事责任。《民法典》第1229条规定“因污染环境、破坏生态造成他人损害的,侵权人应当承担侵权责任”。其含义是,在环境污染和生态破坏责任中,即使排污等行为符合法律、法规规定的排污标准,造成他人损害也不能免除责任。排污符合标准并不是免除责任的理由。这样的规定加重了环境污染的责任。

2.须有客观的损害事实

环境污染、生态破坏的损害事实,就是指污染危害环境的行为致使国家的、集体的财产和公民的财产、人身及生态、环境受到损害的事实。没有这种损害事实,不构成这种侵权行为。

环境污染、生态破坏的损害以人身损害事实为最常见。污染水源、空气等,都可以造成大范围的人身伤害。污染环境、生态破坏所造成的人身损害具有一个显著的特点,即多数损害具有潜在性和隐蔽性,即被侵权人往往在开始受害时显露不出明显的损害,但随着时间的推移,损害逐渐显露,如早衰、人体功能减退等。对于这种潜在的危害,也应作为人身伤害的事实。

环境污染、生态破坏造成财产损害,主要是财产本身的毁损,使其丧失价值和使用价值。它也包括直接损失和间接损失。

环境享受损害①也是环境污染和生态破坏责任的损害事实,是指对公民享受良好

① 参见周珂:《环境法》,中国人民大学出版社2000年版,第60页。

环境质量权益的损害;它与财产损害和人身损害有关,但并不等同。财产损害与人身损害法律界定标准明确,而环境享受权益标准具有不确定性,但这种损害是客观存在的,而且是环境侵权中最常见的。随着经济和社会文化的发展,公民对这方面的法律保护要求也不断提高,因而法律对此必须合理规范。环境享受损害通常表现在两个方面:一是妨碍他人依法享受适宜环境的权利或正常生活,如排放恶臭气体,使周围居民难以忍受;排放强大噪声、振动,使周围居民不能正常休息、工作。二是此种损害往往与人身损害相关联,会对环境要素造成非财产性损害,降低环境要素的功能或价值,如污染或破坏自然风景区,使其风景减色而降低其观赏娱乐价值;污染疗养胜地使之失去疗养舒适价值;污染或破坏人文古迹,使其科学研究价值或美学价值降低或丧失等。对环境享受损害的认定比较复杂,有些国家直接在法律中规定了环境权,受害者可以此作为诉讼请求的依据。

3. 须有因果关系

环境污染、生态破坏行为与污染损害事实之间要有因果关系。这一要件指的是环境污染、生态破坏行为与损害事实之间必须具有引起与被引起的客观联系。

环境污染、生态破坏侵权作为一种特殊侵权,在构成要件的因果关系方面也有特殊性,实行推定因果关系规则,即在环境污染和生态破坏责任中,只要证明企业已经排放了可能危及人身健康或造成财产损害的物质,而公众的人身或财产已在排污后受到或正在受到损害,就可以推定这种危害是由该排污行为所致。①

(三)环境侵权责任构成的证明责任

对于环境侵权责任纠纷案件的证明责任,《环境侵权责任司法解释》(2021)作了具体规定,主要的规则如下。

1. 被侵权人的举证范围

依照该司法解释第6条的规定,被侵权人根据《民法典》第七编第七章的规定,请求环境侵权损害赔偿责任的,应当提供证明以下事实的证据材料:一是侵权人排放了污染物或者破坏了生态;二是被侵权人受到了损害的事实;三是侵权人排放的污染物或者其次生污染物、破坏生态行为与损害之间具有关联性。其中第三种证明,是为环境侵权责任因果关系适用举证责任缓和奠定基础。

2. 环境侵权责任证明责任中的特别证据

第一,是专门性问题的鉴定等。该司法解释第8条规定,对查明环境污染、生态破坏案件事实的专门性问题,可以委托具备相关资格的司法鉴定机构出具鉴定意见或者由负有环境资源保护监督管理职责的部门推荐的机构出具检验报告、检测报告、评估

① 关于环境污染和生态破坏责任中的因果关系推定,下文专列一节说明。

报告或者监测数据。按照这一规定,在环境侵权责任纠纷案件中,鉴定意见当然是证据之一,其他的检验报告、检测报告、评估报告或者监测数据,也都是证据之一种。按照该司法解释第 10 条的规定,负有环境资源保护监督管理职责的部门或者其委托的机构出具的环境污染、生态破坏事件调查报告、检验报告、检测报告、评估报告或者监测数据等,应当经过质证,经当事人质证,可以作为认定案件事实的根据。其实,这些机构还应当派员出庭,接受质证。

第二,可以聘请专家证人证明。依照该司法解释第 9 条的规定,当事人申请通知一至两名具有专门知识的人出庭,就鉴定意见或者污染物认定、损害结果、因果关系、修复措施等专业问题提出意见的,人民法院可以准许。当事人未申请,人民法院认为有必要的,可以进行释明。这一规定与医疗损害责任司法解释的规定是一样的,都可以聘请专家证人作证,并且可以出庭。专家证人作为具有专门知识的人在法庭上提出的意见,经当事人质证,可以作为认定案件事实的根据。

3. 证据保全

该司法解释规定了两个证据保全的特别规则。

第一,第 11 条规定,对于突发性或者持续时间较短的环境污染、生态破坏行为,在证据可能灭失或者以后难以取得的情况下,当事人或者利害关系人根据《民事诉讼法》第 81 条的规定申请证据保全的,人民法院应当准许。

第二,第 12 条规定,被申请人具有《环境保护法》第 63 条规定情形之一,当事人或者利害关系人根据《民事诉讼法》第 100 条或者第 101 条的规定申请保全的,人民法院可以裁定责令被申请人立即停止侵害行为或者采取防治措施。《环境保护法》第 63 条规定的情形是,企业事业单位和其他生产经营者有下列行为之一尚不构成犯罪的情形:(1)建设项目未依法进行环境影响评价,被责令停止建设,拒不执行的;(2)违反法律规定,未取得排污许可证排放污染物,被责令停止排污,拒不执行的;(3)通过暗管、渗井、渗坑、灌注或者篡改、伪造监测数据,或者不正常运行防治污染设施等逃避监管的方式违法排放污染物的;(4)生产、使用国家明令禁止生产、使用的农药,被责令改正,拒不改正的。对于这些污染环境破坏生态的行为,都可以申请证据保全。

四、环境污染和生态破坏责任的具体类型

根据不同的标准,环境污染和生态破坏有不同的类别:按环境要素可分为大气污染、水污染等;按污染物的性质可分为生物污染、化学污染等;按照污染物的形态可分为废气污染、固体废物污染等。对此,《民法典》没有具体规定。以下以环境要素污染和有毒有害物质污染为基本标准,对环境污染和生态破坏责任的具体表现形式进行分析。

(一)转基因农产品污染侵权行为

1. 转基因农产品污染侵权行为的概念

基因是一切生命的基本组成部分,而繁殖又是生命的基本特征。生命繁殖的本质就是基因的复制。转基因技术是将人工分离、修饰过的基因(外源基因)导入生物体基因组中,由于外源基因的表达,引起生物性状的可遗传的变化。转基因技术主要被应用于动植物品种改良、基因工程药物以及基因功能鉴定等相关领域,还经常被用作生物反应器生产各种有用产品。

转基因农作物,是一种能够在保持现有农业体系的同时,有效减少投入于农田的农药等化学物质的技术。利用转基因技术,还能够培育出适合在沙漠地带、盐碱地和寒冷地区生长的农作物。目前,我国已获成功的转基因植物至少有35科120种。

基因污染是在天然的生物物种基因中掺入了人工重组的基因。这些外来的基因可随被污染的生物的繁殖而得到增殖,再随被污染生物的传播而发生扩散。因此,基因污染是一种非常特殊又非常危险的环境污染。

对于转基因农产品污染侵权,在有关的立法学者建议稿中,明文作出了规定。"因转基因农产品污染致人损害的,侵权人应当承担损害赔偿责任。"①

2. 转基因农产品污染责任的立法规制

欧洲是最早为转基因食品采取标识制度的地区。2001年11月28日,欧盟15国制定出了新的转基因食品法规。根据新法规,凡含有0.9%以上转基因DNA或蛋白质的农作物或食品,在市场销售时,必须带贴"GMO"(转基因)字样的标签。2000年拉美的墨西哥和巴西就通过了对转基因生物的标识法。2001年,日本、韩国、菲律宾、印度尼西亚、沙特阿拉伯、斯里兰卡也相继颁布了自己的标识法规。

我国政府也相继出台了法规,加强对转基因生物的安全管理,并要求对列入目录的转基因生物进行标识。目前,关于转基因产品主要有4个管理办法:《农业转基因生物安全评价管理办法》《农业转基因生物进口安全管理办法》《农业转基因生物标识管理办法》《进出境转基因产品检验检疫管理办法》。这4个办法基本涵盖了转基因产品的安全评价、标识管理、生产许可、经营许可、进出口安全审批等各个方面。

3. 转基因农产品侵权责任

转基因产品是现代科学技术的产物。正确使用转基因产品,对人体的健康有益,但是,转基因产品使用不正确,会造成人体的严重损害。因此,生产、销售转基因产品,未尽说明义务,造成污染损害的,构成侵权责任。

---

① 王利明主编:《中国民法典草案建议稿及说明》,中国法制出版社2004年版,第250页。

（二）水污染侵权行为

水污染是指水体因某种物质的介入而导致其化学、物理、生物或者放射性等方面特性改变,造成水质恶化的现象,从而影响水的有效利用,危害人体健康、破坏生态环境。由于我国水资源严重紧缺,因此水污染防治在我国具有特殊重要的意义。

在水污染防治的立法方面,我国制定了《水污染防治法》。除此之外,国务院还分别制定了《水污染防治法实施细则》《防止拆船污染环境管理条例》《淮河流域水污染防治暂行条例》等。国家环境保护主管部门以及有关工业、公安、交通、渔业主管部门也分别针对水污染的防治专门制定了行政法规、部门规章和环境标准,各地方还分别制定了一些实施办法或管理规定。

向水体中排放或者向地下渗透污水或废液污染水环境,对他人的人身、财产造成损害的,排放侵权人有责任消除危害,并对直接被侵权人赔偿损失。同时,水资源受到污染,给国家造成环境损害的,可以由行政主管部门代表国家,对责任者提出损害赔偿要求。

（三）大气污染侵权行为

大气污染是人类最常见的环境污染。大气污染,是指因自然现象或人为活动使某种物质进入大气而导致其化学、物理、生物或者放射性等方面的特性改变,使人们的生产、生活、工作、身体健康和精神状态、设备及财产等直接或间接遭受破坏或者受到恶劣影响的现象。能够引起大气污染的物质称为大气污染物。大气污染物种类繁多,常见的有一百多种,其中危害较大的是颗粒物、二氧化硫、氮氧化合物、碳氧化合物、氟化物等。

在大气污染防治的立法方面,我国制定了《大气污染防治法》。除此之外,国务院、国家环境保护主管部门以及有关工业、公安、交通、渔业主管部门也分别针对大气污染的防治专门制定了行政法规、部门规章和环境标准,各地方还分别制定了一些实施办法或管理规定。

在当代的环境保护中,大气环境的保护显得日益重要。近年来,国家对大气环境加强保护,对污染大气的污染行为进行惩治,取得了明显的效果。尤其是各地将大气污染指数作为公众知情权的重要内容,定期公布,对于保护人民健康起到了重要的作用。为了进一步保护大气环境,应当确定两个层次的责任:首先,向大气中排放有害物质污染大气环境的,排放者有责任消除危害,这就是,凡是排放者就应当承担责任;其次,对他人的人身、财产造成直接损害的,应当承担赔偿损失责任。

（四）固体废弃物污染侵权行为

固体废弃物污染,是指因不适当地排放、扬弃、贮存、运输、使用、处理和处置固体废弃物而造成的各种环境污染。固体废弃物本身就是污染物,同时还可以造成土壤污染、大气污染和水污染等。

在固体废弃物污染防治的立法方面，我国制定了《固体废物污染环境防治法》(2020 年修订)。除此之外，国务院办公厅还发布了《关于坚决控制境外废物向我国转移的紧急通知》；国家环境保护主管部门以及有关外贸、公安、交通、建设主管部门也分别针对固体废弃物污染的防治专门制定了行政法规、部门规章和环境标准，各地方还分别制定了一些实施办法或管理规定。

向环境排放、堆放固体废物，污染环境的，同样是污染环境的侵权行为。确定这种侵权行为，应当从实体和程序两个方面考察：从实体上，向环境中排放或者堆放固体废物污染环境，对他人的人身、财产造成损害的，一是排放者有责任排除危害，二是排放者对直接被侵权人应当承担赔偿损失的责任；从程序上，规定固体废弃物污染国有土地资源，给国家造成环境损害的，国家可以起诉；由行政主管部门代表国家对责任者提出损害赔偿要求。

（五）海洋污染侵权行为

海洋污染，是指人类直接或间接地把物质或能量引入海洋环境，以致造成或可能造成损害海洋生物资源、危害人体健康，妨害渔业和海上其他合法活动，损害海水使用素质和减损环境质量等有害影响的现象。

20 世纪 70 年代以来，我国政府就十分重视海洋环境保护，制定了一系列保护海洋的法律。经过 40 多年的发展，我国防治海洋环境污染的法律体系基本形成，主要包括《海洋环境保护法》《防治陆源污染损害海洋环境管理条例》《防治海岸工程建设项目污染损害海洋环境管理条例》《海洋石油勘探开发环境保护管理条例》《防止船舶污染海域管理条例》《海洋倾废管理条例》《防止拆船污染环境管理条例》等。国家环境保护主管部门以及有关工业、公安、交通、渔业主管部门也分别针对海洋污染的防治专门制定了行政法规、部门规章和环境标准，各地方还分别制定一些实施办法或管理规定。

向海洋中排放或者倾倒有害物质污染海洋环境，并对他人的人身、财产造成损害的，一是排放者应当承担消除危害的责任，二是对直接被侵权人应当承担赔偿损失的责任。同样，对于海洋环境的损害，如破坏海洋生态、海洋水产资源、海洋保护区，给国家造成环境损害的，国家可以起诉；检察机关可以代表国家对责任者提出损害赔偿要求。

（六）能量污染侵权行为

由于科学技术的发展，能量的污染日益严重，对人们的损害是现实的，严重的。例如，城市内大量建设玻璃幕墙，形成光污染，就是一种能量污染行为。超过标准，造成损害的，构成侵权责任。对此，侵权法制裁污染行为，保护人的权利。违反法律规定，向环境中排放噪声、电磁波、光波、热能等能量，对他人人身、财产造成损害的，排放者一是有责任消除危害,二是对直接被侵权人应当承担赔偿损失的责任。如果向环境中排放的能量未超过国家规定标准,但被侵权人证明其正常的生活、工作和学习受到严重干扰的,排放者有责任消除危害。

(七)有毒有害物质污染侵权行为

有毒有害物质,是指人们在生产或日常生活中使用的在一定条件下会污染环境、危害人体或者动植物生命和健康的物质。有毒有害物质主要包括:化学物质、农药、放射性物质、电磁波辐射等。

危险物品对环境污染的损害,具有更为可怕的后果,应当进行重点防治和惩治,以加强对被侵权人的保护。向环境中排放放射性物品、有毒化学品、农药等危险品污染环境,并对他人人身、财产造成损害的,排放者一是要承担消除危害的责任,二是对直接被侵权人承担赔偿损失的责任。

(八)环境噪声污染侵权行为

环境噪声,是指在工业生产、建筑施工、交通运输和社会生活中所产生的干扰周围生活环境的声音。环境噪声污染,是指所产生的环境噪声超过国家规定的环境噪声排放标准,并干扰他人正常生活、工作和学习的现象。

在环境噪声污染防治的立法方面,我国制定了《环境噪声污染防治法》,国务院制定了《关于调整超标污水和统一超标噪声排污费征收标准的通知》等,国家环境保护主管部门以及有关工业、公安、交通、建筑主管部门也分别针对环境噪声污染的防治专门制定了行政法规、部门规章和环境标准,各地方还分别制定了一些实施办法或管理规定。

噪声污染侵权达到一定程度,超过合理限度的,有关行为人应当对遭受噪声损害的被侵权人承担侵权责任。

(九)生态破坏责任

在湖北曾经发生过一个案例,进口的树种栽在路旁,结果寄生某种蛾,使周边30公里的梨树生产受到严重损害。受害人起诉后,一审法院判决构成侵权,适用环境污染的法律规定,判决赔偿。但是,被二审法院驳回起诉,因为该行为损害的是生态而不是环境。为了防止这种情况发生,《民法典》第1229条专门规定"因污染环境、破坏生态造成他人损害"的内容,涵盖了生态破坏责任。

五、环境污染、生态破坏侵权的损害赔偿

(一)关于环境污染和生态破坏责任的法律适用问题

1. 环境保护法律的特点

厘清《环境保护法》与《民法典》以及其他环境保护法律的关系,是正确适用法律,

处理好污染环境损害赔偿案件的重要问题。

《环境保护法》是我国综合性的环境保护基本法,其他各项环境保护法律属于环境保护单行法。它们之间的内在联系,属于同一部门法律中的基本法与单行法的关系,即属于两个层次之间的隶属关系。《环境保护法》的基本原则指导各单行环保法,各单行环保法的特殊规定优于《环境保护法》的原则规定。

既然《环境保护法》属于部门法的基本法,这就涉及环境保护法律中的侵权法规范与《民法典》第1229条的关系问题。这种关系应当是:第一层次:《民法典》第1229条以及相关的规定;第二层次:《环境保护法》的规定;第三层次:其他单行环保法的规定。

2. 适用环境保护法的原则

相对于《民法典》的规定而言,所有环保法律中的侵权法规范都是侵权特别法,《民法典》第1229条是侵权普通法规范;相对于单行环保法的规定,《民法典》《环境保护法》都具有普通法的性质。也就是说,《环境保护法》的规定既是侵权特别法,又是污染环境的侵权基本法。我们在研究侵权特别法时,是相对于《民法典》的侵权法规范而言的,因而只把类似于《环境保护法》这类一个部门的基本法中的侵权法规范看作侵权特别法;至于特别法中还有等级层次的问题,只是在适用法律的时候加以区别,而不再划分几级特别法。但是,特别法中既然有等级、层次问题,其效力、范围问题就是有区别的。我们的看法:一是所有环保法中侵权法规范的适用,应当由《民法典》第1229条及其他侵权法的条文予以原则指导;二是环保基本法与环境单行法有特殊规定的,在其规定的范围内适用;三是环保基本法的侵权法规范原则指导环保单行法的侵权法规范的适用,并且调整尚未制定环保单行法的范围的污染损害赔偿法律关系;四是环保单行法对侵权行为有特殊规定的,具有在该法适用的范围内对抗侵权普通法和环保基本法侵权规范的效力,但只限于该法所适用的特定范围。

(二)环境污染侵权赔偿法律关系

环境污染侵权法律关系的性质,是物件致害的特殊侵权责任,其法律关系主体中的权利主体是被侵权人,义务主体是污染环境行为人。其基本关系与其他物件致害的赔偿关系没有原则区别。

对这种赔偿法律关系,有两点要特别强调:

第一,《环境保护法》规定,损害赔偿的请求权人为"直接受到损害的单位或个人",其中"直接受到损害"这一限制语,不甚妥当。一般在观念中,直接与间接相对应。如果只有直接被侵权人有权要求赔偿,那么因环境污染的被侵权人,又将受害后果遗传后代,其后代为间接被侵权人,难道无权要求赔偿吗?因而,对"直接"一词应进行修改,或者在适用中避免片面理解而造成对被侵权人保护不周的后果。

第二,国家作为赔偿权利主体,如何行使权利。污染海洋损害,造成国家财产损失的,应当赔偿国家的损失。对此,国家可以作为赔偿权利主体,请求赔偿。具体行使权利时,由海洋管理部门代表国家行使赔偿权利。

(三)责任方式

我国《环境保护法》规定的环境污染和生态破坏责任方式包括排除危害和赔偿损失两种。《环境保护法》《水污染防治法》《大气污染防治法》等环境保护有关法律、法规,都把排除危害和赔偿损失作为承担民事责任的主要方式。

1. 排除危害

环境法上的排除危害,是指国家强令已造成或者可能造成环境危害者,排除可能发生的危害或者停止已经发生的危害,并消除其影响的民事责任方式。

排除危害主要适用于已经实施了侵权行为或侵权行为正在造成被侵权人损害的情形,具有防止造成损害结果的发生或避免造成更严重的损害后果的功能;是一种积极的有预防和防止作用的责任方式,在环境污染和生态破坏责任中应尽量采用。

我国《环境保护法》规定的排除危害,与《民法典》规定的"排除妨碍"、"消除危险"和"停止侵害"在表述上有所不同,但是内容上应当是一致的,对排除危害的方式应当理解为包含了这三种承担民事责任的方式;它既包括对已经发生的环境污染危害的排除,也包括对实际可能发生的环境污染危害的排除。具体应包括三种具体的方式:消除、治理已造成的污染,使其不再继续损害他人;设置或加强防治污染的措施、设备;停止正在进行的污染行为。上述三种具体形式中,第一种和第二种是比较纯粹的环境污染和生态破坏责任,第三种形式在我国实践中往往不够严格,或是被列入行政责任,这使排除危害的作用受到局限。

2. 赔偿损失

环境法上的赔偿损失,是指国家强令污染危害者以自己的财产弥补对他人所造成的财产损失的民事责任方式。这是环境污染民事责任中最常采用的,也是最纯粹的民事责任方式。赔偿损失主要适用于侵害行为发生以后,已经造成了损害的情形,在补偿被侵权人的经济损失方面具有重要作用。同时,《民法典》第 1232 条还规定了惩罚性赔偿责任,能够更好地发挥环境污染和生态破坏责任的惩罚和预防功能。

六、免责事由

环境污染侵权的免责事由,是指环境法所规定的在因环境污染侵权致人损害时,加害人可以不承担民事责任的事由。它通常是由环境污染和生态破坏责任的归责原则和构成要件决定的,各国立法规定不尽一致。

按照最高人民法院《关于民事诉讼证据的若干规定》第 4 条第 3 项的规定,对于环境污染损害赔偿案件的免责事由也实行举证责任倒置。行为人提出免责事由的时候,应当举证证明免责事由存在的事实。能够证明的,免除其侵权责任,不能证明的,应当承担责任。我国环境保护法律规定的环境污染侵权免责事由主要包括以下情形。

(一)不可抗力

首先,不可抗拒的自然灾害不等于不可抗力,前者的范围很窄,不得作扩大解释;其次,不可抗拒的自然灾害有不可预见和不可避免的含义,凡是可以预见或可以避免的自然灾害不能作为免责条件;再次,即使发生了不可抗拒的自然灾害,加害人在采取了合理措施,仍不能避免造成环境损害的,才可以免责,如果加害人没及时采取合理措施致使损害发生的,仍不得免责;最后,只有损害完全是由于不可抗拒的自然灾害引起的,才可免除加害人的责任,如果此灾害只是引起损害发生的部分原因,则不能免除加害人的责任。

《环境保护法》规定的不可抗力免责条件,附加了诸多的限制。须为不可抗拒的自然灾害,并且及时采取了合理措施,仍不能避免造成环境污染致人损害时,才可以免责。构成环境污染的免责条件,一是不可抗力仅包括不可抗力中的自然原因;二是对不可抗拒的自然灾害及时采取了合理措施仍不免损害。具备了这样两个条件的不可抗力才可以免责。对免责条件限制严格,有利于保障被侵权人得到赔偿。

(二)被侵权人过错

我国《水污染防治法》等法律中规定,如果损害是由于被侵权人自身的责任所引起的,排污者不承担责任。被侵权人对损害的发生具有故意或重大过失,足以表明被侵权人的行为是损害发生的直接原因,即该损害与排污者无因果关系,则免除排污者的责任,但被告应对被侵权人的过错举证。

(三)其他免责条件

我国《海洋环境保护法》第 91 条规定,战争行为是海洋污染造成损害的免责条件。负责灯塔或者其他助航设备的主管部门在执行职责时的疏忽或者其他过失行为造成污染损害的,为免责条件。

第二节 环境污染和生态破坏责任的因果关系推定

《民法典》第 1230 条规定了环境污染和生态破坏责任的因果关系推定规则,即“因环境污染、破坏生态发生纠纷,行为人应当就法律规定的不承担责任或者减轻责任的情形及其行为与损害之间不存在因果关系承担举证责任”。其中行为人就“行为与损害之间不存在因果关系承担举证责任”的规定,就是因果关系推定规则。

一、环境污染和生态破坏责任因果关系要件的重要性

在环境污染和生态破坏责任的理论研究和司法实践中,环境污染和生态破坏责任构成中因果关系要件的证明及举证责任,是一个非常重要的问题,学说意见及司法实践做法多有不同。鉴于这个问题对环境污染和生态破坏责任构成的重要性,以及为了科学地平衡各方的利益关系,更好地保护环境,造福人民,对此应当进行深入研究。

构成环境污染和生态破坏责任,环境污染和生态破坏行为与损害后果之间必须具有因果关系。现代法制的基本原则是责任自负,要求每个人对自己的行为所造成的损害后果负责。因果关系是任何一种法律责任的基本构成要件,它要求行为人的不法行为与损害结果之间具有因果关系,唯有如此,侵权人才对损害结果负责。在环境污染和生态破坏责任中,侵权人只有在污染违法行为与损害后果之间具有因果关系的情况下,才就其环境污染行为造成的后果负损害赔偿之责。

在环境污染和生态破坏责任的构成中,环境污染和生态破坏行为与损害事实之间的因果关系要件具有非常重要的地位。原因在于,环境污染和生态破坏责任适用无过错责任原则,在责任构成中,无需具备过错要件,即不问过错;因而,确定是否构成环境污染和生态破坏责任的最后判断标准就是因果关系。只要能够确定被侵权人的损害事实与环境污染和生态破坏行为之间存在引起与被引起逻辑联系的客观依据,具有因果关系,就能够确定环境污染和生态破坏行为的侵权人对被侵权人承担侵权责任。在环境污染和生态破坏责任中,因果关系不仅是判断侵权人与被侵权人的损害事实之间是否具有引起与被引起的逻辑联系的客观依据,更是判断侵权人是否为被侵权人造成的损害承担侵权责任的客观依据。

同时,由于因果关系要件在环境污染和生态破坏责任中具有这样重要的法律作用,因而对被侵权人的赔偿责任的确定就必须有准确的尺度,既不能过宽,也不能过严。

应当特别说明的是,《民法典》第1230条关于免责事由的行为人举证责任的规定,是一种强调而已,因为包括《民法典》侵权责任编第一章规定在内的任何免责事由,均应由行为人一方举证,侵权人当然负此举证的责任。

二、对因果关系推定不同学说和规则的比较分析

(一)适用推定因果关系的必要性

因果关系推定的学说和规则,是大陆法系为了适应环境污染和生态破坏责任因果关系举证困难的实际情况而创设的,就是为了解决这个问题提出的法律对策。

在因果关系推定的规则上,在环境污染和生态破坏责任中,由于相当因果关系学

说不能充分运用，各国法律界开始重新检讨因果关系理论。如何减轻原告方的举证责任，降低因果关系的证明标准，成为研究的重点问题。于是，推定因果关系的各种学说和规则不断出现，并被应用于司法实践。日本法院在判例中认为："由于排放化学物质引起多数居民疾病的'化学公害'案件等所发生的争议，涉及需要具有高度自然科学方面的知识。因此，要求被害者对因果关系的环节一个一个地加以科学性的说明，岂不等于完全封闭了以民事审判方式救济被害人的途径。""根据所积累的情况证明，如果可以作出与有关科学无矛盾的说明，那么即应该解释为在法律上的因果关系得到了证明。"①这里的与有关科学无矛盾的说明，就是推定因果关系的依据，可以认为是客观的、合乎规律的因果关系。

因果关系推定规则产生于公害案件，后来有向其他领域扩展的趋势。

（二）大陆法系三种主要的因果关系推定学说和规则

在大陆法系侵权法中，推定因果关系主要有三种理论。一是盖然性因果关系说，二是疫学因果关系说，三是概率因果关系说。

1. 盖然性因果关系说

盖然性因果关系说也叫作推定因果关系说，是在原告和被告之间分配证明因果关系的举证责任的学说，是日本学者德本镇教授在研究德国法中，针对矿业损害事件诉讼而提出的一种见解。在矿业损害诉讼中，由于存在被告企业是从地下采取矿物这一特殊情况，加害行为和损害之间的因果法则常常不明确，而且被侵权人证明这一因果关系在技术上和经济上存在较大困难。所以，如果对被侵权人科以严格的因果关系证明责任，则日本矿业法对企业采取无过错责任的意义将会无法实现。针对这种情况，德本镇教授指出，德国矿业损害赔偿制度为了实现公平赔偿，对因果关系的证明程度已经从确定证明放宽为盖然证明；参照这一情况，日本也应当在解释论上放宽事实因果关系的证明程度。同时，这一规则也可以适用于大气污染、水质污染等公害案件中。②

德本镇教授对盖然性因果关系规则的阐述是：第一，事实因果关系的举证责任在形式上仍然由原告承担；第二，原告对事实因果关系证明程度只需达到"相当程度的盖然性"即可，而被告必须对"事实因果关系不存在"进行证明，其证明程度必须达到"高度盖然性"，否则法庭就可以认定事实因果关系成立，这一处理方法使事实因果关系的证明责任从原告转换到被告方；第三，所谓"相当程度的盖然性"，是指"超过了'疏于明确'程度，但未达到证明程度的立论"。③

---

① ［日］野村好弘：《日本公害法概论》（中文版），中国人民大学内部教材，第337～338页。

② 参见夏芸：《医疗事故赔偿法》，法律出版社2007年版，第181页。

③ ［日］德本镇：《企业的不法行为责任之研究》，一粒社1974年版，第130页以下。转引自夏芸：《医疗事故赔偿法》，法律出版社2007年版，第181页。

因此,盖然性因果关系说的基本规则是,盖然性就是可能性。例如,在公害案件的诉讼中,原告证明了公害案件中的侵权行为与损害后果之间存在某种程度的因果关联的"相当程度的"可能性,原告就完成了自己的举证责任,法官实行因果关系推定。然后由被告提出反证,以证明其行为与原告损害之间无因果关系。这种证明的标准是高度盖然性,即极大可能性。不能反证或者反证不成立,即可确认因果关系成立。日本学者将这种学说称为"优势证据",在民事案件中,心证的判断只要达到因果关系存在的盖然性大于因果关系不存在的高度盖然性这一程度,便可认定存在因果关系。①

可见,盖然性因果关系规则并不是完全的因果关系推定,而是有条件的推定,是在原告首先承担举证责任,证明事实具有相当程度的盖然性的基础上才能实行的因果关系推定。

2. 疫学因果关系说

疫学因果关系说是用医学中流行病学的原理来推定因果关系的理论。在日本,公害案件诉讼、药物受害案件诉讼中,对大面积人群受害的、多数被侵权人提起集团诉讼的案件中,裁判所在事实因果关系认定上采取这种因果关系推定规则。具体方法是:当以下四个条件充足时,认定诉讼中请求的某因素与流行病发生之间存在事实因果关系:第一,该因素在某流行病发生的一定期间前就已经存在。第二,由于该因素的作用使该流行病的罹患率显著增高。第三,当去除该因素时该流行病的罹患率下降,或者在不存在该因素的人群中该流行病的罹患率非常低,即该因素的作用的程度越高,相应地患该病的罹患率就越高;换言之,该因素作用提高,病患就增多或病情加重,该因素作用降低,病患随之减少或降低。第四,生物学已经对该因素作为该流行病发病原因的发病机制作出了明确的说明。② 这种因果关系推定理论和规则改变了以往在诉讼中具体个体对因果关系证明的方法,而转以民众的罹患率为参照系,即只要原告证明被告的行为与罹患率之间的随动关系,即为完成了证明责任。法官基于这种程度的证明,就可以推定因果关系存在。被告认为自己的行为与损害事实之间没有因果关系的,须举证证明,推翻推定,才能够免除自己的责任;否则即可确认因果关系要件成立。

3. 概率因果关系说

概率因果关系说认为,在个别人或者少数人主张受到公害或者药害致病请求损害赔偿的诉讼中,由于不是大量人群集体发病,原告根本无法提出能够证明自己的疾病与公害或者药害的致病因素之间具有"高度盖然性"的科学数据。但是,如果根据疫学因果关系验证的危险相对发生概率方法,能够证明公害或者药害的加害因素与被侵权

---

① 参见[日]加藤一郎:《公害法的生成与发展》,岩波书店 1968 年版,第 29 页。

② 参见夏芸:《医疗事故赔偿法》,法律出版社 2007 年版,第 203 ~ 204 页。

人的疾病的发生具有一定概率的因果关系,则可以考虑只限于这种特定情况下放弃传统的事实因果关系判断的高度盖然性的标准,认定加害因素与被侵权人的疾病发生之间存在事实因果关系,并且在计算损害额时考虑因果关系的概率。[①] 上述规则,在医院中大面积感染事故诉讼等特定的医疗过失侵权事件的因果关系认定中,经常使用。[②]

(三)比较分析

在上述三种主要的因果关系推定学说和规则中,不论采取盖然性证明,还是疫学统计方法、概率方法进行因果关系推定,都必须具备一个必要的前提,就是原告对于因果关系的存在进行必要的证明。例如,证明的程度,可以是符合优势证据规则或者表见证据规则要求的事实,也可以是作为疫学统计和概率分析基础的必要事实。没有因果关系存在的必要证明,就不存在因果关系推定的前提。如果不论在何种情况下,或者原告只要提出损害赔偿主张,在证明了违法行为与损害事实之后,就直接推定二者之间存在因果关系,就责令被告承担举证责任,是武断的,也是不公平的,在诉讼利益的天平上就会失去平衡,必然损害被告一方的诉讼利益和合法权益。因此,《民法典》第 1230 条规定对"行为与损害之间不存在因果关系"实行举证责任倒置,就是基于这样的理论基础。

三、环境污染和生态破坏责任因果关系的证明规则和举证责任倒置

(一)环境污染和生态破坏责任因果关系证明的一般规则

在环境污染和生态破坏责任纠纷诉讼中,在一般情况下,原告能够证明因果关系的,可以由原告提供证据证明。但是,环境污染和生态破坏责任的因果关系证明是法定的因果关系推定,因此,法官不能确认证明因果关系是原告的责任,只要原告不能证明有因果关系就驳回诉讼请求。

但是,也不是原告就因果关系要件的成立毫无举证责任,而是应当按照盖然性因果关系规则,首先由原告对存在因果关系的可能性进行证明,证明污染行为与损害事实之间具有因果关系的可能性。在原告证明了存在因果关系的可能性之后,法官才能够进行推定,按照因果关系推定的规则,实行举证责任倒置。

(二)因果关系证明的举证责任缓和的具体证明规则

1. 被侵权人证明存在因果关系的相当程度的可能性

被侵权人在诉讼中,应当首先证明因果关系具有相当程度的盖然性,即环境污染、生态破坏行为与损害事实之间存在因果关系的可能性。相当程度的盖然性就是很大的可能性,其标准是一般人以通常的知识经验观察即可知道二者之间具有因果关系。

---

① 参见夏芸:《医疗事故赔偿法》,法律出版社 2007 年版,第 208 页。

② 参见夏芸:《医疗事故赔偿法》,法律出版社 2007 年版,第 210 页。

例如,河水上游的工厂排污,污染物中含有汞的成分,河水下游的居民饮用该河水后,患有汞中毒,尽管不能证明受害人的汞中毒就是行为人排放的汞所致,但具有这种可能性。这种可能性,就是很大程度的盖然性。被侵权人没有相当程度盖然性的证明,不能直接推定因果关系。

被侵权人证明盖然性的标准是,被侵权人提供的证据,使法官能够形成环境污染行为与被侵权人人身损害事实之间具有因果关系的可能性的确信,其为相当程度的可能性,而不是高度盖然性。原告的证明如果能够使法官建立起这种相当程度的可能性,或者较大的可能性的确信,原告的举证责任即告完成。

2. 法官对因果关系实行推定

法官在原告上述证明的基础上,可以作出因果关系推定。推定的基础条件是:

第一,如果无此行为发生通常不会有这种后果的发生。得到这个结论,首先应当确定事实因素,即环境污染、生态破坏行为和损害事实必须存在的事实得到确认,确认环境污染、生态破坏行为与损害事实之间可能存在客观的、合乎规律的联系。其次是顺序因素,即分清环境污染、生态破坏行为与损害事实的时间顺序,作为原因的环境污染、生态破坏行为必定在前,作为结果的患者人身损害事实必须在后。违背这一时间顺序性特征的环境污染和生态破坏责任,为无因果关系。行为人一方如果否认因果关系,直接举证证明违法排污行为和损害结果之间的时间顺序不符合要求,即可推翻这个推定。

第二,不存在其他可能原因,包括原告或者第三人行为或者其他因素的介入。应当在损害事实与环境污染、生态破坏行为之间排除其他可能性。当确定这种损害事实没有任何其他原因所致的可能时,即可推定该种环境污染、生态破坏行为是损害事实发生的原因,才可以推定因果关系。

第三,判断有因果关系的可能性的标准是一般社会智识经验。基于健全的市民经验上直观的判断,其因果关系存在的疑点显著,且此疑点于事实上得为合理说明;有科学上假说存在者,则法律上即可推定因果关系的存在。推定的标准,并不是科学技术证明,而是通常标准,即按照一般的社会智识经验判断为可能,在解释上与有关科学结论无矛盾,即可进行推定。

实行因果关系推定,就意味着被侵权人在因果关系要件的证明上不必举证证明损害因果关系的高度盖然性,而是在被侵权人证明了因果关系盖然性标准的基础上,由法官实行推定。

3. 举证责任倒置由行为人证明环境污染、生态破坏行为与损害没有因果关系

在法官推定因果关系之后,行为人认为自己的环境污染、生态破坏行为与损害结果之间没有因果关系,则须自己举证证明。只要举证证明环境污染、生态破坏行为与

损害事实之间无因果关系,就可以推翻因果关系推定,免除自己的责任。

行为人一方证明自己的环境污染、生态破坏行为与损害结果之间没有因果关系,证明标准应当采取高度盖然性的标准,即极大可能性。对此,被告认为自己的行为没有因果关系,应当证明到法官能够确信的程度。对此,行为人否认因果关系要件,应当针对下述四点进行证明:第一,无排污行为损害也会发生。第二,有他人或者被侵权人的过错存在,并且是损害发生的原因;行为人如果能够证明在环境污染、生态破坏行为和损害事实之间存在其他可能造成损害的原因,如被侵权人自己的行为或者第三人的行为是造成损害的原因,就可以否认自己的侵权责任或者减轻自己的侵权责任。第三,自己的环境污染、生态破坏行为不是造成损害发生的原因。第四,具有科学上的矛盾,不可能存在这样的结果时,按照这个推定形式无法得出这样的结论,就可以推翻因果关系推定。《环境侵权责任司法解释》(2021)第7条规定:"侵权人举证证明下列情形之一的,人民法院应当认定其污染环境、破坏生态行为与损害之间不存在因果关系:(一)排放污染物、破坏生态的行为没有造成该损害可能的;(二)排放的可造成该损害的污染物未到达该损害发生地的;(三)该损害于排放污染物、破坏生态行为实施之前已发生的;(四)其他可以认定污染环境、破坏生态行为与损害之间不存在因果关系的情形。"这些意见基本一致。

4.行为人举证的不同后果

实行因果关系推定,要给行为人举证的机会,使其能够举出证据证明自己的环境污染、生态破坏行为与损害后果之间不存在因果关系,以保护自己不受推定的限制。如果行为人无因果关系的证明是成立的,则推翻因果关系推定,不构成侵权责任;行为人不能证明或者证明不足的,因果关系推定成立,具备因果关系要件。其证明的标准是高度盖然性,[①]侵行为人证明因果关系的不存在达到高度盖然性标准的时候,才能够推翻因果关系推定。

第三节　环境污染和生态破坏责任的特殊责任形态

一、市场份额规则的适用

《民法典》第1231条规定的是在环境污染和生态破坏责任中的市场份额规则,即

① 参见[日]德本镇:《企业的不法行为责任之研究》,一粒社1974年版,第130页以下。转引自夏芸:《医疗事故赔偿法》,法律出版社2007年版,第181页。

"两个以上侵权人污染环境、破坏生态的,承担责任的大小,根据污染物的种类、浓度、排放量,破坏生态的方式、范围、程度,以及行为对损害后果所起的作用等因素确定"。《环境侵权责任司法解释》(2021)第4条规定:"两个以上侵权人污染环境、破坏生态,对侵权人承担责任的大小,人民法院应当根据污染物的种类、浓度、排放量、危害性,有无排污许可证、是否超过污染物排放标准、是否超过重点污染物排放总量控制指标,破坏生态的方式、范围、程度,以及行为对损害后果所起的作用等因素确定。"

市场份额责任,并不是针对环境污染和生态破坏责任创立的,而是美国加利福尼亚州上诉法院1980年审理的辛德尔诉阿伯特制药厂案(Sindell v. Abbort Laboratories)中确定的产品侵权责任的判例规则。原告以生产该药而市场占有率共计九成以上之五家药商为共同被告(实际生产厂商约有200家),起诉请求损害赔偿。诉讼过程:(1)原告无法提出有力证据证明其母系服用何家药商贩卖之药物,事实审法院驳回原告之诉。(2)上诉审法院判决原告胜诉。上诉审法院认定五家药商均有过失,每家药商须为损害之发生负全部之赔偿责任。本案系由被告之一阿伯特化工厂(Abbott Laboratories)上诉,加州最高法院判决原判决废弃,各个被告公司无需负全部之赔偿责任,仅须依其产品之市场占有率比例分担之。①

在产品责任中,同类产品造成侵权后果,在不能确定是谁制造的产品造成的实际损害的情况下,应当由生产这种产品的数人共同承担侵权责任。但按照一般的共同危险行为的规则,实施共同危险行为的数人承担连带责任;这种生产产品的情况则与一般的共同危险行为并不相同,承担连带责任似乎不尽合理。按照"市场份额"规则,数人生产的同类产品因缺陷造成损害,不能确定致害产品的生产者的,应当按照产品在市场份额中的比例承担民事责任。按照这一规定,应当首先确定各个生产者在生产当时产品所占市场的具体份额,按照这一份额,确定自己应当分担的责任。

在环境污染和生态破坏责任中,存在适用市场份额规则的条件。在两个以上的侵权人污染环境,不能确定究竟是谁的污染行为造成的损害,但都存在造成损害的可能性。这种情况与产品责任中适用市场份额规则的条件完全相同,应当适用同样的规则。正因如此,《民法典》第1231条作出了这个规定。

如果按照《民法典》第1170条关于共同危险行为的规定,环境污染和生态破坏责任中的上述情况,其实已经构成共同危险行为,应当按照共同危险行为的规则,由有可能造成损害的全部危险行为人承担连带责任。但是,《民法典》第1231条规定的环境污染共同危险行为采用的是市场份额规则,因此,有两点与共同危险行为不同:第一,每一个侵权人污染行为的情形不同,造成损害的可能性并不一样;因此,确定每一个侵

① 该案参见潘维大:《英美侵权行为法案例解析》(上),瑞兴图书股份有限公司2002年版,第270页。

权人的责任份额并不相同,应当“根据污染物的种类、排放量等因素确定”。第二,承担的责任没有规定为连带责任,仅仅规定“应当承担侵权责任”,没有规定这种侵权责任的形态,但根据市场份额规则,每一个可能造成损害的侵权人应当承担的是按份责任;因为本条后段明确规定了“侵权人……承担责任的大小,根据污染物的种类……排放量等因素确定”,已经明确了按份责任的性质。对此,应当适用《民法典》第1172条关于按份责任的规定。

二、故意污染环境、破坏生态造成严重后果应承担惩罚性赔偿责任

《民法典》第1232条规定:“侵权人故意违反法律规定污染环境、破坏生态造成严重后果的,被侵权人有权请求相应的惩罚性赔偿。”这是对环境污染和生态破坏惩罚性赔偿的规定。我国侵权行为对环境污染和生态破坏造成的损害,已经达到了相当的程度,甚至威胁人的生存与发展。因此,《民法典》确立了具有时代意义的绿色原则,表达了立法机关对环境污染和生态破坏责任的高度重视和鲜明态度,对生态环境侵权惩罚性赔偿责任的立法进行重新审视,根据2017年中共中央办公厅和国务院办公厅印发的《生态环境损害赔偿制度改革方案》中关于完善生态环境损害责任制度的原则要求,在《民法典》中增加了生态环境侵权惩罚性赔偿责任的条文。

侵权惩罚性赔偿的主要功能有三项:“其一是削弱侵权行为人的经济基础,防止他们重新作恶,以及防止社会上的其他人模仿侵权行为人的行为;其二是鼓励受害人对不守法的侵权行为人提起诉讼,激发他们同不法行为作斗争的积极性;其三是对原告(受害人)遭受侵害的精神进行感情方面的损害赔偿。”①我国的惩罚性赔偿责任的重要意义也可以归结于三个方面:一是全面救济生态环境侵权的受害人,二是重点制裁生态环境损害中的恶意侵权人,三是吓阻他人实施生态环境侵权行为。

故意环境污染和生态破坏承担惩罚性赔偿责任的要件是:第一,侵权人实施了环境污染和生态破坏的行为;第二,侵权人在主观上故意违反国家规定环境污染和生态破坏,即明知国家规定禁止环境污染和生态破坏而执意为之。重大过失不适用惩罚性赔偿责任。第三,侵权人故意实施的环境污染和生态破坏行为造成的损害后果严重,表现为受害人的死亡或者健康严重损害,而不是一般性的损害。

符合上述要件的要求,被侵权人有权向侵权人请求承担相应的惩罚性赔偿。本条没有规定惩罚性赔偿责任的计算方法,根据本法和相关法律的规定,确定环境污染和生态破坏造成受害人死亡或者健康严重损害的,与《消费者权益保护法》第55条规定

---

① W. Page Keeton. Ban B. Dobbs. Robert E. Keeton. David G. Owen. See supra. p. 7. 转引自刘荣军:《惩罚性损害赔偿与消费者保护》,载《现代法学》1996年第5期。

的情形最为相似,因此,故意环境污染和生态破坏责任,应当在赔偿实际损失后,再赔偿实际损失两倍以下的惩罚性赔偿责任比较合适。

2021年1月4日,江西省浮梁县法院判决了环境侵权惩罚性赔偿责任第一案。2018年3月3日至同年7月31日期间,被告海蓝公司生产部经理吴某民将公司生产的硫酸钠废液交由无危险废物处置资质的吴某良处理,吴某良又雇请李某贤将30车1124.1吨硫酸钠废液运输到浮梁县寿安镇八角井、浮梁县湘湖镇洞口村的山上倾倒,造成了浮梁县寿安镇八角井周边约8.08亩范围内环境和浮梁县湘湖镇洞口村洞口组的地表水受到污染,妨碍了当地1000余名群众饮用水。江西省浮梁县检察院在办理吴某民等人涉嫌环境污染刑事案件中认为,仅追究上述人员的刑事责任不足以形成对违法犯罪行为的严厉惩戒,不能有效修复生态环境受到的损害。吴某民明知吴某良不具有危险废物处置资质,仍违法将危险废液交由吴某良处置,造成危险废物被跨省倾倒,倾倒点周边环境受到严重污染,当地村民饮水用水安全受到影响的后果,符合《民法典》第1232条规定的"侵权人违反法律规定故意污染环境、破坏生态造成严重后果的,被侵权人有权请求相应的惩罚性赔偿"的情形。吴某民的行为属于职务行为,为最大程度实现对生态环境的修复,应当追究其所在单位某公司的环境侵权民事责任。法院认为,被告海蓝公司生产部经理吴某民非法处理公司生产的硫酸钠废液,其行为应认定为职务行为,判决被告海蓝公司赔偿生态环境修复费用、环境功能性损失费用、应急处置费用及检测费、鉴定费共计285.36万余元,承担环境污染惩罚性赔偿金17.1万余元,同时判令被告海蓝公司就其污染环境的行为向社会公众赔礼道歉。

对于此案,在适用法律上还有值得探讨的余地。《民法典》第1232条规定的惩罚性赔偿,是"被侵权人有权请求相应的惩罚性赔偿",检察机关提起的环境侵权责任案件损害的是公益,并没有确定的被侵权人,或者说,被侵权人才有权请求环境侵权责任的惩罚性赔偿,而不是检察机关提起这种惩罚性赔偿诉讼。本案这样适用《民法典》第1232条不够妥当。

三、第三人过错的不真正连带责任

《民法典》第1232条规定了环境污染和生态破坏责任中第三人过错的不真正连带责任规则:"因第三人的过错污染环境、破坏生态的,被侵权人可以向侵权人请求赔偿,也可以向第三人请求赔偿。侵权人赔偿后,有权向第三人追偿。"

在环境污染和生态破坏责任中,第三人过错造成环境污染、生态破坏的,不适用《民法典》第1175条关于"损害是由第三人造成的,第三人应当承担侵权责任"的一般性规定,而采用不真正连带责任规则。《环境侵权责任司法解释》(2021)第5条规定:"被侵权人根据民法典第一千二百三十三条规定分别或者同时起诉侵权人、第三人的,人民法院应予受理。”“被侵权人请求第三人承担赔偿责任的，人民法院应当根据第三人的过错程度确定其相应赔偿责任。”“侵权人以第三人的过错污染环境、破坏生态造成损害为由主张不承担责任或者减轻责任的，人民法院不予支持。”

一般说来，第三人过错造成损害，通常是第三人的过错行为对于损害的发生具有直接的因果关系，是损害发生的直接原因。而行为人的行为是在第三人的过错的作用下造成了被侵权人损害的后果。从这个角度上观察，既然是第三人的过错造成的损害，就应当由第三人承担损害赔偿责任；被侵权人没有理由直接请求行为人承担侵权责任。因此，《民法典》第 1175 条的规定是正确的。

但是，在环境污染和生态破坏责任中，真正造成环境污染损害的，是侵权人的污染，是第三人的过错行为作用于侵权人，使侵权人的污染行为造成了被侵权人的损害，侵权人的污染行为与损害之间具有较为直接的因果关系。同时，环境污染和生态破坏责任适用无过错责任，是为了更好地保护生活、生态环境，保护被侵权人的民事权益。因此，在这种场合不适用第三人过错的一般规则，而采用不真正连带责任规则。这是环境污染和生态破坏责任中的第三人过错改变一般规则，采用不真正连带责任的基本原因。①

在环境污染和生态破坏责任中，处理第三人过错引起的环境污染损害责任的规则是：

第一，侵权人和第三人基于不同的行为造成同一个损害，两个行为都是损害发生的原因；而损害事实又是一个损害结果，这是环境污染和生态破坏责任第三人过错的基本特点。符合这个特点的，才可以适用这个规则。

第二，侵权人和第三人的行为产生不同的侵权责任，这个责任就救济受害人损害而言，具有同一的目的。这就是，侵权人的环境污染的赔偿责任与第三人过错的赔偿责任，都是救济被侵权人遭受的损害，都是一个目的。因此，在侵权人和第三人身上分别产生的不同的侵权责任，责任的目的都是救济同一个（或者数个）受害人的同一损害。

第三，环境污染的受害人享有的不同的损害赔偿请求权，可以“择一”行使。受害人可以向侵权人或者向第三人请求承担责任，而不是向侵权人和第三人分别行使各个请求权。受害人选择的一个请求权实现之后，其他请求权消灭。这就是不真正连带责任的“就近”规则，受害人可以选择距离自己最近的法律关系当事人作为被告起诉，承担的责任是“中间责任”。

第四，损害赔偿责任最终归属于造成损害发生的最终责任人。如果受害人选择的

---

① 采取同样规则的还有原《侵权责任法》第 83 条规定的动物损害责任中的第三人过错。见后文。

被告是第三人,那么,第三人就是最终责任人,则该责任人就应当最终地承担侵权责任。如果选择的被告并不是第三人即最终责任人,而是侵权人,侵权人承担的是中间责任,那么,承担了侵权责任的侵权人可以向最终责任人即第三人请求追偿,最终责任人即第三人应当向侵权人承担最终责任。

这种规则的适用对企业有重大影响。例如,中国石油和中国石化两大公司的输油管线大约有6000公里,公司很难派出人员进行密集守护。有人去偷油,毁损管道,偷了就走,但无法堵住管道的破损处,进而造成大面积污染。偷油的人是环境污染和生态破坏责任的第三人,是环境污染的直接责任人,但是他没有更大的赔偿能力;侵权人赔偿,就是石油或者石化公司赔偿,尽管可以追偿,但第三人本来就没有赔偿能力,如何能够实现追偿权呢?为了保护受害人,法律仍然这样规定。解决的办法,一是侵权人赔偿以后,找第三人追偿;二是更加注意管理,防止第三人侵害自己的权利又造成环境污染。

四、环境侵权责任的连带责任

在研究环境侵权责任时,很少研究环境侵权责任中的共同侵权行为与连带责任,不是说在这种侵权行为类型中不存在共同侵权行为,而是直接适用《民法典》第1168条规定的共同侵权行为规则就可以了。不过,《环境侵权责任司法解释》(2021)还是在第2条作了具体规定:"两个以上侵权人共同实施污染环境、破坏生态行为造成损害,被侵权人根据民法典第一千一百六十八条规定请求侵权人承担连带责任的,人民法院应予支持。"这一条司法解释没有什么新意,也没有实际操作的价值,依照《民法典》的规定适用法律就没有问题了。

五、造成生态环境损害须承担修复责任

《民法典》第1234条规定:"违反国家规定造成生态环境损害,生态环境能够修复的,国家规定的机关或者法律规定的组织有权请求侵权人在合理期限内承担修复责任。侵权人在期限内未修复的,国家规定的机关或者法律规定的组织可以自行或者委托他人进行修复,所需费用由侵权人承担。"这是对生态环境损害修复责任规定的新规则。《环境侵权责任司法解释》(2021)第14条规定:"被侵权人请求修复生态环境的,人民法院可以依法裁判侵权人承担环境修复责任,并同时确定其不履行环境修复义务时应当承担的环境修复费用。""侵权人在生效裁判确定的期限内未履行环境修复义务的,人民法院可以委托其他人进行环境修复,所需费用由侵权人承担。"

生态环境损害中的修复责任,是将生态环境受到的损害恢复原状,《草原法》规定的限期恢复植被和《森林法》规定的补种毁坏的树木等,都是修复责任。

受到损害的生态环境多数不是实际被侵权人的损害，而是国家、政府受到的损害，故请求承担修复责任的主体不是被侵权人，而是法律规定的机关或者组织，例如，生态环境保护部门或者环保公益组织。故环境污染和生态破坏责任的修复责任法律关系主体，不是受到实际损害的被侵权人和侵权人，而是国家规定的机关和法律规定的组织与侵权人为权利义务主体。

承担修复责任的规则是：第一，违反国家规定造成生态环境损害，能够修复的，承担修复责任。第二，国家规定的机关或者法律规定的组织是请求权人，有权请求侵权人在合理期限内承担修复责任。第三，侵权人在合理期限内未履行修复责任的，国家规定的机关或者法律规定的组织可以自行或者委托他人进行修复，所需费用责令由侵权人承担。

六、国家规定的机关或者法律规定的组织请求侵权人赔偿损失的范围

《民法典》第 1235 条规定："违反国家规定造成生态环境损害的，国家规定的机关或者法律规定的组织有权请求侵权人赔偿下列损失和费用：（一）生态环境受到损害至修复完成期间服务功能丧失导致的损失；（二）生态环境功能永久性损害造成的损失；（三）生态环境损害调查、鉴定评估等费用；（四）清除污染、修复生态环境费用；（五）防止损害的发生和扩大所支出的合理费用。"这是对国家规定的机关或者法律规定的组织请求侵权人承担环境污染和生态破坏责任赔偿范围的规定。其中的合理费用，《环境侵权责任司法解释》（2021）第 15 条解释为："被侵权人起诉请求侵权人赔偿因污染环境、破坏生态造成的财产损失、人身损害以及为防止损害发生和扩大、清除污染、修复生态环境而采取必要措施所支出的合理费用的，人民法院应予支持。"

环境污染和生态破坏赔偿责任法律关系具有双重性，一是侵害了被侵权人的民事权益，二是损害了国家的生态环境造成损害。在双重的环境污染和生态破坏损害责任法律关系中，前者救济的是被侵权人的权益损失，后者救济的是国家生态环境损害造成的损失。这种双重的损害赔偿责任并行不悖，环境污染和生态破坏的行为人都须承担。就后者而言，违反国家规定造成生态环境损害的，国家规定的机关或者法律规定的组织有权请求侵权人赔偿，侵权人应当承担赔偿责任。

具体的损害赔偿范围是：第一，生态环境受到损害至修复完成期间服务功能丧失导致的损失。生态环境受到损害如果造成了服务功能的丧失，在修复期间应当得到的服务功能的利益是侵权行为造成的损失，为赔偿范围。第二，生态环境功能永久性损害造成的损失。生态环境受到侵害，造成的后果是其功能永久丧失的，应当进行评估，确定具体的损失范围，应当予以赔偿。第三，生态环境损害调查、鉴定评估等费用。这是恢复生态环境、确定赔偿责任范围所必须进行的工作，支付的费用应当由侵权

人负责赔偿。第四,清除污染、修复生态环境费用。这些费用是清除污染、修复生态环境所必需的费用,侵权人应当予以赔偿。第五,防止损害的发生和扩大所支出的合理费用。在生态环境受到损害后,有关机关和组织为了防止损害的发生和扩大,所支出的费用应当予以赔偿。

这一条文规定的"国家规定的机关或者法律规定的组织有权请求侵权人赔偿",这个请求权的主体究竟应当怎样理解,应当明确。该规定来源于《民事诉讼法》第55条,该条规定:"对污染环境、侵害众多消费者合法权益等损害社会公共利益的行为,法律规定的机关和有关组织可以向人民法院提起诉讼。……"在这个基础上,民法典进一步将其表述为"国家规定的机关或者法律规定的组织"。首先,国家规定的机关,应当是国家规定的负有生态环境保护职能的政府有关部门,即生态环境保护的主管部门。其次,法律规定的有关组织,是指法律规定的负有保护生态环境的社会公益组织,例如《民事诉讼法》的上述规定。这些机关和组织,是有权提起本条规定的损害赔偿诉讼的主体。

第四节 司法解释规定的环境侵权半叠加分别侵权行为

《环境侵权责任司法解释》(2021)第3条是对原《侵权责任法》第11条和第12条规定的分别侵权行为及责任的具体解释,同时进行了创造性的发挥,不仅对于环境侵权的法律适用,而且对于侵权责任法的理论研究和司法实践,都具有重要的理论价值和实践意义。这一解释同样适用于《民法典》第1171、1172条规定。

一、《环境侵权责任司法解释》(2021)第3条创造性发挥分别侵权行为规则的亮点

《环境侵权责任司法解释》(2021)第3条分为三款,分别规定:"两个以上侵权人分别实施污染环境、破坏生态行为造成同一损害,每一个侵权人的污染环境、破坏生态行为都足以造成全部损害,被侵权人根据民法典第一千一百七十一条规定请求侵权人承担连带责任的,人民法院应予支持。""两个以上侵权人分别实施污染环境、破坏生态行为造成同一损害,每一个侵权人的污染环境、破坏生态行为都不足以造成全部损害,被侵权人根据民法典第一千一百七十二条规定请求侵权人承担责任的,人民法院应予支持。""两个以上侵权人分别实施污染环境、破坏生态行为造成同一损害,部分侵权人的污染环境、破坏生态行为足以造成全部损害,部分侵权人的污染环境、破坏生态行为只

造成部分损害,被侵权人根据民法典第一千一百七十一条规定请求足以造成全部损害的侵权人与其他侵权人就共同造成的损害部分承担连带责任,并对全部损害承担责任的,人民法院应予支持。"这一司法解释,对于在环境侵权责任领域正确适用《民法典》第1171条和第1172条规定的分别侵权行为规则,规定了正确的方法;更为重要的是,把在这两个法律条文之间隐藏的特殊的分别侵权行为形态挖掘出来,进行正确的解释,因此具有创造性,在侵权责任法的理论和实践上都具有重要意义。之所以如此确定地认为这一条司法解释具有创造性,其亮点并不在于该条司法解释的第1款和第2款,而在于第3款。

侵权责任法理论认为,原《侵权责任法》第11条和第12条即《民法典》第1171条和第1172条,规定的是分别侵权行为及责任规则。其中《民法典》第1171条规定的是叠加的分别侵权行为(也称为累积的侵权行为),第1172条规定的是典型的分别侵权行为。①

在以往的侵权责任法理论中,并没有分别侵权行为的概念,而是将其称为无过错联系的共同加害行为,②或者无意思联络的数人侵权行为,③是指数个行为人事先既没有共同的意思联络,也没有共同过失,只是由于行为在客观上的联系而共同造成同一个损害结果。④ 在原《侵权责任法》颁布实施之前,提到无过错联系的共同加害行为,主要是指第12条规定的情形,亦即原《关于审理人身损害赔偿案件适用法律若干问题的解释》第3条第2款规定的"二人以上没有共同故意或者共同过失,但其分别实施的数个行为间接结合发生同一损害后果的,应当根据过失大小或者原因力比例各自承担相应的赔偿责任"的情形,不包括原《侵权责任法》第11条即《民法典》第1171条规定的内容。《民法典》第1171条和第1172条规定的侵权行为类型,构成了分别侵权行为的类型体系。

无过错联系的共同加害行为或者无意思联络的数人侵权行为的称谓过长,既不精练,使用起来也不方便,将这两种侵权行为类型抽象为"分别侵权行为",与《民法典》第1168条规定的共同侵权行为概念相对应,更为贴切,也更为适当。⑤ 因而将这两种侵权行为共同称为分别侵权行为,并且也被其他学者所使用。⑥

---

① 参见杨立新:《多数人侵权行为及责任理论的新发展》,载《法学》2012年第7期。

② 参见杨立新:《侵权责任法》,法律出版社2011年版,第156页。

③ 参见王利明:《侵权责任法研究》(上卷),中国人民大学出版社2010年版,第569页。

④ 参见杨立新:《侵权责任法》,法律出版社2011年版,第156页。

⑤ 参见杨立新:《多数人侵权行为及责任理论的新发展》,载《法学》2012年第7期。

⑥ 参见杨会:《逻辑意义上的连带责任和技术意义上的连带责任:一对新概念的提出》,载《南昌大学学报》(人文社会科学版)2014年第1期。

分别侵权行为分为叠加的分别侵权行为和典型的分别侵权行为两种类型,前者即分别侵权行为人实施的侵权行为都足以造成全部损害结果,每一个行为人实施的侵权行为对于损害后果的发生都具有 100% 的原因力;后者指无过错联系的共同加害行为,每一个行为人实施的侵权行为加到一起,构成全部损害发生的原因力。笔者把前者形象地称为"100 + 100 = 100 原因力的分别侵权行为",把后者称为"50 + 50 = 100 原因力的分别侵权行为"。①

《环境侵权责任司法解释》(2021)第 3 条第 1 款和第 2 款规定,就是对环境侵权中符合叠加的分别侵权行为和典型的分别侵权行为及其责任承担规则的具体解释,并没有特别之处,仅仅是对法律规定具体应用的解释而已。

问题在于,在《民法典》第 1171 条和第 1172 条规定的两种分别侵权行为之间,存在一个特别的分别侵权行为类型,既不同于叠加的分别侵权行为,也不同于典型的分别侵权行为,而是一种半叠加分别侵权行为。这种特殊的分别侵权行为表现为"100 + 50 = 100 原因力的分别侵权行为",即部分人的行为具有 100% 的原因力,部分人的行为不具有 100% 的原因力,但是原因力相加,仍然高于百分之百,因而与典型的分别侵权行为完全不同,与叠加分别侵权行为也不相同。② 尽管法律对此没有规定,但这种分别侵权行为不论是在逻辑上,还是在客观现实中,都是存在的,是必须面对的。由于法律没有这样规定,以往的司法解释也没有作过明确解释,因而尽管学者提出这样的见解,也不过是学说而已,性质属于学理解释,并没有在司法实践中进行实际操作的参照价值。

《环境侵权责任司法解释》(2021)第 3 条第 3 款,恰好就是对半叠加分别侵权行为及责任规则具体应用的解释。其中,关于"两个以上侵权人分别实施污染环境、破坏生态行为造成同一损害,部分侵权人的污染环境、破坏生态行为足以造成全部损害,部分侵权人的污染环境、破坏生态行为只造成部分损害"的表述,正是半叠加分别侵权行为在环境污染和生态破坏责任中的实际表现;而关于"被侵权人根据民法典第一千一百七十一条规定请求足以造成全部损害的侵权人与其他侵权人就共同造成的损害部分承担连带责任,并对全部损害承担责任的,人民法院应予支持"的规定,则将半叠加分别侵权行为承担责任的规则规定得非常清楚、具体、准确。这样,依照该司法解释的规定,半叠加分别侵权行为及其责任,就不再是一般的学理解释,而成为具有实际适用价值的有效司法解释。尽管该司法解释是在解释环境污染和生态破坏责任的法律适用问题,但其理论价值和司法实践意义,绝不局限在环境侵权领域之中,而是对整个侵权责任法领域都具有重要的价值和意义。该司法解释将隐藏在《民法典》第 1171 条和第

---

① 参见杨立新、陶盈:《论分别侵权行为》,载《晋阳学刊》2014 年第 1 期。

② 参见杨立新、陶盈:《论分别侵权行为》,载《晋阳学刊》2014 年第 1 期。

1172 条规定之间的半叠加分别侵权行为挖掘出来,并且以司法解释的形式固定下来,使其具有了司法实际操作的法律依据,法官不仅在司法实践中对于环境污染和生态破坏责任这类侵权行为有了裁判的依据,而且可以推而广之,在其他侵权责任领域,对于所有的半叠加分别侵权行为,都可以比照这一司法解释,在司法判决中予以引用和参照。这就是笔者所说的该司法解释具有创造性发挥的亮点。应当将这一理论价值和实践意义充分加以阐释,借以影响我国侵权责任法的理论与实践。

二、半叠加分别侵权行为的主要特点及责任承担

(一)半叠加分别侵权行为的概念及主要特点

何为半叠加分别侵权行为?笔者曾经将其定义为:“半叠加的分别侵权行为是在分别实施侵权行为的数人中,部分行为人的行为足以造成全部损害,其他行为人的行为不足以造成全部损害,应当承担部分连带责任的分别侵权行为。”[①]《环境侵权责任司法解释》(2021)第 3 条第 3 款关于“两个以上侵权人分别实施污染环境、破坏生态行为造成同一损害,部分侵权人的污染环境、破坏生态行为足以造成全部损害,部分侵权人的污染环境、破坏生态行为只造成部分损害”的规定,表述的就是这种分别侵权行为。如果按照这一司法解释的表述,半叠加分别侵权行为可以界定为:半叠加分别侵权行为是指两个以上行为人分别实施侵权行为,造成同一损害,部分行为人的侵权行为足以造成全部损害,部分行为人的侵权行为只造成部分损害,应当承担部分连带责任的分别侵权行为。这样的定义更为准确,也更加贴近司法实践。

与其他两种分别侵权行为相比较,以及与其他多数人侵权行为即共同侵权行为和竞合侵权行为相比较,半叠加分别侵权行为具有如下主要特点:

第一,半叠加分别侵权行为的行为人实施的行为,都单独构成侵权行为。这是分别侵权行为的最主要特点,三种分别侵权行为都是如此。在认定分别侵权行为的时候,必须把握好“二人以上分别实施侵权行为”的主要特点,按照侵权责任构成的要求,分别侵权行为在主观的过错方面,在客观的违法行为方面,都必须符合侵权责任构成的要求;即使在因果关系和损害事实方面,也必须符合侵权责任构成的要求,只不过具有自己的特点而已。[②]

第二,每一个行为人实施的侵权行为具有独立性,既不具有主观的关连共同,也不具有客观的关连共同。这一点主要是说明分别侵权行为与共同侵权行为之间的区别。共同侵权行为的本质,是数人实施的行为是一个侵权行为。之所以数人实施的行为构

---

① 杨立新:《侵权责任法》,法律出版社 2015 年版,第 152 页。

② 对于分别侵权行为的损害事实和因果关系的特点,参见下文。

成一个侵权行为，有的是靠行为人的主观意思联络，有的是靠行为人行为的客观关连共同，是主观的关连共同或者客观的关连共同将数人的行为结合在一起，构成了一个侵权行为。而分别侵权行为既不具有主观的关连共同，也不具有客观的关连共同，而仅仅是数人的侵权行为所造成的损害后果为“同一损害”。

第三，每一个行为人实施的侵权行为独立存在，相互之间并不发生竞合。这一点是就分别侵权行为与竞合侵权行为的区别而言的。竞合侵权行为是指两个以上的民事主体作为侵权人，有的实施直接侵权行为，与损害结果具有直接因果关系，有的实施间接侵权行为，与损害结果具有间接因果关系，行为人承担不真正连带责任的侵权行为形态。[①] 竞合侵权行为的主要特点，是在两个以上的行为中，有的行为直接造成损害后果，有的行为间接造成损害后果，发生竞合后，造成同一个结果，因而承担不真正连带责任。在分别侵权行为中，不同行为人实施的行为并不发生竞合，对于损害的发生都属于直接原因，只是原因力有所不同，不存在直接原因与间接原因的区别。

第四，每一个行为人实施的侵权行为与损害结果发生的原因力不同，有的足以造成全部损害，有的只造成部分损害。这一点是半叠加分别侵权行为与叠加的分别侵权行为以及典型的分别侵权行为的基本区别。首先，典型的分别侵权行为的原因力是平列的，并不叠加，每一个行为的原因力相加等于100%。其次，叠加的分别侵权行为的原因力，每一个行为都是100%，全部叠加在一起，在原因力的程度上没有区别。而半叠加分别侵权行为的原因力，既有叠加的部分，也有不叠加的部分，因此，每一个行为的原因力，有的是100%，有的不足100%，因而形成原因力的半叠加。符合后者的要求，就是半叠加分别侵权行为。

（二）半叠加分别侵权行为的责任构成

半叠加分别侵权行为的责任构成，与其他分别侵权行为的责任构成有所区别，但主要内容是一致的。由于在这里专门研究半叠加的分别侵权行为，因此进行全面说明。

1. 半叠加分别侵权行为的行为人为二人以上

分别侵权行为的性质是多数人侵权行为，因而半叠加分别侵权行为的行为人也须为二人以上。在半叠加分别侵权行为中，每一个行为人都实施了侵权行为。

2. 每一个行为人的行为都具有违法性

半叠加分别侵权行为的每一个行为人实施的行为，都须具有违法性。具体的违法性内容，可以是违反法定义务，可以是违反保护他人的法律，也可以是违反公序良俗加害于他人。每一个行为人的违法性不需要完全一样，因为每一个行为人实施的行为都是单独行为，只要每一个人的行为都具有违法性即可。因此，在考察半叠加分别侵权行为的责任

① 参见杨立新：《侵权责任法》，法律出版社2015年版，第152页。

构成时,应当对每一个行为人的行为进行考察,每一个行为都具有违法性,至于每一个行为人的行为是作为或者不作为,是何种性质的违法性,均不论。

3. 每一个行为人实施的行为都针对同一个损害目标造成同一个损害结果

构成半叠加分别侵权行为,损害后果的要件须为"一个损害"。[①] 换言之,每一个行为人实施的行为,针对的都是同一个损害目标,造成了同一个损害事实。这个损害事实,可以表现为一个权利的同一个损害,也可以是同一个权利的不同损害。例如,造成一个人的死亡后果,可以是伤害了该受害人的不同部位造成不同的致命伤而致死亡;一个物的灭失,或者一批钱款的被侵夺,都是"一个损害"的事实。在传统侵权法理论中,对于共同侵权行为与分别侵权行为的区分,通常考察损害后果的可分或者不可分,可分的损害构成分别侵权行为,不可分的损害应当是客观的共同侵权行为。但是,按照《民法典》第1171条和第1172条的规定,这样区分没有特别的实际价值。例如,第1172条规定的是典型的分别侵权行为与按份责任,损害后果多数是可分的;但第1171条规定的是叠加的分别侵权行为与连带责任,其损害后果主要是不可分的。半叠加分别侵权行为的损害后果,原则上与叠加的分别侵权行为是一样的,损害后果基本上是不可分的。

4. 每一个行为人的行为对损害后果的发生都有原因力但各不相同

构成半叠加分别侵权行为,每一个行为人的行为对损害后果的发生(包括扩大)都须具有原因力,并且有的行为人行为的原因力为100%,有的行为人的行为不足100%,因为只有这样才能构成原因力的半叠加。如果每一个行为人的行为的原因力不足百分之百,就不构成半叠加分别侵权行为,也不构成叠加的分别侵权行为。

5. 每一个行为人在主观上具有故意或者过失

构成半叠加分别侵权行为,每一个行为人的主观心态,应当具有故意或者过失。属于过错责任原则调整的侵权行为,应当证明每一个行为人具有故意或者过失;属于过错推定原则调整的侵权行为,应当符合过错推定原则的要求,即实行过错推定之后,行为人不能证明自己没有过错,因而认定行为人具有过失。

属于无过错责任原则调整的特殊侵权责任,例如环境污染和生态破坏责任、高度危险责任、动物损害责任等,则每一个行为人在主观上不必具有故意或者过失,但须符合该种特殊侵权责任其他要件的要求。

符合上述五个要件的要求,就构成半叠加分别侵权行为。

(三)半叠加分别侵权行为的责任承担

无论是在环境侵权责任领域,还是在侵权法的其他领域,确认数人实施的行为构

① 最高人民法院《关于审理环境侵权责任纠纷案件适用法律若干问题的解释》第3条第2款用语。

成半叠加分别侵权行为,应当依照或者参照《环境侵权责任司法解释》(2021)第3条第3款规定的规则,确定分别侵权行为人承担部分连带责任。具体方法是:

首先,确定半叠加分别侵权行为的每一个行为人实施的侵权行为原因力的大小。其中须有具有100%原因力的行为人,须有不足100%原因力的人。例如,甲的污染环境、破坏生态行为具有50%的原因力,乙的污染环境、破坏生态行为对损害的发生具有100%的原因力,因而构成原因力的半叠加。

其次,确定"共同造成的损害部分",即行为人的行为原因力重合的部分。甲的污染环境、破坏生态行为的原因力是100%,乙的污染环境、破坏生态行为的原因力为50%,重合的部分即为50%。

再次,对于共同造成的损害部分,各个行为人承担连带责任。即不论是具有全部原因力的行为人还是具有部分原因力的行为人,都只对重合的部分即共同造成的损害部分承担连带责任。如上案,关于中间责任,甲和乙都应当对50%的损害承担中间责任,但是,最终责任均为15%。对于自己承担了超过上述比例的赔偿部分,对对方有追偿权。

最后,对于不属于共同造成的损害的部分,即原因力不重合的损害,由具有100%原因力的行为人单独承担责任,即承担按份责任。

第八章　高度危险责任

《民法典》侵权责任编对高度危险责任的主要修改内容是：

1. 明确民用核设施损害系因战争、武装冲突、暴乱造成的免责。《民法典》第 1237 条规定："民用核设施或者运入运出核设施的核材料发生核事故造成他人损害的，民用核设施的营运单位应当承担侵权责任；但是，能够证明损害是因战争、武装冲突、暴乱等情形或者受害人故意造成的，不承担责任。"与原《侵权责任法》第 70 条规定相比，本条对民用核设施损害责任的免责事由进行了细化规定。

2. 强腐蚀性物为高度危险物适用高度危险责任规则。《民法典》第 1239 条规定："占有或者使用易燃、易爆、剧毒、高放射性、强腐蚀性、高致病性等高度危险物造成他人损害的，占有人或者使用人应当承担侵权责任；但是，能够证明损害是因受害人故意或者不可抗力造成的，不承担责任。被侵权人对损害的发生有重大过失的，可以减轻占有人或者使用人的责任。"与原《侵权责任法》第 72 条规定相比，高度危险物责任中的高度危险物增加了强腐蚀性、高致病性的物品。

3. 高度危险活动减轻责任仅限于重大过失。《民法典》第 1240 条规定："从事高空、高压、地下挖掘活动或者使用高速轨道运输工具造成他人损害的，经营者应当承担侵权责任；但是，能够证明损害是因受害人故意或者不可抗力造成的，不承担责任。被侵权人对损害的发生有重大过失的，可以减轻经营者的责任。"将"被侵权人对损害的发生有过失的，可以减轻经营者的责任"中的"过失"改为"重大过失"。

4. 高度危险区域的管理人善尽管理义务的标准。《民法典》第 1243 条规定："未经许可进入高度危险活动区域或者高度危险物存放区域受到损害,管理人能够证明已经采取足够安全措施并尽到充分警示义务的,可以减轻或者不承担责任。”与原《侵权责任法》第76条规定相比,增加了证明责任分配和证明标准的规定。

5. 行为人有故意或重大过失不适用高度危险责任的限额赔偿规则。《民法典》第1244条规定:“承担高度危险责任,法律规定赔偿限额的,依照其规定,但是行为人有故意或者重大过失的除外。”与原《侵权责任法》第77条规定相比,增加了“行为人有故意或者重大过失的除外”的但书规定。

第一节　高度危险责任概述

《民法典》第1236条规定了高度危险责任的一般条款,即“从事高度危险作业造成他人损害的,应当承担侵权责任”。

一、高度危险责任的概念及历史发展

高度危险责任,是指行为人实施危险活动或者管领危险物,造成他人的人身损害或者财产损害,应当承担损害赔偿责任的特殊侵权责任。

对于高度危险责任有不同的称谓,欧洲大陆法上称为“危险物、危险活动和危险过程致害责任”;英美法上称为异常危险活动或反常危险活动侵权。我国原《民法通则》使用的是高度危险作业侵权,其第123条规定:“从事高空、高压、易燃、易爆、剧毒、放射性、高速运输工具等对周围环境有高度危险的作业造成他人损害的,应当承担民事责任;如果能够证明损害是由受害人故意造成的,不承担民事责任。”原《侵权责任法》和《民法典》都认为高度危险责任是准确的概念。

高度危险责任是一种特殊侵权责任。高度危险包括高度危险活动和高度危险物,高度危险活动是危险性工业的法律用语,是指在现有的技术条件下,人们还不能完全控制自然力量和某些物质属性,虽然以极其谨慎的态度经营,但仍有很大的可能造成人们的生命、健康以及财产损害的危险性作业。高度危险物是指易燃、易爆、剧毒、高放射性、强腐蚀性等对周围有高度危险,有可能造成他人人身、财产损害的物。因从事上述高度危险活动或者持有上述高度危险物造成他人的损害所应承担的侵权民事责任,即高度危险责任。

一般认为,高度危险责任产生于1838年,在此之前,民法没有这一概念。1838年,普鲁士《铁路企业法》规定:“铁路公司所运输的人及物,或因转运之事故对别的

人及物造成损害,应负赔偿责任。容易致人损害的企业虽企业主毫无过失,亦不得以无过失为免除赔偿的理由。”这一规定,在侵权法的发展历史上具有重大意义,是人类立法史上的一个创举。之所以这样说,是因为自创立过错责任原则以来,人们一直固守这一原则,没有任何变化。在工业化以后,由于科技的发展,工业事故不断发生,人们受到广泛的威胁甚至受到损害,而过错责任原则却给危险活动和危险物的占有人以无过失的借口,使受害人无法获得财产上的赔偿。普鲁士《铁路企业法》对危险活动和危险物无过失责任的确立,不仅概括了普鲁士境内的全部铁路企业,而且包括铁路公司在内的一切“容易致人损害的企业”;“虽企业主毫无过失,亦不得以无过失为免除赔偿的理由”,使高度危险责任在普鲁士全境均可适用。1839年,普鲁士又制定《矿业法》,在矿害方面确认无过错责任的适用。德国统一后,于1871年6月7日制定了《帝国责任义务法》,明确了铁路企业主的危险责任,规定由业主对其代理人及其监督管理人员的过错所造成的死亡和人身伤害负赔偿责任。嗣后,又制定了《铁路及电车对物品损害赔偿法》《铁路交通法》《陆上交通法》《空中交通法》等一系列特别法,都规定了这些有关危险活动和危险物的侵权责任均适用无过错责任。

1922年《苏俄民法典》以民法典的形式规定高度危险责任,改变了以特别法或者对原有立法作扩张解释规定危险活动和危险物责任的做法。该法第404条规定:“经营的业务,对于附近的人有高度危险的个人和企业,如铁路、电车、工矿企业、贩卖易燃物品的商人、豢养野兽的人、建筑或设备的施工人等,对于高度危险来源所造成的损害应当负责。”学理认为,该条规定使他人遭受损害的责任的成立只需具备两个条件就足够,即须使他人遭受损害的行为是违法的和这种行为与结果之间具有因果关系,而不要求有过错。这就是说,经营对附近有高度危险性业务的人,即便没有过错,也应当负责。1964年修改《苏俄民法典》,第454条修改为:“其活动对周围的人有高度危险的组织和公民(交通运输组织、工业企业、建筑工程部门、汽车占有人等),如果不能证明高度危险来源所造成的损害是由于不可抗拒的力量或受害人的故意所致,应当赔偿所造成的损害。”

当代民法将高度危险责任作为无过错责任的典型规定,以更好地保护民事主体的民事权益。

二、高度危险责任的特征

把握高度危险责任的特征对于确定危险活动和危险物的范围具有重要意义。在理论上,对于如何确定危险活动和危险物的范围,历来是个难题,众说纷纭。原《民法通则》采用例示性的规定,列举了最常见的几种危险活动和危险物,是一种不完全的列举。原《侵权责任法》在第69条规定的高度危险责任的一般性条款之后,分别规定了不同类型的高度危险责任,比较全面。《民法典》规定高度危险责任,几乎没有原则性的改变。危险活动和危险物必须具备以下基本特征。

(一)某一活动或物品对周围环境具有严重危险性

某一活动或物品对周围环境具有严重危险性,是对人身安全和财产安全的威胁,危险活动或危险物品作业致内部职工损害,也成立赔偿关系;但是,这种赔偿关系不是特殊侵权关系,而是工伤事故赔偿关系,属于工伤保险赔偿关系,应当根据工伤保险法律的规定索赔。

根据性质的不同,危险性有不同的表现。某些危险品本身就表现出非一般的危险性,如毒药、炸药、汽油,持有、经营该种危险品的行为,就具有对周围环境的危险性。有些行为或者行为的状态表现出这种危险性,如高空作业、高压输电、爆破采石等,亦对周围环境具有危险性。有些物品与活动结合,也表现出对周围环境的危险性,如利用核能发电、用放射性物质治疗疾病或者进行研究、驾驶高速运输工具等。判断这种危险性的有无,是在现有科学技术发展的水平下,有些物品在加以使用、经营的活动过程中表现出不受人的控制或不完全受人控制的有害性,结果是这些物品对周围的人造成了危险,①使周围环境的人身安全和财产安全受到威胁。

(二)该活动或物品的危险性变为现实损害的概率很大

如果作业人所经营的活动仅仅具有一般的危险性,尚不足以构成危险活动。例如,存有少量危险物品者,不宜视其为危险活动。美国判例也认为,非法制造和销售某种手枪,亦有一定的危险性,虽可能构成犯罪,但不属于危险活动。② 究其原因,其中一条就是这些情况仅仅具有一般的危险性,而不具有高度危险性。危险活动和危险物对周围环境的危险性必须达到较高的程度,超过了公认的一般危险程度。这种高度危险性的表现,就是这种危险性变为现实的可能性,即造成现实损害的概率很大。至于这种概率应当达到多少才称作很大,则很难确定。学者曾提出一个标准,即如果某人的活动对其邻近的他人要求比平常更要提高警惕,那么这种活动就是高度危险。③ 另外,虽然活动造成损害的可能性不是很大,但一旦发生事故,造成的实际损害非常大,后果比较严重的,也应视为具有高度危险性。美国法律委员会在2001年3月公布了美国《侵权行为法第三次重述(草案)》(以下简称《第三次重述(草案)》),根据美国侵权法在20世纪70年代末以来的发展对许多侵权责任制度进行了重新建构,包括基于异常

---

① 参见[苏联]B.格里巴诺夫等主编:《苏联民法》(下册),中国社会科学院法学研究所民法经济法研究室译,法律出版社1986年版,第406页。

② 参见张新宝:《中国侵权行为法》,中国社会科学出版社1995年版,第328页。

③ 参见游先德:《民事侵权与损害赔偿》,中国经济出版社1990年版,第212页。

危险行为的严格责任。《第三次重述(草案)》认为,一项活动产生一种实质性的非常明显的危险主要通过以下两个方面表现出来:首先,该项活动造成损害的可能性非常大,甚至可预见的损害不仅仅是平常的。这一因素常出现在涉及爆炸的案件中。在这些案件中,爆炸而引起损害的可能性是非常实质性的,虽然在实际中有可能造成的损害不是很大。其次,虽然有一些活动,诸如核电站,发生事故造成损害的可能性是非常低的,但是一旦发生损害将非常巨大,后果甚至是不可设想的。《第三次重述(草案)》认为,在判断一项活动是否具有产生实质性损害的非常明显的危险时,损害发生可能性的大小和造成损害的大小都是在应该考虑的因素之列。一项活动具有产生实质性损害的非常明显的危险,要么是活动造成损害的可能性非常大,要么虽然活动造成损害的可能性不是很大,但一旦发生事故,造成的实际损害非常大,后果比较严重。① 这些主张可以参考。

(三)该种活动或物品只有在采取技术安全的特别方法时才能使用

采取技术安全的特别方法应当根据具体的活动或物品的作业来确定。例如,在我国,高速轨道运输工具中的动车,2009 年试运行的武广高速列车达到时速 394 公里,2010 年试运行的沪杭高速铁路已经达到时速 400 多公里,其铁路沿线必须设置安全护栏,就是采取技术安全的特别方法。又如,核电站周围必须设立完善的安全设施,绝对保证其安全运行,防止对周边造成损害。

(四)涉及该种活动或物品的高度危险作业是合法、正当的,至少非为法律所禁止

行为人从事高度危险活动是经过法律的许可,是利用现代科学技术服务于社会,既有利于国计民生,也增进了人类福祉;所以这些活动不仅不具有法律上的应受非难性,而且大多是应受法律鼓励的行为。② 如果行为人从事高度危险作业是非法的,对于其所造成的损害,除了适用《民法典》侵权责任编第八章规定的,承担民事责任外,还应承担相应的行政责任甚至刑事责任。

例如,某日,被告经公路养护道班同意后,约请胡某等 4 人在距公路约 10 米的高斜坡上放炮炸石头。放炮后,胡某等人清除公路上碎石。放炮后半小时,原告杨某骑自行车路过该段公路,在被告放炮位置斜下约 2 米处,滚下一块约 1 吨重的大石头,将杨某撞倒,致其右手 6 级伤残,自行车被压坏。法院认为,对于从公路上方滚下石头的事实,被告很难预料,亦出乎原告预料之外,故适用公平责任原则,由双方当事人分担原告的损失。③ 本案被告从事的爆破采石活动,完全符合危险活动对周围环境具有危险性、危险性变为现实损害的概率很大、需采取技术安全的特别方法才能使用等特征,震

① 参见赵家仪:《美国法上基于异常危险行为的严格责任》,载《法商研究》2004 年第 2 期。

② 参见王利明:《论无过错责任》,载《比较法研究》1991 年第 2 期。

③ 参见《中国审判案例要览》(1995 年综合本),中国人民公安大学出版社 1996 年版,第 735 ~ 736 页。

动的碎石坠落致伤原告,构成高度危险责任,应当适用高度危险责任规定承担赔偿责任,适用公平责任原则处理本案,显然属于适用法律错误。

三、高度危险责任的立法根据

(一)确立高度危险责任的社会利益考量

自19世纪以来,危险活动和危险物作业随着社会化大生产的迅速发展及科学技术的不断进步而兴起。一方面,人们为了提高社会生产力以发展经济和提高物质生活水平,追求高效、快捷,必然借助某些具有高度危险性的作业;另一方面,即便从事危险活动者对其行为予以谨慎的关注,也由于危险活动本身所具有的对人们的人身和财产的巨大潜在危险性,而不能完全避免侵害的发生。这给人们提出了问题:是让有关高空、高压、易燃、易爆、剧毒、高放射性、强腐蚀性物品以及高速运输工具等的活动存在和发展,以享受现代科技文明所带来的巨大经济效益,但在一定程度上容忍这些危险活动和危险物不时给人们的人身和财产造成侵害;还是禁止或限制这些高度危险作业的发展,以保持昔日田园诗般的宁静生活免遭危险活动和危险物可能的侵害?人类一个多世纪的历史义无反顾地选择了前者。我国的现代化进程,从某种意义上来说,也是对前者的一个选择过程。①

(二)比较法规定

1. 欧美国家的规定

(1)法国法。在法国,对于高度危险责任,司法机关坚持绝对的过错责任原则,拒绝采用无过错责任原则。直至1896年,法国最高法院通过改判一个因拖船爆炸而使雇主受致命伤害的案件,对民法典第1384条进行了扩张解释,认为该条所称"对自己所保管之物所生之损害,亦应负赔偿责任",是一项概括规定,它对一切之物都有适用余地,因而建立了危险活动和危险物的无过错责任制度。除此之外,仅规定了铁道持有人、航空器持有人及原子装置经营者负危险活动和危险物民事责任的少数特别法。

(2)德国法。德国关于无过失赔偿责任的法律有《帝国责任义务法》《陆上交通法》《空中交通法》。这些法律不仅规定了对危险活动致人损害适用无过错责任,而且规定了赔偿限额。②

(3)意大利法。《意大利民法典》第2050条规定了进行危险活动的责任,"在进行危险活动时给他人造成的任何损害,根据危险的性质或运用手段的特征,在未证明已采取全部适当措施以避免损害的情况下,行为人要承担赔偿责任"。

---

① 参见张新宝:《中国侵权行为法》(第2版),中国社会科学出版社1998年版,第511页。

② 参见张新宝:《中国侵权行为法》(第2版),中国社会科学出版社1998年版,第515页。

(4)荷兰法。《荷兰侵权法》第6:175条规定了危险活动致人损害的责任:“在其营业或经营活动中使用或保有某种已知对人身或财产具有特别严重危险性的危险物质者,对危险之实现(造成的损害)承担责任。从事经营活动的人,也包括在其履行义务的过程中使用或保有此等危险物质的法人。特别严重危险性是指,在任何情况下,依据《环境有害物质法》第34条第3款规定的标准和方法认定的具有爆炸、氧化、可燃、高度可燃或特别可燃、有毒或剧毒性质的物质之性质。”“于此等危险物质处于经营仓储业务的人储存控制下之情形,产生于第1款的责任由其承担。于此等情形,对于保管人,包括运送人、邮送人、装卸人、仓储人或类似的承诺运送该危险物质以及在其控制该危险物质的期限里涉及运送该危险物质的承揽人,不适用本法第8编第6章第4节、第11章第4节、第14章第1节或第19章第4节。”“处于管道中的此等危险物质,产生于第1款的责任由管道的管理人承担,但是管道处于建筑物或工作物之内,用于此等建筑物或工作物给排水的除外。”“于损害产生于被此等危险物质污染的空气、水或土壤之情形,产生于第1款的责任由在引起污染的事件之初被本条确定为责任人者承担。将此等危险物质以包装的形态沉入水体、埋入地下或遗留在地面,则污染被认定在沉入、埋入或遗留时即已发生。”“只要损害是由于与危险物质相关的危险之实现所造成的,依据第173条第1款之规定,不论其是否与其他部分相连接,只要此等危险物质是可以移动者,或者依据第174条第3款之规定不论其被包装于他物之中还是储存于为其设计的建筑物或工作物之内,产生于第173条和第174条的责任由依据前款规定的对此等物质负有责任的相同主体承担。”“一种物质被法规所确认,则为符合第1款第1句之定义的危险物质。在任何情形下,如果依据《环境有害物质法》第34条第3款所规定的标准和方法一种物质可以被确认为危险物质,则属于该条第2款所规定的类别之一。这种确认可以限于特定浓度的某种物质、内含特定危险程度被界定的某种物质,以及在特定条件下被发现和被界定其内含危险的某种物质。”

(5)英国法。根据《牛津法律大辞典》,危险物释放(escape of dangerous things)是英格兰侵权法的一项原则,在赖兰兹诉弗莱彻案①中得以阐明:为自己的目的,一个人在其土地上搁放任何本不属于其土地上的物,若这种危险物释放,可能引起损害,因而行为人必须自己控制和承担风险;如若不然,从事此类活动的行为者大致应对全部损

---

① 在赖兰兹诉弗莱彻案中,被告雇佣一独立承包人在其土地上修建一个水库。当水库灌水时,流进废矿的水漫溢到废矿下面原告的矿井,并淹没了该矿。法院没有找到任何疏忽的证据。但是法院裁定,一个人如用非自然的方法使用其土地,如为其个人目的引进以及集中和保存在其土地上的一经泄漏即可能构成危害的任何东西,那他就必须为阻止其泄漏而自己承担风险,并初步构成赔偿因其泄漏的自然结果造成的所有损害的责任。除非他证明该泄漏是由原告的过错造成的或是不可抗力的结果。参见[英]戴维·M.沃克:《牛津法律大辞典》,北京社会与科技发展研究所译,光明日报出版社1988年版,第793页。

害承担责任,这是危险物释放的自然结果。危险物释放意味着严格责任,并且这种过失无须举证,此种责任适用于如蓄水、用火、引起地动或爆炸之类的情形。被告的抗辩应是不可抗力、原告的过错或许可以及第三人的行为。①

(6)美国法。美国侵权法将危险活动称为异常危险行为,确定其属于严格责任的一种。严格责任在美国侵权法中属于一种具体的侵权行为类型,而不仅仅是一个归责原则问题,主要包括两种侵权行为:一种是动物占有人及提供动物栖息场所的人的责任,包括家禽、家畜的侵权行为和家禽、家畜的侵入行为以外的行为所导致的伤害。这种行为就是大陆法系中的动物侵权责任。另一种是异常危险活动,美国《侵权法第二次重述》第519条的规定是指,"从事某种高度危险行为,即使尽其最大注意避免损害,也应对其行为给他人人身、土地或动产造成的损害承担责任;这一严格责任仅适用于那种使得行为具有高度危险性的损害或风险"。例如,一般的不寻常的危险活动、航空器造成地面的侵害、对于侵入土地的人受伤害、被许可的人或者受邀人受伤害、执行公共责任而从事不寻常的危险活动、第三人或动物或者自然力的协助行为、危险的承担。第520条规定了确定高度危险活动的标准,"决定某一行为是否高度危险,宜考虑下列因素:(1)该行为是否对他人人身、土地或动产具有高度的危险;(2)因该行为产生损害的概率是否很大;(3)通过合理的注意,是否能避免这一危险;(4)该行为是否为一常用的作业;(5)该行为在其实施地点是否合适;(6)该行为对公众的价值"。②

2. 亚洲国家的规定

(1)蒙古法。《蒙古国民法典》第379条规定了高度危险来源造成损害的责任,"高度危险来源造成的损害,由高度危险来源的持有人予以赔偿"。"如果损害是由于意外事件或不可抗力性质的特殊情况、受害人故意的作为或不作为、疏忽所致,应免除从事高度危险来源之持有人的责任。"

(2)越南法。《越南社会主义共和国民法典》第627条规定了高度危险源造成损害的赔偿,"高度危险源包括机动交通运输工具、输电系统、正在运行中的工业机械、武器、易爆物、易燃物、剧毒物、放射物、野兽及法律规定的其他高度危险源。高度危险源的所有人必须严格遵守法律关于高度危险源的管理、看护、运输和使用的各项规定"。"高度危险源的所有人对于高度危险源造成的损害必须承担赔偿责任;若所有人已将高度危险源移交他人占有、使用,则占有人、使用人必须赔偿损害;双方另有约定的,依约定。""高度危险源的所有人、接受所有人之移交而占有、使用高度危险源的人,对于损害的发生即使无过错,也必须赔偿损害;但以下情形除外:损害完全由受害人自己故

---

① 参见[英]戴维·M.沃克:《牛津法律大辞典》,北京社会与科技发展研究所译,光明日报出版社1988年版,第307~308页。

② 张新宝:《中国侵权行为法》(第2版),中国社会科学出版社1998年版,第513页。

意造成；因不可抗力或紧急避险造成的损害；法律另有规定的，依规定。”“若高度危险源被非法占有、使用，则非法占有人、使用人必须赔偿损害。若所有人、接受所有人之移交而占有、使用高度危险源的人，对于高度危险源被非法占有或使用也有过错，则必须承担连带赔偿责任。”第 549 条第 2 款规定：“运送危险、有毒物品时，因物品包装不符合安全标准致使运送方和第三人损害的，托运方必须向运送方和第三人赔偿损害。”

3. 非洲国家的规定

（1）阿尔及利亚法。《阿尔及利亚民法典》第 138 条规定：“对物行使使用、管理及检查权利的监管人被推定为责任人，应对物导致的损害承担赔偿责任。”“如果物的监管人能证明损害系受害人的行为、第三人的行为、意外事件或不可抗力等不可预见的原因所致，监管人应被免除民事责任。”

（2）埃塞俄比亚法。《埃塞俄比亚民法典》第 2027 条“非契约责任的发生根据”第 2 款规定：“在法律有规定的情形，一个人应对因其从事的活动或所占有的物给他人造成的损害承担责任。”第 2069 条（危险活动）——原则：“（1）通过使用或储存爆炸性或有毒物质、安装高压输电线路、改变地势或从事特别危险的工业活动使他人承担不正常风险的人，如果他造成的危险已成为事实，由此引起他人的损害，他应承担责任。”“（2）即使危险的制造者是国家或已获得授权的行政当局，仍应适用第（1）款的规定。”第 2070 条——潜在危险：“不正常风险的设立导致相邻财产价值减少的，风险的制造者不承担责任，有过失的情形除外。”第 2086 条（免责）：“（1）被法律宣告对不正常风险的设立，或对动物、建筑物、机器、机动车辆或制造物所致损害负有责任的人，可通过证明他们没有实施任何过犯，或不能查明致损原因，或防止损害不在他们的权限内，或损害是由于第三人的过失所致，使自己免除对受害人的责任。”“（2）只有当损害完全或部分是由于受害人的过失时，他们才应被全部或部分免责。”

（三）我国的相关规定

原《民法通则》第 123 条规定了高度危险责任制度。随后，又在《铁路法》《民用爆炸物品管理条例》《化学危险物品安全管理条例》《放射性同位素与射线装置防护条例》等法律法规中，补充、完善这一制度。原《侵权责任法》在第九章规定了高度危险责任的法律适用。《民法典》侵权责任编第八章规定了高度危险责任。

在我国台湾地区，民事“立法”采用“特别法”的方式确立了高度危险责任制度，制定了“民用航空法”“矿业法”“原子能法”“核子损害赔偿法”等单行“法”，在这些“法律”中规定了危险活动致害适用无过错责任原则。

《澳门民法典》第 486 条规定“由物、动物或活动造成之损害”：“在从事基于本身性质或所使用方法之性质而具有危险性之活动中，造成他人受损害者，有义务弥补该等损害；但证明其已采取按当时情况须采取之各种措施以预防损害之发生者除外。”“上款之规定,不适用于因陆上交通事故而产生之民事责任。但有关活动或其所使用之方法,与陆上通行时通常出现之危险相比具特别及更高之危险性者除外。”第 502 条规定“由电力或气体之设施造成之损害”:“实际管理用作输送或供应电力或气体之设施并为本身利益而使用该设施之人,须对因输送或供应电力或气体而导致之损害负责,亦须对因设施本身而造成之损害负责,但在事故发生时,该设施符合现行技术规则之要求,并处于完好之保存状态者除外。”“对因不可抗力所导致之损害,无须弥补;凡与以上所指之物之运作及使用无关之外因,均视为不可抗力之原因。”“对耗用能源之器具所造成之损害,不得要求依本条之规定获弥补。”

四、高度危险责任的构成

(一)高度危险责任的归责原则

在我国对于高度危险责任的归责原则有不同主张。通说认为适用无过错责任,但也有相反意见:一是认为是特殊过错推定责任,实际上等于主张适用过错责任;二是认为责任二元化,即某些高度危险作业适用过错责任,如汽车交通事故,而另一些情形则适用无过错责任;三是完全否认适用无过错责任,公开否认公害和高度危险作业侵权为无过错责任。①

高度危险责任应当适用无过错责任,理由如下。

1. 产生的出发点就是基于无过错责任。最早规定高度危险责任的普鲁士《铁路企业法》中明确规定:“不得以无过失为免除赔偿的理由。”法国的一些单行民事法规也确认了对高度危险作业适用无过错责任,如根据 1985 年《公路交通事故赔偿法》,不可抗力也不再是抗辩的理由。美国《侵权法第二次重述》明确此类侵权应适用严格责任,不得因行为人无过错而免除责任。苏联民法也确认高度危险责任的性质是无过错责任。因而,确认高度危险责任为无过错责任是有历史传统的,且与现代各国的立法例相一致。

2. 有利于消除或减少社会危险因素。赋予危险活动的行为人更为严格的责任,可以提高危险活动人的责任心,保障社会安全,保护受害人的合法权益,及时、妥善地救济损害,有利于减少和消灭社会危险因素。反之,如果对于高度危险责任适用过错责任原则或者过错推定原则,会使侵权法倒退到 1838 年以前的状况,既不能保障受害人的权利得到救济,也不能减少社会危险因素,无助于社会的稳定和发展。

3. 理论上的有关学说。理论上的有关学说包括:一是风险说,为自己利益而经营某项事业者应当承担由此所产生的风险。二是公平说,认为从其所支配的物或作业中

---

① 参见张新宝:《侵权责任法原理》,中国人民大学出版社 2005 年版,第 325 页。

获利,则应对此产生的损害承担责任。三是遏制说,认为由事故原因的控制者承担责任,可以促使其采取防范措施遏制事故的发生。四是利益均衡说,认为适用无过错责任,可以实现损失的合理分配。

有学者认为,在我国主要是基于遏制说和利益均衡说而规定高度危险责任的无过错责任。我们认为,在市场经济条件下,危险活动和危险物经营多是营利性的活动,有的甚至是高利润的垄断性经营,因此,风险说和公平说也可以作为无过错责任的理论基础来解释高度危险责任的赔偿责任。①

(二)高度危险责任的构成要件

1.须有危险活动或危险物对周围环境致损的行为

危险活动中的活动,是指完成特定任务的活动,一般是指生产经营活动,也包括科研活动和自然勘探活动,不包括国家机关的公务活动和军队的军事活动。活动的危险性,是对周围环境造成损害的概率高,足以超过一般性作业的损害概率。法律例示规定核事故、民用航空器、易燃、易爆、剧毒、高放射性、强腐蚀性物品和高空、高压、地下挖掘、高速轨道运输工具作业等危险活动,但是也并不完全,还有其他危险活动形式。周围环境,是危险活动以外的,处于该危险活动及其发生事故可能危及范围的一切人和财产。它的特点是,并非指特定的人和财产,而是某一范围内的一切人和财产。例如,铁路两旁沿线的居民及其财产、机场周围的居民及其财产、高压输电线路沿线的居民及其财产、飞机坠落地点一定范围内的居民及其财产等。只有在损害发生后,这一人或财产才能被特定化。应当指出的是,这里的"周围环境"不同于环境保护法中污染环境致人损害的"环境",后者指人们赖以生存的某些自然条件,如大气、水。危险活动和危险物可能污染环境,因而损害他人的人身和财产。

构成此类侵权的危险活动,还须具备以下特征:第一,它是一种合法行为,至少是不为法律所禁止的行为。如前所述,人类为了享受现代科技文明所带来的巨大经济利益,就必须允许从事某些高空、高压、易燃、易爆、剧毒、放射性以及高速运输工具的存在和发展,并赋予它们合法性。如果加害人从事的是一种非法的危险活动,则其所造成的损害,不适用《民法典》关于高度危险责任的规定,而应适用《民法典》侵权责任的一般规定,不受最高赔偿数额的限制。行为人除了承担民事责任外,还应承担相应的刑事或行政责任。第二,加害人从事的这种活动对于周围环境的高度危险以及可能造成的损害具有不可避免性。一方面,我们要利用某些易燃、易爆、剧毒、高放射性、高腐蚀性及高空、高压、地下挖掘、高速轨道运输工具等造福人类;另一方面,限于科学技术和工业制造能力、材料强度等多方面的限制,这些活动的高度危险性在目前阶段尚不

① 参见张新宝:《侵权责任法原理》,中国人民大学出版社2005年版,第326~327页。

能完全避免。只有危险活动的高度危险以及可能造成的损害是不可避免的,即便加害人尽到高度注意亦不能避免,才能构成此类侵权行为所要求的危险活动。如果原告愿意并能够证明损害是由于被告的疏忽甚或故意加害所致,赔偿则不受最高赔偿额的限制。

2. 须有损害后果和严重危险的存在

危险活动或危险物的致害后果,包括人身损害和财产损害。其中,人身损害包括致伤、致残、致死,财产损害包括直接损失和间接损失;其计算方法,与一般侵权行为损害后果的计算相同。只要危险活动或危险物造成人身损害或财产损害,就构成这一要件。

在危险活动或危险物侵权责任中,有一种特殊的情况,就是在损害结果还没有出现,仅仅出现致害的危险时,就可以承担民事责任,把危险的存在作为起诉的诉因,其应承担的民事责任是消除危险。

至于危险活动是否可以造成精神损害,应当认为在造成人身伤害时,可能会造成精神痛苦的损害。这种损害是确定赔偿范围的依据,而不是确认责任是否构成的要件。

3. 须有因果关系存在

危险活动或危险物与损害后果之间须有因果关系,才能构成高度危险责任的侵权责任。这种因果关系,原则上应由受害人证明。如果在某些科技领域,受害人只能证明危险活动或危险物和损害事实在表面上的因果关系,甚至仅能证明危险活动或危险物是损害后果的可能原因的,可以依据这些事实推定因果关系存在。如果危险活动人或危险物保有人不能证明危险活动或危险物与损害结果之间没有因果关系,则推定成立,确认其因果关系要件成立,构成侵权责任。

在很多情况下,损害的发生是由多种原因造成的。如果危险活动或危险物所造成的损害以及该损害以外的其他损害,是由危险活动或危险物以及其他原因共同造成的,这就是多种原因造成的一个损害。这时候,如果危险活动或危险物所造成的损害与该损害以外的其他损害无法完全划分,就应当视为由危险活动或危险物造成的损害,适用危险活动或者危险物所致损害的法律规定。

在特别情况下,高度危险责任也可以适用因果关系推定规则。例如,本书第二章论述的因果关系案件中规划的防雹炮弹弹片致人死亡案,就是一个典型案例。

五、高度危险责任的损害赔偿内容

(一)赔偿法律关系主体

危险活动或危险物的作业人是赔偿义务主体。作业人可以是危险活动和危险物的所有人,也可以是危险活动和危险物的经营者。当所有人与占有人相分离时,应当如何确定赔偿义务主体,有不同认识。例如,危险活动和危险物由他人承包,所有人与承包人相分离,有的认为由所有人承担,有的认为由承包人承担,有的认为由承包人与所有人共同承担。承包人承包危险活动和危险物后,承包人是危险活动和危险物的占有人,由他进行具体作业,因而应由他作为赔偿责任主体,承担赔偿责任;所有人不承担责任,但承包合同另有规定的除外。又如,非法从事危险活动或占有危险物致人损害的,有的认为由所有人承担赔偿责任,有的认为非法作业人与所有人共同承担责任。我们认为,非法占有人是危险活动的实际操作人,应当承担赔偿责任;所有人只有在非法占有人无力赔偿时,才需要承担补充的赔偿责任。

高度危险责任的赔偿权利主体是受害人。受害人死亡或终止后,由其权利承受人享有赔偿请求权。

(二)责任形态

1. 过失相抵的双方责任

在危险活动或危险物致人损害中是否适用过失相抵,有不同观点。

第一种观点认为,不适用过失相抵原则。理由是,若适用过失相抵,显然不是无过错责任,因为过失相抵乃是过错责任的内容。法律规定,受害人的故意是危险活动致害的免责条件,而不承认受害人的过失可为免责条件。受害人的一般过失不应导致加害人的责任的减轻,因为在受害人仅具有一般过失的情况下,损害的发生主要还是因危险活动所致,因此不应减轻加害人的责任。①

第二种观点认为,当然适用过失相抵原则。受害人具有故意,即系自寻伤害时,可以免除加害人的责任;在受害人具有过失(一般过失或重大过失)时,不得免除加害人的责任,但可以适用过失相抵原则,法庭应斟酌双方的过失比例,减少受害人应得的损害赔偿金。②

但是多数观点认为,在危险活动致人损害的侵权行为中,即使是无过错责任,也应当适用过失相抵原则,实行过失相抵。这里体现的是自己的过错由自己承担后果。受害人既然对损害的发生与有过失,其行为对损害的发生或者扩大具有原因力,那就应当对自己的过失和行为所引起的后果承担自己应当承担的责任。对此,有三种情形:一是对于造成损害的危险,危险活动人或危险物的所有人、占有人或管理人不知且不应知,而受害人明知却未督促其注意的,这也是受害人的过失,应当减轻加害人的民事责任。二是受害人的行为对损害的发生具有原因力,也发生过失相抵的后果。因此,对于危险活动或危险物造成的损害,受害人与有原因的,无论其有无过错,均应当减轻

---

① 参见王利明、杨立新等:《民法·侵权行为法》,中国人民大学出版社 1993 年版,第 447 页。

② 参见梁慧星:《民法学说判例与立法研究》,中国政法大学出版社 1993 年版,第 109 页。

加害人的赔偿责任。三是受害人在损害发生后,怠于避免或减少损害的,就是对损害的扩大具有过失,因此也应当承担责任,实行过失相抵,不得就扩大的损失要求赔偿。

武汉市洪山区人民法院和武汉市中级人民法院一审、二审判决的肖某诉武汉市洪山区和平乡新武东村村民委员会危险活动致人损害赔偿案,就采用了过失相抵原则。1993 年 3 月 18 日下午 6 时许,原告肖某(系 5 岁男孩)与邻居一名 2 岁多的小孩玩耍时,见村里的配电房没有装门,就进入装有变压器的院墙内。由于无知和好奇,原告用手去触摸变压器,遭电击,随即被其父母送到武钢第一职工医院抢救。原告父母因无钱为孩子做手术,住院 2 日后回家,任病情发展。后在被告交付 1000 元和做担保的情况下,原告在洪山区和平医院做了截肢手术。经鉴定,伤残致原告劳动能力丧失 90%。一审法院认为,被告在使用归其所有的具有高度危险的输电设备变压器进行作业的过程中,没有按照规定采取必要的安全防范措施,致使原告终身受到伤害,应负主要的赔偿责任;原告系幼童,因其监护人履行监护职责不当,对被监护人看管不严,致使其在失去监护期间触电致残,造成严重损害结果,亦应承担一定责任。故判决被告赔偿大部分损失即 2.3 万元,尚欠医院 4000 元由被告支付。原告的法定代理人不服上诉,二审法院判决认定原告丧失劳动能力 100%,认为一审判决理由正当,但赔偿数额过低;判决维持 4000 元医院费由被告支付的主文,变更第一项主文为赔偿 3.374 万元。①

对于本案,所判赔偿数额仍过低,但适用过失相抵原则处理赔偿责任问题,是应当肯定的。一审、二审判决这样处理,体现了危险活动侵权责任的过失相抵原则的要求。值得研究的是,究竟应当如何实行危险活动侵权责任的过失相抵原则?

按照过失相抵原则的一般要求,过失相抵的实行,是受害人的过失与加害人的过失相抵,导致加害人赔偿责任的减轻。对此,学者的主张是相同的,即斟酌双方过失比例,减少受害人应得的赔偿金。在本案中,法庭亦是确认被告有过失,斟酌双方过失比例而令被告承担主要的赔偿责任。问题是,危险活动侵权责任实行无过错责任原则,并不要求加害人必须具备主观过错。如果被告一方并无过失,如何斟酌双方的过失比例以减轻加害人的赔偿责任呢?持否定意见的学者恰恰是以此作为反驳根据的。

关于高度危险责任过失相抵原则的适用,《民法典》采取具体规定的方法,并且以此作为确定不同类型的高度危险责任责任轻重的衡量标准。首先,民用核设施和民用航空器致人损害不适用过失相抵原则,责任最重;其次,易燃、易爆、剧毒、放射性危险物损害责任,受害人有重大过失的,可以实行过失相抵,受害人过失不可以实行过失相抵,责任较轻;最后,高空、高压、地下挖掘、高速轨道运输工具等危险活动损害责任,受害人具有重大过失可以实行过失相抵。这样的规定只对高度危险责任适用。

---

① 参见《中国审判案例要览》(1995 年综合本),中国人民公安大学出版社 1996 年版,第 758 ~ 762 页。

2. 直接责任与替代责任

(1) 直接责任

在危险活动和危险物致人损害的民事责任中,危险活动和危险物的所有者或经营者为同一主体的情形下,责任人为所有者,承担直接责任。

所有者或经营者将危险活动和危险物承包或出租给他人经营,在经营过程中致人损害,如果承包人、承租人以自己的名义进行此类经营活动,则承包人、承租人承担直接责任。

(2) 替代责任

在多数情况下,危险活动的所有者或经营者雇佣他人直接操作危险作业的机械、运输工具或其他设施。于此情形下的致人损害,应当适用用人单位责任。这不仅有利于受害方的利益,也有利于加害方。受害人很难对直接操作人员主张损害赔偿,甚至难以确认直接操作人员;即便能够辨认直接责任人员,也会由于其经济能力之限制等原因,而无法充分满足受害人的赔偿请求。而对于用人单位一方而言,由于最终损失总是由其承担,不如作为直接被告,更早地介入诉讼,收集有利于己方的抗辩,提出有利于己方的主张,这样也可以更好地处理用人单位与工作人员之间的关系。

3. 连带责任

第一,所有人将高度危险物交由他人管理的,如果高度危险物造成他人损害,应当由管理人承担侵权责任;但如果高度危险物的所有人有过错的,应当与管理人承担连带责任。

第二,非法占有他人的高度危险物,造成他人损害的,应当由非法占有人承担侵权责任。如果所有人、管理人不能证明对防止他人非法占有该高度危险物尽到高度注意义务的,则应与非法占有人承担连带责任。如果能够证明自己已经尽到高度注意义务的,则应由非法占有人承担侵权责任,所有人、管理人不承担责任。

(三) 责任方式

1. 停止侵害

对于尚在持续的危险活动,受害人有权请求危险活动人停止侵害。

2. 消除危险

最高人民法院司法解释将严重威胁他人人身、财产安全作为可以提起"消除危险"的诉因。严重威胁他人人身和财产安全,是指危险活动和危险物出现了特别异常的危险情况,如核电站出现泄漏、有毒物品外溢、高压输电电缆落地等。这种特别异常的危险情况超出了危险活动和危险物通常所具有的危险性,对他人的人身和财产具有迫在眉睫的危险。在此情形下,一切受到威胁的人均可提起诉讼,请求消除危险。

3. 损害赔偿

对于危险活动和危险物的损害赔偿,大多数国家都设有最高赔偿限额。我国有些法律或法规也设有类似规定,如我国《海商法》第210条对人身伤亡的赔偿请求及非人身伤亡赔偿请求的限制;航空管理法规对空难人员赔偿额的限制等。

(四)免责事由

高度危险责任是无过错责任,一般的免责条件并不适用。法律规定以下内容为高度危险责任的免责事由。

1. 不可抗力

不可抗力作为高度危险责任的免责事由,在《民法典》中作了不同规定。第1237条规定的是战争等情形,战争是不可抗力的一种。第1238条没有明确规定不可抗力,但是《民用航空法》对此有明文规定。第1239条和第1240条明确规定不可抗力是免责事由。《铁路法》也将不可抗力规定为免责条件。对此,应当依照法律规定确定。

2. 受害人故意

《民法典》第1237～1240条规定受害人故意是免责事由。受害人的故意,包括直接故意和间接故意。前者如自杀或自伤,是直接追求损害的后果;后者是放任后果的发生,如擅自侵入严禁入内的危险区域,造成伤残后果。

应当研究的问题是,该条规定的故意,是指对损害后果的故意,还是对行为本身的故意。《铁路法》第58条规定:"因铁路行车事故及其他铁路运营事故造成人身伤亡的,铁路运输企业应当承担赔偿责任;如果人身伤亡是因不可抗力或者由于受害人自身的原因造成的,铁路运输企业不承担赔偿责任。""违章通过平交道口或者人行过道,或者在铁路线路上行走、坐卧造成的人身伤亡,属于受害人自身的原因造成的人身伤亡。"这里规定的自身原因,应当是指行为的故意。如果认为其行为上有故意即故意实施违章行为,就是放任其伤亡后果的间接故意,显然过于牵强,充其量应属于过于自信的过失。

3. 法律的其他规定

《民法典》第1243条规定:"未经许可进入高度危险活动区域或者高度危险物存放区域受到损害,管理人能够证明已经采取足够安全措施并尽到警示义务的,可以减轻或者不承担责任。"

在依法划定的高度危险活动区域或高度危险物存放区域内,高度危险活动人或高度危险物的所有人、占有人或者管理人已通过设置明显标志和采取安全措施等方式尽到充分的警示、保护义务的,受害人未经许可进入该区域的,高度危险活动人或高度危险物的所有人、占有人或者管理人对其在该区域内所遭受的损害不承担民事责任。这种免责事由的构成,一是必须在高度危险活动区或者高度危险物的存放区;二是高度危险活动人或者高度危险物占有人、所有人、管理人已经相当注意,设置了明显标志和安全措施,尽到了充分的警示、保护义务;三是受害人未经许可进入该区域,造成损害。具备这三个条件的,应当免责。

第二节　各种具体的高度危险责任

一、民用核设施发生核事故损害责任

《民法典》第 1237 条规定:"民用核设施或者运入运出核设施的核材料发生核事故造成他人损害的,民用核设施的营运单位应当承担侵权责任;但是,能够证明损害是因战争、武装冲突、暴乱等情形或者受害人故意造成的,不承担责任。"《核安全法》第 90 条规定:"因核事故造成他人人身伤亡、财产损失或者环境损害的,核设施营运单位应当按照国家核损害责任制度承担赔偿责任,但能够证明损害是因战争、武装冲突、暴乱等情形造成的除外。""为核设施营运单位提供设备、工程以及服务等的单位不承担核损害赔偿责任。核设施营运单位与其有约定的,在承担赔偿责任后,可以按照约定追偿。""核设施营运单位应当通过投保责任保险、参加互动机制等方式,作出适当的财务保证安排,确保能够及时、有效履行核损害赔偿责任。"这是民用核设施发生核事故损害责任的法律规定。

民用核设施,就是非军用的核能设施,是指经国家有关部门批准,为和平目的而建立的核设施,如核电站等。广义的核设施还包括为核设施运输的核燃料、核废料及其他核物质,即运入运出核设施的核材料。

这些民用核设施和为核设施运入运出的核材料,因其放射性或放射性并合剧毒性、爆炸性或其他危害性,造成他人损害的,构成侵权行为。承担侵权责任的主体,是核设施的所有人或国家授权的经营人,即应当由所有人或者国家授权的经营人承担民事责任。

这种高度危险责任是无过错责任,如果核设施的所有人或者经营人能够证明损害是由受害人的故意造成的,则不承担民事责任。能够证明损害是由战争、武装冲突或者暴乱等情形造成的,也应当免除责任;对其他不可抗力造成的损害则不免除责任。

在核损害事故中,对于为核设施营运单位提供设备、工程以及服务等的单位,原则上不适用产品责任的法律规定,不承担核损害赔偿责任。这是国际惯例。如果核设施营运单位与为核设施营运单位提供设备、工程以及服务等的单位有约定的,在承担赔

偿责任后,可以按照约定追偿。

二、民用航空器损害责任

《民法典》第1238条规定:“民用航空器造成他人损害的,民用航空器的经营者应当承担侵权责任;但是,能够证明损害是因受害人故意造成的,不承担责任。”民用航空器,是指经国家有关部门批准而投入营运的民用航空器,如各类民用的飞机、热气球等。在现代社会,民用航空器造成损害的,后果非常严重,对这种损害的赔偿责任必须重点规定,以保障受害人损害赔偿权利的实现。

民用航空器致害,主要是因民用航空器失事造成的他人损害,同时也包括从航空器上坠落或者投掷人或物品、能量造成他人的损害。前者是航空器失事所造成的后果,例如,飞机空难,坠落后对地面人员和财产造成损害;后者是航空器上的人或者物品、能量,因自主或者不自主地投掷或者坠落,造成地面的人员和财产的损害。总之,这种危险活动的损害,是指对地面人员和财产的损害,而不是对航空器本身所载的人或者财产的损害。

这种损害的赔偿责任主体,是航空器的所有人或国家授权的经营人,由他们承担侵权民事责任。由于这种侵权责任是无过错责任,因此,如果能够证明损害是由受害人的故意造成的,则航空器的所有人、经营人不承担侵权责任。

军用航空器造成损害的,不适用这些规则。

三、占有或者使用高度危险物损害责任

《民法典》第1239条规定:“占有或者使用易燃、易爆、剧毒、高放射性、强腐蚀性、高致病性等高度危险物造成他人损害的,占有人或者使用人应当承担侵权责任;但是,能够证明损害是因受害人故意或者不可抗力造成的,不承担责任。被侵权人对损害的发生有重大过失的,可以减轻占有人或者使用人的责任。”这种侵权责任是占有或者使用高度危险物损害责任。

在工业生产中,占有、使用易燃、易爆、剧毒、高放射性、强腐蚀性、高致病性等高度危险物,对周围环境和人员具有高度危险性,使用这样的高度危险物进行制造、加工、使用、利用的,必须高度注意,采取安全保障措施,防止造成损害。但是,即使是这样,也难免造成他人损害,因此,对高度危险物造成的损害应当适用无过错责任,其所有人、占有人、管理人即使在主观上没有过错,也应当承担侵权责任。

占有、使用易燃、易爆、剧毒、高放射性、强腐蚀性、高致病性等高度危险物,因物的危险性质造成他人损害的,其所有人、占有人或管理人应当承担侵权责任。如果高度危险物的所有人、占有人、管理人能够证明该损害是由受害人故意或不可抗力造成的,

则应当免除其责任。

四、从事高度危险活动损害责任

《民法典》第 1240 条规定:“从事高空、高压、地下挖掘活动或者使用高速轨道运输工具造成他人损害的,经营者应当承担侵权责任;但是,能够证明损害是因受害人故意或者不可抗力造成的,不承担责任。被侵权人对损害的发生有重大过失的,可以减轻经营者的责任。”

(一)高空作业致害

高空作业是指超过正常的高度进行作业。何谓正常的高度,以及何谓高空,并不是准确界定的概念,应当在实践中具体掌握。例如,在 40 米高的烟囱上冒险作业,是高空作业;在 5 米高度的旧厂房上拆除房梁,也是高空作业。因此,对高空作业的合适高度应当在实践中把握。

从事高空作业造成他人损害有两种情况:一种是高空作业造成作业工人自己的人身伤害。这种情况属于工伤事故,一般应当按照工伤事故的规定请求赔偿,但受害人直接依据高空作业致害责任请求赔偿,也是可以的。另一种是高空作业造成他人损害,包括人身损害和财产损害。如高空作业中,作业的工具、材料、人员脱落、坠落等,造成地面人员或者财产的损害,就是这种侵权行为。

高空作业致人损害的侵权行为的规则是:首先,损害应当由组织作业的人承担民事责任;其次,组织作业的人能够证明该损害系因受害人故意或者不可抗力造成的,免除其责任。

(二)高压致害

高压是指压力超过通常标准,这种“超过”不是低于而是高于,即高于通常标准的压力。某些能量或者物质通常以高压方式制造、运输或者储藏,否则将无法进行。

在现代工业中,高压是正常的现象。但是,高压作业具有危险性,尤其对周围环境和人群具有重大的危险,必须采取措施,高度防范,以保障人身、财产安全。一旦损害发生,侵权法以无过错责任原则确定责任,即使高压工业的所有人、占有人和管理人没有过错,也必须承担侵权损害赔偿责任。因此,以高压制造、储藏、运送电力、液体、煤气、蒸汽等气体,因高压作用造成他人损害的,其所有人、占有人或管理人应当承担民事责任。受害人的故意和不可抗力是高压致害的免责事由,即能够证明该损害系因受害人故意或者不可抗力造成的,则所有人、占有人或管理人不承担民事责任。

(三)地下挖掘

地下挖掘是一种高度危险行为,是指在地下掘进、构筑坑道、挖掘隧道、构筑地铁等在地下进行的具有高度危险的施工活动。

地下挖掘来源于原《物权法》第136条前句的规定。该条规定:“建设用地使用权可以在土地的地表、地上或者地下分别设立。”在地表之下设立的建设用地使用权,就需要在地下挖掘,构筑地下空间以便使用。

空间主要有两种表现形态:一是地下空间,这是近年来逐渐发展出的空间利用形式,常见利用方式是在地表之下一定深度建设建筑物,包括地下停车场、人防工程和地下商场等。二是地上空间,这是较新的空间利用形态。以现有的建筑技术,地上空间建筑不可能是漂浮的,必须获得一定向上的支撑力。地下挖掘所要解决的是地下空间的利用问题。由于地下挖掘具有高度危险性,因此,地下挖掘造成损害,构成地下挖掘的高度危险责任。

地下挖掘的基本安全保障,是建立足够的地下支撑。按照不动产支撑的受力方向,支撑关系可以区分为垂直支撑与侧面支撑。在垂直支撑中,包括地上支撑和地下支撑。侧面支撑是传统的支撑,而地上支撑和地下支撑则是新型的支撑,是较为复杂的支撑。侧面支撑关系,是地表的相邻土地之间、相邻地上或者地下空间之间,在与地面水平方向上的相互支撑关系;而垂直支撑,即是在与地面垂直方向上的地表之上与地表之下的支撑与被支撑关系。侧面支撑关系是原有平面的相邻关系中支撑利益的立体化延伸,而垂直支撑关系是土地分层利用的必然结果,较之美国法上的地下支撑的范围更广,还包括了地表对地上空间的支撑。侧面支撑与垂直支撑纵横交错,概括了我国不动产支撑利益的全部关系,是我国物权法的全新物权制度。①

地下挖掘高度危险责任,是指在地下挖掘活动中,没有采取必要的、可靠的不动产支撑,致使地表塌陷等后果,造成他人人身损害或者财产损害的高度危险责任。在地下挖掘过程中,必须采取必要的、切实可靠的地下支撑,以保证地下和地上的安全。因此,地下挖掘造成损害,是否应当承担侵权责任,关键在于地下挖掘是否设立了必要和可靠的支撑。没有建立必要的、可靠的支撑,造成地表塌陷或者其他损害,就构成地下挖掘高度危险责任。

(四)高速轨道运输工具

高速轨道运输,包括铁路、地铁、城铁、有轨电车等通过轨道高速行驶的交通运输,不包括游乐场所的小火车等轨道运输工具。高速轨道运输是具有高度危险性的运输活动。

铁路事故是高速运输工具造成的损害事故,其责任性质是无过错责任,在责任构成上不考虑责任人的过错要件,只要具备违法行为、损害事实和因果关系三个要件就构成侵权责任。

① 参见杨立新:《杨立新民法讲义·物权法》,人民法院出版社2009年版,第101页。

铁路事故包括铁路行车事故,即列车在运行中发生的人身伤害事故或者财产损害事故,同时,还包括从列车上坠落、投掷物品,列车排放能量,造成他人人身损害或者财产损害的事故。

铁路事故的损害赔偿责任应当由铁路列车的运输人承担。如果运输人能够证明损害是因受害人的故意造成的,则不承担民事责任。

五、遗失、抛弃高度危险物损害责任

(一)遗失抛弃高度危险物损害责任的概念和类型

遗失抛弃高度危险物的损害责任,是指自然人、法人或者非法人组织所有、占有、管理的危险物被遗失或者被抛弃因而造成他人损害的,应当承担赔偿责任的高度危险责任。《民法典》第1241条规定:"遗失、抛弃高度危险物造成他人损害的,由所有人承担侵权责任。所有人将高度危险物交由他人管理的,由管理人承担侵权责任;所有人有过错的,与管理人承担连带责任。"

这种高度危险责任的具体类型如下。

1. 遗失高度危险物损害责任

遗失高度危险物造成他人损害的,所有人对遗失物虽然丧失了占有,但是其对该物并没有丧失所有权,该物仍然是自己的财产。这种遗失的危险物造成受害人的损害,应当由该物的实际权利人承担责任。

2. 抛弃高度危险物损害责任

对财产的抛弃,是对财产的事实上的处分,放弃了该物的所有权,对该物也就不再享有所有权。危险物被抛弃,所有权人就丧失了对该危险物的所有权。危险物被抛弃之后,该危险物由于其自身的危险性而致害他人,仍然产生侵权责任。在这种情况下,虽然抛弃该危险物的人已经丧失对该物的所有权,但对自己抛弃的危险物所造成的损害,只要是这个危险物没有被别人所占有,或者别人没有对此产生所有权,就还要由抛弃物的原所有人承担责任。

(二)法律适用规则

第一,遗失、抛弃高度危险物造成他人损害的,由所有权人承担侵权责任。其理由在前文已经说明:遗失高度危险物,所有权人并未丧失所有权;抛弃高度危险物,所有权人已经丧失所有权,因此成为原所有权人。

第二,所有人将高度危险物交由他人管理的,由于管理人管理不善,造成他人损害的,应当由管理人承担侵权责任,所有权人不承担赔偿责任。

第三,所有人将高度危险物交由他人管理,造成他人损害,所有人有过错的,所有人与管理人承担连带责任。在对外关系上,被侵权人可以请求一方或者双方承担责任;在对内关系上,双方应当按照原因力的规则确定各自的责任份额,超出自己应当承担的责任份额的,有权向他方追偿。

六、非法占有高度危险物损害责任

《民法典》第 1242 条规定:“非法占有高度危险物造成他人损害的,由非法占有人承担侵权责任。所有人、管理人不能证明对防止非法占有尽到高度注意义务的,与非法占有人承担连带责任。”对此,应当采用以下办法确定侵权责任。

第一,被他人非法占有的危险物致人损害的,无论是造成他人人身损害还是财产损害,都由该非法占有人承担民事责任,危险物的所有人不承担责任。适用这种规则的前提,应当是所有人、管理人或者使用人对危险物品已经尽到高度注意义务。该注意义务的证明责任在于危险物品的所有人、管理人或者使用人,而不是受害人。这是举证责任倒置的规则。

第二,该危险物的所有人如果不能证明自己对他人非法取得占有已尽到高度注意义务,即对危险物的管理存在过失的,应当与危险物的非法占有人承担连带责任,适用《民法典》第 178 条的规定。

第三,非法占有高度危险物,造成非法占有人自己损害的,在原则上应当适用前两项规则,即高度危险物的所有人、管理人或者使用人能够证明自己已经尽到高度注意义务的,免除赔偿责任;不能证明的,则应当与非法占有人按照《民法典》第 1173 条规定的过失相抵规则处理,减轻高度危险物的所有人或管理人的赔偿责任。

七、高度危险区域的管理人善尽管理义务的标准

《民法典》第 1243 条规定:“未经许可进入高度危险活动区域或者高度危险物存放区域受到损害,管理人能够证明已经采取足够安全措施并尽到充分警示义务的,可以减轻或者不承担责任。”这是对进入高度危险活动区域、高度危险物存放区域损害责任的规定。

未经许可进入高度危险活动区域或者高度危险物存放区域损害责任,适用无过错责任原则。由于高度危险活动或高度危险物的高度危险作业是合法的、正当的,是利用现代科学技术服务于社会,有利于国计民生,所以,对这种高度危险责任适用无过错责任原则的要求应当适当放宽。故未经许可进入高度危险活动区域或者高度危险物存放区域受到损害,如果高度危险管理人已经采取足够安全措施,并且尽到充分警示义务,则不承担全部赔偿责任,而是减轻或者免除高度危险活动和高度危险物品的作业人的侵权赔偿责任。只有在没有采取足够安全措施,也没有尽到充分警示义务的情况下,才承担全部赔偿责任。这是比较宽松的无过错责任原则,接近于过错推定原则。

这里的关键词是“足够”和“充分”,前者要求的是安全措施,须达到足够的标准;后者要求的是警示义务,须达到充分的标准。

未经许可进入高度危险活动区域、高度危险物存放区域损害责任的构成要件是:第一,须是在高度危险活动区或者高度危险物的存放区;第二,高度危险活动人或者高度危险物管理人已经尽到相当注意义务,采取了足够安全措施,并尽到了充分警示义务;第三,受害人未经许可进入该区域,造成损害。其中第二个要件,应当由高度危险作业人承担举证责任。

符合上述要件要求,首先应当考虑适用减轻责任;如果擅自进入高度危险区域,对于损害的发生具有重大过失的,应当免除高度危险作业人的赔偿责任。

确定的规则是:第一,明确规定证明责任分配规则,即管理人是证明责任主体。被侵权人证明其受到损害、损害的区域是高度危险活动区域或者高度危险物存放区域的,其证明责任已经完成。对已经采取足够安全措施并尽到充分警示义务的要件,举证责任明确规定为管理人,而不是被侵权人。因为这是被告一方免责的证明,当然是由侵权人证明,但是,法律条文作此明确规定,就是让证明责任主体更加明确,避免无意义的争论。第二,明确规定侵权人证明的标准,即已经采取安全措施的标准是“足够”,已经尽到警示义务的标准是“充分”。足够安全措施,要求的是证明到不仅采取了安全措施,而且已经达到足够的标准,即在这种危险区域所采取的安全措施通常是能够避免造成损害的程度。充分警示义务,要求的是证明到不仅尽到了警示义务,而且已经达到了充分的标准,即警示的程度,在字体、字形、内容、位置等方面都达到一般人能够注意到的标准。达到这样的证明程度,可以减轻或者免除管理人的责任。

第三节　无过错责任的限额赔偿

《民法典》第1244条规定:“承担高度危险责任,法律规定赔偿限额的,依照其规定,但是行为人有故意或者重大过失的除外。”这是我国《民法典》完整规定高度危险责任限额赔偿及除外的规则。

一、无过错责任中加害人有无过错对确定赔偿责任范围关系重大

按照通说,适用无过错责任的特殊侵权责任,在侵权责任构成上不要求有过错的要件,也就是不问过错;无论行为人有无过错,只要具备了违法行为、损害事实和因果

关系三个要件,就构成侵权责任。[①]

这样的要求无疑是正确的。但是,这只是针对侵权责任构成而言;在确定赔偿责任范围的时候,无过错责任的行为人究竟有过错还是无过错,是不是和侵权责任构成一样,也采取"无所谓"的态度,采用同样的赔偿标准呢?

对此,我国司法实践真的就是采取这种"无所谓"的态度,无论加害人对于损害的发生是否有过失,都因为实行无过错责任原则而承担同样的赔偿责任,都适用全部赔偿原则,损失多少就赔偿多少。

这样的做法是不公平的。在无过错责任中,加害人究竟有无过错对于确定赔偿责任范围并不是"无所谓",而是"有所谓"。理由是,在侵权法中,加害人的过错对确定赔偿责任范围是有重大影响的,[②]它表明了法律对加害人行为的谴责程度。在无过错责任场合,无过错责任原则仅仅表明对某种危险性特别严重的侵权领域,要给予受害人更为妥善的保护,即使加害人没有过错也要对受害人承担赔偿责任,使受害人的损害得到赔偿。但是,即使在这样的场合,加害人究竟有过错还是没有过错,法律对其的谴责程度是不同的。那就是,无过错的加害人在无过错责任的场合应当承担侵权责任,而有过错的加害人在这样的场合应当承担更重的赔偿责任。这种赔偿责任轻重的区别,体现的是法律对主观心理状态不同的加害人的不同谴责和制裁的程度要求。也只有这样,才能够体现侵权法的公平和正义。

这样的规则,就是基于不同归责原则的法律基础而产生的侵权请求权,应当具有不同的赔偿内容。基于加害人的过错产生的侵权损害赔偿请求权实行全部赔偿原则;而基于加害人无过错而产生的侵权损害赔偿请求权则应当实行限额赔偿原则,并不是全部赔偿的请求权。[③]

但是,对于这个问题,原《民法通则》关于过错责任原则和无过错责任原则的规定,以及在《产品责任法》和《消费者权益保护法》等特别法中,都没有体现出来。

在考察德国侵权法时,德国学者介绍了这样的经验。在德国,基于无过错责任原则产生的侵权损害赔偿请求权的内容与基于过错责任原则产生的侵权损害赔偿请求权的内容是不同的。以产品责任为例,基于过错责任原则和无过错责任原则的不同法律基础而产生不同的侵权损害赔偿请求权:第一种侵权请求权,是基于《德国民法典》第823条规定产生的过错责任请求权;第二种请求权,是基于《产品责任法》产生的无过错责任请求权。这两种损害赔偿请求权虽然都属于侵权损害赔偿请求权,但是由于

---

① 参见王利明、杨立新等:《民法学》,法律出版社2008年版,第726页。

② 参见张新宝:《侵权责任构成要件研究》,法律出版社2007年版,第438页。

③ 参见[德]迪特尔·梅迪库斯:《德国债法分论》,杜景林、卢谌译,法律出版社2007年版,第718、723、726页。

产生请求权的法律基础不同,因而其内容并不相同。依据《德国民法典》第 823 条产生的过错责任的损害赔偿请求权与依据《产品责任法》产生的无过错责任原则的损害赔偿请求权在赔偿范围上是不同的:按照第 823 条产生的过错责任请求权,赔偿范围按照受害人的实际损失予以赔偿,没有赔偿数额的上限;而按照《产品责任法》产生的无过错责任请求权的损害赔偿范围,被告企业的最高赔偿限额为 8500 万欧元,即同一种缺陷产品全部的赔偿数额不超过这个限额,所有的受害人都按这个数额平均受偿。①

同样,按照德国《道路交通法》的规定,道路交通事故责任实行无过错责任原则,构成侵权责任不需要加害人对造成事故有过错。在这种责任下,机动车驾驶人即使没有任何过错,也要承担赔偿责任,单人责任限额为 60 万欧元,多人是 300 万欧元。但是,如果依据过错责任原则确认请求权,其基础是《德国民法典》第 823 条,则最高赔偿限额达到 500 万欧元;并且还要考虑《德国民法典》第 852 条规定的过失相抵规则,受害人有过错的,对加害人适当减轻责任,只对不满 10 岁的未成年受害人除外。②

这样的规则是:在无过错责任原则的场合,侵权人没有过错,或者原告没有证明侵权人有过错的,采取限额赔偿制,赔偿数额不得超过法律规定的最高限额;原告能够证明对于损害的发生或者扩大侵权人在主观上具有过错的,那么,侵权人应当承担的过错赔偿责任按照实际损失进行全部赔偿。

事实上,凡是法律规定的适用无过错责任原则的侵权行为,侵权人都存在有过错和无过错的两种情况。既然如此,侵权人在有过错的情况下侵害他人的权利,与在没有过错的情况下致害他人,其赔偿责任应当不同。如果侵权人在主观上没有过错,虽然法律规定应当承担侵权责任,但由于他在主观上没有过错,因而应当承担适当的赔偿责任。如果侵权人在主观上有过错,那么,其就应当承担过错责任的赔偿责任,对受害人的损失予以全部赔偿。同样,被侵权人证明侵权人有过错和不证明侵权人有过错,诉讼成本也有区别,也不应当等同对待。德国法的上述做法体现的正是这样的规则。

采取这种规则的理论基础有四个方面:

第一,体现侵权责任法调整实体利益的公平要求。民法的公平,就是以利益的均衡作为价值判断标准,调整民事主体之间的民事利益关系。公平是指一种公正、正直、不偏袒、公道的特质或品质,同时也是一种公平交易或正当行事的原则或理念。有过错的无过错责任人与无过错的无过错责任人在承担赔偿责任上必须有所区别,否则无法体现这样的原则和理念。因此,侵权责任法对此的态度必须明确,有过错的无过错

① 参见杨立新:《中华人民共和国侵权责任法草案建议稿及说明》,法律出版社 2007 年版,第 395、398 页。

② 参见杨立新:《中华人民共和国侵权责任法草案建议稿及说明》,法律出版社 2007 年版,第 392 页。

责任人应当承担全部赔偿责任,无过错的无过错责任人应当承担限额赔偿责任,这是侵权法对公平原则的最好诠释。

第二,体现侵权责任法的正当社会行为导向。侵权责任法不仅要调整侵权纠纷,还要引导市民社会的行为方向。如果无过错责任人有无过错都承担一样的责任,那么,行为人就可能放任自己,不会严加约束自己的行为,就会给社会造成更多的危险。反之,坚持无过错责任人有无过错的赔偿责任的区别,就能够体现出侵权法的正确导向。

第三,依据不同的法律基础而产生的请求权是不同的。根据过错责任原则法律基础产生的请求权,应当受到过错责任原则的约束,因而是一个受全部赔偿原则约束的请求权。而根据无过错责任原则法律基础产生的请求权,则应当受到无过错责任原则的约束,侵权人应当承担适当的赔偿责任。例如,法律可以规定赔偿数额的上限,确定侵权人的赔偿数额不得超过法定的最高赔偿限额。

第四,在原告的举证责任负担上,体现的是诉讼风险与诉讼利益相一致的原则。[①]受害人按照无过错责任原则行使请求权,证明侵权责任构成,只要证明加害人的违法行为、损害事实和因果关系三个要件即可,其损害赔偿请求权就能够成立;而要证明过错责任的请求权,不仅要证明上述三个要件成立,而且还要证明侵权人具有过错要件的成立。两相比较,在受害人负担的诉讼风险上不同,表现在其举证责任的负担上也不相同。就诉讼利益而言,受害人承担较轻的举证责任证明的无过错责任请求权,与承担较重的举证责任证明的过错责任请求权,在损害赔偿的内容上也应当不同。只有这样才能够体现程序上的公平和正义,使诉讼风险和诉讼利益相一致,才能取得合理的法律调整效果。

二、我国现行法律法规规定的限额赔偿及法律适用

在我国现行法律、法规中,也存在限额赔偿的规定。但是由于规定限额赔偿制度的法律、法规层次较低,往往不被法官所重视,并且经常将限额赔偿与全部赔偿对立起来,限额赔偿并没有得到特别的研究和适用,无过错责任与限额赔偿责任的法律适用规则并没有正确地建立起来。

(一)我国法律法规对限额赔偿责任的规定

我国现行法律法规中关于限额赔偿责任的规定,集中在以下四个方面。

1. 核损害赔偿

国务院2007年6月30日发布的《关于核事故损害赔偿责任问题的批复》(国函

① 参见沈冠伶:《民事证据法与武器平等原则》,元照出版有限公司2007年版,第92页。

〔2007〕64 号）第 7 条规定：“核电站的营运者和乏燃料贮存、运输、后处理的营运者，对一次核事故所造成的核事故损害的最高赔偿额为 3 亿元人民币；其他营运者对一次核事故所造成的核事故损害的最高赔偿额为 1 亿元人民币。核事故损害的应赔总额超过规定的最高赔偿额的，国家提供最高限额为 8 亿元人民币的财政补偿。对非常核事故造成的核事故损害赔偿，需要国家增加财政补偿金额的由国务院评估后决定。”按照这一规定，核电站等营运者对一次核事故所造成的损害事故的最高赔偿额为 3 亿元，加上国家提供的最高限额 8 亿元，一次核事故造成损害的最高赔偿额为 11 亿元。因此，在核损害事故中，一次事故的损害赔偿限额，企业承担的最高限额为 3 亿元；不足部分，国家承担的仍然是限额赔偿，为 8 亿元。不论受害人有多少，只能在这个限额内按照债权平等的原则，按比例受偿。

现《核安全法》实施之后，这一规定是否还继续有效，存在疑问。在立法过程中，对这个问题进行了详细的讨论，但是最后没有作出具体规定。国务院的上述规定，是按照当时的国际原子能委员会确定的最低赔偿数额确定的。但是经过了 10 年，这一规定将远不能满足现实的需要。据说，在日本福岛核电站发生核泄漏事件后，实际赔偿已经超过了数万亿日元，仍然没有赔偿完毕。实际上，这一限额赔偿标准只是民用核设施进行投保的标准。《核安全法》对此没有作出规定，还需要继续进行研究和探讨。

2. 铁路交通事故赔偿

2007 年 7 月 11 日公布、9 月 1 日实施的《铁路交通事故应急救援和调查处理条例》曾经在第 33 条第 1 款规定：“事故造成铁路旅客人身伤亡和自带行李损失的，铁路运输企业对每名铁路旅客人身伤亡的赔偿责任限额为人民币 15 万元，对每名铁路旅客自带行李损失的赔偿责任限额为人民币 2000 元”，上述规定限额赔偿的做法已经被废止，取而代之的是现在第 34 条规定的“事故造成其他人身伤亡或者财产损失的，依照国家有关法律、行政法规的规定赔偿”，取消了限额赔偿的做法第 34 条（2012 年修订为第 33 条）规定：“事故造成铁路运输企业承运的货物、包裹、行李损失的，铁路运输企业应当依照《中华人民共和国铁路法》的规定承担赔偿责任。”这种损害赔偿实际上是运输合同的损害赔偿责任，在发生竞合时，当然也可以以侵权损害赔偿起诉。这种最高限额，也是无过错责任中的限额赔偿。对于路外人身伤亡和财产损失，则依照法律或者行政法规的规定承担赔偿责任，不在此列，没有赔偿限额的限制。

3. 国内航空事故赔偿

2006 年 1 月 29 日国务院批准、2 月 28 日国家民用航空局公布、3 月 28 日起实施的《国内航空运输承运人赔偿责任限额规定》第 3 条规定：“国内航空运输承运人（以下简称承运人）应当在下列规定的赔偿责任限额内按照实际损害承担赔偿责任，但是《民用航空法》另有规定的除外：（一）对每名旅客的赔偿责任限额为人民币 40 万元；（二）对每名旅客随身携带物品的赔偿责任限额为人民币3000元;(三)对旅客托运的行李和对运输的货物的赔偿责任限额,为每公斤人民币100元。"第5条规定:"旅客自行向保险公司投保航空旅客人身意外保险的,此项保险金额的给付,不免除或者减少承运人应当承担的赔偿责任。"按照这一规定,国内航空运输中发生的旅客人身、财产损害的赔偿,按照上述限额进行赔偿。超出以上限额的,不予赔偿。其赔偿性质与铁路交通事故相同,也不包括对航空旅客之外的其他人的损害赔偿问题。

4. 海上运输损害赔偿

1993年11月20日国务院批准、12月17日交通部发布、1994年1月1日起实施的《港口间海上旅客运输赔偿责任限额规定》第3条第1款规定:"承运人在每次海上旅客运输中的赔偿责任限额,按照下列规定执行:(一)旅客人身伤亡的,每名旅客不超过4万元人民币;(二)旅客自带行李灭失或者损坏的,每名旅客不超过800元人民币;(三)旅客车辆包括该车辆所载行李灭失或者损坏的,每一车辆不超过3200元人民币;(四)本款第(二)项、第(三)项以外的旅客其他行李灭失或者损坏的,每千克不超过20元人民币。"第4条规定:"海上旅客运输的旅客人身伤亡赔偿责任限制,按照4万元人民币乘以船舶证书规定的载客定额计算赔偿限额,但是最高不超过2100万元人民币。"这个规定至今已经有15年多了,规定的赔偿限额显然过低,但它仍然是限于合同之中对旅客损害的限额赔偿,而不是全额赔偿。

(二)对限额赔偿规定的分析

1. 限额赔偿适用的场合

在上述规定中,核损害的赔偿责任、铁路运输损害责任以及航空运输损害责任,都属于无过错责任范畴。海上运输损害责任,应当认为这个规定适用于海上运输合同的损害赔偿,违约造成债权人固有利益损害的,受害人可根据自己的利益,选择违约责任还是侵权责任起诉。如果依照合同责任起诉,为过错推定原则,受害人不承担过错的举证责任,海上运输合同实行举证责任倒置,由债务人承担证明自己没有过错的举证责任;按照侵权责任起诉,则为过错责任原则,受害人应当承担过错的举证责任。

2. 限额赔偿的具体类型

上述法规、规章在规定限额赔偿的时候,使用了三种不同的方法:第一种是规定企业应当承担损害赔偿责任的总额,如核事故损害赔偿责任的3亿元和8亿元人民币的限额;第二种是对受害人个体的赔偿限额;第三种是既规定个人限额也规定总限额,如海上运输损害赔偿。

3. 限额赔偿适用的对象

在上述规定中,限额赔偿规定适用的对象包括两种:第一种是合同当事人的损害,如铁路运输、航空运输、海上运输损害赔偿的限额赔偿,都适用于旅客受到的损害,并没有包括运输合同之外的其他人的损害。第二种是既包括企业内部的损害,也包括企业外部的损害,如核事故损害赔偿责任。后者的适用对象更为广泛,前者实际上只约束合同当事人。

（三）无过错责任原则与限额赔偿的关系问题

在上述核损害赔偿责任、航空运输损害赔偿责任和铁路运输损害赔偿责任的规定中,都有限额赔偿,而这些限额赔偿的侵权责任的性质都是无过错责任的特殊侵权责任。限额赔偿和无过错责任之间究竟是什么样的关系,在实践中应当如何适用呢?

1. 前三种限额赔偿的具体适用情况

迄今为止,我国没有发生过核损害事故,因此,核损害赔偿的限额赔偿责任的规定并没有适用过。航空运输损害赔偿的限额赔偿,由于空难曾经发生而得到适用。对于空难事故的受害人及近亲属,航空公司承担了上述限额赔偿责任,并且得到保险赔偿之后,基本上没有向法院起诉索赔的,很少发生限额赔偿与全部赔偿责任的关系问题。在铁路运输损害责任中,由于有《铁路法》的规定,又有上述限额规定,法院在审理这类案件时,多数是直接适用限额赔偿责任规定,当事人即使有意见也没有办法,只能如此。①

按照上述实际情况观察,事实是,法律、法规规定了限额赔偿的,法院在实际操作中基本上就是采用限额赔偿,很少有其他做法;即使法官认为这样的规定不合理,也没有其他解决办法,只能按照规定采用限额赔偿。至于受害人一方主张全额赔偿的,法官则不予支持。

2. 其他没有规定限额赔偿责任的赔偿问题

除了上述限额赔偿规定之外,其他无过错责任特殊侵权责任的赔偿问题,则一律按照全部赔偿原则进行。无论加害人是否有过错,只要是法律规定为无过错责任特殊侵权责任,就都实行全部赔偿,无所谓限额赔偿一说。例如,2004 年 9 月 29 日 11 时许,乘客吴某欲乘地铁,在北京地铁一号线南礼士路站,当其购票进入车站乘车时,由于见到列车已经开进站台,急忙奔跑赶车。由于其奔跑速度过快,身体控制不住,不慎掉入站台下,被 1601 次列车从其腿部碾过,轧断左腿和右脚,鉴定为三级伤残。吴某向法院提出 219 万元的索赔请求,法院判决北京地铁承担了 80 余万元的损害赔偿责任。② 如果不是由于受害人吴某自己的过失所致损害,地铁企业当然要承担全部赔偿责任。地铁不是铁路运输企业,而是城市公交企业,属于高速轨道运输企业,在适用归责原则上参照铁路企业的规定,为无过错责任,这是有道理的;但是,在确定赔偿范围上,司法裁判却因没有限额规定而判决全部赔偿,不参照铁路企业的限额赔偿规则而予以全部赔

① 原来争议较多的是路外伤亡事故,1979 年的规定只赔偿少量损失;至上述限额赔偿规定之后,已经按照侵权法规定确定赔偿责任,对此已经没有争议了。

② 参见北京市西城区人民法院(2008)西民初字第 14103 号民事判决书。

偿,显然是不公平的。这里就有问题了:同样都是无过错责任,有的是限额赔偿,有的是全部赔偿;有限额赔偿的就一律限额赔偿,没有限额赔偿规定的就一律全部赔偿。这样的做法既不合理,也不公平。

3. 运输合同之外的其他人的损害责任问题

运输合同之外的其他人因为铁路交通事故、航空事故以及海上交通事故受到损害的,除了铁路交通事故的行政规章明确规定"事故造成其他人身伤亡或者财产损失的,依照国家有关法律、行政法规的规定赔偿"之外,其他并没有规定。那么,对运输合同之外的其他人的损害责任,究竟是限额赔偿还是全部赔偿,似乎也很明显,即也是全部赔偿。不过,既然是无过错责任,对于合同之外的其他人的损害赔偿都实行全部赔偿原则,似乎也不公平。

4. 海上运输损害赔偿的限额赔偿与侵权赔偿

在海上运输损害赔偿中,限额赔偿规定的是违约损害赔偿责任。如果受害旅客起诉侵权责任,并且能够证明海上运输营运者对于损害的发生具有过错的,是不是应当有所区别呢?如果不加区别,一律实行限额赔偿,在诉讼风险和诉讼利益的平衡上,是不是有失公允?而对于运营者无论是否证明了自己没有过错都承担一样的责任,也不公平。因此,如果受害旅客能够证明运营者具有过失,并且依照侵权责任起诉的,应当适用全部赔偿责任的规则,而不适用限额赔偿责任的规则,这样似乎更为合理。至于造成合同之外的其他人的损害,由于实行过错责任原则,当然应当全部赔偿,而不是限额赔偿。

三、《民法典》对限额赔偿规定的基本规则

无过错责任与限额赔偿之间的关系必须协调。现行法律规定部分限额赔偿规则,是有道理的,可惜并不是普遍性的规定;在司法实践中,法官将无过错责任与限额赔偿对立起来,有限额规定的就限额赔偿,没有限额规定的就全部赔偿,并没有第三种处理方案,不允许受害人进行选择。这样的做法是僵化的,不符合侵权法的公平理念。

《民法典》第1244条规定:"承担高度危险责任,法律规定赔偿限额的,依照其规定,但是行为人有故意或者重大过失的除外。"对这一规定应当严格执行。被侵权人主张承担无过错责任的,应当按照限额赔偿的规定进行赔偿。被侵权人能够证明行为人有故意或者重大过失的,则不受限额赔偿规则的限制,可以请求全额赔偿。

还应当解决以下问题:

第一,无过错责任的特殊侵权责任,无论是其内部关系还是外部关系,造成自己的债权人的损害还是造成合同之外的人的损害,都可以实行限额赔偿。在现行的限额赔偿规定中,几乎都是高度危险责任。对此,应当作为强制性法律规范对待,不能由法官

自行决定适用还是不适用。应当明确,对于其他无过错责任的特殊侵权责任,如产品责任、其他高度危险责任、环境污染和生态破坏责任、饲养动物损害责任的特别规定中,也可以规定无过错责任请求权的赔偿范围上限;或者规定责任人应当承担的赔偿责任上限,如核损害赔偿责任的规定;或者规定对特定受害人担任的赔偿责任限额,如航空运输损害责任和铁路运输损害责任。对于地铁运营损害责任的法律适用,应当比照适用铁路运输的赔偿规定,实行限额赔偿责任。对合同外部的其他人的损害,凡属于无过错责任者都应当实行限额赔偿。

第二,无过错责任特殊侵权责任的受害人能够证明加害人一方存在故意或者重大过失的,应当准许受害人一方请求全额赔偿。在诉讼中,对于受害人一方能够证明加害人存在过失的,应当按照《民法典》第 1165 条第 1 款侵权行为一般条款的规定,实行过错责任的全部赔偿原则,以保护受害人的合法权益。即使是在海上运输这样的场合,尽管不实行无过错责任原则,但受害人能够证明责任人一方具有过失,依照侵权法规定起诉的,也应当实行全部赔偿责任,准许受害人请求全部赔偿,并且予以支持。

第三,确立不同的法律基础产生的请求权的不同内容,准许当事人进行选择。类似于产品侵权责任、铁路交通事故责任、航空运输损害责任等,凡是法律规定不同的请求权法律基础的,当事人在起诉时都可以进行选择。按照不同的请求权基础的法律规定,承担举证责任;能够证明自己所选择的请求权构成的,法官就应当予以支持,按照当事人所选择的请求权确定赔偿责任。这一点是法律适用的一般规则,《民法典》就规定了这样的规则。

第四,基于无过错责任与限额赔偿之间的特殊关系,以及侵权请求权的不同法律基础的不同要求,采取的做法是:依照法律规定即使无过错也应当承担侵权责任的,其赔偿责任适用法律规定的损害赔偿范围;受害人能够证明侵权人有故意或者重大过失的,按照侵权责任的一般规定确定赔偿责任。这样,就从根本上解决了上述问题,真正体现侵权责任法的公平和正义要求。

第九章　饲养动物损害责任

《民法典》侵权责任编对高度危险责任的主要修改内容是:未采取安全措施的动物致害是因被侵权人故意引起可以减责。《民法典》第 1246 条规定:“违反管理规定,未对动物采取安全措施造成他人损害的,动物饲养人或者管理人应当承担侵权责任;但是,能够证明损害是因被侵权人故意造成的,可以减轻责任。”与原《侵权责任法》第 79 条规定相比,这一条文改变了原条文的绝对责任条款,适用严格的过失相抵的新规则。

第一节　饲养动物损害责任概述

《民法典》第 1245 条规定了饲养动物损害责任的一般条款,即“饲养的动物造成他人损害的,动物饲养人或者管理人应当承担侵权责任;但是,能够证明损害是因被侵权人故意或者重大过失造成的,可以不承担或者减轻责任”。第 1251 条规定了饲养动物的人应当遵守的义务,即“饲养动物应当遵守法律法规,尊重社会公德,不得妨害他人生活”。在处理饲养动物损害责任的侵权纠纷案件中,在第九章没有特别规定的,应当适用第 1245 条一般条款的规定;有第 1246 ~ 1248 条特别规定情形的,按照特别规定确定侵权责任。

一、饲养动物损害责任的界定

饲养动物损害他人,是社会生活中客观存在的一种侵权行为。对于饲养动物损害行为,各国基于自身的历史传统、社会生活、法律环境等诸多因素,作出了不同的规范。我国原《民法通则》第 127 条对饲养动物损害责任作了明确规定,但该条的规定内容比较简单,采用单一归责原则确定侵权责任,不够完善。原《侵权责任法》对饲养动物损害责任进行全面规范,明确法理,借鉴域外法例,紧贴现实生活,作出了科学、完备的规范。《民法典》确认原《侵权责任法》对饲养动物损害责任的规定,只对个别规则的表述作了修改和完善。

研究饲养动物损害责任的法理,必须对饲养动物损害责任作出科学界定,必须探求饲养动物损害责任的蕴涵;其中,饲养动物损害责任的动物范畴、动物的法律地位、饲养动物损害责任的理论基础,应当特别加以阐释。

(一)动物的范畴

饲养动物损害责任在古代就已存在,古罗马《十二表法》第 8 表“私犯”第 6 条规定:“牲畜使他人受损害的,由其所有人负责赔偿,或把牲畜交与被害人。”最初,只是牛、马等牲畜给他人造成损害时,适用委付之诉(actiones noxalis),由其所有人把该牲畜交给被害人处理,为损害投役,或赔偿所致的损害。罗马共和国中期,《泊梭拉尼亚法》(Lex Pesolania)把“牲畜损害之诉”(actio de pauperie)扩大适用于狗所致的损害,不再局限适用于耕田挽车的四足兽;后来又扩充适用于一切四脚兽,对于鸡、鸭等两脚动物的损害,也可以准诉请求赔偿。[①] 从中可以发现,饲养动物损害责任中的动物存在一个不断扩充的过程。中国古代同样有动物损害的立法。

古罗马以降,现代大陆法系各国立法在饲养动物损害责任中对动物的范围把握,宽严不一。《法国民法典》第 1385 条、《意大利民法典》第 2052 条、《日本民法典》第 718 条等,都对动物损害进行了一般规定;《德国民法典》第 833 条虽亦规定为动物损害,但区分了维持动物占有人的职业、营业或生计的动物;《瑞士债法典》第 56 条也只规定了动物,但明确了对猎兽致害由州法规定。可见,饲养动物损害责任在大陆法系国家大多一般规定为动物,并不对动物进行具体划分。

在美国侵权法中,对饲养动物损害责任中的动物界定同大陆法系国家不同,明确将动物区分为野生动物(wild animals)和家养动物(domestic animals)。根据美国《侵权行为法重述(第二次)》第 506 条的规定,野生动物是指该动物的饲养地区及饲养时期,惯例上并非为人类服务的动物;家养动物是指该动物的饲养地区及饲养时期,惯例上为人类服务的动物。依照美国侵权法学者的解释,在美国,马、牛是明显的家养动物种类,还有狗、猫那些宠物;野生动物包括猴子、大象(但是在缅甸大象被作为驯养的运输动物)、狮子、老虎和骆驼。[②] 在英国法中,1971 年的《动物法案》将动物分为危险动物

① 参见周枏:《罗马法原论》(下册),商务印书馆 1994 年版,第 872 页。

② 参见[美]理查德·A. 爱泼斯坦:《侵权法》,中信出版社 2003 年版,第 336～337 页。

和非危险动物,将危险动物定义为:“(a)在不列颠岛内通常不为家禽的动物,而且(b)这类动物完全长成后通常具有这种特性:除非受限制,它们可能造成严重损害,或它们造成的任何损害都可能是严重的。”[①]“家畜”在《动物法案》第 11 条中被定义为包括牛、马、驴、马骡、驴骡、绵羊、猪、山羊、家禽以及非野生状态的鹿。[②]

在原《民法通则》颁布实施前,我国的司法实务和民法理论借鉴苏联的民法理论和立法,对饲养动物损害责任进行划分,一是豢养的野兽引起的损害,二是饲养的家畜、家禽等动物致人损害。对于上述两种动物损害责任分别采取不同的归责原则,前者适用无过错责任原则,后者适用过错责任原则。[③] 原《民法通则》采取了归一化的做法,即在第 127 条规定饲养的动物致人损害责任,并不对动物进行区分,统一界定动物概念。对“饲养的动物”的理解,有学者提出四个条件:(1)它为特定的人所有或占有,质言之,它为特定的人饲养或管理;(2)饲养或管理者对动物拥有适当程度的控制力;(3)该动物依其自身的特性,有可能对他人的人身或财产造成损害;(4)该动物为家畜、家禽、宠物或驯养的野兽、爬行类动物。[④] 也有学者指出,“饲养的动物”是指人工喂养、放养和管束的动物,既包括家畜、家禽,也包括驯养的野兽。[⑤]

将动物统一规定为“饲养的动物”,虽然便于执行和操作,但是在理论和实践中都有无法克服的困难。一方面,致人损害的动物类别不同,其表现形式也各异,危害程度轻重不一,在立法中应当有所区别。不加区分地“一刀切”,没有针对具体的情况采取不同的法律对策,显然不够科学,也不能公平确定责任。另一方面,致人损害的动物不同,不能适用统一的归责原则,这关系到动物保有者负有的注意义务的程度,关系到在司法实践中对责任的确定和对个人行为自由的保护。因此,不能“宜粗不宜细”,而应当对饲养动物损害责任的规制尽量细化,针对不同类型的动物设立不同的规定。

原《侵权责任法》第十章规定了饲养动物损害责任,在第 78 条一般条款中规定的动物是一般动物,即包括所有的动物。在第 79 ~ 82 条规定了特殊的动物,即违反规定饲养的动物、禁止饲养的危险动物、动物园饲养的动物和遗弃、逃逸的动物。违反管理规定饲养的动物,与一般的动物不同,是必须按照管理规定才能够饲养,如大型犬,必须按照管理规定饲养。禁止饲养的烈犬等危险动物,实际上就是禁止饲养的凶猛动物,包括饲养的野生动物。动物园的动物,是在动物园管束下的动物,供人观赏的野生

---

① The Animals Act 1971. S 6(2).

② See Simon Deakin, Angus Johnston, and Basil Markesins, *Tort Law*, 5th ed., Clarendon Press · Oxford, 2003, p. 550.

③ 参见王利明、杨立新:《侵权行为法》,法律出版社 1996 年版,第 298 页。

④ 参见张新宝:《饲养动物致人损害的赔偿责任》,载《法学研究》1994 年第 2 期。

⑤ 参见房绍坤:《试论动物致人损害的民事责任》,载《中外法学》1992 年第 6 期。

动物。这些动物,是特殊的动物。而第 78 条以及第 82 条规定的动物,是一般动物,是不用按照管理规定饲养,也不是禁止饲养,又不是动物园饲养的动物;是可以直接饲养的动物,如小型狗、猫,农村饲养的鸡、鸭、鹅、猪、牛、羊等家禽家畜。

《民法典》侵权责任编第九章在原《侵权责任法》第十章的基础上,仅对第 1246 条规定的未采取安全措施的动物损害责任,由绝对责任条款改为因被侵权人故意引起可以减轻责任,其他的规则有的仅作文字调整,基本规则都没有改变。因此,在理解《民法典》规定的饲养动物损害责任中的动物时,应当按照以下方法界定:

1. 在动物中,须最为严格规定的,是禁止饲养的烈性犬等危险动物。这种动物不仅指烈性犬,还包括其他禁止饲养的烈性的、凶猛的动物。这些动物应当包括禁止饲养或者不宜个人饲养的野生动物,如野猪、虎、豹、豺狼。不能为特定所有人或占有人适当控制的野生动物,不包括在其中,因为它们不属于饲养的动物的范畴。如果不受控制的野生动物发生致害问题,由于没有特定的所有人或占有人,不存在承担责任的主体,不属于《民法典》调整的范围。国家保护的野生饲养动物损害责任,应当从国家补偿的角度,对受害者进行相应的补偿。①

2. 违反管理规定的动物。饲养某些动物必须按照国家的有关管理规定进行。按照这样的管理规定,饲养动物必须对动物采取安全措施。例如,在城市饲养大型犬,必须按照国家有关管理规定,相关部门每年要进行年检,要给饲养的动物发户口,进行严格管理。违反管理规定,对动物未采取安全措施,造成损害的,适用无过错原则,确定赔偿责任。相反,在农村饲养狗,没有管理规范,则不受这一规则约束。

3. 动物园饲养的动物。动物园属于国家或者企业,动物园饲养的动物都是经过国家批准,符合国家管理规定的动物;并且动物园均有专业的资质,符合饲养这种动物的要求。不论是城里的国家动物园,还是郊区的野生动物园,都要按照国家规定饲养动物,动物园必须按照规定,善尽管理职责。

4. 对以下两种特殊的动物应当如何对待,需要研究:(1)细菌不属于致害动物的范畴。对此,我国台湾地区学者认为细菌不包括在内,"加害者须为动物,此之所谓动物非动物学上之动物,乃一般社会通念上之动物,因而细菌于动物学虽不失为动物,但于此则不包括在内"。② 应当采取一致立场,饲养动物损害责任的动物中,不包含细菌。对于那些传染性很强、危害很大的病毒、细菌等发生泄漏、传播造成损害,应当按照高度危险责任处理,③不属于饲养动物损害责任范畴。不过在日本,有学者主张对保管中

---

① 参见金月蓉:《试论野生动物致人损害的救济问题》,载《广西政法管理干部学院学报》2004 年第 1 期。

② 郑玉波:《民法债编总论》(修订 2 版),陈荣隆修订,中国政法大学出版社 2004 年版,第 163 页。

③ 参见郭明瑞、房绍坤、於向平:《民事责任论》,中国社会科学出版社 1991 年版,第 244 页。

的细菌、病毒适用饲养动物损害责任的规定,[①]我国不宜采纳。(2)实验动物致人损害,属于饲养动物损害责任中的动物。实验动物指为教学训练、科学试验、制造生物制剂、试验商品、药物、毒物及移植器官等目的所进行的应用行为而饲养或管领的动物。实验动物具有不同于其他种类动物的特殊性,一般被管束在试验场所。但是实验动物也可能发生逃逸、脱离,会造成损害,对此,应当按照饲养动物损害责任予以处理,适用违反管理规定未对动物采取安全措施的规定。

5. 一般动物。除了上述规定的各种动物之外的动物,属于一般动物,适用《民法典》第1245条关于饲养动物损害责任一般条款的规定。

(二)动物的法律客体地位

随着社会的发展,有人主张动物在法律上具有完全的权利主体资格,享有同人一样的权利。如有的主张"扩大法律主体人格范畴,动物和自然物也有生命权、健康权,也有生存和存在的权利,这是动物的具体人格权。在一般人格权中,动物和自然物也应有人格自由、人格平等、人格尊严的权利"。[②]

动物成为权利主体的主张不仅仅是理论上的主张,在我国民法典的立法准备过程中,也有人主张这个观点。徐国栋在起草《绿色民法典草案》建议稿时认为,为了达成生态主义的民法典的客体的目的,应当在序编的第三题"客体"第33条"动物的法律地位"中规定:"动物要么在畜养的食用动物的范畴之内,要么在这一范畴之外。非畜养和食用的动物是处于人与物之间的生灵,享有一定的由动物保护机构代为行使的权利。民事主体负有仁慈对待上述两类动物的义务。"此外,在第四分编关于"对动物所作的遗嘱处分"的第164条,承认了以动物为受益"人"的遗嘱处分的有效性,向动物的主体化迈进了一小步。[③] 这种主张认为,动物中只有畜养的食用动物才是物;对于其他的动物应认为是权利主体,具有法律人格,只不过其权利的行使由一定的动物保护机构代为行使而已,为"准主体"。

不应将动物视作人,也不能将其作为民事主体。原因在于,对于动物的保护,适用现行民法完全可以予以周到的保护,不必改变民法的传统,把动物作为人来对待,毁坏民法的正常秩序。同样,对于动物致害,适用《民法典》的饲养动物损害责任,即可实现对民事主体民事权益的保护,也没有必要按照动物人格权的主张,追究动物的民事责任。对此,我们曾经做过详细的研究和论证,理由十分充分。[④] 对此,《民法典》侵权责任编第九章的规定体现了这样的精神,并没有把动物作为民事主体或者准主体规定,

---

① 参见[日]前田达明:《民法Ⅵ2侵权行为法》,青林书院1980年版,第170页。

② 王紫零:《非人类存在物法律主体资格初探》,载《广西政法管理干部学院学报》2003年第5期。

③ 参见徐国栋:《认真透析〈绿色民法典草案〉中的"绿"》,载《法商研究》2003年第6期。

④ 参见杨立新:《杨立新民法讲义·民法总则》,人民法院出版社2009年版,第220~264页。

仍然坚持民法关于动物是物的传统,否定了“动物人格权”的主张。

(三)饲养动物损害责任的理论基础

动物造成损害,不可能由动物承担赔偿责任,应无疑义。在责任承担上,各国基本上遵循由致害动物的所有人、役使人或占有人承担责任。确立饲养动物损害责任的理论基础如下。

首先,权利与义务相一致原则。“动物的所有人、占有人和管理人饲养动物,通常为了收益,当因管理不善而使动物致人损害时,其所有人、占有人或管理人就应当承担赔偿责任。”①该主张从权利义务相一致原则出发,认为基于动物的所有人、占有人和管理人享受了利益,就应当承担相关的赔偿责任,这种主张具有其合理性。在英美侵权法中,在对饲养动物损害责任的理论探讨上,也是从这一立场出发的,动物所有人为了自身利益保有动物,应当对动物负担相应的义务。有学者认为,除了动物的有用性,动物的危险本性可以很好地证明,让所有人承担保护在他所致的危险下的社区免于所有人为了自己利益保有动物而涉及的典型危险的义务是正当的。② 动物的自主移动能力及动物的危险本性证明,动物所有人负担保护公众最低限度的免受所有人为了自己的利益保有动物而涉及的典型危险的义务是正当的。③ “法国现代法律认为,民法典第1385条(关于饲养动物损害责任)是建立在危险责任的基础之上:谁从动物身上获得了利润,谁即应承担它所产生的风险。”④《国际比较法百科全书》侵权法卷指出,“关于饲养动物损害责任,是对动物的所有或控制决定了动物造成的损害承担责任吗?在无法证明过失的情形下,责任应当由所有人或从动物获得利益(经济的或情感的)的人承担。在可以证明过失的情形下,受害者应当向为过失负责的人请求赔偿,无论是与所有人共同承担,还是自己单独承担”。⑤ 这也体现了权利义务相一致的原则,就是所有人或从动物获得利益(经济的或情感的)的人应当承担责任。

其次,区别风险轻重原则。权利义务相一致原则是饲养动物损害责任的理论基础,不过,饲养动物损害责任根据致害动物种类的不同而有异,饲养动物损害责任的理论基础在具体表现上也有所差异。对于危害性大的驯养的野生动物,基于其危险本性,动物的保有人应当承担无过错责任。除了保有人享受经济或情感利益需要负担防

---

① 杨立新:《侵权法论》(第2版),人民法院出版社2004年版,第502页。

② John G. Fleming, *The Law of Torts*, 8th ed., The Law Book Company Limited, 1992, p. 353.

③ Simon Deakin, Angus Johnston, and Basil Markesins, *Tort Law*, 5th ed., Clarendon Press · Oxford, 2003, p. 548.

④ 张民安:《现代法国侵权责任制度研究》,法律出版社2003年版,第191页。

⑤ Ferdinand F. Stone, *International Encydopedia of Comparative Law*, Vol. 11, Torts-Chapter 5: Liability for Damage Caused by Things, pp. 5 - 56.

止损害的义务外,动物由保有人实际控制,保有人预防危险的能力较之受害人为强,由其承担责任是合理的。基于无过错责任的法理,这类危险性大的动物发生的危险应该由保有这种危险物者承担责任。在明知或应知有不同寻常危险的家畜或家禽致害时,也是因为致害动物的危险本性已经或者应当为动物保有者所知晓,其应当负担无过错责任。美国侵权法学者认为,严格责任的基础通常而言是对动物的占有和控制力。[①]而在普通的家畜或家禽致害时,应当采取过错推定责任原则,只有动物保有者未尽到对动物的相当注意的管束时,才承担责任。此时,除了动物保有者享受了动物的利益需要承担责任的理由,动物保有者的过失也是普通的家畜或家禽致害责任的根据。

(四)饲养动物损害责任的概念与特征

基于以上分析,对饲养动物损害责任概念的界定是:饲养动物损害责任是指动物饲养人或者管理人在饲养的动物造成他人损害时,根据致害动物的种类和性质适用无过错责任原则或者过错推定原则,应当承担赔偿责任的特殊侵权责任。

饲养动物损害责任具有以下特征。

1. 致害动物是被饲养的动物

《民法典》第1245条以及其他条文规定的是"饲养的动物",并且把饲养的动物分为饲养的一般动物、违反管理规定的动物、禁止饲养的动物以及动物园的动物。除此之外的其他动物造成的损害,不适用《民法典》的规定确定侵权责任。

2. 责任形态为对物的替代责任

《民法典》第1245条规定的责任主体为动物的饲养人或管理人。其特点是,造成损害的是饲养人或者管理人饲养的动物,而承担责任的是动物的饲养人或管理人。这个特点,属于典型的对管领的物造成的损害承担赔偿责任的替代责任,简称为对物的替代责任。这种责任形态源于《法国民法典》第1384条。有人主张对此应当规定为饲养动物的保有人,直接以保有人称谓更为恰当,而且也符合当前对饲养动物损害责任的立法潮流,"在大陆法较早的规定中,对动物承担责任的人是所有者;近来,立法已经将这一责任规定于保有者"。[②] 但是,《民法典》仍然坚持原《民法通则》的称谓,将其称作动物的饲养人或者管理人。这样的称谓尽管不如动物保有人准确,但是也没有太大的问题,因此,继续使用动物饲养人或者管理人的概念也不会有严重问题。在司法实践中或者在理论研究中,将饲养人和管理人理解为保有人,大体上可以解决这个问题。

3. 一般条款下的特殊规定的立法体例

《民法典》对于饲养动物的损害责任,既规定了一般条款,也规定了特殊责任,实行

---

① William L. Prosser, *Handbook of The Law of Torts*, 4th ed., West Publishing Co., 1971, p. 498.

② [德]克雷斯蒂安·冯·巴尔:《欧洲比较侵权行为法》(上卷),张新宝译,法律出版社2001年版,第438页。

的是一般条款下的特殊责任的立法体例。一般条款是第1245条,规定了饲养动物损害责任的一般规则,在此之下,对于四种不同的特殊责任分别加以规定。对于一般的饲养动物损害责任适用一般性规定,对于特别规定的特殊责任适用特别规定,体现了实事求是的原则,既能够做到具体情况具体对待,又体现了公平和公正的立法原则,实现了科学化的要求。

4. 归责原则二元化

《民法典》关于饲养动物损害责任的规定,在归责原则上改变了单一归责原则的做法,根据实际情况确定了不同的归责原则,即基本归责原则为无过错责任,对个别的饲养动物损害责任,如动物园的动物致人损害,实行过错推定原则。

二、饲养动物损害责任的归责原则

确定饲养动物损害责任的归责原则是争论较大的一个问题。经过反复讨论,确定了我国饲养动物损害责任的二元化归责原则体系。

(一)大陆法系国家或地区饲养动物损害责任的归责原则

1. 法国法

《法国民法典》第1385条规定:"动物的所有人,或者牲畜的使用人,在使用的期间内,对该动物或牲畜造成的损害,不论该动物或牲畜在其管束之下,还是走失或逃逸,均应负赔偿之责任。"该条是因物的行为而产生法律责任的准侵权行为之一,归责原则为无过错责任。

对《法国民法典》的该条规定,在20世纪之前,动物的所有人或使用人根据该条所承担的侵权责任是一种法定的过错推定责任,并非现在所说的无过错责任。此种过错表现在对动物的监督方面具有过失,在动物的使用方面具有疏忽。然而,在19世纪末,法国法院最终认为,责任承担人不能通过证明自己没有过错的方式来免除自己所承担的责任,[①]转而采纳无过错责任原则。《法国民法典》对动物损害转而采取无过错责任原则,目的就在于强有力地保护小园丁,[②]在其土地或财产受到动物损害时,可以得到最好的、最及时的赔偿。由于《法国民法典》的重大影响,大陆法系中的法国法系国家大多选择了《法国民法典》规定的饲养动物损害责任适用无过错责任原则的做法。

2. 德国法

《德国民法典》第833条(动物饲养人的责任)规定:"动物致人死亡,或者伤害人的

---

① 参见张民安:《现代法国侵权责任制度研究》,法律出版社2003年版,第191页。

② Ferdinand F. Stone, *International Encyclopedia of Comparative Law*, Vol. 11, Torts-Chapter 5: Liability for Damage Caused by Things, pp. 5 – 57.

身体或者健康,或者损害物的,动物饲养人有义务向受害人赔偿由此发生的损害。损害由规定用于动物饲养人的行业、职业活动或者生计的家畜引起,并且动物饲养人在监督动物时尽了在交易中必要的注意,或者即使尽此注意损害也会发生的,赔偿义务即不发生。"第834条(动物看管人的责任)规定:"以合同为动物饲养人承担对动物实施看管的人,对动物以第833条所称方式加给第三人的损害负有责任。看管人在实施看管时尽了在交易中必要的注意,或者即使尽此注意损害也会发生的,该项责任即不发生。"

理解《德国民法典》第833条,需要从历史渊源上考量。《德国民法典》初制定时,采取罗马法与古日耳曼法例,规定动物占有人负危险责任(Gefaehrdungshaftung),引起农民的强烈反对。因此于1908年在《德国民法典》第837条增列第2项(即现今《德国民法典》第833条),将用益性动物(Nutztiere)占有人的责任改为举证责任倒置的过失责任;对于所谓奢侈性动物(Luxustiere)的占有人责任,仍维持危险责任。[①] 实际上,《德国民法典》的饲养动物损害责任是严格责任与举证责任倒置的过失责任,即过错推定原则的二元体系,对动物饲养人的行业、职业活动或者生计的家畜引起的损害实行举证责任倒置的过失责任;对其他动物的损害实行无过错责任。"但是《德国民法典》第833条第1句是一个例外。在这里,动物饲养人对受害人的损害赔偿义务并不以过错(故意或者过失)为必要。所以,《德国民法典》第833条第1句是关于无过错责任的规定。"[②]

3. 日本法

《日本民法典》第718条规定:"动物之占有人就其动物所加于他人之损害,负赔偿责任;但依动物之种类及性质,已为相当注意之保管者,不在此限。代占有人保管动物者,亦负前项责任。"对该条规定的理解是,"这种动物占有者责任的性质,虽然不以对加害自身的故意、过失为要件,但以保管上的过失为归责要件,不过,转换了该举证责任,所以可以说是一种中间责任"。[③] 事实上,这一规定与《德国民法典》的规定是相同的,即首先,动物致害的占有人负无过错责任。其次,依动物之种类及性质,即所谓的用益性动物,为过错推定原则;而保管动物者,适用前项规定,分别为无过错责任或者过错推定原则。我国台湾地区学者也认为《日本民法典》该条对饲养动物损害责任采中间责任主义,其实说对了一半。[④]

4. 意大利法

《意大利民法典》第2052条(动物导致的损害)规定:"动物的所有人或在利用动物

---

① 参见黄立:《民法债编总论》,中国政法大学出版社2002年版,第314页。

② 陈卫佐译注:《德国民法典》,法律出版社2004年版,第267页,注[610]。

③ 于敏:《日本侵权行为法》,法律出版社1998年版,第287页。

④ 参见曾隆兴:《详解损害赔偿法》,中国政法大学出版社2004年版,第108页。

期间对其进行管理之人,无论动物是在其保管下,还是遗失或逃走,都要对动物所致损害承担责任,除非证明损害是意外事件所致。”该条规定的亦是无过错责任原则,但是与《法国民法典》规定不同的是,明确了只有意外事件才是饲养动物损害责任的免责事由,才可以进行抗辩。

5. 我国台湾地区

我国台湾地区“民法”第190条规定:“动物加损害于他人者,由其占有人负损害赔偿责任。但依动物之种类及性质已为相当注意之管束,或纵为相当注意之管束而仍不免发生损害者,不在此限。动物系由第三人或他动物之挑动,致加损害于他人者,其占有人对于该第三人或该他动物之占有人,有求偿权。”

针对该条的责任性质,虽有“私见:系无过失责任,盖‘民法’第190条之规定只是动物占有人之负责要件,而非加害行为之要件”的看法,[①]但通说认为采中间责任,“可知我‘民法’规定占有人之责任,乃系一种中间责任,较一般之过失责任为重”。[②] 其实,以笔者的理解,本条前两句规定的分别是无过错责任人和过错推定原则,与德国法的规定十分相似。

值得注意的是,在欧洲法律统一化的进程中,《欧洲民法典》草案之一部分的“侵权行为法”对饲养动物损害责任也作了规定,其体系位置是在“无过错责任”一节中,彰显了饲养动物损害责任适用无过错责任原则。

(二)英美法系国家饲养动物损害责任归责原则

1. 英国法

在英国普通法的传统上,饲养动物损害责任属于严格责任的范畴。在近代这一原则得到贯彻,在1971年的《动物法案》中得到了保留。但是,英国法中的饲养动物损害责任并非仅仅适用严格责任,实际上对于动物造成的损害,动物的保有者依不同的根据承担责任,主要有三种,即普通侵权责任(ordinary liability in tort)、明知的严格责任(liability under the strict scienter rule)、家畜侵入土地责任(liability for cattle trespass)。[③]

动物的普通侵权责任,包括:(1)侵扰(nuisance),比如一个人让他的猪离他邻居的房子太近;(2)企图伤害和殴击(assault and battery),如狗的所有人让狗袭击人;(3)基于过失的动物责任(liability for animals based on negligence),根据在于动物所有人违反了注意义务。可以发现,在普通动物侵权责任中,理论基础在于动物保有者的过失,即

---

① 参见林诚二:《民法债编总论——体系化解说》,中国人民大学出版社2003年版,第183页。

② 郑玉波:《民法债编总论》(修订2版),陈荣隆修订,中国政法大学出版社2004年版,第163页。

③ See W. V. H. Rogers, M. A., *Winfield and Jolowicz on Tort*, 16th ed., London Sweet & Maxwell, 2002, p. 577.

保有者违反了一定的注意义务。

在明知的严格责任中,主要是对危险动物损害的责任。在英国的普通法中,野生动物与保有者知晓其恶性特性的温顺动物都存在适用明知的严格责任的可能性。野生动物被推知其危险本性;对温顺动物,原告得证明被告知晓该动物以前曾经出现过该种危害行为。这种严格责任在《动物法案》中得到了保留,这也是英国侵权法中饲养动物损害责任的主要责任,即对动物的保有者实行严格责任,不考虑保有者有无过失,只要动物导致了损害,保有者就应承担责任。

家畜侵入土地责任,是指家畜的所有人或占有人对牲畜逃走后侵入原告所有或占有的土地造成的损害承担责任。这种责任是严格责任,不考虑被告任何过失成分。[①]在普通法上,独立于明知的严格责任之外,家畜的拥有者对家畜侵入邻人的土地造成的损害承担严格责任。《动物法案》对此改变了普通法的规则:第一,虽然家畜不法侵害的责任仍然是严格的,但它不再是本身可诉讼的,即必须证明随后发生了对于进入者的损害。第二,原告不能再受到家畜不法侵害而导致的人身伤害,但必须确立条例第2节所规定的过失或责任。第三,不法侵害家畜对非土地所有人的动产造成的损害,不再存在条例第4节下的责任。[②]

英国侵权法显示了狗爱好者的影响。[③] 关于狗的责任,普通法的规则是被证明明知时,主人才对狗造成的损害承担严格责任,而且有专门的《狗条例》对此进行规范。《动物条例》对此规定:“在狗因咬死或伤害家畜而发生损害的地方,看管该狗的任何人都要对该损害承担责任,条例另有规定的除外。”

2. 美国法

在美国侵权法中,动物致人损害与高度危险作业一样,是严格责任侵权行为的重要构成部分。但是美国侵权法中对饲养动物损害责任并非全部适用严格责任,而是根据动物的种类和性质进行区分。

主人是否要为造成损害的动物(除侵入他人土地的牲畜外的动物)负严格责任,取决于这种动物是属于野生动物(不属于私产的野生动物)还是属于家养动物。如果损害是由于某一种类动物的危险特性造成的,或者是由于主人明知的或应该知道的某个特定动物的危险性造成的,那么野生动物的主人就要为动物造成的所有损害负严格责任。由家养动物(如猫、狗、猪和马)造成的损害,一般并不会导致严格责任的适用,除非在例外情况下,这种伤害是由于某种异常危险倾向造成的,而且这种倾向是主人知

---

① 参见毛瑞兆:《英美法的动物致害责任》,载《山西大学学报》(哲学社会科学版)2003年第6期。

② 参见徐爱国:《英美侵权行为法》,北京大学出版社2004年版,第136页。

③ Ferdinand F. Stone, *International Encydopedia of Comparative Law*, Vol. 11, Torts-Chapter 5: Liability for Damage Caused by Things, pp. 5 – 57.

道的或有理由知道的。[1] 这种区分野生动物与家养动物,并根据动物的危险性程度适用严格责任,具有合理性。

美国《侵权行为法重述(第二次)》第506条将野生动物确定为该动物的饲养地区及饲养时期,惯例上并非为人类服务的动物。这里所说的野生动物(wild animals)指的并不是深山老林里的那些野生动物,而是那些已经为人所驯养的通常生长于野外的动物。[2] 对于野生动物,野生动物的保有者就其导致他人身体、土地或其他动产的伤害,即使已经尽了最大注意义务管束该动物或者防止该动物进行损害,仍应当承担责任。[3] 不过,野生动物的保有者承担严格责任的,仅限于该类野生动物所具有的特殊危险本性所导致的损害,或者野生动物的保有者明知或者有理由知晓的该野生动物的危险本性所导致的损害。[4] 野生动物严格责任也扩展到逃逸与回归野生状态的动物。常见的本土野生动物逃逸通常不产生所有者的责任,[5]因为这种逃逸与已经存在的野生动物造成的危险没有什么不同。这种逃逸情形就相当于新的野生动物最终被假定从原先的栖息地转移到了另一个地方,任何增加的很小的危险都可以被忽略。但对于非本地动物而言,其逃逸对邻居造成了新的、不同的危险,对此动物的先前所有人应当负责直至该动物被其他人捕获。[6]

美国《侵权行为法重述(第二次)》第506条确定的家养动物,是指在该动物的饲养地区及饲养时期,惯例上为人类服务的动物。家养动物责任复杂得多,对此法律拒绝适用基于明知的统一严格责任,而是采纳了过失和严格责任原则的特殊混合原则。当一种特定家养动物的危险或恶性本性为其主人知晓时,就适用严格责任。但是如果那些恶性本性不为主人知晓,或者也不能为尽了合理注意义务的主人发现,则不产生责任,因为那是不可避免的事故。虽然很难说通过合理注意可以发现的那些本性是不是危险活动或不能发现缺陷的过失的严格责任,但它的确是责任的根源。这常常

---

① 参见[美]文森特·R.约翰逊:《美国侵权法》,赵秀文等译,中国人民大学出版社2004年版,第194~195页。

② 参见李响编著:《美国侵权法原理及案例研究》,中国政法大学出版社2004年版,第446页。

③ Restatement(Second)of Torts: §507(1) A possessor of a wild animal is subject to liability to another for harm done by the animal to the other, his person, land or chattels, although the possessor has exercised the utmost care to confine the animal, or otherwise prevent it from doing harm.

④ Restatement(Second)of Torts: §507(2) This liability is limited to harm that results from a dangerous propensity that is characteristic of wild animals of the particular class, or of which the possessor knows or has reason to know.

⑤ Restatement(Second)of Torts: §508 Harm Done by Indigenous Wild Animal After Its Escape? A possessor of a wild animal indigenous to the locality in which it is kept is not liable for harm done by it after it has gone out of his possession and returned to its natural state as a wild animal indigenous to the locality.

⑥ 参见[美]理查德·A.爱泼斯坦:《侵权法》,中信出版社2003年版,第337页。

被错误理解为允许狗“自由一咬”(one free bite)。除了许多州施加给狗主人的严格责任外,美国普通法要求从动物的日常行为中推知对恶性的知晓,比如狗迫切地追逐陌生人,或者从它的主人的行为中显示知晓危险本性,比如一块“小心有狗”(beware of dog)的警告牌。

(三)我国饲养动物损害责任归责原则的演变

1. 原《民法通则》实施之前

原《民法通则》实施之前,在我国的司法实践中,对于饲养动物损害责任的归责原则,基本上采用苏联的民法规则和理论学说,对于致人损害的危险性较大的凶猛野兽或者猛禽,认为是高度危险来源,与高度危险作业适用同样的规则,即适用无过错责任原则。对于一般饲养的动物,如家畜家禽,认为不属于高度危险来源,适用过错推定原则。因此,基本形成饲养动物损害责任的二元体系。

2. 原《民法通则》实施之后

我国原《民法通则》第127条规定:“饲养的动物造成他人损害的,动物饲养人或者管理人应当承担民事责任;由于受害人的过错造成损害的,动物饲养人或者管理人不承担民事责任;由于第三人的过错造成损害的,第三人应当承担民事责任。”针对该条规定饲养动物损害责任的归责原则,我国学界形成了无过错责任说与过错推定责任说两种主张。

无过错责任说主张,我国原《民法通则》第127条所规定的饲养动物损害责任,应当理解为一种无过错责任。在理解这一条法律规定时,应当考虑当代民法的发展趋势,并且应将其与原《民法通则》第106条第3款的规定联系起来。基于这一理解,在责任的构成要件中,不要求被告的过错,也不要求原告对被告的过错进行举证和证明。如果被告否认自己的责任,则可通过对受害人或第三人的过错进行举证和证明来实现。① 持无过错责任说者甚众,②成为通说。

过错推定责任说主张,无过错责任不存在任何免责事由;在过错推定中,由于过错是推定的,推定具有偶然性,因此允许致害责任方通过举证证明自己没有过错来开脱责任,受害人的过错、第三人的行为、不可抗力等成为免责事由。对照原《民法通则》第127条的规定,完全符合过错推定责任的特征,应当适用过错推定

---

① 参见张新宝:《中国侵权行为法》(第2版),中国社会科学出版社1998年版,第553页。

② 参见王家福主编:《中国民法学·民法债权》,法律出版社1991年版,第523页;寇志新主编:《民法学》,陕西人民出版社1990年版,第142页;郭明瑞、房绍坤、唐广良:《民商法原理(三)债权法·侵权行为法·继承法》,中国人民大学出版社1999年版,第482~483页;江平主编:《民法学》,中国政法大学出版社2000年版,第766页;邓鹤:《饲养动物损害责任侵权责任研究》,载《河北法学》2001年第3期。

责任。[1] 适用过错推定责任，对举证责任实行倒置，在一定程度上也能够较好地保护受害人。

上述两种学说虽然都有各自的理由，但是都强调对饲养动物损害责任适用一元化的归责原则，对不同类型的饲养动物损害责任不做区分。这实际上也导致了司法实践中在处理饲养动物损害责任案件时，对如何归责无法统一，有的法院适用无过错责任处理，而有的法院根据过错推定责任判定。事实上，在司法实践中主要的还是认定为无过错责任原则，其依据在于 2001 年最高人民法院《关于民事诉讼证据的若干规定》第 4 条第 5 项规定，即"饲养动物致人损害的侵权诉讼，由动物饲养人或者管理人就受害人有过错或者第三人有过错承担举证责任"。由动物饲养人或者管理人就受害人有过错承担证明责任，就是证明免除责任的事由；显然不是规定的过错责任原则，也不是过错推定原则，这是无过错责任原则的规则。

（四）原《侵权责任法》和《民法典》的规定

根据对饲养动物损害责任的动物的界定，并参考国外立法例，能够发现，对饲养动物损害责任采取单一的无过错责任或者单一的过错推定原则的一元化归责原则，不符合饲养动物损害责任的本质要求，也不能有效、合理地保护被侵权人的合法权益，确定的责任会存在不公平的结果。为此，原《侵权责任法》改变了原《民法通则》确立的一元化归责原则体系，根据具体情形分别适用无过错责任与过错推定责任的二元归责原则体系。《民法典》继续坚持这样的立场，实行二元归责原则体系。

根据《民法典》第 1245～1249 条的规定，我国饲养动物损害责任的归责原则体系是由无过错责任原则和过错推定原则两个归责原则构成的。两个不同的归责原则分别调整以下不同的饲养动物损害责任。

1. 无过错责任原则的适用范围

无过错责任原则调整的饲养动物损害责任，首先是第 1245 条规定的一般条款的适用范围。按照该条规定，对于一般的饲养动物致人损害，并不要求有过错即可构成侵权责任，因此是无过错责任；如果动物的饲养人或者管理人能够证明损害是由被侵权人的故意或者重大过失造成的，可以减轻或者免除责任。这一规定没有提到过失，显然被侵权人只具有过失的不属于免责事由，也不适用第 1173 条过失相抵的规则。

在特别规定的饲养动物损害责任中，以下三种适用无过错责任原则：

第一，《民法典》第 1246 条规定的违反管理规定未对动物采取安全措施造成他人损害的责任，究竟是无过错责任还是过错推定责任，似乎并不确定。按照条文规定的

---

[1] 参见王利明主编：《民法·侵权行为法》，中国人民大学出版社 1993 年版，第 95 页；马治选：《饲养动物致人损害的民事责任探析》，载《法律科学》1996 年第 3 期。

"违反管理规定,未对动物采取安全措施"内容理解,这本身就是过错。依照本条规定推测,动物饲养人或者管理人能够证明自己没有违反管理规定,已经对动物采取安全措施的,当然就是无过错,就不能按照本条承担侵权责任。因此,似乎确定本条规定的饲养动物损害责任适用过错推定原则。这种理解是不正确的,饲养动物损害责任的基本归责原则是无过错责任原则,如果违反管理规定未对动物采取安全措施的损害责任适用过错推定原则,显然是不正确的。因此,应当适用无过错责任原则。这一规定的真实含义是加重违反管理规定,未采取安全措施的动物饲养人、管理人的赔偿责任,不得主张免除或减轻责任。如果未违反管理规定,而动物损害他人的,则按照第 1245 条规定的一般条款处理,另可以主张免责或减责。

第二,《民法典》第 1247 条规定的禁止饲养的烈性犬等危险动物造成他人损害的,是最为严格的无过错责任原则。无过错不能免责,同时也没有规定其他免责事由;即使被侵权人具有过失或者重大过失,也不得减轻责任,更不得免除责任。受害人故意引起损害的,动物饲养人、管理人可以主张减轻责任。

第三,《民法典》第 1249 条规定的遗弃动物或者逃逸动物造成他人损害的责任,适用无过错责任原则。对此,条文也没有规定免责或者减轻责任的事由,适用无过错责任原则没有争议。

2. 过错推定原则的适用范围

能够非常明确确定运用过错推定原则的饲养动物损害责任,是第 1248 条规定的动物园的动物造成他人损害的责任。法律明确规定"但能够证明尽到管理职责的,不承担责任",就意味着适用过错推定原则:先推定加害人具有过错,加害人主张自己无过错的,就要证明自己已经尽到管理职责。能够证明已经尽到管理职责的,为无过错,免除责任;不能证明者,为有过错,应当承担赔偿责任。

三、饲养动物损害责任的构成要件

我国《民法典》规定饲养动物损害责任,既参照了大陆法系的规则,也参照了英美法系侵权法的规则,规定了我国的饲养动物损害责任二元化归责原则体系。

(一)动物的加害行为

动物的加害行为,为动物施加于他人损害的行为。一般认为,动物不是人,即使其加害于人,也不是行为,而是事件。不过,动物加害与其他物件加害一样,都是人的行为,只不过动物加害行为是指人对于其所管领的动物管束不妥因而致人损害的间接行为:尽管致害的是动物而不是人,但是在动物加害中包含了人的间接行为。因此,动物加害仍然是行为,其性质是动物饲养人或者管理人的间接行为,而不是直接的加害行为。

动物加害行为有两个要素：一为动物，二为人对于动物的行为。关于动物，应为一般社会观念上的动物。[①] 前文中对饲养动物损害责任的动物作了界定，并根据动物的种类与性质以及《民法典》的规定，对致害动物进行了类型划分。至于动物的加害行为，应当是动物不在人的意志支配下独立加害于他人，是饲养人或者管理人的管束不周的行为。对此，可以从是否有外力的介入确定加害行为的形态。

没有外力的介入，完全是动物自身由于其本身的危险习性导致损害，如老虎伤人、鸡啄人眼睛的，为典型的动物独立加害于他人。在这种情形下，动物的加害行为根据不同种类与性质的动物，其表现形式也有差异，但是都源于动物的危险习性。

实际上在现实生活中，许多动物由于被驯化，危险习性已经弱化，损害往往由于外在的因素介入导致，如狗受人挑拨咬人、马受汽笛惊动撞伤行人。这种外力因素分为两种，一为非人为因素，二为人为因素。非人为因素导致动物加害行为，如基于某些自然因素促成动物加害行为，对此，虽然并非动物完全自主的行为，但也是源于动物的危险习性的加害，不失其独立性，属于动物的加害行为。人为因素导致动物加害行为，一是保有者的因素，二是第三人的因素。如果人为因素属于故意，无论是保有者还是第三人，动物的致害都不属于饲养动物损害责任的范畴。对于保有者故意利用动物为工具的致害，应当依照一般侵权进行处理。诚如英美法学者所言，“如果一个狗的主人故意让他的狗攻击一个很老实的人，他就是以普通方式犯了企图伤害罪和殴击罪，好像他投掷石头或用棍棒打他。因此，如果一个人教他的鹦鹉诽谤某人，那不折不扣是主人用他的舌头而不是鹦鹉的舌头的普通诽谤侵权”。[②] 对于第三人故意将动物作为工具加害他人，实际上是第三人的一般侵权加害，而非饲养动物损害责任。

针对动物加害，有学者认为动物的“加害行为应当是人的行为与动物的行为的复合。人的行为是指人对动物的所有、占有、饲养或管理。动物的行为是直接的加害行为。只有这两种行为相结合，才能构成‘侵害行为’。否则，缺少其中任何一方面，都不可能构成侵权法意义上的‘加害行为’，或没有行为的主体（民法意义上的人）或不可能出现侵害事实本身”。[③] 这种分析是正确的。饲养动物损害责任中的加害尽管就是动物的独立行为，表现也是动物直接作用于人或物，产生实实在在的损害，而人对动物的所有、占有、饲养和管理，或者为未为管理的不作为行为，合并起来才成为“动物加害行为”，是完全正确的看法。仅仅是动物加害，而没有人的间接行为，那么怎么能够构成侵权行为中的行为呢？动物的加害即使是动物的独立行为，也一定包含着饲养人或者

---

① 参见郑玉波：《民法债编总论》（修订 2 版），陈荣隆修订，中国政法大学出版社 2004 年版，第 163 页。

② W. V. H. Rogers, M. A., *Winfield and Jolowicz on Tort*, 16th ed., London Sweet & Maxwell, 2002, p. 578.

③ 张新宝：《中国侵权行为法》（第 2 版），中国社会科学出版社 1998 年版，第 554 页。

管理人的不作为,并且构成违法行为的间接行为表现形式。

动物加害行为应当具有违法性,或者违反法定义务,或者违反保护他人的法律,或者故意违背善良风俗加害于他人。不具有违法性的,也不成立饲养动物损害责任。

(二)损害的存在

对于饲养动物损害责任构成要件中的损害事实要件,《民法典》表述为"造成他人损害"。这种表述,首先意味着是对民事主体的权利损害,包括人身损害和财产损害。动物造成被侵权人的人身损害,包括死亡、残疾和一般伤害,都是损害事实。动物造成财产损害,如动物致伤他人所有的动物,侵入他人土地造成庄稼的损坏,都构成财产损害的事实。

饲养动物损害责任的损害包括妨害。有学者认为,因侵权行为导致的损害,主要有侵占、损害、伤害、妨碍等几种情形。[①] 损害与妨害应予区分,两者在表现形式、侵害程度等方面都有不同,妨害是没有构成损害的侵害。在饲养动物损害责任中,损害导致责任没有异议,有分歧的是动物妨害是否需要承担责任。我们认为,动物妨害是客观存在的,比如学童因恶犬常立于其赴校必经之路而不敢上学,[②]就是一种对他人合法权益的侵害,对此应当通过饲养动物损害责任予以解决。

饲养动物损害责任的损害是否包括人格权损害,对此有不同意见。有的学者认为,动物独立的动作使他人人格尊严受到侵害,也产生饲养动物损害责任。例如,鹦鹉辱骂客人或揭露他人隐私,致受害人名誉受损,社会评价降低,受害人可依法提起侵权之诉。[③] 有的学者认为,鹦鹉辱骂客人或揭露他人隐私,实为人利用侵害他人人格权的行为,属于一般侵权行为,而非饲养动物损害责任行为;动物无人的思维可言,故不可能实施侵害他人人格权的行为。[④] 笔者认为,饲养动物损害责任的损害,主要是人身损害,也包括财产损害。对于精神性人格权,如名誉权、荣誉权、隐私权,由于动物没有人类的发达意识,不能像侵害人的人身那样有明确的认知,因此不会依靠自己的独立行为为之。鹦鹉辱骂他人或揭露他人隐私的行为,并不是动物加害造成损害,而是人在利用动物致人损害,是人的直接行为;与利用动物伤害他人一样,是直接侵权行为,属于一般侵权行为,应当适用《民法典》第 1165 条第 1 款规定的侵权责任一般条款,不适用关于饲养动物损害责任的法律规定。

---

① 参见宁金成、田土城:《民法上之损害研究》,载《中国法学》2002 年第 2 期。

② 参见王家福主编:《中国民法学 · 民法债权》,法律出版社 1991 年版,第 525 页。

③ 参见潘同龙等主编:《侵权行为法》,天津人民出版社 1995 年版,第 226 页。

④ 参见郭明瑞、房绍坤、唐广良:《民商法原理(三)债权法 · 侵权行为法 · 继承法》,中国人民大学出版社 1999 年版,第 485 ~486 页。

（三）因果关系

饲养动物损害责任中的因果关系，是动物加害行为与被侵权人的损害之间的引起与被引起的客观关系。只有动物加害行为与被侵权人的损害之间存在因果关系，饲养动物损害责任才能成立，否则不构成饲养动物损害责任。

饲养动物损害责任的因果关系在一般情况下比较容易判断，如恶犬咬伤行人导致人身损害和财产损失、耕牛进入他人土地践踏庄稼，因果关系非常清楚。但是，在某些情形下，饲养动物损害责任的因果关系并非清晰明了。因此，饲养动物损害责任因果关系的判断应以相当因果关系为依据，即法官应当以普通人或经过训练、具有正义感的法律人的看法，依据经验之启发及事件发生的正常经过来进行判断，以确定行为与结果之间是否具有因果联系。① 据此，动物加害行为与受害人损害之间有直接因果关系的，自无疑问；如果动物加害行为是损害发生的适当条件者，仍构成侵权责任。例如，马受惊后撞翻路旁的车辆，因车辆倒翻而砸坏他人货物，为有因果关系；动物咬伤他人，致感染而患败血症致死，亦为有因果关系。

在饲养动物损害责任因果关系的证明上，原告应当证明动物加害行为与损害结果之间的因果关系。但这并非绝对，在一些共同危险行为的饲养动物损害责任案件中，原告对因果关系证明到一定程度，并未达到高度盖然性的证明标准，但其显无能力继续证明者，实行举证责任缓和；责任转移到被告一方，由被告举证证明其或其管束动物的行为与受害人的损害结果没有因果关系。如果证明成立，则推定因果关系不成立；如果证明不成立，则推定因果关系成立，被告需要承担责任。② 不过，这并不是普遍的规则，在法律适用上应当谨慎。

（四）动物为饲养人或者管理人所饲养或者管理

饲养动物损害责任的责任人也就是行为主体，应当是动物饲养人或者管理人。对此，《十二表法》规定的义务主体为所有人；《法国民法典》规定为所有人或使用人；《德国民法典》规定为占有人或看管人；《日本民法典》规定为占有人；我国台湾地区“民法”规定为占有人；《智利民法典》规定为所有人、役使他人动物的人以及持有人，等等。而在英美法系中，对饲养动物损害责任的承担主体一般确定为保有者。

---

① 参见陈聪富：《侵权行为法上之因果关系》，载《台大法学论丛》第29卷第2期。

② 对此张新宝教授在《饲养动物致人损害的赔偿责任》一文中提出了案例予以佐证。某甲之三岁幼儿在其家设有一米多高的木栅栏的后院玩耍，被翻越木栅栏入院的德国种狼犬咬伤。某甲未能看清该犬的形状和颜色。查后院里有两只德国狼犬脚印，周围200平方公里内仅有两人豢养两只德国狼犬，医生检查不能断定咬伤为一只或两只狼犬所为。遇此情况，某甲只需提供上述医院检查证明、现场勘查报告即在一定程度上证明了因果关系之存在。两只狼犬的主人如果主张没有责任，则应证明他们的狼狗的行为与损害之间没有因果关系。

对此,有学者断定动物的所有者(在某些特别情形下为占有者)对动物所造成的损害承担赔偿责任,我国原《民法通则》第127条忽视了与所有权、占有的直接联系,因而不能从法律逻辑上正确地揭示饲养动物致人损害由义务人承担赔偿责任的法理基础。① 原《侵权责任法》并没有接受这个意见,仍然认为饲养动物损害责任的责任主体为动物的饲养人或者管理人。我们认为饲养动物损害责任的理论基础虽然有所有权、占有的因素,但并不是依此确定饲养动物损害责任的。饲养动物损害责任的确定,应当是根据权利与义务一致的原则以及动物危险控制的理论,由动物的保有者(实际上就是动物的利益享受者)对饲养动物损害责任负责。我们可将动物饲养人、管理人理解为保有人,就可以解决这个问题。这一理论能够较好地解决动物保有者承担责任的基础在于享受动物的利益,在于其可以而且应当控制动物的危险。即使不采用动物保有人的称谓,而使用动物饲养人、管理人,也不会出现大的问题。

在动物饲养人或者管理人的确定上,应当以直接保有关系存在的直接饲养人为责任主体,管理动物的人当然也是责任主体。对此,在我国台湾地区民法学界对动物占有人的范围,对直接占有人、间接占有人与占有辅助人何者为动物占有人,争论较大,众说不一。② 在日本,关于选任代替自己保管动物者那样的间接占有者(代理占有者)的责任的问题,存在尊重物权法上的占有概念,而且从保护受害者的角度予以肯定的学说;同时也有从间接占有者不是可能进行直接控制的人出发,与立法宗旨相反予以否定的学说。③ 在动物的保有方面,动物饲养人的受雇人为管理人,其尽管不具有保有的地位,只是辅助保有者对动物进行管束,但其应当对动物致损负责。而出租人虽然对动物享有所有权,是饲养人,但其实际上并不直接对动物进行保有,其无法有效管束动物;而动物的管理人实施管理行为,应当自己承担责任。

由于《民法典》规定了动物饲养人和管理人承担责任,在现实情形中会出现饲养人与管理人不一致的情形,即动物被短期借用于他人,如甲的耕牛借用给乙犁田,则乙仅是管理人,而甲还是饲养人。对此,有的主张"在管理人承担民事损害赔偿责任的前提下,饲养人承担连带责任,目的在于对受害人的民事权益增加一种保护措施,以便当管理人无经济能力支付全部或一部分赔偿金时,受害人能从饲养人处得到赔偿金,从根本上预防了受害人的民事权益得不到保护,或受害人民事利益得不到足够补偿情况的发生"。④ 这种意见并不妥当,此时的饲养人已经不能对动物实际保有,而且管理人实

① 参见张新宝:《饲养动物致人损害的赔偿责任》,载《法学研究》1994年第2期。

② 参见林诚二:《民法债编总论——体系化解说》,中国人民大学出版社2003年版,第184页。

③ 参见于敏:《日本侵权行为法》,法律出版社1998年版,第290页。

④ 牛德:《动物致人损害民事责任之研讨》,载《安阳师范学院学报》2002年第6期。

际占有和管理,令饲养人承担连带责任缺乏基础。况且适用连带责任必须有法律规定,法律并无此规定,因而对此应当由管理人为动物的损害承担赔偿责任。

(五)推定过失

在实行无过错责任原则的饲养动物损害责任中,具备前述四个要件,饲养动物造成他人损害,违反管理规定饲养动物损害他人,禁止饲养的烈性犬等动物致人损害,遗弃、逃逸的动物致人损害等,其侵权责任即可成立,动物饲养人或者管理人应当承担赔偿责任。

在实行过错推定原则的饲养动物损害责任中,如动物园的动物造成他人损害的饲养动物损害责任,在具备前述四个要件的基础上,还应当具备过失的要件。

推定过失,就是在上述饲养动物损害责任案件中,在被侵权人证明了前述四个要件之后,推定动物饲养人或者管理人具有过失,如果动物饲养人或者管理人不能证明自己没有过失,过错推定成立,即应承担赔偿责任;如果能够证明自己没有过失,则不构成侵权责任。

关于动物的饲养人或者管理人证明自己没有过失,动物园须证明自己已经尽到管理职责。能够证明者,即为无过失;否则为有过失,即应承担侵权责任。

四、饲养动物损害责任的承担

饲养动物损害责任属于特殊侵权责任,主要表现在以下几个方面。

(一)责任形态

1. 饲养动物损害责任是典型的对物替代责任

在英美法系的侵权法中,替代责任是指对人的替代责任,如雇主对他的雇员在雇佣过程中的侵权行为造成的损害负担责任,饲养动物损害责任被排除在替代责任的范畴之外。"主流观点把原告诉因的主旨看做[作]被告没能管束好自己的动物对被告造成了人身伤害。被告不被认为在'你的动物咬了我'的替代责任理论下承担责任。"①尽管在欧洲多数国家的侵权法中,替代责任也被特指为雇主对雇员不当行为的责任,只要雇员实施了加害行为,且该加害行为与雇员执行的工作有密切联系,雇主对雇员的不当行为即应当予以赔偿。② 但是《法国民法典》在第 1384 条把替代责任分为对人的替代责任和对物的替代责任。对"由其照管职务造成的损害负赔偿责任",就是对物的替代责任,或者叫"由物引起的责任",③是指责任人对自己管领下的物造成的损害

---

① [美]理查德·A. 爱泼斯坦:《侵权法》,中信出版社 2003 年版,第 342 页。

② 参见[德]克雷斯蒂安·冯·巴尔:《欧洲比较侵权行为法》(上卷),张新宝译,法律出版社 2001 年版,第 419~432 页。

③ 《法国民法典》(下册),罗结珍译,法律出版社 2005 年版,第 1096~1097 页。

所承担的责任。广义上的替代责任,既包括对人的替代责任,也包括对物的替代责任。区别对物的替代责任的意义在于,唆使、利用物侵害他人是直接行为,对物管束不当致使物造成他人损害是间接行为,两者在法律适用方面不同,前者是一般侵权责任,后者是特殊侵权责任。对此应当明确区分,不能混淆。

2. 不真正连带责任

对于第三人过错造成饲养动物损害责任的,《民法典》第 1250 条规定的是不真正连带责任,本章第三节进行具体说明。

(二)饲养动物损害责任的免责事由

关于饲养动物损害责任的免责事由,可以借鉴的是,《德国民法典》第 833 条规定"损害由规定用于动物饲养人的行业、职业活动或者生计的家畜引起,并且动物饲养人在监督动物时尽了在交易中必要的注意,或者即使尽此注意损害也会发生的";我国台湾地区"民法"第 190 条规定"为依动物之种类及性质已为相当注意之管束,或纵为相当注意之管束而仍不免发生损害者"。

1. 受害人的故意或者重大过失

《民法典》第 1245 条中有一个与众不同的规定,就是把饲养动物损害责任的免责事由和减责事由规定在一起,没有加以区分:"能够证明损害是因被侵权人故意或者重大过失造成的,可以不承担或者减轻责任。"

在饲养动物损害责任中,被侵权人的故意或者重大过失,有时候是诱发动物致人损害的直接原因,是引起损害的全部原因,有时候是主要原因或者次要原因,如果统一规定故意免责、重大过失减责,是不公平的。之所以将减轻责任和免除责任的事由规定在一起,是因为不论被侵权人的故意还是重大过失,都存在一个对损害发生的原因力的问题。例如,被侵权人对损害的发生具有故意,该故意是造成损害的全部原因,那么动物饲养人免除责任;被侵权人对于损害的发生具有重大过失,但该重大过失的行为也是损害发生的全部原因,动物饲养人也是免除责任,并不因为被侵权人重大过失而只能减轻责任。反之,如果被侵权人的故意或者重大过失只是造成损害的部分原因,不是全部原因,那对动物饲养人就应当减轻责任,而不是免除责任。因此,上述规定是交叉相对,根据被侵权人的故意或者重大过失对于损害发生的原因力确定。

可以确定的规则是:第一,根据被侵权人的故意或者重大过失对损害的发生所具有的原因力确定对动物饲养人免责或者减轻责任。被侵权人的故意或者重大过失是损害发生的全部原因的,应当免除动物饲养人的责任;被侵权人的故意或者重大过失是损害发生的共同原因的,应当减轻动物饲养人的赔偿责任。第二,被侵权人具有过失的,不得减轻或者免除侵权人的赔偿责任。

2. 不可抗力

《民法典》在饲养动物损害责任一章没有规定不可抗力是免责事由，不可抗力是否为饲养动物损害责任的免责事由，不得而知。有的学者认为应当进行区分，动物系维持动物饲养人、管理人营业或生计所必需，遇不可抗力致使动物造成他人损害，动物饲养人或管理人已尽善良管理人的管束义务，则不应承担赔偿责任；动物非系维持动物饲养人、管理人营业或生计所必需，纵然是由于不可抗力导致动物致人损害，也不得因其已尽善良之人的管束义务或没有过错而免除其赔偿责任。[①] 其他学者均未将不可抗力列为免责条件。

前述关于区别对待的主张有一定道理，但是，我国《民法典》在饲养动物损害责任中，并未规定用益性动物和奢侈性动物的区别，更没有对其规定不同的规则。对此，《民法典》第180条的一般性规定，对饲养动物损害责任应当适用。发生不可抗力造成动物损害他人的，动物饲养人或者管理人是否尽了管束义务与损害的发生没有因果关系，无须承担责任。但是，如果动物饲养人或者管理人确有过失的，则应当根据原因力的原理和规则，根据动物饲养人或者管理人的过失程度与不可抗力的各自原因力，适当减轻动物饲养人或者管理人的赔偿责任。不过，对禁止饲养的烈性犬等危险动物造成他人损害的，即使不可抗力构成原因，动物饲养人或者管理人也应当对其损害承担责任，既不能免责，也不能减责。因为该责任实行绝对责任，不允许免责。

3. 约定免责

在动物饲养人或者管理人与驯兽员、兽医等为动物提供服务的专业服务人员之间达成协议，进行驯养、医疗、服务等活动，大多学者认为他们系存在明示或默示的免责约定，在发生饲养动物损害时可以免责。[②] 也有学者认为应当予以区分，受害者系兽医、驯兽师、掌蹄工等特殊职业者，如果其该采取防范措施未采取而自甘冒险，应责任自负；而受害人为一般人时，则动物的饲养人或管理人应当承担责任。[③]

对此，《民法典》侵权责任编没有规定，应当适用合同编第506条的规定。如果符合该条规定的情形，则合同应当无效。如果为动物提供服务的专业服务人员在履行工作职责时造成损害，已通过工伤保险待遇或者其他保险关系进行保险，则免责的约定是合法的；如果是一般合同关系，对为动物提供服务的专业服务人员的人身伤害应当负赔偿责任，不能免责。

---

① 参见张新宝：《饲养动物致人损害的赔偿责任》，载《法学研究》1994年第2期。

② 参见郭明瑞、房绍坤、唐广良：《民商法原理（三）债权法·侵权行为法·继承法》，中国人民大学出版社1999年版，第490页；张新宝：《中国侵权行为法》（第2版），中国社会科学出版社1998年版，第553页；王利明、杨立新：《侵权行为法》，法律出版社1996年版，第301页。

③ 参见马治选：《饲养动物致人损害的民事责任探析》，载《法律科学》1996年第3期。

五、动物饲养人的法定义务

《民法典》第1251条规定了饲养动物的人应当遵守的法定义务,即"饲养动物应当遵守法律法规,尊重社会公德,不得妨害他人生活"。

对于是否规定本条,有很多反对意见,认为不应当规定本条,因为这不是侵权责任的规定范围,"责任法"无须规定动物饲养人的法定义务。侵权责任法虽然是确定责任,但是,根据实际情况适当规定动物饲养人的法定义务,并非无必要;特别是在我国对饲养动物的管理法规并不健全,有众多违规饲养动物的实际情况,规定饲养动物的人必须遵守的法定义务,是必要的。

本条规定,动物饲养人或者管理人应当遵守的义务是:

第一,遵守法律。动物饲养人或者管理人遵守法律法规,最主要的是遵守关于饲养动物的法律和法规。法律包括《民法典》以及相关法律。对于饲养动物规定的专门法规、行政规章,都应当遵守,不得违反。

第二,尊重社会公德。动物饲养人或者管理人在饲养动物时,应当遵守社会公德。在我国法律中,社会公德相当于善良风俗的概念,饲养动物不得违背善良风俗。例如,将饲养的动物领进公共场所,在饭店喂养动物,在公共浴池给动物洗澡等,都属于违反社会公德或者善良风俗的行为,应当禁止。

第三,不得妨害他人生活。行为自由的界限在于不得侵害他人的权利。按照规定饲养动物,是人的自由;但饲养动物而妨害他人生活,为法律所禁止。例如,在城市居民小区饲养公鸡,公鸡啼鸣是无法禁止的,但对小区的居民影响极大,妨害了他人生活,应当禁止饲养。养狗人遛狗是必需的,但不拴狗链,不带粪袋,使狗到处便溺,也严重妨害他人生活,都属于违反法定义务的行为,应当禁止。

应当注意的是,本条规定的是"饲养动物应当"遵守的法定义务,那么是否仅仅对动物饲养人才有此约束呢?笔者认为并非如此,凡是动物饲养人或者管理人都应遵守上述法定义务,而不是只有动物饲养人才应遵守。

第二节　各种具体的饲养动物损害责任

一、未采取安全措施的饲养动物损害责任

《民法典》第1246条规定:"违反管理规定,未对动物采取安全措施造成他人损害

的，动物饲养人或者管理人应当承担侵权责任；但是，能够证明损害是因被侵权人故意造成的，可以减轻责任。”违反管理规定未对动物采取安全措施造成他人损害的，应当适用无过错责任原则确定侵权责任。动物饲养人或者管理人违反管理规定未对动物采取安全措施造成他人损害，无须考察动物饲养人或者管理人的过错，直接按照无过错责任原则确定侵权责任。这一条文是对未对动物采取安全措施损害责任的规定，与原《侵权责任法》第79条规定相比，本条改变了原条文不适用减轻或者免除责任的绝对责任条款，对被侵权人的故意可以适用过失相抵规则。如何界定违反管理规定饲养的动物，主要应当根据国家法律、法规和管理规章确定。某些动物明确规定需要按照法律、法规或者规章饲养的，就属于按照规定饲养的动物。对于按照规定饲养的动物，必须按照国家的有关管理规定，采取必要的安全措施，防止损害他人。例如，在城市饲养大型犬，就是按照规定饲养的动物，造成他人损害，适用本条规定确定责任。

可以驯养的野生动物也属于此类动物。有一些野生动物是可以进行驯养繁殖的，有关民事主体经过有关机构的批准，经过了规定的程序，可以对允许驯养范围内的野生动物进行驯养，如对梅花鹿、野马、天鹅等野生动物的驯养。这种可以驯养的野生动物尽管也需要按照管理规定进行饲养，但由于其具有野性，危险性较大，应当适用本条规定，适用无过错责任原则。

《野生动物保护法》鼓励对野生动物进行驯养繁殖。野生动物驯养业的发展，能够丰富药材、毛皮、肉制品、工艺品等市场，满足了社会需求，有效地保护原生野生动物资源。从事驯养繁殖野生动物的单位和个人，须具备特定的条件：一是有适宜驯养野生动物的固定场所和必需的设施；二是具备与驯养野生动物种类、数量相适应的资金、人员和技术；三是驯养繁殖野生动物的饲料有保证。在驯养野生动物时，必须向有关野生动物行政主管部门提出书面申请，办理有关野生动物驯养的证件。

驯养的野生动物由进行驯养的单位或个人作为驯养野生动物的保有者，对驯养的野生动物进行管束、驯养。因此，在驯养的野生动物致人损害时，进行驯养的单位或个人应当作为责任主体对损害承担责任。在责任的具体承担上，应当根据进行驯养的是单位还是个人承担责任情形进行区分，如果是单位驯养，则责任形态应当为替代责任形态；如果是个人驯养，在责任形态上则是自己责任。

构成未采取安全措施的饲养动物损害责任，须按照前述饲养动物损害责任构成的一般要求确定，不得主张减责或免责。应当注意的是，条文规定的“违反管理规定，未对动物采取安全措施”是必要的构成要件。如果动物饲养人或者管理人对该动物已经按照管理规定采取了必要的安全措施，仍然造成了他人损害，应当依照《民法典》第1245条的规定确定赔偿责任，因受害人的故意或重大过失，可以减轻或者免除责任。

二、禁止饲养的危险动物损害责任

禁止饲养的烈性犬等危险动物造成他人损害的，是饲养动物损害责任中最为严格的责任，适用无过错责任原则，并且没有规定免责事由，是最为严格的无过错责任。

禁止饲养动物，在《民法典》第 1247 条规定为“禁止饲养的烈性犬等危险动物”；因此，不能仅仅理解为烈性犬，而应当理解为烈性犬等凶猛动物。这种动物应当包括两个部分：第一种，属于家畜、家禽中的凶猛动物，如藏獒，性情暴烈的其他犬类，都属于烈性犬。在家畜家禽中具有这种性情的动物，应当划为此类动物。第二种，禁止饲养的野生动物，属于凶猛动物，应当适用本条规定，确定侵权责任应当适用严格的无过错责任原则，不得主张被侵权人有过错而免责。例如，野猪、狼、豺、虎、豹、狮等，都是禁止饲养的动物。

凡是饲养禁止饲养的动物，造成损害的，应当按照无过错责任承担赔偿责任。对此，《民法典》没有规定特定的免责事由，为绝对责任条款，受害人故意或者重大过失引起损害，不为免责事由也不应当减轻责任。

三、动物园饲养动物损害责任

(一)《民法典》第 1248 条规定的规则

动物园分为两种：一种是属于国家或者企业，如城市市区的动物园；另一种是野生动物园，如设置在郊区或者野外的森林、山野中的动物园。动物园饲养的动物都是经过国家批准，符合国家管理规定的动物，并且动物园均有专业的资质，符合饲养这种动物的要求。不论是城市的国家动物园，还是郊区的野生动物园，都要按照国家规定饲养动物。

动物园饲养野生动物，必须按照法律、法规的规定进行管理，以善良管理人的标准，善尽管理职责。

因此，《民法典》规定动物园的饲养动物损害责任，明确适用过错推定原则。动物园的动物造成他人损害，首先推定加害人具有过错，加害人主张自己无过错的，实行举证责任倒置，必须证明自己已经尽到管理职责。能够证明已经尽到管理职责的，为无过错，免除侵权赔偿责任；不能证明者，为有过错，应当承担赔偿责任。

实行过错推定原则的动物园的动物造成他人损害的饲养动物损害责任，应当具备构成饲养动物损害责任的一般构成要件，除此之外，还应当具备过失的要件。过失的要件的证明，采取如上的推定规则。动物园证明自己没有过失的内容，是证明自己已经尽到管理职责。能够证明者，即为无过失。

对于这一规定，批评者较多，认为动物园的动物多是凶猛动物，更应当严格要求，适用无过错责任为妥。对此,值得进一步研究。

对于马戏团的动物,《民法典》没有专门规定,是否可以比照第1248条规定适用过错推定原则,笔者认为,既然《民法典》没有规定,且对动物园动物损害责任规定为过错推定原则有争议,就应当直接运用第1245条规定确定责任。

(二)对《民法典》第1248条规定的不同意见

《民法典》第1248条规定动物园的动物损害责任适用过错推定原则,与所有的饲养动物损害责任适用无过错责任原则不同,是对动物园的"法外施恩"。民法学者认为这样的规定是不正确的,立法并没有接受这样的意见,仍然坚持适用过错推定原则。2016年发生的八达岭野生动物园饲养的东北虎造成游客伤亡,再一次说明,这样的规定是不正确的。

1. 饲养动物损害责任与动物园动物损害责任适用归责原则的反差

动物园饲养的动物造成他人损害的,不适用无过错责任原则,而适用过错推定原则。动物园尽到了管理职责,对于其饲养的动物造成的损害,就可以不承担责任。① 这里显而易见的问题是,动物园饲养的动物显然不仅是家畜、家禽,其中必定包括凶猛的野兽、猛禽,其危险性远远高于家庭饲养的家畜、家禽,甚至比禁止饲养的烈性犬等危险动物还要凶猛得多,危险性显然更大。

问题是,一般的饲养动物多数或者绝大多数不具有特别的危险性,即使如此,《民法典》尚且将其规定为无过错责任,甚至家庭饲养的狗如果没有采取拴绳等管理规定的安全措施,都要承担无过错责任。而动物园饲养的动物具有更高的危险性,反而却规定承担过错推定责任,其中的道理何在呢?

在关乎游客和公众的生命安全问题上,对于动物园的动物造成他人损害,究竟应当适用无过错责任,还是适用过错推定责任,事关重大,必须准确确定归责原则,保障动物园游客的人身安全。

2. 对动物园饲养动物损害责任适用过错推定原则的理由及反对意见

立法机关坚持自己的意见,解释说,如果动物园能够证明兽舍设施、设备没有瑕疵,有明显的警示牌,管理人员对游客挑逗、投打动物,或者擅自翻越栏杆靠近动物等行为进行了劝阻,可以说,动物园的管理职责已经做得很好了,动物园就可以不承担侵权责任。②

学者认为,动物园饲养动物致害适用的是过错推定原则,与外国相关立法例相比,这是中国立法之首创。他认为,对动物园饲养动物损害责任适用过错推定原则的错误

① 参见王胜明主编:《中华人民共和国侵权责任法释义》,法律出版社2013年版,第449页。

② 参见王胜明主编:《中华人民共和国侵权责任法释义》,法律出版社2013年版,第449页。

之处是:第一,违反危险责任之本质,近代以来危险责任的发展,根本原因在于某些特殊危险行为的不可控性,而此类行为是法律所允许的,如果用过错责任又将导致不公平,因此实行无过错归责。第二,违反危险利益一致原则,无过错责任的基础之一,为危险利益一致原则,即行为者在追求利益的过程中造成危险和损害的,应当由其承担损害赔偿责任。动物园是营利机构,而且门票价格不菲,因此对动物园饲养动物致害单独实行过错责任,显然违背了危险利益一致原则。第三,有失公平,对于动物园而言,此种机构并非普通人所能建立,在这种情况下,外人鲜有机会能够成为加害人,这种不对等性,使对动物园饲养动物致害适用过错推定有违公平。因此,对动物园饲养动物致害适用过错推定,违背了无过错责任的本质,不利于保障社会公平。[①] 这样的批评是中肯的。

笔者始终认为,规定动物园饲养动物损害责任适用过错推定原则是没有理由的。[②] 2016 年八达岭动物园发生动物致人损害案件后,笔者在媒体上强烈批评原《侵权责任法》第 81 条规定的过错推定原则,认为规定动物园饲养动物损害责任适用过错推定原则的不正确性,通过这个事件更进一步证明这个判断是正确的。最通俗的质疑意见是,家养动物造成他人损害都适用无过错责任原则,动物园饲养的动物大多是猛虎等凶猛动物,为什么却要适用过错推定原则呢?对此,立法机关仅仅以动物园饲养动物有专门的知识和经验,具有专业的防护措施为理由,解释降低归责标准的理由,是不具有说服力的。

3. 动物园饲养动物损害责任应当适用无过错责任

动物园饲养动物损害责任适用过错推定责任,与其他饲养的动物造成损害承担无过错责任,形成鲜明的反差,虽然也规定了饲养动物损害责任的二元归责体系,但是,这种按照主体特殊性区分适用不同的归责原则,显然是不正确的。在编纂民法典时,曾经提出可以采取以下两种方案进行改革。

(1)删除原《侵权责任法》第 81 条规定的动物园饲养动物损害责任的条文

考虑到世界各国侵权法在规定动物损害责任中,都没有单独规定动物园饲养动物损害责任的先例,并且我国原《侵权责任法》第 81 条的规定既不科学又不合理,特别危及野生动物园游客的人身安全,因此应当删除这个条款。

应当考虑的是,在民法侵权责任编中删除这一规定是否会引起不当的后果。笔者认为,在动物园饲养动物损害责任中,并没有理由适用特别的归责原则。就动物园而言,不论是国家设立的动物园,还是商人设立的动物园,都具有营利性,并非为绝对的

---

① 参见李金招:《动物致人损害归责原则研究——兼评〈侵权责任法(草案)〉(第二稿)第 80 条》,载《北京化工大学学报》(社会科学版)2009 年第 4 期。

② 参见杨立新:《侵权责任法:条文背后的故事与难题》,法律出版社 2011 年版,第 256 页。

公益目的而设立的公益机构,除非这个动物园是免费的。不过,即使以公益目的设立的动物园,也没有降低侵权责任归责标准的理由。至于动物园的动物管理的专业性,也不能成为降低侵权责任归责标准的理由。特别是八达岭野生动物世界这一类野生动物园,设立人都是商人,其经营活动都具有营利目的,对其降低归责标准,不适用无过错责任而适用过错推定责任,是完全没有必要的。将动物园饲养动物损害责任调整为适用无过错责任原则,其实就与一般的饲养动物损害责任没有区别,删除第 81 条后,将动物园饲养动物损害责任完全归并于原《侵权责任法》第 78 条关于动物损害责任的一般规则中,没有可能造成不利的后果,对于动物园的设立人也不会增加大于其他动物饲养人的责任,特别有利于保护动物园的游客的人身安全。

(2)将动物园饲养动物损害责任由过错推定原则改为无过错责任

调整动物园饲养动物损害责任规则的第二个方案,是在民法侵权责任编中仍然保留动物园饲养动物损害责任的规定,但是改为无过错责任原则。如果采取这个方案,则必须确定动物园饲养动物的侵权责任规则与第 78 条规定的饲养动物损害责任规则的差异性,即确有必要单独规定动物园饲养动物的侵权责任规则。

这种必要性究竟在哪里,是特别值得研究的。动物园的公益性、对动物管束的严密性,都不是动物园承担过错推定原则的理由。而动物园的游客不遵守规则,无视警示牌,不听工作人员的劝阻,擅自挑逗动物造成游客自身的损害,如果认为是可以考虑动物园饲养动物损害责任的因素,只应当规定游客作为受害人自己受到损害的过失,应当实行过失相抵,而不是降低动物园饲养动物损害责任的归责标准。如果这种必要性成立的话,应当仿照关于高度危险责任的规定,规定“被侵权人对损害的发生有重大过失的,可以减轻占有人或者使用人的责任”;或者采用“被侵权人对于损害的发生有过失的,可以减轻经营者的责任”的方法,对动物园的动物损害责任适用过失相抵规则。

四、遗弃、逃逸饲养动物损害责任

遗弃、逃逸动物,称为丧失占有的动物,是指动物饲养人或者管理人将动物遗弃或者动物逃逸,而使动物饲养人或者管理人失去了对该动物的占有,例如遗弃猫、狗而形成流浪猫、狗。驯养的野生动物经遗弃或者逃逸而回归野生状态,也属于这类动物。

遗弃、逃逸饲养动物损害责任适用无过错责任原则。对此,条文没有规定免责或者减轻责任的事由,适用无过错责任原则没有争议。

遗弃动物,既包括抛弃,也包括遗失动物。抛弃动物,是所有人对自己的财产权的事实处分,是对自己的财产权的抛弃;因此,对动物的抛弃,就等于是抛弃了动物的所有权。既然是这样,抛弃的动物就与原所有人没有财产所有关系了。被抛弃的动物无人占有,造成他人的损害,应当由其原所有人承担民事责任。这是因为,尽管原所有人已经放弃了对该动物的所有权,但是这种损害的事实正是由于这种放弃所有权的行为造成的,因此,被抛弃的动物的原所有人应当承担损害赔偿责任。被抛弃的动物已经被他人占有的,动物的占有人在事实上已经管领了该动物,是该动物的事实上的占有人这种情况下造成损害,应当由其占有人承担民事责任。

动物遗失并不是所有人放弃了自己的权利,而是暂时丧失了对该动物的占有,所有权关系并没有变化。这时候,遗失的动物造成了他人损害,应当由动物的所有人承担侵权责任。

动物逃逸,动物的所有权关系并没有变化,动物仍然由所有权人所有。因此,逃逸的动物造成他人损害的,应当由动物的所有人或者管理人承担侵权责任。

驯养的野生动物回归自然后造成他人损害的,《民法典》没有规定。驯养的野生动物被抛弃,或者遗失、逃逸,驯养的野生动物可能彻底脱离驯养人,回归自然,重新成为野生动物。有的学者认为应当区分处理,由于初回野生状态的动物可能难以迅速适应新的生活,而接近人类,侵害他人的财产或人身,于此情况,动物的原饲养人或管理人应承担赔偿责任。如果恢复野生状态的动物适应了新的生活,与其群体共同生存栖息,动物的原饲养人或管理人则不再对其所造成的侵害负赔偿责任。① 笔者赞同这个意见,对于没有回归野生状态的动物,适用本条规定的规则;对于回归野生状态的野生动物,则动物的原饲养人或者管理人不再承担责任。

第三节 第三人过错造成的饲养动物损害责任

一、第三人过错造成的饲养动物损害责任的一般规则

在饲养动物损害责任中,对于第三人过错造成的损害,依照《民法典》第 1175 条规定的一般规则,本应由第三人承担侵权责任,直接加害人免除责任。但饲养动物损害责任的基本归责原则是无过错责任原则,动物饲养人或者管理人承担赔偿责任的基础是无过错责任,就不能因为第三人的过错而免除责任。因此,《民法典》第 1250 条规定采用不真正连带责任的规则,被侵权人既可以向动物饲养人请求赔偿,也可以向第三人请求赔偿。这两个请求权,被侵权人只能选择一个行使,该请求权实现之后,另一个

① 参见张新宝:《饲养动物致人损害的赔偿责任》,载《法学研究》1994 年第 2 期。

请求权消灭。按照不真正连带责任的规则,如果向动物饲养人或者管理人行使请求权,动物饲养人或者管理人承担的赔偿责任为中间责任,并非最终责任。在其承担了赔偿责任之后,有权向第三人追偿,第三人承担的赔偿责任是最终责任。有过错的第三人有义务承担动物饲养人或者管理人因承担赔偿责任而造成的一切损失。

二、第三人过错的表现形式

第三人过错一般表现为,虽然是动物加害行为,但与动物饲养人或者管理人没有关系,而是由于第三人的过错所致,如第三人挑逗家犬伤人、第三人将在铁笼中圈养的动物放走而致损害。特殊的情况是:第三人饲养的动物的原因造成动物饲养人或者管理人的动物造成他人损害,是否构成第三人过错,适用本条规定。对此,可以借鉴我国台湾地区"民法"第190条第2项规定:"动物系由第三人或他动物之挑动,致加损害于他人者,其占有人对于该第三人或该他动物之占有人,有求偿权。"其中他动物之挑动,显然是视为第三人过错,承担不真正连带责任。因此,可以将他动物挑动作为第三人过错,适用本条规定,致害动物饲养人或者管理人与他动物饲养人或者管理人承担不真正连带责任。

例如,某日早晨,浙江省德清县农民郎某和两个朋友骑摩托车带着猎狗到安吉县港口一带打猎。当途经港口村上脚岭路段时,郎某的一只西德种猎狗突然从摩托车上跳下,追咬港口村村民张某拴在田里吃草的耕牛,撕咬耕牛的前腿和颈部,耕牛挣扎着将牛绳连同钉在地下的拴牛的竹桩一同拔出,并窜上公路狂奔,撞倒骑摩托车正常行驶路过的村民邱某,造成损害。邱某向二被告进行索赔,但索赔无果,遂向浙江省安吉县人民法院提起诉讼,请求判令两被告张某、郎某承担赔偿责任。这是一起典型的其他动物挑动饲养动物损害责任纠纷案件,争议的焦点是损害究竟由狗主人还是牛主人,或者由狗和牛的主人一起承担连带责任。法院认为张某虽尽到注意义务,对耕牛用竹桩进行拴养,但其选择了离公路较近且相通的地方放牧,自己还离开了现场,使牛处于缺乏管束的状态,存在一定过错。郎某明知猎狗攻击性强,却未设任何防护装置,并在公路上行驶,造成危险隐患,应负主要责任。两人对动物疏于管理,构成共同侵权,应承担连带责任。故判令两责任人赔偿医疗费、伤残赔偿金等共计10万余元。其中张某承担近万元,郎某承担9.6万余元,两被告互负连带责任。这个判决不妥。笔者认为,这一案件应当适用《民法典》第1250条规定,承担不真正连带责任,而不属于共同侵权行为,不应当承担连带责任。

第十章　建筑物和物件损害责任

《民法典》侵权责任编对物件损害责任的主要修改，一是将“物件损害责任”修改为“建筑物和物件损害责任”，体现出将不动产损害责任包含在内；二是将不动产倒塌和不动产脱落、坠落物损害责任的顺序进行了调整，体现的是先重后轻的侵权责任类型的排列顺序。此外，主要修改的内容如下。

1. 不动产倒塌损害责任的建设单位与施工单位对其他责任人有追偿权。《民法典》第 1252 条规定：“建筑物、构筑物或者其他设施倒塌、塌陷造成他人损害的，由建设单位与施工单位承担连带责任，但是建设单位与施工单位能够证明不存在质量缺陷的除外。建设单位、施工单位赔偿后，有其他责任人的，有权向其他责任人追偿。”“因所有人、管理人、使用人或者第三人的原因，建筑物、构筑物或者其他设施倒塌、塌陷造成他人损害的，由所有人、管理人、使用人或者第三人承担侵权责任。”

2. 高空抛掷物、坠落物损害规则的重大变化。《民法典》第 1254 条规定：“禁止从建筑物中抛掷物品。从建筑物中抛掷物品或者从建筑物上坠落的物品造成他人损害的，由侵权人依法承担侵权责任；经调查难以确定具体侵权人的，除能够证明自己不是侵权人的外，由可能加害的建筑物使用人给予补偿。可能加害的建筑物使用人补偿后，有权向侵权人追偿。”“物业服务企业等建筑物管理人应当采取必要的安全保障措施防止前款规定的情形发生；未采取必要的安全保障措施的，应当依法承担未履行安全保障义务的侵权责任。”“发生本条第一款规定的情形的，有关机关应当依法及时调查，查清责任人。”

3. 堆放物滚落滑落致害应当承担堆放物损害责任。《民法典》第 1255 条规定："堆放物倒塌、滚落或者滑落造成他人损害，堆放人不能证明自己没有过错的，应当承担侵权责任。"

4. 妨碍通行物致人损害的责任主体是公共道路管理人。《民法典》第 1256 条规定："在公共道路上堆放、倾倒、遗撒妨碍通行的物品造成他人损害的，由行为人承担侵权责任。公共道路管理人不能证明已经尽到清理、防护、警示等义务的，应当承担相应的责任。"

5. 林木损害责任增加果实坠落为致害行为。《民法典》第 1257 条规定："因林木折断、倾倒或者果实坠落等造成他人损害，林木的所有人或者管理人不能证明自己没有过错的，应当承担侵权责任。"

6. 地下工作物损害责任的过失由施工人或管理人承担举证责任。《民法典》第 1258 条规定："在公共场所或者道路上挖掘、修缮安装地下设施等造成他人损害，施工人不能证明已经设置明显标志和采取安全措施的，应当承担侵权责任。""窨井等地下设施造成他人损害，管理人不能证明尽到管理职责的，应当承担侵权责任。"

第一节　建筑物和物件损害责任概述

《民法典》第十章第 1252 ~ 1258 条规定的是建筑物和物件损害责任，没有规定一般性条款，直接规定了七种不同的建筑物和物件损害责任。本节着重对建筑物和物件损害责任的一般规则进行说明。

一、建筑物和物件损害责任的概念及特征

（一）建筑物和物件损害责任的概念

建筑物和物件损害责任是常见的特殊侵权责任，古已有之。建筑物和物件损害责任，是自己管领下的物件造成他人损害，应当由物件的所有人、管理人或者使用人承担侵权责任的特殊侵权责任。

这种为自己管领下的物件损害承担的侵权责任，也称为对物的替代责任。物件造成他人损害，不是指责任人使用物件或者以自己的意志支配物件致害他人，而是物件本身对受害人的权利的侵害，责任人只有对物件的管理、管束等具有过失，才承担赔偿责任。例如，阳台上的花盆坠落伤害他人，如果是因为花盆的所有人、管理人或者使用人管理不善所致，是对物的损害承担责任的特殊侵权责任，由花盆的所有人、管理人或者使用人对花盆坠落损害他人的后果负责，承担的是替代责任。如果是所有人、管理

人或者使用人故意从阳台上扔花盆造成他人损害,就不是物件造成他人损害,而是“人伤人”,因为花盆只是侵害他人的工具,因而是一般侵权行为,是对自己的行为负责。判断的标准,就是物件致害时,是否有人的意志支配。有人的意志支配的,就是一般侵权责任;没有人的意志支配的,是物件造成损害,是特殊侵权责任,是责任人为管领下的物件致害负责,是替代责任。

建筑物和物件损害责任的理论根据,是责任人承担这种替代责任是因为自己管领下的物件为责任人带来利益,享有这种利益的同时就要对其所造成的损害承担义务,即权利和义务是一致的。作出这样规定的目的在于保护受害人的利益。

建筑物和物件损害责任的承担主体是物件的所有人、管理人或者使用人。物件的所有人、管理人或者使用人对于致害物享有支配权,在事实上具有支配致害物的权利,或者说其对该致害物件的危险具有控制力。各国法律对承担责任的主体规定不尽相同,《民法典》沿用原《侵权责任法》和原《民法通则》使用的概念,使用物件所有人、管理人或者使用人的表述,确定为致害物件的所有人、管理人或者使用人,即明确了责任人对于致害物的支配地位和承担替代责任的依据。

(二)建筑物和物件损害责任的特征

1. 建筑物和物件损害责任是一种特殊侵权责任

在特殊侵权责任中,一类是对他人的行为负责的特殊侵权责任,另一类是对自己管领下的物件致他人损害负责的特殊侵权责任。建筑物和物件损害责任属于对自己管领下的物件造成他人损害承担赔偿责任的特殊侵权责任。

2. 建筑物和物件损害责任是为物的损害负责的责任

特殊侵权责任都是替代责任。按照责任人所替代承担的对象是人还是物,分为对人的替代责任和对物的替代责任。建筑物和物件损害责任行为是责任人对其占有的物致人损害负替代责任的行为,造成损害的是物件,而承担责任的是物件所有人或者管理人,因此,是典型的对物替代责任。

3. 建筑物和物件损害责任是过错推定责任

建筑物和物件损害责任尽管有上述不同的类型,但在责任性质上都适用过错推定责任,[①]既不适用过错责任原则,也不适用无过错责任原则。这是为了更好地保护被侵权人的合法权益,使损害能够得到及时赔偿,同时也不使物件所有人或者管理人承担过重的责任,是兼顾双方利益的一个责任性质。

---

① 原《侵权责任法》第87条规定的抛掷物责任除外。

二、建筑物和物件损害责任的历史发展

(一)国外建筑物和物件损害责任的历史发展

1. 罗马法

建筑物和物件损害责任肇始于罗马法，在罗马法规定的四种准私犯中就有两种是与建筑物和物件损害责任有关的规定。罗马法规定，如果某物被放置或悬挂在面对公共道路的建筑物处，住户无论是否具有过错，均可受到"放置物或悬挂物致害之诉"的追究，被要求双倍赔偿损失。如果造成一名自由人死亡，任何市民均有权提起诉讼，罚金是50金币；如果造成伤害，审判员有权裁量应当支付的赔偿。① 查士丁尼《法学总论——法学阶梯》认为，有人从楼房投掷或倾泼某物，任何人在公共通道上放置或悬挂某物，对他人造成损害的，负损害赔偿之责。② 因为在商品经济发达以后，罗马的人口剧增，出现了"高楼大厦"，意大利半岛又经常发生大风，因此在阳台上、屋檐下搁置、悬挂物件往往会造成人畜和财物的伤亡与毁损，对此理应加以避免。所以大法官为了维护通行的安全，规定只要有人在房屋堆置或悬挂物件，即使尚未造成损害，任何市民都有权告发。只要有堆置或悬挂的事实，就可以判处房屋的居住者向告发者付1万银币以下的罚金。③ 罗马法的这些规定，并不着眼于建筑物本身，而是着眼于建筑物上的搁置物、悬挂物以及从建筑物中倾泼、投掷某物而致人损害，其概括的范围较小，是现代民法建筑物和物件损害责任的历史源头。

2. 法国法

《法国民法典》使用了准侵权行为的概念，以规范对他人行为及物件致人损害的责任。第1384条规定："虽非自己行为发生之损害，但因自己应为其负责之他人行为或因保管物之行为所生之损害，亦负赔偿责任。"第1386条规定："工作物所有人，因工作物之保存缺陷或构造瑕疵而塌毁所生之损害，负赔偿责任。"④第1384条第1项后段关于"因保管物之行为所生之损害，亦负赔偿责任"，原被认为是第1385条(动物占有人责任)及第1386条(建筑物所有人责任)的综合前提规范，不是一个独立的请求权规范基础；经过法国法院的重新诠释，现已肯定其具有独立的规范功能，用于规范对普通物件所致的损害。同时，《法国民法典》第1386条确认建筑物致害责任，承认建筑物本身对他人的损害，规定："建筑物的所有人，对于因缺乏维护或因建筑物缺陷所发生的坍

---

① 参见[意]彼德罗·彭梵得：《罗马法教科书》，黄风译，中国政法大学出版社1992年版，第405～406页。

② 参见[古罗马]查士丁尼：《法学总论——法学阶梯》，张企泰译，商务印书馆1989年版，第204页。

③ 参见周枏：《罗马法原论》(下册)，商务印书馆2004年版，第868页。

④ 王泽鉴：《侵权行为法》(第1册)，中国政法大学出版社2001年版，第42页。

塌而引起的损害,应负赔偿的责任。”

3. 德国法

《德国民法典》虽然没有使用准侵权行为的概念,但第836、837、838条分别规定土地占有人、建筑物占有人和建筑物保养义务人对因建筑物或与土地相连的工作物倒塌或一部分脱落,致人损害,应负赔偿责任。第836条第1项规定的是建筑物倒塌的责任,“建筑物或与土地结合之工作物,因崩塌或因建筑物或工作物一部之剥落,致人于死或伤害人之身体和健康,或毁损物品者,若其崩塌或剥落,系因设置和保管有缺陷所致者,土地占有人对被害人因此所生损害负赔偿义务”。即占有人对受害人因此产生的损害,负有赔偿义务。第837条规定的是建筑物占有人的责任,即因行使某项权利而占有他人土地上的建筑物或者工作物时,该占有人代替土地占有人负担前述赔偿责任。第838条规定的是建筑物保养义务人的责任,条文规定,为占有人承担保养建筑物或者与土地相连的工作物,或者因自己享有用益物权而应当保养建筑物或者工作物的人,对因倒塌或者剥落而产生的损害,负有与占有人相同的责任。与《法国民法典》的规定相比较,《德国民法典》规定的内容有所扩大,概括了与土地相连的工作物致害的情况。

4. 荷兰法

《荷兰民法典》第6:173条规定了动产物件的致害责任,“一件已知的如果达不到在特定条件下可能为其设定的标准而对人身或财产构成特别危险的可移动之物件的占有者,对该危险之实现(造成的损害)承担责任;但依据本章上节之规定,占有者如果在危险出现时就知道出现危险不承担责任的除外”。第6:174条、第6:175条则规定了建筑物等不动产的致害责任,“达不到在特定条件下可能为其设定的标准而对人身或财产构成特别危险的建筑或构造的占有者,对该危险之实现(造成的损害)承担责任;但依据本章上节之规定,占有者如果在危险出现时就知道出现危险不承担责任的除外”。“于永久租赁地造成损害之情形,永久租赁地的权利人承担责任;于公共道路造成损害之情形,由负责维护公共道路的公共官署承担责任;于管道造成损害之情形,由管理管道的人承担责任。”①

5. 日本法

《日本民法典》第717条规定:“因土地工作物的设置或保存有瑕疵,致他人产生损害时,工作物占有人对受害人负损害赔偿责任。但是,占有人为防止损害发生已尽了必要注意时,损害应由所有人赔偿。”“前款规定,准用于竹木的栽植或支撑有瑕疵情形。”“于前二款情形,就损害原因另有责任者时,占有人或所有人可以对其行使求偿

---

① 《荷兰侵权法》,张新宝译,载《侵权法评论》(第1辑),人民法院出版社2003年版,第197~198页。

权。”这一规定的内容进一步扩展，并且规定了赔偿义务人对另有责任者的求偿权。

6. 其他国家

《意大利民法典》对建筑物和物件损害责任也作了规定，第2053条规定：“建筑物或其他工作物之所有人，对于崩塌所生损害负责。但如能证明非由保存有瑕疵或工作之缺陷所致者不在此限。”《瑞士债法典》第58条规定的也是建筑物的致人损害责任，该条规定，建筑物的所有人对因设计缺陷，或者结构缺陷或者维修不足造成的损害承担赔偿责任。《埃塞俄比亚民法典》第2080条规定：“建筑物的占据人，应对从建筑物上坠落的物所致的任何损害承担责任。”

上述法、德、意、日民法所定过失，均是采举证责任倒置方式，实行过错推定责任原则。

（二）我国建筑物和物件损害责任的历史发展

在中国的古代立法中，关于建筑物和物件损害责任有较多规定。《晋律》中规定了“作阱”致害赔偿埋葬银制度；在明清两代律令中，都规定了打捕户于深山、旷野猛兽往来去处，穿作坑阱及安置窝弓因而致死和若非深山、旷野致死者，追埋葬银的规定，都属于建筑物和物件损害责任。

清代末期制定的《大清民律草案》，在第955条规定了土地工作物致害责任，“因设置或保存土地之工作物有瑕疵，加损害于第三人者，其工作物之自主占有人负赔偿之义务。但占有人于防止损害之发生已尽必须之注意者，不在此限”。“依契约有代占有人保存工作物之义务，或法律上有为自己权利保存工作物之义务者，亦负前项之义务。”“适用前二项规定时，若就损害原因别有责任人者，负赔偿义务人得向其行使求偿权。”这一规定，显然借鉴于《日本民法典》第717条。

《民国民律草案》将动物损害责任规定在第256～258条，“土地上之工作物，因设置或保存有瑕疵，致损害他人之权利者，由工作物之自主占有人或其他对于工作物负有保存义务之人，负损害赔偿责任。但于防止损害之发生已尽必要之注意者，不在此限”。“前条情形，若损害原因之事由，在前占有人占有终止后一年内发生相当之注意，或后占有人若加以相当之注意即可防止损害之发生者，不在此限。”“依前三条之规定，应负损害赔偿责任之人，于第三人亦应负其责任时，其相互间之关系，仅第三人负其责任。”

国民政府制定的民法，在第191条规定：“土地上之建筑物或其他工作物，因设置或保管有缺陷，致损害他人之权利者，由工作物之所有人负赔偿责任。但于防止损害之发生，已尽相当之注意者，不在此限。”“前项损害之发生，如别有应负责任之人时，赔偿损害之所有人，对于该应负责任者，有求偿权。”此为我国历史上正式建立了搁置物悬挂物损害责任制度。

我国原《民法通则》涉及建筑物和物件损害责任的规定是第125条和第126条,第125条规定了地下工作物损害责任,“在公共场所、道旁或者通道上挖坑、修缮安装地下设施等,没有设置明显标志和采取安全措施造成他人损害的,施工人应当承担民事责任”。第126条规定了建筑物等地上工作物致害责任:“建筑物或者其他设施以及建筑物上的搁置物、悬挂物发生倒塌、脱落、坠落造成他人损害的,它的所有人或者管理人应当承担责任,但能够证明自己没有过错的除外。”从该两个条文可以看出,原《民法通则》对建筑物和物件损害责任的规定较为简单,很多情况没有规定进去,在司法实践中经常捉襟见肘。最高人民法院原《关于审理人身损害赔偿案件适用法律若干问题的解释》对建筑物和物件损害责任作了进一步完善,补充了构筑物损害责任、堆放物损害责任和树木果实损害责任。

原《侵权责任法》借鉴原《民法通则》以及司法解释和法理研究成果,全面规定了建筑物和物件损害责任。《民法典》继续坚持原《侵权责任法》立场,将物件损害责任改称为建筑物和物件损害责任,对条文顺序作了调整,对具体规则进行了完善。

三、建筑物和物件损害责任的归责原则

(一)建筑物和物件损害责任适用过错推定原则

建筑物和物件损害责任适用何种归责原则归责,学说上有不同的意见。本书认为,《民法典》第十章规定建筑物和物件损害责任适用过错推定责任原则。对不同的意见,我们的反驳理由如下。

第一,认为建筑物和物件损害责任适用过错责任原则没有根据。特殊侵权责任的显著特征之一,就是不适用过错责任原则,而适用过错推定原则或者无过错责任原则。认为特殊侵权责任适用过错责任原则,当属常识性失误。有学者主张适用客观的过错责任原则,认为只要物件的所有人或管理人设置或管理不当或缺陷,即违反了法定义务,就客观地认定其主观上有过错。而这恰恰是在进行过错推定,适用的是过错推定原则。

第二,认为建筑物和物件损害责任适用无过错责任原则没有依据。适用无过错原则,应当有法律明文规定,且不得以行为人无过失而免责。《民法典》第1252~1258条没有这样规定,因而不能适用无过错责任原则。《民法典》第1166条规定无过错责任原则的适用,须在具体的条文中明确规定,不能因为在具体条文中没有规定“过错”的字样,就认为应当适用无过错责任原则。

第三,在《民法典》第1252~1258条规定建筑物和物件损害责任的条文中,除了第1254条之外,都规定了过错的要求,即“不能证明自己没有过错”“能够证明自己不是侵权人”等,都是过错推定原则的要求。即使在第1256条规定的妨碍通行物损害责任

中没有规定过错的要求,但在公共道路上堆放、倾倒、遗撒物品,也是具有过错的;况且《民法典》又增加了“公共道路管理人不能证明已经尽到清理、防护、警示等义务的”,明显规定的是过错推定规则。第1258条规定的施工人“不能证明已经设置明显标志和采取安全措施”的构成要件,具有过错的因素。受害人只要证明具备这一构成要件,即可推定施工人在主观上具有过错,因而,过错要件并不要求受害人证明。同样,法律准许“施工人”证明自己已经设置了明显标志和采取了安全措施而免责。这是因为,如果“施工人”能够证明自己设置了明显标志和采取了安全措施,那么受害人受害,就是因为自己的疏忽所致,而不是因为“施工人”的过错所致,因而“施工人”就没有过错,当然可以免责。这一过程证明,“这一条也是过错推定,不能证明没有过错,就要承担民事责任”①的意见是正确的。显然,认为客观责任只以加害人实施了法定义务为免责理由,加害人主观上无过错不能使其免责的意见,是不正确的。

第四,比较法的基本做法,是过错推定原则。我国台湾地区学者认为,“法国民法第1386条对于建筑物之设置或保存有瑕疵所生损害应负无过失赔偿责任,德国民法系采过失责任,日本民法第717条对占有人采过失责任主义,对所有人则采以设置和保管有瑕疵为条件之无过错责任主义。《意大利民法典》第2053条也采过失责任主义,但上述各国所采的过失,系采举证责任倒置方式,即先由法律推定加害人有过失,加害人若想要免责,须负无过失举证之责”。② 这种分析是正确的。

(二)建筑物和物件损害责任归责原则的运用

建筑物和物件损害责任适用过错推定责任,对免责事由应当严格限制,只有不可抗力、受害人以及第三人原因造成损害才能免责。即便发生了意外事故,也应当承担责任。根据法谚“物件等同于人的手臂的延长”,物件致人损害等同于所有人实施了某种行为致人损害。尤其是物件致人损害通常是物件本身存在某种缺陷,这就表明所有人没有及时发现或者消除缺陷,是有过错的;这种缺陷不是受害人能够发现或者举证的,这就应当适用过错推定责任。例如,因罕见的暴雨导致沿街土墙倒塌,虽然暴雨为意外,但其仍为未尽注意义务,造成损害,不能免责。

对建筑物和物件损害责任的法律适用,还应当注意如下问题:

第一,对于确实因意外事件造成的损害,尽管不能免责,但应当适当减轻其责任。对物件造成损害有过错的,则应当完全赔偿。

第二,如果物件致人损害是由于出卖人、承揽人出售或者交付的产品缺陷造成的,在确定责任的承担规则时,首先需要考虑能否适用产品责任,如果可以,则应当按照产

① 最高人民法院,《民法通则讲座》,最高人民法院《民法通则》培训班教材1986年版,第258页。

② 曾隆兴:《详解损害赔偿法》,中国政法大学出版社2003年版,第114页。

品侵权责任处理;如果不能按照产品责任处理,则按照物件致人损害的规定,由所有人或者管理人承担责任。附随于不动产的物件,则不能适用产品责任。

四、建筑物和物件损害责任的构成要件

(一)须有物件致害行为

构成建筑物和物件损害责任的物件致害行为,法律规定了倒塌、塌陷、脱落、坠落、抛掷、堆放、倾倒、遗撒等主要方式,但并不是全部,如索道崩断、表面剥落等亦为致害方式。物件只要具有以上致害行为之一的,即构成此要件。

(二)须有受害人的损害事实

物件损害事实,既包括人身伤害,也包括财产损害。物件倒塌、塌陷、脱落、坠落等,造成受害人人身伤害或者财产损害,即构成此要件。

人身伤害,包括致人轻伤、重伤致残和死亡。其侵害的是生命健康权,造成财产的损失。赔偿范围按照人身伤害的赔偿范围确定。

财产损害,应当包括直接损失和间接损失,赔偿范围按照《民法典》第 1184 条的规定确定。

(三)损害事实须与物件致害行为之间有因果关系

物件致害行为与损害事实之间的因果关系,是二者之间的引起与被引起的关系,物件倒塌、塌陷、脱落、坠落等,直接造成受害人的人身伤害或财产损害,为有因果关系;倒塌、塌陷、脱落、坠落等的物理力并未直接作用于他人的人身、财产,而是引发其他现象,致他人的人身、财产受损害,亦为有因果关系。①

物件致人损害有其他原因的,如自然力的原因、他人的原因,这种原因并不构成建筑物和物件损害责任,建筑物和物件损害责任中的因果关系并不是指这种因果关系。其他引起物件损害的,由有因果关系的行为的行为人承担责任。

(四)须物件所有人、管理人或者使用人有过错

建筑物和物件损害责任构成要件的过错,是指设置或管理、管束不当或缺陷,设计、施工缺陷,也可能是使用方法不当,均为过失方式。因此,这种过失就是不注意的心理状态,是违反注意义务的过失。故意以物件致人损害,是犯罪行为,在侵权责任法上是直接行为,属于一般侵权责任,应当适用《民法典》第 1165 条第 1 款规定,不构成这种特殊侵权责任。

这种过失的心理状态,是疏忽或者懈怠。其确定形式采推定方式,凡物件致人损害,首先推定工作物所有人或管理人有过失,认定其未尽注意义务,无需受害人证明。

---

① 参见王利明、杨立新等:《民法·侵权行为法》,中国人民大学出版社 1993 年版,第 468 页。

也就是过错推定采取举证责任倒置，倒置的内容是所有人、管理人或者使用人对其无过错承担举证责任；物件所有人、管理人或者使用人只有证明自己已尽相当注意，即无过失，才能推翻推定，免除自己的赔偿责任。不能证明自己没有过失的，即构成赔偿责任。

五、建筑物和物件损害责任的赔偿法律关系和免责事由

（一）赔偿法律关系

建筑物和物件损害责任的赔偿权利主体是受害人，可以直接向该赔偿法律关系的责任主体索赔。

按照《民法典》的规定，建筑物和物件损害责任的赔偿责任主体是物件的所有人、管理人或者使用人。根据实际情况，其赔偿责任主体有以下几种。

1. 所有人

物件的所有人，是物件致人损害的最直接的赔偿责任主体。当物件的所有人直接占有、管理该物时，该物件致人损害，该所有人应当承担赔偿责任。

2. 管理人

物件由非所有人管理、使用时，其赔偿责任主体不再是所有人，而是管理人。例如，财产交由国有企业、事业单位经营，即所有权与经营权相分离的情况。国有企业、事业单位依照法定的经营权，对国家所有的物件进行经营管理，该物致害他人，该国有企业、事业单位应作为管理人，承担赔偿责任。根据委托关系为所有人管理物件的人，也是管理人。

3. 使用人

占有他人的物件而使用者，是使用人。例如，依承包、租赁等法律行为经营、使用他人物件的，是使用人。使用人对于使用的物件造成他人损害的，应当承担赔偿责任。

关于物件的所有人、管理人或者使用人承担赔偿责任的关系，没有明确规定，究竟应当如何承担，不得而知。有两种理解：一种是物件在谁的管理之下，就由谁作为责任主体；另一种是三种责任人可以由受害人选择一种作为责任主体。我们的意见是，三种责任人之间的关系是不真正连带责任的关系，所有人、管理人或者使用人都是责任主体，分为中间责任人和最终责任人。受害人可以选择其中任何一种责任人起诉，其承担了责任之后，只要他不是最终责任人，就可以向最终责任人追偿。

（二）免责事由

1. 物件的所有人、管理人或者使用人无过错

依照《民法典》第 1252 ~ 1258 条（不包括第 1254 条）的规定，所有人、管理人或

者使用人能够证明自己无过错的,免除其赔偿责任。此处规定的“证明自己没有过错”,指的是“管理上的过错”,而不仅仅是指对物件“倒塌、塌陷、脱落、坠落”事实本身在行为上的直接过错。有学者认为,被告仅能证明自己对维护物件安全和防止危险已尽相当的努力,尚不足以构成无过错的抗辩,还必须进一步证明不可抗力、受害人的过错或第三人的过错,方可免责。这种主张理由不充分,不宜采用。因为法律明定所有人、管理人或者使用人能够证明自己无过错的即可免责,不必再证明其他免责事由。

不过,物件所有人、管理人或者使用人证明自己无过错,其实是否定自己存在过错要件的证明,缺少的是构成要件,因此,不构成建筑物和物件损害责任的问题。不过,其后果也是不承担责任,将其作为免责事由也有一定道理。

2. 不可抗力

如果物件造成损害是因不可抗力造成的,依照《民法典》第 180 条的规定,应当免除所有人、管理人或者使用人的赔偿责任。

应当注意的是,物件造成他人损害,有时候是由于自然力的原因所致,而该自然力的原因并非不可抗力。对此,应当适用因果关系的规则,自然原因是引起物件损害的全部原因,物件所有人、管理人或者使用人没有过失,则因自己无过失而免责,因不具有原因力而免责,而非不可抗力。

3. 第三人过错

完全由于第三人的过错造成物件损害他人,应当适用《民法典》第 1175 条的规定;损害是由第三人造成的,第三人应当承担侵权责任,物件所有人、管理人或者使用人免责,赔偿责任应由第三人承担。如果第三人过错行为与物的所有人、管理人或者使用人的过错行为相结合而发生损害结果,构成共同侵权责任的,承担连带责任;不构成共同侵权责任的,按照《民法典》第 1172 条的规定,承担按份责任。

4. 受害人故意或者受害人过失

完全由于受害人自己的故意造成物件损害的,依照《民法典》第 1174 条的规定,免除物件所有人、管理人或者使用人的赔偿责任;完全由于受害人自己的过失造成物件损害的,尽管第 1174 条没有规定,但基于损害的过错和原因力均为受害人一方,物件所有人或管理人没有过失,也没有原因力,因此,当然不承担责任。如果是由双方过错行为造成的,则依《民法典》第 1173 条的规定,实行过失相抵。

第二节 具体的建筑物和物件损害责任

一、建筑物、构筑物或者其他设施倒塌、塌陷损害责任

(一)缘何特别规定建筑物、构筑物或者其他设施倒塌、塌陷损害责任

《民法典》第1252条第1款规定:“建筑物、构筑物或者其他设施倒塌、塌陷造成他人损害的,由建设单位与施工单位承担连带责任,但是建设单位与施工单位能够证明不存在质量缺陷的除外。建设单位、施工单位赔偿后,有其他责任人的,有权向其他责任人追偿。”

原《民法通则》对于建筑物、构筑物或者其他设施倒塌损害责任规定在第126条,将建筑物、构筑物或者其他设施倒塌损害责任与建筑物、构筑物或者其他设施及其搁置物、悬挂物损害责任规定在一起。在制定原《侵权责任法》时,原本草案也是将其规定在一起的。最后之所以分为两条,作为两种不同的建筑物和物件损害责任规定,原因有两个:第一,专家学者对地震中建筑物、构筑物或者其他设施倒塌致人损害的侵权责任特别重视,多次建议应当专门规定建筑物、构筑物或者其他设施倒塌的损害责任。法工委专门召开会议,研究如何解决这个问题,因而形成了现在的条文。第二,在《国家赔偿法》修订中,决定不将国有建筑物、构筑物或者其他设施管理缺陷导致的缺陷损害责任设置为国家赔偿责任,因此,原《侵权责任法》不得不规定相关条文,以解决这种侵权责任的法律适用规则。恰好规定建筑物、构筑物或者其他设施倒塌损害责任能够涵盖国有建筑物、构筑物或者其他设施管理缺陷或者设置缺陷损害责任,将国有建筑物、构筑物或者其他设施特别是不属于建筑物的构筑物等国有建筑物、构筑物或者其他设施归之于“其他设施”之中,能够一并解决法律适用问题。这样做的好处是,既不用单独规定国有建筑物、构筑物或者其他设施管理缺陷或者设置缺陷损害责任,又能够解决其法律适用问题,是一个非常简洁又非常管用的立法方法。《民法典》继续沿用这个方法,而且将这一规定放在第十章的第一个条文,地位更加重要。

(二)建筑物、构筑物或者其他设施倒塌、塌陷损害责任的归责原则和构成要件

建筑物、构筑物或者其他设施倒塌、塌陷损害责任适用过错推定原则,不适用过错责任原则和无过错责任原则。

构成建筑物、构筑物或者其他设施倒塌、塌陷损害责任,须具备以下要件。

1. 造成损害的物件须为建筑物、构筑物或者其他设施

建筑物、构筑物或者其他设施倒塌、塌陷损害责任不是侵权人直接实施的行为所致损害,而是由物件所致损害。其致害物为建筑物、构筑物或者其他设施。

建筑物、构筑物或者其他设施,是指为自己使用或者公共使用目的而建筑或者构筑的不动产。建筑物,是民用或者公用的房屋、写字楼、商厦等建筑物。构筑物以及其他设施,包括道路、桥梁、隧道、堤防渠堰、上下水道、纪念碑馆、运动场馆、公园、名胜古迹等一切构筑物。设施应当包括其附属设备,例如,道路应包括护路树、路灯、涵洞等,纪念碑应包括围栏、台阶等。

2. 建筑物、构筑物或者其他设施须有建设单位、施工单位或者所有人、管理人

建筑物、构筑物或者其他设施必有其建设单位或者施工单位,在造成损害时,建设单位、施工单位以及所有人或管理人就是赔偿责任主体。在现实中,对建筑物、构筑物或者其他设施倒塌、塌陷致人损害仅仅追究建筑物等的所有人、管理人的责任,却不追究建设单位和施工单位的责任,而损害往往是由建筑物等的设置缺陷所致,但却因法律未规定建设单位和施工单位的责任而使其逃避责任追究。例如,在居民小区中,建筑物区分所有人对房屋享有所有权,是所有人,房屋倒塌造成他人损害,与建筑物权人也就是业主其实没有关系,他也是受害者,因而必须将建设单位和施工单位作为侵权责任主体,承担赔偿责任。

上述建设单位、施工单位或者所有人、管理人对建筑物、构筑物或者其他设施负有设置、管理的高度注意义务。设置,是指对建筑物、构筑物或者其他设施的设计、建造、施工和装置,其对象系指建筑物、构筑物或者其他设施的有体物本身,而不包括人。管理,是指建筑物、构筑物或者其他设施设置后的维护、保养、修缮及保管,管理的对象亦专指对建筑物、构筑物或者其他设施的管理,不包括对人的管理。建设单位、施工单位或者所有人、管理人对建筑物、构筑物或者其他设施的设置和管理负有高度谨慎义务,对建筑物、构筑物或者其他设施的设计、建造、施工和装置,对维护、保养、修缮和保管,以善良管理人的注意为标准组织进行。

在第1252条第1款规定的责任主体中,表述为“其他责任人”,这个概念不准确,应当是建筑物、构筑物或者其他设施的所有人、管理人或使用人。这个“其他”的概念,是相对于建设单位和施工单位而言,其实并不是其他责任人,就是责任主体。

3. 对建筑物、构筑物或者其他设施的设置和管理须有缺陷

建筑物、构筑物或者其他设施致害的原因,为设置缺陷或者管理缺陷。缺陷亦称瑕疵,通常指一种不完全、不完备的状态。设置和管理缺陷,是指建筑物、构筑物或者其他设施设置和管理上的不完全、不完备的状态,因而致该建筑物、构筑物或者其他设施缺少通常应具备的安全性。设置缺陷,是指建筑物、构筑物或者其他设施在设置时,

存在的设计不良、位置不当、基础不牢、施工质量低劣等不完备的问题,致使建筑物、构筑物或者其他设施的设置存在缺陷。管理缺陷,是指建筑物、构筑物或者其他设施在设置后,存在维护不周、保护不当、疏于修缮检修等不完善的问题,使建筑物、构筑物或者其他设施不具备通常应当具备的安全性。

确定设置或者管理缺陷采用客观标准对设置管理缺陷应进行客观的判断,唯以缺陷的存在、不安全状态的存在为标准,至于其产生原因如何均不过问。根据这一标准,检验建筑物、构筑物或者其他设施是否具有瑕疵,强调其是否具备通常应有之安全性,凡不具备通常应有的安全性,即可认定为设置和管理的缺陷。这种标准,有利于保护受害人的合法权益,有利于区别此种责任与建筑物危险责任,是可取的。

证明设置或者管理缺陷,应当由请求损害赔偿者负举证责任,但由于事故发生后,要具体证明缺陷的存在颇为不易,而且与保护被侵权人的立场相悖,故日本学者主张采初步推定的理论,即于损害事故发生时,先推定管理和设置有缺陷,①如果设置和管理者认为无缺陷,则须举证证明,以推翻该项推定始可免责。这样的主张可以根据具体情况采纳。

《民法典》第 1252 条第 1 款中新增加免责条款,即"但是建设单位与施工单位能够证明不存在质量缺陷的除外"。原《侵权责任法》第 86 条规定建筑物倒塌责任,完全由建设单位和施工单位承担连带责任,不可以免责,过于严苛。《民法典》增加了"建设单位和施工单位能够证明不存在质量缺陷的除外"的规则,不仅公平合理,而且符合侵权法原理的要求,因为行为与损害的发生没有原因力,就没有责任,这是完全正确的。

4. 须因设置、管理缺陷造成他人人身或财产损害

损害事实是一切侵权责任的必备要件,构成建筑物、构筑物或者其他设施致害责任,同样须具备这一要件。构成赔偿责任,应以公民的人身损害和财产损害为限,法人受到财产损害的,也包含其中。建筑物、构筑物或者其他设施管理、设置缺陷,在一般情况下,所造成的损害限于对人身或财产的损害,不会造成对其他诸如自由、名誉、姓名乃至债权、知识产权的损害,故损害事实不应扩大。不能认为公共电梯因缺陷中途停驶,致乘客关闭期间,即为侵害人身自由权而适用建筑物、构筑物或者其他设施致害的赔偿责任。

建筑物、构筑物或者其他设施存在设置缺陷或管理缺陷与致他人人身、财产损害之间应有因果关系。建筑物、构筑物或者其他设施设置缺陷或管理缺陷,须是人身、财产损害发生的原因,而人身、财产损害的发生,须为建筑物、构筑物或者其他设施设置、管理缺陷所引起的结果。其因果关系的链锁为:建筑物、构筑物或者其他设施的设置、

---

① 曹竞辉:《国家赔偿立法与案例研究》,三民书局 1991 年版,第 172、179 页。

管理缺陷构成建筑物、构筑物或者其他设施的危险性,该种危险性转化成现实的危害时,造成了公民人身、财产的危害。在这一因果关系链锁中,缺陷可能是损害发生的唯一原因时,构成赔偿责任要件。当缺陷不为唯一原因时,与台风、地震、洪水等自然事实以及第三人的行为或被害人自己的行为相结合而发生损害结果的,建设单位或者施工单位仍应负损害赔偿责任。[①] 这样,自然事实与他人或被害人行为一同参与到因果关系的链锁之中,形成损害发生的共同原因,对此,仍构成赔偿责任。第三人行为为共同原因的,应依求偿权予以解决;受害人行为为共同原因的,应依过失相抵原则,减轻赔偿责任;如果因缺陷与自然原因相结合而发生损害的,应当依照原因力规则,适当减轻责任。

5. 过失

建筑物等倒塌、塌陷损害责任适用过错推定原则确定责任,责任主体承担责任须具备过失要件。在受害人已经证明前述要件的情况下,直接推定责任主体存在过失。

(三)确定建筑物等倒塌、塌陷责任的具体规则

1. 地震中建筑物、构筑物或者其他设施倒塌、塌陷损害责任的认定

(1)地震中建筑物、构筑物或者其他设施倒塌、塌陷造成损害责任的性质

地震作为不可抗力的一般抗辩事由,其法律后果之一是免除造成损害的行为人的侵权责任。对此,《民法典》第180条有明确规定。在地震中,大量建筑物、构筑物或者其他设施倒塌、塌陷造成了严重的人身损害后果,如果该损害没有其他原因介入,仅仅是因地震原因所致,应当免除建设者的责任。

如果地震中建筑物、构筑物或者其他设施倒塌、塌陷,地震并不是唯一原因,或者主要不是由于地震的原因所致,而是“豆腐渣工程”即建筑工程设置缺陷所致,那么地震就不是或者不完全是造成损害的不可抗力免责事由,因而构成侵权责任。

地震中建筑物、构筑物或者其他设施倒塌、塌陷造成损害的性质比较复杂。地震中建筑物、构筑物或者其他设施倒塌、塌陷造成损害的侵权责任,虽然不直接适用产品责任规则,但确实有产品责任的性质,规定建设单位和施工单位承担责任,就是一个明确的规定。确定建设者是否承担侵权责任的关键,不是房屋倒塌、塌陷的基本事实是否存在(因为即使房屋倒塌、塌陷造成损害,也会因为不可抗力而免除责任),而是倒塌、塌陷的房屋的建造是否存在设置缺陷。如果建筑物、构筑物或者其他设施存在设置缺陷,房屋因此在地震中倒塌、塌陷造成损害,那么就存在承担侵权责任的基础,就有可能构成侵权责任,责任由建筑物的建设单位或者施工单位承担。

---

① 参见刘春堂:《国家赔偿法》,三民书局2007年版,第55页。

（2）确定建筑物、构筑物或者其他设施倒塌、塌陷责任应适用原因力规则

确定建筑物、构筑物或者其他设施倒塌、塌陷致害的赔偿责任，必须适用原因力规则。地震是造成损害的一个原因，如果建筑物设置缺陷也是造成损害的原因，就构成了共同原因。

在共同原因造成的同一个损害中，确定各个不同原因造成损害的赔偿责任问题，必须依据各个原因的作用力，将责任分别归属于不同的人。地震是造成损害的原因，但建筑物的设置缺陷也是致害原因之一的，应当计算各自的原因力，确定由建筑物致害责任的责任人承担相应的侵权责任。对于地震造成损害，免除行为人的这部分责任。至于赔偿责任的分担，如果地震是损害发生的主要原因，房屋倒塌的责任人承担次要责任；如果原因力相当，应当承担同等责任；如果地震是次要原因，则行为人应当承担主要责任。

2. 建筑物、构筑物或者其他设施倒塌、塌陷损害责任的承担

（1）设置缺陷的赔偿责任主体

《民法典》第 1252 条规定的责任是设置缺陷责任。建筑物、构筑物或者其他设施设置缺陷损害责任，其责任主体是建设单位和施工单位。法律规定，应当由建设单位和施工单位承担连带责任，至于它们之间各自应当如何负责，应当按照《民法典》第 178 条规定进行。

如果造成建筑物、构筑物或者其他设施的设置缺陷并非建设单位、施工单位过错所致，则应当首先由建设单位、施工单位承担连带责任。建设单位、施工单位赔偿后，有权向其他责任人追偿。这里的其他责任人的概念实际是第三人，包括设计单位、勘测单位、论证单位、监理单位，还应当包括具有过失的政府部门。

（2）管理缺陷的赔偿责任主体

对建筑物、构筑物或者其他设施倒塌、塌陷的管理缺陷损害责任的责任主体，《民法典》第 1252 条第 2 款规定为“所有人、管理人、使用人或者第三人”，就是指具有管理缺陷的建筑物、构筑物或者其他设施的所有人、管理人、使用人或者第三人。建筑物、构筑物或者其他设施倒塌、塌陷致人损害，如果倒塌、塌陷的原因是管理缺陷所致的，其责任主体是所有人、管理人、使用人或者第三人，所有人、管理人、使用人或者第三人对由于自己的过错造成的管理缺陷，并因此造成他人损害的后果，承担赔偿责任。

（四）免责事由

1. 已尽防止损害发生的注意义务

如果建筑物、构筑物或者其他设施设置、管理纵有缺陷，但是，所有人、管理者或使用人能证明其对防止损害之发生已尽相当注意的，为无过错，不负赔偿责任。如道路、桥梁之损坏虽未修护，但已予适当遮拦或竖立警告标志，则对于之后续予使用而受有

损害者,不负损害赔偿责任。[1]

2. 不可抗力

不可抗力作为建筑物、构筑物或者其他设施致害责任的免责事由,应当适用《民法典》第180条规定的一般规则。当自然原因与缺陷相结合而致害时,应当区分一般的自然原因和不可抗力。单纯由不可抗力而致损害,纵使建筑物、构筑物或者其他设施有一般缺陷,也可以免责;建筑物、构筑物或者其他设施有重大缺陷,又加不可抗力的原因致害,仍构成赔偿责任,如发生地震,无缺陷的建筑物、构筑物或者其他设施并未毁损致害,而有缺陷之建筑物、构筑物或者其他设施致人损害,则应予赔偿,不得以不可抗力为由免责,但应依不可抗力的原因力,减轻赔偿责任。

3. 受害人故意或者过失

建筑物、构筑物或者其他设施造成损害是由受害人的故意引起的,应当按照《民法典》第1174条的规定,免除赔偿责任。受害人的过失如果是建筑物、构筑物或者其他设施造成损害的全部原因,应当免除建筑物、构筑物或者其他设施的建设单位或者施工单位的赔偿责任;如果为共同原因,则应当按照《民法典》第1173条的规定实行过失相抵。

二、建筑物、构筑物或者其他设施及其搁置物、悬挂物损害责任

《民法典》第1253条规定:"建筑物、构筑物或者其他设施及其搁置物、悬挂物发生脱落、坠落造成他人损害,所有人、管理人或者使用人不能证明自己没有过错的,应当承担侵权责任。所有人、管理人或者使用人赔偿后,有其他责任人的,有权向其他责任人追偿。"该条规定的是建筑物、构筑物或者其他设施及其搁置物、悬挂物损害责任。

(一)建筑物、构筑物或者其他设施及其搁置物、悬挂物损害责任的概念

建筑物、构筑物或者其他设施及其搁置物、悬挂物损害责任,是指建筑物、构筑物或者其他设施及其搁置物、悬挂物因设置或保管不善而脱落、坠落等,给他人人身或财产造成损害,物件所有人或管理人应当承担损害赔偿责任的建筑物和物件损害责任。

我国民事立法承认建筑物、构筑物或者其他设施及其搁置物、悬挂物损害责任制度,原《民法通则》中第126条规定:"建筑物或者其他设施以及建筑物上的搁置物、悬挂物发生倒塌、脱落、坠落造成他人损害的,它的所有人或者管理人应当承担责任,但能够证明自己没有过错的除外。"原《侵权责任法》第85条规定的内容与原《民法通则》第125条的规定有所不同,区别在于后者规定中的建筑物或者其他设施倒塌的责任被分离出去,单独成立了建筑物及其他设施倒塌责任,规定在第86条,而第85条仅仅规

[1] 参见曾竞辉:《国家赔偿立法与案例研究》,三民书局1991年版,第181~182页。

定了建筑物、构筑物或者其他设施及其搁置物、悬挂物脱落、坠落的损害责任,因此,原《侵权责任法》规定比原《民法通则》规定的范围要窄。《民法典》第 1253 条对该条文的内容没有改动。

(二)建筑物、构筑物或者其他设施及其搁置物、悬挂物损害责任的特点

1. 造成损害的物件是建筑物、构筑物或者其他设施及其搁置物悬挂物

建筑物、构筑物或者其他设施及其搁置物、悬挂物损害责任的条文中特别强调"建筑物、构筑物或者其他设施",同时也提及"及其搁置物、悬挂物"的概念,这种表述的含义是,造成损害的物件,就是建筑物、构筑物、其他设施及其搁置物、悬挂物。致害物分两种:一是建筑物、构筑物或者其他设施本身;二是搁置物和悬挂物,建筑物、构筑物或者其他设施则是致害物即搁置物悬挂物的放置场所,当这些建筑物、构筑物或者其他设施提供放置场所,在其上搁置物品或者悬挂物品,其搁置物或者悬挂物造成他人损害的,就构成建筑物、构筑物或者其他设施及其搁置物、悬挂物损害责任的致害物的要件。

建筑物或者其他设施的范围很广,包括房屋、烟筒、水塔、电视塔、电线杆、纪念碑、桥梁、涵洞、窗户、天花板、楼梯、电梯等,均可为本条所规定的致害物或者致害物的放置场所。

2. 造成损害的方式

上述物件造成损害的方式,是脱落或者坠落。建筑物、构筑物或者其他设施造成损害,主要方式是脱落,如建筑物、构筑物或者其他设施的表皮脱落、附着的其他部分脱落等,都可能造成他人损害。可以说,建筑物、构筑物或者其他设施致人损害,属于倒塌的,是第 1252 条调整的范围,而属于建筑物、构筑物或者其他设施本身的组成部分造成损害,而其本身并未倒塌,就是第 1253 条调整的范围。

搁置物或者悬挂物的损害方式,主要是脱落、坠落,即搁置物或者悬挂物从搁置或者悬挂的场所脱落、坠落造成他人损害。

3. 搁置物、悬挂物的类型

搁置物、悬挂物分为两种不同的类型,一是人工搁置物、悬挂物,二是自然搁置物、悬挂物。

人工搁置物和悬挂物,是建筑物以及其他设施上人为地搁置或者悬挂的物件,人工搁置物、悬挂物脱落、坠落造成他人损害,通常是因物件的所有人或者管理人的不慎管理行为所致,因此,适用过错推定责任原则,由其所有人或者管理人对受害人的损害承担侵权责任,但是所有人或者管理人能够证明自己没有过错的,就应该免除责任。

自然悬挂物,是由于自然的而非人为的原因,在建筑物或者其他设施上形成的悬挂物。例如,自然悬挂于建筑或者其他设施上的冰柱、积雪。在英美侵权法中,这种自

然原因形成的悬挂物致人损害,属于公共侵扰(妨害),认为不是对个人权益的侵害,而是对女王的、公共利益的侵害,构成侵权责任,对受害人予以赔偿。对于这种情况,应当区分不同情况处理。因自然原因形成的悬挂物脱落、坠落造成他人损害的,如果双方都没有过错,则由双方当事人分担责任。如果一方有过错,则由有过错的一方承担责任。例如,物件的所有人或者管理人有过错,应当对受害人的损害承担责任;反之,受害人由于自己的过错造成的损害,则应当自己承担责任。

(三)侵权责任主体和责任承担

1. 责任主体

建筑物、构筑物或者其他设施及其搁置物、悬挂物损害责任的主体,包括一般民事主体,也包括国家机关、企业事业单位。应当研究的是,本条规定的"所有人、管理人或者使用人",究竟是作为支撑背景的建筑物或者其他设施的所有人、管理人或者使用人,还是搁置物悬挂物的所有人、管理人或者使用人。按照逻辑上的分析,本条规定的是建筑物、构筑物或者其他设施及其搁置物、悬挂物损害责任,其所有人、管理人或者使用人应当是搁置物、悬挂物的所有人、管理人或者使用人。不过,从为了更好地保护被侵权人的利益出发,便于被侵权人的损害得到及时救济,应当理解为建筑物或者其他设施的所有人、管理人或者使用人。理由是,如果建筑物或者其他设施与搁置物、悬挂物的所有人、管理人或者使用人并非一人,而确定搁置物、悬挂物的所有人、管理人或者使用人是侵权责任主体,那么,如果出现这种情况,被侵权人不能确定搁置物、悬挂物的所有人、管理人或者使用人究竟是谁,并且向建筑物或者其他设施的所有人、管理人或者使用人主张损害赔偿,而建筑物或者其他设施的所有人、管理人或者使用人主张自己不是搁置物、悬挂物的所有人、管理人或者使用人而拒绝赔偿,那么,被侵权人的损害就不能得到或者不能及时得到赔偿。因此,对"所有人、管理人或者使用人"应当理解为建筑物或者其他设施的所有人、管理人或者使用人,以其作为建筑物、构筑物或者其他设施及其搁置物、悬挂物损害责任的赔偿责任主体。

2. 责任承担

按照《民法典》第1253条后段规定,承担侵权责任的主体,是建筑物、构筑物或者其他设施的所有人、管理人或者使用人。按照过错推定原则的要求,只要所有人、管理人或者使用人不能证明自己没有过错的,就应当承担侵权责任。

如果出现了建筑物、构筑物或者其他设施及其搁置物或者悬挂物造成损害的不是所有人、管理人或者使用人,而是上述物件的所有人、管理人或者使用人以外的其他责任人的情况,按照本条后段的规定,仍然由物件的所有人、管理人或者使用人首先承担赔偿责任,其在承担了赔偿责任之后,有权向其他责任人追偿。

三、高空抛掷物坠落物损害责任

原《侵权责任法》第 87 条规定："从建筑物中抛掷物品或者从建筑物上坠落的物品造成他人损害，难以确定具体侵权人的，除能够证明自己不是侵权人的外，由可能加害的建筑物使用人给予补偿。"抛掷物坠落物损害责任的问题，在司法实践中争论较大，在立法上也有很大争论，很多人对其"连坐"法提出质疑。《民法典》第 1254 条对这一条文进行了重大改造，内容是："禁止从建筑物中抛掷物品。从建筑物中抛掷物品或者从建筑物上坠落的物品造成他人损害的，由侵权人依法承担侵权责任；经调查难以确定具体侵权人的，除能够证明自己不是侵权人的外，由可能加害的建筑物使用人给予补偿。可能加害的建筑物使用人补偿后，有权向侵权人追偿。""物业服务企业等建筑物管理人应当采取必要的安全保障措施防止前款规定的情形发生；未采取必要的安全保障措施的，应当依法承担未履行安全保障义务的侵权责任。""发生本条第一款规定的情形的，公安等机关应当依法及时调查，查清责任人。"

（一）抛掷物坠落物损害责任的提出

在理论上和实践中讨论建筑物抛掷物损害责任的法律适用，主要是依据重庆的案例。案情是：2001 年 5 月 11 日凌晨约 1 时 40 分，重庆市民郝某与朋友李某在街上谈事情，被临街楼上坠落的烟灰缸砸中头部，当即倒地，被送至急救中心抢救。经医院精心治疗，郝某在昏迷 7 天后脱险，留下了严重的后遗症，被鉴定为智能障碍伤残、命名性失语伤残、颅骨缺损伤残等，损失医疗费等计 9 万元。公安机关经过侦查现场，排除了有人故意伤害的可能性。郝某将位于出事地点的两幢居民楼的产权人以及两幢居民楼一定楼层以上的 25 户居民告上了法庭，要求他们共同赔偿自己的医药费、精神损失费等各种费用。重庆法院经审理认为，因难以确定该烟灰缸的所有人，除事发当晚无人居住的两户外，其余房屋的居住人均不能排除扔烟灰缸的可能性，根据过错推定原则，由当时有人居住的王某等有扔烟灰缸嫌疑的 20 户住户分担该赔偿责任，各赔偿 8101.5 元。

还有一个山东济南某区法院判决的案件。案情是：某住宅区前后两栋楼房相邻，居委会主任是一位老太太，中午时分到后一栋楼通知事情，出楼道时，还有两个老头在楼道门口下象棋，刚打过招呼，从楼上坠落一个用报纸包着的破旧菜板子，将老太太砸倒在地，两个老头回头观察，也没有发现究竟是谁家扔的，就急忙喊人将受害人送到医院抢救。老太太向法院起诉，将该楼全体共 56 户住户列为被告，要求承担损害赔偿责任。一审法院参照共同危险行为的基本规则，判决 56 户住户承担损害的赔偿责任。二审法院依据原告起诉的被告不确定的理由，驳回原告的诉讼请求。

这是两个情节完全相同的案件，但判决的结果却完全不同。

在这两个案件之后,法院审理抛掷物坠落物损害责任案件尽管在理由上有所不同,多数法院判决由有可能的加害人赔偿。

有的专家坚决反对这样的规则,理由是对承担责任的人不公平,且任何人都有可能成为责任人。最高人民法院的法官则转变了实务上原来的否定立场,转而支持这样的规则,因为这种损害应当是物的责任,而不是人的损害,这样就可以明确对物的损害承担补偿责任。有的专家提出了折中的方案,即这个规则不规定为过错责任的赔偿,而适用公平原则,同时规定不是赔偿责任而是补偿责任,这样规定有损害预防的作用,因此是应当规定的,不规定反而群众接受不了。据说,某法院判决的这类案件,那些被判决承担赔偿责任的被告都说,如果判决我们赔偿,我们都不同意,但是要说我们出于公平考虑给予受害人适当补偿的话,我们可以接受。也有专家认为,这样的规定是一个极大的进步,应当肯定。经过讨论,取得了比较一致的意见,即可以从以下方面考虑制定这个规则:第一,确定抛掷物致害责任,是基于公平考虑,而不是基于过错责任原则确定;第二,承担的责任是适当的补偿责任,而不是侵权责任;第三,这样规范的作用,是为了更好地预防损害,制止人们高空抛物;第四,这种侵权行为的性质是建筑物和物件损害责任,不是人的责任。

根据这些意见,原《侵权责任法》作出了第 87 条的规定。

(二)确定抛掷物坠落物损害责任的主要理论根据

1. 几种不同的观点和意见

在确立抛掷物坠落物损害责任的上述规则的理由中,主要有以下四种观点:

(1)推定过错说

这种理由是重庆案件的判决书中提出的。该判决书认为,在本案中,由于难以确定该烟灰缸的所有人,除事发当晚无人居住的两户外,其余房屋的居住人均不能排除扔烟灰缸的可能性,根据过错推定原则,由当时有人居住的王某等有扔烟灰缸嫌疑的 20 户住户分担该赔偿责任。

(2)共同危险行为说

在济南的案件中,一审法院判决的基础在于,由于 56 户居民都有抛掷菜板子的可能,尽管不是全体所有人抛掷,但是参照共同危险行为的原理和规则,各个住户抛掷该物品的概率相等,因此应当由全体住户承担连带赔偿责任。

(3)保护公共安全说

这是多数学者的意见,认为这种案件涉及的是公共安全,虽然伤害的只是一个特定的受害人,但是它针对的是不特定的大多数人。为了保护公共安全和公共利益,尽管不能确定谁是真正的加害人,但应当由有嫌疑的建筑物使用人共同承担赔偿责任。

（4）同情弱者说

这种观点最主要的就是体现民法的同情弱者的立场。首先，民法站在保护弱者的立场，同情弱者，保护弱者，使受到损害的弱者能够得到赔偿；其次，民事责任是财产责任，而不是人身责任，因此责令有抛掷嫌疑的人承担责任，使弱者得到保护，并非完全不公平，可能对嫌疑人不公平，但是对于受害人则是公平的。

2. 对过错推定说和共同危险行为说的评价

在这些观点和意见中，笔者对前两种意见持否定态度，理由如下。

（1）抛掷物坠落物损害责任的基点不是推定过错

所谓推定过错，是指认定侵权责任或者合同责任的时候，对于过错要件的一种认定方法，即不采用原告举证证明的方法，而是采用根据有关事实，由法官推定被告有过错的方法。在法律有规定的情况下，法官直接推定被告的过错，而不再由原告举证证明被告的过错。

建筑物抛掷物致人损害的基础并不在于推定过错。抛掷物坠落物损害责任的基础，是让没有实施致害行为而仅仅具有嫌疑的人承担责任，与共同危险行为具有相似之处：共同危险行为责任是按照行为人实施行为所造成损害的概率，将与损害事实没有因果关系的行为人的行为，视为有因果关系，并由其承担责任。建筑物抛掷物同样具有这样的性质，只是要素不同：抛掷物的行为人不能确定，但是从该建筑物中抛掷该物，在该建筑物的使用人中具有同等的概率。按照该概率，确定所有有可能抛掷该物的人承担责任。而共同危险行为的所有行为人都实施了同样的行为，但是只有一个人的行为与损害有因果关系，其他人的行为与损害没有因果关系，由于不能确定谁的行为与损害有因果关系，因而将全体行为人确定为连带赔偿责任人。

因此，抛掷物坠落物损害责任的基础并不是推定过错，而是将实施行为的可能性推定为确定性，继而确定承担补偿责任。

（2）抛掷物坠落物损害责任的基础也不是共同危险行为

用共同危险行为的原理和规则类比抛掷物坠落物损害责任，也是不正确的。尽管建筑物抛掷物致人损害责任与共同危险行为的连带责任具有同样的性质，但并不是相同的侵权行为。在以下各方面，二者都具有根本区别：

第一，共同危险行为的行为人是数人，也就是共同危险行为的所有人都实施了该种具有危险性的行为，而不是一个人实施这种危险性的行为；而在建筑物抛掷物致人损害责任中，只有一个人实施了加害行为，而不是所有的人都实施了与加害行为有关的行为。

第二，在共同危险行为中，行为与损害事实之间的因果关系尽管是直接因果关系，是具体加害人的行为与损害事实之间的直接因果关系，但是与其他行为人的行为具有间接的联系,视为有因果关系;而在抛掷物坠落物损害责任中,只有抛掷该物的一个人的行为与损害事实之间有因果关系,与其他的所有权人或者使用权人没有因果关系,只是由于不能确定谁是抛掷人,才推定全体嫌疑人与损害事实之间有因果关系。

第三,从过错的方面观察,共同危险行为的所有行为人都具有未尽注意义务的共同过失;而抛掷物坠落物损害责任中,只有一个人具有这种过错,且这种过错是推定的过错,并不需要原告证明。全体嫌疑人并没有过错。

第四,在不能确定具体加害人之外的其他人的免责条件上,有原则性的区别。共同危险行为的其他行为人能够证明自己的行为没有造成损害后果的,不能免除其连带责任;但是,抛掷物坠落物损害责任的其他人如果能够证明自己没有实施这种行为,则可以免责。

3. 确立建筑物抛掷物致害责任规则的法理基础

(1)同情弱者是民法的基本立场,也是侵权法救济损害的基本规则。民法的基本规则是公平。但是这种公平并不是绝对的公平。例如,每一个民事主体都享有一个所有权,但是同样都是所有权,其所包含的财产价值的内容却不相同。因此有人就是亿万富翁,有人就仅对自己的讨饭碗享有所有权。即便如此,也是公平的,因为在所有权上,每个人都享有一个平等的权利。同样如此,对于弱者的保护也是民法的基本立场,看起来不够公平,但是与前述的所有权的公平是一样的。所以,侵权法的立场就是保护受害人,凡是受到非法侵害的受害人,侵权法就予以保护,并且不遗余力。建筑物的抛掷物造成受害人损害,受害人就是受侵权法保护的弱者,救济其损害是侵权法的根本宗旨。即使是不能确定具体的加害人,但加害人的范围是确定的,抛掷物就是从这座建筑物中抛掷的,那么这座建筑物的占有人就应当承担责任。

(2)民事责任的财产性是决定建筑物抛掷物致害责任规则的基础。在民法上,有很多看似不公平的民事责任规则。例如,在罗马法的准私犯制度中确立的替代责任规则就是如此。在替代责任中,行为人是加害人,责任人并不是加害人,但是却要为行为人的行为造成的损害承担责任,就是因为民事责任是财产责任,既然责任人与行为人具有一定的特定关系,因此责令责任人承担责任,而不是让行为人承担责任。这种形式上的不公平,恰恰说明民法的本质公平。之所以这样做,就是因为民事责任是财产责任而不是人身责任,不必让责任人承担人身制裁的责任。这样,使与行为有特定关系的责任人承担财产责任,既不伤害责任人本身,又使受害人的损害得到了有效的救济。如果民事责任不是财产责任,就不会出现这样的规则。

(3)保护公共安全,也是确定建筑物抛掷物致害责任规则的基本立场。公共安全,就是公众的安全,涉及的是众多的人的根本利益。尽管建筑物抛掷物造成损害的后果总是特定的人的损害,但是,在建筑物抛掷物没有发生损害之前,威胁的并不是特定的人，而是不特定的任何人，是公共利益或者公众利益。面对公共利益或者公众利益的威胁和社会不安全因素，立法必须确定严格的保护措施，使行为人受到制裁和警戒。如果对建筑物抛掷物已经造成的损害，由于不能确定具体的加害人而放弃对不法行为的追究，将会放纵乃至纵容侵权行为，其后果将会更加严重。因此，从建筑物的占有人的角度，责令建筑物的占有人承担连带责任，达到了保护公共利益的目的。这正是罗马法规定这一制度所体现的"确保公众集会场所、道路交通的公共安全，并在加害人不明时，扩张赔偿责任人，以使无辜的被害人得到赔偿"的宗旨。

（三）抛掷物坠落物损害责任的历史发展

1. 罗马法对抛掷物坠落物损害责任的明确规定

抛掷物坠落物损害责任并不是一个新出现的侵权行为类型，早在罗马法就存在这样的侵权行为制度。在查士丁尼《法学总论——法学阶梯》中，对抛掷物坠落物损害责任规定了详细的规则："某人占用一楼房，不论是自有的、租用的或借住的，而有人从楼房投掷或倾注某物，致对他人造成损害时，前者被认为根据准侵权行为（此处似应译为准私犯——作者注）负责；根据侵权行为（此处似应译为私犯——作者注）负责是不确切的，因为这种情况往往是他就他人，例如子女或奴隶的过错而负责……关于投掷或倾注某物，经规定得诉请给付两倍于所造成的损害；其因而伤害自由人的生命的，处以五十个金币的罚金；伤害其身体而未致死亡的，应由审判员根据具体情况，基于公平原则所估计的金额为准判处罚金；在估计时，审判员应考虑支付医生的诊费和其他治疗上的费用，此外还应考虑由于丧失工作能力而在就业上所已受到和将受到的损失。""如家子与其父分居，而从自己的楼房投掷或倾注某物，又或放置或悬挂某物，而其倾倒、坠落可能发生危险的，犹里安主张不得对其父，而只能对儿子本人提起诉讼。"①如果同一房间有数名房客，这些房客将负连带责任，②该诉不是向行为人提起，而是向房屋的居住者提起，包括房屋的所有人、用益权人或承租人。这样规定也有利于促使房屋的居住人提高注意程度。③

罗马法规定建筑物责任的核心思想，在于建筑物中的投掷物（固体物）、倾注物（流体物）的责任由谁承担，以及建筑物的悬挂物、搁置物致人损害的责任由谁承担。其主旨是，投掷物和倾注物不一定是建筑物的占有人所为，可能是他的家子或者奴隶所为，因此，这种致人损害的行为不是私犯，而是准私犯，是家父为他人承担责任。如果家子与其家父分居，而从自己的楼房上投掷或倾注某物，则由自己承担责任，而不是其家父承担责任。因此，建筑物中的投掷物（固体）或者倾注物（流体）造成他人损害，应当由

---

① ［古罗马］查士丁尼：《法学总论——法学阶梯》，张企泰译，商务印书馆1989年版，第204页。

② 参见［意］彼德罗·彭梵得：《罗马法教科书》，黄风译，中国政法大学出版社1992年版，第406页。

③ 参见周枏：《罗马法原论》（下册），商务印书馆2002年版，第804页。

建筑物的占有人(包括所有人、租用人和借用人)承担损害赔偿责任。同时,一幢房屋由多人居住的,他们对受害人承担连带责任。罗马法制定这一制度的原始构想,在于确保公众集会场所、道路交通的公共安全,并在加害人不明时,扩张赔偿责任人,以使无辜的被害人得到赔偿。①

2. 后世各国民法对建筑物致害责任规定的侧重点

从法国法以来,各国民法也都规定建筑物的责任,但是规定的主旨与罗马法有所不同,即不是注重对建筑物中的投掷物或者倾注物致人损害的责任作出规定,而是针对建筑物的整体及其附属物的致人损害责任进行规范。

《法国民法典》在它原来仅有的 5 个条文的最后一个条文即第 1386 条中,规定了建筑物的责任:"建筑物的所有人对建筑物因保管或建筑不善而损毁时所致的损害,应负赔偿的责任。"②该条的规定,就是对建筑物的整体致人损害的责任。在《智利民法典》中,其相关规定与《法国民法典》的规定几乎相同,这就是第 2323 条:"建筑物因所有人未进行必要的修葺或因缺陷善良家父的注意而倒塌时,所有人应对第三人的损害承担责任。""如建筑物为两人或数人所共有,应按他们的所有权份额的比例分担损害赔偿金。"其中后段规定比较有新意,对于如何分担责任有借鉴意义。

《德国民法典》规定建筑物的责任分为 3 条,第 836 条规定的是建筑物倒塌或者剥落时致人损害的责任,由土地占有人承担责任;第 837 条规定的是因行使某项权利而占有他人土地上的建筑物或工作物,负同样的责任;第 838 条规定的是建筑物的保养人的责任。这些规定也都是着眼于建筑物的整体所致损害的责任,这就是建筑物倒塌和剥落所造成的损害责任。

《瑞士债法典》第 58 条规定的也是建筑物的致人损害责任,它规定,建筑物的所有人对因设计缺陷,或者结构缺陷或者维修不足造成的损害承担赔偿责任。

值得注意的是,《埃塞俄比亚民法典》和《俄罗斯联邦民法典》的规定与前述规定有所不同,比较接近罗马法的规定,对于确定抛掷物坠落物损害责任的规则有借鉴意义。

《埃塞俄比亚民法典》第 2080 条规定:"建筑物的占据人,应对从建筑物上坠落的物所致的任何损害承担责任。"坠落尽管不是抛掷,但是一方面"抛掷"的说法本身就不准确,因为连行为人都不能确定,如何能确定该物就是抛掷的物?另一方面将这种损害的物称为"坠落"更符合客观事实,况且"坠落"可以将"抛掷"包含在其中。因此这一规定是值得借鉴的。尽管这个条文没有进一步规定坠落物的所有人不明时的责任,但是,接下来的第 2142 条规定"未查明加害人","如果损害是由数人中的某个人造成

① 参见李木贵:《共同危险行为之研究:以要件论为中心》,载《法学丛刊》2000 年第 173 期。

② 《拿破仑民法典》,李浩培等译,商务印书馆 1983 年版,第 190 页。

的,并且不能查明所涉及的某个人是加害人,法院在衡平需要时,可命令有可能造成损害,并且在其中确定可找到加害人的那一群人共同赔偿损害”。这样的规定非常清楚,既包括共同危险行为的未查明加害人,也包括这种抛掷物致害的未查明加害人。这个立法例特别值得借鉴。

《俄罗斯联邦民法典》没有明确规定建筑物的责任,但是在高度危险活动的责任中包含了建筑的责任。这就是,把“从事建筑和其他与建筑有关的活动”包含在从事对周围环境有高度危险的活动之中,适用同样的规则。建筑物的坠落物是不是也应当适用同样的规则,似乎应当持肯定态度。

3. 有益的启发

分析了以上各国民法中关于建筑物的责任或者建筑物的投掷物、倾注物、坠落物、悬挂物、搁置物等致人损害的责任,有以下几点值得注意:

第一,在罗马法中,规定了投掷物、倾注物以及悬挂物、搁置物致人损害的责任。其基本规则就是建筑物的占有人承担致人损害的赔偿责任。这在罗马时代是最清楚的规定。虽然有人说在罗马法时期就已经有了建筑物区分所有权的萌芽,[①]但是那时候的建筑物基本上是一家一户一个建筑物,建筑物中投掷物或者倾注物造成损害,当然是其建筑物的占有人承担责任了。尽管罗马法没有关于区分所有建筑物的投掷物或者倾注物的损害赔偿规则,然而可以肯定的是,凡是建筑物中的投掷物、倾注物、悬挂物、搁置物以及坠落物造成的损害,都应当由建筑物的占有人包括所有人、借用人、租用人承担责任;如果一幢房屋有多人居住,他们对受害人承担连带责任,却是一个没有怀疑的结论。这样规定所体现的“确保公众集会场所、道路交通的公共安全,并在加害人不明时,扩张赔偿责任人,以使无辜的被害人得到赔偿”的宗旨,最值得借鉴。

第二,现代民法为什么不关注建筑物的附着物或者建筑物中的物所致损害的责任,而关注建筑物本身所致损害的责任,似乎也值得研究。现在多数国家民法典规定的建筑物责任,都是规定建筑物倒塌、剥落的责任,似乎都是建筑物本身所致损害的责任。其实,凡是建筑物以及建筑物中的其他的物,是不是都可以看作建筑物或者建筑物的物呢?笔者认为是可以的。在法典中没有规定建筑物中的物的损害责任,如果发生这种损害,当然只能通过解释这个规定来确定责任。可见,规定建筑物的责任实际上也包含了建筑物中的物的致害责任。何况有的国家民法典对悬挂物和搁置物也都作了规定。当然也有《埃塞俄比亚民法典》的未查明加害人的例外规定,尽管其中更多体现的是共同危险行为的规则,但其中包含建筑物抛掷物责任的规则,是不言而喻的。由此可见,现代侵权法立法也不是都反对这样的规则。

---

① 参见陈华彬:《现代建筑物区分所有权制度研究》,法律出版社 1997 年版,第 3 页。

第三,抛掷物的说法也是值得研究的,是不是必须使用抛掷物的说法呢?事实上,对于一座建筑物上坠落下来的物,不管是投掷的也好,倾注的也好,悬挂物坠落或者搁置物坠落也好,其实都是建筑物中的物坠落所致损害。前述讨论的两个案件,难道能够确定烟灰缸和菜板子就是抛掷的物吗?如何确定是抛掷的呢?或许就是坠落的呢?因此,笔者认为,这种侵权责任制度就按照《埃塞俄比亚民法典》的规定,称为"建筑物坠落物致人损害未查明加害人责任"最为妥当,因为它不含有主观因素的色彩。

还可以进一步讨论,如果一定要认定为抛掷物,原告就应当举证证明造成损害的物,是行为人抛掷的。可是现在连是谁所为都无法证明,又怎样证明造成损害的物就是抛掷的呢?所以还是不要去管造成损害的物是不是有人的支配因素,而只说物是坠落的,坠落物致人损害,就由物的占有人承担责任。这样是最清晰、最准确的,并且包容性宽,更容易解决具体问题。所以,建筑物中不论是抛掷物还是脱落物,都被界定在坠落物当中,凡是建筑物的坠落物致人损害,都应当由坠落物的占有人承担赔偿责任。

(四)抛掷物坠落物损害责任的基本规则

原《侵权责任法》第 87 条规定了抛掷物坠落物损害责任的基本规则之后,这类案件没有减少,仍然经常出现,进而引起社会的关注和质疑,都认为这个连坐法是不公平的。编纂民法典时,对这一条文进行了彻底的改造。

《民法典》第 1254 条规定的高空抛掷物、坠落物损害责任的基本规则如下。

1. 禁止从建筑物中抛掷物品。这是一个禁止性规定,是对建筑物抛掷物、坠落物损害责任的基础性规定。在建筑物中抛掷物品,是非常危险的危害公共安全的行为。很多建筑物的居民习惯于向窗外抛掷物品,这是非常不道德的、违反公序良俗的行为。对此必须严格禁止。

2. 从建筑物抛掷物品或者从建筑物上坠落的物品造成损害由侵权人承担责任。任何人从建筑物中抛掷物品,或者建筑物上坠落物品,造成他人损害,都由侵权人承担责任,侵权人就是抛掷物品的行为人,或者坠落物品的建筑物的所有人、管理人或者使用人。他们的作为或者不作为造成他人损害,当然要由他们自己承担侵权责任。

3. 经调查难以确定具体侵权人的,由可能加害的建筑物使用人给予补偿。经调查难以确定具体侵权人的,由可能加害的建筑物使用人给予补偿,就是原《侵权责任法》第 87 条规定的规则。建筑物抛掷、坠落物品致人损害侵权人不明补偿责任的构成要件是:第一,行为人在建筑物中抛掷物品,或者建筑物有坠落物品;第二,抛掷物品或者坠落物品造成他人损害,主要是人身损害;第三,实施抛掷行为或者坠落物品的所有人不明,不能确定真正的加害人;第四,在特定建筑物的使用人中,不能证明自己不是侵权人。具备上述四个要件,该建筑物的使用人则是可能加害的建筑物使用人。责任承担的方式,是由可能加害的建筑物使用人对受害人的损失给予补偿,而不是承担连带责任。补偿的责任范围,法官应当依照自由裁量原则适当确定。能够证明自己不是加害人,即没有实施建筑物抛掷物品的行为,也不是建筑物坠落物品的权利人的,不承担补偿责任。

4. 可能加害的建筑物使用人补偿后有权向侵权人追偿。由可能加害的建筑物使用人承担补偿责任,其中必定有无辜者,即没有加害的建筑物使用人。为公平起见,可能加害的建筑物使用人承担了补偿责任后,如果查明了侵权人,当然对其享有追偿权,可以向其进行追偿。

5. 物业服务企业等建筑物管理人未采取安全保障必要措施的,依法承担责任。建筑物管理人是建筑物的管理者,即物业管理企业等物业管理人,他们对建筑物的安全负有安全保障义务。因此,本条第 2 款规定,物业服务企业等建筑物管理人应当采取必要的安全保障措施,防止高空抛掷物品或者坠落物品造成损害的发生。未尽此安全保障义务,造成损害的,应当依法承担违反安全保障义务的损害责任。

6. 公安等机关应当依法及时查清责任人。在加害人不明的高空抛物损害责任中,绝大多数其实都是能够查清的,但是,由于高空抛物损害责任是规定在民法中的民事责任,因此,在案件发生后,很多公安机关并不进行立案侦查,而是推脱,否认属于自己的职责范围。正因如此,才出现了大量的加害人不明的高空抛物损害责任,被称为"连坐法",使承担补偿责任的人怨声载道,抱怨法律的不公平。为避免大量出现加害人不明的高空抛物损害责任,本条规定"公安等机关应当依法及时调查,查清责任人"。这样就明确了高空抛物行为发生后,公安机关有侦查职责,应当及时立案侦查,查清责任人,依法处理。只有动用侦查手段仍然查不清责任人的,才可以适用本条规定的第三个规则。

上述规则的第三项,即经调查难以确定具体侵权人的,由可能加害的建筑物使用人给予补偿。基本规则如下:

第一,既不适用过错责任原则也不适用无过错责任原则。抛掷物坠落物损害责任既不适用过错责任原则,也不适用无过错责任原则,而是适用公平分担损失规则。有人认为应当适用过错责任原则,也有人认为应当适用无过错责任原则,其实都不对,只是基于公平考虑,让有可能加害的建筑物使用人承担补偿责任,以分担受害人的损失。

第二,可能加害的建筑物使用人作为补偿责任主体。建筑物的抛掷物、坠落物致人损害,难以确定具体侵权人的,应当由可能加害的建筑物使用人承担责任。

研究抛掷物坠落物损害责任的关键在于:抛掷物、坠落物的所有人或者管理人难以确定,而该建筑物又是由多数人使用,应当如何确定赔偿责任主体和具体赔偿责任承担问题。明确有可能加害的建筑物使用人承担责任,这个规则是对的。理由是,既然抛掷物坠落物损害责任是建筑物责任,那么,就一定要看到目前城市居民住宅或者写字楼都是区分所有的现状。而在现实中,之所以建筑物抛掷物致害责任出现这样难以处理的问题,正是由于建筑物被区分所有造成的。因此,确定建筑物抛掷物致害责任,就应当按照建筑物区分所有的思路来考虑其具体规则。可以借鉴《智利民法典》中关于"如建筑物为两人或数人所共有,应按他们的所有权份额的比例分担损害赔偿金"的规定,由全体共有人承担责任。因此,规定应当由建筑物的使用人承担连带责任,就是顺理成章的。

第三,承担的责任是补偿责任。补偿责任不是赔偿责任,意味着确定抛掷物坠落物损害责任不是按照损失的数额全部赔偿,而仅仅是根据实际情况,作出适当补偿。

这个补偿责任,在有可能加害的使用人之间如何承担,没有明确规定。有的主张,应当参照《智利民法典》前述规定,为按份责任,每个人仅仅对自己应当承担的份额承担责任。有的认为按份责任有所不妥,因为:一方面,对于共同共有来说,共有关系没有解体,就无法确定个人的份额;另一方面,在无法确定具体加害人的时候,将全体嫌疑人都作为共同被告,事实上也无法确定各自的份额,无法落实按份责任。对此,笔者认为完全实行连带责任,尽管对保护受害人有利,但承担责任的基础不扎实。因此,还是参照按份责任的规定,难以确定责任大小的,平均承担补偿责任中自己的份额,不能连带。

第四,能够证明自己不是侵权人的免除责任。确定建筑物抛掷物损害责任的基础在于将全体建筑物使用人视为加害的嫌疑人。因此,确定建筑物抛掷物致害责任的基础较为薄弱。那么一旦全体建筑物占有人中的一人或者数人能够证明自己并没有实施使物抛掷(脱落、坠落)行为的,那么,他就排除了嫌疑,由嫌疑人变为非嫌疑人。如果要求已经确定没有实施加害行为的人仍然承担侵权责任,是不公平的。所以,凡是能够证明自己没有加害行为的建筑物使用人,应当免除其侵权责任。

证明自己没有实施使建筑物中的物抛掷或者坠落的行为,有以下几种情况:第一,证明在发生损害的时候,自己没有在该建筑物之中。既然发生损害的时候自己没有在现场,当然就没有实施该种行为的可能,当然可以排除其责任。第二,证明自己所处的位置无法实施该种行为。这就是客观条件所限,没有实施该种行为的可能性,既然如此,当然不应承担侵权责任。第三,证明自己即使实施该种行为,也无法使抛掷物或坠落物到达发生损害的位置。例如,自己居住的位置与发生损害的现场相悖或者太远,无法将物抛掷(脱落、坠落)到发生损害的现场,当然也就不应当承担侵权责任。第四,证明自己根本就没有占有该种造成损害的物。这是从根本上否认自己实施这种行为造成损害的可能,证明成立的免除责任。不过,这种证明的难度较大,不容易使法官相信。

能够确定致害物的使用人即侵权人的,应当由致害物的所有人或者管理人承担责任。在研究抛掷物坠落物损害责任的时候,立足点是使致害物致人损害的行为人不能确定,如果建筑物抛掷物的行为人或者所有人能够确定,也就是具体的加害人能够确定,那就不存在这种责任的前提了,当然就应当由致害物的所有人承担责任,应当适用《民法典》第 1253 条的规定。

2021 年 1 月 4 日上午,广州市越秀区人民法院对《民法典》实施后的高空抛物损害责任第一案作出判决。2019 年 5 月 26 日下午,原告庾某在自家小区花园内散步,经过被告楼下时,被告黄某家小孩从 35 楼房屋阳台抛下一瓶矿泉水,水瓶掉落到庾某身旁,导致其惊吓、摔倒。报警后,庾某被送入医院治疗。次日,原告亲属与黄某一起查看监控,确认了侵权事实后双方签订了一份确认书,确认矿泉水系被告家小孩从阳台扔下。协议签订后,被告向原告支付了 1 万元赔偿。庾某就诊的医院诊断认为,庾某右侧股骨转子间粉碎性骨折、高血压病Ⅲ级(极高危组)、右侧眼眶骨折。庾某住院治疗 22 天后出院,后又因伤未痊愈,两次住院治疗累计超过 60 天,住院费用数万元。经中山大学法医鉴定中心鉴定,庾某伤情构成十级伤残,伤残是 5 月 26 日受伤导致。庾某以黄某除已支付 1 万元外未再支付其他赔偿款为由,向越秀区人民法院提起诉讼,要求黄某赔偿医疗费、护理费、残疾赔偿金、交通费、鉴定费、住院伙食补助费、精神损害抚慰金等计 100,344.12 元。法院经审理认为,原告散步时被从高空抛下的水瓶惊吓摔倒受伤,虽未直接砸中原告,但由于行为具有极强的危险性,导致原告受惊吓倒地受伤致残,后果与高空抛物具有直接因果关系,应由被告承担赔偿责任。根据最高人民法院《关于适用〈中华人民共和国民法典〉时间效力的若干规定》第 19 条之规定,适用《民法典》第 1254 条的规定,作出行为人承担侵权责任的判决。

这一件高空抛物损害责任案件,适用的是《民法典》第 1254 条第 1 款第 2 句的规定,即“从建筑物中抛掷物品或者从建筑物上坠落的物品造成他人损害的,由侵权人依法承担侵权责任”。由于本案在行为发生之后,能够确定侵权人,当然就要由侵权人承担责任。

四、堆放物倒塌损害责任

《民法典》第 1255 条规定:“堆放物倒塌、滚落或者滑落造成他人损害,堆放人不能证明自己没有过错的,应当承担侵权责任。”

(一)堆放物致害责任的概念和特征

堆放物致害责任,是指由于堆放物倒塌、滚落、滑落,致使他人人身或者财产权益受到损害,由所有人或者管理人承担赔偿责任的建筑物和物件损害责任。原《关于审理人身损害赔偿案件适用法律若干问题的解释》第 16 条第 2 项规定,“堆放物滚落、滑落或者堆放物倒塌致人损害的”,“适用民法通则第一百二十六条的规定,由所有人或者管理人承担赔偿责任,但能够证明自己没有过错的除外”。原《侵权责任法》第 88 条以这个司法解释作为蓝本,规定了堆放物倒塌损害责任。《民法典》第 1255 条在此基础上,略加修改,形成这个特殊侵权责任规则。

堆放物损害责任具有以下法律特征:首先,是一种建筑物和物件损害责任。堆放物是一种物件,由此致害发生的责任属于建筑物和物件损害责任,不是行为致害责任。其次,赔偿责任的产生原因具有特定性。堆放物损害责任的产生,只能是堆放物滚落、滑落或者堆放物倒塌。最后,赔偿责任的承担主体具有特殊性。堆放物损害责任的责任主体是有过错的堆放人。

堆放物,指堆放于土地上或某处的物品,堆放物只能是动产。在实践中,这种建筑物和物件损害责任的情况比较常见。堆放物致害行为通常是以滚落、滑落或者倒塌三种方式致人损害。滚落,是指高处的堆放物滚下;滑落,是指高处的堆放物滑下;而倒塌,是指堆放物全部或者部分倾倒、坍塌。

例如,某日下午 3 点左右,原告陆某之子朱某(男,12 岁,系小学五年级学生)与柳某(男,14 岁,初中初一学生)、刘某(男,11 岁,小学学生)三人进入桓仁食品厂区玩耍。在该厂篮球场一侧篮球架旁,存有经桓仁食品厂领导同意的被告徐某为丹乐农科院锅炉厂代销的立式锅炉,原告之子等三人即在篮球架与锅炉之间玩吊床。朱某拴锅炉一边,柳某拴篮球架那边,刘某坐在旁边。吊床拴好后,朱某即坐上去,锅炉由于吊床拉力向朱某这边倾倒过来砸在朱某头部,朱某当即大量流血昏迷。朱某的父亲得知后立即赶来将其送往桓仁县人民医院治疗,经诊断为颅脑损伤,失血性休克,经抢救无效,朱某与当日下午死亡。其中锅炉的管理人应当承担的就是堆放物损害责任。

(二)堆放物损害责任的归责原则和构成要件

1. 堆放物损害责任的归责原则

堆放物损害责任的归责原则,适用过错推定原则。理由是:首先,堆放物损害责任不是一般侵权行为,而是一种特殊的建筑物和物件损害责任,不能适用过错责任原则,应当从适用于特殊侵权责任的无过错责任原则与过错推定责任原则中选择。其次,适用无过错责任原则不符合建筑物和物件损害责任的理论基础,而且也没有法律依据。

在实行过错推定的时候,受害人请求赔偿,无须举证证明堆放物的所有人或者管理人对致害有过错,只需举证证明自己的人身损害事实,该人身损害事实为物件所有人或者管理人的堆放物所致,且所有人或者管理人对该物件具有支配关系,即从损失事实中推定所有人或者管理人在主观上有过错。所有人或者管理人主张自己无过错者,应当举证证明。不能证明或者证明不足,则推定成立,即应承担人身损害赔偿责任;确能证明者,免除其人身损害赔偿责任。

2. 堆放物损害责任的构成要件

（1）须有堆放物的致害行为。在实践中，这种建筑物和物件损害责任情况比较常见。堆放物致害行为只能是以滚落、滑落或者堆放物倒塌三种方式致人损害。

（2）须有受害人损害事实。堆放物滚落、滑落或者堆放物倒塌，造成受害人人身伤害或者财产损失，即构成此要件。

（3）须损害事实与堆放物致害行为之间有因果关系。堆放物滚落、滑落或者倒塌与人身损害事实之间的因果关系，是这二者之间的引起与被引起的关系，堆放物滚落、滑落或者堆放物倒塌，直接造成受害人的人身伤害，为有因果关系；滚落、滑落或者倒塌等物理力并未直接作用于他人的人身，而是引发其他现象，致他人的人身受损害，亦为有因果关系。

（4）须堆放物的所有人或管理人有过错。这种过错一般是指堆放或管理不当或缺陷，也可能是使用方法不当，均应以过失方式为之。故意以堆放物致人损害，是犯罪行为，不构成这种侵权责任。这种过失的心理状态是疏忽或者懈怠。

（三）堆放物损害责任的责任主体与免责事由

堆放物损害责任的赔偿权利主体是被侵权人，可以直接向该赔偿法律关系的责任主体索赔。根据该条规定，堆放物损害责任的赔偿责任主体是堆放人，即堆放物是由谁堆放的，谁就是损害赔偿责任主体。

堆放物损害责任的免责事由如下。

1. 堆放人无过错。依照《民法典》第 1255 条的规定，堆放人能够证明自己无过错的，就不构成侵权责任，当然免除其赔偿责任。

2. 不可抗力。如果堆放物的滚落、滑落、倒塌是因不可抗力造成的，免除其堆放人的赔偿责任，应当适用《民法典》第 180 条规定。

3. 第三人过错和受害人过错。堆放物造成损害，完全是由于第三人的过错造成的，堆放人免责，损害赔偿责任应由第三人承担。如果第三人的过错行为与堆放人的过错行为相结合而发生损害结果，依共同侵权责任规则处理。

堆放物的损害完全是由受害人自己的过错造成的，免除堆放人的损害赔偿责任；损害是由双方过错行为造成的，则依过失相抵规则处理。

五、障碍通行物损害责任

《民法典》第 1256 条规定："在公共道路上堆放、倾倒、遗撒妨碍通行的物品造成他人损害的，由行为人承担侵权责任。公共道路管理人不能证明自己已经尽到清理、防护、警示等义务的，应当承担侵权责任。"这规定的是障碍通行物损害责任。

（一）障碍通行物损害责任的概念

障碍通行物损害责任，是指在公共道路上堆放、倾倒、遗撒妨碍通行的障碍物，造成他人损害的,实施该行为的有关单位或者个人应当承担损害赔偿等责任的建筑物和物件损害责任。

这种建筑物和物件损害责任的特点是:第一,造成损害的物件是在公共道路上堆放、倾倒、遗撒的障碍物,该障碍物妨碍通行;第二,造成的损害,可以是人身损害,也可以是财产损害;第三,承担责任的人是行为人,公共道路管理人在不能证明自己已尽义务时承担相应的责任;第四,承担的侵权责任方式主要是损害赔偿,也包括停止侵害、排除妨碍等侵权责任。

《民法典》确立障碍通行物损害责任的意义在于,一方面确定设置障碍通行物造成损害的侵权责任,救济被侵权人的损失;另一方面起到对社会的警示训导作用,警示在公共道路上设置障碍物的法律后果,教育群众不得妨害公共道路通行。

(二)障碍物与侵权责任构成

障碍物,是指堆放、倾倒、遗撒在公共道路上的障碍物,这种障碍物在公共道路上妨碍通行。该障碍物只能是动产,不能是不动产。设置障碍物的行为方式,是堆放、倾倒、遗撒,其中堆放、倾倒,行为人的主观心理状态可能是放任损害发生的间接故意,或者是懈怠的过失;而遗撒行为人的主观心理状态则为过失,不可能是放任的间接故意。

确定障碍通行物损害责任的归责原则,是过错推定原则。只要具有在公共道路上设置妨碍通行的障碍物,造成受害人人身或财产伤害的事实,并且设置障碍通行物的行为与被侵权人的损害事实之间具有因果关系的,就无须被侵权人证明,直接推定障碍物设置人或管理人有过失,认定其未尽应当尽到的注意义务,无须被侵权人证明;如果有关单位或者个人主张自己无过错,则须承担举证责任,即举证责任倒置,证明自己无过错。能够证明自己无过错的,不承担侵权责任;不能证明自己无过错的,过错推定成立,应当承担损害赔偿等侵权责任。

(三)责任主体

1. 妨碍通行物损害责任的侵权人是行为人。原《侵权责任法》第 89 条规定妨碍通行物损害责任的主体,只是笼统地规定为有关单位或者个人,不仅不明确,而且承担的责任形式也不清楚。妨碍通行物损害责任的直接责任主体就是行为人,是堆放人、倾倒人、遗撒人,是他们的行为造成他人的损害,他们当然是侵权人,应当承担侵权责任。堆放或者倾倒比较容易确定行为人,对遗撒的行为人较难确定,因为遗撒就是不经意而为之,并非都是有意遗撒。无意遗撒的行为人可能并不知情,因而在其离开现场后造成损害,被侵权人无法找到遗撒的行为人,故对遗撒的障碍物存在管理职责的人是应当承担侵权责任的人。例如,在南京机场高速公路上遗撒大捆塑料布,遗撒行为人并不知道,其后,一辆桑塔纳轿车发现障碍物后刹车打方向盘,致使车辆侧翻,造成车毁人亡、公路护栏毁坏的后果。对此,遗撒人应当是责任人,但其并不知情,且无法找到。

2.妨碍通行物损害责任的主体是公共道路管理人。本条规定,妨碍通行物损害责任的相应责任主体是公共道路管理人。公共道路管理人承担相应责任的要件,是不能证明已经尽到清理、防护、警示等义务。这一举证责任由公共道路管理人承担。能够证明自己已经尽到上述义务的,免除责任;不能证明者,存在过错,应当承担相应责任。

3.行为人和公共道路管理人承担责任的方式是单向连带责任。由于本条规定妨碍通行物损害责任有两个责任人,因此属于多数人侵权责任,应当进行责任分担。责任分担的方式是单向连带责任,即混合责任,其规则是:首先,行为人应当对全部损害后果承担连带责任,不管公共道路管理人是否应当承担责任,行为人都须对全部损害承担责任。其次,公共道路管理人不能证明自己已经尽到管理义务的,应当承担相应的责任,而不是全部赔偿责任,是按份责任。具体确定方法,是与公共道路管理人管理过失相适应的赔偿责任,即有多少过失,就承担多少责任。已经尽到上述义务,为没有过失,不承担侵权责任。

这样规定的后果是,妨碍通行物的行为人如果无法查清,即使公共道路管理人不能证明自己已经尽到必要义务,也应当承担责任;但是,由于其承担的是“相应的责任”即按份责任,并不对全部损害负责,受害人存在无法获得全部赔偿的可能。如果公共道路管理人已经尽到必要义务,则受害人无法从公共道路管理人处获得任何赔偿。这样的后果还须特别注意。

例如,王某驾驶摩托车由东向西行驶至某路段,在绕越前方右侧被告堆放的石子堆时,因路面积雪,摩托车侧滑向左倒地,王某从车上摔下后跌倒在左侧路面。此时,一辆大型客车正好迎面驶来,驾驶员邢某避让不及,从王某身上碾轧而过后滑入南侧路边河道中,造成王某死亡及部分财产损坏。事故发生后,交警部门对事故作出责任认定,认定王某负主要责任,邢某负次要责任。经计算,因事故造成的经济损失为118,341元,由死者家属自负60%,邢某支付40%。此后,死者家属以石堆障碍物的责任人也需承担一定责任为由,将对方告上法庭。

法院在审理后认为,本案系一起交通事故引发的损害赔偿案件,根据道路交通事故处理办法的规定,交通事故责任者应当按照所负交通事故责任承担相应的损害赔偿责任。本案中公安机关虽已对交通事故的责任人作出责任认定,事故各方当事人亦并未对责任认定提出异议,且对损害赔偿已经公安机关调解达成协议并履行完毕。但从查明的事实可以看出,本案被告堆放石子未经有关部门批准,违反了《道路交通管理条例》第66条的规定,其主观上有过错,是障碍物的设置人。被告占道堆放的石子属于在公共道路上妨碍通行的障碍物品,影响了死者王某的正常通行,在发生交通事故造成王某死亡结果的因素中,除了公安机关认定的死者王某及客车驾驶员的违章驾车的因素外,考虑在本案特定的路面积雪状况下,王某绕越石子堆后即摔倒,虽然被告违章堆放物对造成王某死亡结果的原因很小,但也说明被告的行为与王某死亡结果有一定的原因力。据此,法院作出了被告赔偿死者家属事故损失 3000 元的判决。① 这个案件在一定程度上,体现了本条规定的障碍通行物损害责任的规则。

六、林木损害责任

《民法典》第 1257 条规定:“因林木折断、倾倒或者果实坠落等造成他人损害,林木的所有人或者管理人不能证明自己没有过错的,应当承担侵权责任。”这里规定的是林木损害责任。

(一)林木损害责任的概念和特征

林木损害责任,是指林木折断、倾倒或者果实坠落等,造成他人人身损害、财产损害的,由林木所有人或者管理人承担损害赔偿等责任的建筑物和物件损害责任。

林木损害责任具有以下法律特征:第一,林木损害责任是一种建筑物和物件损害责任,不属于行为致害责任,不存在积极的加害行为人;第二,林木损害责任的产生原因具有特殊性,即该种责任的产生是由于林木折断等,舍此并无其他原因;第三,林木损害责任的赔偿责任人具有特定性,即只能是致害林木的所有人或管理人。

(二)林木损害责任的归责原则

林木损害责任的归责原则究竟是什么,以前有过不同意见,但基本意见是适用过错推定原则。《民法典》第 1257 条规定林木损害责任的归责原则是过错推定责任原则。在实行过错推定的时候,受害人请求赔偿,无须举证证明林木所有人或者管理人对造成他人损害有过错,只需举证证明自己的损害事实,该损害事实为所有人或者管理人的林木所致,且所有人或者管理人对该林木具有支配关系,即从损害事实中推定林木所有人或者管理人在主观上有过错。所有人或者管理人主张自己无过错者,应当举证证明。不能证明或者证明不足,则推定成立,即应承担损害赔偿责任;确能证明者,免除其损害赔偿责任。

(三)林木损害责任的构成要件

1. 须有林木的致害行为

林木折断不仅仅是指路边树,而是指一切林木。林木致害行为只能是林木折断致人损害,林木的致害方式,还包括林木倾倒,即林木倾倒但未折断,以及林木折断,即林木从某处断裂,既可以是林木整体的断裂,也可以是树枝的断裂。林木的果实坠落造成损害,也适用同样的规则。

---

① 参见杨启福:《骑车人绕行障碍物跌倒死亡 法院认定堆放人承担一定责任》,载 http://www.jsfy.gov.cn/bxyf/bxyf_co5.htm。

2. 须有被侵权人的人身或者财产的损害事实

林木折断造成被侵权人的人身损害或者财产损害，即构成此要件。林木折断造成的人身伤害，包括致人轻伤、重伤致残和死亡，其侵害的是生命权、健康权、身体权。造成财产的损失，包括已经造成的一切财产损失。

3. 须损害事实与林木折断行为之间有因果关系

林木折断与损害事实之间的因果关系，是这二者之间的引起与被引起的关系，林木折断直接造成被侵权人的人身伤害或者财产损失，为有因果关系；林木折断致人损害等物理力并未直接作用于他人的人身，而是引发其他现象，致他人的人身受损害，亦为有因果关系。

4. 须林木的所有人或管理人有过错

这种过错是指管理不当或欠缺，均以过失方式表现出来。这种过失的心理状态是疏忽或者懈怠，过失的确定形式采推定方式。

(四)林木损害责任的承担与免责

林木损害责任的赔偿权利主体是被侵权人，可以直接向赔偿责任主体请求赔偿。林木损害责任的赔偿责任主体，是林木的所有人或者管理人。

林木的所有人，是林木致人损害的最直接的赔偿责任主体。当林木的所有人直接占有、管理该林木时，该林木致人损害，所有人应当承担赔偿责任。

林木由非所有人管理、使用时，其赔偿责任主体不再是林木所有人，而是由林木管理人作为赔偿责任主体。

林木损害责任的免责事由如下。

1. 林木的所有人或管理人无过错。依《民法典》第1257条的规定，林木所有人或者管理人能够证明自己无过错的，不成立赔偿责任。由于已经明确规定所有人、管理人能够证明自己无过错的，即可免责，所以不必再证明存在其他免责事由。

2. 不可抗力。如果林木折断是因不可抗力造成的，免除其所有人、管理人的赔偿责任。在此，应当严格区分不可抗力与一般自然力原因，例如，一般的风把本该修剪的枯枝吹落致人损害，是一般自然力致害，林木的所有人或管理人应当承担损害赔偿责任；而台风使林木折断致人损害为不可抗力，林木的所有人或管理人可以免责。

3. 第三人过错和受害人过错。完全由于第三人的过错造成林木折断致害他人的，其所有人、管理人免责，损害赔偿责任应由第三人承担。

完全是由于受害人自己的过错，致使林木折断造成自己损害的，免除林木的所有人、管理人的损害赔偿责任。如果损害是由双方过错行为造成的，则依《民法典》第1173条关于过失相抵的规则分担责任。

七、地下工作物损害责任

《民法典》第1158条规定:“在公共场所或者道路上挖掘、修缮安装地下设施等造成他人损害,施工人不能证明已经设置明显标志和采取安全措施的,应当承担侵权责任。”“窨井等地下设施造成他人损害,管理人不能证明尽到管理职责的,应当承担侵权责任。”与原《侵权责任法》第91条相比,本条规定基本内容没有大的变化,只是增加了施工人证明责任的规则。

(一)地下工作物损害责任的概念

地下工作物损害责任,是指在公共场所或者道路等地表以下挖坑、修缮、安装地下设施等形成的地下工作物,以及窨井等地下工作物,由于其施工人或者管理人没有设置明显标志和安全措施或者没有尽到管理职责,造成他人人身或者财产损害,施工人或者管理人应当承担赔偿损失责任的建筑物和物件损害责任。

(二)地下工作物损害责任的归责原则和构成要件

地下工作物损害责任适用过错推定原则,因此,其构成要件仍然是违法行为、损害事实、因果关系和主观过错。地下工作物损害责任的责任构成有以下特点。

1.致害物件为地下工作物

地下工作物仅指在公共场所或者道路上挖坑、修缮、安装地下设施等形成的工作物。因此,地下工作物可以是有体物,也可以是无体物,都是在地下形成的空间。无论是有体物,还是无体物,都须以空间的形式与土地的地表相连,即在原土地形态、面貌上有所改变,留下位处地面以下的空间。如果工作物虽与土地相连,但在地面或地面上留有其形体,且没有与地面相连的地下空间,则不属于地下工作物的范围。同时,对于地下工作物所处地点的要求,不仅仅包括公共场所、道旁或通道上,还应当包括一切有人员出入可能性的场合,只要在这样的场合中设置地下工作物,有造成他人损害可能的,均具备这一要件。因此,在自己院内挖坑,在农田中挖井,若有人掉入坑内或者井中,受到伤害,就构成地下工作物损害责任,不能按一般侵权行为确定责任。

《民法典》第1258条特别规定了窨井等地下工作物的损害责任。本条第2款规定的内容与第1款的内容区别在于:第1款规定的工作物是施工中形成的或者正在施工中的地下工作物,而第2款规定的窨井等地下工作物是使用中的地下工作物。以窨井为例,前者是在修缮安装过程中造成他人损害;后者是窨井在使用中造成他人损害。因此,前者是施工中“不能证明已经设置明显标志和采取安全措施”,后者是“管理人不能证明尽到管理职责”,可见对前后两种工作物损害责任的要求是不一样的。

2.须对“设置明显标志和采取安全措施”或者“管理职责”作为义务的不履行

《民法典》第1258条赋予地下工作物的施工人或者管理人以特别的作为义务,是对有可能致人以损害的危险地下工作物在施工中必须设置明显标志和采取安全措施，在日常运营中必须善尽管理职责。未按法律规定履行作为义务，即构成不作为的违法行为。对于前者，设置明显标志和采取安全措施这两种作为义务是否应当同时履行，换言之，只履行其中一个作为义务，是否已尽全部作为义务，而使其行为不具违法性呢？笔者认为，这两项作为义务必须同时履行，才符合法律规定的作为义务的要求，只履行其中一项义务而未履行另一项义务，仍属未尽作为义务，其行为仍具违法性，造成损害仍须承担赔偿责任。未尽管理职责，是典型的不作为行为。履行本条规定的作为义务的注意程度，应采善良管理人注意的标准，对标志的明显性和措施的安全性均应作较高的要求。

3. 造成的后果是人身损害但不排除财产损失的可能

地下工作物造成的损害，主要是被侵权人的人身损害，但也存在造成被侵权人财产权损害的可能。被侵权人掉进正在施工的坑中，造成人身伤害，是人身损害的损害事实。马路上的窨井井盖缺损，被侵权人驾驶汽车经过，使汽车陷在窨井内造成汽车损害，是财产损失。

4. 赔偿责任主体为地下工作物的施工人或者管理人

地下工作物损害责任的赔偿责任主体是地下工作物的施工人或者管理人。在以前的著述中，笔者曾经反对使用地面施工以及施工人的概念，就是因为它们不能概括地下设施本身造成损害的情形。《民法典》第 1258 条分为两款规定之后，已经解决了这个问题。

在该条第 1 款的情形下，地面施工中进行施工的是地下工作物，法律要求施工中必须设置明显标志和采取安全措施。由于是正在施工中的地下工作物致人损害，那么，应当承担责任的赔偿责任主体当然是施工人，其施工中具有过失，就应当对地下工作物因施工人自己的过失所造成的损害，承担赔偿责任。

在该条第 2 款的情形下，地下设施由于管理人未尽管理职责，造成他人损害，并非在施工中所致，那么，对于损害的赔偿责任理所当然地应当由管理人承担。

例如，修缮地下水道而未将窨井盖盖好致人伤害，是因为地下水道正在施工，施工人未设置明显标志、未采取安全措施，因而造成损害，施工人应当作为赔偿责任主体承担赔偿责任，这是第 1 款规定的情形；如果地下水道在正常使用，因管理不善致下水道井盖破损、被窃，因此致行人损害，下水道的管理者应当承担赔偿责任，这是第 2 款规定的情形。

5. 过错要件实行推定

由于地下工作物损害责任实行过错推定原则，因此，在主观过错的要件上，实行推定，只要未设置明显标志未采取安全措施，就直接推定有过错，不必由原告证明被告的过错。被告主张自己没有过错的,应当证明自己设置了明显标志并且采取了安全措施。如果是管理人承担责任,则由被告证明自己已经尽到管理职责,否则为有过错。有个典型案例,吉林省珲春市市政管理处承担珲春市龙源街东段的排水施工工程,已挖好东西走向长20米、宽1米、深3米的排水沟。某日下午,被告在排水沟的西端设置了红色标志灯和栏杆路障,在排水沟的东端设置了四根南北排列的各长2米、直径70厘米的水泥管作为路障,但南侧水泥管与排水沟施工土堆之间有约1.5米的空隙。天黑后,原告陈某骑自行车回家,由东向西经过龙源街东段排水施工工程处,骑进了工程东端路障南侧水泥管与施工土堆之间的空隙处,连人带车掉入排水沟内,后被行人救出送往医院,经医院诊断骨盆、双侧耻骨、下肢骨折,为七级伤残。珲春市人民法院判决被告赔偿原告医疗费等经济损失。按照本条规定,只要施工人不能证明在施工现场设置了符合要求的明显标志和采取了符合要求的安全措施,造成了他人损害,就推定其有过错,并应承担民事责任。"不能证明设置明显标志和采取安全措施"一语,不能仅理解为没有作为,它还包括虽有作为但没有达到必要程度,即虽设置了标志,但标志不足以引起他人注意;虽采取了一定的防护措施,但该措施不足以起到正常安全防护的作用。本案就属于这种情况。被告在施工现场西端设置了红色标志灯和栏杆路障,是符合法律要求的。但在施工现场东端所采取的防护措施明显不符合法律要求,一是没有设置红色标志灯,以便在各种情况下提醒路人注意;二是虽采取了一定的安全防护措施,但该措施有明显漏洞,不足以在正常情况下起到防护作用,因此被告存在过错,应当承担致原告损害的全部赔偿责任。

(三)赔偿责任承担

前文所述地下工作物损害责任的赔偿责任主体为地下工作物的施工人或者管理人,已经明确。值得研究的是,如果地下工作物的所有人对未设置明显标志未采取安全措施,以及未尽管理职责,致使施工人或者管理人在施工中或者管理中造成的损害后果,应当如何承担损害赔偿责任。

对此,可以有两个办法:

第一,首先依照本条规定,由施工人或者管理人承担赔偿责任。在其承担了赔偿责任之后,如果地下工作物所有人对于损害的发生有过错,则比照原《侵权责任法》第68条以及第83条关于第三人造成损害的规定,有权向地下工作物的所有人追偿。

第二,依照定作人指示过失责任规则处理。参照《民法典》第1193条规定的定作人指示过失责任的规则处理。如果施工人或者管理人在施工中或者管理中致使地下工作物造成他人损害,是由于地下工作物所有人的指示过失、定作过失所致,则完全符合定作人指示过失责任的规则要求,应当由地下工作物所有人承担损害赔偿责任。

(四)免责事由

1. 地下工作物的施工人或管理人无过错。地下工作物的施工人或者管理人能够证明其已经设置明显标志并采取安全措施，或者已经证明已尽管理职责，即为无过错，因此不成立赔偿责任。由于已经明确规定施工人、管理人能够证明自己无过错的，即可免责，所以不必再证明存在其他免责事由。

2. 不可抗力。如果地下工作物造成的损害是因不可抗力引起的，免除其施工人、管理人的赔偿责任。

3. 第三人过错和受害人过错。完全由于第三人的过错造成地下工作物致害他人的，其施工人、管理人免责，损害赔偿责任应由第三人承担。

损害完全是由于受害人自己的过错致使地下工作物造成自己损害的，免除地下工作物施工人、管理人的损害赔偿责任。如果损害是由双方过错行为造成的，则依过失相抵的规则进行责任分担。

第十一章　司法解释规定的特殊侵权责任

除了《民法典》规定的特殊侵权责任外，司法解释原来也规定了一些特殊侵权责任。由于《民法典》对这些特殊侵权责任大多作了规定，因而只有工伤事故责任和帮工责任没有规定，还有进行说明的必要。

第一节　工伤事故责任

一、工伤事故责任的概念及法律特征

（一）工伤事故责任的概念

工伤事故是一种常见的人身伤害事故，是指企业职工和个人雇工在工作时间、工作场所内，因工作原因遭受人身损害，以及罹患职业病的意外事故。这种事故是发生在企业事业单位中的事故，是劳动者遭受人身伤亡的事故，是劳动者在执行工作职责中发生的事故，也是在企业事业单位与劳动者之间发生损害赔偿权利义务关系的法律事实。

工伤事故责任既是工伤保险关系，也是侵权损害赔偿关系，是具有双重属性的法律关系，既可以适用工伤保险法律，也可以适用侵权法。最高人民法院《关于审理人身损害赔偿案件适用法律若干问题的解释》（2021）第 3 条第 1 款规定："依法应当参加工伤保险统筹的用人单位的劳动者，因工伤事故遭受人身损害，劳动者或者其近亲属向人民法院起诉请求用人单位承担民事赔偿责任的，告知其按《工伤保险条例》的规定处理。"法院不再处理工伤事故责任，只有用人单位意外

的第三人侵权造成劳动者伤害的,才予以受理。

（二）工伤事故的法律特征

1. 工伤事故是发生在用人单位中的事故

工伤事故存在于各类用人单位的经营活动之中。《工伤保险条例》使用“用人单位”这个概念,在第2条中规定了各类企业和有雇工的个体工商户属于用人单位。用人单位是指在我国境内的全民所有制企业和集体所有制企业单位、私营企业、三资企业,以及雇佣他人从事劳动的个体工商户或者合伙组织。换言之,只要雇用职工为自己提供劳务,与自己有劳动关系的企业或者个体工商户、个人合伙,都属于“用人单位”,都应当按照该条例的规定,保障职工的权利。

不属于企业的那些国家机关、事业单位、社会团体究竟是否属于用人单位的范围,回答是否定的,但是,这些单位的职工也应受到相应的保护。国家机关和依照或者参照国家公务员制度进行人事管理的事业单位、社会团体工作人员遭受事故伤害或者患职业病的,由所在单位支付费用。其他事业单位、社会团体以及各类民办非企业单位的工伤保险等办法,参照《工伤保险条例》的规定进行。个人劳务的工伤事故不适用工伤责任的规则,适用《民法典》第1192条后段规定。

2. 工伤事故是用人单位的劳动者遭受人身伤亡的事故

工伤事故,指的是职工即劳动者的人身伤亡事故,而不是财产遭受损害的事故。这里的劳动者,指的是各类企业和个体工商户以及合伙所雇用的职工,包括工人和职员。

劳动关系与加工承揽关系是有严格区别的。加工承揽关系是承揽合同关系,是以交付劳动成果为标的的合同关系,而不是以劳动力的交换为标的的劳动合同关系。例如,个人按照约定的时间提供劳动服务的小时工,并不是劳动合同关系,而是与雇用小时工的保洁公司签订的定作合同,是以交付劳动成果为标的的承揽合同关系,因此,雇用小时工的个人并不承担小时工的工伤保险责任,该责任应当由小时工所属的公司承担。

3. 工伤事故是劳动者在执行工作职责中发生的事故

各类用人单位的职工都是民事主体,都享有身体权、健康权和生命权。这些权利在任何场合都有遭受伤害的可能。工伤事故在发生的时间和场合上有明确的限制,只限于企业劳动者在工作中因工致伤致死的范围,在其他时间和场合发生的事故,即使是侵害了劳动者的上述权利,也不在工伤事故范围之中。

判断工伤事故应当掌握最基本的三个因素,即工作时间、工作场合和工作原因。凡是职工在工作时间、工作场合因工作原因遭受的人身损害,就是工伤事故。工伤事故还包括患职业病,无论患何种职业病均与工作有关,都是在工作时间、工作场合因工作原因所遭受的损害,都属于工伤事故的范围。

4. 工伤事故是在企业与受害职工之间产生权利义务关系的法律事实

工伤事故一经发生,就在工伤职工与用人单位之间产生相应的法律后果,构成损害赔偿的权利义务关系,工伤职工或者工伤职工近亲属有要求赔偿损失的权利,企业有赔偿受害人及其亲属损失的义务。按照《工伤保险条例》的规定,工伤事故的救济办法是按照保险的形式进行,这其实是转嫁工伤风险,将用人单位的责任转嫁给工伤保险机构。用人单位向工伤保险经办机构交纳保险费,职工遭受工伤事故造成人身损害,由保险机构向工伤职工提供劳动保险待遇。这种工伤保险的权利义务关系就是在工伤事故发生后产生的基本的法律关系。

二、工伤事故责任的归责原则与构成要件

(一)归责原则

确定工伤事故赔偿责任适用无过错责任原则。《工伤保险条例》虽然没有规定工伤保险责任的归责原则,但是按照保险的一般规则,当然是无过错责任,不适用过错推定原则。作为普通的侵权责任纠纷处理的工伤事故责任,也适用无过错责任原则。

(二)构成要件

1. 用人单位与劳动者之间须存在劳动关系

在我国,集体企业、私营企业、合伙企业、三资企业以及私人雇工,凡使用劳动力,均须用人单位与劳动者订立劳动合同,使劳动者成为用人单位的职工。即使国有企业,也全面实行全员劳动合同制。因而凡是用工一律以劳动合同的形式固定其劳动法律关系。在用人单位和职工之间存在劳动合同,是构成工伤事故责任的必要要件,有劳动关系的劳动者才能构成工伤事故。至于建立劳动法律关系的形式,原则上应以书面形式,必要时还应当予以公证;但对于一般的私人雇工等,口头约定劳动合同也并非无效。即使企业作为用人单位与职工之间没有签订书面劳动合同而建立了事实劳动关系,也应当确认这种劳动关系,使职工的权利受到保护。

2. 职工须受有人身损害事实

工伤事故的损害事实,是职工人身遭受损害的客观事实,不包括财产损害和其他利益的损害。职工的身体权、健康权、生命权,都在劳动保险的范围之内,都是工伤事故侵害的客体。工伤事故的主要侵害对象是职工的健康权和生命权,事故致职工伤害,致伤或者致残侵害的是健康权;致死则侵害的是生命权。职工患职业病也是一种人身损害事实,侵害的客体是健康权。对身体权的侵害也可以构成工伤事故,但是如果只是身体遭受一般的不甚痛苦的撞碰、打击,没有具体的伤害后果的,不应认为构成工伤事故的损害事实;如果职工从事的是特种行业,对身体的外在完整性有特殊要求

的,如模特、演员、特别需要的操作者等,如果造成了身体组成部分如头发、指甲、皮肤颜色等的损害,破坏了身体组织的完整性,以至于使其从事特种工作能力遭受影响的,构成工伤事故的损害事实。在确定工伤事故责任时,应当进行工伤认定和劳动能力鉴定。工伤认定的意义在于确定是否构成工伤事故责任,而劳动能力鉴定则是为了确定工伤职工享受何种工伤待遇。只要将职工的人身伤害认定为工伤,即具备工伤事故损害事实的要件。

3. 职工的损害必须在其履行工作职责的过程中发生

在这一点上,工伤事故责任与工作人员在执行职务中致他人损害的用人单位责任的构成要件相似,但有两点原则区别:第一,职工是在履行工作职责中致自己伤亡,而非他人伤亡,这是区别两种侵权损害赔偿法律关系的原则界限。第二,在执行职务的要求上,工伤事故的构成要求明显比用人单位对外赔偿责任的要求低。用人单位对外的替代赔偿责任要求工作人员必须是在因执行职务的行为致他人以损害,非因执行职务的行为致害他人,不构成这种侵权责任;工伤事故也要求劳动者的损害是在履行工作职责中发生,这也是执行职务,但并不要求必须是因其执行职务行为所致,而是包括在执行职务过程中因其他原因,如机器故障、他人疏忽等所致的损害。无论何种原因,只要职工在履行工作职责的范围内造成自身损伤,就构成本要件。

在实践中判断工伤事故中的履行工作职责,要考虑三要素:工作时间、工作场所和工作原因。工作时间,是在履行工作职责的时间界限之内,即用人单位规定的上班时间。为了保护职工的合法权益,对工作时间的认定应适当放宽:一是将从事与工作有关的预备性或者收尾性工作的正式工作时间的前后,认定为工作时间;二是将因工外出时间认为是工作时间;三是将上下班途中的时间认为是工作时间。工作场所,是指在履行工作职责的环境范围之内。执行工作任务的场所,就是工作场所;因工外出的领域,以及上下班的途中,也认为是工作场所。在这些地方发生的职工人身伤害事故,也认为是工伤事故。工作原因,是指履行工作职责的事由。例如,与工作有关的预备性工作和收尾性工作,在工作中遭受暴力等意外伤害,以及在因工外出期间发生事故下落不明的,也都认为是工作原因。是否履行工作职责要根据工作时间、工作场所和工作原因这三个要素衡量确定。《工伤保险条例》第 14 条规定的认定为工伤的 7 种情形,都是根据这三个要素确定的。

4. 事故须是劳动者受到损害的原因

事故必须是造成劳动者人身损害的原因,这是构成工伤事故责任对因果关系要件的要求。换言之,事故须与职工受到人身损害的事实之间具有引起与被引起的因果关系。事故,原指意外的损失或灾祸。在工伤事故责任中,事故一般是指企业事故,并非都是意外而生损失或灾祸,包括因管理、指挥、设计、操作上的疏忽、不慎等过错所致的损失或灾祸。在现代科技发展的情况下,很多企业事故因无法预见的原因而生,因而非疏忽亦可发生。企业事故主要是指工业事故,如果认为只有工业事故才可以构成工伤事故,显然是不正确的,事故还应包括在其他企业工作中发生的事故。除此之外,认定工伤事故责任还包括在履行工作职责中受到暴力等意外伤害,在因工外出期间由于工作原因受到的伤害或者下落不明,在上下班途中受到交通事故或者城市轨道交通、客运轮渡、火车事故伤害等,这些也认为是广义的事故。事故是职工人身损伤的原因,一般应当要求具有直接因果关系,即劳动者的损害事实须是因企业事故直接造成的,但是在事故与损害之间具有相当因果关系的,也应当认定为有因果关系。例如,事故致职工身体损伤没有直接造成死亡的后果,但是职工受到伤害之后受到破伤风病毒感染因而致死,事故与伤害之间具有直接因果关系,与死亡之间具有相当因果关系,因而应当认定事故与死亡之间具有法律上的因果关系,构成工伤事故责任。

三、工伤事故认定标准

(一)应当认定为工伤事故的情形

按照《工伤保险条例》第14条的规定,职工有下列情形之一的,应当认定为工伤:

1. 在工作时间和工作场所内,由于工作原因受到事故伤害的。这是典型的工伤,包含了认定工伤的全部要素,而且都是典型的表现形式。

2. 工作时间前后在工作场所内,从事与工作有关的预备性或者收尾性工作受到事故伤害的。这种工伤认定的关键点在于工作时间的延伸,将工作时间的前后认定为工作时间,其必要条件是从事的工作必须是与工作有关的预备性或者收尾性工作,履行工作职责的要素也有一定的变化,只有工作场所的要素没有变化。

3. 在工作时间和工作场所内,因履行工作职责受到暴力等意外伤害的。这种情形,是工作原因要素的变化,遭受暴力等意外伤害并非工作原因,而仅仅是与履行工作职责有关。例如,在银行工作遭受劫匪攻击造成损害,不论是否为了保护银行财产,都应当认定为工伤。

4. 患职业病。凡是患职业病均与工作有关,因此一律认定为工伤。

5. 在因工外出期间,由于工作原因受到伤害或者发生事故下落不明的。因工外出,其全部外出时间都认为是工作时间,其外出的地点以及沿途,也都认为是工作场所。由于工作原因受到伤害的,自然属于工伤。即使是在因工外出期间发生事故下落不明的,也应当认定为工伤。

6. 在上下班途中受到非本人主要责任的交通事故或者城市轨道交通、客运轮渡、火车事故伤害。上下班途中的时间,是为了执行职责,是工作时间的延伸,因上述事故遭受损害的,也是工伤事故。如果劳动者在上下班途中遭受的其他损害是由第三人造成,用人单位没有责任的,则应由第三人承担赔偿责任。

7. 法律、行政法规规定应当认定为工伤的其他情形。其他法律和法规规定应当认定为工伤,而《工伤保险条例》没有规定的,也应当认定为工伤。

按照《工伤保险条例》第 15 条的规定,在工作时间和工作岗位,突发疾病死亡或者在 48 小时之内经抢救无效死亡的;在抢险救灾等维护国家利益、公共利益活动中受到伤害的;职工原在军队服役,因战、因公负伤致残,已取得革命伤残军人证,到用人单位后旧伤复发的,都视同工伤。视同工伤实际上并不是工伤,由于与履行工作职责有关,为了更好地保护职工权利,将其作为准工伤对待,也就是视同工伤。《工伤保险条例》规定,职工有前款第 1 项、第 2 项情形的,按照该条例的有关规定享受工伤保险待遇;职工有前款第 3 项情形的,按照该条例的有关规定享受除一次性伤残补助金以外的工伤保险待遇。

(二)不得认定为工伤事故的情形

按照《工伤保险条例》第 16 条的规定,职工有下列情形之一的,不得认定为工伤或者视同工伤:

1. 故意犯罪的。职工因故意犯罪伤亡,即使是在工作地点、工作时间发生,但因与履行工作职责无关,不得认定为工伤。过失犯罪不在此限。

2. 因醉酒或者吸毒导致伤亡的。职工因醉酒或者吸毒而伤亡,也与履行工作职责无关,即使是在工作时间、工作场所,也不得认定为工伤。

3. 自残或者自杀的。这种人身伤害是行为人自己的责任,不能认定为工伤。

四、确定工伤事故责任的规则

(一)确定工伤事故责任的法律依据

确定工伤事故责任的法律依据,是《工伤保险条例》。

(二)认定工伤事故责任的一般规则

工伤事故责任的一般规则,就是劳动者在工作中遭受人身伤害,经劳动行政管理部门确定的,或者经过人民法院确认的,有权要求用人单位依照法律规定赔偿其损害。其中,第一,“劳动者在工作中造成人身伤害”,是工伤事故的概念;第二,“经劳动行政部门确定的,或者经过人民法院确认的”,是认定工伤事故的两种途径,劳动行政部门确定为工伤事故的,可以认定为工伤事故,法院也可以在审判中,根据法庭的调查结果认定工伤事故责任;第三,工伤事故的赔偿责任主体是用人单位,造成工伤事故之后,有义务依照法律规定对受到工伤事故损害的受害人进行损害赔偿;

第四,工伤事故责任本来是有关企业事业单位的劳动者的制度,但是为了保护国家机关工作人员不受伤害事故的侵害,规定国家机关工作人员在执行职责中遭受损害的,适用工伤事故的规定。

确定工伤事故责任应当注意下面两个概念:

1. 劳动者。劳动者是指全民所有制和集体所有制企业、事业单位的职工、私营企业和三资企业的工作人员、学徒。接受雇佣的个人劳务的提供劳务一方,视为劳动者。换言之,凡是根据招工合同或者雇佣合同发生劳动关系的,为全民所有制和集体所有制企业事业单位、私营企业和三资企业,以及个人雇用的职工、工作人员、雇工、学徒,都是劳动者。

2. 用人单位。用人单位是指全民所有制和集体所有制企业事业单位、私营企业、三资企业,以及雇用他人从事劳动的个人。但是依照承揽合同雇用以及具有承揽合同性质的按照钟点雇用工人的人不在此限。

(三)确定工伤事故责任的具体规则

1. 工伤保险优先。工伤保险优先的原则,是指发生了工伤事故,订有工伤保险合同的,应当先向保险人要求赔偿,保险理赔之后的不足部分,受害人有权要求用人单位赔偿的规则。《工伤保险条例》对于工伤事故范围规定得很宽。《工伤保险条例》规定:第一,有法定的劳动关系的,要按照工伤保险来处理。第二,是没有法定的劳动关系,但是有事实的劳动关系的,也按照工伤保险来处理;也就是说,无论是对法定的劳动关系,还是对事实上的劳动关系,对劳动者的保护都适用《工伤保险条例》予以保护,劳动者享受的都是劳动保险待遇。这样,用工单位,不管是单位、企业还是个人,只要雇佣他人作为劳动者,就都要向社会保险机构提供保险费用,发生了损害以后,社会保险机构对劳动者给予工伤保险待遇。

2. 用人单位承担赔偿责任。雇员在从事雇佣活动中遭受人身损害,雇主应当承担赔偿责任。凡是不享受工伤保险待遇的劳动者在劳动中受到人身损害,雇主都要承担赔偿责任。

3. 第三人造成劳动者损害的责任。第三人造成雇员人身伤害的,不是因为工伤事故造成的,而是因为第三人造成雇员损害的,第三人和雇主之间的责任关系是不真正连带责任。受害人可以请求第三人承担赔偿责任,也可以请求用人单位承担赔偿责任。用人单位承担了赔偿责任以后,可以向第三人请求追偿。

4. 发包或者分包经营对劳动者工伤事故的连带责任。雇佣活动属于承包经营的,接受发包或者分包的雇主没有相应的资质,或者是没有安全生产条件的,雇员受到人身损害的,如果发包人或者分包人明知,就要承担连带责任。

五、两个具体问题

(一)第三人责任

职工在工作时间、工作地点,因工作原因遭受第三人损害,对此,《关于审理人身损害赔偿案件适用法律若干问题的解释》(2021)第3条第2款规定:"因用人单位以外的第三人侵权造成劳动者人身损害,赔偿权利人请求第三人承担民事赔偿责任的,人民法院应予支持。"按照这一规定,这样的受害人可以在向第三人请求赔偿的同时,享受工伤保险待遇。工伤保险待遇涉及的是用人单位和劳动者之间的关系,因第三人造成了劳动者的损害,劳动者向第三人要求赔偿,应当准许。这种情况的实质是劳动者是不是可以得到"双份赔偿"的问题。工伤保险待遇不是完全的赔偿损害,在这种情况下向第三人要求损害赔偿,原则应当是:首先,实行工伤保险优先原则,无论怎样,劳动者都应当享受到工伤保险待遇;其次,对于第三人造成的工伤事故,劳动者还可以请求第三人承担侵权损害赔偿责任。

(二)冒名签订劳动合同缴纳工伤保险费用发生工伤的保险责任承担

某电子公司与张某红以"张某敏"名义,并提供张某敏的身份证件,于2016年某日与该公司签订劳动合同,并实际在该公司工作,合同成立的第四天,该公司在以为劳动者的姓名即为张某敏时,为该劳动者缴纳包括工伤保险在内的各项社会保险。事后不久,张某红在工作中因病死亡,经工伤事故鉴定为"视为工伤事故"。张某红家属(原告)主张工伤保险理赔,工伤保险机构以张某红没有建立工伤保险合同关系为由,予以拒绝。原告无奈,向法院起诉该公司,该公司以已经为其办理工伤保险为由予以拒绝,法院判决该公司承担工伤损害责任。

对于这种冒名签订劳动合同并缴纳工伤保险费用后,发生工伤事故,究竟应当进行工伤保险理赔,还是由用人单位承担工伤事故责任,是一个值得研究的问题。

法院的这个判决是有问题的。首先,该公司已经为死亡劳动者缴纳了工伤保险。其理由是:第一,死亡劳动者张某红以"张某敏"为名,并提供张某敏的身份证件,与该公司签订劳动合同,并实际在该公司工作,事实劳动关系成立。该公司以为劳动者的姓名即为张某敏,在为该劳动者缴纳包括工伤保险在内的各项社会保险时,也是以张某敏的名义。实际上,张某敏完全没有与该公司签订劳动合同,也没有在该公司工作过,实际在该公司工作的就是张某红。《工伤保险条例》第10条第2款规定:"用人单位缴纳工伤保险费的数额为本单位职工工资总额乘以单位缴费费率之积。"按照这一规定,该公司不可能为非本公司的职工缴纳工伤保险。因此,不论在社会保险机构登记的姓名如何,该公司是为在本公司工作的劳动者本人即张某红缴纳的工伤保险。第二,该公司在为劳动者缴纳工伤保险时,没有故意隐瞒劳动者的真实姓名,而且在劳动者入职四天内便为其缴纳了各项社会保险,不存在任何过失。《工伤保险条例》第10条第1款规定:“用人单位应当按时缴纳工伤保险费。职工个人不缴纳工伤保险费。”该公司已经依法按时为死亡劳动者缴纳了工伤保险费。对于社会保险机构中记录的劳动者姓名是张某敏,而非张某红,是由于劳动者本人冒名顶替造成的,不能据此认定该公司没有为劳动者缴纳工伤保险。

其次,工伤保险登记的性质属于非许可性登记,不能以被保险人姓名登记错误为由剥夺劳动者享受工伤保险待遇的权利。工伤保险登记的性质属于非许可性登记,是行政机关为实现特定行政管理职能,根据法律、法规、规章的有关规定,依相对人申请,对符合法定条件的涉及相对人人身权、财产权等方面的法律事实予以书面记载的行为。工伤保险登记如果存在错误,可以进行更正,纠正错误登记,而不能以工伤保险中被保险人的姓名登记错误为由,剥夺劳动者享受工伤保险待遇的权利。该公司已经按照《工伤保险条例》等的规定,按时缴纳为劳动者缴纳了工伤保险费,尽管由于劳动者本人冒用他人姓名,导致在工伤保险机构登记的被保险人姓名是张某敏,该登记行为是可以更正的,并不影响该公司已经缴纳的工伤保险的合法性和有效性。

再次,工伤保险基金的设置就是为了分散企业的工伤风险,张某红的近亲属应当从工伤保险基金领取丧葬补助金、供养亲属抚恤金和一次性工亡补助金。《工伤保险条例》的立法目的在该条例第1条明确规定为:“为了保障因工作遭受事故伤害或者患职业病的职工获得医疗救治和经济补偿,促进工伤预防和职业康复,分散用人单位的工伤风险,制定本条例。”该公司已经按照《工伤保险条例》的规定,按时为死亡劳动者缴纳了工伤保险费,且在该劳动者张某红在工作时突发疾病抢救无效死亡后,主动向当地人力资源和社会保障局申请工伤认定,该局作出工伤认定,认为张某红死亡情形符合《工伤保险条例》第15条第1项规定,认定视同工伤。那么,工伤保险机构就应当向实际的工伤保险的被保险人的近亲属支付被保险人的保险待遇。

最后,在上述分析的基础上,可以确认,用人单位已经为死亡劳动者缴纳工伤保险,尽管是冒名招工,但是,由于工伤保险登记的性质属于非许可性登记,不能以被保险人姓名登记错误为由,剥夺劳动者享受工伤保险待遇的权利,工伤保险基金的设置,就是为了分散企业的工伤风险,因此,工伤保险机构不能推脱自己的保险理赔责任,应当对死亡劳动者的近亲属承担保险责任。而用人单位已经为死亡劳动者缴纳工伤保险费用,就不能适用最高人民法院的司法解释,对死亡劳动者承担工伤事故赔偿责任。

第二节　帮工责任

一、帮工致人损害责任

《关于审理人身损害赔偿案件适用法律若干问题的解释》(2021)第4条规定:“无偿提供劳务的帮工人,在从事帮工活动中致人损害的,被帮工人应当承担赔偿责任。被帮工人承担赔偿责任后向有故意或者重大过失的帮工人追偿的,人民法院应予支持。被帮工人明确拒绝帮工的,不承担赔偿责任。”这一条文规定帮工造成他人损害的责任规则,有三个要点:

第一,帮工人在帮工当中造成他人损害责任类似于用人单位责任,应当由被帮工人承担责任;尽管是无偿的,但是帮工人在帮工期间造成了他人损害,毕竟是为被帮工人提供劳务,所以被帮工人应当承担责任。

第二,帮工人造成他人损害,如果具有故意或者重大过失,被帮工人承担赔偿责任后,可以向其追偿。

第三,被帮工人拒绝帮工,帮工人坚持进行帮工,并且构成了帮工事实的,在此期间帮工人造成他人损害的,帮工人自己承担责任,被帮工人不承担责任。

二、帮工人受到损害的责任

《关于审理人身损害赔偿案件适用法律若干问题的解释》(2021)第5条规定:“无偿提供劳务的帮工人因帮工活动遭受人身损害的,根据帮工人和被帮工人各自的过错承担相应的责任;被帮工人明确拒绝帮工的,被帮工人不承担赔偿责任,但可以在受益范围内予以适当补偿。”“帮工人在帮工活动中因第三人的行为遭受人身损害的,有权请求第三人承担赔偿责任,也有权请求被帮工人予以适当补偿。被帮工人补偿后,可以向第三人追偿。”确定帮工人受到损害的责任时,应遵守三个规则:

第一,帮工人为被帮工人义务帮工造成自己损害的,类似于工伤事故,但是参照的是《民法典》第1192条规定的规则确定责任,实行过错责任原则,应当根据双方当事人各自的过错承担相应的责任:被帮工人有过错的,应当承担赔偿责任;帮工人因自己的过错造成自己损害的,被帮工人不承担责任;双方都有过错的,按照过失相抵规则确定各自应当承担的责任。

第二,被帮工人拒绝帮工的,原则上不承担赔偿责任,但是被帮工人要在受益范围内给予适当补偿。这是一个补偿责任,而不是赔偿责任。

第三,帮工人在帮工活动中遭受第三人侵权造成人身损害的,实行不真正连带责任,有权请求第三人承担赔偿责任,也有权请求被帮工人予以适当补偿,但不是赔偿责任。被帮工人承担补偿责任后,可以向第三人追偿。

三、换工致人损害

换工,实际上就是两个帮工,是两个人之间的相互帮工。因此,换工造成损害的,适用帮工造成损害的赔偿规则,确定各自的责任,然后再相互抵销,就剩余部分进行赔偿即可。

天下 Borderless

图书在版编目(CIP)数据

侵权责任法 / 杨立新著. —— 4版. —— 北京：法律出版社，2021
ISBN 978-7-5197-5060-2

Ⅰ. ①侵… Ⅱ. ①杨… Ⅲ. ①侵权行为–民法–研究–中国 Ⅳ. ①D923.74

中国版本图书馆CIP数据核字(2020)第202040号

侵权责任法（第四版）
QINQUAN ZERENFA(DI-SI BAN)
杨立新 著

责任编辑 孙东育 王 珊
装帧设计 贾丹丹

开本 710毫米×1000毫米 1/16
版本 2021年3月第4版
出版 法律出版社
总发行 中国法律图书有限公司
印刷 天津嘉恒印务有限公司

印张 44.75 **字数** 846千
印次 2021年3月第1次印刷
编辑统筹 学术·对外出版分社
经销 新华书店
责任印制 陶 松

法律出版社/北京市丰台区莲花池西里7号(100073)
网址/www.lawpress.com.cn
投稿邮箱/info@lawpress.com.cn 销售热线/400-660-8393
举报维权邮箱/jbwq@lawpress.com.cn 咨询电话/010-63939796

中国法律图书有限公司/北京市丰台区莲花池西里7号(100073)
全国各地中法图分、子公司销售电话：
统一销售客服/400-660-8393/6393
第一法律书店/010-83938432/8433 西安分公司/029-85330678 重庆分公司/023-67453036
上海分公司/021-62071639/1636 深圳分公司/0755-83072995

书号： ISBN 978-7-5197-5060-2 **定价：** 158.00元
(如有缺页或倒装，中国法律图书有限公司负责退换)